中国年鉴精品工程
High Quality Project of China's Yearbook

武侯年鉴 2022
WUHOU YEARBOOK

成都市武侯区地方志编纂委员会办公室 编

方志出版社
Publishing House of Local Records

图书在版编目（CIP）数据

武侯年鉴．2022 / 成都市武侯区地方志编纂委员会办公室编．—北京：方志出版社，2022.11
ISBN 978-7-5144-5426-0

Ⅰ．①武… Ⅱ．①成… Ⅲ．①武侯区—2022—年鉴 Ⅳ．①Z527.14

中国版本图书馆 CIP 数据核字（2022）第 244034 号

责任编辑：王海荣
责任校对：刘玉霞
责任印制：梅中英
出 版 者：方志出版社
地　　址：北京市朝阳区潘家园东里 9 号（国家方志馆 4 层）
邮　　编：100021
网　　址：http://www.zgfzcb.cn
发　　行：方志出版社图书营销中心（010-67110500）
印　　刷：成都市兴雅致印务有限责任公司
开　　本：889 毫米 ×1194 毫米　1/16
印　　张：31.5
字　　数：952 千字
版　　次：2022 年 11 月第 1 版
印　　次：2022 年 11 月第 1 次印刷
定　　价：326.00 元

成都市武侯区地方志编纂委员会

《武侯年鉴（2022）》编辑部

地　　址：四川省成都市武侯祠大街264号

电　　话：028-85042167　028-85598593

邮　　箱：wuhouz@163.com

邮　　编：610041

排版设计：成都几山几水文化传播有限公司

《武侯年鉴（2022）》核稿人员

区委办公室
周　艳　毛军钦
董宣池
区人大常委会办公室
田春洋　颜吟秋
区政府办公室
陈　杨　王丽萍
程　曦
区政协办公室
陈　曦　凌　志
白振杰
区纪委监委机关
喻开彬　孙书琦
区委组织部
唐永沂　曹　笑
区委政研室
周其辉　曾　磊
罗　津
区委宣传部
李　瑞　刘沁月
区委统战部
刘　静　向玉涛
梁靖模
区委政法委
何成龙
区委社治委
张泓瑶　李　楠
区委编办
刘冰雁
区委老干部局
唐洪波　夏　耘

区直机关工委
黄唯峰
区委党校
许　翠
区档案馆
李恩源
区融媒体中心
曾国倩
区法院
胡　宁　文砾芽
林　恺
区检察院
肖礼政　段兴隆
张琦沛
区地志办
徐敬国　王伦平
区发改局
宋　丹
区教育局
甘利痕　廖　华
肖　倩
区新经济局
刘孝琳
区民政局
陈华荣
区司法局
谭福强　易彦星
冯秦天
区财政局
甘　立　席　东
蒋思怡

区人社局
孔令攀　龚选定
区住建交局
吴　穹
区综合执法局
徐云海　毛铖铖
张　萍
区公园城市局
胡　磊
区水务局
张琪炜
区商务局
刘长胜
区投促局
李　鑫　骆呈鹏
郑　盼
区文体旅局
陈虹霖
区卫健局
高　艳　李　伟
荣阳玲
区退役军人事务局
宁春潮
区应急局
徐丽冰
区审计局
胡子琪
区统计局
王　琴
区市场监管局
张洪伟

区国资和金融局

陈海琦　敬　佩

区行政审批局

杨彦平　杨　军

王　洁

区信访局

郭　飞

区医保局

黄铭杰

她妆美谷

蔡华东　游良帅

区机关事务中心

李承晋　刘　婷

三国创意设计管委会

杨剑军　蒲雪姣

华西医美健康城

张东旭　周开敏

悦湖新材料科技中心

戴　敏

区环城生态区建设发展中心

董婉秋　曹堂友

音乐坊管委会筹备组

杨镠蓉　陈甜婕

区总工会

李佳濛

团区委

蔡　鑫

区妇联

安　宁

区科协

唐秋月

区工商联

曾翔玲

区残联

杜海洋　胡秀梅

区社科联

李鹏程

区文联

李鹏程

区红十字会

黄俊芳

区公安分局

张　熊

区税务局

岳永才

区规划和自然资源局

吴　坚　康　玲

区人武部

李　雪

区生态环境局

罗劲松

浆洗街街道

向　鹏

望江路街道

税　鹏

火车南站街道

贺莉莎　张福林

玉林街道

杨佳浩

红牌楼街道

毛　丽　邹　英

晋阳街道

周　波　曾昀琪

机投桥街道

罗述飞

簇锦街道

钟　勇

华兴街道

刘梦秋

簇桥街道

普明初　刘　晖

邹登尧

金花桥街道

陈怡竹

四川大学

许唯临　李安林

王昌宇

西南民族大学

余勤高　刘渝西

四川音乐学院

孙　莉

成都体育学院

朱琳姝

成都七中

门维婷

四川大学华西医院

曾　波　白　蓓

四川大学华西第二医院

喻文菡

四川大学华西口腔医院

唐　甜　刘济远

四川大学华西第四医院

刘丽娟

四川省妇幼保健院

郭　丽　王丽媛

三六三医院

皇甫伊亭

四川省中西医结合医院

曾　莉

成都体育学院附属体育医院

杨玉蓉

武侯区餐饮美食行业协会

王小菠

2021年武侯区机构全称、简称对照表

全　称	简　称
中共成都市武侯区纪律检查委员会	区纪委
成都市武侯区监察委员会	区监委
成都市武侯区人民法院	区法院
成都市武侯区人民检察院	区检察院
中共成都市武侯区委办公室	区委办公室
成都市武侯区政府外事办公室	区外事办
成都市武侯区档案局	区档案局
成都市武侯区人民代表大会常务委员会办公室	区人大常委会办公室
成都市武侯区人民政府办公室	区政府办公室
成都市武侯区地方志编纂委员会办公室	区地志办
政协成都市武侯区委员会办公室	区政协办公室
中共成都市武侯区委组织部	区委组织部
成都市武侯区公务员局	区公务员局
中共成都市武侯区委宣传部	区委宣传部
成都市武侯区精神文明办公室	区文明办
中共成都市武侯区委对外宣传办公室	区委外宣办
成都市武侯区互联网信息办公室	区网信办
中共成都市武侯区委统一战线工作部	区委统战部
成都市武侯区政府侨务和台湾事务办公室	区侨台办
成都市武侯区民族宗教事务局	区民宗局
中共成都市武侯区委政法委员会	区委政法委
中共成都市武侯区委政策研究室	区委政研室
成都市武侯区政府研究室	区政府研究室
中共成都市武侯区委社区发展治理委员会	区委社治委
中共成都市武侯区委机构编制委员会办公室	区委编办
中共成都市武侯区直属机关工作委员会	区直机关工委
中共成都市武侯区委巡察工作领导小组办公室	区委巡察办
中共成都市武侯区委老干部局	区委老干部局
中共成都市武侯区委党史研究室	区委党史研究室
中共成都市武侯区委党校	区委党校
成都市武侯区行政干部学校	区行政学校

续表

全　称	简　称
成都市武侯区档案馆	区档案馆
成都市武侯区融媒体中心	区融媒体中心
中国人民解放军四川省成都市武侯区人民武装部	区人武部
成都市武侯区发展和改革局	区发改局
成都市武侯区粮食和物资储备局	区粮食和储备局
成都市武侯区新经济和科技局	区新经济局
成都市武侯区教育局	区教育局
成都市武侯区民政局	区民政局
成都市武侯区司法局	区司法局
成都市武侯区财政局	区财政局
成都市武侯区人力资源和社会保障局	区人社局
成都市武侯区住房建设和交通运输局	区住建交局
成都市武侯区综合行政执法局	区综合执法局
成都市武侯区城市管理局	区城管局
成都市武侯区水务局	区水务局
成都市武侯区公园城市建设和城市更新局	区公园城市局
成都市武侯区商务局	区商务局
成都市武侯区投资促进局	区投促局
成都市武侯区文化体育和旅游局	区文体旅局
成都市武侯区卫生健康局	区卫健局
成都市武侯区退役军人事务局	区退役军人事务局
成都市武侯区应急管理局	区应急局
成都市武侯区审计局	区审计局
成都市武侯区国有资产监督管理和金融工作局	区国资和金融局
成都市武侯区市场监督管理局	区市场监管局
成都市武侯区知识产权局	区知识产权局
成都市武侯区统计局	区统计局
成都市武侯区行政审批局	区行政审批局
成都市武侯区信访局	区信访局
成都市武侯区医疗保障局	区医保局

续表

全　称	简　称
成都市她妆美谷产业功能区	她妆美谷
成都市武侯区悦湖新材料科技转化中心	悦湖新材料科技中心
成都市武侯区华西医美健康城管委会	华西医美健康城
成都市武侯区三国创意设计产业功能区管委会	三国创意设计管委会
成都市武侯区音乐坊建设管理委员会筹备组	音乐坊管委会筹备组
成都市武侯区环城生态区建设管理委员会	区环城生态区建设发展中心
成都市武侯区机关事务中心	区机关事务中心
成都市武侯区军队离休退休干部管理服务中心	区军休中心
成都市武侯区总工会	区总工会
共青团成都市武侯区委员会	团区委
成都市武侯区妇女联合会	区妇联
成都市武侯区科学技术协会	区科协
成都市武侯区文学艺术界联合会	区文联
成都市武侯区社会科学界联合会	区社科联
成都市武侯区工商业联合会	区工商联
成都市武侯区残疾人联合会	区残联
成都市武侯区红十字会	区红十字会
成都市公安局武侯分局	区公安分局
国家税务总局成都市武侯区税务局	区税务局
成都市武侯区规划和自然资源局	区规划和自然资源局
成都市武侯区生态环境局	区生态环境局
成都市武侯国有资本投资运营集团有限责任公司	武侯国投集团
中国国民党革命委员会成都市委会武侯区支部	民革武侯支部
中国民主同盟成都市武侯区总支部委员会	民盟武侯总支
中国民主建国会成都市武侯区总支委员会	民建武侯总支
中国民主促进会成都市武侯区总支委员会	民进武侯总支
中国农工民主党成都市武侯区支部委员会	农工党武侯支部
中国致公党成都市武侯区支部委员会	致公党武侯支部
九三学社成都市武侯区委员会	九三学社武侯区委

注：在文件中区纪委监委与区级部门并列出现时，使用“区纪委监委机关”简称。

序

国务院办公厅2015年8月印发的《全国地方志事业发展规划纲要（2015—2020年）》（以下简称《规划纲要》）要求，到2020年要做到地方综合年鉴一年一鉴，公开出版，实现省、市、县三级综合年鉴全覆盖。《规划纲要》还要求，坚持存真求实，正确处理质量与进度的关系，将精品意识贯穿于年鉴编纂出版工作全过程。2015年12月，中国地方志指导小组办公室启动中国年鉴精品工程，将其与先期实施的中国志书精品工程视为姊妹工程，一道作为加强地方志质量建设的重要抓手。

实施中国年鉴精品工程有助于推动中华优秀传统文化传承发展。近年来，在党中央、国务院的高度重视和关心支持下，全国地方志事业发展迎来最好的发展时期。年鉴编纂发端于欧洲，鸦片战争后被引入我国，在我国走过了100多年的发展历史。在长期的编纂中，年鉴在内容和形式上不断发展，逐渐演变成为适合反映中国国情、具有鲜明中国特色的一种文化载体，并在改革开放后出现了快速发展的局面。2006年5月，国务院《地方志工作条例》颁布施行，明确将地方综合年鉴纳入地方志工作范畴，年鉴工作走上了有法可依的轨道。《规划纲要》出台，为从依法编鉴转变到依法治鉴指明了方向。2016年12月，中国地方志指导小组印发《全国年鉴事业发展规划（2016—2020年）》，更进一步明确了到2020年全国年鉴事业的任务书、时间表、路线图。经过多年的发展，年鉴工作已经成为地方志工作的重要组成部分，成为中华民族优秀文化传统的有机组成部分，其存史、育人、资政作用日益彰显。实施中国年鉴精品工程，是年鉴工作者紧扣时代脉搏、坚持创新发展的一项重要举措，对于坚定文化自信，传承弘扬好中华优秀传统文化意义重大。

实施中国年鉴精品工程有助于为全面建成小康社会提供更多智力支持和历史借鉴。党的十八大作出全面建成小康社会的战略部署。党的十八届五中全会提出到2020年如期实现全面建成小康社会的目标要求。完成《规划纲要》确定的目标任务是年鉴工作者的神圣使命，更是年鉴工作者以自身力量为全面建成小康社会献上的厚礼。一方面，可以更好地利用年鉴这种年度资料性文献，及时记录各地区在全面建成小康社会伟大征程中每年取得的新成绩和新经验、出现的新情况和新问题、涌现的优秀人物和典型事迹等；另一方面，可以更好地积累地情、国情资料，为推动经济社会发展和深化改革提供智力支持，为推进国家治理体系和治理能力现代化提供历史借鉴。

实施中国年鉴精品工程有助于全面推进地方志事业转型升级。地方志不是单纯修志编鉴工作，而是全体方志人“修志问道，以启未来”的一项事业，这项事业包含着巨大的时代担当与使命追求。地方志工作要在“五大建设”总体布局和“四个全面”战略布局中发挥与其自身价值、功能相匹配的作用，就要因时而谋、乘势而上、顺势而为，全面推进地方志事业转型升级。转型升级，当下最重要的目标就是完成“两全”目标，包括“年鉴全覆盖”目标；长远的目标就是基本形成地方志编修体系、理论研究和学科建设体系、质量保障体系、资源开发利用体系、工作保障体系“五位一体”的地方志事业发展综合体系，包括“五位一体”的年鉴事业发展综合体系。中国年鉴精品工程是一项探索工程，也是一项创新工程，是推进地方志事业转型升级的重要内容。通过实施中国年鉴精品工程，不仅有助于确保年鉴质量，不断编纂出版具有鲜明时代特征、年度特点和地域特色的精品年鉴，也有助于推动年鉴工作适应经济社会发展形势和时代需要，不断改革创新，与时俱进。

多年来，在中国地方志指导小组办公室的指导和全国各级地方志工作机构的共同努力下，年鉴种类数量快速增长，年鉴成果粲然可观，为实施中国年鉴精品工程奠定了坚实的基础。实施中国年鉴精品工程，就是要在全国地方志系统起到示范作用，进一步培育精品意识，打造精品年鉴，以点带面，在提高年鉴质量方面探索出一条切实可行之路，使这项探索工程和创新工程能够积累经验，发挥引领作用。

“万山磅礴，必有主峰；龙衮九章，但挈一领。”实施中国年鉴精品工程，是筑牢地方志事业特别是年鉴事业发展根基之举，其意义与价值不言而喻。但编修出年鉴精品佳作，绝非朝夕之功，需要付出长期艰辛的努力。希望通过实施中国年鉴精品工程，能够进一步推进年鉴质量建设，使年鉴真正成为传承中华民族优秀传统文化的重要载体，成为展示中国国情、地情的重要窗口，成为“为当代提供资政辅治之参考、为后世留下堪存堪鉴之记述”的资源宝库，在全面建成小康社会过程中作出更大贡献。

是为序。

中国社会科学院原副院长
中国地方志指导小组原常务副组长　李培林

编辑说明

一、《武侯年鉴》是成都市武侯区人民政府主办的综合性地方资料性文献，以马克思列宁主义、毛泽东思想、邓小平理论、“三个代表”重要思想、科学发展观、习近平新时代中国特色社会主义思想为指导，坚持辩证唯物主义和历史唯物主义的立场、观点和方法，按年度全面系统记述武侯区自然、政治、经济、文化、社会、生态等方面的基本情况和主要成就。

二、《武侯年鉴》主要采取分类编辑法，按照类目、分目、条目的框架结构组成主体内容，以不同字体、字号区别不同层次；条目标题均加【】表示。

三、《武侯年鉴（2022）》为第16卷，记载成都市武侯区2021年的基本情况、大事要闻、发展动态和主要成就，个别特殊事项适当上溯。

四、《武侯年鉴（2022）》将“经济管理”类目调整到主要经济发展内容之前，将“生态环境建设”类目调整到“城乡建设”类目后；“商贸与服务业”类目更名为“服务业”，增加“住宿餐饮业”分目；将“旅游业”“应急管理”“体育”分目升级为类目；将“民族宗教事务”“精神文明建设”分目调整到“社会生活”类目。设有特载、专记、大事记、区情概览、中共成都市武侯区委员会、成都市武侯区人民代表大会、成都市武侯区人民政府、政协成都市武侯区委员会、中共成都市武侯区纪律检查委员会 成都市武侯区监察委员会、民主党派·工商联、群众团体、法治、军事、经济管理、农业、工业、建筑业·房地产业、服务业、旅游业、产业功能区、开放与合作、城乡建设、生态环境建设、应急管理、交通·能源、科学技术、教育、文化、卫生健康、体育、社会生活、街道、人物·荣誉、统计公报、附录等。

五、《武侯年鉴（2022）》统一使用规范的现代语体文记述，数字用法、标点符号用法分别采用国家标准《出版物上数字用法》（GB/T 15835-2011）、《标点符号用法》（GB/T 15834-2011），计量单位采用国家技术监督局1993年12月发布的《量和单位》系列国家标准。

六、《武侯年鉴（2022）》中省去前缀的“省”“市”“区”分别指四川省、成都市、武侯区；“五城区”指锦江区、青羊区、金牛区、武侯区、成华区；“中心城区”指四川天府新区（成都直管区）、成都高新区、锦江区、青羊区、金牛区、武侯区、成华区、龙泉驿区、青白江区、新都区、温江区、双流区、郫都区、新津区；区“四大班子”指区委领导班子、区人大常委会领导班子、区政府领导班子、区政协领导班子；在主体内容中，单位名称一般用规范简称。

七、《武侯年鉴（2022）》内文中省内市（州）前面均省去“四川省”字样；省外市（州）县前均加所在省名，省会城市和大连、青岛、宁波、厦门、深圳5个国家计划单列市除外。

八、《武侯年鉴（2022）》中涉及的数据或职级，凡未括注的，“以上”均包括本数（本级）。文中以村命名的地块和项目均沿用原名，不作修改。

九、《武侯年鉴（2022）》相关内容由区级各部门、各街道办事处以及驻区单位提供，综合性数据由区统计局提供；前插图片除特别署名的外，均为区融媒体中心提供。

庆祝中国共产党成立100周年

2021年，武侯区广泛组织庆祝中国共产党成立100周年活动，举办文艺会演、歌咏会等群众性文艺演出，组织全区各级党政机关、人民团体、企事业单位和社会各界群众收看庆祝中国共产党成立100周年大会直播，开展表彰先进、党史宣讲、文化展览、文艺创作等宣传教育活动250余场，宣扬传承红色基因，营造爱党颂党氛围。

6月30日，武侯区优秀共产党员、优秀党务工作者、先进基层党组织表彰大会召开

3月22日，武侯区委召开庆祝中国共产党成立100周年暨党史学习教育领导小组会议

6月11日，武侯区举行庆祝中国共产党成立100周年征文大赛颁奖仪式

7月7日，武侯区庆祝中国共产党成立100周年座谈会召开

4月23日，武侯区举办“奋斗百年路”诵读晚会

6月18日，武侯区2021年庆祝中国共产党成立100周年群众文艺汇演举行

6月26日，武侯区举行“颂歌献给党”庆祝中国共产党成立100周年群众歌咏会

武侯区第八次党代会

2021年10月28—29日，中国共产党成都市武侯区第八次代表大会在区会议中心召开。陈麟代表七届区委向大会作题为《牢记初心使命 奋进新的征程 为高质量建设践行新发展理念的公园城市示范城区努力奋斗》的报告。大会通过关于七届区委工作报告、区纪委工作报告相关决议；选举出八届区委委员33名、候补委员7名，以及区纪委委员25名。10月29日，武侯区委八届一次全体会议上，陈麟当选为区委书记，景波、王毅当选为区委副书记，陈麟、景波、王毅、刘继平、王亚滨、沈翔、黄永忠、潘虹、邱长宝、余戬、潘运中当选为区委常委。

大会向代表发放选票

代表听取七届区委工作报告

10月28日，中国共产党成都市武侯区第八次代表大会在区会议中心开幕

大会主席团第三次会议

党代表分组讨论大会报告

中国共产党成都市武侯区第八届委员会第一次全体会议进行投票选举

生态文明示范区建设

2021年，武侯区坚决贯彻习近平生态文明思想，以践行新发展理念的公园城市示范城区为统领，坚持生态优先、绿色发展，创新推行官方河长、民间河长、专家河长“三长共治”机制，逐步探索走出一条环境优美、美丽宜居、生态惠民、绿色发展的现代化生态文明之路。江安河武侯段被评为成都市“最美河湖”；10月，武侯区入选生态环境部第五批“国家生态文明建设示范区”。

武侯区获“国家生态文明建设示范区”称号（区生态环境局供图）

夕照下的江安河公园

宜居水岸江安河明珠湾段全景（区公园城市局供图）

清水河万寿桥段风光（区水务局供图）

居民在公园内晨练（区综合执法局供图）

武侯生态体育公园

一环路市井生活圈打造

2021年，武侯区将城市有机更新行动的主轴线一环路市井生活圈与天府旅游线路体系有机结合，打造沿线特色有机消费场景，助推夜间经济发展。2月8日，一环路市井生活圈正式开街；5月，“一条街就是一座博物馆”的大学路改造完成并开街，观众在行走中就可以感知华西坝的历史底蕴；12月，玉林特色街区开街，创新导入产业商业，艺术化展示玉林IP和玉林特色生活。

傍晚的玉林特色街区街景

市民夜游玉林特色街区

2月8日，成都市一环路市井生活圈系列活动暨第十四届武侯闹春活动启动仪式在成都音乐坊举行

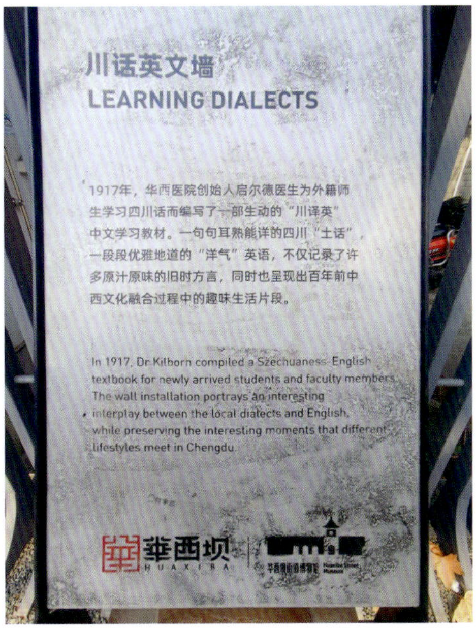

大学路上的川话英文墙简介（区地志办供图）

大学路街景（区地志办供图）

成都音乐大道街景

市民在音乐大道打卡留念

荣誉武侯·2021

1月

武侯区被国家卫生健康委表彰为2018—2020年全国计划生育优质服务先进单位

武侯区政府上报的《齐心聚力倡节约 利国利民谱华章》被国家机关事务管理局评为公共机构能源资源节约优秀示范案例

武侯区被省文化和旅游厅认定为第二批四川省全域旅游示范区

4月

武侯区被民政部确定为全国婚俗改革实验区

5月

武侯区被省委办公厅评为2020年度维护社会稳定先进县（市、区）

武侯区被市委、市政府评为2020年度信访维稳工作担当作为先进集体

武侯区被省委、省政府评为2020年省内对口帮扶涉藏地区和彝区贫困县先进集体

6月

武侯区被省卫生健康委确定为2018—2020年度四川省健康促进区

武侯区被新华网评为“点赞·2021绿色发展优秀区”

7月

武侯区被省卫生健康委评为四川省免疫规划示范区

武侯区通过国家知识产权强县工程示范区复核验收

成都音乐坊被省文化和旅游厅确定为2021年度四川文化旅游融合示范项目

8 月

武侯区被市委、市政府评为安全生产党政同责先进单位

武侯区政府被国家机关事务管理局、国家发展改革委、水利部评为公共机构水效领跑者（2021—2023 年）

9 月

武侯区“颐居通”社区居家养老服务典型案例被国家发展改革委认定为第一批运用智能技术服务老年人示范案例

武侯区被中央网信办、国家发展改革委、民政部等七部委（局）确定为国家智能社会治理实验基地（社区治理）

10 月

武侯区被生态环境部评为第五批国家生态文明建设示范区

11 月

武侯区作为四川省 2021 年度全国百强县百强区，受到省政府通报表扬

成都音乐坊被文化旅游部认定为第一批国家级夜间文化和旅游消费集聚区

12 月

武侯区被人民网评为人民网网民留言民心汇聚单位

武侯区获第二届数字四川创新大赛（2021）数字政府赛道“优秀案例”奖

数字武侯·5年数据对比

常住人口

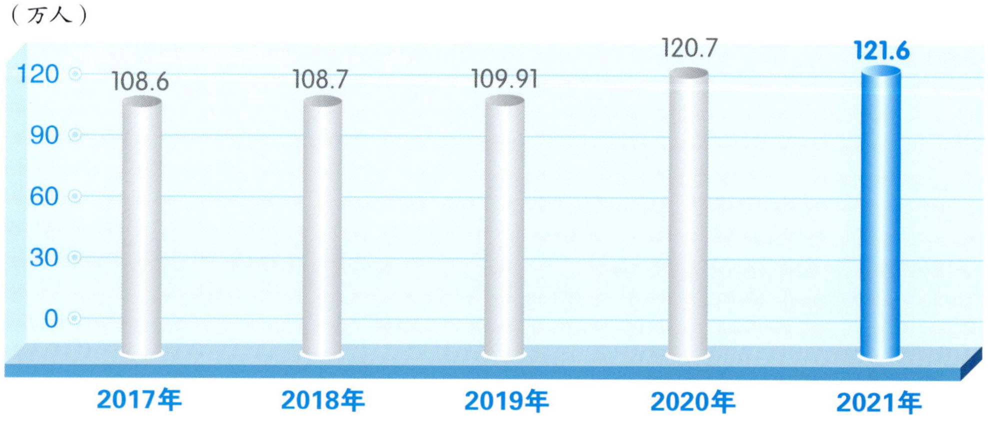

地区生产总值

社会消费品零售总额

驻区世界500强企业

（家）

一般公共预算收入

（亿元）

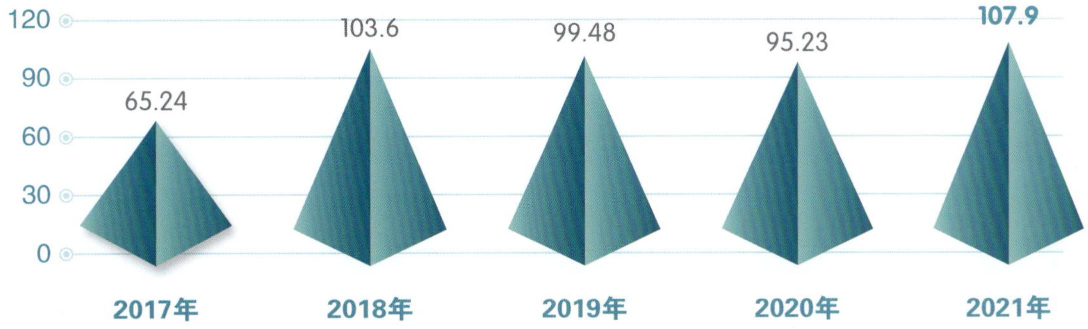

注：2018年，成都市对区（市）县财政体制进行了调整。

城镇居民人均可支配收入

（元）

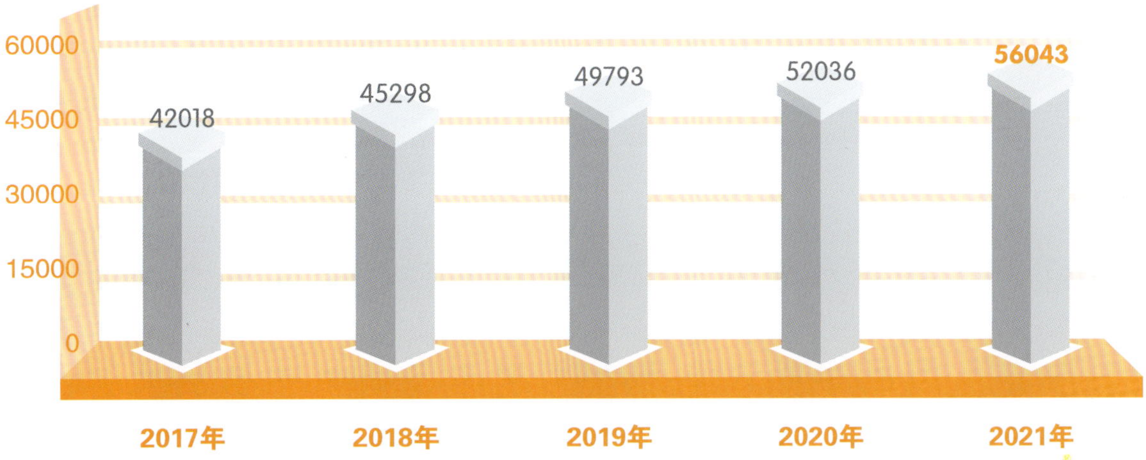

数字武侯·2021

区域面积：75.36 平方千米

建成区面积：60.28 平方千米

户籍人口：67.68 万人

城镇化率：100%

绿地面积：2401.3 万平方米

绿化覆盖面积：2797 万平方米

绿化覆盖率：46.4%

空气质量优良天数：284 天

驻区高等院校：8 所

中等职业学校：4 所

特殊教育学校：1 所

中小学校：76 所

幼儿园：156 所

在校学生（不含普通高等学校学生）：144671 人（含在园幼儿）

卫生机构：1239 个

卫生机构床位：19824 张

注册执业医师（含助理医师）：12757 人

注册护士：17984 人

三甲医院：13 家

图书（分）馆：16 个

文化（分）馆：20 个

社区文化服务站：71 个

博物馆：11 个

体育（场）馆：1952 处

电影院线：20 家

各级文物保护单位：16 处

国家级重点文物保护单位：3 处

不可移动文物点位：73 处

国家AAAA级旅游景区：3 个

地区生产总值：1358.8 亿元

第一产业增加值：131 万元

第二产业增加值：199.4 亿元

工业增加值：78.3 亿元

第三产业增加值：1159.3 亿元

文化创意产业增加值：143.24 亿元

医药健康产业增加值：132.8 亿元

金融产业增加值：267.6 亿元

一、二、三次产业比重：0.001∶14.678∶85.322

引进到位内资总额：181.4 亿元

引进到位外资总额：4.89 亿美元

外贸进出口总额：140.6 亿元

电子商务交易额：3519 亿元

旅游总收入：311.4 亿元

一般公共预算收入：107.9 亿元

一般公共预算支出：84.47 亿元

科学技术财政投入：1.74 亿元

教育总投入：23.02 亿元

医疗卫生财政投入：5.77 亿元

居民人均消费支出：32070 元

目　录

特　载

牢记初心使命　奋进新的征程
为高质量建设践行新发展理念的公园城市示范城区努力奋斗 …… 1
政府工作报告 …… 12

专　记

深入开展党史学习教育
践行“不忘初心、牢记使命” …… 23
量身打造就业服务套餐　满足群众多样化需求 …… 25
党建引领创新社区治理
信托制物业破解服务难题 …… 26

大事记

1 月 …… 29
2 月 …… 29
3 月 …… 30
4 月 …… 30
5 月 …… 31
6 月 …… 32
7 月 …… 33
8 月 …… 34
9 月 …… 34
10 月 …… 35
11 月 …… 36
12 月 …… 37

区情概览

自然环境 …… 39
地理位置 …… 39
地质地貌 …… 39
气候水文 …… 39
建置区划 …… 39
建置沿革 …… 39
行政区划 …… 40
人口　民族 …… 41
人口 …… 41
民族 …… 41
人文历史 …… 41
历史文化 …… 41
文化地标 …… 41
2021 年经济社会发展 …… 42
经济总体指标 …… 42
项目招引投资 …… 42
产业能级提升 …… 42

城市有机更新……42
教育改革深化……43
文化体育发展……43
医疗卫生保障……43
新冠肺炎疫情防控……43
民生保障服务……43
生态环境提升……44

中共成都市武侯区委员会

综　述……45
重要会议……47
武侯区委七届十七次全体会议……47
武侯区委七届十八次全体会议……47
武侯区第八次党代会……47
武侯区委八届一次全体会议……47
武侯区委常委会会议……47
重要决策……52
制定“十四五”规划和二〇三五年远景目标……52
加快科技成果转化……53
实施幸福美好生活十大工程……53
统筹推进办赛营城工作……53
建设公园城市示范城区……54
区委综合事务……54
概况……54
重要文稿撰写……54
刊物编发……54
目标管理……54
目标督查……54
文件办理……55
会务办理……56
信息报送……56
公务服务……56
组织建设……56
概况……56
党员发展……56
党员教育……56
党代表作用发挥……57
干部监督……57
干部教育培训……58
人才队伍建设……58
公务员管理……58
“两优一先”表彰……58
党建工作……59
概况……59
党建主体责任落实……59
机关党建……59
教育系统党建……60
“两新”领域党建……60
产业功能区党建……60
国有企业党建……60
城市基层党建……60
离退休干部党建……62
党建引领社区发展治理……62
宣传工作……63
概况……63
理论学习教育……63
意识形态工作……63
社会宣传……63
“感动武侯”主题评选活动……64
新闻发布……64
网络信息工作……64
概况……64
网络综合治理……64
网络安全管理……65
网络安全培训……65
统一战线工作……65
概况……65
民主党派工作……65
非公经济统战工作……65
武侯区党外知识分子联谊会工作……66
武侯区新的社会阶层人士联谊会工作……66
统一战线干部队伍建设……66

保密工作……67
概况……67
保密督查……67
保密宣传培训……67
保密技术防范……67
保密服务……67
机构编制工作……67
概况……67
街道体制机制改革……67
产业功能区管理机构优化……68
机构编制优化调整……68
机构编制核查整治……68
党校工作……68
概况……68
市管干部培训……68
局级干部培训……69
优秀人才培训……69
基层党组织书记培训……69
国有企业运营管理小专班培训……70
校地合作联合培训……70
“武侯慕课”线上培训……71
现场教学基地建设……71
理论研究……71
老干部工作……71
概况……71
离退休干部“两项待遇”落实……71
离退休干部志愿服务……72
武侯老党员工作室建设……72
老干部活动中心建设……72
党史研究……73
概况……73
执政实录编纂……73
党史学习教育阵地建设……73
江姐纪念馆……73
档案工作……73
概况……73
档案收集……74
档案统计……74
脱贫攻坚和新冠肺炎疫情防控档案归集……74
重大项目档案管理……74
档案资源利用……74
档案安全检查……74
档案宣传培训……74
数字档案馆建设试点……74

成都市武侯区人民代表大会

综　述……75
重要会议……76
武侯区七届人大五次会议……76
武侯区七届人大六次会议……76
武侯区八届人大一次会议……76
武侯区七届人大常委会会议……77
武侯区七届人大常委会主任会议……78
依法监督……79
概况……79
财政预算决算审查……79
国有资产管理监督……79
发展规划监督……80
生态环境保护监督……80
社会治理监督……80
社会事业发展监督……80
执法检查……80
决定重大事项与人事任免……81
决定重大事项……81
依法任免……81
视察与考察……81
人大代表视察调研……81
区人大常委会领导外出考察……81
议案和建议……82
概况……82
部分人大代表建议摘要……82

人大代表建议办理……82
代表工作……85
概况……85
人大代表联系群众……85
人大代表培训……86
专门委员会工作……86
概况……86
法制委员会……86
财政经济委员会……86
社会事业委员会……86
城乡建设与环境保护委员会……86

成都市武侯区人民政府

综　述……87
民生实事……88
概况……88
区级民生实事征集……88
十大民生服务案例评选……88
共建幸福美好生活大会……95
重要会议……95
武侯区政府第八次全体会议……95
武侯区政府第九次全体会议……95
武侯区政府第十次全体会议……96
武侯区政府常务会议……96
区政府综合事务……99
概况……99
建议提案办理……99
政府公文办理……99
目标督办……100
政府采购……100
政府投资信息化项目建设……100
公车管理……101
办公用房管理……101
社会化服务管理……101
公共机构节能创建……102
外事及港澳台事务……102
外事管理……102
侨务管理……102
港澳台事务……103
行政审批服务……103
概况……103
审批服务便民化改革……103
政务大厅窗口服务……103
国际化营商环境建设……104
服务企业……105
“社银一体”服务模式……105
网络理政……106
行政执法……106
概况……106
执法队伍建设……106
市容市貌执法……107
文体旅市场执法……107
市场监管执法……107
生态环境保护执法……107
信访工作……108
概况……108
接访办理……108
重点信访办理……108
“群众工作之家”建设……108

政协成都市武侯区委员会

综　述……109
重要会议……110
武侯区政协七届五次会议……110
武侯区政协八届一次会议……111
武侯区政协常委会会议……111
武侯区政协主席会议……111
参政议政……113
概况……113
建言经济建设……113

建言社会事业发展……113
区政协领导考察活动……113
政治协商……113
概况……113
全会协商……113
提案办理协商……113
专题协商……114
对口协商……114
民主监督……118
概况……118
视察监督……118
民意监督……119
特约监督……119
视察与调研……119
概况……119
城市更新工作调研……119
社会事业调研……119
产业功能区调研……119
专门委员会工作……119
概况……119
提案委员会……120
经济委员会……120
建设与环境委员会……120
教育文化委员会……120
社会事业委员会……120
法制群团委员会……120

中共成都市武侯区纪律检查委员会 成都市武侯区监察委员会

综　述……121
重要会议……121
武侯区纪委七届十次全体会议……121
武侯区纪委七届十一次全体会议……122
武侯区纪委八届一次全体会议……122
武侯区纪委常委会会议……122
正风肃纪……122
概况……122
中央八项规定精神落实……122
专项治理深化……122
群众诉求回应……122
精准监督……123
概况……123
主体责任落实监督……123
监督对象信息管理……123
纪检监察干部监督……123
反腐败工作……123
概况……123
反腐败机制构建……123
腐败问题查处……123
反腐败宣传教育……123
巡察工作……124
概况……124
巡察部署……124
巡察监督……124
省委巡视反馈问题整改……124
巡察反馈问题整改监督……124

民主党派·工商联

民革武侯支部……125
概况……125
参政议政……125
服务社会发展……125
民盟武侯总支……125
概况……125
参政议政……126
服务社会发展……126
民建武侯总支……126
概况……126
参政议政……126
服务社会发展……127

民进武侯总支……127
概况……127
参政议政……127
服务社会发展……127
农工党武侯总支……127
概况……127
参政议政……127
服务社会发展……128
致公党武侯支部……128
概况……128
参政议政……128
服务社会发展……128
九三学社武侯区委……129
概况……129
参政议政……129
服务社会发展……129
武侯区工商业联合会……129
概况……129
商会建设……129
服务经济建设……129
参政议政……130
非公经济人士教育培训……130
区工商联第七次会员代表大会……130

群众团体

武侯区总工会……131
概况……131
工会组织建设……131
和谐劳动关系创建……132
职工权益维护……132
工会改革……132
产业工人队伍建设……132
职工服务站点建设……132
服务劳模……132
服务职工……133
工会“四送”活动……133
职工技能竞赛活动……133
共青团武侯区委员会……134
概况……134
基层团组织建设……134
青少年思想道德建设……134
青年创业就业服务……134
青年服务体系建设……134
青年志愿服务……135
少先队工作……135
武侯区妇女联合会……135
概况……135
“妇女之家”建设……135
妇建创投大赛……136
妇女儿童权益保护……136
儿童友好社区建设……136
“儿童之家”建设……136
家庭教育……137
巾帼岗位建功评选活动……137
巾帼学院建设……137
武侯区红十字会……137
概况……137
红十字会改革……138
应急救护服务保障……138
人道救助……138
应急救护培训……138
红十字志愿服务……138

法 治

政法委与综治……139
概况……139
平安武侯建设……139
政法队伍教育整顿……139
政法领域改革……140
法治政府建设……140
概况……140
普法宣传教育……140

合法性审查……140
行政权责清单调整……141
行政执法监督……141
行政复议和行政应诉……141
公　安……141
概况……141
打击犯罪……141
维护稳定……142
治安防控……142
安全秩序维护……142
公安政务服务……142
智慧警务建设……142
检　察……143
概况……143
刑事检察……143
民事行政检察……143
公益诉讼检察……143
未成年人司法保护……143
检务服务……143
法　院……144
概况……144
刑事审判……144
民商事审判……144
行政审判……144
执行工作……144
诉源治理……144
案件审理改革……145
纠纷调解模式改革创新……145
审务公开……145
司法服务……145
司法行政……146
概况……146
人民调解……146
安置帮教……146
社区矫正……146
公共法律服务……146
律师行业管理……146

军　事

武侯区人民武装部……147
概况……147
党管武装……147
全民国防教育……147
民兵思想政治建设……147
民兵组织建设……147
民兵战备训练……148
民兵武器装备管理……148
民兵参建参治……148
预备役登记……148
征兵工作……148
人民防空……148
概况……148
人防工程管理……148
警报系统建设管理……148
人防训练……148
人防宣传教育……148

经济管理

宏观经济调控……149
概况……149
规划编制……149
产业能级提升……149
政府投资项目管理……150
固定资产投资……150
社会信用体系建设……150
新经济发展……150
概况……150
示范应用场景打造……150
市场主体培育……151
新经济显示推广……151
创新创业载体建设……151
国有资产管理……152
概况……152

国有资产备案年检……152
国有资产规范管理……152
拆迁安置小区配套经营性用房清理……152
国土资源管理……153
概况……153
耕地保护……153
土地执法监察……153
区属国有企业管理……153
概况……153
区属国有企业运营监管……153
区属国资国企改革……153
武侯国投集团……153
财　政……155
概况……155
财政收入……155
财政支出……156
政府采购监督管理……159
政府债务管理……159
预算绩效管理……159
国库集中收付……160
税　收……160
概况……160
税收收入……160
税费征管改革……163
税收营商环境优化……164
征纳互动办税服务……164
减税降费政策落实……164
社保费征收……165
非税收入征收……165
房土两税征管……165
纳税评估与风险应对……165
税收综合治理……166
武侯区税费服务支持中心成立……166
金融监管……167
概况……167
地方金融组织监管……167
金融风险防范……167
金融风险处置……167
审　计……167
概况……167
财政一体化审计……167
领导干部经济责任审计……168
专项跟踪审计……168
巡审联动……168
统　计……168
概况……168
统计基层基础建设……168
专业统计……168
统计服务……168
统计执法检查……169
统计改革……169
人口普查……169
价格管理……169
概况……169
成本监审……169
价格监测……170
涉案物品价格鉴定……170
粮食行政监管……170
概况……170
粮食流通监管……170
粮油安全监管……170
区级储备粮管理……170
市场监管……170
概况……170
企业年报管理……170
市场规范管理……170
网络市场监管……171
消费者权益保护……171
质量安全管理……171
特种设备安全监管……171
质量监督抽查……171
食品安全监管……172

药品器械化妆品监管……172
反不正当竞争监管……172
食品药品安全宣传……172

农　业

农业经济……173
概况……173
农村集体产权制度改革“回头看”……173
农村集体资产监管……173
农业综合管理……174
概况……174
动物重大疫病防控……174
动物卫生监督……174
秸秆禁烧……174
大中型水库移民扶持政策落实……174
供销社资产运营管理……174

工　业

工业经济……175
概况……175
规模以上工业企业……175
工业项目招商……175
工业重大产业化项目……175
工业企业服务……175
辖区重点工业企业……177
成都燃气集团股份有限公司……177
成都彩虹电器（集团）股份有限公司……177
四川合信药业有限责任公司……177
中密控股股份有限公司……177
成都利君实业股份有限公司……177
费希尔久安输配设备（成都）有限公司……178
中建环能科技股份有限公司……178
成都华日通讯技术股份有限公司……178
成都康特电子高新科技有限责任公司……178

建筑业·房地产业

建筑业……179
概况……179
建筑企业管理……179
建设工程安全监管……179
建设工程质量监督备案和消防工程验收备案……180
建设项目审批备案……180
房地产业……180
概况……180
重点房地产竣工项目……180
人才安居房建设……181
房产管理……181
房产市场……181
公房管理……181
物业服务管理……182
武侯区物业管理协会……182
住房维修资金管理使用……182

服务业

商贸业……183
概况……183
标准化菜市场……183
新春欢乐购活动……183
消费创新赋能……184
消费场景打造……185
武侯区夜经济领跑全国……185
专业市场与城市综合体……186
概况……186
专业市场……186
城市综合体……186
大型商场超市……186
服务业载体建设……188
概况……188
服务业重大项目建设……188
专业楼宇培育……188

电子商务产业……191
概况……191
电商协会活动……191
省级电子商务新业态基地创建……192
电商直播活动……192
大健康产业……192
概况……192
环华西国际智慧医谷建设……193
中德口腔医疗产业对接会……193
2021“医美之都”北京招商推介会……193
金融业……194
概况……194
金融业扶持……194
金融业招商引资……194
企业上市……194
“蓉易贷”推进……194
中国人民银行成都分行……195
融资担保公司……195
小额贷款公司……196
典当行……196
融资租赁公司……196
商业保理公司……198
银行机构……198
文化创意产业……199
概况……199
文创载体建设……199
文创产业扶持……199
文创人才队伍建设……199
BY1906 文化创意工厂……200
梵木 Flying 国际文创公园……200
音乐坊步行街入选省级步行街改造提升试点……200
住宿餐饮业……200
概况……200
宾馆酒店……201
餐饮行业转型升级……201
美食街区打造……202
“中央厨房”打造……202
特色餐饮……203

旅游业

旅游资源……207
概况……207
成都武侯祠……207
锦里……208
望江楼公园……208
天艺·浓园艺术博览园……209
天府芙蓉园……209
旅游推广……210
概况……210
旅游品牌建设……210
旅游宣传……210
旅游品牌推广……210
武侯区精品旅游线路……210
第四届天府芙蓉花节……211
第二十四届中国·成都国际竹文化交流节……211
旅游管理……211
概况……211
景区安全管理……212
旅游市场监管……212
天府旅游名县提升建设……215
三大节日旅游市场……216

产业功能区

她妆美谷……217
概况……217
营商环境……217
她妆美谷规划……217
项目招引……218
她妆美谷电商直播基地……218
闪耀女神节活动……219
华西医美健康城……219
概况……219

医美健康产业发展规划……220
重点项目建设……220
创新服务平台建设……220
招商引资……222
华西健康谷……222
第四届环华西国际智慧医谷发展论坛……225
转化医学国家重大科技基础设施（四川）项目竣工……226
三国创意设计产业功能区……226
概况……226
产业功能区规划……226
产业功能区项目建设……227
产业功能区招商引资……227
“三国 Online”高品质科创空间网络推介会……231
“三国 Online”元宇宙云上签约……231
三国创意园被认定为国家出口文化基地……231
悦湖科技城……232
概况……232
悦湖科技城规划……232
悦湖科技城项目招引……232
悦湖科技城项目建设……232
悦湖科技城土地整理及上市……236
成都音乐坊……236
概况……236
音乐坊规划建设……236
音乐坊项目招引……237
音乐文化活动……237
第十三届中国音乐金钟奖颁奖典礼暨闭幕式音乐会……237
“音乐之都　武侯之声”成都音乐坊新年音乐季……238

开放与合作

对外交往……239
概况……239
国际交流……239
“家在成都”工程建设……240
对外经济贸易……240
概况……240
对外经济交往……240
中日合作推进……240
贸易进出口……241
利用外资……241
招商引资……241
概况……241
重大项目引进……241
新加坡能源集团落地武侯区……243
蜀道城乡集团落户武侯区……243
区域合作……243
概况……243
合作园区建设……243
武侯－安岳教育联盟活动……244
第三区域教育联盟活动……244
助力简阳市三星镇乡村振兴……244
对口支援白玉县……244
概况……244
产业帮扶……245
就业帮扶……245
教育帮扶……245
医疗帮扶……246
人才培养帮扶……246
全域结对帮扶……246
区工商联对口帮扶白玉县……246

城乡建设

规划管理……247
概况……247
规划编制……247
规划调整……247
规划审批验收……248

城乡土地利用 248
概况 248
土地报征 248
土地上市推进 248
征后实施 248
征地拆迁 248
城市有机更新 249
概况 249
城市有机更新规划 249
特色街区打造 249
玉林特色街区打造 250
市政公服设施建设 250
概况 250
市政基础设施建设 250
公共服务设施建设 251
通信基础设施维护 251
慢行交通体系建设 251
望江路格林威治慢行街区打造 252
市政设施管护 252
概况 252
道路日常维护 252
桥梁与下穿隧道维护 252
旧城改造 253
概况 253
国有土地房屋搬迁 253
老旧小区改造 253
重要区域城市品质提升 253
公园城市示范区建设 253
概况 253
锦江公园和锦江子街巷建设 253
一环路市井生活圈打造 254
一环路市井生活圈开街 254

生态环境建设

环境保护 255
概况 255
生态环保督察问题整改 256
大气污染防治 256
水污染防治 256
土壤污染防治 257
生态环境评价审批 257
生态环境保护宣传 258
环境监测 258
环城生态区建设 258
概况 258
环城生态区品质提升 258
环城生态公园建设 259
天府芙蓉园建设 259
城乡环境综合治理 259
概况 259
背街小巷及铁路沿线环境整治 259
一环路“泛光 + 橱窗 + 安防”改造 259
扬尘污染治理 260
“两拆一增”专项行动 260
城乡水环境综合整治 260
概况 260
宜居水岸建设 260
河长制管理 261
宜居水岸一期江安河示范段 261
环境卫生 261
概况 261
环卫基础设施建设 262
生活垃圾中转房（点）专项整治 262
垃圾分类处理 262
生活垃圾分类推进 262
园林绿化 263
概况 263
全域公园建设 263
小游园微绿地建设 263
“金角银边”示范点位打造 263
全民义务植树活动 263
古树名木保护 264

应急管理

综　述 265
概况 265
应急值守 265
应急预案编修 266
应急救援队伍建设 266
应急演练 266
武侯区 2021 年应急和安全生产专题会议 266
防灾救灾 266
概况 266
自然灾害综合风险普查 267
救灾物资保障 267
防汛抢险 267
防灾减灾宣传教育 267
应急避难场所建设 267
安全生产监督管理 268
概况 268
安全生产责任体系建设 268
安全生产责任落实 268
安全生产隐患整改 269
安全生产宣传培训 269
危险化学品安全监管 269
商贸流通领域安全检查 270
消防救援 270
概况 270
消防隐患排查治理 270
火灾处置 270

交通·能源

交通运输 271
概况 271
交通状况 271
汽修企业管理 271
交通运输管理 272
运输企业质量信誉考评 272
危险品运输企业管理 272
网约车巡游车管理 272
公共交通建设 272
成都旅游集散中心 272
成都南站 273
快递和物流业 273
概况 273
寄递行业管理 273
主要快递物流企业 274
能源供应 274
概况 274
能源供给协调 274
能源安全生产 274
老旧院落户表改造 274
加油站改造 274

科学技术

科技管理 275
概况 275
科技计划 275
科技投入 277
科技人才管理 277
知识产权 277
概况 277
知识产权保护 277
版权监督管理 277
知识产权专项资助 278
国家知识产权强县工程示范区建设 278
科普活动 278
概况 278
全民科学素质提升 278
科普基础建设 279
暑期青少年科普假日学校活动 279
全国科普日活动 280
科协交流合作 280

教　育

教育管理……281
概况……281
“两自一包”教育改革……281
“双减”政策落实……282
民办义务教育管理……282
招生考试……282
教育教学交流……283
学校建设……283
全国智慧教育示范区建设……283
校园安全管理……283
武侯区水韵园综合教育基地……284
教师队伍建设……284
校（园）长岗位职级制改革……284
教育资助……284
基础教育……284
概况……284
学前教育……285
义务教育……285
普通高中教育……292
区属学校选介……292
成都七中……297
特殊教育……298
中小学德育……298
“勤以立人”劳动教育……299
艺术教育……299
职业教育……299
概况……299
四川省成都市礼仪职业中学……300
四川交通技师学院（四川交通运输职业学校）……301
高等教育……301
概况……301
四川大学……301
西南民族大学……304
成都体育学院……305
四川音乐学院……307
社区教育……309
概况……309
家校共育……309
全民终身学习……309
服务社区发展治理……310
“社区雏鹰”公益活动……310

文　化

文化活动……311
概况……311
群众文化活动……311
文化品牌建设……312
全民阅读活动……312
文艺活动……312
武侯区庆祝中国共产党成立100周年征文大赛……312
《薛涛史话》出版……312
《芙蓉花醉锦官城》出版……313
《锦里风光分外春》出版……313
庆祝中国共产党成立100周年摄影大赛……313
公共文化……313
概况……313
公共文化设施建设……313
武侯区文化馆……313
武侯区图书馆……314
武侯区方志馆……314
桐梓林社区外国专家书屋……314
驻区高校图书馆……314
驻区高校博物馆……315
电影院线……316
概况……316
公益电影放映……316
院线票房……316
文物保护……317
概况……317

历史建筑和历史文化街区保护……318
融媒体……318
概况……318
武侯电视……318
《今日武侯》出版……319
武侯新媒体运营……319
主题宣传活动……320
重大活动策划……320
地方志……320
概况……320
年鉴编纂出版……320
地情资料开发利用……321
方志资政及服务社会……321
方志馆建设……321
方志文化宣传推广……321
武侯区大事记编辑……322
《武侯街巷》公开出版……322
成都市第三片区地方志工作交流会……322
社会科学……322
概况……322
社科普及活动……322
社科优秀成果推荐……322

卫生健康

综　述……323
概况……323
医政管理……323
定点医疗机构管理……326
医保业务经办……326
民营医疗机构管理……326
中医药服务……327
新冠肺炎疫情防控……327
概况……327
涉疫场所防控……327
重点场所防控……327
社区防控……327
涉外疫情防控……328
工业企业疫情防控……328
文体旅行业疫情防控……328
疫情常态化防控……328
疫情防控应急能力建设……329
疫情防控信息化保障……329
新冠肺炎疫情快速响应应急演练……329
医疗救治……329
新冠病毒疫苗接种……330
疾病预防控制……330
概况……330
免疫规划……330
传染病防控……330
艾滋病防治……330
狂犬病防控……330
慢性病防控……330
精神疾病管理与心理服务……332
结核病防治……332
职业病防治……333
公共卫生……333
概况……333
国家卫生城市复审迎检……333
健康细胞工程……333
无偿献血工作……334
星级院落评选……334
社区卫生……334
概况……334
基层卫生服务能力提升……334
公共卫生服务均等化……334
国家级社区卫生培训基地培训活动……335
妇幼保健……336
概况……336
妇幼公共卫生服务……336
妇幼健康教育……336
规范化妇幼门诊建设……336
出生缺陷干预……336
母婴保健专项组织技术服务管理……337
关爱女性生殖健康……337

产儿急救和高危孕产妇管理……337
武侯区妇幼保健院……337
计生服务……337
概况……337
人口监测……337
特扶家庭地方扶助……337
计生激励政策落实……338
特别扶助关怀……338
卫生监督……338
概况……338
公共场所卫生监督……338
学校卫生监督……338
涉及医疗卫生和二次供水行政许可现场勘查……338
卫生“双随机、一公开”检查……338
驻区三甲医院……339
概况……339
华西医院……339
华西第二医院……341
华西口腔医院……342
华西第四医院……343
四川省妇幼保健院……345
三六三医院……346
四川省中西医结合医院……347
成都体育学院附属体育医院……348

体　育

综　述……349
概况……349
体育发展规划……349
社会体育组织管理……349
体育产业发展……349
体育设施建设……349
世界大学生运动会筹备……350
全民健身……350
概况……350
群众体育活动……350
群众体育培训……351
体育教育……351
武侯区社区运动节……351
竞技体育……351
概况……351
2021 中国田径街头巡回赛成都武侯站比赛……352
2021 全国三人篮球集训赛成都武侯站比赛……352
2021 年全国女子曲棍球锦标赛……352
中日围棋快棋冠军对抗赛……352
第 23 届中国大学生篮球一级联赛（女子 24 强赛）……352

社会生活

人口家庭……353
概况……353
人口生育……353
婚姻收养登记……353
婚俗改革……353
殡葬管理……354
居民生活……354
概况……354
居民收入……354
生活消费支出……354
人力资源管理……355
概况……355
事业单位人员管理……355
人力资源管理服务……355
人才引进……356
人才培养……356
人才新政落实……356
高校毕业生服务……356
2021“蓉漂杯”高层次人才创新创业大赛……356
劳动就业……357
概况……357
就业促进……357

薪酬调查……358
劳动监察……358
劳动争议化解……358
社会保障……358
概况……358
社会保险……358
社保基金监管……358
医保基金监管……359
省医保一体化大数据平台上线……359
住房保障……359
社会救助……359
概况……359
低收入核对……360
最低生活保障……360
未成年人保护……360
特殊儿童保障……360
医疗救助……360
长期照护保障……360
临时救助……360
慈善事业……360
概况……360
社会关爱援助……360
慈善惠民超市……360
“雪中送炭”保险项目……360
帮困助学……361
慈善示范社区和慈善场景……361
残疾人事业……361
概况……361
残联改革……361
助残先进评选机制建立……361
助残补贴落实……361
残疾人两项补贴……362
社区康复服务……362
智力残疾人托养……362
残疾人就业创业……363
国际助残日活动……363
武侯助残案例入选全国社会治理创新十大最佳案例……363
老龄服务……363
概况……363
养老服务设施……364
医养结合服务……364
居家养老服务……364
老年优待和关爱服务……364
全龄友好包容社会营建工程……365
老年人福利……365
基层社会治理……369
概况……369
第十一届社区居民委员会换届……369
幸福美好生活十大工程推进……369
社区品质提升……369
信托制物业模式推广……369
省级城市基层治理示范区创建……370
智慧社区（小区）建设……370
“双线融合”试点……371
社区商业发展……371
社区服务能力提升……371
省级社区治理和街道服务管理创新试点……371
省级社会工作服务体系建设试点……371
社工人才队伍建设……371
院落自治推进……372
武侯社区发展基金会建设……372
街道行政区划调整和社区体制机制改革“后半篇”文章……372
社区保障激励资金管理……372
地名管理……372
社会组织管理……372
退役军人事务……373
概况……373
接收安置……373
退役军人服务保障体系建设……373
困难企业军转干部扶助……374
优待抚恤……374

双拥共建……374
涉军群体权益维护……374
褒扬纪念……374
军休干部服务……374
退役军人服务保障品牌打造……375
全国示范型退役军人服务站创建……375
退役军人战旗红志愿服务队建设……375
退役军人报到“一件事”服务管理……376
退役军人“服务超市”打造……376
民族宗教事务……376
概况……376
少数民族情况……376
民族团结进步创建……376
宗教事务管理……376
湄公河流域国家驻华使节代表团考察吉福社区……377
精神文明建设……377
概况……377
践行社会主义核心价值观……377
文明城市创建……377
未成年人思想道德建设……378
志愿服务……378
身边好人选树……378
网络文明传播……378

街　道

浆洗街街道……379
概况……379
经济发展……380
城市管理……380
社区治理……380
民生保障……380
安全稳定维护……380
望江路街道……381
概况……381
经济发展……381
城市管理……381
社区服务……381
维护稳定……382
民生保障……382
安全生产监管……382
火车南站街道……382
概况……382
经济发展……383
城市管理……383
民生保障……384
社区治理……384
安全稳定维护……384
中粮大健康产业园建设开工……384
玉林街道……385
概况……385
经济建设……385
城市管理……386
社区治理……386
安全维稳……387
红牌楼街道……387
概况……387
经济发展……388
城市管理……388
安全维稳……388
民生保障……389
社区文化建设……389
晋阳街道……389
概况……389
经济发展……390
土地拆迁……390
民生保障……390
安全维稳……390
城市别墅小区自主改造……390
“共享奶奶”项目推广……391
信托制物业模式引入……391
机投桥街道……391
概况……391

经济发展……391
地块拆迁……392
城市管理……392
安全维稳……392
民生服务……392
社区治理……393
簇锦街道……393
概况……393
经济发展……394
民生服务……394
安全维稳……394
城市微更新……394
华兴街道……395
概况……395
经济建设……395
社区治理……396
城市管理……396
民生服务……396
安全维稳……396
簇桥街道……396
概况……396
经济发展……397
城市管理……397
民生服务……397
安全维稳……398
锦城社区“侨胞之家”获评全国优秀“侨胞之家”……398
锦城社区妮妮环球国际儿童食育中心投运……398
金花桥街道……398
概况……398
经济发展……399
土地拆迁……399
城市管理……399
社区治理……399
民生保障……399
安全维稳……400

人物·荣誉

先进人物简介……401
陈灿平……401
柯瑞卿……401
杨剑军……401
2021 年武侯区内获市委、市政府以上表彰的人员情况表……402
2021“感动武侯”十大人物（团队）一览表……405
2021 年武侯区文明之家一览表……407
2021 年武侯区“诸葛工匠”情况表……407
去世人物简介……411
胡廷泽……411
谭天秩……411
2021 年武侯区内获市委、市政府以上表彰的单位情况表……412

统计公报

2021 年成都市武侯区国民经济和社会发展统计公报……417

附　录

武侯区区级领导（2021 年）……423
武侯区各组织机构主要负责人（2021 年）……424
党代表名单……427
人大代表名单……428
政协委员名单……429
2021 年中央级重点媒体报道武侯区情况表……431
2021 年武侯区纳税额 500 万元以上企业一览表……439

索　引

A~Z……453

CONTENTS

SPECIAL REPORTS

Keeping in Mind the Original Mission, Forging Ahead on the New Journey, and Striving for the High-quality Construction of Park City Demonstration City Practicing the New Development Concept 1
Work Report of Wuhou District People's Government 12

SPECIAL RECORDS

Carrying out in-depth Study and Education of Party History and Practising "Staying True to our Founding Mission" 23
Tailoring Employment Service Packages to Meet the Diverse Needs of the Mass 25
Innovating Community Governance with Party Building as the Leader, and Solving Service Problems with Trust System Property Management 26

A CHRONICLE OF MAJOR EVENTS

January 29
February 29
March 30
April 30
May 31
June 32
July 33
August 34
September 34
October 35
November 36
December 37

DISTRICT OVERVIEW

Natural Environment 39
Administrative Division 39
Population and Ethnic Groups 41
Humanistic History 41
Economic and Social Development in 2021 42

CHENGDU WUHOU COMMITTEE OF THE COMMUNIST PARTY OF CHINA

Overview 45
Important Meetings 47

Important Decisions 52
Comprehensive Affairs of District Party Committee 54
Organization Construction 56
Work of Party Building 59
Publicity Work 63
Informatization Work 64
United Front Work 65
Confidential Work 67
Organization Establishment 67
Work of Party School 68
Work on Retired Cadres 71
Party History Research 73
Archives Work 73

THE PEOPLE'S CONGRESS OF CHENGDU WUHOU DISTRICT

Overview 75
Important Meetings 76
Supervision by Law 79
Decisions on Major Issues and Personnel Appointment and Removal 81
Inspection and Research 81
Proposals and Suggestions 82
Work of Deputies 85
Work of Specialized Committees 86

THE PEOPLE'S GOVERNMENT OF CHENGDU WUHOU DISTRICT

Overview 87
People's Livelihood Projects 88
Important Meetings 95
Comprehensive Affairs of District Government 99
Foreign Affairs and Hong Kong, Macao and Taiwan Affairs 102
Administrative Approval Service 103
Administrative Enforcement of Law 106
Work on Letters and Calls from the Mass 108

CHENGDU WUHOU DISTRICT COMMITTEE OF THE CHINESE PEOPLE'S POLITICAL CONSULTATIVE CONFERENCE

Overview 109
Important Meetings 110
Participation in the Administration and Discussion of State Affairs 113
Political Consultation 113
Democratic Supervision 118
Inspection and Research 119
Work of Specialized Committees 119

CHENGDU WUHOU DISTRICT COMMISSION FOR DISCIPLINE INSPECTION OF THE CPC &COMMISSION OF SUPERVISION OF CHENGDU WUHOU DISTRICT

Overview 121
Important Meetings 121
Party Conduct Improvement and Discipline Intensification 122
Targeted Supervision 123
Anti-corruption Work 123
Political Inspection 124

DEMOCRATIC PARTIES & FEDERATION OF INDUSTRY AND COMMERCE

Wuhou Branch of the Revolutionary Committee of the Chinese Kuomintang 125
Wuhou General Branch of the China Democratic League 125
Wuhou General Branch of the China National Democratic Construction Association 126
Wuhou General Branch of the China Association for Promoting Democracy 127
Wuhou Branch of the Chinese Peasants and Workers Democratic Party 127

Wuhou Branch of the China Zhi Gong Party 128
Wuhou Branch of the Jiu san Society 129
Wuhou Federation of Industry and Commerce 129

MASS ORGANIZATIONS

Wuhou Federation of Trade Unions 131
Wuhou District Committee of the Communist Youth League of China 134
Wuhou Women's Federation 135
Wuhou Branch of the Red Cross Society 137

RULE OF LAW

Political and Legislative Affairs Committee and Comprehensive Governance 139
Law-based Government Building 140
Public Security 141
Procuratorial Work 143
Court 144
Judicial Administration 146

MILITARY

District People's Armed Forces Department 147
Civil Air Defense 148

ECONOMIC MANAGEMENT

Macro Economic Management 149
New Economy Development 150
Standardization of State-owned Assets Management 152
Land and Resources Protection 153
Management of State-owned Enterprises under Wuhou District 153
Finance 155
Taxation 160
Financial Supervision and Regulation 167
Audit 167
Statistics 168
Price Control 169
Grain Supervision and Administration 170
Market Supervision and Management 170

AGRICULTURE

Agricultural Economy 173
Comprehensive Agricultural Management 174

INDUSTRY

Industrial Economy 175
Some Major Industrial Enterprises 177

BUILDING INDUSTRY & REAL ESTATE INDUSTRY

Building Industry 179
Real Estate Industry 180

SERVICE INDUSTRY

Commerce and Trade Industry 183
Professional Market and Urban Complex 186
Construction of Service Industry Carriers 188
E-commerce Industry 191
Big Health Industry 192
Financial Industry 194
Cultural and Creative Industry 199
Catering Industry 200

TOURISM

Tourism Resources 207
Tourism Promotion 210
Tourism Management 211

INDUSTRIAL FUNCTIONAL AREA

Her Makeup Beauty Valley 217
Huaxi Medical Beauty Health City 219
Three Kingdoms Creative Design Industrial Functional Area 226

Yuehu Technology City 232
Chengdu Musical Fun 236

OPENING-UP AND COOPERATION

External Exchange 239
Foreign Economic Trade 240
Investment Attraction 241
Regional Cooperation 243
Pairing Assistance to Baiyu County 244

URBAN-RURAL CONSTRUCTION

Planning Management 247
Urban-rural Land Utilization 248
Urban Organic Renewal 249
Construction of Municipal Public Service Facilities 250
Municipal Facilities Management and Maintenance 252
Old City Reconstruction 253
Construction of a Demonstration District of Park City 253

ECOLOGICAL CONSTRUCTION

Environmental Protection 255
Construction of Around-the-City Ecological Zone 258
Comprehensive Improvement of Urban and Rural Environment 259
Comprehensive Improvement of Urban and Rural Water Environment 260
Environmental Sanitation 261
Landscaping 263

EMERGENCY MANAGEMENT

Overview 265
Disaster Prevention and Relief 266
Production Safety Supervision and Management 268
Fire Rescue 270

TRANSPORTATION & ENERGY

Transportation 271
Express Delivery and Logistics Industries 273
Energy Supply 274

SCIENCE AND TECHNOLOGY

Science and Technology Management 275
Intellectual Property Protection 277
Science and Technology Association 278

EDUCATION

Education Management 281
Elemen tary Education 284
Vocational Education 299
Higher Education 301
Community Education 309

CULTURE

Cultural Activities 311
Public Culture 313
Cinema Chain 316
Preservation of Cultural Relics 317
Convergence Media 318
Local Chronicles 320
Social Sciences 322

HEALTHCARE AND HEALTH

Overview 323
COVID-19 Prevention and Control 327
Disease Prevention and Control 330
Public Health 333
Community Health 334
Maternal and Child Healthcare 336
Family Planning Service 337

Health Supervision......338
Upper First-class Hospitals in Wuhou District......339

SPORTS

Overview......349
Fitness for All......350
Competitive Sports......351

SOCIAL LIFE

Population and Family......353
People's Life......354
Human Resource Management......355
Labour and Employment......357
Social Security......358
Social Assistance......359
Philanthropy......360
Undertaking for the Disabled......361
Service for the Elderly......363
Primary-level Social Governance......369
Veterans Affairs......373
Ethnic and Religious Affairs......376
Spiritual Civilization Construction......377

SUB-DISTRICTS

Jiangxijie Sub-districts......379
Wangjianglu Sub-district......381
Huochenanzhan Sub-district......382
Yulin Sub-district......385
Hongpailou Sub-district......387
Jinyang Sub-district......389
Jitouqiao Sub-district......391
Cujin Sub-district......393
Huaxing Sub-district......395
Cuqiao Sub-district......396
Jinhuaqiao Sub-district......398

PERSONAGES & HONORS

Profiles of Advanced Persons......401
Awards of Wuhou District Commended by the CPC Chengdu Municipal Committee and Chengdu Municipal People's Government or Above in 2021......402
List of Top Ten Persons (Teams) of "Touching Wuhou" in 2021......405
List of Civilized Families of Wuhou District in 2021......407
"Zhuge Craftsmen" of Wuhou District in 2021......407
Profiles of the Deceased......411
Units of Wuhou District Commended by the CPC Chengdu Municipal Committee and Chengdu Municipal People's Government or Above in 2021......412

STATISTICAL BULLETIN

Statistical Bulletin of National Economic and Social Development of Chengdu Wuhou District in 2021......417

APPENDICES

List of Leaders at District Level of Wuhou District (2021)......423
List of Principal Responsible Persons of Organizations and Institutions of Wuhou District (2021)......424
List of Party Delegates......427
List of Deputies to Wuhou District People's Congress......428
List of Members of the CPPCC Wuhou District Committee......429
Reports about Wuhou District by Central Media in 2021......431
Enterprises with Tax Paid over 5 Million Yuan of Wuhou District in 2021......439

INDEX

A~Z......453

牢记初心使命　奋进新的征程
为高质量建设践行新发展理念的公园城市示范城区努力奋斗

——在中国共产党成都市武侯区第八次代表大会上的报告

（2021 年 10 月 28 日）

中共成都市武侯区委书记　陈　麟

中国共产党成都市武侯区第八次代表大会，是在中国共产党成立100周年，我国进入全面建设社会主义现代化国家、向第二个百年奋斗目标进军新征程的关键时期，召开的一次事关全区未来发展的重要会议。大会的主题是：高举中国特色社会主义伟大旗帜，坚持以习近平新时代中国特色社会主义思想为指导，弘扬伟大建党精神，牢记初心使命，奋进新的征程，加快打造服务国家战略新的增长动能，聚力构建“国际商务高地·人文宜居武侯”，为高质量建设践行新发展理念的公园城市示范城区努力奋斗！

一、真抓实干，过去五年成绩来之不易

区第七次党代会以来的五年，是武侯应对挑战、克难奋进的五年，也是转型突破、努力创新的五年。五年来，在市委坚强领导下，区委团结带领全区干部群众，坚定学习贯彻新思想新理念，真抓实干，砥砺前行，战胜一系列风险挑战，办成一大批急事要事，基本实现了区第七次党代会确定的目标任务，高质量全面建成小康社会，书写了武侯发展史上具有重要意义的篇章。

五年来，我们全力推动经济建设，区域综合实力不断夯实。坚持以新发展理念引领高质量发展，推动产业转型升级、经济增量提质，地区生产总值历史性地突破千亿元大关，获评全省县域经济发展强区。积极应对新冠肺炎疫情冲击，扎实抓好“六稳”“六保”落实，区域经济稳定恢复、稳中向好。2021年，预计地区生产总值1385.5亿元，比2016年增长59.7%；社会消费品零售总额1208.8亿元，比2016年增长56.1%；一般公共预算收入103.2亿元，比2016年增长85.2%。制定“十四五”发展规划，优化产业布局，统筹推进华西医美健康城、三国创意设计园、她妆美

谷、成都音乐坊、悦湖新材料科技中心五大产业发展片区建设。坚持抓发展必须抓项目，五年累计引入市级重大项目129个，京东西南总部基地等重大项目竣工投用，累计完成固定资产投资1983.9亿元。坚持以城市有机更新促进经济提质发展，构建5片区22单元有机更新格局，加快实施27个重大更新项目，总投资近1300亿元。

五年来，我们持续推动改革和对外开放，发展动力活力日益强劲。坚持把改革作为关键一招，圆满完成党政机构改革，顺利推进街道行政区划调整和社区体制机制改革。纵深推进国资国企、教育卫生、社会治理等重点领域改革，形成了区属国企改革、“两自一包”教育改革、网购式主题式审批、信托制物业服务等一批具有鲜明武侯特色的改革成果。坚持把创新作为第一动力，加快推进科技创新和成果转化，积极推动环川大知识城建设，加快发展新经济培育新动能。坚持积极融入新发展格局，加快提升开放型经济水平，引进世界500强企业29家、总数达122家，“世界建筑节”中国组委会永久落户武侯。积极抢抓成渝地区双城经济圈建设、“一干多支”等发展机遇，加强与重庆市沙坪坝区等地战略协作，建设了一批产业合作项目。全力做好对口支援，帮助白玉县和简阳市8个贫困村提前脱贫摘帽。持续打造国际化营商环境，五年新增市场主体7.8万户，总量达29.5万户。获评国家知识产权强县工程示范区、中国最佳国际营商环境城区。

五年来，我们大力推动民主法治和基层治理，社会治理能力不断增强。积极发展社会主义民主政治，全面加强对人大工作的领导，支持和保障区人大依法开展专项检查和法律实施情况监督，充分发挥人大代表察民情、聚民智的桥梁纽带作用。支持和保障区政协深入推进政治协商民主实践，聚焦重点工作收集社情民意、提交提案建议，开展专题协商、民主监督。全面拓展大统战工作格局，多党合作、港澳台和海外统战、民族宗教、民营经济等领域工作创新推进，获评全国民族团结进步创建示范区。工会、共青团、妇联、残联作用进一步发挥。深入推进法治武侯建设，持续深化司法体制改革，获评全国法治县（市、区）创建活动先进单位。创新推进党建引领社区发展治理，健全基层治理机制，建成市级“百佳”社区18个、小区15个，成功创建全国社区治理和服务创新实验区。探索组建“三支队伍”开展常态化巡查，深入开展十大重点领域风险隐患排查治理，建成区级智慧治理平台。举全区之力打好新冠肺炎疫情防控阻击战，始终保持了防疫形势稳定可控。深入推进“三张清单”化解攻坚，深化扫黑除恶、禁毒等专项斗争，违法犯罪警情实现五连降，获评全省维护社会稳定先进区。

五年来，我们积极推动思想文化建设，社会精神文明水平显著提升。大力培育践行社会主义核心价值观，深入开展精神文明创建活动，牢牢守住意识形态安全底线，获评全省网络综合治理试点区、全省综合推进社会主义核心价值观建设示范区。围绕庆祝改革开放40周年、中华人民共和国成立70周年、中国共产党成立100周年，举办“颂歌献给党”等群众性文化活动，开展公益性文体活动4万余场次，惠及群众500余万人次。加快构建现代公共文化服务体系，区文图“两馆”被评为区（县）级国家一级文化馆、图书馆。加快推动文商旅体融合发展，成功创建“天府旅游名县”、省级全域旅游示范区和国家体育产业示范基地。文创武侯建设加快推进，三国创意园获评国家文化出口基地。文创产业增加值占GDP比重从2017年的3.8%增长到2020年的9.8%。

五年来，我们深入推动社会事业建设，幸福美好生活更加可及。每年民生投入占一般公共预算支出的67%以上，五年累计投入超过250亿元。聚焦群众关心关注的教育、医疗、养老、住房问题，实施公共服务设施三年攻坚行动，建成民生项目108个。新改扩建、回收回购中小学、幼儿园38所，建成水韵园综合教育基地，中考一次合格率、教育现代化发展水平连续5年位居全市第一。新改扩建社区卫生服务机构9家，实现家庭医生团队社区全覆盖。建立“颐居通”社区居家养老服务综合信息平台，为居家老人提供一站式服务，建成社区养老机构35家，获评全国首批智慧健康养老示范基地、四川省第五轮敬老模范区。积极服务新就业形态劳动者，提档升级职工驿站100家。建设8个安置房项目、2个人才公寓、3个产业发展片区配套住房项目，新建道路47条，打通“断头路”19条。

五年来，我们着力推动生态文明建设，城市宜居品质加快提升。坚持生态优先、绿色发展，推动宜居水岸、天府芙蓉园、音乐大道等重要节点、特色街区陆续呈现。以迎大运为契机推进办赛营城，着力打造华西坝、音乐坊、望江坊等历史文化风貌片区，加快打造一环路市井生活圈武侯段、锦江公园子街巷。深入开展“三治一增”，扎实做好迎接中央、省环保督察检查和问题整改，空气质量优良天数比例达80%，较2016年提升23个百分点，全面消除黑臭水体、劣V类水体；五年新增公园5个、小游园微绿地46个，全区绿道达110千米，绿化覆盖率达46.2%，碧水蓝天、城绿相融、生态宜人的宜居环境更加可感，成功入选国家生态文明建设示范区。

五年来，我们坚定推动党的建设，清朗政治生态持续巩固。坚持把党的政治建设摆在首位，健全区委常委会学习贯彻习近平总书记重要讲话精神、重要文章制度，深学细悟新思想新理念，常态化制度化推进“两学一做”学习教育，集中开展“不忘初心、牢记使命”主题教育和党史学习教育，深入学习贯彻习近平总书记七一重要讲话精神。扎实开展巡视巡察整改，高质量实现区委巡察全覆盖。大力发展积极健康的党内政治文化。在全省率先推行基层党建质量行活动，“探索四联路径”获评全国城市基层党建最佳创新案例，武侯党建经验进入中央组织部培训教材，新希望集团党委获评全国先进基层党组织。鲜明重品行、重实干、重公认的用人导向，健全能上能下机制，强化干部正向激励，领导班子和干部队伍建设全面加强。始终保持惩贪治腐高压态势，持之以恒正风肃纪，着力整治群众身边腐败和作风问题，深入开展政法队伍教育整顿，党风廉政建设群众满意度连续5年位居五城区第一。

回首过去的五年，我们深刻体会到，推动武侯经济社会发展，关键是我们坚持把“五个始终”贯穿于各项工作之中。始终把坚持党对一切工作的领导作为事业发展的定海神针，坚决贯彻党中央大政方针和省委、市委决策部署，推动区域发展沿着正确方向前进。始终把全面建成小康社会作为砥砺奋进的目标导向，坚持以人民为中心的发展思想，努力创造幸福美好生活。始终把全面深化改革作为转型发展的动力源泉，勇于开拓创新、攻坚克难，加快推动区域发展转型突破。始终把全面依法治区作为和谐善治的重要基石，坚持运用法治思维和法治方式化解矛盾、解决问题，不断提升基层治理能力。始终把全面从严治党作为治区兴区的政治保障，严格落实管党治党政治责任，持续巩固风清气正的政治生态，营造干事创业的良好氛围。

成绩来之不易，奋斗充满艰辛。五年来取得的成绩，是在市委坚强领导下，历届区委工作基础上，全区上下团结拼搏、共同努力的结果。同志们用激情与奉献、心血和汗水，向全区人民交出了一份满意答卷。在此，我代表中共成都市武侯区第七届委员会，向全区党员干部群众、离退休老干部老同志，向各民主党派、人民团体，向驻区各单位、解放军指战员、武警官兵、公安干警和社会各界人士，表示衷心的感谢并致以崇高的敬意！

二、奋进新征程，共同绘制新时代武侯发展蓝图

今后五年，是我区在全面建成小康社会的基础上，乘势而上开启全面建设社会主义现代化武侯新征程的关键时期，必须着眼第二个百年奋斗目标和2035年远景目标，着眼“十四五”时期发展，精心描绘发展蓝图，带领全区干部群众奋进新征程、实现新发展。

（一）奋进新征程，我们要充分认识武侯发展的机遇挑战。当前，武侯正处于经济发展蓄势突破的攻坚期、城市能级蝶变跃升的加速期，机遇与挑战并存，困难与希望同在。从面临的发展机遇看，我国实现第一个百年奋斗目标，开启全面建设社会主义现代化国家新征程，为我们乘势而上、加快发展奠定了最坚实的基础。构建新发展格局带来经济布局和对外开放格局加快重塑，中心城区在内外循环中的战略位势更加凸显，成渝地区双城经济圈建设等国家战略深入实施、持续释放政策红利，“一干多支”、成德眉资同城化发展战略深入推进，有利于我区在更大范围、更宽领域、更高层次集聚资源要素。城市有机更新全面实施，重点片区空间载体释放，有利于我区厚植宜业宜居优势，加快提升位势能级。从面临的困难挑战看，城市发展空间不足的制约日益显现，资源要素外溢、产业空心化问题需要关注；发展质量效益不高的问题比较明显，新兴产业支撑力不强，新旧动能接续转换不够顺畅；城市功能品质有待提高，城郊区域形态相对落后，基础设施建设需要加快完善；民生供给分布不够均衡，优质教育、医疗等资源总量相对不足，涉农区域短板明显；社会治理面临不少新情况新问题，防范化解各类风险隐患的基础性工作存在差距，城市治理的智慧化水平需要加快提升。我们要用全面辩证的眼光审视武侯面临的机遇和挑

战，主动应对难题，奋力补齐短板。

（二）奋进新征程，我们要准确把握武侯发展的方向原则。在思想指引上，要毫不动摇地坚持以习近平新时代中国特色社会主义思想为指导，坚定贯彻习近平总书记对四川及成都工作系列重要指示精神，持续在学懂弄通做实上下功夫，更加自觉地用新思想武装头脑、指导实践、推动工作，进一步把准前进方向、凝聚奋进力量，让党的思想旗帜在武侯高高飘扬。在发展理念上，要坚定不移地完整、准确、全面贯彻新发展理念，深刻领会把握发展的目的、动力、方式、路径等理论和实践问题，坚持以创新为新动能、协调为新优势、绿色为新形态、开放为新引擎、共享为新局面，推动我区动力结构、空间格局、环境品质、功能体系、社会治理加快实现变革和重构，切实把新发展理念作为最根本的战略指引贯穿经济社会发展各方面。在价值取向上，要矢志不渝地坚持以人民为中心的发展思想，坚决响应习近平总书记“继续为实现人民对美好生活向往不懈努力”的伟大号召，坚持人民城市人民建、人民城市为人民，加快打造高品质生活宜居地典范区、幸福美好生活新样板，奋力在促进共同富裕道路上走在前列、作出示范。在实践路径上，要一以贯之牢牢把握高质量发展主题，在破解产业空心化困境上加快突围，在发展动能接续转换上蓄势突破，在消除要素瓶颈制约上迎难突进，加快推动从中心城区向中优城区的发展位势之变，从做大产业规模向做强城市功能的发展重点之变，从要素驱动向创新驱动的发展动能之变，努力实现更高质量、更有效率、更加公平、更可持续的发展。

（三）奋进新征程，我们要科学谋划武侯发展的思路举措。围绕推动高质量发展，综合分析发展形势和我区发展条件，未来五年要坚持“一四三二”发展思路。具体是：坚持“一区引领”，就是要锚定建设践行新发展理念的公园城市示范城区的奋斗目标，坚持以新发展理念为根本和灵魂、以公园城市为形态和特征、以示范城区为标尺和责任，紧扣奉公服务人民，推动公共服务供给提档升级、促进宜业宜居，紧扣联园涵养生态，推动绿色发展、厚植生态本底，紧扣塑城美化生活，着力提升城市品质、健全治理体系，紧扣兴市推动转型，创新“公园+”新产业体系、提升产业层次，高质量建设创新驱动的活力城区、协调共融的繁荣城区、绿色生态的宜居城区、开放包容的时尚城区、共建共享的幸福城区，努力把武侯建设成为新发展理念的坚定践行之地和公园城市的示范之地。深化“四能建设”，就是要立足区域资源禀赋，着眼未来发展需要，强化武侯科技研发转化、文化创意设计、医疗健康服务、高尚品质生活四个方面城市功能。强化科技研发转化功能，主要依托悦湖新材料科技中心、太平寺片区，充分发挥区域科技资源富集优势，加快推进四川大学、华西四院（华西医院、华西口腔医院、华西第二医院、华西第四医院）科技成果就地转化，全力打造服务国家战略新的动能。强化文化创意设计功能，主要依托三国创意设计园片区，大力发展城市规划设计、工业研发设计、文化创意设计、时尚生活设计等现代服务业，加快打造创意设计服务贸易先行区。强化医疗健康服务功能，主要依托华西医美健康城片区，聚焦高端医疗医美、创新健康服务、大健康金融等领域，加快打造健康集聚高地、中国医美之都核心承载区。强化高尚品质生活功能，主要依托她妆美谷、音乐坊等片区和天府芙蓉园等特色载体，塑造彰显生活美学的城市空间，着力打造展现音乐之美、时尚之美、芙蓉花开之美的生活场景。强化“三轴带动”，就是要构建人民南路、川藏路、永康路三轴辐射带动全区高质量发展的空间格局。人南开放活力轴，就是要依托人民南路富集的外经外资外贸资源，发挥紧密连接高新金融城的区位优势，着力提升打造为具有国际品质的现代商务轴。川藏创新活力轴，就是要发挥贯通区域中部、产业氛围浓厚的区位优势，着力推动以科技创新带动先进智造业发展的都市工业轴。永康生态活力轴，就是要依托永康森林公园、江安河等生态资源，着力构筑人气商气兼具、生态业态共融的宜居商业轴。构建“两地愿景”，就是要围绕打造“国际商务高地·人文宜居武侯”，从经济发展和美好生活两个维度塑造城区品牌，提升高端要素汇聚、运筹与配置能力，打造立足成都、服务成渝、辐射全国的国际化现代化商务高地。同时，充分发挥武侯历史文化厚重、科教资源富集、生态本底良好的优势，全面彰显人文魅力和宜居品质，打造具有区域文化特色的美好生活承载地。

（四）奋进新征程，我们要始终坚定武侯发展的指导思想。今后五年，武侯发展指导思想是：高举中国特色社会主义伟大旗帜，坚持以习近平新时代中国特色社会主义思想为指导，深入贯彻党的十九大和十九届二中、三中、四中、五中全会精神，深入落实习近平总书记对四川及成都工作系列重要指示精神，紧紧围绕省委、市委决策部署，站位新发展阶段、贯彻新发展理念、服务新发展格局，始终坚定以人民为中心的发展思想，坚持建设践行新发展理念的公园城市示范城区“一区引领”，深化科技研发转化、文化创意设计、医疗健康服务、高尚品质生活“四能建设”，强化人民南路、川藏路、永康路“三轴带动”，构建国际商务高地·人文宜居武侯“两地愿景”，加快打造服务国家战略新的增长动能，奋力推进高质量发展、高品质生活、高效能治理，共建共治共享推动实现共同富裕，积极回应人民群众对美好生活的向往，在全面建设社会主义现代化武侯新征程上奋勇前进！

（五）奋进新征程，我们要全力完成未来五年的目标任务。未来五年，全区上下要铆足干劲、奋力拼搏、跳起摸高，力争跃上“一个新台阶”、实现“六个新突破”、确保“五个不低于”，即区域地区生产总值力争年均增长10%以上，2026年度跃上2000亿元台阶，力争达到2400亿元以上。全社会固定资产投资年均增长12%，力争2026年度突破800亿元；第二产业增加值年均增长16%；力争2026年度突破500亿元；社会消费品零售总额年均增长10%，2026年度突破2000亿元；进出口总额年均增长10%，2026年度突破200亿元；研发投入年均增长10%，2026年度突破80亿元；一般公共预算收入力争年均增长10%，力争2026年度突破180亿元。城镇居民人均可支配收入年均增幅7.5%以上，城镇登记失业率控制在3.5%以内，义务教育优质学校覆盖率提升至80%，城市绿化覆盖率提升至48%，城市空气质量优良天数比率达到82%，均不低于五城区平均水平。通过未来五年不懈奋斗，产业层次不断提升，经济实力不断增强，创新活力不断激发，我区高质量发展将迈出新的步伐，城市品质和生活宜居地魅力充分彰显，我区公园城市形态将实现全方位重塑，基本公共服务供给和人民生活水平进一步提升，我区共同富裕将取得更为明显的实质性进展。

三、坚定贯彻新发展理念，加快推进经济转型升级

坚持把经济发展作为公园城市示范城区建设的基础支撑，积极转变发展方式，加快构建现代产业体系。

（一）提质发展传统优势产业。以创新发展、高端发展为导向，实施传统优势产业提升行动。围绕提质发展金融业，强化金融机构总部招引，大力发展融资租赁等特色业态，探索发展绿色金融、金融科技等新兴业态，力争未来五年新增总部级法人金融机构10家以上、上市企业12家，实现金融业增加值400亿元，占GDP比重达20%。围绕提质发展商务商贸业，加快推动高端商圈、特色街区等载体打造，积极发展首店经济、名店经济等商业形态，未来五年打造10个智慧化特色商业街区、新落户100个品牌首店。围绕提升发展电子商务，发挥京东辐射带动作用，促进互联网平台经济规模集聚、规范发展，不断提升国家电子商务示范基地能级，2026年度电子商务网络交易额力争突破4000亿元。围绕提质发展房地产及建筑业，大力招引实力强、资质优的房产建筑企业，鼓励区内建筑企业做大做强，探索推广绿色建筑、装配式建筑、智能建造等新技术新工艺，积极推动建筑业转型升级发展，到2026年新增年产值超100亿元企业2家以上。

（二）加快推动科技转化提升都市工业能级。坚持以科技成果转化为先导，大力实施产业链协同创新，推动都市工业转型升级。加快推进软件开发转化，聚焦工业设计、工业互联网等领域，促进工业软件在装备制造、生物医药、电子信息等工业企业应用，鼓励支持数之联、川大智胜等企业加大研发力度，积极招引国际国内软件领域优质企业，提升关键软件技术创新和供给能力。加快推进新材料研发转化，聚焦电子陶瓷柔性传感材料、高端医美新材料等领域，积极促进四川大学材料学院、广东松山湖材料实验室科技成果落地转化，探索校地共建先进材料大科学装置，到2026年建成以新材料为主导的300亿规模产业集群。加快推进高端医疗研发转化，聚焦转化医学、前沿医疗等领域，积极与“一校四院”共建产学研创新转化平台，大力引育高端医疗产业链研发制造企业，加快打造高端医疗首选地。加快推进美妆产品研发转化，聚焦化妆品研发制造等领域，加快推进全美生物科技化妆品研发总部、她妆美谷美丽经济体验中心等产业化项目，到2026年培育头部企业10家，实现化妆品年营业收入过100亿元。强化都市工业发展保障，支持校院企地合作建立研发机构和平台，大力扶持培育科技成果转化示范企业，加快引育“专精特新”企业，盘活

利用低效工业用地、工业楼宇，积极推动工业上楼发展。到2026年高能级创新平台突破10家，技术合同成交额突破80亿元。

（三）大力发展医美健康、文化创意等现代服务业。锚定具有武侯特色优势的现代服务业细分领域，加快推进高精医美健康产业，着力打造华西医美投资中心、医美健康创新研发总部基地等产业载体，积极推进中粮大健康产业园、复星医美产业城等高能级项目，举办高端医美健康产业论坛，提升华西医美健康城发展能级，到2026年大健康产业增加值达到190亿元。大力发展文创产业，以建设国家文化出口基地示范区为牵引，加快推进三国蜀汉城等重大项目建设，加强三国主题文旅产品策划打造，推动城市设计、视听设计、生活美学设计等产业聚集，到2026年创意设计产业增加值达100亿元。加快西部音乐文创总部基地等重点项目建设，大力发展创意视听、演出演艺、数字音乐，促进领军音乐人才、优秀音乐企业向音乐坊集聚，力争未来五年培育50家优秀本土音乐企业，打造2~3个国际音乐节庆赛事品牌。

（四）深入推进城市有机更新和片区综合开发建设。坚持把城市有机更新作为支撑武侯未来发展、重塑区域核心功能、提升城市形象品质的基础工程，坚持“无策划不规划、无规划不设计、无设计不建设”，突出“三轴”重点，推动城市有机更新成型成势。人南开放活力轴重点发动沿线机关和企事业单位参与，积极推进华西坝、倪家桥等重点片区综合开发，加快推动省体职院、西华大学、沼研所等重点项目开工建设。川藏创新活力轴全力推进太平寺片区市场调迁改造，加强片区城市设计、综合开发，加快打造以数字经济、软件开发、新材料科技成果转化为支撑，服务成渝地区双城经济圈建设的先进智造业聚集发展的产业空间。永康生态活力轴加快推进五大花园片区和机投桥、金花桥等片区改造，打造区域商业综合体，发展生态休闲、研发服务等业态，构建宜创宜居宜业的城市空间。未来五年包装建设片区综合开发项目20个以上，加快推动57个重大城市更新项目建设，统筹做好581个老旧小区改造，总投资额1800亿元以上。

（五）积极发展新经济培育新动能。坚持以理念创新、科技创新、模式创新引领带动新经济发展，努力抢占新兴产业制高点。大力发展数字经济，以数字产业化、产业数字化为方向，促进5G、大数据、云计算、人工智能等新一代信息技术与实体经济深度融合。大力发展智能制造、合成生物等新兴产业，加快培育壮大新兴产业集群。深入实施新经济“双百工程”，构建细分领域梯度培育企业库，加快引育一批独角兽、领军企业和隐形冠军，到2026年新经济企业数量达11万家，新经济500强企业和头部企业数量超30家。坚持场景营造理念，促进新技术、新业态、新模式创新应用，到2026年建设10个示范应用场景，争创市级应用场景示范区。

四、全面深化改革创新，不断扩大对外开放

坚持把改革开放作为公园城市示范城区建设的动力源泉，以高质量改革创新增强区域发展活力，以高水平开放合作提升辐射带动力。

（一）深度融入成渝地区双城经济圈建设和成德眉资同城化发展。加强与重庆市辖区和周边区（市）县合作，搭建川商渝商综合服务平台，完善“总部+基地”“研发+生产”合作模式，探索共同发布机会清单、共建市场化平台，建立重大项目共建、资源共用、利益共享等合作机制；加强与周边区域交通互联互通，推动高端新材料、生物医药等先进制造业及制鞋、家居等传统产业和市场向周边拓展布局。依托三国文化资源，积极融入巴蜀文化旅游走廊建设。落实成渝科技创新合作计划，推动建立面向成渝两地、辐射成德眉资的载体资源、科技成果、知识产权跨区域交易平台，构建服务区域协同发展的产业资源中心，提升对人才、信息、技术等高端要素资源的链接融通能力。加强政务信息对接，共享企业信用、市场监管等公共数据，探索建立市场准入异地同标机制，推进政务服务跨区通办。到2026年，实质性落地合作项目10个以上。

（二）大力促进外向型经济发展。围绕提升外资使用水平，完善国际化投资促进网络，瞄准跨国公司、世界500强开展精准招引，力争到2026年驻区世界500强企业突破140家。聚焦提升外贸发展能级，推进“国家外贸转型升级基地”、电商新业态基地建设，加快打造以美妆、鞋业为特色的跨境电商分中心。积极发展研发外包、知识产权交易等服务贸易，提高一般贸易出口比重。突出招商引智，注重招商选资，探索“投资基金+龙头企业+领军人才+行业中介”联动招引模式，增强项目招引精准度、落地性。大力提升对外交往能级水平，推进外

事、外资、外经、外贸、外宣联动升级，引进和争办更多具有国际影响力的国际交流活动。

（三）积极助推脱贫攻坚与乡村振兴有机衔接。科学编制新一轮对口支援工作规划，帮助受援地健全稳定脱贫、防止返贫的长效机制。大力推动产业振兴，加快推进特色农牧业基地、现代农业园区、文旅融合示范园区等重点帮扶项目建设。发挥我区现代商务商贸业优势，拓展受援地特色产品销售渠道。加强人才支持帮扶，精准选派对口支援人才，订单式开展急需紧缺人才培养。积极帮助受援地完善公共服务设施，提升就业、教育、医疗等公共服务品质，让当地群众更有获得感。

（四）持续深化国资国企改革。突出专业化、市场化导向，全面加强武侯国投集团运行管理，全力打好政府服务赋能、债务风险管控、产业杠杆撬动、行政放宽管制的高质量发展组合拳。完善国企运营管理机制，优化企业法人治理结构，稳妥推进混合所有制改革，完善市场化人才选聘、差异化薪酬管理等制度。加快推进国有资产资本化、证券化进程，推动国有资本合理流动和优化配置，鼓励区属国有企业参股战略性新兴产业企业。完善“管委会 + 公司”运行机制，推动区属国企深度参与片区综合开发、城市有机更新，不断增强国企产业创新中心、资源整合中心、资本运营中心功能，打造专业化城市综合运营商。

（五）全力推进国际化营商环境建设。持续深化“放管服”改革，普遍落实非禁即入，推动包容审慎、智能智慧监管。加强公平竞争审查和产权保护，强化民营企业司法保护，深化质量基础“一站式”服务试点改革，维护市场主体合法权益，让各类企业放心投资、安心经营。打造“武好办”政务服务品牌，简化企业生产经营审批和条件，加快“一网通办”能力建设，力争95%以上非涉密政务服务事项全程网办，推动更多高频事项掌上可办、跨域通办。深入推进深度服务企业“十项措施”“十项行动”落实，依托企业综合服务中心，强化政策直达、诉求反馈、问题快处等服务集成供给。建设政银企合作交流和企业大数据平台，加强与金融机构对接共享，推动保险公司开发针对中小微企业的融资担保险种，积极为企业融资赋能。

五、充分发挥群众主体作用，积极发展民主政治

坚持把民主政治作为公园城市示范城区建设的根本保障，坚持党的领导、人民当家作主、依法治国有机统一，不断发展全过程人民民主，巩固生动活泼、安定团结的政治局面。

（一）切实加强党对民主政治建设的领导。认真落实坚持党的全面领导的制度机制，充分发挥党总揽全局、协调各方的领导核心作用，不断加强对区人大、区政府、区政协、区监委、区法院、区检察院的领导。坚持落实党管武装工作制度。扩大人民有序政治参与，保障人民知情权、参与权、表达权和监督权。深化构建大统战格局，巩固和发展大团结大联合局面。强化工会、共青团、妇联、残联等群团组织的桥梁纽带作用，推动工人阶级主力军、青年生力军、妇女半边天等群体作用转化为经济社会发展的强大力量。

（二）全力支持人大、政协依法履职。坚持和保障人民当家作主，积极支持区人大及其常委会依法履行宪法和法律赋予的监督权，不断完善人大监督制度。聚焦宪法法律实施、重大决策部署落实、人民群众所思所盼所愿，创造性开展执法检查、视察调研，推动解决制约经济社会发展的突出矛盾和问题。丰富人大代表联系人民群众的内容和形式，提升打造“代表之家”和“代表联络站”，保障人民依法管理经济文化事业和社会事务。支持区政协依法依章全面履职，突出团结和民主两大主题，充分发挥人民政协作为协商民主重要渠道和专门协商机构的作用，聚焦党委重大决策部署和人民群众普遍关心关注的问题开展高质量协商，努力形成最大公约数、画出最大同心圆。加强“有事来协商”平台建设，充分发挥委员主体作用，促进区政协协商与基层协商有机衔接，充分彰显人民政协力量。

（三）不断深化依法治区实践。深入学习宣传贯彻习近平法治思想，全面贯彻实施宪法，坚定维护宪法法律权威，推进严格执法、公正司法、全民守法，努力建设更高水平法治武侯。深化法治政府建设，健全依法决策机制，完善行政执法程序，加快推进政府事权规范化、法律化。深入推进公正司法，深化诉讼制度机制改革、司法体制综合配套改革，完善对审判权、检察权的运行和监督机制，健全企业破产司法处置机制，提高司法办案质效。加强法治社会建设，深入开展“八五”普法，抓好宪法、民法典等法律的宣传普及。深入推进公共法律服务中心建设，构建高效普

惠的现代公共法律服务体系。

（四）全力提升基层治理水平。坚持党建引领，加强街道、社区党组织对基层各类组织的统一领导。扎实做好街道行政区划调整和社区体制机制改革“后半篇”文章，加快推动街道五项权力落地，健全街道职责任务、公共服务、属地管理清单制度，不断提升街道和社区资源要素配置集聚能力、生态价值转化能力、公共服务供给能力和基层治理能力。健全基层党组织领导的自治、法治、德治、智治融合的基层治理体系，完善社区发展治理与社会综合治理“双线融合”机制，加强新型社区、大型社区和薄弱社区治理。以小区院落党建工作为牵引，深化“四有一化”建设和“三类院落”治理攻坚，推广信托制物业服务模式，创新发展社区社会企业。提升涉农社区治理效能，加强集体资金、资产和资源管理。推进完整居住社区建设，优化社区服务功能和生活空间，加快补齐基础设施短板。激发多元参与社区治理合力，深入开展居民互助、结对共建、项目认领等社区营造活动，打造人人有责、人人尽责、人人享有的基层治理共同体。

（五）全面加强民族宗教管理。坚持以铸牢中华民族共同体意识为主线，推动民族工作高质量发展。深入开展民族团结进步创建活动，推进各民族相互嵌入式社区环境建设，做好少数民族流动人口服务管理，积极培育平等、团结、互助、和谐的新型民族关系。坚持我国宗教中国化方向，依法管理宗教事务。依法正确处理民族、宗教工作中遇到的问题，促进民族团结、宗教和顺。

六、始终坚定文化自信，努力推动文化繁荣发展

坚持把文化作为公园城市示范城区建设的深厚底蕴，大力弘扬社会主义核心价值观，传承发扬优秀传统文化，努力建设繁荣发展、普惠共享的文化强区。

（一）牢牢把握意识形态工作主导权。坚持马克思主义在意识形态领域指导地位的根本制度，严格落实组织领导、分析研判、督查通报等制度机制，压紧压实党管意识形态工作责任。坚持团结稳定鼓劲、正面宣传为主，建强融媒体矩阵，创新策划宣传、故事讲述和传播路径，巩固壮大主流思想舆论。严格学校课堂、讲座论坛、演出展览、文化市场、大型活动等管理，强化重点领域意识形态管控。深入推进网络综合治理试点工作，着力提升管网治网能力，持续开展“清朗”“净网”等系列专项行动，确保意识形态领域绝对安全。

（二）着力加强思想文化建设。深入开展理想信念、爱国主义和“四史”教育，传承红色基因，厚植爱国情怀，建强精神家园。坚持全面融入、实践养成，把社会主义核心价值观融入教育和法治建设，落实到经济发展和社会治理实践中。巩固拓展“感动武侯”“百姓宣讲”等宣传品牌，深入开展社会公德、职业道德、家庭美德、个人品德教育，强化未成年人思想道德、网络文明和社会诚信建设，更好引领社会风气，培育道德风尚。

（三）深入开展精神文明创建活动。深化区级新时代文明实践中心建设，精心打造精品范例点位，更好发挥实践阵地作用。抓细抓实文明城市创建工作，持续提升城市管理水平，刷新城市文明高度，努力在成都深化全国文明城市创建和争创全国文明典范城市工作中走在前列。广泛开展“道德模范”“身边好人”“新时代好少年”等先进典型评选，探索实施武侯光荣家庭、文明家庭奖励制度，在全社会形成崇德向善、见贤思齐的浓厚氛围。

（四）加快推动文化事业发展。加强对三国文化、音乐文化、芙蓉文化、华西坝历史文化等资源的活化利用，以建设三国蜀汉城、华西坝、望江坊等历史文化风貌片区为重点，塑造蜀风雅韵的文化地标，打造别样精彩的文化街区。大力实施公共文化设施补短板提质效工程，完善区级博物馆、美术馆、非遗馆、文图分馆、青少年宫、“一场一馆一池”等公共文体设施建设，实现“社区运动角”全覆盖，高质量建成十五分钟公共文化服务圈、健身圈。擦亮“天府旅游名县”金字招牌，加快建设A级旅游景区、特色文旅街区和夜间集市，争创国家全域旅游示范区、国家级夜间文旅消费集聚区。

（五）着力满足群众文化体育需求。发挥城市音乐厅、音乐坊和艺体院校资源优势，培育群众文体骨干队伍，实施全民艺术普及月，开展全民阅读、全民科普、文艺汇演等文化惠民活动。积极举办“中国（成都）音乐产业发展峰会”等国家级文化活动，创新举办天府芙蓉花节等文旅品牌节会。扎实做好大运会保障工作，坚持办赛与营城相结合，高标准推进赛事筹办、场馆品质提升和全民健身活动。

七、大力发展和改善民生，不断回应人民群众对美好生活的向往

坚持把民生福祉作为公园城

市示范城区建设的价值依归，牢固树立人民至上理念，加快建设幸福武侯。

（一）全力促进就业和社会保障推动实现共同富裕。坚持就业优先，大力实施企业稳岗扩岗计划，强化创业带就业，确保零就业家庭动态清零、年均城镇新增就业不低于1.55万人。健全企业工资集体协商制度，强化对灵活就业人员的就业服务和权益保障，稳步提高劳动报酬占比，促进劳动者工资随个人技能贡献、经济增长和物价水平同步增长。深入推进全民参保计划，强化基本医疗保险、大病保险与医疗救助三重保障功能，切实织密社会保障网络。加大困难群体帮扶力度，打造智慧助残服务体系，不断提升扶残助残质量。创新政府补助、企业资助、群众自筹等多元化帮扶机制，防止重病患者家庭因病致贫、因病返贫，确保在共同富裕道路上一个不能掉队。

（二）积极推动公共服务优质共享。聚焦建设教育强区，做优水韵园综合教育基地品牌，全面深化家长学校改革，稳妥落实“双减”政策，规范民办义务教育发展，推动发展职业教育。积极建设家门口的好学校，推动高品质幼儿园数量在2020年基础上翻番，增加普通高中学校3所以上，努力提升普通高中招生入学人数，完成礼仪职中搬迁，加快推进“两自一包”和智慧教育改革，建成中西部教育现代化核心区，并加快推进优质教育资源向周边区（市）县拓展。积极打造健康武侯，推动优质医疗资源均衡布局，新增三级医疗机构2家以上，建立2个网格化城市医联体，区疾控中心达到三级乙等标准，提质发展社区卫生服务机构，搭建心理关爱服务体系，在全国领先打造家庭医生数字化服务场景，努力创建全国健康促进示范区。加大“一老一小”关爱力度，深化医养结合养老服务模式，优化“一院一中心多站点”居家社区养老服务体系，加快建设社区养老服务综合体，开展高龄老人、独居老人全覆盖精准探访关爱行动。编制新一轮武侯妇女、儿童发展纲要，开展儿童友好型社区建设、城区创建，扩大婴幼儿托位供给。坚持房住不炒定位，完善多主体供给、多渠道保障、租购并举的住房制度，加快推进安置房建设，每年新增配建人才公寓5万平方米，五年累计开工建设50万平方米保障性租赁住房，积极发展公租房租赁补贴，保持房价收入比处于全市一圈层中低水平。

（三）大力推进平安武侯建设。深入研究超大城市城区治理规律，全面开展城市体检，扎实推进安全生产三年攻坚行动，深化安全隐患“六位一体”发现机制和“五项制度”整改闭环机制，靶向整治交通运输、工程建设、燃气管道、电动车、食品药品安全等重点领域安全隐患，持续压减一般事故，坚决杜绝重大事故。增强城市安全韧性，提升防灾减灾能力，强化应对重大突发公共卫生事件能力，常态化抓好新冠肺炎疫情防控。强化社会治安综合治理，高标准建设社会治安防控体系升级版，健全常态化扫黑除恶、禁毒缉毒、反电诈工作机制，严厉打击违法犯罪活动，全力保障人民生命财产安全和经济社会发展。加强安全保密工作，筑牢机要安全防线，强化档案安全管理。

（四）全力维护社会和谐稳定。聚焦退役士兵安置、征地拆迁补偿、房地产等重点领域，健全社情民意动态研判、社会稳定风险评估、矛盾纠纷多元调处化解等工作机制，全力遏制不稳定因素。对标“最多访一次”，提高初信初访办理质量，确保小事不出社区、大事不出街道。深化治重化积，推动信访积案难案攻坚化解，维护群众合法权益，依法查处非法信访、聚集滋事等违法行为。统筹做好金融风险防范化解工作，规范促进地方金融组织发展，防范和打击非法集资，维护金融秩序稳定。

（五）探索推进智慧城市建设。围绕提升超大城市治理能力，加强智慧城市顶层设计，加快推进城市大脑建设，推动数字技术融入社会运行。聚焦数字化提升社区治理能力，加强智慧基础设施建设，推进建设“数字孪生城市”。在成都市级“城市大脑”总体框架下，统一指挥调度平台，汇总值班值守、应急处置、治安巡逻、城市管理、政务服务等信息数据，实现一网统管、一键响应。充分发挥“三支队伍”作用，精准掌握居民、商家、企业基础信息和各类诉求，建立民生档案，为深化政务服务和实施风险管控打下坚实基础。强化线上线下联动，构建应急管理、应急预案、应急指挥、救援能力、安全生产风险防控体系，整合公安、城管、综治资源，支持基层配置灭火无人机、高层灭火系统等设备，科技化赋能提升智慧治理和应急处置水平。

八、切实加强生态文明建设，全力建设美丽武侯

坚持把生态文明建设作为公园城市示范城区建设的鲜明底色，深入践行绿水青山就是金山银山的理念，着力塑造城园相融的大美城市形态。

（一）加快推进绿色低碳发展。坚持产业生态化，优化能源、产业结构，依托国际城市绿色能源管理总部等重大项目，大力培育清洁能源、循环利用等绿色经济形态，推行企业循环式生产、产业循环式组合、园区循环化改造。坚持生态产业化，依托天府芙蓉园、天府绿道等生态场景，叠加生态体验、体育运动等消费功能，挖掘生态产品价值，推动生态优势转化为发展优势。积极推进碳达峰碳中和，认真落实碳排放总量和强度双控机制，高质量统筹推进公共节能，打造零碳旅游景区、零碳商业综合体、零碳社区等示范项目，加快建设碳中和先锋城市示范区。

（二）扎实开展污染防治攻坚。以中央、省环保督察反馈问题整改为契机，坚决打好大气、水、土壤污染防治“三大战役”，大力整治散乱污企业、噪声油烟污染等突出环境问题。聚焦建设天蓝清新武侯，落实重点区域“三抓五管”，强化工业源、移动源、扬尘源等面源污染治理，积极开展油烟净化隔离网技术试点，加快推动老旧车提前淘汰更新，实施智能化大气环境监测管治，坚决打赢蓝天保卫战。聚焦建设水润灵动武侯，深入落实河长制、口长制，深化供排净治一体化改革，加强雨水排口全天候监测，积极建设地下智慧管网，实施绕城内污水治理专项行动，推进污水资源化利用，推动高攀河等城区河道生态修复，力争市控及以上地表水水质稳定达标。聚焦建设清洁净土武侯，强化土壤污染管控和修复，加强固体废弃物减量化、无害化处理，深入推进垃圾分类，加快建设“无废城区”。

（三）提升公园城区形态风貌。加快建设环城生态公园、锦江公园等生态项目，大力开展百个公园示范工程、老公园新活力等专项行动，打造更多小游园、社区公园，做到园在城中、城中有园。深入推进筑景增绿，实施全域增绿 2.0 版，全面推行林长制，人均公园绿地面积提升至 17 平方米，公园绿地服务半径覆盖率达 98% 以上，实现推窗见绿、出门见景。深入推进宜居水岸、水系连通和天府蓝网等工程，打造功能复合的滨水空间，营造蓝绿交织的生态场景，呈现水清岸绿、河畅景美。统筹协调城区形态风格，促进传统风貌与现代美学相融合，彰显蜀风雅韵、武侯特色。坚持以绿色低碳为底、人文关怀为本、产业创新为要、文化精神为韵、智慧韧性为基，精心打造未来公园社区，在环城生态公园率先打造示范点位的基础上，构建覆盖全域、特色发展的未来公园社区体系。

（四）积极倡导绿色生活方式。加快打造社区绿道，推进自行车道、步行道微循环交通系统建设，实现绿色出行无缝衔接。完善再生资源回收利用体系，加快优化社区回收站点、区级分拣中心，实现再生资源主要品种回收利用率不低于 80%。深入开展绿色宣传教育，积极推动生活方式绿色革命，大力实施节能减排、节能节水、节俭养德等绿色行动，广泛开展绿色家庭、绿色企业、绿色商场和节约型机关等创建活动，让生态文明理念深入人心、自觉践行。

（五）努力构建现代环境治理体系。坚持最严格的生态环境保护制度，认真落实“三线一单”生态环境分区管控，严把项目选址、资源开发、企业生产环境准入关。加强生态环境监管，健全生态损害赔偿、环保信用评价、信息强制性披露、生态环境违法行为举报查办奖励等制度。强化生态环境公益诉讼、行政执法、行刑衔接，认真查处生态环境投诉案件，严厉打击各类生态环境违法行为。加强区域协同，完善跨区域、跨流域生态环境联防联控机制，合力筑牢生态保护屏障。

九、坚定不移全面从严治党，努力建设高素质干部队伍

面对新形势新任务，必须大力弘扬伟大建党精神，增强全面从严治党永远在路上的政治自觉，坚持严的主基调，深入推进新时代党的建设新的伟大工程。

（一）坚定推进政治建设。坚持以党的政治建设为统领，旗帜鲜明讲政治抓政治，增强“四个意识”、坚定“四个自信”、做到“两个维护”。坚定执行党的政治路线，围绕党中央大政方针和省委、市委决策部署确定工作思路、制定政策措施、部署重大任务，不断提高政治判断力、政治领悟力、政治执行力。严肃党内政治生活，严明政治纪律和政治规矩，严格落实民主集中制。强化政治监督和政治巡察，健全落实政治生态研判和干部政治素质考察常态机制。大力弘扬忠诚老实、公道正派、实事求是、清正廉洁等价值观，培育发展积极健康的党内政治文化。

（二）持续深化思想建设。坚持把学习贯彻习近平新时代中国特色社会主义思想作为首要政治任务，健全完善并严格落实第一时间传达学习习近平总书记重要讲话精神和中央、省委、市委重大决策部署机制，坚持区委常委会第一议题学习、交流发言和理论学习中心组学习等制度。

深入学习贯彻习近平总书记七一重要讲话精神，常态化制度化推进党史学习教育，建立“不忘初心、牢记使命”主题教育常态机制，用好“学习强国”等学习平台，用活红色资源，深入学习领会党的百年奋斗的重大成就和历史经验，增强明理增信、崇德力行的政治自觉。深化党校分类建设改革，提升思想铸魂和党性锤炼主阵地功能，构建与区域发展相适应的党员干部教育培训体系。

（三）扎实抓好基层党建。全面贯彻新时代党的组织路线，大力实施基层党建高质量发展三年行动，严密上下贯通、执行有力的组织体系，不断提升党的基层组织的政治力和组织力。健全区域化大党委统筹辖区各类党组织互联互动、共建共享体系，贯通党的组织体系和管理服务“最后100米”。实施机关先锋模范、国企强根固魂、教育党建领航等工程，推动各领域党建全面进步。探索专精特新新兴领域党建工作法，切实把经济社会发展中最活跃的组织、最具创新力的群体凝聚到党的周围。抓实党支部标准化规范化建设，创新加强党员教育管理监督。深入开展“党旗在基层一线高高飘扬”活动，建立“我为群众办实事”长效机制，努力使每个党员都成为鲜红的旗帜，每个党支部都成为坚强战斗堡垒。

（四）建强干部人才队伍。坚持新时代好干部标准，鲜明用人导向，健全选育管用全链条机制，加强干部梯队建设，着力锻造政治过硬、堪当公园城市示范城区建设重任的高素质队伍。大力实施骨干队伍赋能行动，完善年轻干部培养机制，积极选派优秀年轻干部到产业发展、土地拆迁、基层治理等工作一线蹲苗历练，持续选派干部赴先发地区国企实践锻炼。坚持严管厚爱相结合，落细落实“担当作为十条”，完善基层干部激励机制，激发干部干事创业热情。全面贯彻新时代人才强国战略，坚持党管人才，坚持面向世界科技前沿、面向经济主战场、面向国家重大需求、面向人民生命健康，全方位培养、引进、用好人才。建立重大项目人才跟踪服务机制，深化地校院企人才协同培养，抓好国际高端人力资源高效协同省级试点改革，积极引育科技创新人才、产业发展人才、片区综合开发人才、基层治理骨干人才，全力创建全国一流的区域重要人才中心和创新创业高地。

（五）持之以恒正风反腐。全面落实中央八项规定精神，持续用力纠治“四风”特别是形式主义、官僚主义。建立贯彻落实重大决策部署督查问责机制，加强对惠民富民、促进共同富裕政策措施落实情况监督检查。强化对“一把手”和领导班子监督，推动各类监督贯通融合。严查重点领域关键环节腐败问题，巩固发展反腐败斗争压倒性胜利。坚持严惩腐败和严密制度、严格要求、严肃教育紧密结合，一体推进不敢腐不能腐不想腐。健全全面从严治党责任协同机制，压紧压实管党治党政治责任。加强廉政文化建设，持续提升清风武侯品牌，推动形成正气充盈、政治清明的良好局面。

青年是武侯发展的希望所在。在新的征程上，武侯经济社会发展需要青年特别是年轻干部把个人理想追求融入武侯未来发展，挥洒青春汗水，贡献青春力量。全区各级党组织要关心和爱护青年，把青年紧紧团结在党的周围，让他们多到基层一线担当重任、磨炼成长，为他们人生出彩搭建舞台。广大青年特别是年轻干部要信念坚定对党忠诚，注重实际实事求是，勇于担当善于作为，坚持原则敢于斗争，严守规矩不逾底线，勤学苦练增强本领，积极投身武侯发展，在治区兴区的生动实践中放飞青春梦想、书写人生华章！

迈步新的征程，憧憬美好未来，承载全区群众共同期盼、幸福美好生活夙愿、治区兴区锦绣明天的绚丽蓝图，正由我们共同绘就，更必将由我们共同实现。实干成就梦想，奋斗赢得未来。高质量建设践行新发展理念的公园城市示范城区，全面建设社会主义现代化武侯的庄严使命，历史地落在了我们肩上。面对市委的信任和群众的期盼，我们一定要勇于担当、不辱使命，在新征程上实心干事科学作为、攻坚克难负重前行，努力创造无愧于人民群众的业绩、无愧于美好时代的成就！

让我们更加紧密地团结在以习近平同志为核心的党中央周围，在省委、市委坚强领导下，弘扬伟大建党精神，牢记初心使命，奋进新的征程，加快打造服务国家战略新的增长动能，聚力构建“国际商务高地·人文宜居武侯”，为高质量建设践行新发展理念的公园城市示范城区努力奋斗！

政府工作报告

——在成都市武侯区第八届人民代表大会第一次会议上

（2021 年 12 月 20 日）

成都市武侯区人民政府区长　景　波

一、2021 年和过去五年工作回顾

2021 年是中国共产党成立 100 周年，是“十四五”开局之年，也是武侯发展历程中极不平凡的一年。一年来，面对复杂的发展形势和新冠肺炎疫情的冲击影响，我们在市委、市政府和区委的坚强领导下，在区人大、区政协的监督支持下，坚持以建设践行新发展理念的公园城市示范城区为统揽，以高质量发展为主题，攻坚克难、砥砺奋进，全力打好经济转型提质攻坚战和疫情防控阻击战，实现了疫情防控和经济社会发展“两手抓、两不误、两战赢”。预计全年实现地区生产总值 1361 亿元，比上年增长 7.5%；固定资产投资 410 亿元，比上年增长 18%；社会消费品零售总额 1185 亿元，比上年增长 8%；一般公共预算收入 103.2 亿元，比上年增长 8.4%；城镇居民人均可支配收入 55939 元，比上年增长 7.5%。

（一）经济发展稳中加固、稳中向好。坚持以项目思维推动产业转型升级、稳定经济增长。重大项目投资扩容进位。大力开展高能级项目招引攻坚，引进市级重大产业化项目 20 个，“153”项目 4 个；实际到位内资 184.2 亿元；FDI 到位 1.73 亿美元，超额完成全年目标。加快建设四川大学先进材料科研大楼等 42 个省市重点项目，京东西南总部基地等 57 个项目竣工投用，固定资产投资增幅位居全市前列。产业能级提升步履坚实。积极培育创意设计、医美健康等现代服务业，实现服务业增加值 1147 亿元。加快发展新材料、生物医药等都市工业，全区省级以上“专精特新”企业达 48 家，规模以上工业增加值增长 10.7%。三国创意园获评“国家文化出口基地”，华西医美健康城获评四川省现代服务业集聚区创新发展先进单位，她妆美谷获评国家电子商务示范基地，电商直播基地入选四川省电子商务新业态基地，悦湖新材料科技中心获批创建国家知识产权试点园区，音乐坊被评为国家级夜间文旅消费集聚区。惠企利企服务走深走实。实施深度服务企业“十项措施”和营商环境建设“十项行动”，在全省率先建成区县级融资大数据服务平台，与金融机构合作开发融资产品 64 个，积极为中小企业融资赋能，“蓉易贷”规模突破 50 亿元。制定音乐、医美、建筑、工业等产业扶持政策，建立季度动态兑现机制，兑现扶持资金近 6 亿元。针对疫情冲击，出台精准助企纾困解难“9+1”政策体系，拿出真金白银帮助企业渡过难关、恢复活力。

（二）改革创新蹄疾步稳、精准发力。坚持以创新思维全面深化改革、加快动能转换。重点改革攻坚突破。聚焦市场化方向，整合区属国企成立武侯国投集团，完善“1+9+N”公司体系，推动区属国企与产业功能区发展深度融合。深化“网购式”审批、一窗受理、自助办理等政务服务改革，1043 个事项全程网办，110 个主题事项“仅跑一次”，企业开办实现“2 小时取证”。获批全市“四个一”（一支队伍统管、一张网格统揽、一个平台统调、一套机制统筹）管理机制改革试点。被确定为全省唯一“全国婚俗改革实验区”。科技创新协力推进。深化校院企地协同创新，推动落地校企合作项目 20 个，助力科创主体获得科技项目 202 项。区内省级科技成果转化示范企业达 17 家。梯度培育新经济种子企业、准独角兽和领军企业 50 家。全区国家和省级重点实验室、工程技术研究中心、企业技术中心等科创平台超 150 个。开放合作持续深化。积极融入“双循环”、唱好“双城记”，实现首例成渝异地工伤认定。与绵阳市三台县共建的梓州织造产业园主体完工，与内江市共管的川南电商中心有序运行。“国家外贸转型升级基地”通过商务部复审，全年完成外贸进出口总额 126 亿元。

（三）城市品质优化提升、加快蝶变。坚持以功能思维推进城市

有机更新、创新营城路径。城市更新稳步推进。启动华西坝、悦湖等片区综合开发，策划太平园TOD创意设计城等27个引领性项目，18个项目获市更新办批复，取得融资授信420亿元。强化载体供给，关闭疏解、整治提升老旧市场4个，征地拆迁4125亩，完成土地上市手续1113亩。举办中国城市有机更新与消费场景营造大会，荣获城市更新引领推动奖。筑景增绿亮点纷呈。一环路市井生活圈武侯段初步呈现，打造玉林东路特色街区，优化龙江路、黉门里等22条锦江公园子街巷。音乐大道入选省级试点步行街。全面提升大运会场馆周边、进出城通道、城郊接合部环境品质。投资39.3亿元的宜居水岸工程全面竣工。新建天府绿道31.5千米，新增绿化面积50万平方米。生态治理成效显著。全力配合做好第二轮中央、省环保督察，反馈案件办结率分别达95.7%、91%。空气质量优良天数同比增加19天，$PM_{2.5}$浓度下降9.2%。1个国考、2个市考断面水质达标率100%，江安河武侯段、清水河万寿桥段获评全市“美丽河湖”。

（四）美好生活加快创造、幸福可感。坚持以民本思维发展社会事业、增进民生福祉。公服设施不断完善。策划实施幸福美好生活十大工程项目138个，实现年度投资121亿元。完成浆洗街等3个社区卫生服务机构建设。改造老旧小区80个，龙门锦苑等7个安置房项目加快建设，配建人才公寓800套，开工建设保障性租赁住房20万平方米。打通万寿四路等5条“断头路”。社会事业提质发展。新投用学校（幼儿园）8所，新增学位3780个，普惠性幼儿园覆盖率达83.7%，水韵园综合教育基地建成开放，教育“双减”政策稳妥落实。教育现代化发展水平连续五年位居全市第一，中考“一次合格率”连续五年位居全市第一。深化全国教育综合改革实验区、全国智慧教育示范区建设，“两自一包”改革（在公办中小学校、幼儿园探索开展的以“管理自主、教师自聘、经费包干”为重点的学校管理体制改革）学校增至52所，获评全国人工智能助推教师队伍建设、儿童青少年近视防控、青少年校园足球试点区。推出慢性病患者等重点人群定制签约家庭医生服务项目57个，个性化家庭医生签约服务10.2万人次，居民健康档案建档率达95%。深化国家体育产业示范基地建设，打造市级基层综合性文化服务中心示范点2个，主办协办中国音乐金钟奖、中国田径街头巡回赛等重大文体活动20余场。深入推进省级城市基层治理示范区建设，2个街道、5个社区获评省级示范。社会保障更加有力。加强就业创业服务，发放就业惠企补贴1.41亿元，城镇登记失业率2.43%。在全省率先实现街道、社区退役军人服务站标准化建设和实体化运行。城乡居民基本养老保险、基本医疗保险参保覆盖率分别达95%、98%以上，蝉联全国人力资源和社会保障体系先进集体。加强“一老一小”关爱，开展60岁以上独居老人巡访，“颐居通”社区居家养老服务平台被国家发展改革委评为优秀案例，我区获批“国家积极应对人口老龄化综合创新试点”。锦城社区入选“中国儿童友好社区试点”。持续做好“雪中送炭”“阳光圆梦”等帮困助学项目，向各类困难群体发放补贴和救助资金2105万元。

（五）城市治理强根固基、和谐有序。坚持以底线思维提升治理效能、守护城市安宁。坚决守牢新冠肺炎疫情防控防线。针对7月27日、11月2日两轮疫情，第一时间激活应急体系，动员全区上下同心战“疫”，扎实做好“三点两所”（医疗机构点、集中隔离点、核酸采集点以及居家监测和重点场所防控）管理，打赢了疫情防控阻击战。夯实常态化防控基础，建立了“统、防、控、管、备”工作体系。第一、第二剂次疫苗接种任务完成率均超过110%，“加强针”和3～11岁儿童接种工作加快推进。坚决守牢安全生产红线。扎实推进安全生产三年攻坚，建立“六位一体”隐患巡查发现机制（职能部门专项整治、社区网格日常巡查、社会企业专业巡查、物业入户引导、居民有奖举报、科技创新应用的安全隐患巡查发现机制）和“五项制度”整改闭环机制（安全生产隐患问题“领导督办令、月度约谈、即期惩处、隐患整改每月交账、履职评价”闭环办理机制）。组建“三支队伍”（小区院落走访队伍、街面商家走访队伍、生产企业走访队伍）开展常态走访巡查，实施电动自行车专项治理，建设集中停放充电场所1367个。为独居残疾人和60岁以上独居老人安装烟感、电感智能保护装置。安全生产事故起数、死亡人数分别下降33.3%、42.9%。坚决守牢社会稳定底线。常态化开展扫黑除恶，持续推进“铁腕治毒”，严厉打击电信网络诈骗及涉枪涉爆、涉黄涉赌等违法犯罪活动，全区违法犯罪警情同比下降14%，实现六连降。成立劳动纠纷“一站式”多元化解联动处置中心。推进“三张清单”（社会重大风险清单、历史遗留问题清单、突出信访问题清单）化解，信访积案办结率达100%，获评全省“维护社会稳定先进区”。连续八届获评“四川省双拥模范区”。

同时，民族、宗教、侨务、对台工作进一步加强，审计、档案、机关事务、地方志、老龄、物价、统计、人防、工会、青年、红十字会、妇女儿童、残疾人以及关心下一代等工作取得新进展。

各位代表，2021年各项任务的完成，标志着本届政府工作目标全面实现。过去五年，全区上下克难前行、砥砺奋进，经历了新冠肺炎疫情防控大战大考，实现了“十三五”发展圆满收官和“十四五”发展良好开局，谱写了全面建成小康社会的精彩篇章，发展极不平凡，成绩令人振奋。

五年来，我们在竞相发展中交出了创先争优、敢比敢拼的优秀答卷。地区生产总值、服务业增加值、社会消费品零售总额、累计固定资产投资分别迈上千亿台阶。2021年，人均GDP达11.3万元，比2016年增长41.3%；一般公共预算收入比2016年增长85.2%；城镇居民人均可支配收入比2016年增长44%，获评全省“促进服务业发展先进单位”、全省“县域经济发展强区”。在赛迪顾问发布的2021百强区中，我区名列全国第18位，被省政府表扬。

五年来，我们在改革创新中厚植了转型升级、攻坚突破的强劲动能。圆满完成党政机构改革、街道行政区划调整和社区体制机制改革，纵深推进国资国企、教育卫生等重点领域改革，“两自一包”改革成果入选第五届全国教育改革创新典型案例。加快推进科技创新和成果转化，高新技术企业超720家，较2016年增长269%。全社会研发投入达52.19亿元，新经济梯度培育入库企业132家，万人有效发明专利拥有量46件。获评全国“知识产权强县工程示范区”。

五年来，我们在推动“中优”中重构了优势突出、功能凸显的发展格局。优化产业结构、重塑经济地理，调整设立她妆美谷、华西医美健康城等五大产业功能区。加快城市更新、提升功能品质，突出“一片区一功能一特色”，人民南路、川大川音、武侯祠红牌楼等“5片区22单元”全域更新格局成型成势。

五年来，我们在城市建设中绘就了美丽宜居、公园特色的秀美图景。天府芙蓉园、宜居水岸等生态工程精彩呈现，绿道总里程达110千米，绿化覆盖率达46.6%。空气质量优良率达80%。吉福南路等14条街道被评为全市最美街道。我区获评“国家生态文明建设示范区”“天府旅游名县”“省级全域旅游示范区”。

五年来，我们在开放合作中形成了协同发展、要素集聚的强大磁场。与重庆市沙坪坝区、四川省安岳县等地签订合作协议48个，共建中国女鞋之都－安岳制鞋基地等合作项目10个。驻区世界500强企业达122家，较2016年增加44家，约占全市的40%。世界建筑节中国组委会永久落户武侯。五年累计引进内资1558.3亿元、利用外资实际到位42.3亿美元，外贸进出口总额年均增长8.9%。累计兑现产业扶持资金27亿元，获评“中国最佳国际营商环境城区”。

五年来，我们在共建共享中奏响了惠民利民、幸福美好的民生乐章。每年民生投入占一般公共预算支出67%以上，扎实开展公共服务设施“三年攻坚”行动，建成民生项目108个。新建中小学（幼儿园）38所，新增学位2.24万个，高质量开办北二外成都附中，创建省一级示范校2所。360个老旧小区焕发新颜，既有住宅新增电梯401台，19条“断头路”互联互通，156条城市道路“黑化”提升，8个安置房、2个人才公寓拔地而起。对口帮扶白玉县及简阳市3个乡镇脱贫摘帽，5年累计拨付帮扶资金2.46亿元。创新社区发展治理，建成28个示范社区、2个国际化社区，培育发展23家社会企业和全省第一家社区基金会。信托制物业模式在全市推广。获评“全国社区治理和服务创新实验区”“全国智慧健康养老应用试点示范基地”“全省城市基层治理示范区”“全省健康促进示范区”。

五年来，我们在政府建设中展现了实干担当、勤政为民的公仆形象。扎实开展“不忘初心、牢记使命”主题教育和党史学习教育，持续推进人民满意的法治、创新、廉洁、服务型政府建设，获评全国法治县（市、区）创建先进单位。严格落实党风廉政建设责任制，自觉接受人大、政协监督和社会监督，共办理人大代表建议643件、政协提案899件，办结率、满意率均为100%，群众对政府的满意度持续提升。

五年风雨兼程，五年砥砺前行。过去五年，最让我们难忘的是，新冠肺炎疫情来袭之时，医务人员白衣执甲、逆行出征，各级干部夜以继日、不眠不休，社会各界守望相助、共克时艰，全区人民共同守护雪山下的公园城市、烟火里的幸福武侯，同心筑起了疫情防控的铜墙铁壁，留下了一个个令人难忘的历史瞬间！过去五年，最让我们感动的是，广大基层干部和社区工作者，把对事业的忠诚刻在心中，把对群众的责任扛在肩上，在招大引强、项目促建的主战场，在服务群众、发展民生的最前沿，在守护安全、维护稳定的第一线，历经千辛万苦，走进千家万户，道尽千言万语，谱写出一曲曲感人至深的奋进赞歌！过去五年，最让我们自豪的是，面对各种困难，全区上下以坚如磐石的信心、只争朝夕的劲头、坚韧不拔的毅力，保持经济发展稳中向好势头，拉开城市有机更新大幕，开辟城市永续发展空间，加快打造服务国家战略新的增长动能，推动区域在成渝地区双城经济圈建设和省市发展大局中的位势越来越凸显，创造了一个个敢为人先的武侯实践！

回顾过去五年历程，我们深刻体会到，无论形势多么复杂、任务多么艰巨，坚持党的全面领导是做好政府工作的根本保证，必须坚定不移以习近平新时代中国特色社会主义思想为指导，全面贯彻党中央大政方针和省委、市委、区委决策部署，确保政府各项工作始终沿着正确方向前进。推动发展是做好政府工作的第一要务，必须完整、准确、全面贯彻新发展理念，心无旁骛谋发展，聚精会神抓落实，凝心聚力推动高质量发展。改革创新是做好政府工作的动力源泉，必须不断解放思想、转变观念，聚焦重点领域、关键环节，大力推动质量变革、效率变革、动力变革，最大限度激发发展活力。服务人民是做好政府工作的价值归依，必须坚持人民政府为人民，坚定践行以人民为中心的发展思想，积极回应群众对美好生活的向往，把人民的根本利益实现好、维护好、发展好。狠抓落实是做好政府工作的作风保障，必须持续激发干事创业的精气神，谋抓落实的道，求抓落实的术，办抓落实的事，提抓落实的能，在真抓实干中奋力谱写武侯发展新篇章！

惟其艰难、方显勇毅，唯其磨砺、始得玉成。过去五年取得的成绩，是习近平新时代中国特色社会主义思想科学引领的结果，是市委、市政府和区委坚强领导的结果，归功于全区人民的团结奋斗，离不开人大代表、政协委员及社会各界人士的监督支持。在此，我代表区人民政府，向全区人民，向各位人大代表、政协委员，向各民主党派、工商联、无党派人士，向驻区部队、政法干警和消防救援队伍，向所有关心支持武侯发展的同志们、朋友们，致以崇高的敬意和衷心的感谢！

在充分肯定成绩的同时，我们也清醒认识到，当前武侯发展还存在一些短板：一是产业结构层次不优，主导产业能级不高，先进制造业、现代服务业支撑力有待提升。二是新旧动能转换不畅，科技创新资源转化利用不够充分，新经济新动能还需加快培育。三是城市功能品质不高，片区综合开发进展较慢，城郊区域建设和管理水平有待提升。四是公共服务供给不均，高品质教育、医疗等公共资源与人民群众日益增长的美好生活需要存在差距，做大总量、均衡布局需要加大力度。五是现代治理能力不足，防范化解各类风险压力较大，城市治理智慧化、精细化水平还需提高。对此，我们将强化问题导向，拿出更实举措，认真加以解决。

二、今后五年工作思路和目标任务

今后五年，是我国向着全面建成社会主义现代化强国的第二个百年奋斗目标迈进的五年，也是我区全面贯彻区第八次党代会精神、加快建设践行新发展理念的公园城市示范城区的五年。做好未来五年工作，最根本的是旗帜鲜明讲政治，确保党中央和省委、市委、区委决策部署第一时间执行、高质高效推进、不折不扣落地。最关键的是立足新发展阶段、贯彻新发展理念、服务新发展格局，把握战略主动，赢得高质量发展先机。最核心的是扭住人民群众日益增长的美好生活需要与发展不平衡不充分之间的矛盾，着力解决一批群众急难愁盼的大事难事，努力推动共同富裕取得更为明显的实质性进展。最紧要的是坚决贯彻区第八次党代会部署，全力以赴把党代会既定的规划图、任务书变成施工图、实物量。

（一）今后五年政府工作的总体要求。高举中国特色社会主义伟大旗帜，坚持以习近平新时代中国特色社会主义思想为指导，深入贯彻习近平总书记对四川及成都工作系列重要指示精神，坚定落实党中央国务院、省委省政府、市委市政府和区委决策部署，弘扬伟大建党精神，牢记初心使命，奋进新的征程，认真落实区委“一四三二”发展思路，加快推进高质量发展、高品质生活、高效能治理，共建共享推动实现共同富裕，加快打造服务国家战略新的增长动能，聚力构建“国际商务高地·人文宜居武侯”，高质量建设践行新发展理念的公园城市示范城区。

（二）今后五年政府工作的奋斗目标。咬定跃上“一个新台阶”、实现“六个新突破”、确保“五个不低于”目标。力争地区生产总值每年增长10%以上，2026年度跃上2000亿元台阶，力争达到2400亿元以上。全社会固定资产投资年均增长12%，力争2026年度突破800亿元；第二产业增加值年均增长16%，力争2026年度突破500亿元；社会消费品零售总额年均增长10%，2026年度突破2000亿元；进出口总额年均增长10%，2026年度突破200亿元；研发投入年均增长10%，2026年度突破80亿元，一般公共预算收入力争年均增长10%、力争2026年度突破180亿元。城镇居民人均可支配收入年均增幅7.5%以上，城镇登记失业率控制在3.5%以内，义务教育优质学校覆盖率提升至80%，城市绿化覆盖率提升至48%，城市空气质量优良天数比率达到82%，均不低于五城区平均水平。

（三）今后五年政府工作的主要思路。而立之年的武侯，正沐浴着新时代的春风阔步向前。区第八次党代会紧扣时代要求，顺应群众意愿，围绕推动高质量发展，提出了“一四三二”发展思路。这是我区育先机、开新局的方向指引，我们要坚定不移以此作为政府工作的思路，贯穿经济社会发展各领域全过程。一是要坚持“一区引领”，锚定建设践行新发展理念的公园城市示范城区的奋斗目标，高质量建设创新驱动的活力城区、协调共融的繁荣城区、绿色生态的宜居城区、开放包容的时尚城区、共建共享的幸福城区。二是要深化“四能建设”，立足区域资源禀赋，着眼未来发展需要，强化武侯科技研发转化、文化创意设计、医疗健康服务、高尚品质生活四个方面城市功能。三是要强化“三轴带动”，将人民南路打造成开放活力轴、川藏路打造成创新活力轴、永康路打造成生态活力轴，构建三轴辐射带动全区高质量发展的空间格局。四是要构建“两地愿景”，围绕“国际商务高地·人文宜居武侯”发展愿景，打造立足成都、服务成渝、辐射全国的国际化现代化商务高地和具有区域文化特色的美好生活承载地。

（四）今后五年政府工作的主要任务。积极抢抓成渝地区双城经济圈建设、成德眉资同城化发展、成都都市圈发展重大机遇，认真落实区委确立的发展思路和奋斗目标，努力在成都建设践行新发展理念的公园城市示范区中走在前列、作出示范。

一是在创新发展上走在前列、作出示范。紧扣成渝地区建设具有全国影响力的科技创新中心，充分发挥我区科技资源富集优势，抓实高层次创新人才集聚、科技企业育苗成林、科创空间样板示范、区域协同创新聚能、硬核科技场景引领“五大工程”。积极构建环川大、华西科技创新圈，打造川藏创新活力轴，布局太平寺片区科技成果转化载体，推进悦湖新材料科技中心建设，着力形成“一圈一轴一片一中心”科技创新格局。深化科技成果转化体制机制改革，探索校地协同创新，共建大科学装置，推动建设工业互联网研究中心、国家重点实验室等重大科技基础设施，促进关键核心技术、关键零部件自主研发。实体化运营前沿医学健康科技、前沿医学投资公司，推动前沿医疗设备研发生产。力争到2026年，全区高能级创新平台突破10家，高新技术企业达1200家，“专精特新”企业达100家，万人高价值发明专利拥有量达23件，技术合同成交额达80亿元，成为全国知名的科技成果转化中心。

二是在协调发展上走在前列、作出示范。紧扣成渝地区建设具有全国影响力的重要经济中心，积极构建区域协调发展格局。聚焦空间结构协调，高标准打造“三轴”，加快推进“5片区22单元”城市有机更新，大力实施华西坝、太平园、太平寺、悦湖等重点片区综合开发，努力构建“三轴”辐射带动、片区协同联动的发展空间布局。聚焦城市功能协调，以提升科技研发转化功能强动力，以提升文化创意设计、医疗健康服务功能塑品牌，以提升高尚品质生活功能聚资源，形成优势突出、特色鲜明、产城融合的核心功能体系。聚焦产业结构协调，坚持“强二优三”和建圈强链战略，推动新材料等先进制造业高端突破，促进健康医美、科技研发等现代服务业特色发展，助推商务商贸等传统产业转型升级，到2026年，生产性服务业占服务业比重达60%，工业占GDP比重达到10%。聚焦经济结构协调，在做强做优区属国企的同时，把企业上规培育、新增市场主体作为经济工作的重要抓手，持续激发民企活力，到2026年，市场主体达50万户，纳税市场主体占55%，民间投资占比力争超过50%，全区上市挂牌企业达180家，努力打造都市工业特色区、现代服务业新高地。

三是在绿色发展上走在前列、作出示范。紧扣碳达峰碳中和目标，认真落实碳排放总量和强度双控机制，加快推动空间结构、产业结构、交通结构、能源结构调整，大力发展清洁能源、循环利用、绿色建筑等经济形态，促进生产生活方式绿色转型。实施全域增绿2.0版，积极打造永康生态活力轴，着力构建以“绿道蓝网”为骨架的全域公园体系，公园绿地服务半径覆盖率达98%以上。加快建设新加坡绿色能源中国总部，积极推进零碳旅游景区、零碳商业综合体、零碳社区等示范项目。推广运用节能技术、节能产品，建设成都新能源汽车消费中心，统筹布局电动汽车充换电配套设施。加大环境治理力度，持续改善生态环境质量。健全生态价值转化制度机制，推动碳排放权交易合作，努力建成碳中和先锋城市示范区。

四是在开放发展上走在前列、作出示范。紧扣成渝地区建设改革开放新高地，积极融入“双循环”和双核联动，提升打造人南开放活力轴，大力发展外向型经济，着力建强离岸招商中心，力争驻区世界500强企业达到140家。深化国家文化出口基地、国家电商示范基地、国家外贸转型升级基地建设，积极争创国家数字服务出口基地，讲好三国故事、做强外向型经济。积极服务成都打造国际音乐之都，充分发挥成都音乐坊、城市音乐厅功能，让世界听到武侯声音，塑造对外开放新名片。打造高品质国际化社区，持续优化国际化营商环境，提升国际优势企业和外籍人口占比。加强与成渝地区相关区（市）县合作，推动重点合作项目10个以上，努力建成区域合作和对外开放典范区。

五是在共享发展上走在前列、作出示范。紧扣成渝地区建设高品质生活宜居地，全面增强我区高尚品质生活功能，加强就业服务，每年新增就业不低于1.55万人。大力营造高品质生活场景，打造幸福美好公园社区20个，打造国家级、省级步行街各1条。推动高品质配套建设，积极构建“七纵七横”的城市交通路网体系（“七纵”指科华路、人民南路、浆洗街、佳灵路—成双大道、武侯大道、智谷大道、永康路;“七横”指一环路、二环路、中环路、三环路、武侯大道、智远大道和绕城高速）。加强高品质服务供给，建设50所高品质中小学、幼儿园。建设区级公共文化设施20个。健全养老服务和社会救助体系，每千名老年人拥有养老床位45张以上。推动产城融合、职住平衡，累计开工建设保障性租赁住房50万平方米，完成302个老旧小区改造，新增人才公寓4000套，引入产业人才10万人以上，努力建成高品质生活样板区。围绕“智慧蓉城”建设，加快打造数字武侯，营造多元共治智慧应用生态，加快建设智慧韧性安全示范城区。

展望未来五年，一幅治区兴区的动人画卷正在徐徐展开，我们通过努力一定能将蓝图化为现实。到那时，活力迸发的武侯，将生动再现“南方丝路接千里”与“门泊东吴万里船”时空交汇的商贸繁华之盛;美丽宜居的武侯，随处可见“清江一曲抱村流”与“芙蓉花开映锦官”交相辉映的公园城市之美；文化厚重的武侯，处处跃动音乐坊弦歌不辍与小酒馆浅唱低吟和谐共鸣的优雅怡人之乐;共建共享的武侯，人人都享有安居乐业加油干与巴适安逸慢节奏交融互补的美好生活之福；历史人文的武侯，处处呈现宽严相济重仁厚与智慧治理现代化互鉴共融的政通人和之景。我区将在成都建设践行新发展理念的公园城市示范区中绽放出别样精彩，在全面建设社会主义现代化武侯新征程上迈出更加坚实的步伐!

三、2022年工作建议

2022年是党的二十大召开之年，也是我区贯彻落实区第八次党代会部署、推动经济社会高质量发展的重要一年。

2022年工作思路是：深入贯彻习近平新时代中国特色社会主义思想，全面落实党的十九届二中、三中、四中、五中、六中全会精神，完整准确全面贯彻新发展理念，坚持稳中求进工作总基调，坚持统筹发展和安全，坚持区委“一四三二”发展思路，坚持新冠肺炎疫情防控和经济社会发展“两手抓”，以重大项目建设为牵引，扎实抓好强产业、优功能、增动能、惠民生、善治理“五件大事”，努力推动经济社会高质量发展。

主要预期目标是：力争地区生产总值增长10%，固定资产投资增长12%，一般公共预算收入增长10%，社会消费品零售总额增长10%，城镇居民人均可支配收入增长7.5%，城镇登记失业率控制在3.5%以内，万元地区生产总值能耗、主要污染物排放进一步降低。重点抓好以下工作：

（一）以攻坚克难的进取精神推动建圈强链、提升产业质效。加快推动都市型工业做特做优。依托悦湖新材料科技中心建设，打造悦湖新材料产业公共服务平台，招引科技创新型研发机构平台5个，启动建设四川大学大科学装置项目。聚焦工业软件、高端新材料、高端医疗医美、化妆品研发等细分领域，开展先进制造业项目招引攻坚大会战，力争引入潮州三环等10个先进制造业项目，加快建设沃森生物创新研发中心、安信睿等8个重点项目，完成工业投资20亿元以上。积极推动工业上楼发展，打造锦江电子、金地商置等专业楼宇3栋，开工建设粤浦科技等工业楼宇，新增都市工业楼宇面积21万平方米。依托她妆美谷打造生物化妆品研发制造区、美丽经济展销区，启动建设全美生物科技化妆品智能化研发生产基地。加快推动机投桥都市工业谷规划建设，拓展都市工业发展新空间。支持中小企业向“专精特新”发展，梯次培育“小巨人”、单项冠军、隐形冠军，新增“专精特新”企业15家、规模以上工业企业15家，规模以上工业增加值增长10%。

着力推动现代服务业提能提质。坚持品牌引领、特色发展，力争新增规模以上服务业企业50家。围绕打造健康集聚高地、中国“医美之都”核心承载区，积极引进韩国GTG中国总部等产业化项目10个以上，持续举办环华西国际智慧医谷发展论坛，开工建设武侯华西健康服务创新中心、中粮大健康产业园等重点项目，力争大健康产业增加值达148亿元。深化“国家文化出口基地”建设，建成文创产业展示服务平台、线上数字推介交易平台，落地融合出版超高清视频技术应用国家重点实验室。举办全球三国文化国际合作交流活动，提升三国文化IP影响力，力争引进10家创意设计头部企业，培育2家独角兽企业，推动梵木Flying国际文创公园创建国家级文化产业示范园区，力争文创产业增加值达160亿元。开工建设成都音乐文创总部基地，加快推进音艺中心等项目，策划举办国际原创音乐大赛、成渝音乐产业创新创业大赛，深化国家级夜间文旅消费集聚区建设，力争音乐产业产值达20亿元。加快建设她妆展示中心、化妆品孵化器和服务平台，打造天府芙蓉创新中心，策划举办中国化妆品产业发展大会，力争实现化妆品交易额50亿元。推动文商旅体融合发展，旅游总收入恢复疫前水平、达到270亿元，争创“国家全域旅游示范区”。

全力推动传统优势产业转型升级。实施商务商贸头部企业招引培育计划，新增限额以上批零住餐企业60家。大力发展夜间经济、假日经济、会展经济等业态，打造伊藤食品生活馆等特色场景，策划举办第二届中国夜间经济与消费升级大会。沿锦江公园新建“青年河岸”等特色消费场景，打造大学路等3条特色商业街区。促进传统贸易企业平台化发展，力争电子商务网络交易额突破3500亿元。实施总部企业提能工程，力争引进高能级总部企业5家以上。聚焦金融科技、绿色金融等特色业态，引进爱心人寿等金融机构15家以上，积极推动华日通讯等4家企业上市。升级发展建筑业，新增建筑业入库企业20家，扩大分包工程“武侯造”试点范围，力争建筑业增加值增长10%。促进房地产业健康发展和良性循环，新增房地产入库项目10个。

积极推动新经济新业态聚集成长。抢抓四川省建设国家数字经济创新发展试验区等战略机遇，加强数字化改造，促进企业上云，推动数字技术赋能实体经济，做优智能制造、数字医疗、数字电商等新业态。加强量子通信、前沿医疗等战略性新兴产业研究布局，塑造数字经济新优势。深化新经济企业梯度培育，力争新增新经济企业7500家，引进新经济500强企业5家。鼓励企业开展城市未来场景实验室、创新应用实验室项目，聚焦智能生产、美好生活等领域持续发布城市机会清单，力争发布新场景、新产品100个以上，打造示范应用场景5个以上。

大力推动重大项目招引促建攻坚。认真落实全市项目攻坚安排部署，大力实施产业建圈强链行动。科学编制产业图谱，强化“链长制”招商，加强链主及龙头企业专项培育，开展重点项目靶向招引，支持链主企业垂直整合，力争引进链主企业10家以上、市级重大项目21个、“153”项目5个，新增世界500强企业4家，使用外资实际到位5亿美元、到位内资185亿元。坚持项目为王，新开工国际体育公园城等项目70个以上，加快建设双凤桥TOD商业综合体等项目80个以上，竣工投用面向新经济的技术交叉与转化中心等项目45个以上，37个省市重点建设项目完成投资120亿元以上。完善与产业链高度适配、专业管用的政策体系，加强人才、资金、载体等优质要素供给，构建链主企业、公共平台、中介机构、产投基金、领军人才融合共生的产业生态体系。

（二）以不负重托的使命担当建设公园城区、优化发展格局。全力打好城市规划提升战。成立规划设计研究院，建立“三总师”制度。推动产业发展、城市建设等23个专项规划与“十四五”规划纲要有机衔接。促进城市有机更新规划、五大产业功能区规划和城市空间布局、色彩规划多规融合。研究制定人南开放活力轴、川藏创新活力轴、永康生态活力轴发展规划，进一步细化片区设计、功能分区、项目策划、建设时序。做好太平寺、华西坝等21个重点片区的分区规划和城市设计。积极推进芙蓉美谷、江安时尚体育等4个未来公园社区专项规划，为公园城区建设提供科学精准的规划指引。

全力打好城市更新总体战。坚持片区化开发、项目化推进，推动“三轴”发展成型成势。人南开放活力轴，策划科分院片区、玉林二巷片区等18个项目，启动省旅游学校、西华大学人南校区等13个项目，建设省体职院、四川大学博物馆群等5个项目。川藏创新活力轴，策划红牌里、广福桥更新单元等12个项目，启动蜀道集团轨交总部、未来居家产业城等4个项目，建设太平园TOD、数智科创中心、皮革加工区等8个项目。永康生态活力轴，策划白佛桥TOD一期等5个项目，启动悦湖活力区一期，建设悦湖菁领汇名邸等4个项目。坚持保留城市记忆与提升功能品质相结合，实施42个老旧小区改造，持续改善人居环境。

全力打好城市配套攻坚战。围绕新材料、生物医药等产业发展需求，编制先进制造业项目生产配套清单，打造专业的生产配套环境。加快推进220千伏黄忠变电站、智远大道电力通道等能源配套项目。开展交通基础设施提升行动，实施武侯大道、成乐高速扩容项目入城段等出入城主通道改造提升工程，启动电信路等14条道路建设，打通3条“断头路”，启动实施20条城市道路整治提升，建设50条回家（上班）的路。加快完善生活服务配套，启动建设双凤二路运动广场等公服配套设施27个，在簧门街社区开展一刻钟便民生活圈国家级试点。构建多层次住房供给体系，加快建设三河新居二期等7个51万平方米安置房项目，新开工5个59万平方米安置房项目建设。新增人才公寓800套，保障性租赁住房3000套。认真落实迎接世界大学生运动会各项部署，高标准推进武侯赛区4个场馆品质提升，高质量筹办“爱成都·迎大运”系列活动。

全力打好城市资源盘活战。推动老旧商务商业楼宇改造提升，活化利用蓝光综合体等闲置楼宇，完成5栋、10万平方米商务商业楼宇整治。着力提升低效工业楼宇利用效率，促进省中药厂等15万平方米工业楼宇整改提升。抢抓新兴产业用地政策调整契机，盘活中安恒等低效工业用地4宗80亩。推动蓝润广场、文和金舟、华普医院等8个进展缓慢项目加快建设。积极整合5701厂周边、机投桥片区、环城生态带等区域地块，大力推进连片拆迁、整宗上市，力争全年拆迁各类土地4395亩、上市1200亩以上。

（三）以知难而进的勇气魄力深化改革创新、育强发展动能。着力在重点改革上再提效。深入推进国资国企改革，出台推动武侯国投集团高质量发展意见，优化企业法人治理结构，提升项目建设、投资融资、运营管理等专业化水平。推动武侯国投集团评级达到AA+级、力争AAA级，加快高新公司上市步伐。深化工程建设项目审批改革，努力实现“一件事、一次办”。做好两项改革“后半篇”文章，推动街道五项权力落地。认真落实《四川省农村集体经济组织条例》，发展壮大涉农社区集体经济，规范“三资”管理。认真落实中小学校党组织领导的校长负责制，积极构建现代学校制度。新增“两自一包”改革学校（含幼儿园）3所。推进水环境“供排净治”一体化改革，持续提升全域水生态品质。

着力在创新能力上再提升。强化创新平台建设，加快推进5G空管智能决策技术研究、工业互联网边缘控制器研发等省、市重点科技项目，实施科技成果转移转化项目30个，力争落地高能级创新平台2个。探索设立科技成果转化天使投资基金，搭建高校院所、科技企业、投融资机构常态化对接平台，力争技术合同成交额突破60亿元。完善科技研发、技术创新扶持政策，帮助中小型科研企业引育高端科技人才，新增高新技术企业70家。落实中长期青年发展规划，优化青年创新人才发展的政策环境和社会氛围。争创全省“科技成果转移转化示范区”。

着力在开放合作上再提速。加强与重庆市沙坪坝区、大渡口区等地合作，推动建设三国智创意产业园、数智三国时空走廊2个成渝地区双城合作示范项目。积极融入成德眉资同城化发展，加快建设成眉同城大健康产业先行示范园。深化对白玉县、简阳市对口帮扶，加强特色产业、公共服务等领域合作，助力乡村振兴。围绕“国家外贸转型升级基地”“国家文化出口基地”建设，打造跨境电商园区，积极发展研发外包、知识产权交易等服务贸易，力争外贸进出口总额突破140亿元。

着力在营商环境上再优化。常态化落实深度服务企业“十项措施”、营商环境建设“十项行动”，定期走访服务企业。根据经济运行和新冠肺炎疫情防控形势，完善精准助企纾困解难“9+1”帮扶政策，及时协调和兑现政府贴息、贷款展期、房租补贴等惠企措施。支持各行业领域组建商（协）会组织，打造政企交流示范平台。引导金融机构加大信贷投放力度。推动兴川贷、蓉易贷等服务平台开发针对中小微企业的中长期信贷产品，力争“武侯成长贷”为企业提供1亿元以上资金支持，着力解决企业融资难、融资贵问题。认真落实营商环境4.0版政策，深入推进“证照分离”“一业一证”“跨域通办”等行政审批改革，积极打造“武好办”政务服务品牌。开展“知识产权护航”专项行动，高标准建设区知识产权服务促进中心。

（四）以人民至上的为民情怀增进民生福祉、提升发展温度。扎实推进社会保障提升工程。全面落实就业扶持政策，大力开展“公共就业服务六项行动”，启动重点行业、企业项目制技能培训，实施困难人员再就业工程，完成创业担保贷款1800万元以上。优化劳动纠纷“一站式”联动处置，加强拖欠农民工工资治理，确保农民工欠薪案件动态清零。持续推动全民参保，确保全区城乡居民基本养老保险参保率达90%以上，基本医疗保险参保率达98%以上。强化困难群体兜底帮扶，创新重病患者家庭“政府补助、社会资助、群众自筹”多元帮扶机制。建设长期照护社区综合服务站3个。探索退役军人服务“部门协同＋企业共建”模式，策划实施服务项目50个。

扎实推进教育医疗服务提质工程。新建成并投入使用学校（含幼儿园）3所，新增学位2430个。提升水韵园综合教育基地服务功能，开办武侯区家长学校，争创全国学前教育普及普惠区。持续推进教育“双减”落地落实。加快华兴、火车南站社区卫生服务中心迁建，持续推进成都双楠医院二期工程建设，改扩建区人民医院，新增4家互联网医院。建成市级及以上临床重点专科2个。完成区疾控中心整体搬迁。推进数字化社区卫生服务中心建设，打造4个智能化家庭医生签约服务场景。

扎实推进全龄友好包容社会营建工程。聚焦“一老一小”等特殊群体，加强精细化服务供给。深化医养融合养老服务模式，建设8个社区养老服务综合体，打造10个“物业服务＋养老”试点，新增养老床位300张。优化“颐居通”居家养老服务平台，试点打造1个“智慧养老院”和1个“智慧养老社区”。实施独居老人关爱计划，对特殊老年人群体周探访率达100%。加快适老化改造，既有住宅增设电梯150台以上。编制新一轮妇女儿童发展纲要，开展儿童友好社区建设、城区创建。加强妇幼保健分级服务，改造提升社区婴幼儿照护服务设施，在11个街道设立未成年人保护工作站，为特殊少年儿童提供一贯制全纳教育。

扎实推进文化惠民服务工程。对标全国文明典范城市创建，做好全国文明城市测评迎检工作，完善新时代文明实践中心建设。开展光荣家庭、“感动武侯”人物评选，大力弘扬社会主义核心价值观。加快推动文图两馆分馆、区级美术馆建设，打造2个基层综合性文化服务中心示范点，新增15处全民健身设施，着力构建“15分钟公共文化服务圈和健身圈”。高水平承办协办“中国田径街头巡回赛·武侯站”等精品赛事，广泛开展“诸葛争锋”“武侯闹春”等品牌文体活动。加强三国文化艺术创作，联合企业出品舞剧《三国》。推动组建区文管所，做好文物保护、非遗保护传承等工作。

扎实推进生态环境提升工程。深入落实绿水青山就是金山银山理念，持续打造环城生态公园武侯段，塑造天府芙蓉园“芙蓉五景”，推进铁佛公园二期等“百个公园2.0”建设，新建绿道30千米、小游园微绿地5个。深入打好污染防治攻坚战，扎实抓好中央、省生态环保督察反馈问题整改。建设生态环境大数据智慧监管平台，构建生态环境精准管控体系。落实重点区域“三抓五管”（抓除污、抓监管、抓通报和管工地、管油烟、管车辆、管停车、管喷涂），推广新型油烟净化技术，力争空气质量优良率达80%。加快推进“天府蓝网”（以河湖水系为基础、岸线绿地为关键、滨水空间为核心，统筹推动自然生态保护、人居环境改善、多元业态融合，水岸城一体化打造，彰显文化底蕴、营造生活场景、引领城市发展的价值体系）建设，完成水系连通一期工程。深入落实河长制、口长制，推进高攀河、火烧堰等锦江流域排污综合治理。扩容改造市第五净水厂，启动簇桥老场镇雨污分流工程，确保市控及以上地表水水质达标率达100%。建成区城乡环境综合治理中心和垃圾分类智能平台，全面实施生活垃圾分类，力争生活垃圾、危险废物无害化处置率达到100%。

（五）以超大城市的运行规律强化智慧治理、夯实发展底板。深入开展应急体系构建行动。坚持以战促治，总结新冠肺炎疫情防控经验和短板，着力构建“五大体系”（灵敏快捷的感知预警体系、“平战结合”的工作运行体系、闭环管理责任落实体系、及时有效的信息发布体系、科学完备的工作保障体系）、提升“八项能力”（疫情监测预警能力、流调排查溯源能力、重点场所管理能力、全面核酸检测能力、智慧韧性治理能力、应急响应处置能力、常态疫情防控能力、涉疫舆情引导能力）。高标准打造常态化疫情防控指挥部，细化作战图、路线表、责任状、执行网，探索构建数字防疫调度指挥、健康码门禁系统等平台，提升疫情预警发现和及时处置能力。全面开展城市体检。扎实抓好全国首次自然灾害综合风险普查工作。启动城市安全风险综合监测预警平台建设，打造1个市级示范点位。完善各类应急预案，新建1个一类应急避难场所，推动各街道打造应急文化体验馆。持续开展安全生产专项整治三年行动，实现事故起数和死亡人数“双下降”、较大以上事故“零发生”。加强食品药品安全监管，完善药品医疗器械信息化监管系统。积极创建省级安全发展示范区。

深入开展智慧城市建设行动。启动国家智能社会治理实验基地建设，加快布局智慧基础设施，提高5G基站密度，密集各类感知源，推动市政建设、治安防控、交通运输等设施智能化升级。加快构建以系统融合、数据汇聚为基础的全区智慧治理集成平台系统，加快智慧公安建设，推动建设智慧治理指挥中心。围绕疫情防控、治安管理、民生服务等领域，开发区、街道、社区三级智慧应用特色场景。强化线上线下联动，充分发挥“三支队伍”作用，精准掌握居民、商家、企业基础信息和诉求，建立完善民生档案，以数字化提升基层智慧治理水平。

深入开展社区治理提能行动。聚焦基层基础，加强小区院落“四有一化”（有党组织覆盖、有党员引领参与、有服务阵地保障、有经费支撑和治理机制制度化）建设，探索区属国企成立物业公司实施老旧、三无、散居“三类院落”连片管理。深化社区营造，加强信义治理研究实践，落地信托制物业小区院落10个以上。加强主题社区建设，围绕七大场景建设8个示范社区，争创幸福美好公园社区，积极打造一批科技智慧型、国际时尚型、绿色低碳型、人文宜居型主题社区。用好支持政策和平台，培育发展10个以上社会企业，推动社会组织、基金会深度参与基层治理。完善社区专职工作者统筹管理机制，落实企业年金制度。建强用好“社区名书记工作室”，项目化培养社区“两委”30人以上。启动“十百千”工程［5年内争创10个省级社工站（室）示范点，实施100个精品社工服务项目，专业社工数增加1000人］,争创省级社工站（室）示范点，形成全国社工服务“武侯样本”。

深入开展平安武侯建设行动。全面完成市域社会治理现代化试点工作任务，完善社会治理体系。围绕房地产、金融、征地拆迁等重点领域，深化矛盾纠纷化解和诉源治理体系建设。加强中央第二批治重化积信访案件、全市突出信访问题清单办理。践行“新时代枫桥经验”，构建源头防控、纠纷化解、应急处理等矛盾综合治理机制。健全社会治安防控体系，推动华西坝等13个派出所标准化建设，完善社区警务室选点和建设。持续推进扫黑除恶常态化，全力巩固禁毒攻坚成效，坚决打击治理电信网络诈骗、黄赌毒、食药环领域等各类违法犯罪活动，确保违法类警情持续下降。

四、努力建设新时代人民满意政府

站在第二个百年奋斗目标的新起点，新一届政府责任重大、使命光荣。时代是出卷人，我们是答卷人，人民是阅卷人。我们将牢记初心使命，不负党和人民重托，努力书写奋进新征程、建功新时代的优质答卷。

（一）对党忠诚写好“政治答卷”。始终坚持以习近平新时代中国特色社会主义思想武装头脑、指导实践、推动工作，不断提高政治判断力、政治领悟力、政治执行力，把坚定捍卫“两个确立”、坚决做到“两个维护”嵌入思想、融入血脉。深入开展党史学习教育，自觉从党的百年奋斗重大成就和历史经验中汲取力量。全面贯彻党中央和省委、市委、区委决策部署，用工作体现忠诚，用发展体现担当，用成效体现执行力。

（二）依法行政写好“法治答卷”。牢固树立法治思维，深入推进依法治区，把政府工作全面纳入法治轨道。坚持科学、民主、依法决策，健全重大行政决策程序，深入听取各方意见。坚持严格规范公正文明执法，不断提升执法公信力。坚持人民政府所有工作都要体现人民意愿，自觉接受人大法律监督、政协民主监督和社会舆论监督，让权力始终在阳光下运行。

（三）务实担当写好“发展答卷”。迈步新征程，奋进新时代，加快推动发展是政府本职，区域发展慢了就是我们失职。必须坚持事不畏难、责不避险，在推动高质量发展中强担当、勇作为；坚持勇于创新、开拓进取，在战胜风险挑战中破难题、开新局；坚持求真务实、干字当头，在狠抓落实中见真章、求实效。政府工作人员要自觉当抓落实的人、干抓落实的事，干出实打实的新业绩，干出群众认可的好口碑，干出百舸争流的生动局面。

（四）用心用情写好“民生答卷”。始终把全心全意为人民服务作为政府一切工作的出发点，牢固树立以人民为中心的发展思想，不断增强为民服务意识。坚持问政于民、问需于民，深入开展“我为群众办实事”实践活动。持续加大民生投入、补齐民生短板，着力解决好群众急难愁盼问题，努力让发展更有温度、幸福更有质感。政府工作人员要与人民群众将心比心、以心换心，扎扎实实做好每一件为民实事、惠民好事，决不辜负人民的期望。

（五）激浊扬清写好“廉政答卷”。坚定贯彻全面从严治党要求，严格落实中央八项规定及其实施细则精神，毫不松懈纠治“四风”，坚决反对形式主义、官僚主义，严惩重点领域和群众身边的腐败。坚持勤俭节约过紧日子，强化财政预算绩效管理，确保每笔经费都用在刀刃上。政府工作人员要廉洁修身、勤勉尽责，干干净净为人民做事，决不辜负人民公仆的称号。

百年征程风正劲，重任千钧再扬帆！让我们更加紧密地团结在以习近平同志为核心的党中央周围，在市委、市政府和区委的坚强领导下，勿忘昨天的艰辛奋斗，无愧今天的使命担当，不负明天的伟大梦想，自觉以实干者的底色、拓荒者的勇气、奔跑者的姿态，埋头苦干，勇毅前行，为聚力构建“国际商务高地·人文宜居武侯”、加快建设践行新发展理念的公园城市示范城区努力奋斗！

1990 年末，武侯区揭牌

1990 年 12 月 29 日，成都市武侯区临委副书记周化成主持召开区临委、区筹委会正式对外办公新闻发布会，并举行揭牌仪式；市委副书记王荣轩为中共成都市武侯区临时委员会揭牌，武侯区临委书记郭应富和区筹委主任范贤尧分别介绍武侯区区情和新区建设的总体设想。《人民日报》、新华社、《四川日报》、四川广播电台、《成都晚报》、成都电视台等 10 余家媒体记者进行报道。武侯区成立初期的办公地点设在新蓉村综合楼。

30 余年来，武侯区以开明的思想、开放的政策和开拓性的工作，顺应时代形势，适时调整发展思路和产业结构，不断升级产业园区建设，重点发展大健康、文化创意等支柱产业，推动经济实现超越发展。不断深化体制改革，推动政府职能转变和效能提高，行政审批制度改革武侯模式成为全国样板，建成西部地区规模最大、信息化水平最高的政务服务中心，被评为“中国最佳国际营商环境城区”。实施“教育强区”战略，推动城乡教育均衡发展，“两自一包”改革经验获全国范围内推广，获“全国智慧教育示范区”等荣誉；加快建设文化旅游强区，武侯祠博物馆、天府芙蓉园成为旅游胜地，武侯区获评“天府旅游名县”；健全医疗卫生保障体系，探索开展卫生惠民服务，获“全国社区卫生服务示范区”等荣誉。着力推动生态文明建设，坚持生态优先、绿色发展，宜居水岸、天府芙蓉园等特色节点、街区陆续呈现，城市宜居品质加快提升，成功入选国家生态文明建设示范区。

经过 30 余年的风雨洗礼和发展成长，武侯区已跻身全面体现新发展理念国家中心城市城区第一方阵。当前，武侯区更加坚定以习近平新时代中国特色社会主义思想为指导，全面贯彻落实中央、省委、市委重大决策部署，积极抢抓成渝地区双城经济圈、成德眉资同城化建设契机，着力建设践行新发展理念的公园城市示范城区。

深入开展党史学习教育　践行“不忘初心、牢记使命”

武侯区委宣传部

（2021 年 12 月）

2021 年，武侯区委深入贯彻落实党中央和省委、市委决策部署，按照学党史、悟思想、办实事、开新局的总体思路，扎实推进党史学习教育，努力从百年党史中赓续奋进力量，从为民办实事中凝聚党心民心，加快建设践行新发展理念的公园城市示范区。

一、党史学习教育部署落实

2021 年，武侯区委坚持深学细悟，积极引导党员干部做到学史明理、学史增信、学史崇德、学史力行。成立区委庆祝中国共产党成立 100 周年活动暨党史学习教育领导小组，印发《关于庆祝中国共产党成立 100 周年活动暨党史学习教育实施意见》，强化组织领导，健全工作机制。全年多次通过区委常委会会议、领导小组会、党政班子例会等会议专题研究部署学习教育工作；印发专题学习等制度文件 12 份，明确工作内容、责任单位和完成时限；组建工作专班和专项督查组，负责牵头抓总、统筹协调，推动各项工作落地有效开展。

二、党史学习教育宣讲

2021 年，武侯区坚持示范引领，聚焦党的四个历史阶段、习近平总书记七一重要讲话和党的十九届六中全会精神等内容，召开区委理论学习中心组专题学习会、举办专题读书班，引领带动全区各单位理论学习中心组专题学习 430 余次。党员区领导带头上党课 24 场，区委宣讲团开展专题宣讲 234 场；各单位开展基层宣讲 682 场。组建 100 人讲师团，常态化举办“党史开讲啦 · 文芯讲堂”系列活动；发动 350 余名老军官、老战士和 500 余名离（退）休党员，定期到街道、社区、学校，通过社区茶话、坝坝讲堂等形式宣讲党史。组织收听收看庆祝大会、群众性歌咏会、红色经典诵读、缅怀革命先烈等系列教育活动 850 余场次；聚焦“四史”教育，打造水韵园综合教育基地，开展“党史故事进校园”等系列活动，不断教育引导全区青少年学生永远跟党走；在“武侯 e 先锋”微信公众号平台开辟《党史学习》专栏，在“武侯发布”等新媒体平台发布《学党史好书推荐》系列文章，收集制作 100 余个红色故事展播视频，制作上线“歌声中的党史”主

图001 2021年4月20日，区领导参观成都战役纪念馆 （区融媒体中心供图）

题党课5期，《梦骑士》电教片获中央组织部纪录片三等奖、市级纪录片二等奖。围绕“永远跟党走”主题，开展“颂歌献给党”庆祝中国共产党成立100周年歌咏会、“奋斗百年路 启航新征程”武侯区庆祝中国共产党成立100周年书画摄影巡回展等各类群众性宣传教育活动250余场，唱响共产党好、社会主义好、改革开放好、伟大祖国好、各族人民好的时代主旋律。中央、省、市、区主流媒体刊发武侯区党史学习教育重点报道1100余篇（条），进一步凝聚党心民心，增强了广大干部群众的政治自觉性。

三、机关党史学习教育

2021年，区领导以党员身份参加专题组织生活会，引领全区党员干部上专题党课2121场；各单位通过“三会一课”、主题党日、理论学习中心组学习等多种形式开展党史专题学习宣讲1200余次，实现基层党组织和党员全覆盖。拓展学习教育方式，突出情景学，组织“歌声中的党史”主题党课云讲堂机关专场，录制《红梅赞》视频短片，解读红梅精神在武侯机关的延续。组织机关党组织重温入党誓词，为党员发放生日贺卡、举办政治生日等，让党员干部牢记入党初心使命。开展丰富多样的主题活动，组织机关党员干部到郫都区战旗村开展“党建引领乡村振兴”主题党日活动。以赛促学，举办“学党史、悟思想、办实事、开新局”庆祝建党100周年党史知识竞赛，检验党史学习教育成果。

四、党史学习教育实践

2021年，武侯区深入开展党史学习教育实践，将学习教育与为民办实事相结合，切实解决群众身边“急难愁盼”和“硬骨头”问题。截至年末，全区第一批、第二批“我为群众办实事”项目共1864个，完成1856个，完成率99.6%；其余8个跨年度项目将持续推进。武侯区“量身打造高质量就业服务套餐，满足群众多样化就业需求”“成都武侯社银一体服务民生——将人社服务大厅开到群众家门口、手掌心”项目入选人民网和中国共产党新闻网承办的“我为群众办实事”实践活动经验做法优秀案例。

聚焦生态环境、安全生产等，解群众之“急”。2021年，武侯区整改完成噪声、油烟、街面污水等环保投诉580余件，整改率95%；建成宜居水岸一期、二期工程。组建“三支队伍”，开展常态化走访，排查整治风险隐患62767个；全面推进“液改气”工程，累计签约2925户，实现通气1375户，有效解决瓶装液化气使用安全隐患；建成电瓶车集中充电场所1555个；为独居残疾人、高龄独居老人等居民住所安装烟感报警装置552个。

聚焦教育、医疗、住房等，解群众之“难”。2021年，武侯区新增学校8所，打造集心理健康疏导、国家危机教育等功能于一体的水韵

图002 2021年9月，武侯区水韵园综合教育基地以活动课形式，对学生进行党史学习教育 （区教育局供图）

园综合教育基地，建成“家门口好学校”4所。扩能改造区疾控中心，完成3个社区卫生服务中心迁改建，家庭医生签约服务10.72万人次。建设安置房项目7个、租赁住房4970套、人才公寓2587套，解决拆迁户、低收入家庭、人才等住房问题。

聚焦信访维权突出问题等，解群众之“愁”。2021年，武侯区启动汇金广场等3个项目破产程序；实施初信初访办理质量大提升活动，不断减少初转重比率，化解专项信访积案6件；对95家学科类培训机构实施精准管理，信访积案化解率达60%。

聚焦创业就业、居家生活等，解群众之“盼”。2021年，武侯区推动京东西南总部基地竣工投用，提供就业岗位35万个；加快建设海之盛煌等产业化项目，提供更多创业就业机会；建成悦湖新材料科技创新中心，打造新材料应用领域的创新策源地。引导群众先自治再改造，改造老旧小区39个，为45个小区加装电梯157台；打造大学路、玉林东路等特色街区。

五、庆祝建党100周年征文大赛

2021年4月，区融媒体中心、区委老干部局、区委党校、区总工会、区妇联、区文联联合开展“讲党史故事·说幸福生活”庆祝中国共产党成立100周年征文大赛。大赛收到来自全国各地的征文共456篇，评选出一等奖作品3件、二等奖作品5件、三等奖作品10件（详见表1），以及优秀奖作品15件。

表1 2021年武侯区庆祝中国共产党成立100周年征文大赛获奖文章一览表

奖项	作品名称	作者
一等奖	《老一辈无产阶级革命家在武侯》	刘孝昌
	《我见过你，我也是你》	徐润宇
	《永远的阿福》	贺书豪
二等奖	《我是一枝柳》	唐佳蒂
	《城改乐章锥锵奏响 美丽画卷恢宏开篇》	张钰婷
	《记我的大伯》	朱良才
	《童年囫事》	周其刚
	《我身边的共产党员》	冉涯荣
三等奖	《“吵”来的二次献血》	胡嘉俊
	《安居》	吴世伟
	《爸爸的故事》	杨晴野
	《成都，我爱的公园城市》	邹增昕
	《奋斗路上，释放余热》	冀文正
	《回家》	邓小英
	《和母亲一起入党》	杨 力
	《月圆之夜》	石泽丰
	《我身边的党员》	韦钧瀚
	《十年，三城，见自己，见天地》	陈阳阳

量身打造就业服务套餐　满足群众多样化需求

武侯区人社局

（2021年12月）

在经济社会协同发展的时代背景下，武侯区坚持以人民为中心，面对就业群体种类多、覆盖广、跨度大的形势，结合“我为群众办实事”实践活动，扎实做好“六稳”“六保”首位工作，推出高质量就业服务套餐，及时解决群众就业“急难愁盼”问题。

一、解锁多元化就业服务菜单，民生“愿景”变幸福“实景”

筑梦为马，未来可期。随着企业不断发展，缺工现象严重，求职者的期望值与现实也存在较大差距，企业用工难与劳动者就业难的问题有待破解。

一是推出特色化就业招聘。对应特殊群体就业需求，举办女性、残疾人、退役军人等专场招聘；立足岗位需求，开展春风行动、民营企业招聘周、蓉漂人才荟等专场招聘活动共72场，发布岗位33万个，达成就业意向20881人。

二是丰富云端化服务形式。运用“小武求贤”微信公众号推送招聘信息，利用“云课堂”邀请专家线上指导。通过48场“直播带岗”网络招聘活动发布岗位31万个，达成就业意向16722人，网络浏览量达140万人次。

三是建立精准化调度机制。组建就业服务专员队伍，实行“不打烊”服务。建立点对点用工调度保障机制，形成岗位供给清单583个。

通过大数据、实地走访精准掌握困难群体需求，发送服务短信 2.4 万人次，开展专项职业指导 600 余人次，推荐岗位 2000 余人次。

四是发挥协同化区域效应。拓展成渝地区双城经济圈和成德眉资一体化劳务协作，向重庆市沙坪坝区、四川省安岳县等提供企业用工岗位信息 6745 条，涉及企业 538 家。

图003　2021年2月1日，武侯区灵活从业劳务市场正式投入运营　（区人社局供图）

二、解锁多维度创新创业菜单，创新“火花”变创业“种子”

一个篱笆三个桩，一个好汉三个帮。许多创业失败的团队，不是没有好的创新项目，而是缺乏创业思路、管理经验、创业资源等外在因素的配合，随之出现的信息孤岛和资源壁垒亟须打破。

一是推行全方位资源保障。通过政府政策支持、企业资金帮助和创才经验指导，组成“人力 + 物力 + 财力”融合的服务团队，深入高校、企业、社区、园区举办创业讲坛和创业沙龙等系列活动，提供全方位创业服务。

二是构建全链条服务体系。在高校、社区搭建平台载体，提供“宣传 + 孵化 + 培育 + 储备”的链条式服务。深入重点企业进行面对面宣传，优化创业补贴、创业担保贷款办理流程。2021 年扶持大学生成功创业项目 68 个，完成小微企业创业担保贷款 1780 万元，新增吸纳各类创业人才 5301 名。

三是搭建全路径逐梦平台。通过“创赢武侯”系列创新创业大赛，成功吸引“爱车保”“逐飞智能”“影泰科技”等带动效应强、符合武侯产业发展规划的企业落户。成都影泰科技有限公司开发搭建的影泰远程医学影像平台，实现创业带动就业 1000 余人，并与 500 余家医疗机构达成合作。

三、解锁多效能技能培训菜单，技工“缺口”变技能“对口”

授人以鱼，不如授人以渔。再就业难、技工短缺问题日益凸显，“输血式”救助只能缓解一时之需，扎实可靠的就业技能才是让政府和群众互利共赢的利器。

一是瞄准技能兴企。结合辖区企业需求，依托成都职业培训网络学院，开展“订单式”培训企业新员工和困难企业员工 20187 人。通过技能提升行动，储备、输送优秀技能人才 8.8 万人，其中高技能人才 2.8 万人，为培育“诸葛工匠”提供了有力支撑。

二是强化技能稳岗。为全区 1700 余家受新冠肺炎疫情影响较大的外贸、住宿、餐饮、交通运输、文化、旅游、批发零售等行业企业开展“以工代训”服务，发放培训补贴 5202 万元。

三是兑现技能扶贫。搭建区域劳务合作交流平台，推进技能培训领域的交流合作。根据市场用工需求送技术上门，免费开展农村实用职业技能培训 8 期，累计培训帮扶对象 380 人。

新的群众愿望，催生新的服务模式。武侯区围绕多元化就业招聘、多维度创新创业、多效能技能培训“三大主菜”筑牢民生之基，营造出民生服务和经济发展“一盘棋”的环境氛围，不仅是践行“我为群众办实事”实践活动的重要阶段性成果，也是武侯高质量发展的力量新源泉。

党建引领创新社区治理　信托制物业破解服务难题

武侯区委社治委

（2021 年 12 月）

2021 年 12 月 3 日，第二届中国城市治理创新优秀案例奖揭晓，武侯区党建引领信托制物业服务模式等 10 个项目获得优胜。同期，由民政部主管的《社区》杂志，以武侯区成功率先探索信托制物业服务模式的制度设计和实践经验为主题，在《卷首》《策划》栏目刊发 8 篇文章，专题报道成都市试点信托制物业服务模式的实践成果，武侯信托制物业创新改革经验在全国范围得到推广；成都社区信义治理学院成立，成都市 200 余个小区（院落）陆续推行信托制物业服务模式。

“凭什么”曾是物业矛盾中最突出的关键词。业主不满意物业公司的服务：“凭什么让我缴费？”缺乏信任、得不到资金保障的物业公司运营更加困难，面对业主的质疑，物业公司也满腹牢骚：“你凭什么要求这要求那？”从“包干制”到“酬金制”，传统物业管理模式无法理顺业主与物业企业利益关系，业主较物业企业处于弱势，当双方矛盾不可调和时，物业管理模式制度化变革势在必行。经过前后近两年的尝试，武侯信托制物业模式不仅有效破解小区物业服务的难题，还凸显“信义”理念在基层治理中的重要性，推动建立人人有责、人人尽责、人人享有的社会治理共同体。

一、利民之事，丝发必兴

市民群众“急难愁盼”问题是为民办实事的突破点和着力点。小区物业服务质量直接关系到小区居民的获得感、幸福感、安全感，也是反映城市经济社会建设发展水平的重要因素。武侯区老旧小区多、物业矛盾多，每年物业服务质量投诉 5000 余件。

2019 年，武侯区在完成信托制物业可行性论证、社区基金会立项开启试点等一系列事件之后，开始探索将信托制物业服务模式导入小区。火车南站街道桐梓林社区风华苑成为第一个“吃螃蟹”的小区。多年来，风华苑小区物业纠纷不断，许多业主选择缓交甚至拒交物业费，以此发泄不满，物业公司则因收不到足够的资金，无法正常开展小区卫生治理和配套设施建设，双方关系陷入恶性循环。新的物业公司成都智乐物业服务有限公司进驻风华苑后，每月 10 日公开所有物业费收支明细，大到维修改造资金使用，小到一个灯泡去哪里了，社区居民可以随时查阅收支明细。与此同时，物业、居民之间最大的一个矛盾问题——物业公司的利润也随着收支明细公之于众。当月小区业主缴纳的物业费以及小区公共收益总和的固定比例，便是物业公司的利润，这意味着物业公司不再有降低物业服务成本获利的意图，只有做好小区服务，业主缴纳越多，物业公司的获利才有可能增加。

小区变了，服务好了，居住环境改善了，业主对待物业的态度也发生了转变。在引入信托制物业服务前，主动缴纳物业费的业主只有 70%，而信托制物业实行后，主动缴纳物业费的业主比例提升到 99%。物业费收入增加，物业公司的利润上涨，小区也有足够的维护资金，最终实现双赢。在城市快速发展建设的宏观环境下，物业矛盾或许只是“丝发”小事，但带给群众的幸福感、满意度却是实实在在的。

二、民之所望，政之所向

风华苑的试点，居民的口碑就是信托制物业最好的广告。2020 年，武侯区建立小区治理专项基金，用于支持信托制物业，同时针对商品房、老旧院落、拆迁安置小区、小产权房等不同类型居民住区，分层分类开展试点。

武侯祠东街 4 号院是一个修建于 20 世纪 80 年代的老小区。与风华苑不同，这里硬件配套设施差，基本无人管理。更严重的是，小区居民没有缴纳物业费的概念，想要引进一家全新的物业管理公司，困难重重。社区“两委”及时介入，带着居民多次到风华苑学习、考察，涉及信托制物业的问题开始成为居

图004　2021年5月，武侯区某小区引入信托制物业　（区委社治委供图）

图005 2021年11月22日，武侯区“我为群众办实事”观察员考察信托制物业实施情况
（区融媒体中心供图）

民坝坝会的重点主题。通过严格招标，2021年2月，成都信义花物业服务有限公司入驻武侯祠东街4号院。新物管公司不仅做到全部收入、支出公开透明，还解决院落“顽疾”。一个多月后，武侯祠东街4号院内有了天翻地覆的变化，下楼聊天、种花的居民多了，关心物业下一步干什么的居民也多了。物业服务公司负责人介绍说：“刚开始来时，居民还不是很放心我们。但慢慢地，有人来找我提建议，有人路过时冲着我笑，我知道大家还是很满意的。”

针对小区院落中的难题，武侯祠东街4号院所在的社区发挥“两委”以及小区党组织、律师、会计师等“信托监察人”作用，监督物业企业规范履职，同时定期发布机会清单，引入社会资本参与老旧院落改造和信托制物业管理，推动硬设施和软环境同步提升，形成一套“先自治、后整治、再长治”的长效管理机制。

三、利民为本，用心用情

物业公司不再为居民缴费发愁，随之而来的，是居民的公共意识、共同体意识被逐渐唤醒。

从目前实施信托制物业的多个小区来看，信托制物业服务模式通过落实小区居民的知情权、参与权、决策权和监督权，一方面还权赋能小区居民，另一方面让小区物业服务企业回归“忠诚管家”角色，有效解决小区治理主体缺位的问题。同时，通过引入“信托监察人”，小区治理由单一主体的自治走向多元复合的共治，小区治理能力现代化水平不断提升。特别是创新引入“信托监察人”后，小区业主、业委会、物业服务企业之间原来紧张的关系均得到极大改善。新模式改变了物业费和公共收益属性，将物业费和公共收益全部设立为业主共有基金，归全体业主所有，这样一来，业主开始关心小区公共事务，居民、业委会及物业公司之间建立起互信互助的关系。

2021年12月4日，成都信义治理研讨会暨成都社区信义治理研究院启动仪式正式举行，标志着以信托制物业服务模式为起点，推动成都信义治理迈入“产学研”2.0阶段。信托制物业以机制创新解决信任缺失的物业通病，形成社区开放互惠的信义关系，为社区治理提供民主协商平台，是信义治理的第一步。在此基础上，武侯区还将把信托制物业的信义理念，拓展到基层治理的更广领域，如社区治理专项保障资金管理使用、社区公共空间运营托管、小区邻里共享等，探索形成以社会多元主体之间的信任和互利为基础、保障社会公共利益最大化的信义治理体系，推动建立人人有责、人人尽责、人人享有的社会治理共同体。

大事记

A CHRONICLE OF MAJOR EVENTS

1月 January

8日 武侯区举行高质量发展攻坚年百亿级项目开工暨中粮大健康产业园开工仪式。

13日 省委常委、市委书记范锐平，市长王凤朝等市领导到武侯区调研锦城公园、锦江公园建设及一环路市井生活圈改造提升等工作。

是日 簇桥街道锦城社区入选中国儿童友好社区首批试点单位。

14日 全国首个碳中和垃圾分类小屋在簇锦街道永兴社区铁佛新居建成并投入使用。

18日 武侯区被国家卫生健康委评为2018—2020年全国计划生育优质服务先进单位。

是日 武侯区被认定为第一批四川省大众创业万众创新示范基地。

是日 四川大学华西医院派出61名医务人员支援石家庄市人民医院新冠肺炎疫情防控。2月9日，支援河北医疗队完成援助任务，结束集中隔离后返回。

21日 武侯区被教育部确定为全国青少年校园足球试点区。

21—23日 武侯区政协七届五次会议召开。

22日 武侯区商务局官方微博“武侯商务”入选《人民日报》、人民网舆情数据中心联合新浪微博发布的《2020年政务微博影响力报告》“全国十大商务微博”，四川大学华西医院官方微博“四川大学华西医院”入选“全国十大卫生健康微博”。

24—27日 武侯区七届人大五次会议召开。

30日 武侯区被省人力资源社会保障厅评为四川省建设群众满意的人社公共服务体系模范区。

是月 武侯区被省文化和旅游厅评为第二批四川省全域旅游示范区。

是月 成都音乐坊步行街入选四川省商务厅2020年省级步行街改造提升试点名单。

2月 February

3日 簇桥街道锦城社区被中国侨联评为2018—2020年全国侨联系统优秀“侨胞之家”。

5日 在2020成都社治优秀案例展播系列报道活动中，望江路街道，机投桥街道潮音社区、红牌楼街道双丰社区、金花桥街道金花社区、浆洗街道双楠社区、华兴街道南桥社区被评为2020成都党建引领城乡社区发展治理示范单位；浆洗街道七道堰社区被评为“爱成都·迎大运”办赛营城示范单位；成都市武侯区心航社会工作服务中心被评为成都优秀社会组织。

8日 “市井一环路·烟火成都”2021年一环路市井生活圈开街暨春节系列活动启动仪式在成都城市音乐厅黑胶广场举行。第三十一届“武侯闹春”活动同时开幕。

9日 省委书记彭清华到武侯区开展春节慰问及安全检查工作。

10日 成都体育学院中医骨伤科学专业通过教育部审批，复办中医骨伤科学本科专业。

22日 武侯区开展专项集中整治行动，拆除罗马假日广场违章搭建的活动板房和摊位等设施共2000余平方米。

23日 中华全国总工会副主席、书记处第一书记陈刚到武侯区调研基层工会组织建设工作。

是日 成都城市音乐厅综合剧场获2020—2021年度第一批中国建设工程鲁班奖（国家优质工程）。

24日 武侯区开启“云招商+云注册”一站式服务，在“云上会客厅”首次举行公司云上注册颁证仪式，为新注册的成都武悦华鲲科技集团有限公司颁发电子营业执照。

25日 区纪委七届十一次全体会议召开。

3月
March

1日 《成都市生活垃圾管理条例》正式实施，生活垃圾分类工作进入法治化阶段。武侯区分别在望江路、火车南站、红牌楼、金花桥等街道全面推行成建制生活垃圾分类，共设置垃圾分类规范投放点790个，建成封闭式垃圾箱房303个；招募督导员790名，定时定点监督指导垃圾分类工作。

6—8日 武侯区在她妆小镇举办以“妆MORE作YOUNG”为主题的闪耀女神节活动。

8日 华西大健康产业功能区管委会主办，成都市医疗美容产业协会、四川广播电视台承办的“伊人三悦·武侯有约”武侯区2021年医美产业发展主题沙龙活动在华西大健康产业功能区展示中心举行。

是日 中央电视台新闻频道报道武侯区生活垃圾分类工作的经验做法。

12日 武侯区召开深度服务企业推进高质量发展共建幸福美好生活大会。

是日 武侯区召开实施幸福美好生活十大工程动员大会暨第31届世界大学生夏季运动会武侯赛区临战动员大会，部署工程实施和赛区相关工作。

18日 省政法队伍教育整顿第一指导组到武侯区调研指导政法队伍教育整顿工作。

19日 四川省化妆品产业发展研讨会在武侯区她妆小镇举行。

22日 武侯区委召开庆祝中国共产党成立100周年活动暨党史学习教育领导小组第一次会议，研究庆祝活动和党史学习教育工作方案，审议通过领导小组工作规则及党史学习教育方案。

是日 《人民日报》记者采访武侯区百岁革命军人魏克。

24日 副省长曹立军到武侯区调研青年创新创业就业工作。

是日 武侯区税务局税费服务支持中心在区市民中心挂牌成立。

25日 2021“蓉漂杯”高层次人才创新创业大赛“医药健康+电子商务+文化创意”专题赛在武侯区开赛。

是日 四川大学华西医院终身教授、小儿外科专家、国务院政府特殊津贴专家胡廷泽去世。

29日 国家药品监督管理局副局长颜江瑛到武侯区调研新冠病毒疫苗流通配送工作。

是日 “武侯区‘两自一包’教育改革为公办学校松绑赋权”入选四川省深化改革典型案例。

30日 “共筑新格局·共建经济圈”武侯区产业功能区机会清单发布会暨一季度重大项目集中签约仪式在成都世外桃源酒店举行。现场签约海伦堡西南总部及医学成果转化中心西南总部项目、复星康养四川总部及产业基金项目等重大项目19个，签约总金额366亿元。

31日 “大三国志展”三国主题巡回展在成都武侯祠博物馆举行，来自18个省（自治区、直辖市）36家文博单位的160余件（套）精品文物参与展览，其中国家一级文物30件（套），大多为首次展出或极少展出。

4月
April

7日 武侯区被民政部认定为全国婚俗改革实验区。

是日 中国教育科学研究院教育综合改革武侯实验区第二轮合作共建项目启动会在区教科院举行。

8日 武侯区集中办公区申创的“国家节能标准化示范项目”通过验收评审。

10日 武侯区人社局组织开展“蓉漂人才荟”直播带岗线上线下招聘活动。

14—16日 以“更新新场景·焕新新商业·重构新城市”为主题的2021中国城市有机更新与

消费场景营造大会在武侯区召开，现场发布《中国城市更新白皮书2020》《成都市城市有机更新白皮书2020》《成都城市（楼宇）更新研究报告》。

15日 “成都之夜”年度创真价值荣耀颁奖晚会在成都世外桃源酒店举行，武侯区获2020城市更新引领推动奖，成都音乐坊获2020城市更新十大示范片区奖，锦里获2020城市更新十大经典记忆奖。

是日 武侯区第十三届中小学生艺术节“颂歌献给党”红歌合唱比赛在成都城市音乐厅举行。

16日 以“共筑新格局·共建经济圈”为主题的武侯区第一届中德口腔医疗产业对接会暨口腔数字化技术高峰论坛在四川大学国家双创示范基地举行。

是日 四川音乐学院在成都城市音乐厅举办四川省精品文艺创作大型交响合唱《蜀道组歌》演出，庆祝中国共产党成立100周年。

19日 四川大学华西医院呼吸与危重症医学科护理团队、中国移动通信集团四川有限公司办公室宣传信息室被评为“全国五一巾帼标兵岗”。

20日 武侯区法院负责审理的一起侵权纠纷案件入选四川省高级法院和重庆市高级法院联合发布的《2020年川渝地区人民法院知识产权司法保护二十大典型案例》。

是日 四川大学张兴栋院士获美国生物材料学会2021年Acta Biomaterilia金奖，成为首位获得该奖的亚洲学者。

22日 武侯区与重庆市沙坪坝区作为试点城区，签约共建“科创中国”服务平台，助推成渝地区双城经济圈建设。

是日 区水务局、大悦城控股集团（成都）有限公司、省交通运输厅人事教育处、省交通运输厅公路局、四川大学后勤保障部、四川音乐学院音乐教育学院、四川大学华西临床医学院/华西医院党委办公室（扶贫办）、四川大学华西第二医院党委、四川大学华西公共卫生学院/华西第四医院党委、四川大学华西口腔医院、省骨科医院党委办公室（扶贫办）、省中西医结合医院党委等被评为四川省脱贫攻坚先进集体。

23日 “阅读的力量”武侯区教育系统全员阅读推进会在四川大学附属小学南区举行，现场发布全员阅读实施方案。

是日 市委宣传部、市委党史研究室、武侯区委主办的“奋斗百年路”庆祝中国共产党成立100周年诵读晚会在成都市棕北中学西区音乐厅举行。

24日 武侯区召开四川省生态环保督察武侯区动员会，传达贯彻四川省生态环境保护督察成都市动员汇报会精神，动员全区坚决打好巩固提升生态环境质量硬仗。

25日 武侯区在潮音多功能剧场举行2020年度“诸葛工匠”命名大会暨武侯区总工会“百年梦·劳动美”主题音乐会，向全区90名“诸葛工匠”获得者颁奖。

28日 在人民网与中共中央党校社会和生态文明部主办的2021年社会治理创新评比中，武侯区申报的“坚持党建引领，打造‘三联三立三破’武侯双创助残新模式”入选全国十大最佳案例。

29日 武侯区被教育部认定为2020年全国儿童青少年近视防控试点县。

是日 水韵园综合教育基地开园。基地位于江安河畔，占地156万平方米。

30日 赛迪顾问城市经济研究中心发布“中国幸福百强区（2021）”排行榜，武侯区排名全国第50位。

5月
May

1—4日 中央广播电视总台新闻频道《西藏考古新发现》栏目报道四川大学考古文博学院在西藏西部夏达错遗址、阿里地区皮央东嘎遗址、拉萨曲贡遗址考古发掘及收获情况。

4—9日 在2021年全国体操锦标赛暨东京奥运会选拔赛、第十四届全运会体操资格赛上，成都体育学院学生邹敬园获双杠冠军、“男子双杠世界最高难度”金牌，李诗佳获平衡木冠军。

6日 全国第六届大学生艺术展演活动在成都城市音乐厅开幕，31个省（自治区、直辖市）、新疆生产建设兵团、香港特别行政区和澳门特别行政区的6800余名师生参加现场展演。活动于5月12日闭幕。

是日 武侯区召开四川省生态环境保护督察突出问题专题会，通报问题相关情况，部署整改工作。

7日 省委常委、市委书记范锐平到武侯区玉林四巷爱转角主题文创街区调研。

9日 缅甸、老挝、泰国、越南四国驻华使节代表团到武侯区考察城市民族团结工作。

11—23日 “中国体育彩票杯”2021年全国女子曲棍球锦标赛在武侯区举行，四川队获冠军。

12日 中央广播电视总台记者采访辖区内抗美援朝特等功臣唐章洪。

是日 “相约幸福成都”第23届中国大学生（女子）篮球一级联赛在省体育馆举行。

14日 区总工会、区人社局、区机关事务中心等单位主办的2021年成都百万职工技能大赛武侯区技能比赛开幕。

15—21日 在第二十五届中国大学生乒乓球锦标赛（超级组）上，成都体育学院获男子团体、男子双打冠军，取得该院乒乓球队建队以来最好成绩。

16日 国务院联防联控机制综合组第十一驻点工作组到武侯区调研新冠病毒疫苗接种工作。

17日 武侯区第六批对口帮扶工作队25名队员到甘孜州白玉县开展对口帮扶。

19日 住房和城乡建设部副部长黄艳到武侯区调研音乐坊片区城市有机更新项目。

22日 中国田径街头巡回赛在武侯区举行，四川选手黄常洲以7.89米成绩获跳远冠军。

23日 全国政协常委、全国政协经济委员会副主任杨伟民到武侯区调研武侯电商产业功能区建设工作。

25日 新希望服务控股有限公司（股票代码3658.HK）在香港联交所主板挂牌上市。

27日 在成都市2020年示范场景和特色场景评选活动中，武侯区梵木Flying国际文创公园被评为示范性消费场景，金花桥街道花龙门社区邻里中心被评为特色消费新场景。

是日 四川省妇幼保健院被省卫生健康委批准为四川省儿童先天性心脏病介入治疗和手术治疗定点医疗机构。

28日 成都市启动在蓉外籍人士新冠病毒疫苗预约接种，武侯区第三人民医院为武侯区指定接种点位。

29日 联合国儿童基金会驻华办事处儿童健康与发展处处长Anuradha Narayan（安诺）一行3人到簇桥街道锦城社区妮妮环球国际儿童食育中心调研。

30日 成都市“蓉城幸福家·儿童友好义集”国际儿童节主题活动在成都城市音乐厅黑胶广场举行，现场发布《成都儿童友好社区试点建设工作方案》。

是日 武侯区有序开展大规模新冠病毒疫苗免费接种工作。

31日 成都市2021年“安全生产月”活动启动仪式在武侯区举行。

6月
June

1日 全国首个儿童社区食育中心——锦城社区妮妮环球国际儿童食育中心在簇桥街道锦城社区正式开放。

是日 在“极美成都”公园城市最美地标TOP100影像展活动中，望江楼公园、华西坝、成都武侯祠博物馆、成都音乐坊入选成都人气地标100强。

2日 武侯区启动大规模新冠病毒疫苗免费接种工作以来，建成并投入使用接种点位33个，设置接种台196个，日均接种2.6万剂次。

3—6日 成都音乐坊企业四川蜀乐佳音文化科技有限公司复原并创新开发的蜀筝琴、蜀箜篌等蜀乐器在第二十九届中国国际乐器展览会上展出。

4日 参加中央网信办网络传播局“大国小鲜@新发展理念”网络主题宣传活动的媒体记者、代表等到成都城市音乐厅、成都音乐坊、玉林四巷爱转角主题文创街区、倪家桥社区党群服务中心院子文化创意园等点位参观，了解武侯区在城市发展、社区治理方面的探索和成果。

8—10日 2021年中国大学生艺术体操锦标赛暨第31届世界大学生夏季运动会艺术体操选拔赛在成都体育学院举行。成都体育学院代表队获团体总分冠军、集体全能冠军、集体五球冠军、集体三圈四棒冠军等奖项，并将代表中国参加第31届世界大学生运动会。

9日 第七届中国聚烯烃大会在武侯区开幕。

10日 武侯区召开全区房地产平稳健康发展工作会，部署落实房地产市场调控主体责任相关工作。

11—13日 在全国田径奥运选拔赛男子跳远比赛中，成都体育学院黄常洲获冠军，并获东京奥运会参赛资格。

12日 以“人民的非遗 人民共享”为主题的成都市2021“文化和自然遗产日”非遗主场活动在成都音乐坊举行。现场举行文艺演出，并向成都市2020年度优秀非遗传承人、优秀传承单位和优秀实践案例颁奖。

15日 武侯公安分局浆洗街派出所三六三医院警务工作站挂牌成立，是全市首个“一门通办、双语运行”的医院警务工作站。

16日 省委常委、市委书记范锐平到武侯区调研残疾人康复服务、安全生产等工作。

18日 2021成都市全民禁毒

集中宣传月暨武侯区“6·26”国际禁毒日全民禁毒绿道欢乐跑活动在天府芙蓉园举行。

是日 武侯区与驻区高校联合举办“永远跟党走 奋进新征程”各族群众庆祝中国共产党成立100周年文艺演出活动。

19—21日 “相约幸福成都”2021年中国大学生跆拳道锦标赛竞技专业组比赛在四川大学望江校区举行，来自全国的39支队伍352名运动员参加比赛。

26日 武侯区庆祝中国共产党成立100周年群众歌咏会在棕北中学西区音乐厅举行，来自全区机关、学校、医院、社区和企业的19支合唱团队1800余名群众参加演出。28日，中央广播电视总台《新闻直播间》对歌咏会进行报道。

28日 武侯区发布《成都市武侯区第七次全国人口普查公报》。2020年，全区常住人口1206568人，与2010年相比，增加122762人，增长11.33%，年平均增长1.08%，人口保持平稳增长；平均每个家庭户人口为2.25人，家庭规模持续减小；人口性别比为99.11，女性人口首次超过男性。60岁及以上人口占比为15.40%，人口老龄化程度持续加深。

30日 省长黄强到四川音乐学院调研。

是日 成都市棕北中学党总支、四川音乐学院党委学生工作部党支部被评为四川省先进基层党组织。

是日 武侯区举行“两优一先”表彰大会，向13名“光荣在党50年”老党员代表颁发纪念章，向全区获得优秀共产党员、优秀党务工作者和先进基层党组织奖项的代表颁发证书、奖牌。

7月
July

1日 武侯区各级党政机关、人民团体、企事业单位和各界群众收看庆祝中国共产党成立100周年大会直播。中国共产党成立100周年之际，全区各单位通过举办颁奖仪式、文化展览、文艺演出、讲红色故事等系列活动，传承红色基因，营造爱党颂党热烈氛围，庆祝中国共产党百年华诞。

2日 武侯区举办第三届她妆电商直播节暨她妆美谷电商供应链生态大会，发布促进化妆品产业发展十条政策。

是日 武侯区退役军人服务中心获“全国县（市、区）示范型退役军人服务中心”称号。

6日 武侯区国家知识产权强县工程示范区建设工作通过省知识产权服务促进中心复核验收。

是日 武侯区首辆标准化新冠病毒疫苗移动接种车在金花桥街道花龙门社区启用。

7日 武侯区召开庆祝中国共产党成立100周年座谈会，区委书记陈麟出席会议并作讲话。

9日 尼泊尔、孟加拉国、阿富汗、巴基斯坦、斯里兰卡驻华大使率南亚五国代表团访问四川大学。

10—11日 2021三人篮球集训赛正大集团成都武侯站比赛在省体育馆举行，国家男队和国家女队分获男组、女组冠军。

12日 位于武青东四路的京东西南总部大楼正式启用。该项目是四川省重点工程，总建筑面积25万平方米，有办公、会议、餐饮、娱乐休闲等功能区，可容纳数万人办公。

13日 新加坡能源集团落地武侯项目合作签约仪式在武侯区举行。

是日 武侯区主办的“共谋医美新发展 共享美丽新机遇”2021“医美之都”北京招商推介会在北京举行。会上，华西医美健康城与北京美沃斯管理咨询有限公司、联合丽格集团等6家企业签订战略合作协议。

是日 武侯区举办2021年“百日千万”我为群众办实事残疾人线上线下直播带岗专场招聘会。

16日 2021中国都市夜间经济与消费升级大会在武侯区举行。大会成立都市夜间经济联盟，发布《2021中国都市夜间经济发展武侯宣言》。

16—18日 2021中国体育史年会暨国家社科基金重大项目“中华人民共和国体育史研究（1949—2019）”学术研讨会在成都体育学院举行。

18日 位于武侯区玉华村的转化医学国家重大科技基础设施（四川）临床研究核心基地——华西医院转化医学综合楼正式启用，是全国首个生物治疗转化医学国家重大科技基础设施。该项目总投资8.9亿元，建筑面积3.88万平方米，包括生物治疗转化医学大楼、电镜实验室及污水处理站等设施，是“十二五”时期国家优先安排建设的16个重大科技基础设施之一。

19日 全国人大代表、省住房和城乡建设厅厅长何树平到武侯区视察社区人大代表联络站建设工作。

20日 武侯区侨创基地揭牌仪式在成都世外桃源酒店举行。

24日 四川省“天府旅游名县巡礼”集中宣传报道活动在武侯区举

行，新华社、《光明日报》、人民网等27家主流媒体集中宣传报道武侯区关于“天府旅游名县”建设的重大举措、重点工作、重要成果。区委书记陈麟接受媒体专访；区长林丽在新闻发布会上以人文、烟火、乐享、活力四个关键词，向各级媒体生动诠释武侯区呈现给游客的文旅之美。

26日 成都体育学院2021级研究生邹敬园在2020年东京奥运会男子体操团体比赛中获铜牌。

30日 20时24分，成双大道北段三九汽配城发生火灾，市消防救援支队调派11个队站共34辆消防车、158名指战员前往现场处置；21时04分，火势得到有效控制，未造成人员伤亡。

31日 武侯区启动12～17岁人群新冠病毒疫苗接种工作。

8月 August

1日 武侯区召开领导干部大会，宣布市委决定，景波任中共成都市武侯区委委员、常委、副书记。

是日 武侯区入选“2021中国夜经济繁荣百佳县市”十佳榜。

3日 全国人大代表、省交通运输厅厅长罗佳明到武侯区视察。

是日 成都体育学院2021级研究生邹敬园在2020年东京奥运会男子体操双杠比赛中获冠军。

4日 区人大常委会主任李燎主持召开区七届人大常委会第四十四次会议。会议决定接受林丽辞去武侯区人民政府区长职务；任命景波为武侯区人民政府副区长，决定景波为武侯区人民政府代理区长。

6日 武侯区与四川交建集团在四川交投大厦举行战略合作签约暨四川交建城投公司揭牌仪式，双方建立全面合作机制，合资成立四川交建城投建设有限公司。区委书记陈麟，蜀道集团党委书记、董事长冯文生出席签约仪式。

10日 武侯区召开迎接第二轮中央生态环境保护督察工作动员部署会。

16日 成都市城市更新和老旧小区改造提升工程重大项目集中启动仪式在武侯区举行。

17日 赛迪顾问城市经济研究中心发布“2021赛迪百强区”名单，武侯区位列全国第18位，排名全省入围城区第一。

25—27日 世界合唱理事会亚洲及太平洋地区会议在武侯区举行，来自中国、德国、英国、俄罗斯等21个国家和地区的约70名世界合唱理事会代表，以线上线下相结合的形式参加会议。

26日 武侯区三国创意园被商务部认定为第二批国家出口文化基地。

29日 成都武侯音乐产业投资有限公司出品的原创时代音乐剧《100》完成首场演出。《100》以武侯区华西坝百年历史故事为基底进行创作，献礼建党100周年。

30—31日 武侯区七届人大六次会议在区会议中心召开，选举景波为成都市武侯区人民政府区长。

31日 四川大学华西医院麻醉手术中心获国家市场监督管理总局“中国质量奖提名奖”。

9月 September

1日 省教育厅厅长邹瑾到武侯区调研“双减”和校园安全工作。

2日 区长景波主持召开区政府七届九次全体会议。

4日 武侯区三国创意设计产业功能区在2021年中国国际服务贸易交易会首届国家文化出口基地论坛及国家文化出口基地授牌仪式上，获商务部“国家文化出口基地”授牌，是四川省唯一获授牌的产业功能区。

6日 中央环保督察组到武侯区开展督察工作。

是日 武侯区社区名书记工作室成立，首批8名优秀社区党组织书记组建智囊团，帮带培养社区党组织书记20名、书记后备人才10名，推动全区社区专职工作者队伍专业化、职业化建设。

是日 武侯区法治教育基地入选第三批省级法治宣传教育基地名单。

10日 2021年阿含·桐山杯中日围棋快棋冠军对抗赛暨第22届阿含·桐山杯中日围棋快棋公开赛在武侯区举行，来自全国等级分排名前120名的职业棋手和8名顶级业余棋手参赛。

14日 倪家桥社区规划实践基地在玉林街道院子文化创意园揭牌成立，是成都市规划设计院首个社区规划实践基地。

15日 英国驻重庆总领事馆、英国坎布里亚大学及英国QS中国区等机构代表访问成都体育学院。

16日 武侯区老马路音乐主题社区获“全国社区商业特色示范街”称号。

是日 武侯公安分局侦破公安部挂牌督办的“2004年10月3日范某某被拐卖案”。

是日 在第十八届中国西部国际博览会暨第十届中国西部国际合

作论坛上，四川川大智胜股份有限公司的三维人脸识别，中密控股股份有限公司的核电密封、运载火箭发动机密封等多款产品作为先进制造业创新产品受邀参展。

20 日 成都体育学院 Dream High 舞蹈啦啦操队代表中国大学生队参加由亚洲大学生体育联合会主办的 2021 年第三届亚洲大学生啦啦操锦标赛，获集体花球啦啦操亚军和双人街舞啦啦操亚军。

22 日 浙江省副省长王文序到武侯区考察社区养老和残疾人托养中心建设工作。

25 日 文化和旅游部产业发展司到武侯区调研音乐产业发展情况。

是日 “爱成都·迎大运”2021 年武侯区社区运动节在省体育馆举行，现场开展马术、陆地赛艇赛、FITURE 魔镜体验等趣味运动项目。

是日 武侯区通过中国轻工业联合会复评，再获“中国女鞋之都”称号。

是日 中国儿童中心工作组到簇桥街道锦城社区调研儿童友好社区建设工作。

27 日 民政部社会事务司到武侯区调研婚俗改革等工作。

是日 副省长陈炜到武侯区调研退役军人服务工作。

是日 四川大学华西医院麻醉手术中心主任刘进教授向四川大学华西医院捐赠 1 亿元，设立规培专项基金，用于激励住院医师、带教师资，提高住院医师临床能力，是全国首个由个人捐赠设立的专项规培发展基金。

28 日 武侯区“推动信息赋能助力智慧养老——成都市武侯区‘颐居通’社区居家养老服务典型案例”入选国家发展改革委第一批运用智能技术服务老年人示范案例。

是日 2021 武侯区潮玩美食生活节在莱蒙都会广场启动。其间，武侯区餐饮美食行业协会成立，并携手成德眉资产业发展联盟、美食文化交流与创新中心发布“潮玩美食”武侯宣言。此次生活节持续到 10 月 28 日，在武侯区主要特色商业街区、商业综合体以及武侯餐饮美食行业协会主要会员单位举办美食活动。

29 日 武侯区举行重大产业化项目投资机会清单发布会暨三季度重大项目签约仪式，现场签约重大项目 21 个，总投资金额 350 亿元。

是日 武侯区举行在蓉知名大学新材料领域专家教授座谈会暨悦湖科技城推介会。会议推介悦湖科技城区位优势、人才优势、营商环境和人产城融合发展情况，现场发布《悦湖科技城规划实施重点研究咨询报告》。

31 日 省委常委、市委书记施小琳到晋阳街道新冠病毒疫苗临时接种点、桐梓林社区等点位督导检查疫情防控工作，看望慰问抗疫一线工作人员。

是月 四川大学汉语应用规范研究基地被教育部认定为第二批国家语言文字推广基地。

是月 成都体育学院 70 名在校生和 30 名校友在第十四届全运会上共获 16 枚金牌、12 枚银牌、12 枚铜牌。其中，2021 级田径游泳系学生杨磊在 4×400 米混合接力决赛中创下新的全国纪录。

是月 日本 NHK 电视台报道，成都威斯克生物医药有限公司和四川大学华西医院生物治疗国家重点实验室研发的重组新冠病毒疫苗（SF9 细胞）在日本进入临床试验，成为首个在日本开展临床试验的中国新冠病毒疫苗。

10 月
October

1 日 “明良千古”刘备与诸葛亮君臣合展在成都武侯祠博物馆举行。湖北省襄阳市博物馆、四川博物院、凉山彝族自治州博物馆、成都文物考古研究院、成都永陵博物馆等 6 家文博单位的 240 余件（套）汉晋三国时期精品文物参加展出，其中一级文物占比 30%，部分文物为首次对外展出。

8 日 省委常委、市委书记施小琳到武侯区调研经济社会发展情况。

9 日 四川大学华西医院被教育部评为全国教材建设先进集体。该院李继平主编的《护理管理理论与实践》（第 2 版）、唐承薇副主编的《内科学》（第 9 版）获全国优秀教材（高等教育类）一等奖。

11 日 工业和信息化部部长肖亚庆到核工业西南物理研究院调研。

12 日 武侯区获生态环境部第五批“国家生态文明建设示范区”称号。14 日，区委书记陈麟代表武侯区在联合国《生物多样性公约》第十五次缔约方大会生态文明论坛开幕式上，接受大会表彰授牌。

是日 “海纳百川·智投科创”——2021 年海智四川科创新经济项目路演暨投资对接峰会在四川大学国家双创示范基地举行。

14 日 2021 第四届天府芙蓉花节在武侯区天府芙蓉园开幕。

15 日 武侯区图书馆开展国际盲人节无障碍阅读体验活动，为视障读者免费注册、办理借阅证，帮助视障读者通过盲文阅读器阅读盲文书籍，感受信息无障碍服务。

16—26 日 在第十三届中国音乐金钟奖比赛中，四川音乐学院教师孙麒麟、张宇分别获钢琴比赛第一名和声乐（民族）比赛第四名。26 日，颁奖典礼暨闭幕式音乐会在成都城市音乐厅举行，中国音乐家协会副主席张国勇，此届金钟奖评委张也、阎维文等参加演出。

18 日 武侯区启动新冠病毒疫苗“加强针”接种工作，在全区 14 个点位开展接种服务，接种第二针满 6 个月的 18 岁以上人群可接种。

19 日 2021 中国·成都她妆美谷招商推介会在上海举行，武侯区在现场通过营商环境推介、专家主题演讲、高端圆桌对话等形式，展示她妆美谷核心品牌与未来蓝图，向社会各界发出投资兴业、共谋发展邀请。

是日 2021“讲好中国故事”创意传播大赛四川分站赛启动仪式在武侯区举行。分站赛围绕“奋斗百年路 启航新征程”“小康圆梦”“城市更新”“一带一路”等主题，按照人物纪实、文化传播和生活创意三个类别征集评选出优秀作品，选送参加全国大赛。

20 日 四川川大智胜软件股份有限公司连续 3 年入选中国 VR 产业前 50 强企业。

21 日 全国劳动教育现场会参会代表到武侯区调研中小学劳动教育情况。

是日 在 2021 第 46 届（秋季）成都美博会上，成都市她妆美谷作为成都美博会战略合作伙伴首次参展。

是日 核工业西南物理研究院新一代“人造太阳”——中国环流器二号 M 装置模型参加国家“十三五”科技创新成就展。

是日 四川大学华西医院核医学科创始人、享受国务院政府特殊津贴专家、四川大学华西医院终身教授谭天秩逝世，享年 90 岁。

22 日 武侯区举行以“聚焦医美之都·共创产业升级”为主题的 2021“未来医美”项目路演，“3D 打印数字化定制颅颌面整形”“Biostage 再生器官科技”“ZSY 抗纤维化衰老新型药物”等 9 个医美创新项目进行路演。

22—24 日 武侯区华西医美健康城与四川大学华西口腔医院联合举办 2021 年中华口腔医学会口腔生物医学专委会第十一次全国口腔生物医学学术年会，来自国内外口腔医学领域的专家参加会议。

25 日 四川大学口腔医学在软科发布的“2021 软科中国最好学科排名”上获总分 1548 分，连续 4 年位列全国第一。

是日 民进武侯总支举行“民进会员之家”揭牌仪式和“简·读书”活动。

27 日 成都彩虹电器（集团）股份有限公司、四川邦泰物业服务有限公司、四川迪欣建筑工程有限公司等 74 家武侯区企业获“四川省诚信企业”称号。

27—29 日 武侯区第八次党代会在区会议中心召开。大会选举产生 33 名区委委员、7 名候补区委委员及 25 名区纪委委员。

29 日 武侯区委八届一次全体会议召开。会议选举产生新一届区委常委，陈麟、景波、王毅、刘继平、王亚滨、沈翔、黄永忠、潘虹、邱长宝、余戬、潘运中等 11 人任委员，陈麟任区委书记，景波、王毅任区委副书记；批准区纪委八届一次全会选举结果，沈翔任区纪委书记。

是日 武侯区纪委八届一次全体会议召开，选举沈翔为区纪委书记，沈瑜、赵全为副书记。

是月 四川省妇幼保健院获批国家卫生健康委“国家临床重点专科建设项目（妇产科）”建设项目；建成全省第一个基于 5G 网络的母婴急救转运平台。

11 月 November

3 日 武侯区召开 2021 年帮扶白玉县工作联席会，省检察院检察长冯键，省委组织部、省司法厅、省监狱管理局等相关领导，白玉县委书记刘堰，区领导陈麟、余戬等参加会议。

是日 四川大学华西药学院秦勇教授牵头研究的“奥利司他不对称催化全合成关键技术与产业化”项目获得国家技术发明奖二等奖，四川大学华西医院李为民教授牵头研究的“肺癌早期精准诊断关键技术的建立与临床应用”项目、四川大学华西药学院张志荣教授牵头研究的“静脉注射用脂质类纳米药物制剂关键技术及产业化”项目分别获得国家科学技术进步奖二等奖。

4 日 武侯区被省委教育工作领导小组确定为四川省教育评价改革试验区。

是日 省卫生健康委批复同意四川省妇幼保健院为四川省宫颈癌、乳腺癌筛查管理中心。

12—13 日 成都体育学院 2018 级田径游泳系学生黎禹汐及其队友在挪威利勒哈默尔拉举行的钢架雪车欧洲杯比赛中连夺 4 站冠军，是中国女子钢架雪车在国际比赛中获得的第一个洲际冠军，并刷新世界纪录。

19日 武侯区举行“智推科创共领未来”校地企合作签约暨科创培训活动，成都智创育营科技服务有限公司等与成都信息工程大学签订产学研合作协议、校企共建大学生实习基地协议、成都中科科技创新人才研究院孵化服务协议，共建科技成果产业化基地。

是日 以“抢跑新赛道·共享新机遇”为主题的“三国Online”元宇宙云上签约仪式在武侯云上会客厅举行。三国创意设计产业功能区分别与北京运通国融投资集团有限公司、思特世纪（北京）科技有限公司、南京达斯琪数字科技有限公司、特斯联科技集团有限公司、九天芸菲（成都）科技有限公司在线签订投资合作协议，意向投资总额达90亿元。

是日 武侯公安分局举行以“忠诚担当 致敬荣誉”为主题的公安机关人民警察誓词宣誓暨功模表彰仪式，向2021年功模民警代表颁奖。

20日 复旦大学医院管理研究所发布2020年中国医院排行榜，四川大学华西医院连续12年综合排名第二。

24—26日 四川大学华西医院国际应急医疗队10名队员参加由应急管理部主办的联合国国际搜索与救援咨询团（INSARAG）亚太区地震应急演练SIMEX China 2021活动。

25日 武侯区举行第八届人民代表大会代表选举投票。全区设151个选区、1561个投票站、273个流动票箱，754865名登记选民通过无记名投票方式，依法差额选举区人大代表373名。

是日 省政府通报表扬四川省2021年度全国百强县百强区，武侯区作为全国百强区受到表彰。

是月 武侯区大健康产业重点项目、西南地区首家医体融合大健康中心——安得天馨益体健管中心揭牌。该中心总投资超过5亿元，总建筑面积4.5万平方米。

是月 武侯区启动3～11岁儿童新冠病毒疫苗接种工作。

是月 成都利君实业股份有限公司的辊压机被工业和信息化部评为第六批制造业单项冠军产品。

是月 四川大学附属实验小学《课程五育三生立德》德育方案入选教育部第二批“一校一案”落实《中小学德育工作指南》典型案例。

是月 《自然指数》（*Nature Index*）发布全球医疗机构最新排名，四川大学华西医院位列全球医疗机构第20位、中国第1位。

12月 December

3日 西南民族大学“格桑花”研究生支教团获第十三届中国青年志愿者优秀组织奖。

3—4日 武侯区“党建引领信托制物业服务模式”获第二届中国城市治理创新优秀案例优胜奖。同期，民政部《社区》杂志以武侯区成功率先探索信托制物业服务模式的制度设计和实践经验为基础，分8篇文章专题报道成都市试点信托制物业服务模式的实践成果，武侯区信托制物业的创新改革经验获全国推广。

6—8日 2021年阿含·桐山杯中日围棋快棋冠军对抗赛暨第22届阿含·桐山杯中国围棋快棋公开赛决赛在成都武侯祠博物馆举行。辜梓豪九段获对抗赛优胜，并与日本第28届阿含·桐山杯冠军许家元九段在线上进行中日冠军对决，辜梓豪执黑中盘取胜许家元。

7日 武侯区龙湖星悦荟、鹭岛商业街、梵木Flying国际文创公园等11条特色商业街区入选成都市165条特色商业街区名单。

8日 四川大学华西医院李舍予副教授团队药物减重临床研究成果在《柳叶刀》（*The Lancet*）上发表，该研究是中国循证医学中心首个“华西快速推荐”项目的分支任务之一。

9日 2021年度四川省防震减灾科普示范学校授牌仪式在武侯区举行。

10日 武侯区的三叶草手工、艺闲聚、李长清三大炮、金珍咖啡馆、七色风提琴、M studio花与礼物等6家特色小店入选“2021成都百家特色小店”。

14日 以“新机遇 新标杆 新格局”为主题的2021中国楼宇经济全球合作大会在成都召开。武侯区现场签约小鹅江湖全国总部、运通好车新生态平台等项目，总投资额40亿元。大会向成都市首批国家标准超甲级、甲级商务写字楼授牌，武侯区的平安财富中心获评甲级（国标）商务楼宇，华宇蓉国府、中海大厦获评甲级（地标）商务楼宇，新希望大厦、汇日央扩国际广场获评成都市金融服务专业楼宇。

是日 省政府印发《关于授予第三届“四川慈善奖”的决定》，成都彩虹电器（集团）股份有限公司党委书记、董事长刘荣富被评为最具爱心慈善个人，新希望集团有限公司被评为最具爱心捐赠企业，四川大学华西医院、武侯区红牌楼街道太平社区“赞花儿”老党员工作室获慈善工作（团体）奖，四川大学华西医院院办副主任赵欣获慈善工作（个人）奖。

14—17 日 武侯区政协八届一次会议在区会议中心召开。

15 日 以“合作创新 天府机遇”为主题的 2020 年迪拜世博会中国馆“四川活动日”在成都、重庆和阿联酋迪拜线上线下同步举行。在成都城市音乐厅举办的线下活动中，包括“世博耀巴蜀”川渝优势产业展、四川文化旅游周、“童心向世博”儿童画评展等系列活动，旨在通过科技助力、文化搭台、经贸唱戏，展示四川形象，讲述四川故事。

16 日 武侯区启动“我为武侯代言”梦想大舞台之第二届青春讲解员活动，引导青年成为主动传播武侯好声音、展示武侯美形象的代言人。

是日 浆洗街街道洗面桥社区被认定为第九批全国民族团结进步示范区示范单位。

是日 武侯区医患纠纷人民调解委员会王兴华调解工作室获四川省“金牌调解工作室”称号。

17 日 武侯区行政审批局在首届中国数字政务发展年会上被授予“2021 年优秀政务服务大厅”称号。

19—23 日 武侯区八届人大一次会议在区会议中心召开。

20 日 蜀道城乡投资集团有限责任公司在武侯区揭牌成立。该集团由原四川交投地产有限公司、原四川铁投城乡投资建设集团有限责任公司和天府投资有限公司实施专业化整合而成，为省属万亿级国企。

是日 中欧产业园区闭门交流会暨智谷汇 & 欧盟创新中心 & 法国索菲亚科技园区“一流园区联盟”签约仪式在武侯区华西健康谷举办。仪式上，武侯高新技术产业发展股份有限公司、成都欧盟项目创新中心、法国索菲亚科技园区签订“一流园区联盟”协议，旨在打造园区联盟，促进中法在医美大健康、新材料、电子信息等领域的合作。

24 日 武侯区举行第四季度重大产业化项目集中签约仪式，签约北京运通好车西南总部项目、珠海华发新材料科创中心项目等重大产业化项目 27 个，签约总金额达 276 亿元。现场发布 2022 年武侯区重大产业化项目投资机会清单、武侯区拟上市土地资源清单、武侯国投集团合作机会清单。

24—26 日 在四川省第十届中小学生艺术展演活动（朗诵、戏剧专场）中，成都市磨子桥小学分校获小学戏剧组一等奖，成都市龙江路小学获小学朗诵组一等奖，成都市棕北中学获中学朗诵组一等奖，成都市龙江路小学分校获小学戏剧组二等奖，成都市龙江路小学武侯新城分校获小学朗诵组二等奖。

28 日 成都玉林特色街区开街和亮灯仪式在四川省体育馆举行。仪式现场，成都玉林特色商业街区共发展联盟揭牌，发布虚拟 IP 玉林幸福猫“安逸 Chill”及《玉林美食 Discovery 幸福》视频。

是日 教育部副部长宋德民到武侯区调研教育“双减”和校园安全工作。

是日 区委全面依法治区委员会办公室被中央宣传部、司法部、全国普法办评为 2016—2020 年全国普法工作先进单位。

29 日 武侯区举行第四届环华西国际智慧医谷发展论坛暨“一校四院”科研成果发布会，6 家产业生态圈单位设分会场。武侯区作投资环境及产业推介，华西 4 所医院集中发布最新科研成果，相关专家分享医学科研项目成果转化经验，12 个医学项目参与路演。

是日 北京市政府天安门地区管理委员会向西南民族大学赠送 6 月 1 日该校 70 周年校庆当日在天安门广场升挂的国旗。

30 日 武侯区开展“上门送喜报”活动，为辖区内立二等功的王岸洵和唐波两名现役军人的家属送上二等功牌匾、立功喜报和慰问金，让现役军人家庭和居民真正感受到“一人参军，全家光荣”。

31 日 武侯区委组织部被评为四川省乡镇行政区划和村级建制调整改革先进集体。

是日 由武侯区政府主办、区地志办编纂的《武侯年鉴（2020）》，被评为第八届全国地方志优秀成果（年鉴类）特等年鉴，是全省唯一获评特等年鉴的县级综合年鉴。

是月 在 2021 年全国第六批次心衰中心质控建设中，武侯区第三人民医院获 2021 心衰中心贡献奖，位列心衰中心（基层版）全国第一。

是月 武侯区“网购式”审批服务便民化业务系统入选第二届数字四川创新大赛（2021）数字政府赛道优秀案例。

（刘　佳　伍三雄　王伦平）

区情概览

DISTRICT OVERVIEW

自然环境

Natural Environment

【地理位置】 武侯区位于成都市中心城区西南部（基本在四环路内），东与锦江区隔江相望，南与成都高新区、双流区接壤，西与双流区相连，北与青羊区毗邻。地理坐标介于北纬 30°34′31″～30°39′49″，东经 103°56′45″～104°05′33″。东西长约 13 千米，南北宽约 10 千米；区域面积 75.36 平方千米。区政府驻地为武侯祠大街 264 号。

【地质地貌】 武侯区地处成都平原腹心地带，区域内地势平坦，西北高东南低，由西北向东南略微倾斜，地形呈蝶状。平均海拔 502.5 米。境内平原由沙漫滩、冲洪积扇、扇状平原、二级阶地等 4 种地貌组成。地域内土质以沙土为主，土地肥沃。区域内林木资源丰富，以人工种植为主，主要为防护绿化林木。辖区内有古树 476 株。

（伍三雄　王伦平）

【气候水文】 武侯区气候属亚热带湿润季风气候，热量丰富，雨量充沛，雨热同季，降雨多在夜间；四季分明，冬无严寒，夏无酷暑，春早秋凉。境内主要降水来自太平洋东南季风和印度洋西南季风。2021 年，武侯区域年平均降水量 776.0 毫米，最大降水量出现在 7 月 26 日，降水量 84.5 毫米，出现在红牌楼监测点；无霜期 365 天；平均温度 19℃；最热月为 7 月，月平均温度 28.6℃，最高气温出现在 8 月 2 日，温度 42.3℃，出现在浆洗街武侯祠监测点；最冷月为 1 月，月平均温度 7.6℃，最低气温出现在 1 月 12 日，低至 -2.3℃，出现在玉林监测点。区域内东、西、北三面分别由锦江、江安河、清水河三大河流环抱，属都江堰自流灌区。区内支渠 7 条，其中清水河水系 4 条、江安河水系 3 条。

（成都市气象局）

建置区划

Administrative Division

【建置沿革】 武侯区因区内蜚声中外的武侯祠而得名，所辖区域历史上为古蜀国地域。秦时属蜀郡，三国时属蜀汉益州蜀郡成都县，唐时属益州华阳县和双流县。宋、元、明、清、民国时属成都府、华阳县和双流县。20 世纪 50 年代属成都市东城区、西城区、郊区及双流县、华阳县；60 年代以后，属成都市东城区、西城区、金牛区和双流县。1990 年 9 月，经国务院批准，成都市区划调整设立锦江、青羊、金牛、武侯、成华等 5 个城区。武侯区于 1991 年 1 月 1 日正式对外办公，辖小天竺、致民路、

图006　古柏森森的武侯祠　　（区地志办供图）

望江路、浆洗街、跳伞塔、玉林等6个城区街道和桂溪、石羊场、永丰、簇桥等4个乡（乡政府分别增挂三瓦窑街道办事处、石羊场街道办事处、永丰场街道办事处、簇桥街道办事处牌子）。1993年4月，武侯区召开会议，成立高新区管委会。1994年4月，设立肖家河街道。1995年6月，设立芳草街街道。1996年5月，经四川省人民政府批准，高新区从武侯区划出，石羊场乡、桂溪乡、肖家河街道和芳草街街道划归高新区；另设立火车南站街道，管辖原桂溪乡铁路以北、二环路以南区域；同时，双流县行政区划调整后的金花镇和机投镇划归武侯区。1997年6月，设立双楠街道。1999年1月，分别在金花镇和机投镇设立金花桥街道、机投桥街道。2000年12月，设立晋阳街道。2002年6月，永丰场街道更名为红牌楼街道。2004年8月，经四川省人民政府批准，撤销永丰乡、簇桥乡、机投镇和金花镇的乡镇建制，实行单一的街道管理体制。2007年3月，经成都市人民政府批准，撤销小天竺、致民路两个街道，将其管辖区域划归望江路、跳伞塔、玉林等3个街道；将原簇桥街道管辖区域一分为三，分别由簇桥街道和新设立的簇锦街道、华兴街道管辖。2010年1月，对金花桥、簇桥、机投桥、华兴等4个街道管辖范围的九架车、花龙门、文昌、凉水井、新苗、马家河、七里、白佛、瓦房、双凤等10个村进行调整。2013年10月，撤销万寿桥村等26个村建制，建立26个社区。2019年12月，街道行政区划调整，撤销跳伞塔街道，将其管辖区域划归玉林街道；撤销双楠街道，将其管辖区域划归浆洗街街道。2020年5月，社区体制机制调整改革，全区87个社区调整为71个社区。

【行政区划】 2021年末，武侯区辖浆洗街、望江路、火车南站、玉林、红牌楼、晋阳、机投桥、簇锦、

表2　2021年武侯区各街道、辖区面积、人口和所辖社区情况表

街道	辖区面积（平方千米）	实有人口（人）	所辖社区
浆洗街街道	5.45	179780	蜀汉街社区　锦里社区　洗面桥社区　百花社区　楠欣社区　少陵社区　七道堰社区　广福桥社区　双楠社区
望江路街道	3.19	102336	老马路社区　棕东社区　共和路社区　郭家桥社区　新生路社区
火车南站街道	4.23	106999	长寿苑社区　桐梓林社区　高攀桥社区　锦官新城社区　南站社区　得胜社区
玉林街道	5.24	177211	玉林北路社区　玉林东路社区　黉门街社区　电信路社区　倪家桥社区　九如村社区　跳伞塔社区　棕南社区　棕北社区　新南路社区　南虹村社区
红牌楼街道	6.21	182131	龙腾社区　长城社区　太平社区　丽都花园社区　双丰社区　龙爪社区　竹园社区
晋阳街道	3.37	101267	晋阳社区　晋吉社区　沙堰社区　金雁社区　吉福社区
机投桥街道	6.97	128772	万寿桥社区　半边街社区　潮音社区　果堰社区　机投社区　白佛社区
簇锦街道	7.96	162884	铁佛社区　顺江社区　团结社区　顺和社区　永兴社区　高碑社区
华兴街道	9.28	48692	南桥社区　沈家桥社区　三河社区
簇桥街道	6.83	94476	龙井社区　七里社区　双凤社区　新城社区　锦城社区
金花桥街道	16.63	78169	花龙门社区　永康社区　陆坝社区　江安河社区　金花社区　凉井社区　马家河社区　文昌社区　芙蓉园社区（筹）

华兴、簇桥、金花桥等 11 个街道，72 社区（详见表 2）。全区城镇化率 100%。

（徐敬国　伍三雄）

人口　民族
Population and Ethnic Groups

【人口】 2021 年，武侯区登记出生落户人口 6428 人，出生率 9.5‰，其中男性 3410 人、女性 3018 人；死亡注销户口 2866 人，死亡率 4.2‰；户籍人口自然增长率 5.3‰；迁入区内 24801 人，迁出 11613 人。年末，全区常住人口 121.6 万人；登记实有人口 136.27 万人，较上年下降 6.22%。登记户籍 25.25 万户 67.68 万人，其中男性为 32.61 万人，占总人口的 48.2%；女性 35.07 万人，占总人口的 51.8%；0 ~ 17 岁 11.09 万人，占 16.4%；18 ~ 34 岁 14.49 万人，占 21.4%；35 ~ 59 岁 27.15 万人，占 40.1%；60 岁以上 14.95 万人，占 22.1%。

【民族】 武侯区居民以汉族居多，有藏族、彝族、回族、土家族等 55 个少数民族。2021 年末，全区实有少数民族人口 5.19 万人，人数较多的是藏族、回族、彝族、满族、土家族等。少数民族人口分布在全区 11 个街道 72 个社区，其中浆洗街街道辖区藏族人口最为集中，约占全区少数民族流动人员总数的 18.5%。区内有民族地区机关事业单位驻蓉办事机构 60 余家，是成都市民族工作任务最集中的中心城区。西南民族大学坐落于辖区。

（张　熊）

人文历史
Humanistic History

【历史文化】 武侯区历史文化底蕴深厚。区域内的成都武侯祠是全国唯一的君臣合祀祠庙、最负盛名的蜀汉英雄纪念地和全世界影响最大的三国遗迹博物馆，馆内的“三绝碑”“攻心联”引无数游客驻足品味；融合三国文化、川西民俗以及现代文明的锦里古街上，飘散在空气中的川戏音、书墨香、蜀茶韵让游客流连忘返。望江楼公园有俗称“望江楼”的崇丽阁以及濯锦楼、吟诗楼等纪念女诗人薛涛的文物遗迹，曾为蜀中学子的文运胜地，珍奇异竹青翠欲滴、环抱葱茏，历史悠久的薛涛笺、木版水印流传至今。抗日战争时期华西坝“五大学”联合办学，在中国教育史上留下光辉一页，中西合璧的华西坝早期建筑群见证了西南地区医学中心的百年风云和辉煌。南方丝绸之路从这里起始，自商周时代起名动天下的蜀锦、丝绸、茶叶沿着丝路古道，传向遥远的亚非欧大地。古有万里桥、簇桥、机投、金花因蜀锦名噪一时，今有中国女鞋之都、天府芙蓉园、浓园国际艺术村享誉中外。武侯这片热土，沉淀三国智慧、诗竹雅韵、丝路沧桑、蜀锦繁华等历史底蕴，一年一度的武侯祠成都大庙会等特色民俗活动以及剪纸等传统手工艺，任岁月变迁依然传承不绝，天府芙蓉花节、音乐文化周又不断为这座城增添光彩和韵律。

扫码阅读华西坝文字

【文化地标】 文化艺术因子散落在武侯每条街巷。以中国第三大城市音乐厅——成都城市音乐厅为核

图007　2021年11月，成都音乐坊获评国家级夜间文化和旅游消费集聚区。图为锦江南岸“酒吧一条街”夜景　　（区融媒体中心供图）

心的成都音乐坊是世界音乐族的追梦天堂；“一条街就是一座博物馆”的大学路可以让市民近距离“触摸”到华西坝历史；走进玉林特色街区，以曲为媒，你将遇见小酒馆、音乐房子等特色音乐酒吧。文化创意聚合在武侯每处区域。这里有清代军工历史遗存活化的典范——BY1906文化创意工厂，有体现当代航空工业发展的梵木 Flying 国际文创公园，有成都原创艺术家最集中的浓园国际艺术村，有传承川派园林传统雅文化的御翠草堂，还有全国第一个社区文创园——倪家桥院子文创园。潮流脉动跳跃在武侯每个网红地标。“来蓉打卡新潮地，三月不出武侯区”，成都大悦城是西南最大的潮玩文化代表，红瓦寺街的鸳鸯楼让游客重回二十世纪七八十年代的香港场景。当你踏上武侯，寻踪三国圣地、驻足华西坝上、漫步玉林街头、登临江楼望远、聆听丝竹诗韵，芙蓉花、银杏叶、杨柳丝拂过额头那一刻，定会觉得自己的心静了、时间慢了，人生有了另外的感悟和向往。

（伍三雄　王伦平）

2021 年经济社会发展
Economic and Social Development in 2021

【经济总体指标】 2021 年，武侯区地区生产总值 1358.8 亿元，比上年增长 7.2%；固定资产投资比上年增长 19.2%；社会消费品零售总额 1209.6 亿元，比上年增长 10.1%；一般公共预算收入 107.87 亿元，一般公共预算支出 84.47 亿元；城镇居民人均可支配收入 56043 元，比上年增长 7.7%；外贸进出口总额 140.6 亿元。

图008　2021年11月，武侯大道“蕾丝桥”投入使用。图为市民在桥上骑行（区融媒体中心供图）

【项目招引投资】 2021 年，武侯区开展高能级项目招引攻坚，引进越南农升集团西部跨境电商产业集群项目等市级以上重大产业化项目 24 个；实际到位内资 181.44 亿元；实际利用外资 48940 万美元。加快建设四川大学先进材料科研大楼等省市重点项目 42 个，京东西南总部基地等 57 个项目竣工投用，固定资产投资增幅位居全市前列。

【产业能级提升】 2021 年，武侯区加快培育创意设计、医美健康等现代服务业，服务业增加值 1159.3 亿元；加快发展新材料、生物医药等都市工业，全区省级以上“专精特新”企业 48 家，规模以上工业增加值比上年增长 13.3%。深化校院企地协同创新，推动落地校企合作项目 20 个，助力科创主体获得科技项目 202 项。区内省级科技成果转化示范企业达 17 家。梯度培育新经济种子企业、准独角兽和领军企业 50 家；全区省级以上重点实验室、工程技术研究中心等科创平台超 150 个。三国创意设计产业功能区被评为国家文化出口基地，她妆美谷被评为国家电子商务示范基地，华西医美健康城被评为四川省现代服务业集聚区创新发展先进单位，电商直播基地入选四川省电子商务新业态基地，悦湖新材料科技中心获批创建国家知识产权试点园区，成都音乐坊被评为国家级夜间文旅消费集聚区。国家外贸转型升级基地通过商务部复审。

【城市有机更新】 2021 年，武侯区启动华西坝、悦湖等片区综合开发，策划太平园 TOD 创意设计城等 27 个引领性项目，18 个项目获市更新办批复，取得融资授信 420 亿元。强化载体供给，关闭疏解、整治提升老旧市场 4 个，完成征地拆迁面积 275.14 万平方米，完成 74.24 万平方米土地上市手续。举办中国城市有机更新与消费场景营造大会，获城市更新引领推动奖。打造玉林特色街区，优化龙江路、黉门里等 22 条锦江公园子街巷，音乐大道入选省级试点步行街，一环路市井生活圈武侯段初步呈现，大运会场馆周边、进出城通道、城郊接合部环境品质实现全面提升。

【教育改革深化】2021年，武侯区投入教育经费23.02亿元，纵深推进教育领域改革，深化全国教育综合改革实验区、全国智慧教育示范区建设，“两自一包”改革学校增至52所，被评为全国人工智能助推教师队伍建设区、全国儿童青少年近视防控试点区、全国青少年校园足球试点区。改革成果入选第五届全国教育改革创新典型案例。完成第二轮“质量提升三年行动计划”，稳妥落实“双减”政策，教育现代化发展水平连续5年位居全市第一，中考“一次合格率”连续5年位居五城区第一，被评为四川省教育评价改革试验区。

【文化体育发展】2021年，武侯区打造市级基层综合性文化服务中心示范点2个，建成区图书馆特色分馆2个、区文化馆特色分馆4个、社区运动角3个，开展品牌群众文体活动5000余场次，区文化馆、图书馆接待群众50万余人次。《武侯年鉴（2020）》被评为第八届全国地方志优秀成果（年鉴类）特等年鉴，是全省唯一获评特等年鉴的县级综合年鉴。举办“音乐之都 武侯之声”成都音乐坊新年音乐季、成都国际音乐剧节、首届四川艺术节等音乐演艺活动500余场。举办全国女子曲棍球锦标赛、中国田径街头巡回赛、三人篮球集训赛·成都武侯站、阿含·桐山杯中国围棋快棋公开赛等国际国内大型赛事。推进大运会筹备工作，完成第23届中国大学生篮球一级联赛等大运会测试赛300余场次，被大运会执委会通报表彰为“流动红旗”先进集体。组织代表队参加成都市青少年（学生）运动会，武侯区获团体一等奖。

【医疗卫生保障】2021年，武侯区投入医疗经费4.59亿元，深化医药卫生体制改革，以服务民生、病有适医为重点，强化医政医管和卫生行业监管，推动卫生健康事业可持续发展。强化“健康细胞工程”建设，通过国家卫生城市复审迎检。加快家庭医生签约服务，推出慢性病患者等重点人群定制签约家庭医生服务包57个。完成华西医院武侯健康体检中心、新浆洗街社区卫生服务中心建设和晋阳社区卫生服务中心改扩建。优化重构经办服务流程，下沉9类18项高频事项，建立以“医保大厅”为中心，街道、医药机构、银行、企业为网点的“一中心多网点”服务模式，全面打通群众办理医保业务“最后一公里”。

【新冠肺炎疫情防控】2021年，武侯区聚焦“外防输入、内防反弹”，实行入境人员全流程闭环管理；建立常态化疫情防控工作机制，严格重点场所、重点行业管理；完善提级指挥、扁平管理、专班运行的快速响应机制，制订统筹、防范、处突、管控、保障工作方案；健全平战结合转换机制，完善应急预案，定期组织演练。7月27日、11月2日成都发生本土疫情后，第一时间激活应急体系，完成音乐房子酒吧、中密控股股份有限公司、银杏苑一期等风险点位流调管控。建立完善由区级城市检测基地、第三方医学检验实验室、核酸检测医院构成的区内核酸检测体系，常态检测能力6.5万管／天以上，满足突发状况下全区3日内完成全员检测需要。第一、第二剂次新冠病毒疫苗接种任务完成率均超110%，加快推进“加强针”和3～11岁儿童接种。

【民生保障服务】2021年，武侯区城乡居民基本养老保险参保覆盖率95%以上，基本医疗保险参保覆盖率98%以上。全年城镇新增就业17626人；城镇登记失业率2.43%。扩大临时救助范围，启动先行救助机制，向各类困难群体发放补贴和救助资金共2105万元。全面推进“全龄友好包容社会营建工程”建设，锦城社区被确定为“中国儿童友好社区试点”。建立健全以居家为基础、社区为依托、机构充分发展、医养有机结合的多层次养老服务体系，“推动信息赋能 助力智慧养老——成都市武侯区‘颐居通’社区居家养老服务”被国家

图009 2021年初冬时节的宜居水岸江安河段风光
（区融媒体中心供图）

发展改革委评为优秀案例，武侯区被确定为国家积极应对人口老龄化综合创新试点区。

【生态环境提升】 2021年，武侯区将大气污染防控作为污染防治攻坚“一号工程”，率先在全市开展高效油烟净化设施升级改造试点，推动解决油烟扰民难题。全年空气质量优良天数284天，优良率77.8%，$PM_{2.5}$浓度每立方米38微克，比上年下降9.5%。推进水环境治理，完成6个下河排口间歇性排污整治，开展绕城高速内污水治理专项行动，建立锦江流域入河排口“口长”管理体系，强化河长制工作落实，水环境质量3个考核断面水质实现全面达标。全面完成宜居水岸一期和二期工程，江安河武侯段、清水河万寿桥段获评全市“最美河湖”。加强土壤污染重点单位监管，土壤环境质量保持总体稳定。接受两轮环保督察，112件省督察组交办案件完成整改104件，307件中央督察组交办案件办结299件、阶段性办结8件，持续推进芳草地小区环境问题等重点重复投诉案件后续整改。实施“百个公园”“老公园新活力”等专项行动，建成小游园、微绿地3个，打造公园城市示范片区9个；新建天府绿道31.5千米，新增绿化面积50万平方米，建成50条“回家（上班）的路”，公园绿地服务半径覆盖率90%以上，城市道路绿地达标率85%以上。武侯区成功创建为第五批“国家生态文明建设示范区”。年末，全区绿地面积2401.3万平方米，绿地覆盖率39.8%；全区绿化覆盖面积2797万平方米，绿化覆盖率46.4%；人均公园绿地面积15.1平方米。

（徐敬国　伍三雄）

“攻心联”背后的故事

能攻心则反侧自消，从古知兵非好战；

不审势即宽严皆误，后来治蜀要深思。

这副悬挂在成都武侯祠中的对联，系清代赵藩在光绪二十八年（1902年）所撰，世称“攻心联”。这副名联问世的背后，有一段鲜为人知的故事。

光绪二十八年，四川大旱，民不聊生，仁寿、三台、简阳、长宁等数十州县民众纷纷揭竿而起。其中成都石板滩少女廖观音领导的义军两次围攻成都，甚至攻至成都督院，震惊全川。慈禧闻讯后，撤下四川总督奎俊，另任岑春煊为总督。

岑春煊上任后，对起义军展开血腥镇压。其间，到达成都的赵藩被岑春煊任命为“行”盐茶道兼管综通省厘金。此时的赵藩已隐隐感到清王朝气数已尽，认为岑对义军及省内旧吏过于严苛，便利用各种机会劝谏，但岑春煊未予听信。几番劝谏未果，赵藩始有笔谏之衷。他得知岑春煊将陪同客人游览武侯祠，便在十一月上旬写下这副著名的“攻心联”，派人刊刻后悬挂至武侯祠诸葛亮殿。未及几日，岑春煊到武侯祠看到此联，顿时脸色难堪，一语未发。后借故将赵藩贬至永宁道（今四川省叙永县一带）。

“攻心联”承载着赵藩忠于职守、体恤百姓的士人情怀，借古喻今，启发后来治蜀者从“攻心”“审势”中思考治国安邦之道，吸引了众多人士驻足品味，还得到毛泽东、邓小平、江泽民等党和国家领导人的推崇。

中共成都市武侯区委员会

CHENGDU WUHOU DISTRICT COMMITTEE OF THE COMMUNIST PARTY OF CHINA

综　述
Overview

2021年，武侯区坚持以习近平新时代中国特色社会主义思想为指导，坚定贯彻中央和省委、市委决策部署，在市委坚强领导下，以建设践行新发展理念的公园城市示范城区为统揽，统筹疫情防控和经济社会发展，各项事业取得新进展。

政治建设　2021年，武侯区坚持把党的政治建设摆在首位，健全区委常委会学习贯彻习近平总书记重要讲话、重要文章制度，深学细悟新思想新理念，常态化制度化推进“两学一做”学习教育，集中开展党史学习教育，深入学习贯彻习近平总书记七一重要讲话精神。发展积极健康的党内政治文化，精心组织“庆祝中国共产党成立100周年”系列活动，走访慰问困难党员、老党员701人，为3659名老党员颁发“光荣在党50年”纪念章；表彰“两优一先”（优秀党员、优秀党务工作者、先进基层党组织）个人、组织240名（个），6个党组织、11名党员获中央、省委、市委“两优一先”表彰，新希望集团党委被评为“全国先进基层”党组织。鲜明重品行、重实干、重公认的用人导向，健全能上能下机制，强化干部正向激励，领导班子和干部队伍建设全面加强。始终保持惩贪治腐高压态势，持之以恒正风肃纪，着力整治群众身边腐败和作风问题，深入开展政法队伍教育整顿，党风廉政建设群众满意度连续5年位居五城区第一。区委巡察工作实现对区级各部门、各街道的全覆盖。

依法治区　2021年，武侯区委召开全面依法治区工作会，部署安排全面依法治区工作；纵深推进法治政府建设，武侯区被评为全国法治县（市、区）创建活动先进单位。区人大依法开展专项检查和法律实施情况监督，发挥人大代表察民情、聚民智的桥梁纽带作用；加强重大行政决策和规范性文件合法性审查，完成14件规范性文件备案。区政府制定区行政复议体制改革方案，加强行政复议和行政应诉工作；开展知识产权“护航”专项执法行动，通过国家知识产权强县工程示范区复核验收；“两自一包”学校管理制度改革项目被评为成都市法治政府建设创新项目。探索审判辅助事务集约化运行改革，设立速裁庭和专业化审判庭，打造“小额诉讼巡回车载法庭”。严格落实认罪认罚从宽制度，成立并实质化运行司法释明中心。推进“八五”普法，制定“谁执法谁普法”普法责任制清单、“法治四川行”一月一主题活动方案，开展电信诈骗、防范非法集资、民法典、疫情防控等主题法治宣传活动。加强法治文化建设，打造双丰社区法治主题公园。武侯区法治教育基地被评为第三批省级法治宣传教育基地，区委全面依法治区委员会办公室被评为2016—2020年全国普法工作先进单位。

经济发展　2021年，武侯区坚持以建设践行新发展理念的公园城市示范城区为统揽，以高质量发展为主题，攻坚克难、砥砺奋进，实现疫情防控和经济社会发展“两手抓、两不误、两战赢”。开展项目招引建设，引进市级以上重大产业化项目24个，实际到位内资181.44亿元；实际利用外资48940万美元；京东西南总部基地等57个项目竣工投用，固定资产投资增幅位居全市前列。加快培育创意设计、医美健康等现代服务业，加快发展新材料、生物医药等都市工业；深化校院企地协同创新，推动落地校企合作项目20个，助力科创主体获科技项目202项，梯度培育新经济种子企业、准独角兽和领军企业50家。年末，全区有省级以上重点实验室、工程技术研究中心等科创平台150余个。2021年，全区地区生产总值1358.8亿元，固定资产投资比上年增长19.2%，一般公共预算收入107.87亿元，城镇居民人均可支配收入56043元。

社会事业　2021年，武侯区纵深推进教育领域改革，深化全国教育综合改革实验区、全国智慧教育示范区建设，被评为全国人工智能助推教师队伍建设区、全国青少年校园足球试点区、四川省教育评价改革试验区，教育现代化发展水平连续5年位居全市第一，中考“一次合格率”连续5年位居五城区第一。加强文化体育设施建设，建成市级基层综合性文化服务中心示范点2个、区图书馆特色分馆2个、区文化馆特色分馆4个、社区运动角3个；健身设施实现社区全覆盖，共有体育活动场地2509个，人均体育场地面积2.32平方米。举办成都国际音乐剧节、全国女子曲棍球锦标赛、中国田径街头巡回赛等有较大影响的文化活动和国际国内大型赛事。深化医药卫生体制改革，以服务民生、病有适医为重点，推动卫生健康事业可持续发展；强化健康细胞工程建设，通过国家卫生城市复审迎检；完成华西医院武侯健康体检中心、新浆洗街社区卫生服务中心建设和晋阳社区卫生服务中心改扩建；优化重构经办服务流程，全面打通群众办理医保业务“最后一公里”。建立常态化疫情防控工作机制，完善提级指挥、扁平管理、专班运行的快速响应机制，制订统筹、防范、处突、管控、保障工作方案。建立区内核酸检测体系，常态检测能力6.5万管/天以上，满足突发状况下全区3日内完成全员检测需要。全区城乡居民基本养老保险参保覆盖率95%以上，基本医疗保险参保覆盖率98%以上，城镇登记失业率2.43%。全面推进“全龄友好包容社会营建工程”建设，锦城社区被确定为“中国儿童友好社区试点”。健全以居家为基础、社区为依托、机构充分发展、医养有机结合的多层次养老服务体系，“推动信息赋能 助力智慧养老——成都市武侯区‘颐居通’社区居家养老服务”被国家发展改革委评为优秀案例，武侯区被确定为国家积极应对人口老龄化综合创新试点区。

基层治理　2021年，武侯区健全“党建引领，双线融合”领导体制，建成区、街道两级智慧治理中心。创新推进党建引领社区发展治理，建成市级“百佳”社区18个、小区15个，创建为全国社区治理和服务创新实验区。探索组建小区院落走访队伍、街面商家走访队伍、生产企业走访队伍开展常态化巡查，开展重点领域风险隐患排查治理。推进社会重大风险、历史遗留问题、突出信访问题化解攻坚，深化扫黑除恶、禁毒等专项斗争，违法犯罪警情连续5年降低，武侯区被评为全省维护社会稳定先进区。推进矛盾纠纷多元化解，建立武侯区劳动纠纷“一站式”多元化解联动处置中心，设立个人调解室12个，其中王兴华个人调解室被评为四川省金牌调解工作室。

生态建设　2021年，武侯区深入开展大气、水和土壤综合治理，持续提升生态宜居城区环境。率先在全市开展高效油烟净化设施升级改造试点，推动解决油烟扰民难题。强化河长制工作落实，建立锦江流域入河排口“口长”管理体系，水环境质量3个考核断面水质全面达标。完成宜居水岸一、二期工程，江安河武侯段、清水河万寿桥段获评全市“最美河湖”。土壤环境质量保持总体稳定。建成小游园、微绿地3个，打造公园城市示范片区9个；新建天府绿道31.5千米，新增绿化面积50万平方米，建成“回家（上班）的路”50条。年末，全区绿地面积2401.3万平方米，绿地率39.8%；全区绿化覆盖面积2797万平方米，绿化覆盖率46.4%；人均公园绿地面积15.1平方米。武侯区创建为第五批“国家生态文明建设示范区”。

（毛罕钦）

重要会议
Important Meetings

【武侯区委七届十七次全体会议】
2021年1月8日，武侯区委七届十七次全体会议暨区委经济工作会议召开。会议深入学习贯彻党的十九大、十九届五中全会、中央经济工作会议精神和省委十一届八次全会、省委经济工作会议、市委十三届八次全会暨市委经济工作会议精神，听取区委常委会工作报告，审议通过《中共成都市武侯区委关于制定武侯区国民经济和社会发展第十四个五年规划和二〇三五年远景目标的建议》（以下简称《建议》）。区委书记陈麟讲话，并就《建议》讨论稿向全会作说明；区委副书记、区长林丽总结全区2020年经济工作，安排部署全区2021年经济工作。区委委员32人、区委候补委员3人出席会议，区纪委常委和有关方面负责人列席会议。

（毛罕钦）

【武侯区委七届十八次全体会议】
2021年8月6日，武侯区委七届十八次全体会议召开。会议深入学习习近平总书记在庆祝中国共产党成立100周年大会上的重要讲话精神，全面落实省委十一届九次全会和市委十三届九次全会决策部署，审议通过区委《关于高质量建设践行新发展理念的公园城市示范城区

高水平创造新时代幸福美好生活的实施意见》《关于召开武侯区第八次代表大会的决议》。区委书记陈麟讲话，并就大会主题、实施意见讨论稿向全会作说明；区委副书记、代区长景波安排总结经济工作。区委委员32人、区委候补委员4人出席会议，区纪委常委和有关方面负责人列席会议。

（毛罕钦）

【武侯区第八次党代会】 2021年10月28—29日，中国共产党成都市武侯区第八次代表大会在区会议中心举行。大会的主题是高举中国特色社会主义伟大旗帜，坚持以习近平新时代中国特色社会主义思想为指导，弘扬伟大建党精神，牢记初心使命，奋进新的征程，加快打造服务国家战略新的增长动能，聚力构建"国际商务高地·人文宜居武侯"，为高质量建设践行新发展理念的公园城市示范城区努力奋斗。区委书记陈麟代表七届区委作题为《牢记初心使命　奋进新的征程　为高质量建设践行新发展理念的公园城市示范城区努力奋斗》的工作报告，回顾和总结过去五年的工作和取得的成绩，安排部署未来五年的工作。大会选举产生33名区委委员、7名区委候补委员，25名区纪委委员；通过《关于中共成都市武侯区第七届委员会工作报告的决议》《关于中共成都市武侯区第七届纪律检查委员会工作报告的决议》。大会应到代表320名，实到代表313名。

（毛罕钦）

【武侯区委八届一次全体会议】
2021年10月29日，武侯区委八届一次全体会议召开。选举产生第八届区委领导班子，陈麟当选为区委书记，景波、王毅当选为区委副书记，陈麟、景波、王毅、刘继平、王亚滨、沈翔、黄永忠、潘虹、邱长宝、余戬、潘运中当选为区委常委。会议审议通过区纪委八届一次全体会议关于选举结果的报告。区委委员33人、区委候补委员7人出席会议。

（毛罕钦）

【武侯区委常委会会议】 2021年，区委常委会召开会议51次，审议议题309项（详见表3），邀请部分政协委员、基层代表等列席会议。坚持会前学法制度，学习《安全生产行政执法与刑事司法衔接工作办法》《中共中央〈党委（党组）网络意识形态工作责任制实施细则〉》等规章制度。会议传达学习习近平总书记2021年度系列讲话、党的十九届六中全会、中央经济工作会议、省委十一届十次全会、市委十三届十次全会等精神。听取区委、区政府班子成员述责述廉和党风廉政主体责任报告，审议并原则同意召开武侯区第八届党代会有关事项、关于巩固深化"不忘初心、牢记使命"主题教育成果的意见等事项。

（毛罕钦）

图010　2021年10月29日，中国共产党成都市武侯区第八届委员会第一次全体会议在区会议中心召开，图为委员投票
（区融媒体中心供图）

表 3　2021 年武侯区委常委会会议一览表

次 别	时 间	主要议题
七届第 176 次	1 月 6 日	审议区委七届十七次全会第一次会议上关于区委常委会工作的报告，关于制定国民经济和社会发展第十四个五年规划和二〇三五年远景目标的建议，武侯区 2021 年经济工作要点，区委七届十七次全会暨区委经济工作会议上的讲话材料，调整区级领导联系指导街道社区、产业功能区方案，2021 年迎新春送温暖走访慰问活动方案
七届第 177 次	1 月 8 日	听取区委七届十七次全体会议各讨论组对关于制定国民经济和社会发展第十四个五年规划和二〇三五年远景目标的建议、2021 年全区经济工作要点、区委七届十七次全会决议（草案）讨论情况的汇报
七届第 178 次	1 月 15 日	听取区委、区政府领导班子其他成员述责述廉汇报，2020 年第四季度履行党风廉政建设主体责任情况汇报；审议 2020 年政府工作报告、武侯区国民经济和社会发展第十四个五年规划和二〇三五年远景目标纲要、关于武侯区 2020 年国民经济和社会发展计划执行情况及 2021 年国民经济和社会发展计划（草案）的报告、关于武侯区 2020 年财政预算执行情况和 2021 年财政预算（草案）的报告、区政协七届常委会工作报告、区法院工作报告、区检察院工作报告、关于武侯区知识产权工作情况的报告
七届第 179 次	1 月 19 日	开展 2020 年度党组、党（工）委书记和基层党组织书记落实主体责任述职评议
七届第 180 次	1 月 29 日	传达学习习近平总书记在省部级主要领导干部学习贯彻党的十九届五中全会精神专题研讨班开班式上的重要讲话精神和习近平总书记在中央政治局民主生活会上的重要讲话精神，听取贯彻落实习近平总书记来川视察重要指示精神情况的汇报；传达学习十三届市委常委会第 169 次（扩大）会议精神；解读《安全生产行政执法与刑事司法衔接工作办法》；传达学习《领导干部报告个人有关事项规定》《领导干部个人有关事项报告查核结果处理办法》文件精神，通报武侯区领导干部个人有关事项报告专项整治问题整改情况；传达学习中央纪委十九届五次全会、省纪委十一届五次全会精神，听取区纪委常委会 2020 年工作情况汇报，研究讨论区纪委七届十一次全会方案及有关文稿；传达学习全市宣传部长会议精神，听取区委宣传部 2020 年意识形态工作开展情况汇报；听取 2020 年扫黑除恶专项斗争情况的报告，2020 年维护社会稳定工作情况的报告，全区疫情防控工作开展情况的汇报；审议华西坝片区城市更新（一期）项目相关事项，向市统建办与原城中村推进办共管账户拨付机投桥城中村改造项目土地预分配资金的请示，武侯区城市核酸检测基地建设及核酸检测经费纳入 2021 年度预算的请示，武侯区促进金融业高质量发展若干扶持政策，武侯区加快建设科技成果转移转化基地全面加强科技创新能力的实施方案，武侯区加快推进生产性服务业高质量发展的实施方案，武侯区贯彻落实《关于巩固深化“不忘初心、牢记使命”主题教育成果的意见》的实施方案，调整团区委等党的领导机构设置，表扬 2020 年度党管武装先进单位和先进个人的通报，表扬获第四届武侯区教学成果奖单位和个人的通报；研究干部人事问题
七届第 181 次	2 月 8 日	传达学习省市两会精神；听取省委巡视反馈意见整改工作推进情况的汇报；审议关于深化社区发展治理常态走访居民商家企业解决困难防范风险共创幸福美好生活的实施方案（试行），2021 年武侯区优秀人才培养计划“诸葛优才”入选人才建议名单及资助经费，武侯区 2020 年度第四批企业奖补资金，调整入驻区政务服务中心人员绩效考核奖，调整合同制聘用人员薪酬待遇标准，发放离退休人员 2020 年生活补助，在职人员 2020 年度目标绩效相关事项；研究干部人事问题
七届第 182 次	3 月 4 日	传达学习习近平总书记在中央纪委十九届五次全会上的讲话精神，《中国共产党统一战线工作条例》和全国、全省、全市统战部长会议精神；审议武侯区实施幸福美好生活十大工程有关事项，区委关于省委第二巡视组巡视武侯区反馈意见整改情况的报告，区委班子 2020 年工作总结，区委常委会 2021 年工作要点，区人大常委会 2021 年工作要点，区政协 2021 年工作要点，2020 年武侯区法治政府建设年度报告，武侯区创建国家生态文明建设示范区工作实施方案，区委、区政府《关于聚力攻坚认真落实迎大运各项任务统筹推进办赛营城的实施意见》，武侯区集体经济组织集体资产管理办法，2021 年武侯区干部教育培训工作计划，表扬围棋“双赛”保障工作先进单位和先进个人的通报，表扬 2020 年度生态环境保护工作先进单位的通报

续表3

次别	时间	主要议题
七届第183次	3月11日	书面传达学习习近平总书记在党史学习教育动员大会上的讲话精神以及省委、市委党史学习教育动员大会精神，审议区委关于庆祝中国共产党成立100周年活动暨党史学习教育的工作方案；审议《关于健全完善工作机制 促进产业功能区高质量发展的实施意见（试行）》，武侯区深度服务企业推进高质量发展共建幸福美好生活大会有关事项，武侯区与喜神资产、沃森生物开展合作事宜，表扬2020年落实全面从严治党主体责任先进单位的通报；研究审查调查工作；讨论干部事项
七届第184次	3月23日	传达学习全国、省、市政法队伍教育整顿有关会议精神；审议武侯区政法队伍教育整顿有关事项，关于调整区纪委监委派驻纪检监察组设置的建议方案，关于庆祝中国共产党成立100周年活动暨党史学习教育的实施意见，2021年武侯区部门支出预算有关事项，武侯区征收农用地以外其他集体土地补偿标准，四川音乐学院及周边环境品质提升整治工程、郭家桥北街及科华街等区域提升改造工程、万寿西二路幼儿园（万盛路幼儿园）增加建设总投资相关事项，区人民医院（妇幼保健院）与成都海慈投资有限公司终止合作事宜，关于省委第二巡视组意识形态工作责任制专项检查反馈意见整改情况的报告；讨论干部事项
七届第185次	4月8日	审议区委常委班子2020年度民主生活会整改方案，关于召开区委人大工作会议有关事项，武侯区食品安全隐患发现处置机制工作方案，武侯区社区专职工作者企业年金工作方案，提高政府专职消防员和消防文员薪酬待遇，增加购买窗口服务岗位并调整岗位费用标准相关事项
七届第186次	4月16日	审议召开全区组织宣传统战工作会议相关事项，武侯区2021年重点建设项目计划，武侯区2021—2025年老旧小区改造实施方案，优化调整区行政审批局事业单位机构编制、区政务服务中心武侯新城分中心更名并优化调整机构编制及设立浆洗街街道、玉林街道综合便民服务中心并优化调整机构编制有关事项，实施她妆小镇片区泛光照明工程相关事项，武侯国投集团下属子公司增加实缴注册资本金相关事宜，拨付顺江锦苑、高碑瑞苑、长城宜苑小区移交前所需维修费的请示，四川省优秀共产党员、优秀党务工作者、先进基层党组织拟推荐表彰对象名单；讨论干部事项
七届第187次	4月30日	听取武侯区2021年一季度全区经济运行情况的报告；审议向区属国企等单位安排资金的请示，簇桥城中村片区风貌改造项目专项债券闲置资金后续使用方案，拨付2020年度财政金融互动奖补资金的请示，武侯国投集团对智·C8文化创意产业园项目工业用房、开闭所及配套设施项目1号楼实施技术改造等事项；安排部署5月份重点工作
七届第188次	5月14日	传达学习市委常委会会议主要精神，《中共中央关于加强对“一把手”和领导班子监督的意见》文件精神，全国、全省、全市网信办主任会议精神及市委主要领导专题听取全市网信工作情况汇报会会议精神；集体学习中共中央《党委（党组）网络意识形态工作责任制实施细则》，听取区委网信办关于2020年全区网络安全和信息化工作情况的报告；听取2021年第一季度履行党风廉政建设主体责任情况的报告；传达学习近期安全事故领导批示指示精神，研究武侯区贯彻落实措施，听取《武侯区道路交通安全应急预案》相关情况的汇报；通报第七次全国人口普查主要数据情况；审议《武侯区2021年省、市、区民生实事目标方案》，听取《武侯区普惠性民办幼儿园认定和管理办法》相关情况汇报；审议武侯区促进建筑业高质量发展扶持政策（试行）、追加武侯区2021年度第一批企业各项奖补资金的请示、2021年区级政府及区属国有企业工程建设项目计划、武侯区政府投资基金暂行管理办法（修订）等议题
七届第189次	5月28日	传达学习《中共中央 国务院关于加强基层治理体系和治理能力现代化建设的意见》《中央关于当前意识形态领域形势的通报》主要精神；听取武侯区国家卫生城市复审迎检工作情况的报告；审议做好迎接中央生态环保督察工作方案、四川开放大学（机投校区）地块城市更新有关事项、收购锦外中心资产相关事项、宜居水岸一期PPP项目运维费用等有关事项、收购成都永发印务有限公司股权有关事项、与四川省交通建设集团股份有限公司合资成立建筑公司有关事项、成都市“两优一先”拟推荐表彰对象名单、武侯区“两优一先”表彰工作方案、实施音乐坊区域光彩工程等议题
七届第190次	6月8日	书面传达学习习近平总书记在中国科学院第二十次院士大会、中国工程院第十五次院士大会、中国科协第十次全国代表大会上的讲话精神，听取学习心得体会汇报；听取关于做好迎大庆防风险保安全保稳定信访维稳工作的报告；审议武侯区生态环境保护责任清单、追加规划编制项目财政预算、2020年度市管干部考核等次评定有关建议等议题；研究干部人事问题
七届第191次	6月29日	观看严肃换届纪律教育警示片《警钟长鸣》；听取关于做好迎大庆信访维稳工作情况的报告；传达学习贯彻市委常委会会议主要精神；审议武侯区“两优一先”拟表彰对象名单、武侯区“两优一先”表彰大会方案等议题

续表3

次 别	时 间	主要议题
七届第 192 次	7 月 2 日	传达学习习近平总书记在庆祝中国共产党成立 100 周年大会上的重要讲话，区委、区人大常委会、区政府、区政协主要领导汇报学习心得体会
七届第 193 次	7 月 9 日	讨论干部事项
七届第 194 次	7 月 9 日	传达学习《全国政法队伍教育整顿中央第十四督导组、省政法队伍教育整顿第一指导组反馈督导指导意见》《防止干预司法“三个规定”有关精神》；听取关于中央第十四督导组、省第一指导组反馈意见整改暨政法队伍教育整顿“回头看”工作情况的报告，武侯区知识产权工作推进情况的报告，武侯区城乡防火工作开展情况的报告，关于武侯区防汛减灾工作情况的汇报，关于深入推进宜居水岸项目建设 加快环城生态公园连片成势助推公园城市示范区创建情况的报告，关于 2017 年中央环保督察及“回头看”、2021 年省生态环境保护督察相关问题整改情况及迎接第二轮中央环保督察工作情况的报告；审议武侯区迎接第二轮中央生态环境保护督察工作领导小组名单、武侯区全面夯实基层防灾减灾基础扎实提升城市消防安全水平工作方案、武侯区促进化妆品产业发展十条政策（试行）、武侯区 2021 年贯彻落实习近平总书记重要指示批示精神任务清单、关于进一步优化建设项目管理机制的实施意见、拨付武侯区 2021 年第一批既有住宅自主增设电梯补助资金的请示、武侯区城市品质功能提升暨市井生活圈建设综合项目相关事项、追加武侯区新冠病毒疫苗接种工作人员劳务补助经费的请示、开展产业服务配套提升项目工作、追加区级相关部门 2021 年度房屋租金预算的请示、拨付 2021 年第一批地方政府新增专项债券的请示、关于表彰武侯区 2020 年党建引领社区发展治理工作先进集体和先进个人的决定、武侯区 2021 年全面从严治党党风廉政建设和反腐败工作任务分工等议题
七届第 195 次	7 月 15 日	讨论干部事项
七届第 196 次	7 月 15 日	讨论干部事项
七届第 197 次	7 月 22 日	传达学习习近平总书记在中央政治局第三十一次集体学习时重要讲话精神，市委常委会会议精神；审议关于召开武侯区第八次党代会有关事项、成都武侯医疗美容产业基金（暂定名）投资相关事项、成立成都市她妆美谷产业发展有限公司相关事宜、实缴成都武发产业股权投资基金合伙企业（有限合伙）出资事宜、给予成都京东产业扶持的请示、统筹教育系统事业单位工作人员 2020—2021 学年收入分配工作的请示、关于表扬 2020 年度党建引领社区发展治理工作先进单位的通报等议题
七届第 198 次	7 月 29 日	传达学习市委常委会会议精神和市委书记范锐平关于做好当前全市疫情防控工作的十点要求、市长王凤朝关于疫情防控工作批示指示精神，安排部署全区疫情防控工作；审议召开区委七届十八次全体会议相关事项
七届第 199 次	8 月 1 日	讨论干部事项
七届第 200 次	8 月 6 日	听取区委七届十八次全体会议各讨论组对《关于高质量建设践行新发展理念的公园城市示范城区高水平创造新时代幸福美好生活的实施意见》《武侯区七届十八次全体会议决议（草案）》讨论情况的汇报
七届第 201 次	8 月 12 日	听取《关于 2021 年第二季度履行党风廉政建设主体责任情况的报告》《关于 2021 年上半年应急管理工作情况的报告》；审议武侯区实施乡村振兴战略 2021 年工作方案、追加武侯区 2021 年度第二批企业各项奖补资金的请示、向四川省成都市礼仪职业中学等 4 所学校追加应退市人社局垫付的基本离退休费的请示、设立中共成都市武侯区科学技术协会党组的请示、2020 年区级目标绩效考评结果等议题；审议有关机构编制事项、有关人事议题
七届第 202 次	8 月 19 日	讨论干部事项
七届第 203 次	8 月 19 日	讨论干部事项
七届第 204 次	8 月 19 日	传达学习成都市城市更新和老旧小区改造提升工程重大项目集中启动仪式主要精神；审议召开区七届人大六次会议有关事项、成都音乐坊产业发展专项扶持政策、武侯区红色遗址资源普查结果、关于七届区委第七轮第八轮巡察工作情况的报告、关于进一步推进巡察工作高质量发展的实施办法等议题；研究审查调查工作

续表3

次 别	时 间	主要议题
七届第 205 次	9 月 2 日	研究干部人事问题
七届第 206 次	9 月 2 日	审议关于区委领导工作临时分工的建议方案;讨论干部事项
七届第 207 次	9 月 3 日	审议武侯区落实四川省生态环境保护例行督察成都市督察意见整改实施方案、武侯区关于全力实施“双百亿”行动 聚力完成全年经济增长奋斗目标的实施方案、部分国有资产无偿划转区属国有企业方案、成立成都市音乐坊产业发展有限公司相关事项、关于审定在省外设立子公司、出资认购成都喜蓉股权投资合伙企业（有限合伙）份额相关事项、收购四川新瑞建筑工程有限公司相关事项等议题
七届第 208 次	9 月 10 日	讨论干部事项
七届第 209 次	9 月 10 日	讨论干部事项
七届第 210 次	9 月 10 日	传达学习习近平总书记在 2021 年秋季学期中央党校（国家行政学院）中青年干部培训班开班式上的重要讲话精神,市委常委会 2021 年 9 月份重点工作；审议关于做好武侯区第八次党代会代表选举工作的方案、关于当前武侯区意识形态领域形势的通报、优化调整集团内部股权结构工作方案、增加武侯国投实缴注册资本金 6 亿元相关事宜等议题;讨论干部事项
七届第 211 次	9 月 14 日	审议区委班子工作总结、区委领导工作分工的建议方案等议题;讨论干部事项
七届第 212 次	9 月 15 日	介绍新任职领导干部,宣布区委、区政府领导分工
七届第 213 次	9 月 16 日	观看严肃换届纪律警示教育片
七届第 214 次	9 月 22 日	审议区委七届十九次全体（扩大）会议方案;讨论干部事项
七届第 215 次	9 月 26 日	传达学习习近平总书记在 2021 中关村论坛上的重要讲话精神，成都市排查整顿农村发展党员违规违纪问题动员部署会精神；审议武侯区创建省级安全发展示范城市实施方案、武侯区街道行政区划调整和社区体制机制改革“后半篇文章”工作有关事项、武侯区第八届人代会换届选举有关事项、组建武侯区国家安全人民防线建设领导小组、收购四川新瑞建筑工程有限公司相关事项、关于表扬 2020 年武侯区投资促进工作先进单位的通报、2021 年外贸企业综合成本补贴标准等议题;讨论干部事项
七届第 216 次	9 月 30 日	书面传达学习市委常委会 10 月份重点工作安排；传达上级关于建筑工地安全、信访、疫情防控、安全生产、维稳等工作最新要求及有关精神,安排部署相关工作;部署安排近期重点工作
七届第 217 次	10 月 9 日	传达学习习近平总书记在中央人才工作会议上的重要讲话精神,中央财经委员会第十次会议、省委财经委员会第十次会议、市委财经委员会第十三次会议、市委理论学习中心组（扩大）专题学习会议精神,市委主要领导调研武侯区经济社会发展情况讲话精神；审议武侯区第八次党代会代表区委提名人选和候选人预备人选
七届第 218 次	10 月 13 日	审议区委、区纪委换届人事安排问题,区人大、区政府、区政协、区监委、区法院、区检察院换届候选人有关事项
七届第 219 次	10 月 15 日	传达学习习近平总书记在纪念辛亥革命 110 周年大会上、在陕西榆林考察时的重要讲话精神,对档案工作重要批示精神；审议武侯区环城生态区土地综合整治与生态修复农民社会保障工作方案、收购“蓝光中心”项目相关事宜、发放武侯区 2020 年机关事业单位应休未休年休假报酬、武侯区关于 2020 年财政决算和 2021 年 1—6 月财政预算执行情况的报告等议题;讨论干部事项
七届第 220 次	10 月 21 日	传达学习习近平总书记在中央人大工作会议上的重要讲话精神，市委主要领导在区（市）县党委书记座谈会上的重要讲话精神；听取《关于 2021 年第三季度履行党风廉政建设主体责任情况的报告》;审议贯彻落实市委主要领导调研精神任务清单、全市领导干部大会任务分解方案、七届区委第九轮和第十轮巡察工作情况的报告、2020 年度区管干部考核等次评定有关建议等议题；研究区第八次党代会报告,区纪委七届十三次全体会议有关事项;讨论干部事项

续表3

次 别	时 间	主要议题
七届第 221 次	10 月 23 日	传达学习区（市）县和镇领导班子换届工作领导小组会暨区（市）县委书记谈心谈话会主要精神；审议召开区委七届二十次全体会议、武侯区第八次党代会有关事项，区第八次党代会报告，武侯区第八次党代会会务经费事宜，区纪委七届十三次全体会议有关事项等议题
八届第 1 次	11 月 16 日	传达学习党的十九届六中全会精神，习近平总书记在中共中央政治局第三十四次集体学习时的重要讲话精神；审议学习宣传贯彻武侯区第八次党代会精神工作方案、关于武侯区 2021 年禁毒工作情况的报告、武侯区 2021 年目标绩效考评体系和考核实施办法、拨付 2019—2020 年度征地拆迁工作经费的请示、武侯区八届人大专门委员会设置建议、优化调整区人大常委会工作机构有关机构编制事项、关于做好区政协八届委员会委员人选推荐提名有关工作的意见、武侯区委领导网络安全和信息化工作规定、武侯区八届人大代表候选人名单等议题
八届第 2 次	11 月 21 日	学习中共中央办公厅、国务院办公厅《地方党政领导干部食品安全责任制规定》，成都市区（市）县和镇领导班子换届工作推进暨加强选举指导和风气现场督导工作视频会议精神；审议贯彻落实武侯区第八次人代会会议精神任务分工方案、武侯区关于精准应对疫情冲击奋力完成全年目标的工作措施、武侯区精准助企纾困解难的若干措施、武侯区关于支持楼宇经济高质量发展的若干政策（修订）、武侯区关于全面推行建立林长制的实施方案、武侯区社会企业扶持办法（修订）、拨付武侯区社区疫情防控志愿者防疫补助的请示、追加武侯区 2021 年度第三批企业各项奖补资金的请示、武侯区 2021 年目标绩效考评体系和考核实施办法、区政协第八届委员会委员建议名单、召开区政协八届一次会议相关事项、拨付 2021 年第二批地方政府新增专项债券的请示、投资设立成都武侯广厦安居投资建设有限公司（暂定名）的请示、武侯区委领导网络安全和信息化工作规定等议题
八届第 3 次	11 月 26 日	听取武侯区 2021 年食品安全工作情况的报告；审议武侯区对口帮扶甘孜州白玉县规划（2021—2025 年），省委第二巡视组巡视武侯区反馈意见整改工作分工调整建议方案，省委第九巡视组巡视成都市涉及武侯区反馈意见整改工作分工调整建议方案，实施华西坝片区城市更新（一期）项目有关事宜，实施九康六路、新智一路社区综合体工程建设有关事宜等议题；讨论干部事项
八届第 4 次	12 月 8 日	区委中心组专题学习十九届六中全会精神；传达学习中央民族工作会议精神，市委办公厅、市政府办公厅《关于贯彻落实〈四川省市县重大经济事项决策规定（试行）〉的实施意见》；传达学习省委十一届十次全会、市委常委会（扩大）会议精神，安排部署武侯区 12 月份重点工作；审议区八届人大一次会议有关事项、区政协八届一次全体会议有关事项、区政府工作报告、武侯区 2021 年国民经济和社会发展计划执行情况及 2022 年国民经济和社会发展计划（草案）的报告、武侯区 2021 年财政预算执行情况和 2022 年财政预算（草案）的报告、区法院工作报告、区检察院工作报告、武侯区“十四五”23 个专项规划、武侯区 2021 年财政预算调整（草案）的报告、2021 年地方政府债务限额的议案有关事宜、晋平街幼儿园等十九所中小学（幼儿园）办学场地租赁相关事宜、设立武侯区科技成果转化天使投资基金有关事宜、减资退回电商基金闲置资金事宜、2020 年度公务员目标绩效有关事宜等议题；讨论干部事项
八届第 5 次	12 月 30 日	讨论干部事项

（毛罕钦）

重要决策
Important Decisions

【制定“十四五”规划和二〇三五年远景目标】 2021 年 1 月 23 日，区委印发《关于制定武侯区国民经济和社会发展第十四个五年规划和二〇三五年远景目标的建议》。3 月 29 日，《成都市武侯区国民经济和社会发展第十四个五年规划和二〇三五年远景目标》经区七届人大五次会议审议通过。“十四五”规划和“二〇三五年远景目标”共分 10 个部分。第一部分为“坚持以新发展理念为引领，开启建设现代化武侯新征程”，包括“十三五”时期武侯发展的重大成就、“十四五”时期武侯面临的机遇和挑战、“十四五”时期武侯发展的总体要求、“十四五”时期经济社会发展的主要目标、2035 年远景目标和 2050 年远景展望。第二部分为“全面提升国际商务高地，加快构建人文宜居武侯”，包括加快形成国际商务高地、加快发展五大产业发展基地、加快建设人文宜居城区。第三部分为“优化经济组织方式，形成协调发展新格局”，包括坚持科学规划引领、完善产业生态圈、做强产业功能区、加快城市有机更新、夯实项目建设支撑。第四部分为“提升科技转化能力，塑造创新发展新优势”，包括大力发展新经济、健全成果转化机制、提升企业创新能力、激发人才创新活力。第五部分为“深化区域协同合作,扩大开放发展新空间”，包括突出国际消费引领、不断加强区域协同、持续推进对外开放。第六部分为“深化重点领域改革，激发区域发展新活力”，包括打造国际一流营商环境、深化基层社区服务、加快国有企业改革、深化生产要素供给侧改革。第七部分为“聚焦生态价值转化，树立绿色发展新示范”,包括加快绿色生态环境建设、推动生态价值高效转化、推进生态环境保护治理、倡导低碳生产生活方式。第八部分为“回应美好生活向往，构建共享发展新典范”，包括打造“智教乐学”的教育强区、“病有良医”的武侯示范、“普惠共享”的文化强区、“全民有保”的民生底线、“全龄友好”的关爱体系。第九部分为“提升社会治理能力，形成智慧城市新样板”，包括推动法治城区建设、安全城区建设、智慧城区建设、和谐城区建设。第十部分为“加强党的领导，凝聚各界力量为实现‘十四五’规划和2035年远景目标而奋斗”，包括坚持党的领导、健全制度机制、强化政策保障。

（毛罕钦）

【加快科技成果转化】 2021年2月25日，区委办公室、区政府办公室印发《武侯区加快建设科技成果转移转化基地全面加强科技创新能力的实施方案》，全面落实中央、省委和市委全会精神和成都市科技创新大会精神，持续加强武侯科技创新能力建设，加快推动以科技创新引领产业升级。实施方案共分总体思想、主要目标、重点任务和工作举措、保障措施四部分。主要目标是创新平台加速汇聚、创新主体更加聚集、创新能力显著提升。重点任务和工作举措包括推动城市有机更新，重塑创新空间版图；提升数字经济创新能力，赋能电子商务快速发展；提升科研能力，锻造大健康产业创新链条；促进科技成果转移转化，打造高端新材料转化基地；推动“文化＋科技”融合发展，推进设计领域平台软件应用；抢抓直播电商浪尖，促进美丽经济新业态发展；提升企业创新能力，助力经济高质量发展；推进校院企地深度融合，打造科技成果创新策源地；引育创新创业人才，为科技创新增添新活力；完善金融服务体系，赋能科技创新发展；加强知识产权保护与运用，支撑科技创新建设；营造创新氛围，激发科技创新活力。

（毛罕钦）

【实施幸福美好生活十大工程】 2021年3月11日，区委、区政府印发《武侯区关于实施幸福美好生活十大工程的实施意见》。实施意见共分总体要求、主要任务和保障措施3个部分。其中，总体要求包括深刻认识重大意义、理顺总体思路、明确努力方向；主要任务包括居民收入水平提升工程、高品质公共服务倍增工程、生活成本竞争力提升工程、城市通勤效率提升工程、城市更新和老旧小区改造提升工程、生态惠民示范工程、稳定公平可及营商环境建设工程、青年创新创业就业筑梦工程、智慧韧性安全城市建设工程、全年龄友好包容社会营建工程等十大工程；保障措施包括加强组织领导、广泛社会动员、强化多元供给。

（毛罕钦）

【统筹推进办赛营城工作】 2021年3月15日，区委、区政府印发《关于聚力攻坚认真落实迎大运各项任务统筹推进办赛营城的实施意见》，深入落实市委、市政府关于高质量举办第31届世界大学生夏季运动会的重大部署。实施意见共6个部分。第一部分为总体要求，即坚持以习近平新时代中国特色社会主义思想为指导，认真落实市委、市政府关于高标准打造世界赛事名城战略部署、积极服务成都2021世界大运会的工作要求，为成都市建设国际赛事名城、跻身世界先进城市行列提供有力支撑。第二部分为“切实加强赛事服务保障”，包括打造一流赛事服务队伍、推动场馆规范高效建设、实施场馆周边环境整治。第三部分为“努力彰显城市特色风貌”，包括高品质打造一环路市井生活圈、加快推动锦江公园武侯段品质提升、积极推进锦城公园武侯段加快建设、着力实施出入城通道风貌整治。第四部分为“不断优化城市生产生活环境”，包括提升城市文明水平、增强城市安全韧性、优化公共服务供给。第五部分为“积极发展体育产业事业”，包括加强体育项目招引、加快发展体育产业、广泛开展群众体育文化活动。第六部分为保障措施，包括加强组织领导、强化协调联动、营造浓厚氛围。

（毛罕钦）

【建设公园城市示范城区】 2021年8月19日，区委印发《关于高质量建设践行新发展理念的公园城市示范城区高水平创造新时代幸福美好生活的实施意见》。实施意见共8个部分。第一部分为总体要求，包括重大意义、指导思想和工作目标。第二部分为“坚持把创新作为公园城市示范城区建设的动力源泉，积极搭建创新创造平台，为幸福美好生活注入动力活力”，包括聚力发展产业功能区经济、深入推进科技创新、加快布局新经济新赛道、深入推进区属国企改革。第三部分为“坚持把协调作为公园城市示范城区建设的内在要求，着力优化城市空间布局，为幸福美好生活提供承载空间”，包括大力推动片区综合开发、积极打造产业发展新区域、全域推进城市有机更新、全面建设未来公园社区。第四部分为“坚持把绿色作为公园城市示范城区建设的鲜明底色，全面提升城市生态形态文态，为幸福美好生活创造人文宜居环境”，包括积极塑造美丽宜居生态环境、切实加强生态环境保护治理、大力推进碳达峰碳中和、全面彰显武侯城市文化魅力。第五部分为“坚持把开放作为公园城市示范城区建设的最大变量，积极融入国内国际双循环，为幸福美好生活丰富多元供给”，包括大力发展国际商务服务、加快建设国际化新型消费城区、持续深化区域合作、积极打造国际化营商环境4.0版。第六部分为“坚持把共享作为公园城市示范城区建设的价值追求，大力实施幸福美好生活十大工程，为幸福美好生活增强可感体验”，包括打造优质综合教育品牌、提升医疗卫生服务水平、筑牢基本民生保障底线、构建全龄友好关爱体系。第七部分为“统筹发展与安全，建设智慧韧性安全城区，为幸福美好生活创造平安环境”，包括完善党建引领社区发展治理体系、深化常态走访巡查提升风险防控能力、加强十大重点领域风险隐患排查治理、提升基层智能智慧治理水平。第八部分为工作保障，包括全面加强党的领导、切实强化支撑保障、积极营造浓厚氛围。

（毛罕钦）

区委综合事务

Comprehensive Affairs of District Party Committee

【概况】 2021年，区委办公室围绕区委中心工作，突出工作重点，高质量完成党内文件印发、重要文稿撰写、调研活动保障、重大会议筹备、目标管理督查、外事服务、公务服务、机要保密等工作，发挥参谋助手和综合协调作用，服务质量整体上台阶。区委政研室做好区委、区政府主要领导讲话和重大会议材料的起草，围绕区委、区政府关注的重大热点问题，开展调查研究，完成党委信息及政务信息的收集上报。

（周　艳　曾　磊）

【重要文稿撰写】 2021年，区委政研室以习近平新时代中国特色社会主义思想为指导，围绕迈步全面建设社会主义现代化国家新征程，全面贯彻党中央和省委、市委决策部署，坚持以建设践行新发展理念的公园城市示范区为统揽，立足新发展阶段、贯彻新发展理念、融入新发展格局，推进高质量发展，高标准起草区第八次党代会报告、区政府工作报告等重要会议文稿407篇，撰写各类综合材料71篇。

（曾　磊　罗　津）

【刊物编发】 2021年，区委政研室密切关注全区经济建设和社会发展中出现的新情况、新问题，多层面、宽领域地了解区内外经济社会发展的重大问题、关注热点、经验做法，总结分析存在的问题，提出对策与建议，编辑《工作研究》《资讯参考》《信息业务通讯》共8期；编印区内信息刊物《武侯要情》及增刊共96期。

（曾　磊　罗　津）

【目标管理】 2021年，武侯区根据市委、市政府下达的主要目标任务及区委、区政府确定的重点工作任务，设置“常规目标”考评体系和“三重目标”考评体系，实行“双百分”考核。体系聚焦中心工作，鲜明目标导向，注重精简提质，实现市委市政府、区委区政府重大决策部署目标全覆盖，推动决策与执行有效衔接。同时根据各区级部门职能职责和各街道资源禀赋不同，量身定制考评内容，精准设置考核指标，差异确定分值权重，个性化设置考评体系，引入多元考核，多维度客观真实反映各部门工作成绩。全年承担市委、市政府下达的高质量发展、决策落实、从严治党、基础保障、成渝地区双城经济圈建设、服务新发展格局、践行新发展理念的公园城市示范区建设和幸福美好生活十大工程等市级目标82项；分解下达区级部门目标任务129项，街道目标任务87项。

（董宣池）

【目标督查】 2021年，区委办公室建立研判、跟踪、审核、回访机制，明确督办重点、要求和方式，围绕区委主要领导批交办事项、区委主要领导专题会、新冠肺炎疫情防控、城市有机更新、巡视整改、重大项目建设、“我为群众办实事”实践活动、整治形式主义为基层减负等重点工作进行专项督查，推动全区重大决策和重要工作部署落地落实。全年印发《督查通知》67期，报送《督查专报》35期、相关工作报告40余份。同时，严格按照市委督查室工作要求，对市委十三届八次、九次全会重大部署，市委常委会2021年工作要点，全市领导干部会议精神落实工作，深入贯彻落实习近平总书记对四川及成都工作重要指示批示精神等重点工作完成情况进行跟踪督办，上报市委办公厅工作报告20余份，全面完成市级督交办事项办理。

（叶小华）

【文件办理】2021年，区委办公室按照省委办公厅《关于解决形式主义突出问题为基层减负的整治措施》、市委办公厅《贯彻落实中央、省委解决形式主义突出问题为基层减负整治措施责任分工方案》要求，严格执行精简文件的各项规定，严控发文规格，规范发文程序，提高文件质量，推动文件办理规范化、制度化、程序化，持续改进文风。全年印发区委文件31份，区委办公室文件120份（参见表4），区委常委会会议纪要51份；区内各类制文260份。

（毛罕钦）

表4 2021年武侯区委及区委办公室部分公开文件一览表

文 号	文件标题
武委发〔2021〕1号	关于制定武侯区国民经济和社会发展第十四个五年规划和二〇三五年远景目标的建议
武委发〔2021〕5号	印发《武侯区关于实施幸福美好生活十大工程的实施意见》的通知
武委发〔2021〕8号	印发《关于聚力攻坚认真落实迎大运各项任务统筹推进办赛营城的实施意见》的通知
武委发〔2021〕12号	关于加强新时代人大工作和建设的实施意见
武委发〔2021〕13号	关于表扬2020年度全区组织工作先进单位（个人）、优秀党建创新项目、党代表提议提案的通报
武委发〔2021〕18号	关于表彰全区优秀共产党员、优秀党务工作者和先进基层党组织的决定
武委发〔2021〕20号	关于表彰成都市武侯区2020年党建引领社区发展治理先进集体和先进个人的决定
武委发〔2021〕23号	关于高质量建设践行新发展理念的公园城市示范城区高水平创造新时代幸福美好生活的实施意见
武委发〔2021〕26号	关于印发《武侯区落实四川省生态环境保护例行督察成都市督察意见整改实施方案》的通知
武委办发〔2021〕2号	关于印发《武侯区深化国资国企改革工作方案》的通知
武委办发〔2021〕7号	关于印发《成都市武侯区贯彻落实〈关于巩固深化“不忘初心、牢记使命”主题教育成果的意见〉实施方案》的通知
武委办发〔2021〕10号	关于印发《武侯区加快推进生产性服务业高质量发展实施方案》的通知
武委办发〔2021〕11号	印发《关于深化社区发展治理常态走访居民商家企业解决困难防范风险共创幸福美好生活的实施方案（试行）》的通知
武委办发〔2021〕12号	关于印发《武侯区加快建设科技成果转移转化基地全面加强科技创新能力的实施方案》的通知
武委办发〔2021〕16号	关于印发《武侯区幸福美好生活十大工程实施方案》的通知
武委办发〔2021〕19号	关于对2020年度生态环境保护工作先进单位予以表扬的通报
武委办发〔2021〕20号	印发《关于健全完善工作机制促进产业功能区高质量发展的实施意见（试行）》的通知
武委办发〔2021〕21号	关于印发《武侯区创建国家生态文明建设示范区工作实施方案》的通知
武委办发〔2021〕28号	关于印发《武侯区深度服务企业推进高质量发展共建幸福美好生活十项措施》的通知
武委办发〔2021〕35号	关于印发《成都市武侯区完善食品安全隐患发现处置机制工作方案》的通知
武委办发〔2021〕37号	关于印发《成都市武侯区全面加强危险化学品安全生产工作实施方案》的通知
武委办发〔2021〕49号	关于表扬在全区境外疫情输入防控工作中表现突出的单位和个人的通报
武委办发〔2021〕57号	关于印发《武侯区集中开展十个领域专项治理行动的实施方案》的通知
武委办发〔2021〕60号	关于印发《深化基层矛盾风险发现化解机制助推市域社会治理现代化试点建设实施方案》的通知
武委办发〔2021〕71号	关于印发《武侯区实施乡村振兴战略2021年工作方案》的通知
武委办发〔2021〕75号	关于印发《武侯区应对极端洪涝灾害总体工作方案》的通知
武委办发〔2021〕76号	关于印发《武侯区进一步推进巡察工作高质量发展的实施办法》的通知
武委办发〔2021〕79号	印发《武侯区关于全力实施“双百亿”行动聚力完成全年经济增长奋斗目标的实施方案》的通知

续表4

文 号	文件标题
武委办发〔2021〕82 号	印发《关于做好街道行政区划调整和社区体制机制改革“后半篇”文章的实施方案》的通知
武委办发〔2021〕84 号	关于印发《成都市武侯区创建省级安全发展示范城市实施方案》的通知
武委办发〔2021〕92 号	关于印发《学习贯彻中国共产党成都市武侯区第八次代表大会精神工作方案》的通知
武委办发〔2021〕95 号	印发《武侯区关于全面推行建立林长制的实施方案》的通知

（毛军钦）

【会务办理】 2021 年，区委办公室贯彻落实《中共中央办公厅关于解决形式主义突出问题为基层减负的通知》精神，按照省委办公厅、市委办公厅提出的严格会议审批、严格执行年度会议计划、会议限额报批和重大会议申报制度等要求，加强重大会议谋划和工作统筹，切实改进会风。完成区委七届十八次全体会议、区第八次党代会、区委八届一次全体会议、区委常委会会议、区委理论学习中心组（扩大）专题学习会等 120 余次全区性会议和电视电话会议的会场布置、会务协调保障等工作。

（毛军钦）

【信息报送】 2021 年，区委政研室落实中央、省委和市委改革工作部署，结合武侯区实际，制定 2021 年度改革工作要点和改革落实台账，及时反映武侯区的改革经验和改革成效，共向省委改革办公室、市委改革办公室报送改革经验文章 19 篇，其中《武侯区深入推进新一轮国资国企改革 助推产业功能区高质量发展》等 4 篇文章被省、市改革工作刊物刊发。

（杨雪 陶英）

【公务服务】 2021 年，武侯区以中央八项规定精神及省市实施细则为指导，围绕中心、服务大局，不断优化细化工作流程，健全完善公务服务制度体系，以强化服务意识、提升服务水平、优化服务体验为目标，将公务服务工作打造为加强对外联系、畅通交流渠道、扩大招商引资和展示良好形象的重要平台。全年完成公务服务活动 147 批次 3427 人次，其中级别接待任务 7 批次，省、市级领导调研 11 批次；接待各地到武侯区交流考察的党政代表团 17 批次；服务外出政务考察 5 批次；接待招商引资商务活动 24 批次。区委办公室指导、协助区级部门接待任务 70 批次，参与大型会议、会务活动 13 批次。

（范航）

组织建设
Organization Construction

【概况】 2021 年，武侯区全面贯彻落实中央和省委、市委决策部署，组织召开区第八次党代会，选举产生新一届区委领导班子。坚持以政治建设为统领，抓干部选育管用，抓基层组织建设，抓人才引育留用，为建设践行新发展理念的公园城市示范城区提供保障。年末，全区有基层党组织 2282 个，其中党委 165 个、党总支 34 个、党支部 2083 个；有党员 42290 人，其中女性党员 17570 人、35 岁以下党员 9833 人、60 岁以上党员 16034 人（详见表 5）。企事业单位、社会组织党员中担任高级专业技术职务的有 150 人，其中女性 61 人、35 岁以下 33 人；担任中级专业技术职务 547 人，其中女性 358 人、35 岁以下 144 人；担任初级专业技术职务的有 1186 人，其中女性 680 人、35 岁以下 734 人。

（陈瑶）

【党员发展】 2021 年，区委组织部按照党员发展“控制总量、优化结构、提高质量、发挥作用”总要求，加强发展党员工作计划指导，分类分级组织实施基层党组织书记集中培训，严格规范党员发展工作流程。5 月上旬，举办党员发展对象、入党积极分子培训班，培训党员发展对象、入党积极分子共 350 名。贯彻执行年度发展党员计划指导数，重点在产业工人、高级知识分子群体、非公有制经济和社会组织中发展党员，全年新发展党员 207 名，其中产业工人 5 名、高知识群体人员 10 名、非公有制经济和社会组织人员 103 名；35 岁以下占 54.5%，大专以上学历占 91.7%。

（陈瑶）

【党员教育】 2021 年，武侯区围绕庆祝中国共产党成立 100 周年，开展党史学习教育。分批组织区级领导班子理论学习中心组学习暨区级领导干部专题读书班、全区社区党委书记等到蒲江县成都战役纪念馆开展现场教学，向英烈敬献花篮并

表 5　2021 年武侯区中共党员基本情况一览表

单位：人

项目		党员总数	预备党员	女党员	少数民族党员	台湾籍党员	年龄段									
							30 岁以下	31 至 35 岁	36 至 40 岁	41 至 45 岁	46 至 50 岁	51 至 55 岁	56 至 60 岁	61 至 65 岁	66 至 70 岁	71 岁以上
公有制单位	党政机关工作人员	4090	22	1226	97		344	532	683	680	846	595	410			
	事业单位管理人员	457	3	226	13		42	87	83	61	89	59	36			
	事业单位专业技术人员	2687	31	1911	65		344	572	620	455	383	252	61			
	企业管理人员	131	2	52	1		16	26	30	12	19	18	10			
	企业专业技术人员	119	3	52	2		42	34	27	4	6	3	3			
	工勤技能人员	543	22	250	6		82	86	147	56	86	54	32			
	合　计	8027	83	3717	184		870	1337	1590	1268	1429	981	552			
非公企业	管理人员	2463	52	1298	80		391	542	434	381	321	244	150			
	专业技术人员	2159	10	737	33		671	605	340	201	190	96	56			
	工勤技能人员	3857	44	1815	51		846	1122	635	361	400	289	204			
	合　计	8479	106	3850	164		1908	2269	1409	943	911	629	410			
社会组织	管理人员	360	4	207	10		101	116	56	31	24	19	13			
	专业技术人员	770	3	498	17		299	200	138	57	35	27	14			
	工勤技能人员	230	10	181	10		72	62	30	23	24	12	7			
	合　计	1360	17	886	37		472	378	224	111	83	58	34			
离退休人员		17076		6371	195	1			4	5	51	685	1053	2930	3818	8530
其他		7348	34	2746	112		1298	1301	1170	785	928	660	450	206	249	301
总计		42290	240	17570	692	1	4548	5285	4397	3112	3402	3013	2499	3136	4067	8831

（陈　瑶）

重温入党誓词。各级党组织依托“蓉城先锋 · 党员 e 家”“微党校”开展线上线下培训 8400 余次，培训教育党员群众近 49 万人次，党员参学率、达标率均为 100%。组织党员参加省市级党员示范培训 29 期 191 人次；开展党支部书记全覆盖培训 4 期 1931 人次，完成《2019—2023 年全国党员教育培训工作规划》实施情况中期评估。成都市城乡社区发展治理支持中心升级打造为市级微党校“中心校”，成都武侯祠博物馆等 3 个基地入选市级红色教育精品路线点位。开展老干部系统优秀“微党课”及优秀讲师评选活动，壮大武侯本土讲师队伍，丰富优秀党课菜单。组织编纂的《党旗引领武侯奋进征程》《廉说三国》系列丛书等多部教材被纳入区级教材库。其中，《廉说三国》系列丛书被确定为 2021 年全市党员教育培训教材建设重点项目，《城市基层党建创新发展的理论与实践——以成都市武侯区为例》被评为 2021 年全省干部教育培训“好教材”。组织拍摄制作《梦骑士》《党课开讲啦》电教片，并分别获市级纪录片二等奖、培训片优秀奖。举办“歌声中的党史”主题党课 · 云党课 5 期，策划“我讲党史给你听”“武侯党群服务中心，等你来打卡！”等主题活动。

（陈　瑶）

【党代表作用发挥】 2021 年，武侯区强化党代表工作室运行及党代表作用发挥，围绕城市有机更新、幸福美好十大工程等重点工作，以“我为群众办实事”为抓手，组织 15 个党代表活动小组深入基层一线，开展走访调研 206 次；引导党代表投身疫情防控、便民惠民服务，服务群众 1570 人次，开展各项活动 1000 余次，帮助解决困难 648 个。在“武侯 e 先锋”平台开辟《党代表在您身边》专栏，报道党代表作用发挥典型事迹 22 条。

（陈　瑶）

【干部监督】 2021 年，武侯区严肃换届纪律加强风气监督，推进换届纪律警示教育、风险隐患排查防控、会风会纪现场督导等各项工作，确保换届风清气正。严格落实“两项法规”，完成 734 名区管干部年度集中填报工作，有序开展个人有关事项随机抽查、拟提拔重用及党代表、人大代表、政协委员人选查核等工作。执行经济责任审计制度，对18名正局级领导干部进行经济责任审计。开展违规兼职倒查整治，组织新录用的38名选调生、25名公务员、57名新退休干部进行经商办企业和兼职情况承诺。加强选任工作监督，结合区委第八轮、第九轮、第十轮巡察及政法队伍教育整顿等工作对24家单位开展选人用人专项检查。开展区委和区管单位选人用人“一报告两评议”工作，加强领导干部因私出国（境）管理，探索建立干部监督“负面清单”，强化干部监督“智慧赋能”建设。

（黄　盈）

【干部教育培训】2021年，武侯区围绕贯彻落实习近平新时代中国特色社会主义思想、党的十九届五中全会和省委、市委、区委全会精神及中心工作，持续提升干部适应新发展阶段、贯彻新发展理念和服务新发展格局的过硬本领。举办全区领导干部学习贯彻党的十九届五中全会暨党史专题教育培训班、正局级领导干部培训班、新任职干部培训班等主体班20余期，培训干部2500余人次。举办城市有机更新、国企改革、公园城市建设等专题培训班30余期，培训干部3000人次。依托“文芯讲堂”和“文芯云课堂”平台，举办经济、政治、社会、生态文明等培训班10期，培训干部20000余人次。区委党校与四川大学全国干部教育培训基地组织编写的《城市基层党建创新发展的理论与实践——以成都市武侯区为例》获省级表彰。

（陶正超）

【人才队伍建设】2021年，武侯区深化人才发展机制改革，编制“十四五”人才发展规划，制定并实施电商直播、医美等产业发展细分政策，系统推进链条协同等国际高端人力资源高效协同省级试点9项改革；精准发布全区人才蓝皮书、白皮书，完善双招双引协同引才机制，推行博士后在高校、科研院所和产业功能区“双落户”。搭建人才创新创业平台，与中国科学院、中国工程物理研究院、四川大学等10余个科研教育“国家队成员”开展战略合作，建成成都前沿医学研究中心等高能级创新平台8个、其他类型创新平台90个，汇聚两院院士领衔创新团队14个；建强川渝青年创新创业基地等示范点位3个，建立全市首个筑梦工程数字线上孵化服务平台，发布人才机会清单261条。采取“线上＋线下”的方式，组织开展各类招聘会94场，服务人才2.74万人次，2.3万人达成初步意向。营造人才最优发展生态，建立她妆美谷及京东西南总部人才服务工作站等机构，解决人才服务“最后一公里”问题。建成青年社交空间28个，开展青年社群2021共创会等活动375场，服务青年人才7400人次；新筹集租赁住房2339套，配套建设人才公寓800套。落实人才安居、医疗、子女教育等各类政策，解除人才发展后顾之忧。“成都人才新政2.0版”实施以来，截至年末落户人才25525人。其中本科生19012人、硕士5912人、博士及以上601人，技能人才1802人。

（罗　西）

【公务员管理】2021年，武侯区开展聘任制公务员招聘，发布招聘职位4个。完善全区公务员平时考核工作机制体制建设，完成4个季度平时考核和2020年度公务员年度考核；上半年招录参公人员19名；23名科级干部跨部门交流；科级领导干部任免备案426人，晋升（转任）一至四级主任科员240人。

（徐　磊）

【“两优一先”表彰】2021年6月30日，武侯区召开“两优一先”表彰大会。大会通报武侯区颁发“光荣在党50年”纪念章情况，宣读区委《关于表彰全区优秀共产党员、优秀党务工作者和先进基层党组织的决定》；向13名“光荣在党50年”的老党员代表颁发纪念章，向39名武侯区优秀共产党员、优秀党务工作者、先进基层党组织书记代表颁发证书、奖牌。全区有100名优秀共产党员、45名优秀党务工作者、95个先进基层党组织受到区委表彰。3名“两优一先”代表和2名

图011　2021年4月2日，武侯区社区党委书记示范培训班座谈交流会召开　（区融媒体中心供图）

图012　2021年6月30日，武侯区对全区优秀共产党员、优秀党务工作者、先进基层党组织进行表彰
（区融媒体中心供图）

经济发展、安全稳定主战场代表应邀作大会交流发言。区委书记陈麟出席会议并讲话，指出全区各级党组织和党员领导干部要牢固树立“抓好党建是最大政绩”的理念，突出抓基层、强基础、固根本的工作导向，深入实施基层党建质量提升行动，进一步完善组织设置、组织生活、组织运行、组织监督等制度体系，不断深化党建引领社区发展治理，推动全区基层党组织建设全面进步、全面过硬，切实把武侯区基层党组织建设成宣传党的主张、贯彻党的决定、领导基层治理、团结动员群众、推动改革发展的坚强战斗堡垒。区委副书记、区长林丽主持会议。李燎、伍本康等区领导，区级老领导代表，各街道党工委、区级各部门、各人民团体、区属国有企业、产业功能区主要负责人，“两优一先”代表、“光荣在党50年”老党员代表和基层党员代表等参加会议。

（伍三雄　王伦平）

党建工作
Work of Party Building

【概况】 2021年，武侯区落实党建主体责任和党内各项制度，推进街道行政区划调整和社区体制机制改革“后半篇文章”。推进“两新”组织和国有企业、教育系统、机关党建，开展小区党建“四有一化”集中攻坚，小区党组织覆盖率96.3%，新兴领域覆盖率提升31.4%，获评省级“两新”党建示范点2个。深化区域化党建“一核四联”共建共享机制，推进“和合邻里·幸福武侯”红色物业工程。开展农村发展党员违规违纪问题排查整顿，组建8个名书记工作室带动社区“两委”提能。武侯党建入选新华网“中国基层领导力典型案例”。

（曹　笑）

【党建主体责任落实】 2021年，武侯区召开区委党建领导小组2021年第一次会议，学习贯彻省委、市委党建领导小组会议精神，听取2020年全区党的建设工作、部分行业领域加强党的建设等情况，制定《关于调整区委党建领导小组组成人员方案》《关于推动组织工作高质量发展的工作方案》《区委党建领导小组2021年工作要点》，全面落实党建主体责任。组织开展2020年度党组、党（工）委书记落实主体责任述职评议，指导全区74个局级领导班子开展2020年度民主生活会，推动各项党内制度落实。制定《武侯区委2020年度落实主体责任整改工作方案》，抓好问题整改落实。结合省委巡视反馈问题整改，制定《成都市武侯区基层党组织按期换届实施办法（试行）》，建立全区2131个基层党组织的换届工作台账，组织各区属党（工）委对涉及换届的844个基层党组织进行换届提醒督促。

（夏　阳　包　揽）

【机关党建】 2021年，区直机关工委完善基层党组织建设，坚持专项提醒、定期督导，每月对所属49个机关党组织发出一对一提醒告知单；

图013　2021年9月6日，武侯区向8个社区名书记工作室授牌　（区融媒体中心供图）

持续开展基层党组织落实“三会一课”制度等8个专项检查，开展机关党建工作重点任务专项督查，组织系统内党组织进行交叉检查和相互学习。组织区综合执法局、区市场监管局、区行政审批局、区机关事务中心等4家单位开展机关党建示范单位创建活动，以点带面提高区直机关党的建设质量。严格党员发展流程和标准，全年新发展党员10名。在全区机关开展“最美机关”评选活动，区教育局、区卫健局等19家单位被评为区级“最美机关”。完成区直机关党组织的党代表选举工作，选举出席区第八次党代会代表119人。开展“为民服务显身手，党旗飘扬在基层”系列活动，统筹全区机关（国企）党组织认领服务社区项目56个，形成“名仕公馆小区示范建设”“金雁社区环境提升”等优秀共建项目；8名区直机关系统党代表参与基层党代表工作室驻守坐班，助力城市有机更新工作。

（黄唯峰）

【教育系统党建】2021年，武侯区教育系统开展“三会一课”、主题宣讲、红色研学、专题培训、主题党日等各类活动1900余场次，190万余人次参与“党史我来讲·红色照我心”等线上主题团课、队课学习。围绕庆祝中国共产党成立100周年主题，举办大型艺术节、书画展、科技展、红歌联唱等活动20余场。成立党员志愿服务队80支，创建市级党建标准化示范校2所，27个基层党组织被评为省市区各级优秀基层党组织，110名党员被评为优秀党员。

（曹　笑）

【“两新”领域党建】2021年，武侯区新发展“两新”领域党员102名；新聘19名全职“两新”党建指导员到“两新”重点领域工作，年末，全区有全职“两新”党建指导员60名。开展“两个覆盖”集中攻坚工作，紧扣“有形有态、有效管用”目标，建立专题研究、定期通报、工作提示等工作机制，新建“两新”党组织127个（详见表6），相关做法被市委组织部《组工信息》刊载。着眼非公有制经济健康发展和非公经济人士健康成长，全年对277人次非公经济人士进行思想政治评价，邀请政治坚定、引领作用明显的“两新”组织书记和出资人代表列席各级党委重要会议和活动70人次。在“两新”组织聚集区域全面推广需求、资源、项目、进度清单等“四张清单”服务机制，做强综合党委服务功能，优化“蓉城驿站”服务内容，做实“一站式”集成服务，红星美凯龙被评为全省专业市场党建示范单位，武侯工业园被评为全省第二批省级党建示范园区。以京东物流、顺丰速运等龙头企业为抓手加强快递物流行业党建，培育8个党建示范企业（网点），顺丰速运党委成为全省快递物流业党建工作现场会观摩点位。系统推进物业行业党建，整合资源建设全省首家物业行业党群服务中心，保利、新希望、蜀信等7家物业企业，蓝光金悦城、保利中心、力宝大厦等14个物业项目获评全市“蓉城先锋·暖心物管”党建示范。发动全区民营医疗机构、物流快递企业、物业企业、律师事务所、社会组织等行业成立党员先锋队、党员志愿队共210余个，组织“两新”党员投身新冠肺炎疫情防控一线，京东西南总部党委、国药西南党支部、迪安医学党支部等被市委组织部评为疫情防控表现突出先进基层党组织，国航世纪中心、力宝大厦等5个楼宇综合党委抗疫事迹被《中国组织人事报》报道。

（曹　笑）

【产业功能区党建】2021年，武侯区各产业功能区落实党建联席会议制度、每月主题党日制度、党建联盟制度和政企联合主题党日制度。结合“我为群众办实事”实践活动，举办“党旗领航·聚力发展”政企联合组织生活79场，推动政企面对面共研政策、共解难题，帮助解决各类问题诉求210余条。产业功能区综合党委每月开展主题党日活动，精准服务“两新”组织健康发展和人才健康成长。

（曹　笑）

【国有企业党建】2021年，武侯国投集团党委严格落实《中国共产党国有企业基层党组织工作条例（试行）》，推进“武侯国企·强根固魂”工程，健全机制体制，落实党组织在公司治理结构中的法定地位，实现集团党组织与公司“党建入章”全覆盖，实行党组织书记和公司董事长“一肩挑”，10名党委成员全数进入公司“三会一层”。厘清权责边界，制定《“三重一大”事项决策制度》《党委会议事规则》，党委会前置研究重大经营事项162项；实施党员“双向培养”，发展业务骨干党员5名。

（曹　笑）

【城市基层党建】2021年，武侯区推进街道行政区划调整和社区体制机制改革“后半篇”文章，出台“1+19”方案（“1”指加强基层组织建设工作方案，“19”指提升基层公共文化服务效能工作方案、完善基层司法体系工作方案、加强和

表6 2021年武侯区“两新”组织中新建中共党组织一览表

类别	党组织名称
非公有制企业党组织（88个）	成都睿邦物业服务有限公司玉林嘉园项目支部、成都瑞信物业管理有限公司都市金岸项目支部、成都心连心物业管理有限公司棕南甲区物业服务中心支部、成都罗宾纳物业发展有限责任公司支部、重庆华宇第一太平戴维斯物业服务集团有限公司成都分公司华宇蓉国府项目支部、成都金房物业集团有限责任公司美领居项目支部、武侯区临江市场经营管理有限公司大学路市场项目支部、成都瑞信物业管理有限公司伊顿社区项目支部、成都市顺兴达物业管理有限责任公司支部、成都卓悦物业管理服务有限公司棕北项目支部、成都富力物业管理有限责任公司棕北国际项目支部、成都市中骏物业管理有限公司商翼项目支部、成都华达物业管理有限公司人南项目支部、成都爱地阳光物业管理有限公司支部、成都正昊物业管理有限公司华西大厦项目支部、四川蓝光嘉宝服务集团股份有限公司玉园项目支部、四川君源工程管理有限公司支部、四川协和保安服务有限公司支部、成都市川路科技有限公司支部、武侯区机投桥街道万寿桥社区非公企业第一联合支部、四川国地信息技术有限公司支部、成都市中骏物业管理有限公司正成城市乐章物业服务中心支部、成都添城物业管理有限公司富邑华庭物业服务中心支部、成都晔城物业服务有限公司棕榈花园物业服务项目支部、武侯区望江路街道新生路社区麦高物业摩卡・筑项目支部、成都家园经营管理有限公司雅典国际社区项目支部、成都欣立物业服务有限公司鸿禧花园项目支部、成都市向阳物业管理有限责任公司棕东小区物业部支部、成都武侯环亚华康体检门诊部支部、成都西南脑科医院支部、运通汽车成都双楠园区联合支部、四川省瑞方人力资源管理有限公司支部、四川雄兵建筑工程有限公司支部、四川省九天酒店有限责任公司支部、成都瀚蓝科技有限公司支部、成都锦城原舍酒店有限公司支部、成都浩睿企业管理咨询有限公司支部、成都美容整形医院支部、成都川越消防工程有限公司支部、成都德昌行物业服务有限公司支部、天安人寿保险股份有限公司四川分公司总支部委员会、成都华筑万家房地产经纪有限公司支部、四川山美特户外运动有限公司支部、中科旭日建设集团有限公司支部、成都远程高原矿业有限公司支部、成都云中锦书教育科技社会企业有限公司支部、中麟建设集团有限公司支部委员会、四川时代建设集团有限公司支部、成都华西精准医学产业创新中心有限公司支部委员会、成都华丰工程勘察设计有限公司支部、四川佳华工程造价咨询事务所有限公司支部、四川平允招标代理有限公司支部、成都市中骏物业管理有限公司支部、成都市近悦小庐八雅文化传播有限公司支部、四川昂德电力工程有限公司支部、成都壹柒玖远和物业联合支部、成都捷森文化传播有限公司支部、成都安玉牙种植医院支部委员会、成都爱朵孕婴童商贸有限公司支部、成都凯万企业管理咨询有限公司支部、中联国际工程管理有限公司四川分公司支部、融量集团有限公司支部、集奥聚合（成都）人工智能科技有限公司支部、四川省亚中医疗仪器有限责任公司支部、四川文茂建设工程检测有限公司支部、成都点阵科技有限公司支部、四川罗文物业管理有限公司支部、四川达尔志信息技术有限公司支部、四川蜀鑫鹏威实业集团有限公司支部、成都口口齿科技术有限公司支部、四川通用电梯有限公司支部、成都环球盛世房地产营销策划有限公司支部、四川一心堂医药连锁有限公司支部、四川省川派医院管理有限公司支部、四川省唐冠润福数字科技有限公司支部、四川田册科技有限公司支部、四川友森汽车维修服务有限公司支部、成都逐句广告有限公司支部、武侯区锦乐汇社会工作服务中心支部、懿锦控股有限公司支部、成都鼎瑞物业服务有限公司支部、成都华胜之星汽车服务有限公司支部、四川新东原物业有限公司印长江项目支部、四川泽英油田技术服务有限责任公司支部、同济大学建筑设计研究院（集团）有限公司成都分公司支部委员会、成都轨道万科物业有限公司支部、四川衡立泰投资管理咨询有限公司支部、四川名洋建设集团有限公司支部
功能性党组织（19个）	浆洗街街道“两新”综合委员会、望江路街道“两新”综合委员会、火车南站街道“两新”综合委员会、玉林街道“两新”综合委员会、红牌楼街道“两新”综合委员会、晋阳街道“两新”综合委员会、机投桥街道“两新”综合委员会、簇锦街道“两新”综合委员会、华兴街道“两新”综合委员会、簇桥街道“两新”综合委员会、金花桥街道“两新”综合委员会、玉林“红领空间”楼宇综合委员会、玉林“红领小站”楼宇综合委员会、玉林“乐动汇”楼宇综合委员会、武侯区平安财富中心楼宇综合委员会、华兴街道梵木Flying国际文创公园综合委员会、武侯区互联网行业委员会、武侯区律师联建综合委员会、武侯区音乐坊产业社区综合委员会
社会组织党组织（20个）	武侯区律师联合第八支部、武侯区律师联合第九支部、武侯区律师联合第十支部委员会、武侯区律师联合第十一支部、武侯区律师联合第十二支部、四川达宽（成都）律师事务所支部、四川鼎众律师事务所支部、四川法银律师事务所支部、四川海德律师事务所支部、四川天昌律师事务所支部、四川亚杰律师事务所支部、四川有度律师事务所支部、四川知略律师事务所支部、武侯区盐外芙蓉学校支部委员会、望江路街道棕东社区美源“两新”联合支部、武侯区广福传统文化艺术服务中心支部、武侯区幸福邻里青少年关爱中心支部、成都市三渡潜能社会工作服务中心支部、成都博维企业管理职业培训学校支部、成都市电子商务企业协会支部

（曹 笑）

图014 晋阳街道海天阁小区红色共享小屋
（区融媒体中心供图）

创新社区发展治理工作方案、构建简约高效基层管理体制工作方案、加快推进配电网改造升级专项工作配套方案、基础教育学校布局调整工作方案、强化基层群众自治工作方案、养老育幼基层公共服务能力提升工作实施方案、盘活用好街道社区公有资产工作方案、关于加大政府购买服务力度工作方案、开展农村集体经济融合发展工作方案、涉农区域人居环境整治提升工作方案、推进公园城市建设惠民工作方案、基层医疗卫生服务能力提升工作方案、鼓励发展社区商业工作方案、提升基层应急管理能力工作方案、完善街道社区便民服务体系工作方案、加强城乡生态环境保护工作方案、改革成效评估工作方案）深化改革攻坚，入选全省唯一国家智能社区治理试点，被评为全省“两项改革”先进集体。武侯区和玉林、簇桥2个街道，玉林北路、玉林东路、跳伞塔、黉门街、倪家桥等5个社区、名仕公馆小区被评为省级基层治理示范。火车南站街道被确定为全省首批省级党建示范楼宇授牌单位。做好社区“两委”换届“后半篇”文章，推进换届后社区骨干队伍能力提升，组织2期社区党委书记示范培训，举办社区书记座谈交流会，常态开展社区书记竞进拉练，抓好社区党组织书记“一肩挑”后管理激励监督。创新建设8个社区名书记工作室，发挥传帮带作用，促进骨干队伍组团作战、精准提能。指导新一届社区“两委”班子结合“我为群众办实事”实践活动，紧盯群众急难愁盼问题，累计办好为民实事13500余件。

（夏　阳）

【离退休干部党建】 2021年，区委老干部局制定《武侯区2021年离退休干部党建工作要点》和《武侯区2021年离退休干部党建工作考核细则》，将离退休干部党建工作纳入党建目标考核，落细落实党建责任，推动新发展阶段离退休干部党建工作高质量发展。贯彻落实《关于进一步加强和改进离退休干部党组织建设的实施办法》《成都市离退休干部党支部标准化规范化建设指导标准（试行）的通知》，指导各单位开展“三级联创”工作，组织承办全市离退休干部党建业务培训会，召开全区离退休干部党建工作会议。离退休党员1300人参与社区志愿服务19次。《中国老年报》头版头条报道武侯区离退休干部党建经验做法；望江路街道郭家桥社区离退休干部党支部被评为成都市离退休干部示范党组织，太平社区离退休干部党支部被评为武侯区先进基层党组织。年末，全区建立离退休干部党总支4个，单建离退休干部党支部59个，合建17个。

（夏　耘）

【党建引领社区发展治理】 2021年，武侯区以小区（院落）党建“四

图015 2021年4月，召开2020年武侯区机关（国企）党组织认领党建引领社区发展治理示范建设“十佳”项目现场评审会
（区直机关工委供图）

有一化”建设为牵引，推进党的组织体系向小区（院落）延伸，483个城镇物管小区、234个其他物管小区（院落）、911个老旧小区（院落）党组织覆盖率分别为100%、96.2%、95.2%，系统推进人民南路三段31号院等39个改造老旧小区“四个同步”，一体抓好阵地优化、治理增效、服务提质，初步构建“街道党工委—社区党组织—小区（院落）党组织—楼栋党小组—党员中心户”五级联动党组织体系。推广党建引领信托制物业模式，21个新落地小区物业纠纷比上年下降90%，被省委办公厅《每日要情》《四川改革动态》刊载。倾斜资源、下沉力量抓好示范社区（小区）建设，红色物业、共享奶奶、幸福美好社区建设做法被中央电视台和《人民日报》《中国组织人事报》等媒体报道。成立居民、街面、商家“三支走访队伍”临时党组织88个，动员1200名党员常态开展上门入户走访，一体实施访困难送服务、防风险消隐患1.2万件次。统筹各方力量参与基层治理，推动机关（国企）党组织认领社区服务项目43个。

（夏　阳）

宣传工作
Publicity Work

【概况】 2021年，武侯区坚持以习近平新时代中国特色社会主义思想为指导，全面贯彻落实中央、省委、市委决策部署，主动站位新阶段、贯彻新理念、服务新格局，开展党史学习教育，组织庆祝中国共产党成立100周年活动，开展“颂歌献给党”庆祝中国共产党成立100周年歌咏会等各类群众性宣传教育活动250余场；编制《武侯区网络舆情和网络安全应急处置操作手册》，修订《成都市武侯区意识形态工作知识手册》，开创宣传思想文化工作新局面。区委宣传部被市委宣传部评为学习宣传推广先进单位和网信工作先进集体。

图016　2021年4月15日，武侯区开展党史故事进社区活动　（区融媒体中心供图）

（李　瑞）

【理论学习教育】 2021年，武侯区聚焦庆祝中国共产党成立100周年和党史学习教育、成渝地区双城经济圈建设等重大主题，制定全区党组、党（工）委理论学习中心组专题学习安排意见和区委理论学习中心组专题学习计划，开展区委理论学习中心组专题学习17次。征订发放《论中国共产党历史》《新征程面对面》等理论读物7.64万册。党员区领导带头上党课24次，组织党员干部、区委宣讲团开展专题宣讲234场。通过召开推进会、完善目标考核体系等举措，推进“学习强国”平台使用和供稿，全区党员纳入学习平台架构比例98.2%，居全市第一，供稿被采用191篇。

（廖旭梅）

【意识形态工作】 2021年，武侯区严格落实党管意识形态工作责任制，专题研究意识形态工作3次，在全市第四季度分析研判会上交流发言。成立省委巡视反馈意见意识形态专项整改领导小组，健全《意识形态领域信息报送和分析研判工作制度》等制度办法12项；把意识形态工作纳入领导班子民主生活会和基层党建工作要点，完成13家单位意识形态工作专项巡察。制定2021年意识形态工作专项督查工作方案，督促全区各单位建立完善宣传内容自查审定、新闻宣传等4项制度；组建9个专项督查小组，在各单位全面自查自纠基础上，围绕阵地建设管理、制度机制完善、风险隐患排查等内容，对全区70家单位开展实地全覆盖督查，维护意识形态安全。

（杨声勇）

【社会宣传】 2021年，区委宣传部紧扣庆祝中国共产党成立100周年暨党史学习教育主题主线，围绕“我为群众办实事”实践活动、“幸福美好生活十大工程”、疫情防控等中心工作，依托中央广播电视总台、《人民日报》、新华社等主流媒体刊发（播）新闻报道4700余篇（条）。其中，推出英文、德文、日文等多语种报道40余篇（条），“发现城市之美　点亮幸福武侯”等主题宣传被中央电视台《新闻直播间》《央视财经》等栏目关注报道。策划推出《奋斗百年路　启航新征程——成都市武侯区庆祝中国共产党成立100周年暨党史学习教育》人民网专题页面、“搭上实事惠民快车　探索幸福武侯”H5移动端页面、“幸福武侯　实事惠民”网络专题报道及《悦享成都　乐在武侯》《寻梦之旅·武侯》城市形象主题视频等精品力作。深度参与“大国小鲜@新发展理念”网络主题采访、“天府旅游名县巡礼”集中宣传报道及“点亮锦江”“点亮一环路市井生活圈”新春活动等中央、省、市重大活动，组织承办2021“讲好中国故事”创意传播大赛四川分站赛，相关活动报道网络点击量突破1000万次。

（王婵娟）

【“感动武侯”主题评选活动】 2021年，武侯区“感动武侯”主题评选活动聚焦新冠肺炎疫情防控和经济社会发展“两手抓、两不误、两战赢”的生动实践，以“致敬幸福守望者”为主题，着眼丰富“感动武侯”品牌内涵，将评选范围从往届以榜样人物为主，拓展到人物、家庭、社会三个层面，设置“感动武侯”十大人物（团队）、武侯区文明之家（100个）、“我为群众办实事”十大民生服务案例三个类别，由点及面表彰宣传先进，推动文明典范城市创建和“我为群众办实事”走深走实。11月，评选活动启动，全区各社区、驻区企业等基层单位积极自荐，共推荐“感动武侯”十大人物（团队）参评对象96个；武侯区文明之家分为社区、街道和区级三个层面，每个社区评选100户文明之家并择优向所在街道推荐，各街道在社区推荐的名单中评选100户本街道文明之家，并择优推荐区级文明之家参评对象110户。经专家评审团评审，提出初评名单，公示建议名单，于2022年1月6日最终评选出梁宗安、四川顺丰速运有限公司等“感动武侯”十大人物（团队），李志新、杨琼芳、刘秉恒等武侯区文明之家100户。2022年1月20日，“感动武侯”主题评选活动颁奖仪式在区文化馆梦想剧场举行。

（邹　曼）

图017　4月21日，武侯区组织宣传统战工作会议召开　（区融媒体中心供图）

【新闻发布】 2021年，区委宣传部按照《成都市武侯区突发事件舆论引导工作试行办法》相关要求，明确全区各单位新闻发言人、新闻发言人助理、新闻宣传联络员及相关职责，制定庆祝中国共产党成立100周年重大活动期间突发事件新闻应急处置预案和新冠肺炎疫情防控宣传引导工作方案。全年举行武侯区“天府旅游名县巡礼”专场新闻发布会、武侯区产业功能区机会清单发布新闻发布会、“共谋医美新发展 共享美丽新机遇”2021“医美之都”北京招商推介新闻发布会、武侯区三季度重大产业化项目投资机会清单及产业发展专项扶持政策新闻发布会、武侯区青年创新创业就业机会清单新闻发布会、武侯区政法队伍教育整顿第一次新闻发布会等新闻发布会6场。

（李　瑞）

网络信息工作
Informatization Work

【概况】 2021年，武侯区把网络综合治理体系建设作为推进城乡基层治理制度创新和能力建设的重要内容，探索网络综合治理“武侯模式”。常态化开展网络综合治理和网络安全管理，武侯区网络综合治理体系建设工作经验在全省、全市网络综合治理体系建设现场交流会上作经验交流，并被《四川党的建设》理论期刊刊发。10月27日，全市网络综合治理体系建设现场交流会在武侯区召开，武侯区被评为全市网信工作先进单位。

（周　鑫　冯晓双　冉崇洪）

【网络综合治理】 2021年，武侯区

全面落实党委（党组）网络意识形态工作责任制，推行重大网络舆情风险“一月一预判”研讨会商制度，建立网络舆情转派管理平台，有效处置晋阳街道沙堰街“啃地石狮”等舆情。全年开展网络生态治理专项行动33次，完成属地网站内容扫描4轮2.6万余个次，举报涉嫌违规网络平台4038家，侦破涉网刑事案件3件，抓获犯罪嫌疑人189人，行政处罚违规单位30家，约谈属地网络平台18家。成立区互联网行业党委，全区单建党组织的互联网企业中由企业高管兼任党组织书记的达86%。区新经济局督促区内基础通信运营商发送网络安全公益短信110万条，制作网络安全宣传单、横幅等，依托科普宣传栏等载体集中宣传；区内基础通信运营商开展网络安全进社区活动，采取多元化方式向群众宣传网络安全常识，提升群众对电信诈骗的认识，活动覆盖130万人次。

（周　鑫　冯晓双　冉崇洪）

【网络安全管理】 2021年，区网信办制定《中共成都市武侯区委员会领导网络安全和信息化工作规定》《武侯区网络安全和网络舆情应急处置操作手册》。分两轮对17家重点单位和集中办公区开展检查，实地检验网络安全责任落实、网络安全管理、网络安全技术防护、网络机房运维、网络安全应急等情况。对6家单位的243台非涉密计算机开展保密检查，向存在安全隐患的单位发出协查、整改通知52份，指导相关单位提升网络信息系统软硬件安全配置；对全区可访问的40个区属党政企事业单位网站和130个涉民生行业领域重点企业单位网站进行漏洞扫描，发出网络安全督查整改通知52期。联动快速处置区政府门户网站二级域名未授权访问漏洞、区行政审批局网站存在文件上传漏洞等网络安全事件。区新经济局协调辖区重点企业完成相关工业信息系统安全风险问题整改，督促各企业建立健全各项网络管理规章制度，提高网络安全风险预防、处置能力，避免信息安全风险事件的发生。

（周　鑫　冯晓双　冉崇洪）

【网络安全培训】 2021年，武侯区开展网络安全专题培训暨实战演练2次，通过设置常见页面恶意篡改漏洞、弱口令漏洞等，检查各单位网站安全运维人员是否熟悉常规网络安全事件处置流程，提升网络安全漏洞发现处置能力。通过区新经济局微信公众号、区科协微信公众号等平台宣传网络安全知识，提高企业对网络安全重要性的认识，强化企业网络安全责任感。区新经济局结合最新网络安全风险存在的领域及应对措施，联合电信运营商在网络安全宣传周活动现场发放网络安全宣传资料5000余份。

（周　鑫　冯晓双　冉崇洪）

统一战线工作
United Front Work

【概况】 2021年，武侯区强化思想政治引领，坚持守正创新，学习贯彻习近平总书记关于加强和改进统一战线工作的重要思想，教育引导统一战线成员深刻认识中国共产党100年来走过的光辉历程，增进对中国共产党的政治认同、思想认同、理论认同、情感认同。区委统战部紧扣“高质量发展攻坚年”主题，围绕区委重大决策部署，聚力民族团结进步、服务民营经济发展、助力乡村振兴等重点领域工作，组织指导各民主党派、党外知识分子联谊会、新的社会阶层人士联谊会与五大产业功能区结对交流，实地调研，有针对性地撰写调研报告和建言献策。举办党外代表人士及非公经济代表人士理想信念教育培训班，召开专题学习会、区情通报会，及时掌握武侯区经济社会发展及当前重点工作等情况，助推区域经济社会高质量发展。倪家桥“倪来我往”新文艺群体聚落被省委统战部评为四川省新的社会阶层人士统战工作实践创新示范基地。

（刘　静　向玉涛）

【民主党派工作】 2021年，区委统战部围绕庆祝中国共产党成立100周年主题，组织民主党派、工商联、党外代表人士共500余人开展主题宣传、主题教育、主题实践活动，召开传达各级全会精神专题学习会20余次，发放学习资料500余份。坚持“向中心聚焦、为大局聚力”的工作定位，支持各民主党派基层组织加强思想政治、组织能力、班子建设，指导农工党、致公党和九三学社武侯基层组织换届工作。发挥民主党派的参政议政、引资引智、服务社会等资源优势，围绕区委重大决策部署开展调查研究，形成《关于找准定位，加强区属生物医药公共服务平台建设的建议》等3篇调研报告，得到区委书记和分管区领导肯定性批示。

（刘　静　向玉涛）

【非公经济统战工作】 2021年，区委统战部会同区工商联坚持以党建为引领，强化思想政治建设，组织并指导民营经济企业学习习近平新

图018　2021年1月5日，武侯区召开"十四五"规划编制征求民主党派意见座谈会

（区委统战部供图）

时代中国特色社会主义思想，贯彻落实习近平总书记七一重要讲话精神，学习贯彻中共十九届五中、六中全会精神，组织开展庆祝中国共产党成立100周年系列活动，贯通抓好党史学习教育。以开展主题班培训和常态化开展红色革命教育为重点，引导非公经济人士坚定理想信念，凝聚思想共识，不忘初心、砥砺前行。聚焦区委"一四三二"发展思路，发挥商会资源优势开展招商工作，推动思倍思文化投资武侯加加宝供应链管理项目、国网智联电商四川总部项目落地。举办第三届"异地商会武侯行"主题沙龙，异地商会会长、秘书长和优秀民营企业家代表共30余人参加。开展检企服务平台"知识产权保护"和"武侯智慧"企业财务专业培训，助力企业人才培养。以光彩事业为抓手，深化"千企帮千村"扶贫帮扶、"爱在白玉"爱心奉献公益活动，引导非公经济人士，参与对口白玉县的援藏帮扶行动，6家非公企业对白玉县帮扶项目总金额52.68万元。

（刘　静　向玉涛）

【武侯区党外知识分子联谊会工作】 2021年，武侯区党外知识分子联谊会（以下简称区知联会）有理事67人，平均年龄46岁，其中企业人员39人、政府机关人员23人、科研院所人员5人；理事中有政协委员19人，人大代表7人。全年吸纳4人作为考察对象；4名会员被农工党武侯总支吸纳为新党员，1名会员被民建武侯总支吸纳为新党员；先后推荐38名会员担任区人大代表、区政协委员，推荐1名会员参加治蜀兴川骨干培训计划。区知联会通过专题研讨、举办讲座、参观学习等方式学习党史、新中国史、改革开放史、社会主义发展史，以理论清醒坚定政治自觉；组织会员30余人参观四川大学江姐纪念馆。专题传达学习中共十九届六中全会精神和区第八次党代会精神，自觉把思想和行动统一到习近平总书记重要讲话精神和全会精神上来，把智慧和力量凝聚到区委重大决策部署上来；以建成党外人才"蓄水池"为工作目标，加大对党外干部的发现、培养力度，使知联会成为培育党外人士的重要阵地。围绕全区经济社会发展的热点难点问题提出提案、建议50余件，其中《关于利用大数据技术加强市场主体监管的建议》《关于疫情影响下如何有效提升经济发展内循环的建议》被区政协列为重点提案。组织会员到企业、学校、社区参与产业指导、医疗援助、教学帮扶、法治宣传、疫情防控等公益活动，开展各种社会服务活动10余次。

（刘　静　向玉涛）

【武侯区新的社会阶层人士联谊会工作】 2021年，武侯区新的社会阶层人士联谊会（以下简称区新阶层联谊会）组建新的工作班子，设会长1名、秘书长1名、副会长6名；有会员60余人，涉财税、法律、医卫、教育、文化、社会服务、数字信息化、新媒体等八大行业。召开会员大会审议通过《成都市武侯区新的社会阶层人士联谊会章程（草案）》《成都市武侯区新的社会阶层人士联谊会选举办法（草案）》等制度。区新阶层联谊会围绕武侯区文创产业发展，考察梵木Flying国际文创公园、BY1906文化创意工厂、成都MCN产业园等园区；在社区开展专题讲座、创意展览、文艺表演等具有新阶层人士特色的文化创意活动5场。发挥会员文艺创作优势，创作印制《"新"眼看统战》《"新"言话条例》宣传册，宣传统一战线工作和新阶层统战工作。开展"同心抗疫情　寒夜送温暖"慰问行动，为16个核酸检测点送上夜餐954份。撰写的《关于三国创意园建设的思考》《关于找准定位加强区属生物医药公共服务平台建设的建议》调研报告，获区领导肯定性批示。

（刘　静　向玉涛）

【统一战线干部队伍建设】 2021年，武侯区贯彻落实中央、省、市关于进一步加强党外代表人士队伍建设的要求，在区政府及相关部门安排党外局级实职干部24名，其中区政府部门班子成员10名（2名党外干部担任部门正职）。建立51人的党外副局级后备干部队伍，党外干部实职安排达到市委《关于进一步加强党外代表人士队伍建设实施意见》要求。落实全市党外干部“新时代治蜀兴川执政骨干递进培养”“菁英培养工程”有关工作要求，向市委统战部推荐10名党外科级干部参加培训班遴选，推荐2名党外局级干部参加市委统战部组织的培训。

（刘　静　向玉涛）

保密工作
Confidential Work

【概况】 2021年，武侯区加强保密宣传培训，开展保密督导，常态化落实保密规章制度和保密工作要求，提高保密工作服务保障中心工作水平。全年无失泄密事件发生。

（黄　翔）

【保密督查】 2021年，区委保密机要局专项开展涉密岗位和涉密人员的审核，对全区涉密人员个人便携电子产品进行全覆盖摸底建档。在7月1日前对全区22家单位进行保密专项督查，重点检查涉密人员管理、定密管理、工作秘密管理等方面内容，并对存在风险隐患的单位逐项拉单挂账，限期整改。组织全区76家单位677个科室和3276名工作人员开展保密自查自评，使自查自评成为落实保密工作的长效机制，推动全区各单位压紧压实保密机要密码工作主体责任，守住不发生失泄密案件底线。

（黄　翔）

【保密宣传培训】 2021年，区委保密机要局制定庆祝中国共产党成立100周年保密宣传教育工作方案，在川大附小清水河分校设立国家安全教育基地，组织300余名师生参加主题鲜明、通俗易懂的国家安全宣教活动。在人流密集的区市民中心等4个场所设置宣传点，现场发放宣传资料、文创品6000余份，运用大数据定向推送宣传短信20余万条。利用政务网站、微博、微信公众号等多种新媒体平台推送专题教育片、宣传视频、图文信息，线上线下参与互动2.5万余人次。组织全区各机关单位开展实训平台培训、保密知识竞赛和保密文案创作等活动，参加培训130人次，征集到宣传短语82条、书画作品2件、保密创意文案4件，获全省党史和机要密码工作史知识竞赛二等奖、市级优秀作品奖。

（黄　翔）

【保密技术防范】 2021年，区委保密机要局坚持常态化保密监督检查，对全区600余台非涉密计算机进行保密技术检查，发出协查通知书18份，发出异常行为告知书13份。加大对存储、传输、处理涉密敏感信息等违规行为监管力度，全面禁止使用远程控制软件、文件同步软件，发挥保密监管融合平台作用，做好监测数据的分析研判和处置工作。完成“四大班子”机关202台计算机文档审计系统安装，并投入使用，提升互联网失泄密监测预警能力和应急处置能力。

（黄　翔）

【保密服务】 2021年，区委保密机要局指导区级部门完成工作秘密事项清单报备和政府信息公开审批，确保涉密信息守得住的同时，及时公开不涉密的政策规划、民生工作等相关信息。组织召开以持续推进重要军事设施周边环境安全保密问题隐患整改为主题的协商座谈会，畅通军地交流沟通渠道，加强军地协同。助力全区重点工作推进实施，协助区级部门办理8宗地块上市的并联审批手续，助力产业项目早日落地产出。

（黄　翔）

机构编制工作
Organization Establishment

【概况】 2021年，武侯区坚持立足新发展阶段、贯彻新发展理念，服务新发展格局，聚力深化基层治理体系建设，强化重点领域改革，优化机构编制管理，为全区社会经济发展提供坚强的机构编制保障。

（刘冰雁）

【街道体制机制改革】 2021年，武侯区制定构建简约高效基层管理体制工作方案，确定12项23条重点工作任务，系统提出构建简约高效基层管理体制的路径。区委编办、区司法局联合制定《武侯区赋予街道区级行政权力事项清单》，赋予街道区级行政权力事项10项，涉及民政、生态环境、住房城乡建设、农业农村等4个领域和行政检查、行政奖励、其他行政权力等3个权力类型。制定《街道职责任务清单（2021版）》，共7个部分301项，压实街道依法履职的主体责任；制定《街道公共服务事项清单（2021版）》，共10个类别134

项，优化提升街道办事创业和营商环境，保障群众享有基本公共服务的机会公开透明、公平均等；制定《街道属地管理重点领域职责分工清单（2021版）》，共10个领域98项，落实落细重点领域职责分工。印发《关于健全街道职责任务清单管理使用机制的通知》，规范事项下放操作流程，严格履行审核报批程序。组织区级相关部门研究制定赋予街道“五项权力”（综合管理权，统筹协调权，应急处置权，对涉及本区域重大决策、重大规划、重大项目的参与权和建议权，以及根据本地实际情况依法赋予的行政执法权）工作具体操作办法或实施细则，细化明确赋予实施范围、工作流程、操作规范和主体责任，确保“五项权力”在基层用得起来、用得有效，持续提升街道在基层发展治理中的统筹能力、服务能力和管理能力。实现街道职级职数设置最优化，统筹全区编制资源为各街道增核动态行政编制25名。

（刘冰雁）

【产业功能区管理机构优化】 2021年，武侯区结合全市优化调整总体部署，统筹全区机构编制资源，保障产业功能区管理机构设置。将她妆美谷党工委管委会设置为市级副局级，率先完成“三定”方案调整，引导产业功能区管理机构聚焦经济主责主业，突出抓好战略定向、统筹协调、政策研究、统计考评等管理职能。赋予产业功能区岗位设置自主权，推动产业功能区管理机构人员按行政管理岗位和经营管理岗位分类管理，经营管理岗位不低于70%，为区域经济发展提供机构编制保障。

（刘冰雁）

【机构编制优化调整】 2021年，武侯区争取市委编办政策支持，将区人才发展中心和投资服务中心2个正科级事业单位调整为副处级，优化调整区人大常委会工作机构并配备领导职数有关事项，优化调整新设立的正处级事业单位区环城生态区建设发展中心的职能职责和内设机构。创造性地将原利用国有资产登记设立的北二外成都附中、川大附中新城分校、成都市沙堰小学等3所公办中小学变更为审批设立的学校。优化事业单位职能职责，将区行政审批服务中心整合至区优化营商环境服务中心，新设立副处级事业单位区政务服务中心，并设置街道政务分中心。新设立浆洗街、玉林街道综合便民服务中心，实现全区11个街道均设立综合便民服务中心。截至年末，为全区各部门提供各类事业编制168名，优化调整各类事业机构34个。优化调整全区171个区级议事协调机构，保留区委议事协调机构75个、区政府议事协调机构84个，整合撤销12个，同时对应调整区级议事协调机构负责人名单。

（刘冰雁）

【机构编制核查整治】 2021年，武侯区贯彻中央机构编制委员会《机构编制报告制度实施办法（试行）》，研究拟制机构编制执行和管理情况协同监督工作机制的实施意见，推动机构编制工作与巡察、党委督促检查、选人用人专项检查、经济责任审计等工作衔接。结合选人用人专项检查，重点核查部门在机构编制执行和管理中的不规范问题，加大超规模聘用人员等违规违纪问题整治，督促有关部门限时完成问题整改。在全区范围开展机构编制审批和执行情况核查，在全市率先完成区内69家党政机关单位及171家事业单位实地核查。将武侯区开展机构编制执行和使用效益评估相关做法作为试点经验向中央编办进行专题汇报。

（刘冰雁）

党校工作
Work of Party School

【概况】 2021年，武侯区制订年度干部教育培训工作计划，聚焦主课主业，全面加强主体班培训，探索开展联合培训、异地培训、小专班培训，引入数字化“云”培训，着力打造现场教学基地。区委党校（区行政学校）全年举办各类培训班30余期，培训干部4000余人次。在2021年成都市党校（行政学院）系统第三届精品课暨第一届教学管理优秀奖评选活动中，区委党校位列基层党校第二名，获第一届教学管理优秀奖。

（许　翠）

【市管干部培训】 2021年，武侯区组织市管领导干部参加浦东干部学院成都网络教学基地培训班、成都市干部学习城培训62人次3100学时；参加关于深圳科技创新的经验与启示、当前国际国内经济形势分析等为主要内容的“创新思维月”讲坛5期800余学时。区委、区政府主要领导参加局级领导干部读书班1期56学时；相关区领导参加杭州“数字经济助力高质量发展”专题培训班、中央党校（国家行政学院）“城市韧性与智慧应急”专题培训班，到上海交通大学参加“高质量发展先行区建设”等专题培训班 9 期。

（黄　盈）

【局级干部培训】 2021 年，武侯区举办局级领导干部培训 10 期，培训局级干部 600 人次（详见表 7）。其中，3 月举办 1 期，培训 110 人；3—6 月举办 7 期，培训 400 人；4 月举办 2 期，培训 90 人。

（许　翠）

【优秀人才培训】 2021 年 5 月，区委党校举办为期 7 天的“诸葛人才”专题培训班，培训内容分为集中教学和现场参访两个部分。主要课程包括“学习习近平人才思想，加快建设人才强国”“培育创新创业主阵地，以人才引领区域经济发展”“人才培养要跟上新职业发展需求”“海外高层次人才引进与服务政策创新”“省会城市中心城区‘双招双引’工作　的高质量发展”；现场参访点位主要有：四行仓库、张江高科技园区、中国（上海）创业者公共实训基地、中成智谷园区。8—9 月，面向全区通过笔试、面试选拔出优秀人才 32 名，联合区委组织部举办“新时代治蜀兴川执政骨干递进培养武侯计划”培训班。培训分为三个阶段：第一阶段为理论教学与党性教育，主要课程包括“学习贯彻习近平总书记七一重要讲话精神专题辅导”“围绕‘十四五’规划，解读经济高质量发展”“党风廉政与反腐败建设专题讲座”“以城市有机更新为指引，高品质推动老旧小区改造——武侯区老旧小区改造专题讲座”“成都产业发展方向及武侯招商工作实践”等；第二阶段为跟岗实践，分派学员到华西医美健康城、三国创意设计产业功能区、她妆美谷、成都音乐坊、悦湖科技城锻炼学习，并进行成果汇报；第三阶段为异地培训，安排学员到新加坡国立大学苏州研究院实地调研，主要课程包括“产业功能区新兴产业培育与集群发展”“深入优化营商环境，推动高质量发展”“特色产业功能区建设与产业转型升级——以苏州工业园区生物医药产业园为例”等。

（许　翠）

【基层党组织书记培训】 2021 年 3—4 月、9 月，区委党校分别举办社区党组织书记进修班第一期、第二期，培训干部 140 余人次。培训分集中授课和现场教学两部分。主要课程包括“党的十九届五中全会精神解读”“省、市全会精神解读”“区委七届十七次全会暨区委经济工作会议精神解读”“党建引领城乡社区发展治理及社区常态化疫情防控”“城乡基层治理体系和治理能力现代化”“新时代背景下的市域社会治理”“群众动员体系的构建——五线群众工作法”“社区特色提炼与品牌打造的理论与实践探索”“社区党风廉政建设”“营造社区生活新场景，构建‘共建共治共享’基层社会治理新格局”“如

表 7　2021 年武侯区局级领导干部培训一览表

培训时间	培训内容	培训人数
3—6 月（7 期，每期 3 天）	“新阶段 新理念 新格局——深入学习党的十九届五中全会精神”“贯彻落实五中全会精神 奋力推进公园城市建设”“公园城市生态价值的增强与转化——深入学习党的十九届五中全会精神和省市全会精神”“优化国土空间布局 推进区域协调发展和新型城镇化——学习贯彻党的十九届五中全会对空间治理提出的新规划新要求”“长三角区域一体化及对成渝地区经济圈建设启示——深入学习党的十九届五中全会精神”“把握双城经济圈战略，推动高质量发展——深入学习党的十九届五中全会精神”“深刻领悟党的十九届五中全会精神，推进城乡基层社会治理高质量发展”“碳达峰碳中和的行动方案与产业升级——深入学习党的十九届五中全会”“‘十四五’开局之年的经济格局和经济走势”“市委十三届八次全会精神解读”“百年党史中的作风建设”“走自己的道路——中国共产党百年奋斗史”“《关于建国以来党的若干历史问题的决议》的形成及其评价”“北上还是南下——1935 年中共在革命战略方向上的分歧与抉择”等课程	400 人
3 月（1 期 2 天）	首日，集中听取省委常委、市委书记范锐平所作主题报告；次日，围绕学习贯彻习近平新时代中国特色社会主义思想和党的十九届五中全会精神、全国两会精神、“十四五”规划、成渝地区双城经济圈建设规划纲要，以及范锐平在开班式上的主题报告，聚焦“十四五”时期成都需要深入思考的若干重大问题和本单位如何立足新发展阶段、贯彻新发展理念、服务新发展格局，开展研讨交流	110 人
4 月（2 期，每期 5 天）	培训分课堂授课与现场教学。课堂授课包括“重温建党历史，牢记初心使命”“粤港澳大湾区区域协同创新发展”“创新思维与创新管理”“深圳国有企业改革与发展”“‘花园城市’到‘花园里的城市’：城市规划管理中的新加坡故事”等课程；现场教学点位主要包括广东改革开放 40 周年展览、深圳人才公园、天安云谷、深圳市腾讯计算机系统有限公司总部等	90 人

（许　翠）

图019　2021年4月2日，武侯区社区党委书记示范培训班座谈交流会召开　（区委党校供图）

何常态化开展疫情防控及综治信访维稳工作”“城市基层党建”“城市设计与城市更新解读培训”“学习贯彻习近平总书记关于安全生产的重要论述——应急管理体系建设与公共突发事件处置”“心理调适与心理压力疏导”“学习习近平法治思想，推进法治中国建设”“防范化解‘灰犀牛’事件风险”；现场教学点位包括成华区二仙桥街道下涧槽社区、龙泉驿区大面街道好日子社区、青羊区苏坡街道清源社区、金牛区社区发展治理创享中心、金牛区抚琴街道西南街社区、锦江区三圣街道喜树路社区、武侯区梵木Flying国际文创公园、彭州市桂花镇龙门山·柒村民俗旅游度假区。6月，举办1期3天的新任基层党组织书记培训班，培训干部160余人次。主要包括“历史的嬗变——中国共产党领导下的文化发展道路及其实践特色”“党务工作实践技能训练”“从党建创新看中国共产党百年历史和经验”“机关党建工作实务与创新”“红军长征在四川”“学党史　悟初心——书信见证百年变迁”“两新党建实务”等课程。

（许　翠）

【国有企业运营管理小专班培训】2021年7—8月，区委党校会同区委组织部开设国有企业运营管理小专班，选派12名优秀年轻干部到上海、广州、深圳和江苏苏州，进驻金融、产业发展、城市更新等领域的国有企业跟岗学习。主要课程包括“从百年大党迈向百年强党”“以改革和创新为动力，推动产业功能区高质量发展”“推进深化城乡社区发展治理，建设幸福美好公园社区”“美丽经济和美好未来社区”“华西大健康管委会发展规划和方向解读”等。培训实行课题导师制，邀请省内高校知名教授对组、对题专业指导，每2～3周不定期举行小组进度汇报1次，每月定时开展线上交流1次，就小组调研报告撰写作专题辅导。

（许　翠）

【校地合作联合培训】2021年6—9月，区委党校联合西南交通大学土木工程学院举办城市有机更新与房地产开发研修提高班，围绕房地产开发、城市有机更新、工程项目管理、素质提升等内容设置系列专题课程，培训干部90余人次。主要课程包括“公园城市示范区建设背景下的城市片区综合开发新模式”“城市园林景观特点与植物应用”“四川传统园林艺术特征及传承研究与应用”“城市有机更新与地域文化表达”“招投标要点与国际工程合同管理”“城市设计前沿”“工程项目质量控制与工程创优”“中外建筑及城市小品鉴赏”“历史建筑遗产的保护与再利用”“建筑环境与建筑节能、绿色建筑”“全球视野下的城市与区域治理”“房地产项目实施阶段管理要点”“常用建筑材料性能及应用”“TOD综合开发”“地下管廊与海绵城市”“TOD的理念与案例分析”“装配式建筑发展与实

图020　2021年1月6日，区委党校在梵木Flying国际文创公园开展现场教学　（区委党校供图）

践”“新形势下片区开发项目投融资路径及实例分析”“房地产中的建筑美学应用”“智慧城市与特色小镇建设”“建筑设计与城市人居环境空间营造”“产品研发标准化与智慧物业平台建设”等。7 月，联合成都大学举办武侯区新任职干部暨递进培养干部培训班，培训干部 60 人次。主要课程包括“深入学习习近平总书记关于青年干部论述思想，努力提升综合素质和能力”“领导力培养与提升”“习近平法治思想的核心要义”“大国外交与国际形势”“产业聚集与产业功能区发展”“心理健康和心理调适”“天府文化的活水之源”“习近平总书记关于文化建设的重要论述”“党风廉政与反腐败建设”“梵木 Flying 国际文创公园——武侯区文创产业体系、生态链及功能区建设案例分析”“中国共产党百年的奋斗历程与历史启示”“城市片区综合开发与公园城市理念下‘留、改、建’”“社会主义现代史——路在脚下，科学社会主义一路走向胜利”“团队建设与执行力提升”“加强内部控制制度建设，保障国家事业持续发展”等。开创一站式研讨教学模式，组织学员到玉林街道玉林四巷爱转角主题文创街区、成华区下涧槽社区实地调研，围绕社区治理模式开展分组课堂研讨并发言汇报。

（许　翠）

【“武侯慕课”线上培训】 2021 年 7 月，区委党校引入数字化“云”培训，结合党史学习教育与新型“慕课”教学模式，挖掘本土红色资源，开发成都、武侯党史线上口述课程，推出“武侯慕课”成都党史系列 8 期，主要包括“成都地方党组织创建”“张露萍的革命人生”“旷继勋的革命人生”“刘愿庵的革命人生”“成都和平解放”“车耀先与努力餐”“四川袍哥与保路运动”“优秀共产党员江竹筠的革命故事”等课程。

（许　翠）

【现场教学基地建设】 2021 年 7 月起，区委党校邀请省委党校专家联合开发梵木 Flying 国际文创公园现场教学特色精品课程，在省委党校第 35 期县处级领导干部进修班、第二期国有企业领导人员进修班共开展教学 2 次，培训干部 100 余人次；在党校主体班开展 3 次，培训干部 100 余人次。全年陆续打造成都武侯祠博物馆廉洁文化教育基地等特色现场教学线路 10 余条，累计培训 2 万余人次。

（许　翠）

【理论研究】 2021 年 8 月，区委党校刘仁富撰写的理论文章《党员同志要主动回应群众期盼》发表于《求是》杂志 2021 年第 16 期。10 月，区委党校副校长张承思主持撰写的论文《公共危机治理视域下司法与行政互动关系的理论超越及实践优化——兼议司法韧性理念与应急行政的情景化》，参加第三十三届全国副省级城市法治论坛，获一等奖。联合四川大学全国干部教育培训基地编写的《城市基层党建创新发展的理论与实践——以成都市武侯区为例》入选四川省 2021 年“干部教育培训好教材”书目。

（许　翠）

老干部工作
Work on Retired Cadres

【概况】 2021 年，武侯区推进离退休干部党建工作，落实离退休干部“两项待遇”，深化离退休干部工作与社区治理相融相促，推动离退休干部工作高质量发展。区委老干部局牵头完成市委老干部局《发挥离退休干部党员优势作用　助力社区发展治理的实践与思考》重点课题调研报告，得到上级领导肯定，获 2021 年度全市老干部宣传思想工作先进单位，全市老干部系统调研工作优秀组织奖、优秀调研文章一等奖等。红牌楼街道太平社区“赞花儿”老党员工作室获省政府“慈善工作奖”，是全省唯一受表彰的社区代表。区委组织部副部长、老干部局局长王梅被中央组织部、人力资源和社会保障部评为全国老干部工作先进工作者。

（夏　耘）

【离退休干部“两项待遇”落实】 2021 年，武侯区开展离退休干部日常走访慰问和重大节假日走访慰问，组织开展“迎新春送温暖”“感党恩、听党话、跟党走”等集中走访慰问活动 3 次，走访慰问离退休干部 200 人次。全面落实离退休干部政治待遇，组织参加党史学习教育中央宣讲团报告会、成都市老干部迎春团拜会、武侯区建党 100 周年座谈会、区党代会等重要会议。7 月 12 日，在区机关一办区大礼堂召开离退休干部情况通报会，通报上半年全区经济社会发展情况和下一步工作打算，区委书记陈麟出席会议并讲话。全面落实离退休干部生活待遇，召开离休干部待遇相关工作培训会，确保医疗费等养老惠老政策及时落实到位。实施“办好关键小事”暖心守护行动，促成家庭医生签约服务 87 户，帮扶救助离退休干部 27 人。实施“一人一策”暖心工程，全覆盖走访离休干部 60 余人次，为离休

图021　2021年6月29日，武侯区离退休老干部参观冀文正档案展　（区委老干部局供图）

干部提供家政保洁、家庭医生上门服务、庆祝生日等服务。

（夏　耘）

【离退休干部志愿服务】 2021年，区委老干部局聚力“蓉城金秋”，深化志愿服务，发挥老干部个人特长，整合老年协会、关工委等涉老组织资源，探索志愿服务激励机制，激发老干部参与志愿活动的热情。开展“蓉城金秋武侯最美志愿者”评选活动，挖掘老干部参加疫情防控、社区治理等志愿服务的先进事迹，增强老干部的自豪感和认同感。组织老干部志愿者代表参加市委老干部局主办的志愿服务培训会，坚持召开“蓉城金秋”志愿服务武侯中队工作例会，加强沟通协作，扩大志愿服务队伍，拓宽志愿服务工作平台，结合老年协会文艺会演，开展志愿服务活动5次，“光影老党员工作室”为20余场活动提供摄影服务保障。武侯区退休干部刘孝昌被评为四川省关心下一代先进个人。

（夏　耘）

【武侯老党员工作室建设】 2021年，区委老干部局印发《推动离退休干部工作高质量发展的实施意见》《扎实开展“我为社区发展治理出份力”活动实施办法》等文件，梳理形成204个志愿服务子项目。试行“老党员工作室＋公益创投志愿服务＋社会组织”模式，“忆华西”“赞花儿”老党员工作室在优秀社会组织的指导下，形成服务有组织、运转有能力、经费有保障、成长有空间的“四有”格局。强化“一室一品”建设，陆续打造彰显华西坝文化的“忆华西”、突出科教文创特色的“百乐汇”、凸显前沿创新特质的“国际范”等特色老党员工作室，逐步建成展现武侯区党建引领社区治理和老干部工作成果的多维特色窗口。健全完善联盟配套制度机制，召开片区联盟评审会，加强意见建议收集，针对性引导老党员工作室有计划、有步骤、有组织地常态化开展组织联建、资源联用、活动联办、经验联学、项目联运“五联”活动，推动工作室自主有效有序运行。

（夏　耘）

【老干部活动中心建设】 2021年，区委老干部局推进老干部活动中心规范化建设，完善对外包服务项目的责任考核。聚焦活动中心政治功能，发挥微党校作用，邀请退休干部进行党课辅导5次，收集整理微党课精品课程19个。采取线上线下相结合的形式，累计开办11个门类16个兴趣班，举办主题活动10次，参与学习和各类活动5000余人次。利用活动中心主阵地，结合庆祝中国共产党成立100周年主题，组织离退休干部参加全市“我看建党百年新成就”等活动近20场，组建老干部合唱团参加全市“三级联创”演出和武侯区“颂歌献给党”群众

图022　2021年9月15日，武侯区市场监督管理局老党员工作站启动仪式举行（区委老干部局供图）

歌咏会，武侯区老干部原创歌曲《使命本色》获成都市老干部形象主题曲一等奖，退休干部刘孝昌、离休干部冀文正在成都市“风展红旗如画——我的入党故事”主题征文活动中分别获得一等奖和三等奖。举办武侯区离退休干部摄影作品展和离休干部冀文正档案展，引导老干部始终坚定革命理想，永远跟党走。

（夏　耘）

党史研究
Party History Research

【概况】 2021年，区委党史研究室突出党史资政，加强党史学习教育。《邓小平与中国特色社会主义——庆祝中国共产党成立100周年》获中央党史和文献研究院“邓小平与中国特色社会主义——庆祝中国共产党成立100周年”理论研讨会优秀论文奖，入选全国组织系统庆祝中国共产党成立100周年党的建设历史经验研讨会论文集、成都市庆祝建党100周年理论研讨会论文集。

（唐永沂）

【执政实录编纂】 2021年，区委党史研究室编纂《中国共产党武侯执政实录（2020）》，全面准确记述2020年武侯区委贯彻落实党的路线方针政策和省委、市委重大决策部署，以建设践行新发展理念的公园城市示范城区为统领，扎实做好“六稳”“六保”工作，高质量推进疫情防控和经济社会发展的执政举措和成果。全书包括执政方略、执政实践、执政思考、大事记等4部分及附录，共34万余字，43幅图片。

（唐永沂）

【党史学习教育阵地建设】 2021年，区委党史研究室全面开展红色遗址资源普查，建好红色遗址档案，会同相关部门和街道，逐一对全区红色遗址资源全盘摸底。确定江姐纪念馆暨四川大学革命英烈事迹陈列馆、“二一六”革命烈士纪念碑、九顶山蒙难烈士陵园、王光祈纪念碑亭、李家钰烈士墓红色遗址点位等21处。挖掘区内党史人物资料，收集整理华西援朝手术队、抗美援朝特等功臣唐章洪等英模事迹，传承红色基因，赓续红色血脉。统筹机关、社区党史文化阵地建设，建成成都音乐坊党史大道。在机投桥街道果堰社区打造党史长廊，从以史为鉴、红色印记、党员故事三个篇章展示习近平总书记七一重要讲话精神、百年党史中四川人民砥砺前行的光辉印记、社区党员先锋故事。构建“芙蓉连线”武侯精品红线，成都武侯祠博物馆等3个基地入选市级红色教育精品路线点位。

（唐永沂）

【江姐纪念馆】 江姐纪念馆暨四川大学革命英烈事迹陈列馆修建于2019年，占地面积约700平方米，由江姐事迹主展厅、江姐宿舍场景复原展厅、四川大学英烈事迹展厅和小型院落组成。其中，江姐事迹主展厅是江姐纪念馆核心部分，设有“锦江红梅傲雪开”主题展览，该展览由“苦难的童年”“江姐在川大”“百炼成钢，英勇就义”三部分组成，对江姐短暂而伟大的一生作了介绍，重点展示江姐在四川大学的学习生活。江姐纪念馆建设工作得到教育部、省委宣传部的肯定，被确定为“成都市中共党史教育基地”。

（唐永沂）

档案工作
Archives Work

【概况】 2021年，武侯区贯彻落实习近平总书记对档案工作做出的重要批示精神，及时传达学习并专题研究贯彻落实措施，印发《关于认真学习贯彻习近平总书记重要批示精神的通知》，开展专题宣讲，推动学习贯彻重要批示精神向全区各领域和基层延伸。全区各部门和街道分别以

图023　位于四川大学望江校区的江姐纪念馆　（区融媒体中心供图）

党组会、中心组学习、专题会议等形式传达学习并研究本单位贯彻落实意见。区档案局、区档案馆履行“为党管档、为国守史、为民服务”的使命职责，做好档案收集整理、档案统计、档案安全检查、档案管理、档案利用等工作，创新开展档案宣传培训和数字档案馆建设试点，全区档案事业取得新进展、新成效。

（李恩源）

【档案收集】 2021年，区档案馆共接收10个单位的档案。其中文书档案50卷、247盒8409件，婚姻档案370盒9239件，会计档案1108卷，科技档案40卷，专业档案3卷，寄存档案13150卷，照片档案960张，实物档案17件。完成全区“双重”档案采集44次，共采集档案360余件。

（李恩源）

【档案统计】 2021年，区档案馆对58个区级立档单位档案室、1个档案行政管理部门、1个国家综合档案馆的机构、人员、档案情况进行统计、汇总，完成2020年全国档案事业统计调查报表收集汇总上报工作。

（李恩源）

【脱贫攻坚和新冠肺炎疫情防控档案归集】 2021年，区档案馆建立脱贫攻坚和新冠肺炎疫情防控两类档案收集归档工作机制，派专人到疫情防控指挥部驻点工作，指定专人对口联系区水务局开展脱贫攻坚档案归集整理，并开展两类档案专项检查。全年归集疫情指挥部办公室2020年度文书档案40盒1024件、照片档案1册100余张；归集脱贫攻坚文书档案29盒494件、项目档案34卷780件，并全部建立专题档案目录数据库。

（李恩源）

【重大项目档案管理】 2021年，区档案馆发挥档案专业优势，主动找准档案服务全区经济社会发展的切入点，以重大项目档案为抓手，健全建设单位与参建单位、有关部门与属地街道分工协作、协调统一的运行体制和工作机制，组织开展重点建设项目档案登记、指导、培训工作，对拟竣工项目，按要求完成档案验收工作。开展技术交底并多次派专人到现场进行指导，全年到5个建设项目现场开展培训12次，提升建设单位的档案意识，提高建设项目资料员的业务素养，促进全区建设项目档案管理水平的整体提升。全年完成武侯区海之盛煌食品生产及研发一体化工程、武侯区玉林一巷社区综合工程、武侯区“宜居水岸”一期PPP等3个市级重大建设项目档案验收，共656卷（盒）。

（李恩源）

【档案资源利用】 2021年，区档案馆继续做好来电来函、节假日预约查档等工作，深化民生档案异地查档、跨馆服务，推进档案资源共享利用。严格执行未开放档案利用审批程序，利用全域武侯电子文件共享平台依法依规向各部门档案室提供未开放档案查阅利用。加入成都市档案信息资源共享平台，实现成都市内民生档案可在武侯区档案馆异地在线查阅，实时出证。全年接待查阅、利用档案群众3000余人次，异地查档139人次，利用各类档案4642卷（件），免费为查档群众提供复印件及电子数据档案资料2万余页。

（李恩源）

【档案安全检查】 2021年，区档案局按照《中华人民共和国档案法》规定，加强全区重点工作、重大工程、重要活动等重点领域档案工作，结合《档案检查工作办法》的实施，在全区分阶段开展全覆盖档案工作专项检查和综合检查。全年向19家立档单位出具整改通知书，对存在较大安全隐患的2家立档单位出具档案安全隐患整改通知书并督促完成整改。

（李恩源）

【档案宣传培训】 2021年，区档案馆利用档案工作优势，提供红色档案宣讲服务，在国际档案日通过“今日武侯”微信公众号、微博及头条号平台开展红色档案宣教；制作“百年历程　档案记忆”档案展板在全区开展巡展，利用档案业务指导、档案培训等时机开展红色档案宣讲。区档案局及时总结全区档案工作成果，向《中国档案报》等媒体投稿，展示武侯档案风采。全年在市级以上媒体刊发全区档案工作成果45篇，被《中国档案》杂志评为2021年度《中国档案》宣传工作先进单位。区档案局联合区档案馆在中国人民大学举办武侯区分管档案工作领导干部培训班，市档案馆有关领导、区级有关立档单位分管负责人共50人参加培训。

（李恩源）

【数字档案馆建设试点】 2021年，区档案馆利用馆藏主要门类档案数字化率100%的资源优势，持续开展档案信息化工作，被列为全省数字档案馆建设试点单位。全年完成档案数字化34万余件，馆藏数字化率继续保持100%。

（李恩源）

成都市武侯区人民代表大会

THE PEOPLE'S CONGRESS OF CHENGDU WUHOU DISTRICT

综 述

Overview

2021年，武侯区人大及其常委会始终坚持以习近平新时代中国特色社会主义思想为指导，全面贯彻习近平法治思想、习近平总书记关于坚持和完善人民代表大会制度的重要思想，全面落实党中央大政方针和省委、市委、区委决策部署，扎实开展人大各项工作。

依法履职行权 2021年，区人大常委会依法行使重大事项决定权，把听取审议工作报告、审查批准计划和预算执行情况等作为行使重大事项决定权的重点，使区委的决策部署，通过法定程序成为广大人民群众的共同意志。坚持党管干部和人大依法选举任免的有机统一，严明政治规矩，进一步健全任前法律知识考试、任职表态发言、向宪法宣誓等程序，通过法定程序开展人事任免。

推动区委决策部署落实 2021年，区人大常委会紧扣"高质量发展攻坚年"主题，围绕区委决策部署落实，聚焦唱好"双城记"、服务新格局、建好示范区、办好成都大运会和推动城市有机更新、加快产业高质量发展等重点工作，制定年度工作要点，依法对产业功能区建设、实施幸福美好生活十大工程、城市有机更新和生态环境建设、"爱成都·迎大运"行动、社区发展治理等全区重点工作开展监督。

助力经济发展 2021年，区人大常委会牵头开展华西坝片区城市有机更新工作，指导完善成都市礼仪职业中学、九如村C3地块项目的城市有机更新。组织部分驻区市人大代表到成都音乐坊视察城市有机更新和文旅消费场景打造等工作，听取和审议区政府《关于落实高质量发展要求，加快推进她妆美谷、音乐坊片区产业功能区建设的报告》《关于加快城市有机更新，推进环城生态区拆迁的情况报告》，助力经济高质量发展，为城市有机更新和打造高质量文旅消费场景等工作建言献策。

助力推进社会治理 2021年，区人大常委会深入推进民事诉讼程序繁简分流改革试点工作，进一步提升司法效率，促进营造公正高效的法治环境。开展养老服务体系建设专题调研；听取区政府《关于健全"三位一体"社会救助体系，推进特殊人群暖心工程的情况报告》，紧盯民生实事，着力保障民生。常委会班子成员分别到联系街道督导疫情防控工作，抽调52名机关干部下沉浆洗街、火车南站等街道开展疫情防控；指导检查连锁商超、商务楼宇的疫情防控工作。

人大代表换届选举 2021年11月25日，武侯区15个街道辖区（含高新区4个街道）151个选区依法选举产生武侯区第八届人民代表大会代表373名（含驻军代表7名）。其中，中共党员代表260名，占69.7%；民主党派及无党派人士代表113名，占30.3%；妇女代表142名，占38.1%；连任代表77名，占20.6%；少数民族代表23人，占6.2%。经区人大常委会代表资格审查委员会审查，各选区的选举工作符合法律规定，选出的373名代表当选资格有效。

（田春洋　颜吟秋）

图024　2021年1月27日，人大代表在区七届人大五次会议上进行选举投票（区融媒体中心供图）

重要会议
Important Meetings

【武侯区七届人大五次会议】 2021年1月24—27日，区七届人大五次会议在区会议中心召开，175名代表出席大会。会议听取和审议区政府、区人大常委会、区法院、区检察院工作报告及区计划报告、区财政报告、区"十四五"规划和二〇三五年远景目标纲要，并作出批准上述报告的决议。会议表决通过关于接受王力平辞去区人大常委会主任职务的决定，选举李燎为区人大常委会主任。不是区七届人大代表的区政府组成人员，区委、区级有关部门，各街道、市垂管单位、区管政府性投资公司和区人大常委会办事工作机构的相关负责人列席会议。

（田春洋　颜吟秋）

【武侯区七届人大六次会议】 2021年8月30—31日，区七届人大六次会议在区会议中心召开，177名代表出席大会。会议选举景波为区政府区长。不是区七届人大代表的区政府组成人员，区委、区级有关部门，各街道、市垂管单位、区管政府性投资公司和区人大常委会办事工作机构的相关负责人列席会议。

（田春洋　颜吟秋）

【武侯区八届人大一次会议】 2021年12月19—23日，区八届人大一次会议在区会议中心召开，357名代表出席大会。会议听取和审议区人大常委会、区政府、区法院、区检察院工作报告及区计划报告、区财政报告、区"十四五"规划和二〇三五年远景目标纲要，并作出批准上述报告的决议。会议选举李燎为区人大常委会主任，唐卫、林金辉、李林、邓召平、陈兵为区人大常委会副主任；选举景波为区政府区长，邱长宝、陈丽娜、刘清、宋伟、赵毅、唐毅为区政府副区长；选举沈翔为区监委主任；选举张静为区法院院长；选举伍健为区检察院检察长；选举潘勇、李怡、李晓慧等39人为区第八届人大常委会委员。部分区级领导，不是区八届人大代表的区政府组成人员，区委、区级有关部门，各街道、市垂管单位、区管政府性投资公司和区人大常委会办事工作机构的相关负责人列席会议。

（田春洋　颜吟秋）

图025　2021年11月26日，区七届人大常委会召开第52次会议　（区人大常委会办公室供图）

【武侯区七届人大常委会会议】 2021年，区人大常委会召开常委会会议16次（详见表8），听取和审议区政府、区法院、区检察院专项工作报告20项，作出决议决定15个。会前集体学习《中华人民共和国退役军人保障法》《中华人民共和国固体废物污染环境防治法》《中华人民共和国外商投资法》《关于改革完善社会救助制度的意见》等法律法规。全年邀请12名区人大代表列席会议。

（田春洋　颜吟秋）

表8　2021年武侯区人大常委会会议一览表

次别	时间	主要内容
第38次	1月22日	审议并表决通过关于接受王力平辞去市第十七届人民代表大会代表职务的决定
第39次	3月23日	听取和审议并表决通过《区人大常委会2021年工作要点（草案）》，相关区政府副区长辞职事项，区人大常委会主任会议、区监委和区法院提请审议的人事任免议案
第40次	4月27日	听取和审议区检察院《关于适用认罪认罚从宽制度工作情况的报告》；听取和审议并表决通过区政府和区法院提请审议的人事任免议案
第41次	5月26日	审议并表决通过关于接受余麟辞去市第十七届人民代表大会代表职务的决定
第42次	6月24日	听取和审议区法院《关于完善小额诉讼程序试点工作情况的专项报告》；听取区政府《关于2020年生态环境保护工作开展情况及生态环境保护目标完成情况的报告》《关于2021年上半年生态环境保护工作开展情况及生态惠民示范工程推进情况的报告》；听取和审议并表决通过区人大常委会主任会议、区政府、区法院提请审议的人事任免事项
第43次	7月28日	审议并表决通过关于接受谢平辞去武侯区第七届人民代表大会代表职务的决定
第44次	8月4日	审议并表决通过关于接受林丽辞去区政府区长职务的决定，关于任命景波为区政府副区长、代理区长的决定
第45次	8月23日	听取和审议区政府关于2019年度区级预算执行和其他财政收支审计查出问题整改情况的报告，区人大常委会代表资格审查委员会关于区第七届人代会代表资格的审查报告；审议关于武侯区七届人大六次会议筹备工作情况的报告；审议并表决通过关于召开武侯区七届人大六次会议的决定（草案），武侯区七届人大六次会议议程（草案），武侯区七届人大六次会议主席团和秘书长名单（草案），武侯区七届人大六次会议列席人员名单（草案）；听取和审议并表决通过区政府、区法院提请审议的人事任免事项
第46次	8月23日	审议并表决通过关于接受金怡辞去区人大常委会副主任职务的决定，关于接受郭小平等五人辞去区政府副区长职务的决定，关于接受李勇辞去区监委主任职务的决定，区人大常委会主任会议关于提名叶志豪职务任免的议案、关于提请任命沈翔职务的议案，区政府提请审议的人事任免事项
第47次	8月23日	审议并表决通过区政府提请审议的人事任免事项
第48次	8月23日	审议并表决通过区政府提请审议的人事任免事项
第49次	9月27日	听取和审议并表决通过区人大常委会关于武侯区第八届人代会换届选举工作的安排意见（草案）和武侯区选举委员会组成人员名单
第50次	10月25日	听取和审议区政府2020年财政决算和2021年1—6月财政预算执行情况的报告、2020年度预算执行和其他财政收支的审计工作报告；听取和审议并表决通过区人大常委会执法检查组关于检查《中华人民共和国食品安全法》《四川省中小学校食品安全管理办法》落实情况的报告；听取和审议区政府、区监委、区法院、区检察院提请审议的人事任免事项；审议并表决通过关于接受唐卫辞去区法院院长职务的决定、黄维智辞去区检察院检察长职务的决定；听取和审议区人大常委会主任会议关于提请任命张静、伍健职务的议案
第51次	11月18日	审议部分选举委员会成员辞职事宜；审议区人大常委会主任会议和区法院提请审议的人事任免事项
第52次	11月26日	审议并表决通过区人大常委会代表资格审查委员会关于区第八届人代会代表资格的审查结果报告
第53次	12月9日	听取和审议并表决通过区政府关于2021年财政预算调整（草案）的报告、关于提请审议2021年地方债务限额的说明；听取和审议区政府关于代表建议办理情况的报告；审议《武侯区八届人大一次会议筹备工作情况的报告》；审议并表决通过区人大常委会关于区八届人大一次会议的决定（草案）、区第八届人大一次会议议程（草案）、区八届人大一次会议主席团和秘书长名单（草案）、区八届人大一次会议议案审查委员会名单（草案）、区八届人大一次会议计划预算审查委员会名单（草案）、区第八届人大专门委员会设置的建议（草案）、区八届人大一次会议列席人员名单（草案）、区人大常委会工作报告（草案）；审议并表决通过区人大常委会主任会议、区政府提请审议的人事任免事项

（田春洋　颜吟秋）

【武侯区七届人大常委会主任会议】 2021年，区人大常委会召开主任会议17次（详见表9）。听取和审议区政府《关于加快构筑区域经济发展增长极，提升华西大健康、武侯电商、三国创意园三大市级产业功能区建设质效的报告》《关于健全“三位一体”社会救助体系，推进特殊人群暖心工程的情况报告》《关于安全生产专项整治三年行动（2020—2022年）推进情况的报告》《关于2020年度全区国有自然资源资产管理情况的专项报告》等。

（田春洋　颜吟秋）

表9　2021年武侯区人大常委会主任会议一览表

次别	时间	主要内容
第58次	1月22日	讨论相关人事事项，决定将相关事项提请区七届人大常委会第38次会议审议并表决
第59次	3月20日	讨论区人大常委会2021年工作要点（草案代拟稿），听取和审议区人大法制委关于将区检察院贯彻落实区人大常委会相关审议意见的情况报告印发区人大常委会会议的报告；讨论相关人事任免事项，决定将相关事项提请区七届人大常委会第39次会议审议并表决
第60次	4月25日	听取和审议区政府《关于加快构筑区域经济发展增长极，提升华西大健康、武侯电商、三国创意园三大市级产业功能区建设质效的报告》；审议区人大常委会预算工委关于将区政府贯彻落实区人大常委会相关审议意见的情况报告印发常委会会议的报告，审议区人大常委会人代工委关于2021年代表建议重点督办相关事项的报告；讨论相关人事事项，决定将相关事项提请区七届人大常委会第40次会议审议并表决
第61次	5月25日	听取和审议区政府《关于在“爱成都·迎大运”行动中区赛事场馆周边道路建设及品质提升情况的报告》；讨论相关人事事项，决定将相关事项提请区七届人大常委会第41次会议审议并表决
第62次	6月16日	听取和审议区政府《关于健全“三位一体”社会救助体系，推进特殊人群暖心工程的情况报告》；讨论相关人事事项，决定将相关事项提请区七届人大常委会第42次会议审议并表决
第63次	7月28日	听取和审议区政府《关于加快城市有机更新，推进环城生态区拆迁的情况报告》；讨论相关人事事项，决定将相关事项提请区七届人大常委会第43次会议审议并表决
第64次	8月3日	讨论相关人事事项，决定将相关事项提请区七届人大常委会第44次会议审议并表决
第65次	8月20日	听取和审议区政府《关于强化医保基金监管，提高全生命周期健康服务水平情况的报告》；讨论关于提请区七届人大常委会第45次会议审议《武侯区第七届人代会第六次会议筹备工作情况的报告》的情况报告、《武侯区人大常委会关于召开区第七届人代会第六次会议的决定（草案）》的情况汇报、《区第七届人代会第六次会议议程（草案）》的情况报告、《区第七届人代会第六次会议主席团和秘书长名单（草案）》的情况报告；讨论区第七届人代会第六次会议列席人员范围的情况报告；讨论相关人事事项，决定将相关事项提请区七届人大常委会第45次会议审议并表决
第66次	9月15日	讨论相关人事事项，决定将相关事项提请区七届人大常委会第46次会议审议并表决
第67次	9月15日	讨论相关人事事项，决定将相关事项提请区七届人大常委会第47次会议审议并表决
第68次	9月15日	讨论相关人事事项，决定将相关事项提请区七届人大常委会第48次会议审议并表决
第69次	9月26日	听取和审议区政府《关于安全生产专项整治三年行动（2020—2022年）推进情况的报告》
第70次	9月27日	讨论区第八届人民代表大会换届选举有关事项，决定将相关事项提请区七届人大常委会第49次会议审议并表决
第71次	10月19日	听取和审议区政府《关于落实高质量发展要求，加快推进她妆美谷、音乐坊片区产业功能区建设情况的报告》；讨论相关人事事项，决定将相关事项提请区七届人大常委会第50次会议审议并表决
第72次	11月18日	听取和审议区政府《关于2020年度全区国有自然资源资产管理情况的专项报告》；审议区政府《关于2020年度国有资产管理情况的综合报告》；讨论相关人事事项，决定将相关事项提请区七届人大常委会第51次会议审议并表决
第73次	11月26日	听取并讨论区人大常委会代表资格审查委员会关于区第八届人代会代表资格的审查结果报告

续表9

次别	时间	主要内容
第 74 次	12 月 9 日	听取和审议关于对 2021 年代表优秀建议和人大相关工作先进单位进行表扬的报告；讨论关于提请区七届人大常委会第 53 次会议听取《区八届人大一次会议筹备工作情况的报告》的情况报告；讨论关于提请区七届人大常委会第 53 次会议审议的《区人大常委会关于召开区八届人大一次会议的决定（草案）》情况汇报、《武侯区八届人大一次会议议程（草案）》情况报告、《武侯区八届人大一次会议主席团和秘书长名单（草案）》情况报告、《武侯区八届人大一次会议议案审查委员会名单（草案）》情况报告、《武侯区八届人大一次会议计划预算审查委员会名单（草案）》情况报告、《武侯区第八届人大专门委员会设置的建议（草案）》情况报告、《武侯区八届人大一次会议列席人员名单（草案）》情况报告、《武侯区人大常委会工作报告（草案）》情况报告；讨论相关人事事项，决定将相关事项提请区七届人大常委会第 53 次会议审议并表决

（田春洋　颜吟秋）

依法监督
Supervision by Law

【概况】 2021 年，区人大常委会坚持以习近平新时代中国特色社会主义思想为指导，深入学习贯彻习近平法治思想及关于坚持和完善人民代表大会制度的重要思想，坚决贯彻落实中央人大工作会议精神和省委、市委、区委人大工作会议部署要求，依法履行宪法和法律赋予的各项职责，统筹安排和全面推进人大监督，全面完成区七届人大历次会议确定的各项任务，为武侯加快建设践行新发展理念的公园城市示范城区作出贡献。

（田春洋　颜吟秋）

【财政预算决算审查】 2021 年，区人大常委会听取和审议区政府《关于 2020 年财政决算和 2021 年 1—6 月财政预算执行情况的报告》《2020 年度区级预算执行和其他财政收支的审计工作报告》，作出批准武侯区 2020 年财政决算的决议，督促区政府提高预决算管理水平，优化收支结构，提高财政资金效益，落实审计查出问题整改，防范政府债务风险。听取和审议区政府《关于武侯区 2021 年财政预算调整（草案）的报告》，作出关于批准武侯区 2021 年财政预算调整（草案）的决议，督促区政府依法依规组织财政收入，强化收入运行监测分析，加大预算绩效评价工作力度，严格资金使用投向和使用绩效，加强隐性债务常态化风险管控，进一步提升财政管理工作质量；听取和审议区政府《关于提请审议 2021 年地方政府债务限额的议案》，作出关于批准武侯区 2021 年地方政府债务限额的决议，督促区政府严控政府债务规模，消化存量、控制增量，防范化解地方政府债务风险；听取和审议区政府《关于 2019 年度区级预算执行和其他财政收支审计查出问题整改情况的报告》，督促区政府优化审计查出问题整改工作机制、强化整改督察力度、深化监督结果运用，做到依法行政、依法理财、为民理财。持续完善预算联网监督系统，优化智能审查功能，提升预算联网监督系统的科学化、智能化水平，增强预算审查监督的精准性。

（田春洋　颜吟秋）

【国有资产管理监督】 2021 年，区人大常委会听取和审议区政府《关于 2020 年度全区行政事业性国有资产管理情况的专项报告》，听取《关于 2020 年度全区国有资产管理情况

图026　2021年5月8日，武侯区人大常委会主任李燎（前中）到“人大代表之家”调研
（区融媒体中心供图）

的综合报告》，督促区政府坚持全口径、全覆盖的原则，摸清行政事业性国有资产"家底"，制度化、规范化、科学化地开展国有资产管理。

（田春洋　颜吟秋）

【发展规划监督】 2021年，区人大常委会持续关注国际化营商环境建设，围绕贯彻落实区委关于制订区"十四五"规划和二〇三五年远景目标的建议，参与规划纲要的编制调研，收集反映市区两级人大代表意见建议44条，形成书面专题报告5个，推动规划纲要通过批准，为科学绘制武侯区今后五年发展蓝图和未来十五年的宏伟愿景提供法治保障。围绕构筑区域经济发展增长极，听取审议华西医美健康城、三国创意设计产业功能区、她妆美谷、成都音乐坊、悦湖新材料科技中心等5个市区两级产业功能区建设工作情况的报告，聚焦产业功能区高质量发展召开座谈会，为产业功能区建设积极建言献策，助力区域经济高质量发展。

（田春洋　颜吟秋）

【生态环境保护监督】 2021年，区人大常委会聚焦美丽宜居愿景，围绕城市有机更新、环城生态区拆迁、生态惠民示范工程推进等工作情况，开展生态环境保护监督，推进美丽宜居武侯建设。围绕大运会场馆建设等工作，对武侯区赛事场馆周边道路建设及品质提升工作进行专项审议。

（田春洋　颜吟秋）

【社会治理监督】 2021年，区人大常委会全面推进依法治区，促进法治政府建设。加强对国家法律法规贯彻落实情况的监督检查，对武侯区贯彻实施《中华人民共和国食品安全法》情况以及落实《四川省中小学校食品安全管理办法》情况开展执法检查，确保人民群众"舌尖上的安全"。听取和审议区政府《关于安全生产专项整治三年行动中期情况的报告》，助力全区社会稳定。听取和审议区法院关于完善小额诉讼程序试点工作情况、区检察院关于适用认罪认罚从宽制度工作情况的专项报告，促进审判、检察质效提高。

（田春洋　颜吟秋）

图027　2021年3月26日，武侯区人大代表视察大运会武侯区场馆建设情况　（区融媒体中心供图）

【社会事业发展监督】 2021年，区人大常委会围绕社会事业领先发展、社会保障水平提升开展监督，着力增进民生福祉。听取和审议职业教育、体育教育发展情况报告，支持和推动武侯区创建"全国学校体育联盟"示范区；开展优质学前教育工作调研，配合市人大常委会开展《成都市社区教育促进条例》贯彻实施情况调研，推动解决制约教育领域改革创新发展的问题，支持和保障"双减"等教育改革政策措施落地落实。听取和审议区政府对《中华人民共和国传染病防治法》贯彻实施情况的报告，持续筑牢公共卫生安全防线，保障人民群众健康权益。听取和审议社区嵌入式养老服务建设、智慧健康养老体系建设、"三位一体"社会救助体系建设等情况报告，检查《中华人民共和国残疾人保障法》《成都市养老服务促进条例》实施情况，开展养老服务体系建设专题调研，推动武侯区养老服务和社会救助机制不断完善。

（田春洋　颜吟秋）

【执法检查】 2021年，区人大常委会组织开展实施《中华人民共和国食品安全法》《四川省中小学校食品安全管理办法》情况专项执法检查。实地检查成都市龙江路小学武侯新城分校、武侯区西川实验学校（南区）的食品安全状况。执法检查组分小组对食堂操作间、校园环境卫生等情况进行分项细化检查，将检查中发现的问题及时向区政府进行反馈，并听取区政府关于贯彻实施《中华人民共和国食品安全法》《四川省中小学校食品安全管理办法》情况的汇报，王高德、林金辉、卓锋、唐恭学及执法检查组共29名成员参加执法检查活动。

（田春洋　颜吟秋）

决定重大事项与人事任免
Decisions on Major Issues and Personnel Appointment and Removal

【决定重大事项】 2021年，区人大常委会抓住事关全区经济社会发展的全局性、长远性、根本性问题，依法行使重大事项决定权。把听取审议工作报告、审查批准计划和预算执行情况等作为行使重大事项决定权的重点，依法审查并批准武侯区“十四五”规划、武侯区2020年国民经济和社会发展计划执行情况及2021年国民经济和社会发展计划（草案）的报告、区政府工作报告等。

（田春洋　颜吟秋）

【依法任免】 2021年，区人大常委会坚持党管干部和人大依法任免有机统一，依法行使任免权，把好“一府一委两院”拟任人员的任职资格审查关和任免材料关，依法选举、任命国家机关工作人员，确保党委推荐人选依法依规任命为国家机关领导人员。全年任免国家机关工作人员120人次，组织进行宪法宣誓38人次。

（田春洋　颜吟秋）

视察与考察
Inspection and Research

【人大代表视察调研】 2021年，区人大常委会组织驻区省、市人大代表和区人大代表开展三级代表联合视察，先后视察悦湖科技城展厅和皓煊光电新材料科技研发中心，听取区政府有关情况汇报，全面了解武侯区2021年经济社会发展情况。组织驻区市人大代表开展城市有机更新和音乐产业发展专题调研，提出意见建议，形成《成都城市有机更新调研报告》《“音乐＋产业”融合发展　提升幸福美好生活》专题调研报告。各街道人大工委组织代表500余人次参加调研、座谈等活动，为全区经济社会发展建言献策。

（田春洋　颜吟秋）

【区人大常委会领导外出考察】 2021年，区人大常委会领导外出考察21次（详见表10）。

（田春洋　颜吟秋）

表10　2021年武侯区人大常委会领导外出考察一览表

带队领导	地点	时间	事项
李　燎	成都简阳	1月22日	陪同市人大常委会主任唐川平调研三星镇共和村脱贫攻坚工作
王力平	深圳	4月15—16日	出席2021新材料供应链峰会暨国家新材料产业资源共享平台供需对接服务基地揭牌仪式；拜访深信服科技股份有限公司
卓　锋	天津 北京	4月21—23日	开展营商环境推介活动；拜访中材节能股份有限公司和书生星际（北京）科技有限公司
李　燎	成都大邑	4月23日	考察大邑县五矿未来生态城、稻香渔歌、锦绣安仁、南岸美村和建川博物馆
金　怡	成都新津	4月27日	参加市人大城环委片区工作会，并作交流发言
金　怡	江苏扬州	5月7—13日	参加市人大教科文卫委、民外委、社会委联合举办的人大社会事业专题培训
钟　鸣	江西景德镇	5月10—12日	开展营商环境推介活动；拜访合生商业地产管理有限公司
李　燎	北京	5月13—14日	开展营商环境推介活动；拜访良业科技集团股份有限公司和北京唱吧科技股份有限公司
唐恭学	广东珠海	5月19日	开展营商环境推介活动；拜访珠海复贸科技有限公司、力合科创清华科技园（珠海）、珠海云洲智能科技股份有限公司
李　燎	四川白玉	5月17—21日	送武侯区对口支援白玉县第六批对口帮扶工作队到白玉县，参加武侯区对口支援白玉县第六批干部人才见面会暨工作交接座谈会
金　怡	广东东莞	5月18—19日	考察东莞市居家养老服务工作；拜访东莞家乐居养老服务有限公司
金　怡	广州	5月20—21日	开展营商环境推介活动；拜访合景泰富集团控股有限公司
李　燎	北京	6月2—3日	开展营商环境推介活动；考察北京合生汇商业综合体，拜访中国港湾工程有限责任公司
卓　锋	重庆 长沙 湖南株洲	6月2—4日	开展营商环境推介活动；拜访重庆可是文化发展有限公司，湖南文和友文化产业发展集团有限公司，株洲飞鹿高新材料技术股份有限公司

续表10

带队领导	地点	时间	事项
卓　锋	厦门	7月7—8日	开展营商环境推介活动；拜访厦门凯纳石墨烯技术股份有限公司、厦门力巨自动化科技有限公司及厦门亿丰商学院
王高德	新疆巴音郭楞	7月7—9日	开展营商环境推介活动；考察阿瓦缇娜农场果场以及康养旅游小镇，拜访新疆天苗农业集团有限公司
李　燎	杭州	7月13—14日	开展营商环境推介活动；拜访杭州华园控股有限公司，考察华园公司总部及其下属企业
唐恭学	西安	8月19—20日	开展营商环境推荐活动；拜访西安鑫垚陶瓷复合材料有限公司和西安铂力特增材技术股份有限公司

（田春洋　颜吟秋）

议案和建议
Proposals and Suggestions

【概况】2021年，区七届人大五次会议收集代表建议127件（含涉及高新区的建议5件）；无代表议案。区人大常委会持续提高代表建议督办力度和办理质效，代表建议全部在规定时间内办理完毕，代表满意和基本满意率100%。

（田春洋　颜吟秋）

【部分人大代表建议摘要】2021年，区人大代表提出建议122件。其中，城市规划建设管理领域37件，社会事业领域38件，社区发展治理领域21件，经济高质量发展领域19件，城市有机更新领域5件，其他领域2件。

《关于丰富社区文化活动提升居民幸福指数的建议》摘要　为改善社区居民的生活质量，提升社区居民的精神境界，代表建议丰富社区活动内容，组建合唱团、太极队等组织，吸引居民积极参与；用活用好社区文化设施，倡导企事业单位向社区居民开放文化设施，实现资源共享；鼓励青少年参与社区文化建设，为社区文化增添年轻活力；鼓励从事文化方面工作的退休人员和文化人才参与社区志愿服务；开办“文化超市”，开展文化精准服务，免费向群众提供“菜单式”文化文艺培训。

《关于加快打造悦湖高端新材料转化基地的建议》摘要　武侯悦湖科技城重点发展以电子信息、医药健康和高端新材料为主的都市工业，聚焦电子陶瓷新材料领域形成产业聚集，是武侯区重要的科技成果转化地、技术创新策源地和新经济发展高地。代表围绕电子陶瓷这一电子信息材料产业细分领域，调研成都宏明、电子科技大学、成都市新材料产业研究院等企业高校和科研院所，就打造悦湖高端新材料转化基地提出建议：加强规划引领，结合片区TOD站点优势，深度开展产业策划和城市设计，打造“一轴一带一核三区”空间布局，构建“人城境业”融合发展的高品质科创空间；做好项目储备，建议成立新材料转化基地项目储备中心，全面谋划开展新材料基地产业资源储备；强化“研发＋转化”“总部＋基地”协同，与四川天府新区新材料产业园区等14个产业生态圈主动融合，形成总部与研发合作、协同发展的格局；聚焦国际化研发中心定位，瞄准国内走在新材料领域前沿的高校，引进与基地产业细分领域契合的创新性科研团队，匹配产业引导基金，为科技成果转化提供良好的支撑。

《关于探“邻里家”社区创新服务的建议》摘要　为进一步创新社区社会企业发展机制，完善社区便民服务体系，优化社区服务供给机制，提升社区服务群众能力和水平，代表建议在簧门街社区开展“邻里家”社区创新服务，建设居民可进入、可参与、能共享的“邻里家”生活体验中心载体，打造智慧便捷、精准高效的社区服务供给场景；探索实施“门对门”社区服务，构建社区“15分钟便民生活圈”，形成规模化、现代化、标准化的社区服务新模式；引入社会资本，按“试点先行、稳步推进，因地制宜、突出特色，持续完善、不断提升”的工作思路，实施“邻里家”社区创新服务标准化，可包括养老托小、大健康、全龄教育培训等服务内容。

（田春洋　颜吟秋）

【人大代表建议办理】2021年，区人大常委会收到建议122件（详见表11），交由34个部门和11个街道办事处办理，办结率100%。其中，所提问题得到解决或基本解决的A类件92件，所提问题纳入计划分步解决的B类件29件，所提问题因条件限制目前不能解决的C类件1件。重点督办《关于推进党建引领环华西国际智慧医谷有机更新项目的建议》等6件涉及党建、城市更新、教育等重要民生事项的代表建议。

（程　曦）

表11　武侯区七届人大五次会议代表建议一览表

序号	案　由	第一提议人	主办单位	办理结果分类
1	关于对晋沙街107号至沙堰小学无名巷路段进行整治的建议	葛永明	晋阳街道	A
2	关于对沙堰社区金雁路288号中央一期一组团和二组团之间路段进行整治的建议	葛永明	晋阳街道	B
3	关于进一步在合适点位增加体育设施，不断满足市民体育健身需求的建议	葛永明	区文体旅局	A
4	关于营造晋阳辖区运动健康生活场景，喜迎大运盛会的建议	葛永明	晋阳街道	A
5	关于加快金雁社区周边配套设施建设，助力市级示范社区打造的建议	黄　芳	晋阳街道	B
6	关于进一步推进社区服务供给侧改革的建议	黄　芳	区民政局	A
7	关于进一步完善晋阳辖区养老服务综合体的建议	黄　芳	晋阳街道	B
8	关于强化对业委会、物业公司监督力度的建议	黄　芳	区住建交局	A
9	关于增加晋阳街道北片区社区区间巴士的建议	黄　芳	区住建交局	A
10	关于打通“断头路”，改善区域交通微循环的建议	黄文胜	区公园城市局	B
11	关于多策并进强力推进吉福社区三组自建房安全隐患整治的建议	黄文胜	晋阳街道	A
12	关于以文体活动为载体，链接社会资源助力晋吉社区志愿服务的建议	黄文胜	晋阳街道	A
13	关于加强企业政策服务助力打造高品质科创空间的建议	汪　琪	区行政审批局	A
14	关于将民族团结工作融入社区发展治理的建议	汪　琪	晋阳街道	A
15	关于推动五大花园片区城市微更新，打造社区综合服务体的建议	王红玉	晋阳街道	B
16	关于系统开展新一届社区党组织委员任职前综合能力培训的建议	王红玉	区委组织部	A
17	关于丰富社区文化活动提升居民幸福指数的建议	赵洪琴	区文体旅局	A
18	关于解决涉农社区失地老年农民社保问题的建议	吴　强	区规划和自然资源局	B
19	关于打通万寿桥路和武晋路“断头路”的建议	沈　瑜	区住建交局	B
20	关于机投桥西片区统征报征和人员安置的建议	沈　瑜	区规划和自然资源局	B
21	关于探索推进机投桥街道信托制物业管理模式的建议	银茂杉	机投桥街道	A
22	关于提升机投桥街道小区院落精细化治理水平的建议	范泽渊	机投桥街道	A
23	关于对外贸类非公经济企业新冠疫苗资源纳入优先供给的建议	陈范娇	区卫健局	A
24	关于在有条件的公共绿地中建设运动绿道的建议	李　鑫	区公园城市局	B
25	关于将妇女儿童权益保护和家庭建设纳入武侯区“十四五”规划的建议	李　鑫	区妇联	A
26	关于完善社区发展治理保障资金统一发包制度的建议	卢洪鉴	区委社治委	A
27	关于安装垃圾分类厢房的建议	张家蓉	区综合执法局	A
28	关于落实社区“居财居管”制度的建议	卢洪鉴	火车南站街道	A
29	关于发挥退役军人在基层社会治理中作用的建议	熊　刚	区退役军人事务局	A
30	关于提升基层公共文化服务能力的建议	许　婕	火车南站街道	A
31	关于进一步加强全区国有资产管理的建议	叶志豪	区国资和金融局	A
32	关于深化武侯产业联盟和专家智库的建议	潘　宇	区委组织部	A
33	关于整治四川省妇幼保健院晋阳院区交通环境的建议	黄永莉	晋阳街道	B
34	关于充分发挥检察职能积极参与知识产权保护的建议	谢志宏	区检察院	A
35	关于对洗面桥横街15号瓦子堰街道综治中心长廊地面进行防滑处理的建议	李晓林	浆洗街街道	A
36	关于加强武侯区未成年人检察工作的建议	熊百祥	区检察院	A
37	关于进一步发挥检察职能深度参与禁毒综合治理的建议	李晓林	区检察院	A
38	关于深化人社公共服务体系建设打造“温暖人社·武侯”品牌的建议	肖礼政	区人社局	A
39	关于推进卫教融合共同促进学生健康的建议	罗晓露	区教育局	A
40	关于实施成双大道北段综合整治的建议	王延智	华兴街道	A
41	关于打造地铁9号线华兴站文体公园，推动生态价值转化的建议	肖　鸿	华兴街道	B
42	关于打造水岸花园社区综合体的建议	杨　丽	华兴街道	B
43	关于充分利用资源高标准打造闲有雅乐公共文化新场景的建议	杨　丽	区文体旅局	A
44	关于对浆洗街辖区群（短）租房进行管理的建议	马　扬	浆洗街街道	A

续表11

序号	案　由	第一提议人	主办单位	办理结果分类
45	关于在未来城市广场建设城市运动公园和地下停车场的建议	刘荣富	区公园城市局	B
46	关于切实提升“9号线大街—西部电商云谷”区域城市品质的建议	杨月玲	成都市她妆美谷	A
47	关于完善顺江社区三环内的小区周围配套设施的建议	张成蓉	簇锦街道	A
48	关于太平园西路安装路灯的建议	周近忠	区住建交局	B
49	关于加强社区基础体育设施建设的建议	周近忠	区文体旅局	A
50	关于尽快出台城市有机更新支持政策的建议	金　怡	区公园城市局	B
51	关于高质量建设武侯电商产业功能区机投更新单元的建议	杨月玲	成都市她妆美谷	B
52	关于加快打造悦湖高端新材料转化基地的建议	杨月玲	悦湖新材料科技中心	B
53	关于医院影像科检查收费的建议	任　静	区医保局	C
54	关于尽快推动智远大道建设的建议	张远成	武侯国投集团	A
55	关于打造“社区直播间”项目的建议	周　勤	玉林街道	A
56	关于打造“巷子里”特色党群服务中心的建议	方　方	玉林街道	A
57	关于打造玉林北路社区“爱成都·迎大运”主题院落的建议	方　方	玉林街道	A
58	关于打造玉林“市井生活”社区旅游线路的建议	何　为	玉林街道	A
59	关于大力发展服务型制造业的建议	赵其春	区新经济局	A
60	关于构建小区全时段防控安全网络的建议	杜　斌	区住建交局	A
61	关于黉门街社区老旧院落升级改造融入更多智慧康养信息技术的建议	何建新	玉林街道	A
62	关于加强武侯区中小学思想政治理论课的建议	彭寒兵	区教育局	A
63	关于进一步规范武侯区宠物饲养的建议	何　为	区公安分局	A
64	关于进一步推动安全智慧小区平台建设的建议	彭寒兵	区住建交局	A
65	关于探索“邻里家”社区创新服务的建议	任　明	玉林街道	A
66	关于探索党建引领下的后疫情时代社区公共健康服务体系的建议	龚光辉	玉林街道	A
67	关于探索玉林街道社区服务项目化的建议	任　明	玉林街道	A
68	关于推动社区垃圾分类工作的建议	历　娜	区综合执法局	A
69	关于推进大运会场馆周边环境品质提升的建议	方　方	区综合执法局	A
70	关于推进党建引领环华西国际智慧医谷有机更新项目的建议	龚光辉	玉林街道	A
71	关于推进玉林东路片区市井生活圈打造的建议	任　明	玉林街道	A
72	关于做好华西坝片区历史文化街区城市更新项目解释的建议	杜　斌	区住建交局	A
73	关于进一步加强基层科普工作推动武侯科学发展与和谐稳定的建议	段旭如	区新经济局	A
74	关于解决居民出行难的建议	陈麒麟	区住建交局	A
75	关于解决龙腾正街片区交通问题的建议	黄宇明	区住建交局	A
76	关于做好垃圾分类工作的建议	李　红	区综合执法局	A
77	关于加快进出城通道更新建设的建议	屈　直	区住建交局	A
78	关于打造多元化文化综合体和居民综合服务体的建议	张馨佳	红牌楼街道	A
79	关于提升产业功能区显示度辨识度的建议	汪　琪	三国创意设计产业功能区	A
80	关于围绕三国创意设计产业功能区建设进一步发挥文创产业主导作用的建议	汪　琪	三国创意设计产业功能区	A
81	关于三国创意设计产业功能区建设高品质科创空间的建议	汪　琪	三国创意设计产业功能区	A
82	关于依托地铁新时代加快功能区发展建设的建议	汪　琪	三国创意设计产业功能区	A
83	关于抓住机遇推动三国创意设计产业功能区发展的建议	黄　芳	三国创意设计产业功能区	A
84	关于做好三国创意设计产业功能区“十四五”规划的建议	黄　芳	三国创意设计产业功能区	A
85	关于加快推进政务服务高频事项“跨省通办”的建议	黄　芳	区行政审批局	A
86	关于提升基层政务服务效能的建议	葛永明	区行政审批局	A
87	关于建立基于5G技术的城市综合感知系统的建议	葛永明	区行政审批局	A
88	关于利用大数据技术加强市场主体监管的建议	葛永明	区行政审批局	A
89	关于做好武侯区全域拆迁资金保障工作的建议	李传根	武侯国投集团	A
90	关于将“网安数字产业经济”总部基地纳入区重大项目扶持范围的建议	张　友	区新经济局	A
91	关于允许商业、办公类建设项目接通管道天然气的建议	罗　龙	区新经济局	A

续表11

序号	案由	第一提议人	主办单位	办理结果分类
92	关于设立社区卫生服务中心的建议	兰永乔	区卫健局	A
93	关于郭家桥正街“无名巷”命名并加装路灯的建议	李光宪	区民政局	B
94	关于增设公交车站点的建议	李光宪	区住建交局	A
95	关于对珠峰宾馆宿舍进行老旧院落改造的建议	李　林	望江路街道	B
96	关于重构科华北路川大周边业态的建议	刘兴年	望江路街道	B
97	关于建设老马路社区凯莱—锦宏步行街慢行小游园的建议	潘　敏	望江路街道	B
98	关于解决老马路社区街面乱停车现象的建议	潘　敏	望江路街道	B
99	关于打造智能信息管理平台的建议	史　江	区委社治委	A
100	关于“十四五”规划关注群众生活细节需求的建议	史　江	区发改局	A
101	关于在“十四五”规划中增设大力推进电子文件单套制管理事项的建议	史　江	区发改局	B
102	关于大力发展医美产业的建议	王　杭	华西医美健康城	B
103	关于加快推动华西大健康产业项目落地的建议	王　杭	华西医美健康城	B
104	关于美化郭家桥正街老旧院落外立面的建议	叶峻岭	望江路街道	A
105	关于提升一环路整体形象的建议	叶峻岭	区公园城市局	A
106	关于助推望江坊、环川大知识城建设推进锦江南岸文旅消费走廊打造的建议	叶峻岭	望江路街道	A
107	关于郭家桥南街街道两侧更换树种的建议	张先波	区公园城市局	B
108	关于解决辖区居民子女就读幼儿园需求的建议	张先波	区教育局	A
109	关于对辖区老旧院落的路面进行“黑化”的建议	张先波	望江路街道	B
110	关于尽快启动致民路33号危旧房拆迁改造的建议	赵世明	区公园城市局	B
111	关于打通南桥四路至高新区“断头路”的建议	肖　鸿	华兴街道	B
112	关于解决南桥社区二组院落内涝的建议	王延智	华兴街道	A
113	关于对散居院落旱厕进行整治的建议	王延智	华兴街道	A
114	关于对华兴街道三河社区废品回收站（点）进行整治的建议	杨　丽	华兴街道	A
闭会1号	关于对浆洗街街道楠欣社区红牌楼北街3号地块诉求调查的建议	金　怡	浆洗街街道	A
闭会2号	关于提升残疾人就业环境，加大残疾人就业技能培训的建议	卢洪鉴	区残联	A
闭会3号	关于加强用工单位已安置残疾人就业情况审核，提升残疾人就业环境的建议	黄宾佩	区残联	A
闭会4号	关于加强残疾人信息无障碍交流的建议	周　勤	区残联	A
闭会5号	关于加大对精神残疾人医疗救助力度的建议	周　勤	区残联	A
闭会6号	关于加大对残疾儿童抢救性康复救助的建议	黄宇明	区残联	A
闭会7号	关于加大残疾人托养帮扶力度，帮助贫困重度残疾人及家庭进一步摆脱困境的建议	杨　丽	区残联	A
闭会8号	关于丰富残疾人精神文化生活的建议	杨　丽	区残联	A

（程　曦）

代表工作
Work of Deputies

【概况】2021年，区人大常委会加强同代表、群众之间的联系，常态化、制度化开展常委会联系代表、群众工作。全面规范“代表之家”和社区代表联络站建设，为代表提供有组织、有制度、有服务的重要履职阵地。开展代表履职培训，支持和保障代表参加“一府一委两院”活动。

（田春洋　颜吟秋）

【人大代表联系群众】2021年，区人大常委会加强联系代表和联系群众工作，收集转办意见建议60余条。规范设置12个“人大代表”之家，推进49个“人大代表联络站”与社区党群服务中心融合建设。组织各级代表开展学习培训，注重提升代表履职能力。

（田春洋　颜吟秋）

【人大代表培训】2021年，区人大常委会围绕区委、区政府实施幸福美好生活十大工程重大部署，组织市、区人大代表120余人参加专题培训。聚焦民生、建设、治理等重点领域，邀请有关专家就城市通勤效率提升工程、城市更新和老旧小区改造提升工程、全龄友好包容社会营建工程等进行解读，帮助代表领会实施幸福美好生活十大工程的重大意义，找准代表助力幸福美好生活十大工程具体项目的方法路径，引导代表为武侯区经济社会发展贡献更多的智慧和力量。

（田春洋　颜吟秋）

专门委员会工作
Work of Specialized Committees

【概况】2021年，武侯区七届人大设法制、财政经济、社会事业、城乡建设与环境保护4个专门委员会。12月，区人大换届。区八届人大设法制委员会、经济委员会、教育科学文化卫生委员会、城乡建设与环境保护委员会、预算委员会和社会建设委员会。

（田春洋　颜吟秋）

【法制委员会】2021年，区人大法制委员会加大法律监督力度，促进“一府两院”依法行政、公正司法，深入推进法治武侯建设。听取和审议区政府《关于开展“六五”普法工作及今后普法工作安排的情况报告》《关于法治政府建设年度工作情况的报告》等，并形成审议意见报区七届人大常委会主任会议审议通过；就武侯区实施《中华人民共和国食品安全法》等法律法规情况开展执法检查；备案审查区政府报送的规范性文件41件、区委相关部门规范性文件41件。清理涉及计划生育内容的规范性文件，开展《四川省禁毒条例》贯彻执行情况监督检查。落实常委会会前学法制度，邀请执法部门业务骨干解读相关法律法规。

（田春洋　颜吟秋）

【财政经济委员会】2021年，区人大财政经济委员会跟进全区“十四五”规划编制工作，区七届人大五次会议期间，根据各代表团审议意见进一步审查，向大会主席团提交《关于武侯区“十四五”规划和二〇三五年远景目标审查结果报告和决议（草案）》。对区政府预决算事项进行初审，并根据审计工作报告，出具审查结果报告，报区人大常委会会议审议。审议区政府关于2021年国有企业国有资产管理情况、行政事业性国有资产管理情况等报告，形成4份审议意见。开展金融服务业、大健康产业、文创产业发展情况专题调研，从产业发展的各个维度提出建议意见，形成3份审议意见；邀请市、区人大代表，调研5个产业功能区建设情况，形成3份审议意见。

（田春洋　颜吟秋）

【社会事业委员会】2021年，区人大社会事业委员会专题调研武侯区创建国家全域旅游示范区工作，提出“深化‘旅游+’战略、创新宣传营销模式”的建议；调研武侯区文化创意产业体系建设的情况，提出“强化引领，切实提升发展活力”等建议；开展公共文化服务效能提升专项监督，提出“加强组织领导，统筹协调推进”的建议；开展提升居家养老服务功能工作专项监督，提出“加大投入，强化养老服务体系建设”的建议。开展武侯区加强“全国学校体育联盟示范区”建设、提高学校体育教学质量的专题审议，督促区政府明晰工作思路，强化工作举措，突出工作重点，强化队伍建设，提升体育教学质量，凸显区域教育品牌。开展传染病防治工作专题调研，提出“提高认识，大力开展宣传教育”“落实责任，有效深化执法监督”“强化统筹，切实做好后续保障”等建议。协助区人大常委会开展《四川省中小学校食品安全管理办法》等法律法规的实施情况执法检查。

（田春洋　颜吟秋）

【城乡建设与环境保护委员会】2021年，区人大城乡建设与环境保护委员会围绕城市有机更新、环城生态区建设、成都大运会场馆建设等开展生态环境保护监督。组织开展《成都市市容和环境卫生管理条例》等法规落实情况的执法检查，听取区政府贯彻落实《成都市环城生态区保护条例》等情况的报告，督促区政府坚持绿色发展理念、规范执法行为、完善执法机制。专题调研武侯区贯彻落实《四川省物业管理条例》情况，提出意见建议，形成审议报告。对人大代表提出的“关于加强老旧小区街道绿地建设的建议”和“加快老旧小区电梯安装建议”办理情况开展督办，确保代表建议的落实。围绕省、市、区关于做好迎接中央环保督察组检查工作有关要求，制定环境保护监督检查工作方案，成立6个专项监督检查组，到相关街道、社区实地检查49次，督导环保投诉问题整改落实。

（田春洋　颜吟秋）

成都市武侯区人民政府

THE PEOPLE'S GOVERNMENT OF CHENGDU WUHOU DISTRICT

综　述

Overview

2021 年，武侯区政府在市委、市政府和区委的坚强领导下，坚持以建设践行新发展理念的公园城市示范城区为统揽，在做好常态化疫情防控各项工作基础上，扎实推进“高质量发展攻坚年”各项工作，在大事多、任务重、要求高的情况下，保持定力、持续发力，各项事业取得新成绩。

疫情防控与经济增长双战赢

2021 年，武侯区将新冠肺炎疫情防控作为经济社会发展的底板，有效应对“7·27”“11·2”两轮疫情，遏制疫情传播反弹，努力降低疫情对经济社会发展的冲击影响。坚持主动作为、跳起摸高，实施“双百亿”行动，聚焦重点行业、优势企业、产业项目精准发力，努力为全市经济增长多作贡献。全年地区生产总值 1358.8 亿元，比上年增长 7.2%。

项目促建与招大引强双“红榜”

2021 年，武侯区坚持将项目投资作为经济工作的引领，常态化开展项目招引攻坚行动，举办重大项目集中签约仪式，扩大武侯影响力；全年引入市级重大产业化项目 20 个，新加坡能源集团碳中和智慧城市等“153”项目（成都市项目招引攻坚行动中投资分别达 100 亿元、50 亿元、30 亿元的项目）4 个；加强重大项目专题调度，四川大学先进材料科研大楼等 42 个省市重点项目加快建设，京东西南总部基地等 57 个项目竣工，完成固定资产投资 400 亿元，比上年增长 15%，增幅位居全市前列。武侯区重点项目促建与产业化项目招引均进入全市“红榜”。

产业发展与企业服务双升级

2021 年，武侯区聚焦新材料、生物医药、时尚美妆、创意视听等产业细分领域，推进天府智慧大厨房、沃森生物、全美生物、中粮大健康

图028　2021年12月24日，成都市武侯区四季度重大产业化项目集中签约仪式举行

（区融媒体中心供图）

产业园等重点项目开工建设，加快促进产业集聚、发展壮大。坚持以服务企业带动产业发展，实施深度服务企业措施和营商环境建设行动，制定音乐、医美、建筑、工业等产业扶持政策，出台精准应对疫情助企纾困解难帮扶政策，全年用于奖励扶持企业的资金近6亿元。

城市功能与环境品质双优化

2021年，武侯区坚持以功能思维推进城市有机更新，加快实施太平园TOD创意设计城等27个引领性项目，华西坝、悦湖、她妆美谷等重点片区初见雏形。加快提升城市环境品质，优化提升簧门里等22条锦江公园子街巷，一环路市井生活圈武侯段初步呈现，宜居水岸工程全面竣工。第二轮中央、省环保督察反馈案件办结率分别达95.7%和91%；持续实施大气、水、土壤污染防治攻坚，城区的功能特质、环境品质、公园气质不断提升。

民生供给与社会治理双促进

2021年，武侯区大力推进幸福美好生活十大工程和"我为群众办实事"活动，138个重大民生工程项目加快实施，3500余件群众关心关注的民生实事及时办结。统筹发展和安全，建立隐患巡查发现机制和整改闭环机制，组建队伍开展常态走访巡查，严打涉黑涉恶、电信网络诈骗等各类突出违法犯罪活动，持续推进矛盾纠纷化解。武侯区被评为四川省维护社会稳定先进区。

（林　杰　吕旭敏）

民生实事
People's Livelihood Projects

【概况】 2021年，武侯区有民生实事项目共120项。区政府办公室会同各目标牵头单位强化督查力度，及时发现项目推进过程中的问题，并研究提出协调解决办法，各项民生实事项目均按期全面完成。其中，完成省级民生实事项目17项（详见表12），包括减免非民族自治地区幼儿保教费、支持特殊教育学校改善办学条件等内容；完成市级民生实事项目68项（详见表13），涉及交通出行、市容环境、就业创业、扶贫解困、教育助学、医疗养老、食药安全、文体惠民、住房保障、便民服务等方面，包括推动轨道交通加速成网，打通中心城区"断头路"5条，建成郭家桥北街和玉林东路2个示范街区，建成锦江公园子街巷22条运营青年之家旗舰店，建立退役军人创业园，为符合条件的困难残疾人、重度残疾人发放生活补贴、护理补贴，推进公办初中强校工程，提升2所学校办学水平等内容；区级民生实事项目35项（详见表14），包括加快推进花龙大道等24条道路开工建设，建成宜居水岸一、二期工程，建设区级城市核酸检测基地等内容。

（罗　毅　邓林建）

【区级民生实事征集】 2021年，武侯区通过"一封信+一通告+N场活动"的方式"线上""线下"统筹推进区级民生实事征集活动，营造全社会关心、支持和参与民生实事项目的氛围，广泛收集民生实事项目。以群众反映诉求为基础，梳理民生实事项目，并多次组织召开专题会，对项目必要性、可行性、公益性、普惠性等进一步充分论证，共确定区级民生实事项目35项。

（罗　毅　邓林建）

【十大民生服务案例评选】 2021年，武侯区结合"感动武侯"主题活动，从全区各单位自荐参评的127件"我为群众办实事"十大民生服务案例中，遴选出具有代表性的参评案例51件，依托"武侯发布"微信公众号进行网络投票，累计收到选票40.1万票。2022年1月6日，经专家团评审，确定"开展信托制物业服务""建成水韵园综合教育基地"等10个项目为年度十大民生服务案例（详见表15）。

（邹　曼　刘沁月）

图029　2021年4月29日，武侯区"我为群众办实事"十大民生服务案例之一的"水韵园"综合教育基地开园仪式举行

（区融媒体中心供图）

表 12　武侯区 2021 年省级民生实事项目完成情况表

序号	项目内容	牵头单位	完成情况
1	减免非民族自治地区 962 名幼儿保教费	区教育局	减免 1456 名幼儿保教费共计 159.46 万元
2	为 900 名义务教育阶段家庭经济困难学生提供生活费补助	区教育局	为 1073 名义务教育阶段家庭经济困难学生提供生活费补助共计 63.26 万元
3	支持特殊教育学校改善办学条件	区教育局	投入 15 万元，完成学校大门更换、卫生间翻新、摄像头新增及更换、课桌椅更换和新建录播教室等项目
4	向 491 名家庭经济困难的普通高中学生发放助学金	区教育局	向 530 名家庭经济困难的普通高中学生发放助学金 103.8 万元
5	持续为 108.93 万常住城乡居民免费提供 12 项国家基本公共卫生服务	区卫健局	按照《国家基本公共卫生服务规范（第三版）》，持续提供 12 项国家基本公共卫生服务，建立城乡居民健康档案 1054964 份，建档率 96.0%
6	为 3876 名符合条件的计划生育对象提供计划生育扶助保障	区卫健局	投入 1813 万元，为 4036 名符合条件的计划生育对象提供计划生育扶助保障，其中计划生育家庭特别扶助对象 1685 名、农村部分计划生育家庭奖励扶助对象 2351 名
7	提高 20.59 万城乡居民基本医疗保障水平	区医保局	按照医保政策提高 20.7 万名城乡居民医疗保障待遇
8	实现 5.79 万符合条件的人员养老金发放全覆盖	区人社局	为 6.53 万名符合条件的退休人员发放养老金
9	代缴低保对象、特困人员等困难群体城乡居民基本养老保险个人缴费 655 名	区人社局	为 674 名困难群体城乡居民进行养老保险参保登记和代缴
10	组织开展各类补贴性职业技能培训 1.86 万人次以上	区人社局	开展各类补贴性职业技能培训 71250 人次
11	促进城镇新增就业 15459 人，城镇登记失业率≤ 4%	区人社局	城镇新增就业 17626 人，城镇登记失业率 2.4%
12	为 804 名困难残疾人发放生活补贴	区民政局 区残联	全区有困难残疾人 862 人，发放困难残疾人生活补贴 9521 人次 218.28 万元
13	推进实施绿色惠民殡葬政策，采取减免费用或提供补贴等方式为全省符合政策范围内的逝者家庭做好基本殡葬服务，推进实现基本殡葬服务的普惠性、均等化	区民政局	发放惠民殡葬基本服务补贴、节地生态葬奖补 1982 人次 214.6 万元
14	实施 2 个社会工作服务试点示范项目	区民政局	建成红牌楼街道、望江路街道社工服务站
15	实现 1 个公共图书馆、1 个文化馆、11 个文化站（中心）免费开放	区文体旅局	武侯区图书馆、武侯区文化馆和 11 个街道综合性文化服务中心实施免费开放
16	新开工改造城镇老旧小区“29+1”个	区公园城市局	全区共 30 个老旧小区改造开工
17	为困难群众和特殊群体免费提供法律援助咨询服务 5000 人次和法律援助案件服务 360 件次	区司法局	为群众提供法律咨询、代书等其他法律服务事项 9837 人次，办理法律援助案件 417 件

（邓林建）

表 13　武侯区 2021 年市级民生实事项目完成情况表

序号	项目内容	牵头单位	完成情况
1	推动轨道交通加速成网，续建地铁 10 号线三期、13 号线一期、17 号线二期、18 号线三期、19 号线二期、8 号线二期、27 号线一期、30 号线一期及轨道交通资阳线等 9 个项目	区住建交局	已配合市轨道办、成都轨道集团推进相关工作

续表13

序号	项目内容	牵头单位	完成情况
2	打通城区“断头路”“1+4”条	区住建交局	万寿四路、万寿巷、武青东五路、武盛街四条“断头路”于11月通车;南桥四路于12月建成通车
3	打造停车治理示范片区2个	区公安分局	完成聚萃街、红牌楼北街2个停车治理示范片区打造
4	完成城郊接合部连片整治项目1个	区综合执法局	完成金花社区公园整治
5	打造背街小巷环境品质提升示范街1条	区综合执法局	完成沙堰街整治
6	完成城市道路整治提升10条	区住建交局	完成肥猪市街、洗面桥巷等10条道路整治提升
7	规划建设社区绿道50条	区公园城市局	50条社区绿道全部建成
8	开展绿道公园活动50场	区公园城市局	全年开展绿道公园活动183场
9	建成公园城市示范街区2个	区公园城市局	建成郭家桥北街示范街区和玉林东路示范街区
10	建成锦江公园子街巷“18+4”条	区公园城市局 武侯音产公司	22条子街巷全部建成
11	完成江安河马家河段运动公园提升改造	区公园城市局	完成江安河马家河段运动公园提升改造
12	完成特色街区片区建设2个	区公园城市局	建成大学路、沙堰街2条特色街区
13	城镇新增就业15459人，新增吸纳大学生就业创业5200人	区人社局	城镇新增就业17626人，新增吸纳大学生就业创业5301人
14	常态化运营青年创新创业“一站式”服务平台，为200个种子期、初创期项目提供孵化入驻	团区委	累计为202个种子期、初创期项目提供孵化入驻服务
15	运营青年之家旗舰店1个	团区委	运营青年之家旗舰店1个
16	开展青年社交活动100场	团区委	开展青年社交活动100场
17	服务青年“蓉漂”、青年人才等2800人次	团区委	青年人才驿站服务已入住青年800人次，武侯区青年创业园、创客坊服务青年2000人次
18	开展补贴性职业技能培训18600人次，发放培训补贴1469.22万元	区人社局	开展各类补贴性职业技能培训71250人次，拨付培训补贴5264.03万元
19	完成农民工劳务品牌培训100人	区人社局	组织3个培训班次，培训136人
20	举办退役军人专场招聘会3场以上，提供就业岗位2000个	区退役军人事务局	举办4场退役军人专场招聘会，累计提供就业岗位2000余个
21	建立退役军人创业园（孵化基地）1个以上	区退役军人事务局	已建立武侯区退役军人创业创新发展中心
22	为退役军人提供免费技能培训37人次	区退役军人事务局	为退役军人提供免费技能培训37人次
23	为符合条件的困难残疾人、重度残疾人发放生活补贴、护理补贴	区民政局	发放困难残疾人生活补贴9521人次、218028万元;发放重度残疾人38227人次、353万元
24	有意愿且符合条件的特困人员集中供养率达100%	区民政局	武侯区有意愿且符合条件的11人均已集中供养,集中供养率100%
25	符合条件的困难人员城乡居民基本养老保险政府代缴率达100%	区人社局	完成674名困难群体城乡居民养老保险的参保登记和代缴
26	免费救助严重精神障碍患者，做到应救尽救，社区管理率达85%	区卫健局	免费救助严重精神障碍患者78人,社区管理率98.0%

续表13

序号	项目内容	牵头单位	完成情况
27	为符合条件的退役残疾军人、在乡复员军人、带病回乡退伍军人、“三属”等优抚对象购买基本医疗保险，实现应保尽保，完成率 100%	区退役军人事务局	完成伤残军人城镇职工医疗保险购买，正推进优抚对象城乡居民医疗保险购买工作
28	为 220 户独居残疾人、60 岁以上独居老人等住所安装感烟报警装置	区应急局 区消防救援大队	为 252 户居民住所安装感烟报警装置
29	为符合条件的建档困难职工开展生活、医疗、助学救助	区总工会	武侯区现有建档困难职工 1 名，已根据其需求及时开展救助
30	为 580 名环卫工人免费健康体检	区总工会 区综合执法局	完成 800 名环卫工人健康体检
31	新建改扩建中小学、幼儿园 2 所	区教育局 区公园城市局	万寿四路小学、武青西三路幼儿园于 9 月开学（园）
32	增加学位 1710 个	区教育局	万寿四路小学、武青西三路幼儿园共新增 1710 个学位
33	推进公办初中强校工程，提升 2 所学校办学水平	区教育局	组建 2 个专家团队指导西北中学外国语学校、金花中学。专家团队开展“一对一帮扶指导”各 2 次；区教科院会同专家团队开展“一月一视导”2 次
34	对义务教育阶段公办学校城乡低保家庭学生及特困供养人员中的优秀非住宿学生给予助学补助，补助标准为小学每生每年 1000 元，初中每生每年 1250 元	区教育局	为 143 名符合条件学生提供助学补助共计 14.86 万元
35	对公办中职学校成都籍学生及非成都籍但家庭经济困难学生免除住宿费，对民办中职学校符合免费条件的学生给予住宿费补助	区教育局	为 2954 名符合条件学生免除住宿费共 140.38 万元
36	完成 1 家社区卫生服务中心（乡镇卫生院）基础设施提升改造	区卫健局	新簇锦社区卫生服务中心建成并投入运营
37	新生儿疾病免费筛查率≥ 95%	区卫健局	新生儿免费遗传代谢性疾病筛查率 99.2%；新生儿免费听力筛查率 98.9%；新生儿免费先天性心脏病筛查率 99.7%
38	城乡居民基本医疗保险参保登记率达 98%	区医保局	完成 207029 人参保缴费，完成率 101.1%
39	二级及以上综合医院全部开设老年人挂号、就医等绿色通道	区卫健局	市、区注册二级及以上综合医院均按要求开通老年人挂号、就医等绿色通道
40	建成运营社区养老服务综合体 1 个	区民政局	完成簇桥街道龙井社区养老综合体建设
41	城乡居民基本养老保险参保覆盖率达 90% 以上	区人社局	城乡居民养老保险参保人数 7864 人，参保覆盖率 90% 以上
42	开展食品药品科普宣传活动 9 场次以上	区市场监管局	开展食品药品科普宣传活动 9 场
43	检验检测实验室“开放日”活动 1 场次以上	区市场监管局	开展检测实验室“开放日”活动 1 场
44	落实重新核定储备成品粮 2400 吨	区发改局	承储企业已落实增储规模，并完成入库
45	开展含特殊药品复方制剂互联网 + 智慧监管试点，新增试点药店“200+10”家	区市场监管局	持续开展含特殊药品复方制剂“互联网 + 智慧监管”试点，已完成新增试点药店 210 家
46	打造基层综合性文化服务中心示范点 2 个	区文体旅局	红牌楼竹园社区、华兴南桥社区完成打造
47	开展“文化四季风”品牌群众文化活动 4 场	区文体旅局	举办“文化四季风”文化活动 4 场

续表13

序号	项目内容	牵头单位	完成情况
48	开展“非遗进社区”展示、展演、培训等活动12场次以上	区文体旅局	开展“非遗进社区”展示、展演、培训等活动17场次
49	新建（完善）社区全民健身服务站点20个	区文体旅局	新建（完善）22个服务站点
50	开展社区级科学健身指导服务35场次	区文体旅局	开展社区级科学健身指导服务活动35场
51	公共体育场馆免费（低收费）开放6万人次	区文体旅局	免费（低收费）服务6万余人次
52	开展全民健身活动300场次	区文体旅局	开展全民健身活动324场次
53	国民体质监测人数5220人	区文体旅局	完成国民体质监测人数5479人
54	培训社会体育指导员109名	区文体旅局	培训社会体育指导员109名
55	累计建成基本公共服务设施41个	区公园城市局	共建成万寿四路小学、玉林一路社区综合体等41个基本公共服务设施
56	完成老旧小区改造39个	区公园城市局	年末改造老旧小区39个
57	完成城镇棚户区改造85户	区公园城市局	老马路2号院、3号院共签约117户
58	发放公租房租赁补贴850户	区住建交局	发放公共租赁住房租赁补贴1272户，共计894万元
59	城区既有住宅增设电梯153台	区住建交局	完成既有住宅自主增设电梯157台
60	建成社区运动角3个	区文体旅局	建成七道堰社区运动角等3个点位
61	建成社区花园3+2个	区公园城市局	建成花龙门社区小游园等5个社区花园
62	建成社区（村）法律之家2个	区司法局	建成华兴街道南桥社区、簇桥街道龙井社区法律之家
63	建成示范调解室1个	区司法局	建成簇桥街道龙井社区示范调解室
64	发放应急包等人防用品3000个	区住建交局	发放人防应急包3000余个
65	“天府市民云”集成市级服务新增不少于3项，实现社区综合服务信息平台应用全覆盖	区委社治委	上线“老年大学”“助残服务”“企业服务”等3项服务
66	办理法律援助案件360件	区司法局	办理法律援助案件417件
67	提供法律咨询、代书等其他法律服务事项5000人次	区司法局	为群众提供法律咨询、代书等其他法律服务事项9837人次
68	打造特色商业街区8条	区商务局	完成11条特色商业街区打造并通过市级评价验收

（邓林建）

表14　武侯区2021年区级民生实事项目完成情况表

序号	项目内容	牵头单位	完成情况
1	加快推进花龙大道等24条道路开工建设	区公园城市局	武青东五路等4条道路已完工，武青西二路等20条道路正在进行主体施工
2	启动九康六路（九康一路至九康三路段）、智远大道（东坡路西二段至永康路段）道路、武侯新材料转化基地环线道路工程建设	武侯资本公司	智远大道（东坡路西二段至永康路段）道路、九康六路（九康一路至九康三路段）、新材料转化基地环线道路工程已启动建设
3	完成智远大道（永康路至武兴路段）、双凤二路（草金路至智星二路段）、智星三路（双凤二路至双凤三路）3条道路建设	武侯资本公司	智选大道、双凤二路、智星三路建成通车
4	启动利民巷、电信路2条道路建设	武侯发展公司	电信路项目已启动，正进行施工前期准备工作；利民巷已完成备案（立项），相关工作已启动

续表14

序号	项目内容	牵头单位	完成情况
5	打造“两拆一增”治理点位 110 处	区公园城市局 区综合执法局	完成 132 处“两拆一增”点位整治
6	创建市级园林式居住小区 3 个	区公园城市局	市公园城市局已验收东原印长江等 3 个居住小区
7	新增绿道 30 千米	区公园城市局	建成 31.32 千米绿道
8	拆除违法建设 15 万平方米	区综合执法局	共拆除违法建设 24 万平方米
9	建设 1206 个固定分类集中投放点，新增厨余垃圾分布式处置能力 35 吨 / 日，建成大件垃圾处置中心 1 座	区综合执法局	建成固定分类集中投放设施 1350 座，新增厨余垃圾分布式处理设施 47 吨 / 日（合计处置能力 67 吨 / 日），建成大件垃圾处置中心 1 座
10	建成宜居水岸一、二期工程，加快“水系连通”工程楠杆堰、鸡公堰标段建设	区水务局	完成宜居水岸一期项目建设，二期完成工程总量 98%；“水系连通”一期工程完成工程总量 30%
11	新建环卫公厕 1 座，改造环卫公厕 2 座	区综合执法局	新建和改造均完成
12	扶持 1000 名残疾人居家灵活就业	区残联	共扶持 1170 名残疾人居家灵活就业
13	实现企业开办全流程网办率达 60% 以上	区行政审批局	年末，企业开办全流程网办率稳定在 90% 以上
14	在政务大厅设置“企业登记自主填报服务区”，配置自主申报电脑不低于 8 台	区行政审批局	在政务大厅设置“企业登记自主填报服务区”，配置有自主申报电脑 17 台
15	打造精神障碍社区康复一中心三站点	区民政局 区残联	完成精神障碍社区康复服务中心及玉林街道、华兴街道、望江路街道精神障碍社区康复站建设
16	为 6000 名残疾人购买团体意外保险	区残联	为 69 周岁以下的残疾人 6566 人购买团体人身意外保险，共计 3.28 万元
17	为 280 名残疾儿童提供康复救助	区残联	为 374 名残疾儿童拨付康复补贴费用 790 万元
18	为 3500 名 80 岁老年残疾人发放护理补助	区残联	为 3940 名 80 岁老年残疾人发放护理补贴 133.33 万元
19	启动北京第二外国语学院成都附属中学学生宿舍、学术报告厅及礼仪职中新校区项目建设	武侯资本公司	已启动北二外附属中学及学术报告厅、礼仪职中建设，正进行主体施工
20	建立新发或不明原因传染病综合监测系统	区卫健局	已建立不明原因肺炎监测体系，将全区医疗机构纳入监测点，对呼吸道传染病类重特大突发公共卫生事件开展监测、报告；建立疾病症状监测系统，将全区 31 个医疗机构纳入监测哨点，监测内容覆盖腹泻症状、呼吸道症状、发热症状等。通过症状监测，进一步提高不明原因疾病监测灵敏度
21	建设区级城市核酸检测基地，检测能力达到平时 1 万份 / 天	区卫健局	建成武侯区城市核酸检测基地，检测能力达到平时 1 万份 / 天
22	完成社区嵌入式养老示范项目 2 个	区民政局	建成望江路街道郭家桥、机投桥街道潮音社区嵌入式养老示范项目并投入运营
23	完成医疗器械智慧监管网络建设	区市场监管局	建成医疗器械智慧监管网络，完成软件测试安装并试运行
24	打造放心肉菜示范超市 2 家	区市场监管局	完成伊藤洋华堂双楠店、人人乐大悦城店打造
25	对全区农贸市场在用计量器具开展 2 次免费检测	区市场监管局	对全区 41 家农贸市场在用计量器具开展免费检测，检测器具 8065 台
26	开展“走基层”文化惠民演出 40 场	区委宣传部 区文体旅局	共开展文化惠民演出 40 余场

续表14

序号	项目内容	牵头单位	完成情况
27	新建及更换室外全民健身器材 15 个点位	区文体旅局	完成 15 个点位的健身器材更换及安装
28	全年开展群众文化惠民活动 2000 场	区文体旅局	开展群众文化惠民活动 5000 场次
29	启动龙门绣苑、铁佛新居 c 组团三期等 2 处安置房建设；陆坝二期、九花二期、三河新居二期等 3 处安置房主体完工	区规划和自然资源局	龙门绣苑已完成临时设施搭建等施工前期准备工作，铁佛新居 C 组团三期已完成立项及方案设计，正抓紧推进施工前期准备，以上两个安置房项目均已启动；陆坝二期、九花二期、三河新居二期正主体施工
30	启动双凤二路综合运动场等 5 处基本公共建筑配套服务设施建设	区公园城市局	已启动双凤二路综合运动场等 5 个基本公共建筑配套服务设施项目，正进行施工前期准备
31	新建商品住房中配建人才公寓 5 万平方米（800 套）	区住建交局	2021 年配建人才公寓 800 套 5 万平方米
32	完成电瓶车充电桩示范项目 3 个	区应急局 区消防救援大队	完成红牌楼街道三九佛兰汽配城、西南汽配城和华兴街道三九佛兰大车汽配城 3 个点位建设
33	举办各类促消费活动 100 场以上	区商务局	举办“三好”生活节等各类消费促进活动 130 余场
34	加强转供电价格监督，召开行政指导、约谈会 10 次以上，对全区不低于 15% 的转供电用户进行抽查，确保国家电费降价红利政策落地落实	区市场监管局	召开行政指导会 10 次，检查并规范转供电主体 25 家，全区转供电用户（110 家）抽查比例 22.7%
35	完成 3000 户“液改气”试点工作	区新经济局	完成 3006 户签约及改造

（邓林建）

表 15　2021 年武侯区“我为群众办实事”十大民生服务案例一览表

序号	项目名	类别	特色亮点	牵头单位
1	开展信托制物业服务	便民利民服务	创新党建引领信托制物业服务模式，通过引入信托理念，重构物业公司、业委会、业主三方关系，以阳光透明的制度机制，实现业主权益和小区公共利益最大化，破解小区（院落）治理难题，增强群众获得感、幸福感。截至年末，有 25 个小区（院落）引入信托制物业	区委社治委
2	创建“颐居通”社区居家养老服务综合信息平台	服务“一老一小”	建立“颐居通”平台，整合养老服务资源，以技术手段助力供需精准对接，智慧应用延伸到为老人提供助餐、助浴、助洁、娱乐、健康管理、家庭护理等服务。截至年末，建档 9 万余份，惠及群众 13.2 万余人次。入选全国首批运用智能技术服务老年人优秀示范案例	区民政局
3	建成水韵园综合教育基地	学有优教	为促进青少年全面健康成长，缓解“双减”新政下家长焦虑，探索家庭、学校、社会“三位一体”协同育人新路径，在江安河畔创新建设西部首个公益性综合实践教育园区——水韵园综合教育基地，设立“国家危机档案”等五大主题精品课程，打造沉浸式教学课堂	区教育局 武侯国投集团
4	修建电瓶车集中智能充电停车棚	城市安全维护	利用果堰街 100 号、200 号自建房等区域闲置空地修建电瓶车智能充电停车棚 5 处，可同时容纳 1500 余辆电瓶车，采取物理隔断、种类分断与智能中断相结合的方式，预防消防事故发生，保障群众生命财产安全	机投桥街道
5	实施“液改气”工程	城市安全维护	为消除使用瓶装液化气存在的安全隐患，在全市率先启动实施“液改气”工程，采取燃气公司让利一点、商户自筹一点、政府补贴一点的方式，调动各方积极性，全面推动改造工程实施	区新经济局

续表15

序号	项目名	类别	特色亮点	牵头单位
6	为老旧小区加装电梯	老旧小区更新改造	通过坚持党建引领、强化宣传发动、推介优秀案例等方式推进电梯加装工作，解决老年人爬楼难题，全年为45个老旧小区增设电梯157部，发放政府补助资金2240万元，惠及群众12000余人	区住建交局
7	改造老旧小区	老旧小区更新改造	聚焦老旧小区基础配套设施陈旧、生活服务功能不完善、居住环境品质不高等问题，充分征求居民意见，实施一院一策，结合特色街区打造、公服配套设施建设等市区重点项目，统筹基础设施改造和居住品质提升，改造老旧小区80个，惠及群众10000余户	区公园城市局
8	建设宜居水岸工程	改善生态环境	创新采取PPP模式，引入社会资本参与宜居水岸建设。通过改造河堤、清淤疏浚、建设绿道和智慧水务系统等，改善河道水质，增强防洪排涝，助推城市有机更新。该项目覆盖江安河、清水河等9条干（支）流，全长62.38千米，总投资39.6亿元	区水务局
9	整治提升垃圾中转房	改善生态环境	对全区30座临街公共垃圾中转房和小区院落垃圾房进行分类整治提升，实施顶加盖、内贴砖、外防渗整治，设置喷淋除臭、高压冲洗、新风换气等设施，并完善制度机制，加强巡查管理，优化周边环境卫生	区综合执法局
10	办理电子现勘食品经营许可证	营商环境优化	主动回应群众关心的事项，改变传统现勘模式，在全省率先采取线上勘查，实现群众办证从现场核到网上办的转变，电子现勘简化流程，缩短时限	区市场监管局

（邹　曼）

【共建幸福美好生活大会】 2021年3月12日，武侯区召开“深度服务企业·推进高质量发展·共建幸福美好生活”大会，通报2020年经济工作情况，安排部署2021年主要工作和深度服务企业工作措施，护航企业全生命周期发展，表扬全区2020年度优秀纳税企业。大会发布武侯区深度服务企业推进高质量发展共建幸福美好生活十项措施，深化企业服务，推动高质量发展；印发《武侯区全面深化国际化营商环境建设实施方案》，从优化提升投资贸易、获得许可、要素匹配、政策支持、司法保护五个维度布置24项任务，营造稳定公平可及的营商环境，与企业携手共建幸福美好生活；更新武侯产业发展地图，推介五大产业功能区建设，释放新一轮发展机遇。企业家代表195人参加会议。

（伍三雄　杨　燕）

重要会议
Important Meetings

【武侯区政府第八次全体会议】 2021年1月12日，武侯区政府第八次全体会议在一办区大礼堂召开。会议书面传达学习中共中央《关于制定国民经济和社会发展第十四个五年规划和二〇三五年远景目标的建议》，学习贯彻中共十九届五中全会、中央经济工作会议、中央财经委员会第八次会议，以及省委十一届八次全会、省委经济工作会、市委十三届八次全会、区委七届十七次全体会议精神，审议区政府2020年工作报告、武侯区国民经济和社会发展第十四个五年规划和二〇三五年远景目标纲要、武侯区2020年国民经济和社会发展计划执行情况及2021年国民经济和社会发展计划（草案）的报告、武侯区2020年财政预算执行情况和2021年财政预算（草案）的报告等讨论稿。区政府领导和区政府组成部门主要负责人出席会议；各街道办事处、区政府其他部门、市垂管部门主要负责人列席会议；区人民团体有关负责人、区人大代表、区政协委员、市民代表、各民主党派武侯支部（总支、支社）主委应邀参加会议。

（吕旭敏　王丽萍）

【武侯区政府第九次全体会议】 2021年9月2日，武侯区政府第九次全体会议在一办区大礼堂召开。会议书面传达省委十一届九次全会、省政府第八次全体会议及市委十三届九次全会、市政府第七次全体会议精神及区委七届十八次全会精神，通报全区2021年上半年经济社会运行情况及下半年工作安排，安排部署2021年下半年分管工作。区政府领导和区政府组成部门主要负责人出席会议；各街道办事处、区政府其他部门、市直属部门主要负责人列席会议；区人民团体有关负责人、区人大代表、区政协委员、市民代表、各民主党派武侯支部（总支、支社）主委应邀参加会议。

（吕旭敏　王丽萍）

图030　2021年12月7日，成都市武侯区人民政府第十次全体会议召开　（区融媒体中心供图）

【武侯区政府第十次全体会议】 2021年12月7日，武侯区政府第十次全体会议在一办区大礼堂召开。会议书面传达学习《中共中央关于党的百年奋斗重大成就和历史经验的决议》及省委十一届十次全体会议精神，审议区政府2021年政府工作报告、武侯区2021年国民经济和社会发展计划执行情况及2022年国民经济和社会发展计划（草案）的报告、武侯区2021年财政预算执行情况和2022年财政预算（草案）的报告等讨论稿，区政府班子成员分别总结2021年分管工作、安排部署2022年工作。区政府领导和区政府组成部门主要负责人出席会议；各街道办事处、区政府其他部门、市垂管部门主要负责人列席会议；区人民团体有关负责人、区人大代表、区政协委员、市民代表、各民主党派武侯支部（总支、支社）主委应邀参加会议。

（吕旭敏　王丽萍）

【武侯区政府常务会议】 2021年，武侯区政府召开常务会议25次，审议并原则通过武侯区2021年国民经济和社会发展计划执行情况及2022年国民经济和社会发展计划（草案）的报告、《武侯区促进金融业高质量发展若干扶持政策》、武侯区2021年省市区民生实事目标方案等；开展会前学法15次。（详见表16）

（吕旭敏　王丽萍）

表16　2021年武侯区政府常务会议一览表

次别	时间	主要议题	学法内容
第110次	1月4日	听取《关于武侯区知识产权工作情况的报告》，审议武侯区2020年政府工作报告、2021年经济工作要点、2020年财政预算执行情况和2021年财政预算（草案）的报告、国民经济和社会发展第十四个五年规划纲要等讨论稿	
第111次	1月21日	审议武侯区加快建设科技成果转移转化基地全面加强科技创新能力的实施意见、武侯区促进金融业高质量发展若干扶持政策、武侯区加快推进生产性服务业高质量发展实施方案、武侯区城市核酸检测基地建设经费纳入2021年度预算、表扬武侯区第四届教学成果等事项	国务院办公厅《关于社会信用体系建设》
第112次	2月1日	审议武侯区国家生态文明建设示范区规划（2020—2030年）、武侯区集体经济组织集体资产管理办法、聚力攻坚认真落实迎大运各项任务统筹推进办赛营城的实施意见、深化社区发展治理常态走访居民商家企业解决困难防范风险共创幸福美好生活的实施方案、建立进口冷链食品集中监管仓及开展新冠肺炎核酸检测所需经费等事项	国务院办公厅《关于推进对外贸易创新发展的实施意见》
第113次	3月1日	审议2020年武侯区法治政府建设报告、武侯区森林（绿地）火灾应急预案、武侯区实施幸福美好生活十大工程方案、表扬围棋“双赛”保障工作先进单位和先进个人的通报、推进高质量发展共建幸福美好生活武侯区深度服务企业部署大会方案、武侯区进口冷链食品阳性样本疫情防控应急预案等事项	《成都市违法建设治理条例》

续表16

次别	时间	主要议题	学法内容
第114次	3月8日	审议关于健全完善工作机制促进产业功能区高质量发展的实施意见（试行），悦湖产业新城龙门绣苑等工程设计概算评审意见，武侯区与喜神资产、沃森生物开展合作事宜，2021年武侯区各部门支出预算等事项	
第115次	3月15日	学习习近平《论中国共产党历史》，传达学习全国两会精神、近期市政府常务会议精神；审议武侯区完善食品安全隐患发现处置机制工作方案、武侯区道路交通安全应急预案、成都市大运会武侯赛区专项金使用管理暂行办法、关于提高政府专职消防员和消防文员薪酬待遇的请示、武侯区社区专职工作者企业年金实施方案等事项	《四川省市县重大经济事项决策规定（试行）》
第116次	4月7日	审议武侯区全面加强危险化学品安全生产工作实施方案、武侯区2021—2025年老旧小区改造实施方案、实施她妆小镇片区泛光照明工程、九康六路（九康一路至九康三路段）设计概算评审意见、武侯区2021年重点建设项目计划等事项	《中华人民共和国退役军人保障法》
第117次	4月19日	审议武侯区2021年省市区民生实事目标方案、武侯区2021年度“两拆一增”工作方案、武侯区贯彻落实《成都市生活垃圾管理条例》推进全程分类体系建设实施方案、2021年武侯区投资促进工作目标体系、2021年武侯区利用外资攻坚行动工作方案、2021年武侯区投资促进活动工作方案、2021年武侯区重大产业化项目招引工作方案等事项	《中华人民共和国固体废物污染环境防治法》
第118次	5月6日	审议武侯区促进建筑业高质量发展扶持政策（试行）、追加武侯区2021年度第一批企业各项奖补资金、武侯区政府投资基金暂行管理办法（修订）、成都武发产业股权投资基金合伙企业（有限合伙）投资管理导则、2021年区级政府及区属国有企业工程建设项目计划、举办2021中国田径街头巡回赛·成都武侯站的请示、四川音乐学院及周边环境品质提升整治工程等两项工程设计概算评审意见、关于表扬2020年度统计工作先进单位的通报等事项	国务院《防范和处置非法集资条例》
第119次	5月21日	听取武侯区国家卫生城市复审迎检工作情况的报告、关于表扬创建四川省第五轮敬老模范示范县（市、区）先进单位的通报、武侯区2019年度区级预算执行和其他财政收支审计查出问题整改情况的报告；审议武侯区实施乡村振兴战略2021年工作方案、宜居水岸一期PPP项目运维费用、武侯区采购新冠病毒疫苗接种专用物资的请示等事项	国务院办公厅《关于加快推进政务服务“跨省通办”的指导意见》
第120次	5月30日	听取武侯区知识产权工作情况的报告，审议武侯区生态环境保护责任清单、武侯区教育事业发展第十四个五年规划、拨付武侯区2021年第一批知识产权项目资助资金、追加规划编制项目财政预算的请示、追加维稳工作经费的请示等事项	省科技厅等九部门《关于促进全社会加大研发投入支撑高质量发展的意见》
第121次	6月17日	听取深入推进宜居水岸项目建设加快环城生态公园连片成势助推公园城市示范区创建情况的报告；审议武侯区全面夯实基层防灾减灾基础扎实提升城市消防安全水平工作方案、武侯区一环路市井生活圈功能提升项目相关事项、关于表扬2020年武侯区安全生产暨消防工作先进单位和先进个人的通报、武侯区第七次全国人口普查公报、追加区级相关部门2021年度房屋租金预算的请示、新办公楼涉密项目建设物业管理及人员就餐保障有关经费等事项	国务院办公厅《关于加强全民健身场地设施建设发展群众体育的意见》

续表16

次别	时间	主要议题	学法内容
第122次	6月29日	听取《关于2017年中央环保督察及“回头看”、2021年省生态环境保护督察相关问题整改情况及迎接第二轮中央环保督察工作情况的报告》；审议武侯区促进化妆品产业发展十条政策（试行）、武侯区云计算中心虚拟化系统“等保三级”集成服务方案、对全区部分无灯道路实施增灯补亮工作、进一步优化建设项目管理机制的实施意见、武侯区赋予街道区级行政权力事项清单等事项	
第123次	7月15日	审议区政府2021年度法治政府建设工作要点、武侯医疗美容产业基金（暂定名）投资相关事宜、新智一路综合运动场设计概算评审意见、统筹教育系统事业单位工作人员2020—2021学年收入分配工作、追加开评标场地信息化升级改造费用的请示等事项	《中华人民共和国民办教育促进法实施条例》
第124次	7月27日	听取2021年上半年应急管理工作情况的报告；审议2021年武侯区艾滋病防治工作重点任务、武侯区砂石资源利用管理办法（试行）、武侯区国有土地上未经登记建筑认定实施办法、追加武侯区2021年度第二批企业各项奖补资金的请示等事项	国务院《医疗保障基金使用监督管理条例》
第125次	8月11日	听取下河排口动态排污问题整治及防汛减灾工作情况的报告、郭家桥北街科华街等区域提升改造工程设计概算评审意见等事项；审议2020年区级目标绩效考评结果、武侯区区级预算部门（单位）整体支出绩效管理暂行办法、拨付武侯区社区疫情防控志愿者伙食补助费及慰问经费的请示、成都音乐坊产业发展专项扶持政策等事项	《中华人民共和国安全生产法》
第126次	8月26日	听取电动自行车整治工作推进情况的报告；审议武侯区安全生产隐患问题办理规则（试行）、《武侯区关于全力实施“双百亿”行动 聚力完成全年经济增长奋斗目标的实施方案》、武侯区臭氧重污染天气应急预案（2021年版）、武侯区落实四川省生态环境保护例行督察成都市督察意见整改实施方案、皮革加工区城市更新项目国有土地上房屋补偿方案等事项	
第127次	9月9日	听取武侯区迎接第二轮中央生态环境保护督察工作情况的报告、武侯区国家卫生城市复审迎检工作情况的报告、武侯区2021年上半年禁毒工作情况的报告，审议武侯区创建省级安全发展示范城市实施方案、武侯区政务服务“一窗受理”改革工作方案、全区中小学幼儿园新增校园监控摄像头及其配套设备、武侯区2021年老旧院落电力户表改造区级补助资金、开展武侯区环城生态区周边区域未来公园社区城市设计工作、启动音乐坊片区城市有机更新项目等事项	中共中央、国务院《法治政府建设实施纲要(2021—2025年)》
第128次	9月14日	审议区政府领导工作分工建议方案、有关人事议题	
第129次	9月28日	学习上海全过程绩效预算管理体制经验做法；听取武侯区2020年度区级预算执行和其他财政收支的审计工作报告、武侯区迎接第二轮中央生态环境保护督察工作情况的报告；审议武侯区关于全面推行建立林长制的实施方案、增加污染防治工作经费的请示、武侯区环城生态区土地综合整治与生态修复农民社会保障工作方案、四川体育职业学院华西坝校区片区搬迁的请示等事项	中共中央办公厅、国务院办公厅《关于进一步减轻义务教育阶段学生作业负担和校外培训负担的意见》
第130次	10月22日	审议武侯区2021年目标绩效考评体系和考核实施办法、2021年武侯区文化产业发展专项资金拟支持项目、武侯区居家老年人巡访关爱工作的实施方案、推进武侯区智慧安防小区建设工作方案、开展消防队站正规化达标创建相关事宜、武侯区2021年耕地保护督察工作方案体彩公益金2021年度安排计划等事项	

续表16

次别	时间	主要议题	学法内容
第131次	11月17日	分享学习上海市静安区“数字驾驶舱”经验做法；审议武侯区社会企业扶持办法（修订）、追加拨付社区疫情防控专项经费的请示、拨付武侯区社区疫情防控志愿者防疫补助的请示、武侯区第一次全国自然灾害风险普查运行和应急系统普查所需经费、拨付2021年第二批地方政府新增专项债券的请示、武侯区关于支持楼宇经济高质量发展的若干政策（修订）等事项	
第132次	12月3日	审议武侯区22项“十四五”专项规划、区政府工作报告、武侯区2021年国民经济和社会发展计划执行情况及2022年国民经济和社会发展计划（草案）的报告讨论稿、武侯区2021年财政预算执行情况和2022年财政预算（草案）的报告讨论稿、加强学校安全风险防控体系建设的意见、武侯区2021年财政预算调整（草案）的报告讨论稿等事项	
第133次	12月8日	审议人事任免事项	
新一届第1次	12月25日	审议开展餐饮油烟净化设施改造和在线监测系统安装、武侯区突发事件总体应急预案、武侯区多业权街区改造提升激励政策、购买第三方技术服务协助开展省级安全发展示范城市创建工作相关事宜、武侯区支持都市工业高质量发展的若干政策、确定武侯区第三轮第一批次农民拆迁安置房建设点位相关事宜、投资设立成都前沿医疗投资有限公司相关事项、武侯区多业权街区改造提升激励政策等事项	

（吕旭敏　王丽萍）

区政府综合事务
Comprehensive Affairs of District Government

【概况】 2021年，区政府办公室围绕区委、区政府决策部署，推进政务服务、督办督查、办文办会工作，加强对建议提案办理工作的督促指导。组织编制《办公室工作标准清单》，加强对会议、接待、后勤保障等政务活动的清单式管理。全年承办区政府常务会议20次、区政府全体会议2次。区机关事务中心坚持管理规范化、服务标准化、保障精细化、监管智慧化，全年完成市委换届督导组入驻武侯区的重点服务保障等服务保障工作37项；被国家机关事务管理局、国家发展改革委、水利部评为“公共机构水效领跑者”。

（陈　杨　李承晋）

【建议提案办理】 2021年，区政府办公室履行牵头职责，发挥组织协调作用，加大督办督查力度。区两会结束后，及时研判分解，将办理任务分解落实到具体责任单位。办理期间，会同区人大常委会人事代表工委通过联合督办、会议督办、通报督办、人大代表集中视察等多种方式，进行督办和协调，形成办理合力，并结合党史学习教育和“我为群众办实事”活动的开展，督促各承办单位在规定时限内办复，推动办理工作落地落实。122件区人大代表建议均按时办结，代表对办理结果表示满意120件，满意率98%，基本满意2件，占2%；179件区政协提案均按时办结，委员对办理结果表示满意177件，满意率99%；基本满意2件，占1%。办理省人大代表建议1件、市人大代表建议3件、市政协提案3件，均按时办结并回复提议人或主办单位。

（程　曦）

【政府公文办理】 2021，区政府办公室落实中央和省、市关于集中整治形式主义、官僚主义为基层减负的有关要求，增强发文实效性，严格执行会前审核机制，强化文件印发前审核工作。推广一体化协同办公平台应用，推进网上办公、无纸化办公，实现文电运转流程再造，提升公文运转效能。制定《关于进一步规范公文运转工作的规定》，严格审核上报公文内容、格式，规范文件办理、流转程序，定期对政府系统公文质量进行通报，提升各部门公文质量。全年收发上三级文件6331件，自制文件606件，收发会议通知568件，接收区级部门和街道请示报告633件（参见表17）。

（魏正时）

表 17　2021 年武侯区政府及区政府办公室部分公开文件一览表

文　号	文件标题
成武府发〔2021〕4 号	关于印发《武侯区促进金融业高质量发展若干扶持政策》的通知
成武府发〔2021〕6 号	关于印发《成都市武侯区政府投资基金暂行管理办法（修订）》的通知
成武府发〔2021〕10 号	关于印发《成都市武侯区疫情期间精准助企纾困解难的若干措施》的通知
成武府发〔2021〕11 号	印发《成都市武侯区关于支持楼宇经济高质量发展的若干政策》的通知
成武府办发〔2020〕39 号	印发《成都市武侯区关于促进 3 岁以下婴幼儿照护服务发展的实施方案》的通知
成武府办发〔2021〕2 号	关于印发《成都市武侯区见义勇为行为保护和奖励办法》的通知
成武府办发〔2021〕8 号	关于印发《武侯区促进建筑业高质量发展扶持政策（试行）》的通知
成武府办发〔2021〕13 号	关于印发《成都市武侯区促进化妆品产业发展十条政策（试行）》的通知
成武府办发〔2021〕16 号	关于印发《关于进一步优化建设项目管理机制的实施意见》的通知
成武府办发〔2021〕17 号	关于印发《武侯区国有土地上未经登记建筑认定实施办法》的通知
成武府办发〔2021〕18 号	关于印发《成都音乐坊产业发展专项扶持政策》的通知
成武府办发〔2021〕20 号	关于印发《成都市武侯区砂石资源利用管理办法（试行）》的通知
成武府办发〔2021〕27 号	印发《关于进一步做好政府资助对象参加大病医疗互助补充保险的实施意见》的通知
成武府办函〔2021〕9 号	关于印发《成都市武侯区集体经济组织集体资产管理办法》的通知

（魏正时）

【目标督办】2021 年，区政府办公室完善政府督查体系和工作机制，细化督查督办事项办理效能考评办法，提高督办工作效能。重点对区委区政府重大决策部署、区政府主要领导批交办事项、省市重点工作目标、疫情防控、锦江公园子街巷建设、玉林特色街区打造、垃圾房综合整治、重点项目促建、征地拆迁安置房建设等重点工作和项目跟踪督办，促进各项工作的落实。全年督办重点工作事项、区政府主要领导批交办事项及会议议定事项 900 余项；民生实事项目 120 项，其中省级目标 17 项、市级目标 68 项、区级新增目标 35 项；办理市级督办件 234 件，办复率 100%；开展实地督查 100 余人次，发出督办通知、工作提示 120 余期；形成各类督查报告、通报等 80 余期，及时全面地反映各单位相关事项的办理落实情况。市重点项目在线督查系统采纳工作信息 57 条。

（朱　虹）

【政府采购】2021 年，区机关事务中心贯彻落实《中华人民共和国政府采购法》和省政府、市政府关于政府采购各项规定，加强内控管理，完善制度建设，规范采购程序，推进政府采购工作依法依规开展。组织召开全区政府采购工作培训会，提升各单位的政府采购工作能力。全年完成政府采购项目 202 批次，预算经费 24046.22 万元，采购支出金额 22824.63 万元，节约 1221.59 万元；网上竞价交易项目 63 个，采购支出 689.90 万元；电子商城交易项目 938 个，采购支出 2788.14 万元。

（李承晋　刘　婷）

【政府投资信息化项目建设】2021 年，区新经济局按照《武侯区政府投资信息化建设项目管理办法》的规定，根据各职能部门的要求，邀请专家对区行政审批局等单位提出的“成都市武侯区智慧政务服务信息智能服务”等 23 个信息化建设项目方案进行评审，项目申报价约 4651 万元，评审后预算控制价 3965.5 万元；区公园城市局网络升级改造等 18 个信息化建设项目通过验收。

（刘孝琳　冉崇洪）

图031 2021年4月8日，国家检查组到武侯区检查验收“政府集中办公区节能标准化示范创建项目”
（区机关事务中心供图）

【公车管理】 2021年，区机关事务中心将全区99辆一般公务用车和208辆事业单位公务用车全部纳入平台管理，运用大数据对公务用车使用频率、运行里程和运行轨迹进行动态分析、合理调配、科学调度，提升公务用车保障效率。重点针对责任落实、制度建设、人员管理等6个方面，在全区范围内开展公务用车安全教育专项整治。联合区纪检监察部门对26家党政机关、34家事业单位公务用车使用管理情况开展日常检查，重点检查公务用车“三定点”制度是否落实、单车运行费用核算制度是否执行，提升公务用车使用管理规范化水平。检查公务用车40余辆，发现部分单位存在单车台账登记不全、未按规定使用系统平台派车等问题，发出整改通知5份，并组织“回头看”检查，确保整改落实到位。全年完成新冠肺炎疫情防控、中高考试卷运输等重大保障公务出行任务2516次，安全行驶13397小时168306千米，无安全事故发生。

（李承晋　刘　婷）

【办公用房管理】 2021年，区机关事务中心依托办公用房管理信息系统，运用“互联网＋大数据”技术，对办公用房的地理信息、建筑信息、人员信息和使用信息实行跟踪管理、动态监控。制定集中办公区相关单位办公用房调整工作方案，完成集中办公区13家单位办公用房统一调整。召开全区办公用房规范使用工作会，加强数据直报业务培训，依托办公用房管理平台更新数据，建立工作交流群，及时解答各单位数据直报问题，按时汇总审核全区各单位办公用房使用数据，完成全区党政机关办公用房数据直报工作。联合区纪委监委机关实地抽查全区10余家单位的办公用房使用情况，未发现超标违规使用的情况。加强基建维修及各种设备设施管理，完成第四办公区餐梯维修更新，区市民中心食堂洗碗机配套改造、餐厨垃圾房加固及修建工程，一办区315接待室装修改造、303会议室室内改造、食堂明档改造、食堂冻库改造、食堂2楼办公室改造等项目。全年进行各类维修3500余次，确保各类设施设备正常使用。

（李承晋　刘　婷）

【社会化服务管理】 2021年，区机关事务中心制定年度外包项目考核及评优办法，推动机关食堂综合管理标准化、规范化、精细化，严格落实进出库登记制度和菜品留样制度，开展机关食堂“文明餐桌”活动和“光盘行动”，全年为机关干部职工提供120万余人次早午餐。加强会务服务工作，全年保障各类会议5100余次。加强机关办公区绿化管理及日常卫生保洁，全年各集中办公区开展“除四害”和环境整治480余次。加强办公区内车辆管理。全面检查和更新消防设施，各集中办公区定期开展消防演练。及时办理机关大中专院校毕业生、军队转业干部集体户口的迁入、迁出事项。开展集中办公区巡察84次，发现并整改问题250余个。

（李承晋　刘　婷）

图032 2021年7月13日，武侯区开展节约型机关创建工作培训　（区机关事务中心供图）

图033　2021年3月4日，武侯区知联会进社区助力示范社区建设研讨会举行　（区委统战部供图）

【公共机构节能创建】 2021年，武侯区机关事务中心以“97+5”高分通过国家节能标准创建专家组对政府集中办公区节能标准化示范创建项目的验收，成为西南地区首家成功创建节能标准化示范项目的公共机构。推进实施资源能源循环利用和水效能效节能减排，成功创建国家级“水效领跑者”。20家区级单位创建为节约型机关示范单位，全区“节约型机关”建成率68.6%。通过开展线上知识问答、光盘打卡等活动，把节能环保与机关管理结合起来，动员干部职工自发参与到节能降耗和环境保护的活动中，累计参与2万余人次。

（李承晋　刘　婷）

外事及港澳台事务

Foreign Affairs and Hong Kong, Macao and Taiwan Affairs

【外事管理】 2021年，武侯区贯彻落实省委、市委外事工作相关要求，围绕构建“国际商务高地·人文宜居武侯”，统筹全区涉外力量，全面融入“一带一路”倡议和成渝地区双城经济圈建设，加快建设国际对外交往中心，推进外贸、外资、外包、外经、外智“五外”联动。制定《成都市武侯区涉外事件应急预案》，持续完善处理涉外突发事件的应急组织指挥体系；创新送出去、请进来、跟班制、实景化等“四维一体”外事人才培训体系，在外交学院举办外事专题培训班。依托桐梓林社区邻里中心为外籍人士提供“登记、签证、工作许可”3项涉外服务，累计服务外籍人士约2000人次；主办、协办或参与各类大中型国际交流活动100余次。年末，全区有60所学校与英国、美国、法国等国家的131所学校建立友好关系，友好学校遍及亚洲、欧洲、美洲等地。武侯区被省委外事办公室、省人力资源社会保障厅评为四川省外事工作先进集体。

（何　梦）

【侨务管理】 2021年，区政府侨台办组织望江路、红牌楼、簇桥街道及相关社区负责人先后到武汉市黄陂区侨联、木兰文化生态区和长沙市天心区白沙井社区、开福区清水塘社区考察社区侨务工作；以“联结海内海外、服务主导产业、深化校地协作、资源在地转化、助力区域发展”为工作目标推动全域侨创。7月20日，区政府侨台办、区侨联与四川大学侨联、望江路街道共建共享的“四川省成都市武侯区侨创基地”揭牌，中国侨联副主席、省侨联主席刘以勤出席并向基地创新特聘专家创业特聘顾问颁发证书，揭牌仪式和相关活动被《人民日报》、中国新闻社、中央统战部和国务院侨办官网专题报道。棕东社区被市委统战部评为“蓉城同心·侨之家”，武侯区侨之家被评为全省“侨胞之家”典型选树单位，锦城社区被评为全国侨联系统优秀“侨胞之家”。区侨台办撰写的《求为侨公共服务之真，务社区发展治理之实——成都市武侯区建设锦城社区侨务“桥头堡”的实践与探索》被《中国侨联工作》、四川省委的《调查与决策》刊用；《武侯区创新“三化”模式做靓社区侨务特色品牌》被市委办

图034　2021年7月20日，四川省成都市武侯区侨创基地启动仪式　（区委统战部供图）

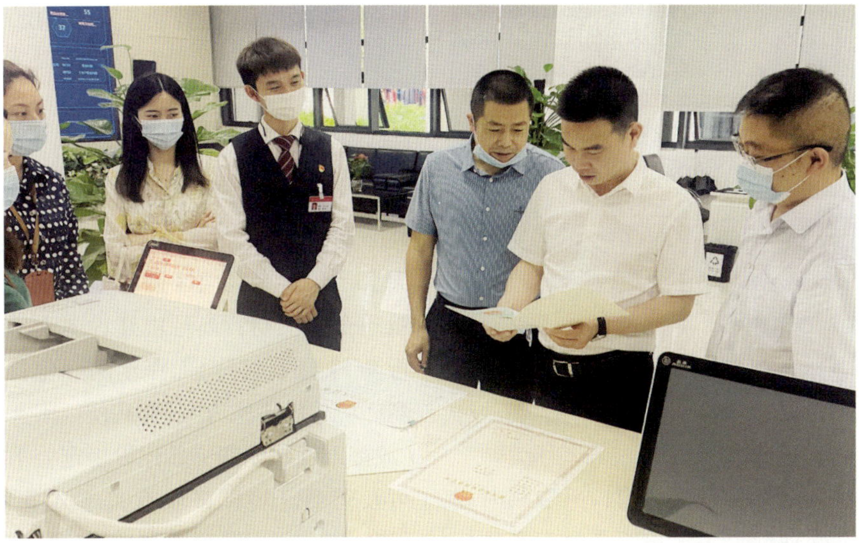

图035 2021年5月13日，市委改革办到武侯区调研行政审批改革试点工作（区行政审批局供图）

公厅《每日要情》、市政府办公厅《政务信息》采用。

（陈元薇）

【港澳台事务】 2021年，区政府侨台办做好430余名“在港川人”“在川港人”专项工作，成立武侯区港澳台和海外商务资源转化中心。协调处理台商台资企业信访投诉8起，协调解决3名台湾籍考生入学问题；召开武侯区台湾同胞投资说明会，为台胞接种新冠疫苗68人次；协办福建知名企业代表团武侯区招商投资说明会和2021海峡两岸巴蜀文化艺术季活动，走访慰问2名“黄埔老人”。省台办主任罗治平调研川籍陆配企业四川海峡同舟公司与保利花园小区共同打造的社区沙龙平台，对武侯区近年来调动各方力量促进川台交流合作给予肯定。区政府侨台办被省台办评为四川对台调研、对台经济、对台交流（涉台突发事件处理）工作先进单位；《关于武侯区对台工作有关情况的报告》得到区委、区政府主要领导肯定性批示。

（陈元薇）

行政审批服务
Administrative Approval Service

【概况】 2021年，武侯区聚焦回应群众办事所需，破解企业办事所难，在着力优化政务服务、提升审批服务、深化助企服务、推动营商环境持续优化等方面取得成效。区行政审批局被评为2021年度政务服务与优化营商环境示范单位、2021优秀政务服务大厅、政务服务“一网通办”先进集体。武侯区“网购式”审批服务便民化业务系统获第二届数字四川创新大赛（2021）数字政府赛道优秀案例奖。

（杨 军）

【审批服务便民化改革】 2021年，区行政审批局学习“浦东经验51条”，建立起“前台综合受理、后台分类审批、统一窗口出件”服务模式。牵头制定全区“一窗受理”改革方案，分类整合市场准入类、工程建设类、社会事务类事项，设置三类综合窗口，将入驻大厅的区烟草专卖局、区教育局、区文体旅局、区生态环境局、区消防救援大队、区住建交局非建筑类的事项进行归集，设置一类综合窗口，形成“3+1”的“分类一窗”和“综合一窗”窗口布局，改变过去按部门“摆摊设窗”模式，提升企业和群众办事便捷度。截至年末，95%以上“进厅”事项实现“一窗受理”。依托自主研发的综合业务系统，推动食品经营许可、医疗机构审批等292个事项全程网办，全程网办率91.5%；压减审批环节，将公司名称变更等15项企业登记事项、公共场所卫生许可办理等25项办件量大的许可类事项审批时间从5～12天减少到1～2天，办件时限较法定时限整体压缩80%以上。探索实施“三个免提交”（提交过的历史材料免提交、部门已认证的证照材料免提交、实行告知承诺制证明事项的材料免提交），企业办事提交材料减少30%以上；在区政务中心、街道便民服务中心、社区、银行网点布设自助服务一体机40余台，推动党建服务、公共服务、便民服务类事项近80项自助办理，提供企业营业执照、卫生许可等9类14种证照自助打印。与中国工商银行滨江路支行在武侯祠大街建立武侯区政银一体化24小时服务站，集成审批服务、公共服务和生活服务三大类服务内容，实现33项高频事项24小时办理“不打烊”，群众办事真正实现“就近办、随时办、马上办”。全年区行政审批局共复核打印各类证照106138套，其中制证中心后台打印证照23914套，自助打印一体机打印证照78695套。

（杨 军）

【政务大厅窗口服务】 2021年，武侯区围绕企业和群众需求，持续在完善功能、规范管理、优化服务、强化监督等方面下功夫，打造全国

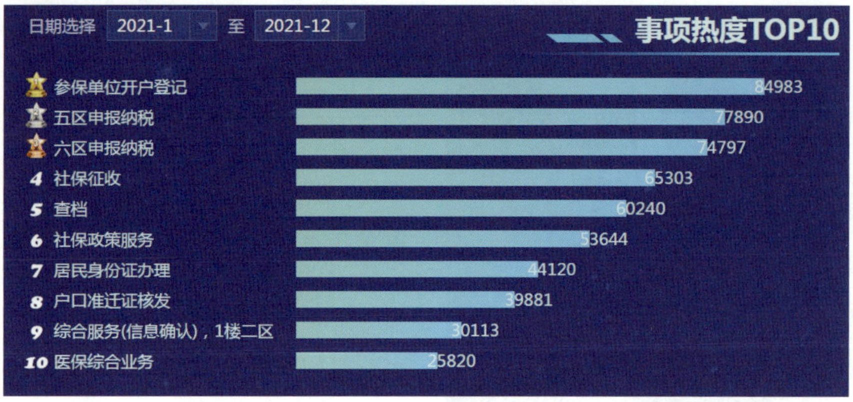

图036　2021年武侯区政务中心政务事项办理热度TOP10　（区行政审批局供图）

一流的政务服务环境。办事群众既可以在大厅人工排号，也可以通过微信、支付宝、“武侯服务”App等移动端在任何时间、任何地点远程排号、预约排号。区行政审批局依托智能化大厅服务管理体系，将叫号、受理、审查、核准、办结、取证等业务环节全部通过微信及时精准推送，办理服务全程透明；严格把控现场管理，加强大厅巡查，及时督促办件量大的窗口采取临时增设受理窗口、延长服务时间等措施分流疏通，消除拥堵。区政务服务大厅全年受理行政审批事项和服务事项1864429件，办结1785062件，其中即办件1734511件，占办结总数的97.17%（详见表18）。全年提供延时服务39天，受理群众申请26684件，其中政务服务大厅受理15079件、各街道便民服务中心受理11605件；接待参观72批次957人次。

（杨　军）

【国际化营商环境建设】 2021年，武侯区召开“深度服务企业·推进高质量发展·共建幸福美好生活”大会，印发《武侯区创新举措深度服务企业推动营商环境建设“十项行动”》《武侯区全面深化国际化营商环境建设实施方案》《武侯区落实〈成都市强化创新突破建设稳定公平可及营商环境标杆城市实施方案〉任务分工》。国际化营商环境建设工作目标任务共119项，除长期推进的30项和不涉及的2项外，其余全部完成。稳定公平可及营商环境建设工程2021年度重点项目共5个，累计投资392万元。其中，智慧政务大厅服务体系初步呈现，线上智慧服务系统、线下自助服务专区开放使用，推动32个高频事项全流程

表18　2021年武侯区政务中心各部门窗口办件一览表

部门	系统排号数（个）	系统咨询数（人次）	部门咨询数（人次）	实际受理数（件）	实际已办结数（件）	实际受理即办数（件）
区教育局	679	108	4659	293	153	297
区财政局	981	0	580	923	867	697
区住建交局	12115	298	4472	48126	47546	47546
区文体旅局	639	353	814	246	235	0
区规划和自然资源局	973	1	3057	1519	1519	1025
区消防救援大队	735	194	190	265	265	265
区烟草专卖局	1310	99	358	194	182	158
区生态环境局	195	113	164	31	22	16
区人社局	214831	1618	78634	194748	194748	194981
区医保局	126628	43	121849	399183	399183	399183
区公安分局（户政）	82815	9	33946	79098	68558	67396
区公安分局（出入境）	3679	0	5982	4160	4160	4140
区公安分局（治安）	8599	1	8299	8199	8199	8015
区税务局	376469	214	23481	790324	784324	784324
区司法局（公证处）	4769	2606	2543	1821	1435	1424
区司法局（法律援助）	4237	0	0	4156	4156	4156
区行政审批局	231639	25969	171448	331143	269510	220888
合计	1071293	31626	460476	1864429	1785062	1734511

说明：系统排号数小于办件数，是因为公民在办理个人事项时，排一个号可以办几个事项，比如：公民排一个号，他可能就办理护照、港澳通行证、边防证等几个证件，或者父母排一个号，给两个小孩上户，同时又办理两个孩子的身份证。

（杨　军）

图037　2021年7月30日，武侯区云端服务站举行项目集中注册颁证仪式　（区行政审批局供图）

自助办理，企业开办在原“3 小时取证”的基础上再提速，实现“2 小时取证”，相关经验入选中国政博会《2021 年度政务服务百佳案例》，先后被《四川日报》、《成都日报》、川观新闻等媒体报道。依托惠企政策智慧服务平台实现扶持政策的推荐、解读、申报一条龙服务，66 条 235 款惠企政策实现精准匹配、在线办理。与工商银行合作打造的 24 小时自助服务大厅建成投用。形成《“跨省通办”内部标准（草案）》，与河北省雄安新区、上海市宝山区、西安市雁塔区、青岛市即墨区，四川省眉山市东坡区，山东省惠民县和重庆市沙坪坝区、江津区、大足区等八地十区签订通办协议，实现公司设立、变更等 135 个事项无差别受理、同标准办理。制定“区块链 + 政务服务”技术规范和数据标准，审批事项过程数据全部上链管理，14 类电子证照可“链上”复用，50 余个审批事项可减免重复材料。

（杨　军）

【服务企业】 2021 年，区行政审批局落实深度服务企业“十项措施”，强化企业全生命周期服务。学习借鉴上海北外滩等地企业服务中心建设经验，在政务大厅打造企业服务专区，开设企业诉求受理、融资贷款咨询、惠企政策兑现等服务专窗，为企业提供“一站式”服务。组建重点企业服务专班，围绕企业登记、许可办理等事项，实行超前介入、专业指导，采用容缺受理、证照联办等方式，推动重点企业加速落地。全年为沃森生物、上海凯诘等 58 个重点企业注册落地提供专班服务，项目落地速度综合提升 65%。联合四川省“兴川贷”（四川省融资大数据服务平台），推动区县级融资大数据服务平台率先在武侯落地运行，聚集中国农业银行等 25 家金融机构，上线 73 款优质金融产品，为中小微企业提供精准高效的融资服务，截至年末，为 22 家本土企业提供免费融资服务，融资金额 1700 余万元。

（杨　军）

【“社银一体”服务模式】 2021 年，区人社局在“社保银行一体化”基础上，升级打造“人社 · 银行一体化”服务模式（简称“社银一体”化），最大限度实现群众办事跑短路、就近办、打包办。该模式由银行提供相对独立的服务场地和办公设备，按照人社标准化要求设计装修，由人社部门和银行共同派驻工作人员。武侯区与银行明确包括服务形象、服务事项、服务流程和服务标准等具体细节，变银行网点为人社网点、变银行工作人员为人社经办人员，让企业和群众享有更加优质高效的服务体验。银行受理“人社综合业务”范围与区级人社综合服务大厅一致，包括就业创业、社会保险、人事人才、劳动关系等 63 项。按照一包统揽、分类组合、自主选择的“打包办”思路，区人社局将 63 项业务统一打“大包”，再

图038　2021年4月15日，国务院发展研究中心课题组到武侯区调研行政审批工作（区行政审批局供图）

分类组合多个“小包”，由服务对象自由选择所需公共服务事项组合包，实现取一个号、到一个窗口、一次性提交材料、一次申请办理多个服务事项，为群众办事提供便利。武侯区依托自主研发的人社公共服务受理平台，分级分类授权合作银行接入综合受理系统，根据不同网点承接能力实施“人社·银行一体化”“有人服务”或“自助服务”模式。截至年末，在中国工商银行红牌楼支行建立1个有人服务网点，5个ATM服务区布设自助服务机具，为群众提供高频人社业务“7×24”小时自助服务。合作银行还围绕“社银”模式，拓展社银合作线上应用渠道，推出工银就业通、创业担保贷款网上审批等应用，全渠道支持个人和单位通过微信、手机银行、自助终端等办理人社事项。5月12日，《中国劳动保障报》对武侯区“社银一体化”探索案例进行专题报道；9月，该案例入选人民网全国党史学习教育优秀案例。

（姚雨峰）

【网络理政】 2021年，区行政审批局严格落实《网络理政首办责任制度》《网络理政工作通报制度》《网络理政督导制度》《2021年目标考核细则》，对群众通过市委书记信箱、市长信箱、“12345”热线、问政四川、麻辣社区等网络理政平台反映的诉求，实行四级派单。每月印发工作简报，通报承办单位满意率、诉求解决率、超期率、平均回复周期、推诿退件及回复内容与回访情况不一致等情况，并将群众对区级部门、街道办事处满意度情况进行排名，对排名后三位的予以通报，通报情况纳入目标考核。通过“96166”回访数据，每周随机抽查承办单位的诉求办理情况，对弄虚作假、回访不一致等情况进行督导。全年受理各类诉求18.48万件，比上年增长17.0%，办结率100%。其中，24小时在线处理市网络理政办交办紧急诉求922件；问政四川、麻辣社区网友来帖5732件，比上年增长279.4%。平均回复周期5个工作日内，群众平均满意率85%以上。编印《网络理政月报》《网络理政简报》《网络理政工作动态》各12期。

（王　洁）

行政执法
Administrative Enforcement of Law

【概况】 2021年，武侯区加强食品安全、安全生产、环境保护、社会治安等重点领域执法，开展执法检查3.1万余次，行政处罚案件结案6500余件。全区有行政执法主体27个，持有行政执法证的行政执法人员620名。加强行政执法与司法衔接，落实行政执法备案制度，全年重大行政处罚、重大行政强制备案54起。开展人民群众最不满意行政执法突出问题承诺整改活动，规范基层执法人员执法行为。区综合执法局修订完善综合行政执法协作管理意见、综合行政执法案件移送工作意见，全面梳理行政处罚程序规定、街道综合行政执法中队行政处罚案件审批流程暂行规定等执法办案制度；向公安机关移送涉嫌犯罪案件3件（检察院提起公诉3件）。全年行政执法智慧服务平台总办件量23.09万件，行政处罚案件1758件。召开案审会12次、审结案件106件。

（易彦星　张　萍）

【执法队伍建设】 2021年，区综合执法局制定城管执法（协管）队伍巡查制度、综合行政执法人员管理办法，完善《武侯区城市管理协管员管理办法》等制度，落实行政执法公示制度，建立健全行政执法事前、事中、事后公开机制，通过四川省一体化政务服务平台、局门户网站和执法公示栏等平台，依法及时向社会公开执法事项、执法流程、执法人员、执法结果及年度执法报表等有关行政执法信息。按照《成都市城市管理行政执法人员执法活动“十必须、十不准”规定》《成都市城市管理协管人员十条禁令》

图039　2021年5月29日，武侯区综合行政执法队伍开展大练兵活动　（区综合执法局供图）

等要求，配备执法终端设备、执法记录仪等音像记录设备，通过文字、音像等方式，全面执行执法全过程记录制度，对各阶段行政执法环节进行记录并归档，实现行政执法行为的全过程留痕和可回溯管理。全年开展综合执法系统中青年干部综合素质能力提升、生活垃圾分类专项执法、《中华人民共和国行政处罚法》在综合行政执法中的运用、全区建筑垃圾运输企业安全教育等大型法制培训活动 4 次；开展“练精兵、树形象、迎大运”武侯区综合行政执法队伍献礼建党 100 周年队列会操活动，提升城管队伍形象及执法水平。

（张　萍）

【市容市貌执法】 2021 年，区综合执法局全面落实“门前三包”责任制，制定《武侯区沿街商铺分类管理工作方案》，对全区商铺按一、二、三级管理，促进商家自觉履行“门前三包”责任，开展机动车占道、占道施工及重大活动期间、重要时间节点、重点地段区域市容秩序专项整治。推进“照亮回家路”专项整治行动，全面完成无名路，无名巷，艺术村路，来凤一、二、三、四、五路等 8 条道路路灯增灯补亮工作。

（张　萍）

【文体旅市场执法】 2021 年，区综合执法局对要都、罗马假日广场、武侯祠等及校园周边文化市场开展专项执法检查和整治工作，查处可能存在的各类非法出版物和妨害青少年健康成长的有害出版物。对武侯祠、锦里等景区周边进行旅游市场执法整顿，检查旅行社及其分支机构 200 余家，受理旅行社非法经营案件 3 件。

图040　2021年11月18日，省市生态环境部门督导武侯区涉疫废水、医废处置工作（区生态环境局供图）

同时检查新兴游戏“剧本杀”等文化娱乐项目，有效规范经营范围、剧本内容、知识产权、消防安全等情况。全年通过化浆、粉碎等环保方式集中销毁没收的非法、违禁书籍 2089 册，非法光盘 14 盘；办理文化、旅游、体育各类行政处罚案件共 20 件，没收非法出版物 35 本。

（张　萍）

【市场监管执法】 2021 年，区市场监管局完成“局队合一”体制改革，完善执法体系建设，增设执法监督科和公平交易科；贯彻落实新修订的《中华人民共和国行政处罚法》和国家市场监督管理总局发布的《市场监管行政处罚程序规定》，规范执法程序，召开行政处罚重大案件研判会 12 次。加大执法力度，全面开展国家市场监督管理总局“铁拳”行动和四川省市场监管“春雷行动 2021”专项行动。全年受理、处置投诉举报等案源线索 3809 件，开展协作执法行动 21 次，立案查处违法案件 615 件，结案 521 件，罚没总金额 640.85 万元，移送涉刑案件 2 件。

（张洪伟）

【生态环境保护执法】 2021 年，武侯区坚持精准治污、科学治污、依法治污的方针，以保障生态环境安全、保障群众切身利益为目标开展生态环境保护执法，立案调查环境违法案件 52 件（其中查封扣押案件 1 件，处罚金额 163.75 万元），有效打击各类环境违法行为。全面贯彻落实“双随机”检查工作，检查企业 144 家；同步开展“一号行动”及“危险废物专项执法”等专项行动，现场检查 915 次。开展全天候不定时执法，特别是在成都市重污染天气预警期间推行“5+2”“白 + 黑”模式，开展夜间和节假日执法检查 210 余次，实现全时段监督。全面推进油气回收治理，聘请第三方检测机构对辖区内 29 家加油站油气回收系统进行全覆盖检查。落实科学精准治污，督促辖区 8 家重点排污单位、27 家加油站安装相应自动监控设施、油气回收在线监测系统，建立“动态管理 + 远程监督”的非现场执法监管模式，通过“人防”与“技防”相结合，做到超标排放行为及时发现、及时处理。全年办理城区环保类行政处罚案件 319 件，其中中央环保督察反馈案件183件、省环保督察反馈案件67件。

（杨亚楠）

信访工作
Work on Letters and Calls from the Mass

【概况】 2021年，武侯区全面贯彻落实习近平总书记关于加强和改进人民信访工作的重要思想，做好迎接中央第二轮环保督察等各项工作，促进全区经济社会稳定发展。区委、区政府被人民网评为2021年度人民网网民留言办理工作民心汇聚单位，被市委办公厅、市政府办公厅评为2020年度信访维稳工作担当作为先进集体；区政府被市信访联席会议评为2020年度镇（街道）群众来访接待“人民满意窗口”、重大会议活动信访服务保障工作先进单位、初信初访办理工作先进单位、突出信访问题清单化解工作先进单位；区信访局被省信访局评为2020年度《社情与民意》优秀通联单位。

（王旭馨）

【接访办理】 2021年，武侯区调处汇金广场、东华电脑城、女鞋之都工厂联盟等涉稳问题，对落实不力的单位启动约谈机制。印发《关于各街道创建人民满意窗口工作方案》，定期督导各街道“人民满意窗口”工作开展情况，11个街道被评为市级“人民满意窗口”。针对群众网上信访不断增多趋势，区信访局调整工作思路，通过开展跟班培训、联合接访培训、信访大讲堂等培训，提升初信初访办理质量和群众满意度。全年受理群众信访3002件次；开展领导干部接访和带案下访工作，区领导全年接待群众381批716人次。其中，初信初访群众满意率93.5%，初转重率4.6%，按期受理率、到期办结率均为100%，对不满意件自查率、核查率100%。

图041　2021年12月，区领导接待群众　（区信访局供图）

（王泽相）

【重点信访办理】 2021年，区信访工作联席会议发挥综合协调职能，指导区级各部门、各街道贯彻落实市委市政府、区委区政府的决策部署，紧盯重点环节，抓实工作措施。武侯区重复信访案件和突出问题化解进度位居五城区前列。《夯实基层基础　建立长效机制　推动重复信访问题攻坚化解》和《武侯区聚焦重复信访问题加快推进高效能治理》2篇经验文章被省信访局《社情与民意》刊载。区信访复查复核委员会复查信访事项25件，复查意见书备案率100%。

（钟　敏）

【“群众工作之家”建设】 2021年，武侯区制定提能增效建强“群众工作之家”推进信访工作深度融入基层治理的实施方案，动员各街道参加全市“群众工作之家”示范街道和示范社区创建活动，并将创建活动纳入目标考核。区信访局与区委社治委将“群众工作之家”提质增效工作列入党建引领社区发展治理工作方案要点，宣传各街道优秀经验做法，扩大“群众工作之家”知晓度。全年通过“群众工作之家”代理的初次信访事项646件，满意率99%；年度新增首次重复信访事项（不含涉法涉诉）32件，代理率100%，满意率81.3%。征集意见建议2279件。关注新冠肺炎疫情、“双减”政策实施、农民工讨薪等阶段性敏感问题，加强信息汇总、风险预判，每周开展矛盾纠纷排查，全年共排查矛盾纠纷1008件，化解908件，化解率90%。《以双线融合制度机制建设带动信访基层基础建设，武侯区依托“群众工作之家”助力社会稳定》经验文章被市信访局简报转发。

（崔东辉）

政协成都市武侯区委员会

CHENGDU WUHOU DISTRICT COMMITTEE
OF THE CHINESE PEOPLE'S POLITICAL
CONSULTATIVE CONFERENCE

综 述
Overview

2021年，武侯区政协坚持以习近平新时代中国特色社会主义思想为指导，认真贯彻落实省委、市委、区委重大部署，始终坚持区委中心工作推进到哪里、政协履职就跟进到哪里，深入调查研究，务实协商议政，充分发挥专门协商机构作用，为武侯区高质量建设发展贡献智慧和力量。

民主协商 2021年，区政协持续深入协商民主建设，通过全体会议、常委会专题会议、界别活动、专题视察等形式搭建民主协商平台，构建多层次协商议政格局。组织召开5次全体会议，重点围绕“一府两院”工作报告、《武侯区四级规划体系成果》、《武侯区“十四五”规划和二〇三五年远景目标纲要（草案）》等开展协商议政，提出意见建议900余条。探索建立由区委办公室、区政府办公室、区政协办公室联动落实协商成果转化的督导机制，相关部门全程跟踪问效，狠抓督查督办，推动民主协商成果得到及时采纳转化。

图042　2021年4月13日，区政协委员视察武侯区城市有机更新工作　（区政协办公室供图）

资政建言 2021年，区政协重点围绕城市有机更新、一环路沿线环境综合整治等工作开展专题视察协商活动40余次，提出意见建议200余条。重点围绕武侯区重大项目建设、企业财税扶持政策落实、背街小巷环境治理等工作，开展协商式监督30余次，形成监督报告22篇。开展市、区政协联动助推武侯区黑臭水体治理民主监督，区政协领导带队，先后9次组织政协委员121人次到黄堰河、二道河、鸡公堰等10余个点位实地调研督导。重点围绕加强基层疾控中心建设、老旧院落改造等民生问题，开展专题视察协商活动60余次，形成专题协商报告20余篇，提出意见建议200余条。新冠肺炎疫情发生期间，区政协团结引领全区政协委员，深入防控一线，围绕疫情防控、医疗救治、统筹推进疫情防控和复工复产等工作建言献策。

履职能力提升　2021年，区政协举办庆祝中国共产党成立100周年、人民政协成立70周年系列活动，开展政协委员“学党史·筑同心”主题读书活动，巩固团结奋斗的共同思想政治基础。通过召开全体会议、常委会会议、主席会议、专题会议等形式组织集中学习，增强用科学理论指导政协工作的自觉性。通过政协委员专题培训班、专家学者讲课等形式，开展集中学习40余次，组织区政协委员、政协工作者到井冈山、古田、遵义等红色革命老区学习，提升委员履职能力。

桥梁纽带作用发挥　2021年，区政协修订完善《进一步加强与区各民主党派、工商联、党外知识分子联谊会联系的意见》，定期走访各民主党派、工商联和无党派人士，邀请各民主党派、工商联和无党派人士参加区政协组织的各类调研、视察和民主监督等活动。发挥界别桥梁纽带作用，鼓励委员发挥联系面广、企业家多的优势，做大做强自身事业，促进招商引资，投身扶贫济困、捐资助学、法律援助等慈善惠民活动。注重把工作触角延伸到基层，发挥街道委员小组作用，组织委员小组活动300余次，提出各类建议意见400余条。加强与兄弟区（市）县政协的交流互动，组织政协委员和机关干部带着课题“走出去”，先后赴上海、重庆等地考察加强党的建设、社区卫生养老服务等工作。

区政协委员构成　2021年，武侯区政协七届委员217人。其中，女性委员59人，占28%；少数民族委员34人，占15%；非中共党员135人，占62%。区七届政协委员会由14个界别构成。其中，特邀界57人，占26%；社会福利与社会保障界12人，占5.5%；中共界23人，占10%；总工会界6人，占3%；共青团界7人，占3%；妇联界5人，占2%；经济界19人，占9%；工商联界19人，占9%；科技界15人，占7%；教育界12人，占6%；文化艺术界10人，占5%；医卫界8人，占4%；农业界8人，占4%；民族宗教界7人，占3%。

2021年12月，武侯区政协换届。区政协八届委员371名（包括高新区105人，无界别之分）。其中，女性委员141人，占39%；少数民族委员116人，占31%；非中共党员249人，占67%。区八届政协委员会由7个界别构成。其中，工商联界36人，占9.7%；医卫、社会福利与社会保障界36人，占9.7%；教育与文化艺术界47人，占12.6%；经济与科技界45人，占12.1%；总工会、共青团、妇联与少数民族宗教界36人，占9.7%；中共与特邀界33人，占8.8%；农业界33人，占8.8%。

（于勤洋）

重要会议
Important Meetings

【武侯区政协七届五次会议】
2021年1月21—23日，武侯区政协七届五次会议召开。按照疫情防控相关要求，大会采取在区会议中心大礼堂设立主会场、在区机关第一办公区大礼堂设立分会场的方式进行。会议听取区政协主席伍本康代表区政协七届常委会作的工作报告、副主席郑万明作的区政协常委会提案工作报告和区长林丽作的《政府工作报告》说明；协商讨论区政协常委会工作报告、提案工作报告，区政府工作报告及法院、检察院、计划、财政工作报告。区委书记陈麟出席会议并讲话。198名区政协委员参加会议。区委、区人大常委会、区政府、区法院、区检察院、区人武部、成都高新区党工委领导应邀出席会议；区级部门、国有公司、人民团体、市垂管部门和各街道负责人，区政协非委员局

图043　2021年1月21日，区政协七届五次会议开幕　（区政协办公室供图）

级干部和5名市民代表列席会议。

（白振杰）

【武侯区政协八届一次会议】2021年12月14—17日，武侯区政协八届一次会议召开。会议听取区政协主席伍本康代表区政协七届常委会作的工作报告、副主席安雪松作的区政协常委会提案工作报告和区长景波所作的《政府工作报告》说明；协商讨论区政协常委会工作报告、提案工作报告，区政府、法院、检察院工作报告及计划、财政工作报告。会议选举贺欣为区政协八届委员会主席，罗四清、安雪松、刘立新、邱耘、罗新蓉、刘莉为区政协八届委员会副主席，何勇为区八届委员会秘书长，王淇等47名委员为区政协八届委员会常务委员。市委第三换届指导组到会指导。区委书记陈麟出席会议并讲话。371名区政协委员参加会议。区委、区人大常委会、区政府、区法院、区检察院、区人武部领导和高新区党工委领导受邀出席会议；区级部门、国有公司、人民团体、市垂管部门和各街道主要负责人，区政协非委员局级干部以及5名市民代表列席会议。

（白振杰）

【武侯区政协常委会会议】2021年，武侯区政协召开常委会会议6次（详见表19）。会议坚持会前学法制度，集中学习《中华人民共和国知识产权法》《中华人民共和国行政处罚法》《中华人民共和国民法典》《中华人民共和国个人信息保护法》等法律；传达学习中共十九届五中全会、六中全会精神，全国政协十三届四次会议和省委、市委、区委重要会议精神；听取全区2021年上半年统筹疫情防控与经济社会发展情况的通报，以及全区2020年下半年以来党风廉政和反腐败工作情况的通报，专题听取区政府关于全区城市更新工作情况的通报；审议通过有关委员调整和有关人事事项；组织部分区政协委员实地视察一环路市井生活圈和音乐坊及周边街巷城市更新建设情况；通报2021年上半年区政协委员履职情况。

（白振杰）

【武侯区政协主席会议】2021年，武侯区政协召开主席（扩大）会议12次（详见表20）。审议通过《区政协领导班子及机关开展庆祝中国共产党成立100周年活动暨党史学习教育实施方案》《区政协八届一次会议筹备工作建议方案》等事项。

（白振杰）

表19　2021年武侯区政协常委会会议一览表

次别	时间	会议议题
第20次	1月11日	会前学习《中华人民共和国知识产权法》。传达学习中国共产党十九届五中全会精神和省委十一届八次全会、市委十三届八次全会、区委七届十七次全会精神；听取2020年度区政府办理区政协提案工作情况的通报，区政协各专委会2020年工作情况的报告，区政协常委2020年度工作述职；协商审议区政协七届五次会议议程（草案）；审议通过关于提请召开区政协七届五次会议的建议，政协七届五次会议日程（草案），区政协七届五次会议大会执行主席、秘书长、副秘书长建议名单，区政协七届常委会工作报告，区政协七届四次会议以来提案工作情况的报告，区政协七届委员会关于授权主席会议审议七届二十次常委会会议未尽事宜的决定，2020年度区政协提案工作先进单位和先进个人建议名单；通报2020年区政协委员履职情况
第21次	1月22日	会议听取各小组召集人汇报学习讨论区委书记陈麟讲话精神和协商讨论区政协常委会工作报告、提案工作报告、武侯区“十四五”规划、区政府工作报告及其他报告的情况；审议区政协七届五次会议决议（草案）和提案审查报告（草案），提请闭幕大会审议
第22次	4月13日	会议学习《中华人民共和国行政处罚法》；传达学习全国政协十三届四次会议精神和区委常委会2021年工作要点；通报区政协2021年工作要点，审议通过有关委员调整和有关人事事项。会前组织区政协委员视察一环路市井生活圈和音乐坊及周边街巷城市更新建设情况，专题听取区政府关于武侯区城市更新工作情况的通报，并开展分组讨论
第23次	7月22日	会议学习《中华人民共和国民法典》。集中学习习近平总书记在庆祝中国共产党成立100周年大会上的重要讲话精神，传达学习省委十一届九次全会精神；听取关于全区2021年上半年统筹疫情防控与经济社会发展情况的通报，关于全区2020年下半年以来党风廉政和反腐败工作情况的通报；通报2021年上半年区政协委员履职情况；审议通过有关委员调整和有关人事事项

续表19

次别	时间	会议议题
第 24 次	11 月 23 日	会议学习《中华人民共和国个人信息保护法》。集中学习中国共产党十九届六中全会精神；审议通过关于提请召开区政协八届一次会议的建议、区政协八届委员会委员建议名单和有关人事事项；审议区政协八届一次会议议程（草案）、日程（草案），区政协七届常委会工作报告、提案工作情况报告等事项
第 25 次	12 月 2 日	会议传达学习区第八次党代表大会精神；审议区政协八届一次会议主席团成员建议名单，大会执行主席、秘书长、副秘书长建议名单，提案审查委员会组成人员建议名单，小组召集人建议名单等事项

（白振杰）

表 20　2021 年武侯区政协主席会议召开情况表

次 别	时 间	主要内容
第 56 次	1 月 4 日	协商区委重要人事安排
第 57 次	2 月 5 日	协商区委重要人事安排
第 58 次	2 月 24 日	传达学习市委、市政府《关于实施幸福美好生活十大工程的意见》《武侯区 2021 年经济工作要点》精神；听取区政协机关区级干部工作分工情况的汇报、区政协机关 2021 年度老干部工作经费预算计划情况汇报；审议区政协 2021 年工作要点、区政协庆祝中国共产党成立 100 周年书画摄影作品展览工作建议方案、2021 年度区政协委员和政协工作者理想信念教育专题培训建议方案；审议通过区政协党组班子 2020 年工作总结、区政协各工作机构 2021 年工作计划；确定区政协七届五次会议重点提案
第 59 次	3 月 23 日	传达学习全国政协十三届四次会议精神、区委常委会 2021 年工作要点；审议有关委员调整事宜、有关人事事项；审议通过召开区政协七届二十二次常委会会议的建议，区政协 2021 年协商民主、民主监督、参政议政重点工作安排建议
第 60 次	3 月 24 日	协商区委重要人事安排
第 61 次	4 月 12 日	传达学习区委人大工作会议精神、区委宣传部相关文件精神；审议有关委员调整事项、有关人事事项、有关界别召集人调整事项；审议通过《区政协领导班子及机关开展庆祝中国共产党成立 100 周年活动暨党史学习教育实施方案》《区政协新闻宣传工作实施细则》
第 62 次	4 月 19 日	协商区委重要人事安排
第 63 次	7 月 6 日	审议有关委员调整事宜、有关人事事项；审议通过召开区政协七届二十三次常委会会议的建议，2021 年上半年区政协委员履职情况；通报有关人事决定
第 64 次	8 月 13 日	协商区委重要人事安排
第 65 次	10 月 15 日	协商讨论区委统战部关于区政协换届工作方案征求意见稿；审议通过区政协八届一次会议筹备工作建议方案、区政协八届一次会议经费预算建议方案、武侯区全域结对帮扶协议书、2021 年武侯区政协结对帮扶工作要点送审稿
第 66 次	11 月 18 日	审议关于召开区政协八届一次会议的建议、区政协八届一次会议议程（草案）、区政协八届一次会议日程（草案）、区政协七届常委会工作报告审议稿、区政协七届常委会关于五年提案工作情况的报告审议稿、区政协第七届政协工作先进单位和先进个人建议名单、区政协 2021 年提案工作先进单位和先进个人建议名单、区政协八届一次会议期间区政协领导分工建议方案、区政协八届一次会议提案审查委员会组成人员建议名单、区政协八届一次会议小组召集人建议名单、区政协第七届委员会关于授权主席会议审议区政协七届二十四次常委会会议未尽事宜的决定，有关人事事项；协商审议区政协第八届委员会委员建议名单、区政协八届一次会议主席团成员建议名单、区政协八届一次会议大会执行主席、秘书长、副秘书长建议名单；审议通过关于召开区政协七届二十四次常委会会议的建议
第 67 次	11 月 22 日	协商讨论区政协第八届委员会委员建议名单、区政协八届一次会议主席团成员建议名单

（白振杰）

参政议政
Participation in the Administration and Discussion of State Affairs

【概况】 2021 年，区政协发挥专门协商机构作用，围绕武侯区经济建设、社区发展治理、公共文化、智慧教育、社会事业等课题深入开展调查研究，形成调研报告 17 篇，提出意见建议 90 余条。

（白振杰）

【建言经济建设】 2021 年，区政协重点聚焦武侯区国家体育产业示范基地建设、她妆美谷建设、中日城市设计产业园建设和一环路市井生活圈特色街巷打造等课题，深入开展调查研究，形成一批高质量调研成果，得到区委、区政府重视和采纳。区政协领导积极参与招商引资、重点项目建设，先后 10 余次到经济发达地区开展招商考察工作，促进项目落地，助推武侯区经济发展。

（白振杰）

【建言社会事业发展】 2021 年，区政协围绕全国一流中小学综合实践基地建设、武侯文化主题公园打造、基本生活救助能力提升、特殊家庭关怀扶助、行政公益诉讼、智慧教育示范区建设、基层公共文化服务社会化运营等课题开展调查研究，形成专题调研报告 6 篇，得到区委、区政府重视和采纳，为区委区政府科学决策、有效施策提供重要参考。

（白振杰）

【区政协领导考察活动】 2021 年，区政协领导带队到上海、重庆、广州、杭州等地开展考察活动 12 次，拜访企业 16 家（详见表 21）。

（白振杰）

政治协商
Political Consultation

【概况】 2021 年，区政协坚持以习近平新时代中国特色社会主义思想为指导，贯彻落实中央和省委、市委、区委各项决策部署，围绕区委、区政府中心工作和群众普遍关心的热点、难点问题，发挥专门协商机构作用，履行职能，建言献策。通过全会协商、提案办理协商、专题协商、对口协商等形式，聚焦疫情防控，彰显政协委员责任担当；聚焦武侯发展，献计献策奉献委员智慧；聚焦城市更新，促进提升群众获得感；聚焦文化建设，助推魅力武侯新品质；聚焦社会热点，助推基层治理。

（白振杰）

【全会协商】 2021 年，区政协先后召开七届五次会议和八届一次会议，重点围绕“一府两院”工作报告及其他报告和区委、区政府中心工作开展协商。会议期间举行大会发言，25 名政协委员现场交流发言，34 名政协委员书面交流发言，委员们围绕武侯区政治、经济、法治、教育、文化、环保、社会保障等方面，聚焦民生热点、难点问题，提出意见和建议，得到区委、区政府重视和采纳。

（白振杰）

【提案办理协商】 2021 年，区政协

表 21　2021 年武侯区政协领导外出考察一览表

带队领导	时间	地点	考察企业
贺　欣	10 月 19 日	杭州	杭州仟源恩氏基因技术有限公司
伍本康	2 月 22—23 日	上海	罗曼照明科技股份有限公司
	4 月 22 日	南昌	中海海洋建工集团有限公司
蔡振雄	5 月 26—27 日	厦门	欣贺股份有限公司
			跨境珮（厦门）科技服务有限公司
郑万明	5 月 13—14 日	广东东莞	粤丰环保电力有限公司
	6 月 2—3 日	青岛	青岛海纳云科技控股有限公司
			青岛金王应用化学股份有限公司
	7 月 22—23 日	广州	雪松控股实业集团
		深圳	鹏城金云科技有限公司
	10 月 12—13 日	上海	上海闻先科技发展有限公司
			西井科技和记港口集团有限公司
覃　丹	7 月 9 日	重庆	重庆飞象工业互联网有限公司
	10 月 18—20 日	上海	上海视介光电科技有限公司
			上海巨人网络科技有限公司
刘立新	3 月 25—26 日	杭州	浙江照川科技有限公司

（白振杰）

各参加单位和全体委员围绕区委、区政府中心工作和人民群众关注的热点难点问题，通过提案参政议政、建言献策。全年收到委员以提案形式提出的意见建议217件，审查立案183件，未立案34件。立案提案中，176件交由武侯区办理（详见表22），7件交由成都市高新区办理；对未立案提案，作为委员意见建议转有关单位研究参考。截至9月底，183件提案全部办结，办结率100%，满意率为100%。其中，所提问题得到解决或基本解决的A类提案130件，纳入计划分步解决的B类提案51件，因条件限制目前不能解决的C类提案2件。

（熊启平）

【专题协商】 2021年，区政协围绕区委、区政府重大部署和重点工作，以常委会会议、主席会议等形式开展专题协商。围绕武侯区统筹疫情防控与经济社会发展、党风廉政和反腐败工作等开展专题协商；实地视察一环路市井生活圈和音乐坊及周边街巷城市更新建设情况，并就武侯区城市更新工作情况开展专题协商讨论，提出意见建议15条，形成专题协商报告，得到区委主要领导肯定。区政协主席会议多次协商区委有关人事安排。

（白振杰）

【对口协商】 2021年，区政协各专门委员会根据自身特点，就武侯区产业功能区建设发展等方面开展对口协商。在深入调研的基础上，确立以火车南站街道长寿苑社区等为代表的“小微协商”示范点位，探索具有武侯特色的“有事来协商”工作模式，将政协协商的触角延伸到街道、社区，并注重与综合治理、人民调解、安全生产等基层治理力量开展协作，推进政协协商与基层协商的有效衔接，助力基层治理。5月，长寿苑社区“大家事、大家议、有事好商量”协商议事平台在十街坊互助中心正式成立。区政协组织部分委员、火车南站街道政协委员小组代表、社区书记、街道执法中队代表、社区党员代表、院落居民小组成员、被拆违的群众代表围绕社区违章建筑拆除问题开展协商讨论，实现“民事民提、民事民议、民事民商、民事民定、民事民办”，推进社区民主协商。

（白振杰）

表22 武侯区政协七届四次会议提案一览表

编号	案 由	提议人	主办单位	办理结果分类
1	关于疫情影响下如何有效提升经济发展内循环的建议	邓国营	区发改局	A
2	关于推进武侯区妇女儿童事业协调发展的建议	蒋 理	区妇联	A
3	关于大力营造绿道科普场景的建议	鲜 通	区新经济局	B
4	关于构建武侯区科普传播综合服务平台的建议	商慧芳	区新经济局	A
5	关于加强武侯区民营企业家教育培训的建议	赵天峻	区新经济局	A
6	关于加强武侯区民营企业家培育的建议	周晓律	区新经济局	A
7	关于进一步做好对企业的政策扶持工作的建议	邵 俐	区发改局	A
8	关于“十四五”时期优化中小微企业创新创业营商环境的建议	陈红霞	区行政审批局	A
9	关于整理城市上空废旧电缆线的建议	武秀峰	区新经济局	B
10	关于常态化开展青少年心智教育活动的建议	邓 炜	区教育局	A
11	关于加强对民办教育培训机构监督管理的建议	黎 昕	区教育局	A
12	关于加强中小学生实地红色传统革命教育的建议	鲜 通	区教育局	A
13	关于加强成都市礼仪职业中学与武侯区产业功能区衔接互动的建议	张增权	区教育局	A
14	关于加强学校食品安全管理的建议	陈红霞	区教育局	A
15	关于建立教师再培训制度，全面提高教师素质，确保教育质量的建议	杜洪林	区教育局	A
16	关于聚焦劳动教育建设“四位一体”协同育人模式的建议	刘成祎	区教育局	A
17	关于校园文化建设与属地片区文化建设相融合的建议	江 涛	区教育局	A
18	关于重视并坚决遏制不良“校园贷”向高中及初中阶段蔓延趋势的建议	邓国营	区教育局	A
19	关于主动融入“双循环”，打造“智教乐学”教育强区的建议	刘成祎	区教育局	A
20	关于组织和引导武侯区青少年积极参与学生综合实践教育的建议	刘 波	区教育局	A
21	关于巩固深化武侯区对口支援白玉县脱贫成果的建议	吴瑜聪	区民宗局	A

续表22

编号	案　由	提议人	主办单位	办理结果分类
22	关于加强武侯区社区民族融合工作的建议	李　亚	区民宗局	A
23	关于帮扶本地困难家庭的建议	魏益忠	区民政局	A
24	关于充分利用武侯宜居优势，发展居家医养事业的建议	廖政地	区民政局	A
25	关于规范加强老龄化人群服务的建议	邵　俐	区民政局	A
26	关于大力推进居家养老日间托管照护服务进社区的建议	何琼英	区民政局	A
27	关于加大困难群众帮扶力度的建议	邵　俐	区民政局	A
28	关于加强婚姻登记家庭指导服务的建议	陈　涛	区民政局	A
29	关于加强空巢老人关心关爱的建议	陈　涛	区民政局	A
30	关于加强困难群众社会救助能力的建议	陈　涛	区民政局	A
31	关于加强社会组织培育发展促进社会组织效能转变的建议	陈　涛	区民政局	A
32	关于加强武侯区医养结合养老保障模式建设的建议	王　凯	区民政局	A
33	关于加强养老机构管理服务工作人员培训的建议	邵　俐	区民政局	A
34	关于健全街头流浪乞讨人员管理机制的建议	陈　涛	区民政局	A
35	关于加强社区法律顾问工作的建议	李　璇	区司法局	A
36	关于加强社区矫正队伍建设的建议	唐国伟	区司法局	A
37	关于完善社区矫正志愿服务工作机制的建议	刘伟平	区司法局	A
38	关于疫情防控期间给予经营困难但恢复有望的中小企业发放房租补贴的建议	熊维军	区财政局	A
39	关于加快失业补助金申领信息比对复核的建议	黄朝万	区人社局	A
40	关于建立完善社保缴费网格化服务体系的建议	周晓梅	区税务局	B
41	关于新冠肺炎疫情防控期间解决好稳岗压力与企业缺工并存问题的建议	罗　强	区人社局	A
42	关于大力推广老旧小区加装电梯，有效改善出行环境，提高群众生活质量的建议	高喜莲	区住建交局	A
43	关于加快推动涉农区域路网建设的建议	张旭东	区住建交局	B
44	关于加强道路“黑化”设计及施工工作的建议	黄朝万	区住建交局	A
45	关于加强对小区业委会监督管理的建议	刘力凡	区住建交局	A
46	关于加强包租公司规范经营监管的建议	李佳梅	区住建交局	B
47	关于加强居民住宅小区物业管理的建议	唐国伟	区住建交局	A
48	关于解决致民路 33 号院历史遗留问题的建议	于海波	区住建交局	A
49	关于合理设置公交站台及其周边垃圾箱的建议	汤洪著	区综合执法局	A
50	关于加强餐厨垃圾进行有效处置的建议	赵思源	区综合执法局	A
51	关于加强城市扬尘治理的建议	秦　文	区综合执法局	A
52	关于加强一环路整治成果维护的建议	谢良辉	区综合执法局	A
53	关于街面环境管理的建议	吴江涛	区综合执法局	A
54	关于破除“两拆一增”工作困境的建议	徐云海	区综合执法局	A
55	关于解决环卫工作扰民问题的建议	武秀峰	区综合执法局	A
56	关于全面提升综合行政执法水平的建议	谢良辉	区综合执法局	A
57	关于加快推进我区生活垃圾分类工作的建议	唐红梅	区综合执法局	A
58	关于深入推进背街小巷环境综合整治的建议	吕志友	区综合执法局	A
59	关于在江安河明珠湾公园内增设垃圾箱的建议	汤洪著	区综合执法局	A
60	关于做好生活垃圾分类优化区域环境的建议	李　亚	区综合执法局	A
61	关于打造武侯区社区体育公园的建议	闫建强	区公园城市局	B
62	关于加快老旧院落改造，有效改善人居环境、提高群众生活质量的建议	王　岚	区公园城市局	B

续表22

编号	案　由	提议人	主办单位	办理结果分类
63	关于加快武侯新城未来广场公园建设的建议	黄朝万	区公园城市局	B
64	关于进一步加强武侯区老旧小区综合改造提升的建议	何　军	区公园城市局	B
65	关于立足区域文化品牌打造，提升公园城市建设品质的建议	刘伟平	区公园城市局	B
66	关于提升一环路整治成效努力营造“爱成都·迎大运”氛围的建议	秦　红	区公园城市局	B
67	关于武侯公园城市建设的建议	张　平	区公园城市局	B
68	关于在郭家桥北街建设公共厕所的建议	贺韶鸽	区综合执法局	B
69	关于高质量发展时尚消费推动武侯区建设国际商务高地的建议	罗　宁	区商务局	A
70	关于加强网络餐饮服务行业管理的建议	刘力凡	区市场监管局	A
71	关于强化楼宇产业生态圈建设的建议	邵　俐	区商务局	A
72	关于提前介入在建楼宇招商工作的建议	邵　俐	区商务局	A
73	关于大力发展电竞产业的建议	邓　凯	区文体旅局	A
74	关于解决旅游业当前面临的困难与人才极度流失问题的建议	潘　宏	区文体旅局	A
75	关于青少年体育社会组织在社区的培育与发展的建议	刘伟平	区文体旅局	B
76	关于增加体育设施，提高市民身体素质的建议	郑贞福	区文体旅局	A
77	关于成立社区心理咨询室的建议	何　军	区卫健局	B
78	关于关注心理健康的建议	陶　勇	区卫健局	B
79	关于加强现制现售水、二次供水经营规范管理的建议	蒋　智	区卫健局	B
80	关于开设心理咨询室提供心理救助的建议	商慧芳	区卫健局	B
81	关于推动小区心肺复苏培训宣传并安装自动体外除颤仪的建议	王　雷	区红十字会	A
82	关于武侯区三高慢性病防治的建议	陈红霞	区卫健局	A
83	关于在社区开设心理咨询室为有需要的人群提供心理援助的建议	余宓宓	区卫健局	B
84	关于做好困难退役军人帮扶援助工作的建议	孙　伟	区退役军人事务局	A
85	关于整治自建房消防安全隐患的建议	周宏波	区应急局	A
86	关于加快设立政府产业引导基金，促进武侯高质量发展的建议	蒋　堃	区国资和金融局	A
87	关于加强对网络销售商品质量的监督管理的建议	刘力凡	区市场监管局	A
88	关于加强武侯区企业知识产权保护工作的建议	郑艳平	区市场监管局	A
89	关于加强知识产权运营服务体系建设的建议	郑艳平	区市场监管局	A
90	关于知识产权助力武侯区经济高质量发展的建议	梁　田	区市场监管局	A
91	关于挖掘第七次全国人口普查数据价值做好成果转化利用的建议	蒋　婷	区统计局	B
92	关于加快建设武侯区政务服务一体化的建议	吴雷磊	区行政审批局	A
93	关于加快推进武侯区政务服务高频事项“跨省通办”的建议	周兴兵	区行政审批局	A
94	关于建立武侯区基于5G技术的城市综合感知系统的建议	周兴兵	区行政审批局	A
95	关于提升武侯区政务服务效能的建议	王茂毅	区行政审批局	A
96	关于利用大数据技术加强市场主体监管的建议	周兴兵	区行政审批局	A
97	关于完善机关一办区2号办公楼有关设施的建议	窦　健	区机关事务中心	B
98	关于武侯电商产业发展的建议	顾兴树	成都市她妆美谷	A
99	关于大健康产业背景下促进武侯区“体医融合示范区”发展的建议	杨　强	区卫健局	A
100	关于加强华西坝文化建设的建议	周兴兵	玉林街道	A
101	关于华西大健康产业功能区建设的建议	邵静波	华西医美健康城	B
102	关于西部大健康金融中心建设的建议	邵　俐	华西医美健康城	B
103	关于充分利用武侯三国文化底蕴，拍摄一定数量影视剧来扩大武侯区知名度的建议	赵元贵	三国创意设计产业功能区	A

续表22

编号	案　由	提议人	主办单位	办理结果分类
104	关于地铁新时代加快片区发展建设的建议	凌　志	三国创意设计产业功能区	A
105	关于多点布局文创园区以点带面推动三国创意产业能级提升的建议	何臻颖	三国创意设计产业功能区	A
106	关于三国创意产业功能区建设的建议	唐　力	三国创意设计产业功能区	A
107	关于围绕武侯区三国创意产业区建设进一步发挥文创产业主导作用的建议	何　勇	三国创意设计产业功能区	A
108	关于围绕三国文化提升产业功能区显示度辨识度的建议	赖双玲	三国创意设计产业功能区	A
109	关于建设武侯区三国创意高品质科创空间的建议	王建忠	三国创意设计产业功能区	A
110	关于做好武侯区三国创意功能区“十四五”规划的建议	康景斌	三国创意设计产业功能区	A
111	关于高质量打造江安河文创旅游带的建议	张旭东	区环城生态区建设发展中心	B
112	关于高质量推进武侯区城市更新的建议	赵庆权	区公园城市局	A
113	关于合力推进机投片区城市有机更新的建议	柯　伟	区公园城市局	B
114	关于加强城市更新工作中项目施工统筹管理工作力度的建议	汤洪著	区公园城市局	B
115	关于深入推进城市有机更新的建议	李大福	区公园城市局	B
116	关于推进武侯区城市有机更新工作的建议	刘　莉	区公园城市局	B
117	关于围绕产业功能区发展高质量推进城市更新的建议	徐　闻	区公园城市局	B
118	关于引入城市合伙人参与片区综合开发,推进武侯城市有机更新的建议	叶　茂	区公园城市局	B
119	关于在城市更新改造中融入智能韧性安全城市建议考虑的建议	乐海斌	区公园城市局	B
120	关于加快发展武侯区美丽时尚产业的建议	李　洁	成都市她妆美谷	A
121	关于充分运用科技法庭审理案件促进司法公正的建议	巫绍熙	区法院	A
122	关于疫情背景下应加大执行司法救助的建议	张绍忠	区法院	A
123	关于加强对青少年禁毒宣传的建议	杨丽恒	区检察院	A
124	关于出租群租规范管理的建议	黎　晓	区公安分局	A
125	关于规范城市集中租住房（合租房）安全管理的建议	谭晓军	区公安分局	A
126	关于保护和利用好生态环保自然资源的建议	刘　钊	区规划和自然资源局	B
127	关于加快太平寺片区全域规划的建议	付建松	区规划和自然资源局	B
128	关于加快推进武侯区出城通道规划建设的建议	周兴兵	区住建交局	A
129	关于发挥税收政策调节作用促进经济发展内循环的建议	周晓梅	区税务局	C
130	关于全面优化税收服务提升企业开办便利度的建议	周晓梅	区税务局	A
131	关于做好中小企业资金扶持的建议	林清芳	区税务局	A
132	关于城市污水处理厂（站）污泥处理的建议	吴德伟	区水务局	A
133	关于加强武侯区人才发展计划的建议	陈红霞	区委组织部	A
134	关于进一步提升高端人才引进过程中政策激励的建议	莫舸舸	区委组织部	A
135	关于挖掘和整合武侯区域文化资源,推进学生天府特色文化浸润的建议	陈冠夫	区委宣传部	A
136	关于大力弘扬“工匠精神”建设高技能人才队伍的建议	林清芳	区总工会	B
137	关于加强产业工人队伍建设,大力弘扬“工匠精神”,建设高技能人才队伍的建议	刘静琳	区总工会	B
138	关于进一步加强快递员等八大就业群体保障措施的建议	刘静琳	区总工会	B
139	关于深化服务载体,强化阵地建设,丰富全区干部职工精神文化生活的建议	刘静琳	区总工会	B
140	关于整合区级群团部门资源，合力打造区级群团枢纽，进一步提升服务职工能力的建议	刘静琳	区总工会	B
141	关于促进“蓉漂”青年快速融入城市的建议	罗　宁	团区委	A
142	关于进一步鼓励青少年投身社区发展治理的建议	岑　琴	团区委	A
143	关于加快构建武侯区青年志愿服务社会化动员体系的建议	岑　琴	团区委	A

续表22

编号	案　由	提议人	主办单位	办理结果分类
144	关于加强对社区青年群体开展服务的建议	耿璐璐	团区委	A
145	关于助力青年人才快速融入武侯的建议	岑　琴	团区委	A
146	关于加大残疾人托养帮扶力度，帮助贫困重度残疾人及家庭进一步摆脱困境的建议	陆大文	区残联	B
147	关于加大对残疾儿童抢救性康复救助的建议	刘　宁	区残联	A
148	关于加大对精神残疾人医疗救助力度的建议	黄　静	区残联	A
149	关于丰富残疾人精神文化生活的建议	孙　景	区残联	B
150	关于加强残疾人信息无障碍交流扶助的建议	窦　健	区残联	A
151	关于加强用工单位已安置残疾人就业情况审核提升残疾人就业环境的建议	赵　全	区残联	B
152	关于提升残疾人就业环境，加大残疾人就业技能培训的建议	何　勇	区残联	B
153	关于将置信路旁绿地打造成主题游园的建议	吴瑜聪	红牌楼街道	A
154	关于浆洗街街道引入信托制物业项目的建议	姜建波	浆洗街街道	A
155	关于推动武侯名苑小区依法改选业委会的建议	姜建波	浆洗街街道	B
156	关于打造音乐坊“诗竹文化路”的建议	陈红霞	望江路街道	B
157	关于发展九眼桥商圈夜间经济的建议	何　军	望江路街道	B
158	关于加强华西坝文化建设的建议	张　路	玉林街道	A
159	关于打造红牌楼新模式消费走廊的建议	叶永丽	红牌楼街道	A
160	关于丰富成都2021年世界大学生夏季运动会期间红牌楼社区文体活动的建议	熊启平	红牌楼街道	A
161	关于加大红牌楼老旧院落、自建房隐患整改经费投入的建议	凌　志	红牌楼街道	A
162	关于加快金雁社区周边配套设施建设的建议	周宏波	晋阳街道	B
163	关于晋阳街道辖区养老服务综合体建设的建议	周宏波	晋阳街道	B
164	关于将民族团结工作进一步融入社区发展治理的建议	周宏波	晋阳街道	A
165	关于进一步深化信托制物业应用推广的建议	柯　伟	机投桥街道	A
166	关于加快蓝润广场运营复建的建议	付建松	华兴街道	B
167	关于开展华兴街道部分区域农厕改造的建议	毛伟忠	华兴街道	A
168	关于加强天府芙蓉园重大活动保障的建议	余开红	金花桥街道	A
169	关于红牌楼街道综合便民服务中心大厅内重新设立社保窗口的建议	张　斌	红牌楼街道	A
170	关于打通南桥四路至高新区“断头路”的建议	付建松	华兴街道	B
171	关于建设地铁华兴站文体公园的建议	付建松	华兴街道	B
172	关于建设三河社区综合体的建议	付建松	华兴街道	B
173	关于解决南桥社区二组院落内涝问题的建议	付建松	华兴街道	A
174	关于对散居院落旱厕进行整改的建议	唐红梅	华兴街道	A
175	关于实施成双大道北段综合整治的建议	唐红梅	华兴街道	A
176	关于对三河社区废品回收站（点）进行集中整治的建议	唐红梅	华兴街道	A

（熊启平）

民主监督
Democratic Supervision

【概况】 2021年，区政协围绕公园城市示范城区建设，紧贴民生福祉改善推进民主监督，通过视察监督、民意监督、特约监督等形式，创新民主监督形式，不断完善监督机制，寓监督于履职全过程，民主监督的组织化程度和监督实效明显提高。

（白振杰）

【视察监督】 2021年，区政协紧盯群众普遍关注的焦点问题，围绕深化依法治区、社区发展治理、老旧院落改造等工作，开展视察监督5次，提出建议10余条。区政协七届二十二次常委会会议实地视察一环路市井生活圈和音乐坊片区及周边街巷城市有机更新情况，专题听取区政府关于武侯区城市有机更新工作情况的通报，并开展分组讨论，区政协常委建言献策，协商议政，形成的专题协商报告得到区委主要领导肯定。

（白振杰）

【民意监督】 2021年，区政协把收集和反映社情民意作为贯彻党的群众路线、密切联系群众的重要抓手，发挥“连心桥”和“直通车”作用，向市政协报送社情民意信息95条。其中，林清芳委员关于解决民营企业历史遗留问题的建议等9条社情民意被市政协采用。

（白振杰）

【特约监督】 2021年，区政协按照准确定位、把握适度的原则，围绕武侯区都市工业谷建设、社区公园及绿道建设、“无废城区”建设、大运会筹备等工作开展特约监督，注重优塑生活形态，推进垃圾分类，提升绿色发展空间和公共服务质效，同时鼓励民主监督员对被监督单位开展监督活动，促进相关单位作风转变和工作提升。全年开展特约监督活动5次。

（白振杰）

视察与调研
Inspection and Research

【概况】 2021年，区政协重点围绕城市有机更新、水环境治理、构建全域旅游形态、音乐坊片区项目建设、宜居水岸水系连通工程等工作开展专题视察协商活动40余次，组织委员实地视察调研望江楼公园、江安河明珠湾段等点位情况。开展市区政协联动助推武侯区黑臭水体治理民主监督，组织委员121人次到黄堰河、二道河、鸡公堰等10余个点位调研督导。

（于勤洋）

【城市更新工作调研】 2021年，区政协组织委员视察一环路市井生活圈和音乐坊及周边街巷城市更新建设情况，专题听取区政府关于武侯区城市更新工作情况的通报，并开展分组讨论。组织委员到华兴街道沈家桥社区，视察河堤环境和河道水质状况，详细了解宜居水岸工程、河道整治、凉水井污水处理站工作情况，并就如何加强河道管护、深入推进河长制工作提出意见建议。

（于勤洋）

图044 2021年7月29日，区政协主席伍本康（右二）到社区督导新冠肺炎疫情防控工作

（区政协办公室供图）

【社会事业调研】 2021年，区政协组织部分委员调研武侯区街道司法所、公共法律服务工作站工作，视察簇桥街道“智慧公共法律服务”平台建设及运行情况，并召开专题座谈会，听取区司法局工作情况汇报。组织部分区政协委员专题视察调研区残疾人托养服务工作，实地视察武侯区重度智力残疾人托养服务中心、区残疾人服务中心建设及运行情况，听取区残联及善工家园助残社会组织工作汇报；政协委员就如何提升残疾人托养服务工作开展讨论，提出工作建议和意见。

（于勤洋）

【产业功能区调研】 2021年，区政协组织部分委员到她妆美谷开展调研，实地视察她妆美谷电商直播基地，与相关部门进行座谈，协商讨论她妆美谷建设现状、发展优势，以及存在的困难和问题，并提出意见建议。组织部分委员视察区悦湖新材料科技转化中心及成都沃森创新生物研发中心项目，就悦湖产业园功能区规划建设工作提出意见和建议。

（于勤洋）

专门委员会工作
Work of Specialized Committees

【概况】 2021年，区政协七届委员会设置6个专门委员会，分别是提案委员会、经济委员会、建设与环境委员会、教育文化委员会、社会事业委员会、法制群团委员会。12月，区政协换届。区政协八届委员会设提案委员会、经济委员会、建设与环境委员会、教育文化委员会、社会事业委员会、法制群团委员会6个专门委员会，各专门委员会按相关职责，认真履职，联系委员开展民主协商、视察调研等各项工作。

（于勤洋）

【提案委员会】 2021年，区政协提案委员会上报成都市政协社情民意95条，被上级政协采用9条；组织联系界别委员开展调研视察活动2次，调研视察武侯区利用大数据技术加强市场主体监管工作和残疾人托养工作，形成的《关于利用大数据技术加强市场主体监管的建议》《关于武侯区残疾人托养工作的建议》两篇调研报告被上级采用；交办、督办政协提案183件；34件未立案的委员建议，转有关单位研究参考；围绕重点提案开展提案办理协商活动6次。

（于勤洋）

【经济委员会】 2021年，区政协经济委员会围绕武侯区产业功能区建设发展等工作，组织委员开展调研，提出华西医美谷建设、文创产业功能区建设、电商产业功能区建设等意见建议9条。其中，在大健康产业发展方面，提出“注重智慧医院所涉及的智慧医疗、智慧管理和智慧服务等相关领域企业的招引和培育”“关注新药研发，将生命健康前沿科技与传统医疗结合起来，形成创新药物研发和先进医疗及药品创造产业链，发展健康产业”等建议;在文化产业方面，提出“引进国内知名音乐家、制作公司等入驻音乐坊”“借力一环路市井生活圈打造，形成成都市著名的艺术消费场景和网红打卡地”等建议。

（于勤洋）

【建设与环境委员会】 2021年，区政协建设与环境委员会围绕武侯区社区公园及绿道建设等工作组织委员开展调研，提出“加大资金投入，拓宽投融资渠道、理顺管理机制”“强化管理体制、优化业态，营造‘公园（绿道）+新消费’新场景”等意见建议9条，包括“强化‘主体多元+市场主导’的投融资机制，加大市、区两级财政及平台公司在社区公园和绿道建设上的专项资金投入，更好推进项目建设”“制定普惠性政策，鼓励非政府组织、企业等多元市场主体参与社区公园及绿道等的建设及运营，探索多元化、市场化尝试”“公开招投标引进专业化社会组织、优质绿化企业，签订代管协议进行管理，并严格进行监督和指导”等工作建议。

（于勤洋）

【教育文化委员会】 2021年，区政协教育文化委员会围绕武侯区教育、文化、科技、旅游等工作开展调研、视察等活动，并提出意见建议。其中，围绕促进武侯区水韵园综合教育基地品牌建设开展调研，提出加快推动基地运营公司市场化、商业化进程、探索综合教育基地可持续发展模式等意见建议7条，包括“按季度、分时段，为城市居民、商业团体、学生群体提供亲子活动、拓展训练、主题夏令营、中高端民宿等商业活动”“扩大受众面，持续开放项目活动，提升基地经济效益”等具体工作建议。

（于勤洋）

【社会事业委员会】 2021年，区政协社会事业委员会围绕医疗、卫生、社会养老、对口扶贫等组织委员开展调研、视察等活动，提出意见建议。其中，围绕进一步做好武侯区计划生育特殊家庭扶助工作开展调研，提出增加帮扶“特扶家庭”渠道、开展暖心家园创建活动等意见建议7条。其中，建议区委社治委在“社区保障资金”中增设“计划生育特殊家庭关怀扶助”项目；建议区民政局在区慈善会成立“计划生育特殊家庭帮扶项目”，探索通过资金募集、项目合作等方式，促进社会爱心人士积极参与特扶家庭的关怀扶助工作。

（于勤洋）

【法制群团委员会】 2021年，区政协法制群团委员会围绕加强行政公益诉讼检察等工作组织委员开展调研，提出“增强责任意识，建立共同参与格局”“拓展案源渠道、建立长效机制，形成公益保护合力”等意见建议6条，包括“利用区新闻媒体、报刊及新媒体进行宣传，推进行政机关提高法治意识，齐心协力凝聚力量，形成保护公益的共识”“进一步多渠道拓展案源，运用行政检察与行政执法衔接平台，将检察监督触角延伸到社会生活的各个领域，做好案件线索的外部拓展”“建立信息共享、线索移送、案件办理、工作通报及技术咨询等协作机制，加强与区市场监管局、区综合执法局、区生态环境局、区卫健局等行政机关联系，建立工作衔接长效机制”“协同行政机关开展专项整治，加大领域公益诉讼案件的办理，完善公益诉讼、行刑衔接等工作机制”“推进公益诉讼案件与行政执法案件办理的深入互动，实现办理一类公益诉讼案件、建立一种长效机制、规范一类行政行为，共同致力于公益维护”等工作建议。

（于勤洋）

中共成都市武侯区纪律检查委员会 成都市武侯区监察委员会

CHENGDU WUHOU DISTRICT COMMISSION FOR DISCIPLINE INSPECTION OF THE CPC &COMMISSION OF SUPERVISION OF CHENGDU WUHOU DISTRICT

综　述
Overview

2021年，区纪委监委忠实履行党章和宪法赋予的职责，坚持把学习习近平总书记系列重要讲话和指示批示精神作为区纪委常委会“第一议题”，严格落实中央纪委和省纪委、市纪委安排部署。全年围绕党史学习教育、学习贯彻党的十九届六中全会精神等开展专题研讨6次，组织中心组学习14次。严格落实重大事项请示报告制度，向市纪委监委书面请示报告6次，向区委书面请示报告42次。

政治责任落实　2021年，区纪委监委坚持把加强党的政治建设摆在首位，坚定以习近平新时代中国特色社会主义思想为指导，在市纪委监委和区委坚强领导下，全区纪检监察机构自觉从中国共产党的百年奋斗历程中汲取智慧力量，将党史学习教育成果转化为发挥监督保障执行、促进完善发展作用的实际行动，围绕高质量建设践行新发展理念的公园城市示范城区强化政治监督，巩固发展反腐败斗争压倒性胜利，全区政治生态持续向善向好。

保障执行监督　2021年，区纪委监委制定《聚力精准监督保障幸福美好生活十大工程高质量实施的工作方案》，确定35个项目作为“一机构一重点”监督内容，严肃查处贯彻落实区委决策部署中的形式主义官僚主义问题。推动中央和省生态环保督察反馈问题整改，追责问责7件17人。常态化开展疫情防控督查，查处整改上级督导反馈问题不力等问题3件4人。开展粮食购销领域腐败专项整治，自查自纠问题17个。

（喻开彬　孙书琦）

重要会议
Important Meetings

【武侯区纪委七届十次全体会议】

2021年1月19日，武侯区纪委七届十次全体会议召开。会议专题开展部分街道、区级部门党政主要负责人向区纪委全会述责述廉工作，区行政审批局局长杨海平、区医保局局长郑伟、望江路街道党工委书记李林等5人进行口头述责述廉并接受参会人员的质询；区人社局局长罗新蓉、区投促局局长陈明毅、区市场监管局局长王佳舟等14人进行书面述责述廉。区纪委监委班子成员、全体纪委委员、各街道和区级各部门主要负责人、区委各巡察组组长、各街道纪工委书记、各派驻纪检监察组组长、区纪委监委机关各室部负责人参加会议。

（喻开彬　孙书琦）

图045　2021年2月25日，中国共产党成都市武侯区第七届纪律检查委员会第十一次全体会议召开
（区融媒体中心供图）

【武侯区纪委七届十一次全体会议】 2021年2月25日，武侯区纪委七届十一次全体会议召开。会议由区纪委常委会主持。会议传达学习十九届中央纪委五次全会、省纪委十一届五次全会、市纪委十三届九次全会精神，审议通过区委常委、区纪委书记、区监委主任李勇代表区纪委常委会作的《监督保障执行，促进完善发展，以纪检监察工作高质量发展助推加快建设践行新发展理念的公园城市示范城区》工作报告。区委书记陈麟出席会议并讲话强调，要坚持深学细悟习近平总书记重要讲话精神，不断增强全面从严治党的政治自觉；要准确把握形势，从政治高度把“严”的主基调长期坚持下去；要抓实重点工作，引领保障“十四五”重大战略任务全面落实见效；要秉持更高更严的标准，努力锻造忠诚干净担当的纪检监察铁军。区纪委委员22人出席会议。区委常委，区人大常委会、区政府、区政协领导，区法院院长、区检察院检察长出席会议，有关方面负责人参加会议。

（喻开彬　孙书琦）

【武侯区纪委八届一次全体会议】 2021年10月29日，武侯区纪委八届一次全体会议召开，区纪委常委会主持会议。会议选举出武侯区第八届纪律检查委员会常务委员会委员，选举沈翔为武侯区第八届纪律检查委员会书记，沈瑜、赵全为副书记。选举结果报请区委八届一次全会审议并通过。

（喻开彬　孙书琦）

【武侯区纪委常委会会议】 2021年，区纪委召开常委会会议42次。传达学习习近平总书记重要讲话和指示批示精神，中央纪委国家监委和省、市纪委监委有关会议文件精神，区委常委会会议有关精神，讨论研究《武侯区纪委监委关于调整派驻纪检监察机构设置的建议方案》《武侯区纪委监委机关新闻宣传稿件审核工作流程》《“三重一大”事项监督平台优化建设方案》等议题306个，讨论研究《关于科级干部选拔任用的动议方案》《关于一级主任科员选拔任用的动议方案》《关于区纪委新办公楼和巡察机构购买办公家具设备和有关经费支出的请示》等重要事项。

（杨晨刚）

正风肃纪
Party Conduct Improvement and Discipline Intensification

【概况】 2021年，区纪委监委始终坚持以人民为中心，持续深化正风肃纪，深入巩固落实中央八项规定精神成果，常态化开展落实情况的分析评估，严肃查处搞变通、打“擦边球”等问题，坚决防止反弹回潮，“清风武侯”政治生态持续向善向好发展。

（喻开彬　孙书琦）

【中央八项规定精神落实】 2021年，区纪委监委开展贯彻落实中央八项规定精神制度建设“回头看”，锲而不舍纠治“四风”，组织开展“窗口腐败”“吃公函”专项整治，对省委巡视反馈的违规发放津补贴、奢侈浪费等问题持续跟进监督，开展重要节点监督检查20余次，查处违反中央八项规定精神问题28件54人。

（喻开彬　孙书琦）

【专项治理深化】 2021年，区纪委监委坚决惩治涉黑涉恶腐败和“保护伞”，查处相关问题1件2人。抓好政法队伍教育整顿监督执纪执法，查核问题线索19件，立案审查调查4人、留置1人。聚焦发改、住建、经信等重点行业领域持续深化系统治理，查处工程招投标、医疗卫生等领域违规违纪案件10件21人。

（喻开彬　孙书琦）

【群众诉求回应】 2021年，区纪委监委深化运用“纪检监督+职能监督+群众监督+舆论监督”模式，开展“为幸福发声·让群众有感”专项行动，组织流动接访69次，接收问题意见86件，督促解决问题54个。

采取入社区入户、明察暗访、坝坝会等方式，督促有关单位解决涉及教育、医疗、养老、就业等方面的问题165件。紧盯侵害群众利益等问题强化监督执纪问责，查处群众身边的腐败和作风问题77件133人。

（喻开彬　孙书琦）

精准监督
Targeted Supervision

【概况】 2021年，区纪委监委始终履行监督首要责任，织密日常监督网络，强化派驻监督，健全与驻在部门协同机制。强化系统内监督叠加，整合运用监督力量，完善“四项监督”统筹衔接、“室组地巡”联动监督制度机制。凝聚内外监督合力，在党内监督主导下做实专责监督，贯通各类监督。全年通过监督发现并移交问题线索69件，占处置问题线索总数的21.2%。

（喻开彬　孙书琦）

【主体责任落实监督】 2021年，区纪委监委制定《关于贯彻落实全面从严治党“四责”协同机制的实施方案》，细化明确11大项39小项工作任务，推动各责任主体协调互动、同向发力。深化运用片区协作机制，对全区69家单位落实主体责任情况开展全覆盖监督检查，发现并督促整改问题101个，对苗头性倾向性问题开展谈话提醒86人次，问责履责不力的党员领导干部19人，通报责任落实不到位的单位5家。

（喻开彬　孙书琦）

【监督对象信息管理】 2021年，区纪委监委深化运用廉政档案信息系统和“双监”系统，升级打造区“三重一大”事项监督管理平台，促进党内监督与司法、财政、审计等其他各类监督贯通协同。深化探索大数据监督，综合用好纪检监察监督举报平台、大数据监督平台、省纪委综合信息查询平台、文书制作及措施监管系统、廉政档案管理系统，整合各类监督信息，通过线上监督、数据研判、科学预警等手段，强化对公权力运行的制约和监督。全年接收审计、公安、法院、司法等部门移送的违纪违法问题线索48条。

（喻开彬　孙书琦）

【纪检监察干部监督】 2021年，区纪委监委研究制定《武侯区纪委监委审查调查安全工作监督检查及责任追究办法（试行）的通知》《区纪委监委干部轮岗和交流规程》等制度，压紧压实系统内“两个责任”。区纪委监委领导严格落实“第一责任人”制度，带头与纪检监察干部开展谈心谈话138人次，重点针对存在信访举报的纪检监察干部严肃开展提醒谈话，督促纪检监察干部带头遵规守纪，规范廉洁用权。推进纪检监察系统作风建设常态化，开展“抓反思、查风险、严纪律、铸铁军”活动，谈心谈话189人次，收集意见建议7条。深化纪检监察干部监督室建设，用好特约监察员队伍，对纪检监察干部履职尽责和遵规守纪等情况开展常态监督，运用监督执纪“四种形态”处置违纪违规纪检监察干部3件3人。

（喻开彬　孙书琦）

反腐败工作
Anti-corruption Work

【概况】 2021年，区纪委监委保持“严”的主基调不动摇，坚定不移把反腐败斗争推向纵深。坚持“三不”一体推进，始终保持高压增强“不敢腐”的震慑，完善制度扎牢“不能腐”的笼子，提高觉悟强化“不想腐”的意识。

（喻开彬　孙书琦）

【反腐败机制构建】 2021年，区纪委监委坚持用好“两报一书”等制度机制，常态化开展“小专题”信访分析，针对巡察、审计调查、监督检查等工作发现的具体问题，向区委和分管区领导呈报《廉情专报》9份。针对监督检查和审查调查中发现的突出问题，向有关单位发出纪检监察建议书36份。督促区法院、区新经济局开展以案促改，不断推动管党治党政治责任落地落实。

（喻开彬　孙书琦）

【腐败问题查处】 2021年，区纪委监委保持惩贪治腐高压态势，接受信访举报1003件次，受理检举控告103件次，处置问题线索326件，立案152件，给予党纪政务处分124人，留置4人，移送检察机关8人。集中力量办理省纪委监委、市纪委监委指定管辖案件9件11人。突出查处“关键少数”，立案审查调查处级干部10人。

（喻开彬　孙书琦）

【反腐败宣传教育】 2021年，区纪委监委持续以初心构筑“不想腐”的思想堤坝，深化纪律教育和警示教育，拍摄《爱财支书的失控人生》警示教育片，编印发放《案鉴》等警示教育读本2000余册，组织开展“好风传家”等活动140余场。完善构建“清风武侯”廉洁文化阵地体系，发挥成都武侯祠廉洁文化基地教育引领作用，全年接待中共中央组织部等考察学习40批1200余人次。运用新媒体讲好武侯正风反腐故事，被省级以上主流媒体采用68条。

（喻开彬　孙书琦）

巡察工作
Political Inspection

【概况】 2021年，区纪委监委坚持把“两个维护”作为首要任务，坚守政治巡察定位，持续彰显利剑作用，创新破解难题，做实筑牢基础，争先保持优势，充分发挥政治巡察“显微镜”作用，将党内监督延伸至“神经末梢”，巡察利剑作用持续彰显。

（喻开彬　孙书琦）

【巡察部署】 2021年9月10日，区委办公室印发《武侯区进一步推进巡察工作高质量发展的实施办法》，坚持以习近平新时代中国特色社会主义思想为指导，深入学习贯彻习近平总书记关于巡视工作的重要论述精神和党中央、省委、市委相关决策部署。坚持巩固成果、补齐短板、探索创新，有效推进政治监督进一步强化、监督质效进一步提升、成果运用进一步加强、制度机制进一步完善、监督合力进一步形成、机构队伍进一步建强，坚定不移推动武侯区巡察工作高质量发展。实施办法共五部分，第一部分是总体要求；第二部分是进一步强化组织领导，包括强化党委主体责任和书记第一责任人责任、强化巡察工作领导小组组织实施责任；第三部分是进一步提升巡察工作质效，

图046　2021年4月23日，七届区委第十轮巡察工作动员部署会召开　（区融媒体中心供图）

包括落实政治巡察要求、健全上下联动工作格局、推动各类监督贯通融合、深化巡察监督到底到边；第四部分是进一步深化巡察整改和成果运用，包括压紧压实整改主体责任、强化整改监督责任、建立巡察整改效果评估机制、实现巡察监督效果“每年全覆盖”；第五部分是进一步加强保障措施，加强巡察机构队伍建设，加强巡察工作基础保障建设。

（毛罕钦）

【巡察监督】 2021年，区纪委监委按照《武侯区进一步推进巡察工作高质量发展的实施办法》相关要求，紧扣“三个聚焦”，开展区委第九、第十轮巡察工作，对14个党组织开展常规巡察，对2个党组织开展巡察“回头看”，延伸巡察社区32个，共发现问题464个、线索31件，完成区委巡察全覆盖任务。

（喻开彬　孙书琦）

【省委巡视反馈问题整改】 2021年，区纪委监委坚决抓实省委巡视反馈意见整改，处置移交问题线索3条，立案3件4人；办结转交信访举报件16件，转立案4件10人，组织处理4件5人。配合省委巡视和市委巡察工作，联动开展疫情防控、粮食购销领域专项巡察。

（喻开彬　孙书琦）

【巡察反馈问题整改监督】 2021年，区纪委监委制定重要事项逐级报备报审、巡察机构与区审计局联动协作等制度机制，规范巡察工作运行。明确第五纪检监察室专门负责巡视巡察整改监督，对照省委巡视反馈问题清单跟进开展监督检查，采取片区协作方式，对省委巡视带巡察的2个党组织和区委第六轮巡察的8个党组织开展专项监督检查，推动整改常态化长效化。

（喻开彬　孙书琦）

民主党派·工商联

NON-CPC PARTIES AND FEDERATION OF INDUSTRY AND COMMERCE

民革武侯支部
Wuhou Branch of the Revolutionary Committee of the Chinese Kuomintang

【概况】 2021年，民革武侯支部委员会由7人组成，刘伟平任主委，廖礼静、陈星海任副主委，杨军、张进、赵军、李盛等任委员。有党员78人，其中市政协委员1人、区政协委员4人。民革武侯支部积极参政议政、建言献策，踊跃参与民主监督、社情民意反映、疫情防控等工作，为武侯区经济社会发展贡献力量。

（刘　静）

【参政议政】 2021年，民革武侯支部完成《建设国家区域法务中心　打造成都司法鉴定高端服务栖息地》《建设国家区域医学中心　打造成都中央医学高端服务栖息地》《关于核心技术攻关　新型举国体制成都再“成飞”——中国工业软件协同攻关的成都方案》等3个调研报告，撰写《“后疫情”时期促进高校毕业生就业创业的建议》《建设成都未来医学城　打造中央医学高端服务栖息地》《建设国家区域法务中心打造成都司法鉴定高端服务栖息地》等3篇调研报告。

（刘　静）

【服务社会发展】 2021年，民革武侯支部贯彻落实成德眉资同城化发展战略部署，与民革眉山市东坡区支部携手推进教育改革纵深发展，共同促成武侯区教育局开展的“两自一包”学校建设改革先行经验在眉山市东坡区落地试点推广。3月23日，民革武侯支部主委刘伟平一行8人到民革东坡区支部参观交流，考察民革党员企业四川大自然惠川食品有限公司及企业食用菌科普馆。支部党员王伟、王岩、张永斌等所在企业生产消毒杀菌剂供应市场，支援防疫抗疫。

（刘　静）

民盟武侯总支
Wuhou General Branch of the China Democratic League

【概况】 2021年，民盟武侯总支发展新盟员12人。年末，民盟武侯总支在册盟员278人，在联盟员220人（男性112人、女性108人）。其中，市人大代表1人，市政协委员1人，区人大代表2人，区（县）政协委员13人（其中盟员张广胜为四川省泸定县政协委员）。民盟武侯总支深入学习中共党史、盟史和国情，开展招才引智主题交流、学中共党史主题分享、学讲话主题教育等活动，聚焦音乐产业、老旧小区改造、文旅和建筑行业等主题撰写意见建议，开展公益课堂、公益演出、公益普法和公益捐赠等活动，通过短视频拍摄、征文投稿、参加演出活动等形式参加庆祝中国共产党建党100周年各项活动。民盟武侯总支被民盟四川省委评为纪

图047　2021年6月4日，民盟武侯总支开展新盟员培训暨“学党史·学盟史”主题教育学习活动（区委统战部供图）

念中国民主同盟成立80周年先进集体，被民盟成都市委评为2021年先进集体。

（刘　静）

【参政议政】 2021年，民盟武侯总支盟员撰写《成都音乐坊产业功能区调研报告》《关于推进成渝双城经济圈加强知识产权保护的建议》《关于推动老旧小区智慧化改造提升的建议》《关于重新布局川西文旅大环线，加快培育“金沙水畔”文旅产业集带的建议》《探索建立管理与服务分享的社区服务集约化供给新模式》等10余份调研报告和意见建议。盟员邹琴撰写的《成都东进战略及成渝经济区发展的策略建议》被市人大常委会评为年度优秀人大代表建议；盟员王劲夫聚焦城市新基建，在市政协全体会议上提交8件提案；区人大代表和区政协委员共提交6件建议和提案。武侯总支的建议提案数量和被民盟省委、民盟市委采用数量均位居全市第一。

（刘　静）

【服务社会发展】 2021年，民盟武侯总支盟员余朝富向玉林街道倪家桥社区捐赠防护服150套，盟员吴恒松安排所在企业医务人员10余人援助金花桥街道永康社区核酸检测采样，盟员徐浩、唐阳娇、孙洪、廖亚澜等在街道社区一线开展疫情防控工作。邹琴、鲜通、蔡龙、张廷均、占梦来、余定杰等企业家盟员捐款1.3万元购买防疫物资慰问成华区疫情防控一线人员。总支委员占梦来向家乡江西省上饶市抗疫一线捐助5万个医用口罩；总支副主委邹琴所在企业向西南科技大学捐赠100万元作为“佳宇建设装配式建筑优秀人才专项资金”。总支委员唐国伟向凉山州布拖县的布拖特木里小学捐赠价值2万余元的学习用具，占梦来向电子科技大学捐款20万元支持学校教育事业，盟员刘永诚所在华玫科技集团携手民盟向中和中学、资阳中学、泸州一中捐赠公益课程，助力乡村教育均衡发展。

（刘　静）

民建武侯总支

Wuhou General Branch of the China National Democratic Construction Association

【概况】 2021年，民建武侯总支有会员154人，下设4个支部，班子成员13人。总支有市政协委员4人（其中常委1人），区政协委员18人（其中区政协副主席1人，常委3人）。民建武侯总支被民建成都市委会评为基层组织先进集体和思想宣传工作、组织工作、参政议政工作、社会服务工作先进单位。

（刘　静）

【参政议政】 2021年，民建武侯总支撰写调研报告18篇，其中主委顾兴树撰写的《打造高品质科创空间推动产业生态圈和产业功能区建设的建议》、副主委魏益忠撰写的《传统制造业向先进制造业转型升级的若干建议》被市政协评为年度优秀提案，会员侯建敏、邱红撰写的《促进我省农村污水治理的五点建议》调研报告被民建中央采纳。

（刘　静）

图048　2021年6月4日，民建武侯总支到倪家桥社区开展“学党史 谈治理”活动（区委统战部供图）

【服务社会发展】 2021年，民建武侯总支会员、援藏干部张鹏驻守在海拔3600米的白玉县麻绒乡格塔村，助力藏区脱贫攻坚。总支会员何捷带头开展藏区脱贫攻坚及支教公益计划行动，打造“大山有爱”品牌。刘政军、梁宇、杨松山、刘倩、杨柳等会员捐款捐物折合1000万余元。

（刘　静）

民进武侯总支
Wuhou General Branch of the China Association for Promoting Democracy

【概况】 2021年7月4日，民进武侯总支对原6个支部完成整合换届，调整为4个支部。11月，成立参政议政和信息工作专委会；12月，成立社会服务工作专委会。全年发展黄军、张凯、赵新、姜乐乐、汪洋、李春林、杜蕴馨、胡丽、张琴、马可等新会员10人。年末，总支共有会员152人。民进武侯总支开展和参加中国共产党庆祝建党100周年活动及中共党史学习教育，学习习近平总书记系列重要讲话精神、中央及省市区重要会议精神，开展庆祝武侯民进成立30周年“重温入会初心　携手砥砺前行”座谈活动，“民进会员之家”揭牌成立，启动“简·读书”活动。

（刘　静）

【参政议政】 2021年，民进武侯总支聚焦成渝地区双城经济圈建设、青少年心智教育等工作，提交提案10余件。市政协委员张增权参加市长主持的政府工作报告协商建言座谈会，作题为《如何贯彻落实好教育部等八部门〈关于进一步激发中小学办学活力的若干意见〉》的发言；会员张增权、杜洪林、王雷被评为区政协2020年度提案工作先进个人。会员刘成祎代表教育界在区政协七届五次会议上作题为《聚焦劳动教育建设“四位一体”协同育人模式的建议》的发言。

（刘　静）

【服务社会发展】 2021年，民进武侯总支会员李镇西著书立说，致力传播教育思想；蒋杨斌及望子成龙教育集团参与社会捐赠及爱心扶持；邓炜代表民进武侯总支向簇桥小学捐赠图书37册、口罩2560个、消毒酒精120瓶；蒋杨斌、李大福、唐敏、邓炜等向遭遇特大暴雨灾害的郑州市捐款3500元；王淇、刘成祎持续资助山区贫困学童、本地低保学困生。李大福、王雷到产业功能区、企业、社区举办普法公益讲座和宣讲活动10场。王广成被评为省脱贫攻坚“五个一”帮扶先进个人，李宁强被评为武侯区对口支援白玉县支教工作先进个人。

（刘　静）

图049　2021年9月25日，民进武侯总支开展庆祝总支成立30周年活动　（区委统战部供图）

农工党武侯总支
Wuhou Branch of the Chinese Peasants and Workers Democratic Party

【概况】 2021年1月，农工党武侯支部升格农工党武侯总支部委员会，总支成员108人。陈红霞任总支主委，刘盛和、林清芳、曲红娟、赵睿、杨啸任总支副主委，刘勇、张磊、卿华、李欣耘、张建辉、唐丽娟任总支委员。年末，总支在册委员129人，其中市区两级人大代表、政协委员24人，占委员总数的18%。农工党武侯总支加强思想建设，强化人才队伍培训，参加考察调研，主动参政议政；积极参与疫情防控，服务社会经济发展，为武侯区经济社会发展贡献力量。

（刘　静）

【参政议政】 2021年，农工党武侯总支提交提案7件。其中，《在疫情常态化下加强武侯区疾控中心建设的建议》得到区委书记陈麟肯定，《关于推动文创产业升级发展、构建文化“新基建”的建议》获农工党成都市委会调研项目立项，《关于促进治疗高原病药物研发的建议》被农工党中央采用。武侯区两会期间，参会的总支党员围绕全区经济社会发展和人民群众关心的热点难点问题，提交建议提案24件。主委陈红霞代表总支在区政协八届

图050 2021年8月18日，农工党武侯总支开展红十字救护员培训　　（区委统战部供图）

一次会议上作题为《关于打造武侯三国文化街区“武侯金三角”的建议》发言，二支部副主委廖显莲代表武侯区新的社会阶层人士联谊会作题为《关于武侯区推进就业融合型社会企业经济发展的建议》发言。

（刘　静）

【服务社会发展】 2021年，农工党武侯总支负责的“安全教育‘1+N’，统战农工进校园”系列活动项目成功申报为市委统战部“蓉城星力”项目。4—6月，总支从家庭美德、社会公德、遵纪守法等角度，在成都市武侯实验中学、成都市行知实验小学、锦江区实验外国语小学等10余所学校开展“与法同行‘典’亮校园”法治讲座活动。向武侯区、金牛区、高新区的10余所中小学校捐赠《国家安全教育读本》5000册。4月26日，总支联合区医保局、武侯区人民医院、成都棕南医院在区会议中心广场举办“健康义诊惠民生　医保政策入人心”公益活动，为辖区群众开展义诊，解读医保政策，发放医保政策宣传手册350余份；同日，联合区机关事务中心机关党委，举行“共建文明社区　垃圾分类我先行”科普宣传活动，派发小礼品、宣传资料共300余份。8月18日，总支联合省红十字通信救援大队开展红十字救护员培训活动，64人通过考核获得红十字救护证书。10月11日，总支对区机关事务中心全体干部职工开展“认识自己　有效沟通”心理健康科普讲座。

（刘　静）

致公党武侯支部

Wuhou Branch of the China Zhi Gong Party

【概况】 2021年，致公党武侯支部有党员60名。其中，硕士及以上学历14人，占23.3%；区市两级人大代表和政协委员11人，具有侨海关系的党员13人，企业家12人，专家学者16人，专业技术人才24人。致公党武侯支部秉承致力为公、侨海报国宗旨，深化“不忘合作初心，继续携手前进”主题教育，开展“发扬优良传统，争取更大贡献”主题教育，加强自身建设，团结带领致公党党员，立足侨海特色，围绕成渝地区双城经济圈建设、高质量建设践行新发展理念的公园城市示范区等重点领域建言献策，履行参政议政职责。

（刘　静）

【参政议政】 2021年，致公党武侯支部副主委梁田撰写的《关于完善知识产权信息公共服务体系的建议》、党员刘庆东撰写的《依托国家西南区域应急救援中心　推动成都市应急产业发展的建议》被市政协选为重点提案。支部副主委方华、党员周真撰写的《关于加快成都市通用航空产业发展的建议》被作为中共成都市委常委会（扩大）会议参政议政学习材料。党员方华、张铭鑫撰写的《关于成都、雅安两市联合建设大熊猫国家公园示范区的建议》，刘庆东撰写的《依托社会机构，有效指导婴幼儿照护服务发展的建议》，方华、刘庆东、张铭鑫撰写的《关于规范统一全市寄宿制学校作息时间的建议》被中共成都市委统战部采纳。支部全年撰写社情民意8篇。

（刘　静）

【服务社会发展】 2021年，致公党武侯支部委员马芸联合中国狮子联会四川高尔夫服务队落实“致泸合作”灯塔计划，为偏远山区乡村小学的年轻优秀骨干教师开展公益培训。支部开展“温馨工程、救在身边”社区急救技能公益培训，加强城市公共场所自动体外除颤器和全民急救技能普及。支部党员、成都华远电器设备有限公司总经理袁荣勤将区政府奖励的18万元全部捐赠给公司工会，用于补充“扶危救急”帮扶职工基金。支部党员刘庆东牵头募集资金10万元与市慈善总会联合成立“中教星光体育爱心基金”，向青羊区特殊教育学校提供“特殊体育　精准康复”健康公益服务，在成都市“阳光家园”“做自己的英雄”运动助残公益项目托管点向智力、精神残疾人

图051 2021年5月15日，致公党成都市武侯支部换届大会举行 （区委统战部供图）

提供康复和日间照料服务。支部副主委方华参与流浪之家等动物保护民间组织帮扶活动，捐款3000余元，向白玉县贫困儿童捐赠价值500元衣物。

（刘 静）

九三学社武侯区委
Wuhou Branch of the Jiu san Society

【概况】 2021年5月26日，九三学社武侯区第一届委员会成立，选举产生16名委员，李佳梅任主任委员，孔艺、付勇涛、乐海斌任副主任委员。年末，九三学社武侯区委有社员88人，平均年龄46岁。其中，区人大代表1人，区政协委员10人，特约监督员2人。全年考察入社积极分子8人。九三学社武侯区委加强自身组织建设，围绕全区中心工作和重点任务，利用专业优势对社会服务工作进行精准选择和目标定位，开拓创新，履职尽责。

（刘 静）

【参政议政】 2021年，九三学社武侯区委到中小学校、医院、餐饮企业后厨开展餐饮安全调研，围绕社区基层治理、武侯区“十四五”规划建议、疫情防控、五大产业功能区建设等开展专题调研，提交提案20件。其中，《关于加强市场主体信用监管，营造“诚信守法”的市场环境的建议》获全国政协副主席批示，《关于发挥律师群体优势，推进诉源治理的建议》被省政协采用，《关于进一步加快推进海绵城市建设的建议》被九三学社中央、省政协采用，《关于尽快将城市燃气公司进行全部国有化改革，提升全社会用气安全水平，保障国家安全的建议》被中共成都市委统战部采用，《关于成都做好国家人工智能公共服务平台的建议》《关于抢抓数据运营高地新机遇的建议》被中共成都市委采纳，《关于找准定位，加强区属生物医药公共服务平台建设的建议》《关于碳达峰碳中和背景下推动武侯区绿色低碳可持续发展水平的建议》被中共武侯区委采纳。

（刘 静）

【服务社会发展】 2021年，九三学社武侯区委利用人才结构和专业优势，对社会服务工作进行精准选择和目标定位，开展法治进校园活动3次，开展国家食品安全城市创建活动8次，开展扶困助学、向革命老区乡村振兴捐赠活动2次，被《人民政协报》《西南商报》等媒体报道。

（刘 静）

武侯区工商业联合会
Wuhou Federation of Industry and Commerce

【概况】 2021年，区工商联坚持以习近平新时代中国特色社会主义思想为指导，深入贯彻党的十九大和十九届二中、三中、四中、五中、六中全会精神，以及中央和省委、市委、区委全会决策部署，推进商会建设，开展参政议政，服务经济建设。团结广大非公经济人士，用创新思维推进工作，用务实思维提升服务，发挥协助党委政府联系非公企业的桥梁作用,促进“两个健康”的发展和成长。

（曾翔玲）

【商会建设】 2021年，区工商联严格执行会员企业进出机制，组织开展11家行业异地商会年审，确保行业异地商会正常运行。召开主导产业商会成立筹备推进会，加快武侯区文旅产业商会和武侯区大健康产业商会成立进程，发挥主导产业商会产业集聚发展的“助推剂”功能。加强对26家异地（行业）商会党建工作指导，全年有20家行业异地商会建立党组织。区工商联被全国工商联确认为全国“五好”工商联，被市工商联评为区（市）县工商联综合工作先进单位。

（曾翔玲）

【服务经济建设】 2021年，区工商联发挥商会资源优势，推动思倍思文化投资武侯加加宝供应链管理项

图052　2021年12月30日，成都市武侯区工商联第七次会员代表大会召开　（区工商联供图）

目、国网智联电商四川总部项目落地。举办第三届“异地商会武侯行”主题沙龙，异地商会负责人及优秀民营企业家代表30余人参加。抢抓成渝地区双城经济圈建设重大战略机遇，加强与重庆市沙坪坝区工商联交流，推动两地合作。加强四川省民营经济国际合作商会与重庆市四川商会联系对接，组织所属商会及企业到重庆市沙坪坝区工商联开展合作考察及洽谈；到重庆四川商会参观学习，探讨商会和民营经济企业在工商联的引领下如何抓住历史机遇，促进民营企业同步发展。

（曾翔玲）

【参政议政】2021年，区工商联召开9次专题会议研究，推进“我为群众办实事”实践活动，工商联班子成员带队，以“加快民营经济发展”为课题开展调研，为区委、区政府决策提供参考。依托“武侯智慧”品牌系列培训活动，以线上培训为主，围绕疫情防控期间企业保险如何保“价”护航，以及企业如何保护自己的征信等主题进行培训。依托“检察院开放日”，联合区检察院开展“4·26”知识产权保护检企沙龙活动。全年开展线下培训活动3次，参加培训500余人次。

（曾翔玲）

【非公经济人士教育培训】2021年，区工商联邀请省委党校党建教研部副主任郭祎教授为区委统战部、区工商联以及所属行业、异地商会开展“重温党史、坚定信念、提高本领”党史授课活动。组织非公有制经济代表人士18人到大别山干部学院开展“弘扬大别山精神，同心共筑中国梦”理想信念专题学习活动。班子成员分别在12家商协会开展“成都市实施幸福美好生活十大工程”主题宣讲，500余名商会会员参加。开展“坚定跟党走奋进新征程”民营企业党建优秀案例征集活动，收到征文18篇、短视频8部，并择优向区委组织部、市工商联分别报送7篇（部）。

（曾翔玲）

【区工商联第七次会员代表大会】2021年12月30日，武侯区召开工商业联合会第七次会员代表大会。会议听取和审议区工商联第六届执委会工作报告；选举产生区工商联第七届执行委员会委员，执行委员会主席、副主席、秘书长、常务委员和第五届商会会长、副会长、秘书长。廖丕波当选为区工商联第七届执行委员会主席。区委书记陈麟在讲话中肯定区工商联在过去5年的工作，希望新一届区工商联领导班子团结带领广大会员和非公有制经济人士，开拓奋进，扎实工作，为构建“国际商务高地·人文宜居武侯”，高质量建设践行新发展理念的公园城市示范城区而努力奋斗。区领导贺欣、余戳、唐卫、陈丽娜出席会议。

（曾翔玲）

群众团体

MASS ORGANIZATIONS

武侯区总工会

Wuhou Federation of Trade Unions

【概况】 2021年，区总工会团结动员广大职工群众，围绕“国际商务高地·人文宜居武侯”建设和践行新发展理念的公园城市示范城区建设，拼搏实干。2月23日，中华全国总工会党组书记、副主席陈刚到南虹村社区调研社区工会服务职工各项工作，对武侯区基层工会组织建设工作给予肯定。6月16日，中华全国总工会“社会化工会工作者队伍管理模式和发展趋向”课题组到武侯区开展座谈交流。在全市率先完成100家“职工驿站”建设，创建四川省最美工会户外劳动者服务站点2家、全国最美工会户外劳动者服务站点1家。

（李佳濛）

图053 2021年2月23日，中华全国总工会党组书记、副主席陈刚（中）到武侯区调研社区工会工作

（区总工会供图）

【工会组织建设】 2021年，武侯区工会组织有效覆盖持续增强，截至年末，全区建有工会组织3365家，有工会会员21万余人，全区企业法人单位工会组建率动态保持90%以上，职工入会率动态保持92%以上。开展已缴纳工会筹备金且经营正常的未建会企业组建工会专项行动，清理出已缴纳工会筹备金且经营正常的未建会企业16319家（25人以下企业15589家、25人以上企业730家），推动25人以下企业建会664家，25人以上企业建会359家。探索新就业形态劳动者建会入会新模式，以玉林街道南虹村社区为试点，制定南虹村社区工会联合会八大群体建会入会工作试点方案，拨付专项资金21万元、上级工会专项补贴24万

元。年末，全区有新就业形态群体工会组织166家，入会会员17851人。建立健全基层工会组织“建、转、活”长效机制，开展“评星定级”竞进拉练活动，全区有效参与“评星定级”活动企业工会81家。工会法人资格证书存量旧证换新证395件，新办277件。全年拨缴工会经费2421.58万元，比上年增长10.3%；办理小微企业工会经费的全额返还（补）325家1107万余元。

（李佳濛）

【和谐劳动关系创建】2021年，区总工会把创建和谐劳动关系放在重要工作位置，聚焦重点领域，深化民主管理。开展集体协商要约，全年收到各街道辖区企业工资集体协商协议658份、女职工权益保护专项集体合同167份、劳动安全卫生专项集体合同182份、四川省职业危害严重的企业职业病防治专项集体合同50份。在年度厂务公开民主管理综合标准化建设中，试点建设葛洲坝易普力四川爆破工程有限公司等企业集团多级职工代表大会4家，完成成都金协和清洁有限公司等厂务公开民主管理标准化建设C级以上标准单位14家。年末，武侯区达到成都市厂务公开民主管理标准化建设C级以上企（事）业单位共252家。

（李佳濛）

【职工权益维护】2021年，区总工会重视职工权益维护，优化劳动纠纷多元化解机制，投入46万余元建设劳动纠纷“一站式”多元化联动处置中心，选派工会调解员加入区劳动争议调解委员会。协助人社等部门开展联合执法检查，开展根治欠薪“百日清零”专项行动，排查重点企业399家，涉及职工1.9万余人，其中农民工9000余人。开展职工队伍稳定调研排查化解专项工作，走访排查企业343家，其中新就业形态群体21家，参与座谈职工1241人。开展“尊法守法·携手筑梦”等法律宣传服务活动8场，处理网络舆情信访维权案件42件。

（李佳濛）

【工会改革】2021年，区总工会深化改革创新，激发工会队伍活力，拓展延伸工会工作广度与深度。社会化工会工作者管理改革迈向新阶段，武侯区总工会社会化工会工作者队伍管理改革被确定为成都市总工会改革试点，获全国总工会“社会化工会工作者队伍管理模式和发展趋向”课题组肯定。牵头开展深化群团改革相关工作，形成《深化群团改革专项小组2021年工作思路》，围绕组织攻坚、联动发展、服务集成、队伍打造，推动改革措施落实落地。成立专项工作小组，推进“职工普惠”平台武侯频道建设，打造工会工作管理、信息展示、资源共享、活动宣传、群众学习、数据分析、普惠服务“七位一体”平台。

（李佳濛）

【产业工人队伍建设】2021年，武侯区深化产业工人队伍建设，成立区产业工人队伍建设改革工作领导小组，印发《2021年武侯区产业工人队伍建设改革工作要点》，完善产业工人队伍建设改革工作机制。全年打造区级劳模和工匠人才创新工作室5个，创建市级劳模和工匠人才创新工作室1个、省级劳模和工匠人才创新工作室1个。开展“五一劳动奖”“成都工匠”推荐和“诸葛工匠”评选，成都彩虹电器（集团）股份有限公司李勇、成都芙蓉门文化传播有限公司向春等40人被评为“成都工匠”；四川大学华西口腔医院岳莉、四川申蓉泓宇汽车贸易有限公司林昌林等90人被评为“诸葛工匠”；四川大学附属实验小学刘晏、华西坝派出所王畯等7人获成都市五一劳动奖章，区应急局杨宇航、玉林街道办事处吴安达等4人获成都市安全生产专项整治三年行动2021年五一劳动奖章，四川省泌尿外科医院获成都市五一劳动奖状；浆洗街派出所、武侯区城市市容保障中心陈学军党员工作室、中建环能科技股份有限公司技术中心装备组等3家单位获成都市工人先锋号。

（李佳濛）

【职工服务站点建设】2021年，区总工会开展服务站点建设改造工作，在全市率先完成职工驿站建设，至年末建成职工驿站100家，其中提升改造60家、新建40家。玉林街道南虹村职工驿站、火车南站街道得胜社区职工驿站被评为四川省最美工会户外劳动者服务站点，玉林街道南虹村职工驿站还被评为全国最美工会户外劳动者服务站点。创建省级“妈咪宝贝屋”示范点1家、市级“妈咪宝贝屋”示范点3家，新建市级职工书屋6家，新建市级职工心灵驿站1家。年末，全区有“妈咪宝贝屋”14家、职工书屋81家、职工心灵驿站4家。

（李佳濛）

【服务劳模】2021年，区总工会完善劳模工匠服务管理，做好困难劳模帮扶及劳模慰问金发放工作，分层拓展劳模优待礼遇服务内容。投入 4.08 万元组织 51 名省市级劳模体检；组织 8 名劳模参加省市总工会疗养休养；为 52 名退休劳模发放荣誉津贴 12.64 万元。投入 21.60 万元春节期间慰问省市劳模 147 人；投入 13.5 万元开展五一、七一、低收入、身故、重大疾病等系列劳模慰问活动，覆盖劳模 188 人次。

（李佳濛）

【服务职工】 2021 年，区总工会围绕服务职工常规工作、困难职工帮扶救助、民生普惠等，提升全区广大职工安全感、幸福感。向 33 名重病职工发放慰问金 3.30 万元，向 40 名相对困难职工发放慰问金 4 万元；投入 64 万元为 800 名环卫工人提供免费健康体检，联合区综合执法局开展环卫工人健康知识讲座。围绕就业热点，组织开展线上、线下招聘活动，提供岗位 1837 个，组织 130 家企业参与农民工就业服务专场网络招聘会。开展女职工及关爱儿童活动 6 场，策划举办“有凤求凰”主题文艺雅集活动，为单身职工提供交流互动平台。

（李佳濛）

【工会“四送”活动】 2021 年，区总工会投入经费 300 万余元，开展工会“春送岗位、夏送清凉、秋送助学、冬送温暖”活动，覆盖职工群众 1.53 万余人次。其中，投入 2.70 万元开展“春送岗位”活动，举办“春风行动”就业招聘会，提供岗位 1837 个，达成就业意向 324 人；投入 104.34 万元开展“夏送清凉”活动，走访企业（基层单位）119 家，慰问职工 1.04 万人次；开展“秋送助学”活动，为 1 名建档困难职工子女提供助学资金 600 元；投入 196 万元开展“冬送温暖”活动，走访 91 家企业，慰问农民工、一线防疫工作人员、春节留蓉在岗职工等共 4900 人。

（李佳濛）

图054　2021年4月26日，成都百万职工技能大赛燃气调压工比赛在武侯区开赛　（区总工会供图）

【职工技能竞赛活动】 2021 年，区总工会紧扣成都市重点产业、武侯区主导产业，把握新就业形态劳动者特点，结合大运会服务，组织开展成都百万职工技能大赛武侯区技能比赛 15 项。包含消防技能、网络与信息安全管理员、电商客服、精密测量、导游服务、快递行业技能、中小学教师技能、疾控技能、妇幼技能等项目。经过比赛，洪发、谷彬等 5 人获中小学青年教师教学技能大赛一等奖，何坤获消防技能大赛第 1 名，刘忠洪获网络与信息安全管理员技能大赛第 1 名，吴小娇获电商客服技能大赛第 1 名，潘丽娟获评茶员技能大赛第 1 名，石古获食品雕刻与冷拼艺术技能大赛第 1 名，许瑞获导游服务技能大赛第 1 名，陈佳获会务服务技能大赛第 1 名，王利玲获精密测量工技能大赛第 1 名，李帅获工具钳工技能大赛第 1 名，翁晓东获快递员行业技能大赛第 1 名，方虹文获保安员职业技能大赛第 1 名，蒲昭霞、刘丹分别获妇幼健康技能大赛儿童保健比赛、健康教育比赛第 1 名，黄路获箱式变压器电气交接试验技能大赛第 1 名，黄婧源获疾控技能大赛第 1 名。每个大赛项目前三名获奖选手由区总工会给予现金奖励，前六名由大赛主办单位共同颁发荣誉证书。同时，推荐 6 名符合“成都工匠”评选范围的选手参加“成都工匠”评选，其中四川顺丰速运有限公司翁晓东获评“成都工匠”；按照“诸葛工匠”评选要求，从各类比赛前三名的选手中，筛选并推荐四川宏业电力集团有限公司黄路等 9 名选手参加“诸葛工匠”评选。首次承办燃气调压工市级一类大赛，成都燃气集团股份有限公司杨景然获市级一类大赛冠军，四川保利物业服务有限公司夏忠清等 14 人获“成都市技术能手”称号。做好第七届全国职工职业技能大赛决赛保障，区总工会被评为四川省第七届全国职工职业技能大赛决赛筹备组织工作表现突出单位。

（李佳濛）

共青团武侯区委员会
Wuhou District Committee of the Communist Youth League of China

【概况】 2021年，团区委以庆祝建党100周年为主线，分类别、分众化、分阶段地开展党史学习教育及我为群众办实事、我为青年办实事等活动；以夯实基层组织为导向，延伸基层团（工）委工作触角，探索贯穿青少年成长成才全过程的党团队一体化育人新路径；以中长期青年发展规划为统揽，注重青年人才培养扶持、扩展青年社交场景，统筹服务大局与服务青年；以办赛营城为契机，组建专业赛会志愿者队伍，支援保障大运会测试赛系列工作，深入推进社区青春行动，探索青年融入社区治理新途径。年末，全区有团员1.3万人，团干部1573名；少先队员7.8万人。有团组织1096个。其中，区直属团（工）委28个，包括街道团（工）委11个、区级机关团（工）委13个、"两新"组织团委3个、社会组织团支部1个。

（蔡　鑫）

【基层团组织建设】 2021年，团区委通过基层团（工）委组织延伸、团委书记牵头攻关等方式，在90个城市小区、12个社会组织、283个非公企业，以及在500强企业成都京东世纪贸易有限公司建立团组织。严格落实"学社衔接"制度，毕业生团员组织关系转接率98.3%。开展学校团课教育，通过组织入团积极分子考试，发展青年团员1644名，并首次从社会领域发展团员40名。制定四川省第二批"青马工程"武侯区试点工作方案，定期举办"青马思辨会""青马微课堂"等活动，培养信仰坚定的青年政治骨干。按照党建带团建、团建促党建的工作原则和"大抓基层"的工作导向，通过开展基层团组织书记述职，推动基层团组织书记更好履职。强化"青年突击队""青年文明号""两红两优"等品牌示范引领效力，树立彭彦霖、李燕君、共青团成都市武侯区人民法院工作委员会等有代表性、有影响力的优秀青年个人及集体。

（蔡　鑫）

【青少年思想道德建设】 2021年，团区委指导各级团组织及"武侯共青团"新媒体、青少年宫等平台，开展习近平总书记七一重要讲话精神、区第八次党代会精神、党的十九届六中全会精神等教育宣讲。开展"青年大学习"网上学习32期，参与38万人次。建成红领巾电视台、"武小青"记者团等宣传阵地，利用少先队活动课、红领巾社团活动、红领巾宣讲团宣讲等形式，制作"少年—盛世中国"等新媒体作品，用少年儿童听得懂、易接受的语言和方式，系统、生动、有情感、有温度地传播党的理论知识和红色故事。组织第一届青春讲解员到街道社区展开党史人物故事宣讲，举办第二届武侯区青春讲解员选拔赛，引导青年成为主动传播党创新理论的代言人。开展"一百年，正青春，温党史，寻党迹"青年说、"与党共奋斗"五一主题活动、"童心歌颂党·笔绘新时代"武侯区第二十五届少儿书画大赛等主题活动100余场。

（蔡　鑫）

【青年创业就业服务】 2021年，团区委围绕青年创新创业就业筑梦工程，加强武侯区青年创业园、武侯青年创客空间建设和管理。围绕成渝地区双城经济圈建设和成德眉资同城化发展，建成成渝青年创新创业联络站、武侯区—东坡区青年发展创享空间。助力高校大学生创新创业，在成都大学设立"武侯区青年创业园—高校创新创业服务中心"。探索"功能区招大引强、园区填缝补缺"的大循环指导思路，针对性选择、培养创业项目，形成"种子期—成长期—壮大期"全链条、体系化的孵化服务模式。武侯区青年创业园全年孵化企业30家，年度总产值1.25亿元，年度纳税634.68万元，带动就业近400人。

（蔡　鑫）

【青年服务体系建设】 2021年，团区委推进社区青春行动，加强团组织建设、校外少先队建设、社区服务、实践教育、青年活动、志愿服务等，打造党政有支持、社会有影响、青年有获得感的新型社区共青团品牌，有效引领青年融入社区治理。玉林东路社区被团中央确定为首批社区青春行动试点社区，老马路社区、长城社区被确定为省级试点社区；武侯区社区青春行动经验做法被《中国共青团》杂志作为优秀案例刊发。聚焦区域产业定位和青年聚集特点，推动8号8点"青年之家"旗舰店提质升级，依托区内党建工作阵地、社区服务阵地等优势资源，建成不同形态、各具特色的"青年之家"社区店36个，在全区范围内布局"青年之家"共营店21个。围绕"3·5"学雷锋纪念日、五四青年节、七一建党节等时间节点，开展"80后与80+的生命对话"沙龙、"学雷锋　迎大运——绘动青春"青年说等青年社交活动100余场，服务青年2000余人次。

（蔡　鑫）

【青年志愿服务】2021年，团区委吸纳在蓉高校学生、青年市民、蓉漂青年等人士组建专业赛会志愿队伍。依托“青聚锦官城”青年服务平台，招募青年城市志愿者27000余人，发布青年志愿服务项目2900余个，累计服务47000余小时。深度拓展社区、行业等志愿服务亟需领域，常态化开展垃圾分类、消防安全等志愿服务，持续开展武侯区暑期公益托管，整合区司法局、区科协等部门资源，设立30个社区点位，开设爱国主义、法治宣传、禁毒防艾、安全自护、科普体验等特色课程700余场，累计服务青少年近2万人次。组织中国城市更新与消费场景营造论坛、第二十四届成都市竹文化节暨第四届中国天府（望江）竹产业国际论坛等大型论坛的志愿服务工作，主动开展武侯区文明城市迎检、创建文明典范城市志愿服务工作。支援保障大运会测试赛，在“相约幸福成都”系列赛事中，组织450名大运会测试赛志愿者服务67个志愿服务岗位，累计服务时长16857小时。

（蔡　鑫）

【少先队工作】2021年，团区委落实《中共中央关于全面加强新时代少先队工作的意见》和市第八次少先队代表大会精神，启动少先队员“争章夺星”荣誉激励活动，开展活动150余次。强化仪式教育在少先队活动中的分量，按照全国、省市少工委下发的分批入队工作实施办法，区少工委制定武侯区分批入队工作方案，指导各学校制定实施细则，组织符合入队条件的少年儿童规范举行入队仪式，分批次、有主题地成为光荣的少先队员，全年全区新入队少先队员7583人。联合区教育局团工委举行离队入团观摩仪式，指导各中学在青少年的重要政治身份转换节点抢抓仪式教育，引导少先队员成长为共青团员。在“10·13”建队节期间，各学校按照《中国少年先锋队组织工作条例》举行校级少代会，通过征集小提案、换届选举等方式带领队员体验少年儿童政治生活。探索建立少先队临时大队和校外少工委，首批建立玉林东路、老马路、黉门街等8个社区少工委。发挥校外少先队组织作用，组织少先队辅导员培训6次。

（蔡　鑫）

图055　2021年3月5日，团区委开展“青春志愿·爱在社区”学雷锋志愿服务活动　（团区委供图）

武侯区妇女联合会
Wuhou Women's Federation

【概况】2021年，武侯区召开区妇联五届四次、五届五次执委会议，选举武侯区妇联第五届常委2名、副主席1名，替补执委6名。完成社区妇联换届工作，71个社区选举产生妇联主席71人、副主席144人、执委11011人，社区妇联主席全部进入社区“两委”班子。区妇联完成《武侯妇女发展纲要（2011—2020年）》《武侯儿童发展纲要（2011—2020年）》终期评估工作，提炼特色亮点，收集完善档案资料，撰写“两纲”终期评估报告。组织开展“讲党史故事　拾红色记忆”党课4场、幸福美好生活十大工程宣讲5场；常态化开展邻里互助、孝老爱亲、垃圾分类、心理疏导、关爱帮扶等志愿服务活动518场次，参与活动10135人次。7月26日，全国妇联副主席、书记处书记夏杰率全国妇联港澳执委代表考察团到武侯区考察。区妇联被评为成都市2021年区（市）县妇联综合工作先进单位。

（尹晓曼　安　宁）

【“妇女之家”建设】2021年，区妇联在成都爱昵家政服务有限公司、玉林“红领空间”综合楼宇、成都市苍溪商会、四川省清洁服务协会成立妇联，在西部智谷“支点空间”、机投桥便民服务中心、成都大悦城建立“妇女之家”，在蜀宫琴台等文创基地成立“妇女微家”，多角度搭建女性发展交流平台，服务、凝聚“两新”组织广大女性。打造玉林北路社区“妇女之家”、致汇圆梦“妇女之家”、红领空间“妇女之家”为区级“妇女之家”示范点位。举办女性健康知识系列专题讲座，分别在簇锦街道、红牌楼街道、机投桥街道的9个社区开展“两癌”健康知识讲座，1000余人参加讲座。

（尹晓曼）

【妇建创投大赛】 2021年，区妇联举办第二届“巾帼绽放她力量”妇建公益创投项目大赛，评选10个优秀妇建创投项目落地社区（详见表23）。

（尹晓曼）

【妇女儿童权益保护】 2021年，区妇联在玉林街道玉林北路社区开展“三八”妇女维权周宣传活动，在“11·25”反家暴日、“12·1”艾滋病日、“12·4”国家宪法日等节点开展相关宣传活动。做好婚姻家庭纠纷专业调解，全年接待来访63次，接听来电51次，办理市妇联转办件3件、网络理政平台转办件8件，办结率100%。

（蒋　雪）

图056　2021年4月28日，省妇联在武侯区举行市县妇联主席培训班现场教学　（区妇联供图）

【儿童友好社区建设】 2021年，区妇联指导锦城社区建设儿童友好社区，探索形成的《成都市武侯区试点建设儿童友好社区探索城市社区治理新模式》被《四川改革动态》刊发。锦城社区被确定为全国首批儿童友好社区建设试点，《中国妇女报》、中国网、国际在线等媒体相继进行宣传报道，成都市全龄友好包容社会营建工程“一老一小”服务工作现场会代表到锦城社区实地考察观摩。联合国儿童基金会驻华办事处儿童健康与发展处处长安诺、全国儿童中心副主任杨彩霞，北京永真基金会、青海省格尔木市妇联等分别到锦城社区调研。全年开展“爱在武侯　守护成长”、“生活美空间”亲子主题活动、“小小牙医在行动”亲子健康主题活动等活动共72场。

（王焕菊　胡赵俊）

【“儿童之家”建设】 2021年，区妇联继续实施“茁壮青苗·食育锦城”亲子教育项目、“小小交通警”儿童友好安全志愿者培育项目等“青苗成长助力计划”项目9个。继续做好“儿童之家”建设，通过网络投票、实地审查、路演答辩，评选出高攀桥社区儿童之家、陆坝社区儿童之家、竹园社区儿童之家、高碑社区儿童之家、新城社区儿童

表23　2021年武侯区优秀妇建公益创投项目一览表

序号	项目名称	实施机构	所属社区
1	食的滋养，爱的传承	智慧妈妈食技提升营	晋阳街道吉福社区
2	赋能“她”力量，筑梦新时代	武侯区家嘉和社会服务中心	晋阳街道沙堰社区
3	巧手金雁姐妹制衣坊	武侯区阳光家居服务中心	晋阳街道金雁社区
4	“芳华绽放，再战职场”宝妈赋能计划	星梦启程社会服务中心	华兴街道三河社区
5	“救”在你身边	武侯区小鲜妈妇女儿童服务中心	火车南站街道得胜社区
6	巾帼共护郭家院·爱在平安角	武侯区诠民公益服务中心	望江路街道郭家桥社区
7	“she杏儿童行护苗成长”志愿服务	武侯区新空间青少年发展中心	玉林街道棕南社区
8	因美而来，助力她时代女性魅力成长计划	武侯区新空间青少年发展中心	玉林街道棕南社区
9	“美好未来”牵手陪伴计划	武侯区美好明天青少年发现促进会	玉林街道玉林东路社区
10	厨余魔法焕新生，化作春泥更护花	武侯区善为社区服务促进中心	红牌楼街道太平社区

（尹晓曼）

之家、吉福社区儿童之家、白佛社区儿童之家、老马路社区儿童之家、楠欣社区儿童之家、跳伞塔社区儿童之家等优秀儿童之家10个。

（王焕菊　蒋　雪）

【家庭教育】 2021年，区妇联实施“武侯区家庭教育120工作室”项目，启动家庭教育讲座进社区活动，通过线上线下各类家庭教育咨询服务，帮助家长解决在家庭教育过程中遇到的实际问题。开展“传承好家风　建设好家庭　美丽中国梦”家庭教育海洋计划巡讲100余场，举办“家风学堂”系列主题活动14场。在全区范围内开展“最美家书”征集活动，评选出一等奖32个、二等奖57个、三等奖102个、优秀组织奖10个。开展武侯区“五好家庭”和“学习型家庭”评选活动，评选表彰武侯区“五好家庭”10户、“学习型家庭”10户。曾敏、冷十义、刘政军等6户家庭被评为成都市“五好家庭”，区教育局等3家单位被评为成都市家庭工作先进集体，贾军、魏厚玉、安宁等3人被评为成都市家庭工作先进个人，红牌楼街道、玉林街道玉林北路社区、武侯区维希家庭哺育支持服务中心等6家单位被评为“蓉城幸福家·社区家庭日”工作先进单位，晋阳街道吉福社区“‘共享奶奶’老小互助”、玉林街道玉林东路社区“‘幸福牌’妈妈团美食”被评为优秀案例。蜀宫琴台文创体验馆、晋阳街道吉福社区被评为成都市家庭教育示范基地。

（胡赵俊）

【巾帼岗位建功评选活动】 2021年，区妇联聚焦幸福美好生活十大工程建设，激励广大女性立足本职，建功新时代，组织开展幸福美好生活岗位建功先进集体（个人）评选活动。区市场监管局药械化监管科、区税务局纳税服务科、簇桥街道锦城社区、成都市龙江路小学分校等4家单位被评为成都市幸福美好生活巾帼文明岗；成都西北中学谌林竹、成都市第十二中学曾声蓉、中国人民解放军第5701工厂杨艳、四川蜀宫琴台商业管理有限公司葛南君等4人被评为成都市幸福美好生活巾帼建功标兵。区委外事办公室、区法院审判管理办公室、成都市第三十三幼儿园等10家单位被评为武侯区幸福美好生活巾帼文明岗；区委办公室董宣池、成都石室双楠实验学校李贵安、四川顺丰速运有限公司苗茂等10人被评为武侯区幸福美好生活巾帼建功标兵。

（梁剑霞　尹晓曼）

【巾帼学院建设】 2021年，区妇联挖掘武侯巾帼文创产业发展潜能，打造梵木Flying国际文创公园为蓉城巾帼学院文创分院，组织开展“游学武侯”文创活动，宣传武侯区城市有机更新特色亮点。武侯区巾帼文创分院——天艺浓园国际艺术村在2021年成都市蓉城巾帼学院分院特色亮点课程赛课中获三等奖。组织优秀女企业家代表在蜀宫琴台开展巾帼“三八”文创体验活动，宣传推介武侯文创产品。

（梁剑霞　尹晓曼）

武侯区红十字会
Wuhou Branch of the Red Cross Society

【概况】 2021年，武侯区实施红十字会改革，加强基层红十字会组织建设。区红十字会积极发展基层组织、会员、志愿者，发挥党和政府在人道领域联系群众的桥梁纽带作用，获中国红十字总会2021年度报刊宣传先进集体一等奖、2021年红十字应急救护知识竞赛单位组织一等奖，省红十字系统2021年优秀红十字短视频征集活动优秀组织奖，市红十字会2021年度三献宣传工作先进单位、成都百万职工技能大赛红十字应急救护技能竞赛优秀组织奖等荣誉。

（黄俊芳）

图057　2021年5月30日，六一国际儿童节主题活动在成都城市音乐厅广场举行　（区妇联供图）

【红十字会改革】 2021 年，区红十字会全面落实改革方案，进一步理顺体制机制，不断夯实基层组织建设，在全区街道、社区、学校、医疗机构深入推进红十字应急救护、扶贫济困、志愿服务等工作。推进区、街道、社区三级基层红十字会组织建设，建立街道红十字会 11 个、社区红十字会 57 个，实现街道红十字会组织全覆盖，社区红十字会组织覆盖率 80%。实施“三步走”推进学校红十字会组织建设，建立红十字会试点学校 2 个。

（黄俊芳）

图058　2021年5月8日，区红十字会在沙堰街开展急救演练　（区红十字会供图）

【应急救护服务保障】 2021 年，区红十字会在区政务中心等人群密集公共场所配备自动体外除颤器（AED）急救设备，推动自动体外除颤器“救”在身边，为提高急救成功率提供重要保障。开展“小小急救箱　服务大民生”项目，为街道社区办事窗口、服务中心、养老机构、环卫休息室等场所配置急救箱 300 个，为群众提供不时之需，保障群众生命安全。在“5·8”红十字博爱周期间，联合西南民族大学红十字会开展“关爱生命‘救’在身边”系列活动。世界急救日期间，在金花中学开展“做学校社区的急救英雄”活动。联合区应急局、区总工会及各街道开展地震疏散救援演练、全民应急技能大比武、“拯救生命计划·世界急救日”宣传等活动，现场演示心肺复苏术，增强群众对黄金 4 分钟内院前急救重要性的认识，提升自救互救的意识和能力。联合簇桥街道开展“银龄关爱　耄耋安康”老人居家安全守护季活动，服务老人 419 户 500 余人；集中培训 4 场，入户培训 400 余人，配送灭火毯 419 张，提升易受损人群自救互救软硬件能力。

（黄俊芳）

【人道救助】 2021 年，区红十字会通过自访和委托第三方机构回访慰问服务对象，进一步优化和改进红十字工作，提升人道服务能力。开展“博爱送万家”活动，向全区 315 户困难家庭发放慰问金 12.6 万元；募集拥军事业发展基金 13.5 万元，募集困难教职工关爱帮扶基金 26 万元；接受白玉县助学捐款 9000 元，接受河南郑州特大暴雨灾害捐款 10.18 万元；接受疫情防控定向捐赠物资价值 3.6 万元。协助完成天使基金申请 1 例。

（黄俊芳）

【应急救护培训】 2021 年，区红十字会拓展阵地载体，全面推进应急救护培训。在华兴街道南桥社区城市生命安全体验馆中融入红十字元素，设立应急救护培训教室，实施基层阵地共建共享。在社区教育体系植入应急救护培训课程，搭建应急救护培训的社区教育平台，以学员需求为导向，实行学员点单式授课。依托四川省红十字会应急救护培训系统，采用“线上理论学习 + 线下指导练习”、考试的方式开展救护员培训。全年开展应急救护培训 116 期 5779 人次。其中，救护员培训 64 期 1688 人次，专题培训 52 期 4091 人次。

（黄俊芳）

【红十字志愿服务】 2021 年，区红十字会实施“志愿服务能力提升”“应急救护进企业、进社区、进学校”“‘关爱随行’心理健康救助服务行动”等 3 个专项行动，建立应急救护师资志愿服务、第二人生志愿服务、爱有戏心理健康关爱志愿服务等 3 支队伍。组织开展急救知识进社区、世界红十字日、“关爱随行，温暖于心”心理健康宣传等主题活动 19 场，发放各类宣传资料 2 万余份；通过线上答题、设点宣传等方式，积极宣传无偿献血、造血干细胞捐献、遗体和人体器官捐献知识。组织辖区 1.2 万余人参加红十字知识竞赛活动。

（黄俊芳）

法 治 >>>>

RULE OF LAW

政法委与综治
Political and Legislative Affairs Committee and Comprehensive Governance

【概况】 2021年，武侯区践行司法为民，深化司法领域改革，开展市域社会治理现代化试点，推进平安武侯建设。武侯区被省委、省政府评为2020年度维护社会稳定先进区（市）县，被省委政法委评为2021年全省教育转化去存量巡回攻坚先进单位，被市委、市政府评为2020年度信访维稳工作担当作为先进区（市）县。

（何成龙）

【平安武侯建设】 2021年，武侯区以市域社会治理现代化试点为抓手，探索建立"社区发展治理强基础、优服务、惠民生的高线，与社会综合治理防风险、促法治、保平安的底线相融合"的"双线融合"机制，建成望江路、簇桥街道智慧治理中心；打造洗面桥、倪家桥社区综治中心，实现社区综治中心一体化集成、实体化运行、实战化应用目标。创新建立"三支队伍"，开发"三支队伍"工作App，常态化开展风险防范，截至年末，采集基础信息137万余条，排查风险隐患12万余个，全区实现"两升两降"目标。在11个农民集中安置区建立劳动纠纷"一站式"多元化解联动处置中心，在簇锦街道永兴社区、簇桥街道龙井社区打造品牌调解室、提档升级"法律之家"，全区矛盾纠纷调解成功率98.3%。推动扫黑除恶常态化，保持依法严惩高压态势，坚持露头就打，决不让黑恶势力死灰复燃，确保人民群众获得感幸福感安全感不断提升。坚决打赢新时代禁毒人民战争，起诉毒品犯罪嫌疑人106人，有罪判决率100%，监督立案9件，追诉漏网犯罪嫌疑人4人；助力辖区毒品问题严重街道成功"脱帽摘牌"。坚持对电信诈骗犯罪的严打高压态势，健全完善打击网络诈骗犯罪协作机制，起诉网络诈骗犯罪99人，营造清朗网络空间。完成全国两会、庆祝建党100周年等重大活动期间维稳工作，守住"七个不发生"底线，实现政治更安全、社会更安定、人民更安宁、网络更安静的"四安目标"。落实"日判月研"和重大涉稳问题不定期研判制度，排查各类不稳定因素230余件，召开专题研判会91次，处置群体性事件145起，落地核查331人，成功化解4件历史遗留问题。

（何成龙　张琦沛）

【政法队伍教育整顿】 2021年，武侯区通过形式多样的教育活动，开展政法队伍教育整顿。其中，区委书记陈麟带头讲授党课，区政法系统各单位组织开展专题学习会12场次，开展主题党日活动8批次，组织政法系统先进典型事迹报告会3次。深化查纠整改，引导全区政法干警自查各类问题4797个，靶向整治顽瘴痼疾384个，处理处分268人，建立健全制度90余项。践行司法为民，开展“我为群众办实事”活动，结合政法系统职能特点，推出“光辉历程”、“春雷行动”2021知识产权护航执法活动、“益路蓉行”护航美好生活等主题活动，为群众提供多样化、多层次、多方面的执法司法服务，以为民服务实效检验教育整顿成效。

（何成龙）

【政法领域改革】 2021年，武侯区深化政法领域改革，推动区法院设立司法释明中心，抓好“衍生案件”治理，被评为全国法院一站式多元解纷诉讼服务体系建设先进单位。推动区检察院加快构建公益诉讼协同化社会化体系，探索建立“网格化＋公益诉讼”协作机制，加强“检社联动”构建志愿者团队。深化执法司法监督，开展万案大评查，整改办案不规范问题27件；专项清理未收押未收监人员63人；督促全区党政机关执结行政案件3件，规范司法机关执法司法行为。推进涉法涉诉信访“治重化积”，化解积案75件，完成第一批攻坚任务。推进跨部门办案平台武侯试点，统筹区级政法单位做好平台上线前设备、人才准备工作，平台成功上线，运行良好。制定《劳动纠纷“一站式”多元化解联动处置中心建设方案》，推进多元化解联动处置中心建设；深化《武侯区保护知识产权14条》落实，畅通民营企业司法救济绿色通道，营造鼓励创新创业的法治环境。

（何成龙）

图059　2021年3月20日，武侯区召开政法队伍整顿新闻发布会　（区委政法委供图）

法治政府建设
Law-based Government Building

【概况】 2021年，武侯区政府坚持以习近平新时代中国特色社会主义思想为指导，深入学习贯彻党的十九大精神和习近平总书记依法治国新理念新思想新战略，按照《成都市人民政府2021年度法治政府建设工作要点》的具体部署，坚持依法行政，扎实推进法治政府建设。区委全面依法治区委员会办公室被中央宣传部、司法部、全国普法办表彰为2016—2020年全国普法工作先进单位，区司法局被省法治政府建设工作领导小组办公室、省人力资源社会保障厅、省司法厅评为四川省法治政府建设工作先进集体。

（易彦星）

【普法宣传教育】 2021年，区司法局推进法律“七进”，开展“法治四川行”一月一主题法治宣传教育活动，组织全区3300余名国家工作人员完成网络学法并通过考试。开展法治文化建设，提档升级龙井社区、南桥社区法律之家，武侯区法治教育基地获评省级法治宣传教育示范基地。开展电信诈骗、防范非法集资、民法典等法治宣传活动400余次，普法服务群众5万余人次。联合区教育局、区检察院开展“法治育苗，守护成长”开学第一课专项法治宣传活动，到各中小学开展未成年人保护法治讲座，为构建和谐校园保驾护航。推进“互联网＋法治文化”宣传，通过网站、微信、微博等平台推送各类普法信息2200余条，网络点击量300余万人次。

（冯秦天）

【合法性审查】 2021年，区司法局为区政府重点工作及区级部门、各街道的专题研究事项提供法律意见和建议。指导并监督担任各街道、区级各部门法律顾问的律师事务所做好法律服务，对237项重大行政决策和规范性文件进行合法性审查，对政府工作中的重大法律问题、行政决策、对外合同等涉法事务提出各类处置建议和意见600余条。政府法律顾问审查、修订合同或草拟其他法律文书1140份，参与重大专项事务咨询并出具法律意见书385份，代理行政、民事、行政复议等各类案件620件。行政规范性文件报市政府和区人大常委会备案14份，备案率100%。开展涉

图060　2021年5月10日，区政府廉政工作会议暨法治政府建设工作会议召开（区融媒体中心供图）

及长江流域保护的政府规章和其他规范性文件的专项清理，武侯区无不符合相关规章及中央有关精神的文件。

（易彦星）

【行政权责清单调整】 2021年，武侯区按照年度权责清单动态调整工作相关要求，组织区级行政部门，逐项梳理本单位行政权力事项，及时更新过期、废止的依据。开展对全区新增权力清单的合法性审查并统一公示，推进行政权力规范公开透明运行。动态调整后行政权力责任事项共4474项，其中行政许可210项、行政处罚3560项、行政征收50项、行政强制179项、行政确认34项、行政裁决2项、行政给付25项、行政检查180项、行政奖励49项、其他行政权力185项。

（易彦星）

【行政执法监督】 2021年，区司法局开展行政执法和行政执法监督情况公示备案工作，指导各行政部门按要求在区政府门户网站对行政执法情况进行公示，全年对2个重点行政执法部门的54件重大行政处罚进行备案。对全区行政执法队伍制式服装需求进行统计申请，指导全区各部门完成新版四川省行政执法证件管理系统启用工作。召开2021年度武侯区依法行政能力提升培训会，进一步规范基层执法人员的执法行为。

（易彦星　冯秦天）

【行政复议和行政应诉】 2021年，武侯区按照成都市行政复议体制改革部署要求，制定《武侯区行政复议体制改革工作方案》，推进行政复议体制改革任务落地落实。全年收到行政复议120件，受理行政复议申请101件，通过行政复议纠正不正当行政行为21起。加强行政机关负责人出庭应诉工作，将行政机关负责人出庭应诉纳入依法治区目标考核，每季度对行政机关负责人出庭应诉情况进行通报。全年涉区政府行政诉讼案件74件（含一审、二审）。其中，一审开庭案件21件，出庭应诉率100%；行政机关负责人出庭案件21件，出庭应诉率85%。

（冯秦天）

公　安
Public Security

【概况】 2021年，区公安分局聚焦捍卫政治安全、维护社会安定、保障人民安宁三大任务，开展党史学习教育和教育整顿，锻造人民满意警队，完成庆祝中国共产党建党100周年活动安保维稳，确保元旦、春节、党的十九届六中全会等主要节日、重要会议期间全区社会稳定，全区违法警情连续6年下降。全年获集体表彰93个，个人表彰191人次（含集体三等功6个，个人二等功3人次、三等功45人次）。其中，区公安分局户政大队被省公安厅评为2020年度全省公安户政管理工作成绩突出集体，玉林派出所、浆洗街派出所被省公安厅评为2020年度全省公安机关"最强支部"；民警孙虎被省公安厅、省人力资源社会保障厅评为四川省公安系统遂行建党100周年安保维稳任务先进个人，华西坝派出所副所长王畯被省委政法委、省人力资源社会保障厅评为四川政法先锋。

（张　熊）

【打击犯罪】 2021年，区公安分局开展"护旗""打击扒窃（随窃）""打击扒窃、盗窃电瓶车""净边2021""两打三控""天府破冰""寄递渠道禁毒百日攻坚行动""云剑2021""猎狐""昆仑2021""云端2021"等专项行动，打击处理各类违法犯罪嫌疑人3978人（包括刑事拘留1172人、行政拘留2151人、强制戒毒193人、社区戒毒462人），抓获各类网逃人员102人（包括历年在逃犯罪嫌疑人12人）。其中，九类涉恶案件立案336件，破案

42 件，刑事拘留 115 人；电信网络诈骗案件立案 2681 件（比上年下降 24.3%），破案 140 件，打击处理 367 人，打掉团伙 16 个；打击处理涉毒案件 101 件 130 人，缴获各类毒品 1485.1 克，查处吸毒人员 1003 人，强制隔离戒毒 193 人，社区戒毒 462 人，接受群众举报涉毒线索 959 人次；破获传统盗抢骗案件 755 件，刑事拘留 585 人，打掉团伙 14 个；办理涉黄赌刑事案件 36 件，刑事拘留 99 人；查处治安案件 388 件，行政处罚 1102 人；侦破经济类和食品药品环境类案件 24 件，刑事拘留 59 人，批准逮捕 52 人，移送起诉 62 人。

（张 熊）

【维护稳定】 2021 年，区公安分局围绕中国共产党成立 100 周年庆祝活动安保维稳，严密防范、严厉打击境内外敌对势力的各种渗透颠覆破坏活动，坚决捍卫以政权安全、制度安全为核心的国家政治安全，实现政治安全风险、暴力恐怖风险、社会稳定风险、网络安全风险全面清零，全区社会面安全稳定。全年打击处理非法宗教活动 6 件 6 人；成功处置重大涉稳事件 93 起，依法打击处理 42 人。在庆祝中国共产党成立 100 周年庆祝活动中，严格落实维护社会稳定各项措施，未发生群体性聚集事件。

（张 熊）

【治安防控】 2021 年，区公安分局深化“枫桥式公安派出所”创建工作，推进“一所一品”警务战略，结合开展“百万警进千万家”“六进六边”活动，固化落实领导干部进社区常态化机制，以及“社区民警 + 辅警、网格员”“综治队员 + 红袖套、武侯好邻居、平安志愿者、楼栋长、保安、门卫等群防群治力量”的社区警务工作模式，做强“武侯好邻居 · 平安志愿者”群防群治力量队伍，细化完善社区网格化服务管理体系，加强警务工作与社区自治、网格化管理深度融合，推动形成共建共治共享的基层社会治理格局，实现“一域一安”。全区违法警情比 2019 年下降 20%，侵财类警情比 2019 年下降 16%，其中抢劫类警情比 2019 年下降 47%、抢夺类警情比 2019 年下降 62%、盗窃汽车警情比 2019 年下降 67%。（注：因无 2020 年数据，故与 2019 年数据作比较）

（张 熊）

【安全秩序维护】 2021 年，区公安分局开展公共安全隐患大排查大整治，强化枪爆危化物品日常监管，剧毒化学品、易制爆危险化学品信息管理系统使用覆盖率 100%。开展行业场所安全隐患排查整治，预防和遏制重特大群死群伤火灾事故发生。共检查行业场所 1500 余家次，下发责令加强治安管理通知书 63 份，限期整改场所 101 家，推送函告无证经营、噪声扰民区级相关职能部门 115 家次，停业整顿处罚 18 家，罚款 8 家。强化校园安全防护，不定期对全区 230 余所大学、中小学、幼儿园开展校园治安防范隐患排查整治，筑牢校园“安全墙”，共检查单位 6405 家，排查隐患 1743 处，现场整改 639 处，下发责令改正通知书 486 份，发放消防宣传资料 9056 份；刑事拘留 8 人，行政拘留 14 人，行政警告 34 人，向区消防救援大队移交消防隐患报告书 13 份。结合迎接第二轮中央环保督察和争创全国文明典范城市，严格整治涉环境涉文明城市类突出问题，完成中央环保督察组交办件 62 件，消除噪声及油烟污染源 48 处，收容犬只 78 只。

（张 熊）

【公安政务服务】 2021 年，区公安分局开展“一标三实”（“一标”指标准地址，“三实”指实有人口、实有房屋、实有单位）常态化基础信息核查维护工作，登记标准地址信息 93.46 万条、实有房屋信息 68.66 万条、实有人口信息 136.41 万条（含流动人口信息 62.35 万条）、实有单位信息 5.83 万条、从业人员信息 47.28 万条。结合“我为群众办实事”实践活动，率先在全省启动运行集“汉藏双语”服务、警医联动共建三六三医院于一体的“一站式服务办证点”，打造亲民、惠民、利民、便民和群众家门口的 3.0 升级版“一站式”服务窗口样板。全年受理中国公民出国（境）申请业务 5625 件次、外国人签证业务 175 件次；登记散居境外人员 1876 人次，其中外国人 1334 人次、港澳台居民 542 人次；办理户籍业务 186583 件；受理居民身份证 63284 个、临时身份证 8784 个、边境证 2567 个；办理具有本科及以上学历的青年人才和技能人才落户武侯区 5478 人。

（张 熊）

【智慧警务建设】 2021 年，区公安分局利用智慧蓉城建设契机，逐步推进天网、人脸识别系统和社会面监控资源接入等社会感知源建设工作。同时利用情指行一体化运行和各类资源数据平台，依托辖区内天网、人像识别等城市感知源及社会监控资源，全覆盖、多维度采集并掌控各类治安要素立体信息，实时接入公安大数据平台，强化信息合成研判工作，为疫情防控、分线维稳、敏感期安保维稳等重点工作提供数据支撑。全年完成大运会场馆接入社会视频资源344路，规划建设天网点位200个，升级改造天网点位600个，完成中小学、幼儿园接入公安图综平台260所。配发移动警务终端680台、电台309台，派出所民警移动警务终端配备率100%，注册率100%。

（张 熊）

检 察
Procuratorial Work

【概况】2021年，区检察院贯彻习近平法治思想，围绕“国际商务高地·人文宜居武侯”构建，发挥检察职能，为加快建设践行新发展理念的公园城市示范区作出贡献。全年获表彰荣誉65项，包括2021年度全国检察宣传先进单位、全省第五届平安中国看四川“三微”比赛微动漫优秀作品奖、2020年度法学研究先进单位等市级以上荣誉31项；全院干警立功受奖38人次。

（段兴隆 张琦沛）

【刑事检察】2021年，区检察院坚持打击犯罪与保护人权并重，稳步推进侦查活动监督和刑事审判监督，监督立案24件、撤案4件，监督纠正监外执行和社区矫正不当7件。与区公安分局、区法院共同推进认罪认罚从宽制度规范适用，履行刑事诉讼中承前启后的主导责任，有效减少社会对立面，促进社会和谐。

（段兴隆 张琦沛）

【民事行政检察】2021年，区检察院办理民事检察案件56件；提出再审检察建议5件，提请抗诉1件。发出民事审判程序监督检察建议11件、民事执行程序监督检察建议11件，均获法院采纳。成功支持农民工起诉15件。办理民事虚假诉讼1件并发出再审检察建议，持续跟进确保上年度5起虚假诉讼监督案件再审检察建议均获采纳、改判。

（段兴隆 张琦沛）

【公益诉讼检察】2021年，区检察院发出刑事附带民事公益诉讼诉前公告1件，提起刑事附带民事公益诉讼2件，立案后进入诉前比例100%。发出公益诉讼诉前检察建议48件，其中生态环境资源保护类案件22件、食品药品安全类案件25件、国有财产保护类案件1件。已到回复期的行政公益诉讼诉前程序案件均收到行政机关有效整改回复，跟进监督率100%。

（段兴隆 张琦沛）

【未成年人司法保护】2021年，区检察院落实未成年人检察业务集中统一办理，依法保障未成年人合法权益，起诉侵害未成年人犯罪75人，附条件不起诉率29.8%。强化法律监督，推进监护监督，牵头制定《加强受监护侵害的未成年人权益保护工作二十条》，被最高人民检察院收入《未成年人检察工作白皮书（2020）》。强化未成年人犯罪预防、法治宣教和社会治理工作，落实从业禁止、入职查询、强制报告、亲职教育等未成年人综合保护制度，提供入职查询531人次，对有教育需求的未成年被害人实施就学救助，救助率100%。

（段兴隆 张琦沛）

【检务服务】2021年，区检察院发挥检察建议在检察机关参与社会治理现代化过程中的重要作用，抓紧抓实检察建议工作，把深入开展检察建议工作作为全面履行法律监督职能新的增长点、催化剂。构建生态环境高水平保护检察模式，起诉破坏环境资源保护案5人，发出生态环境资源保护诉前检察建议22件。守护群众“舌尖上的安

图061 2021年12月28日，区检察院与区公安分局共同设立的侦查监督与协作配合办公室挂牌成立

（区检察院供图）

全”，办理涉食品刑事案件9人，发出食品药品安全诉前检察建议25件。全年发出检察建议87件，收到被建议单位回复81件，回复率为93.1%。服务智慧安全韧性城市建设，起诉大运会配餐中心重大劳动安全事故案1件5人；坚持惩防并举，编印《走进安全》警示读本4000余册，到重点企业、高危行业开展安全生产事故预防和法治宣传。帮助因受犯罪行为侵害而陷入生活困境的被害人，办理司法救助案件6件，救助9人，发放救助金17万元；对3人开展社会多元化救助并取得实际成效。

（段兴隆　张琦沛）

法　院
Court

【概况】 2021年，区法院坚持公正司法，立足审执职责，抓好执法办案第一要务。全年受理案件56664件，一线法官人均办案995件；结案49993件，年度结案率88.23%；受理及审结数均居全省基层法院第一。全年减免缓交诉讼费39.69万元，发放司法救助金61.3万元。12名基层法治指导员常态化下沉街道社区“把脉问诊”，开展《中华人民共和国民法典》主题宣传活动，区法治教育基地接待1000余人参观，编写发放《身边的法律》1500余册，被评为四川省法治宣传教育基地，连续3年被最高人民法院评为司法宣传工作表现突出法院。区法院被共青团中央、最高人民法院认定为全国“青少年维权岗”，被省高级法院认定为全省基层法院内设机构改革工作先进集体，被市中级法院评为2020年度全市法院一站式多元解纷和诉讼服务体系建设先进集体。

（胡　宁　文砾芽　林　恺）

【刑事审判】 2021年，区法院严惩刑事犯罪，立案刑事案件1242件，审结刑事案件1075件。其中，打击故意伤害、“两抢一盗”等犯罪案件354件434人；守护群众“钱袋子”，惩处非法集资、电信诈骗等犯罪案件48件72人。维护群众“舌尖上的安全”，从重判处危害食品药品安全犯罪案件3件6人，首次适用7人合议庭审理涉食品安全案件。铲除毒品犯罪，审结涉毒犯罪案件689件858人，以案说法开展禁毒宣传，被评为成都市2018—2020年禁毒人民战争先进集体。推进刑事庭审实质化改革，以庭审实质化方式开庭审理案件45件，当庭认证率、关键证人出庭率均100%。

（胡　宁　文砾芽　林　恺）

【民商事审判】 2021年，区法院加强民商事审判，审结民事案件31418件。审结买卖、租赁等各类合同纠纷案件22754件，维护公平公正市场秩序。审结医疗、交通事故等侵权纠纷案件1075件，平等保护各方合法权益。审结知识产权纠纷案件2223件，打击侵权保护创新，胡某强与某财产保险股份有限公司成都分公司著作权属、侵权纠纷一案获评川渝地区人民法院知识产权司法保护二十大典型案例。促进家庭和谐，加强未成年人保护，推进圆桌审判、心理修复等机制，柔性化解矛盾。深化民事庭审优质化改革，推行类案要素式审理，平均庭审时长缩短30分钟。

（胡　宁　文砾芽　林　恺）

【行政审判】 2021年，区法院实质化解行政争议，审结行政案件344件。保障城市有机更新，保障音乐坊、四川大学新技术转化中心等重点项目建设，成立专项工作小组，着重审理好涉征地拆迁、房屋征收等案件55件。深化司法与行政良性互动，完善“三项机制”，落实“一案三建议”制度，每季度通报区级行政机关负责人出庭应诉情况，出庭应诉率提升至87%，发布行政审判白皮书1份，召开府院联席会2次。推进行政审判优化审改革，赵某诉某高校颁发学位证书和毕业证书案件庭审获评全省法院优秀庭审。

（胡　宁　文砾芽　林　恺）

【执行工作】 2021年，区法院健全执行长效机制，执结案件16657件，执行到位金额67.33亿元，保障胜诉权益兑现。完善机制释放效能，推动执行指挥中心实体化运行，实行“三分”工作机制和团队办案模式，提高执行质效。实施“智慧执行”破解执行难题，网络查控案件17939件，查控财产61亿余元，查人找物一步到位；网络司法拍卖1051次，成交金额5.27亿元，加快财产变现；与京东集团合作，全方位开启“互联网+”执行。限制高消费13000余人次，罚款7.63万元，司法拘留10人，判处拒不执行判决、裁定罪1人；开展涉民生、涉金融债权专项执行行动，集中兑付农民工工资450万元。

（胡　宁　文砾芽　林　恺）

【诉源治理】 2021年，区法院搭建一站式多元化解纠纷大格局，引入7个组织15人入驻法院参与调解，每年诉前化解纠纷3000余件。推动人民法庭融入基层社会治理，突出晋阳人民法庭（医疗法庭）的医疗纠纷专业化审判特色，在全省首创“医调委调解员与法官‘1+1’对接调解，联合区级部门建立联动解纷”机制，《四川省成都市武侯区人民法院晋阳人民法庭：立足专业审判　突出医疗特色　打造专业化人民法庭工作新模式》入选最高人民法院首部《新时代人民法庭建设案例选编》，获最高人民法院院长周强肯定批示。抓好“衍生案件”治理，设立司法释明中心，帮助当事人理解法律适用和司法裁判，推动纠纷一次性、实质性化解。

（胡　宁　文砾芽　林　恺）

【案件审理改革】 2021年，区法院推进诉讼程序繁简分流改革试点，落实“轻重分离、快慢分道”要求，加强刑事案件繁简分流，适用普通程序简化审、简易程序、速裁程序结案27932件，繁简分流比例90.59%。完善行政案件简易程序审理规则，依法快速审结简单案件。加大民事诉讼程序繁简分流改革试点力度，以占比25%的民商事法官审理全院50%以上的民商事案件，案件平均审理周期比上年缩短20%以上，真正实现“简案快审”。发挥小额诉讼快速解纷作用，规范程序合意适用，引导10余家银行、保险、物业公司在合同中约定适用小额诉讼程序，试点以来受理小额诉讼案件13260件，程序适用率从试点前的8.34%提升至26.8%。原创微视频《小额诉讼》获第五届平安中国看四川“三微”比赛微视频（短视频）优秀作品奖。

（胡　宁　文砾芽　林　恺）

【纠纷调解模式改革创新】 2021年，区法院推进“枫桥式人民法庭”建设，强化晋阳人民法庭（医疗法庭）实质性解纷功能；结合功能片区特点，在玉林、火车南站街道增设医疗纠纷调解工作室，提档升级法治指导，打造特色调解品牌，探索建立示范性诉调对接、法治宣传阵地新模式，被评为成都市首批“枫桥式人民法庭”。持续完善行政争议调解中心、物业纠纷预防与化解中心等平台工作机制，深化一站式建设，让更多纠纷通过调解、仲裁、诉讼等方式一站式化解。开展四级法院审级职能定位改革试点，力争实现基层法院准确查明事实、实质化解纠纷的作用，为改革提供更多可推广、可复制的“武侯经验”。

（胡　宁　文砾芽　林　恺）

【审务公开】 2021年，区法院充实人民陪审员队伍，选任人民陪审员75人，参与案件审理2013件。拓宽监督范围，开展旁听庭审、监督执行、法院开放日活动，邀请各界人士对法院工作进行全方位监督。推进司法公开，公开裁判文书32561份，网上直播庭审3630件次，微信微博推送法院信息7376条，网络理事平台处理投诉205件，被评为全省裁判文书公开、庭审公开工作优秀法院。抖音公众号获中央政法委第三届“四个一百”优秀政法新媒体（视频类账号）。

（胡　宁　文砾芽　林　恺）

【司法服务】 2021年，区法院发挥破产审判调整优化社会资源和产业结构作用，探索破产审判机制，借力借智，最大限度保护中小投资者合法权益，妥善审理汇金广场破产等案件20件。践行善意执行保障民企发展，以执行和解方式执结涉企案件2450件，为民营经济健康发展保驾护航。发挥知识产权保护创新发展作用，为科技成果转化提供司法助力。发挥“法治智库”作用，向相关单位发送司法建议12份，提交深度分析司法大数据报告2份；调研彩虹电器集团股份有限公司等辖区重点企业，提供法律咨询服务20余次。建成现代化诉讼服务中心，实现公告办理、上诉流转等100余项诉讼事务“一站通办”。组建诉讼服务志愿者团队，引入自助立案机等智能终端，研发全省首个法院自助缴费一体机，提升群众的诉讼体验。

（胡　宁　文砾芽　林　恺）

图062　2021年2月7日，区法院为127名被拖欠工资的快递员发放执行案款　　（区法院供图）

司法行政
Judicial Administration

【概况】2021年，武侯区充分发挥法治宣传、人民调解、安置帮教、法律服务等职能作用，妥善解决各类矛盾纠纷，促进社会和谐稳定。区委依法治区办公室被评为全国“七五”普法工作先进单位，区司法局被评为“四川省法治政府建设工作先进集体”。

（冯秦天）

【人民调解】2021年，武侯区社区调解组织实现71个社区全覆盖，全区共有专（兼）职调解员786人，化解矛盾纠纷3000余件，调解成功率96%。开展“人民调解超市”建设，建立集热线受理、信息收集、分析研判、协调指挥、分类督办、监督检查等职能于一体的人民调解指挥中心，设置多元化调解、少数民族纠纷调解、涉侨纠纷调解、“互联网”调解、警民调解和上门调解等调解单元。发挥品牌人民调解员的示范作用，推动个人调解室建设，构筑为民解忧新平台。截至年末，全区建有规范化个人调解室12个，分布在吉福、龙井、永兴等社区，其中王兴华个人调解室被评为“四川省金牌调解工作室”。

（冯秦天）

【安置帮教】2021年，武侯区接收刑满释放人员266人，安置266人，帮教率100%，安置率100%。区司法局到锦江监狱开展帮扶帮教活动1次，向武侯籍服刑人员介绍家乡经济社会发展状况、发展规划和相关安置帮教政策。对刑满释放的古某开展衔接和安置帮教工作。

（冯秦天）

图063　2021年，区人民调解指挥中心建成。图为调解员在区市民中心一站式多元化解联动处置中心开展纠纷调解

（区司法局提供）

【社区矫正】2021年，武侯区贯彻落实《中华人民共和国社区矫正法》，成立武侯区社区矫正委员会及武侯区社区矫正管理局，规范健全调查评估、执行地变更、教育管理等制度。落实四川省跨部门办案系统建设有关要求，完成平台基础建设工作，成功接收案件并办理。强化社区矫正应急处置机制，针对社区矫正对象开展心理矫治活动，提升社区矫正管理效果，全年开展心理矫治活动232人次。规范社区矫正人员管理，依法对矫正对象实施电子定位监管，有效防止脱管漏管。开展社会调查评估94件，核实执行点变更情况54件，警告处分31人，收监2人。全年接收社区矫正对象363人，解除矫正289人。年末在册社区矫正对象390人，社区矫正对象无脱管、无重新犯罪、无上访、无投诉现象。

（冯秦天）

【公共法律服务】2021年，区司法局制定《关于进一步规范完善社区法律顾问工作的实施方案（试行）》，建立“一社区一法律顾问”制度，实现11个街道71个社区法律顾问100%覆盖。在全省首创社区法律顾问精准化管理模式，实现对社区法律顾问100%智能精准化管理，全面提升公共法律服务的质效。全年受理法律援助案件510件，现场提供法律咨询4695人次，开展“认罪认罚”法律帮助案件1027件，公共法律服务“12348”热线处理群众需求7801件。

（冯秦天）

【律师行业管理】2021年，区司法局开展律师行业突出问题专项治理活动，通过开展学习教育、自查核查、集中整治、总结提升四个阶段工作，推进武侯区律师行业向好发展。省司法厅厅长刘志诚带队到武侯区律师事务所调研，对武侯区律师行业突出问题专项治理工作给予肯定。截至年末，武侯区有律师事务所125家、执业律师1773人、基层法律服务所8家、基层法律服务工作者43人。

（冯秦天）

军　事

MILITARY

武侯区人民武装部

District People's Armed Forces Department

【概况】2021年，武侯区强化党管武装指导思想，坚持思想政治引领。区人武部贯彻落实习近平主席训令指示，发挥地方党委军事部作用，加强民兵预备役队伍思想政治工作，加强应急应战力量建设，编实建强民兵及预备役队伍；完成年度征兵及预备役登记工作；组织全民国防教育。全区有街道人民武装部11个、专武干部24人。

（向　斌　何佳祥　王　伟）

【党管武装】2021年，武侯区贯彻落实党管武装各项制度。2月，召开党管武装工作会，传达学习警备区党委全体（扩大）会议精神，总结上年度武装工作，表扬党管武装先进单位，部署2021年武装工作任务。调整充实区人民武装委员会及国防动员委员会、国防教育领导小组、征兵工作领导小组等机构。采取业务培训、蹲点帮带等形式，利用外出学习考察、战备执勤等时机，加强专武干部业务素质的培养和能力的提高。

（向　斌　何佳祥　王　伟）

【全民国防教育】2021年，区人武部利用征兵宣传、国防教育日等活动，开展全民国防教育。将国防教育与全区各中小学校的德育相结合，推动“国防教育进课堂”。其中以“传承红色基因、厚植家国情怀”为主题的第21个全民国防教育日进校园活动，被中央广播电视总台国防军事频道、中央电视台及《国防时报》等媒体报道。依托报刊、网络、媒体和社区文化载体，组织各街道张贴宣传标语、悬挂宣传灯箱，树立公益广告牌，开展国防教育“进街道、进社区、进家庭、进基地”活动。全年发放宣传资料3万余份，悬挂横幅170余幅。

（向　斌　何佳祥　王　伟）

【民兵思想政治建设】2021年，区人武部坚持把党史学习教育和庆祝建党100周年作为贯穿全年工作的主线，部领导带头组织领读串讲，集中组织收看建党100周年庆祝活动，到成都战役纪念馆实地参观见学。深化“不忘初心、牢记使命”主题教育、“传承红色基因、担当强军重任”教育活动，通过理论学习、集中培训、授课辅导，巩固学习教育效果。结合民兵训练、民兵预建党组织等开展民兵政治教育。抓好巡视巡察反馈问题整改“回头看”，开展形势政策和“四反”教育，组织开展网赌网贷清理和社团整治，确保部队集中统一和纯洁巩固。

（向　斌　何佳祥　王　伟）

【民兵组织建设】2021年，区人武部贯彻落实习近平主席训令，扭住应对强敌军事斗争准备龙头，搞好重点资源核查，掌握高精尖企业和科技人才底数，编实编强应急、专业、特殊三支力量，加大新质民兵编入力度，编实建强民兵队伍，打造建在身边、抓在手中、用在关键的民兵分队。4月，国务委员、中央军委委员兼国防部部长魏凤和在武侯区检查调研时，对武侯区民兵建设给予肯定。望江路街道人民武装部承担省军区基层人民武装部正规化建设正规“四个秩序”观摩任务，两次完成省军区专武干部集训试点观摩任务，省军区首长对基层人民武装部建设给予肯定。

（向　斌　何佳祥　王　伟）

【民兵战备训练】 2021年，区人武部按照“急时应急、战时应战”要求，修订完善应急预案。11月，组织基干民兵及专武干部以应急处突为课题，大抓反恐维稳、防汛救援、抗震救灾等重点课目训练，应急分队4小时、专业分队8小时完成遂行任务准备，民兵应急应战能力得到提升。参加警备区“强备战、练精兵”比武竞赛，获团体第二名。

（向　斌　何佳祥　王　伟）

【民兵武器装备管理】 2021年，区人武部严格落实民兵武器装备管理相关规定，按照成都警备区部署，上交库存弹药，实行统一保管。补充冲锋舟、发电机、救生衣等20余万元的防汛物资，做好防汛抢险准备。开展“百日安全”活动，严格落实常态化安全大检查和枪弹清理整治，确保安全稳定。

（向　斌　何佳祥　王　伟）

【民兵参建参治】 2021年，区人武部畅通军地信息共享机制，联合修订“3+1”预案，全面提高应急处突能力。发挥民兵社情熟、反应快、战斗力强等优势，参与平安武侯建设，在抢险救灾、处突维稳、安保执勤等急难险重任务中维护全区安全，营造和谐稳定的发展环境。参加疫情防控，在区疫情防控指挥部统一安排下，集结民兵配合辖区做好疫情防控。

（向　斌　何佳祥　王　伟）

【预备役登记】 2021年，区人武部根据上级关于预备役登记的规定要求，开展相关法律法规学习，组织并按计划完成预备役登记工作。

（向　斌　何佳祥　王　伟）

【征兵工作】 2021年，区人武部严格落实“两征两退”征兵工作要求，利用全国征兵网、微信、电话、商圈LED屏、抖音、宣传单等平台和渠道，对接适龄青年和返乡大学生，开展“点对点”“面对面”“一对一”精准宣传，激发适龄青年参军热情。为部队输送的兵员中大学毕业生比例和征兵“五率”均排名全市第一。

（向　斌　何佳祥　王　伟）

人民防空
Civil Air Defense

【概况】 2021年，武侯区按照“战时防空、平时服务、应急支援”要求，妥善管理老旧人防工程，加强警报系统建设和机动指挥平台建设，开展人防应急演练和人防宣传活动。修订完善区本级和11个街道防空袭预案和疏散预案，完成辖区重要经济目标方案拟制。区人防办被成都市人防办评为人防警报工作先进设台单位、组织指挥先进单位、指挥所建设先进单位、人防宣传先进单位。

（蒙　浏）

【人防工程管理】 2021年，武侯区投入资金建设疏散基地。完成人防工程标志标牌管理维护，新增人防标牌多处，全年无人防标识标牌污染和丢失现象发生。区人防办把人防工程安全生产工作放在首位，深化人防领域突出问题系统治理，检查各类人防工程，责令改正和处理安全隐患8个。

（蒙　浏）

【警报系统建设管理】 2021年，区人防办定期开展警报设施日常检查，督促全区各警报台加强警报维护管理。完成年度“9・18”警报试鸣演练任务，警报鸣响率100%。警报设施设备完好，保障率100%。

（蒙　浏）

【人防训练】 2021年，区人防办完成人防专业队伍整组工作，组织专业队参加民兵训练。每周组织机动指挥平台系统设备操作训练；组织人防指挥车分队参加省人防办、市人防办组织的2021川渝人防联演联训、成德眉资四市人防机动指挥通信专业队伍联合训练等活动，提升协同作战和跨区支援能力。分别在簇桥街道、晋阳街道开展人防疏散演练，机关干部、社区群众、辖区中小学校师生参加。

（蒙　浏）

【人防宣传教育】 2021年，区人防办在“3・1”国际民防日、九一八事变纪念日开展防空知识宣传活动，发放各种宣传资料41000余份。创新打造红牌楼街道竹园社区和华兴街道南桥社区亲民化人防宣传教育示范展区。

（蒙　浏）

经济管理

ECONOMIC MANAGEMENT

宏观经济调控
Macro Economic Management

【概况】 2021年，武侯区围绕高质量发展主题，完成“十四五”规划等编制，制定产业功能区高质量发展实施意见等，加快提升产业能级，推进产业建圈强链和社会信用体系建设、供给侧结构性改革等工作。全年完成固定资产投资414.6亿元，比上年增长19.2%，增幅居全市第六、五城区第一。

（宋　丹）

【规划编制】 2021年，武侯区完成《成都市武侯区国民经济和社会发展第十四个五年规划和二〇三五年远景目标纲要》编制，统筹组织各相关单位完成《她妆美谷产业功能区“十四五”规划》《武侯区总部经济发展“十四五”规划》等23个专项规划编制并印发实施。区发改局组织开展“优化空间产业交通能源结构促进城市绿色低碳发展研究”“推进高水平对外开放加快建设高品质开放先行区”“武侯区新型智慧城市建设研究”等9个课题研究。

（张明祥）

【产业能级提升】 2021年，武侯区优化“3+2”产业功能区体系，调整各产业功能区发展定位、主导方向、细分领域、未来赛道、空间范围。印发《关于健全完善工作机制　促进产业功能区高质量发展的实施意见（试行）》，出台《进一步理顺以产业功能区为主体的多边协作关系的实施细则》，健全“管委会＋运营公司＋街道”协作机制，全面推动产业高质量发展。全面落实成都市

图064　2021年1月8日，武侯区委七届十七次全体会议暨区委经济工作会议召开（区融媒体中心供图）

产业建圈强链工作领导小组第一次会议精神，聚焦新型材料、数字经济、创新药等12个重点产业链，引导传统优势产业转型升级、都市工业规模聚集和现代服务业提能提质。

（蔡运均）

【政府投资项目管理】 2021年，区发改局按照区政府投资项目管理办法，规范管理程序、严格工程建设程序，投资效益明显提高。全年完成新项目的项目建议书、可行性研究批复21个，总投资38.16亿元；完成政府投资项目概算评审25个，送审金额43.16亿元，审定金额41.70亿元，审减率3.4%。

（冷十义）

【固定资产投资】 2021年，武侯区完成固定资产投资414.6亿元，比上年增长19.2%（较2020年增幅上升10.3个百分点），增幅居全市第六、五城区第一。42个省市重点项目投资198.08亿元，完成年度计划投资进度的126.9%，完成进度居全市第五、五城区第二，连续3次进入项目促建全市“红榜”。100个区级重点项目投资320.94亿元。

（申林桦）

【社会信用体系建设】 2021年，武侯区完善政府履约践诺机制，出台《关于建立健全政府守信践诺失信担责机制的实施方案》，加强政府诚信建设。开展失信企业专项治理，完成35家“屡禁不止、屡罚不改”严重违法失信企业、2家失信信用服务机构退出失信台账，退出率100%；完成38家失信家政企业和345家信用服务机构名单核查。按照市级要求归集信用承诺及“双公示”数据，上传至市政务信息资源共享平台的信用承诺及履约践诺信息数量占全区存续企业总量的90%以上。动员辖区企业参与四川省“诚信企业家”及“诚信企业”评选宣传活动，树立武侯诚信企业典型，辖区2名企业家入选四川省100名“诚信企业家”名单、74家企业入选四川省1000家“诚信企业”名单。区发改局鼓励企业开展信用修复，全年处理线上信用修复申请43件。

（邓　萍）

延伸阅读 <<<<

武侯区惠企利企十项措施　2021年，武侯区为进一步提高服务的专业性、精准度，系统梳理企业发展过程中遇到的典型问题，出台《武侯区深度服务企业推进高质量发展共建幸福美好生活十项措施》。《十项措施》包括建立企业服务综合调度中心、构建企业诉求大数据平台、实现惠企政策精准兑现、提升中小微企业融资便利度、优化项目建设前置审批服务、深入实施包容审慎柔性监管、定期发布城市更新机会清单、鼓励优质企业与区属国有企业共建合作平台、健全区委区政府主要领导每月调度机制、建立规模以上限额以上企业“一把手”联系机制等内容，着力在平台建设、要素供给、服务监管、沟通合作等方面深化企业服务。根据《十项措施》，武侯区将打造服务功能高度集中、企业诉求高效办理的专业化企业服务平台；构建更加精准可及的政策机会供给和资金要素保障体系，优化政策服务、强化融资保障；以推动服务便捷高效、监管法治包容为重点，强化靠前服务、实施包容监管。

新经济发展
New Economy Development

【概况】 2021年，武侯区贯彻中央及省、市关于加快推动成渝地区双城经济圈建设等重大战略部署，坚持创新引领发展，以提升新经济企业能级为中心，强化示范场景培育、企业精准服务、创新生态优化等举措，新业态新场景不断衍生，新经济发展生态持续优化。全区获“2021年成都市新经济梯度培育入库企业”认定的企业50家，其中种子企业42家、准独角兽企业7家、行业领军企业1家。四川易诚智讯科技有限公司、成都数之联科技有限公司、成都运荔枝科技有限公司、成都丽维家科技有限公司、中之保金融科技（成都）有限公司等5家企业入选“双百工程”企业，占梦来、孙崇敬、胡晏齐、雷亮、朱强等5人入选“双百工程”人才。引进深圳天行云供应链有限公司、云南沃森生物技术股份有限公司两家新经济500强企业；新增新经济企业13873家，市场主体总数达到77445家。

（刘孝琳　彭　星）

【示范应用场景打造】 2021年，武侯区完成新经济发展“十四五”规划编制，助推新经济与城市有机更新深度融合发展，加快构筑以新经济为引领的产业发展新格局。加快打造示范场景项目，以五大产业功能区为平台，加快推动新技术、新业态、新模式、新产业赋能传统产业发展，重点打造悦湖科技转化中心等场景项目。“云巅”教育生态大数据未来场景实验室、信息大数据创新应用未来场景实验室、轨道交通信号设备智能监测创新应用实验室、隧道施工全面信息化管理系统应用场景、梵木 Flying 新消费场景等 5 个项目被评为 2021 成都市示范项目。

（刘孝琳　彭　星）

【市场主体培育】 2021 年，区新经济局实施梯度培育计划，为新经济企业提供政策、金融、投资宣传、供需对接、场景试验等“一对一”精准服务。实施新产品推广计划，持续通过成都“双千”发布会、成都全球创新创业交易会、成都数字娱乐文化周等平台发布 5 批次 800 余条专题机会清单，对接成功 10 条以上。市政府累计采纳发布新场景 82 个、新产品 106 个，持续释放资源要素、创造市场机会。创新招引新经济 500 强企业，灵活适用产业招商、资本招商、委托招商等方式招引新经济产业项目，新增注册落地天行云供应链有限公司、沃森生物技术股份有限公司两家新经济 500 强企业。

（刘孝琳　彭　星）

【新经济显示推广】 2021 年，区新经济局承办成都新经济共享大会英国分会场活动，协办 2021 成都全球创新创业交易会、第十六届中国——欧盟投资贸易科技合作洽谈会，为辖区新经济企业提供高水平展示推广平台。协同市级部门开展新经济赋能活动，举办第四届环华西国际智慧医谷发展论坛、2021 中国·成都她妆美谷招商推介会、2021 年海智四川科创新经济项目路演暨投融资对接峰会等 20 余场活动，推动新经济赋能大健康、文化创意、金融等产业发展，提升新经济显示度。

（刘孝琳　彭　星）

【创新创业载体建设】 2021 年，武侯区有创新创业载体 34 个（详见表 24），载体总面积 416324.01 平方米。有在孵企业 945 家、在孵项目 95 个，签约服务机构 394 家。

（刘孝琳　彭　星）

表 24　2021 年武侯区创新创业载体情况表

序号	名称	级别	面积（平方米）	地址	在孵企业数（家）	在孵项目数（个）
1	武侯高新技术创业服务中心	国家级孵化器 区级载体	25558	武青南路 33 号	74	5
2	四川川大科技园	国家级孵化器 国家级大学科技园	23711	科华北路 141 号附 1 号	39	8
3	四川大学国家双创示范基地高新技术企业孵化平台	国家双创示范基地 区级载体	13610	科华街 6 号展业大厦	89	18
4	四川大学 C 创空间	国家级众创空间	1168	科华北路 141 号附 1 号	31	0
5	蓉创家创新创业孵化器	国家级众创空间 市级苗圃 区级载体	1348	科华北路 65 号世外桃源广场 26 楼 A 座	16	3
6	成都创客坊	国家级众创空间 市级苗圃	527	武兴四路 166 号西部智谷 D 区 6 栋 1 楼	3	10
7	成都以色列孵化器	国家级众创空间 市级苗圃	586.21	科华北路 99 号 3 楼	2	1
8	武侯区青年（大学生）创业园	省级众创空间 市级苗圃	5200	西部智谷 D 区 6 栋	28	0
9	创享汇	省级众创空间	2004	成都数码广场 6 楼	28	9
10	大科星科技企业孵化器	省级孵化器 市级苗圃 区级载体	25738	武青南路 51 号	81	0
11	西华大学科技园	省级大学科技园	10500	人民南路 3 段 35 号 5 栋	—	—
12	四川省计算机研究院	省级孵化器	6457	成科西路 3 号	—	—
13	武侯电子商务孵化器	省级众创空间 市级苗圃 区级载体	1080.7	武兴二路 9 号 1 栋 1 单元 201 号	23	0
14	万里桥文旅创意产业基地	市级苗圃区级载体	3502	万寿桥路蜀街 65~68 号	25	0

续表 24

序号	名称	级别	面积（平方米）	地址	在孵企业数（家）	在孵项目数（个）
15	康特科技园	市级孵化器	50000	武科东三路 9 号	25	0
16	西部智谷电子商务产业楼	市级科技专业楼宇 区级载体	22676.39	西部智谷 D 区 2 号楼	51	0
17	四川大学武侯区协同创新创业孵化器	市级苗圃	5000	科华北路 65 号世外桃源广场 22 楼	8	3
18	中关村西部文创中心	市级苗圃	1004	沙堰街 40 号 1 栋 6 楼	23	2
19	立方视觉科技广场	市级文创产业园	19600	武兴五路 555 号		
20	成都音乐产业中心音乐产业孵化器	市级苗圃 区级载体	2000	丝竹路 151 号成都音乐产业中心 3 楼	50	0
21	成都 MCN 产业园	区级载体	1006	武青南路 40 号	22	1
22	浓园创新创业孵化器	区级载体	102483	武侯大道三河段 20 号	5	16
23	院子文化创意园	区级载体	1390.91	玉洁巷 3 号	6	0
24	北方川商返乡创业发展中心	区级载体	580	武科东二路 11 号	175	5
25	AZ-space 高品质科创空间	无	973.44	武科西一路宏发大厦	10	0
26	成都中科科技创新人才研究院	无	3200	西部智谷 B 区		
27	蓉科智创创业中心	无	1500	二环路西一段 6 号 A 座 8 楼	7	2
28	梵木国际文创孵化器	无	46000	南三环路五段太平寺西路 3 号	35	0
29	国际企业化器－武侯区文创、科技加速器	无	14223.36	人民南路四段 27 号商鼎国际 1 号楼		
30	武侯音乐产业孵化器	无	2000	丝竹路 151 号成都音乐产业中心 4 楼	31	0
31	粤港澳孵化器	无	2600	西部智谷 B 区 4 栋 2 单元 9 楼		
32	侠客岛（望江岛）	无	8648	二环路南一段 13 号	21	7
33	武侯区退役军人创新创业发展中心	无	4449	大石西路 121 号	15	0
34	武侯文体旅商产业融合创新中心	无	6000	双丰路 53 号	22	5

（彭　星　刘孝琳）

国有资产管理
Standardization of State-owned Assets Management

【概况】2021 年，武侯区严格国有资产出租、处置备案审批流程，优化资产配置，盘活存量资产，确保国有资产保值增值，促进国有资产效益最大化。全年组织国有资产收益入库 7591.17 万元。截至年末，实现国有资产收入 7591.17 万元，其中房租收入 1600.66 万元、残值收入 17.38 万元、拆迁补偿款 334.5 万元、房屋补差 493.71 万元、利息收入 44.92 万元、其他国有资源有偿使用收入 588 万元、国有资本经营预算收入 4512 万元。

（敬　佩）

【国有资产备案年检】2021 年，区国资和金融局开展行政事业单位房屋、土地、对外投资等方面的年检、登记备案。截至 2020 年 12 月底，全区行政事业单位资产总额 90.97 亿元，负债总额 55.92 亿元，净资产总额 35.05 亿元，固定资产总额 22.97 亿元。其中，行政单位资产总额 50.66 亿元，占 55.7%；事业单位资产总额 40.31 亿元，占 44.3%。全区行政事业国有资产房屋资产总面积 212.48 万平方米，土地资产总面积 9.15 万平方米。其中，行政单位房屋资产总面积 191.62 万平方米，占 90.2%，土地资产总面积 7.08 万平方米，占 77.4%；事业单位房屋资产总面积 20.86 万平方米，占 9.8%，土地资产总面积 2.07 万平方米，占 22.6%。

（敬　佩）

【国有资产规范管理】2021 年，区国资和金融局严格执行行政事业单位及区属国有企业资产出租、处置备案、审批流程，规范国有资产管理。对 5 家单位的 34 宗出租房屋进行逐级审批，并规范租赁合同。按程序审批资产报废 206 宗、调拨 22 宗、接收公建配套 5 宗。抓好存量资产清理及部分有权证资产无偿划转区属国有企业工作。3 月起，逐一梳理核对全区存量资产情况，做好资产优化配置的信息准备；9 月，完成 445 宗国有产权房屋（土地）资产的上会审定工作，后续划转移交工作预计 2022 年初完成。

（敬　佩）

【拆迁安置小区配套经营性用房清理】2021 年，区国资和金融局做好涉农街道拆迁安置小区配套经营性用房清理，清理出金花桥、簇桥、簇锦、机投桥、红牌楼等5个街道资产35宗约41万平方米。其中，移交街道管理的资产约34万平方米，涉及安置人数29168人，包括征前安置14228人。

（敬　佩）

国土资源管理
Land and Resources Protection

【概况】 2021年，武侯区严格落实耕地保护职责，严守耕地保护总目标，积极推进土地综合整治和生态修复相关规划以及耕地卫片监督和耕地保护督察。稳步开展土地执法监察，保障区重点项目用地。

（吴　坚　康　玲）

【耕地保护】 2021年，武侯区耕地保有量3300亩，全国第三次土地调查耕地为3980.89亩；永久基本农田保护目标1326亩，永久基本农田划定面积1332亩。区规划和自然资源局完成耕地资源质量分类成果与2021年3月国家下发的第三次土地调查数据比对分析。武侯区“三区三线”第一轮试划成果数据通过省级核查，并上报自然资源部工作组；按照市委、市政府要求和全市总体规划，完成武侯区分区规划和分区实施方案编制。环城生态区土地综合整治和生态修复工作有序推进。制定并印发《武侯区2021年耕地保护督察工作方案》,区规划和自然资源局按照《耕地卫片监督方案（试行）》要求，开展耕地卫片监督和2021年耕地保护督察，完成18个共179.86亩督查图斑的核实、上报；区环城生态区建设发展中心和区农业部门在规定日期内完成9个不认可图斑的整改。

（吴　坚　康　玲）

【土地执法监察】 2021年，区规划和自然资源局开展执法监察日常动态巡查142次，巡查覆盖率100%；协同相关部门开展联合检查22次，开展日常动态巡查84次，检查拆迁地块32个，对存在问题的点位及时督促辖区街道办事处、业主单位进行整治，完成整治面积13.2万平方米。全年完成下发的武侯区卫片执法图斑291个，季度卫片图斑20个，涉及监测土地面积4278.2亩，其中耕地面积900.55亩、永久基土农田面积196.68亩。出台《武侯区砂石管理利用办法》，加强全区砂石资源的管理。

（吴　坚　康　玲）

区属国有企业管理
Management of State-owned Enterprises under Wuhou District

【概况】 2021年，武侯区深化区属国有企业改革，完善区属国有企业监管体制，指导区属国有企业建立健全现代企业管理制度,强化投融资监管，做强做优做大区属国有企业。

（敬　佩）

【区属国有企业运营监管】 2021年，区国资和金融局完善监管体制，指导和监督区属国有企业招聘、编制控制、股权划转与变更等事宜；聘请会计师事务所对区属国有企业进行2020年度费用和目标考核审计。完成区属国有企业2020年度年报审计、年报统计会审报送、产权登记；做好公司2020年度目标考核、投融资监管和债务统计、清理区属国有企业拖欠民企账款和保障农民工工资支付、安全生产等工作；完成区属国有企业2021年度投融资计划的编制并报区委财经委审议通过；做好省委巡视组发现问题反馈意见相关事宜整改落实推进等。

（敬　佩）

【区属国资国企改革】 2021年，武侯区贯彻中央及省、市国资国企改革工作部署，坚持以改革激发内生动力，推进区属国资国企改革。制定深化国企改革工作方案，组建武侯国投集团，调整设置三级组织架构，建立“1+9+N”公司体系（是1家一级公司+9家二级公司+若干家三级公司的简称。其中，1家一级公司指武侯国投集团，9家二级公司分别是武侯资本公司、武侯发展公司、武侯高新公司、武侯科产公司、武侯商旅公司、武侯社区商业公司、武侯音产公司、武侯卫教公司、武侯文创公司），形成集团公司作为资本运营管理实体、功能类二级子公司作为产业功能区综合运营实体、竞争类子公司作为集团公司利润实体的管理模式。

（敬　佩）

【武侯国投集团】 成都市武侯国有资本投资运营集团有限责任公司（简称武侯国投集团）成立于2020年12月30日，注册资金100亿元，资产总额1017.88亿元。2021年，武侯国投集团建立“以集团作为国有资本运营及管理中心、下属二级公司作为项目实施主体及成本中心、下属三级公司作为利润中心的改革发展层”的三级管理体系。武侯国投集团下属的9家二级公司中，武侯资本公司、武侯发展公司、武侯商旅公司、武侯音产公司、武侯文创公司等5家为功能类公司，武侯高新公司、武侯科产公司、武侯社区商业公司、武侯卫教公司等4家为竞争类公司。初步形成“1+9+N”的发展格局，集团全年营业收入16.09亿元，利润总额4.22亿元。

武侯资本公司　成都武侯资本投资管理集团有限公司（简称武侯资本公司）成立于2017年1月，注册资金20亿元。2019年成为成都市总部企业，2020年底武侯区区属国企改革后调整为武侯国投集团二级功能类子公司，成为悦湖新材料科技中心的城市综合运营商。武侯资本公司管理全资子公司5家、参控股公司30家、代管公司4家，资产规模569亿元。2021年，武侯资本公司获得金融机构授信292亿元，到位资金171亿元，资金综合成本4.9%；取得成都市城市更新领导小组批复项目8个，启动城市更新项目5个；对接投资项目29个，落地项目8个；固定资产投资110.1亿元，承建工程项目57个。

武侯发展公司　成都武侯产业发展投资管理集团有限公司（简称武侯发展公司）成立于2017年1月，2020年底武侯区区属国企改革调整为武侯国投集团二级功能类子公司。武侯发展公司立足华西医美健康城建设，明确以“华西医美健康城综合运营服务商”为定位。2021年，武侯发展公司营业收入6.08亿元，利润4亿元，资产规模439.1亿元。公司2021年融资到位94.67亿元，获批城市有机更新项目4个，承担基础设施及公建配套建设项目43个，实施华普医院、蓝光中心、文和金舟等载体收储项目7个，推进股权投资项目8个，打造大健康专业楼宇，策划包装华普医院、省旅游学校等4个项目。

武侯高新公司　武侯高新公司成立于2007年10月（前身为武侯工投公司），现为武侯国投集团全资二级竞争类子公司。武侯高新公司旗下拥有“西部智谷”“智谷汇”两大品牌，建设运营西部智谷、武侯创业中心、华西健康谷、内江川南电商中心、绵阳三台县智谷智能制造产业园、绵阳三台县梓州织造产业园等6个园区（含在建园区），获国家级孵化器、国家级中小微创新创业基地、省级专精特新高成长企业等荣誉。2021年，武侯高新公司承接建设项目3个，入选四川省“五千五百”上市行动计划和四川省上市后备企业资源库，园区有高新技术企业59家、上市公司14家、纳税大户37家、专精特新企业14家，有发明专利1076项，以及亿元楼宇2栋、市级专业楼宇14栋。

武侯科产公司　武侯科产公司成立于2021年1月，注册资本认缴20亿元，资产规模25.57亿元，属武侯国投集团全资二级竞争类子公司，致力打造成为成渝地区双城经济圈内一流的综合金融服务供应商。2021年，武侯科产公司营业收入1.26亿元，利润总额0.72亿元。完成智创环保、武侯卫教、美装我家等3个直投项目共3.87亿元；完成重产一期基金、朗姿武发医美基金两只子基金投资共3.2亿元。累计在管基金（含托管基金份额）规模12.85亿元，其中武发产业基金7.20亿元、托管基金份额5.65亿元；担保余额17.43亿元，利润总额0.43亿元；小贷业贷款余额5.06亿元，营业收入0.38亿元。

武侯商旅公司　成都市武侯商旅投资有限公司（简称武侯商旅公司）于2021年1月由成都市武侯城市发展投资有限责任公司更为现名，注册资金20亿元，总资产129.32亿元，是武侯国投集团二级功能类子公司。武侯商旅公司主要承担武侯区规划城市建设用地范围内土地开发整理、农村新居工程建设、城市及市政基础设施建设的投融资及建设任务。2021年，武侯商旅公司承接基础设施建设项目9个，完成固定资产投资21.5亿元。公司推进城市更新，优化环城生态区空间规划，完成她妆美谷片区“产业策划＋城市设计＋控规调整”的一体化规划方案；拓展发展空间，上市土地6宗18.87万平方米，启动先锋布艺、四通欧美、汇金广场、天府芙蓉园二期、蓝润广场、新苗加油站、金花医院等载体收储；推进产业运营，协助她妆美谷管委会举办第二届中国化妆品趋势大会、2021中国·成都她妆美谷招商推介会、第46届（秋季）成都美博会等专题营销活动；探索多元化经营，与中石油公司合资成立成都市武侯中油能源有限公司，与北京三盟公司成立芙蓉文化传播公司。

武侯社区商业公司　武侯社区商业公司成立于2021年1月，注册资金20亿元，资产规模约4100万元，是武侯国投集团二级竞争类子公司。2021年，武侯社区商业公司营业收入约1000万元，利润约380万元，融资到位资金2000万元，受托运营载体4宗，股权投资项目4个。公司承担龙湖、三河、七里、音乐坊农贸市场等4个智慧综合体项目建设，承建二环路科华路BRT公交站点空间场景营造（维护改造）、142 个老旧院落改造等 2 个项目，投资 130 万元完成社科公司 26% 股权收购。

武侯音产公司　成都武侯音乐产业投资有限公司（简称武侯音产公司）于 2021 年 1 月成立，注册资本 20 亿元，功能 I 类公司，致力于打造集“投、建、运、管”于一体的音乐产业为主导、相关产业融合发展的专业化投资运营平台。2021 年，武侯音产公司成立 2 家全资子公司，收储成都音乐坊片区内载体 10 处，改造 6 个音乐产业空间，引进 6 个音乐产业化项目，推进工程建设项目 13 个，购买成都音乐坊 6~8 号地块 19025.53 万平方米，出品原创音乐剧《100》，举办“三声成都”沉浸式音乐产业互动活动展会，协助音乐坊入选第一批国家级夜间文化和旅游消费聚集区名单。

武侯卫教公司　武侯卫教公司成立于 2021 年 1 月，注册资金 10 亿元，属武侯国投集团二级竞争类公司，资产规模 58.31 亿元。武侯卫教公司下属武侯教投公司和武侯卫投公司参控股子公司（学校）共 21 家，其中全资持有的子公司（含学校）9 家、参股公司（含学校）12 家。2021 年，武侯卫教公司营业收入 3.07 亿元，亏损 0.13 亿元，上缴税收 1.05 亿元。公司承接海之盛煌食品生产研发一体化续建项目，为 38 所新建学校（幼儿园）提供建设资金 12 亿元，完成固定投资 2.28 亿元，重点实施 0 ~ 6 岁托幼、水韵园综合教育、华体运动健康、纹锦艺术培训、西川基础教育服务等业务。

武侯文创公司　成都武侯文化创意产业投资有限公司（简称武侯文创公司）于 2021 年 5 月，由原武侯发展集团下属子公司成都武侯文旅投资有限公司更名改建，注册资金 20 亿元，资产规模 51 亿元。武侯文创公司为功能 I 类公司，三国创意设计产业功能区片区开发综合运营商，下属全资子公司 2 家、参股子公司 5 家。2021 年，武侯文创公司完成固定投资 20.05 亿元，推进城市更新项目 3 个，承接工程建设项目 18 个，投资 7.19 亿元购置锦外中心 35682.55 平方米资产，投资 5.88 亿元购置骨胶厂 32000 平方米商业地块，完成三级子公司蜀汉公司增资及注册资本金实缴至 1000 万元，完成新设规划设计咨询公司、组建砂石公司、建筑工程公司投资立项。

（敬　佩）

财　政
Finance

【概况】 2021 年，武侯区克服因减税降费政策和新冠肺炎疫情带来的减收增支影响，做好稳就业、稳金融、稳外贸、稳外资、稳投资、稳预期“六稳”工作，全面落实保居民就业、保基本民生、保市场主体、保粮食能源安全、保产业链供应链稳定、保基层运转“六保”任务，为全区疫情防控和经济社会发展提供坚实的财力保障。武侯区全年一般公共预算收入、上级补助收入等收入共 145.23 亿元，一般公共预算支出、上解省市支出等支出共 142.53 亿元，收支基本平衡。

（甘　立　席　东　蒋思怡）

【财政收入】 2021 年，武侯区强化税收征收管理，严格落实征管责任，定期召开财税联席工作会，实时把握全区收入结构情况，定期分析和研判收入形势，确保应收尽收。拓展财源建设渠道，对辖区企业实行分类分级综合服务管理，产业部门负责具体帮助企业的产业发展，为企业量身定制服务清单；各街道、产业功能区负责根据辖区的企业经济社会的综合贡献实行分级管理，帮助企业扩大产业链。严格落实疫情期间企业纾困政策，深化“送政策、帮企业、送服务、解难题”模式，及时发放企业纾困资金，减轻企业负担，提升全区产业发展质量。

图065　2021年11月19日，八届区委财经委员会第一次会议召开　（区融媒体中心供图）

通过向上争取资金，弥补财力缺口，解决疫情防控、基本民生保障等方面的财政支出困难，缓解因减收增支造成的区级财力不足，确保财政运行安全平稳。

2021年，全区一般公共预算收入107.87亿元，比上年增长13.3%。其中，地方税收收入95.58亿元，比上年增长13.9%；非税收入12.29亿元，比上年增长8.7%（详见表25）；加上上级补助收入（含返还收入、一般性转移支付收入和专项转移支付收入）、一般债务转贷收入、调入资金、上年结转等37.36亿元，收入总计145.23亿元。全区政府性基金收入42.93亿元，比上年增长78.9%；加上上级补助收入、地方政府债务收入、调入资金、上年结转等18.53亿元，收入总计61.46亿元。国有资本经营预算收入4512万元（详见表26），加上上级补助收入、上年结转等488万元，收入总计5000万元。全区社会保障基金由市级统筹，故无社会保障基金预算的执行。

（甘　立　席　东　蒋思怡）

【财政支出】2021年，武侯区坚持统筹兼顾、勤俭节约、量力而行、讲求绩效和收支平衡原则，科学配置财政资源，优化财政支出结构和资金使用方式，科学制定支出政策，坚持项目资金安排能增能减、有保有压，聚焦疫情防控、幸福美好生活十大工程、城市有机更新、产业功能区建设等"三重领域"，落实财政责任。全区一般公共预算支出84.47亿元，为预算的96.9%，扣除不可比因素后同口径增长6.4%（详见表27）；加上上解省市支出、一般债券还本支出、补充预算稳定调节基金等58.06亿元，支出总计142.53亿元。收支相抵后，预计结转结余2.70亿元，按规定结转下年继续使用（详见表28）。

全区政府性基金支出44.5亿元，为预算的96.1%，扣除不可比因素后同口径增长21.4%（详见表29）。加上调出资金、地方政府专项债务还本支出等15.17亿元，支出总计59.68亿元。收支相抵后，基金预计结余1.78亿元，按规定结转下年继续使用（详见表30）。全区国有资本经营预算支出3646万元，为预算的100%（详见表31）；加上调出资金1354万元，支出总计5000万元。收支相抵后，国有资本经营预算无结余（详见表32）。

（甘　立　席　东　蒋思怡）

表25　2021年武侯区一般公共预算收入执行情况表

项目	年初预算数（万元）	调整预算数（万元）	执行数（万元）	占预算（%）	实际收入比上年增长（%）
税收收入	889640	889640	955851	107.4	13.9
增值税	405690	405690	412270	101.62	8.2
企业所得税	188000	188000	206765	110.0	17.2
个人所得税	73800	73800	87243	118.22	25.4
资源税	120	120	277	230.83	92.4
城市维护建设税	89400	89400	94189	105.4	11.9
房产税	40300	40300	44851	111.3	18.3
印花税	28000	28000	32964	117.73	25.4
城镇土地使用税	6500	6500	5934	91.3	-4.0
土地增值税	57800	57800	71132	123.1	30.8
耕地占用税	—	—	25	—	-98.9
环境保护税	30	30	188	626.7	452.94
其他税收收入	—	—	13	—	-98.2
非税收入	111000	111000	122886	110.7	—
专项收入	69000	69000	73009	105.8	10.5
行政事业性收费收入	11500	11500	18611	161.83	79.5
罚没收入	7000	7000	4847	69.2	-27.2
国有资源（资产）有偿使用收入	16000	16000	15149	94.7	6.8
捐赠收入	4000	4000	4089	102.2	15.8

续表25

项目	年初预算数（万元）	调整预算数（万元）	执行数（万元）	占预算（%）	实际收入比上年增长（%）
其他收入	3500	3500	7181	205.2	164
收入合计	1000640	1000640	1078737	107.8	13.3

（甘　立　席　东　蒋思怡）

表 26　2021 年武侯区国有资本经营收入执行情况表

项目	年初预算数（万元）	调整预算数（万元）	执行数（万元）
国有资本经营预算收入合计	4512	5000	5000
利润收入	4512	4512	4512
其他国有资本经营预算企业利润收入	4512	4512	4512
上级补助资金		214	214
上年结余		274	274

（甘　立　席　东　蒋思怡）

表 27　2021 年武侯区一般公共预算支出执行情况表

项目	年初预算数（万元）	调整预算数（万元）	执行数（万元）	占预算（%）	同口径增长（%）
一般公共预算支出合计	747565	871741	844738	96.9	6.4
一般公共服务支出	138069	131876	131779	99.9	-0.2
国防支出	912	992	872	87.9	-15.1
公共安全支出	74063	74649	73806	98.9	5.4
教育支出	159780	191444	187962	98.1	18.2
科学技术支出	8837	18581	17419	93.7	-52.6
文化旅游体育与传媒支出	7892	14300	12148	85.0	35.7
社会保障和就业支出	89935	143781	139071	97.2	9.3
卫生健康支出	35738	58729	57729	98.3	38.4
节能环保支出	9405	7570	6780	89.6	-21.2
城乡社区支出	72758	74635	69366	92.1	1.2
农林水支出	4357	4344	4303	99.1	-6.1
交通运输支出	1172	2045	2045	100.0	59.6
资源勘探信息等支出	59700	73837	72931	98.8	2.9
商业服务业等支出	2360	5581	3205	57.4	-33.5
金融支出	1157	4850	2408	49.7	-60.9
援助其他地区支出	4100	3888	3888	100.0	-9.4
自然资源海洋气象等支出	3502	5549	5549	100.0	-42.2
住房保障支出	29145	39832	38490	96.6	69.6
粮油物资储备支出	20	13	13	100.0	-27.8
灾害防治及应急管理支出	4767	8091	7820	96.7	48.8
预备费	22427	—	—	—	—
其他支出	3469	-3518	-3518	100.0	-2033.0
债务付息支出	14000	10633	10633	100.0	6.3
债务发行费用支出	—	39	39	100.0	-51.2

（甘　立　席　东　蒋思怡）

表 28　2021 年武侯区一般公共预算收支执行平衡情况表

单位：万元

科目	执行数	科目	执行数
一般公共预算收入	1078737	一般公共预算支出	844738
转移性收入	373555	转移性支出	580548
上级补助收入	103780	上解上级支出	450685
返还性收入	-57491	体制上解支出	432452
一般性转移支付收入	122841	专项上解支出	18058
专项转移支付收入	38430	援助其他地区支出	—
接受其他地区援助收入	—	地方政府一般债务还本支出	46403
地方政府一般债务收入	46403	增设预算周转金	—
国债转贷收入	—	拨付国债转贷资金数	—
国债转贷资金上年结余	—	国债转贷资金结余	—
上年结转收入	37792	调出资金	83460
调入资金	185580	补充预算稳定调节基金	83460
调入预算稳定调节金	36000	补充预算周转金	—
从政府性基金预算调入	148226	其他调出资金	—
从国有资本经营预算调入	1354	年终结余	27003
从其他资金调入	—	结转下年支出	27003
收入总计	1452289	支出总计	1452289

（甘　立　席　东　蒋思怡）

表 29　2021 年武侯区政府性基金支出情况表

科目	年初预算数（万元）	调整预算数（万元）	执行数（万元）	占预算数（%）	同口径增长（%）
政府性基金支出合计	157049	462898	445039	96.1	21.4
国家电影事业发展专项资金及对应专项债务收入安排的支出	260	400	256	64.0	-39.6
大中型水库移民后期扶持基金支出	—	3	3	100.0	0
国有土地使用权出让收入及对应专项债务收入安排的支出	144040	407520	390736	95.9	120.9
其他政府性基金及对应专项债务收入安排的支出	37	44402	44402	100.0	—
彩票公益金及对应专项债务收入安排的支出	3302	1971	1040	52.8	9.9
债务付息支出	5500	4655	4655	100.0	97.7
债务发行费用支出	—	37	37	—	—
抗疫特别国债安排的支出	3910	3910	3910	100.0	—

（甘　立　席　东　蒋思怡）

表 30　2021 年武侯区政府性基金收支决算平衡情况表

单位：万元

科目	执行数	科目	执行数
政府性基金收入	429335	政府性基金支出	445039
转移性收入	185289	转移性支出	151723
上级补助收入	103370	上解上级支出	—
调入资金	44400	调出资金	151723
地方政府债务收入	44400	地方政府专项债务还本支出	3500

续表30

科目	执行数	科目	执行数
其他调入	—	其他调出	148223
上年结转收入	37519	—	—
收入总计	614624	支出总计	596762

（甘　立　席　东　蒋思怡）

表 31　2021 年武侯区国有资本经营支出执行情况表

科目	年初预算数（万元）	调整预算数（万元）	执行数（万元）
国有资本经营预算支出合计	4512	5000	5000
解决历史遗留问题及改革成本支出	274	488	488
国有企业退休人员社会化管理补助支出	—	488	488
国有企业资本金注入	3158	3158	3158
调出资金	1354	1354	1354

（甘　立　席　东　蒋思怡）

表 32　2021 年武侯区国有资本经营预算支出平衡情况表

单位：万元

预算科目	执行数	预算科目	执行数
国有资本经营预算收入	4512	国有资本经营预算支出	3646
国有资本经营预算上级补助收入	214	国有资本经营预算补助下级支出	—
国有资本经营预算上年结余	274	国有资本经营预算调出资金	1354
收入总计	5000	支出合计	5000

（甘　立　席　东　蒋思怡）

【政府采购监督管理】 2021 年，武侯区政府采购预算 159587.48 万元，实际采购金额 155282.29 万元；采购规模增加 2113.33 万元，比上年增长 1.4%。全区政府采购国内产品占比 100%；授予小微企业合同金额 124554.31 万元、中型企业的合同金额 29950.13 万元，中小微企业的合同金额占采购总额的 99.5%。政府采购成交中小企业获“政采贷”放款金额 4088.8 万元。全年公开采购意向 180 条，涉及采购预算金额 62347.79 万元。对 40 家采购单位、7 家代理机构进行专项监督检查，发出责令整改通知书 42 份、行政处罚决定书 7 份、行政处理决定书 8 份；处理投诉案件 13 件、举报案件 7 件，维护政府采购市场公平。推进“互联网 + 监管”建设，打通电子采购平台与公共资源交易服务平台、政务平台、信用平台等信息系统，实现数据共享和信息交互；依托“蓉易办”平台建立政府采购线上投诉通道；建设政府采购电子招投标系统，实现全流程电子化交易。

（甘　立　席　东　蒋思怡）

【政府债务管理】 2021 年，武侯区严格执行地方政府债务限额管理制度，强化政府债务限额管理，健全债务风险防控长效机制，加大隐性债务化解力度。全区债务余额低于债务限额，债务风险总体安全可控。落实中央提出的“积极财政政策要更积极”要求，在落实防范化解隐性债务风险的前提下，健全以政府债券为主体的政府举债融资机制，按照“资金跟着项目走”的原则，围绕全区重大领域、重大项目建设，积极向上级部门申报符合地方政府债券要求的项目。全区共发行用于重点项目建设地方政府专项债券 4.44 亿元。

（甘　立　席　东　蒋思怡）

【预算绩效管理】 2021 年，武侯区持续深化绩效管理改革，推动以绩效结果运用与预算编制挂钩的改革。完善制度体系，拟出台《成都市武侯区区级预算部门（单位）整体支出绩效管理暂行办法》《成都市武侯区绩效自评价复评抽查工作实施方案》。探索绩效管理改革，拟出台《成都市武侯区关于推进绩效管理结果运用与预算编制挂钩改革的实施方案》，从强化部门整体支出和事前绩效评估、推进绩效目标设置和项目库建设、创新绩效跟踪监控和结果应用、做深绩效评价工作和结果应用、探索预算编制的“零基”原则等5个方面进行改革。区财政局跟踪监控全区1177个项目，涉及财政资金43.25亿元，依据9月30日跟踪监控结果对执行进度慢的项目进行中期调整，收回财政资金4.59亿元；2021年项目资金年初预算48.2亿元（不含追加追减资金），依据绩效跟踪监控情况，2022年项目资金年初预算34.25亿元，比上年预算减少28.9%。

（甘立 席东 蒋思怡）

【国库集中收付】 2021年，区财政部门巩固国库集中支付改革成果，通过国库集中支付平台支付财政预算资金134.44亿元。不断规范现金管理，全面推行公务卡使用制度，全年启用公务卡3397张，通过公务卡结算财政预算资金3047万元。

（甘立 席东 蒋思怡）

税收
Taxation

【概况】 2021年，区税务局锚定“全市标杆、全省领先”奋斗目标，持续推进精确执法、精细服务、精准监管、精诚共治。对标省市税务局高质量发展规划要求和区委、区政府综合治税协同共进目标，组织实施中央税、共享税、土地增值税、房产税、个税及社保费、医保费等税费征收管理、税源核查、纳税评估和反避税等工作，为纳税人缴费人办实事，全面提升纳税人和缴费人的满意指数。全年组织全口径税收270余亿元，比上年增长13.4%；完成区级税收收入97.1亿元，比上年增长15.1%，区级税收总量与增幅均居成都市五城区前列（详见表33）。区税务局被市税务局评为绩效管理工作先进单位、纳税服务工作先进单位。

（岳永才）

【税收收入】 2021年，区税务局坚持依法依规的组织收入原则，克服经济下行、减税降费等多重因素叠加影响，堵漏挖潜增收，深入推进“放管服”改革，探索优化征管方式，重点开展对主体税种、重点税源、重点行业的管控力度，强化选案稽查、纳税评估、企业约谈、欠税清缴和专项检查，推动税费收入稳中有升。全年累计组织各项收入286.17亿元，比上年增收34.04亿元，增长13.5%。组织全口径税收收入274.47亿元，比上年增收32.44亿元，增长13.4%（详见表34、表35、表36）；完成市税务局调整计划273.5亿元。其中，组织中央级税收收入133.14亿元，比上年增收15.44亿元，增长13.1%；组织地方级税收收入141.32亿元，比上年增收17亿元，

图066 2021年3月12日，武侯区表彰行业纳税十强企业 （区融媒体中心供图）

图067 2021年7月，区税务局税收管理人员到企业调研生产经营情况 （区税务局供图）

表 33　2021 年武侯区税收收入情况表

项目	收入（万元）	比上年增加额（万元）	比上年增长（%）
税收收入	2744675	324393	13.4
中央级	1331444	154394	13.1
地方级	1413231	169999	13.7
省级	406842	32459	8.7
市级	35347	9940	39.1
区级	971041	127600	15.1
一般公共预算收入	1052422	135258	14.8
1. 增值税	1288862	89272	7.4
2. 消费税	2325	648	38.6
3. 营业税	146	−2047	−93.3
4. 企业所得税	799549	115634	16.9
5. 个人所得税	340309	68276	25.1
6. 资源税	924	443	92.0
7. 城建税	94629	10465	12.4
8. 房产税	69004	10697	18.4
9. 印花税	33004	6711	25.5
10. 土地使用税	9129	−380	−4.0
11. 土地增值税	71132	16735	30.7
12. 车船税	24	−3	−12.3
13. 耕地占用税	25	−2238	−98.9
14. 契税	35323	9944	39.2
15. 环保税	289	237	452.4
16. 其他税收收入	0	0	0

（岳永才）

表 34　2021 年武侯区行业税收收入情况表（总数）

行业	税收（万元）	比上年增加额（万元）	比上年增长（%）	占总收入（%）
农、林、牧、渔业	472	−707	−60.0	0.02
采矿业	31	−165	−84.2	0
制造业	97689	−1526	−1.5	3.6
电力、热力、燃气及水的生产和供应业	19028	−189	−1.0	0.7
建筑业	480229	34878	7.8	17.5
批发和零售业	546761	77304	16.5	19.9
交通运输、仓储和邮政业	105773	43970	71.2	3.9
住宿和餐饮业	15212	4705	44.8	0.6
信息传输、软件和信息技术服务业	74764	15134	25.4	2.7
金融业	405749	12497	3.2	14.8
房地产业	430365	69998	19.4	15.7
租赁和商务服务业	241452	13538	5.9	8.8
科学研究和技术服务业	122836	24500	24.9	4.5
水利、环境和公共设施管理业※	−126	−2260	−105.9	0
居民服务、修理和其他服务业	19949	1551	8.4	0.7
教育	32114	3454	12.1	1.2
卫生和社会工作	85218	17944	26.7	3.1
文化、体育和娱乐业	6473	1854	40.1	0.2
公共管理、社会保障和社会组织	60690	7924	15.0	2.2

续表34

行业	税收（万元）	比上年增加额（万元）	比上年增长（%）	占总收入（%）
其他行业	0	-7	-100	0
合计	2744675	324397	13.4	100

注：※ 行业税收负数原因为企业退税。

（岳永才）

表 35 2021 年武侯区主要行业增值税收入情况表

行业	税收（万元）	比上年增加额（万元）	比上年增长（%）	占总收入（%）
农、林、牧、渔业	50	-6	-10.7	0.03
采矿业	1	-5	-83.3	0
制造业	48160	-10481	-17.9	3.7
电力、热力、燃气及水的生产和供应业	9109	-712	-7.3	0.7
建筑业	312651	-2620	-0.8	24.3
批发和零售业	386913	59228	18.1	30.0
交通运输、仓储和邮政业	24290	9405	63.2	1.9
住宿和餐饮业	7149	2673	59.7	0.6
信息传输、软件和信息技术服务业	31711	2937	10.2	2.5
金融业	131799	2124	1.6	10.2
房地产业	130237	7435	6.1	10.1
租赁和商务服务业	126047	7097	6.0	9.8
科学研究和技术服务业	57791	10867	23.2	4.5
水利、环境和公共设施管理业 ※	-925	-1929	-192.1	-0.1
居民服务、修理和其他服务业	11017	-926	-7.8	0.9
教育	8709	5134	143.6	0.7
卫生和社会工作	2118	1330	168.8	0.2
文化、体育和娱乐业	1607	249	18.3	0.1
公共管理、社会保障和社会组织	427	-2529	-85.6	0.03
合计	1288861	89271	0	100

注：※ 行业税收负数原因为企业退税。

（岳永才）

表 36 2021 年武侯区主要行业企业所得税收入情况表

行业	税收（万元）	比上年增加额（万元）	比上年增长（%）	占总收入（%）
农、林、牧、渔业	239	-667	-73.6	0.03
采矿业	0	0	0	0
制造业	21895	-60	-0.3	2.7
电力、热力、燃气及水的生产和供应业	6417	1762	37.9	0.8
建筑业	115237	25435	28.3	14.4
批发和零售业	93668	11686	14.3	11.7
交通运输、仓储和邮政业	67108	27032	67.5	8.4
住宿和餐饮业	2266	-584	-20.5	0.3
信息传输、软件和信息技术服务业	15803	4218	36.4	2.0
金融业	221123	7029	3.3	27.7
房地产业	150962	41629	38.1	18.9
租赁和商务服务业	59717	-5126	-7.9	7.5
科学研究和技术服务业	29157	314	1.1	3.7
水利、环境和公共设施管理业	306	-354	-53.6	0.04
居民服务、修理和其他服务业	4513	1225	37.3	0.6
教育	5073	-154	-3.0	0.6
卫生和社会工作	4541	1817	66.7	0.6

续表36

行业	税收（万元）	比上年增加额（万元）	比上年增长（%）	占总收入（%）
文化、体育和娱乐业	1287	458	55.3	0.2
公共管理、社会保障和社会组织	240	−23	−8.8	0.03
其他行业	0	0	0	0
合计	799552	115637	16.9	100

（岳永才）

增长 13.7%；完成省级税收收入 40.68 亿元，比上年增收 3.25 亿元，增长 8.7%；完成区级税收收入（财政口径）95.32 亿元，比上年增收 11.4 亿元，增长 13.6%，占全区一般公共预算收入比重为 88.4%，比上年提升 0.22 个百分点。税收收入结构进一步优化，第三产业作为武侯区的主导产业继续发挥着重要作用，纳税 1 亿元以上企业 18 家（详见表 37）。

（岳永才）

【税费征管改革】 2021 年，区税务局贯彻落实中共中央办公厅、国务院办公厅《关于进一步深化税收征管改革的意见》，聚焦精确执法、精细服务、精准监管、精诚共治目标，完成机构、人员、管户调整，推进税费征管方式转型升级；通过改职能、改流程、改机制、改配置，稳步推进执法、服务、监管全方位变革，逐步实现以“成”促“合”。稳步推进落实各项改革任务，优化税费征管服务业务流程及配套措施，提升税务执法精确度和税收监管精准度，征管改革涉及调整干部 132 人、管户 26 万余户。完善欠税管理相关制度和流程指引，印发对欠税纳税人启动检查存款账户许可证明操作流程，加大欠税清理力度。对具备清缴能力但未清缴欠税的 1355 户纳税人采取电话催缴、政策辅导、单独约谈等措施，共清理欠税金额 5.9 亿元。与中国邮政集团有限公司成都市武侯分公司、前海世纪保险经济有限公司四川分公司、万联证券股份有限公司四川分公司等 7 家单位签订委托代征协议，确保委托代征税收资金安全。按照 ITS 数据清理工作要求，由征管部门牵头负责自然人身份证件验证不通过疑点数据及身份证件验证不通过仍有综合所得申报记录疑点数据，按照“清存量、控增量”及优先清理绩效考核部分数据的要求，开展 ITS 系统身份验证类数据清理。优化个体税收管理模式，将原集中管理的个体工商户划转至属地税务所管理，梳理改进个体管理业务流程，对定期定额调整、解除非正常户认定、注销、发票、风险识别与应对等重点业务的操作流程进行优化升级。新成立个体工商户由办税服务厅辅导完成信息采集、定期定额审批、票种核定及发票领用，做到纳税人“只跑一次路、只进一次门”即可办理个体工商户开办的全部业务。针对个体税收风险搭建起风险指标模型，推进个体工商户税收风险防控以“事前控制”为主向“事前提醒、事中防控、事后监督”转变。

（岳永才）

表 37　2021 年武侯区纳税 1 亿元以上企业情况表

单位：万元

序号	企业名称	所属行业	纳税额
1	成都农村商业银行股份有限公司	金融业	194917.82
2	成都保利天悦房地产开发有限公司	房地产业	47730.61
3	成都京东世纪贸易有限公司	商务商贸	33463.97
4	四川成渝高速公路股份有限公司	商务商贸	25759.09
5	四川成南高速公路有限责任公司	商务商贸	17828.42
6	浙商银行股份有限公司成都分行	金融业	16591.56
7	平安普惠融资担保有限公司四川分公司	金融业	15759.92
8	四川省交通建设集团股份有限公司	建筑安装业	15404.03
9	四川省交通投资集团有限责任公司	商务商贸	13829.14
10	成都天际置业有限责任公司	房地产业	13752.38
11	成都燃气集团股份有限公司	工业	13465.98
12	成都人居武兴置业有限公司	房地产业	11989.68
13	成都市武侯区也乐房地产开发有限公司	房地产业	11832.05
14	四川省亚中医疗仪器有限责任公司	大健康	11135.94
15	四川达渝高速公路建设开发有限公司	商务商贸	10726.59
16	中国平安财产保险股份有限公司四川分公司	金融业	10684.41
17	新希望集团有限公司	商务商贸	10606.85
18	国药集团西南医药有限公司	商务商贸	10389.48

（蒋思怡）

【税收营商环境优化】2021年，区税务局按照规范、便捷、智能、集成的原则，整合服务资源，成立税费服务支持中心并实现实体化运行。持续优化税收营商环境，制定《税收营商环境和纳税人满意度工作落实长效机制》，建立团队组建、大类指标责任分工的工作运行模式，将营商环境3.0版政策有效分解，按月推进。结合开展“我为群众办实事”活动，通过电话访问、上门走访、召开座谈会、向纳税人发放电子问卷等方式广泛收集纳税人需求。持续推进“我为纳税人缴费人办实事暨便民办税春风行动”，分解提炼“春风行动和惠民利民便民”举措82条。与银行开展“银税互动”，联系金融机构为115户小微企业提供“一对一”金融专员服务，为企业提供“实打实”的专属金融解决方案。组织50家小微企业和涉税代理专业机构代表开展“助苗服务税官优体验”活动，为纳税人送政策、优服务、解难题、办实事。全面开展2020年度信用评价工作，组织税源管理单位进行指标确认和复核，调整2020年度信用评价结果312户，评出2020年度A级1.1万户、B级5.9万户、M级4.4万户、C级0.2万户、D级2.6万户。与各金融机构对接，通过“银税互动”授信成功6384笔，授信金额48.1亿元，居全省区县前列。推进电子专票网格化服务，牵头举办电专网格化培训5次，完善一户式2.0网格化服务初始配置，每日对电专网格化服务任务进行动态监控，定期提醒督促税源管理单位按期完成电专网格化服务指标任务，全年完成服务13771户次。

（岳永才）

【征纳互动办税服务】2021年，区税务局推广征纳互动办税服务平台，提供涉税通知、在线预约、在线咨询、企业互助、税务学堂、知识服务等多种涉税服务。截至年末，全区征纳互动平台的纳税人激活率80.1%，激活实名认证的纳税人12.14万户，平台在线咨询应答率100%，纳税人满意率99.6%，应答量全市第一。开展制造业中小微企业专项缓缴税费等方面的政策辅导，举办纳税人延缓缴纳税费政策培训会3次，确保企业应享尽享政策红利。结合税收营商环境5E监控指标，不断优化退税流程，做精做细退税办理服务，最快实现“一日办结”。区税务局全年完成退税40.94万笔17.72亿元，比上年增加6.60亿元，增长59.3%。其中，留抵退税239笔7.32亿元，比上年增加5.46亿元，增长293.7%；出口退税897笔2.58亿元，比上年增加0.47亿元，增长22.2%；ITS系统个人所得税退税28.61万笔2.42亿元，比上年增加0.75亿元，增长44.7%，“退税便利”指标排名全市前列。

（岳永才）

【减税降费政策落实】2021年，区税务局根据国家税务总局《关于进一步健全支持疫情防控和经济社会发展税费优惠政策落实工作机制的通知》等要求，建立服务经济社会发展税费优惠政策落实工作长效机制。抓实减税降费政策自查整改，按照省市关于减税降费政策落实自查整改工作要求，利用5C监控指标系统，对照省税务局提供的应享未享、不应享而享受清册，开展核实整改，查漏补缺。全年核查3批次906条疑点数据，落实整改问题数据143条，确保问题整改落实到位。配合区财政局开展小微企业和个体工商户税收优惠政策效应评估，全面梳理2019年至2021年4月期间小微企业、小规模纳税人和个体工商户享受税收优惠情况，选取典型企业进行深入剖析，收集反馈政策落实相关问题。全年落实小微企业提高起征点免税优惠5.12亿元，涉疫情防控和复工复产免税优惠4.6亿元，增量留抵退税7.3亿元；落实2021年实施政策减税降费14.9亿元，其中税收减免11.91亿元、社保及非税收入减免2.99亿元；落实其他各类增值税优惠6.22亿元。全年减税降费35.15亿元。

（岳永才）

图068　2021年6月4日，区税务局税收管理员到企业宣传税收优惠政策　（区税务局供图）

【社保费征收】2021年，区税务局全面落实社保费征缴“一次办结”要求，联合区人社局、区医保局、区财政局、区行政审批局开展联合服务，在区政务服务中心设立“社会保险费征缴联合服务区”，优化服务模式，解决缴费人“多头跑”问题。按照社保费征管职能划转工作部署安排，区医保局牵头联合建立区税务局、区医保局—街道办事处、税务所—社区、缴费人组成的四级综合管理网络，统管参保登记、缴费等相关业务，出现问题内部及时沟通，无需缴费人来回跑路。畅通对接渠道，多次到辖区内11个街道71个社区实地走访。联合区医保局、区教育局建立城乡居民医疗保险筹资工作QQ群，在线辅导街道、社区、学校处理在征缴过程中遇到的各种问题。

（岳永才）

【非税收入征收】2021年，区税务局针对城镇垃圾处理费征收面广、缴费人群复杂、征收难度大的实际，为最大限度降低对缴费人的影响，确保城镇垃圾处理费划转工作平稳推进和划转后征收工作的有序实施，按照便民、高效的原则，与区财政局、区综合执法局联合印发《成都市武侯区生活垃圾处理费收缴管理办法（暂行）》。全年培训辅导机关事业单位及企业约7万户、灵活就业缴费人约16.8万人次、城乡居民医疗保险缴费人约20万人次缴纳社保费。全年征收入库社保费158.61亿元，其中企业职工基本养老保险费101.53亿元、城乡居民基本养老保险费0.18亿元、机关事业单位基本养老保险费3.04亿元、职工基本医疗保险费48.21亿元、城乡居民基本医疗保险费0.78亿元、失业保险费4.07亿元、工伤保险费0.8亿元。

（岳永才）

【房土两税征管】2021年，区税务局以服务纳税人缴费人为中心，以综合治税平台为依托，按“先税后证”原则，开展不动产登记税费“一窗受理”下沉筹备，打破惯例，不再购买中介服务，成为全市首个自行清算审核的城区局。截至年末，8个清算项目由税务机关独立审核，查补土地增值税款1.29亿元，实现零的突破。全年房产税净入库69004.22万元，比上年增加10696.83万元，增幅18.4%。全区有7家企业房产税同比增长超过400万元，7家企业共缴纳房产税1.5亿元，比上年增加9173.48万元（详见表38）。全年组织土地增值税收入7.1亿元，比上年增收1.6亿元，增长30.7%（详见表39）。其中，除尾盘收入与上年相比有所下降外，其他土地增值税品目均高于上年同期。

（岳永才）

【纳税评估与风险应对】2021年，区税务局全面提升数据运用和分析能力，完善风险管理统筹与应对工作机制，建立一个统筹管理部门、两个专业应对部门的“1+2”风险管理架构。税收风险管理局承担区局税收风险管理模型构建、风险识别、风险分析、任务统筹、监控评价、应对质量管理等工作；推动税收监管“以数治税”，并承担各类税收数据、非税收入数据和第三方数据的集中管理、质量控制、分析应用及共享交换等事项，专职负责风险应对、管查互动等工作。全年承接市税务局稽查转办函138户，对接外地来人协查24人次，办理跨区转办信函1343户，办理纳税

表38　2021年武侯区房产税增长超过400万元的企业情况表

单位：万元

公司名称	2021年房产税额	2020年房产税额	增加额
成都轨道交通集团有限公司	5165.46	0	5165.46
卓远地产（成都）有限公司	3464.99	2240.07	1224.92
成都武侯高新技术产业发展股份有限公司	2186.20	1400.75	785.45
成都海之盛煌实业有限公司	552.69	0	552.69
成都京东世纪贸易有限公司	549.97	0	549.97
成都八益家具股份有限公司	1914.70	1420.41	494.29
成都武科实业有限公司	841.89	441.19	400.70
合计	14675.90	5502.42	9173.48

（岳永才）

表39　2021年武侯区土地增值税收入情况表

征收品目	2021年入库数（万元）	2020年入库数（万元）	比上年增长（%）
预征税款	42544	35553	20
清算税款	14944	13144	14
旧房转让	12928	3595	260
尾盘销售	224	2024	-89
滞纳金	491	81	505

（岳永才）

服务投诉（信件投诉）8个，异地协作平台（管查互动任务）完成协查1512起，涉及企业1085家，发票4749份，涉案发票总金额39501.84万元，税额3225.98万元。税收风险管理局全年完成风险应对11283户（减税降费任务10152户），其中国家税务总局任务12户、省税务局任务104户、市税务局任务984户。全年组织入库税款大口径收入6.9亿元、小口径收入2.4亿元，入库滞纳金1373.56万元。

（岳永才）

图069　2021年3月24日，武侯区税费服务支持中心成立　（区税务局供图）

【税收综合治理】 2021年，区税务局以开放性思维管税治税，形成政府主导、税务主抓、部门协作、社会共治的工作格局。建立定期交换数据、定期召开联席会议等工作机制，将税收共治纳入区级目标考核，初步实现共治促收、共治优服、共治解难的效果。按时向区司法局报送信息周报、月报、以案说法信息、三基地建设信息，全面反映税法普及宣传工作的整体情况、具体措施及工作亮点。利用税收数据“全、快、细、准”特点，组织撰写《五城区经济税收形势分析的报告》《关于从税收数据看武侯区经济发展情况的报告》《2021上半年四川省经济景气度税电指数运行情况报告》《关于近四年武侯区税收发展情况及2022年税收预计情况的报告》等4篇经济税收分析专报。

（岳永才）

【武侯区税费服务支持中心成立】 2021年3月24日，武侯区税费服务支持中心在区税务局挂牌成立。该中心立足办税服务厅、电子税务局、征纳互动平台等线上线下办税渠道，集中为纳税人提供宣传培训、业务咨询、即办类事项办理、后台流转事项办理、疑难问题处理等税费服务，指导纳税人正确使用线上税费业务办理系统，实现由纳税人发起的涉税事项在纳税服务体系内受理并办结，提升纳税人办税缴费的便利度和满意度。被新华社、国家税务总局官网等媒体多次报道，被评为全市为纳税人缴费人办实事“十大优秀创新项目”，入选为武侯区委自主创新改革重点项目，并参加成都市营商环境建设优秀案例评选。

该中心成立后，全面落实减审批、减事项、减资料、减证明“四减”要求，将原分散在14个部门的18大项、37小项业务统一归口处理。设置电子税务局体验区，引导办事群众多走“网路”，从源头上提高网办率，实现“不见面”审批；执行“非接触式”办税缴费服务，298项业务“全程网上办”；推进实施“容缺受理”“代办服务”“最多跑一次”服务，基本涵盖办税全流程。设立咨询服务、审核审批、宣传培训和政策支持“四大团队”，统筹办理涉税事项，提供个性化服务，实现“线下服务无死角、线上服务不打烊、定制服务广覆盖”，成为全省运转最早、规模最大、功

图070　2021年7月22日，区税务局向“2018—2020年度三连A纳税人”颁发荣誉证书（区税务局供图）

能最全的税费服务支持中心，群众现场办税等待时间缩短至1分钟以内，实现即来即办。电子税务局平均响应时间3分钟以内，较以往提速5倍以上；退税平均办结时限为2天，较以往提速4倍。

截至年末，该中心审核审批团队办理涉税业务63380笔，其中发票增版增量23260户次（含百万元版发票增版办理350户），大宗贸易办理通过企业6户；办理房地产交易业务16005笔（含增量房交易15372笔、存量房交易633笔，减免备案34笔）；一般注销及跨区迁移365件，跨区域涉税事项报告核销608件，解除相关人员的关联关系2901件，延期申报或缴纳204件；办理企业退税20042户次（含线上件4451户次、线下件15591户次），累计退税金额10亿元以上。

（岳永才）

金融监管
Financial Supervision and Regulation

【概况】2021年，武侯区强化金融业扶持，规范地方金融组织管理，开展金融风险防范化解工作。全年审核上报地方金融组织股权、高管等变更备案事项22项；开展专项抽查，抽查金融组织6家。开展黑心融资中介专项整治，排查出存在虚假宣传等违规行为的企业17家，并责令限期整改。开展金融风险处置，受理群众信访投诉1000余件，按时办结率100%。

（敬　佩）

【地方金融组织监管】2021年，区国资和金融局开展地方金融组织的变更备案事项初审，审核上报22项股权、高管等变更备案事项。对典当行公司进行年检初审，清理规范融资租赁公司；协助省金融监管局开展专项抽查，其中抽查小额贷款公司1家、典当行4家、融资租赁公司1家；督促国有融资担保公司对审计厅专项审计调查发现问题进行整改。

（敬　佩）

【金融风险防范】2021年，区国资和金融局牵头推进金融风险防范，开展风险排查、专项整治、防范金融风险宣传等工作。牵头开展金融领域涉非涉稳风险排查，强化预警研判，畅通对话沟通渠道，完善应急工作机制，做好重点群体、重点人员、重点时段的稳控工作。开展黑心融资中介专项整治，对辖区内345家中介机构进行电话联系和现场排查，对排查出的17家存在虚假宣传等违规行为的公司，要求其限期整改。开展私募投资基金风险防范处置，现场摸底排查12家私募基金公司；开展重点企业风险防范处置，对置信集团、易贷网、恒大财富等重点企业的相关情况进行摸底排查，对涉及武侯区的相关企业情况进行一周一报。

（敬　佩）

【金融风险处置】2021年，区国资和金融局牵头推进金融风险处置，推进案件查处、信访维稳和化解处置等工作。受理群众信访投诉1000余件，其中巡视组交办件52件、市金融局转办100余件、网络理政信息平台800余件、电话投诉79件、现场投诉15件，按时办结率100%。为安信案集资群众、同辉经营权业主以及润易、宜小钱投资群众等群体搭建沟通对话平台13次，接待集资群众上访50余批次760余人次。参与武侯万达广场、中国女鞋之都、东华电脑城的现场维稳处置，推进同辉经营权纠纷、安信案执转破、成都宜小钱P2P网贷风险处置。

（敬　佩）

审　计
Audit

【概况】2021年，武侯区按照进入新发展阶段、贯彻新发展理念、构建新发展格局等要求对审计工作提出新任务。区审计局依法全面履行审计监督职责，在维护财经纪律、促进政令畅通、保障民生改善、促进廉政建设等方面发挥积极作用。全年完成审计项目30个、专项调查4项，查出主要问题金额94834万元，其中管理不规范金额94966万元、违规金额608万元；向区纪委监委移送问题线索3条，提出审计建议165条。

（胡子琪）

【财政一体化审计】2021年，区审计局运用大数据审计技术，全面实现武侯区189家预算单位部门预算执行审计全覆盖，其中一级预算单位73家、二级预算单位116家；重点揭示预算执行进度、资金绩效、“三公”经费、往来账款、资产处置等方面存在的突出问题，查出管理不规范金额94966万元，促进上缴财政资金587万元。会同区纪委监委机关、区财政局在全区范围内开展严肃财经纪律及财务管理风险排查，推动各部门单位严肃财经纪律，筑牢财政资金安全防线。

（胡子琪）

【领导干部经济责任审计】2021年，区审计局落实《党政主要领导干部和国有企事业单位主要领导人员经济责任审计规定》，贯彻习近平总书记提出的“三个区分开来”重要要求，聚焦权力运行和责任落实，客观揭示问题，准确界定责任，审慎作出评价，保护干部干事创业积极性，促进领导干部担当作为、依法履职。全年审计领导干部18人，查出违规问题金额39289万元，提出审计建议并被采纳84条。向区委、区政府提交经济责任审计综合性专报1份。

（胡子琪）

【专项跟踪审计】2021年，区审计局聚焦幸福美好生活十大工程、产业功能区建设重大政策，以及成渝地区双城经济圈建设、成都大运会赛场建设、“三年攻坚”等重点项目落地落实情况，开展幸福美好生活十大工程专项审计调查，重点审计建设、服务、拆迁、活动、提质增效等五类性质的工程，通过检查任务目标部署、推动落实及绩效评估等方面情况，提出审计建议3条。开展新增财政资金直达基层直接惠企利民情况跟踪审计，揭示指标下达不及时、资金管理使用不规范等问题。完成成都大运会筹办经费专项审计，及时指出问题、推动整改，提高投资绩效和工程质量促进。

（胡子琪）

【巡审联动】2021年，区审计局坚持把查处违纪违规问题、促进党风廉政建设作为一项重要任务，主动对接区纪委监委等部门，构建审计纪委联动机制。按照区纪委监委的要求，抽调4名业务骨干投入区委巡察工作，配合区委巡察组不定期召开巡审业务会，为探索创建武侯区“三重一大”监管平台提供审计大数据。全年向区委巡察组报送审计报告近百份，移送线索3条。

（胡子琪）

统　计
Statistics

【概况】2021年，武侯区聚焦经济社会发展，服务宏观科学决策，加强宏观经济形势分析研判，加强数据解读和政府信息公开；推进统计信息化、大数据应用、企业（单位）统计、基本单位名录库等规范化、标准化、专业化建设；发布《成都市武侯区第七次全国人口普查公报》。区统计局夯实统计基层基础，加强统计法制监督，稳步开展常规统计与专项调查。坚持依法管统治统，防范和惩治统计造假、弄虚作假，强化统计数据质量管控。强化产业主管部门、街道、社区统计人员业务水平提升，开展投资、文创、研发、法规等统计相关培训17场次，培训统计人员3000余人次。

（王　琴）

【统计基层基础建设】2021年，区统计局围绕省统计局、市统计局开展的“统计基层基础规范化建设年”活动，制定《武侯区“统计基层基础规范化建设年”工作方案》，建立领导有力、管理科学、制度规范、协同高效的统计基层基础工作体系，压紧压实基层统计工作责任。健全产业功能区统计机制，制定《武侯区产业功能区统计工作机制（试行）》，形成“部门+街道+产业功能区”各负其责、统计部门配合指导的“3+1”统计工作模式。加强名录库建设管理，建立核查工作台账和抽查制度，利用部门数据维护更新名录库。年末，武侯区名录库内有法人单位35887家、产业活动单位4798家。规范部门调查活动，依法依规备案地方统计调查项目，推动部门落实“管行业就要管统计，管统计就要管数据质量”责任要求。

（王　琴）

【专业统计】2021年，区统计局开展联网直报统计监测，全区有1088家单位被纳入国家联网直报平台。完成农业、工业、服务业等行业以及投资、消费、科技、能源等领域经济类常规统计调查。开展月度劳动力调查、人口变动抽样调查、研究与试验发展（R&D）调查、城镇居民住户调查等民生类专项调查。完成2021年大学生就业状况调查、“全面三孩”政策实施反响调查、婚俗改革试验区调查、四川家政服务从业人员工作现状调查、制造业用工情况调查、中小学生“双减”情况问卷调查、企业新会计准则执行情况问卷调查、企业数字经济活动调研问卷、跨境电子商务企业调查等社会热点问题快速调查10余项。完成“三新”企业认定、工业和服务业战略性新兴企业认定。会同区委宣传部、区文体旅局、区妇联完成文创产业统计调查以及妇女儿童“两纲”监测。

（王　琴）

【统计服务】2021年，区统计局发挥统计咨询服务职能，为区委、区政府科学决策和宏观管理提供各类统计信息和资料。全年撰写统计简报30篇、专报2篇，《2021年一季度全区消费品市场情况简析》《关于我区汽车销售行业现状及存在问题的调研报告》《关于我区房地产企业现状、存在问题及其建议的调研报告》等统计分析得到区委、区政府主要领导的肯定。编印《武侯统计月报》11期2420册、《武侯统计年鉴》220册，在区政府门户网站发布《武侯区国民经济和社会发展统计公报》。与重庆市渝中区、沙坪坝区建立数据交换机制，开展主要经济指标对比分析，为提升武侯区产业发展位势和能级提供高质量决策参考。

（王　琴）

【统计执法检查】 2021年，区统计局推进企业统计信用体系和统计从业人员统计信用档案数据库建设，开展统计诚信示范企业认定，区内国药集团西南医药有限公司、上港物流（成都）有限公司被认定为四川省统计诚信示范企业。规范行政执法行为，推进行政执法“三项制度”（指行政执法公示制度、执法全过程记录制度、重大执法决定法制审核制度）。严格执行《四川省统计行政处罚自由裁量实施办法》，细化“三张清单”，落实“谁执法、谁普法”责任制，制定《2021年武侯区统计法治工作要点》《2021年全区统计普法依法治理重点任务》《2021年全区统计执法检查重点任务年度普法计划》，建立统计人员学法用法档案。将统计数据质量检查常态化，坚持实地走访和数据质量核查相结合，全年核查名录库内法人单位基础信息8616家、数据异动企业16家，实地数据质量核查企业293家。加大统计执法力度，全年统计执法检查企业（项目）25家，行政处罚企业2家，约谈1家违法企业所在街道办事处；联合市场监管等部门对19家企业开展“双随机”执法检查。

（王　琴）

【统计改革】 2021年，区统计局探索在经济区和行政区适度分离下的统计制度方法研究，通过抓好统计指标体系设计、优化统计组织模式、夯实统计基层基础等方式，聚焦功能区特色优势，初步构建现有统计调查数据和部门行政登记数据融合，多维度反映产业功能区及主导产业发展的统计监测新模式。扩展“武侯区统计地理信息与分析系统”功能，接入产业功能区数据，形成可视化动态展示，直观反映产业功能区发展动态和产业发展情况。探索基本单位名录库企业自主网上申报新模式。探索开展贸经领域“法产并重”（产业活动单位视同法人）在地统计改革试点。

（王　琴）

【人口普查】 2021年，区统计局按照国务院第七次全国人口普查领导小组统一部署，做好第七次全国人口普查后续工作，于6月28日发布武侯区第七次人口普查主要结果和数据公报。公报显示，截至2020年11月1日零时，武侯区常住人口1206568人，与2010年第六次全国人口普查相比，增加122762人，增长11.3%，年平均增长1.1%；全区有家庭户459843户、集体户37102户，家庭户人口1033956人、集体户人口172612人；平均每个家庭户有2.25人，比2010年第六次全国人口普查的2.44人减少0.19人。

（王　琴）

价格管理
Price Control

【概况】 2021年，武侯区推进疫情防控及民生商品价格“保供稳价”监管，聚焦社会热点价格收费问题深入调研，开展武侯区领川实验学校初中、小学段教育收费成本测算和普惠性民办幼儿园认定及收费政策的研究，完成2所公办幼儿园定价成本监审。区发改局完成日常价格监测报表及分析1100余期，发布民生市场价格信息48期，办理各类涉案财物价格认定案件292件，被省发展改革委评为价格监测工作先进单位。

（王　嵘　罗　飞）

【成本监审】 2021年，区发改局规范民办学历教育收费，开展武侯区领川实验学校初中、小学段教育收费成本测算，调研有调价预期要求的民办学历学校，分析研判后期形势，待政策允许及时启动相关调价工作。开展普惠性民办幼儿园认定及收费政策的研究，协同区教育、财政部门出台武侯区普惠性民办幼儿园认定及收费政策。按照市发展改革局的统一部署，完成武侯区2所公办幼儿园定价成本监审，为深化学前教育改革规范发展，加强公办、民办幼儿园收费管理奠定基础。会同区市场监管局多次开展清理规范转供电收费现场工作会，督促指导相关企业及时纠错，严格执行价格政策。聚焦社会热点价格收费问题，推进武侯区物业服务、机动车停放、养老服务、学科类校外培训等收费调研，为市政府出台价格政策打基础。

（王　嵘　罗　飞）

【价格监测】 2021年，区发改局继续开展疫情防控应急价格监测，不间断开展主副食品等市场价格监测，完成日常价格监测报表及分析1100余期，发布民生市场价格信息48期，巡查市场80余次，有效监控反馈市场价格走势。

（王 嵘 罗 飞）

【涉案物品价格鉴定】 2021年，区发改局以巩固涉案财物价格认定为立足点，加强内部管理，规范价格认定程序。做好服务司法、服务社会、服务政府、服务系统各项工作，全年办理各类涉案财物价格认定案件292件，鉴定金额220万余元。

（王 嵘 罗 飞）

粮食行政监管
Grain Supervision and Administration

【概况】 2021年，武侯区强化社会粮食流通管理能力，开展放心粮油供应网点质量监测，抓好区级储备粮日常监督管理。修订完善《武侯区发改系统粮食行业应急预案》《武侯区区级粮食储备方案》《武侯区区级储备粮管理办法》，开展专项检查15次，保障区内粮食安全。

（王晓莉）

【粮食流通监管】 2021年，区发改局做好区级储备粮管理和辖区粮油市场保供稳价工作，加强粮油市场分析预判和市场检查，维护正常的粮油市场流通秩序，确保辖区粮油市场品种丰富、价格稳定。全年开展储备粮专项检查12次，同时在重大节日期间及时开展粮油市场专项监督检查和粮食监督执法检查10次。

（王晓莉）

【粮油安全监管】 2021年，区发改局修订完善《武侯区发改系统粮食行业应急预案》，常态化开展风险隐患排查治理，实现对区内涉粮企业排查全覆盖、不留死角、不留盲区、不走过场，巩固全区粮食（行业）安全生产的良好态势。加强对放心粮油经营企业的监管力度，联合区市场监管局及第三方粮油质量检测机构对所有“放心粮油店”经营的粮油产品进行抽样检测，不断完善粮油质量追溯体系建设，确保居民“餐桌上的安全”。年末，武侯区有“放心粮油店”15家。

（王晓莉）

【区级储备粮管理】 2021年，区发改局制定完善《武侯区区级粮食储备方案》《武侯区区级储备粮管理办法》，做好区级储备粮日常监督管理。按照每月随机抽检、每季度全面检查的原则开展监督检查。全年开展储备粮专项检查12次、质量监督抽检3次。12月，因协议到期，区发改局与中粮（成都）粮油工业有限公司重新签订区级储备粮委托承储协议，进一步明确企业主体责任和部门监管责任，确保区级储备粮数量真实，质量可靠，承储安全。

（王晓莉）

市场监管
Market Supervision and Management

【概况】 2021年，武侯区推进市场监管十大工程，围绕加强市场安全监管、知识产权保护运用、深化营商环境建设、推进质量提升、维护市场公平秩序等工作，深度服务企业，全面助力践行新发展理念的公园城市示范区建设。督促市场主体落实常态化疫情防控措施，整改疫情防控问题600余起。开展“春雷行动2021”“网剑行动2021”“清朗”等专项行动，查处各类涉网案件25起，提请关闭涉嫌违法网站19个，督促整改18个网站。受理市场纠纷83821件，化解73765件，为消费者挽回经济损失399.36万元。开展特种设备、食品、药品等质量监督检查，确保全年无重大质量安全事件。

（张洪伟）

【企业年报管理】 2021年，区市场监管局创新年报工作方式，使用人工AI语音催报服务对未年报的企业进行每日智能语音电话及短信催报，并通过企业微信线上答疑、电话及线下宣传答疑20000余次。通过“双随机、一公开”检查、清理吊销、经营异常名录等方式加强企业管理，全年开展“双随机、一公开”检查90项，涉及市场主体4275家，清理吊销长期停业未经营的企业931家，列入经营异常名录17064条，移出经营异常名录3990条。2020年度武侯区应年报企业126974家，实际年报115695家，完成率91.1%。其中，重点企业应年报111户，实际年报111户，年报率100%。

（张洪伟）

【市场规范管理】 2021年，区市场监管局围绕省、市、区三级疫情防控要求，将人民生命安全放在首位，严格督促指导农贸市场、药店、冷库等市场主体落实常态化疫情防控措施。全年检查冷库14133家次、药店29590家次、农贸市场14431家次，整改疫情防控问题600余起，开展核酸检测73846批次。开展黑心融资中介专项整治、干洗行业整治、中高考期间市场秩序综合监督、校园周边文化环境专项整治等专项治理行动，助力武侯区创建国家卫生城市和国家文明典范城市，维护公平、和谐、文明的市场秩序。

（张洪伟）

【网络市场监管】 2021 年，区市场监管局通过“春雷行动 2021”“网剑行动 2021”“清朗”等专项行动，加大对辖区内购物网站、网店排查力度，严厉打击网络侵权假冒、虚假宣传、不公平不合理格式条款等违法行为。全年在线检查网站（店）4300 余次，巡查实体网络交易经营者 120 余家，抽查电子商务平台经营者市场主体 17 家，查处各类涉网案件 25 起，提请关闭涉嫌违法网站 19 个，督促 18 个网站进行整改。

（张洪伟）

【消费者权益保护】 2021 年，区市场监管局组织开展以“守护安全、畅通消费”为主题的“3・15”国际消费者权益日宣传纪念活动。开展“放心舒心消费城市”创建活动，指导成都融通祥宇宾馆有限责任公司、四川王府井吉选超市有限公司、渝江（盛世）成都酒店集团有限责任公司、成都金大陆汽车服务有限公司等 4 家与群众“衣食住行”密切相关的重点企业开展示范创建工作。全年发布消费警示、消费提示 119 条；共受理涉及家居用品、计算机产品、家用电器、通信产品、交通工具、服装鞋帽等涉及民生的矛盾纠纷 83821 件，通过调解、政策解释等方式化解 73765 件，化解率 88%，为消费者挽回经济损失 399.36 万元。

（张洪伟）

【质量安全管理】 2021 年，区市场监管局开展电动自行车、电动摩托车、取暖用品、电线电缆、防爆电器、车用尿素、危险化学品等各类产品质量检查专项行动，确保全年无重大质量安全事件。组织开展检验检测能力质量提升行动，对 19 家检验检测机构、3 家认证产品生产企业开展证后监督检查，辖区 3 家机动车检验机构全覆盖。完成全区 40 家农贸市场 8065 台在用器具免费检定，开展粮食领域计量监督检查 21 家次。武侯区获批四川省首批省级质量基础设施“一站式”服务线下试点，四川大学华西医院麻醉手术中心获第四届中国质量奖提名奖。

（张洪伟）

【特种设备安全监管】 2021 年，区市场监管局推进特种设备双重预防机制建设，指导特种设备使用单位建立完善“三落实、两有证、一检验、一预案”基本管理制度，定期开展应急演练。配合成都市市场监管局开展电梯维保企业质量信用等级评价，进一步规范电梯行业，提高电梯维保质量，提升电梯应急救援处置能力，电梯年检率 100%。组织开展特种设备安全大排查，出动检查人员 620 人次，检查使用单位 960 余家、特种设备 5200 余台，发现并消除安全隐患 160 余个。辖区全年未发生特种设备安全事故。

（张洪伟）

【质量监督抽查】 2021 年，区市场监管局持续开展食品、药品、医疗器械、化妆品等产（商）品质量监督抽检及冷链环节核酸检测。全年开展区级食品抽检 5430 批次，其中生产环节 33 批次、流通环节 1467 批次、社会餐饮食品 720 批次、食用农产品 2050 批次、学校及企事业单位食堂 1070 批次、机动与执法 90 批次，对全区 42 家农贸市场开展区级食品快检 20000 批次，完成各级食品抽检不合格核查处置 296 批次。全年开展区级产（商）品质量监督抽检 40 批次，其中不合格 3 批次。完成药品抽检 113 批次，化妆品抽检 39 批次。完成医疗器械抽检 8 批次，其中不

图071 2021年3月15日，区市场监管局开展国际消费者权益日主题活动，向“武侯区放心舒心消费示范企业”授牌
（区市场监管局供图）

合格 2 批次。完成新冠病毒样本检测 72345 批（人）次，其中冷链食品 22102 批次、冷链食品包装物 26736 批次、环境 2325 批次、从业人员 17091 人次、从业人员家属 10 人次、市场监管一线工作人员 4081 人次。针对涉疫风险食品启动紧急核酸检测 18 次，对进口冷链食品集中监管仓启动入仓核酸检测 54 次，检测结果均为阴性。区市场监管局执法人员在全省食品抽检不合格核查处置培训会上作经验分享。

（张洪伟）

【食品安全监管】 2021 年，区市场监管局对武侯区 11822 家食品生产经营单位实施全覆盖风险分级监管，开展春秋季开学学校食品安全专项检查 2 次，开展网络餐饮、保健食品、鸭血、火锅底料、奶茶等重点领域专项整治 10 余次。完成各级两会、成都大运会测试赛等重大活动食品安全保障近 20 次，打造食品安全示范超市 2 家，创立食品安全电子现勘工作机制。持续开展冷链食品疫情防控，为 18 家企业提供集中监管仓入仓服务，出入仓货物 350 余吨；建立 153 家冷库台账，落实库长责任制；第一时间处理风险产品流入辖区情况 10 余起，有效阻断风险的进一步扩散。

（张洪伟）

【药品器械化妆品监管】 2021 年，区市场监管局全面落实最严谨标准、最严格监管、最严厉处罚、最严肃问责的“四个最严”工作要求，坚守药品安全底线，组织开展药械化系列专项整治行动，累计检查药品医疗器械化妆品经营使用单位 4961 家次，责令整改 712 家次，约谈企业 50 家次，吊销药品经营许可证 1 家。落实疫苗安全监管职责，对疫苗配送企业、疾病预防控制机构、疫苗接种单位开展全覆盖检查。实现零售药店含特殊药品复方制剂“互联网 + 智慧监管”全覆盖试点。推进家庭过期药品有偿回收活动，全年累计回收过期药品 5000 余盒。初步建成药品医疗器械信息化智慧监管系统，探索医疗器械智慧化监管模式。

（张洪伟）

【反不正当竞争监管】 2021 年，武侯区推进全区公平竞争工作，建立公平竞争审查工作联席会议制度，开展存量文件梳理排查，启动公平竞争抽查，率先在全市开展公平竞争审查第三方评估，对区政府门户网站上公开的 2300 份政府采购公告进行第三方评估。立案调查不落实转供电降价政策、涉嫌医疗服务不明码标价等 4 件违法案件，全部结案，责令退还违法收取费用 74.78 万元，罚没金额 8.2 万元。开展“深化社会基础治理 创建无传销城市”主题宣传活动，构建防范传销网。开展规范培训机构市场行为专项整治行动，检查涉及教育培训、职业技能培训等各类培训机构 480 余家，对 26 家培训机构轻微违法违规行为提出责令整改要求；对 4 家培训机构的虚假宣传、价格欺诈等违法经营行为进行立案处罚，没收违法所得 39508 元，罚款 153676 元。

（张洪伟）

图072　2021年5月24日，四川省化妆品安全科普宣传周活动启动仪式在武侯区举行

（区市场监管局供图）

【食品药品安全宣传】 2021 年，区市场监管局与九三学社武侯区委合作，到学校、社区、企业、商超、市场、图书馆等开展食品安全科普讲座 11 场，群众参与 2000 余人。拓展宣传形式，通过手机短信、微信朋友圈云推送等方式扩大宣传覆盖面。开展线下宣传活动 100 余场，发放宣传资料 15000 余份；通过大型商业体户外广告 LED 屏投放食品安全宣传片 2000 余次，线上制作具有成都元素的美食快手短视频 8 部。通过新华社、中央电视台、《科技日报》、《法治日报》、《人民政协报》等媒体刊载宣传报道 122 篇，推送创建短信 90 万余条，微信朋友圈推送 10 万频次。

（张洪伟）

农　业

AGRICULTURE

农业经济

Agricultural Economy

【概况】 2021 年，武侯区以农村集体产权制度改革、农村集体经济融合发展为主线，探索符合辖区实际的集体经济管理运行机制，不断完善集体经济组织治理机制，抓牢集体资产清查监管，做好龙头企业监测服务。区水务局及时传达各级相关企业支持、培育政策，协助企业申报奖励补助资金 10.12 万元；开展全区农业产业化重点龙头企业运行情况统计及相关数据审核上报，做好农业产业化重点龙头企业发展情况季度调查。全区农业产业化重点龙头企业 2021 年资产总额 2100 余亿元，销售收入 1200 余亿元。全年完成农村牧渔总产值 180 万元，比上年增长 17.8%；实现增加值 131 万元，比上年增长 15%。

（周　波　袁　卓）

图073　2021年5月，区水务局到社区指导农村集体经济组织建设　　（区水务局供图）

【农村集体产权制度改革“回头看”】 2021 年，区水务局印发《关于全面开展农村集体产权制度改革“回头看”工作的通知》，重点对集体资产清产核资成果、集体经济组织成员确认成果、集体经济组织登记赋码成果及改革重要档案进行“回头看”，建立农村集体经济组织管理台账，开展成员信息、股权（份额）信息录入登记，提升集体经济组织信息化管理水平。

（周　波　袁　卓）

【农村集体资产监管】 2021 年，区水务局组织各集体经济组织开展

2020年度清产核资，完成“全国农村集体资产清产核资管理”系统内数据交会。经统计，2020年度全区村（社区）级集体经济组织资产总计116769.03万元，组级集体经济组织资产总计9325.98万元，全区集体资产总体平稳。做好资产管理检查，引入第三方会计专业机构，对全区村（社区）级集体经济组织集体资产管理情况进行全面检查，促进集体资产规范管理。抓细管理制度建设，在总结近年集体资产管理工作经验的基础上，借鉴先进地区较为成熟的管理模式，制定《成都市武侯区集体经济组织集体资产管理办法》，加强和规范集体资产管理。

（周　波　袁　卓）

农业综合管理
Comprehensive Agricultural Management

【概况】 2021年，武侯区继续做好农业综合监管工作，以非洲猪瘟防控为重点，狠抓食用农产品质量安全和物流企业生猪运输备案审查，突出重大动物疫情防控、重点行业安全排查以及秸秆综合利用和禁烧监管检查。严格落实大中型水库移民扶持政策，做好大中型水库移民后期扶持项目“一卡通”和移民补贴发放。

（熊　伟　王晓东）

【动物重大疫病防控】 2021年，区水务局开展春季、秋季动物防疫工作，及时为居民饲养的宠物、信鸽开展犬猫类狂犬病以及信鸽类高致病性禽流感疫苗注射。其中，为犬猫注射狂犬病疫苗20373只，免疫率98%以上；为信鸽注射禽流感疫苗74632羽，应免率100%。督促指导辖区农贸市场开展环境消杀，实施消毒6.21万平方米。强化狂犬病监测，采集送检犬类血清样品40份，检测合格。辖区全年无动物重大疫情发生。

（熊　伟　王晓东）

【动物卫生监督】 2021年，区水务局开展动物和动物产品产地检疫监管，利用四川智慧动监信息化平台，为63家生猪运输企业和个人办理二维码电子注册生猪运输备案表。运用国家兽药综合查询系统，提升兽药药政信息化管理水平，全区22家兽药经营企业实现兽药追溯率100%。严格落实官方兽医报备检疫和申报出证制度，实现武侯区动物检疫合格证明联网电子出证，全年依法依规出具动物检疫合格证650份。

（熊　伟　王晓东）

【秸秆禁烧】 2021年，区水务局严密组织开展大春、小春期间农作物秸秆综合利用和禁烧工作，禁止露天焚烧秸秆和生产生活垃圾，禁止向河道、沟渠抛弃秸秆和生产生活垃圾。开展秸秆综合利用和禁烧工作宣传活动21次，发放禁烧宣传资料8000余份、宣传横幅44条、宣传通告135份、宣传手册30份；出动巡查车辆2600余台次，安排巡查人员8200余人次，发现并制止焚烧香蜡纸钱、树枝垃圾等行为17起，实现“不见烟雾、不见火光、不见黑斑”目标。

（熊　伟　王晓东）

【大中型水库移民扶持政策落实】 2021年，区水务局贯彻落实省市区关于“一卡通”工作有关要求，协助51名符合资金发放政策的移民办理新型社保卡，实现辖区大中型水库移民100%持卡，并依卡发放移民后期扶持资金。全年发放移民后期扶持资金31250元，惠及51人。

（熊　伟　王晓东）

【供销社资产运营管理】 2021年，原武侯区供销社有物业17处，总面积9587平方米。其中，房产16处，面积8283平方米，停车场1处，面积1304平方米。2021年区水务局进一步健全社有物业出租、处置维修、监督检查等管理制度，强化社有资产管理的风险防控，建好“防火墙”“隔离带”，确保社有资产的安全与增长。6月11日，成立成都市武供联运营管理有限责任公司，将以上物业除拆迁片区（机投桥东街7号、11号、32号房屋共1877.8平方米属拆迁区域）外交由公司进行市场化租赁，完善社有资产公开招租、公平竞价制度，确保社有资产保值增值。全年房租收入321.42万元，追回过往拖欠房租74.08万元，草金街122号房屋拆迁补偿4843.33万元。截至6月，全部租住户已清退；接待社员来信来访45件次，无因拆迁引发的越级信访和维稳问题。

（张婉丽）

工 业 >>>>

INDUSTRY

工业经济

Industrial Economy

【概况】 2021年，武侯区贯彻落实市委、市政府“高质量发展攻坚年”要求，编制《武侯区现代都市工业发展“十四五”规划》，出台《成都市武侯区疫情期间精准助企纾困解难的若干措施》《武侯区促进都市工业高质量发展扶持政策》，开展工业经济运行调度、专员专班深度服务企业、工业项目招引促建等重点工作，保障工业经济稳增长、扩投资、提质效，引领都市工业高质量发展，提升工业对经济发展的支撑作用，推动武侯区都市工业经济高质量发展。提升打造华日微波通讯产业楼、康特高端芯片产业楼和锦江电子产业楼等都市工业示范点位3个，推动工业上楼发展。全区工业增加值78.3亿元，比上年增长11.8%，占GDP的5.8%，其中规模以上工业增加值比上年增长13.3%；工业投资31.7亿元。

（刘孝琳　刘　磊）

【规模以上工业企业】 2021年，武侯区规模以上工业企业66家（详见表40），总产值163.7亿元，比上年增长11.2%，增加值比上年增长13.3%，主要分布在燃气生产和供应、专用设备制造、通用设备制造等16个行业。重点企业生产提速，66家规模以上工业企业有49家产值正增长，其中36家呈两位数快速增长。企业经营效益显著改善，全年规模以上工业营业收入比上年增长4.9%、利润总额增长4.4%。

（刘孝琳　刘　磊）

【工业项目招商】 2021年，武侯区开展重大项目招引攻坚行动，共引入10个工业项目（详见表41），总投资约82亿元。

（刘孝琳　刘　磊）

【工业重大产业化项目】 2021年，武侯区有4个亿元以上重大工业和信息化项目。成都唐源电气股份有限公司的高速铁路和城市轨道交通供电安全检测监测系统与高端技术装备研发生产基地建设项目开工，武侯卫教公司的面向新经济的技术交叉与转化中心项目、四川大学的先进材料科研大楼、武侯卫教公司的海之盛煌智慧美食科技园等3个项目竣工，完成投资约10亿元。

（刘孝琳　刘　磊）

【工业企业服务】 2021年，区新经济局建立“一把手”服务机制，成立深度服务企业专班，对65家规模以上工业企业实施全覆盖深度走访服务，聚焦企业需求、发展短板，推进“帮企业、送服务、解难题、强调度”工作，分级分类创建深度服务企业“六张清单”，制定专项服务举措，“一企一策”帮

表 40　2021 年武侯区规模以上工业企业一览表

序号	企业名称	序号	企业名称
1	成都燃气集团股份有限公司	34	成都口口齿科技术有限公司
2	成都彩虹电器（集团）股份有限公司	35	成都西亿达电子科技有限公司
3	四川合信药业有限责任公司	36	四川逸维服饰有限公司
4	中密控股股份有限公司	37	成都卡美多鞋业有限公司
5	中国电建集团透平科技有限公司	38	成都远旺汽车电器有限公司
6	费希尔久安输配设备（成都）有限公司	39	四川金百泽通风设备有限公司
7	成都利君实业股份有限公司	40	成都安普利电子有限责任公司
8	中建环能科技股份有限公司	41	四川锦江电子科技有限公司
9	成都华日通讯技术股份有限公司	42	成都益为创科技有限公司
10	成都华远电器设备有限公司	43	成都天创微波技术股份有限公司
11	成都康特电子高新科技有限责任公司	44	成都爱斯顿科技有限公司
12	成都康特电子科技股份有限公司	45	成都华泰燃气设备有限公司
13	成都唐源电气股份有限公司	46	四川腾飞航空实业有限公司
14	四川联发天然气有限责任公司	47	成都玖信科技有限公司
15	成都佳发安泰教育科技股份有限公司	48	成都世源频控技术股份有限公司
16	成都德芯数字科技股份有限公司	49	成都博高信息技术股份有限公司
17	特而特涡轮（四川）有限公司	50	成都三勒浆药业集团四川华美制药有限公司
18	四川楚北混凝土有限公司	51	成都昊普环保技术有限公司
19	东方凯特瑞（成都）环保科技有限公司	52	成都大桥道食品有限公司
20	四川天悦建设有限公司	53	四川网达科技有限公司
21	成都民航六维航化有限责任公司	54	成都仁健微波技术有限公司
22	成都菲斯洛克电子技术有限公司	55	成都电力线路附件厂
23	成都经纬机械制造有限公司	56	成都中交环保高新技术材料有限公司
24	四川科思精密模具有限公司	57	成都美数科技有限公司
25	四川溢阳环保设备技术工程有限公司	58	成都圣雨兰制衣有限公司
26	成都点阵科技有限公司	59	四川鑫荣创输送机械有限公司
27	四川海天仪表电器开发有限公司	60	成都蓝盾鞋业有限公司
28	四川川大华西药业股份有限公司	61	成都稳健利康医疗用品有限公司
29	成都凯迪精工科技有限责任公司	62	四川科陆新能电气有限公司
30	成都傅立叶电子科技有限公司	63	成都奥罗拉皮制品有限公司
31	四川中成混凝土有限公司	64	四川新世纪安全玻璃有限公司
32	成都铁路通信设备有限责任公司	65	成都市武骏实业有限公司
33	成都联帮微波通信工程有限公司	66	四川省兰雨精工实业有限公司

（刘孝琳　刘　磊）

表 41　2021 年武侯区引入工业项目一览表

序号	企业名称	产业类型
1	四川沃森创新生物技术有限公司	创新药产业
2	成都臻裕星辉科技有限公司	人工智能产业
3	四川普博达元医疗科技有限公司	高端医疗器械企业
4	四川望里医疗科技有限公司	
5	成都朗巨粘接技术有限公司	新型材料产业
6	四川盛达创新材料技术有限公司	
7	四川淳恩新材料有限公司	
8	成都中燃宜居热力有限公司	能源化工产业
9	四川码联科技有限公司	电子信息产业
10	中材（成都）能源环保工程有限公司	绿色低碳产业

（刘孝琳　刘　磊）

助企业纾困解难，助力企业发展。开展各级各类增长扶持政策精准宣传、解读、项目申报及资金兑现，全年共兑现各级各类扶持资金 2600 余万元。每月对区内规模以上工业企业全覆盖走访和深度服务。武侯区制造业企业成都利君实业股份有限公司的辊压机入选第六批国家制造业单项冠军产品；中密控股股份有限公司、中建环能科技股份有限公司等46家企业通过2021年度省级以上“专精特新”中小企业认定，其中国家级“专精特新”企业9家。

（刘孝琳 刘 磊）

辖区重点工业企业
Some Major Industrial Enterprises

【成都燃气集团股份有限公司】成都燃气集团股份有限公司（简称成都燃气）始建于1967年3月，前身为成都市煤气总公司，是国内大中城市中较早经营城市天然气的专业公司之一。2004年，实施改制成立有限责任公司。2017年9月，完成股份制改造。2019年12月，在上海证券交易所主板挂牌上市，股票代码为“603053”，股票简称“成都燃气”，注册资本88889万元，总股本88889万股。公司业务涵盖城市燃气供应，燃气工程规划、设计、施工安装，燃气输配、应用、管理，燃气智能化系统研发、设备制造，燃气专用设备、压力容器、计量装置检测，燃气具及设备销售以及天然气市场拓展等。经过50余年的发展，公司综合实力居国内同行业领先水平，服务客户300余万户，年销售天然气逾16亿立方米，日供气能力1130万立方米。公司有员工2000余人，下属4个分公司、21个参控股公司，形成较为完善的以成都市内环、一、二、三环路的环状管网和向周边郊县辐射的放射性干管为主体，以中低压配气网络为辅的输供气管网体系，全面覆盖成都平原中心区，管道长度约7284千米，储气站3座、配气站6座、门站7座、调压设施1万余座。2021年3月，公司与重庆燃气集团签订全面战略合作协议，正式启动成渝双城能源协同发展；12月，公司首个综合服务品牌“润蓉家”完成商标注册并在媒体渠道进行发布，公司金堂顺风项目落地，经营区域拓展135平方千米。2021年，公司工业总产值35.6亿元，纳税13465.98万元。

（刘孝琳 刘 磊）

【成都彩虹电器（集团）股份有限公司】成都彩虹电器（集团）股份有限公司建于1993年12月，位于武科东一路5号，占地6.67万平方米，是集物流、研发、原材料配套、成品装配于一体的企业。公司是国家用柔性电热取暖器具和家庭卫生杀虫产品行业主导企业、全国卫生杀虫产品行业骨干企业，主营产品是以“彩虹”牌电热毯为代表的电热取暖器和“彩虹”牌电蚊香为代表的家庭卫生杀虫用品。先后获得中国名牌、中国驰名商标、全国模范和谐劳动关系优秀企业、全国五一劳动奖状、全国质量管理先进单位、全国用户满意企业等荣誉。公司装配现代化的流水生产线和国内先进的电热毯检测设备，有先进的家庭卫生防疫产品检测中心，是全国最大的电热毯、电热蚊香片生产基地，电热毯市场占有率名列全国同行业首位。彩虹系列产品销往全国30余个省（自治区、直辖市）、400余个大中城市，并出口到欧美、中东、南亚等地区。2021年，公司工业总产值14.1亿元，纳税6418.65万元。

（刘孝琳 刘 磊）

【四川合信药业有限责任公司】四川合信药业有限责任公司成立于2002年，位于武科东三路12号，占地面积3.97万平方米，为重庆药友制药有限责任公司全资子公司、上海复星医药集团成员企业。公司先后研发有注射用头孢美唑钠、地红霉素肠溶胶囊、复方单硝酸异山梨酯缓释片等新药品种和注射用头孢米诺钠、注射用头孢他啶等仿制产品，其中拳头产品注射用头孢美唑钠为国内首仿，市场占有率稳居第一。公司先后获国家级重点高新技术企业，四川省建设创新型企业、重点优势企业等荣誉。2021年，公司工业总产值9.1亿元，纳税5029.31万元。

（刘孝琳 刘 磊）

【中密控股股份有限公司】中密控股股份有限公司的前身是四川省机械研究设计院密封技术研究所，成立于1978年7月，位于武科西四路8号，是中国较早开展密封技术研究的单位之一，是国内机械密封行业唯一的A股上市公司，股票代码为“300470”。2019年12月，公司由“四川日机密封件股份有限公司”更名为“中密控股股份有限公司”。公司主要生产机械密封、干气密封、密封辅助（控制）系统、旋转喷射泵、橡塑密封、特种阀门等产品，还为客户量身定制不同设备、不同运行工况下的机械密封整体解决方案。产品和服务远销亚太、东南亚、中亚、中非等地区。2021年，公司工业总产值8.7亿元，纳税8173.10万元。

（刘孝琳 刘 磊）

【成都利君实业股份有限公司】成都利君实业股份有限公司成立于1999年，位于武科东二路5号，注册资本10.33亿元，占地14.67

万平方米，是专业从事水泥、矿山行业粉磨工艺及核心设备研发、制造、销售和服务的高新技术企业。2012年1月6日，公司在深圳证券交易所挂牌上市，股票代码为“002651”。公司及下属公司有员工近800人，拥有矿山粉磨、水泥生料等200余项专利，多项专利和技术成果获四川省科技进步奖。公司主营业务是以粉磨系统的关键设备辊压机为核心，面向水泥生产、原矿开采后的矿物加工等多个应用领域，为客户提供高效节能的粉磨系统装备及配套的技术服务。2007年被中国建材机械工业协会授予“中国水泥机械龙头企业”称号；2007年研制生产的“LEEJUN”牌辊压机被国家质检总局授予“中国名牌产品”称号；2008年研发的“辊压机粉磨系统”被国家发展改革委列为“第一批国家重点节能技术推广项目”；2009年被国家建材机械行业评为标准化工作先进集体。2021年，公司工业总产值5.8亿元，纳税2825.24万元。

（刘孝琳　刘　磊）

【费希尔久安输配设备（成都）有限公司】 费希尔久安输配设备（成都）有限公司于2004年9月成为艾默生（一家总部位于美国的全球性的技术与工程公司）全资子公司，是艾默生在中国西部投资的第一家独资企业，注册资金650万美元。公司位于武科东二路9号。公司前身成都久安输配设备有限公司从20世纪70年代开始就专业从事燃气输配设备研制、设计、开发与生产，是中国领先的燃气调压设备厂家之一。费希尔久安产品有各型调压器、安全切断阀、调压成套装置、区域调压站以及其他压力容器等设备。2021年，公司工业总产值6.4亿元，纳税5027.09万元。

（刘孝琳　刘　磊）

【中建环能科技股份有限公司】 中建环能科技股份有限公司是隶属于中国建筑集团有限公司环保类上市企业，位于武星一路3号，注册资金6.76亿元，旗下有29个分支机构，1400余名员工。公司致力于成为先进的环境技术产品与解决方案提供商，在市政、流域及村镇水环境治理，冶金、煤炭等工业水处理及回用，工业过程及固废处理处置等领域，为客户提供技术产品和服务。公司形成以“技术平台—产品线—产品”为划分的技术研发体系，建立起以混凝分离、过滤分离、生化处理、水力流体、热交换、离心分离为基础的6个技术平台，逐步建成以磁分离、磁沉淀、孔板格栅、磁生化、离心脱水、污泥干化等为主的9条产品线，生产近20类创新产品。公司拥有国家级企业技术中心、院士（专家）创新工作站、博士后创新实践基地、CNAS授权的磁分离水处理检测中心，并分别在北京、成都、苏州设立技术研发中心。2021年，公司工业总产值6.4亿元，纳税1958.33万元。

（刘孝琳　刘　磊）

【成都华日通讯技术股份有限公司】 成都华日通讯技术股份有限公司前身创办于1993年，位于武兴四路130号，是国家领先的无线电频谱管理系统整体解决方案提供商，中国无线电频谱管理行业领军企业。公司是国内首家实现无线电监测系统核心设备——无线电接收设备全国产化、拥有自主知识产权的企业。公司打破国际厂商的垄断和对高端监测设备的封锁禁运，陆续推出的空间谱估计测向系统，国内首家实现商业应用的无人机管控系统、首家实现国家无线电监测中心与省级平台互联互通的无线电管理全业务一体化平台系统软件，获中国无线电协会科技进步二等奖和四川省科技进步二等奖的新一代高性能宽带数字监测接收机等领先产品。公司产品主要用于无线电管理、各类应用场景下的通信保障等。2021年，公司工业总产值4.3亿元，纳税2711.35万元。

（刘孝琳　刘　磊）

【成都康特电子高新科技有限责任公司】 成都康特电子高新科技有限责任公司于1992年成立，位于武科东三路9号，是专业从事广播电视设备（含CATV及宽带网络设备）产品的研发、生产、销售、工程设计安装及服务的国家级高新科技企业。公司以高科技为本，拥有科研生产基地、各技术专业研究所装备的各种测量仪器。建有SMT贴片自动化连续生产线、波峰焊生产线、总装流水线和其他仪器类生产的特种生产线，具有环境实验室、产品老化实验室等环境条件。公司主营广播电视前端、声频设备、XPON网络设备、应急智能广播系统设备、无线发射设备、广电网络测试仪器、电视及数据传输设备，光纤无源器材、器件等系列设备（产品）。2021年，公司工业总产值3.7亿元，纳税871.49万元。

（刘孝琳　刘　磊）

建筑业·房地产业

BUILDING INDUSTRY & REAL ESTATE INDUSTRY

建筑业

Building Industry

【概况】 2021 年，武侯区加强建筑企业管理及建设工程质量安全管理监督，开展建设工程质量备案监督，推进工程建设项目审批制度改革，推动建筑业持续向好发展。全区统计入库建筑业企业 413 家，其中国企（控股、参股）32 家，民企 381 家；特级资质企业 3 家，一级资质企业 107 家，二级资质企业 236 家，三级资质企业 67 家；建筑业产值上百亿元企业 1 家。全年建筑业增加值 121.8 亿元，比上年增长 4.5%，五城区排名第一；建筑安装投资增加值 195.9 亿元，增长 31.9%，五城区排名第三。

（何琳珂）

【建筑企业管理】 2021 年，区住建交局打击建筑工程施工转包、违法分包等违法行为，建设和实施建筑施工总承包企业和监理企业信用综合评价体系。利用市住建委建立的信息化综合应用平台，做好建筑企业社会信用体系建设工作。抓好建筑企业服务和扶持，出台武侯区建筑业专项扶持政策，在帮扶本土企业发展、提高区建筑业产值水平、引导企业提升资质、激励企业多获行业优质奖项等方面提供支持，全年奖励 120 家企业 942.5 万元。

（何琳珂）

【建设工程安全监管】 2021 年，区住建交局对 180 个区管建设工地进行安全文明施工监管，报建工程和受监工程安全监督覆盖率均为 100%。牵头组织 11 个街道办事处、第三方监督机构成立安全文明施工

图074　2021年4月11日，武侯区召开建筑工地扬尘治理及安全文明施工现场座谈会

（区融媒体中心供图）

图075　2021年9月18日，区住建交局组织开展建筑工地安全生产大检查　　（区住建交局供图）

检查组 14 个，开展各类专项治理行动10余次，现场巡查工地1200余次，利用“智慧工地”平台线上检查工地 15000 余次。组织开展安全文明工地、绿色工地、绿色施工示范创建等活动。武青西一路小学、首开金茂府二期等 8 个工地被评为成都市建设工程安全文明工地，武青西三路小学等 6 个工地被评为成都市绿色工地，四川大学博物馆群工地等 2 个工地被评为四川省安全文明施工标准化工地，四川大学博物馆群工地还被评为四川省绿色施工示范工地。在建设工地全年开展安全施工宣传教育 4 次，发放宣传资料 1000 余份。区管建设工地全年未发生较大以上安全生产事故。

（何琳珂）

【建设工程质量监督备案和消防工程验收备案】 2021 年，区住建交局实施建设工程质量监督备案制度和住宅分户验收制度，督促 60 个新备案项目签订五方责任主体（建设单位、设计单位、地勘单位、监理单位、施工单位）法定代表人授权书及质量终身责任承诺书，建筑工程监督面积约 230 万平方米，市政道路工程监督长度约 8000 米。建筑工程项目竣工验收监督备案 45 个，总面积 133 万平方米；市政工程竣工验收监督 4 个，工程总造价 3841 万元。报建工程质量监督覆盖率 100%，区管工地无重大工程质量事故发生。全年受理质量投诉 205 件，投诉问题处理回复率 100%。成都人居武兴置业有限公司的住宅、开闭所及配套设施项目（人才公寓项目），住宅及配套设施项目（人才公寓项目），武侯教投公司的双凤二路小学等 3 个项目被评为 2020 年度成都市结构优质工程。红牌楼街道原肖家河村十二组建设公建配套幼儿园项目被评为 2020 年度成都市优质工程（芙蓉杯）。全年完成特殊建设工程消防验收 15 个，其他建设工程消防验收 24 个。

（何琳珂）

【建设项目审批备案】 2021 年，区住建交局深化工程建设项目审批制度改革，从优化项目审批服务流程、提升全流程网上办理水平、健全质量监管机制方面，完善制度、提升服务，增强企业和群众的获得感。全年办理各类审批备案事项 524 件。其中，核发施工许可 21 件，总建筑面积 149.17 万平方米，总投资 51.90 亿元；核发室内装饰装修和外立面装修施工许可 20 件，装修面积 15.18 万平方米，总投资 1.17 亿元；核发房建、轨道夜间施工许可 347 件；办理招投标备案 103 件；办理竣工验收备案 33 件，验收面积 176.42 万平方米。

（何琳珂）

房地产业
Real Estate Industry

【概况】 2021 年，武侯区房地产投资略有下降，销售面积有所增加。全年有施工项目 54 个，施工面积 628.1 万平方米，比上年增长 8.4%；施工项目完成投资额 231.1 亿元，比上年增长 18.6%；商品房销售面积 101.1 万平方米，比上年增长 6.2%；商品房销售额 231.1 亿元，比上年增长 18.6%。全区累计供应商品房 122.4 万平方米，累计成交商品房住宅 81.1 万平方米，比上年成交上浮 7.3%。受疫情影响，武侯区商品房去化周期为 50 个月，比上年增加 4 个月。全年房屋租赁登记备案 21671 件，租赁面积约 144 万平方米，办理房屋结构安全审批 925 件、经纪机构备案 177 件、住房租赁企业开业报告审核 30 件。

（何琳珂）

【重点房地产竣工项目】 2021 年，武侯区有璞誉小区一期、中粮瑞府一期、保利大国璟、保利西堂里苑、人居柏荟城荟瑞阁、人居柏荟城荟澜阁、首开金茂府等 7 个重点房地产业项目竣工，竣工面积 90.27 万平方米（详见表 42）。

（何琳珂）

表 42　2021 年武侯区重点房地产竣工项目情况表

单位：万平方米

序号	项目名称	建设地址	建设年限	面积	用途	建设单位
1	当代璞誉小区一期	兆景路 258 号	2018—2021 年	7.9	住宅、商业	成都天际置业有限责任公司
2	中粮瑞府一期	武侯大道顺江段	2018—2022 年	34	住宅、商业、租赁住房及配套设施	成都中金澍茂置业有限公司
3	保利大国璟	福锦路一段	2019—2021 年	9.06	住宅	保利（四川）投资发展有限公司
4	保利西堂里苑	万寿西二街 1 号	2019—2021 年	7.70	住宅	保利（四川）投资发展有限公司
5	人居柏荟城荟瑞阁	业兴北路 399 号	2019—2021 年	10.39	住宅	成都建工集团有限公司
6	人居柏荟城荟澜阁	武青西二路 299 路	2019—2021 年	10.32	住宅	成都建工集团有限公司
7	首开金茂府	智远大道、来凤五路、智远二路、来凤四路合围区域	2019—2021 年	10.9	住宅	成都隆中策置业有限公司

（何琳珂）

【人才安居房建设】 2021 年，武侯区贯彻落实“成都人才新政 12 条”，强化人才安居保障，推进人才安居工程建设。通过新建商品房中配建的方式在金花桥街道原川西营社区和原九龙社区 5.94 万平方米土地以及机投桥街道半边街五组、七组，金花桥街道陆坝社区六组、七组，白佛社区二组 6.47 万平方米土地中规划建设 2 个人才公寓项目。5.94 万平方米人才公寓项目开工建设，6.47 万平方米人才公寓项目计划 2022 年初启动。“柏荟城荟澜阁”和“柏荟城荟瑞阁”人才公寓项目交付使用。产业园区配套住房“金科博翠府”项目竣工移交，“保利大国璟”“中粮武侯瑞府”项目竣工，正在按计划移交。全年审核通过人才安居资格 2001 件，其中 B 类人才 5 件、C 类人才 21 件、D 类人才 1955 件、产业园区人才 20 件。在商品房限购期间，为区内高端人才购房开设绿色通道，累计办理高端人才购房支持 210 件。

（何琳珂）

【房产管理】 2021 年，武侯区完成房屋租赁登记备案 21671 件，租赁面积约 144 万平方米，办理房屋结构安全审批 925 件、经纪机构备案 177 件、住房租赁企业开业报告审核 30 件。常态化每月开展老楼危楼安全隐患排查，专项排查既有建筑玻璃幕墙、中考高考用房、考生集中住宿点等安全隐患点位。纠正和查处房产企业、中介机构（居间）等各类违规行为为 27 起，约谈相关企业 18 次。

（何琳珂）

【房产市场】 2021 年，武侯区供应商品房 122.4 万平方米，累计成交商品房住宅面积 81.1 万平方米，比上年成交上浮 7.3%，住宅供应比例加大。销售面积 101.1 万平方米，比上年增长 6.2%；销售额 231.1 亿元，比上年增长 18.6%。

（何琳珂）

【公房管理】 2021 年，区住建交局依托成都市国有直管公房系统推进国有直管公房精细化管理，完善国有直管公房基础信息、租赁信息、维修信息等内容，夯实区国有直管公房管理电子台账信息。出台《成都市武侯区住房建设和交通运输局国有公房租金管理办法》，执行经营性资产招租政策，创新使用租金评估和租金预收管理机制，实行市

图076　2021年国庆期间，人才公寓建设工地坚持施工　（区融媒体中心供图）

图077　2021年12月20日，柏荟城人才公寓正式交房　（区住建交局供图）

场化定价，实现国有资产保值增值。全年上缴房屋租金收入1117万余元。

（何琳珂）

【物业服务管理】 2021年，武侯区印发《关于加强违法违规行为报告的通知》，进一步加强物业管理区域管理服务工作，严格落实监管责任，遏制物业管理区域违法违规使用房屋行为。开展物业管理区域全覆盖巡查和日常专项检查，建立物业管理服务“红黑榜”。经综合评价，蓝光金悦城、万科金色海蓉等115个项目服务规范，服务质量优秀，被评为A级项目；锦官新城、雍锦世家等10个项目特色亮点突出，被评为十佳示范项目。同时规范物业服务企业进场、退场制度，化解武侯区新老物业交接矛盾纠纷问题，确保物业项目退出依法有序和平稳过渡。截至年末，全区实施专业化物业管理的商品房住宅小区有495个，物业管理面积约2316万平方米，物业服务企业283家。其中，成都市“蓉城先锋·暖心物管”示范企业7个、成都市“蓉城先锋·暖心物管”示范项目14个、成都市级节水型小区5个、成都市物业管理安全生产达标项目4个、武侯区示范项目10个。

（何琳珂）

【武侯区物业管理协会】 2021年，武侯区物业管理协会组织开展物业服务评比、疫情防控专项巡查、十佳示范项目评选、防汛等专题演练等法律法规专题培训等工作。定期或不定期召开理事会会议，共同协商行业进步发展。开展交流活动，服务各企业会员单位，提高武侯区物业服务企业参加协会的积极性。全年协会会员单位新增6家，总数达到125家。

（何琳珂）

【住房维修资金管理使用】 2021年，区住建交局接待维修资金业务咨询及指导7600余人次，维修资金使用备案303件，涉及使用金额1502万余元，完成维修资金归集的建筑区划10项，涉及归集金额4600余万元，办理维修资金退款业务9件。

（何琳珂）

服务业

SERVICE INDUSTRY

商贸业
Commerce and Trade Industry

【概况】 2021年，武侯区擦亮“不夜武侯”招牌，充分挖掘武侯载体资源优势，举办2021中国都市夜间经济与消费升级大会，发起成立都市夜间经济联盟；8月，武侯区入选“2021中国夜经济繁荣百佳县市”十佳榜，成都音乐坊入选第一批国家级夜间文化和旅游消费集聚区。营造多元消费场景，打造城市一刻钟便民生活圈，黉门街社区成为成都市12个示范社区之一，老马路音乐主题社区获“中国（成都）社区商业示范项目”授牌。举办2021中国城市更新及消费场景营造大会、第三届她妆电商直播节暨她妆美谷电商供应链生态大会等活动54场，培育高能级产业生态，强化投资促进和消费升级。全区限额以上社会消费品零售额901.1亿元，比上年增长7.4%；社会消费品零售总额1209.6亿元，比上年增长10.1%。

（徐文武）

【标准化菜市场】 2021年，武侯区有机投社区农贸市场、天利家百鲜汇、益民菜市场等标准化菜市场29家（详见表43），无新建、无增减。

（汪晶晶）

【新春欢乐购活动】 2021年春节期间，区商务局深化办品牌节会理念，抓住元旦、春节购物消费旺季，以“新春欢乐购·虎力全开购新

图078　2021年12月31日，龙湖星悦荟跨年活动吸引大批市民参加　（区融媒体中心供图）

春”为主题，推出五大系列活动——“武”乐纳“虎”第一弹，迎新欢购过大年；“武”乐纳“虎”第二弹，解锁年味新玩法；“武”乐纳“虎”第三弹，逛吃武侯乐逍遥；“武”乐纳“虎”第四弹，趣玩特色商业街；“武”乐纳“虎”第五弹，新年喜购趁现在。春节期间，全区主要商贸零售企业实现销售 24.5 亿元，比上年增长 6.1%（详见表 44）。

（徐文武）

【消费创新赋能】 2021 年，区商务局通过丰场景、强营销、树品牌三项措施，不断扩大武侯消费影响。“丰场景”即重点围绕二环路夜间消费走廊、九眼桥音乐酒吧街、要都餐饮演艺街区等构建体现武侯活力、闲适特质的夜间消费场景，截至年末，全区有经认定的夜间消费场景 10 处；重点围绕音乐坊、望江坊、武侯祠等加快构建体现历史传承、国际水准的文化品鉴消费场景；重点围绕金凤、三河新居、龙湖社区智慧商业中心、花龙门社区邻里中心等，加快构建体现一站式、小而美、智能化的社区邻里生活场景。“强营销”即按照“政府引导，市场主体”原则开展活动营销，形成季季有策划、月月有主题、周周有活动的格局。充分挖掘资源优势，策划组织开展城市更新与消费升级大会、中国都市夜间经济与消费升级大会、2021 武侯区潮玩美食生活节等活动，其中中国都市夜间经济与消费升级大会获得商务部、新华社肯定；联动杭州市、海口市、西安市未央区、眉山市东坡区、广元市利州区共同发起成立都市夜间经济联盟，大会相关情况被新华社《中国名牌》专版刊载，武侯区连续 2 年在《小康》杂志社评选的全

表 43　2021 年武侯区标准化菜市场一览表

序号	市场名称	地址	所属街道
1	红牌楼海鲜市场	高升桥路 21 号	浆洗街街道
2	百花农贸市场	燃灯寺东街 14 号	
3	少陵农贸市场	少陵路 2 号	
4	益民菜市洗面桥店	洗面桥巷 11 号	
5	双楠农贸市场	置信南街 28 号	
6	凉水井农贸市场	武侯祠大街 5 号	
7	益民十街坊农贸市场	长寿南路 34 号	火车南站街道
8	高攀农贸市场	高攀路	
9	南站农贸市场	火车南站东路	
10	大学路农贸市场	临江路 9 号	玉林街道
11	益民菜市场	胜利村 108 号	
12	玉林综合农贸市场	玉林西街 12 号	
13	一鸿菜市	董家湾南街 7 号	红牌楼街道
14	韵华农贸市场	金雁路 143 号	晋阳街道
15	晋吉农贸市场	晋吉北路 278 号	
16	中央花园二三期农贸市场	晋阳路 422 号	
17	晋康市场	晋康路 82 号	
18	吉顺市场	吉顺路 285 号	
19	半边街新居农贸市场	九金街 58 号	机投桥街道
20	机投综合市场	万盛路 5 号	
21	潮音社区农贸市场	潮音路 42 号	
22	果堰社区农贸市场	果堰街 100 号	
23	天利家百鲜汇	福锦路	簇锦街道
24	望锦农贸市场	成双大道中段 124 号	簇桥街道
25	益民菜市龙井店	金履四街	
26	益民菜市簇桥店	福锦二路 158 号	
27	李家祠农贸市场	金航路 108 号	金花桥街道
28	前景市场	双凤社区四组	
29	益民菜市花龙门店	万寿桥二路与武青北路交叉口南侧	

（汪晶晶）

表 44　2021 年新春欢乐购活动武侯区主要商贸零售企业销售情况表

序号	参与企业	销售额	比上年增长（%）
1	京东商城	11.7 亿元	8.2
2	成都大悦城	4324.2 万元	5.1
3	伊藤洋华堂双楠店	3150.0 万元	1.0
4	成都王府井购物中心科华店	2370.2 万元	1.9
5	万达广场	1433.0 万元	316.0
6	成都来福士广场	1300.3 万元	18.2
7	吾悦广场武侯店	690.7 万元	13.0
8	龙湖星悦荟	600.2 万元	17.6
9	瑞星行	585.5 万元	1100.0
10	钦善斋食府	85.3 万元	24.2
11	欧洲房子	9.8 万元	7.1

（徐文武）

国百强夜间经济活跃城区中位列前十。同时，依托餐饮、零售、汽车等行业协会，组织各领域相关企业开展品牌节会、促销展会等，截至年末，共举办各类消费促进活动近400场，持续扩大武侯消费、武侯服务影响力。“树品牌”即强化与各级各类媒体交流合作，开展全矩阵营销宣传，深入挖掘三国文化、丝竹文化、汉服文化等，宣传塑造体现武侯深厚资源禀赋和文化传承的文化消费品牌，重点打造建设三国蜀汉城、天府芙蓉园、水韵天府等“全链条、多业态、多品类”文化消费场景；结合她妆美谷建设，聚焦武侯时尚，打造国际化妆品牌孵化基地，通过国家外贸转型升级基地验收，着力培育一批时尚消费的本土品牌。

（徐文武）

图079 烟火武侯 （区融媒体中心供图）

【消费场景打造】 2021年，区商务局全面梳理武侯区新消费场景项目载体建设、投运等情况，动员区内优质消费场景更新提质，扩大影响。对接成都益民集团，更新打造花龙门社区邻里中心等社区消费新场景。梵木 Flying 国际文创公园、花龙门社区邻里中心分别入选成都市八大示范性消费场景和成都市十大特色消费新场景。梵木 Flying 国际文创公园、花龙门社区邻里中心获全市“一场景一示范”表彰，受表彰项目数量在全市各区市县中名列前茅。

（徐文武）

延伸阅读 <<<<

成都八大示范性消费场景和成都市十大特色消费新场景——2021年8月20日，在成都“三新”生活节启动暨交子大道开街仪式上，成都正式对外发布全国城市中首份针对消费场景营建的导则——《公园城市消费场景建设导则（试行）》，成都八大示范性消费场景与十大特色消费新场景同时发布。这些消费场景分为地标商圈潮购场景、特色街区雅集场景、公园生态游憩场景、体育健康脉动场景、社区邻里生活场景、文艺风尚品鉴场景等类别。

八大示范性消费场景：春熙路潮购潮店群、宽窄巷子、夜游锦江、拾野自然博物馆、融创冰雪世界、锦城社区综合体、梵木 Flying 国际文创公园、成都影视城光影街区。

十大特色消费新场景：亚蓉欧国家（商品）馆、西岭雪山滑雪场、老西门面街、龙泉山城市森林公园丹景台、严家弯湾、天府沸腾小镇、麓湖天府美食岛、明月国际陶艺村、花龙门社区邻里中心、蔚崃林盘公园。

【武侯区夜经济领跑全国】 2021年，武侯区夜宴、夜饮、夜唱、夜购、夜游等“夜经济”几乎涵盖商业、交通运输业、餐饮业、旅游业、娱乐业等在内的所有第三产业，“全天不打烊”消费场所遍布大街小巷，“24小时”便利店、“不关门”书店等越来越多的商业业态开启“夜间模式”。区委、区政府着力培育夜间经济新场景，打造成都大悦城、来福士广场、九眼桥、龙湖·金楠天街、龙湖星悦荟等地标商圈，构建形态多样的夜间经济模式，满足群众美好生活多元化、高品质的需求。7月16日，2021中国都市夜间经济与消费升级大会在武侯区举行。活动中，武侯区联动长三角经济区、粤港澳大湾区，重庆、成都、海口等地政府，商务部驻成都特派员办事处等共同发起成立都市夜间经济联盟，并发布2021中国都市

表 45　2021 中国夜经济繁荣百佳县市 20 强

排位	县（市）区	所属地		总评得分
1	秦淮区	江苏省	南京市	94.93
2	荔湾区	广东省	广州市	94.30
3	湖里区	福建省	厦门市	94.12
4	汉阳区	湖北省	武汉市	94.05
5	上城区	浙江省	杭州市	93.99
6	武侯区	四川省	成都市	93.98
7	城阳区	山东省	青岛市	93.92
8	罗湖区	广东省	深圳市	93.91
9	鹿城区	浙江省	温州市	93.90
10	达坂城区	新疆维吾尔自治区	乌鲁木齐市	93.89
11	象山县	浙江省	宁波市	93.87
12	龙华区	海南省	海口市	93.86
13	安宁市	云南省	昆明市	93.81
14	滨湖区	江苏省	无锡市	93.78
15	姑苏区	江苏省	苏州市	93.67
16	滨江区	浙江省	杭州市	93.64
17	武鸣区	广西壮族自治区	南宁市	93.58
18	龙华区	广东省	深圳市	93.56
19	瑞安市	浙江省	温州市	93.53
20	三水区	广东省	佛山市	93.51

（摘自中国小康网）

夜间经济发展武侯宣言：号召各地区、各机构、各企业一起携手，创建跨地区、跨行业、跨领域的合作机制，实现资源互生、共生、再生。大会全面推介武侯区的投资营商环境，发布武侯区化妆品产业扶持政策。7 月末，《小康》杂志社“2021 中国夜经济繁荣百佳县市”榜单出炉，武侯区位居第六，继续入选全国前十（详见表 45）。

（刘　佳）

专业市场与城市综合体

Professional Market and Urban Complex

【概况】 2021 年末，武侯区有大型城市商业综合体、大型商场、超市、专业市场共 37 家。专业市场中，有电脑通信市场 4 家、汽车汽配市场 6 家、家具建材市场 5 家、食品批发市场 1 家（详见表 46）。全区大型商场、专业市场呈现市场规模大、数量多、辐射广，专业性、区域性分布集中，投资主体多元化等特点。

（韩新军）

【专业市场】 电脑市场　2021 年，武侯区有大型电脑市场成都数码广场、成都 A 世界、百脑汇资讯广场、东华电子电脑市场等 4 家，主要分布在人民南路和一环路区域，经营面积 8.5 万平方米。电脑市场主要经营台式电脑、笔记本电脑、电脑配件、打印机等。

汽车汽配市场　2021 年，武侯区有西部汽车城、广福汽配城、西南汽配商城、三九佛兰汽配商城、鸿达汽配城和摩尔汽车用品生活广场等 6 家汽车汽配市场，经营面积 20.2 万平方米，主要聚集在红牌楼至簇桥区域。汽配市场主要经营汽车销售、汽车零配件和用品供应、汽车检测维修、汽车养护和美容等。

家具建材市场　2021 年，武侯区有红星美凯龙、八益家具（精品、灯饰）城、太平园家私、西部家装材料市场城等 5 家家具建材市场，经营面积 48.6 万平方米，建辅建材市场主要集中于川藏路两侧和双楠、红牌楼、华兴、簇锦等辖区。市场主要经营天花板、瓷砖、门、窗、锁、玻璃、灯具、地板、卫厨、壁纸等。

食品批发市场　于 2020 年由原成都金花鞋材广场转型而来，经营面积 4 万平方米左右，位于双楠大道武兴路段 333 号。2021 年末，市场有经营商家 80 余户。

（韩新军）

【城市综合体】 2021 年，武侯区有经营面积 3000 平方米以上的大型城市综合体 6 家（详见表 47），经营业态包括写字楼、零售专卖店、超市、特色餐饮、酒吧、影院、电子娱乐、网吧等。各大型城市商业综合体均正常经营。

（韩新军）

【大型商场超市】 2021 年，武侯区有大型商场（不含 6 个大型城市综合体卖场）、超市（营业面积 3000 平方米以上且统一收银的）共 16 家（详见表 48），经营面积 28.46 万平方米。具有代表性的有成都王府井购物中心、伊藤洋华堂双楠店、家乐福、沃尔玛超市、永辉超市、欧尚、绿地 G-Super 超市等。其中，位于成都来福士广场的绿地 G-Super 超市是一家全球商品直销精品超市，进口商品占 85% 以上。该超市与电商合作，共同打造“绿地鲜生”App，通过线上平台直售。

（韩新军）

图080 成都大悦城 （区融媒体中心供图）

表 46 2021 年武侯区专业市场情况表

单位：平方米

序号	商（市）场名称	市场面积	地址	经营类型	经营状况
1	百脑汇资讯广场	6624	新南路 118 号	电子产品及配件	正常
2	东华电子电脑市场	8800	一环路南二段 15 号		正常
3	成都数码广场	20000	人民南路四段 1 号		正常
4	成都 A 世界	30653	人民南路三段 3 号		正常
5	红星美凯龙双楠店	96000	二环路南四段 9 号	家具建材	正常
6	成都八益家具城	326000	成双大道北段 36 号		正常
7	西部家居装饰材料市场	80000	成双大道 268 号		正常
8	红星美凯龙红牌楼店	50000	佳灵路 86 号		正常
9	太平园家私广场	4800	佳灵路 56 号		正常
10	摩尔汽车用品生活广场	100000	聚龙路 16 号	汽车汽配	正常
11	鸿达汽配城	10000	二环路西一段 1 号		正常
12	三九佛兰汽配城	40000	佳灵路 18 号		正常
13	西南汽配商城	10000	佳灵路 53 号		正常
14	西部汽车城	60000	佳灵路 55 号		正常
15	广福汽配商城	18000	高升桥路 26 号		正常
16	成都金花鞋材广场	40000	双楠大道武兴路段 333 号	食品	正常

（韩新军）

表 47 2021 年武侯区大型城市综合体情况表

单位：平方米

序号	大型综合体名称	商业面积	地址	经营状况
1	成都大悦城	300000	大悦路 518 号	正常
2	武侯万达广场	150000	聚龙路 388 号	正常
3	龙湖·金楠天街	130000	晋阳路 313 号	正常
4	吾悦广场武侯店	110000	武兴二路 1 号	正常
5	泛悦国际	98000	长荣路 66 号	正常
6	成都来福士广场	80000	人民南路四段 3 号	正常

（韩新军）

表 48　2021 年武侯区大型商场和超市情况表

单位：平方米

序号	企业（商场）名称	营业面积	地址	经营状况
1	沃尔玛超市亚太店	6500	科华北路 58 号	正常
2	成都国贸时尚汇	25000	洗面桥街 20 号	正常
3	沃尔玛超市武侯店	12000	高升桥东路罗马假日广场 C 座	正常
4	人人乐超市双楠店	20000	双楠路 326 号	正常
5	成都王府井购物中心	56000	科华中路 9 号	正常
6	伊藤洋华堂双楠店	15000	逸都路 6 号	正常
7	家乐福超市红牌楼店	20213	佳灵路 7 号红牌楼广场	正常
8	永辉超市吾悦广场店	8000	武兴二路 1 号	正常
9	成都来福士广场	80000	人民南路四段 3 号	正常
10	绿地 G-Super 超市来福士店	3000	人民南路四段 3 号	正常
11	永辉超市龙湖·金楠天街店	10000	晋阳路 313 号	正常
12	人人乐超市大悦城店	3000	大悦路 518 号	正常
13	家乐福超市永康店	6000	永康路 20 号	正常
14	欧尚超市川藏路店	6000	武侯大道铁佛段 251 号	正常
15	家乐福超市泛悦国际店	7900	长荣路 66 号	正常
16	永辉超市武侯万达店	6000	聚龙路 388 号	正常

（韩新军）

服务业载体建设

Construction of Service Industry Carriers

【概况】 2021 年，武侯区服务业固定资产实现投资 359.6 亿元，比上年增长 11.9%。服务业重大项目实现投资 53.43 亿元。年末，武侯区有市级总部企业 38 家（详见表 49），超过全市认定总量的五分之一，居五城区第一。区级总部企业 13 家（详见表 50），储备 60 家潜力总部企业，覆盖文创、大健康、金融、科技研发、电子商务、商务商贸等产业领域。

（李德龙）

【服务业重大项目建设】 2021 年，武侯区有 20 个项目被评定为市级服务业重大项目，其中竣工项目 5 个、开工项目 2 个、续建项目 6 个、前期准备项目 7 个（详见表 51）。全年计划投资 42.21 亿元，实现投资 53.43 亿元。

（李德龙）

【专业楼宇培育】 2021 年末，武侯区有超甲级写字楼 2 栋，甲级写字楼 5 栋，市级评定专业（特色）楼宇 14 栋（详见表 52）、区级培育专业（特色）楼宇 30 栋，纳入统计范围的 5000 平方米以上重点商务商业楼宇达 151 栋，总建筑面积 1068 万平方米，入驻率 91.4%，入驻楼宇企业 7998 家，属地注册率 70%。重点在建楼宇 9 栋，总建筑面积 280 万平方米。年末，武侯区有农商大厦、世外桃源广场等属地纳税过亿元楼宇 16 栋，其中，农商大厦纳税额过 20 亿元，四川交投大厦、世外桃源广场等楼宇纳税额过 5 亿元（详见表 53）。全区 151 栋属地楼宇纳税总额达到 110 亿元。

（高　宇）

图081　2021年3月12日，武侯区向税收过亿元楼宇授牌　（区融媒体中心供图）

表 49　2021 年武侯区市级总部企业一览表

序号	企业名称	类型	属地街道	所属产业功能区
1	华能四川能源开发有限公司		火车南站	华西医美健康城
2	中国成达工程有限公司		簇桥	她妆美谷
3	中铁隆工程集团有限公司		簇锦	她妆美谷
4	百丽鞋业（成都）有限公司		金花桥	她妆美谷
5	成都建国汽车贸易有限公司		红牌楼	三国创意设计产业功能区
6	国药集团西南医药有限公司		簇锦	她妆美谷
7	中建环能科技股份有限公司		簇锦	她妆美谷
8	四川川投能源股份有限公司		望江路	成都音乐坊
9	中密控股股份有限公司		簇桥	她妆美谷
10	四川景云祥通信股份公司		金花桥	她妆美谷
11	成都彩虹电器（集团）股份有限公司	综合型	簇锦	她妆美谷
12	中信国安建工集团有限公司		晋阳	三国创意设计产业功能区
13	四川顺丰速运有限公司		金花桥	她妆美谷
14	四川省亚中医疗仪器有限责任公司		簇桥	她妆美谷
15	四川精典汽车服务连锁股份有限公司		红牌楼	三国创意设计产业功能区
16	熠晖集团有限公司		浆洗街	三国创意设计产业功能区
17	领地集团股份有限公司		晋阳	三国创意设计产业功能区
18	中石化四川销售有限公司		玉林	华西医美健康城
19	隆生国际建设集团有限公司		晋阳	三国创意设计产业功能区
20	四川高速公路建设开发集团有限公司		浆洗街	三国创意设计产业功能区
21	成都丽维家科技有限公司		红牌楼	三国创意设计产业功能区
22	四川省佳宇建设集团有限公司		晋阳	三国创意设计产业功能区
23	成都燃气集团股份有限公司		浆洗街	三国创意设计产业功能区
24	大悦城控股集团（成都）有限公司	功能型	簇锦	她妆美谷
25	成都伊藤洋华堂有限公司		红牌楼	三国创意设计产业功能区
26	红星美凯龙成都企业管理咨询有限公司		浆洗街	三国创意设计产业功能区
27	中诚投建工集团有限公司		浆洗街	三国创意设计产业功能区
28	四川中泰联合设计股份有限公司	成长型	晋阳	三国创意设计产业功能区
29	四川一心堂医药连锁有限公司		玉林	华西医美健康城
30	成都佳发安泰教育科技股份有限公司		簇桥	她妆美谷
31	成都京东世纪贸易有限公司		机投桥	她妆美谷
32	新希望集团有限公司		火车南站	华西医美健康城
33	保利（四川）投资发展有限公司		玉林	华西医美健康城
34	建发（成都）有限公司	例外标准	玉林	华西医美健康城
35	柒一拾壹（成都）有限公司		浆洗街	三国创意设计产业功能区
36	成都武侯资本投资管理集团有限公司		浆洗街	三国创意设计产业功能区
37	成都市路桥工程股份有限公司		玉林	华西医美健康城
38	四川成渝高速公路股份有限公司		浆洗街	三国创意设计产业功能区

（李德龙）

表 50　2021 年武侯区区级总部企业一览表

序号	企业名称	所属产业功能区	属地街道	类型
1	新希望化工投资有限公司	华西医美健康城	火车南站	综合型（区域型）总部企业
2	中石油四川铁投能源有限责任公司			
3	中蓝晨光化工研究设计院有限公司		玉林	
4	域上和美集团有限公司			
5	四川旅侨商贸有限公司			
6	成都市新东方教育培训学校有限公司			例外标准总部企业
7	成都武侯高新技术产业发展股份有限公司	她妆美谷	簇桥	综合型（区域型）总部企业
8	力方数字科技集团有限公司			
9	四川智和诚汽车集团有限公司			
10	四川谊品通科技有限公司	三国创意设计产业功能区	浆洗街	
11	成都唐源电气股份有限公司		簇锦	例外标准总部企业
12	四川海王星辰健康药房连锁有限公司	音乐坊	望江路	综合型（区域型）总部企业
13	华录新媒科技发展有限公司			例外标准总部企业

（李德龙）

表 51　2021 年武侯区市级服务业重大项目建设情况表

序号	项目名称	建设年限	2021 年建设进度	所属产业功能区
1	成都京东集团西南基地项目	2017—2021 年	竣工	她妆美谷
2	珑熙中心商业项目	2018—2021 年		她妆美谷
3	武侯新城电子商务功能区配套项目	2018—2021 年		她妆美谷
4	保利天悦商业项目	2017—2021 年		华西医美健康城
5	蓝润时代中心项目	2018—2021 年		华西医美健康城
6	智汇恒文化创意产业园项目	2021—2022 年	开工	她妆美谷
7	蓝光商业综合体改造项目	2021—2022 年		华西医美健康城
8	南横置业新马路长益路综合体项目	2020—2023 年	续建	三国创意设计产业功能区
9	电商产业功能区西南科技总部基地项目	2020—2022 年		她妆美谷
10	双发信达大厦商业项目	2019—2023 年		
11	当代中德璞誉商业项目	2018—2022 年		她妆美谷
12	绿地 GIC 中央广场项目	2015—2022 年		华西医美健康城
13	武侯区汇日国际广场商业项目	2016—2022 年		华西医美健康城
14	太平园商业综合体项目	2022—2024 年	前期	三国创意设计产业功能区
15	四川交投建设工程公司总部基地项目	2022—2024 年		她妆美谷
16	中电创智数字科技创享社区项目	2022—2024 年		她妆美谷
17	中国港湾工程建筑总部项目	2022—2024 年		她妆美谷
18	复星西南科创总部项目	2022—2024 年		她妆美谷
19	水韵天府国际新消费中心项目	2022—2023 年		她妆美谷
20	天府芙蓉园二期项目	2022—2024 年		她妆美谷

（陈彦君）

表 52　2021 年武侯区市级评定专业（特色）楼宇一览表

序号	楼宇名称	所属街道	序号	楼宇名称	所属街道
1	大合仓星商界	簇锦	8	力宝大厦	玉林
2	财富国际	玉林	9	西部智谷 A 区	簇桥
3	佳发科技大厦	簇桥	10	西部智谷 B 区	簇桥
4	视觉科技大厦	簇桥	11	西部智谷 C 区	簇桥
5	威斯顿联邦大厦	玉林	12	西部智谷 D 区	簇桥
6	丰德国际	火车南站	13	汇日央扩国际广场	玉林
7	智领大厦	簇锦	14	新希望大厦	火车南站

（高　宇）

表 53　2021 年武侯区属地税收过亿楼宇一览表

序号	楼宇名称	纳税额（亿元）	属地街道	序号	楼宇名称	纳税额（亿元）	属地街道
1	世外桃源广场	5.9	望江路	9	红星美凯龙	1.7	浆洗街
2	农商大厦	20.2	火车南站	10	四川交投大厦	5.9	浆洗街
3	新希望大厦	2.6	火车南站	11	成都燃气办公楼	1.5	浆洗街
4	国航世纪中心	1.2	火车南站	12	力德时代	1.2	机投桥
5	上善国际	4.9	火车南站	13	大合仓	1.6	簇锦
6	平安财富中心	2.1	玉林	14	智领大厦	1.1	簇锦
7	保利中心	1.9	玉林	15	西部智谷	2.4	簇桥
8	汇日央扩国际广场	1.1	玉林	16	亚中医疗大厦	1.7	簇桥

（高　宇）

电子商务产业
E-commerce Industry

【概况】2021 年，武侯区聚焦“电商赋能”，不断推动全区电子商务工作创新和纵深发展，全区电子商务发展规模和发展质量进一步提升。新引进国网电子商务（四川）有限公司、中石化易捷（成都）国际商贸有限公司、播影时代（成都）新媒体发展有限公司等电子商务企业 45 家，成功创建四川省电子商务新业态基地。据四川省电子商务大数据中心（武侯站）统计，全区电子商务交易额 3519 亿元，比上年增长 11.3%；网络零售额 1173 亿元，比上年增长 17.2%。成都京东世纪贸易有限公司等 10 家企业被评为武侯区电子商务业十强企业（详见表 54）。

（张光一）

【电商协会活动】2021 年，武侯区电子商务协会发挥政府与企业间的沟通桥梁作用，搭建产业交流平台，促进全区电子商务线上与实体深度融合、产业链协同、电商功能区发展，助力武侯区电子商务新模式、新场景应用。协会利用线上社群、新媒体、地推等多种渠道相结合的方式，为会员企业及时推送政策申报、人才招聘推荐、活动报名、会员动态等多元化内容。同时，在走访交流中，不断发现企业需求，为企业提供平台资源对接、代运营、物流、技术、发展咨询、人才服务等精准服务。全年开展 1688 主流流量拆解与分析、直播间流量池掘金变现、视频

表 54　2021 年武侯区电子商务业十强企业一览表

单位：万元

序号	企业名称	纳税额
1	成都京东世纪贸易有限公司	33463.97
2	四川顺丰速运有限公司	2948.17
3	百丽鞋业（成都）有限公司	4160.74
4	成都百都科技有限公司	4804.91
5	成都丽维家科技有限公司	1055.98
6	成都法和药业集团有限公司	522.08
7	四川千机网科技有限公司	−196.38
8	成都拜欧药业股份有限公司	384.00
9	成都卡美多时尚科技有限公司	173.34
10	成都八益飞扬电子商务有限公司	219.68

注：四川千机网科技有限公司 2021 年获政府退税扶持。

（张光一）

号闭门沙龙，以及天猫家装家具成都招商会、京东线上招商资源对接会等各类培训、资源对接活动11场，涵盖传统电商、直播电商、短视频电商等多个领域。组织多家企业参加省商务厅“川货电商节”“万商云川·四川好物四季直播”“网上年货节”，市商务局“成都数字生活消费节”“移动电商年会”等活动。

（张光一）

图082　位于武青东四路的京东西南总部大楼　　（悦湖新材料科技中心供图）

【省级电子商务新业态基地创建】2021年，区商务局参与省商务厅《四川省品质川货直播电商网络流量基地建设实施指导意见（试行）》编制，全面掌握电商新业态基地的建设标准，指导她妆美谷管委会在推进基地建设中与省商务厅标准保持高度一致。创建工作启动后，与省商务厅、市商务局建立联系机制，及时掌握创建工作动态。同时，争取到省市商务部门支持资金共260余万元，用于支持她妆美谷直播基地建设。8月，省商务厅对全省参与创建的电商直播基地进行综合评价，武侯区她妆美谷电商直播基地被认定为四川省电子商务新业态基地。

（张光一）

【电商直播活动】2021年，武侯区聚焦名片效应，大力开展直播电商活动。7月，区商务局与她妆美谷管委会共同策划举办“品质川货”直播电商购物节（成都数字生活消费节）武侯分会场活动——第三届她妆电商直播节暨她妆美谷电商供应链生态大会，吸引化妆品、女鞋、特色川产三大行业的35家供应商参与。相关商（协）会代表、苏宁“超级买手”等头部采购商代表以及知名MCN直播机构代表等300余人出席活动，活动还邀请眉山市东坡区特色企业参加，深化两地电商领域合作。10月，区商务局联合她妆美谷组织彩虹集团、卡美多鞋业、谷小酒酒业等多家重点企业参加省商务厅举办的“万商云川·四川好物”四季直播活动，搭建沟通交流平台，推动优质企业与知名电商主播资源对接，培育壮大“品质川货”消费新模式，促进线上线下融合、产业融合、区域融合。

（张光一）

图083　2021年7月25日，她妆电商直播节开幕。图为她妆美谷电商直播基地主播进行鞋品直播销售　　（她妆美谷供图）

大健康产业
Big Health Industry

【概况】2021年，武侯区依托“一校四院”（四川大学及所属华西医院、华西第二医院、华西口腔医院、华西第四医院）等大健康产业优势资源，以环华西国际智慧医谷建设为“建圈强链”落脚点，重点发展高端医疗医美、创新健康服务、大健康金融等领域，着力打造健康集聚高地、中国“医美之都”核心承载区。全年签约上海新增鼎、广州达晖生物等大健康主导企业18家，招引清云智通、维伟思医疗等头部企业52家，其中成都奥泰珍、四川护牙之家等大健康企业24家，现代财险、泰山保险等大健康金融企业5家。由武侯高新公司专业化运营管理华西健康谷7.2万平方米高品质科创空间，吸引成都生基赛尔生物科技有限公司、四川中科博瑞生物科技有限公司等45家产业链高端企业入驻；聚集医美机构130余家，约占全市的36%，其中医美医院12家；5A级医疗美容医院4家，占全市的44.4%，包括米兰柏羽、大华韩艺、铜雀台、汉密尔顿、西婵整形等龙头企业。2021年，武侯区医疗美容卫生从业人员达到3726人，比上年增加6.1%。举办第四届环华西国际智慧医谷发展论坛暨“一校四院”科研成果发布会、2021“医美之都”北京招商推介会等高品质产业活动12场；开展营商环境推介43批次。年末，华西医美健康城有大健康企业938家。

（王正云　唐　艳　李登伟）

【环华西国际智慧医谷建设】2021年，环华西国际智慧医谷初步成势，重点科创空间建成投用，多个创新成果转化应用场景接续营造。建成转化医学国家重大科技基础设施（四川）项目、四川大学华西医院转化医学综合楼、华西健康谷等大健康产业重大项目，其中四川大学华西医院转化医学综合楼、华西健康谷建成投用；包装策划礼仪职中产业项目，完成武侯华西健康服务创新中心打造。依托环华西国际智慧医谷智库，发挥魏于全院士、张兴栋院士等智库专家作用，智领产业发展。加快推动艾立本医疗“呼出气

图084　2021年12月29日，华西医院专家在第四届环华西国际智慧医谷发展论坛上介绍团队科研成果（区融媒体中心供图）

癌症早筛”项目、华大康泰生命科技“干细胞制备中心”项目、中航联创“3D打印微针”项目、四川大学“用于肿瘤治疗的放射性微球”项目等项目在武侯区转化落地。用好用活大健康领域综合科技创新服务平台——环华西科创平台，常态化发布“一校四院”前沿科研成果，平台上线以来，集中发布前沿科技成果52项，促成生基赛尔、孔确基因等10个项目落地转化。

（雷　利　唐　艳　李登伟）

【中德口腔医疗产业对接会】2021年4月16日，以“共筑新格局　共建经济圈”为主题的武侯区第一届中德口腔医疗产业对接会暨口腔数字化技术高峰论坛在四川大学国家双创示范基地举行。论坛上，专家组联合发布《中德口腔医疗产业可持续发展专家共识》，提出依托华西大健康产业功能区的产业支撑，联合德国数字口腔优势资源，共同搭建综合性口腔数字化医疗健康产业发展平台，在人才培养、学术创新、产业联合等多方面展开深度合作，助推成都市口腔医疗产业生态圈发展。

（唐　艳）

【2021“医美之都”北京招商推介会】2021年7月13日，武侯区举办2021“医美之都”北京招商推介

图085　2021年7月13日，武侯区举办2021“医美之都”北京招商推介会活动（华西医美健康城供图）

会，成都市和武侯区相关领导及相关医美产业专家、上下游龙头企业代表等120余人出席会议。会上，华西医美健康城分别与北京美沃斯管理咨询有限公司、痕迹资本、联合丽格医疗美容集团、笛卡尔医疗管理有限公司（美帕）、珈溪国际集团、欧华美科等企业签署战略合作协议。20名医美产业代表现场发起筹备“医美之都”产业发展联盟。

（唐　艳）

金融业
Financial Industry

【概况】 2021年，武侯区金融业增加值267.6亿元，比上年增长5.3%，占全区地区生产总值的19.7%。年末，区域内有中国人民银行、成都农商银行等各类金融机构500余家。成都农商银行等10家企业被评为2021年度武侯区金融业纳税十强企业（详见表55）。

（敬　佩）

【金融业扶持】 2021年，武侯区出台《促进金融业高质量发展若干扶持政策》及实施细则，落实金融扶持政策。全区110家企业申报金融业发展专项资金补贴约2550万元。区国资和金融局落实《成都市武侯区金融优秀人才扶持细则（试行）》《成都市武侯区金融业政府智囊团专家选聘工作细则（试行）》和武侯区优秀人才培养计划，选聘金融“诸葛优才”6名、金融产业政府智囊团专家4名，形成有梯度、分层次、差异化的“诸葛优才+诸葛雏鹰”“优秀金融人才+智囊团专家”的金融业人才队伍。

（敬　佩）

【金融业招商引资】 2021年，区国资和金融局落实“武侯区项目招引攻坚行动”，开展小分队招商和赴外投资营销活动。联合武侯高新技术产业发展股份有限公司举办“智谷金融荟”第四期——武侯区企业上市培训活动，联合成都银行股份有限公司试点开展“武宜贷”金融纾困暖企行动，邀请四川省投资基金业协会、大成（成都）律师事务所、区级相关部门、五大产业功能区以及部分基金企业负责人召开武侯区私募基金企业座谈会，协助承办C9中国医美产业创投论坛（2021武侯专场）。推进“高能级重大项目招引攻坚行动”，强化金融招商实效，新增注册落地金融类项目19个，其中金融项目注册6个、类金融新增企业及新增业务13个，包括泰山财险四川分公司项目、创利国际西南总部项目等2个市级重大项目（详见表56、表57）。

（敬　佩）

【企业上市】 2021年，区国资和金融局强化上市企业培育，优化武侯营商环境，召开企业上市联席会议，利用市级企业上市“绿色通道”，吸纳专业金融服务团队，推动重点优质企业登陆资本市场发展壮大。全年有新希望服务、领悦服务集团等2家企业在港交所上市，德芯科技、华日通讯等5家企业进入上市辅导备案；储备拟上市企业24家。截至年末，武侯区累计上市企业18家，其中上交所主板5家、深交所主板4家、深交所创业板4家、港交所5家，上市企业数量位列成都市五城区第一。

（敬　佩）

【“蓉易贷”推进】 2021年，区国资和金融局牵头推进实施政策性“蓉易贷”普惠信贷工程，为武侯区中小微企业发展提供金融支持。建立“蓉易贷”部门联席会议制度，指导各产业功能区、街道、辖区试点银行机构建立“蓉易贷”服务中心27个。宣传“蓉易贷”政策，摸排企业融资需求580余家，向成都市推荐入库武侯区白名单企业1021家。武侯区联合成都银行在“蓉易贷”框架下创新推出“武宜贷”，制定“武宜贷”金融纾困暖企行动方案，通过“政府贴息、银行让利”双重惠企模式助推中小微企业获得贷款便利化；优化白名

图086　2021年9月29日，武侯区举行三季度重大项目招引攻坚行动签约仪式（区融媒体中心供图）

表 55　2021 年武侯区金融业纳税十强企业一览表

单位：万元

序号	金融企业名称	纳税额
1	成都农村商业银行股份有限公司	194917.82
2	浙商银行股份有限公司成都分行	16591.56
3	平安普惠融资担保有限公司四川分公司	15759.92
4	中国平安财产保险股份有限公司四川分公司	10710.37
5	重庆银行股份有限公司成都分行	8450.51
6	上海银行股份有限公司成都分行	8301.90
7	中国银行股份有限公司成都武侯支行	7978.06
8	中信银行股份有限公司成都万兴路支行	7643.71
9	交通银行股份有限公司成都武侯支行	5946.3
10	中国人民财产保险股份有限公司成都市分公司	5463.65

（敬　佩）

表 56　2021 年武侯区新增金融项目注册情况表

序号	新注册公司（项目）名称	注册日期
1	北京大树保险经纪有限责任公司四川分公司	1 月 5 日
2	四川裕承保险代理有限责任公司成都分公司	2 月 3 日
3	陕西凯森保险代理有限公司成都武侯营业部	3 月 29 日
4	东莞证券股份有限公司高升桥路证券营业部	4 月 26 日
5	泰山财产保险设立四川分公司项目	5 月 24 日
6	现代财险四川分公司	12 月 29 日

（敬　佩）

表 57　2021 年武侯区类金融新增企业及新增业务情况表

单位：万元

序号	实际注册公司（项目）名称	注册日期	注册资本
1	成都市武侯社区商业投资发展有限公司项目	1 月 8 日	500
2	成都市武侯科技创新产业投资有限公司项目	1 月 8 日	500
3	成都市武侯卫生教育资产管理有限公司项目	1 月 8 日	500
4	成都武侯音乐产业投资有限公司项目	1 月 8 日	500
5	成都武兴投资有限公司项目	1 月 8 日	1000
6	大悦城控股集团成都有限公司项目（新增业务）	1 月 20 日	23500
7	成都市中胜天弘投资有限公司项目（新增业务）	2 月 1 日	1000
8	成都武侯文旅投资有限公司项目	3 月 4 日	10000
9	创利国际西南总部项目	4 月 9 日	100000
10	四川省中医药大健康产业投资集团成都健康管理有限公司项目（新增业务）	4 月 15 日	1000
11	成都薯片科技公司（新增业务）	4 月 15 日	1000
12	四川同兴股权投资基金有限公司（新增业务）	4 月 20 日	10000
13	四川天府商业保理有限公司项目	12 月 14 日	50000

（敬　佩）

单制度、银行全流程协助贷款和贴息申请流程等措施，解决企业融资困难，提升武侯区白名单质量和白名单企业获贷率。截至 12 月 31 日，武侯区“蓉易贷”累计贷款 11687 笔 67.2 亿元，贷款笔数和金额均居成都市第一。

（敬　佩）

【中国人民银行成都分行】 中国人民银行成都分行成立于 1998 年 12 月 12 日，位于二环路南二段 15 号，是中国人民银行九大分行之一。1999 年 1 月 1 日起，在四川省、贵州省、云南省、西藏自治区行政区划内履行中央银行有关职能。中国人民银行成都分行下辖 1 个营业管理部，3 个省会城市中心支行、50 个市地州中心支行、267 个县支行，辖内各级机构共有干部职工 1.38 万人。根据《中国人民银行法》有关规定和总行授权，成都分行主要负责在四川省贯彻执行中央银行存款准备金、利率等有关货币信贷政策，监督管理金融市场；负责管理四川省金融统计工作，分析、研究四川经济金融形势，为总行货币政策的制定提供信息和建议；负责管理四川省货币发行、信贷征信、经理国库以及反洗钱等工作；防范化解四川省系统性金融风险，维护地区金融稳定；管理四川省外汇、外债和国际收支业务；负责管理西南四省区人事、内审、党务等工作。

（敬　佩）

【融资担保公司】 2021 年，武侯区内有融资担保公司 9 家，注册资本金合计 42.8 亿元，其中 10 亿元以上的 3 家、1 亿元至 10 亿元的 6 家（详见表 58）。融资担保在保余额 48.47 亿元，在保户数 7139 户，全年累计提供融资担保 32.74 亿元，累计担保户数 3670 户；上缴税金 2463.91 万元。

（敬　佩）

【小额贷款公司】 2021 年，武侯区内有小额贷款公司 13 家，注册资本金共 38.57 亿元(详见表 59)。其中，3 亿元以上的有 8 家，1 亿元至 3 亿元的 5 家。全年累计发放贷款 4064 笔 28.38 亿元，年末贷款余额 38.15 亿元；上缴税金 5072.48 万元。

（敬　佩）

【典当行】 2021 年，武侯区内有典当行 36 家，注册资本金合计 5.35 亿元（详见表 60）。其中，注册资本 1000 万元以上的企业有 26 家。

（敬　佩）

【融资租赁公司】 2021 年，武侯区内有融资租赁公司 7 家（详见表 61）。其中，内资企业 4 家，注册资本金 25.4 亿元；外资企业 3 家，注册资本金 1.3 亿美元。

（敬　佩）

表 58　2021 年武侯区融资性担保公司基本情况表

单位：万元

序号	公司名称	注册资本金	注册地址
1	四川创业融资担保有限公司	107000	武科西二路 5 号
2	成都市现代农业融资担保有限公司	105000	群众路新 2 号
3	成都武侯中小企业融资担保有限责任公司	101000	武青南路 33 号
4	成都市建设融资担保有限公司	30008	人民南路四段 45 号新希望大厦 18 楼
5	成都市农村产权流转融资担保股份有限公司	30000	群众路新 2 号
6	四川省金汤融资担保有限公司	20000	人民南路四段 27 号商鼎国际 1 号楼 1 单元 1008 号、1009 号
7	四川鑫和易融资担保有限公司	15000	金履二路 1 号 2 栋 601 号
8	成都瑞信融资担保有限公司	10000	人民南路四段 1 号 1 栋 1 单元 17 楼 1-1 号
9	成都乐浦堂融资担保有限公司	10000	武兴路 588 号

（敬　佩）

表 59　2021 年武侯区小额贷款公司情况表

单位：万元

序号	公司名称	注册资本金	注册地址
1	四川武侯蜀商小额贷款有限公司	50000	人民南路三段 2 号 1 栋 16 楼 5 号
2	成都博瑞小额贷款有限公司	50000	领事馆路 8 号
3	成都武侯武兴小额贷款有限责任公司	50000	武科西五路 360 号西部智谷 B 区 6 栋 2 单元 2 楼
4	成都锦融小额贷款有限责任公司	50000	双凤五路 287 号 8 栋 5 楼附 13~14 号
5	成都市武侯惠信小额贷款有限责任公司	30000	人民南路四段 45 号 1-1-1806 号
6	成都市武侯区汇弘小额贷款有限公司	30000	火车南站西路 27 号 1 栋 16 楼 3~5 号
7	成都武侯瀚曦小额贷款有限公司	30000	领事馆路 7 号 1 栋 2 单元 5 楼 504 号
8	四川科锐得小额贷款有限公司	30000	武科西一路 85 号鼎晟国际 A 栋 2 单元 7 楼
9	成都市武侯区金昌源小额贷款有限公司	15720	长益路 92 号 1 栋 3 楼
10	成都武侯瑞银小额贷款有限公司	15000	长华路 19 号万科汇智中心 23 楼 2307 号
11	四川成都武侯区创投小额贷款公司	15000	武科西二路 5 号 9 栋 1 楼 1 号
12	四川武侯融通小额贷款有限公司	10000	航空路 6 号丰德国际 D3 座 201 号
13	成都市武侯区德福小额贷款有限公司	10000	龙腾东路 36 号中海大厦 1 栋 11 楼 9 号

（敬　佩）

表 60　2021 年武侯区典当行一览表

单位：万元

序号	公司名称	注册资本金	地址
1	四川鸿禧典当有限责任公司	5000	玉林北路 3 号 15 楼
2	成都夏邦典当有限责任公司	4000	长华路 68 号及 70 号 1 楼

续表 60

序号	公司名称	注册资本金	地址
3	成都鲁冰典当有限责任公司	3000	科华北路 68 号 1-1 栋附 10 号
4	四川晋商典当有限责任公司	3000	武侯祠大街 232~238 号 4 楼 1 号
5	成都市达昌典当有限责任公司	3000	小天东街 3 号附 20 号
6	四川蓉城典当有限公司	3000	七道堰街 1 号高升大厦 4 楼 05B 号
7	成都诚鑫典当有限公司	2200	高新路 8 号
8	成都瑞和典当行有限公司	2000	长华路 19 号 3 栋 20 楼 2011 号
9	四川省鸿富典当有限公司	2000	武兴五路 28 号
10	四川聚乾通典当有限公司	1760	武阳大道一段 558、560、562 号
11	成都融泰典当有限公司	1530	双楠路 326 号
12	四川聚鑫源典当有限公司	1500	新光路 1 号观南上域 6 栋 1001~1003 号
13	成都市同兴典当有限责任公司	1500	武侯祠大街 238 号
14	四川青鸟典当有限公司	1500	二环路南四段 51 号 1 栋 12 楼 5 号
15	四川省顺鑫典当有限责任公司	1500	高升桥南街 2 号 1 楼 9 号
16	四川鑫富典当有限责任公司	1500	武科东四路 11 号
17	成都七宝树典当有限公司	1000	一环路西一段 130 号 1 栋 7 楼 719 号
18	成都市解难典当有限责任公司	1000	武侯大道顺江段 27 号
19	成都市金安典当有限责任公司	1000	佳灵路 3 号 2 栋 5 楼 515 号
20	四川春源典当有限责任公司	1000	致民路 34 号附 3 号
21	成都市仁缘典当有限责任公司	1000	佳灵路 10 号附 5 号 1 楼
22	四川省海迅典当有限责任公司	1000	永顺路 135 号 1 楼
23	四川省元晟典当有限公司	1000	人民南路四段 48 号附 43 号 1 楼
24	四川安邦典当有限公司	1000	武侯祠大街 266 号 1408 号
25	四川龙润典当有限公司	1000	桐梓林东路 2 号 105 栋 3 单元 2 楼 3 号
26	四川永昌典当有限公司	1000	航空路 7 号华尔兹广场 1 栋 26 号
27	成都市华夏典当有限责任公司	800	广福桥横街西藏内地办学成都培训中心
28	成都市远洋典当有限责任公司	650	佳灵路 20 号 1 栋 7 楼 7 号
29	四川省大益典当有限责任公司	600	人民南路四段 57 号 1 楼 10 号
30	成都市鑫聚源典当有限责任公司	500	武侯祠大街 19 号 1 栋 3 楼 310 号
31	成都德汇鑫典当有限公司	500	聚龙路 68 号 1 栋 8 楼 77 号
32	四川永利典当有限公司	500	高升桥南街 1 栋 1 楼
33	四川融通典当有限责任公司	500	人民南路四段 26 号 1 栋 1 单元 708 号
34	成都市恒昌典当有限责任公司	500	高升桥东路 22 号附 4 号
35	四川佳创典当有限责任公司	500	高升桥路 22 号附 12 号
36	成都双赢典当行有限公司	500	红牌楼路 445 号 2 栋 1 楼附 101 号

（敬　佩）

表 61　2021 年武侯区融资租赁公司情况表

序号	公司名称	注册资本	注册地址
1	成都德禾隆融资租赁有限公司	100000 万元	长益路 11 号 1 栋 3 楼 44 号
2	成都汉华融资租赁有限公司	20000 万元	二环路西一段 6 号 8 楼 808 号
3	四川御丰泰融资租赁有限公司	17000 万元	中央花园金钻二期 B 栋 9 号
4	成都汇银融资租赁有限公司	17000 万元	领事馆路 7 号 1 栋 2 单元 809 号
5	天府国际融资租赁有限公司	5000 万美元	郭家桥南街
6	一诚融资租赁有限公司	5000 万美元	星狮路 511 号 1 栋 4 楼 42 号、43 号
7	利斯特融资租赁（成都）有限公司	3000 万美元	人民南路四段 46 号附 1 号 2 栋 12 楼 1201 号

（敬　佩）

【商业保理公司】 2021年，武侯区内有1家商业保理独立法人公司——四川天府商业保理有限公司。该公司成立于2021年12月14日，位于太平寺西路3号A1栋，注册资本5亿元，由武侯资本集团和四川金控集团旗下四川发展融资担保股份有限公司、天府信用增进股份有限公司共同出资设立，主营省内核心企业应收账款融资业务，并提供其产业链上下游中小企业的综合金融服务，是全省首家由省属金融企业出资，注册资本最大的商业保理公司。

（敖 佩）

【银行机构】 成都银行 成都银行前身为成都市商业银行，成立于1996年12月，是以国有股本为主、股权多元化的地方性股份制商业银行。银行注册资金36.12亿元，在岗员工5600余名，下辖重庆、西安、广安、资阳、眉山、内江、南充、宜宾、乐山、德阳、阿坝、泸州、天府新区13家分行和31家直属支行（部）、190余家营业网点，发起设立国内首批、中西部第一家消费金融公司——四川锦程消费金融有限责任公司以及江苏宝应锦程和四川名山锦程村镇银行，并入股西藏银行。成都银行在武侯区设有川大支行、玉林南路支行、棕北支行、跳伞塔支行、高升桥支行、武侯新城支行、金花支行、菊乐路支行、洗面桥支行等20余家支行，网点覆盖全区。2018年1月31日，在A股上市。2020年7月，英国《银行家》杂志公布“2020年全球银行1000强”榜单，成都银行排名攀升至第254名，较上年提升15位。2021年末，成都银行总资产7683.46亿元，各项存款5441.42亿元，贷款3896.26亿元。

成都农商银行 成都农商银行是经国务院同意、原银监会批准，在原成都市农村信用社基础上改制成立的股份制商业银行，总部位于科华中路88号，2010年1月开业，注册资本100亿元。全行设有各层级机构649家，其中总行营业部1家、分行8家、支行173家、分理处467家。在山东、江苏、福建、河北、四川、云南、新疆等地发起设立的39家中成村镇银行全部开业。成都农商银行坚持服务“三农”、中小企业和地方经济建设。2020年，成都农商银行被评为武侯区2019年度“纳税十强企业”“纳税百强企业”“纳税大户”；成都农商银行微信公众号在中国农村金融杂志社“首届中国农村金融传播力价值榜”入选“十佳最具影响力微信公众号”。2021年年末，成都农商银行总资产2181.71亿元，营业收入138.56亿元，净利润45.03亿元。

友利银行（中国）有限公司成都分行 韩国友利银行成立于1899年，是韩国第二大全国性商业银行，也是韩国唯一的国有银行。2012年1月，友利银行入驻武侯区，在人民南路三段1号设立友利银行（中国）有限公司成都分行。成都分行目标客户群体包括在川韩资企业、韩国侨民，以及川内中资中小企业、成都地区个人客户等。分行大力拓展个人住房按揭贷款业务，在国际结算及金融服务方面有长足发展。

上海银行成都分行 上海银行成都分行成立于2008年11月11日，位于航空路1号国航世纪中心大厦2栋，是上海银行在西部地区开设的第一家分行。分行拥有包括营业部在内的9个营业网点以及30余个自助服务网点。该行在稳健经营、规范管理的基础上，发挥自身优势，相继推出小企业金融系列服务、贸易融资业务、沪港台业务等特色业务，以及“慧通理财”系列个人理财产品、个人贷款类产品、信用卡、电子银行等业务。

浙商银行成都分行 浙商银行成都分行是浙商银行在浙江省外成立的第一家分行，于2006年12月正式开业。位于洗面桥街39号，辖乐山分行、双楠支行、人民南路支行等8家分（支）行。2020年，该行资产质量列辖区内股份制银行第一，监管评级由2C上调至2B，获“四川银行业金融机构小微企业金融服务先进单位”“四川银行业服务实体经济先进单位”及中国银行业协会“年度最佳社会责任特殊贡献网点奖”等荣誉。

富邦华一银行成都分行 2016年12月，位于人民南路四段19号1栋的富邦华一银行成都分行正式开业，是富邦华一银行有限公司设立在中国大陆中西部地区第一家分行。富邦华一银行是由海峡两岸共同出资组建的商业银行，1997年6月，在上海浦东新区正式开业。2013年12月，该行获得中国银监会核准进行股改及增资。2014年1月，完成股改及增资后，该行注册资本增加至21亿元，另20%股权由上海浦东发展银行股份有限公司持有。2014年4月，中国银监会批准银行中文名称更名为“富邦华一银行有限公司”。2016年10月，经中国银监会核准，富邦金融控股股份有限公司受让上海浦东发展银行有限公司持有本行的20%股权，本行正式成为富邦金控旗下全资子公司。截至2021年末，该行在全国开设营业支行23家。

招商银行成都分行 招商银行

成都分行成立于1994年，是招商银行在四川省设立的直属分行，拥有52家分支机构，近2000名员工，资产、存款总额均超千亿元。成都分行打造“一卡通”“一网通”“信用卡”“生意贷”“i理财”“摩羯智投”“金葵花理财”“私人银行”等金融品牌，在信用卡、财富管理、电子商务等领域跻身全国优秀分行行列。成都分行开展“支持大众创业、服务中小企业”“千鹰展翼”系列活动，为众多中小企业提供结算、现金管理、投融资等服务；参与扶贫慈善、植树绿化、金融知识普及等公益活动。成都分行连续多年获成都地区“最佳零售银行”“最佳财富管理机构”“最佳信用卡服务银行”“最受欢迎电子银行”“最佳中小企业金融服务银行”“值得信赖金融品牌”等荣誉。

（伍三雄　王伦平）

文化创意产业
Cultural and Creative Industry

【概况】 2021年，武侯区以产业融合发展为依托，以强化招引力度为抓手，着力建设文商旅体融合发展基地，产业主导态势日益显现，市场主体发展活跃。签约引进上海广合文化传媒、广东佳音王、融创臻选等重点文旅项目12个。年末，全区有文创企业8557家，其中规模以上文创企业233家，标准以上文创企业577家，小微文创企业7747家，实现文创产业增加值143.24亿元，比上年增长12.5%。成都音乐坊入选“国家夜间文化和旅游融合示范区”和“四川省文旅融合示范项目”，三国创意园被确定为国家文化出口基地，成都力方视觉科技有限公司被评为国家文化出口重点企业。

（程建全）

【文创载体建设】 2021年，武侯区围绕天府文化，聚焦“文创武侯”建设，构建“两带牵引、四核驱动、多点支撑”的文创产业发展格局。推动智·C8文化创意产业园、成都音乐坊、宜居水岸生态旅游步道PPP项目、梵木Flying国际文化公园等4个重点文旅项目建设，完成文旅投资22亿元，推动文创产业园区提档升级，评选出天艺·浓园艺术博览园、力方视觉科技广场、梵木Flying国际文创公园、成都音乐产业中心、万里桥文旅创意产业园等5个区级文创产业园区。

（程建全）

【文创产业扶持】 2021年，武侯区出台《成都市武侯区疫情期间精准助企纾困解难的若干措施》并制定实施细则，帮助文旅企业渡过难关。深度培育企业发展壮大，印发《成都音乐坊产业发展专项扶持政策》并制定实施细则，突出文旅产业聚集。区文体旅局全年调研文创企业5批次，走访企业100余家次，协助30家文创企业（项目）申报省、市、区级产业扶持资金2147.53万元。其中，重点扶持成都力方视觉科技、成都世外桃源酒店等11家企业兑现区级政策补贴资金598.77万元；协助华博正火等3家企业（项目）申报省级旅游产业扶持资金1100万元。先后两批次扶持成都寰纬国际旅行社等15家企业申请2021年市级旅游产业发展专项资金367.762万元。协助星泽佑网络科技等申请市级体育产业发展专项资金81万元。

（程建全）

【文创人才队伍建设】 2021年，武侯区围绕人才优先发展战略定位，紧扣文化体育旅游事业和文创产业发展需要推进文创领域优秀人才培育、引进和扶持。立足文化、体育、旅游事业和重点发展的音乐、影视传媒、文博旅游、创意设计、数字娱乐、体育等产业，编制《武侯区文化体育旅游发展“十四五”规划（2021—2025年）》。通过闭合产业链，形成音乐相关链条上的人才集聚，实现“人—产”良性循

图087　2021年9月29日，武侯区在重大产业化项目投资机会清单发布会上发布文创总部基地项目
（区融媒体中心供图）

环。启动音乐超级实习生计划，提供岗位200个；筹备开展音乐青年人才培训，参与800余人次；建设梵木Flying文创人才公园。孵化文创项目近千家，提供文创人才就业岗位2000余个，开展青年艺术家人才展览演出等10余场，开展企业人才服务沙龙10余场。

（赵　容）

【BY1906文化创意工厂】 BY1906文化创意工厂位于高远一路15号中国人民解放军第7322工厂（简称7322厂）院内。源起清末四川总督丁宝桢创建的四川机械总局下属的兵工分厂（俗称成都白药厂），建成于清光绪三十二年（1906年），占地9.33万平方米。院内有多栋清末建筑，是百年前洋务运动的历史遗存、成都市文化部门确定的“成都文化地标”。2017年，按照区委、区政府部署，区级有关部门协调配合，火车南站街道与7322厂联合搭建平台，全面挖掘百年军工文化底蕴，对2.93万平方米老旧厂房以修旧如旧的方式整修，同时对周边和厂区内的道路、绿化、标志标牌、院落环境等进行综合整治，引进和培育创意设计、体育健身、艺术培训等八大类文创业态，打造成“BY1906文化创意工厂”。2020年，火车南站街道成立由高攀桥社区党委引领的园区企业联盟，实现园区自我管理和自我服务。截至2021年末，园区入驻文创企业53家。其中，“且慢造物”“秋拾花艺”“KU&FUN PARK滑雪馆”等多家文创企业成为特色旅游点位，登上“武侯区旅游全城全景图”和“掌游武侯”平台，形成园区系列文旅IP。

（张福林）

【梵木Flying国际文创公园】 梵木Flying国际文创公园前身为建于1966年的成都滑翔机制造厂。园区面积约4万平方米，总投资近3亿元，业态涵盖美学生活空间、企业办公空间、互动艺术空间、原创孵化空间等综合性文创产业。2020年，梵木Flying国际文创公园入选国家级文化产业示范创建园区名单，创建期3年，为四川省唯一入选园区。2021年，园区入驻企业666家（含虚拟注册企业），其中文创产业占72%，包括行业知名音乐厂牌草台回声、海葵音乐、呱呱电音、杜奕衡工作室、HiHouse、万象印画等文创企业。企业注册资本94.32亿元，总产值约6亿元，拥有知识版权752个。

（程建全）

【音乐坊步行街入选省级步行街改造提升试点】 2020年12月31日，省商务厅官方网站发布2020年省级步行街改造提升试点名单公示，成都音乐坊步行街位列其中。2021年，按照国际音乐之都核心区和国际音乐生态示范区的建设目标，成都音乐坊初步形成国际音乐文化交流集群、音乐IP孵化集群、音乐消费场景集群三大独有资源。位于音乐坊核心区域的成都音乐产业中心，是集音乐、文化创作演出及交流等多种功能于一体的文化创意创业综合体，囊括创意消费、联合办公、产业发展、产业孵化等多种业态，形成全音乐产业链体系。截至年末，步行街内汇聚音乐文化企业70余家，涵盖成都市及音乐坊内原创音乐孵化、乐器展销、教育培训、演艺演出、数字音乐及音乐版权服务等六大音乐支柱产业。

（王伦平）

图088　成都音乐坊音乐大道冬日景色　（成都音乐坊供图）

住宿餐饮业
Catering Industry

【概况】 武侯区位于成都市中心城区的核心区域，是成都市餐饮品牌与街区的聚集地。住宿餐饮业与旅游业、文化创意产业联动发展优势明显，内涵发展、智慧创新发展特色突出。2021年末，武侯区内有宾馆酒店100余家（不包括小旅馆、民宿），其中星级酒店13家，遍布全区各主要街道，在主干道、汽车站周边、地铁站点、主要商圈等地最为集中。有餐饮服务单位41000余家，其中经营正常的25000余家，限额以上餐饮企业有64家（详见表62）；每月新增开店与新增关店比值为4 ∶ 1，全区餐饮业零售总额124亿元，比上年增长40.1%。

（王小菠）

【宾馆酒店】 2021年，武侯区内有成都凯宾斯基饭店、明宇尚雅饭店、成都首座万丽酒店3家五星级酒店，成都向阳大厦宾馆、成都汉易酒店2家四星级酒店，华西天使宾馆、康定酒店等6家三星级酒店，雷剑宾馆、成都市交通饭店2家二星级酒店，以及其他各具特色的宾馆酒店。（参见表63）

（杨　燕）

【餐饮行业转型升级】 2021年，区商务局与区餐饮美食行业协会分析研究消费者消费习惯和消费方式的变化，推出武侯区餐饮行业监控及会员系统平台，并推动餐饮企业诚信体系建设，促进传统餐饮服务业的转型升级。推动餐饮业与互联网深度融合，利用微博、微信、电商网站等平台，创新推出推广营销、外卖外送、促销团购等服务；建立餐饮数据网，从地理位置、商家存量、新增数据、商家指数等多维度，对区内品牌连锁商家、优质商家、爆款产品、首店首秀等情况进行统计，全方位在线监测和实时反映新开餐饮的详细需求；推动餐饮企业建立营销体系，一体化解决商户在移动支付、微信点餐、餐饮收银、用户沟通、成本控制等方面的问题。同时，区餐饮美食行业协会推出“武侯美食手绘地图”小程序，统一将

表62　2021年武侯区限额以上餐饮企业一览表

序号	企业名称	所属街道	备注
1	成都钦善斋餐饮发展有限公司	浆洗街	
2	成都市小盆景铜锅居餐饮管理有限公司		
3	成都老房子青竹花溪大酒楼有限公司		
4	成都大妙餐饮有限公司		
5	成都锦城印象红餐饮管理有限公司		
6	成都市锦河别院餐饮娱乐有限公司		
7	成都金龙渔港双楠餐饮有限责任公司		
8	成都董记餐饮有限公司		
9	成都三顾园餐饮娱乐有限公司		
10	成都瓦晒餐饮管理有限公司		申报退库
11	成都和胜餐饮酒店管理有限公司		新入库
12	成都将帅餐饮管理有限公司		新入库
13	成都麻辣一哥餐饮有限公司		新入库
14	成都武陵山珍餐饮管理有限公司		新入库
15	成都众乐乐餐饮管理有限公司	望江路	
16	成都世外桃源酒店有限公司		
17	四川名荟餐饮管理有限公司		
18	成都薛涛餐饮服务有限公司		
19	四川顺心餐饮投资管理有限公司	火车南站	
20	成都维华唐宫餐饮管理有限公司		
21	成都漾亚雍雅河鲜酒店管理有限责任公司		
22	成都鳍合轩餐饮酒店投资有限公司		
23	成都大自在餐饮有限公司		
24	成都云门锦翠餐饮有限公司		
25	成都市红高粱荟锦绣河山海鲜酒楼有限公司		
26	成都洪强餐饮管理有限公司		
27	成都澜轩餐饮管理有限公司		
28	成都锦翠餐饮有限公司		
29	成都市卞氏菜根香概念餐饮有限公司		
30	成都梓楠餐饮有限公司		
31	成都柴门工馆餐饮有限责任公司		
32	成都米兰咖啡餐饮娱乐有限公司		
33	四川宴御饮食文化传播有限公司		
34	成都妙汇商务服务有限责任公司		
35	成都骊宴餐饮管理有限公司		
36	成都欧舟房子餐饮有限责任公司		
37	成都真炙餐饮有限公司		
38	成都南汇伍柒餐饮管理有限公司		申报退库
39	成都市老码头餐饮娱乐有限公司	玉林	
40	成都大海湾餐饮娱乐有限公司		
41	成都三只耳火锅连锁有限公司		
42	成都蜀九香餐饮管理有限公司		
43	成都六品老灶餐饮有限公司		
44	成都科华廊桥文化传播有限公司		
45	成都禾风餐饮有限公司		新入库
46	成都远诚餐饮有限公司		新入库

会员单位及相关企业纳入，并与企业小程序实现链接，建立完善CRM客户管理系统，增强对年轻消费群体的吸引力，不断拓展新的消费增长点。年末，全区限额以上餐饮企业64家；连锁餐饮店100余家，其中米其林餐厅12家、黑珍珠餐厅7家、大众必吃榜餐厅8家。全区餐饮企业电子商务交易额比上年大幅增加。

（王小菠）

【美食街区打造】 近年来，武侯区根据不同街区的历史文化、风俗习惯、人文环境等特点，结合街区现有基础和资源禀赋，科学规划和打造特色美食街区。截至2021年末，成功打造九眼桥酒吧街区、科华路美食街区、桐梓林咖啡漫生活街区、玉林火锅特色街区、耍都餐饮演艺街区、晋吉路餐饮娱乐街区、锦里特色街区、少陵路火锅酒吧特色街区、清河美食特色街区、红星穿巷子茶文化特色街区等餐饮特色街区，以及BY1906文化创意工厂夜展消费场景、鹭岛欧式风情步行街等商业集中街区。其中，九眼桥酒吧街区、锦里特色街区、桐梓林咖啡漫生活街区、大悦城潮玩休闲街区、BY1906文化创意工厂夜展消费场景、鹭岛欧式风情步行街等成为城市形象推广的重要标志性人文生态街区。

（王小菠）

【“中央厨房”打造】 2021年，武侯区以高标准满足参加第31届世界大学生夏季运动会人员需求为目标，按照规模化、标准化、多元化、智能化要求，构建“农产品生产基地＋中央厨房加工厂＋消费终端”的餐饮全产业链，培育提升改造一

续表62

序号	企业名称	所属街道	备注
47	成都卓锦餐饮管理有限公司	红牌楼	
48	成都双楠大蓉和餐饮有限公司		
49	成都禾绿餐饮有限公司		
50	成都双楠头啖汤餐饮有限责任公司		
51	成都鹭岛雍雅河鲜餐饮有限责任公司		
52	成都米兰投资有限公司		
53	成都市印象梧桐餐饮管理有限公司		
54	成都高粱红餐饮管理有限公司		申报退库
55	成都奥鑫餐饮管理有限责任公司		
56	成都郑连锅餐饮有限公司		
57	成都左岸娱乐有限公司		
58	成都美味人生餐饮管理有限公司	晋阳	申报退库
59	成都友邦豪生酒店管理有限公司	机投桥	
60	成都平静生活服务有限公司	华兴	新入库
61	成都市宽亭餐饮管理有限责任公司	簇桥	
62	成都市航宸餐饮管理有限公司		新入库
63	成都西蜀森林酒店有限责任公司	金花桥	
64	成都迪仙香禾餐饮管理有限公司		新入库

（刘长胜）

表63　2021年武侯区辖区内主要宾馆酒店一览表

序号	名称	星级	地址
1	成都凯宾斯基饭店	五星	人民南路四段42号
2	明宇尚雅饭店	五星	临江西路1号
3	成都首座万丽酒店	五星	人民南路四段48号
4	成都向阳大厦	四星	二环路南二段23号
5	成都汉易酒店	四星	新希望路2号
6	心族宾馆	三星	人民南路四段34号
7	康定酒店	三星	武侯祠横街2号
8	华西天使宾馆	三星	电信南街10号
9	峨眉山饭店	三星	洗面桥街10号
10	蜀峰花园酒店	三星	武侯祠横街新2号
11	千禧大酒店	三星	一环路西一段119号
12	雷剑宾馆	二星	倒桑树街105号
13	成都市交通饭店	二星	临江路6号
14	波尔菲特酒店		佳灵路75号
15	嘉陵江酒店		洗面桥街19号
16	寅生国际酒店		武青南路7号
17	绿色数码酒店		新南路83号
18	橡树林酒店		龙江路20号
19	川大北苑宾馆		红瓦寺街24号
20	川大红瓦宾馆		望江路29号
21	川大科华苑宾馆		科华北路141号
22	成都世外桃源酒店		科华北路69号
23	爱舍儿酒店		一环路南一段9号
24	四川凯悦酒店公寓		一环路南一段9号
25	四川凯宾酒店		一环路南一段9号

续表 63

序号	名称	星级	地址
26	凤凰御庭酒店		一环路西一段 4 号
27	成都博尔特酒店		老马路 15 号
28	成都凤凰城酒店		桐梓林中路 2 号
29	成都瑞熙城市酒店		科华中路 139 号
30	冀果酒店		南台路 8 号
31	七斗星商务酒楼		南台路 8 号
32	友谊宾馆		领事馆路 2 号
33	小憩驿站酒店		科华北路 60 号
34	凉山宾馆		人民南路三段 11 号
35	成都紫会酒店		紫荆东路 151 号
36	蓝城快捷酒店		人民南路三段 16 号
37	桦林旅馆		人民南路三段 37 号
38	爱客酒店		人民南路四段 13 号附 1 号
39	天邑国际酒店		碧云路 8 号
40	蓉城映象国际酒店		龙腾西路 1 号
41	埃菲尔国际酒店		佳灵路 5 号
42	攀西印象酒店		晋吉南路 65 号
43	锦熙时代酒店		晋吉南路 99 号
44	海伦假日酒店		晋吉南路 59 号
45	帝锦大酒店		永康路 16 号
46	瀚洋大酒店		福锦路二段 21 号
47	家乡美酒店		簇锦北路 102 号
48	金海岸世纪大酒店		福锦路 288 号
49	成都市爱慕假日酒店		武青北路 76 号
50	西蜀森林酒店		永康大道 18 号
51	君子乐乡村酒店		永康路 618 号
52	木鱼精品酒店		金江中路 101 号
53	桔子酒店		武侯祠横街新 2 号
54	智选假日酒店		二环路西一段 5 号
55	丰德奥克伍德华庭酒店		新希望路 7 号
56	成都图腾铂雅酒店		高攀路 2 号
57	龙湾假日酒店		龙华北路 7 号附 7 号
58	希尔顿欢朋酒店		晋阳路 432 号
59	渝江饭店		潮音路 2 号
60	成都友豪锦江酒店		武科东二路 2 号

（杨　燕）

批管理规范、功能完备的“中央厨房”。在农产品生产基地，采用订单农业模式，根据需求布局相应的种植、养殖品种；“中央厨房”主要有统一采购、统一制作、统一配送、后续保障等功能，实现净菜加工配送、团餐生产配送、餐饮设备研发、餐饮大数据分析、食品安全溯源等生产全过程一体化，能够稳定、安全、持续向用户提供优质的餐饮产品。

（王小菠）

【特色餐饮】 钦善斋食府　位于武侯祠大街 247 号，该店主要经营以滋补、保健为主题的药膳川菜、药膳汤锅，菜单上的菜品都注明所用的药材，及食疗功效，食客可以根据所需任意选择。其招牌汤锅“冬虫夏草水陆空”，用甲鱼、乌鸡、鸽子、冬虫夏草，经 2 小时以上的慢火炖制而成，味道鲜美，有“蓉城第一汤”之誉。招牌菜桂香仔鸭，仔鸭先用桂皮、丁香等中药材卤制，再过油锅，不仅吃起来爽口、厚重，还有开胃健脾之功效；佛手参姜葱焗鲜蟹，使用可滋阴补气的佛手参，在发挥佛手参药效的同时，还保留螃蟹的鲜味；钦膳脆角虾将大虾和妙脆角一起下锅，虾肉外酥里嫩，鲜甜香脆。该店还有淮药罐罐牛肉、虫草炖土鸡、百合炖老鸭、钦善秘制排骨、石锅芋儿蛙等特色菜品。

大妙火锅　在武侯区有 2 家店，分别位于武侯祠大街 231 号锦里二期、太平园东三段 77 号。火锅中分 4 格，四四方方，辣与不辣间隔开来，方便不同顾客的口味需求。菜品新鲜精致，红白相间的雪花肥牛、腌制入味的麻辣牛肉、口感鲜脆的鹅肠、酥脆不腻的酥肉是特色菜品。另外嫩滑细腻、入口即化的豆花，清香解辣。大妙火锅锦里店的装修风格极具三国文化特色，晚上用餐还能观看川剧表演，让客人在享受美味的同时能够欣赏到传统艺术川剧变脸，别有趣味。

锦城印象火锅　在武侯区有 2 家店，分别位于武侯祠大街 19 号、倪家桥路 9 号。该店装修具有浓厚的巴蜀风格。菜品新鲜，现剪的极品仔鹅肠，入锅 8 秒即熟，口感香辣脆嫩；“锦城上上签”是用竹签串起提前腌制的大块牛肉，裹满辣椒，入锅烫熟后入口香辣；功夫腰花处理细致，毫无腥味，烫煮数分钟即可食用，再配上辣椒面，脆嫩鲜香。此外，该店还有雪花牛肉、鲜毛肚、绿色刀削面、佛打脆奶等

图089 2021年春节期间，市民在特色餐厅团年，品美食 （区融媒体中心供图）

特色菜品。

蜀九香火锅 在武侯区有4家店，分别位于少陵路435号、倪家桥路11号、太平南新街8号、武侯祠大街19号。该店主营重庆土灶全牛油火锅，锅底精选上等食材，小火慢熬而成，将“麻”“辣”“鲜”“香”做到极致，鲜香诱人。红汤红亮清润，香辣可口；白汤洁白似乳，鲜美回肠，再加上新鲜量足的菜品，顾客至上的服务，是成都好吃客们的飨宴天堂。还有鹅肠、猪黄喉、千层肚、九香牛肉、香菜圆子、现炸酥肉等招牌菜品。

老码头火锅 在武侯区有2家店，分别位于玉林中路29号、双楠路9号。火锅锅底香味浓郁、麻辣鲜香，入口不燥，回味无穷。菜品“尖叫牛肉”爽口嫩滑，煮熟后咬一口是牛肉的清香，再吃几口辣味涌起，香辣感充满口腔；“精品草原肚”口感脆嫩，富有嚼劲；牛排薄而大片，肉质鲜嫩还带有筋，烫熟后十分入味。另有爽滑厚实的牛舌、清脆爽口的黄喉、肉厚嫩滑的鳝鱼、新鲜脆嫩的青笋、浓郁可口的担担面等特色菜品。

大鱼山房 位于少陵路88号，主营鱼火锅。鱼现点现杀，有花鲢、三角峰、龙利鱼等品种。火锅底料现炒，桌上放置一口厚重的深口锅，倒油入锅，待油温升高，依次放入店内秘制的各种香料，待满锅红油翻滚，再加入汤水熬制。锅底熬开后，加入鱼头、鱼片、鱼肚等，10分钟后，再撒上少许香菜、辣椒面，麻辣鲜香的鱼火锅就做成了。该店有深水大鱼头、精品鱼腹、鱼泡、花鲢鱼肉、蛛网煎饺等招牌菜品。

九品风山珍宝酒楼 在武侯区有2家店，分别位于栖霞路46号附1~5号、科华中路178号。餐厅主要经营野生菌汤锅，将松茸菌、鸡枞菌、羊肚菌、各类牛肝菌放一锅内熬煮，菌味浓厚、汤汁充足、营养丰富。特色菜品九品菌汤，采用多种野生菌，熬制8小时后再加入高汤熬煮，菌香浓郁；鸡枞手撕牛肉，采用卤制的牛肉过油炸酥，鸡枞菌过油，再拌上特制的红油，香辣可口；干椒黄牛肝，将油烧热，加入黄牛肝菌、干辣椒等爆炒，香味扑鼻、入口鲜香；腐皮鸭卷，用豆腐皮包裹莴笋丝、胡萝卜丝、鸭皮、鸭肉，放入油锅炸至金黄，一口一个，深得女性和小朋友的喜爱。

卞氏菜根香 在武侯区有2家店，分别位于航空路7号、二环路南四段莱蒙都会广场。卞氏菜根香的灵感源于四川家喻户晓的泡菜。经过泡菜水的洗礼，去除荤菜油腻，保留素菜原有的鲜香，清淡爽口的味道让人口舌生津。卞氏菜根香特色菜是菜根老坛子、泡椒墨鱼仔及民间风味川菜等。菜根老坛子里除蔬菜外，还有耳片、猪尾、凤爪等荤菜，荤素搭配，色泽鲜艳诱人，菜品容器十分讲究，用小泡菜坛装盛上桌，“老坛子”还被授予外观设计等专利；而泡菜墨鱼仔是典型的创新川菜，用传统的泡椒去烹制海产品，既去掉其腥味，又保持其脆嫩。

小红袍·花胶鲍鱼鸡 在武侯区有2家店，分别位于新光路1号、高升桥北街6号。特色菜品有金牌花胶鸡、招牌小龙虾、小红袍招牌蟹、香烤扇贝等。金牌花胶鸡选用优质花胶、土鸡，配以多种食材精心烹制而成；招牌小龙虾采用洞庭湖或洪泽湖出产的小龙虾，以秘制调料烹饪，虾肉鲜嫩弹牙，虾黄饱满；小红袍招牌蟹蟹肉细嫩紧实，集鲜、嫩、香、辣于一身；香烤扇贝选用太阳岛精品扇贝，每颗扇贝上覆盖粉丝、小米椒、花生、芝麻，加上酸菜，小火慢烤，酸辣的酸菜配上爽滑入味的粉丝和细腻的扇贝肉，味道鲜美。

王鸡婆川菜馆 在武侯区有2家店，分别位于七道堰街36号附7号、通祠路29号。店内王拌鸡、椒麻鸡、白果炖鸡、墨鱼炖鸡、山药炖鸡等菜品都深得食客好评，尤其是那耗时数小时煨制的鸡汤，味纯香浓，喝过的人几乎都赞不绝口。

除此之外还有豆腐鱼、蒜苗回锅、盐菜炒土豆等拿手菜，都是传统地道的川味。

红灯笼菜馆　位于机投正街43号。主营特色中餐，大众消费。特色菜品鲜椒肘子，酸辣爽口；特色菜品二腊排骨，采用农家粮食猪的精排烟熏制成，肉质干香化渣，咸鲜适度，柏枝味浓郁，是下酒首选。另外还有仔姜兔、红汤鹅肠、藤椒鱼、高压糯米排骨、乡村拌土鸡等特色招牌菜。

刘仟万私房菜　位于机投桥街道清水河公园2号门内。店内菜品是江湖名菜聚集，制作方式讲究。招牌菜冷吃牛肉，摆盘漂亮，味道不同于地道自贡做法那般变态辣，拥有改良后的香辣。海南椰子鸡采取每日由海南文昌空运的文昌鸡加泰国鲜椰子现场烹煮。

黄伞肺片　在武侯区有2家店，分别位于郭家桥西街4号、双楠街85号。黄伞肺片因第一家店开在原黄伞巷而得名。肺片主要指牛心、牛肚、牛舌、牛头皮等内脏，黄伞肺片通过凉拌和卤制的方式制作，特色菜凉拌肺片用红油、辣椒等调味，配上芹菜、香菜等，汤汁充足，油而不腻，香辣可口。

戴鸭子　在武侯区有2家店，分别位于簇桥上街8号附101号、龙井南街50号。戴鸭子始创于清末，已有百余年历史，是很多人从小吃到大的老味道。店门挂一排做好的鸭肉，鸭肉外皮焦香、肥嫩流油，十分诱人。鸭肉先烤，再用卤水煮，鸭肉软糯，鸭皮薄嫩，满口回香。冒鸭血分量足，口感嫩滑，还带有一丝Q弹。该店特色菜除鸭肉外还有冒鸭肠、水煮肉片、干锅鸭唇等。

大蓉和酒楼剁椒鱼头　位于栖霞路46号，主要经营川菜，也有粤菜等其他菜系。剁椒鱼头是大蓉和的经典特色菜，也叫“红运当头”，曾得过美食比赛金奖。菜品在传统的剁椒鱼头制作方法上进行创新，先将鱼头在葱姜汁中加盐、料酒浸泡去腥；再将烧沸的热油泼在鱼头上，冷却后的油锁住鱼头的水分；一层层带有秘制酱汁的辣椒盖在鱼头上，似一个红灯笼，入锅蒸煮，最后撒上葱花，淋上油。软滑鲜嫩的鱼肉，蘸着鲜咸浓辣的汤汁，再配上几碗米饭或是用汤汁烩面条，那可是大饱口福。

菲尔家宴金汤鱼片　位于佳灵路5号埃菲尔国际酒店3楼，以经营传统及新派川菜为主。“金汤鱼片”是菲尔家宴最具特色的一道美味。“金汤”是用肥美的母鸡、粗壮的龙骨熬制而成的底汤，加入咸蛋黄和去了皮的绿豆小火慢煨而成。把熬好的“金汤”倒入高温铁锅，鲜香的气味随着沸腾的气泡扑面而来，被划成几近透明的龙利鱼片，经过秘制的去腥、腌制处理后，在翻滚的“金汤”中由青涩走向成熟。一碗“金汤鱼片”，清淡养生，滋味丰富，鱼肉细滑。

清粥小菜　位于晋吉北路282号附15号，主打营养粥品、精致小菜。清粥小菜选用进口的泰国米、香米以及糯米，邀请专家进行配比，兼顾营养和口感，每一份粥品都经过约3小时的小火慢煮，水米交融，入口顺滑香糯，久久回甘。特色粥品有皮蛋瘦肉粥、生滚鱼片粥、核桃黑芝麻粥、西红柿牛肉粥等16种。

陈天慧蘸水肥肠　位于簇锦南路1号附6~7号，新鲜的肥肠用熬制的高汤捞煮入味，细丝莲白打底，佐以秘制蘸水调料，口感顺滑软糯，再配上米汤和白米饭，令人食欲大增。特色菜品有热拌肥肠头子、土豆烧肥肠、凉拌猪耳朵等。

皇城坝小吃　位于武侯祠大街259号，该店汇聚成都大多数小吃种类，味道纯正、分量不多、价格便宜，可以满足外地人想短时间品尝成都所有小吃的想法。有面条细薄入味的担担面，香而不辣的甜水面，麻辣浓香的夫妻肺片，辛辣劲爽的川北凉粉，麻辣鲜爽的肥肠粉，甜而不腻的红糖糍粑，鲜嫩醇香的粉蒸牛肉等近40种小吃。

玉林串串香　在武侯区有6家店，分别位于玉林街26号、大悦路518号成都大悦城、科华街2号、新希望路4号、金履4路16号、菊乐路23号。其中，玉林店是成都第一家店，1995年开业。该店结合火锅的特性，将成都街头巷尾的“麻辣烫”引入座堂内。与传统的火锅直接将菜品放入锅中，烫熟后再捞起食用的方式不同，玉林串串香用竹签串上菜品，放入滚烫沸腾的锅中，把竹签另一端留在锅外方便取用。菜品有100余种，根据不同种类菜品烹饪、调味的需求，提前处理。店铺使用矮木桌子、宽木板凳，装修风格古色古香，颇有点儿童办“姑姑筵”的味道。

袁记串串香　在武侯区有2家店，分别位于南台路8号、科华北路8号。袁记串串品种花样繁多，荤素种类丰富，锅底大多选择红汤，红油透亮，味道醇厚。牛肉为其一大特色，每一串都分量很足，牛肉肉质鲜嫩，入口麻辣鲜香。泡椒牛肉将牛肉与泡椒串起，咬碎泡椒的瞬间，辣味达到巅峰；芹菜牛肉中的芹菜吸收了锅底的香辣，又保留着自然的清香；折耳根牛肉中的折耳根煮熟后绵软入味，配上鲜嫩的牛肉，香柔缠绕；豇豆牛肉中的豇豆是经过泡菜水浸泡，香脆酸辣。

图090　武侯美食地图（2021年）　（武侯区餐饮美食行业协会供图）

另外还有毛肚、魔芋、排骨、鸭肠、香肠、冻豆腐等特色菜。

钢管厂五区小郡肝串串香　在武侯区有7家店，分别位于玉林中路16号、双楠街176号、长荣路56号、科华北路143号、万兴路596号、晋吉北路282号、武侯祠大街19号。该店锅底用秘制香料熬煮而成，汤色红亮、麻辣鲜香。新鲜的特色郡肝，个头饱满，用刀切成郡花形状并腌制，放入汤锅煮熟后，味道香辣且有嚼劲；牛肉有香菜牛肉、芹菜牛肉、折耳根牛肉、泡椒牛肉、麻辣牛肉、薄荷牛肉等，一根竹签上串上牛肉和蔬菜，牛肉融合汤锅的香辣和蔬菜的清香，味道丰富浓郁。

天艺村　位于武侯大道三河段20号。天艺村美食坚持使用天然食材来调配食谱，并保留食材的鲜美及营养价值。推出的原创养生系列美食是追求生态、自然主义的最佳选择；推出的乐活系列美食，是专为都市人群量身打造的都会型生活食谱。一位浓园艺术家说："我们爱来浓园的天艺村，有时吃的不一定是它的料理，而是感觉。就像绘画、音乐，我们也总是表达某种情感、氛围。"

御翠草堂　位于武侯区金川北路永康森林公园内，不同于一般的度假村，御翠草堂内有青砖白瓦建筑、小桥、流水和珍贵植物，一派江南园林风貌，客人在这里可品茶、钓鱼及品尝美食。这里专做川西风味菜，并与粤菜、湘菜、西餐相结合。比如招牌菜，双色鳕鱼，鳕鱼滑油后用果酱炒匀，加红辣椒圈，为川粤结合；黑椒牛排，借鉴西餐做法，将牛排烤好后，浇上黑胡椒、鲍鱼汁等料汁，西式调味、中式吃法；御翠孺子牛，创新将带皮小牛肉在酱料调味的高汤中高压而成，味道酱香，极其开胃，并搭配鸡腿菇、水饺，实现营养均衡。

（王伦平）

旅游业

TOURISM

旅游资源

Tourism Resources

【概况】 2021年，武侯区有成都武侯祠、天艺·浓园艺术博览园、天府芙蓉园、大悦城等A级景区4个（详见表64），还有玉林特色街区、华西坝特色街区、BY1906创意工厂等景点。

（徐敬国　伍三雄）

【成都武侯祠】 成都武侯祠位于武侯祠大街231号，肇始于三国蜀汉章武二年（222年）修建刘备惠陵时，同时修建汉昭烈庙。南北朝时期，武侯祠从成都少城迁建至汉昭烈庙旁。明洪武二十三年（1390年），蜀献王朱椿以“君臣宜为一体”为由，将惠陵、汉昭烈庙合为一体。成都武侯祠是中国唯一的君臣合祀祠庙和最负盛名的刘备、诸葛亮等蜀汉人物纪念地，也是全世界影响最大的三国遗迹博物馆。1961年，被国务院确定为第一批全国重点文物保护单位。1984年成都武侯祠博物馆成立，2008年被评为国家一级博物馆，享有“三国圣地”之美誉。武侯祠博物馆分文物区、西区和锦里三部分，面积约14万平方米。文物区，主要由惠陵、汉昭烈庙、武侯祠、三义庙等组成，现存主体建筑系清康熙十年（1671年）修复。早在唐代，武侯祠便是游览胜地，供奉有刘备、诸葛亮等蜀汉英雄塑像50尊。馆内收藏有唐代以后的碑刻50余通，清代以后的匾额、楹联70余块，钟、鼓、鼎等古文物及字画数千件，三国文化典籍数万册，以唐“三绝碑”、清“攻心联”最为有名。西区，即原南郊公园，系抗日将领刘湘陵园，该建筑群为中国传统官式建筑，是西南地区唯一的北方陵园建筑群，2003年12月合并到武侯祠博物馆。成都武侯祠博物馆是国家AAAA级旅游景区。2021年，成都武侯祠博物馆推进全国三国文化遗存调查、四川省诸葛亮研究会、三国文化研究展示中心改造提升；建设完成三国文化研究资料中心、智能票务预约线上

扫码阅读武侯祠文字

表64　2021年武侯区A级景区一览表

序号	名称	景区等级	地址
1	成都武侯祠	AAAA	武侯祠大街231号
2	天艺·浓园艺术博览园	AAAA	武侯大道三河段20号
3	天府芙蓉园	AAAA	簇马路一段69号
4	大悦城	AAA	大悦路518号

（刘　奎）

图091　秋日武侯祠　（区地志办供图）

系统；举办《大三国志》《明良千古——刘备与诸葛亮君臣合展》等展览11场；开展2021年成都武侯祠春节惠民系列活动、文化和自然遗产日等主题活动，开发三国文化系列文创产品数十款。武侯祠·锦里入选首批国家级旅游休闲街区。景区全年接待游客870.32万人次，其中文物区接待游客185.64万人次，门票收入9084.34万元。

（徐敬国　伍三雄）

【锦里】 锦里位于成都武侯祠博物馆文物区两侧，于2004年建成开放，占地3万余平方米，建筑面积1.4万平方米，街道全长550米，茶馆、戏楼、酒肆、手工作坊、工艺品摊点、美食小铺遍布街区。锦里依托成都武侯祠，以明末清初川西民居作外衣，三国文化与成都民俗作内涵，集吃、住、行、游、购、娱于一体，是感受浪漫休闲的精神驿站、体验三国文化与成都民俗的魅力街区、具有三国文化特色的成都城市名片，2005年被评为全国十大城市商业步行街。2009年，锦里延伸段“水岸锦里”锦里二期开肆迎客。蜿蜒曲折的院落、街巷与水岸、湖泊、荷塘、石桥相呼应，主题会所、主题餐饮、主题商店坐落其中，水波灯影，别有一番意境。锦里定期举行传统婚礼、民乐、戏剧、民间服装秀等民俗表演，并按照中国传统节日举办特色主题活动，让游客在原汁原味的川西民俗文化氛围中体验最惬意的休闲娱乐生活。2015年6月，以“锦里三国　英雄再现”为主题的锦里三国文化体验街区开街，为蓉城再添一抹生动、浓郁的蜀汉三国文化。2019年，锦里古街被美国有线电视新闻网（CNN）评为全球最美街道。

（徐敬国　伍三雄）

【望江楼公园】 望江楼公园坐落于成都东门锦江西岸，以拥有望江楼古建筑群、薛涛纪念馆等文物遗迹及各类珍奇异竹而闻名，是纪念唐代女诗人薛涛的古迹和游览胜地、全国重点文物保护单位。园区面积12.53万平方米，分为文物保护区（2.6万平方米）和园林开放区（9.93万平方米）。文物保护区有崇丽阁、濯锦楼、吟诗楼、浣笺亭、五云仙馆等楼阁亭台组成的古建筑群。崇丽阁、吟诗楼、濯锦楼均依江而建，并可登临其高层以观江景。崇丽阁建成于清光绪十五年（1889年），俗称望江楼，全木结构，高27.9米，共4层，阁名取自晋代文学家左思《蜀都赋》中“既丽且崇，实号成都”之句。因楼阁矗立于锦江岸边，故民间称之为“望江楼”，是成都历史文化名城的标志之一。文物保护区内还有薛涛井、薛涛塑像、薛涛墓和薛涛纪念馆。薛涛井，位于崇丽阁南面，是明代蜀藩王仿制薛涛笺所用的水井，“薛涛井”三字是清康熙三年（1664年）成都知府冀应熊手书。薛涛塑像，位于纪念馆旁，塑像高3米，由汉白玉雕成，1984年建成。薛涛墓，由墓碑、墓体、墓基平台及墓表组成，墓碑题有

扫码阅读望江楼文字

图092　望江楼公园内的薛涛纪念馆　（区地志办供图）

“唐女校书薛洪度墓”，1994年10月修建恢复。薛涛纪念馆，展示有唐代女诗人薛涛的生活经历及其诗歌艺术等相关史料，占地700平方米。园林开放区以竹子栽植、观赏及工艺展示等为主题，是全国竹子品种最多、面积最大的竹类公园。薛涛一生爱竹，赞颂竹子“虚心能自持”“苍苍劲节奇”。为纪念薛涛，后人便在园内遍植各类佳竹。特别是近20年来在全世界广搜珍奇竹种并加以培植，园内有竹30个属270个品种4296丛，其中不乏名贵竹种。园区翠竹纤纤丛立，姿态万千，各有妙趣，如粉箪竹、人面竹、佛肚竹、鸡爪竹等，各呈姿态又和谐相处，或互抱成丛，或交织成廊，被誉为“竹的公园”。2020年5月，望江楼公园被认定为四川省中小学生研学实践教育基地。2021年，望江楼公园举办第二十四届竹文化节、第四届天府芙蓉花节预热活动暨《木芙蓉》特种邮票首发活动等活动12场，景区全年接待游客约150万人次，文物区门票收入127.68万元。

（徐敬国　伍三雄）

【天艺·浓园艺术博览园】 天艺·浓园艺术博览园坐落于武侯区金花桥街道与华兴街道，总占地面积14万平方米，总建筑面积2.5万平方米，包括浓园国际艺术村、浓园天艺村等主题园区，是集艺术创作、艺术体验、科普教育、餐饮旅游于一体的创意型文化艺术旅游园区。2020年5月，天艺·浓园艺术博览园被认定为四川省中小学生研学实践教育基地。2021年，景区开展“大城崛起·浓园表达”等大型活动10场，旅游人数达到116.99万人次。

浓园国际艺术村　位于艺术村路，占地10.67万平方米，园内有工作室150余间。建有面积1500平方米的浓园国际艺术馆，馆内收藏有书画、雕塑、摄影、装置艺术等各类藏品。浓园国际艺术村是中国西部有代表性的原创艺术基地，园区内40余家艺术机构常态化入驻，200余家机构动态入驻；200余名艺术家常态化入驻，2000名艺术家动态入驻。2016年，浓园国际艺术村被评为国家AAAA级旅游景区。

浓园天艺村　位于武侯大道三河段20号，占地3.33万平方米。园区集餐饮、娱乐、休闲、教育馆、美术馆、博物馆于一体，园内建筑错落有致、形态各异。浓园天艺村有藏品3万余件，每年举办各类型展览500余场。园内有教育工坊、博物馆、论道堂、创意街区等景点，游客在欣赏绘画作品、文物，学习琴棋书画知识的同时，还能体验软陶、手工和植染过程。2016年，浓园天艺村被评为国家AAAA级旅游景区。

（徐敬国　伍三雄）

【天府芙蓉园】 天府芙蓉园位于武侯区环城生态区南片区，占地约100万平方米，总投资8亿元，以“天府锦绣　芙蓉未央”为主题，展示“芙蓉画卷”，分两期建设。一期占地约36万平方米，投资3.5亿元，2018年9月开园。2020年被评为国家AAAA级旅游景区。天府芙蓉园分花田、芙蓉、秋彩林、芳香园、药田、商业区、轮作区、迷宫、草坪、防护林等10个板块。全园种植木芙蓉、醉芙蓉、牡丹红等20余个种类的芙蓉花近3万株，是全国单个品种最全、规模最大、花期最长的芙蓉花园区，也是全球芙蓉品种最齐全的主题公园。天府芙蓉园在植物景观布局上采用适合成都气候生长的草本花卉为主，分四季种植，以时令花卉为单季主打，实现色彩丰富的花岛景观效果。天府芙蓉园有艺展中心、芙蓉剧场、泛运动中心、十二篱院、茶园迷宫、音乐草坪、农田体验区等七大商业产业。艺展中心联合文创书店，打造融游客接待、创意书店、艺展中心于一体的新型接待模式，既是天府文化传播的空间载体，也是中外跨界交流活动的主要举办地。芙蓉剧场是一座能满足国内外各类文艺团体演出、放映电影，举办展览及会议、开展文化娱乐活动的现代化多功能大型文化场所。泛运动中心以自然景观为教学蓝本，将运动与体验巧妙融合，打造充满趣味活力的

图093　2021年5月，天府芙蓉园举办第三届房车露营节　（区融媒体中心供图）

市民休闲带和超自然、多功能的青年儿童体能培训基地。十二篱院以庭院式的建筑“篱院”为功能载体，塑造风味十足的“芙蓉宴饮”，创造十二道“最成都”的巴蜀餐饮品牌。茶园迷宫以“龟画芙蓉”为主题，打造亚洲最大的植物景观迷宫，并赋予茶园采摘等体验式消费。占地1.6万平方米的音乐草坪以音乐挑动城市脉搏，打造永不落幕的音乐盛典。农田体验区旨在传播天府农耕文化，为市民城市近郊游提供乐趣十足的农创体验。2021年，天府芙蓉园景区举办天府芙蓉花节、第三届她妆电商直播节等大型活动5场，旅游人数达到240.39万人次。

（徐敬国　伍三雄）

旅游推广
Tourism Promotion

【概况】 2021年，武侯区将文化宣传、旅游形象宣传、经贸宣传等有机结合，塑造武侯旅游品牌形象；综合运用大数据分析武侯区的重点客源市场，加强精准营销和口碑传播，加速构建“主流媒体+网络媒体+自媒体”全方位营销体系。开展天府旅游名牌创建，诸葛羽扇纶巾杯套组与天艺·浓园福报杯被评为“天府旅游名品”，青龙正街饭店等7处点位被评为“最成都·生活美学新场景”。

（刘　奎）

【旅游品牌建设】 2021年，武侯区全面完成全区文化旅游资源普查，宜居水岸一期、二期竣工，完成铁佛公园、武侯生态体育公园建设及18条锦江沿线子街巷提升改造。天府芙蓉园、城市音乐厅、野趣生境等3个点位获成都美丽宜居公园城市“红点”“奇点”称号。梵木Flying国际文创公园、花龙门社区邻里中心被评为成都市示范性消费场景和特色消费新场景。锦里被评为国家级旅游休闲街区，蜀宫琴台被评为原创艺术生活主题旅游目的地，成都城市音乐厅获评文化创意主题旅游目的地。青龙正街饭店等7个点位建成“最成都·生活美学新场景”，其中巴克尼尔·餐酒吧和青龙正街饭店被评为“新食”、成都城市音乐厅和望江音乐家·十二乐微博物馆被评为“新玩”、龙湖·金楠天街和后市场Post Market被评为“新购”、蜀宫琴台被评为“新游”。成都武侯祠·锦里入选“成渝十大文旅新地标”。尚锦品酒店、锦城原舍酒店和祥宇酒店成功建成银树叶级绿色饭店，传家合院建成金鼎级文化主题饭店。

（刘　奎）

【旅游宣传】 2021年，武侯区围绕辖区旅游特色开展宣传报道，协调新华社、人民网、《四川日报》、《成都日报》以及腾讯、新浪等媒体，推出《党代会圆桌丨推动文化旅游深度融合　县一级应该怎么干？》《“花开玉林　悦见美好”主题活动在成都举行》等相关报道200余篇（条）。开设“全域旅游　大美武侯”“武侯春天图鉴”“花开玉林”“人文宜居武侯幸福美好生活”等专题专栏，发布各类旅游宣传信息140余条。

（刘　奎）

【旅游品牌推广】 2021年，区领导带队到澳门、重庆、郑州等地推广武侯特色旅游路线和吃住行游购娱等特色文旅产品。区文体旅局组织景区（点）参加2020中国国际旅游交易会、2020（第八届）成都国际旅游展、2020中国（四川）旅游景区暨文创产业创新发展博览会、“成渝地·巴蜀情”2020成渝地区公共文化和旅游服务产品采购大会暨成都市第三届公共文化和旅游服务超市活动等展会活动。

（刘　奎）

【武侯区精品旅游线路】 2021年7月24日，四川省“天府旅游名县巡礼”集中宣传报道活动在武侯区举行，武侯区在活动新闻发布会上发布“人文武侯文博研学游”“烟火武侯市井一环夜游之旅”“芙蓉花开天府绿道亲子游”“漫游武侯乐享音乐之旅”等4条精品旅游线路。

人文武侯文博研学游 从全国重点文博单位、天府文脉的承载地望江楼公园出发，途经四川大学博物馆群，行走在“一条街就是一座博物馆”的大学路，阅读华西坝历史，再经寻味要都文化广场，最后到达武侯祠和锦里，参观“大三国志展”，品美食，观皮影，听川剧，实地感受“三国圣地”风采和武侯人文之美。

烟火武侯市井一环夜游之旅 打卡玉林路小酒馆，驻留音乐房子，邂逅玉林爱转角主题文创街区，游历九眼桥酒吧一条街，点一杯酒，听一首歌，越夜越美，市井一环“圈”出了烟火成都的独特魅力。

芙蓉花开天府绿道亲子游 在“出门看景，开门见绿，骑行散步，亲水赏花”的宜居水岸，体验绿道上的沉浸式文化场景，游览蜀宫琴台感受“国能、国学、国美、国乐”之美。顺着天府绿道前行，到水韵园为孩子开辟一方快乐成长、全面发展的新天地。继续前行，进入全球芙蓉品种最全的天府芙蓉园，这

里不仅有芙蓉花海，更有四季时令花卉，是拍照、打卡的好去处。如果你走累了，还可以到浓园艺术村，看看书画展、体验艺术民俗。

漫游武侯乐享音乐之旅 到西部最大的成都城市音乐厅欣赏一场音乐会、观看一场舞剧；到黑胶广场、在音乐大道和街头艺人不期而遇、合鸣共舞；到锦江河畔音乐广场观赏锦江夜游，一起放歌锦江体验“全民欢唱”，探寻九眼桥的夜色之美。漫步在音乐坊，处处都能感受音乐的魅力。

（刘 奎）

【第四届天府芙蓉花节】 2021 年 10 月 14 日，第四届天府芙蓉花节开幕式在天府芙蓉园开幕，翩翩起舞的“芙蓉仙子”带领现场市民穿越时光，感受芙蓉花的魅力。开幕式上，来自成都中国青年旅行社的 YOYO 旅行体验官分享了全城芙蓉赏玩攻略和打卡点位；成都市植物园进行了芙蓉文创特色产品展示。

此届天府芙蓉花节除文创区外，还以沉浸式氛围体验为主线，在芙蓉公园市集分布芙蓉糖画、芙蓉绳艺、芙蓉剪纸、街头咖啡等多种互动体验场景，市民可参与体验。“四十里为之锦绣”的历史盛景在此届天府芙蓉花节再度重现。武侯区从公园文化、成都美学、大运文化三个层面精心规划，用美学创意为公园城市赋能，通过赏花、运动、文娱、集市、美食、打卡等多种方式，营造一步一景的“成都公园美学场景＋芙蓉文化”体验氛围，打造国际知名、国内一流，极具成都特色的城市生态文化名片。

（刘 奎）

图094 2021年10月14日，2021第四届天府芙蓉花节开幕 （区融媒体中心供图）

【第二十四届中国·成都国际竹文化交流节】 2021 年 5 月 28 日—6 月 30 日，望江楼公园主办，主题为“梦竹为马闯天涯，跃动蓉城听望江”的第二十四届中国·成都国际竹文化交流节在望江楼公园举办。此届竹文化交流节启幕活动包含《望江楼》主题曲全球首发、古风竹文化舞蹈《竹韵》、“大唐风韵”薛涛汉服主题情景秀以及文创产品发布等环节。活动期间，相继开展“竹影主题周”“望望主题周”“薛淘淘主题周”和“红色望江迎七一主题周”系列活动。5 月 30 日，以“竹影竹艺”为主题的“竹影主题周”竹编教学体验活动在园内薛涛广场举行，10 余名主编工艺传承人现场进行竹编表演和免费教学；6 月 5 日，“竹影主题周”重头戏——“竹影匠心”竹编工艺品展销会开幕，12 名川内竹编工艺传承人的作品在薛涛广场集中展出。12 日，“薛淘淘主题周”之寻找薛涛活动开启，活动包括“游园打卡，寻找薛涛”“汉服打卡望江楼”等内容；18 日，第四届中国天府（望江楼）竹产业国际论坛在成都市武侯区世外桃源召开，国际竹藤组织、世界竹藤通讯、中国竹产业协会等机构代表及国内外专家学者等共 300 余人出席。19 日，“望望主题周”之“国潮汉风体验馆”在园内开馆，国潮汉风扎染 DIY 和蒲扇 DIY 活动在公园薛涛广场举行。27 日，竹文化节最后一个主题周——“红色望江迎七一主题周”活动开启，包括党史图片展、望江红色电影院、党史问答等子活动。

（刘 奎）

旅游管理

Tourism Management

【概况】 2021 年，武侯区贯彻落实全省文化和旅游发展大会精神，积极推动文商旅体融合发展，加快全区产业结构调整和转型升级，提升区域旅游发展能级和影响力；制订天府旅游名县提升行动计划，开展规划引领、招优引强、品牌塑造、场景营造、环境优化、区域协同“六大行动”，提升天府旅游名县影响力。1 月，武侯区被评为省级全域旅游示范区。全年接待游客 2608.95 万人次，比上年增长 18.3%；旅游收入 311.42 亿元，比上年增长 22.6%，占全区地区生产总值的 18%。成都武侯祠锦里旅游文化经营管理有限公司、成都世外桃源酒店有限公司等进入武侯区旅游业纳税十强企业（详见表 65）。

（黄 英）

表 65　2021 年武侯区旅游业纳税十强企业情况表

单位：万元

序号	企业名称	纳税额
1	成都世外桃源酒店有限公司	1285.09
2	成都武侯祠锦里旅游文化经营管理有限公司	1055.18
3	成都向阳凯宾斯基饭店有限公司	802.06
4	成都融通祥宇宾馆有限责任公司	318.74
5	盛捷江畔（成都）置业有限公司	481.56
6	成都尚雅集锦酒店管理有限公司	404.55
7	四川省中国国际旅行社有限责任公司	314.42
8	四川省中国青年旅行社有限公司	-91.97
9	四川走遍全球国际旅游有限公司	36.05
10	成都海外旅游有限责任公司	28.34

注：四川省中国青年旅行社有限公司 2021 年获政府退税扶持。

（黄　英）

【景区安全管理】 2021 年，区文体旅局指导 A 级旅游景区制定安全管理规章并严格落实，开展安全管理的宣传、教育工作，督促 A 级景区定期组织旅游安全管理人员进行安全培训。检查 A 级旅游景区森林防火、消防安全、防汛抗旱、游乐设施安全、食品安全等工作落实情况，协调处理旅游安全事故、投诉处理和其他安全问题。2021 年，区文体旅局建立健全旅安委工作机制，开展年度百日安全大排查大整治专项行动等，共出动检查人员 2000 余人次，检查各类经营主体 3000 余家次，发现不规范经营行为 60 余起，向执法部门抄告违规经营线索 12 起，督促整改消防安全隐患 67 个。

（黄　英）

【旅游市场监管】 2021 年，区文体旅局积极回应群众信访诉求，协调处置矛盾纠纷，受理查处违法违规问题，强化旅游行业疫情防控和安全生产。全年受理旅游市场投诉 3245 件，办结率 100%。全年开展旅游市场安全疫情专项活动 21 个，累计出动检查人员 5200 余人次，检查各类经营主体 3180 余家次，发现不规范经营行为 110 余起，向执法部门抄告违规经营线索 25 起。新增四川寻导国际旅行社有限公司、四川德佶假期国际旅行社有限责任公司、四川游马国际旅行社有限公司等 4 家旅行社。年末，全区正常营业旅行社 128 家（详见表 66）。

（黄　英）

图095　2021年5月1日，成都音乐坊举行街头音乐演出活动　（区融媒体中心供图）

表 66　2021 年武侯区正常营业旅行社一览表

序号	名称	地址
1	成都市四海国际旅行社有限责任公司	高攀路 2 号 5 栋 622 号
2	成都和天下国际旅行社有限公司	高华横街 33 号 1 栋 1 单元 1101 号
3	成都市永兴国际旅行社有限责任公司	武阳大道三段 5 号 1 栋 1 单元 801 号
4	四川东晟国际旅行社有限公司	领事馆路 12 号 1 栋 B 单元 3 楼 4 号
5	四川蓉之旅国际旅行社有限公司	人民南路四段 27 号 1 栋 1 单元 4 楼 2 号
6	四川海外旅游有限责任公司	火车南站西路 18 号 1 栋 1 单元 8 楼
7	成都雅和国际旅行社有限公司	洗面桥街 30 号 1 栋 9 楼 5 号
8	成都神游国际旅行社有限公司	高攀路 2 号 1 栋 1 单元 1501 号
9	成都行之悦国际旅行社有限公司	高攀路 20 号万科金色海蓉 3 栋 2706 号
10	四川航空旅行社有限公司	桐梓林北路 2 号 B 栋 13 楼 3 号
11	四川春秋旅游有限责任公司	高华横街 33 号 1 栋 2 单元 20 楼 5 号

续表 66

序号	名称	地址
12	四川鼎龙国际旅行社有限公司	长益路 13 号 1 栋 3 单元 701 号
13	成都天府国际旅行社集团有限责任公司	临江路 57 号
14	四川省中国旅行社	一环路南三段 15 号
15	成都海外旅游有限责任公司	高升桥东路 6 号罗马假日广场 A4W7 号
16	成都光大国际旅行社有限责任公司	龙腾东路 2 号杜甫花园商务楼 3 楼
17	四川省中国国际旅行社有限责任公司	火车南站西路 18 号 1 栋 1 单元 6 楼
18	四川盈科国际旅行社有限公司	长华路 19 号 3 栋 1309 号
19	四川川旅自驾旅游有限公司	火车南站西路 18 号 1 栋 1 单元 901 号
20	成都耕小喜旅行社有限公司	航空路 1 号 1 栋 24 楼 11 号
21	四川游马国际旅行社有限公司	聚龙路 68 号 1 栋 11 楼 18 号
22	四川美忆国际旅行社有限公司	武青南路 40 号 1 栋 B 座 301 号
23	四川寻导国际旅行社有限公司	武侯大道顺江段 77 号 4 栋 14 楼 1 号
24	四川德信假期国际旅行社有限责任公司	洗面桥街 9 号 2 栋 3 单元 7 楼 6 号
25	四川猫柠国际旅行社有限公司	高攀路 2 号 2504 号
26	四川蜗牛国际旅行社有限公司	佳灵路 3 号 2 栋 803 号
27	成都简悦国际旅行社有限公司	长益路 13 号 1 栋 1 单元 810 号
28	四川星空鱼文化旅游开发有限公司	七道堰街 1 号 10 楼 103 号
29	四川北面山坡国际旅行社有限公司	佳灵路 20 号 1 栋 13 楼 59 号
30	四川九州牧歌国际旅行社有限责任公司	智达二路 58 号 3 栋 10 楼 1014 号
31	四川省星觅游国际旅行社有限公司	聚龙路 68 号 1 栋 6 楼 70 号
32	成都自由鸟文化旅游发展有限责任公司	佳灵路 5 号 1 栋 1406 号
33	四川领趣前行旅行社有限公司	二环路南一段 13 号 504 号
34	成都市落安国际旅行社有限公司	金履二路 167 号 3 栋 3 楼 301 号
35	西亚途国际旅行社成都有限公司	长益路 13 号 1 栋 2 单元 504 号
36	四川新圣境国际旅行社有限责任公司	高华横街 33 号 1 栋 2 单元 1410 号
37	成都懒人鱼假期旅行社有限公司	聚龙路 16 号 2 栋 6 楼 39 号
38	四川中渼视界旅行社有限公司	二环路西一段 82 号 2 栋 1530 号
39	四川蕃域净土旅行社有限公司	高华横街 33 号 1 栋 1 单元 1608 号
40	成都真纯玩旅行社有限公司	星狮路 818 号 B 区 4 栋 3 单元 401 号
41	四川中科翔宇国际旅行社有限公司	长华路 19 号 3 栋 9 楼 906 号
42	四川环游假期国际旅行社有限公司	人民南路四段 27 号 2 栋 2 单元 8 楼 7 号
43	巴厘印象国际旅行社成都有限公司	一环路南二段 17 号 1 栋 11 楼 63 号
44	四川诗和远方国际旅行社有限公司	武侯大道双楠段 18 号 7 楼
45	玩美世界国际旅行社（成都）有限公司	逸都路 6 号 1 栋 6 楼 321 号
46	成都金棕榈旅游发展有限公司	二环路南四段 51 号 3 栋 8 楼 21 号
47	四川耀扬国际旅行社有限公司	长益路 13 号 1 栋 3 单元 8 楼 806 号
48	成都子乐研学国际旅行社有限公司	二环路南四段 4 栋 9 楼 5 号
49	四川驴友邦国际旅行社有限公司	聚龙路 1251 号 1 栋 13 楼 1305 号
50	成都华羽美途国际旅行社有限责任公司	长华路 19 号 3 栋 10 楼 1012 号
51	成都指向标国际旅行社有限公司	科华北路 62 号 1 栋 2 单元 15 楼 6 号
52	四川欣锦官国际旅行社有限公司	二环路南四段 51 号 2 栋 7 楼 3 号
53	亚洲奥德赛旅游有限公司	武侯大道铁佛段 1 号 1 栋 1 单元 1102 号
54	成都自在旅途国际旅行社有限公司	航空路 6 号 2 栋 2 单元 301 号
55	四川趣乐游国际旅行社有限公司	锦绣路 1 号 2 栋 1 层 1607 号
56	四川懒人悠游国际旅行社有限公司	武青南路 40 号 A 座 4 楼 406 号

续表 66

序号	名称	地址
57	成都市云美旅行社有限公司	武阳大道三段 5 号 1 单元 813 号
58	四川新势力中云国际旅行社有限公司	武科西一路 88 号 1 栋 3 楼 1 号
59	成都圈子国际旅行社有限责任公司	洗面桥街 30 号
60	四川牧马人旅行社有限公司	佳灵路 20 号 1 栋 7 楼 31 号
61	四川省欢悦行旅行社有限公司	佳灵路 20 号 1 栋 15 楼 63 号
62	成都景程老司机国际旅行社有限公司	红瓦寺街 9 号 409 号
63	成都简美旅行国际旅行社有限责任公司	星狮路 818 号 4 栋 3 单元 401 号
64	成都德源笑行天下旅行社有限公司	武侯大道顺江段 77 号 1 栋 9 楼 20 号
65	四川德亚道和国际旅行社有限公司	高华横街 33 号 1 栋 1 单元 1402 号
66	四川快乐星期八旅行社有限公司	佳灵路 20 号 1 栋 10 楼 22 号
67	成都寰纬国际旅行社有限责任公司	长益路 13 号 1 栋 1 单元 5 楼 510 号
68	中游国际旅行社（成都）有限公司	高升桥东路 2 号
69	四川环亚行国际旅行社有限公司	高升桥路 9 号 5 栋 811 号
70	成都飞霖福瑞国际旅行社有限公司	一环路西一段 130 号 1 栋 1902 号
71	成都环游行旅行社有限公司	长益路 13 号 1 栋 3 单元 805 号
72	四川新途国际旅行社有限公司	长益路 13 号 C 座 3 单元 502 号
73	成都安信地途旅游有限公司	长益路 13 号 1 栋 605、606 号
74	四川小雨国际旅行社有限责任公司	长华路 19 号 3 栋 1 单元 2301 号
75	成都猎景旅行社有限责任公司	人民南路四段 27 号商鼎国际 1 栋 2 单元 1001 号
76	成都周游国际旅行社有限责任公司	佳灵路 20 号九峰大厦 A 栋 8 楼 13 号
77	四川欢泰旅行社有限责任公司	一环路西一段 4 号 1 楼 306 号
78	成都轩辕旅行社有限公司	武侯大道顺江段 77 号
79	成都笑游国际旅行社有限公司	一环路西一段 130 号 1 栋 1812 号
80	四川新边界国际旅行社有限公司	一环路南一段 20 号
81	四川蜀华国际旅行社有限责任公司	一环路西一段 130 号 1 栋 1921 号
82	成都雪域圣景旅行社有限责任公司	一环路南四段 19 号 1 栋 1 单元 1112 号
83	成都环程国际旅行社有限公司	一环路南四段 19 号 1 栋 1 单元 1108 号
84	成都悠长假期旅行社有限公司	一环路南四段 19 号 1 栋 2 单元 8 楼 5 号
85	成都游鹰旅行社有限公司	一环路南四段 12 号 4 楼
86	四川锦辉国际旅行社有限公司	一环路南三段 11 号
87	四川川通国际旅行社有限责任公司	祥云路 1169 号 1 栋 413 号
88	四川精典旅行社有限公司	二环路南四段 51 号 4 栋 4 楼 2 号
89	成都神韵旅行社有限公司	洗面桥街 33 号
90	成都商众旅行社有限公司	洗面桥街 33 号
91	成都大脚国际旅行社有限责任公司	洗面桥街 30 号高速大厦 A 座 3 楼
92	四川新西华旅游有限责任公司	洗面桥街 29 号
93	四川金鹰旅行社有限公司	洗面桥街 22 号 21 楼 8 号
94	四川通天国际旅行社有限责任公司	洗面桥街 21 号
95	成都市华乐旅行社有限公司	洗面桥街 18 号金茂广场北楼 27 楼 12 号
96	四川万里行国际旅行社有限责任公司	洗面桥横街 6 号
97	四川省怡途旅行社有限责任公司	武兴二路 17 号 13 栋 12 层 2 号
98	四川蓝海全域研学旅行服务有限公司	人民南路四段 51 号新 1 号 1 栋 915 号
99	成都鹏游国际旅行社有限责任公司	人民南路四段 49 号 1 栋 1003 号
100	四川辰昊国际旅行社有限公司	人民南路四段 27 号 1 栋 1 单元 17 楼 1 号

续表 66

序号	名称	地址
101	四川创景国际旅游有限公司	人民南路四段 27 号 1 栋 1 单元 16 楼 5 号
102	成都友好国际旅行社有限公司	人民南路四段 53 号 1 栋 1 单元 16 楼 5 号
103	成都远方国际旅行社有限公司	高华横街 33 号 1 栋 1 单元 10 楼 1010 号
104	成都童话假期国际旅行社有限公司	万兴路 477 号 7 栋 5 楼 509 号
105	成都与众国际旅行社有限公司	林荫街 5 号 1 栋 2 单元 6 楼 2 号
106	四川海派国际旅行社有限责任公司	科华北路 151 号棕南苑 1 栋 2 单元 14 楼 5 号
107	四川省恒翔旅行社有限责任公司	科华北路 151 号
108	成都怡橙国际旅行社有限公司	锦绣路 1 号 3 栋 1312 号
109	成都心诺旅游有限公司	二环路南四段 51 号莱蒙都会 1 栋 15 楼 10 号
110	四川环球假日国际旅行社有限公司	浆洗街 69 号 B 座 8 楼
111	四川龙宇国际旅行社有限公司	佳灵路 5 号红牌楼广场 3 号楼 1405 号
112	四川景致国际旅行社有限公司	佳灵路 20 号 1 栋 8 楼 54 号
113	四川省铭之旅国际旅游有限公司	人民南路四段 27 号 1-1-2601 号
114	四川梓通国际旅行社有限公司	武侯大道顺江段 77 号 4 栋 13 楼 3 号
115	成都原自在旅行社有限公司	高升桥路 9 号 5 栋 13 楼 1312 号
116	四川高盛旅行社有限公司	高升桥东路 2 号 1 栋 1 单元 3 楼 13 号
117	四川和盛假期国际旅行社有限责任公司	高升桥东路 2 号
118	成都天之韵国际旅行社有限公司	航空路 6 号丰德国际广场 D3-1401 号
119	成都市文景旅行社有限公司	高华横街 33 号城南国际 1 栋 2 单元 20 楼 10 号
120	四川省中际国际旅行社有限公司	大石西路 239 号 2 栋 1 单元 18 楼 2 号
121	四川中联随游天下国际旅行社有限公司	佳灵路 5 号 1 栋 11 楼 1111 号
122	成都中联国际旅游发展有限公司	大石西路 153 号
123	成都荷普国际旅行社有限公司	武科东一路 15 号 3 栋 2 单元 305 号
124	四川荐客旅行社有限公司	长益路 13 号 1 栋 605 号
125	四川龙翔国际旅行社有限公司	星狮路 711 号 1 栋 2 单元 7 楼 702 号
126	成都巅行国际旅行社有限公司	岛路 36 号 4 栋 1 单元 707 号
127	四川运通国际旅行社有限公司	锦绣路 1 栋 2 号 3 楼 309 号
128	四川锦天国际旅行社有限公司	洗面桥街 30 号 1 栋 3 楼 1 号

（黄　英）

【天府旅游名县提升建设】 2021 年，武侯区围绕四川建设旅游强省和世界重要旅游目的地总体目标，出台《武侯区天府旅游名县提升行动计划》和《天府旅游命名县提升建设考评细则》，推动天府旅游名县提升建设。1 月 29 日开始实施以规划引领、项目促建、企业服务、场景营造、环境优化、区域合作为内容的“六大提升”行动。成立由区委、区政府主要负责人挂帅，部门街道全员参与的“国家全域旅游示范区”和天府旅游名县建设工作领导小组。将建设工作纳入目标考

图096　游客在玉林四巷爱转角主题文创街区拍照留念　（区融媒体中心供图）

核体系，采取“责任制 + 项目制 + 清单制”抓任务落实，建成成都城市音乐厅、梵木 Flying 国际文创公园新兴特色文旅项目，引进注册资金 500 万元以上文旅项目 60 余个，打造环川大特色街区和黉门里等 7 条子街巷。规划打造成都环城生态公园武侯段，推动绕城高速 500 米区域景观建设，启动“地上铁”特色公园建设。整合全国五大武侯祠文物保护资源，组建三国文创产业联盟，搭建三国文化合作交流平台。在年度考核中，武侯区居全省第五名。

（刘　奎　陈伟力）

【三大节日旅游市场】 2021 年，成都武侯祠博物馆、锦里、成都大悦城、九眼桥酒吧一条街、鹭岛步行街、玉林特色街区等颇受游客欢迎。春节、五一劳动节、十一国庆节期间，武侯区各景区运行情况良好。春节期间，全区累计接待游客 65.33 万人次，其中景区景点接待游客 44.17 万人次，酒店平均入住率 7.7%，旅游总收入 7.70 亿元。五一劳动节期间，全区接待游客 181.64 万人次，比上年同期增长 426.5%；接待过夜游客 20.39 万人次，实现旅游总收入 22.85 亿元，比上年同期增长 477.3%，其中景区景点接待游客 69.63 万人次，比上年同期增长 101.8%。十一国庆节期间，全区接待游客 202.32 万人次，实现旅游总收入 28.66 亿元。其中，景区景点共接待游客 74.99 万人次，旅游收入 6236.7 万元，游客比上年同期增长 28.6%；旅游收入比上年同期增长 9.5%。

（刘　奎）

安顺廊桥

安顺廊桥位于九眼桥上游合江亭侧，原名长虹桥，创建年月无考，清乾隆十一年（1746 年）由华阳县令安洪德重修，并题写桥额“长虹桥”。安洪德任华阳县令期间，劝课农桑，除暴安良，清廉爱民，使人民安居乐业，并将捕获的强盗赃银，全部用来修建大桥。后来老百姓感其恩，将桥更名为“安顺桥”。安顺桥横卧锦江，北接大安街南，南连万年桥街北口，桥长二十丈，宽一丈，桥身是高两层的木桥，造型典雅。上层供有神像，不能通行，下层宽 4 米，周围用木栏杆封闭，桥身中间有一条两米宽的通道，供推鸡公车和担挑子的行走，左右两旁是人行道，窄小的人行道摆满了卖针线、测字算命等地摊。桥头有卖锅魁、油煎饼等小吃的摊点。安顺桥建成后历经几次大洪水都巍然屹立，1947 年成都出现特大洪灾，此桥终于被洪水冲垮。中华人民共和国成立后，在太平上街东头北口，另建新桥，砌石为墩，横木为桥，桥身仅一层，不再覆屋，只供人行走。

1978 年 10 月，市政府在十二北街处新建一座可供汽车通行的大桥，称之为新安顺桥。1996 年成都市整治府南河（锦江），将破旧的老安顺桥拆除。1997 年，成都地名委员会将新安顺桥命名为“兴安桥”，老安顺桥命名为“安顺廊桥”。成都市于 2000 年至 2003 年 8 月将安顺廊桥重新建成兼有历史文化、商旅功能的三孔仿古景观桥。新建的安顺廊桥全长 81 米，宽 6 米，北接存古巷与滨江东路的交叉口，南接太平街护河通道，桥体四周、桥面通道及栏杆均由青石制成，桥栏杆上雕有梅、兰、竹、菊等图案，桥墩上配有两个水兽镇桥，桥的两侧各有一座仿古牌坊。桥面和牌坊红墙黑瓦，飞檐翘角，曲栏回廊。桥北面仿古牌坊楹柱上，是成都人刘行知先生所撰楹联：“双水合流紫气东来景存天府；一桥卓立大江东去名在中华。”桥体两侧有左右两幅巨幅浮雕和历代名人题咏成都的诗句。左面的一幅是《锦绣成都史诗画卷》之秦汉成都城垣图。这座重修的古桥被誉为成都仿古桥梁的标志性建筑。

产业功能区

INDUSTRIAL FUNCTIONAL AREA

她妆美谷

Her Makeup Beauty Valley

【概况】 2021年7月，成都市优化调整产业功能区，她妆美谷被作为市级产业功能区纳入新消费产业生态圈，与成都武侯工业园合署办公。她妆美谷范围涉及簇锦、华兴、簇桥、金花桥等4个街道，规划建设面积19.3平方千米，核心起步区面积约1平方千米。她妆美谷主导产业为美丽经济、流量经济，细分领域为植物类化妆品研发智造、体验消费和新零售。她妆美谷有重大项目8个，截至年末，竣工1个、续建4个、新开工3个（详见表67）。

（蔡华东）

【营商环境】 她妆美谷作为成都市58个产业功能区之一，是全市唯一以“美丽经济”为发展方向的产业功能区。她妆美谷位于武侯区西南部，功能区内有天府芙蓉园、天艺·浓园艺术博览园等国家AAAA级旅游景区，有大悦城、欧尚等大型商业综合体10余个，距离双流国际机场约8千米，区域内的地铁9号线、10号线与武侯大道、成双大道、智远大道等主干道路构成畅达的交通体系。她妆美谷载体资源丰富，有优质楼宇35栋约200万平方米，化妆品研发制造项目孵化载体面积14万平方米；生态本底优越，天府芙蓉园与锦城公园、水韵园等公园绿道相互串联，形成条形公园、小游园、微绿地等生态空间；资源特色突出，区域内初步形成天府芙蓉文化旅游品牌，逐步构建“公园+”生态价值体系，为区域城市有机更新提供了生态资源支撑。

（蔡华东）

【她妆美谷规划】 2021年，武侯区立足她妆美谷资源禀赋和产业发展

图097　2021年10月18日，她妆美谷举行招商推介会　（她妆美谷供图）

表 67　2021 年她妆美谷重大项目建设情况表

项目类别	项目名称	项目地址	建设年限	建设规模	2021 年投资（万元）
竣工	新智一路小区绿地	新智一路	2020—2021 年	占地 2880 平方米，建设社区公园绿地和儿童游乐设施	1000
续建	新智一路综合运动场	新苗社区三组、八组	2021—2022 年	总占地 3680 平方米，总建筑面积 2019.4 平方米。其中，地上建筑面积 108 平方米，地下建筑面积 1911.4 平方米	4500
	三河新居二期	雷家坡二路	2020—2022 年	总占地 9.36 万平方米，总建筑面积 245672.06 平方米，其中地上建筑面积 162018.84 平方米、地下建筑面积 83653.22 平方米，由 A 区 16 栋楼、B 区 15 栋楼组成。主要建设居住用房及配套设施用房、总平工程及公用配套工程等	60000
	福锦路一段幼儿园	铁佛社区一组	2021—2022 年	建筑面积 9199 平方米，其中地上计容建筑面积 6685 平方米、不计容建筑面积 30 平方米，地下建筑面积 2484 平方米。主要建设建筑工程、安装工程、装饰装修工程、总平、绿化及配套工程等	6000
	福锦路一段中学	铁佛社区一组	2021—2022 年	主要建设 1 栋教学综合楼（包括教学楼、综合楼、实验楼、报告厅）、1 栋食堂及体育馆、1 栋宿舍，门卫房和 1 处垃圾房。总建筑面积 5.53 万平方米，其中地上建筑面积 4.55 万平方米、地下建筑面积 9800 平方米	39387
新开工	智星二路天府智厨生产线设备采购安装及车间项目技术改造	智星二路 99 号	2021—2022 年	占地 3.07 万平方米，改造车间厂房建筑面积约 32000 平方米，共 6 层。项目为物流配送、净菜加工与包装、肉类加工、冷热链盒饭、熟食加工、川菜研究院等所需设备的采购及安装	5000
	全美化妆品智能化研发生产综合服务基地	金履二路	2022—2023 年	占地 5000 平方米，地上总建筑面积 15000 平方米，总投资 6000 万元，拟建设化妆品智能化研发生产综合服务基地	1000
	四川体育职业学院太平寺校区改扩建一期工程	太平寺路 9 号	2022—2025 年	占地 16359 平方米，总建筑面积 28530 平方米；主要建设教学综合楼、游泳跳水馆、图书馆、学生宿舍、食堂、室外运动场地等	12800

（蔡华东）

方向，制定《她妆美谷产业发展规划》《她妆美谷产业功能区“十四五”规划》，精准绘制“两图一表”和她妆美谷化妆品产业发展全景图。根据《成都市实施产业建圈强链行动推进产业高质量发展工作方案》，深化功能区建圈强链研究，规划打造芙蓉美谷未来公园社区，推动产业、生活、生态有机融合。规划布局创新联合体、产业技术联盟等高能级科创载体，推动化妆品人体安全性和功效检测中心、国家中药安全性评价中心分中心、省药检院化妆品监测站落地。按照市委关于太平寺机场片区开发深化研究、统筹推进总体要求，系统开展太平寺片区城市设计，优化空间功能布局。

（蔡华东）

【项目招引】 2021 年，武侯区搭建招商平台，完善招引政策，制定《成都市武侯区促进化妆品产业发展十条政策（试行）》，完成《她妆美谷投资指南》制作和功能区宣传片拍摄。聚焦她妆美谷主导产业发展，推动厦门艺德、丁因生物、全美生物等 16 个产业化项目签约，签约金额 120.7 亿元。促进格乐丽雅、鸣乐谷等 28 个产业化项目注册落地。推动全美生物科技化妆品智能化研发基地、云南贝泰妮西南总部等 6 个化妆品产业重大项目建设（详见表 68）。引进快手四川区域中心、猋兔传媒等电商直播企业 30 余家，入驻载体规模约 1.2 万平方米，电商直播产业初步形成聚集效应。举办“第三届她妆电商直播节暨她妆美谷电商供应链生态大会”“2021 中国 · 成都她妆美谷招商推介会”等投资营销活动 24 次。

（游良帅）

【她妆美谷电商直播基地】 她妆美谷电商直播基地位于中国女鞋之都

表 68　2021 年她妆美谷化妆品产业重大项目建设情况表

序号	项目名称	投资规模	企业（项目）简介	产业定位
1	成都全美生物科技有限公司化妆品智能化研发生产综合服务基地	1 亿元	成都全美生物科技有限公司主要研发和生产基于人体皮肤生物学为基础的中高端功效性化妆品，是集化妆品研发、生产及销售为一体的企业	研发
2	成都欧利思生物科技有限公司生产研发项目	2000 万元	成都欧利思生物科技有限公司是法国 SILIA 公司与四川省医药管理局合资成立于高新区的高新技术企业。2021 年，爱林公司控股收购法成都欧利思生物科技有限公司，整合法方拥有的多项国际顶尖化妆品配方和化妆品活性物包裹专利技术	生产研发
3	丁因生物西南总部项目	2000 万元	成都丁因生物科技有限公司成立于 2018 年 8 月 23 日，是集研发、销售、服务于一体的高新技术企业，旗下主要有复合藻系列护肤品	研发
4	云南贝泰妮生物科技集团股份有限公司西南研发新零售项目	1 亿元	云南贝泰妮生物科技集团股份有限公司成立于 2010 年，于 2021 年登陆深交所（股票代码 300957），为中国功效性护肤品第一股，是集研发、生产和营销于一体的高新技术企业	生产研发
5	成都柯思茉科技有限公司项目	3000 万元	成都柯思茉科技有限公司主营产品为海绵微针面膜粉，海绵骨针皮肤管理套盒，与韩国爱茉莉、日本资生堂等品牌均有合作	生产
6	妍丽化妆品（中国）有限公司西南总部项目	5000 万美元	妍丽化妆品（中国）有限公司成立于 2014 年，经营范围包括化妆品的零售、批发，日用品、小电器、家居香氛的零售、批发及进出口相关配套业务；电子商务平台的技术开发；实业项目投资咨询；第二类医疗器械设备的销售、经营电子商务、经营进出口业务；文化活动策划；从事广告业务；市场营销策划	销售

（游良帅）

核心区，规划面积约 1.5 万平方米，包含中国女鞋之都直播基地和她妆电商直播产业园两个板块，入驻供应链商户、MCN 机构、网红孵化机构等 55 家，从业人员 500 余人，合作主播 200 余人。该基地依托中国女鞋之都现有产业基础和载体资源，聚力引进培育化妆品等美丽产业，构建以女鞋、化妆品为主导的特色优势产业链条和供应链条，通过电商直播集聚化、规模化发展，拉动产业升级，带动区域经济转型，构建“区域网红经济产业生态圈”。2020 年 8 月成立以来，她妆美谷电商直播基地先后获天猫鞋靴行业全国首个产业带数字化赋能基地落户、淘宝直播——“中国女鞋之都直播基地”审核认证、阿里巴巴本地生活“中国医美直播产业示范中心”落户。中央电视台《朝闻天下》和《新闻联播》栏目分别对直播基地进行报道。2021 年 2 月，淘宝直播发布春节期间全国直播基地排行榜，中国女鞋之都直播基地位列前十；9 月，她妆美谷电商直播基地被省商务厅认定为四川省电商新业态基地。

（高明娜）

【闪耀女神节活动】 2021 年 3 月 6 日，由她妆美谷联合海内外潮流美妆、国际知名医美机构举办的美丽鉴赏体验活动——闪耀女神节在她妆美谷开幕。活动为期 3 天，现场举行包括 2021 春夏新单彩妆大秀、国际彩妆品鉴、韩国进口美妆展销、医美黑科技免费体验、网红医师免费问诊等系列活动，100 余位网红明星主播到场助阵。活动还组织西南地区首个韩国美妆 KOTRA 与她妆 MCN 机构美妆直播对接会，整合海内外潮流美妆资源、链接货品源头，为 MCN 机构、主播、流量平台提供系统的货品供应解决方案。现场 200 余家机构和平台通过美妆对接会接洽供应资源，与产业园开启深度合作。

（高明娜）

华西医美健康城
Huaxi Medical Beauty Health City

【概况】 根据产业调整，2021 年 8 月华西大健康产业功能区更名为华西医美健康城，规划建设范围东至新南路、科华北路、科华中路、科华南路，南至成昆铁路北侧，西至浆洗街，北至武侯区与锦江区行政边界，规划建设面积约 8 平方千米，涉及火车南站街道、玉林街道。华西医美健康城以成都市医药健康产业生态圈建设为引领，立足华西“一校四院”等区域资源，聚焦健康医美主导产业，深耕高端医疗医美、创新健康服务、大健康金融等三个细分领域，统筹整合多方资源，推进高质量发展。优化产业布局，构建“一核（玉林核心起步区）一轴（健康医美产业服务主轴）四中心（在华西坝、省体育馆、倪家桥、桐梓林四大片区，分别建设健康医美研发创新中心、成果转化中心、综合服务中心、应用示范中心）”发展格局，打造创新引擎。至年末，吸引两院院士 22 位，集聚国家级创新平台 12 个、省部级创新平台 54 个。汇集各级各类医疗卫生服务机构 1193 家，其中三级医院 12 家，全年诊疗 2500 余万人次，带动医药健康产业增加值 132.8 亿元，增幅 17.5%。武侯区出台《关于建立医疗损害与医疗美容服务纠纷多元化解机制的实施方案》，在华西医美健康城设立武侯区医美（医疗）协调解纷中心，在玉林街道办事处、火车南站街道办事处、晋阳法庭建立武侯区医美（医疗）纠纷调解工作站，强化医美行业治理。

（张东旭　周开敏　王正云）

图098　2021年9月9—11日，医美之都美沃斯国际医学美容大会在成都举行　（华西医美健康城供图）

【医美健康产业发展规划】 2021 年，武侯区完成编制《华西医美健康城“十四五”发展规划》《推动成都医美产业高质量发展三年行动计划》，加快编制《华西医美健康城产业发展规划》。主动衔接市区产业链政策，制定《武侯区医美产业高质量发展支持政策》，强化市场主体精准招引培育力度；起草《成都市医疗美容行业监管条例（草案）》，推动从立法层面建立常态化医美行业专项监管机制，构建市区联动政策体系。

（张东旭　周开敏　王正云）

【重点项目建设】 2021 年，华西医美健康城把握城市有机更新契机，吸引产业发展合伙人参与城市有机更新项目建设，与华润置业、正大集团等 5 家企业签订框架合作协议，签约金额约 400 亿元。深入谋划华西坝、倪家桥、火车南站等 3 个更新单元，加快编制华西坝片区及倪家桥路、领事馆路等 5 个街区城市设计及项目方案，策划包装“人南活力开放轴”，形成沿线 25 个重点项目策划包装台账，推进华西坝、四川体育职业学院等重点片区城市更新，预计释放产业承载空间 133.5 万平方米。国际体育公园城项目完成拆迁，中粮大健康产业园、衣冠庙祥普项目等重点项目开工建设，推动国际体育公园城项目实施，四川大学华西医院转化医学综合楼等创新载体竣工并投入使用，华西坝片区历史文化街区（首开区）项目完成改造（详见表 69）。通过引导疏解非健康医美业态等方式，打造华西健康谷、财富国际大健康专业楼宇及平安财富中心、汇日央扩、华宇·荣国府、新希望大厦、上善国际等大健康金融专业楼宇 5 栋，产业链集聚化、示范性效应不断增强。

（雷　利）

【创新服务平台建设】 2021 年，华西医美健康城依托转化医学国家重大科技基础设施（四川）项目等，打造 21.5 万平方米高品质科创空间，形成产业生态示范区，落地纳米孔单分子测序仪等 45 个前沿科技转化项目。围绕增强创新链溢出力，借力华西“一校四院”、中国科学院成都生物所等院所研发优势，建成生物医学材料工程技术研究中心、口腔再生医学国家地方联合工程实验室、生物治疗国家重点实验室等国家级创新平台。依托川大科技园、创享汇等 6 个创新创业载体，引育创新服务机构 43 家，组建医美之都产业发展联盟，全面提升区域专业服务水平。立足承接医药健康创新成果转化，建成全省首个大健康领域综合科技创新服务平台——环华西科创平台，集中发布 52 项前沿科技成果，促成生基赛尔、孔确基因等 10 个项目落地转化。数据赋能建圈强链，建成医美产业地图和产业大脑，打造可视化产业大数据库，提升专业化施策能力。

（李登伟）

表69　2021年华西医美健康城重点建设项目情况表

序号	项目名称	建设地址	建设内容及规模	计划总投资（万元）	2021年实际投资（万元）	2021年进展情况
1	改造提升四川省体育馆项目	人民南路四段8号	改造提升总建筑面积32500平方米；新建附属功能用房，总建筑面积4748平方米	7520	3800	3月竣工
2	转化医学国家重大科技基础设施（四川）项目	武侯区玉华村	建设生物制剂筛选、生物制剂制备、临床转化验证和支撑技术等4个转化研究平台	89590	4000	9月竣工
3	玉林街道2020年城市环境品质提升综合整治工程	省体育馆和玉林东路周边	包括一环路南三段道路两侧、人民南路四段、玉林东路、棕南正街及其周边建（构）筑物综合改造以及景观、管线配套工程等	1791	1791	5月开工，9月竣工
4	华西坝片区历史文化街区改造工程（首开区）	大学路、小天竺街、黉门街、国学巷、电信路、公行道、林荫街等	工程以人民南路为界，分东西两个片区。项目拟采用回租商业载体的方式淘汰原有低端产业，引入高端业态来提升片区产业层次；通过建筑风貌改造及街区改造、增加景观节点和围墙及院门风格来美化片区城市界面；实施必要的管线迁改及扩容改造以满足片区新产业需求	39834	20000	10月竣工
5	蓝润时代中心	人民南路三段24号	建设商业综合体，总建筑面积102660平方米，其中地上建筑面积为68677平方米、地下（共4层）建筑面积为33982平方米	150000	10750	12月竣工
6	四川大学华西医院中央厨房改造工程项目	国学巷37号	改造面积8100平方米，共5层（地下1层、地上4层）	4800	3800	12月竣工
7	蓝光世纪商业广场改造项目	一环路南三段22号	建设全楼智能化、智慧化的新办公综合体	53021	15000	完成主体施工
8	衣冠庙绿色综合体项目	洗面桥8号	地铁上盖绿色城市综合体，总用地面积16513.33平方米，地下4层、地上30层，总建筑面积131020平方米	156000	10000	开始主体施工
9	玉林一巷社区综合体项目	玉林一巷	占地5893平方米，总建筑面积约27000平方米，建设文化活动中心、菜店、地下洗车场、社区卫生服务中心、社区养老服务设施等	41594	19593	整体施工完成90%
10	尊邸项目	火车南站东路	商品住宅，占地19333平方米，总建筑面积7.73万平方米，容积率4.0	120000	2000	完成内外装修及地坪绿化
11	中粮广场项目	火车南站西路8号	南片区建设商业综合体，占地26066.67平方米；北片区（原锦绣家装城）建设住宅	300000	10000	基坑施工
12	天府汇中心（汇日国际广场项目）	人民南路三段3号	建设办公楼、商场酒店、服务式公寓住宅及其他配套设施，占地面积40586.67平方米，建筑面积50.5万平方米，其中地上面积32.5万平方米	330000	10000	R1塔楼封顶，二次结构完成
13	人南中心项目	人民南路30号	项目占地19333平方米，总建筑面积25.6万平方米，是集商业、办公、剧场于一体的综合体商业项目	300000	10000	A、B、C三栋塔楼施工至5层墙柱6层梁板结构
14	棕树村项目	棕南正街2号	建设二类住宅，建筑面积83278.45平方米	50000	12000	主体结构封顶
15	衣冠庙云门锦绣住宅项目	洗面桥街8号	地铁上盖绿色城市综合体，总用地面积16513.33平方米，地下4层、地上30层，总建筑面积131020平方米	156000	10000	前期准备

（张东旭　周开敏　雷　利）

图099　2021年12月29日，第四届环华西国际智慧医谷发展论坛开幕　（华西医美健康城供图）

【招商引资】 2021 年，华西医美健康城紧扣“两图一表”补链强链，通过产业沙龙、品牌会展、项目路演等投资营销活动，吸引行业头部企业、领军企业关注武侯。强化靶向招引，紧盯链主企业、龙头企业，以产业图谱动态更新为指引，聚焦创新药、高端医疗器械产业链，跟踪促进，成功招引福州鸿博股份医疗级可穿戴设备研发销售中心项目、四川华西妇幼健康科技干细胞存储项目等重大项目 52 个，投资总额约 456.7 亿元（详见表 70），推动注册清云智通设立研发和销售结算平台项目、美小猫供应链项目等“六类 500 强”企业投资项目 13 个。加快推动四川沃森创新疫苗产业园、复星数智科创中心等重大产业化项目落地发展。围绕产业链优势企业需求，做好医药健康产业 92 家规模以上企业“一企一账”对口服务；实施育强行动，支持达晖生物、中科博瑞等创新企业发展壮大，推动四川达生等配套企业带动发展，加快米兰柏羽、大华韩艺等医美特色企业向价值链中高端攀升。

（唐　艳）

【华西健康谷】 2021 年，华西健康谷由武侯高新公司专业化运营管理，共招引再生医学、药械流通、健康管理等大健康企业 21 家，入驻面积 20189 平方米，占出租总面积的 28%。截至年末，华西健康谷共吸引四川迪诺科技有限公司、成都生基赛尔生物科技有限公司等 45 家产业链高端企业入驻（详见表 71）。位于华西健康谷的华西医美健康城展示中心是产业功能区对外形象窗口，是集招商推介、宣传展示、企业服务、学术交流等功能于一体的复合型平台，全年开展医美产业发展主题沙龙、2021 成都全球创新创业交易会等重要活动 30 余场。2021 年，功能区着力创建华西健康谷市级产业社区，梳理“四张清单”70 余项，汇集法务税务、专利评估等专业服务功能，举办产业化项目路演、技术培训等活动 70 余场。

（张东旭　周开敏　李登伟）

表 70　2021 年华西医美健康城重大项目情况表

单位：万元

序号	项目名称	投资金额	产业领域	企业类别
1	海伦堡中国控股有限公司西南总部项目	2000000	建筑业	
2	龙元建设装配式建筑和长租公寓项目	500000	建筑业	中国 500 强
3	新希望物业服务集团增资项目	300000	商务服务业	中国 500 强
4	深圳前海瑞盈投资华太电子商务项目	300000	现代服务业	行业龙头
5	新希望服务设立企业管理总部项目	200000	商务服务业	中国 500 强
6	四川新望康华医疗管理集团有限公司西南总部项目	100000	健康服务	中国 500 强
7	福州鸿博股份医疗级可穿戴设备研发销售中心项目	100000	医药健康	上市公司
8	泰山财产保险设立四川分公司项目	100000	现代金融	国企
9	中国蓝田总公司设立智能芯屏研发及销售中心项目	100000	现代服务业	国企
10	四川中科华瑞健康管理有限公司设立生物医药科技项目	100000	大健康	
11	朗姿医疗美容产业基金项目	100000	金融	上市公司
12	北京人人检科技有限公司四川健康检测服务中心项目	50000	医药健康	
13	中房金控供应链项目	50000	现代商贸	国企
14	西安迪康网络科技有限公司成立区域科技公司项目	50000	科技研发	

续表 70

序号	项目名称	投资金额	产业领域	企业类别
15	北京保利通信成都销售中心项目	50000	电子商务	世界 500 强
16	四川金融控股集团天府商业保理项目	50000	金融	
17	苏州维伟思西南总部项目	50000	大健康	独角兽
18	现代财产保险（中国）有限公司省级分公司项目	50000	金融	中国 500 强
19	贵州万晟物资集团四川供应链管理项目	30000	现代服务业	行业龙头
20	成都质能互动科技有限公司设立医疗科技公司项目	30000	大健康	
21	广州精科生物技术有限公司检验检测实验室项目	18000	大健康	上市公司
22	上海美威联合成都医疗美容公司投资成立美小猫供应链项目	15000	供应链	中国 500 强
23	上海希璟设立供应链管理项目	10000	商贸服务	
24	保利集团设立物业服务公司	10000	物业	央企
25	上海甲马投资汽车检验检测项目	10000	技术服务	
26	四川道禾医药管理股份有限公司设立口腔医院管理公司项目	10000	医药健康	
27	达晖生物成都实验项目	10000	医药健康	
28	江苏赛康医疗设备研发及销售项目	10000	医药健康	
29	北京联合创奇信息技术服务项目	10000	软件和信息技术服务业	高新技术企业
30	成都早早安医疗器械有限公司	10000	大健康	
31	成都铃医健康科技有限公司设立医管公司项目	10000	大健康	
32	四川固正保和健康管理有限责任公司设立分公司项目	10000	大健康	
33	四川恒亿达信息科技有限公司设立科技公司项目	10000	科技研发	
34	海南立达投资科技公司项目	10000	科技服务	
35	台湾诚美学医疗管理公司及轻医美城市连锁品牌项目	8000	大健康	外商投资
36	浙江杭可精密设备研发中心项目	5000	科技研发	
37	中石化电商外贸项目	5000	电子商务	世界 500 强
38	上海新增鼎投资科技服务项目西南总部	5000	电子商务	中国 500 强
39	成都华府英才教育科技有限公司大健康项目	5000	大健康	
40	清云智通设立研发和销售结算平台项目	5000	科技研发	世界 500 强
41	成都德亦美生命科技有限公司	5000	大健康	
42	北京君联茂林投资四川医疗科技器械研发生产销售中心项目	5000	大健康	世界 500 强
43	青岛云科硕脑智能科技有限公司医疗科技公司项目	3000	大健康	
44	四川达生医疗技术服务有限公司设立供应链管理公司项目	2000	物流	
45	湖南省天云软件（西南）金融大数据服务中心项目	1000	金融服务	
46	成都趣美一生投资健康管理有限公司项目	1000	大健康	
47	四川华西妇幼健康科技有限公司儿童门诊项目	0	大健康	行业龙头
48	华西健康科技公司文创项目	0	文创	行业龙头
49	四川华西妇幼健康科技有限公司干细胞存储项目	0	大健康	行业龙头
50	四川华西妇幼健康科技有限公司检验检测项目	0	大健康	行业龙头
51	招商银行股份有限公司设立武侯支行项目	0	金融	世界 500 强、上市公司
52	漾肤医疗设立医管公司项目	0	大健康	

（唐　艳）

表 71　2021 年华西健康谷入驻企业基本情况表

序号	企业名称	入驻企业基本情况	产业定位
1	四川省执业药师协会	开展与药师相关的培训服务及继续教育（办公室）	大健康类
2	成都大哲医学检验实验室有限公司	第三方医学检验，致力于临床医学检验、遗传基因背景、研究专利转化的高速成长型高科技企业。在乙肝病毒临床和基础研究的华西专家顾问团队指导下，共同研发乙肝病毒检测的核心技术（实验室）	承接四川大学成果转化

续表 71

序号	企业名称	入驻企业基本情况	产业定位
3	四川美科奇生物科技有限公司	主要从事基因检测、干细胞抗衰研究、免疫细胞防癌、干细胞储存、医美抗衰产品生产及研发（实验室、医疗机构）	再生医学
4	四川美科奇健康管理有限公司	经营范围包括健康咨询；健康管理；美容服务；从事生物科技领域内技术开发、技术咨询；健身器材、第一类医疗器械、第二类医疗器械销售；生物制品的研发、销售	再生医学
5	图灵傲佳（成都）健康科技有限公司	主营医疗器械研发和销售，脑出血手术机器人 +5G 应用（实验室、办公室）	智慧医疗
6	四川药投康德医药科技有限公司	集医疗设备、药品、各类耗材于一体的贸易及配送平台（办公室）	药械流通
7	四川羽影医疗科技有限公司	打造医疗供应链、医疗资产管理、远程医疗运营、自主硬件开发为一体的集团化运营服务机构（办公室）	药械流通
8	四川和福医颐集团股份有限公司	以专科医院投资与经营为主营业务，以医促养为辅助业务的平台型大健康产业公司（办公室）	药械流通
9	四川康德莱医疗科技有限公司	医疗产业投资、医疗器械经销、医疗信息咨询、医疗设备安装、计算机软硬件的实施和服务（办公室）	药械流通
10	成都明德至善医疗科技有限公司	主要从事眼科及医疗美容设备销售、售后技术服务以及软件系统服务（医疗机构）	医疗美容
11	爱甲专线健康管理有限公司	依托中国抗癌协会、中国医师协会授权对每年 50 万甲癌患者进行线上和线下相结合的术后管理，成为甲状腺癌专业委员会唯一授权的疾病管理平台的公司（办公室、医疗机构）	智慧医疗
12	中稀易涂科技发展有限公司	是一家专注稀土民用化应用与开发的高科技企业，主营生物医药服务、高效节能技术推广服务。公司稀土专利技术主要用于医疗和健康领域，如医疗器械、防蓝光视力保护镜片、医用玻璃等（展示和销售）	大健康类
13	广州孔确基因科技有限公司	以新型测序仪器和试剂盒开发为主的创新性技术企业，涉及第四代基因测序设备、分子诊断技术和试剂盒研究，开展纳米孔试剂盒研发业务（实验室）	医药研发
14	成都武侯拉非尔医疗美容诊所有限公司	以轻医美、微整形为特色，专注于皮肤管理，面部精致和科学抗衰三个方面，开展医疗美容业务（医疗机构）	医疗美容
15	上海科华生物工程股份有限公司	主营生化试剂、临床诊断试剂、医疗器械、基因工程药物、自有设备租赁及相关技术服务等，拟在园区设立公司西南办事处，开展在西南地区的医疗器械销售业务（办公室）	药械流通
16	成都爱德诺言医学检验实验室有限公司	是一家专业研发、销售生命科学研究、医疗防疫检测试剂、设备的高科技公司，客户涉及临床系统、疾控系统、公安系统、科研院所、体外诊断试剂厂家等（实验室）	大健康类
17	成都市楼宇经济促进会	楼宇宣传推广、服务（办公室）	—
18	华西医美健康城	华西医美健康城展示中心	—
19	武侯区疾控中心	实验室、办公室、接待大厅	—
20	成都智慧之域企业孵化器管理有限公司	是面向中小企业提供创意办公室、图书馆、咖啡厅、企业商务服务、投融资服务为一体的共享办公及商务服务提供商，拟在园区设立知域孵化器项目，开展办公室运营及大健康产业孵化业务（办公室）	大健康类
21	成都健坤仁和医疗科技有限公司	是一家集医疗设备销售、维修、维护和提供后期技术支持于一体的实体公司，拟开展医疗器械销售业务（办公室）	药械流通
22	成都武侯致美之星医疗美容诊所有限公司	主营医疗美容科、美容外科、美容皮肤科、美容中医科、诊所服务、生活美容服务等，拟开展皮肤管理和美容外科业务（医疗机构）	医疗美容
23	成都生基赛尔生物科技有限公司	是一家处于新型药物研发（中试前）及临床阶段的生物技术公司，拟设立项目研发实验室，开展基因治疗项目、新型多功能抗体等创新生物医药研发业务（实验室）	医药研发
24	成都武侯喜悦晶肤医疗美容门诊部有限公司	朗姿医美集团晶肤医美连锁旗下机构，拟设立喜悦晶肤医疗美容门诊部，开展美容皮肤科、美容外科（微整形）、美容中医科业务	医疗美容
25	四川浩煜友德医疗科技有限公司	开展新型医疗供应链平台的打造及医疗器械产品销售业务	药械流通
26	四川普博医疗器械有限公司	医疗器械生产、销售、培训及办公	药械流通
27	成都趣美一生健康管理有限公司	该公司是一家综合性的中医健康及美丽服务连锁机构，主要以“中医会员制健康中心 + 美域商学院 + 实体连锁服务”的模式，开展个人健康管理、免疫能力提升、抗衰及美丽服务等	健康管理

续表 71

序号	企业名称	入驻企业基本情况	产业定位
28	四川中科博瑞生物科技有限公司	集细胞产品研发、生产及应用转化于一体的多功能技术服务平台	再生医学
29	成都药投中和科技开发有限公司	开展健康管理、健康咨询服务（不含医疗诊治活动），商务信息咨询，科技信息咨询服务，销售药品、化妆品、办公用品、机械设备、医疗器械等	药械流通
30	成都德赛心智教育科技有限责任公司	心理健康教育与培训、远程教育与推广、心理咨询（不含医疗诊治）与 测评服务、心理健康技术与产品的设计、开发、转让、销售、应用服务	健康管理
31	四川元麒医疗科技有限公司	为四川圣弘康医疗科技有限公司的子公司，以医学研究、医疗器械经销、医疗信息咨询、医疗设备安装等为主营业务	药械流通
32	招商银行成都分行武侯支行	为园区及周边企业提供金融配套服务	配套产业
33	成都德亦美生命科技有限公司	是以生活美容服务、健康咨询、医疗器械经营和销售等为主业务的公司	药械流通
34	四川康德莱医疗科技有限公司	公司拟投资 1000 万元，打造医疗器械、医院智慧物流展销及实践中心	药械流通
35	四川迪诺科技有限公司	是以医疗产业投资、医疗器械经销、医疗信息咨询、医疗设备安装、计算机软件、硬件的实施、服务为主营业务的民营企业	药械流通
36	成都早早安医疗器械有限公司	主要从事医学影像、内镜微创、肿瘤早筛体检等业务，依托国内专家资源，协助医院打造特色专科	药械流通
37	成都药投中和科技开发有限公司	拟开展中医药技术、中医药开发与展示业务	药械流通
38	铃雅医疗管理（成都）有限责任公司	是西南地区第一家以脊柱专科医疗为核心的医疗健康企业，拟设立诊所，开展脊柱相关病治疗及相关医疗器械开发等业务	大健康类
39	四川达生医疗技术服务有限公司	是国内以肾脏健康全流程管理的专业第三方运用服务公司，拟设立肾世太平医疗管理服务有限公司（筹），打造达生医疗肾脏健康管理中心展示中心	药械流通
40	固正保和中医药科技（成都）有限公司	公司致力打造一所集固正保和中医医学研究院科研平台、数字中医健康管理平台、数字中医社区健康管理中心、中医药产品智能生产基地、中医药特色智慧康养基地、数字中医产业发展基金等融合发展的数字中医大健康产业集群	大健康类
41	四川星河致远生物科技有限公司	由广州达晖生物技术股份有限公司投资设立，注册资本 1000 万元，主要从事医学遗传领域的产品研发、技术服务、技术咨询、技术推广等业务	大健康类
42	成都武侯儿童卓越门诊部有限公司	主要针对早产儿和发育落后等高危儿童开展早期筛查和干预，针对脑瘫、孤独症等特殊儿童康复治疗，以及对特殊儿童建立早期发展和融合教育方案。计划成为华西第二医院品牌下的首个“儿童康复医学与早期发展和融合教育”项目，将该机构打造成儿童康复治疗、产品和科技成果转化示范点和核心基地	大健康类
43	成都诺医德医学检验实验室有限公司	开展肿瘤类器官药敏筛查等业务，依托医学检验所开展临床技术服务，并在此基础上逐步向医疗器械产品化注册报证方向转化，最终形成医学检验所，实现新技术导入，体外诊断试剂盒及配套设备全国销售	大健康类
44	成都华信智汇科技有限公司	主要从事 SPD 医疗耗材及药品精细化管理系统研发和管理，拟构建一种新型的医用耗材及药品专业第三方服务模式，通过应用信息技术、物联网技术以及智能设施设备，将现代物流服务延伸到医院一级库、二级库以及临床使用结算的精细化耗材及药品运营管理服务	大健康类
45	成都奥泰珍生物科技有限公司	致力于肿瘤愈后治疗研究及实施、医疗级可穿戴产品的研发和销售	大健康类

（张东旭　周开敏　李登伟）

【第四届环华西国际智慧医谷发展论坛】 2021 年 12 月 29 日，武侯区、四川大学联合主办的第四届环华西国际智慧医谷发展论坛暨“一校四院”科研成果发布会在成都世外桃源酒店举行。论坛围绕“融合创新·共建未来”主题，以“线下高峰论坛 + 线上云会场”的形式，通过多屏互动、产业推介、主题演讲、项目路演等方式，搭建合作交流平台。华西医院麻醉学及危重病医学教研室主任刘进作题为《华西医院麻醉学科的转化研究》的主题演讲，介绍成果转化“华西模式”；华西四所医院分享医工融合成果转化经验及优质案例。华西四所医院的专家围绕打通创新转化链条，甄选创新药、医用新材料、妇幼、口腔、美容、肿瘤和新型医疗等医药健康领域，开展“用于实质性器官恶性肿瘤治疗的栓塞微球”“静脉全身麻醉药气药浓度在线监测仪的研制与开发”等12个优质项目的路演。论坛还邀请行业龙头企业、头部金融投资机构、医药健康产业生态圈成员单位以及德阳、眉山、资阳等协同区域代表线上线下共同参与，推动校地企资合作，打造环华西国际智慧医谷大健康产业集群。

（张东旭　周开敏　唐　艳）

【转化医学国家重大科技基础设施（四川）项目竣工】 2021年9月29日，由中国建筑一局（集团）有限公司承建的转化医学国家重大科技基础设施（四川）项目竣工，标志着国内首个生物治疗转化医学国家重大科技基础设施正式投入使用。转化医学国家重大科技基础设施（四川）项目位于四川大学华西校区，总投资8.9亿元，建筑面积3.88万平方米，包括生物治疗转化医学大楼、电镜实验室及污水处理站等。该项目是“十二五”时期国家优先安排建设的16个重大科技基础设施之一，同时也是为落实省委、省政府“抢占科技制高点”决策部署确定的省级重点科技项目。

（雷　利）

三国创意设计产业功能区
Three Kingdoms Creative Design Industrial Functional Area

【概况】 三国创意设计产业功能区（原三国创意园）成立于2019年底，是成都市新消费产业生态圈16个功能区之一。2021年8月，三国创意园更名为三国创意设计产业功能区。功能区面积15.03平方千米，涉及浆洗街、红牌楼、晋阳3个街道，其中规划建设面积9.6平方千米、核心起步区1.86平方千米。功能区历史文化底蕴深厚，拥有成都武侯祠博物馆，位于南方丝绸之路起始段；商务商贸发达，拥有红牌楼、双楠等商圈；交通优势明显，有地铁3号线、5号线、7号线、10号线、17号线等5条地铁线路，以及高升桥站、太平园站等12个地铁站点。8月2日，功能区被商务部等四部委认定为第二批国家文化出口基地，是四川省唯一获得认定的功能区（行政区）之一。

（杨剑军　蒲雪姣）

【产业功能区规划】 2021年，武侯区按照成都市产业功能区名录调整更新后的空间范围、核心区域、主导产业、细分领域，全面完成功能区总体规划修编。功能区坚持以“文创+”引领园区发展，以文化创意为主导产业，以创意设计、创意文旅、创意视听为细分领域，以无界商业、高端商务、服务贸易为融合产业，挖掘三国文化本底，建设世界文创名城核心区和国家文化出口基地（三国文化）示范区，推动文创产业向文创园区、文创楼宇集聚集群发展，加速形成以川藏路三国文创产业发展轴，浆洗街三国文创产业传承区、红牌楼数字创意引领区、晋阳创意生活体验区为内容的“一轴三区”空间发展格局。根据优化调整后的细分领域及功能定位，编制构建“总体规划+产业发展规划+‘十四五’发展规划+高品质科创空间规划+产业准入指引”的规划体系；挖掘功能区三国IP文化本底，坚持片区开发理念，以城市更新为路径，将创意视听作为产业发展和功能支撑的新赛道，以创意视听内容生产和创意视听平台运营为核心，聚焦短视频和电竞两个领域，配套打造N个创意视听线下应用场景，构建“1+2+2”创意视听产业体系。

（杨剑军　蒲雪姣）

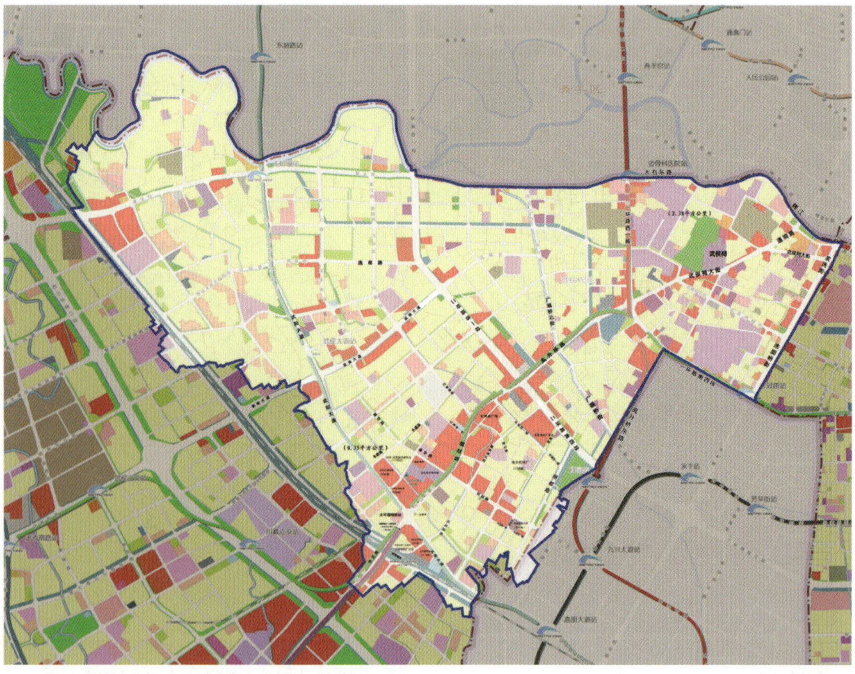

图100　武侯区三国创意设计产业功能区示意图　（三国创意设计产业功能区供图）

图101　2021年9月16日，三国创意设计产业功能区发布投资机会清单　（区融媒体中心供图）

【产业功能区项目建设】 2021 年，三国创意设计产业功能区协调推动制胶厂地块等 7.68 万平方米土地上市；推进南横置业新马路长益路综合体、永盛路社区综合体等 31 个区管在建项目按进度建设（详见表 72）。统筹推进区委项目工作专题会确定的十大重点项目于年内启动，其中太平园 TOD 一期（制胶厂地块）、南桥社区 2 宗住宅用地于 9 月底开工。优化功能设施体系，开工建设永顺路小学、武侯体育公园等 5 个公共服务设施类项目，总建筑面积 12.66 万平方米。

（杨剑军　蒲雪姣）

【产业功能区招商引资】 2021 年，三国创意设计产业功能区围绕创意设计主导产业，主办“三国 Online”高品质科创空间网络推介会、2021 中国商业零售业创新发展论坛等活动 14 次，累计签约项目 30 个，签约金额逾 445 亿元。注册落地新加坡能源集团中国区外资结算及资产管理运营总部等重点产业化项目 49 个，其中“六类 500 强”企业投资项目 14 个、外商直接投资项目 3 个、央企国企投资项目 6 个、其他龙头企业投资项目 26 个（详见表 73）。认定市级重大项目 4 个，其中新加坡能源集团中国区外资结算及运营管理总部项目、香港碧桂园物业收购四川蓝光嘉宝服务集团项目为“153”项目，认定广东省车音智能汽车智能驾乘研发生产项目为专精特新项目，认定北京北汽鹏龙汽车服务贸易中心项目、广东省远东集团有限公司智慧城市安全软件开发项目、海南省播影时代西部影视产业供应链管理平台项目等先进生产性服务项目 5 个，其他高能级项目 6 个。

（杨剑军　蒲雪姣）

表 72　2021 年三国创意设计产业功能区项目进展情况表

类别	项目名称	建设地址	建设年限	建设内容及规模	项目总投资（万元）	2021 年完成投资（万元）	2021 年进度
续建项目（17 个）	晋平街幼儿园	晋平街	2020—2021 年	总建筑面积 4895 平方米，其中地上计容建筑面积 3458 平方米、地下 1418 平方米	5661.59	982	竣工
	太平园东四街幼儿园	太平园东四街	2020—2021 年	总建筑面积 6787 平方米，其中地上计容建筑面积 4962 平方米、地下 1803 平方米	8286.4	281	竣工
	博雅兴居	晋阳社区	2020—2021 年	建设商业及住宅，占地 5068 平方米，总建筑面积 18900 平方米，地下 2 层，地上 14 层，合计住房 159 套	3000	1400	除总平外，其他工程基本完成
	晋吉东一街幼儿园工程	晋吉东一街	2020—2021 年	总建筑面积约 1.06 万平方米，其中地上约 8600 平方米，地下约 2000 平方米	14379.81	5752	竣工
	永盛路幼儿园	永盛路	2020—2021 年	总建筑面积 7854 平方米，其中地上计容建筑面积 5841.55 平方米、地下 1973.51 平方米	10129.47	8104.47	主体完工
	核桃堰路幼儿园	太平社区	2020—2021 年	不含教育设施设备购置，总建筑面积 5621 平方米，其中地上计容建筑面积 4183.50 平方米、地下 1409.62 平方米	7029.35	5624.35	主体完工

续表 72

类别	项目名称	建设地址	建设年限	建设内容及规模	项目总投资（万元）	2021 年完成投资（万元）	2021 年进度
续建项目（17个）	成都体育学院旧场馆改造项目	一环路西一段19号	2020—2021 年	改造综合体育馆和体操馆，总建筑面积约 20000 平方米	5000	2000	主体施工
	果堰小学	果堰社区十一组、吉福社区三组	2020—2021 年	总建筑面积 2.37 万平方米。其中，地上约 1.7 万平方米、地下约 6700 平方米	30051.17	18031	主体完工
	城乡环境综合治理中心项目	南桥社区	2019—2021 年	建设一座日处理垃圾量 2500 吨的垃圾压缩中转站、污水（渗滤液）处置中心以及综合大楼等，建筑面积 5.54 万平方米	84130	42330	主体已封顶，环卫用房的消防水主管道完成90%，电缆桥架完成95%，通风管道完成45%；垃圾压缩中心的消防水主管道安装完成60%，电缆桥架施工完成50%
	富国上邦（原富强公司综合楼）	盛世路	2019—2021 年	占地 24680 平方米，建设商业用房、商品住宅、附属设施及绿化工程，总建筑面积 9.8 万平方米	75000	18182	竣工
	“水系连通”一期工程楠杆堰、鸡公堰标段	晋阳、机投桥等街道	2020—2023 年	楠杆堰新取水口新建闸坝、引水渠并对现状河渠进行景观改造；鸡公堰水系恢复工程通过改造暗涵、清淤及增设截污干管等方式进行改造	4895.68	1500	完成河道清淤；完成河边绿化1100 平方米；建成晋吉北路顺和街箱涵 4 个；设立河道两侧栏杆约 1 千米
	沙河中学	太平社区	2020—2022 年	不含教育设施设备购置，总建筑面积 42737 平方米。其中，地上 29960 平方米、地下 12777 平方米	39476	26317	主体施工
	成都燃气绕城高压输气管线建设工程	绕城高速沿线	2013—2022 年	建设 86 千米高压输气管线	184500	20000	管线部分完成97.7%
	省移动 5G 升级改造工程	高升桥路 1 号	2000—2022 年	移动 5G 网络升级改造	250000	240000	基本完成 5G 设备的布局和升级改造
	长城公司南二环创想中心（一期）	二环路南四段	2020—2023 年	占地约 28680 平方米，建设地下车位、绿化工程及附属设施，总建筑面积 5.9 万平方米	26010	10000	进入主体施工，地下部分完成开挖
	双楠悦天地（森世阳光）	二环路西一段	2020—2022 年	占地 40000 平方米，建设商业用房、商品住宅、附属设施等。总建筑面积 25 万平方米，其中一期 14.6 万平方米、二期 10.4 万平方米	269786	42000	一期完成主体施工；二期除 1 栋外，其余已完成主体封顶
	南横置业新马路长益路综合体项目	新马路 1 号，长益路 4 号、18 号、80 号	2020—2023 年	建设酒店、甲级写字楼等商业体，配套幼儿园、小学、养老服务、社区用房、农贸市场等设施，建筑面积约 40 万平方米	450000	120000	小学、幼儿园完成主体施工，返迁房部分主体完工，商品住宅还余两栋未封顶

续表 72

类别	项目名称	建设地址	建设年限	建设内容及规模	项目总投资（万元）	2021 年完成投资（万元）	2021 年进度
新开工项目（14 个）	永顺路小学	永顺路	2021—2022 年	主要建设包括教学楼、风雨操场及食堂、报告厅、地下室等，总建筑面积 33566 平方米。其中，地上建筑面积 26689 平方米、地下建筑面积 6877 平方米	29845	23876	主体施工
	武侯体育公园	果堰社区十一组，顺江社区一组、八组、九组	2021—2022 年	建设足球场、极限运动场地、多功能运动场地以及地下停车场（含 350 个公共停车位）等配套设施，建筑面积约 1.7 万平方米	36019.6	23000	主体施工
	吉福颐园（锦乐吉福院）养老院项目	吉福社区	2021—2022 年	建筑面积约 2.3 万平方米	19709.63	7200	主体施工
	长城公司南二环创想中心（二期）	二环路南四段	2021—2024 年	占地约 28680 平方米，建设商业用房、办公楼、绿化及配套附属设施等，总建筑面积 13.07 万平方米	42000	10000	共 3 栋，3 号楼修建到第 7 层，其他 2 栋已完成地下室工程
	永盛路社区综合体	永盛路	2021—2022 年	占地 6326.8 平方米，总建筑面积约 2.26 万平方米。其中，地上约 1.22 万平方米、地下约 1.04 万平方米	21877.45	14584.96	开始主体施工
	“瑞泰锦城”商业部分更新升级项目	晋阳路瑞泰锦城 269 号	2021—2022 年	打造公园城市综合体典范、地标建筑及特色潮流店。更新改造总面积约 8.45 万平方米（商场改造 7.99 万平方米、绿地面积 4600 平方米）	40000	10000	业主方已取得施工许可
	阳公桥妇幼健康产业园	晋阳路 336 号、338 号，沙堰西二街	2021—2022 年	利用省妇幼保健院资源和龙湖金楠时光等商业体载体，探索盘活道路和绿化用地资源，打造阳公桥妇幼健康产业园	50000	10000	前期准备
	川藏公路武侯段太平停车场	太平社区	2021 年	建设公建配套地下停车场及附属设施，车位 60 个	2100	2100	前期准备
	泷门悦玺地产项目	二环路西一段	2021—2023 年	建设商品住宅，占地面积 2000 平方米，建设面积 13000 平方米	29000	4000	前期准备
	永盛南街菜市场	永盛南街	2021—2022 年	占地 4153.4 平方米，修建菜市场及附属设施	6000	2000	前期准备
	红牌楼一街菜市场	红牌楼一街	2021—2022 年	占地 3340 平方米，修建菜市场及附属设施	5000	2000	前期准备
	万贯商城总部项目一期	晋阳路 128 号、162~182 号，金雁路 2~24 号、金砖小区商铺	2021—2023 年	占地面积 20000 平方米。拟对万贯商城及周边重新设计建设商业、住宅综合体，预计建设面积 80000 平方米	20000	10000	前期准备
	双丰东路养老设施	双丰东路西侧	2021—2022 年	占地 7600 平方米，总建筑面积 30480 平方米	20878.8	13919.2	主体施工
	武侯祠横街 20 号改造项目	武侯祠横街 20 号	2021—2023 年	商业用地兼容二类住宅用地，面积 5318.25 平方米，项目业主为成都鸿汇物业管理有限公司，拟修建住宅	25000	10000	前期准备

（杨剑军　蒲雪姣）

表73　2021年三国创意设计产业功能区重点产业化项目情况表

单位：万元

序号	公司名称	注册资本	产业类别	备注
1	阿思丹（成都）教育科技有限公司	32000	文化教育	
2	播影时代（成都）新媒体发展有限公司	20000	新媒体运营	
3	星洲能源（成都）有限公司	12500	能源管理	
4	四川星光鼎悦文化科技有限公司	10000	文化创意	行业龙头
5	成都武悦华鲲科技有限公司	10000	商业地产	世界500强上市公司
6	四川天下岷江实业有限公司	10000	物流运输	行业龙头
7	四川七兄弟传奇餐饮管理有限公司	6666	生活服务	行业龙头
8	四川广合文化传媒有限公司	6000	文化创意	行业龙头
9	新能星洲（成都）能源有限公司	5000	科技服务	
10	成都广合商业管理有限公司	5000	商业服务	
11	源树合联景观规划设计有限公司	5000	景观设计	行业龙头 瞪羚企业
12	阿婆管家项目管理有限公司	5000	生活服务	行业龙头
13	成都车音互动科技有限公司	5000	文化创意	上市公司 高新技术企业 瞪羚企业
14	四川中侨影联文化传媒有限公司	5000	文化传媒	行业龙头
15	四川省皓苒置业有限责任公司	5000	地产开发	行业龙头
16	成都格乐丽雅文化产业有限公司	5000	文化创意	
17	大有恒丰（成都）发展有限公司	5000	文化创意	瞪羚企业
18	四川星中达能源科技有限公司	5000	科技服务	
19	四川耀客文化传媒有限公司	5000	文化创意	行业龙头
20	太极熊猫设计有限公司	5000	创意设计	行业龙头
21	中睿智规划设计有限公司	5000	规划设计	行业龙头
22	四川动力岛体育文化发展集团有限公司	5000	文化创意	行业龙头
23	四川省泓欣环境科技有限公司	5000	生活服务	
24	拙旅众成（成都）文化科技有限公司	5000	文化创意	行业龙头
25	大亚湾川纲科技发展（成都）有限公司	5000	商务服务	
26	西部环球数码科技（成都）有限公司	5000	文化创意	
27	成都市华阳通达科技有限公司	3000	都市工业	行业龙头 高新技术企业
28	四川钓台传酱酒业有限公司	3000	科技研发	行业龙头
29	成都鹏龙兴元汽车销售服务有限公司	2000	商业服务	
30	新医养健康管理咨询（成都）有限公司	2000	健康服务	行业龙头
31	成都中燃宜居热力有限公司	2000	生活服务	上市公司
32	四川省华金荟珠宝有限公司	2000	商务商贸	行业龙头
33	四川中鼎铭世乡村产业发展集团有限公司	2000	商务商贸	行业龙头
34	成都穗蓉智汇安防科技有限公司	10010	科技服务	行业龙头
35	越隆达（成都）环保科技有限公司	1000	科技服务	行业龙头 高新技术企业
36	四川省中文宣文化旅游发展有限公司	1000	文化创意	行业龙头
37	四川宁环城服环保科技有限公司	1000	现代商务商贸产业	
38	成都计测检测技术有限公司	1000	检验检测认证服务	行业龙头 高新技术企业
39	四川信驿文化传播有限公司	1000	文化创意	行业龙头

续表 73

序号	公司名称	注册资本	产业类别	备注
40	四川信驿文化科技有限公司	1000	文化创意	行业龙头
41	协鑫（成都）能源科技有限公司	1000	科技研发	上市公司 新经济 500 强 民营企业 500 强
42	远东小象智慧城市科技（成都）有限公司	1000	科技服务	
43	万嘉集运物流（成都）有限公司	1000	物流运输	行业龙头
44	成都佳海科技产业发展有限公司	1000	商务服务	行业龙头
45	成氏汉武国际物流（成都）有限公司	1000	物流运输	
46	四川阿瓦缇娜农产品销售有限责任公司	1000	商务服务	
47	成都武侯紫藤晶肤医疗美容门诊部有限公司	600	生活服务	上市公司 高新技术企业
48	华证商务信息咨询服务（成都）有限公司	500	商务服务	行业龙头
49	成都市爱梨思美容服务有限公司	100	生活服务	

（杨剑军　蒲雪姣）

图102　2021年9月4日，区长景波（右二）代表武侯区接受“国家文化出口基地”授牌
（三国创意设计产业功能区供图）

【“三国 Online”高品质科创空间网络推介会】 2021 年 1 月 29 日，武侯区以“聚焦产业链、融入长三角、打造动力源”为主题在线举行三国创意园“三国 Online”高品质科创空间网络推介会，吸引日本清水建设、博埃里建筑设计咨询（上海）有限公司、欧桦文化传播（上海）有限公司、上海梦创软件等长三角经济区 80 余家文创设计、数字娱乐等高新技术龙头企业参与，5.14 万人次在线观看。推介会上，播影时代（成都）新媒体发展有限公司、博埃里建筑设计咨询（上海）有限公司、车音智能科技有限公司等 3 家高新技术企业与三国创意园“跨屏”签约，签约总额 25 亿元。

（杨剑军　蒲雪姣）

【“三国 Online”元宇宙云上签约】 2021 年 11 月 19 日，“三国 Online”元宇宙云上签约仪式在武侯云上会客厅举行。三国创意设计产业功能区分别与北京运通国融投资集团有限公司、思特世纪（北京）科技有限公司、南京达斯琪数字科技有限公司、特斯联科技集团有限公司、九天芸菲（成都）科技有限公司在线签订投资合作协议，签约意向总金额 90 亿元。

（杨剑军　蒲雪姣）

【三国创意园被认定为国家出口文化基地】 2021 年 8 月 2 日，商务部发布第二批国家文化出口基地名单，武侯区三国创意园成为四川省内唯一入选的功能区。9 月 4 日，中国国际服务贸易交易会首届国家文化出口基地论坛暨国家文化出口基地授牌仪式在北京国家会议中心举行，三国创意园在内的全国 16 个第二批国家文化出口基地获商务部、中央宣传部、文化和旅游部、国家广播电视总局授牌。三国创意园是全国唯一以三国文化为本底，面向全球的文创产业功能区。2021 年，武侯区持续聚焦创意设计产业，重点发展城市设计、视觉设计、文博文旅，融合发展中高端商业、高端商务、服务贸易等现代服务业，打造“三国文化传承地、体验消费目的地、特色文创承载地”核心功能，吸引更多有较强国际市场开拓能力的企业落地武侯，高标准推进国家文化出口基地建设。三国创意设计产业功能区全年文创产业增加值21.29亿元。截至年末，功能区内有标准以上（含规模以上）文创企业191家。

（杨剑军　蒲雪姣）

悦湖科技城
Yuehu Technology City

【概况】 成都市武侯区悦湖新材料科技转化中心（简称“悦湖科技城”）由原武侯电商产业功能区发展而来，位于成都市西三环路外侧，东至三环路、南至七里大道—聚福路—成双大道、西接双流蛟龙工业港、北至青羊区界，规划建设面积约22.3平方千米，是成都市科技创新战略产业承载地。在产业体系方面，悦湖科技城以高端新材料为核心，延伸发展电子信息、医药健康产业，前瞻布局先进生产性服务业，着力构建“1+2+N”现代产业体系；在空间布局方面，结合区域要素资源禀赋、城市更新项目及土地开发情况，形成“一心两轴五组团”（“一心”指创新策源中心；“两轴”即创智活力轴、产业发展轴；“五组团”为都市楼宇工业谷、创新创智孵化园、未来科技创享城、工业园产业化基地、新经济科创园）的空间格局，提升城市承载能力，促进生产、生活、生态空间有机融合。与重庆市沙坪坝区青凤工业园、重庆新材料创新中心、眉山市东坡区甘眉工业园南区达成合作共建协议，规划建设“总部＋基地”“研发＋转化”产业协作园区。与四川大学合作共建“极端条件下先进材料与器件综合研究装置”项目形成实质性投资合作协议。

（戴　敏）

图103　2021年10月22日，省市区三级人大代表视察悦湖科技城　（悦湖科技城供图）

【悦湖科技城规划】 2021年，悦湖科技城以新材料、生物医药、电子信息为主导产业定位，启动悦湖科技城“十四五”规划。截至年末，完成以高性能电子陶瓷为代表的悦湖科技城新材料赛道研究，新材料产业“两图一表”等编制工作；完成武青南路、九架车站、白佛站等3个TOD一体化城市设计方案以及悦湖科技城片区、机投都市楼宇工业谷片区城市设计方案。

（戴　敏）

【悦湖科技城项目招引】 2021年，悦湖科技城引进沃森等重大产业化项目37个，投资额超350亿元，居全区首位。其中，市级重大产业化项目7个、“153”项目3个、“六类500强”及央企国企项目11个、“专精特新”项目6个、先进制造业项目10个。（详见表74、表75）

（戴　敏）

【悦湖科技城项目建设】 2021年，悦湖科技城加快建设产业项目25个，总投资360.25亿元，总建筑面积266.47万平方米，居全区第一。复星科创西南总部等12个项目落地开工，C8等8个项目顺利建设，京东西南总部基地等5个项目竣工投用。加快建设公建配套项目57个，其中新开工九康六路等22个、竣工武青西三路小学等24个、续建机投北片区路网等11个、启动建设保障性租赁用房3个2300套（详见表76、表77）。完成悦湖新材料基地等5个更新单元城市设计，机投工业谷等8个项目取得成都市有

图104　2021年8月27日，悦湖科技城重点项目——沃森生物创新研发中心项目开工（悦湖科技城供图）

表 74　2021 年悦湖科技城项目招引情况表

单位：亿元

类别	项目名	项目规模	类别	项目名	项目规模
市级重大产业化项目	浙江吉利汽车新能源汽车直租平台项目	5	“153”项目	臻迪科技西南总部项目	30
	LINE·心元中日创新创意中心	6.5		复星西南科创中心	50
	北京中国化学国际业务管理结算项目	13.6	“专精特新”项目	四川蓉鳐行科技有限公司	1
	中国电子电竞数字科技产业中心	12		福建力巨科技（西南）工业自动化设备研发生产中心项目	1
	江苏中天互联西南地区工业互联网一体化运营中心项目	5		深圳市普博医疗器械生产研发中心	3
	四川合弘建设投资发展有限公司	10		浙江杭可仪器精密设备研发中心	—
	云南沃森生物医药研发中心	50		四川汶川宏图高新武侯新能源项目	—
“153”项目	云南沃森生物医药研发中心	50		深圳市赛瑞产业研究有限公司西南总部项目	5

（戴　敏）

表 75　2021 年悦湖科技城企业招引情况表

单位：万元

类别	公司名称	注册资金	类别	公司名称	注册资金
“六类500强”及央企国企项目	四川万物兴农业有限公司	1000	先进制造业项目	成都九洲星联生物技术有限公司	10500
	小灵狗出行科技有限公司	11594.94		成都臻裕星辉科技有限公司	30000
	成都复蜀置业发展有限公司	20000		成都臻丰永正科技有限公司	30000
	四川码联科技有限公司	5000		四川普博达元医疗科技有限公司	10000
	成都太合原壹文化发展有限公司	3000		成都朗巨粘接技术有限公司	1000
	华成现代科技服务（成都）有限公司	2000		成都煜康医疗技术服务有限公司	1001
	成都汉裕物业管理有限公司	5000		四川省西油慧丰石油工程技术有限公司	1000
	四川交建城投建设有限公司	10000		普密特（成都）医疗科技有限公司	1000
	中煤水文局集团（四川）水环科技有限公司	5000		成都蓝云创谷科技发展有限公司	5000
	行云西南科技（成都）有限公司	5000		恒亦明（成都）智慧科技有限公司	5000
	四川省观测云信息科技有限公司	1000			

（戴　敏）

表 76　2021 年悦湖科技城重点项目情况表

序号	项目名称	建设地址	建设年限	建设内容及规模	年度投资额（万元）	项目类别
1	武侯区珑熙中心项目	顺江社区六组、高碑社区三组、铁佛社区二组	2018—2021 年	占地约 3.6 万平方米，建筑面积约 16.8 万平方米，由 6 栋建筑和情景商业街区组成，包括 4 栋商办楼宇，1 栋星级标准酒店、1 栋图书馆、1 栋写字楼	46351	竣工
2	渝江盛世潮音开发项目（渝江饭店）	潮音社区	2019—2021 年	占地 1.12 万平方米，建筑面积约 6.5 万平方米，按照五星标准设计建造集会议、宴会、商务、休闲、娱乐于一体的综合性酒店	4000	
3	京东集团西南基地项目	潮音社区	2017—2021 年	占地 3.93 万平方米，建筑面积约 25.5 万平方米，建设公共办公区、会议室、培训室、员工餐厅等	17000	
4	联晟纸业研发楼项目	潮音社区四组、五组，原瓦房村五组	2019—2021 年	占地 1.67 万平方米，建设面积 6.4 万平方米，共 4 栋	7500	
5	当代中德璞誉商业	武侯大道顺江段 56 号	2018—2021 年	占地 1.27 万平方米，建设面积约 20 万平方米	38835	

续表 76

序号	项目名称	建设地址	建设年限	建设内容及规模	年度投资额（万元）	项目类别
6	唐源电气研发楼项目	铁佛社区	2019—2021 年	占地 5720 平方米，建筑面积约 1.7 万平方米，拟入驻公司西南总部、研发中心等	2000	续建
7	智·C8 文化创意产业园项目	原瓦房村三组、四组	2021—2022 年	占地 3.53 万平方米，建设面积约 15.5 万平方米，拟建设文化创意产业园	9500	
8	攀西矿业开发项目	武科西一路	2020—2021 年	占地 1.18 万平方米，建筑面积约 3.5 万平方米，建设高品质工业楼宇	8000	
9	铁佛社区 14 亩开发项目（文化设施用地）	铁佛社区	2020—2021 年	占地 9333 平方米，建设面积约 3 万平方米，建设商业综合体	3000	
10	铁佛社区 10 亩开发项目	铁佛社区	2020—2021 年	占地 6666.67 平方米，建设面积约 2 万平方米，建设商业综合体	100	
11	西部智谷综合楼	武科东二路与武兴街交会处	2020—2022 年	占地 4953 平方米，建筑面积约 2 万平方米，其中地下面积约 7000 平方米，地上建筑面积约 13500 平方米	6000	
12	成都武侯双凤七里轨道城市 TOD 项目一期	七里社区	2019—2025 年	占地 13.73 万平方米，建筑面积约 49 万平方米，规划有生态办公楼、高端酒店、配套商业、绿色住宅等	60000	
13	武侯电商产业功能区西南科技总部基地	七里社区	2020—2022 年	占地 2.13 万平方米，建设面积约 6.4 万平方米，拟打造电子商务、科技金融产业集群，建设总部基地	22000	
14	悦湖科技城展示中心、实验室、人才公寓、环线道路等	智远大道北段	2021—2025 年	展示中心项目约 2.87 万平方米，其中配套用房建筑面积约 5000 平方米；人才公寓项目总建筑面积 13.41 万平方米，其中地上建筑面积 8.91 万平方米、地下约 4.5 万平方米；环线道路项目共 4 条，道路总长 2837 米	177000	新开工
15	沃森医美健康生物研发中心（沃森生物创新研发中心）	武科东四路 18 号	2021—2025 年	占地约 6.8 万平方米，计划建筑面积约 25 万平方米。新建原液生产车间、国际制剂中心、国际仓储物流中心、产业学术交流中心、产业孵化中心	9000	
16	复星西南科创总部	原摩尔物流地块	2021—2025 年	占地 8.73 万平方米，总建筑面积 22 万平方米	90000	
17	双凤桥 TOD 项目	智远大道和武兴路交会处	2021—2025 年	占地 13.73 万平方米，二期开发建设 1 号、2 号、4 号住宅地块共 7.89 万平方米，建设商业面积约 28.1 万平方米	5000	
18	成都智慧燃气运营云中心	武青东四路和武盛街交会处	2021—2025 年	占地 1.8 万平方米，总建筑面积约 5.4 万平方米，建设成都智慧燃气运营云中心	1000	
19	安信睿超高功率 CPLED 特种照明项目	武科西三路	2021—2025 年	建设 CPLED 特种照明生产线组装 1 期，建筑面积 4000 平方米	5000	
20	广东普博科技大健康西区总部项目	武兴五路与武科西五路交会处	2021—2025 年	占地约 1.6 万平方米，建筑面积约 4.8 万平方米，建设高端医疗设备生产基地	2000	
21	立方新视觉中心（立方二期）	武兴五路与武青西四路西南侧	2021—2025 年	占地 1.6 万平方米，建筑面积 6.6 万平方米，建设多媒体、动画等产业的集群办公基地	3100	
22	四川交建总部基地项目	武侯环城生态北片区智远大道	2021—2025 年	占地 33617 平方米，投资建设总部项目		
23	大健康电子商务供应链 SLIP 电子商务平台总部项目	武青南路与武科东路五路交会处	2021—2025 年	占地 7633 平方米，建筑面积约 2.2 万平方米	1000	
24	盛达集团矿业研发产业集群项目	武科东二路	2021—2025 年	占地 1 万平方米，总建筑面积 3.5 万平方米，建设盛达集团西部总部、矿业技术研发及其他附属配套工程等	1000	
25	中电创智数字科技创享社区项目	机投桥街道	2021—2025 年	计划投资 30 亿元，建设中国电子数字科技创享社区	1000	

（戴　敏）

表 77　2021 年悦湖科技城基础设施重点项目情况表

单位：万元

序号	项目名称	建设年限	建设规模	年度投资额
1	2020 年武侯区人行道提升整治工程	2021 年	对武兴二路等 30 条道路的人行道进行提升整治，整治人行道长度 14 千米，整治面积约 11 万平方米	6000
2	聚福路、千秀路道路工程	2021 年	聚福路长 313.35 米，宽 30 米；千秀路长 415.71 米，宽 16 米	9036
3	福锦路一段中学项目	2021—2022 年	占地 459333 平方米，总建筑面积约 5.5 万平方米	22085
4	成都市礼仪职业中学项目	2021—2022 年	占地 2.6 万平方米，总建筑面积约 16 万平方米，主要建设停车库、教学辅助用房、设备用房和物管用房	26000
5	悦湖路网（九架车巷、智通二路、九龙庙街、川西营小学南侧道路）项目	2021—2022 年	九架车巷长约 870 米、宽 12 米，起于川西营小学西侧道路，止于智远大道；陆坝街长约 400 米、宽 16 米，起于陆坝小学北路道路，止于陆坝小学南路道路；智通二路长约 200 米、宽 16 米，起于陆坝小学西路道路，止于金兴北路；九龙庙街长约 200 米、宽 16 米，起于川西营小学北侧道路，止于川西营小学南侧道路；川西营小学南侧道路长约 750 米、宽 16 米，起于川西营小学西侧道路，止于智远大道	54455.41
6	业青北街（永康路至武青西二路段）项目	2021—2022 年	道路长约 480 米，宽 16 米，建设内容包括道路、排水、电力浅沟、路灯、交通安全、绿化及给水等附属设施	5000
7	万寿二路北侧社区服务设施项目	2021—2022 年	项目总占地面积约 3200 平方米，总建筑面积 1.12 万平方米	2500
8	武侯新材料转化基地环线道路工程	2021—2023 年	涉及 4 条道路，道路总长约 2.8 千米，宽 16 ~ 25 米，总面积 57467 平方米	51720
9	武侯新材料转化基地基础设施配套项目	2021—2025 年	道路 26 条，道路总长 8.6 千米，宽 16 ~ 25 米；其他公建子项目 14 个，总建筑面积约 66.8 万平方米	70000
10	九康六路（九康一路至九康三路段）项目	2021—2022 年	道路长 226 米、宽 16 米，包括道路、排水、电力浅沟、路灯、交通安全、绿化及给水等附属设施	576
11	武侯智动公园（原武侯顺江公园）项目	2021 年	项目规划用地面积约 6 万平方米（顺江公园 5.2 万平方米、防护绿带 8000 平方米），建设内容主要包括公园绿地、景观桥梁、河道整治、一处公厕、广场铺装、避难场所、视觉标志系统、景观构筑等	9030
12	悦湖产业新城—龙门绣苑项目	2021—2022 年	项目占地面积 4.8 万平方米，规划净用地面积 47924.43 平方米，总建筑面积 180317.72 平方米。主要建设内容包括 11 栋高层住宅楼、1 栋物管用房以及配套设施用房的土建工程、安装工程、装饰装修工程，室外总平工程等	20000
13	智星二路（双凤三路—七里大道）项目	2021—2022 年	长 550 米、宽 25 米，包括道路、排水、电力浅沟、交安、绿化等附属工程	300
14	武侯新材料转化基地展示中心氛围营造项目	2021—2021 年	西部智谷 A 区氛围营造	400
15	IT 软件动漫产业园氛围营造项目	2021—2021 年	西部智谷园区环境氛围营造提档升级	250
16	西部智谷科创空间项目	2021—2021 年	西部智谷园区立面整治提档升级改造	260
17	武兴路（草金路至江安河段）绿化改造项目	2021—2021 年	武兴路道路景观提升	400
18	武青东四路路面整治项目	2021—2021 年	整治路面	200
19	220 千伏侯塘双回架空线迁改进入智远大道电缆隧道项目	2021—2022 年	N05-N11 已建侯塘架空线电缆迁改进入电力隧道长度 800 米	500
20	九康六路综合运动场项目	2021—2022 年	用地面积约 4000 平方米，预估建筑面积约 3500 平方米	3500
21	九康六路社区综合体（5 处）项目	2021—2022 年	用地面积 7157 平方米，建筑面积 17177 平方米，社区居委会、社区卫生服务中心、综合健身馆、再生资源回收站、社区养老设施	5400
22	百锦路农贸市场项目	2020—2021 年	占地约 3200 平方米，建筑面积约 9570 平方米	10031.87

（戴　敏）

机更新领导小组批复认定，获得项目融资授信185.3亿元，实际到位54.4亿元，居全区首位。

（戴　敏）

【悦湖科技城土地整理及上市】2021年，悦湖科技城实现13宗62.36万平方米土地上市及手续提交，其中住宅用地5宗21.24万平方米、商业用地6宗34.56万平方米、工业用地2宗6.56万平方米。全面完成工业园区地块摸底调研，编制“一地一策”工作方案，中安恒取得全市首批M0实施方案批复，完成永发印务地块9.06万平方米低效工业用地盘活利用，促进广泰数控等5宗6.60万平方米自主升级改造。推进中药厂、日机密封二期2个项目约5.14万平方米，11万平方米载体收购收储谈判。

（戴　敏）

成都音乐坊
Chengdu Musical Fun

【概况】成都音乐坊是2020年底武侯区确定的重点发展音乐产业的区级产业功能区，东至锦江、南至成昆铁路线、西至科华北路—科华中路、北至新南门，规划面积约4.6平方千米。功能区核心起步区为新南路、一环路南一段与锦江合围区域，规划面积1.2平方千米，是市委、市政府明确的迎接世界大学生运动会的城市音乐会客厅，也是成都建设“国际音乐之都”的核心区，四川发展音乐产业的主要承载地，四川大学、四川音乐学院、四川职业艺术学院等高等院校位于区域内。成都音乐坊构建了“一心一环两街三轴多核”空间布局，着力优化音乐产业、展演、商业载体的主体功能，是中西部唯一依托音乐文化发展夜间文旅消费打卡地、唯一实现音乐教育全年龄段覆盖的人才培养地。2021年，武侯区制定成都音乐坊发展扶持政策，鼓励音乐企业（机构）聚集、打造高品质音乐消费场景、支持原有业态提档升级、支持建立试演首演机制、支持优秀音乐演出活动等，为推动音乐产业、音乐文旅消费蓬勃发展提供强支撑保障。成都音乐坊全年举办第十二届中国音乐金钟奖、蓉城之秋·成都国际音乐季等线上线下演出活动超500场，获“国家级夜间文化和旅游消费集聚区”和“四川省文旅融合示范项目”“成都市特色商业街区”“中国推动城市有机更新文商旅消费新场景”“中国城市更新十大示范片区奖”“世界合唱比赛文化交流活动基地”等多项荣誉。截至年末，成都音乐坊已建成西部最大、全国第三的成都城市音乐厅及成都音乐产业中心、音乐大道等多个重大项目，打造出黑胶文化馆、十二乐微博物馆等多个音乐消费场景。

（杨锣蓉　陈甜婕　张童彤）

【音乐坊规划建设】2021年，成都音乐坊开展片区规划设计，科学编制功能区“十四五”规划，启动高品质科创空间规划，绘制以建设国际音乐之都核心区、音乐消费核心区为发展目标的产业生态发展路径图、产业链全景图及重点企业招商名录表。开展音乐产业新赛道研究，确定高品质音乐演艺为音乐坊未来发展新赛道。成都音乐坊积极呈现音乐大道沿线多元音乐融合消费场景，建成黑胶文化馆、蜀乐堂等音乐场景，推进《成都》沉浸式音乐剧场、蜀宫琴台、时韵·万乐岛、成都音乐产业二期等项目加快落地。推进音乐坊片区旧城改造和风貌整治，促进6号、7号、8号地块土地上市，高标准打造音乐文创总部基地。启动音乐坊1号地块、致民路33号院片区联动改造，以及老马路2号院、3号院和高攀里等城市有机更新项目。

（杨锣蓉　陈甜婕　张童彤）

图105　成都音乐坊城市音乐厅片区2021年航拍图　（成都音乐坊供图）

【音乐坊项目招引】2021年，成都音乐坊落地注册资金1000万元以上的企业18家（详见表78），注册金额19.8亿元。引进深圳佳音王西南总部、融创臻选“音乐+新消费”直播基地、MANA全球新媒体艺术平台、风筝音乐全国运营总部等细分领域龙头企业投资项目。截至年末，成都音乐坊入驻企业总数达到21家。

（杨锣蓉　陈甜婕）

图106　2021年4月15日，成都音乐坊获2020城市更新十大示范片区奖　（成都音乐坊供图）

【音乐文化活动】2021年，成都音乐坊助力“蓉城之秋”成都国际音乐季、中国音乐金钟奖等活动成功举办。作为全市主会场，承办成都市“点亮锦江”“点亮一环路”新春系列活动，举办“音乐之都　武侯之声”成都音乐坊新年音乐季系列活动。从3月起相继开展国风民族音乐展演、“后浪觉醒”青年音乐艺术展演、“乐无垠”国际音乐交流展演等系列音乐活动。围绕“古雅清时”四韵主题，开展各类音乐文化活动500余场。

（杨锣蓉　陈甜婕）

表78　2021年成都音乐坊入驻企业一览表

序号	企业名称	产业定位
1	成都灵韵悦声文化传媒有限公司	原创音乐
2	四川和光星辰传媒有限公司	音乐传播与版权
3	成都美狮影业有限公司	
4	成都上羿未来文化传媒有限公司	
5	成都用字爱你文化传播有限公司	
6	超自然（成都）文化科技有限公司	
7	成都一念开明文化传播有限公司	
8	四川省蜀乐佳音文化科技有限公司	
9	成都橙光无界文化传播有限公司	
10	成都音悦半径文化传媒有限公司	
11	壹现场（成都）文化发展有限公司	
12	成都源海文化传播有限公司	
13	成都即刻乐动文化传播有限公司	
14	成都澄演文化传媒有限公司	
15	四川新华乐知教育科技有限公司	
16	四川臻视创意文化传媒有限公司	其他
17	青纸鸢运营管理有限公司	
18	成都诚艺绘文化传播有限公司	

（杨锣蓉　陈甜婕）

【第十三届中国音乐金钟奖颁奖典礼暨闭幕式音乐会】2021年10月26日晚，由中国文学艺术界联合会、中国音乐家协会主办，成都市人民政府承办的第十三届中国音乐金钟奖颁奖典礼暨闭幕式音乐会，在成都城市音乐厅举行。第十三届金钟奖以“百年华诞·盛世金钟”为主题，共呈现44场专业赛事和8场高水准音乐会，266名参赛选手经过8天的比赛，决出钢琴、声乐（美声）、声乐（民族）、古筝4个项目比赛的前五名。钢琴比赛，四川音乐学院选送的孙麒麟获第一名，中央音乐学院选送的俞易辰、郝一雷、沈天琳分别获第二、第三、第五名，上海音乐学院选送的唐小舒获第四名；古筝比赛，中国音乐学院选送的曹照照获第一名，中央音乐学院选送的李寒、王钰、张佳康分别获第二、第三、第四名，上海音乐学院选送的李寒月获第五名；声乐（美声）比赛，浙江音

图107 成都音乐坊日常氛围营造活动 （区国资和金融局供图）

乐学院选送的刘涛、王博分获第一、第四名，中央音乐学院选送的石琳、张媛分获第二、第五名，武汉音乐学院选送的陈泳汐获第三名；声乐（民族）比赛，青海省音乐家协会选送的张明旭获第一名、上海音乐家协会选送的李佳蔚获第二名、中国铁路文工团选送的李扬获第三名、四川音乐学院选送的张宇获第四名、陕西省音乐家协会选送的冯金伟获第五名。

颁奖典礼结束后，指挥家、中国音协副主席张国勇执棒上海交响乐团，与此届金钟奖评委张也、阎维文、迪里拜尔、石倚洁及获得四项赛事第一名的选手孙麒麟、刘涛、张明旭、曹照照，共同为观众带来歌曲《梅花引》《母亲》《枫叶之歌》《天路》，歌剧《弄臣》中的唱段《女人善变》、《安德烈·谢尼埃》中的选段《祖国的敌人》，古筝协奏曲《万里无云》等演出。

（杨锣蓉　陈甜婕）

【“音乐之都　武侯之声”成都音乐坊新年音乐季】 2020 年 12 月 27 日至 2021 年 2 月 26 日，武侯区委宣传部、区文体旅局、成都音乐坊管委会筹备组主办，以“音乐之都　武侯之声”为主题的新年音乐季在成都音乐坊举行。新年音乐季活动以氛围型演出、启幕演出、主题演出三大板块为主，借助古典、流行、民乐等音乐形式带给市民一场音乐视听盛宴。同时还通过音乐路演、平台内容输出、跨界文化展示“三位一体”模式打造特色街区文化演出，用音乐拥抱市井烟火、用旋律表达成都生活方式。新年音乐季利用成都音乐坊户外表演场地和舞台无边界、音乐无隔阂、城市零距离的“无界”式互动音乐表演形式，共开展 48 场演出。其间，还举行多场户外民族风系列音乐会，营造锦江之畔独具魅力的音乐文化氛围。

此次新年音乐季用“成都声音”拉开了成都音乐坊全新系列活动的启幕嘉年华，兴起一个集音乐剧场、草坪音乐广场、音乐集市、音乐书店、艺术咖啡等于一体的创意音乐文化群落。其中蓉城国风音乐会重塑曼妙国风音乐、“蓉城之音”音乐艺术嘉年华让观众过足怀旧瘾、“蓉乐三千集”流动音乐市集解锁国风盛典。活动结束后，还举行以永陵石刻“二十四伎乐”为蓝本，高度还原石刻乐器、服装、舞美的 24 伎乐新编系列《古画复活》，以及儿童剧《熊猫归来》《匹诺曹成长记》等众多优秀剧目主题演出。同时，“文成公主唱响音乐坊新春大典”展示了藏文化大型史诗剧《文成公主》的精彩选段。

（陈甜婕　张童彤）

开放与合作

OPENING-UP AND COOPERATION

对外交往

External Exchange

【概况】 2021年，武侯区贯彻落实国家及省委、市委外事工作要求，围绕构建“国际商务高地·人文宜居武侯”，统筹全区涉外力量，加快建设国际对外交往中心。印发《中共成都市武侯区委外事工作委员会2021年工作要点》，编制《“十四五”期间武侯区大外事工作发展研究报告》。参与大中型国际交流活动100余次，推进“家在成都”工程建设，不断提升国际交往能级，提高涉外服务水平。年末，全区有桐梓林、老马路2个国际化社区和桐梓林社区邻里中心等3个外籍人士社区服务中心。

（何　梦）

【国际交流】 2021年，武侯区主办、协办或参与各类大中型国际交流活动100余次；参加领事馆联谊活动、外办系统联谊活动、友城音乐周、欧洲文化季、中日韩青少年国际交流活动，促进国际经贸文化交流。举办2021成都国际友城青年音乐周武侯分会场活动，创新公共文化服务供给方式，以共建共治共享凝聚高质量发展合力。参与筹办成都2021年第31届世界大学生夏季运动会，做好武侯赛区4个场馆中心的外事礼宾工作，结合篮球、艺术体操、跆拳道等竞赛场馆比赛任务和要求拟订《礼宾接待工作实施方案》和《礼宾接待工作组工作细则》；精准聚焦“爱成都·迎大运”2021成都大运会城市公共英文标志纠错活动，制定《武侯区公共外语标志自查自纠工作方案》，提升城区国际形象，优化涉外服务环境。参与世界大都市协会成都研修中心

图108　成都市武侯区桐梓林境外人员服务中心　（区地志办供图）

冬季线上研讨会，与国际社会分享交流低碳城市建设，探讨如何打造高质量、可持续发展、共治共享的社区生活空间。做好高层考察团(组)接待，全年接待联合国《生物多样性公约》秘书处执行秘书一行、新加坡企业发展局、湄澜流域五国驻华大使及外交官考察团等 30 余批涉外团（组）。

（何　梦　周　艳）

【“家在成都”工程建设】 2021 年，武侯区纵深推进国际公共服务品质提升，提升桐梓林、玉林等片区国际交往能级，强化涉外服务功能，持续打造品质高端、设施完善、氛围浓郁的国际化社区。已建成武侯区桐梓林社区境外人员服务中心、武侯区桐梓林社区邻里中心、武侯区老马路社区外籍人士社区服务中心等 3 个外籍人士社区服务中心和桐梓林国际化社区、老马路国际化社区。优化中外居民社区服务平台，打造“外籍人士社区服务中心”双语公众号，开通全市首个国际化社区视频号“桐梓林国际邻里中心”腾讯视频号，开通海外社交媒体平台 Facebook 账号，创建 4 个“Fun in Tongzilin”中外国际社群。进一步打造国际志愿者孵化培育中心，已注册外籍志愿者 150 余人，链接国内外志愿服务资源 500 余个。优化国际医疗环境，实施外国医师多点执业注册，区域内 12 家三级甲等医疗机构均具备国际化医疗服务能力。提升国际教育环境氛围，全区有 60 所学校与英国、美国、法国等国家的 131 所学校建立友好关系，友好学校遍及亚洲、欧洲、美洲等地。

（何　梦）

对外经济贸易

Foreign Economic Trade

【概况】 2021 年，武侯区贯彻落实外贸产业高质量发展的工作要求，紧扣“对外贸易创新年”工作部署，加快发展外贸新业态新模式，进一步扩大对外开放，持续营造国际化、法治化、便利化的营商环境。全年外贸进出口额 140.6 亿元，比上年增长 27.6%；举办大型投资营销活动 118 场，签约投资促进重大项目 105 个，签约总金额 1260 亿元。区商务局被评为全市 2021 年度外贸稳增长先进单位和服务贸易创新发展先进单位。建发（成都）有限公司、中国成达工程有限公司、四川省外贸机械进出口有限责任公司、熠晖集团有限公司、成都龙信实业有限责任公司、四川正帮国际贸易有限公司、四川中发工品科技发展有限公司、成都市康成电子有限责任公司、成都海腾实业有限公司、费希尔久安输配设备（成都）有限公司等 10 家企业被评为年度外向型十强企业。

（罗焌钰）

【对外经济交往】 2021 年，武侯区线上线下融合发展，助力企业拓展海外市场。为企业搭建广交会、数字展等国际平台，帮助企业提升国际市场拓展能力。线上广交会和墨西哥数字展活动中，武侯区参展企业与国外客商取得意向性订单总金额约 1400 万元。做强外贸平台，落地北京中石化燃油跨境电商平台项目、江西聚变跨境电商西南中心项目，总投资 35 亿元；推动中国女鞋之都通过国家外贸转型升级基地复评考核；三国创意园成功申报为国家文化出口基地，并在 2021 年中国国际服务贸易会上获得授牌。

（罗焌钰）

【中日合作推进】 2021 年，武侯区开展对日交流活动，到上海参加成都对日开放合作恳谈会，重点推介武侯区医疗健康领域的产业优势和合作机遇。与欧桦文化传播（上海）有限公司和比智（杭州）商贸有限公司等 2 家日资背景企业签订投资合作协议。重点加强对日宣传，邀请日本广播协会（NHK）中国总局记者到中日城市设计产业中心实地

图109　2021年12月28日，成都国际贸易数字展览会墨西哥专场活动在她妆美谷举行（区商务局供图）

取景拍摄，制作武侯区日语宣传片，提升武侯国际知名度。

（罗竣钰）

【贸易进出口】 2021年，武侯区有外贸企业216家，其中出口企业119家、进口企业48家、进出口企业49家。辖区全年贸易进出口额140.6亿元，比上年增长27.6%。其中，外贸出口额占进出口总额的54.4%，出口产品主要集中在机械设备、鞋业、电子信息、化肥、化工等行业，主要出口到东南亚地区和俄罗斯、日本、美国、澳大利亚等国家；外贸进口额占进出口总额的45.6%，进口产品主要集中在有色金属、大宗商品、机械配件、电子产品、化工等行业，主要来自欧美、东南亚、非洲、澳大利亚、俄罗斯、日本等地区和国家。

（罗竣钰）

【利用外资】 2021年，武侯区新增外商投资企业47家，外商投资实际到位32.26亿元，其中外商直接投资实际到位1.73亿美元。全区在谈重大外资项目7个，投资总额25.88亿美元。12月，外资企业妍丽国际护肤及化妆品有限公司投资5000万美元，投资新设成都妍之丽科技发展有限公司。

（卢毅 蒋杰）

招商引资
Investment Attraction

【概况】 2021年，武侯区产业化项目实际到位内资181.43亿元、外商投资4.75亿美元。签约引进产业化重大项目19个，总投资246.2亿元；引进市外内资项目321个；引进招优引专项目66个，总投资106.96亿元。区“四大班子”领导到北京、上海等地开展小分队招商活动152批次，其中党政主要领导带队外出及在线开展营商环境推介48批次，考察上海音乐谷、河南省电子商务产业园、清华大学材料学院等地，拜访上海格乐丽雅文化产业有限公司、中材节能股份有限公司、京乐集团等企业。区领导会见来访企业337家，开展投资营销活动118场。

（杨剑军 蒲雪姣）

【重大项目引进】 2021年，武侯区签约引进北京朗姿股份（西部）医美产业总部等产业化重大项目19个，总投资246.2亿元，其中总投资10亿元以上产业化重大项目8个（详见表79）。新增中国船舶集团有限公司、巴斯夫公司、融创中国控股有限公司、新希望控股集团有限公司等4家世界500强企业。年末，驻区世界500强企业总量有126家，其中境外世界500强企业51家、境内（含港澳台地区）世界500强企业75家（详见表80）。

（杨剑军 蒲雪姣）

表79 2021年武侯区签约引进重大项目情况表

单位：亿元

序号	项目名称	投资额	产业类别	产业领域	投资方
1	香港碧桂园物业收购四川蓝光嘉宝服务集团项目	50	现代服务业	商务服务	碧桂园物业香港控股有限公司
2	新加坡能源碳中和智慧城市示范项目	30		商务服务	新加坡能源有限公司
3	北京中国化学国际业务管理结算项目	13		商务服务	中国化学工程股份有限公司
4	北京中国电子电竞数字科技产业项目	12		文化创意	中电创智（上海）科技有限公司
5	海南中商国能跨境电商项目	10		电子商务	中商国能集团有限公司
6	北京朗姿股份西部医美产业项目	10		总部经济	朗姿股份有限公司
7	香港合弘国际西南竹钢新材料产业运营项目	10		现代商贸	合弘国际发展有限公司
8	阿联酋七化建中东公司（中国）国际贸易产业化项目	8.4		现代商贸	中国化学工程第七建设有限公司中东公司
9	日本心元资本LINE·心元中日创意创新中心项目	7		文化创意	心元资本日本管理顾问株式会社

续表79

序号	项目名称	投资额	产业类别	产业领域	投资方
10	浙江吉利汽车新能源汽车直租平台项目	5	现代服务业	商务服务	小灵狗出行科技有限公司
11	陕西朝前科技互联网医学检验服务平台项目	5		软件和信息技术	西安朝前智能科技有限公司
12	北京中房集团（西南）大宗商品供应链管理项目	5		商务服务	中国房地产开发集团有限公司
13	江苏中天互联西南区工业互联网一体化运营项目	5		电子商务	江苏中天互联科技有限公司
14	山东泰山财产保险四川分公司项目	5		现代金融	泰山财产保险股份有限公司
15	广东佳音王 MPK 音乐综合体验空间项目	5		文化创意	深圳市佳音王科技股份有限公司
16	北京中信集团西南智慧远程教育平台项目	5		软件和信息技术	大有硕能实业有限公司
17	香港鼎晟发展新希望企业管理服务总部项目	4.2		总部经济	鼎晟发展有限公司
18	云南沃森生物医药研发中心项目	50	先进制造业	生物医药	云南沃森生物技术股份有限公司
19	四川自贡兆强密封磁性液体密封生产研发项目	6.6		装备制造	自贡兆强密封制品实业有限公司

（李　鑫　骆呈鹏　郑　盼）

表 80　2021 年武侯区内世界 500 强企业一览表

类别及数量	企业
国内 75 家	中国石油化工集团公司、国家电网公司、中国石油天然气集团公司、中国建筑集团有限公司、中国平安保险（集团）股份有限公司、中国人寿保险（集团）公司、中国铁路工程集团有限公司、上海汽车集团股份有限公司、中国铁道建筑集团有限公司、中国移动通信集团公司、太平洋建设集团、中国交通建设集团有限公司、正威国际集团、中国五矿集团有限公司、京东集团、恒力集团、国家能源投资集团、中国中化集团公司、中国人民保险集团股份有限公司、中国中信集团有限公司、阿里巴巴集团、中粮集团有限公司、中国医药集团、中国兵器工业集团公司、中国电力建设集团有限公司、交通银行、中国航空工业集团公司、中国化工集团公司、绿地控股集团有限公司、中国建材集团、招商银行、中国保利集团、中国太平洋保险（集团）公司、腾讯控股有限公司、广州汽车工业集团、万科企业股份有限公司、物产中大集团、联想集团、厦门建发集团有限公司、浙江吉利控股集团、中国光大集团、中国远洋海运集团有限公司、中国华能集团公司、苏宁易购集团、江苏沙钢集团、阳光龙净集团有限公司、小米集团、上海建工集团股份有限公司、泰康保险集团、首钢集团、新疆广汇实业投资（集团）有限责任公司、中国大唐集团公司、上海医药集团股份有限公司、中国核工业集团有限公司、中国华润有限公司、和硕、长江和记实业有限公司、中国太平保险集团有限责任公司、仁宝电脑、富邦金融控股股份有限公司、中国船舶集团有限公司、浙江恒逸集团有限公司、中国电子信息产业集团有限公司、中国电子科技集团有限公司、融创中国控股有限公司、新希望控股集团有限公司、龙湖集团控股有限公司、华润置地有限公司、北京汽车集团有限公司、碧桂园控股有限公司、中国机械工业集团有限公司、国家电力投资集团有限公司、中国能源建设集团、中国航天科技集团公司、海尔智家股份有限公司
国外 51 家	沃尔玛、丰田汽车公司、荷兰皇家壳牌石油公司、亚马逊、信诺、安盛、嘉德诺、三菱商事株式会社、安联保险集团、微软、日本伊藤忠商事株式会社、西门子、英国保诚集团、雀巢公司、博世集团、SK 集团、家乐福、日立、索尼、宝洁公司、百事公司、瑞士罗氏公司、三井物产株式会社、丰田通商公司、Seven & I 控股公司、卡特彼勒、百威英博、东京海上日动火灾保险公司、起亚汽车、美国国际集团、日本三井住友金融集团、住友商事、韩华集团、陶氏公司、瑞银集团、费森尤斯集团、法国国营铁路集团、瑞士 ABB 集团、富士通、欧莱雅、美敦力公司、澳洲联邦银行、菲利普－莫里斯国际公司、CJ 集团、三星人寿保险、赛默飞世尔科技公司、摩根大通公司、巴斯夫公司、圣戈班集团、德国勃林格殷格翰公司、阿斯利康

（李　鑫　骆呈鹏　郑　盼）

图110　2021年7月13日，新加坡能源集团落地武侯项目举行签约仪式（三国创意设计产业功能区供图）

【新加坡能源集团落地武侯区】2021年7月13日，新加坡能源集团落地武侯项目合作签约仪式在武侯区举行。签约仪式上，武侯区三国创意园、武侯国投集团分别与新加坡能源集团签约，新加坡能源集团拟投资2000万美元，在四川启动首个建设类项目——国际城市设计产业中心（起步区）能源服务改造。该集团将在三国创意设计产业功能区设立中国绿色城市能源管理总部，签约双方将携手推动绿色低碳发展，抢占智慧城市建设新机遇。该项目被认定为成都市“153”重大投资促进项目，第一笔跨境资金5000万元也实际到位。新加坡能源集团系世界品牌500强企业新加坡淡马锡集团全资子公司，是亚太地区领先的能源公用事业公司，在节能减排、发展绿色产业等方面具有世界一流的技术优势和资源优势。

（杨剑军　蒲雪婈）

【蜀道城乡集团落户武侯区】2021年12月20日，四川蜀道城乡投资集团有限责任公司（以下简称“蜀道城乡集团”）在武侯区揭牌成立，注册资本金100亿元。蜀道城乡集团是蜀道投资集团有限责任公司（以下简称“蜀道集团”）按照大总部、专业化整合路径新设组建的省属国有企业。蜀道城乡集团作为蜀道集团相关多元产业的全资子公司，着力做强做优做大交通沿线新型城镇化、地产开发、相关多元产业三大板块，塑造“蜀道地产”“蜀道物业”“蜀道商管”三大品牌，培育竞争优势，打造核心竞争力；将锚定“建成全国知名交通枢纽综合开发运营商”的目标，立足蜀道集团“壮大核心主业、促进相关多元产业协同发展”的布局，全面实施“1331”发展思路（即突出一个使命、构建三大业务板块、塑造三大品牌、培育一家上市公司），勇当交通沿线新型城镇化建设主力军，做精“蜀道城市”品牌，为推动治蜀兴川再上新台阶作出新的更大贡献。年末，蜀道城乡集团所属各级全资和控股企业有63家，员工1737人，总资产400余亿元；在建及建成的重点项目有西昌高铁沿线新型城镇化建设项目、巴中TOD项目、宜宾国际会议中心项目等，投资总额超500亿元；通过自主开发、委托开发、股权合作等方式在成都及其周边、攀西片区、川南片区、川东北片区等重点城市和地区深入开展各类协同业务，项目总投资超850亿元，土地储备超5000亩。

（刘　佳　刘　畅）

区域合作
Regional Cooperation

【概况】2021年，武侯区积极融入成渝地区双城经济圈建设，加强与重庆市沙坪坝区等合作区县互动交流，开展线上线下对接交流20余次，签订文化创意、新材料等领域的合作协议7个。落实“一干多支”和成（都）德（阳）眉（山）资（阳）同城化战略部署，与眉山市东坡区合作共建成眉同城大健康产业示范园，安岳县制鞋产业园实现产值48亿元，川南电商中心运营交易总额68.23亿元，三台县梓州织造产业园办公楼主体完工。贯彻落实中央及省市关于巩固拓展脱贫攻坚成果、接续推动乡村全面振兴的工作要求，推进脱贫攻坚同乡村振兴有效衔接。武侯国投集团武侯高新公司围绕推动主营业务稳健发展，积极响应输出品牌、输出运营管理服务。区教育局牵头推进第三区域教育联盟和武侯－安岳教育联盟建设发展。

（张明祥　敬　佩）

【合作园区建设】川南电商中心　川南电商中心位于内江市城北核心商圈，由内江市建工集团委托运营，武侯高新公司下属全资子公司以公开招投标的方式，获得该项目的运营管理权，为期3年（2021年7月期满）。武侯高新公司输出“智谷汇”

品牌和管理模式，将川南电商中心发展成为电子商务发展聚集区、省级电子商务示范基地，带动内江市电子商务集群发展。2021 年，川南电商中心电商交易额 68.23 亿元，累计拉动就业人数 3011 人，虚拟孵化企业 309 家，实体入驻企业 31 家，入驻率 91.5%。

三台县智谷智能制造产业园 三台县智谷智能制造产业园位于绵阳市三台县潼川镇，占地 20 万平方米（其中首期项目约 10 万平方米），计划 2022 年 3 月竣工。该产业园由武侯高新公司下属全资子公司负责工程建设和运营管理，以“总部 + 基地”的产业互动模式，重点引进以先进制造业、电子信息和现代服务业为主导的产业，构建园区产业创新生态系统及产业资源服务平台，拓展武侯产业园区生态运营规模，并以三台为布点，辐射绵阳、南充等川东、川北产业圈，进一步优化城市群空间和功能布局。

三台县梓州织造产业园 绵阳三台县梓州织造产业园为武侯高新公司与三台县政府合作共建项目，以创新投融资模式参与前期建设，项目总投资 5 亿元，以建成“中国产业转移服装示范园区”为发展目标，是深度参与成渝地区双城经济圈制造业高质量一体化发展的重要载体。

（敬　佩）

【武侯 – 安岳教育联盟活动】 2021 年，区教育局与安岳县教体局建立联席会议制度，开展管理互动，举办联席会议 4 次，召开线上、线下研讨会 10 余场，开展交流互访 90 余人次。5 月，安岳县教育系统“十四五”期间第一届校级干部培训班 73 名学员到武侯区参加为期一周的跟岗研修，成都市礼仪职业中学、川大附小分校等 13 所学校参与接待和培训。10 月，武侯科技园小学到安岳县参加艺术展示交流活动，安岳县教体局、安岳县安农九年制学校、安岳县岳阳小学参与活动。12 月，武侯区教科院带领骨干教师团队到安岳开展武侯 – 安岳新教育“送培、送教、送诊断”研讨会。

（甘利痕　廖　华　肖　倩）

【第三区域教育联盟活动】 2021 年，武侯区牵头第三区域教育联盟建设，持续推进联盟各方按照协议和规划开展工作。区域内 98 所学校（幼儿园）成为联盟校，形成“学校发展共同体”20 个，各共同体领航学校带领成员学校在学校管理、课堂教学、师资培训等方面开展交流帮扶。9 月，龙江路小学新津城北分校正式开校，棕北中学继续托管新津普兴中学，龙江路小学分校继续托管简阳三星小学。11 月，第三区域教育联盟 20 所领航学校以及 5 所领办（托管）学校参与教育局开展的 2021 年区域联盟实践案例征集活动；市教科院开展 2021 年成都市名校领办（委托管理）学校专题研讨会，成都市棕北中学、龙江路小学等 5 所领办（托管）就学校发展实践经验及成效作交流发言。

（甘利痕　廖　华　肖　倩）

【助力简阳市三星镇乡村振兴】 2021 年，武侯区制定对口帮扶简阳市实现巩固拓展脱贫攻坚成果同乡村振兴有效衔接实施方案，开展十大脱贫攻坚行动，助力简阳市三星镇完成 46 个帮扶项目，累计拨付帮扶资金 6850 余万元，改善受扶村的住房、交通、产业、水利以及基层建设，推动对口帮扶的贫困村实现产业发展、基础设施提升、公共服务改善、生态保护优化。

（张琪炜）

图111　2021年8月25日，成都市武侯区与眉山市东坡区签订合作协议　（悦湖科技城供图）

对口支援白玉县

Pairing Assistance to Baiyu County

【概况】 2021 年，武侯区贯彻落实中央和省委、市委关于对口支援省内涉藏地区重大决策部署，选派干部人才 44 名，及时拨付规定财政援助资金 2906.44 万元，实施产业就业、基本公共服务、人才智力、基层治理、全域结对、区域合作联

图112 2021年10月19日，区长景波（右二）到白玉县调研河坡特色手工艺产业发展情况

（区委统战部供图）

动、规划编制等七大类 24 个项目。推进全域结对帮扶，投入各类其他财政资金 370 余万元，吸引社会力量投入资金 70 余万元，帮助发展产业、改善民生、推动就业，持续助力白玉县巩固拓展脱贫攻坚成果同乡村振兴有效衔接。

（梁靖模　向玉涛）

【产业帮扶】 2021 年，武侯区与白玉县深入交流合作，共推产业就业，促进经济提质发展。武侯区立足白玉县特色优势和产业发展需求，投入援助资金 1515 万元，实施黑山羊繁育基地三期等产业援助项目 5 个，更新换代养殖业、高原种植业产业发展基础设施，强化特色产业的引领带动作用。实施白玉县农牧产品营销、高原特色科创农庄和菊花产业技术研究推广中心等项目，帮助白玉县育强特色产业、加强产品研发、打造知名品牌。按照市场化逻辑，在全区组织开展特色农牧产品“义购”活动，帮助解决产品滞销问题，实现销售 23 万元。推动项目招引投促，组织四川省中药材集团有限责任公司、成都市吉润食品有限公司等 5 家企业到白玉县考察对接。

（梁靖模　向玉涛）

【就业帮扶】 2021 年，武侯区完善劳动力供求信息收集、分析、定期发布机制，向白玉县发布企业用工岗位信息 11631 条，涉及企业 723 家、工种 2261 个，转移就业 51 人。组织区内 15 家企业开展专场招聘，现场设置就业政策宣讲区和“武侯微就业”平台讲解专区，宣传讲解就业帮扶政策，提供包括物业、食品、物流等领域的 1100 余个岗位，现场达成就业意向 50 人。区人社局组织对当地贫困群众开展为期 15 天 120 学时的中式烹调技能培训，培训 100 人。区总工会筹措帮扶资金，支持白玉县总工会对 50 名贫困群众开展烹饪技能培训，助力贫困户提高乡村振兴发展技能。

（梁靖模　向玉涛）

【教育帮扶】 2021 年，武侯区投入援助资金 500 余万元，实施白玉县教育设施提升工程，协助完善白玉县城区幼儿园、城区第一完全小学、城区第三完全小学设施建设，加强全县学校安防系统建设。深化教育援助，派出支教教师开展驻班教学、蹲点指导、组织提供优质示范课，开展校本研修专题讲座。组织区属中小学（幼儿园）与白玉县 22 所中小学（幼儿园）建立结对帮扶关系，线上线下开展教师培训、同课异构、教育研讨等多种形式的送教、送培、送管理、送温暖“教育四送”交流活动。区教育局制定对口帮扶白玉县五年规划，签订对口帮扶协议，两地结对校通过“线上＋线下”举行支部共建、党员结对、党员示范课近 50 场；选派 12 名对口支援干部、教师到白玉县开展驻班教学、蹲点指导，全年开展“线上工作坊”18 个，组织教师培训及研修 160 余场；选

图113 武侯区援建的白玉县赠科乡定布村种植基地 （区委统战部供图）

图114 武侯对口帮扶白玉县援建项目——白玉县黑山羊原种场 （区融媒体中心供图）

派30余名管理干部、骨干教师到白玉县开展“四送”活动，安排接收10名白玉县学校管理人员、骨干教师到武侯区对口支援学校开展为期1个月的跟岗培训。全年开展送培送教216场次，参与教师3000余人次；开展心连心、手拉手等活动85场次。区教育局被评为2020年度省内优质学校对口帮扶贫困县中小学校工作先进集体、成都市对口帮扶白玉县工作先进单位。

（梁靖模 肖 倩）

【医疗帮扶】 2021年，武侯区组织支援医护人员帮助白玉县受援医院规范各项工作制度、操作规程，开展学科建设。指导受援医师开展临床查房、临床教学、技术培训、手术示教和疑难病例诊疗活动等。多方链接资源，开展远程诊疗，组建医疗小分队开展巡诊义诊4场3000余人次。区卫健局选派临床、护理、疾控、妇幼等专业共12名卫生专业技术人才到白玉县开展城乡医疗卫生对口支援“传帮带”，签订“传帮带”工程“师带徒”协议并制订年度支援工作计划，“师带徒”22名，涉及内科、骨科、外科、妇产科、眼科、检验、护理等专业。截至年末，为受援地培训医疗卫生人员354人次，开展手术示教355例、临床查房196次、学术讲座228次、会诊及疑难病例讨论340次，对口支援诊疗惠及群众2.3万人次。

（梁靖模 荣阳玲）

【人才培养帮扶】 2021年，武侯区深化对白玉县的干部人才援助，选派第六批25名对口支援干部人才扎根白玉县，教育、卫生系统选派19名专业技术人才开展支教、支医和短期临时性帮扶。3名挂职的乡党委副书记发挥自身专长，帮助加强村（社区）党支部建设，建强乡村振兴战斗堡垒。实施白玉县人才培养提升工程，接收白玉县18名干部到武侯区挂职锻炼。举办乡村振兴班1期，培训40人。接收10名白玉县教师到武侯区跟岗实习。投入援助资金130万元，支持白玉县委组织部培育乡村振兴急需的农牧、规划、医疗、教育等各类专业技术人才，持续打造“带不走”的干部人才队伍。

（梁靖模 向玉涛）

【全域结对帮扶】 2021年，武侯区组织各结对单位签订2021—2025年对口结对帮扶协议，坚持“白玉所需、武侯所能”，开展各类帮扶活动。深化街道乡镇结对帮扶，11个街道累计投入230余万元，开展支部共建互动、普法宣传教育、基层治理经验交流，因地制宜帮助实施基础建设，促进白玉县基层党组织建设水平提升、基层治理能力提升、产业发展壮大和民生福祉改善。深化部门结对帮扶，根据白玉县需求，增加应急、市场监管、医保等3个部门与白玉县对应部门结对。30个结对部门累计投入帮扶资金200余万元，开展技术支援、座谈交流、人员培训、业务指导、捐资捐物等各类帮扶活动。推动社会力量结对帮扶，组织社区、企业、社会组织和爱心人士开展各类帮扶活动20余次，累计投入资金和物资折合人民币70万余元，有效解决白玉县群众部分困难。突出基层治理交流互动，以自治为基、法治为本、德治为导向，融合推进乡村治理体系建设，开展“结对共建聚合力、党建引领促振兴”主题党日、基层治理经验交流座谈会、法治大讲堂、驻乡副书记入户走访宣讲政策等活动18次。

（梁靖模 向玉涛）

【区工商联对口帮扶白玉县】 2021年，区工商联组织6家非公经济企业，按照对接的实际需求，以项目化的方式推进对口帮扶，全年帮扶白玉县项目总金额52.68万元。其中，成都彩虹电器（集团）股份有限公司支援白玉县教师价值12.68万元的电热毯1100件；武侯区安岳商会、武侯区犍为商会、四川元朗科技有限公司、四川青尚律师事务所共同设立专项奖学金，资助白玉县贫困学生36万元；中国人寿保险股份有限公司成都市武侯区支公司捐助4万元为白玉县老百姓提供就业培训服务。

（曾翔玲）

城乡建设

URBAN-RURAL CONSTRUCTION

规划管理
Planning Management

【概况】 2021年，武侯区全面落实中央、省委和市委重要会议精神，坚持新发展理念，严格依照相关决策部署依法依规开展规划编制、规划调整和规划审批验收等工作，为区域经济高质量发展提供规划引领和资源要素保障。

（吴　坚　康　玲）

【规划编制】 2021年，区规划和自然资源局完成武侯区国土空间规划近期实施方案编制、国土空间规划基数转换、前两轮“三区三线”试划，开展国土空间规划城市体检工作。推进总体城市设计和重点片区城市设计相关工作。其中，省体育馆片区上报成都市城乡规划委员会审查，华西坝片区城市设计方案通过市委专题会议审查，人民南路片区、洗面桥巷、“芙蓉美谷”未来公园社区等重点片区城市设计形成初步方案。指导区级各相关部门完成九架站TOD站点一体化城市设计方案编制，推进簇桥站等TOD站点一体化城市设计。

（吴　坚　康　玲）

【规划调整】 2021年，区规划和自然资源局牵头编制武侯区消防站总体规划、武侯区与其他城区规划布局形态对比研究形成初步方案。对接设计单位，收集基础资料，开展太平寺片区策划规划研究相关工作；加快推进环城生态区控规调整，完成环城生态区内部金机江安、金机永康、金机九架、文马凉水井、文马金花、文马马家河、文马三河、文马文昌、月亮湾等9个片区控规调整。推进重点项目规划设计，对

图115　2021年4月27日，区委书记陈麟（左二）调研武侯区项目规划建设情况（区融媒体中心供图）

接设计单位，对成都市礼仪职业中学、东华机械厂安置房、3508 厂等有机更新重点项目进行控规调整，完成祥普地块、四川省体育职业学院太平寺校区、红牌楼等 3 个重点片区的控规调整。

（吴　坚　康　玲）

【规划审批验收】 2021 年，区规划和自然资源局优化建设项目审批流程，制定武侯区关于市规划和自然资源局下放部分行政审批事项的具体办理流程。全年核发合规性审查意见书 43 件、规划条件通知书 47 件、用地预审与选址意见书 10 件、建设用地规划许可证 14 件、临时建设工程规划许可证 2 件、建设工程规划许可证 36 件、危房重建工程规划许可证 4 件，验收咨询 53 件，并联验收 38 件。办结土地使用条件变更项目 6 个。

（吴　坚　康　玲）

城乡土地利用
Urban-rural Land Utilization

【概况】 2021 年，武侯区推进土地组卷报征、成片开发方案编制报审，完善土地上市资料，对全区批而未供、批而未用及空闲土地进行全面梳理摸排，建立相关数据库。落实相关整改责任，督促各产业功能区及平台公司全面开展供地工作。

（吴　坚　康　玲）

【土地报征】 2021 年，区规划和自然资源局组卷报征成都市中心城区 2019 年第 11、12、14、15 批城市建设用地和成都市 2021 年第 1 批次建设用地（增减挂钩建新区土地征收），全部报送至省自然资源厅技术审查。推进成片开发方案编制报审，《成都市武侯区草金片区土地征收成片开发方案》《成都市武侯区悦湖片区土地征收成片开发方案》《成都市武侯区太平园片区土地征收成片开发方案》通过省政府联席会议审查。

（吴　坚　康　玲）

图116　2021年8月，区规划和自然资源局对已征土地进行整理　（区融媒体中心供图）

【土地上市推进】 2021 年，武侯区经营性用地上市目标面积不低于 1200 亩，年内纳入土地上市目标的地块 19 宗共 1272 亩。其中，成交 11 宗 704 亩，成交总价 101.5 亿元；6 宗 409 亩土地通过市政府决策会审议。剩余土地上市目标地块 2 宗 159 亩，正在完善上市资料。区规划和自然资源局按照关于梳理全区批而未供土地资源要求，结合不动产登记、征地批文、控规、“三区三线”划定、供地等数据图层，编制《武侯区土地利用现状图》；利用批而未供数据，显化批而未供区域，分解下达批而未供整改目标；各功能区、平台公司已全面开展供地工作。通过结合卫星遥感影像识别和现场拍照的方式，全面梳理全区空闲土地情况，收集整理空闲原因，形成空闲和闲置用地情况表，建立低效、空闲影像数据库，制定“一地一策”措施。结合市规划和自然资源局信息中心、地籍中心下发的土地调查数据、供地数据等，梳理出全区批而未用土地总面积 3495 亩，其中城镇批次用地占 98%、单独选址用地占 2%。

（吴　坚　康　玲）

【征后实施】 2021 年，区规划和自然资源局依照法定程序，推进征后实施和土地征收前置程序履行相关工作，编制完成 3 个批次的补偿安置方案并取得市政府相应批文。按照《中华人民共和国土地管理法》规定，完成 9 个批次报征前置工作，总面积 102.99 万平方米，均已报送省自然资源厅审查，其中属于 2020 年结转目标批次 4 个、属于 2021 年报征批次 5 个。

（吴　坚　康　玲）

【征地拆迁】 2021 年，武侯区集体土地应拆总量 3000 余户，完成调查 2834 户、签约 2002 户、拆除 1346 户；完成签约目标 36 个，面积 1126 亩，其中完成拆除并验收交地目标28个共810亩。区规划和自然资源局开展拆迁目标督查，按周统计全区征地拆迁数据，开展不定时的巡查，实地走访并召开现场会议，充分了解地块情况，协调解决具体问题。根据各街道实际情况组织业务培训，结合各街道集体土地实际情况对区内补偿安置政策进行讲解，并参与街道、社区组织的动迁会，为群众答疑解惑。

（吴　坚　康　玲）

图117　2021年8月15日，区长景波（前）调研人民南路片区城市有机更新工作（区融媒体中心供图）

城市有机更新
Urban Organic Renewal

【概况】　2021年，武侯区编制《城市有机更新项目申报流程》《武侯区有机更新项目企业招引流程（试行）》《关于社会企业参与城市有机更新项目的指导意见（试行）》《武侯区城市有机更新工作手册（试行）》等文件，探索政企合作的多元化城市有机更新路径。明确提出在片区综合开发中应留改建综合施策、鼓励多主体参与更新、强化全周期运营以及合理安排项目推进时序，确保片区可持续开发，达到长远经济效益的综合平衡。提出片区综合开发模式，对需要更新的成片区域进行系统性的包装、研究、规划设计、改造、建设、运营和维护。武侯区华西坝片区城市更新（一期）项目、音乐坊片区城市更新项目、悦湖科技城片区城市更新（一期）项目、省体育职业学院片区项目等18个项目获得成都市城市更新领导小组办公室城市有机更新项目批复，总投资额1504.5亿元。区公园城市局推动批复项目对接国家开发银行、中国建设银行、中国工商银行等金融机构，融资规模共1112.4亿元，获银行融资授信420.3亿元。全年策划实施悦湖科技城、她妆美谷等17个项目，其中华西坝片区城市更新（一期）、音乐坊片区城市更新、省体育职业学院片区等3个项目被纳入市试点项目。

（胡　磊　余冉阳）

图118　2021年6月28日，悦湖科技城景观绿化工程及悦湖新材料研发创新中心开工（悦湖科技城供图）

【城市有机更新规划】　2021年，武侯区编制完成《城市有机更新策划规划方案》《城市有机更新三年行动计划》《城市有机更新微更新“11+N”专项行动计划》，印发《关于做好城市有机更新城市设计工作的通知》，指导片区做好更新单元城市设计。按照“一片区一主题、一单元一特色”的思路，将全区统筹策划为人民南路、川大川音、武侯祠红牌楼、武侯新城环城生态北、她妆美谷环城生态南等5大片区、22个更新单元，构建“5+22”片区综合开发格局。

（胡　磊　余冉阳）

【特色街区打造】　2021年，武侯区以营造街区氛围、展示历史人文记忆和满足居民商家需求为重点，对大学路、沙堰街进行综合改造提升。通过慢行系统打造、景观提升为群众营造可漫步的生

图119 2021年12月，完成改造的玉林特色街区 （区公园城市局供图）

活新空间；植入历史人文等元素，保留城市记忆；修缮建筑、更换雨棚，完善基础设施；实施个性化店招、橱窗打造、业态升级等为群众构建消费新场景，为市民、游客提供有环境、有文化、能拍照打卡，对历史有记忆的幸福宜居生活新场景。其中，大学路全长约680米，通过改造，将华西坝百年历史人文结合城市街道打造博物馆展陈体系，采用街道博物馆的设计形式，引导观众在行走中阅读感知华西坝的历史，形成可阅读、可互动、可体验的展览漫步道，收储可经营性资产约2600平方米；沙堰街全长约340米，立足晋阳北片区老旧院落实际，经过修缮、加固、装饰，展现沙堰街历史文化风貌，打造“沙堰里 市井三国”小游园，提高辖区居民生活品质。

（胡 磊 邓进龙）

【玉林特色街区打造】 玉林特色街区（玉林东路）全长约800米，共有153家商铺，总营业面积9000余平方米。街区成立发展联盟，通过统一规划、统一管理、统一服务、分散运营，开启多业权街区运营管理的路径探索。玉林特色街区联盟按照“新招一批、保留一批、提升一批、搬迁一批、挖潜一批”的业态调整思路，将街区打造成为“充分国际范，地道市井味”的新消费集聚地；按照“优形态、优功能、优业态、优服务”的理念，持续推进规划建设治理运营一体化，实现“形态、功能、业态和服务”四提升。截至2021年末，共收储载体13家，营业面积2200余平方米，70%的商家加入共发展联盟。新业态品牌商户中，有全国首店2家、西南区首店6家，涵盖日式烘焙、国风文创、本地小酒馆等业态。街区还探索出“1+2+3+4”多业权街区发展治理模式，即聘请1家专业机构统一管理，出台1个多业权街区支持政策和组建1个共发展联盟，实施3条业态升级路径，构建4大消费场景。

（胡 磊 宋银银）

市政公服设施建设

Construction of Municipal Public Service Facilities

【概况】 2021年，武侯区聚焦民生短板，持续优化公共服务体系，推动花龙大道、南桥四路等市政基础设施建设，推进慢行交通体系建设，进一步提升城市功能品质。

（胡 磊 宋银银）

【市政基础设施建设】 2021年，区公园城市局牵头做好草金路快速化提升改造工程建设保障，督促完成沿线27宗集体土地、3宗国有土地、3个混合点位的拆迁交地和货运大道草金路南北两侧电力通道建设，草金路实现全线贯通。统筹推进花龙大道等39条道路建设。其中，建成武青东五路等6条道路（详见表81），续建智远大道（永

表81 2021年武侯区市政道路竣工情况表

道路名	道路起止	道路规模	项目总投资（万元）	2021年完成投资（万元）
万寿四路	武青北路—武侯青羊区界	长250米、宽20米	1800	800
万寿巷	万寿二路—万寿四路	长200米、宽12米		
武青东五路	武青南路—潮音路	长468米、宽16米	15088	10000
武盛街	武青东四路—武青东五路	长168米、宽16米		
双凤二路	草金路—智星二路段	长400米、宽16米	11390	8000
智星三路	双凤二路—双凤三路段	长230米、宽16米		

（胡 磊 宋银银）

康路—武兴路段）等16条道路，新开工建设南桥四路等12条道路，其余6条正在推进前期工作。

（胡　磊　宋银银）

【公共服务设施建设】2021年，武侯区编制基本公共服务设施布局规划，开展全区基本公共服务设施评估，拟定“十四五”期间基本公共服务设施建设计划。加强技术运用，通过与成都市规划信息中心合作，构建形成集公服配套、基础设施、绿地系统等功能于一体的数字化管理平台。完善城市体检评估机制，根据2020年武侯区城市体检报告和社会满意度调查情况，形成生态宜居、健康舒适、安全韧性、风貌特色、整洁有序、多元包容、创新活力等7个方面建设目标，优化居住环境、加强教育资源供给、提升水环境质量等18项城市治理主要任务，取得53项可整治成果。启动2021年城市体检工作，制定《武侯区城市体检2020年问题整治行动方案》，推进全区公服体系持续优质均衡发展，系统治理“城市病”等突出问题。按照全市基本公共服务设施“三年攻坚”行动部署，推进“三年攻坚”69个续建项目基本公共服务设施建设，开展武青西三路南侧运动场等重大功能性建设项目并联审批，组织“锦外中心”等建成公共服务设施办理移交，加快构建15分钟公共服务圈。

（胡　磊　宋银银）

【通信基础设施维护】2021年，区新经济局通过通信基础设施维护外包的方式，对辖区通信基础设施进行整治。及时有效解决群众诉求及街道办事处巡查发现临时性突发类通信基础设施事件，优化城市管理，美化城市形象，全年协调处理通信线缆及基础设施故障620起。加快布局完善数字型基础设施，推动互联网、大数据、云计算等数字技术与辖区重点产业深度融合，全年新增5G基站957个。

（刘孝琳　冉崇洪）

图120　磨子桥小游园　（区公园城市局供图）

【慢行交通体系建设】2021年，区公园城市局按照成都市《幸福社区绿道建设工作指引》要求，结合锦江公园子街巷建设、“金角银边”剩余空间打造、社区微更新、“两拆一增”、小游园微绿地建设、特色街区打造等工作，选取玉林东路、龙江路等50条道路作为目标点位，开展慢行交通体系建设。截至年末，打造完成“回家（上班）的路”50条，总长度约8000米。

（胡　磊　宋银银）

图121　龙江路慢行街区　（区公园城市局供图）

延伸阅读 <<<<

蕾丝桥　2021年12月，位于绕城高速与武侯大道三河段之间的文昌路跨线桥竣工并投入使用，尚未正式命名，市民俗称“蕾丝桥”。该桥长683米，净宽6米，全宽9米，横跨文昌路、黄堰河。蕾丝桥桥体以纯白色为主色调，桥顶搭配鲜艳的红色，远远望去，恰似新娘的头纱，飘逸灵动。该桥由四川省建筑设计研究院设计，创意原点来源于新娘婚纱的头纱，以头纱中蕾丝纹样的轮廓曲线为设计元素，寓意对婚姻和爱情的美好向往。桥梁菱形的结构外形在灯光的晕染下，仿若一颗颗钻石，象征爱情的恒久与坚定；桥梁内部拱券序列体现出独特的建筑风格感，显得神圣而又典雅。

【望江路格林威治慢行街区打造】望江路格林威治慢行街区为锦江公园点位之一，是武侯区城市品质功能提升暨市井生活圈建设综合项目重要节点。2021年，项目建设业主武侯发展公司结合片区整体路网形态，通过营造通行街道氛围，串联各个节点并增强节点广场互动，打造文教特色骑行带，构成不同气质、丰富的学府青春文化，实现景观、活动、文教气息有机结合。对锦江沿线核心区域临河建筑进行底商改造，规范锦江沿线店招，提升锦江沿线建筑外立面品质。同时，完成诚信食府、中海格林威治、区市场监管局等3处公共建筑景观照明提升，强化夜间光彩效果，丰富夜游锦江视觉体验。

（胡　磊　何　波）

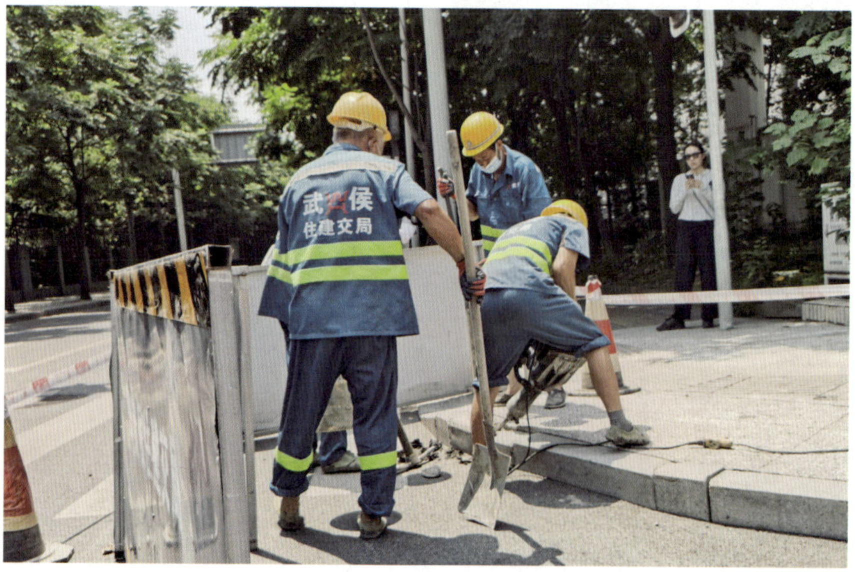

图122　2021年10月，区住建交局开展市政道路维修　（区住建交局供图）

市政设施管护
Municipal Facilities Management and Maintenance

【概况】2021年，区住建交局开展区管道路及桥梁、下穿隧道的日常维护和病害治理，确保其良好运行；完成小学路、中学路、公行道等30条道路的人行道提升整治，整治长度14千米，涉及面积11万余平方米。年末，武侯区有区管道路827条，总长455.4千米，总面积775.1万平方米（含人行道）；在册管理的桥梁133座，总面积44346平方米；下穿隧道3座，总面积12725平方米。

（吴　穹　程　希）

【道路日常维护】2021年，区住建交局发现并处理人行道病害点位1900余处，面积8100余平方米；车行道病害点位1300余处，面积20000余平方米。推动实施体院路、长华路、晋吉南路等83处道路点位的大中修提升整治，整治车行道面积20余万平方米、人行道面积2.5万平方米。

（吴　穹　程　希）

【桥梁与下穿隧道维护】2021年，区住建交局日常巡查桥梁隧道15600余次；桥梁结构定期检测26座、常规定期检测102座，隧道定期检查3座。新增下穿隧道路灯12个，完成桥梁、隧道安全度汛工作，汛期巡查桥梁332座次、隧道39座次、抢险点位8处。凉港大桥、江安河大桥、清水河大桥、利通大桥等4座桥梁灾害监测预警预报系统建成并投入使用。

（吴　穹　程　希）

旧城改造
Old City Reconstruction

【概况】 2021 年，武侯区以建设践行新发展理念公园城市示范城区为统揽，实施国有土地房屋搬迁，推进老旧小区改造和城市空间形态提升，着力创造幸福美好生活城市样本。完成骨胶厂 32000 平方米商业用地、音乐坊 6~8 号地块（共 19026.67 平方米）等 2 宗国有土地上市。

（胡 磊 余冉阳 王建荣）

【国有土地房屋搬迁】 2021 年，武侯区完成四川体育职业学院华西坝校区片区搬迁项目、东华机械厂房屋搬迁项目、老马路西片区公服设施建设工程房屋征收项目、锦昕贸易公司房屋搬迁项目、永盛南街片区棚改项目、先锋布艺房屋搬迁项目、永发印务地块搬迁项目、红牌楼粮油所房屋搬迁项目、成蒲铁路红牌楼段养路工区住宅房屋搬迁项目等 9 个国有土地房屋搬迁项目，土地规模约 205780 平方米。

（胡 磊 余冉阳 王建荣）

【老旧小区改造】 2021 年，武侯区持续提升城区存量空间活力，按照基础类、完善类和提升类分类推进玉林街 26 号、新南路 75 号、新马路 27 号等 80 个老旧小区改造，改善小区水、电、气、路、管网、通信、安防、垃圾分类等基础设施，推进光纤入户、架空线规整（入地），整治小区内建筑屋面、外墙、楼梯等公共部位，完善小区适老、无障碍、停车、充电、快件信箱、文化休闲、体育健身、管理用房等配套设施建设和小区违建拆除、绿化、照明等公共环境优化整治，集中改造玉林街道和苑片区玉林街 26 号、玉林西街 2 号、玉林西街 4 号、玉林西街 6 号、玉林西街 8 号、玉林西街 10 号、玉林五巷 2 号、玉林横街 3 号、玉林横街 5 号、玉林横街 7 号、玉林横街 9 号、玉林横街 11 号、玉林横街 13 号、玉林横街 15 号、玉林横街 17 号、玉林横街 19 号、玉林横街 21 号、玉林横街 23 号、玉林横街 25 号等 19 个老旧小区，形成连片成势的改造效果。

（胡 磊 邓进龙 简传熠）

【重要区域城市品质提升】 2021 年，武侯区利用大运会“办赛营城”机遇，全面提升省体育馆、成都体育学院体育馆、四川大学望江校区体育馆周边，以及一环路、武侯大道等主要通道两侧 235 个点位约 128 万平方米建筑风貌品质提升，其中一环路市井生活圈改造提升 116 个点位、武侯大道改造提升 40 个点位、赛事场馆周边改造提升 79 个点位，主要打造内容为街道外立面改造、空调外机规整、一店一招打造和光彩增设等，优化改善城市环境品质。

（胡 磊 邓进龙 陈泉林）

图123 改造后的玉林街道和苑小区 （区公园城市局供图）

公园城市示范区建设
Construction of a Demonstration District of Park City

【概况】 2021 年，武侯区围绕“连片式推进、规模化实施”主题，聚焦主街干道、公园广场及居民小区周边等区域，拆除、改造、美化围墙，拆除公共区域违法建筑，多方联动、多点布局，以点带线，连线成片，渐进式释放城市空间，打造公园城市新场景。依托一环路市井生活圈打造、锦江公园和锦江子街巷建设，丰富生活气息，提升商业氛围，讲好文化故事。截至年末，完成 136 个点位拆违增绿，打造大学路、群众路 2 条示范街道，拆除和整治围墙 7960 米，植绿 19.4 万平方米，增加开敞空间 41.1 万平方米，让越来越多的居民感受到空间开敞的“绿色福利”。

（胡 磊 邓进龙 何 波）

【锦江公园和锦江子街巷建设】 2021 年，武侯区按照成都市《锦江公园子街巷综合提升指引》要求，通过挖掘文化底蕴、塑造旅游亮点、植入体育设施、优化街巷环境、建设多元消费载体等措施，完成龙江路、郭家桥南街、临江路等18条锦江沿线子街巷及其周边整治提升改造，总投资18605.94万元，年度完成投资8644.02万元。结合片区设计，通过增加停留休憩设施、营造交流展示空间、丰富沿街绿带慢行体验、规整人行道及非机动车道和提升绿化景观等措施，完成望江路格林威治慢行街区打造。推动业态调整，营造差异化场景，在锦江沿线植入朴田、黑胶广场等13个载体，为游客提供集夜游、夜食、夜购于一体的夜间消费空间。持续打造武侯文旅新场景和新名片，指导打造“朴院”禅文化精品民宿，完成锦江大桥旅游公厕AA级提升改造，以及“新旅游·潮成都”旅游目的地（成都城市音乐厅）、“最成都·生活美学新场景”（成都城市音乐厅、十二乐微博物馆）打造，发布“四川大学—桐梓林欧洲风情园”骑行旅游线路两条绿道精品旅游线路。

（胡　磊　何　波）

图124　提升改造后的大学路特色街区　（区公园城市局供图）

【一环路市井生活圈打造】　一环路武侯段全长约6.2千米，东起九眼桥，西至大石东路，沿线经过磨子桥、跳伞塔、衣冠庙、高升桥等成都传统地标节点，涉及望江路、玉林、浆洗街等3个街道办事处辖区。一环路武侯段及周边片区整体提升打造工作启动于2019年12月，总投资逾10亿元。武侯区按照“以产业发展引导城市有机更新”的总体目标，将一环路（武侯段）沿线整体规划为“一轴＋六片区＋八节点”。其中，“一轴”指以一环路为主轴线与天府游线体系有机结合，衔接串联沿线特色消费场景；“六片区”指九眼桥—红瓦寺片区、音乐坊—音乐大道片区、磨子桥片区、玉林生活片区、华西坝健康乐居生活片区、三国蜀汉城—双楠片区，根据不同的区位优势差异化提升产业业态，形成功能互补、特色彰显的六大功能片区；“八节点”指围绕各片区发展定位，充分利用片区内好望角商业广场、黑胶广场—城市音乐厅、锦宏租车、新世纪街角广场、翼虎押运、罗马假日广场、菊乐路口、原成都电视台33频道等8个重要节点，营造主题鲜明的特色消费场景。截至2021年末，该工程完成92处共70万余平方米建筑外立面风貌提升，实施卷帘门拆除及玻璃门安装708扇，增设泛光照明1042处，实施实体围墙拆除透绿12处，涂装美化箱柜232个、橱窗71处，施画非机动车停车位3756处，一环路主轴城市形态基本呈现。

（胡　磊　邓进龙　何　波）

【一环路市井生活圈开街】　2021年2月8日，一环路市井生活圈开街暨春节系列活动在成都音乐坊启动。活动以成都音乐坊为主会场，在金牛区万达广场及龙湖天街广场、青羊区百花潭公园、成华区建设路、锦江区华兴街、高新区玉林西路设分会场。主会场活动在二十四伎乐民乐表演《烟火成都》中拉开序幕，分会场同步进行灯光秀、民俗文化表演、乐队表演、猜灯谜、舞狮等精彩演出。活动采用“新春集福”创意，各会场主题分别对应各区特色，形成“六福临门”的美好寓意为市民送上牛年祝福。活动期间，成都音乐坊以“清韵成都”“雅韵成都”“时韵成都”三大系列活动为主，融合原创音乐、影视音乐、古典音乐，通过“音乐路演＋平台内容输出＋跨界文化展示”三位一体模式举办特色街区文化演出，以民乐、西洋乐、流行乐等丰富的音乐形式，打造可进入、可参与、可体验、可消费的市井生活场景。活动持续至2月26日。

（刘　佳　杨　燕）

生态环境建设

ECOLOGICAL CONSTRUCTION

环境保护

Environmental Protection

【概况】 2021年，武侯区贯彻落实习近平生态文明思想，以接受第二轮中央、省生态环境保护例行督察、省级例行督察为契机，以实施生态惠民工程13个重点项目为重点，坚持依法治污、科学治污、精准治污，统筹推进生态环境高水平保护和经济社会高质量发展，编制实施《成都市武侯区国家生态文明建设示范区规划（2020—2030年）》，成功创建为第五批“国家生态文明建设示范区”，获评新华网第七届绿色发展论坛“点赞·2021绿色发展优秀区”。持续开展蓝天保卫战，强化重点区域“三抓五管”，在全市率先开展高效油烟净化设施升级改造试点，推动解决油烟扰民难题。全年空气质量优良天数284天，优良率77.8%；$PM_{2.5}$浓度38微克/立方米，比上年下降9.5%。持续开展碧水保卫战，辖区3个水环境质量考核断面水质全面达标，区生态环境局等单位被评为四川省水安全工作先进单位。推进净土保卫战，强化土壤污染重点单位、涉疫医疗废物监管，土壤环境质量保持总体稳定。推进噪声污染防治，开展全区功能区噪声自动监测网络建设，搭建声环境监测信息系统。建立中央生态环境保护督察案件“双包案”制度，成立群众工作组，强化迎检保障和矛盾化解，推动中央环保督察组交办事项立行立改，武侯区案件整改情况获群众点赞、媒体关注报道。落实成渝地区双城经济圈建设部署要求，与重庆市沙坪坝区生态环境局签订合作框架协议，定期组织开展联合活动和经验交流，推动成渝地区生态共建、环境共保。

（罗劲松）

图125 2021年8月28日，区领导调研晋阳街道生态环境保护工作 （区融媒体中心供图）

【生态环保督察问题整改】 2021年4月、8月，四川省生态环境保护督察组、中央生态环境保护督察组先后分别对成都市、四川省开展生态环境保护督察。四川省督察期间，武侯区累计受理督察组转办的群众信访举报案件112件，截至年末整改完成104件，整改完成率92.8%；中央督察期间，武侯区累计受理督察组转办的群众信访举报案件307件，截至年末整改完成299件，整改完成率97.3%。武侯区对督察交办案件实行"清单制+责任制+销号制"管理，坚持按照"满覆盖、多轮次、全方位"对交办案件整改情况进行现场核查，持续巩固整改效果。截至12月31日，所有中央环保督察、省环保督察案件全部核查完毕，发现问题已及时督促整改。

（周智勇）

【大气污染防治】 2021年，武侯区制定2021年的大气污染防治工作行动、夏季臭氧污染防控行动、移动源污染专项整治、蓝天保卫战冬季战役、大气污染防控重点管控区域"三抓五管"工作（"三抓"指抓除污、抓监管、抓通报，"五管"指管工地、管油烟、管车辆、管停车、管喷涂）等方案，明确工作内容、要求和职能职责，将协同降碳、治污减排、控车减油、清洁降尘、综合执法、科技治气"六大行动"任务细化分解，强化源头监控，开展分类治理，降低大气污染。加强建筑工地大气污染防治，对未严格落实大气污染防治措施的项目下达责令限期整改通知书、停工通知书共800余份，对整改不力的项目处罚44起，扣减企业信用分140余起，涉及企业87家；持续开展重污染天气重点行业企业绩效等级分级和差异化管控，对纳入重污染天气应急停、限产的24家工业企业进行执法检查，督导落实重污染天气预警310余次。

加强油烟管理，制定《武侯区餐饮服务业油烟污染综合治理攻坚行动方案》《武侯区露天烧烤专项整治方案》。全年查处餐饮服务业油烟污染案件4起，共罚款55000元；查处露天烧烤污染案件55起，共罚款30000元。开展油烟净化设备升级改造试点，试点推广使用油烟净化隔离网技术。在要都美食广场对18家安装有油烟在线监测的餐饮企业进行试点，同时采取政府补助的方式在浆洗街、玉林和红牌楼等街道的机关、学校、事业单位食堂进行试点。

强化移动源污染管控，严查柴油车、非道路移动机械和汽车维修领域的违法行为，全年人工检测柴油车6458辆，查处336辆；入户场检车辆184辆；非道路检查数量511辆，立案3起。建立智能化大气环境监测管治系统，通过地面监测微站和移动式监测设备等科技设备，构建"热点网格+地面监测微站+移动式监测设备"的工作模式。区"三抓五管"工作专班全年巡查工地7264次、餐饮企业1383次、汽修商家320次、加油站等场所190次。

（贾　璐）

图126　2021年7月21日，区生态环境局对部分中央环保督察组反馈问题整改情况开展现场核查
（区生态环境局供图）

【水污染防治】 2021年，武侯区国考、省考、市考断面水质全部达标，全区水环境质量持续改善，主要出境河道水质全部消除Ⅴ类。按照市总河长办《锦江流域水生态质量持续改善工作方案》工作要求，持续巩固"消Ⅴ"治理成效。开展水污染问题排查整治，全年排查发现河道动态排污问题点位260处，发出《武侯区下河排污口问题整改督办通知》42期，完成254处问题点位治理，确保污水不下河。聘请专业河道管护公司和管护人员，开展河湖日常管护，打捞河道漂浮物800余吨，清理河道淤泥680余吨，清除杂草垃圾1000余吨，出动各类专业车

图127　武侯区三河污水处理站　（区水务局供图）

辆、机具1300余台次，出动人员2万余人次，确保河道管理长效化、常态化、规范化。

基本完成绕城内全域的排水户排查检测与治理，累计排查检测2507户，完成558户老旧院落、三无院落病害治理方案设计，病害治理累计进场384户，完成重点排水户管网病害治理213户。全面梳理城区水系状况，加快推进水系连通一期工程，完成河道清淤疏浚22万立方米，新建绿道68.65千米，新增滨河绿化近95万平方米。加强城市黑臭水体治理和长效管护，对12条14段黑臭水体进行全线巡查，持续开展动态清零整治，发现并消除污染问题37处，黑臭水体河道水质得到极大提升，初步实现“长治久清”。省环保督察组、市委督察室均对治理成效给予肯定。

编制《武侯区锦江流域水生态质量持续改善工作方案》，对锦江流域开展“拉网式”排查，累计排查11条河流、9条主要支渠排口共817个，发现排污口794个。印发《武侯区锦江流域入河排口“一口一长”监管工作方案》，建立武侯区入河排口长效管理机制，设置例行监测断面37个，编写月度水环境质量情况通报，为水质改善提供数据支撑。加快完善城乡污水管网体系，累计埋设截污干管22千米。强化垃圾中转房渗漏液以及餐饮店、沿街商铺、洗车场、农贸市场的污水收集，完成各街道自管公共垃圾房（共37个）的整治提升。宜居水岸江安河、清水河段连续获得全市“最美河湖”称号，陆坝社区被评为四川省首批“水美乡村”。

（贾　璐　张琪炜）

【土壤污染防治】2021年，武侯区受污染耕地安全利用率100%，污染地块安全利用率100%，土壤质量总体保持稳定。完善部门联合监管与工作协调机制，在用地流转、供地、交易环节将土壤环境管理作为重要依据；加强土壤污染重点监管企业监管，区生态环境局完成3家重点监管企业监督性监测，指导督促2家重点监管企业完成隐患排查和自行监测、2家规模以上污水处理厂完成自行监测；推进用途变更土壤污染状况调查，加强（疑似）污染地块管理，按照要求开展土壤污染状况、风险评估和风险管控；通过召开培训会、发放宣传手册等方式宣传《中华人民共和国固体废物污染环境防治法》；督促指导企业落实危废主体责任，完成442家产废企业申报登记和696家次管理计划申报审核；指导辖区集中隔离酒店及定点医院规范医疗废物贮存和转运，以及正确使用成都市医废信息处理平台，确保医疗废物及时清运。

（张　兵）

【生态环境评价审批】2021年，武侯区严格执行《中华人民共和国环境影响评价法》《建设项目环境影响分类管理名录（2021版）》及

图128　2021年6月3日，区生态环境局开展“6·5”世界环境日主题宣传　（区生态环境局供图）

省市环评相关文件要求，推进环评审批承诺制等环评系列改革，提供政策解读和业务指导，对符合政策要求的建设项目，通过精简流程、压缩时限、简化管理、联网审批等举措，促进建设项目尽快落地。全年完成环境影响报告表技术评审项目26个，其中包含实行审批承诺制项目5个、一般行政审批项目21个。强化辐射安全监管，保障辖区辐射安全，完成51家单位辐射安全许可证新办初审、13家延续办理，现场检查70余家。

（李朝远）

【生态环境保护宣传】2021年，区生态环境局利用“3·12”植树节、“6·5”世界环境日、“9·16”国际臭氧层保护日等契机，多样化开展主题宣传及环保志愿服务活动，提升市民生态环保意识。与重庆市沙坪坝区生态环境局签订合作协议、建立合作机制，多渠道、多方式开展合作交流，推动成渝环保工作。聚焦环保督察、疫情防控、大气污染防治及生态示范创建工作，展示生态环境重点工作的进展和成效。运用微信公众号、政务微博、头条号等新媒体平台对习近平生态文明思想，国家及省市生态环境决策部署、形势与任务、重点工作推进情况开展政策解读、工作动态推送服务，增强群众的知情权，引导群众参与生态环境保护。全年发布微博3540条、微信499条、头条号380条。

（李朝远）

【环境监测】2021年，武侯区环境监测站共开展地表水例行监测12次，涉及断面37个，获取地表水监测数据2000余个。开展污水处理站、重点医院、重点工业企业等各类重点污染源例行监测20余次，出具监督性监测报告18份。协助区级各部门、各街道开展投诉执法类监测60余次，出具投诉监测报告63份。

（谭爱民）

环城生态区建设
Construction of Around-the-City Ecological Zone

【概况】2020年12月，武侯区撤销区环城管委会，设立环城生态区建设发展中心，明确为区政府直属正处级公益一类事业单位。武侯区环城生态区建设发展中心工作区域分为武侯环城生态区范围、原城中村范围、五大花园范围3个部分。武侯环城生态区区域总面积15.25平方千米，涉及金花桥（13.16平方千米）、华兴（1.55平方千米）、簇桥（0.28平方千米）、机投桥（0.26平方千米）等4个街道的18个社区93个组，农业人口约2.9万人。根据环城生态区土地综合整治与生态修复武侯区分区规划，区域规划生态用地934.07万平方米（包括农田整治区和生态修复区），规划建设用地590.3万平方米。原城中村规划总面积384.8万平方米（金花桥街道96.67万平方米、簇桥街道176.27万平方米、机投桥街道111.87万平方米），原五花办范围共需整治土地154.64万平方米，其中经营性用地50.11万平方米、非经营性用地104.53万平方米（含农迁房15.27万平方米、道路及公建配套用地89.27万平方米），经过多年拆迁改造，剩余区域主要集中在内果堰片区（分属机投桥街道、晋阳街道），另有部分零星整治点位分布于晋阳街道其他区域。2021年，区环城生态区建设发展中心围绕区委“一四三二”发展思路，做好环城生态公园用地保障，推进天府芙蓉园、锦城绿道二期示范段生态消费场景建设，促进区域品质提升。

（董婉秋　曹堂友）

【环城生态区品质提升】2021年，武侯区围绕保障环城生态公园、宜居水岸和高端新材料转化基地等重点项目建设开展拆迁，全年完成土地拆迁面积约327万平方米、城中村改造目标任务60户；配合完成9千米一级绿道和15千米配套绿道建设，打造一级

图129　宜居水岸二期工程鸡公堰首长路段　（区融媒体中心供图）

图130 天府芙蓉园春色 （区融媒体中心供图）

绿道地标“蕾丝桥”和“飘带桥”；新增和提升环城生态公园生态景观 100 万平方米，完成江安河绕城高速至武侯区界约 4.3 千米段河道河堤改造、绿道建设及 26.67 万平方米配套景观建设、保留建筑风貌改造，建成宜居水岸运动公园专业运动主题公园。

（董婉秋 曹堂友）

【环城生态公园建设】 2021 年，区环城生态区建设发展中心按照市委关于天府绿道建设的新要求做好环城生态公园用地保障，实际完成交地 327 万平方米。协调配合市绿道公司实施环城生态公园武侯段绕城内侧区域景观建设和提升，已呈现绕城内侧 7500 米范围连续景观界面，完成 10 个整治点位的整改，区域生态价值和生态环境品质得到全面提升。

（董婉秋 曹堂友）

【天府芙蓉园建设】 2021 年，区环城生态区建设发展中心将天府芙蓉园纳入芙蓉美谷未来公园社区示范点建设，推进天府芙蓉园生态消费场景建设。根据招商情况和市场消费需求调整升级业态，营造公园文商旅体消费场景，推进言几又、芙蓉书院、芙蓉美术馆等项目的设计和运营。推进商业街招商，重点引入特色首店餐饮品牌，引入的“迪仙·玛歌庄园”项目成为天府芙蓉园项目重点特色餐饮文化品牌。将火锅文化与芙蓉文化进行融合创新，提升天府芙蓉园项目产业深度，强化园区网红属性，大力发展绿道经济。推进项目氛围营造和宣传，策划组织天府芙蓉花节、第三届她妆电商直播节暨她妆美谷电商供应链生态大会、她妆秋冬时尚风格大赏等活动，参与成都消费新场景投资推介、房车露营、研学、新年市集、游园等活动 30 余场，累计参与活动 50 余万人次。

（董婉秋 曹堂友）

城乡环境综合治理
Comprehensive Improvement of Urban and Rural Environment

【概况】 2021 年，武侯区以“城郊接合部”攻坚行动为突破，以“标本兼治”同步推进为途径，深入推进城乡环境综合治理。进一步明确部门和街道城乡环境综合治理目标任务，坚持目标问题导向，将问题整改落实纳入绩效考核、目标考核，实行每月一暗访、一测评、一考核、一通报，自查自纠城市管理和环境治理问题暴露。区综合执法局整合区数字化监管中心、区环卫监督中心和第三方测评工作力量，启动实施城郊接合部环境治理攻坚常态巡查，通过高密度、大范围的监督检查发现并解决各类管理问题。全年制作暗访片 12 部，印发专项测评分析报告 24 期，督办环境问题 2500 余件。

（徐云海 毛铖铖 张 萍）

【背街小巷及铁路沿线环境整治】 2021 年，武侯区紧扣市容秩序、市政设施、建筑立面、空间景观、街巷特色“五大品质提升”，开展背街小巷综合治理及铁路沿线整治。按照“景观化、景区化、可进入、可参与”理念对沙堰街进行综合整治，采用三国文化与校园研学相结合的方式，打造“沙堰里·市井三国”小游园。完成郭家桥北街一段、郭家桥北街二段、科华街“环川大经济圈”及高攀路街面整治，项目总投资 13000 万元。推进铁路沿线整治，完成西环线全线危树治理、万寿桥社区三组安全隐患老旧房屋整治、成贵客专铁路沿线生态修复一标段示范项目打造，整治安全环境隐患问题清单 71 处，加固、拆除防尘网 16000 余平方米。

（徐云海 毛铖铖 张 萍）

【一环路“泛光＋橱窗＋安防”改造】 2021 年，武侯区采用“一套规划设计、一项控制系统、一个管理标准”方式，对一环路武侯段 708 扇

图131　2021年10月11日，区领导带队调研环保督察反馈问题整改推进情况　（区生态环境局供图）

卷帘门实施拆除及玻璃门安装。将成都音乐坊1.2平方千米节点建设与一环路市井生活圈打造相结合，增设1042个商铺泛光照明，并对一环路南一段和南三段涉及钢琴专卖店、服装、体育运动及无业态的71家店铺进行橱窗美化，同时为每家商户安装安防设施，实现安全与美观的统一。

（徐云海　毛铖铖　张　萍）

【扬尘污染治理】2021年，区综合执法局严格落实“六不准、六必须”要求，持续开展道路冲洗除尘，加强运输企业及运渣车辆的管理，做好重点区域、重要点位、重点时段的扬尘污染治理。督促工地广泛使用雾化喷淋设施，并坚持规范打围、湿法作业、出入口硬化及车辆冲洗、土石方全密闭运输。对永康路、成双大道、武兴路等交通主干道进行重点整治，按照每天早中晚3次、重点区域重点道路5次的频率对扬尘污染区域进行扬尘抑制剂洒水作业，日均出动洒水作业车60余次，使用扬尘抑制剂180千克。全年行政处罚查处案件95件。

（徐云海　毛铖铖　张　萍）

【“两拆一增”专项行动】2021年，武侯区持续开展开敞空间拓展行动，完成“两拆一增”整治点位136处，拆除和整治围墙7960米，增加绿化19.4万平方米，增加开敞空间41.1万平方米，打造大学路、衣冠庙干休所地块、火车南站原花市菜市地块、成双大道北段C4地块等一批特色点位。集中拆除成都音乐坊片区楼顶，以及浆洗街街道11号院、罗马假日广场，火车南站街道长寿苑社区、人民南路四段57号等楼顶违法建筑，全年拆除违法建设面积23.1万平方米。

（徐云海　毛铖铖　张　萍）

城乡水环境综合整治
Comprehensive Improvement of Urban and Rural Water Environment

【概况】2021年，武侯区全面贯彻中央和省市决策部署，开展水环境综合治理和宜居水岸建设，推动全区河道水环境持续改善、水生态价值有效转化。全区1个国考、3个市考断面水质稳定实现达标率100%，锦江、江安河、清水河、肖家河、高攀河、火烧堰等重点河道年均水质全部达到Ⅲ类标准。

（张琪炜）

【宜居水岸建设】2021年，武侯区全面完成宜居水岸项目建设。对辖区9条主要河道进行综合整治，新建及改造河堤36.14千米，清淤22万立方米，埋设截污管网22.4千米，建成绿道68.35千米，新增绿化94.47千米，并建成明珠湾广

图132　2021年4月，火车南站街道组织拆除居民楼楼顶违法建设　（区融媒体中心供图）

图133　2021年4月29日，省环保督察组检查武侯区河道水质　　（区生态环境局供图）

场、涟漪广场等节点20余处，沿河区域城市品质焕然一新。加快推进水系连通项目建设，完成项目投资1500余万元，完成鸡公堰晋吉北路段清淤，以及箱涵2处、工作井8处，完成顶进204米；完成鸡公堰顺和横街段绿化及栏杆工程，正在开展楠杆堰河堤冠梁施工、补水泵站围护结构咬合桩施工等。

（赵　强）

【河长制管理】 2021年，武侯区深化河长制改革，充实河长队伍，创新治水管河举措，建立河湖共治共管共享机制，全面推动河长制有名有实。聘任第二届专家河长和第四届民间河长，开启"企业河长"对话新模式，举办"河湖诗歌秀"全民亲水活动，开展河长制工作"七进"系列宣传活动，深化与青羊、双流等毗邻区的协作，打造共建共治共享生态链。利用无人船、管道爬行机器人等高科技设备，延伸水污染排查触角，破解巡河盲区难到达、河道乱建难发现、违法排污难取证等治水难题。通过"智慧河长公示牌"交互数据，收集市民意见建议，及时解决河道相关问题。

（罗邦森）

【宜居水岸一期江安河示范段】 宜居水岸一期江安河示范段起于永康路，止于金岛度假村，全长2.1千米。该段内绿道为武侯区绿道建设重要节点，按照成都市锦城绿道二级绿道标准建设。包含新建骑行道约2.1千米，改造河堤2080米，埋设截污干管1.9千米，新增绿化约10万平方米。武侯区通过科学统筹文商旅体融合发展，串联沿河片区景点，联通商业载体与休闲空间，培育蜀宫琴台、梧桐书屋等商业体发展壮大，推动沿河区域业态转型升级和旅游产业发展。2021年末，该段"艺术江安，休闲河畔"的景象初步呈现。

（赵　强）

环境卫生
Environmental Sanitation

【概况】 2021年，武侯区加强城市环境卫生整治，强化精细化管理，建成城乡环境综合治理中心和大件垃圾处置中心。开展环卫专项治理，推进垃圾分类处理，确保全区环境干净整洁。推进辖区企业商家复工复产，组织执法队员按"五允许一坚持"措施，规范商家占道促销和游动商贩占道经营行为。全年出动环卫督查人员34560人、环卫工人120余万人、环卫作业车辆40万余辆，日均收运生活垃圾1233.15吨，消杀垃圾收集转运站（池）等

图134　宜居水岸清水河段　　（区融媒体中心供图）

图135　环卫工人在风雪中作业　（区融媒体中心供图）

点位4万处次，消杀环卫公厕10万座次。

（徐云海　毛铖铖　张　萍）

【环卫基础设施建设】2021年，武侯区按照“全国领先、国际一流”的标准，投入资金8.3亿元建设城乡环境综合治理中心项目。该项目集生活垃圾压缩转运、污水检测、污水（渗滤液）处置、智慧指挥、固体污染物检测、环境治理科普教育等功能于一体，设计处理生活垃圾2000吨/日、污水（渗滤液）350吨/日。同时以政府采购的方式引入第三方企业，采用德国技术，建成成都市中心城区首个大件垃圾处置中心，达到100吨/日的处置能力，垃圾减量达到80%，并通过优化监管考核、尝试付费运营机制，保障企业持续健康运营，实现全区大件垃圾就地处理。开展建渣环卫运输车辆新能源替代推广应用工作，新增新能源车75台。

（毛铖铖　张　萍）

【生活垃圾中转房（点）专项整治】2021年，区综合执法局启动生活垃圾中转房（点）专项整治，从硬件提档升级、强化日常管护、优化生活垃圾收运方案等方面对全区生活垃圾中转房（点）实施分类整治。制定垃圾中转房（点）建设及日常管护标准，明确职责任务、工作进度要求，全年整治项目点位231个。

（徐云海　毛铖铖　张　萍）

【垃圾分类处理】2021年，武侯区对居民小区垃圾中转房进行标准化改造，设置四分类集中转运暂存区，确保居民小区分类投放、中转分类收集。成功打造映月花园垃圾分类示范小区、成都大悦城厨余垃圾分布式处理、碳中和小屋等典型示范项目。分5个类别，配置各类生活垃圾运输车355辆，探索打通居民小区内分类转运、分类装车、分类压缩的“最后100米”；建成厨余垃圾分布式处理设施6座，引入大件生活垃圾处置中心，全区餐厨垃圾、大件垃圾就地处理能力持续提升；完成854处垃圾投放点位摄像头安装，对居民投放行为、督导员到岗情况、厢房及周边环境卫生秩序等进行高效、智能、不间断的系统化和信息化管理。截至年末，全区设置生活垃圾集中分类投放点2610个，建成455个生活垃圾分类厢房等设施，逐渐建立起完善的分类投放、分类运输、就地处置体系。

（徐云海　毛铖铖　张　萍）

【生活垃圾分类推进】2021年3月1日，《成都市生活垃圾管理条

图136　环卫工人驾驶微型环卫车清扫路面　（区综合执法局供图）

例》正式实施，全市生活垃圾分类工作进入法治化阶段。武侯区成建制生活垃圾分类工作分别在火车南站、红牌楼、望江路、金花桥等街道全面推行，共设置垃圾分类规范投放点790个、建成封闭式垃圾箱房303个，招募督导员790名，定时定点监督指导垃圾分类工作。3月8日，中央电视台新闻频道报道了武侯区生活垃圾分类工作的经验做法。

（徐云海　毛铖铖　张　萍）

园林绿化
Landscaping

【概况】2021年，武侯区坚持绿色发展理念，高品质推动示范片区建设，推进全域增绿工作。全年新增绿地500984平方米，新增立体绿化面积14634平方米，公园绿地服务半径覆盖率达到90.3%，建成区林荫道推广率达到91.1%，城市道路绿地达标率达到85%。制定《武侯区关于全面推行建立林长制的实施方案》，压紧压实保护发展林业园林资源主体责任，探索建立“林长制＋河长制”“林长制＋街长制”工作管理模式。推行园林绿化管理体制改革，健全完善园林绿化建设管理机制，印发《武侯区园林绿化移交、接收流程》《武侯区违反园林绿化相关规定情形的处理流程》等政策实施指导文件，推进全区园林绿化精细化管理。10月14日，生态环境部在联合国《生物多样性公约》第十五次缔约方大会上发布第五批国家生态文明建设示范区名单，武侯区名列其中。

（何　波）

【全域公园建设】2021年，武侯区持续推进“百个公园”示范工程，完成铁佛公园（一期）和武侯生态体育公园的建设。按照成都市打造公园城市“红点”“奇点”景观工作方案，打造天府芙蓉园、成都城市音乐厅、野趣生境等3个成都美丽宜居公园城市“红点”“奇点”。开展“老公园，新活力”提升行动，从景观提升、治理提升、业态提升3个方面对磨子桥小游园和望江路街道双拥广场进行打造。建成天府绿道31.5千米，打造“回家（上班）的路”50条。

（何　波）

【小游园微绿地建设】2021年，区公园城市局按照“景观化、景区化、可进入、可参与”的理念，结合武侯区绿地建设规划，新建花龙门社区小游园、来凤五路小游园、正成社区绿地等3个小游园、微绿地。其中，花龙门社区公园位于万寿二路135号，面积7000平方米，总投资257万元；来凤五路小游园为开发商代建绿地，绿地面积3949平方米，投资金额约181万元；正成社区绿地位于新苗西街，面积2875平方米，投资金额约180万元。

（何　波）

【“金角银边”示范点位打造】2021年，武侯区按照《成都市公园城市“回家的路”“金角银边”景观建设指引（试行）》的要求，利用城市剩余空间打造“金角银边”示范点位，美化城市生态空间、完善城市功能、方便市民生活、提升城市形象。截至年末，全区完成智远大道与武侯大道交叉口地块、金龙酒店高压线下城市更新地块、蓝天通讯公司空地、郭家桥西巷、中海格林威治城、龙江路等29处“金角银边”示范点位的打造。

（何　波）

【全民义务植树活动】2021年，武侯区开展全民义务植树活动2次（春秋季各1次）。3月12日，130余名机关干部职工在天府芙蓉园栽植芙蓉花350余株；四川航空公司、四川力久律师事务所、四川简言广告公司等6家单位以及110余名市

图137　“两拆一增”点位——铁佛公园　（区融媒体中心供图）

民在宜居水岸鸡公堰段和顺江社区公园栽植乔木 160 余株、灌木 120 余株。10 月 20 日，组织市民 50 余人在机投桥街道万寿桥社区四组 129 号开展秋季群众义务植树活动，栽植树木 150 余株。

（何　波）

【古树名木保护】 武侯区内的古树名木主要位于成都武侯祠博物馆园林区、望江楼公园、四川大学等公园绿地和大学校园内。区公园城市局负责牵头开展辖区内古树名木保护管理工作。2021 年末，辖区内有古树 476 株。其中，一级古树 1 株，为银杏树，位于机投社区东岳庙坝（编号：51010700469），估测树龄 500 年；二级古树 1 株，为银杏树，位于望江楼公园的望江楼荷塘边（档案号：107000283），估测树龄 310 年；其余 474 株古树均为三级古树。

一级古树身份信息

（何　波）

锦江——成都母亲河

锦江，即府南河，是岷江流经成都市区的两条主要河流——府河、南河的合称。府河是在都江堰市崇义镇从检江分流出来的一条支流，原名郫江，绕成都北门，然后东下与南河汇合。唐代，改郫江从府城下经过，成为护城河，故称府河。南河则是李冰修都江堰时从岷江干流上分流出来的一条支流，名为走马河，流至郫都区称为清水河，流经杜甫草堂后称为南河。两河在合江亭相汇后，东去往南，经乐山、宜宾入长江。

据《史记》《华阳国志》《括地志》等史籍记载，李冰父子修筑都江堰时，穿凿两江，分别自西北和西南进入成都，在成都界内合流。锦江水滋润和哺育着成都经济社会和文化不断发展，故成都人深情地称她为母亲河。9 千米的武侯段是锦江精华之所在，是锦江最有传承、最具文化底蕴的江段，见证了成都蜀锦织造产业的兴衰更替。早在汉代，锦江边就形成蜀锦织造的集中地——锦官城。左思《蜀都赋》赞锦官城织锦盛况道："阛阓之里，伎巧之家。百室离房，机杼相和。贝锦斐成，濯色江波。黄润比筒，籝金所过。"蜀锦在此生产，因其濯锦时使得江水焕彩，锦江之名也因此而来。

蜀锦染艳了锦江，使之增添诗意和文采，历代文人墨客以生花妙笔，淋漓尽致地描写了锦江的旖旎风光和人文风采，杜甫诗"锦江春色来天地，玉垒浮云变古今"、李白诗"水绿天青不起尘，风光和暖胜三秦。万国烟花随玉辇，西来添作锦江春"等广为传颂，让锦江魅力倍增。

锦江历经千年沧桑，奔流不息，滋养着天府大地；与之相伴 2000 多年的成都，城址未迁，城名不改。锦江之水，纵贯三百里，润泽两千年，哺育出一座环境美丽宜居、人文底蕴深厚的天府之城。

应急管理

EMERGENCY MANAGEMENT

综　述

Overview

【概况】 2021年，武侯区调整区应急委员会和消防安全事件指挥部组织机构及成员，加强对全区应急管理工作的组织领导，优化指挥机构配置。建立健全应急协调联动机制，强化应急措施，应对各类突发公共事件。根据市政府《关于组建成都市应急委员会的通知》要求，组建武侯区应急委员会，主任1名（由区长担任）、常务副主任1名、副主任6名。区应急委员会下设18个专项指挥部，分别由各分管区领导担任相应指挥长。同时，明确应急委员会及专项指挥部的职责，形成统一指挥、专常兼备、反应灵敏、上下联动、平战结合的指挥体系和应急机制。建立武侯区军地抢险救灾协调联动工作机制，与区级相关部门、单位建立突发事件信息共享和会商处置机制，全面提升突发事件联动响应能力。提升预警和联动响应能力，每日通过QQ群、微信群、党政内网等渠道及时发布预警信息，全年向区级部门、各街道办事处发布应急管理预警信息简报216期。

（蒋　锐）

【应急值守】 2021年，区应急局完善全区应急管理、信息报送、值班等相关制度，确保各类应急信息及时、准确传达。严格落实1名局领导带班、1名干部岗位值班、1名工作人员系值班的应急值班模式，严格执行7×24小时值班制度，做好上情下达、下情上报，确保信

图138　2021年1月7日，武侯区对企业落实安全生产主体责任情况进行约谈　（区应急局供图）

息不漏报、不瞒报、不迟报。

（蒋　锐）

【应急预案编修】2021 年，区应急局突出应急预案针对性和可操作性，组织指导编修完成全区总体预案、20 个专项预案、38 个部门预案和 11 个街道综合应急预案。指导区级相关部门、街道完成全区各项重大活动应急预案编制修订与备案，对全区 41 家企业应急预案进行审核备案。

（蒋　锐）

【应急救援队伍建设】2021 年，武侯区加强应急救援队伍建设，建立 30 人规模的区级应急救援尖刀分队 1 支、24 人规模的街道应急队 11 支、10 人规模的社区应急分队 71 支。制定“应急队伍建设标准、职责任务、训练演练、管理保障、考核奖惩”五项制度清单，为应急管理工作正常开展提供制度保障。与区内 1 家特种装备有限公司签订应急救援合作协议，由公司提供挖掘机、推土机、大型运输车、吊车等各种应急装备保障服务，满足突发事件处置需求。

（蒋　锐）

【应急演练】2021 年，区应急局牵头组织区级相关部门和街道开展消防、地震、防灾减灾应急演练 15 次，参演人员 2000 余人次。指导区民政局、区综合执法局、区水务局等部门开展消防、防汛、安全生产、防灾减灾、疫情防控、网络安全等应急演练 60 次，参演 2 万余人次。指导各街道（社区、企业）开展各类应急演练 320 次，参演 10 万余人次。3 月 26 日，区政府在华烨路 534 号组织开展 2021 年军地联合消防应急演练，演练分为部队油库着火先期救援和军地联合应急救援两部分。区应急局、区新经济局、区卫健局、区住建交局、区公安分局、市交管一分局、区消防救援大队、区人武部、国网高新供电公司、成都燃气集团股份有限公司等 10 个单位及 6 个相关街道参加演练。出动应急救援队伍 16 支 200 余人，设灭火指挥组、专家顾问组、社会面控制组、医疗救护组、新闻发布组、后勤保障组、善后工作组、事件调查组、疫情防控组等 9 个组，在军地联合指挥部的统一指挥下按各自职责开展应急处置。

（蒋　锐）

图139　2021年3月26日，区消防救援大队开展消防处置演练　（区融媒体中心供图）

【武侯区 2021 年应急和安全生产专题会议】2021 年 4 月 5 日，武侯区召开 2021 年度应急委第一次、安委会第二次会议暨武侯区安全生产专项整治三年行动领导小组 2021 年第一次会议。会议传达学习中央及省市关于安全生产工作重要批示精神，审议安全生产和应急管理工作相关议题；区政府安委会办公室通报全区安全生产和应急管理工作情况；区消防救援大队通报一季度以来全区火灾形势和消防安全工作情况，就下一步工作提出建议。区长林丽讲话指出，要坚持警钟长鸣，时刻绷紧安全之弦；要坚持防范为先，坚决守牢安全底线；要坚持动真碰硬，压紧压实安全责任。副区长吴影梦、丁宁、黎焰飚出席会议，区安委会成员单位、各街道办事处负责人参加会议。会后，林丽带队到华兴街道、金花桥街道开展消防安全督导检查，实地检查武侯区第五人民医院、沈家桥社区文盛路自建房片区、成都市礼仪职业中学在建工地等单位消防安全情况。

（伍三雄　杨　燕）

防灾救灾
Disaster Prevention and Relief

【概况】2021 年，武侯区坚持预防为主、防御与救助相结合的防灾减灾工作方针，牢固树立全面预防观，加强应急预案管理，提高预防和应对突发事件的能力和水平。围绕减灾救灾中心任务，提早谋划、提前部署，层层压实工作责任，完善考核评估和督查问责，强化责任追究，将防灾减灾应对工作职责落到实处，全区防灾减灾呈现良好格局。对设立在簇桥街道办事处驻地、机投桥街道办事处驻地、机关第一办公区等3处地震监测设施开展维护巡检，3个台网均实现正常开机和安全运行。

（马　科）

【自然灾害综合风险普查】 2021年，武侯区按照第一次全国自然灾害综合风险普查相关要求，召开普查工作培训会3次，参训185人次。印发普查实施方案，对全区的主要灾害致灾因素、公共服务设施、房屋建筑等自然灾害风险点进行全面摸排调查，共上报国普办数据63289条。并在此基础上按照国家、省、市普查办要求，建立分区域、分类型、分要素的自然灾害与减灾能力数据库，为提升抵御自然灾害的综合防范能力提供支撑。

（马　科）

【救灾物资保障】 2021年，武侯区牢固树立安全发展理念，弘扬生命至上、安全第一思想，高度重视防灾救援工作。投入171万元为区级各部门配备电台282部，确保灾害发生时，能够第一时间响应。区应急局加强与地方性救援力量的协同，与第三方公司签订应急救援合作协议，确保在需要时提供重型装备保障防灾救援工作。各街道严格按照相关要求储备帐篷、棉大衣、棉被、发动机、照明设备等救援物资及装备，确保一有灾情，能够及时有效开展应急抢险救援。

（马　科）

【防汛抢险】 2021年汛期，武侯区发布天气预警信息62条，降水总量606.3毫米，较历史同期750毫米偏少约2成，区内河流水势平稳，少量道路短时积水，全区平安度汛。汛期共清淘沟渠15.2千米、市政排水管网4.3千米、小区院落245个、地下车库88个、商业体（写字楼）76个、窨井268个、雨水箅子1822个，共清淤7050立方米。整治防汛隐患13处，储备价值370万元的防汛物资，组建142支防汛应急抢险队伍，有效应对“7·26”“8·5”“9·14” 等3次强降雨险情。

（阳金希）

【防灾减灾宣传教育】 2021年，武侯区以“5·12”全国防灾减灾日、“10·13”国际减灾日等活动为契机，向辖区群众发放防灾减灾宣传资料，举办灾前预防、灾后自救专题讲座，提高辖区居民群众的防灾减灾意识。全年开展防灾减灾宣传活动21次，发放防灾减灾救灾宣传资料5万余份、雨伞等防灾减灾救灾宣传品5万余份，现场接待群众咨询1万余人次，举办防灾减灾救灾专题讲座20余次。

（马　科）

【应急避难场所建设】 2021年，武侯区有应急避难场所88个。其中，Ⅰ类应急避难场所2个、Ⅱ类应急避难场所9个（详见表82）。应急避难场所面积82.2万平方米，可容纳避难人数54.82万人。

（马　科）

表82　武侯区Ⅰ、Ⅱ类应急避难场所分布情况表

序号	名　称	等级	地　址
1	望江路街道望江公园应急避难场所	Ⅰ类	望江路30号
2	簇桥街道簇锦公园应急避难场所	Ⅰ类	福锦路二段268号
3	成都市棕北实验中学西区应急避难场所	Ⅱ类	逸霞街21号
4	红牌楼街道丽都公园应急避难场所	Ⅱ类	丽都路1号
5	成都八益家具精品广场应急避难场所	Ⅱ类	成双大道49号
6	浆洗街街道石室双楠实验学校应急避难场所	Ⅱ类	双楠路3号
7	晋阳街道五大花园体育公园应急避难场所	Ⅱ类	晋吉东二街256号
8	火车南站街道长寿苑社区十街坊广场应急避难场所	Ⅱ类	长寿路7号
9	金花桥街道金花社区广场应急避难场所	Ⅱ类	金凤街2号
10	浆洗街街道西北中学应急避难场所	Ⅱ类	建国巷1号
11	晋阳街道晋阳小学应急避难场所	Ⅱ类	晋吉西一街9号

（马　科）

安全生产监督管理
Production Safety Supervision and Management

【概况】2021年，武侯区贯彻落实习近平总书记关于安全生产工作的重要批示精神，以及中央、省、市关于安全生产的决策部署，深入推进安全生产领域改革发展，健全完善安全生产责任体系，强化责任落实，依法实施监督管理，强化各项措施的落实，优化安全发展环境。全区发生生产安全事故5起，事故起数比上年下降16.7%；亡5人，亡人数比上年下降28.6%；火灾警情643起，比上年下降3.8%，首次实现年度火灾事故零亡人。

（徐　磊）

图140　2021年11月，燃气供应企业开展燃气管道检修　（区应急局供图）

【安全生产责任体系建设】2021年，武侯区以安全生产清单制管理工作为抓手，全面推行区领导干部包街道、街道领导干部包社区的安全生产工作包保责任制，分层分级将包保责任落实到具体人。各级领导干部结合实际工作，深入联系区域检查指导、督促落实安全生产工作。制定《武侯区安全生产警示制度》《武侯区区属国有企业主要及分管负责人安全生产保证金奖罚试行机制》和安全生产“五项制度”等制度机制，与“六位一体”隐患巡查发现机制实现有效衔接、闭环管理。制定《武侯区安全生产暗访检查和隐患通报督促整改制度》，建立安全生产工作暗访督导检查清单，全面推行安全生产工作常态化抓落实暗访督导机制，采取不发通知、不打招呼、不听汇报、不用陪同接待、直奔一线、直插现场等方式及“三带三查”（“三带”指带专家查、带执法查、带媒体查，“三查”指查深、查细、查实）的方式，对安全生产工作属地党政领导责任、行业部门监管责任和企业主体责任落实情况进行严督实查。推动建立领导干部安全生产工作履责清单，全面实行领导干部履行安全生产工作职责年度登记报告制度，运用成都市安全生产履职档案信息系统，及时真实填报领导干部开会研究、带队调研、督导检查安全生产工作等履职信息。区政府安委会将各街道以及负有安全监管职责的区级部门主要负责人履职情况，纳入年度“党政同责”考核，确保责任落实工作落地。

（徐　磊）

图141　2021年12月3日，武侯区举行《中华人民共和国安全生产法》集中宣传月活动启动仪式　（区应急局供图）

【安全生产责任落实】2021年，武侯区召开安全生产相关会议72次，研究安全生产相关工作35项，区委、区政府领导下沉基层开展安全生产调研检查120余次。区安委会办公室发布《安全生产风险防控预警信息》13期，向部门、街道发出提醒敦促函141份，约谈部门2个、街道4个、企业法人18名。按照全覆盖、零容忍、严执法、重实效的要求，将安全生产纳入日常执法监管内容，采取不发通知、不打招呼、不听汇报、不用陪同接待、直奔基层、直插现场等方式，定期或不定期对全区各行业领域开展安全生产执法检查，系统防范化解各类安全风险。全年立案调查44件，行政处罚68.1万元，刑事拘留16人，行政拘留5人。

（徐　磊）

【安全生产隐患整改】 2021年，武侯区严格按照关于安全生产“四责任、五制度、三到位”和“三个一”工作要求（“四责任”指安全生产综合监管责任、安全生产行业监管责任、安全生产属地监管责任、安全生产企业主体责任；“五制度”指“三支队伍”常态化走访制度、社会专业力量巡查制度、新闻媒体暗访制度、信访问题发现制度、群众举报奖励制度；“三到位”指安全生产行刑衔接到位、警示教育到位、培训演练到位；“三个一”工作要求指制发一套专项整治方案、成立一批工作专班、建立一套工作制度），围绕“风险辨识管控＋隐患排查整治”核心任务，坚持以控风险、除隐患、防灾害、压事故为目标，针对重点消防、建筑、危险化学品生产运输、工业、商贸业等行业领域，建立以职能部门专项整治、社区网格日常巡查、社会企业专业巡查、物业入户引导、居民有奖举报、科技创新应用六项内容为主的风险隐患发现机制和领导督办、月度约谈、即期惩处、隐患整改每月交账、履职评定等安全生产五项制度。深入基层开展安全生产专项整治三年行动集中攻坚，共检查生产经营单位66028家次，排查整治隐患26087个，督促企事业单位自查自纠隐患179272个。

（徐　磊）

【安全生产宣传培训】 2021年，区应急局开展“安全生产月”、“安康杯”知识竞赛、《中华人民共和国安全生产法》专题培训、安全宣传“四进”等系列活动，宣传安全发展理念、安全生产方针和安全生产法律法规标准。集中组织学习观看《生命重于泰山——学习习近平总书记关于安全生产重要论述》电视专题片367场，参与2.1万人次；组织《中华人民共和国安全生产法》专题培训123场，参与1.3万人次，其中各街道、行业部门、建筑施工、交通运输、规模以上工业企业相关负责人和安全管理人员共500余人参加。承办成都市第20个全国“安全生产月”活动启动仪式，设置宣传咨询台22个、宣传展板30余块，发放各类安全宣传资料2.2万余份。投入重大安全隐患整治专项资金80余万元，开展安全生产、防灾减灾、电动自行车警示教育宣传活动534场，发放宣传资料50余万份，建立安全宣传示范点位17个。利用新媒体平台对防灾减灾、安全生产和应急管理知识开展科普宣传，全年开展线上主题宣传活动4次，发布安全知识165条。在中央、省、市各级主流媒体推出宣传报道35次。

（杨　超）

【危险化学品安全监管】 2021年，武侯区制定《全面加强危险化学品安全生产工作实施方案》，明确各成员单位职责，按照工作细则开展监管工作。召开全区危险化学品相关企业安全风险管控监测预警系统上线运行培训会、全区危化监管工作部署会等会议，组织企业签订危险化学品企业安全生产承诺书，实现全主体、全品种、全链条安全监管。印发《武侯区危险化学品道路运输安全集中整治方案》《武侯区非法违法“小化工”专项整治实施方案》，开展非法违法“小化工”专项整治，组织执法检查56次，查处非法储存危险化学品违法行为1起。按照《危险化学品企业安全风险隐患排查治理导则》等规定，督促危化企业全面排查安全风险隐患，自查发现整改隐患67个。全年组织危化品安全专家对全区危险化

图142　2021年5月12日，武侯区在优博广场举行第十三个全国防灾减灾日宣传暨地震疏散救援演练活动
（区应急局供图）

学品企业开展2轮安全生产专项全覆盖检查，共检查企业82家次，发现整改安全隐患210个。

（肖　彬）

【商贸流通领域安全检查】2021年，武侯区全面开展商贸流通领域重点企业安全生产和消防安全工作，督促辖区内企业严格落实安全生产主体责任，增强责任意识和主动意识。重点对37家大型商场、超市、大型城市综合体和专业市场，结合各阶段防范重点，组织开展“百日安全大排查大整治”“平安社区专项整治”“防风险保安全迎大庆专项整治”等专项安全整治，排查重大安全隐患50余个，实现安全检查全覆盖。

（韩新军）

消防救援
Fire Rescue

【概况】2021年，武侯区加强消防救援队伍及设施建设，建立消防安全隐患包保责任制，对火灾事故易发、多发区域严防严控，全区18个一级微型消防站、18台微型消防车全天候24小时不间断上街巡查；严格落实电台调度情况月通报制度，确保电台通信24小时畅通，为有序开展各类突发事件救援工作奠定基础。

（蒋　锐）

【消防隐患排查治理】2021年，武侯区建立消防安全隐患包保责任制，将全区11个街道划分为486个网格和20004个最小工作单元，按照街道党政主要负责人、分管负责人和各科室负责人、社区干部和工作人员的层次，分行业确定每个最小消防工作单元具体包保责任人，把防火工作落实到最小单元和具体人员。购买社会企业服务，将30余人的区级安全巡查队扩充至60人，采取阵地管控模式，开展地毯式消防安全及安全生产专业化检查。全年检查点位3.1万个，发现隐患7.2万个，整改隐患6.3万个，整改中隐患10000个。派出督导组对全区17个大型专业市场开展督查，并对辖区公网线路和公用变压器等设施进行全面排查整治。派出4个联合督导组，检查专业市场17个，排查整治隐患799个；约谈专业市场3次，现场约谈商户14家；开具责令立即改正通知书15份，拆除违建1处共200平方米；排查变压器2137个，其中公共变压器933个、专用变压器1204个，排查整治隐患262个。开展电动自行车专项整治，推动集中充电场所建设，全区有电动自行车集中停放场所1367个。对132个较大场所加装水基型灭火器或简易喷淋系统，55个场所采取物理隔离措施，528个场所进行分区分类停放。为118个小区的电梯加装电动车阻车装置。制定《武侯区居民火灾防范及宣传教育工作方案》，强化火灾隐患源头治理、系统治理、精准治理。实施华兴街道佛兰大车配件市场调迁改造，彻底消除消防安全隐患。规范整治213个老旧院落电、气线路，为552名独居残疾人和60岁以上独居老人住所安装消防智能防控预警系统。

（惠志军）

【火灾处置】2021年，武侯区18个一级微型消防站根据辖区安全风险特点，在重点时段、重点区域和重大活动场所实行力量前置，采取驻点值守和巡逻执勤相结合的方式，实行全程监护、区域联防，妥善处置火灾、燃气泄漏等各类突发情况1000余起。其中，2月13日凌晨，浆洗街街道一茶楼厨房发生火灾，衣冠庙消防救援站和浆洗街街道微型消防站接警后迅速到现场开展扑救；2月16日，金花桥街道花龙门社区发生一起火灾警情，区应急局紧急调度邻近6个街道出动11台微型消防车，第一时间赶到现场控制火势，并及时为市、区消防队伍串联供水、补充水源，支援灭火作战，将损失降到最低；7月30日，成双大道北段三九佛兰汽配城一商铺发生火灾，街道微消站第一时间到场实施穿插迂回灭火行动，并安排力量重点守住周边油库及库房，防止火势扩大，支援区消防救援大队在1小时内将火灾扑灭。由于响应迅速、处置得当，3起事故均未造成人员伤亡。

（蒋　锐）

交通·能源

TRANSPORTATION & ENERGY

交通运输
Transportation

【概况】 2021年，武侯区有运输业户895家，其中普通货运企业464家，货运车辆6720辆；汽车维修企业966家，含一类维修企业25家、二类维修企业134家、三类维修企业807家，摩托车维修企业2家；网约车平台公司27家；客车租赁公司24家；驾驶培训企业9家。区住建交局强化对全区道路运输市场经营行为监督管理，维护道路运输市场经营秩序；考评全区机动车维修企业的质量信誉，实现二级维护网络化管理；开展交通运输保障应急演练，夯实交通运输保障应急能力；做好寄递物流企业、危险品运输企业等的日常管理；制定网约车管理相关细则，根据区域发展具体情况规范区内网约车发展。区级相关部门加强对辖区内共享车辆的监督管理，督促企业做好共享车辆的规范投放和收运。

（吴　穹　程　希）

【交通状况】 武侯区为成都城南交通要津，曾是南方丝绸之路起始段。区域交通便捷，路网功能完善，“七横”（一环路、二环路、中环路、三环路、武侯大道、智远大道和绕城高速路）、“七纵”（科华路、人民南路、浆洗街、佳灵路—成双大道、武侯大道、智谷大道和永康路）骨架道路网络和穿越辖区的地铁1号线、3号线、5号线、7号线、8号线、9号线、10号线、17号线，成绵乐客运专线，成昆铁路，成雅铁路形成连接区内外、四通八达的城南交通网络。辖区内有成都南站（成都火车南站，火车与地铁共存），有成都地区最大的旅游汽车站——成都旅游集散中心，有1路、10路、16路、27路、K1路、K2路、248路、249路、251路、904路、1126路、1002路等公交线路100余条。

（吴　穹　程　希）

【汽修企业管理】 2021年，区住建交局牵头对涉及挥发性有机物（VOCs）排放的汽修企业进行全面梳理摸排调查，加强污染防治宣传引导，推动夏季臭氧污染防控治理、蓝天保卫战冬季战役工作。区住建交局在日常监管过程中，要求企业按照臭氧防控要求，防控阶段严禁从事喷漆作业，对不符合喷涂作业要求的企业采用疏堵结合的方式，引导企业在消除违规喷涂行为的同时，利用现有条件更改维修作业项目。截至年末，全区从事机动车钣喷作业的业户160家，升级改造的喷烤漆房205个，常态性使用水性漆的企业76家。配合全市机动车尾气治理，全区取得机动车尾气治理资格的企业有45家，均按照市交通运输局统一要求升级为M站企业。

（吴　穹　程　希）

【交通运输管理】 2021年，区住建交局加强道路运输行业源头管理和日常监管，对重点道路运输企业安全生产组织架构、会议制度、教育培训、人员车辆管理、安全隐患排查、疫情防控等工作定期开展监督检查，督促危化、渣土、重型货运企业按要求完成安全生产标准化建设，拟制企业安全生产管理责任清单。

（吴 穹 程 希）

【运输企业质量信誉考评】 2021年，区住建交局按照《成都市道路运输企业质量信誉考核暂行办法》，对区内88家成建制（10车以上）运输企业的年度质量信誉进行考评，其中AA级企业62家、A级企业26家。对企业管理不到位、服务质量信誉较差出现安全责任事故的企业，严格按照考评程序，让企业对号于相应级别，对整改后仍然达不到要求的，按照管理办法予以取消经营资格。

（吴 穹 程 希）

【危险品运输企业管理】 2021年，区住建交局加强对区内现有的危险品运输企业及危险品运输车辆的安全监督检查，检查企业及危险品运输车辆45次，配合市交委完成对其年度质量信誉考评，考评结果全部合格。

（吴 穹 程 希）

【网约车巡游车管理】 2021年，武侯区根据《成都市网络预约出租汽车驾驶员从业资格考试发证工作流程（试行）》要求，区住建交局共接收平台报送的1458人网络预约出租汽车驾驶员申请，向考试合格者发放网络预约出租汽车驾驶员证1458份。办理网约车平台公司报送的网络预约出租汽车运输证10567份，合格车辆已全部发证。截至年末，全区有天津乐途智行科技有限公司成都分公司、长燃智享（宁夏）新能源科技有限公司成都分公司、安徽慕士塔格信息科技有限公司成都分公司、成都融智汽车服务有限公司、合肥和行科技有限公司成都分公司、兰州益民出行汽车服务有限公司成都分公司、黑龙江圣迪雅汽车租赁有限公司成都分公司、成都赢珩科技有限公司、杭州邮鸽网络科技有限公司成都分公司、蓝海科技有限责任公司成都分公司、成都中控出行科技有限公司、南京领行科技股份有限公司成都分公司、杭州众车出行科技有限公司成都分公司、深圳中交出行科技有限公司成都分公司、旅宝（成都）网络科技有限公司、前行无限（天津）科技有限公司成都分公司、山东鞍马出行科技有限公司成都武侯分公司、江西幸福汽车服务有限公司成都分公司、杭州恒胜科技有限公司武侯分公司、成都虎步龙骧出行科技有限公司、哈尔滨乐车服科技有限公司成都分公司、安徽瑞翼行网络科技有限公司、四川畅行易信息科技有限公司、成都健臻无限科技有限公司、成都深驾科技有限公司、成都顺荣强科技有限公司、捎点宝技术有限公司成都分公司等27家网络预约出租汽车平台公司办理网络预约出租汽车经营许可证。

（吴 穹 程 希）

【公共交通建设】 2021年，武侯区内有地铁10号线三期、13号线一期、17号线二期、18号线三期等4条线路在建，有1号线、3号线、5号线、7号线、8号线、9号线、10号线、17号线等8条线路在营（详见表83）。全年无新增公交线路，传统燃油公交车逐步减少，新能源（电动）公交车数量稳步增长。

（吴 穹 程 希）

【成都旅游集散中心】 成都旅游集散中心是成都市最大的旅游汽车站，位于临江路57号，占地面积1.82万平方米，建筑面积7939平方米，候车大厅1100平方米。站内售票厅、发车台、停车泊位设施先进，并配有汉语、英语双语标志；员工佩证上岗，提供双语服务。2021年，成都旅游集散中心推出客运及旅游线路48条，每日有发往九寨沟、泸沽湖、峨眉山、乐山大佛、蜀南竹海、青城山、碧峰峡、稻城、亚丁、海螺沟、上里古镇、瓦屋山、天台山、平乐古镇、石象

图143 成都市三环路草金立交桥夜景 （区融媒体中心供图）

表 83 2021 年武侯区内地铁运营站点一览表

运营线路	运营站点
1 号线	华西坝站、省体育馆站、倪家桥站、桐梓林站
3 号线	新南门站、磨子桥站、省体育馆站、衣冠庙站、高升桥站、红牌楼站、太平园站、川藏立交站、武侯立交站、武青南路站、双凤桥站
5 号线	省骨科医院站、高升桥站
7 号线	龙爪堰站、武侯大道站、太平园站
8 号线	川大望江校区站、倪家桥站
9 号线	机投桥站、武青南路站、簇桥站、华兴站、太平寺站
10 号线	太平园站、簇锦站、华兴站、金花站
17 号线	机投桥站、白佛桥站

（吴 穹 程 希）

湖、黄龙溪等省内景区的旅游专线班车 150 余班次，以及发往贵州赤水、广西北海、云南西双版纳及丽江等省外景区的旅游专线客车。

（吴 穹 程 希）

【成都南站】 成都南站（成都火车南站）位于成昆铁路 24 千米 384.76 米处，即人民南路四段南端，为成都第二客运站。1958 年由铁道部第二工程局新线管理处承建，1962 年竣工。1969 年投入运营，是成都市以货运为主的火车站。初建时为五级站，2005 年升级为三级站。2008 年，成都南站进行全方位改造扩能，站内设两站台 5 轨道，有新、老两处货场和货运部，面积分别为 10000 平方米、5000 平方米和 1500 平方米。2011 年 5 月再次进行改造，2014 年 12 月改造完毕并投入营运。新站位于原址斜对面、三环路天府立交东北侧，总建筑面积 13997 平方米，高度为 25.9 米；总层数 2 层，一楼为售票大厅，二楼为候车大厅，能同时容纳 6000 人候车。车站有 5 个站台，11 条股道线，其中到发线 9 条、正线 2 条。主要途经线路有成昆铁路、成绵乐城际铁路、成都铁路枢纽西环线等。成都地铁 1 号线、7 号线、18 号线，以及 16 路、112 路等公交线路在此无缝接驳，是继成都东站后，成都又一处实现铁路、公路、地铁相互换乘的交通枢纽。2021 年，成都南站平安发送旅客 2792247 人次，到达旅客 3275299 人次。

（张福林）

图144 天府大道北段及成都南站夜景 （区融媒体中心供图）

快递和物流业

Express Delivery and Logistics Industries

【概况】 2021 年，武侯区有注册寄递企业 55 家，注册寄递企业分支机构 61 家、末端网点 463 家。区内快递物流网点较多，交寄物品便捷，安全可靠。区住建交局强化对寄递企业的监督管理，统筹谋划行业疫情防控与寄递服务保障，确保寄递安全畅通，切实满足市民寄递服务需求。

（吴 穹）

【寄递行业管理】 2021 年，区住建交局对辖区内寄递企业进行行业监督管理，督促寄递企业严格落实实名收寄、收寄验视、过机安检“三项制度”，联合区公安分局、各街道办事处对顺丰、韵达、中通、圆通等寄递网点进行抽检，将发现的未实名寄递等问题及时上报市邮政管理部门处理。指导寄递企业科学精准应对疫情，印发防疫指南 1000 份，督促寄递企业落实人员防护、核酸检测、疫苗接种、消毒等各项疫情防控措施，组织快递员每周进行核酸检测，督促寄递工作人员接种新冠病毒疫苗 843 人；抽检寄递网点，对发现的消毒不规范等问题责令整改，及时排查隐患，确保寄递安全。开展禁毒日、安全生产月宣传活动，印发禁毒宣传资料 500 份至寄递网点，保障寄递物品绿色无毒。

（吴 穹 程 希）

【主要快递物流企业】 四川顺丰速运有限公司（简称顺丰速运） 成立于2005年，隶属顺丰速运（集团）有限公司，主要经营国内、国际快递、物流服务及相关业务。该企业在四川地区有员工20000余人，各种自有营运车辆500余台，在省内有营业网点逾400个。2021年，该公司收件量301097836件，派件量448901873件，收入总额522340.35万元，共纳税（不包含个人所得税）3291.22万元，成都市营业网点比例及营业收入所占比逾70%。在国家邮政局发布的2020年快递服务满意度调查结果中，顺丰速运在"快递企业总体满意度和得分"榜上排名第一。2021年，顺丰速运被评为四川省服务业及数字经济100强企业。

成都纵鑫物流有限公司 位于成都市商业物流集中配送示范区（星狮路511号1栋5楼13号），是集仓储、运输、商贸于一体的快递物流公司。公司专注城市冷链配送和干线运输，自有冷链车辆20余台，长期合作车辆300余台，配备车辆管理系统、温度监控系统，拥有云、贵、川、渝运输网络。可共配、集配、点到点配、多点配、落地配、多温配，为企业量身定制物流解决方案，并为客户提供专业的第三方仓储服务。现有蒙牛、新希望、惠迪、太全、味千等长期合作伙伴近200家。2021年，公司纳税39.9万元。

成都京东世纪贸易有限公司 2009年12月，成都京东世纪贸易有限公司在武侯区注册成立，2020年3月正式运营，为京东集团在四川的首家公司，也是京东零售板块在西南地区的总部，业务范围覆盖云、贵、川、渝、藏地区。京东在四川建成并投入使用的"京东亚洲一号"大型现代化物流园共3座，分别位于成都天府新区、新都区及德阳广汉市。2020年，成都京东首次入围中国民营企业500强榜单及中国民营企业服务业100强榜单；连续六年入选"四川企业百强"。2021年12月，京东西南总部基地投入运营。

（吴　穹）

能源供应
Energy Supply

【概况】 2021年，武侯电网有220千伏公用变电站2座，总容量900兆伏安；110千伏公用变电站14座，总容量1684兆伏安。辖区电力供应主要由国网成都高新供电公司承担。区域内燃料以天然气为主，液化石油气作为补充，天然气管网基本覆盖全区。全区有加油站30座、压缩天然气加气站11座。

（张建忠）

【能源供给协调】 2021年，区新经济局会同相关部门协调电力公司完成110千伏潮音变电站增容改造；持续推进黄忠大道220千伏变电站及配套地下电力通道建设，及110千伏以上侯塘高压架空线下地迁改。开展电力、燃气营商环境建设，在市营商办组织开展的第三方评价考核中，武侯区用气、获得电力两个牵头指标分别取得优秀和优异。

（张建忠）

【能源安全生产】 2021年，武侯区启动"液改气"工作，由区新经济局牵头，重点推进餐饮行业使用瓶装液化气的商家改装管道天然气。区新经济局协助燃气公司完成"液改气"签约3000余户，完成通气1400余户；会同相关部门、街道和燃气公司开展城镇燃气安全隐患排查整治，整治辖区违规经营、储存和使用液化石油气行为，收缴液化气钢瓶近2500罐。协调电力部门实施配电网升级改造，开展平安社区电气线路专项整治行动，对居民小区和重点企事业单位进行安全用电检查和整改。

（张建忠）

【老旧院落户表改造】 2021年，武侯区会同供电部门对辖区老旧院落的电源线路、变压器、老式电表等进行标准化改造。按计划完成新南路75号、一环路南一段3号、新马路27号等3个老旧院落559户的电力户表等供配电设施改造。协调督促燃气公司配合"社区发展治理五大行动"，同步实施人民南路三段31号、一环路南二段7号附3号、棕南正街8号、玉洁巷2号、玉林街26号、科院街6号、郭家桥北街5号、龙江路26号、龙江路29号、十二南街7号、天乐街55号、新马路27号、临江路52号、玉林西街2号、玉林西街6号、玉林西街10号、玉林北街74号、玉林街2号、玉林街4号、玉林东路5号、玉林东路7号、玉林东路9号、洗面桥东一街8号、玉林横街3号、玉林横街25号、玉林一巷20号等26个老旧院落的燃气管线更新改造。

（张建忠）

【加油站改造】 2021年，区新经济局协调推进辖区30座加油站完成油气回收在线监测系统安装并联网。截至年末，正在开展三次油气回收装置安装，推进绿色加油站建设。

（张建忠）

科学技术

SCIENCE AND TECHNOLOGY

科技管理

Science and Technology Management

【概况】 2021年，武侯区鼓励企业自主创新，不断提升区域科技创新实力，投入科技资金17419万元，引导支持区内创新主体加大研发投入，开展技术创新、资质认定、平台建设等新动能培育。组织申报国家及省市各类科技计划项目1780项，获立项346项，获资助资金8453.71万元。全年新增高新技术企业334家，全区高新技术企业总数达到869家。

（刘孝琳　张又才）

【科技计划】 2021年，区新经济局组织企业申报上级各类科技计划项目1780项，获立项346项。其中，四川网达科技有限公司“轨道交通信号设备健康状态智能监测系统”项目获2021年度国家级科技计划立项；四川川大智胜软件股份有限公司“基于5G的空管智能决策关键技术研究与应用”项目、四川高速通科技有限公司“面向物理隔绝网络的嵌入式处理器安全扫描技术”项目等52个项目获省级立项（详见表84）；成都唐源电气股份有限公司“供电智能供电生产管理平台系统”项目、成都民航空管科技发展有限公司“场面多点定位系统”项目、四川大学“ARMS-PCR技术检测DNA甲基化方案及法医学混合斑应用研究”项目等293个项目获市级立项。

（刘孝琳　张又才）

表84　2021年度武侯区获省级科技计划立项项目情况表

序号	项目名称	承担单位	计划类型
1	藏族人群糖尿病患者认知功能损害及其相关脑机制的磁共振影像学研究	西藏自治区人民政府驻成都办事处医院（四川大学华西医院西藏成办分院）	应用基础研究
2	胫骨慢性骨髓炎区域血供的CTA三维重建及精准化显微外科治疗	四川现代医院有限公司	
3	融合深度神经网络的工业互联网边缘控制器研发	成都博高信息技术股份有限公司	重点研发
4	复杂型面有机玻璃构件整体成型专用加热炉	成都易华天宇试验设备有限责任公司	
5	基于5G的空管智能决策关键技术研究与应用	四川川大智胜软件股份有限公司	
6	融合5G和LoRa的智能电动车停车充电管理系统	成都博高电气工程有限责任公司	
7	国产自主可控的容器云平台研发	成都中蓝信息技术有限责任公司	

续表84

序号	项目名称	承担单位	计划类型
8	齿科修复3D打印用Ti-6Al-4V合金粉体材料的研制及应用	成都科宁达材料有限公司	重点研发
9	面向物理隔绝网络的嵌入式处理器安全扫描技术	四川高速通科技有限公司	
10	基于北斗三号卫星的PPP-RTK高精度融合定位技术	成都锐志恒科技有限公司	
11	穿戴式人体运动障碍实时远程监测系统	成都扬钧科技有限公司	
12	超宽带多系统一体化平台	成都怀步微波技术有限公司	
13	以攀西特色水果余甘子为主要原料的健康饮品抗疲劳功能研究与产品开发（面上项目）	新控国际健康管理有限公司	
14	骨康复智能脉冲电磁治疗仪研究与开发	四川芯辰光微纳科技有限公司	
15	基于时间片轮换的三通道升空平台测向系统	成都华日通讯技术股份有限公司	科技成果转移转化
16	华龙一号核主泵轴封等高性能核级密封装置及其应用	中密控股股份有限公司	
17	农村聚居区餐厨及生活垃圾与污水原位一体化处理与利用技术示范	成都中农能源环境工程设计所有限责任公司	
18	高科技屏蔽终端JF-RSST0600	成都佳发安泰教育科技股份有限公司	
19	债权融资补助	中科中泽电子有限公司	
20	债权融资补助	成都菲斯洛克电子技术有限公司	
21	旺苍县高阳镇关山村多旋翼农业植保无人机的应用示范（面上项目）	四川锦呈云翔科技发展有限公司	
22	藏区药材产业创新技术培训	四川垚辉农业科技有限公司	科技创新基地（平台）和人才
23	四川省“绿领”新农民畜禽养殖技能培训	新希望集团有限公司	
24	基于超高清视频技术的智能运检系统在高原高海拔地区防灾减灾领域的应用	国网四川省电力公司	科技服务业发展专项
25	智谷汇技术转移转化服务体系建设	成都新创创业孵化器服务有限公司	
26	多维度安全评定服务平台建设与应用示范	四川省诚实安全咨询技术服务有限责任公司	
27	以大数据分析为依托的知识产权信息化管理服务模式	成都市中德知识产权代理有限公司	
28	西华大学科技园	四川西华科技园管理有限责任公司	
29	四川省高效安全新型饲料技术服务平台	新希望集团有限公司	
30	瞪羚企业后补助	成都数之联科技有限公司	重点研发计划（重大科技专项）
31	瞪羚企业后补助	四川隧唐科技股份有限公司	
32	瞪羚企业后补助	成都仁健微波技术有限公司	
33	创新创业大赛获奖企业补助	四川芯辰光微纳科技有限公司	
34	基于人工智能的空管运行安全监控系统及应用示范	四川川大智胜软件股份有限公司	科技成果转移转化引导计划
35	轨道交通弓网在线检测监测成套技术与装备产业化	成都唐源电气股份有限公司	
36	高安全高效率媒体安全服务系统产业化	成都东方盛行电子有限责任公司	
37	高效率旋转喷射泵关键技术成果转化及其产业化	中密控股股份有限公司	
38	高技术有机纤维四川省重点实验室	中蓝晨光化工研究设计院有限公司	科技创新基地（平台）和人才计划
39	畜禽饲料与畜禽产品质量安全控制四川省重点实验室	新希望集团有限公司	
40	四川省高新技术企业孵化服务体系研究	四川川大科技园发展有限公司	
41	研发准备金制度财政奖补资金项目	四川正维测绘有限公司	重点研发计划（重大科技专项）
42	研发准备金制度财政奖补资金项目	成都市智讯联创科技有限责任公司	
43	研发准备金制度财政奖补资金项目	成都中电航芯电子技术有限公司	
44	研发准备金制度财政奖补资金项目	成都艾斯伦科技有限公司	
45	研发准备金制度财政奖补资金项目	成都易简云数科技有限公司	
46	研发准备金制度财政奖补资金项目	四川别夏科技有限公司	
47	基于大数据和人工智能的交通基建智慧管理平台	四川隧唐科技股份有限公司	技术创新
48	基于大数据的机场智能运行与协同决策系统研发	民航成都信息技术有限公司	

续表84

序号	项目名称	承担单位	计划类型
49	基于5G北斗卫星定位车辆主动安全智能防控系统	四川科泰智能电子有限公司	技术创新
50	高精度的心脏电生理三维标测系统的研制与开发	四川锦江电子科技有限公司	
51	基于位置全域感知的可视化智慧校园综合管理平台	成都市灵奇空间软件有限公司	
52	风险补助	成都诚必信投资有限公司	创业投资

（刘孝琳　张又才）

图145　2021年，转化医学国家重大科技基础设施（四川）临床研究核心基地（四川大学华西医院转化医学综合楼）竣工投用

（华西医院供图）

【科技投入】 2021年，武侯区投入科技资金17419万元支持全区创新主体开展科学研究、技术创新、成果转化及其他科技工作。区新经济局加大工作力度，帮助辖区创新主体争取上级科研项目资金，全年获得上级科技计划项目资金8453.71万元，其中国家级资金50万元、省级资金2347.78万元、市级资金6055.93万元。

（刘孝琳　张又才）

【科技人才管理】 2021年，武侯区与中国科学院、中国工程物理研究院、四川大学等科研院所和高校开展合作，搭建人才创新平台，建设成都前沿医学研究中心等高能级创新平台8个，汇聚“两院”院士领衔创新团队14个，培育“双百工程”企业人才5名。鼓励支持区内企业申报市级科技人才项目，服务区内企业申报市级高校院所科技人才创业资助项目2项、高校院所科技人才创新服务资助项目3项、青年创客创新创业资助2项。围绕科技创新人才、技术、资金等资源需求和信息交流等，开展“菁蓉汇·校企双进·企业家进校园”四川大学专场成果对接会活动等校企双进系列活动10场。

（刘孝琳　张又才）

知识产权
Intellectual Property Protection

【概况】 2021年，武侯区坚持为辖区企业推荐优质项目和发放知识产权资助，鼓励企业自主自发创新。大力开展宣传教育，以激励创造、有效运用、依法保护、科学管理为手段，提升知识产权创造质量、保护力度和运用效益。截至年末，全区商标申请数量达到25244件；累计有效商标数量100468件，居五城区第一。拥有中国驰名商标10件。

（张洪伟）

【知识产权保护】 2021年，区市场监管局制定《“春雷行动2021”知识产权“护航”执法行动工作方案》《关于开展北京2022年冬奥会和冬残奥会奥林匹克标志知识产权保护专项行动的工作方案》，加强重点领域知识产权监管。全区建立18个知识产权维权工作站（点），调解非诉纠纷6起，移交案件（线索）20条，排查非正常专利申请1295件。

（张洪伟）

【版权监督管理】 2021年，武侯区全面强化版权创造、运用、保护、管理、服务关键环节，开展作品版权登记，稳步推进使用正版软件，严厉打击侵权盗版行为。发放“绿书签2021”系列海报、书签及版权折页2000余份；开展“知识产权进校园”活动；鼓励原创，依托版权工作服务站，与区文联联合挖掘优质版权作品，拓宽版权登记渠道。全年登记版权6396件。四川大学出版社、力方国际数字科技有限公司、四川夯丸文化传播有限公司、天艺·浓园艺术博览园4家版权企业（园区）被评为成都市版权示范单位，区版权局被评为成都市版权创造运用先进集体。

（王志强）

【知识产权专项资助】 2021年，区市场监管局推荐省级知识产权专项资金项目25项，推荐市级知识产权发展和保护资助项目68项，受理区级资助项目2381项。推荐申报第二十二届中国专利奖获奖3项。拨付区级2021年第一批知识产权项目专项资金至140个单位（个人）共267.08万元；拨付2021年度成都市知识产权发展和保护专项资金至45个单位共72.05万元，拨付2021年省级知识产权专项资金至37个单位共542.91万元。

（张洪伟）

【国家知识产权强县工程示范区建设】 2021年，武侯区将国家知识产权强县工程示范区建设纳入日常议事日程，持续优化提升知识产权对营商环境的支撑。狠抓知识产权各项工作落实，要求突出重点、挖掘优势、打造亮点，以大专院校、科研单位、企业为载体，发挥产业功能区为企业提供优质服务的作用，为新一轮示范区建设提供保障。继2017年正式被评为国家知识产权强县工程示范区后，2021年7月，武侯区再次以全省第一的成绩通过国家复核验收。

（张洪伟）

科普活动
Science and Technology Association

【概况】 2021年8月，武侯区印发《关于成都市武侯区科学技术协会（成都市武侯区悦湖新材料科技转化中心）有关机构编制事项的通知》，区科协加挂成都市武侯区悦湖新材料科技转化中心牌子，独立运行，设科协事务部负责全区科协具体事务。区科协通过科普"六进"，广泛开展多种形式的科普宣传、教育与培训活动，按照《全民科学素质行动规划纲要（2021—2035年）》，推动全民科学素质提升。全年组织开展主题科普活动1000余场。武侯区获全国科普日优秀活动奖；区科协获四川省全员"保姆式"服务工作优秀区县科协称号；成都市首批社区工作者、玉林东路社区党委书记兼居委会主任杨金惠被市科协评选为幸福美好生活十大工程宣讲员。

（唐秋月）

【全民科学素质提升】 2021年，区科协通过实施青少年筑梦、企业创新提能、智慧银龄助力"三大工程"，开展"大运会+科普"、"绿道+科普"、科普进老旧小区、应急科普、垃圾分类、禁毒等主题科普宣传、教育与培训活动，促进全民科学素质提升。

青少年筑梦工程 区科协围绕儿童友好型城市建设，组织开展《中华人民共和国未成年人保护法》宣传、"以自然为课堂·在乡土中成长"城乡亲子互动、"欢乐六一·果蔬乐翻天"亲子果蔬运动会等各类儿童友好主题科普宣传活动40余场。联合团区委动员社区科普志愿者、大学生科普志愿者，组织170余名青少年代表前往建川博物馆、成都博物馆，开展暑期公益科技一日游等科普参观；各科普基地围绕自身特色，开展"急救技能在身边的应用与实践"暑期夏令营等科普实践活动；各街道进学校开展"垃圾分类知识竞猜""科技点燃梦想，创新成就未来"等科普课堂。系列科普活动历时2个月，共100余场。

企业创新提能工程 5月，区科协推荐成都华远电器设备有限公司建成成都市院士（专家）创新工作站。截至年末，全区院士（专家）创新工作站达到17个（详见表85）。持续加强企业科协组织建设，扩大全区科协组织覆盖面，助推创新驱动发展，鼓励企事业科协发挥行业示范带头作用。成立1家企业科协，年末，全区有企业科协23个（详见表86）。

智慧银龄助力工程 社区依托"颐居通"居家养老服务平台，搭建以红外、门磁、烟感、一键呼叫等功能为基础的居家安全物联网、养老机构视频监控系统，并拓展适老

表85 2021年武侯区设立院士（专家）创新工作站的企业一览表

序号	企业名称	序号	企业名称
1	成都彩虹电器（集团）股份有限公司	10	成都唐源电气股份有限公司
2	中建环能科技股份有限公司	11	新希望集团有限公司
3	四川川大智胜软件股份有限公司	12	四川大学华西临床医学院/华西医院
4	成都利君实业股份有限公司	13	中密控股股份有限公司
5	成都远策数码科技有限公司	14	成都康特电子高新科技有限责任公司
6	四川川大华西药业股份有限公司	15	成都成电医星数字健康软件有限公司
7	成都东方凯特瑞环保催化剂有限责任公司	16	成都博高信息技术股份有限公司
8	成都立鑫新技术科技有限公司	17	成都华远电器设备有限公司（2021年新增）
9	成都泰富通信有限公司		

（唐秋月）

化改造、关爱巡访、居家养老服务等服务管理功能。9月，该平台被国家发展改革委评为全国首批14个运用智能技术服务老年人优秀示范案例之一。区科协组织医疗卫生志愿者进社区，为社区老年人提供健康体检、保健咨询和常见病诊疗等服务，科普合理膳食、食品安全、心理健康、合理用药、应急处置等知识。全年开展活动50余次，覆盖群众2000人次。

（唐秋月）

【科普基础建设】2021年，武侯区推动建设天府绿道科普场景，持续打造野趣生境环境教育中心、蓬蓬动物王国等4个绿道科普点位。持续提升蓉城社区创新屋科普功能，为社区群众搭建科普实践平台，营造创新创造环境。新增成都直升机博物馆等市级科普基地6个（详见表87），全区市级科普基地总数达到24个。依托基层综合性文化服务中心，建立并完善社区科普活动室、科普图书室、科普画廊、科普志愿者服务站等基础设施和科普活动平台。持续做好全区37个科普画廊（新增2个）和72座科普宣传栏的科普宣传。2021年，武侯区天府科技云服务中心建成并投入使用，该中心委托第三方公司负责运营，截至年末，平台注册科技工作者2823人、组织机构用户730个，累计交易285单14.96亿元。

（唐秋月）

【暑期青少年科普假日学校活动】2021年，武侯区组织开展暑期青少年科普假日学校活动30余场。联合团区委组织开展暑期公益科技一日游活动，组织170余名青少年到建川博物馆、成都博物馆参观学习。

表86　2021年武侯区企业科协一览表

序号	企业科协名称	序号	企业科协名称
1	成都府天新材料科技有限公司科协	13	成都唐源电气有限责任公司科协
2	四川鸿通科技实业有限责任公司科协	14	新希望集团有限公司科协
3	四川东方惠群科技发展有限公司科协	15	四川科思精密模具有限公司科协
4	成都添彩化工有限公司科协	16	四川易诚智讯科技有限公司科协
5	四川川大华西药业股份有限公司科协	17	成都普思生物科技有限公司科协
6	成都酉辰科技有限公司科协	18	成都康特电子高新科技有限责任公司科协
7	成都利君实业股份有限公司科协	19	中密股份有限公司科协
8	成都远策数码科技有限公司科协	20	成都成电医星数字健康软件有限公司科协
9	中建环能科技股份有限公司科协	21	成都博高信息技术股份有限公司科协
10	成都立鑫新技术科技有限公司科协	22	成都佳发安泰教育科技股份有限公司科协
11	成都彩虹电器（集团）股份有限公司科协	23	成都华远电器设备有限公司科协
12	成都泰富通信有限公司科协		

（唐秋月）

表87　2021年武侯区新增市级科普基地一览表

序号	名称	所属单位
1	成都直升机博物馆	成都国营锦江机器厂
2	蓬蓬动物王国科普基地	成都自然天空动物科技有限公司
3	四川省癌症防治科普基地	四川省肿瘤医院
4	华西“辟谣小分队”健康科普基地	四川大学
5	成都龙泉山城市森林公园科普基地	成都龙泉山城市森林公园运营管理有限公司
6	四川大学智能制造创新实验室	四川川大科技园发展有限公司

（唐秋月）

图146　四川省癌症防治中心科普长廊　（区科协供图）

辖区各科普基地围绕自身特色，开展“急救技能在身边的应用与实践”“天文奥秘探索”“民族文化传承”等暑期夏令营系列科普文化活动。各街道组织辖区青少年开展垃圾分类知识竞猜、科普手工课堂等科普活动。

（唐秋月）

【全国科普日活动】2021 年 9 月 17 日，武侯区举办以“百年再出发，迈向高水平科技自立自强——智慧武侯·创意新未来”为主题的武侯区全国科普日活动。活动中，中国科学院大学教授刘永学作题为《碳达峰与碳中和》的演讲，四川大学材料科学与工程学院副教授曾广根作题为《走进新材料之光伏材料》的主旨发言。现场还举行了“科创中国·会地联合创新中心”签约仪式，开展主题科普展、科技型企业展示、科普知识互动活动。中国科技网、今日头条、成都电视台等媒体对活动进行报道。全国科普日活动期间，区级各部门、街道结合自身职能特色，组织开展线上线下各类活动 240 场次，参加人数 97 万余人。

（唐秋月）

【科协交流合作】2021 年，区科协与重庆市沙坪坝区科协签订“科创中国”试点城市合作共建协议，围绕“科创中国”服务平台、科技服务供需对接等方面开展合作。参与承办 2021 年首期“科创中国 @ 重庆”双月论坛、2021 成渝地区双城经济圈新材料产业协同发展论坛等活动，助力成渝地区双城经济圈建设。

（唐秋月）

磨子桥创新创业街区发展沿革

“北有中关村，南有磨子桥。”20 世纪 80 年代初，在成都市一环路磨子桥、跳伞塔一带开始出现一些电脑经营企业。之后，随着电脑市场需求的急剧增长，电脑经营行业迅速发展。1991 年，武侯区对电脑市场实行统一规划管理与集中服务，基本建成成都“科技一条街”。1992 年，武侯区在跳伞塔和磨子桥的两个十字路口竖立由四川省委原书记杨超题写的“科技一条街”标志牌。随后，英特尔、康柏等一批国际知名电脑公司纷纷入驻。1993 年，“成都科技一条街”第一个电脑城——华益电脑商城开业。1998 年 10 月 31 日，第一届成都国际电脑节在“成都科技一条街”开幕，并举办“万人千机学电脑”大型活动，3 天内有近 50 万人次参与。2005 年，“成都科技一条街”被确定为成都数字娱乐产品体验交易中心。

2009 年 10 月，第三届成都数字文化娱乐周暨首届中国西部电子商务高峰论坛在武侯区举行，西部首个“国字号”电子商务核心区落户武侯区，“成都科技一条街”开始发展现代电子商贸服务业等综合产业。2010 年 5 月，“成都科技一条街”被工业和信息化部运营监测协调局、中国电子商会共同确立为“中国西部地区 IT 市场价格指数发布平台”。

2015 年，武侯区制定《关于打造成都“智慧 CBD”实施方案》，实施“科技一条街”转型升级；10 月 21 日，“磨子桥创新创业街区”于全国“双创活动周”期间正式开街。2018 年 4 月 10 日，武侯区举办首届“磨子桥新经济论坛”，并与长城战略咨询等机构共同成立“磨子桥新经济发展战略研究院”“磨子桥新经济发展服务联盟”，推动创意经济、智能经济、流量经济等新经济形式在武侯区快速发展。

如今，磨子桥创新创业街区紧扣西部科技中心建设，围绕创新强区战略，发展成集创业金融支持、创业投资服务、创业展示、专业孵化、创业培训教育、创业沙龙、创客空间、创业宣传媒体、创业综合服务支撑系统等功能服务于一体的创新创业街区，成为武侯区产业转型升级的重要支撑和经济发展新的增长点，也是中国西部地区创新创业的新地标。

教 育 >>>>

EDUCATION

教育管理
Education Management

【概况】 2021年，武侯区坚持立德树人根本任务，以促进学生健康成长为首要目标，以质量建设为中心，以改革创新为突破，着力建设“智教乐学”教育强区。年末，全区有公办、民办中小学78所，幼儿园156所；有教职员工1.5万人，其中公办学校8070人、民办学校6930人；全区有民办非学历培训机构183家。全年教育经费总投入23.02亿元，比上年增长12.7%。其中，财政投入18.80亿元。教育现代化达成度95.9%，教育均衡化指数0.15。武侯区被教育部列为全国人工智能助推教师队伍建设改革试点区、全国青少年校园足球试点区、全国儿童青少年近视防控试点区；被省政府评为全国第六届大学生艺术展演活动四川省先进集体，被省委教育工作领导小组列为四川省教育评价改革试验区。人工智能教学与应用案例入选中央网信办、国家发展改革委、教育部等六部委“全国人工智能社会实验地区典型案例”。

（甘利痕　廖　华　肖　倩）

【“两自一包”教育改革】 2021年，武侯区深化以“教师自聘、管理自主、经费包干”为主要内容的“两自一包”教育改革，鼓励支持学校用好发展规划、教育教学管理、课程设置开发、干部教师聘任、学校经费支配等权力，构建形成以“共同治理”为核心的现代学校制度，全面激发学校办学活力。全年新增8所新建学校（幼儿园）实施“两自一包”改革，改革学校增至52所（详见表88）。“两自一包”教育改革成果获成都市政府教学成果一等奖。与中国教科院签订第二轮合作协议，共建“全国教育综合改革实验区”，承办中国教

图147　川大附中西区学校开设“昆虫旅馆”综合实践课　　（区教育局供图）

科院劳动教育与综合实践活动成果展示研讨会，协办教育部全国中小学劳动教育现场推进会。

（甘利痕　廖　华　肖　倩）

【“双减”政策落实】2021 年，区教育局制定作业管理、课后服务、考试管理“三张清单”，切实落实“双减”政策。开展作业管理督查，教师全批全改率 100%；严格保障“5+2”课后服务时间，全面推行“托管 + 拓展”课后服务模式，提升课后服务质量，探索开展高中阶段学校课后服务；规范学生考试内容及次数，探索考试成绩多样化呈现方式，加强教育测量和科学命题研究。健全完善学校办学质量评价体系，改革学生评价方式，优化督导评估考核体系。从严治理校外培训机构，每月公布“黑白名单”，压减学科类培训机构数量，做好精准界定转型；成立校外培训风险防控专项工作组，维护社会稳定。加强“双减”政策宣传与解读，营造“家校社”协同育人环境。

（甘利痕　廖　华　肖　倩）

【民办义务教育管理】2021 年，武侯区促进民办学校健康规范发展，推进民办学校规范办学，优化民办学历学校结构。开展民办随迁子女学校提档升级微改革创新项目和结构优化；开展民办学校联合检查，督促民办学校规范办学行为。年末，全区有民办中小学 18 所，其中设单设小学 4 所、九年一贯制学校 12 所、十二年一贯制学校 1 所、高完中学 1 所，共有学生 22422 人、专任教师 1631 人。

（甘利痕　廖　华　肖　倩）

【招生考试】2021 年，武侯区国家教育考试坚持考生第一、确保平

表 88　武侯区“两自一包”教育改革学校情况表

改革时间	学校名称	备注
2014 年	川大附中西区学校	年度新建学校
2017 年	成都市沙堰小学	年度新建学校
	武侯区第一幼儿园	
	武侯区第二幼儿园	
	武侯区第三幼儿园	
	武侯区第五幼儿园	
	武侯区第六幼儿园	
	武侯区第七幼儿园	
	武侯区第八幼儿园	
	武侯区第九幼儿园	
	成都市第三十一幼儿园	
	成都市第三十八幼儿园	
2018 年	川大附中新城分校	年度新建学校
	北二外成都附中	
	武侯区第十三幼儿园	
	龙江路小学中粮祥云分校	现有学校
	龙江路小学武侯新城分校	
	成都市第三十三幼儿园	
	武侯区第十二幼儿园	回收学校
2019 年	川大附小南区	年度新建学校
	武侯区第十五幼儿园	
	武侯区第十六幼儿园	
	北二外附幼	
2020 年	武侯区第二十五幼儿园	回收学校
	武侯区第二十六幼儿园	
	武侯区第二十八幼儿园	
	成都市第三十七幼儿园	现有学校
	成都市第三十二幼儿园	
	成都市第十幼儿园	
	成都市第十一幼儿园	
	成都市第二十幼儿园	
	成都市第二十一幼儿园	
	成都市第二十二幼儿园	
	成都市第二十三幼儿园	
	成都市簇桥中心幼儿园	
	西蜀实验幼儿园	
	武侯区第十七幼儿园	年度新建学校
	武侯区第十八幼儿园	
	武侯区第十九幼儿园	
	武侯区第二十四幼儿园	年度回收幼儿园
	武侯区第二十七幼儿园	
	武侯区第十二幼儿园红瓦寺路 9 号办园点	
	武侯区第六幼儿园聚龙路 988 号办园点	
	成都市第二十二幼儿园武兴三路 28 号办园点	
2021 年	成都市读者小学	年度新建学校
	武侯区第四十幼儿园	

续表88

改革时间	学校名称	备注
2021年	武侯区第四十一幼儿园	年度新建学校
	武侯区第四十二幼儿园	
	武侯区第四十三幼儿园	
	武侯区第四十五幼儿园	
	武侯区第四十六幼儿园	
	武侯区第四十七幼儿园	

（甘利痕 廖华 肖倩）

安考试的指导思想，把为国选材育材作为工作的根本出发点和落脚点，协同招考委有关职能部门，加大武侯考区招生考试环境综合治理力度，优化招生考试服务流程，细化工作环节，规范操作程序，提高组考水平。全区有36个考点（学校）承担全国普通高考、全国成人高考、全国高等教育自学考试、全国大学生英语四六级考试、全国大学生计算机等级考试、全国教师资格考试笔试、成都市高中阶段教育学校招生考试、武侯区教师公招考试笔试及面试、武侯区事业单位公招考试笔试及面试等各级各类考试27次，设置考场6200个，涉考考生18.5万人。各项考试无试卷失密、泄密事件发生。

（甘利痕 廖华 肖倩）

【教育教学交流】2021年，区教育局组织区域60余所学校参与国际理解教育子课题"国际理解教育活动课程"——"熊猫走世界"境外师生人文交流课程建设研究；启动第三届TEDx武侯区中小学生中外人文交流国际理解英语演讲展评活动；组织全区中小学生参加教育部中外人文交流中心第二届"中外人文交流小使者"舞蹈、合唱、戏剧等交流展评活动；组织相关学校参加中外人文交流课题，推进暨国际理解教育校本化实施工作会、2021年亚洲教育论坛等线上和线下会议。

（甘利痕 廖华 肖倩）

【学校建设】2021年，武侯区推进学校建设，建成成都市读者小学、武侯区第四十幼儿园、武侯区第四十一幼儿园、武侯区第四十二幼儿园、武侯区第四十三幼儿园、武侯区第四十五幼儿园、武侯区第四十六幼儿园、川音幼儿园等8所学校并投入使用，新增学位3510个。加快推进武青西三路中学、双凤二路小学等22所学校建设，完成川大附中、科技园小学等87所学校暑期基建工程改造。在12所学校试点实施"厕所革命""花开校园""校园微博物馆"建设，组织召开全区学校有机更新工作会。

（甘利痕 廖华 肖倩）

【全国智慧教育示范区建设】2021年，武侯区围绕课堂教学探索变革，全面推进"全国智慧教育示范区"建设。实施校园"倾听工程""雪亮工程"，探索开展精准教学、一卡通行、数字画像等项目，形成5类"双线融合"式教学模型、100余节优质课例。依托武侯"三顾云"教学平台汇聚各类数字资源265万件，创新实施校园场景开放、学生选课走班模式，满足2000余名学生跨校选课学习需求。初步建成区级数据枢纽，融通应用系统15个，生成应用场景模型20余个，以数据驱动提升教育治理能力。区教育局被教育部、省教育厅、市教育局列为教育数据中心试点单位。武侯区人工智能教学与应用案例入选中央网信办、国家发展改革委、教育部等六部委全国人工智能社会实验地区典型案例。

（甘利痕 廖华 肖倩）

【校园安全管理】2021年，武侯区制定《关于加强学校安全风险防控体系建设的意见》《校园周边环境综合治理工作方案》，成立区教育安全专业委员会，明确成员单位职责，建立联席会议、共同研判、联合督查工作机制。开展以安全生产月、生产万里行、安全专项整治三年行动为内容的校园安全"三大行动"，实施"3个一"安全风险管控举措，绘制学校安全防范"一张图"，实行"红""黄""蓝"分级预警，实现安全风险动态监控；编制学校安全风险隐患"一张表"，建立学校风险隐患排查整治台账；做到学校安全数据"一口清"，通过信息化平台数据分析，全面掌握学校数、排查数、隐患数和整改情况等相关数据。推进人防、物防、技防、联防、心防"五防"体系建设，全面实现学校安防建设"三年行动计划"6个100%目标（指一键式紧急报警与公安机关联网率、视频监控系统与公安机关联网率、专职保安员配备率、封闭化管理、硬质防冲撞设施安装率、护学岗建设均达100%）。建立教育系统应急风险管控平台，实现隐患排查整改、风险分析预警等闭环管理。全覆盖开展校园安全隐患大排查大整治专项行动，成立由区领导带队的11个工作组，分街道包片督查。区教育局、区公安分局、区市场监管局、区消防救援大队和各街

图148　学生在武侯区水韵园综合教育基地上手工体验课　（区融媒体中心供图）

道办事处联合进行检查，并组建54个安全督查组，督促学校风险大排查工作做细做实，全年排查整治隐患419个。区教育局依托安全教育平台抓好学生安全教育，全区中小学、幼儿园教师常态化授课25000余节，学生常态化课程学习100万余人次；发送周末和节假日安全提醒信息6万余条，开展校园安全应急演练600余次。常态化开展法治培训200余次。利用四川省餐饮从业人员培训考核平台组织食堂管理人员在线培训考核，培训率100%。

（甘利痕　廖　华　肖　倩）

【武侯区水韵园综合教育基地】 2021年4月29日，成都市武侯区水韵园综合教育基地正式开园。基地设国安教育营地、大国科技梦场、匠心智造工坊、抗压疏解空间、时尚体育时分等5个实践功能区，为武侯学子开辟了一方快乐成长、全面发展的新天地。基地深化家长学校建设，形成家国情怀、危机应对、用心事业、公秩良序、家庭责任五大课程体系，引导家长按照科学规律和正确理念教育孩子，防止教育“内卷”和情绪焦虑，以正确的成才观、育人观，引领孩子健康快乐成长。开园以来，全区64所学校的47000余名师生参与体验。教育部、中国教科院等对基地给予高度评价。

（甘利痕　廖　华　肖　倩）

【教师队伍建设】 2021年，武侯区持续实施“名师优师专项激励”政策，考核激励名优教师4319名。全年新建市级教师发展基地校9所、市级校长发展基地校4所，新聘中小学正高级教师5人、高级教师51人、高级讲师5人、中级教师59人，新聘岗位379人。新评中小学正高级教师5人、高级教师70人、高级讲师5人、中级教师222人，聘用专业技术岗位499人。全区获评省特级教师4人、市特级教师（校长）7人、市学科带头人7人、市优秀青年教师6人、市教坛新秀6人、市优秀支教教师5人、市师德标兵2人。入选第三届市级名师工作室领衔人7人。区教育局公布武侯区区级名师名校（园）长工作室2021年成员更新名单，并根据《成都市武侯区区级名师名校（园）长工作室建设及管理办法》规定，对领衔人离开武侯区教育系统的阳涌名师工作室、陈默名师工作室予以撤销。

（甘利痕　廖　华　肖　倩）

【校（园）长岗位职级制改革】 2021年，武侯区全域推广实施校（园）长岗位职级制，实施总人数达到63名，覆盖全区所有公办学校校（园）长。区教育局按照“四级八档”对应标准对上述人员进行考核，其中高级二档6人、高级三档6人、高级四档10人、中级五档9人、中级六档2人、中级七档4人、初级八档26人。武侯区校（园）长岗位职级制改革成果被市政府评为教育教学三等奖。

（甘利痕　廖　华　肖　倩）

【教育资助】 2021年，武侯区完成16项学生资助项目（含政府民生工程5项），资助学前教育、义务教育、中职学校、普通高中学生（幼儿）37934人次，拨付资助金额3047.63万元（不包括义务教育免除学杂费和免费提供教科书、作业本）；办理高校生源地信用助学贷款228份，贷款金额177.26万元。投入10万余元对学前、义教、普高、中职等各学段资助政策、申请流程、评审办法进行宣讲。对56所学校（幼儿园）的脱贫户、低保户、残疾人等2185名家庭特殊困难学生发放口罩27881个、消毒液226瓶、免洗手液313瓶。

（甘利痕　廖　华　肖　倩）

基础教育

Elemen Tary Education

【概况】 2021年，武侯区加快学前教育普及普惠发展，推动义务教育优质均衡发展，抓好中小学生作业、睡眠、手机、读物、体质“五项管理”和“双减”政策落实，教育质量稳步提升；扩大高中教育规模，统筹协调发展职业教育，开展加强区域合作，深化综合改革，优化评价体系，推进智慧教育，加强教师队伍建设。年末，全区有幼儿园156所、中小学78所，其中职业高中4所、特教学校1所，另有1所市属高中——成都七中（详见表89）；有在校学生约14.4万人，其中中小学生约10.9万人、幼儿约3.5万人。

（甘利痕　廖　华　肖　倩）

表89　2021年武侯区学校构成情况表

单位：所

类别	总数	公办	民办
幼儿园	156	56	100
小学	42	38	4
初中	10	9	1
高中	4	4	0
九年一贯制	15	2	13
十二年一贯制	1	0	1
职业中学	4	1	3
特殊教育学校	1	1	0
市属高中	1	1	0
合计	234	112	122

（甘利痕　廖　华　肖　倩）

【学前教育】2021年，武侯区有幼儿园156所，公办园附属办园点3个，在园幼儿34650人（详见表90）。新增投用教办幼儿园7所（含回收1所），新增公办学位2370个、公办园56所。有在园幼儿17338人，公办园在园幼儿占比超过50%，比上年增长9.5%。印发《成都市武侯区普惠性民办幼儿园认定和管理办法》，重新认定普惠性民办幼儿园61所，普惠性民办幼儿园在园11640人，普惠性幼儿园覆盖率达到83.6%，比上年增长3.4%。新增成都市西蜀实验幼儿园、武侯区第五幼儿园、武侯区第八幼儿园、武侯区第九幼儿园、武侯区金色海蓉幼儿园、武侯区金苹果丽都花园城幼儿园等成都市一级园6所，武侯区第十七幼儿园、武侯区第十八幼儿园、武侯区第十九幼儿园、武外幼儿园、武侯区卓乐幼儿园、武侯区新时代幼儿园等二级园6所，优质率78.7%，比上年增长6.7%。6月，全区完成2021年教办幼儿园招生，“二孩捆绑”报名政策获全市推广。

（甘利痕　廖　华　肖　倩）

【义务教育】2021年，武侯区义务教育段有小学59所（含一贯制学校小学部分），其中公办小学40所、特教学校1所、民办小学18所，在校学生65461人（详见表91）；有

图149　2021年9月，成都市第二十一幼儿园老师带孩子们进行户外活动　（区融媒体中心供图）

表90　2021年武侯区幼儿园情况表

序号	名称	地址	班级数（个）	教职工数（人）	幼儿数（人）	办园性质	办园等级
1	成都市第十幼儿园	广厦街115号	9	44	251	教办园	省级示范园
2	中国人民解放军西部战区空军直属机关幼儿园	高翔东路1号	14	78	448	部门办园	省级示范园

续表90

序号	名称	地址	班级数（个）	教职工数（人）	幼儿数（人）	办园性质	办园等级
3	中国人民解放军四川省军区第三幼儿园	一环路南二段 11 号	11	67	363	部门办园	省级示范园
4	四川省直属机关实验婴儿园	胜利新村 11 号	20	116	658	部门办园	省级示范园
5	武侯区第八幼儿园（成都市第十幼儿园碧云园区）	碧云路 106 号	9	44	263	教办园	一级园
6	西南民族大学幼儿园	一环路南四段 16 号	8	43	216	部门办园	一级园
7	中国人民解放军西部战区空军直属机关第二幼儿园	倒桑树街 80 号	7	45	215	部队办园	一级园
8	武侯区金贝贝幼儿园	广厦街 79 号	7	44	137	民办园	一级园
9	武侯区联谊幼儿园	红牌楼北街 22 号	6	33	165	民办园	一级园
10	四川大学第一幼儿园	望江路 29 号附 27 号	20	97	677	部门办园	一级园
11	成都市第十一幼儿园	新光路 5 号附 1 号	8	59	255	教办园	一级园
12	四川大学第二幼儿园	一环路南一段 24 号	19	89	621	部门办园	一级园
13	武侯区金苹果锦官新城全程幼儿园	新希望路 12 号	5	62	163	民办园	一级园
14	武侯区金色海蓉幼稚园	高远二路 36 号	7	40	106	民办园	一级园
15	成都市第三十一幼儿园（成都市第十一幼儿园棕南园区）	棕南西街 3 号	8	33	229	教办园	一级园
16	成都市第三十二幼儿园（成都市第十一幼儿园棕北园区）	棕竹街 1 号	7	29	192	教办园	一级园
17	四川大学华西幼儿园	大学路 12 号	13	68	469	部门办园	一级园
18	成都市玉林实验幼儿园	玉林西街 14 号	12	62	215	部门办园	一级园
19	成都市武侯区科分院实验幼儿园	人民南路四段 9 号	6	42	180	民办园	一级园
20	成都市第三十三幼儿园	永顺路 529 号	9	45	270	教办园	一级园
21	武侯区第九幼儿园（成都市第十幼儿园丽都园区）	丽都路 501 号	9	42	251	教办园	一级园
22	成都幼师丽都实验幼儿园	丽都路 1 号附 1 号	9	59	191	民办园	一级园
23	武侯区金苹果龙湾半岛幼儿园	龙腾中路 8 号	10	94	253	民办园	一级园
24	成都市第二十幼儿园	沙堰西二街 288 号附 1 号	9	41	270	教办园	一级园
25	武侯区中央花园幼儿园	沙堰西二街 20 号附 100 号	10	47	195	民办园	一级园
26	武侯区第五幼儿园	兆景路 203 号	13	58	360	教办园	一级园
27	武侯区金苹果丽都花园城幼儿园	星狮路 1010 号	12	86	271	民办园	一级园
28	成都市第二十三幼儿园	智达二路 691 号	11	51	320	教办园	一级园
29	成都市西蜀实验幼儿园（成都市第三十六幼儿园）	九康三路 333 号	12	57	336	教办园	一级园
30	成都市第二十一幼儿园	武兴一路 6 号	12	53	350	教办园	一级园
31	成都市第二十二幼儿园	业青北街 77 号	13	60	355	教办园	一级园
32	武侯区第二十七幼儿园（武侯区第三幼儿园百花园区）	百吉街 52 号	10	45	277	教办园	二级园
33	武侯区罗浮世家科技实验幼儿园	高升桥南街 4 号	5	24	120	部门办园	二级园
34	成都飞机设计研究所幼儿园	武侯祠大街 89 号	8	39	209	部门办园	二级园
35	四川省农业农村厅机关幼儿园	浆洗街 7 号	5	27	182	部门办园	二级园
36	武侯区爱米贝儿幼儿园	少陵横街 9 号	8	38	222	民办园	二级园
37	成都大地双语幼儿园	置信南街 27 号	6	29	91	民办园	二级园
38	武侯区爱森堡幼儿园	广福桥正街 9 号	8	51	160	民办园	二级园
39	成都幼师实验幼儿园	致民东路 16 号附 2 号	6	45	114	民办园	二级园

续表90

序号	名称	地址	班级数（个）	教职工数（人）	幼儿数（人）	办园性质	办园等级
40	四川音乐学院幼儿园	民主路 207 号	6	48	158	部门办园	二级园
41	成都市第三十七幼儿园	飞云三巷 23 号	11	45	288	教办园	二级园
42	武侯区第十二幼儿园	长寿苑北街 1 号	10	51	275	教办园	二级园
43	成都吉的堡维肯幼儿园	棕树北街 45 号	11	53	218	民办园	二级园
44	武侯区童喜幼儿园	桐喜街 1 号	4	29	68	民办园	二级园
45	武侯区彩虹幼儿园	长寿路 11 号	8	44	308	民办园	二级园
46	武侯区仁智幼儿园	高攀路 30 号附 38 号	11	77	301	民办园	二级园
47	武侯区第二十八幼儿园（成都市第十一幼儿园弟维园区）	黉门街 27 号	8	35	226	教办园	二级园
48	武侯区第二十五幼儿园（成都市武侯区第二幼儿园分园）	玉通巷 2 号	6	30	178	教办园	二级园
49	武侯区第四十七幼儿园	玉林北巷 8 号附 1 号	10	50	348	教办园	二级园
50	武侯区英艺东区幼儿园	玉林二巷 4 号	11	43	361	民办园	二级园
51	武侯区第十六幼儿园（成都市第三十三幼儿园永顺园区）	永顺路 99 号	12	57	362	教办园	二级园
52	武侯区第二十四幼儿园（成都市第三十八幼儿园分园）	双丰东路 90 号	12	60	355	教办园	二级园
53	武侯区第二十六幼儿园（成都市第二十二幼儿园双安园区）	双安西巷 2 号	14	61	375	教办园	二级园
54	武侯区永丰双丰幼儿园	双丰西路 2 号	11	43	335	民办园	二级园
55	武侯区高地新蒙幼儿园	龙安街 6~8 号	7	38	139	民办园	二级园
56	武侯区圣宝乐幼稚园	大华街 9 号	5	36	88	民办园	二级园
57	武侯区龙腾幼儿园	龙腾西路 1 号	6	33	92	民办园	二级园
58	武侯区哈佛之星龙祥路幼儿园	龙祥路 6 号	6	42	95	民办园	二级园
59	武侯区爱儿坊鹭岛国际社区幼儿园	龙华南路 129 号	8	52	173	民办园	二级园
60	武侯区凯星幼儿园	武阳大道一段 281 号	9	68	187	民办园	二级园
61	武侯区圣迪家幼儿园	长益西三路 260 号 8 栋 1 楼	5	28	145	民办园	二级园
62	武侯区美亚蒙特梭利新界幼儿园	太平园东街 69 号	9	56	185	民办园	二级园
63	武侯区第十三幼儿园（成都市第二十幼儿园吉福园区）	吉福南路 11 号	16	72	462	教办园	二级园
64	武侯大道小太阳幼儿园	武侯大道双楠段 90 号	6	34	180	民办园	二级园
65	武侯区联谊广厦园区	晋吉南路 287 号广厦小区	6	27	150	民办园	二级园
66	武侯区芝圃幼儿园	武晋路 458 号	10	51	178	民办园	二级园
67	武侯区桦林贝尔幼稚园	晋吉南路 57 号	6	44	102	民办园	二级园
68	武侯区卓乐幼稚园	晋吉南路 132 号	6	29	166	民办园	二级园
69	武侯区新时代幼儿园	沙堰东街 68 号	6	30	109	民办园	二级园
70	武侯区第六幼儿园	万兴路 671 号	14	63	401	教办园	二级园
71	北京第二外国语学院成都附属幼儿园（成都市武侯区第五幼儿园分园）	聚萃街 359 号	15	67	456	教办园	二级园

续表90

序号	名称	地址	班级数（个）	教职工数（人）	幼儿数（人）	办园性质	办园等级
72	武侯区第十五幼儿园（成都市第二十一幼儿园智达园区）	智达二路965号	9	43	262	教办园	二级园
73	武侯区第十八幼儿园（成都市武侯区第一幼儿园智勇园区）	智勇巷18号	11	52	285	教办园	二级园
74	武侯区第十九幼儿园（成都市第二十一幼儿园百草园园区）	千龙路121号	11	44	300	教办园	二级园
75	中国人民解放军五七〇一工厂幼儿园	太平园西路276号	8	39	275	部门办园	二级园
76	武侯区麦可蕊幼儿园	顺和街28号	13	55	385	民办园	二级园
77	成都武侯金太阳国际新城幼儿园	福锦路415号	13	59	243	民办园	二级园
78	武侯区蒙趣尔幼儿园	武侯大道铁佛段49号	9	72	199	民办园	二级园
79	成都市簇桥小博士幼儿园	福锦路一段140号	13	48	352	民办园	二级园
80	武侯区恩贝斯幼稚园	武科东二路13号	12	52	345	民办园	二级园
81	武侯区簇桥中心幼儿园（成都市第三十五幼儿园）	簇锦南路96号	8	40	227	教办园	二级园
82	武侯区第三幼儿园	双凤四路615号	16	66	430	教办园	二级园
83	武侯区第十七幼儿园（成都市武侯区簇桥中心幼儿园七里园区）	双凤一路97号	12	55	317	教办园	二级园
84	武侯区优优幼儿园	望锦东街7号	8	39	271	民办园	二级园
85	武侯区簇桥金太阳幼儿园	龙井西街64号	11	49	209	民办园	二级园
86	武侯区福锦幼儿园	福锦路二段10号	6	35	87	民办园	二级园
87	武侯区金嘉艺幼儿园	金凤街131号	3	25	55	民办园	二级园
88	武侯区武外幼儿园有限公司	金履一路305号	4	39	92	民办园	二级园
89	武侯区第七幼儿园	南桥四路590号	16	65	425	教办园	二级园
90	武侯区虹桥快乐幼儿园	华泰四路133号附1号	7	29	185	民办园	二级园
91	成都市第三十八幼儿园	果丰路80号	9	45	258	教办园	二级园
92	成都铁路通信设备厂幼儿园	草金东路1号	6	27	185	部门办园	二级园
93	武侯区弗奇尼幼儿园	果堰路1号附9号	5	30	75	民办园	二级园
94	武侯区美善爱贝金双楠幼儿园	九康六路299号	4	36	86	民办园	二级园
95	武侯区宏艺星幼儿园	万寿桥路118号附5号	13	44	388	民办园	二级园
96	武侯区金色摇篮幼儿园	草金南路26号	8	39	149	民办园	二级园
97	武侯区金太阳蒙台梭利幼儿园	九康四路268号	4	23	56	民办园	二级园
98	武侯区第一幼儿园	新苗西街89号	9	44	247	教办园	二级园
99	武侯区第二幼儿园	万寿二路139号	9	43	268	教办园	二级园
100	武侯区双星天乐幼儿园	武青北路15号	14	60	416	民办园	二级园
101	武侯区思恩幼儿园	永康社区二组50号	18	74	511	民办园	二级园
102	武侯区第四十二幼儿园（西蜀实验幼儿园分园）	九龙一路316号	9	35	191	教办园	预评二级
103	武侯区第四十三幼儿园（成都市第二十三幼儿园分园）	武青西一路498号	8	30	204	教办园	预评二级
104	武侯区第四十五幼儿园（成都市第十幼儿园分园）	武青西三路416号	11	47	289	教办园	预评二级

续表90

序号	名称	地址	班级数（个）	教职工数（人）	幼儿数（人）	办园性质	办园等级
105	武侯区第四十一幼儿园（成都市第三十三幼教育集团太平分园）	太平园东四街92号	11	43	295	教办园	预评二级
106	武侯区第四十幼儿园（成都市武侯区第一幼儿园晋平园区）	晋平街35号	9	36	248	教办园	预评二级
107	武侯区第四十六幼儿园（成都市第二十幼儿园分园）	晋吉东一街62号	14	59	376	教办园	预评二级
108	武侯区贝育幼儿园	大石南路36号	6	29	200	民办园	三级园
109	武侯区浆洗街音乐幼儿园	洗面桥街9号附1号	7	30	210	民办园	三级园
110	武侯区虹桥幼儿园	广福桥街30号	6	26	151	民办园	三级园
111	武侯区致民路幼儿园	十一巷3号	4	22	147	民办园	三级园
112	武侯区火车南站浩然幼儿园	高攀路36号	6	28	164	民办园	三级园
113	武侯区红牌楼金世纪幼稚园	永盛南街8号	5	24	161	民办园	三级园
114	武侯区小燕子幼儿园	董家湾北街12号	4	19	93	民办园	三级园
115	武侯区红牌楼红星幼儿园	永盛东街40号竹园小区内	4	20	115	民办园	三级园
116	武侯区迪赛尔博幼儿园	双安北巷3号附1号	8	48	180	民办园	三级园
117	武侯区交大花园幼儿园	金雁路171号	5	25	140	民办园	三级园
118	武侯区新扬扬幼儿园	金雁路143号2栋一单元2楼201号	9	31	200	民办园	三级园
119	武侯区晋阳彩虹桥幼儿园	晋吉北路107号	6	25	168	民办园	三级园
120	武侯区金世纪皇家幼儿园	金雁路404号	4	18	96	民办园	三级园
121	成都金宝宝幼稚园	红运街3号	5	25	150	民办园	三级园
122	武侯区楠玺宝贝幼儿园	武侯大道顺江段27号	9	37	254	民办园	三级园
123	武侯区哈佛之星幼儿园	聚萃街366号附58号1楼、附59号2楼	7	50	182	民办园	三级园
124	武侯区诺丁山贝贝星幼儿园	武兴一路2号诺丁山生活广场	9	39	268	民办园	三级园
125	武侯区簇桥佳家乐幼儿园	望锦横街138号、140号	2	9	50	民办园	三级园
126	武侯区簇桥思蒙幼儿园	簇锦南路5号	6	27	188	民办园	三级园
127	武侯区蒙台幼儿园	望锦东街64号	7	28	120	民办园	三级园
128	武侯区金童星幼儿园	龙井东街148号	4	16	74	民办园	三级园
129	武侯区明日星美式幼儿学校	龙井北街6号	8	34	240	民办园	三级园
130	武侯区心悦幼儿园	三河社区十组407号	2	12	54	民办园	三级园
131	武侯区南桥双艺幼儿园	南桥社区一组301号	8	26	235	民办园	三级园
132	武侯区华兴阳光幼儿园	沈家桥社区二组56号	11	32	309	民办园	三级园
133	武侯区机投琦奇幼儿园	果丰路10号	4	18	120	民办园	三级园
134	武侯区贝贝星幼儿园	果堰社区十组200号	8	35	240	民办园	三级园
135	武侯区小龙人幼稚园	果盛路75号	6	26	170	民办园	三级园
136	武侯区金豆豆幼儿园	潮音大道51号附1号	8	34	235	民办园	三级园
137	武侯区海贝儿幼儿园	武青东三路63号	2	17	60	民办园	三级园
138	武侯区福娃幼儿园	武兴一路38号	5	26	163	民办园	三级园
139	武侯区圣宝宝幼稚园	果顺路410号	5	26	135	民办园	三级园
140	武侯区机投文敏幼稚园	果堰社区二组77号	4	18	102	民办园	三级园

续表90

序号	名称	地址	班级数（个）	教职工数（人）	幼儿数（人）	办园性质	办园等级
141	成都瑞德幼儿园	草金东路 43 号	4	18	120	民办园	三级园
142	武侯区阳光佳贝幼儿园	武青东二路 82 号	4	27	70	民办园	三级园
143	武侯区阳光快乐幼儿园	凉港大道 262 号	7	27	169	民办园	三级园
144	武侯区奇巧板幼儿园	凉港二路与凉井一路交叉路口东侧	4	18	120	民办园	三级园
145	武侯区贝佳幼儿园	凉井社区五组 17 号	4	20	98	民办园	三级园
146	武侯区金花小博士幼儿园	凉井社区五组 68 号附 7 号	7	31	178	民办园	三级园
147	武侯区金花乐乐幼儿园	映月西街 139 号	9	39	240	民办园	三级园
148	武侯区金花金桥幼儿园	金江南街 180 号	3	16	90	民办园	三级园
149	武侯区新智慧树幼稚园	武青北路 76 号	9	37	251	民办园	三级园
150	武侯区陆坝新居幼儿园	草金路中段 999 号 80 栋	6	25	173	民办园	三级园
151	武侯区金迪幼儿园	三线沟路与凉井二路交叉路口东北侧	5	20	112	民办园	预评三级
152	武侯区唯佳蒙特梭利幼儿园	晋阳路 171 号会所花园 B3	2	8	20	民办园	无等级
153	武侯区英菲克幼儿园	龙腾东路 7 号	3	26	61	民办园	无等级
154	武侯区蓝天幼儿园	金履二路 457 号	6	31	143	民办园	无等级
155	武侯区贝贝嘉幼儿园	万兴路 522 号、524 号、526 号	2	13	24	民办园	无等级
156	武侯区爱菲儿幼儿园	武兴二路 7 号附 2 号	8	47	137	民办园	无等级

（甘利痕　廖　华　肖　倩）

表 91　2021 年武侯区小学学校情况表

序号	学校名称	占地面积（平方米）	学校地址	教职工数（人）	班数（个）	在校生数（人）	性质
1	成都市弟维小学	6421	黉门街 25 号	63	21	857	公办
2	成都市武侯计算机实验小学	13656	金陵横街 80 号	61	21	803	公办
3	成都市玉林小学	10581	玉林中横巷 1 号	101	25	1098	公办
4	成都市龙江路小学	15635	临江中路 8 号	121	30	1302	公办
5	成都市华西小学	5550	胜利村 118 号	64	20	769	公办
6	四川音乐学院附属实验小学	7015	新生路 50 号	67	24	814	公办
7	四川大学附属实验小学	16581	望江路 29 号	144	48	2238	公办
8	四川大学附属实验小学分校	9619	大华街 4 号	83	26	1124	公办
9	成都市棕北小学	14812	棕竹街 4 号	86	31	1409	公办
10	成都市龙江路小学分校	9880	武侯祠大街 250 号	86	24	1031	公办
11	成都市锦里小学	7974	武侯祠大街 9 号	72	24	925	公办
12	成都市磨子桥小学	4801	一环路南二段 14 号	75	24	968	公办
13	成都市磨子桥小学分校	15279	吉福南路 88 号	158	58	2652	公办
14	成都市科华中路小学	10209	长寿路 2 号	96	32	1378	公办
15	成都市桐梓林小学	6433	桐梓林中路 2 号	57	20	817	公办
16	成都市武侯实验小学	12325	少陵路 16 号	89	31	1313	公办
17	成都市晋阳小学	23967	晋阳路 383 号	149	56	2644	公办
18	成都市红牌楼小学	13066	高升桥东路 15 号	73	24	1044	公办
19	成都市太平小学	10923	盛世路 66 号	67	24	914	公办

续表91

序号	学校名称	占地面积（平方米）	学校地址	教职工数（人）	班数（个）	在校生数（人）	性质
20	成都市太平寺西区小学	12587	夏家湾一路266号	90	31	1371	公办
21	四川大学附属实验小学清水河分校	12177	龙腾中路16号	71	23	913	公办
22	成都市簇桥小学	20918	簇锦南路94号	105	36	1737	公办
23	成都市武侯实验中学附属小学	15105	新苗西街100号	96	34	1549	公办
24	成都市马家河小学	19050	马家河社区五组101号	85	27	1084	公办
25	成都市华兴小学	13349	华泰路136号	73	25	1001	公办
26	北京第二外国语学院成都附属小学	11860	万虹路246号	93	34	1651	公办
27	成都市武侯科技园小学	18327	武青东五路6号	105	36	1599	公办
28	成都市武顺街小学	13285	万兴路781号	84	31	1364	公办
29	四川大学附属实验小学江安河分校	26680	金花桥街90号	133	48	2217	公办
30	成都市金兴北路小学	13766	金兴北路454号	70	23	914	公办
31	成都市机投小学	16299	万寿路24号	79	28	1334	公办
32	成都市行知实验小学	15057	九金街48号	96	34	1523	公办
33	成都市龙祥路小学	13633	龙祥路9号	78	26	1133	公办
34	龙江路小学武侯新城分校	12030	智达二路687号	91	35	1448	公办
35	龙江路小学中粮祥云分校	10001	星悦路83号	84	29	1191	公办
36	成都市沙堰小学	11333	沙堰街96号	91	29	1328	公办
37	四川大学附属实验小学南区学校	16757	智勇大道9号	36	8	296	公办
38	成都市读者小学	12634	万寿四路66号	22	4	170	公办
39	成都市武侯区特殊教育学校	2318	金雁路175号	34	6	54	公办
40	成都市锦官新城小学	10030	航空路9号	133	25	886	民办
41	成都市群星美术学校	4106	玉林中路39号	53	14	469	民办
42	成都市金苹果龙南小学	6694	大学路6号	197	32	1191	民办
43	成都市通江实验学校	9600	永康路885号	74	26	1031	民办
44	成都武侯区丹心实验学校	56695	滨河南路755号	133	21	724	民办
45	成都市武侯区盐外芙蓉学校	7200	凉井社区三线沟路148号	91	16	520	民办
46	成都市武侯区领川外国语学校	24000	簇马路36号	227	16	527	民办
47	成都石室双楠实验学校	21480	双楠街78号	81	38	1797	公办(九年一贯制)
48	成都市棕北中学西区实验学校	29981	逸都路3号	74	25	1206	公办(九年一贯制)
49	成都市春晖学校	18676	草金东路22号	97	25	1007	民办(九年一贯制)
50	成都市武侯区西蜀实验学校	26500	机九路132号	154	34	1395	民办(九年一贯制)
51	成都武侯外国语学校	80040	成双大道中段628号	368	50	1835	民办(九年一贯制)
52	成都市凉井实验学校	9624	凉井社区九组183号	36	9	251	民办(九年一贯制)
53	成都市第57实验学校	17060	太平园路156号	112	25	845	民办(九年一贯制)
54	成都市武侯区育仁实验学校	19600	金履一路358号	88	22	838	民办(九年一贯制)
55	成都市启明学校	19980	马家河社区三组118号	86	17	660	民办(九年一贯制)
56	成都市武侯区光明学校	23900	成双大道中段625号	87	19	713	民办(九年一贯制)
57	成都西川中学实验学校	40000	金履一路36号	251	18	533	民办(九年一贯制)
58	成都石室佳兴外国语学校	49333	金南路6号	269	29	1056	民办(十二年一贯制)

（甘利痕　廖　华　肖　倩）

初中28所（含一贯制学校初中部分），其中公办初中14所、特教学校1所、民办初中13所，班级637个，在校学生26710人（详见表92）。全区招生入学工作平稳有序完成，7757名小学毕业生划片就读初中。持续开展小学课后服务，学生参与6万余人。成都市晋阳小学、成都市磨子桥小学分校和川大附中西区学校创建为成都市新优质学校，全区新优质学校数量达到19所。

（甘利痕　廖　华　肖　倩）

图150　四川大学附属实验小学校园　（区教育局供图）

【普通高中教育】2021年，武侯区有普通高中学校5所，其中公办高中4所、民办高中1所（详见表93）；有在校学生6851人，其中公办高中学生6520人、民办高中学生331人。川大附中连续3年飞行成绩全国第一，“英才计划”入围人数全省第一。成都西北中学持续推进“复兴名西北”教育战略，成为教育部美术教研基地实验校、成都市首批艺术体育办学特色突出学校。武侯高级中学凝练学校美术特色，实现学生多元成才，成为俄罗斯列宾美院、清华大学美院美术实践基地校。

（甘利痕　廖　华　肖　倩）

【区属学校选介】四川大学附属实验小学　四川大学附属实验小学（简称川大附小）创办于1908年，地处四川大学望江校区内。学校占地面积1.65万平方米，建筑面积1.89万平方米。2021年，学校有教学班48个，学生2215人，教师138人，其中特级教师4人、区级及以上名师优师90人。川大附小致力于儿童好奇心、好知欲、好习惯的培养与生活力、创想力、生命力的充分激发，以“海纳百川行知并芳”为附小精神，坚持“现代生活情智胆长”的办学思想和“和善创造向上向好”的校风，围绕“做堂堂正正中国人　成和善创造生活家”目标和“育情智生命建美丽附小创美好生活”愿景，开展综合素质教育。近年来，川大附小先后获教育部优秀传统文化示范校、全国青少年校园足球特色学校、四川省校风示范学校、四川省艺术特色学校、成都市义务教育示范学校等荣誉，《课程五育·三生立德》方案入选教育部《中小学德育工作指南》“一校一案”典型案例。

成都市簇桥小学　成都市簇桥小学位于簇锦南路94号，占地面积20918平方米。学校始建于清光绪三十一年（1905年），是簇桥地区开办最早的一所全日制小学。1939年，学校更名为簇锦镇中心国民学校。1950年，更名为双流县簇锦镇小学。1960年，更名为成都市金牛区簇桥中心小学。1990年，更名为成都市武侯区簇桥地区中心小学。2003年7月，学校更为现名。2021年，学校有教学班36个，学生1700余人，教职工105人，在编教师90人。其中，中小学高级教师8人，中小学一级教师50人，区级名师优师52人，市级名师优师11人。学校继承和发扬清代大儒刘沅先生“推仁求善”的教育思想，以“求善求真，成己成人”为办学理念，

延伸阅读 <<<<

“复兴名西北”教育战略　是武侯区于2012年正式启动的教育发展战略。其重要内容之一是组建以西北中学为龙头学校，以成都市第四十三中学、机投中学为成员学校的西北中学教育集团，在“共建共享发展”理念下，促进各成员学校内涵发展，全面提升学校办学水平，满足学生在家门口“上好学”的需求。

表 92 2021 年武侯区初中学校情况表

序号	学校名称	占地面积（平方米）	学校地址	教职工数（人）	班数（个）	在校生数（人）	性质
1	四川省成都市第十二中学（科华校区）	27348	航空路 16 号	164	40	1788	公办
2	成都市棕北中学（桐梓林校区）	11332	桐梓林南路 10 号	89	25	1187	公办
3	成都市棕北中学（科院校区）	13853	科院街 10 号	122	27	1365	公办
4	成都市武侯实验中学	54000	新苗东街 5 号	203	55	2187	公办
5	成都石室锦城外国语学校	18185	小天竺街 103 号	116	27	1142	公办
6	成都市第四十三中学校	14667	董家湾北街 10 号	81	22	858	公办
7	成都市金花中学	14300	金航路 1 号	88	22	950	公办
8	四川省成都市西北中学外国语学校	17369	机投正街 86 号	110	30	1236	公办
9	四川大学附属中学西区学校	44558	晋吉西二街 8 号	176	50	2105	公办
10	四川大学附属中学新城分校	45800	双凤四路 666 号	102	26	1087	公办
11	成都市武侯区特殊教育学校	2318	金雁路 175 号	34	3	43	公办
12	四川省成都市武侯高级中学（初中）	106667	文盛路 1 号	83	23	1059	公办高完中
13	北京第二外国语学院成都附属中学（初中）	38447	聚萃街 351 号	244	39	1735	公办高完中
14	成都西川中学	25606	广福桥街 3 号	190	32	1515	民办
15	成都市武侯区领川外国语学校	24000	簇马路 36 号	227	15	567	民办
16	成都石室双楠实验学校	21480	双楠街 78 号	132	27	1188	公办（九年一贯制）
17	成都市棕北中学西区实验学校	29981	逸都路 3 号	121	25	1133	公办（九年一贯制）
18	成都市春晖学校	18676	草金东路 22 号	97	9	368	民办（九年一贯制）
19	成都市武侯区西蜀实验学校	26500	机九路 132 号	154	14	525	民办（九年一贯制）
20	成都武侯外国语学校	80040	成双大道中段 628 号	368	25	780	民办（九年一贯制）
21	成都市凉井实验学校	9624	凉港二路	36	6	176	民办（九年一贯制）
22	成都市第 57 实验学校	17060	太平园路 156 号	112	12	390	民办（九年一贯制）
23	成都市武侯区育仁实验学校	19600	金履一路 358 号	88	6	230	民办（九年一贯制）
24	成都市武侯区启明学校	19980	马家河社区三组 118 号	86	12	448	民办（九年一贯制）
25	成都市武侯区盐外芙蓉学校	7200	凉井社区三线沟路 148 号	91	9	295	民办（九年一贯制）
26	成都市武侯区光明学校	23900	成双大道中段 625 号	87	9	359	民办（九年一贯制）
27	成都市武侯区西川实验学校	40000	金履一路 36 号	251	32	1412	民办（九年一贯制）
28	成都石室佳兴外国语学校	49333	金南路 6 号	269	15	582	民办（十二年一贯制）

（甘利痕 廖 华 肖 倩）

表 93 2021 年武侯区高中学校情况表

序号	学校名称	占地面积（平方米）	学校地址	教职工数（人）	班数（个）	在校生数（人）	性质
1	四川省成都市第七中学	159487	林荫中街 1 号	254（含外派 20 人）	40	1866	市属公办
2	四川省成都市武侯高级中学	106667	文盛路 1 号	224	57	2297	公办
3	四川省成都市第十二中学（望江校区）	42193	太平南新街 68 号	254	55	2255	公办
4	四川省成都市西北中学	42087	建国巷 1 号	173	26	1197	公办
5	北二外成都附中	38447	聚萃街 351 号	244	17	771	公办
6	成都石室佳兴外国语学校	49333	金南路 6 号	368	9	331	民办（十二年一贯制）

（甘利痕 廖 华 肖 倩）

图151　簇桥小学空竹博物馆　（区教育局供图）

构建“真善教育”文化体系，确定真善教育“五全七进”实施路径（“五全”即全员育人、全面育人、全程育人、全科育人、全息育人，“七进”即进文化、进生态、进治理、进课堂、进课程、进德育、进评价），培养健壮、睿智、阳光、担当、勤劳的新时代学子。学校先后获得全国青少年校园足球特色学校、成都市艺术特色学校、成都市阳光体育示范校、武侯区校风示范校等荣誉。学校制定的“十四五”规划《聚焦高品质，奋进百年名校》获四川省高品质发展规划优秀案例一等奖，排名小学类第一。

学校建有空竹博物馆，开发空竹校本读本，实现人人会抖空竹，先后被授予非遗空竹技艺传习基地、中小学弘扬中华传统文化成功案例与课程开发项目实验学校等称号。同时，学校开展民族乐器进课堂活动，让每个学生学会一门民族乐器；实施国学经典诵读，建设“书香校园”；大力发展足球、科创等特色，重视培养学生健康体魄和创新精神。

成都石室双楠实验学校　成都石室双楠实验学校位于双楠路3号，学校占地面积26668平方米，建筑面积20837平方米，是武侯区第一所公办九年一贯制学校。学校前身为成都市双楠路小学和成都市双楠中学，2004年7月两校合并，更名为成都市双楠实验学校；2009年6月，学校加盟成都石室教育集团，成为石室教育集团指导合作型学校。2021年，学校有教学班级65个；有学生3017人，其中小学生1866人、中学生1151人；有教职工215人，其中省特级教师1人、区特级教师2人、区级及以上学科带头人24人。

学校坚持探索九年一贯办学模式，以“走特色办学之路，育全面发展的时代新人”为办学思路，不断推动学校高质量发展，确立“智承武侯　学继文翁”的文化定位，形成“每个孩子都充满希望，每位教师都绽放精彩”的办学理念、“博通古今、雅达天下”的校训、“学识广博、生命优雅”的校风、“渊博通达、淡泊风雅”的教风以及“博学多才、文明典雅”的学风。

学校坚持立德树人，深耕五育并举，综合办学质量实现跨越式发展，教学质量连续4年稳步增长，六年级合格率100%。学校先后获全国青少年足球特色示范学校、全国青少年篮球特色示范学校、四川省阳光体育示范校、四川省艺术教育特色学校、成都市新优质学校等荣誉。

2016年，学校建成占地800平方米的博雅美术馆，用于举办师生艺术作品联展、区内兄弟学校优秀作品和社区学院居民作品展，初步构建基于“博雅”理念的校园文化体系。截至2021年末，共举办作品展50余次，接待来自广东、浙江、山东等地考察团参观100余场次6000余人次。

四川大学附属中学　四川大学附属中学（四川省成都市第十二中学，简称川大附中）位于太平南新街68号，始建于1908年，前身为

图152　川大附中校园　（区教育局供图）

四川省城高等学堂的附设中学堂。1953 年命名为成都市第十二中学，2003 年恢复“四川大学附属中学”校名。学校占地面积 4.2 万平方米，建筑面积 4.6 万平方米。学校是四川省首批办好的重点中学、四川省一级示范性高中、全国新课程新教材实施示范性高中（全国每个省 3 所）、成都市领航高中、空军青少年航空学校（全国 16 所）。2021 年末，学校有学生 2238 人；有教职员工 246 人，其中区级及以上名师优师 139 人、硕士及以上学历教师 56 人。

川大附中历经百余年发展，以全育双责为核心理念，以全面发展、长于研究为培育目标，秉承“有教无类、作育英才”的校训、“除了奋斗、别无选择”的校风、“潜心研究、仁心育人”的教风以及“悉心研习 静心成才”的学风，形成鲜明的“以研究性课程和研究性教师培养研究性学生的‘培养—研究型’大学附中”办学特色和办学文化。学校基于核心问题开展教学校本理论研究，构建学科课程、学科选修课程、综合实践活动课程、劳动课程、校本课程等五大类研究性课程体系，统筹课堂学习和课外实践，运用“核心问题教学文化蓝图”改变教学评价导向；基于核心问题重构学校课程，将语、数、外、理、化、生、政、史、地、信息、体育、艺术等国家学科课程进行校本化，推动综合实践、学科选修、劳动、校本四大类课程个性化；基于核心问题变革教与学的方式，以问题为逻辑起点，以问题情境、问题提出、问题解决、在研究活动中深度体验、发展高级思维、积淀研究素养为逻辑主线，教育观由“育分”转为“育人”；基于核心问题形成课程、教学、评价研究性教育体系，促进培养目标达成。近年来，学校本一率保持 95% 以上；空军班连续四届出飞率超 40%（全国仅 3 所），69 人考入中国人民解放军空军航空大学，7 人获清华大学、北京大学双学籍。2021 年，学校获省政府教学成果一等奖。

北京第二外国语学院成都附属中学 北京第二外国语学院成都附属中学（简称北二外成都附中）位于成都市聚萃街 351 号，学校占地面积 3.8 万平方米，建筑面积 4.4 万平方米。2016 年 9 月，武侯区与北京第二外国语学院签订战略合作框架协议，共建北二外成都附中。2018 年 9 月，北二外成都附中初中开办。2019 年 9 月，北二外成都附中高中开办；同年 5 月，成都市百草园小学更名为北京第二外国语学院成都附属小学，并于 7 月整体搬迁到万虹路 246 号。2020 年 8 月，北二外成都附属中小学、幼儿园与武侯区第五幼儿园共同组成北二外成都附属学校教育集团，实施幼、小、初、高贯通式培养模式。2021 年，集团所属高中有 3 个年级 20 个班，学生 930 人；初中有 3 个年级 36 个班，学生 1768 人；中学有教师 254 名，其中研究生以上学历 89 人，区级以上名师优师 39 人；小学有 6 个年级 34 个班，学生 1651 人，教师 95 人，其中研究生以上学历 16 人、区级以上名师优师 38 人；幼儿园两个园区共 27 个班，在园幼儿 818 人，有教师 110 人。

北二外成都附中秉承“为中华之崛起而读书，为世界的繁荣而奋斗”的教育理念，以培养“眼里有光、脸上有笑、心中有人的具有民族自信心和全球胜任力的国际化人才”为育人目标，致力于“让工薪子弟登上国际舞台”，让学校真正成为老百姓身边的好学校。学校坚持以人人能学小语种、班班英语小班教学、数学班主任单班教学、外交自信、艺术体育的五大特色课程开展自信教育；以理工科竞赛、双外语、英语雅思、第二外语为特长引导学生发展。“双减”政策实施后，学校支持学生把有限的学习时间投入在优势学科上，在明确特长的基础上，减轻因目标不清、盲目学习而造成的学习负担，激发学习兴趣，从而带动全科发展。同时，实施 98% 学生能升入国内重点大学、50% 学生能升入国内双一流大学与专业、

图153 学生在北二外成都附中守正书屋学习 （区教育局供图）

30% 学生能被国际一流大学录取的“9853”英才培养目标。2021 年，承办第四届全国“一带一路”小语种早期人才培养学术研讨会，成为四川省教育对外交流成都分中心、教育部普通高中音乐美术教研基地实验改革学校、西南交通大学音乐系实习基地。截至年末，学校有 15 名学生在理工类竞赛中获得省级以上奖励；6 名学生分别被英国帝国理工大学、英国伯明翰大学迪拜校区、沙特阿拉伯阿卜杜阿齐兹国王大学录取。

成都市棕北中学　成都市棕北中学创建于 1996 年，1999 年创办棕北联合中学，2013 年直管棕北中学西区实验学校，隶属于武侯区教育局，是成都市首批名校教育集团龙头学校。其中，成都市棕北中学科院校区位于科院街 10 号，占地面积 13820.69 平方米，建筑面积 9743 平方米；成都市棕北中学桐梓林校区位于桐梓林南路 10 号，占地面积 11333.9 平方米，建筑面积 8900 平方米。2021 年，学校有教职工 214 人，其中正高级教师 3 人、区级以上名师优师 117 人；两个校区共有教学班 50 个，学生 2483 人。

学校共经历四个发展阶段。第一阶段（1996—1997 年），学校以“兴我棕北中学，争创全省一流”为改革目标，坚持“面向未来、以人为本”办学思想，构建“以素质教育为主体，以英语教学特色和信息技术特色为双翼”的发展模式。第二阶段（1997—2006 年），学校确定“创一流名校，与国际接轨”发展目标，深化素质教育改革，培育“既关注学生的现在，更关注学生的未来”的核心竞争力。第三阶段（2006 年至 2014 年 6 月），学校进一步发展棕北文化内核，以“创一流名校与国际接轨”为发展目标，推进教和学的方式变革。第四阶段（2014 年 7 月以来），学校基于核心素养的培育，全面践行新技术与教育教学工作的深度融合，坚持“以人为本，面向未来”的人本教育，形成以素质教育为主体，以教育现代化、国际化为两翼的“一体两翼”办学特色，坚持“明德、求真、至善、尚美”的校训和高素质、高质量、低负担的教学追求，致力于打造温暖、有情怀的学校。学校先后获全国管理创新品牌学校、全国科研兴教先进单位、全国骨干校长教师挂职研修基地、教育部初中校长培训实践基地、中国科学院科普教育示范基地，四川省第一批初中实验教学示范学校、四川省艺术特色示范学校、成都市首批教育国际化窗口学校、成都市首批未来学校、成都市首批初中名校教育集团等荣誉。

图154　成都市棕北中学校园大门　（区教育局供图）

四川大学附属中学西区学校

四川大学附属中学西区学校（简称川大附中西区学校）成立于 2014 年 7 月，位于晋阳街道晋吉西二街 8 号，占地 44668 平方米，是武侯区委、区政府确定的第一所“两自一包”改革试点先行学校。学校“两自一包”改革先后被《中国教育报》等媒体深度报道 10 余次，被中央办公厅、国家教育体改办、省委办公厅专报刊发改革经验，先后入选第五届全国教育改革创新典型案例、教育部“十八大以来教育综合改革典型案例”成果集、“四川省教育改革创新发展典型”案例。2018 年 12 月 15 日，国务院副总理孙春兰批示：“四川‘两自一包’的经验，可进一步研究总结其经验，关键是扩大学校办学自主权后解决的办法多了，办学活力提高了。”2021 年，学校有教学班级 50 个，学生 2100 余人；有教职员工 176 人，其中区内在编教师 6 人、校聘教师 170 人；硕士研究生学历的教师 46 人，占教师人数的 26%。被成都市确定为“家门口的好学校”点位学校。

学校坚持“共同治理”理念，实施“五会议事”“小中心 + 大学部”“长短合同制”“项目制”“全员预算”，将政府下放的人权、事权、财权转化为办学的活力，调动教师的积极性和创造性。2021 年，学校教师获国家级奖项 6 人次、省级奖项 20 人次、市级获奖 222 人次、区级获奖300余人次。教师自主申报工作项目97项，预算经费225万元，学校经费使用有效率99.58%。学校坚持“六立三强”培养目标，在开足开齐开好国家规定课程的基础上，整合地方课程和校本课程，开发语言与文学、历史与社会、科学与技术、运动与健康、艺术与审美、综合实践等6大领域的163门课程，供不同层次、不同需要的学生自主选择、差异发展。全年，学生参加各类比赛获奖1680人次，连续3年获全区中小学生运动会总分第一；中考一次合格率连续4年超97%，进入全市优质公办学校行列。

（甘利痕 廖 华 肖 倩）

【成都七中】 四川省成都市第七中学（简称成都七中）占地面积159487平方米，建筑面积60685.43平方米，运动场面积48383平方米，有教室165间、纸质图书284380册。学校成为四川省中小学党建工作示范学校创建单位，获全民科学素质工作先进集体、成都市普通高中教育教学突出贡献奖（全市唯一）、成都市拔尖创新人才早期培养（学科特长、强基计划）办学特色突出学校、成都市家庭教育示范校等荣誉。2021年，学校坚持社会主义办学方向，正式提出建设“中国特色，世界一流”的卓越中学的发展目标。推动普通高中新课程新教材实施研究，举办普通高中新课程新教材实施国家级示范区和示范校建设研讨会，探索拔尖创新人才基础培养的新模式。以“庆祝建党100周年”和爱国主义教育为主线，以戏剧节、学生节、成人礼、社团文化节等50余项大型德育活动为载体，在师生中开展理想信念教育。开设近200门选修课及近百门社团课。管乐团、合唱团、健美操、舞蹈队、定向越野、机器人、田径、排球、美术工作坊等获28项市级一等奖（或第一名）及以上奖励，400余人次获艺体方面市级（含）以上荣誉。重视劳动教育，组织学生近3000人次参加劳动教育集中教育活动、社会实践活动、职业体验活动，帮助学生提升劳动意识和技能。全年，成都七中两校区共有毕业生1350人（高中1033人、初中317人），全年招收新生1401人（高中1045人、初中356人）。

教学管理　学校组建创新实验班、英才实验班、理科实验班、人文实验班、远程教学示范班、云班等，因材施教，成效显著。规划和实施学科必修课程、学科援助课程、学科拓展课程、数学英才课程、美术特长生课程、强基强化课程、人文讲堂和综合素养提升课程等，推进物理数字化实验室建设。落实以教师为主导、学生为主体的课堂教学模式。加强教研组、备课组建设，开展转转课、献课、赛课等集体教研活动。优化作业设计，提出提高作业设计水平、提高作业管理水平、提高课后服务水平“三提”和控制作业总量、控制作业时间、监控作业批改质量“三控”，走好“双减”作业管理“最后一公里”。

学术科研　2021年，成都七中坚持学术治校、学术强校，组织民族地区智能教育试验区试验校建设项目暨现代远程教育促进教育优质均衡发展专题研讨会、名校联盟高三备考研讨会等研讨会40余场。申报第六届全国教育科学研究优秀成果8项、省级课题7项、成都市优秀教学成果5项、成都市教育科研规划课题11项，校级课题立项17项，学校在研市级以上课题25项。《远程协同 双师育人——现代远程教育促进普通高中优质均衡发展的创新与实践》获四川省基础教育教学成果特等奖，省级重大课题“中央课堂资源建设”获成都市一等奖，《基于STEAM理念的技术与工程创新实践课程设计与实施》《“差错观测—诊断—调控模型”在高中数学教与学中的应用》获2021成都市教学成果三

图155 2021年4月14日，教育部基础教育司司长吕玉刚（前排右二）到成都七中林荫校区调研学校远程直播教学和德育工作

（成都七中供图）

图156 2021年4月26日，成都七中林荫校区举行高中2018级学生成人礼 （成都七中供图）

等奖，《中学数学教师核心素养培养研究与实践》获四川省教学成果一等奖。国家级课题“信息技术与教育教学深度融合提升创新素养的实践与研究”完成结题。公开出版著作6本，其中2本获得第三届中国西部地区优秀教育图书大奖。

高考成绩 2021年，成都七中两校区76人进入清华大学、北京大学，其中王涵以666分（裸分）名列全省文科第一。全省理科700分以上49人，成都七中占13人；全省690分以上177人，成都七中占50人；全省680分以上511人，成都七中占114人。林荫校区346人被国内“双一流”A类高校录取，占全年级66.5%；高新校区214人被国内“双一流”A类高校录取，占全年级46.2%；两校区合计“双一流”A类高校录取率57%。

奥赛获奖 2021年，成都七中参加五大学科奥赛，有10人入选国家集训队、23人获全国决赛金牌、45人入选四川省队、109人获全国赛区一等奖。学生蔡鑫榆获第53届国际化学奥林匹克竞赛金牌，莫滨瑞获第32届国际生物奥林匹克竞赛金牌。助力成都代表队在第六届莫斯科大都会国际奥林匹克竞赛中获6枚金牌、1枚银牌、1枚铜牌，团体总分位居世界第二。学校成功申办2023年全国青少年信息学奥林匹克竞赛。

教学帮扶 截至2021年末，成都七中网校辐射全国12个省3个自治区1个直辖市的317所高中学校，每天近10万名学生实时与成都七中学生异地同堂，近万名远端学校的教师与成都七中教师全日制地开展协同教学。疫情防控期间，成都七中“泛在学习”平台面向全国免费开放，平台注册用户近百万人，网站总浏览量3000余万人次。对口帮扶雷波中学、凉山州民族中学、仁寿一中南校区、遂宁中学、自贡蜀光中学等学校。

2021VEX机器人世锦赛夺冠 2021年5月20日，2021VEX机器人世界锦标赛全球唯一线下比赛——亚太分区赛在中国甘肃酒泉举行，成都七中70181B战队获全场最高奖——全能奖。全能奖是唯一高于冠军队伍的奖项，奖给竞赛综合素质最高的队伍，是VEX赛事的最高荣誉。这是成都七中在VEX世锦赛上取得的首个全能奖，也是2021年度中国队参加VEX世锦赛上的最好成绩。

（门维婷）

【特殊教育】 2021年，武侯区义务教育段有残疾儿童、少年346名，入学率100%。武侯区特殊教育学校独立办学23年，为义务教育段符合条件的武侯户籍残疾学生提供教育康复服务，现有教师33人、学生97人。区财政全年拨付特教专项经费50万元，生均公用经费311.96万元，随班就读点工作经费23.5万元，新建特殊教育资源教室2个。区教育局和区特殊教育学校被评为成都市第二期特殊教育提升计划实施工作成绩突出单位。

（甘利痕 廖 华 肖 倩）

【中小学德育】 2021年，武侯区出台教育系统“阅读的力量”全员阅读实施方案，开展全民阅读活动100余场。全年有106人次在区市级班主任技能大赛中获奖；推选区市级优秀班主任、优秀德育工作者134名，区级骨干教师（班主任）100名。中小学德育成果评比获省、市、区级奖项1000余人次。持续开展心理辅导员分级培训，构建“智慧心灵”武侯区心理干预与预警管理平台，开展10.9万名中小学生心理健康状况筛查与预警工作，加强中小学生心理健康档案台账管理，创建未成年人心理健康与心智发展中心。开展中华优秀传统文化、革命传统、文化艺术、“幸福成都 美在文明”、“爱成都·迎大运”、“感恩明志 逐梦复兴”、“宪法晨读”等主题教育，组织身边好人、新时代好少年等人物评选，获第六届成都市中小学生书画创评活动、

图157 2021年9月27日，成都市龙江路小学开展以“爱党爱国爱社会主义”为主题的新生入队活动 （区教育局供图）

节日小报系列创评活动、2021年成都市优秀童谣谱曲暨传唱推广活动优秀组织奖，成都市金花中学、成都市磨子桥小学分校被授予成都市第三届文明校园称号。出版武侯区研学旅行课程活动方案集，评选出29名研学基地代言人及20个优秀组织单位。

（甘利痕 廖 华 肖 倩）

【“勤以立人”劳动教育】 2021年4月22日，武侯区举办首届中小学生劳动技能大赛，覆盖区内中小学全学段学生，以赛代培实现全员全域通识性教育。大赛评出优秀团体奖15项，105名个人获劳动能手奖。10月18—19日，承办中国教科院“劳动教育与综合实践活动”成果展示研讨会，并作题为《内核引领 三轮驱动——创建区域新时代劳动教育实施新格局》的经验分享，成都市第十二中学、成都市棕北中学、成都市龙江路小学、成都市磨子桥小学分校等4所学校承办分论坛活动，系统展示区域经验、基地建设、课程建设和课堂教学的育人实效。10月21日，成都市第十二中学被列为教育部全国中小学生劳动教育现场推进会展示点位，研究性劳动课程获与会代表一致好评。武侯劳动教育经验入选《全国劳动教育典型案例》。

（甘利痕 廖 华 肖 倩）

【艺术教育】 2021年，武侯区注重校园文化环境等潜在美育课程的育人作用，以美感人，以景育人，让社会主义核心价值观、中华优秀传统文化通过校园文化环境浸润学生心田。推动“致和尚美”品牌塑造，完善美育课程体系，开齐开足音乐、美术课程，结合学校条件和特色开展各种艺术选修课程，使学生尽可能获得1～2项艺术技能。参与组织全国第九届大学生艺术展演，区政府被省政府评为先进集体，冯刚等10人获省政府表彰。区教育局组织区内中小学参加省市中小学生艺术展演，获省级艺术表演类节目一等奖8个、艺术作品类一等奖4个、学生艺术实践工作坊一等奖1个，获市级艺术表演类一等奖25个、艺术作品类一等奖37个、学生艺术实践工作坊一等奖2个。

（甘利痕 廖 华 肖 倩）

职业教育
Vocational Education

【概况】 2021年，武侯区有职业中学4所（详见表94）。其中，成都市礼仪职业中学、四川交通技师学院为公办职业中学，成都市武侯区亚细亚职业学校和成都机电工程学校为民办职业中学。全区职业中学有在校学生15564人，其中公办职业中学有学生7754人、民办职业中学有学生7810人。学校组织学生参加各级各类职业技能大赛，

图158 2021年4月22日，武侯区第一届“勤以立人”中小学生劳动技能大赛在川大附小江安河分校举行 （区教育局供图）

获四川省三等奖 3 项，成都市一等奖 27 项、二等奖 20 项、三等奖 2 项。武侯区持续实施“9+3”免费职业教育，礼仪职业中学成功申报四川省职业学校“三名工程”四星学校。礼仪职业中学持续开展“现代学徒制”及“教学技能诊断”，学生就业率 100%，升学率 87.2%。

（甘利痕　廖　华　肖　倩）

图159　2021年10月，成都市礼仪职业中学物联网专业开展实训课　（区教育局供图）

【四川省成都市礼仪职业中学】

四川省成都市礼仪职业中学（简称成都礼仪职中）有两个校区，本部位于金兴北路 373 号，东区位于镗钯街 35 号，学校总占地面积 54202.71 平方米，总建筑面积 7.2 平方米。学校创建于 1956 年，原为成都市二十二中，1991 年举办职业教育，1993 年增挂“成都市礼仪职业中学”校牌，1996 年成为省级重点职中，1999 年与原成都市第 25 中学合并并成功创建成为国家级重点职业学校。学校是首批国家中等职业教育改革发展示范学校、首批国家级重点、首批国家中等职业学校德育先进集体、首批国家中职教学诊断与改进试点校、教育部首批中职德育实验基地校、首批四川省校风示范校。

2021 年，成都礼仪职中有教职工 243 人，其中正高级教师 1 人、高级教师 92 人、省特级教师 1 人、省教书育人名师 1 人、市特级教师 2 人；在校生 2600 余人。学校开设有航空服务、铁路运输管理、旅游服务与管理、西餐烹饪、物联网技术应用、计算机应用、幼儿保育、金融事务、市场营销、工艺美术等 10 个专业。其中，航空服务为省级重点专业，物联网技术应用为省示范专业建设项目，旅游服务与管理、计算机应用、金融事务、工艺美术为市级重点专业。

成都礼仪职中以中等职业学历教育为主，兼顾五年一贯制中高职贯通培养模式，学历教育与职业培训并举，是多层次、多专业、综合性的中职学校。学校秉持“礼尚德华　仪范行雅”的校训、“重德重业　善做善教”教风和“德技并

表 94　2021 年武侯区职业学校基本情况表

学校名称	占地面积（平方米）	学校地址	教职工数（人）	班级数（个）	在校生数（人）	主要开设专业
四川省成都市礼仪职业中学	35492.62	金兴北路 373 号	259	71	2654	航空服务、旅游服务与管理、西餐烹饪、铁道运输服务、计算机应用、物联网技术应用、工艺美术、金融事务、市场营销、幼儿保育
成都市武侯区亚细亚职业学校	51712.5	南三环路五段 109 号	93	39	1371	计算机应用、铁道运输服务、汽车运用与维修、绘画、旅游服务与管理、音乐表演、幼儿保育、老年人服务与管理
成都机电工程学校	180667.57	蜀源大道四段 96 号	502	111	6439	建筑工程施工、铁道运输管理服务、电子信息技术、金融事务、旅游服务与管理、机电技术应用、航空服务、汽车运用与维修、船舶驾驶、飞机维修、铁道车辆运用与维修、工艺美术
四川交通技师学院	138006.9	佳灵路 8 号	268		5100	汽车运用与维修、道路与桥梁工程施工、工程机械运用与维修、物流服务与管理、航空服务等

（甘利痕　廖　华　肖　倩）

重 自信自强”学风，紧跟技术进步和生产实际以及社会公共服务需要，培养高素质技术技能人才，促进多数学生实现升学和少部分就业，助力学生终身职业生涯发展，取得良好的办学成绩。2021年，成都礼仪职中发展案例入选成都市教育创新实践十大案例；2项改革创新案例入选教育部《中国职业教育发展白皮书》；教学成果获省政府首届职教教学成果一等奖。

2021年，成都礼仪职中教师参加教学能力大赛，166人次获奖，其中国家级三等奖4人次，省级一等奖15人次、二等奖4人次，市级一等奖11人次、二等奖5人次。学生获教育部“中外人文交流小使者”舞蹈展示一等奖；参加技能竞赛，获省级二等奖2项、三等奖2项，市级一等奖26项、二等奖20项。642名毕业生升入高校，其中50人考取本科。

（甘利痕 廖 华 肖 倩）

【四川交通技师学院（四川交通运输职业学校）】 四川交通技师学院（四川交通运输职业学校），创建于1958年，是经四川省教育厅批准的国家公办普通全日制中等职业学校，隶属于四川省交通运输厅，有温江、红牌楼2个校区，占地138006.9平方米，建筑面积11.7万平方米。其中，红牌楼校区位于佳灵路8号。学校是国家中等职业教育改革发展示范校、交通运输部规范化学校、中国交通职业教育委员会副理事长单位、交通行业指导委员会汽车专委会副主任单位、成都市汽车职教集团和物流职教集团副理事长单位。2021年，学校有在校学生5100余人；有专任教师268人，其中国家万人计划教学名师1人、四川省学术技术带头人后备人选1人、四川省杰出青年学术带头人培养对象1人、全国交通运输行业职业教育专业带头人3人、四川省教学名师3人、高级职称教师75人、“双师”型教师126人、授课高级工程师和教授61人。

学校是四川交通运输行业规模最大、专业覆盖面最广的中职学校，有汽车工程系、道桥工程系、机电工程系、运输工程系、信息工程系、建筑工程系、基础教学部、继续教育部等8个教学单位，开设有汽车运用与维修、道路与桥梁工程施工、工程机械运用与维修、物流服务与管理、航空服务等18个专业，其中国家级重点专业4个、四川省重点专业1个、交通运输部重点专业1个。

学校注重培养学生的动手能力和综合素质，构建“人才培养具有交通特色、实训环境具有车间特色、校园文化具有企业特色”的产教融合人才培养模式。学校与上海通用、东风日产、四川路桥等60余家企业进行校企深度合作，校企合作专业覆盖率100%，校企合作共建校内实训基地18个，其中国家级汽车实训基地1个、省级道桥实训基地1个、国家一类驾校1所。学校与四川交通职业技术学院共建共享实训资源，共享教学仪器设备总值达1.4亿元，与宝马、丰田、奥迪、大众、中兴、成都地铁、新加坡叶水物流等国内外企业共建培训中心和订单培训基地，教学实习设备设施总体水平处于省内中等职业学校前列。

学校搭建中高职衔接立交桥，在校生既可参加对口高职高考和高职单独招生考试，升入高等职业学院学习，也可套读重庆交通大学、电子科技大学、西南科技大学、四川交通职业技术学院的函授或自考。近3年，学校中职毕业生取得大专学历的比例达到70%，毕业生就业率均保持在97%以上，先后获四川省技能人才培育突出贡献奖、四川省藏区免费中等职业教育工作先进集体等10余项荣誉，被中央电视台、四川电视台、《中国教育报》、《四川日报》等媒体多次报道。

（甘利痕 廖 华 肖 倩）

高等教育
Higher Education

【概况】 武侯区高等教育资源丰富，是成都市乃至四川省高等教育资源最多最集中的城区。2021年，辖区有驻区高等院校8所（详见表95），其中以四川大学、西南民族大学、四川音乐学院、成都体育学院最为知名。

（徐敬国）

【四川大学】 四川大学（简称川大）有36个学科型学院（系）及海外教育学院等学院，有博士学位授权一级学科49个、专业学位授权点38个、博士后流动站39个。有国家重大科技基础设施1个，国家重点实验室4个，国家工程技术研究中心2个，国家应用数学中心1个，国家临床医学研究中心2个，国家工程实验室1个，国家地方联合工程实验室3个，国家地方联合工程研究中心1个，国家2011协同创新中心1个，国家国际科技合作基地5个，教育部前沿科学中心1个，教育部重点实验室10个、工程研究中心7个。2021年，学校科研经费33.5亿元。学校教学科研岗6571人，其中中国科学院和中国工程院院士23人（双聘院士11人）、

表 95　2021 年武侯区驻区高校情况表

序号	校名	地址
1	四川大学望江校区	一环路南一段 24 号
	四川大学华西校区	人民南路三段 17 号
2	西南民族大学武侯校区	一环路南四段 16 号
3	四川音乐学院	新生路 6 号
4	成都体育学院	一环路西一段 19 号
5	四川省运动技术学院太平寺校区	太平寺路 8 号
6	四川开放大学	洗面桥街 25 号
7	成都中医药大学第二临床医学院	人民南路四段 17 号
8	农银大学	武侯大道铁佛段 4 号

（徐敬国）

四川大学杰出教授 7 人、国家自然科学杰出青年基金获得者 65 人、国家优秀青年科学基金入选者 69 人；“973”首席科学家 7 人（9 项）；国家级教学名师 14 人。有全日制普通本科生 3.7 万余人、研究生 2.9 万余人、外国留学生及中国港澳台地区学生近 3000 人（参见表 96）。6 月 28 日，四川大学党委受到党中央表彰，获“全国先进基层党组织”称号。

“双一流”大学建设　2021 年，四川大学在首轮“双一流”建设基础上，编制形成《“双一流”建设整体方案（2021—2025 年）》和一流学科（群）建设方案，制定《“双一流”建设成效评价办法》和一流学科（群）建设目标责任指标体系；启动“创新 2035”五大先导计划，以大科学问题和关键核心技术的突破为牵引，实施物质结构透明计划、未来医学港湾计划、天地一体与生态演化计划、信息软件与底层算法计划、文明互鉴与全球治理研究计划。召开“立足西部办世界一流大学”系列研讨会，调研国内外一流大学建设经验，形成《世界一流大学建设经验及其启示——立足西部办世界一流大学规律探索》研究报告。多家知名企业和川大校友在学校校庆期间共捐赠 5.3 亿元助力学校建设世界一流大学。

学科发展　2021 年，四川大学落实“文优、理进、工改、医强”的建设思路和路径，聚焦“医学 +”“信息 +”，推进城市智慧防灾减灾、智能制造、生态皮革等“信息 +”工业互联网研究中心建设；加快推进医工交叉融合，召开医工融合推进及项目指南发布会，发布重点支持项目 16 项，上线运行医工融合实验数据共享平台，举办医工融合成渝地区双城经济圈高峰论坛。加快实施人文社科繁荣发展计划，投入 1000 万元推进文科国家级科研基地平台提升计划、国家级科研基地平台培育计划和中国特色“川大学派”培育计划。实施医学基础学科振兴计划，设立每年 2000 万元“基础医学 +”专项经费支持基础医学、药学等医学基础学科建设。推进学科结构优化调整，增设应用经济学、动力工程及工程热物理、电子科学与技术、航空宇航科学与技术、人工智能等 5 个博士一级学位授权点，新增碳中和技术、医学工程技术 2 个二级学科。干部教育学被中央组织部、教育部确定为全国试点新设立二级学科。

科学研究　2021 年，四川大学到校科研总经费 33.5 亿元。李为民、秦勇、张志荣牵头完成的 3 项成果获国家科学技术奖励表彰。学校获国家自然科学基金项目 616 项，其中冯小明院士牵头获基础科学中心项目 1 项，实现西南地区基础科学中心零的突破；获国家杰出青年科学基金项目 8 项，自然基金立项总数和杰出青年科学基金项目数均创新高。获国家社科基金项目 95 项，立项总数和重点项目数均创新高。基础研究能力和水平进一步提升，在 *Cell*、*Nature*、*Science* 发表学术论文 7 篇。推进“创新 2035”先导计划，首批 15 个项目正式启动。获准牵头建设天府锦城

图160　四川大学望江校区北门　　（区地志办供图）

实验室（生命健康实验室）、天府永兴实验室（碳中和实验室）。统筹推进水力学与山区河流开发保护、高分子材料工程、生物治疗、口腔疾病研究等4个国家重点实验室优化整合。牵头成立全国首家省级碳中和技术创新中心，成立四川大学资源碳中和集成攻关大平台。统筹推进国家医学中心和国家区域医疗中心建设，华西医院获批国家医学中心首批“辅导类”创建单位，华西口腔医院获批国家口腔医学中心，华西第二医院获批国家儿童区域医疗中心；研发的重组蛋白疫苗完成Ⅱ期临床试验，正在全球开展多中心的Ⅲ期临床试验。新增汉语应用与规范研究国家语言文字推广基地；持续推进重大文化工程建设，《汉语大字典》修订工程被纳入四川省“十四五”重大文化工程；成立三星堆考古团队，主持发掘金面具、金器等一批珍贵文物；联合阿里巴巴公益基金、加州大学伯克利分校等组建“汉典重光”中国海外古籍“数字化回归”平台，首批20万页古籍善本完成数字化。

招生和就业 2021年，四川大学科学制订分省分专业招生计划，优化6个省份“3+3”与8个省份“3+1+2”新高考改革选考科目、招生计划和录取方案。本科生源质量稳步提升，在高考改革省份中，北京、上海、天津、浙江等4省市录取位次显著上升；在非高考改革省份中，安徽等8个省份文科录取位次和四川等5个省份理科录取位次显著上升。学校做好常态化疫情防控背景下的就业工作，就业指导中心大楼和智慧就业管理系统全面投入使用，发挥校园招聘主渠道作用，推出寒假暖冬计划、成渝联盟春风行动等招聘活动，组织线下招聘宣讲1280场、双选106场；搭建“1+N”就业云服务平台，组织线上空中宣讲活动353场、双选活动93场。2021届毕业生总人数16129人，就业率92.5%，其中到西部就业6133人，占64.3%。

教育交流与合作 2021年，四川大学与国外一流高校及研究机构签署合作协议18个，登记备案科研合作类协议58个。举办第四届“长江—伏尔加河”高校联盟论坛、全球绿色发展高峰论坛等国际会议16个。推进与德国克劳斯塔尔工业大学中外合作办学项目，首批招收新生65人。获批教育部“内地与港澳大中小学师生交流计划项目”14个、对台项目1个、港澳台学生国情教育项目1个，入选四川省首批川港澳台青少年交流基地。与香港城市大学、香港理工大学签订博士生联合培养协议，启动与香港城市大学博士生联合培养项目。灾后重建与管理学院教授柯瑞卿获中国政府友谊奖，外籍教授朴哲范当选中国工程院外籍院士。举办2021年实践及国际课程周活动，邀请来自29个国家的124名专家

表96 2021年四川大学基本情况

学生数量（人）					教职工数量（人）		学科及专业数量（个）		各类实验室（个）	
类别	博士生	硕士生	本科生	合计	专任教师	3866	国家一流学科	6	国家重点实验室	4
普通高等教育在校学生	7662	22713	37493	67868	专任教师正高级职称数	1342	省级一流学科	17	国家工程实验室	1
普通高等教育招收学生	2147	7422	9121	18690	专任教师副高级职称数	1631	博士学位授权一级学科点	47	国家地方联合工程实验室	3
普通高等教育毕业学生	1426	6858	8885	17169	博士生导师	2031	博士学位授权二级学科点（不含一级学科覆盖点）	2	国防重点学科实验室	1
成人教育学生	—			10427	硕士生导师	2282	硕士学位授权一级学科点	58	国家空管重点实验室	1
网络教育学生	—			67700	院士	9	普通本科专业	143	省部共建国家重点实验室培育基地	1
留学生	—			1975	长江学者特聘教授	48			省部级重点实验室	79
合计				183829	合计	8518			省级工程实验室	13

说明：1. 数据源自2021年上报教育部的四川大学《教育事业综合统计调查表》，数据截至2021年9月1日；2. “教职工总数”“专任教师数”数据均不含附属医院职工；3. 院士只统计人事关系在四川大学的院士；4. 博士导师含博士、硕士导师。

（许唯临　李安林　王昌宇）

学者开设全英文课程 132 门；推进大川视界大学生海外访学计划，组织 12 个项目，参与学生 107 人，实施大川视界海外在线课程资助项目 11 个。

赛事获奖　2021 年，四川大学在中国国际“互联网 +”创新创业大赛全国总决赛上获 6 枚金牌 2 枚银牌，在第十七届“挑战杯”全国大学生课外学术科技作品竞赛中获红色专项活动 4 项特等奖，在国际遗传工程机器大赛（iGEM）中获金奖，连续 10 年获全国大学生化工设计竞赛特等奖。

（许唯临　李安林　王昌宇）

【西南民族大学】 西南民族大学（以下简称西南民大）前身为成立于 1951 年 6 月 1 日的西南民族学院，2003 年 4 月更为现名，2015 年实行国家民委、四川省政府、教育部共建。学校占地面积近 200 万平方米，校舍建筑面积 113.6 万平方米；有武侯、航空港、太平园 3 个校区，在阿坝州红原县建有西南民族大学青藏高原生态保护与畜牧业高科技研究示范基地。学校先后获首届“全国文明校园”“全国民族团结进步创建示范学校”称号。2021 年，学校有文、史、哲、经、管、法、教、理、工、农、医、艺等 12 个学科门类；设有 25 个学院；有博士后流动站 2 个、博士后创新实践基地 1 个，博士学位授权一级学科 4 个，硕士学位授权一级学科 24 个，专业学位授权点 21 个，本科专业 87 个。馆藏图书资料 1100 余万册（含电子文献），教学科研仪器设备总值 5.49 亿元。年末，学校有 56 个民族的在校全日制学生 3 万余人，教职员工近 3000 人，其中博士生导师、硕士生导师 664 人。

中华民族共同体教育　2021 年，西南民大把铸牢中华民族共同体意识主线要求贯穿办学治校各方面、教书育人全过程；将“民族理论与民族政策”课程全面调整优化为“中华民族共同体教育”课程，重点支持《中华民族共同体教育》校本讲义编写和建设，深化建设“中华文化”课程体系。获批国家民委中华民族共同体研究基地，成立国家通用语言文字推广与研究中心。在《西南民族大学学报》和《民族学刊》开设专栏、出版专辑，推进中华民族共同体教育。“格桑花”研究生支教团的“铸牢中华民族共同体意识——‘格桑花’研支团‘志智双扶双增’实践”项目入选教育部 2021 年“高校思政精品项目”。

教育教学　2021 年，西南民大深化教育教学改革，优化“理论—实训—实践”的创新创业教育内容体系，推动“课程思政”建设。召开研究生教育会议，加快推进研究生教育升级转型。出台《“三全育人”综合改革实施方案》，强化体育、美育、劳动教育中心建设，“五育”并举推进学校“三全育人”，提升育人功能。开展“国旗天天升、国歌天天唱”活动，在升国旗仪式中开展国旗下的微党团课、民大青年说、红歌联诵等活动，深化爱国主义教育。化学与环境学院、药学院入选四川省“三全育人”综合改革试点学院。“新时代高校铸牢中华民族共同体意识两融八化育人探索与实践”等 8 个项目获四川省教学成果奖。国际经济与贸易、中国少数民族语言文学、电子信息工程、动物科学、动物医学、舞蹈表演等 6 个专业获批国家级一流本科专业建设点；民族学、英语、通信工程、软件工程、环境科学、城乡规划等 6 个专业获批省级一流本科专业建设点。新增人机交互、博物馆学概论等 26 门四川省一流本科课程。“基于嵌入式系统设计的师资能力提升途径探索”等 14 个项目获批教育部产学合作协同育人项目。“基于文旅融合的链条式育人机制探索与实践”等 10 个项目获批首批国家级、省级新文科研究与改革实践

图161　2021年7月1日，西南民族大学举行庆祝中国共产党成立100周年升旗仪式

（西南民族大学供图）

图162　2021年10月29日，西南民族大学举行庆祝建校70周年大会　（西南民族大学供图）

项目。在全国高校学科竞赛排行榜赛事中获国家级奖项97项、省级奖项289项。11月12日，学校被评为四川省高校心理健康教育工作先进单位。

招生就业　2021年，西南民大录取本预科生7466人，第一志愿录取率97.67%。生源质量稳步提升，招收研究生1432名（硕士生1365名、博士生67名），一志愿报考的硕士生考生人数比上年增加1100余人。学校采取“小规模、多频次”“线上＋线下”的方式推进学生就业，全年举办大中型双选会和专场招聘会254场，推荐就业岗位17万余个。学校获批全国首批高校毕业生就业能力培训基地。

学科建设　2021年，西南民大新增畜牧学一级学科博士学位授权点，社会学、城乡规划学等2个一级学科硕士学位授权点，国际商务、社会工作、体育、新闻与传播、文物与博物馆、材料与化工、资源与环境、旅游管理等8个硕士专业学位授权点。

科研工作　2021年，西南民大“四川若尔盖高寒湿地生态系统国家野外科学观测研究站”入选国家野外科学观测研究站。青藏高原生态保护与草牧业四川省科普基地被列为省部级科普基地。在四川省第十九次社会科学优秀成果奖中，西南民大获奖28项，其中一等奖1项、二等奖8项、三等奖19项。3项成果获国家民委调研报告奖，1项成果获中国民族医药协会科学技术奖二等奖。

社会服务　2021年，西南民大组织33人参加四川省科技特派员服务团，到民族地区开展科技服务；选派32人参加“三区”科技人员专项工作；组织首届“科普边疆行”活动，派出4支科普团队到西藏向群众推广国家通用语言文字，普及农牧业科技知识；参与各类科普活动，获国家民委科普讲解大赛一等奖1项、二等奖2项、三等奖2项，获四川省科普讲解大赛一等奖1项。学校获四川省脱贫攻坚“记功集体”专项奖励，经济学院院长陈灿平被评为“全国脱贫攻坚先进个人”。

西南民族大学70周年校庆　2021年10月29日，西南民大在航空港校区举行建校70周年庆祝大会，全面回顾办学历程，系统总结办学经验，展现新时代风貌。会上举行“西南民族大学立德树人奖”颁奖仪式。中央统战部副部长陈小江、四川省副省长罗强、中央民族大学校长郭广生等出席大会。校庆采用线上线下同步的方式进行。校庆期间，学校围绕“铸牢中华民族共同体意识，落实立德树人根本任务，建设高水平现代化综合大学”主题，以庆祝建校70周年为契机，建设航空港校区校史馆，编纂2011—2021年校史，设立70周年校庆专题网站，出版学报校庆专刊，开展学报近10年学术刊物展览，建成学校学术文库，编印《教师风采录》；举办向学校首任院长王维舟塑像敬献花篮仪式、维舟青年学者论坛、“我和我的民大”征文活动、“师德师说——我身边的师德故事”分享会、教学成果汇报展演、“百年征程　七秩芳华　同心筑梦　青春民大”主题校友周等各类活动100余项。

（余勤高　刘渝西）

【成都体育学院】　成都体育学院位于体院路2号，毗邻成都武侯祠，占地总面积48万平方米，前身为建于1942年的四川省国立体育专科学校，1956年更为现名。学校以本科教育为主，有教学科研单位21个，本科专业22个，跨教育学、医学、文学、管理学、经济学、艺术学、历史学等七大学科门类。学校有体育学博士学位授权一级学科和体育学、临床医学、中西医结合、新闻传播学等4个硕士学位授权一级学科，有14个硕士学位授权二级学科，同时还拥有体育、中医、新闻与传播、艺术等4个硕士专业学位授权点。学校为博士学位授权单位，附属体育医院为四川省博士后创新实践基地和全国博士后科研工作站。2021年，学校新增3个国家级、3个省级一流本科专业建设点，国家级一流专业建设点立项数占比居全国同类院校前列；申请复办的中医骨伤科学专业于9月开始招生。年末，成都体育学院有国家社会科学基金项目学科评审组专家、教育部新世纪人才、国家体育总局学术和技术带头人、国务院政府特殊津贴专家、全国高等学校体育教学指导委员会委员等各类专家113人；专（兼）职博士生导师69人；国际和国家级裁判146人、国际健将与运动健将64人；国内外客座教授、兼职教授20余人。

课程建设　2021年，成都体育学院在课堂教学中融入“大体育”思政观，引导教师探索新时代“课程思政”教学新模式，把“以体育人、以体铸魂”贯穿人才培养全过程；新增9门省级“课程思政”，构建具有成体特色的“三级三类”课程思政建设体系。制定《成都体育学院一流本科课程建设与管理办法》，采取“学校主推、院系主建”的方式，推动校级“百门金课”建设计划，18门课程被认定为第二批省级一流本科课程；郝勤教授获首届全国教材建设先进个人奖，此奖项是全国教材建设领域的最高奖；以优质课程资源建设为基础积极推动混合式教学改革，本学年共有63门课程开展混合式教学改革；获省级高等教育教学成果奖一等奖1项、二等奖4项，1个项目为教育部首批新文科研究与改革实践立项建设。

学科建设　2021年，成都体育学院成立学科建设领导小组，全面启动“高原”“高峰”建设，分层分类规划体育学、运动医学、新闻传播学学科建设实施方案和学科带头人选聘与管理办法，明确发展目标和建设路径。完成体育学第五轮学科评估相关工作；完成体育、新闻与传播、中医等3个研究生专业硕士点的全国专业学位水平评估；获批翻译、文物与博物馆、旅游管理专业学位授权点。

学校科研　2021年，成都体育学院获国家社科基金项目立项10项，国家社科基金年度项目体育学立项数连续2年居于全国高校第一；再次获国家社科基金重大项目立项，成为获此立项的2所四川省属高校之一；首次获全国教育规划课题项目和国家社会科学基金后期资助项目；获教育部人文社科一般项目立项5项，是体育学学科立项数最多的高校；获四川省第十九次社会科学优秀成果奖8项；省部级项目立项数49项。

体育竞技　2021年，成都体育学院在校学生在东京奥运会上，获1枚金牌、2枚银牌、1枚铜牌及1个第4名的成绩；在第十四届全运会上，全校师生获4枚金牌、2枚银牌、3枚铜牌，创历史最好成绩；自主培养的学生首次取得冬季奥运会钢架雪车项目参赛资格；学校26支代表队共参加35项校外竞赛，取得85枚金牌、59枚银牌、51枚铜牌的成绩，其中男子足球代表队和啦啦操队取得突破性成绩。

招生与就业　2021年，成都体育学院加强就业创业指导，探索校企合作，拓宽就业渠道，全过程、多维度提升毕业生就业能力。全年招收新生2714名，其中本科生2178名、研究生536名；毕业学生2683名。2021届毕业生就业率90.83%，超过全省平均就业率。

创新创业　2021年，成都体育学院有135个项目获批省级立项，45个项目获批国家级立项；在第七届全国“互联网+”大学生创新创业大赛中，3个项目获省级铜奖；4个创业实体和9个项目获四川省大学生创新创业补贴13万元；在四川省第十六届“挑战杯”学术科技作品竞赛中10项作品获省级铜奖。

新校区建设　2021年，省体育局给予成都体育学院5000万元资金支持，共建四川省艺术体操中心；成都市、东部新区以场馆共建的方式，给予成都体育学院4.76亿元资金补助。截至年末，成都体育学院收到成都市政府提档升级补贴资金2.38亿元。新校区完成总规审定、交地打围、二批次所有标段招标等关键性工作；年内一、二批次工程建设和场平共完成产

图163　成都体育学院校园　（成都体育学院供图）

值约8.1亿元；教学楼、实验楼、核心区架空层（总建筑面积约7万平方米）基本完工；1号、3号、4号学生宿舍楼和第2食堂、博物档案馆、高尔夫训练馆、武术馆、体操馆等基本完成主体封顶。教职工配套住房建设完成90666.67平方米建设用地的调规变性。

交流合作 2021年，成都体育学院获批与美国南印第安纳大学合作举办体育经济与管理专业本科教育项目，实现该校中外合作办学零的突破；新招收留学生80余人，其中学历留学生6人（本科生3人、硕士研究生1人、博士研究生2人）。搭建高水平、国际化平台，与上海合作组织建立上合国家马拉松训练基地、上合国家体育与运动康复研究院，丰富“一带一路”国家间的合作与交流；加入丝绸之路体育院校联盟、中俄体育教育联盟等平台。拓展学生交流渠道，与意大利罗马舞蹈学院、泰国宣素那他大学、以色列温盖特学院、美国春田学院合作并签订校级合作谅解备忘录，与澳门科技大学续签合作交流协议。与国家体育总局射击射箭运动管理中心、国家体育总局体操运动管理中心等部门和单位签订战略合作协议；与成都市体育局、重庆市体育局签订《成渝地区双城经济圈体育产业协作协议》，筹建成渝高校体育产业中心。

成都大运会工作 2021年，成都体育学院如期完成校内综合馆、体操馆等大运场馆改造，并做好竣工验收及后续调试、维护。承办“相约幸福成都”2021年中国大学生艺术体操锦标赛暨第31届世界大学生夏季运动会艺术体操选拔赛，赛事直播观看量达66.9万人次。

（朱琳姝）

【四川音乐学院】 四川音乐学院（简称川音）前身为创建于1939年的四川省立戏剧教育实验学校，1959年更为现名。学校总占地面积80万平方米，有武侯、新都2个校区，其中校总部武侯校区坐落于武侯区锦江河畔，面积80000余平方米。学校图书馆占地17179平方米，有各类藏书（含电子、音像等）155万册（件）。川音是以音乐专业教育为主体，美术、舞蹈、戏剧、影视、传媒艺术、艺术学理论等专业教育综合协调发展的专业艺术院校。其中，作曲与作曲技术理论、音乐表演为国家级特色专业，音乐学、工业设计、绘画、舞蹈学为省级特色专业，作曲、键盘乐器、绘画为省级重点学科。学校有音乐与舞蹈学、美术学、艺术学理论等一级学科硕士学位授权点3个，艺术硕士（MFA）、教育硕士专业学位授权点2个。与四川大学联合培养音乐传播学博士生，是四川省博士后创新实践基地。四川音乐学院办学层次涵盖研究生教育、本科教育、专科教育、成人教育和中等艺术教育，在校生16000余人。2021年末，学校有副高级以上专业技术人员352人，其中二级教授13人、享受国务院政府特殊津贴专家12人、部优专家1人、四川省学术和技术带头人13人、四川省突出贡献优秀专家5人、四川省教学名师3人。

2021年，四川音乐学院编制《四川音乐学院事业发展第十四个五年规划和二〇三五年远景目标》；将声乐系、民族声乐系、歌剧合唱系合并，成立声乐歌剧学院。完成音艺大楼项目上报省政府立项，启动音艺中心项目建设，完成川音幼儿园建设。10月18日，四川音乐学院在武侯校区大音乐厅召开全校干部大会，省委常委、宣传部部长甘霖出席会议。会议宣布文云英任四川音乐学院党委书记，文锋任四川音乐学院党委副书记、院长；免去周思源四川音乐学院党委书记、常委职务，免去文云英四川音乐学院副院长职务。

学科专业建设 2021年，四川音乐学院制定《四川音乐学院本科专业评估指标体系（试行）》，推动专业建设。开展校级重点专业（方向）的遴选和建设，对9个专业（方向）实施重点扶持。开展2021年一流本科专业建设点申报，向省教育厅推荐11个专业（含已认定的5个省级一流本科专业）。开展新文科研究与改革实践项目的申报和建设，3个省级新文科研究与改革实践项目获立项。新办的“影视摄影与制作”专业完成学位授权评审。

教育教学 四川音乐学院根据各院系专业特点，修订2021级本科人才培养方案以及教学大纲、教案设计、考试标准等。组织建设和申报2021年国家级、省级一流课程以及课程思政示范课程和示范中心（双万计划第二批），12门课程获省级一流认定；制定《四川音乐学院混合式教学试点课程认定管理办法（试行）》，遴选出首批21门校级混合式教学试点课程；推进慕课西行计划，同喀什大学、西藏大学、阿坝师范学院共举行同步课堂18次；持续建设新形态教材，出版发行3门数字课程。修订《四川音乐学院关于教学与教学管理责任事故认定及处理办法》《四川音乐学院任课教师请假及调（补）课管理规定》《四川音乐学院教学督导工作管理办法》《四川音乐学院听课管理办法》；

图164 2021年5月，川音合唱团在全国第六届大学生艺术展演活动上演出 （四川音乐学院供图）

评选和认定四川音乐学院首批教学类团队共94个，对32个项目129人进行年度教学成果奖励。开展2021大学生创新创业训练计划项目立项和2020大学生创新创业训练计划项目结题，共立项130项。加强省级大学生各大赛事申报，获四川省大学生乡村振兴网络主播大赛承办权。

科研工作 2021年，四川音乐学院完成科研项目立项165项，其中国家级项目1项、省部级项目13项、省厅级项目49项、院级项目90项、横向项目12项。组织校内外专家评委开展科研项目评审和结题，组织项目结项评审6次，结项211项，其中省部级项目4项、省厅基地13项、省厅级项目108项、院级项目86项。出台《四川音乐学院横向科研项目经费管理办法》，进一步简政放权，全年到校横向课题经费163.11万元。完善学校12个科研平台体制机制，充分发挥科研平台的作用。

教师队伍建设 2021年，四川音乐学院选树师德师风先进典型，推选2名优秀教师参加全省“师德师风建设巡礼”教师展评。开展年度公招，引进31名教师；引进博士75名，博士学位教师在专任教师中占比由不足5%提升到10.5%。开展专家评选申报，新增享受国务院政府特殊津贴1人及四川省学术和技术带头人5人、后备人员6人。实施年度拔尖人才培养计划，选出23名专业拔尖人才和103名专业优秀人才进行培养。以教师节为契机，给工作成绩突出的10名优秀教师和3个优秀集体记功、表扬。

招生工作 2021年，四川音乐学院对音乐表演专业的面试科目评分方式进行改革，协助考试院选聘校外考评人员101人，并强化考评管理，确保考试公平公正。全年普通本科录取23个省（自治区、直辖市）新生2265人，其中四川籍新生1208人、非四川籍新生1057人；艺术附中录取新生388人，成人教育录取新生190人，第二学士学位录取新生39人，录取港澳台地区新生1人。

创作展演 2021年，四川音乐学院组织25人参加第十三届中国音乐“金钟奖”比赛，钢琴系教师孙麒麟获钢琴组第一名，声乐歌剧学院教师张宇获民族声乐组第四名。参加第六届大学生艺术展演活动，获先进集体表彰。联合西安音乐学院、武汉音乐学院举办首届川陕鄂音乐学院优才计划——研究生专业技能展演活动。开展庆祝中国共产党成立100周年大型艺术创作展演活动和“百曲颂百年　百曲颂中华”文艺展演。为成都大运会创作主题歌曲30余首，与成都市残联共同打造音乐情景剧《幸福之光》。开展高雅艺术进校园、进社区、进基层等活动，提升艺术创作展演水平。

校地合作 2021年，四川音乐学院与成都市成华区、眉山市、资阳市开展战略合作，通过共建美育中心、探索打造一体化文化艺术基地等形式，助力成德眉资同城化发展。与巴中市签订校地合作框架协议，在巴中市高级中学挂牌“四川音乐学院教学实践基地”。参与成渝地区双城经济圈高校艺术联盟各项活动，参与举办学术讲座、艺术展演、艺术比赛等活动。与联系帮扶地四川省九龙县签订校地合作框架协议，与峨眉山市签订乡村振兴战略合作框架协议，助力各地艺术文化教育、乡村振兴和文旅资源创新开发利用。

国际交流与合作 2021年，四川音乐学院被批准为四川省中俄高校联盟首批会员单位、四川省—阿拉木图市高校联盟首批联盟单位、四川省教育国际交流协会常务理事单位，与俄罗斯圣彼得堡国立N.A.里姆斯基－科萨科夫音乐学院、新加坡南洋理工大学国立教育学院、美国纽约电影学院等4所国际院校签订合作协议，先后承办国际传统音乐学会“全球音乐史”首届研讨会、第十四届亚太戏剧院校联盟校长会议暨国际研讨会、第十七届（2021）中国·成都“阳光杯”学生新音乐作品比赛等3场国际性学术会议和活动。

对口帮扶　2021年，四川音乐学院选派11名师生到凉山州布拖县顶岗实习支教；对西昌民族幼儿师范高等专科学校开展对口帮扶，先后派出专家教授10余人实地指导，派出8名研究生顶岗支教，举办专家讲座4场。获四川省定点帮扶先进集体和记功集体等荣誉。

（孙　莉）

社区教育
Community Education

【概况】 2021年，武侯区社区教育以丰富社区教育载体、服务社区发展治理、服务全民终身学习为核心，不断提升社区教育的示范效应。龙井社区等7个社区创建为成都市学习型（示范）社区；玉林街道等4个街道建成街道老年教育学校；丽都花园社区等8个社区建成社区老年教育教学点。创新协同育人载体，打造未成年人教育矩阵，成都市棕北中学等3个学校被评为成都市家庭教育示范校（园）。推进全民终身学习活动，市民注册“人民优学”和“成都市民终身学习平台”累计近5.4万人。以线上线下相结合的形式，开展“社区雏鹰”公益活动。

（甘利痕　廖　华　肖　倩）

图165　2021年8月27日，社区公益机构组织孩子们开展国学体验活动　（区融媒体中心供图）

【家校共育】 2021年，武侯区开展家庭教育指导服务，培养专业化家庭教育队伍，构建家庭教育课程体系，引导家长树立科学教育发展观和成长观念，合理设置，帮助家长解决家庭教育方面的问题。开发家庭教育通识、特色和个性化课程约300门，内容涵盖亲子沟通、情绪管理、生命教育、心理健康、安全教育等。建设家庭教育援助中心，通过提供电话、QQ群、微信、现场咨询、专题沙龙等服务，满足家长家庭教育个性化需求；通过“三固一专”，即固定课程、固定时间、固定地点（平台）、安排专人管理组建家长学习共同体，提升家长的家庭教育素养；通过微信群、小鹅通、钉钉等平台授课，帮助家长解决家庭教育方面的问题。成都市棕北中学、成都市玉林小学、成都市第十一幼儿园被评为成都市家庭教育示范校（园）。

（甘利痕　廖　华　肖　倩）

【全民终身学习】 2021年12月，武侯区举办以“共庆百年华诞 同筑公园城市”为主题的全民终身学习活动周活动。启动式上公布了相关获奖情况，区教育局申报的“诸葛家长学堂”被评为2021年四川省“终身学习品牌项目”，武侯区社区学院特聘教师刘孝昌被评为2021年全国“百姓学习之星”。活动周期间，区教育局、各街道办事处等30余个学

图166　2021年暑假期间社区“共享奶奶”教孩子们制作手工粽　（晋阳街道供图）

社联成员单位举办形式多样的线上线下教育学习活动220余场次。

（甘利痕　廖　华　肖　倩）

【服务社区发展治理】2021年，武侯区开展“爱成都·迎大运”社区英语学习活动，开设社区英语课堂，每周开设线下教学班11个、线上教学班3个，共授课281次，2万人次参与学习。组织教学水平、业务能力突出的英语学科兼职教师结合成都大运会有关场景和成都市“八街九坊十景”的特色文化、日常生活互动交流场景等，以情景对话的方式，汇编英语口语常用语教学手册1000册。录制英语教材教学视频，完成《实用英语口语》《剑桥少儿英语》等26个单元教学视频录制。支持全区社区发展治理争先创优重点项目，对42个社区提供16门线下课程、72个社区提供14门线上课程送教活动。创建“武侯·市民云课堂”视频号，发布剪纸、舞蹈、摄影、烹饪等微课视频62个，10万人次参加学习。

（甘利痕　廖　华　肖　倩）

【“社区雏鹰”公益活动】2021年，武侯区采用线上线下相结合的形式开展“社区雏鹰”公益活动。线上活动以青少年身心健康、生活美学、历史人文等五大类主题为内容，录制30个微课视频，在天府市民云、小鹅通、武侯区社区学院视频号等网络平台上播出；线下活动以科普、手工、环保教育等六大类主题为内容，提供60个项目在11个街道72个社区开展64场主题活动。

（甘利痕　廖　华　肖　倩）

成都西北中学——曾经的中共地下活动站

成都西北中学四川省首批重点中学之一，原位于天府广场西侧，后与原成都市第十五中学（原建国中学）合并，形成南北两区的办学格局——位于天府广场西侧的北区为初中部，位于武侯祠旁的南区为高中部。1938年，“北平西北中学成都分校”在蓉成立，此后逐渐演变成目前的成都西北中学。

1922年，成都出现兴办私立学校的热潮。当时的成都处于各大军阀共同统治之下，军阀捐资兴办中学成为一种特有的风潮。建国中学是由四川军阀刘文辉于1930年创办的。男女同校是建国中学的特色。受五四运动影响，全国各地实行男女同校的学校逐渐增多，当时成都有9所男女同校的中学，建国中学便是其中之一。当时的政府对大部分私立学校采取放任态度，所以私立中学的管理比较宽松，氛围比较自由。抗日战争期间，原设在成都市东胜街的建国中学迁至武侯祠附近，随着救亡运动蓬勃发展，建国中学一度成为中共地下组织的活动站。

牺牲于贵州息烽的共产党员张露萍烈士，1937年曾就读于建国中学。张露萍受同班好友车崇英之父、时任中共川康特委领导人车耀先的影响，思想进步很快，不久加入了成都“中华民族解放先锋队”，成为抗日救亡运动的女先锋。著名长篇小说《红岩》的作者罗广斌也曾就读建国中学，读书期间，他与中共地下党员马识途交往密切，最终走上革命道路。刘文辉之子刘元彦也参加了学生进步组织“民族青年协会”，1949年中共地下组织安排刘元彦主持学校工作，在他的领导下，建国中学一度成为地下组织的活动站。

成都解放后，建国中学改名为成都市第十五中学。2002年，成都市第十五中学改名为成都西北中学南区。2013年，成都西北中学南区周边实施立面综合整治工程，在建国巷墙体镶嵌了“1928年西北中学在北平创建的老校门”“1938年学校迁离北平前的旧地址”等老照片。

文化

CULTURE

文化活动

Cultural Activities

【概况】 2021年，武侯区贯彻实施《中华人民共和国公共文化服务保障法》，实施公共文化服务倍增工程，不断优化公共文化服务，提升公共文化效能，推动公共服务设施提档升级，辖区群众的幸福感和获得感进一步增强。区文化馆、图书馆、方志馆共接待群众50万余人次。全区开展群众文化活动5700余场次，参与活动人数60.7万人次。是年，区文联书法家协会成立。

（陈虹霖　陈　燕）

【群众文化活动】 2021年，武侯区举办成都市一环路市井生活圈春节系列活动暨第三十一届“武侯闹春”群众文化活动、武侯区“颂歌献给党”庆祝中国共产党成立100周年歌咏会、2021成都国际友城青年音乐周武侯分会场活动等大型文化活动，开展“文化四季风”“非遗在社区”“全民阅读”“我们的节日”等品牌群众文化活动，以及“走基层”文化惠民活动，受到群众欢迎。武侯文艺宣讲团到学校、社区开展5场宣讲活动，宣讲党的十九届六中

图167　2021年9月29日，武侯区“走基层”文化惠民音乐会在区梦想剧场举行　（区文体旅局供图）

全会精神。全年开展“走基层”文化惠民活动40场、天府文化传承活动30余场、成都大运会主题文化活动119场。

（陈虹霖　陈　燕　李鹏程）

【文化品牌建设】2021年，区文体旅局组织、指导、推荐辖区公共文化设施、文化企业参加省市“最美公共文化空间”“非物质文化遗产生活美学新场景”“四川省民间文化艺术之乡”等评选活动，培育一批文化场景、空间，提升公共文化服务效能。区文化馆在2021长三角及全国部分城市最美公共文化空间大赛上被评为优秀公共文化空间，蜀宫琴台国学分馆和平静生活分馆等区图书馆特色分馆被评为城市阅读美空间。区文化馆服务运营中心（四川知点文化教育咨询有限公司）被评为四川省文旅公共服务优秀团队。蜀宫琴台文创场景体验馆被评为成都市第一批非物质文化遗产生活美学新场景；成都浓园文化艺术传播有限公司被评为第一批非物质文化遗产研学旅行实践基地。华兴街道被命名为“2021—2023年度四川省民间文化艺术之乡”。

（陈虹霖　陈　燕）

【全民阅读活动】2021年，武侯区打造蜀宫琴台国学分馆、平静生活分馆2个城市阅读美空间，建成唯书阁、秋拾书苑等7个微阅读空间，新增西西弗（来福士店）、读本屋、中萱书店等3家实体书店。多形式开展全民阅读活动，承办成都庆祝中国共产党成立100周年诵读晚会。组织开展“阅读之星”“书香家庭”“书香社区”等创建活动，长寿苑、蜀汉街和晋阳等3个社区被评为全市“书香社区”，杜迎春、付惠娟、张建一、文斌、张冬梅、张宗艳、严咏仪、赵国军等8户家庭被评为全市“书香家庭”。

（王志强）

【文艺活动】2021年，区文联策划举办“奋斗百年路 启航新征程”武侯区庆祝中国共产党成立100周年摄影大赛、武侯区中秋诗会等系列主题文艺活动。出版《锦里风光分外春——2021年武侯区文艺作品精粹》《芙蓉花醉锦里城——2021年武侯区散文精选》及《薛涛史话》。帮助辖区内文艺企业、文艺家协会申报省市文艺创作资金扶持和省文联“百家推优”工程。争取到市委宣传部文艺创作扶持资金81万元，扶持辖区某电影公司作品《巴铁女孩》。

（李鹏程）

【武侯区庆祝中国共产党成立100周年征文大赛】2021年4—6月，区委老干部局、区委党校、区融媒体中心、区总工会、区妇联、区文联联合组织开展“讲党史故事·说幸福生活”武侯区庆祝中国共产党成立100周年征文大赛。活动收到应征稿件456篇，经过初选和专家评审，《老一辈无产阶级革命家在武侯》《我见过你，我也是你》《永远的阿福》等3件作品获一等奖，《我是一支柳》《记我的大伯》等5件作品获二等奖，《安居》《爸爸的故事》等10件作品获三等奖，《百年之约》《爷爷的一张老照片》等15件作品获优秀奖。此外，成都彩虹电器（集团）党委等7个单位获评活动组织奖。

（杨　燕）

图168　2021年，武侯区文艺作品集《锦里风光分外春》出版

（区委宣传部供图）

【《薛涛史话》出版】2021年9月，薛涛文化普及读本《薛涛史话》（作者汪辉秀）由四川人民出版社出版发行。该书约9万字，以薛涛留存诗作和薛涛传为主要依据，以薛涛的人生轨迹为线索，讲述薛涛跌宕起伏、惊才绝艳的生平故事；通过分析唐代妇女、科举制度、宦官专权、朋党之争、唐代政治经济军事形势、中唐时期成都的造纸业、纺织业，以及韦皋、刘辟、段文昌、元稹、李德裕、杜牧等人的生平事迹等相关史实，以学术研究为基础，辅以有根据的推测，让读者快速了解薛涛生平重大史实，学习薛涛逆境奋发和创新创造精神。

（李鹏程）

【《芙蓉花醉锦官城》出版】 2021年11月，武侯区委宣传部与区文联策划，区作家协会编辑，张叉主编的《芙蓉花醉锦官城》由四川文艺出版社出版发行。该书为武侯区散文作品精选，着眼于历史链接和文化传承，挖掘成都独特而丰厚的文化，通过娓娓叙说锦官城的风土人情、历史故事、民间传说、文化渊源，追怀逝去的过往，体现鲜明的时代精神。通过这部散文选集，读者能感受美丽蓉城的神秘力量，从字里行间体味天府之国生生不息的血脉传承。

（李鹏程）

【《锦里风光分外春》出版】 2021年12月，武侯区委宣传部与区文联策划，区作家协会编辑，张叉主编的《锦里风光分外春》由四川文艺出版社出版发行。该书为武侯区2021年文艺作品精选，设“武侯名家”“武侯故事”“武侯散文”“武侯诗歌”等篇章，通过作者敏锐的眼睛，深层次阅读成都、理解时代、感悟生活。“武侯名家”聚焦当代比较文学研究领域的领军人物，走进他们的学术天地，感悟思想之美；“武侯故事”旨在讲述身边的红色故事，用动人的笔触描写、记录社会、历史的变迁，塑造一批感人的时代新人形象；“武侯散文”大都是思想精深的精品力作；“武侯诗歌”展现了武侯区老中青三代诗人的创作实力。

（李鹏程）

【庆祝中国共产党成立100周年摄影大赛】 2021年6月，武侯区组织开展“奋斗百年路 启航新征程”庆祝中国共产党成立100周年摄影大赛活动。活动主旨是庆祝中国共产党成立100周年，用镜头对准人民、对准城市，生动展示武侯区在党的领导下所取得的辉煌成就和武侯人民的幸福感、获得感。活动征集作品约600幅，评选出一等奖1名、二等奖3名、三等奖5名、优秀奖16名、入围奖25名；选出100幅优秀作品在机关办公区、街道和社区进行集中展出。

（李鹏程）

公共文化
Public Culture

【概况】 2021年，武侯区有区级文化馆、图书馆、方志馆各1个，街道文化馆和图书馆各11个，以及社区综合性文化服务中心71个，全部免费开放。此外，辖区还有四川大学图书馆、西南民族大学图书馆、四川音乐学院图书馆、成都体育学院图书馆等驻区高校图书馆4个，有四川大学博物馆、西南民族大学博物馆、成都体育学院博物馆等驻区高校博物馆3个，有国家级和省市区级文物古迹15处，有不可移动文物65处。

（陈虹霖　陈　燕）

【公共文化设施建设】 2021年，武侯区推动区—街道—社区三级公共文化服务设施免费开放。建成红牌楼街道竹园社区和华兴街道南桥社区2个基层综合性文化服务中心示范点，完成晋阳街道中央花园精二区、玉林街道科院街6号、红牌楼街道43中学校宿舍等3个老旧院落改造，打造地域特色文化示范院落。新建花艺分馆、古琴分馆、提琴分馆、钢琴分馆等4个区文化馆特色分馆，打造蜀宫琴台“阅读+国学”文旅融合示范图书馆分馆。

（陈虹霖　陈　燕）

【武侯区文化馆】 武侯区文化馆位于九兴大道137号区综合馆3楼、10楼、11楼、12楼，总面积约7200平方米，2015年7月建成投入使用，为国家一级文化馆。武侯梦想剧场位于综合馆3楼，设观众座位300个、配套化妆间5间，可举办歌舞、戏曲、话剧等多种艺术形态的演出；文化馆基本功能室位于10~12楼，包括舞蹈室、美术室、音乐室、国学室、曲艺室、书法室、琴房等活动室以及美术展馆、非遗民俗展示厅、艺创空间、曲艺传习基地、曲艺院坝、非遗长廊等40

图169　位于成都音乐坊黑胶广场的黑胶文化馆　（区文体旅局供图）

余个功能区，配备有更衣室、集中饮水点等配套设施。区文化馆全年免费开放，开放时间4000余小时。2021年，区文化馆被文化和旅游部复评为国家一级文化馆，被四川省文化馆评为四川省全民艺术普及示范基地，在2021年长三角及全国部分城市最美公共文化空间大赛中被评为优秀公共文化空间案例。区文化馆全年免费开办市民文化艺术培训班130个，培训10万余人次；举办各类讲座20期、公益展览8场；开展文化活动400余场；为文艺团队排练活动提供场地及服务2500余次。

（陈虹霖　陈　燕）

图170　红牌楼街道竹园社区综合性文化服务中心示范点　（区文体旅局供图）

【武侯区图书馆】 武侯区图书馆位于九兴大道137号区综合馆7~9楼，总面积7509平方米，2015年7月建成投入使用，为国家一级图书馆。馆内规划有三国馆、国学馆、报刊阅览馆、少儿阅览创作馆、亲子互动馆、视障阅览室、科幻世界阅创中心等14个功能区，其中三国馆和科幻世界阅创中心是围绕三国文化和科普教育打造的主题图书馆。该馆提供图书文献资源借阅、检索咨询、公益讲座、公益展览、公益培训、电子阅读、残疾人及其他特殊群体引导咨询等10余项免费便民服务。截至2021年末，馆内有纸质藏书69.3万余册、期刊报刊3.2万余册、电子书34.8万余册，年均更新文献近2万种。2021年，区图书馆被评为2021年天府书展最佳分会场、2021年成都市总分馆体系建设先进单位。

（陈虹霖　陈　燕）

【武侯区方志馆】 武侯区方志馆位于九兴大道137号区综合馆13楼，于2015年5月开馆，建筑面积约500平方米。主要收藏方志类图书、地情资料及实物等，每周一、三、五对外开放，免费为社会各界提供参观、查阅服务。2021年末，区方志馆收藏有《中国名村志丛书》《巴蜀珍稀史学文献汇刊》《四川历代方志集成第四辑》等方志类图书、物品8700余册（件）。开辟“三国文化专区”，以三国历史文化及三国时期的地方志资源为藏书主题，收藏《三国志研究文献辑刊》《皇钞绘像三国志演义》等三国历史文献、三国文化读物280余本。

（万雪茹）

【桐梓林社区外国专家书屋】 火车南站街道桐梓林社区外国专家书屋设立于2020年5月。该书屋有汉语、英语、法语、德语、西班牙语、阿拉伯语等6个语种的图书1300余册，内容涵盖政治、经济、文化、外交等领域，免费向社会各界提供图书资料查阅服务，包括外国专家、有关领域学者专家等国际人才凭有效身份证件均可免费借阅图书。外国专家书屋还根据阅读群体的不同，设置精英阅读区、亲子阅读区、生活美学区等不同类型的功能分区，提供不同领域的图书阅读服务。

（刘　佳）

【驻区高校图书馆】 四川大学图书馆　是中国西南地区历史最为悠久、文献规模最大的图书馆，由文理图书馆、工学图书馆、医学图书馆、江安图书馆组成，专门建设有馆史展览馆。文理图书馆位于望江校区东区，馆舍面积16000平方米。馆藏以社会科学类和自然科学类为主，兼及部分工程技术类文献资料，其中中国古代史、中国古代文学、中国古文字学、汉语史、经济学、宗教学、四川地方文献、南亚研究、数学、生物学等学科领域的文献具有收藏优势。工学图书馆位于望江校区西区，馆舍面积13000平方米。馆藏以科技文献为主，形成能源、材料、化学、化工、水资源等学科文献特色，其中高分子材料科学、皮革科学与工程文献的收藏优势尤为突出。医学图书馆位于华西校区，馆舍面积8800平方米。馆藏以医学文献为主，形成符合“生物—心理—社会医学模式”的特色资源体系，其中口腔医学文献的收藏优势尤为突出。江安图书馆位于江安校区，馆舍面积 25300 平方米，收藏以综合性、基础性文献为主。四川大学图书馆馆藏文献涵盖文、理、工、医、经、管、法、史、哲、农、教、艺等学科门类，截至 2021 年末，有纸质文献总量 819 万册，电子文献数据库 325 个（中文 113 个、外文 212 个），中外文电子图书 281.5 万册，中外文电子期刊 11.8 万种，音视频 12.2 万小时。四川大学图书馆是全国古籍重点保护单位，拥有珍贵的古籍特藏文献 26.8 万册。

西南民族大学图书馆　建于 1951 年，是一座以民族类文献资源为特色，包含文、史、哲、理、工、农、经、管、法等学科门类文献资源的综合性大学图书馆。馆舍包括武侯校区图书馆、航空港校区图书馆（南馆、北馆）两部分，面积近 5 万平方米。其中，武侯校区图书馆 8000 余平方米，航空港校区图书馆 40000 余平方米。该馆是四川省首批重点古籍保护单位，是成都市首批向市民开放的高校图书馆。2021 年末，图书馆馆藏文献总量 1100 余万册（含电子文献），中外文纸质图书 300 余万册，纸质报刊近 2000 种，电子图书 40020GB，电子期刊 2.6 万种。图书馆下设的古籍方志馆，有馆藏古籍文献 2.6 万余册，民族类及相关图书文献 30 余万册，含多种文字及版本的《大藏经》《贝叶经》，清代以来西南民族地区的地方志以及 20 世纪 50 年代民族调查资料等珍贵文献。2003 年以来，西南民族大学图书馆全面实现“藏、借、阅、咨”一体化的开放式的管理模式。设有 10 余个专用阅览室，阅览座位 5000 余个，并有集中的空调阅览区，每周开放时间 105 小时。

成都体育学院图书馆　是西南地区最大的体育文献信息中心，馆舍落成于 1986 年，建筑面积 7390 平方米，设办公室、信息咨询部、技术部、采编部、流通部、期刊部等 6 个部门。2021 年末，图书馆有藏书 102 万册（含电子资源），馆藏资源以体育学、医学为重点，覆盖学院所有学科，建构形成含馆藏印刷型文献、馆藏数字化文献和馆际文献信息三位一体的文献资源体系。该馆建有电子阅览室和多媒体视听室，实现文献采访、编目、流通、典藏、期刊、公共查询、行政管理等的自动化，为学院用户提供 24 小时不间断的信息服务。拥有 Web of ScienceTM、SportDiscus、知网、读秀等 42 个数据库，自建医学学科信息门户、馆藏郑怀贤图书等 7 个特色库，珍藏郑怀贤手抄稿 100 余册。

（王昌宇　刘渝西　朱琳姝）

图171　四川大学华西坝校区图书馆　（四川大学供图）

【驻区高校博物馆】 四川大学博物馆　位于望江路 19 号，前身为建于 1914 年的华西协合大学古物博物馆，是中国西南地区建立最早的博物馆，也是中国历史较悠久的博物馆之一。四川大学博物馆新馆建于 2005 年 5 月，坐落于锦江河畔，与望江楼公园毗邻，总建筑面积 13000 余平方米。该馆现有文物 85000 余件，包含石刻、书画、陶瓷、青铜器、古钱币、古印、刺绣、漆器、拓片等数十个门类，其中尤以书画、陶瓷、美术雕刻以及民族文物、民俗文物等方面的收藏最有特色，称誉国内文博界。2019 年，博物馆补充完善大量文物条目，完成对部分石刻文物藏品的照片拍摄，并请陕西十月文物保护有限公司对典藏的重要书画、织绣、唐卡、皮影以及其他民族、民俗文物共 260 件（套）进行三维数字化信息采集；9 月，成都市与四川大学市校共建四川大学博物馆群正式启动，博物馆将与自然博物馆合并，在原址改扩建的基础上打造人文、自然融合的一流开放型博物馆群。博物馆下设的葛维汉图书馆，主要收藏民国华西边疆研究文献，是国内外学者进行华西边疆学术研究的重要平台。

西南民族大学民族博物馆　成立于 1991 年，前身为 1956 年成立的文物馆，是中华人民共和国早期建立的民族博物馆之一。该馆总建筑面积6000余平方米，其中展馆面积4200余平方米。截至2021年末，建成展现西南地区少数民族文化的藏族馆、苗族馆、彝族馆、白族馆、土家族馆、傣族馆、纳西族馆、羌族馆等8个少数民族馆和纺织馆、格萨尔馆、经堂馆、面具馆、特藏馆等5个专题馆，收藏有国内30余个民族的各类文物12000余件。经过60余年的建设，民族博物馆已成为教学科研、对外展示、民族团结进步教育的重要场所，是学校民族团结进步教育和民族文化传承创新的重要基地、展示西南少数民族风情的重要窗口。西南民族大学民族博物馆还是全国民族团结进步教育基地、四川省民族团结进步教育基地、四川省非物质文化遗产研究基地。

成都体育学院博物馆　成立于2011年，是国内高校内唯一的中国传统体育文化博物馆，收藏陈列展示各类体育题材文物3000余件（套），陈列面积约1000平方米。该馆承担成都体育学院多门实践课程，为专业实践教学提供支撑。该馆主持承担国家社会科学基金重大项目——中国古代体育文物调查与数据库建设，并拓展“文献+文物”的研究模式，对全国各大博物馆的体育文物进行调查和开发利用，开辟体育文博学、体育考古学等新的学科领域。2014年，该馆倡导发起中国古代体育文物展，并获2017年度“全国博物馆十大陈列展览精品奖”。与四川博物院、河南博物院、南京博物院、陕西历史博物馆、成都博物馆、中国体育博物馆等多家博物馆建立“校馆联盟”的沟通合作机制，为学生实践搭建实习平台。

（王昌宇　刘渝西　朱琳姝）

电影院线
Cinema Chain

【概况】　2021年，武侯区有影院20家，其中外资影院3家。所属院线有太平洋院线、中影星美电影院线、联合院线、武汉天河、横店院线、万达院线等。放映场所面积共66615平方米，银幕共154块，座位共18873个（详见表97）。区委宣传部制定《武侯区应对新冠肺炎疫情影院管理应急预案》《武侯区电影院消防安全和疫情防控应急演练工作方案》，建立影院日报告、日登记、日排查制度，压紧压实影院行业主体责任，推动影院运营与疫情防控、安全生产常态化同步开展。召开全区影院疫情防控及消防安全培训会5次，开展影院全覆盖专项检查20余次；组织区内影院签订疫情防控和安全生产承诺书，开展消防安全和疫情防控应急演练，不断提升员工应急防范意识和处置能力，保障员工及观影群众健康和生命安全。

（杜欣宇）

【公益电影放映】　2021年，武侯区在龙爪社区、长寿苑社区等26个点位，以坝坝电影的方式放映公益电影584场；在博悦汇影城、太平洋影城武侯店、CC影城莱蒙都会店等5家影城，开展“公益电影进影院”活动，免费放映《夺冠》《红海行动》《中国机长》《建党伟业》等电影400场，观影13870人次。

（杜欣宇）

【院线票房】　2021年，在持续受到新冠肺炎疫情影响的情况下，武侯区各影院合计票房收入1.06亿元，为上年票房收入的2倍，观影276.97万人次。院线票房前三位影院分别为：博纳影城大悦城店，票房收入1589万元，观影34万余人次；CGV影城金楠店，票房收入1188万元，观影26万余人次；卢米埃影城，票房收入846万元，观影21万余人次。

（杜欣宇）

表97　2021年武侯区内电影院线情况表

序号	电影院名称	所属公司	地址	座位数（座）	银幕数（块）
1	GV影城金楠店	希杰希界维（四川）影城有限公司	晋吉西一街66号龙湖天街购物广场3~6楼	1461	10
2	学府影城	四川学府影视文化有限公司	一环路南一段12号	830	10
3	星轶影城武侯店	江苏星轶影院管理有限公司成都分公司	武侯大道顺江段77号成都吾悦广场4楼	1411	10
4	博悦汇影城	成都博纳悦影院管理有限公司武侯分公司	来凤五路56号武侯星悦荟A馆	1321	10
5	博纳国际影城成都大悦城IMAX店	成都博纳悦影院管理有限公司	大悦路518号大悦城4楼	1677	9

续表97

序号	电影院名称	所属公司	地址	座位数（座）	银幕数（块）
6	成都 SOE 精选影城	成都纵横影业有限责任公司	人民南路四段 12 号 5 栋	397	9
7	万达影城武侯万达广场店	成都万达国际电影城有限公司	聚龙路 988 号 4 楼 A 号	979	9
8	CC 影城成都莱蒙店	成都市那些年电影有限公司	二环路南四段 51 号莱蒙广场 6 楼	617	8
9	CGV 影城成都科华店	希杰希界维（四川）影城有限公司武侯分公司	长荣路 66 号 1 栋泛悦国际购物中心 4335 号	1334	8
10	太平洋影城金色海蓉店	四川省电影公司高攀路分公司	高攀路 20 号	1174	7
11	双楠电影城	成都燕归来酒店管理有限公司	二环路西一段逸都路 6 号	520	7
12	太平洋影城世纪百合店	四川果然影业有限公司	武侯大道铁佛段 317 号世纪百合 A 区 4~5 号	905	7
13	卢米埃影城	四川太平洋电影院线有限责任公司	人民南路四段 3 号来福士广场 3002 号	903	7
14	上影电影城	成都上影电影城有限公司	科华中路 9 号 5 楼	1666	7
15	万达影城红牌楼店	成都万达国际电影城有限公司	佳灵路 7 号 2 栋 2 楼	921	7
16	国贸时代影城	四川熠星时代影院管理有限公司	洗面桥街 20 号国贸时尚汇 4 楼	439	7
17	武侯横店电影城	横店影视股份有限公司武侯分公司	永康路 17 号 3 楼	765	6
18	艺威影城高升桥店	四川艺享影院有限公司	高升桥东路 6 号 17 栋 3 楼	585	6
19	九州森美国际影城	成都九州森美影城管理有限公司	鞋都南路 139 号 1 栋 4 楼 135 号	589	6
20	成都太平洋影城武侯店	四川太平洋影业有限公司	武侯祠大街 266 号华达商城 4 楼	379	4

（杜欣宇）

文物保护
Preservation of Cultural Relics

【概况】 2021 年，武侯区坚持“保护为主、抢救第一、合理利用、加强管理”的方针，推进文物保护工作。区文体旅局与各街道办事处签订文物安全工作目标责任书，完善市、区、街道三级文物保护网络。各文保单位坚持定期开展文物安全检查，各街道每月对辖区内文物点位进行消防安全隐患排查，全区各文保点位未发生安全隐患问题。年末，全区有不可移动文物点位 73 处，其中国家级文保单位 3 处、省级文保单位 3 处、市级文保单位 6 处、区级文保单位 4 处（详见表 98）。

（陈虹霖　陈　燕）

表 98　2021 年武侯区区级以上不可移动文物情况表

序号	名称	年代	类别	地址	保护级别
1	成都武侯祠	清康熙十一年（1672 年）	古建筑	武侯祠大街 231 号	国家级
2	望江楼古建筑群	清嘉庆十九年至光绪二十九年（1814—1903 年）	古建筑	望江路 30 号	
3	四川大学早期建筑	1913—1954 年	近现代重要史迹及代表性建筑	人民南路三段 17 号,一环路南一段 24 号	
4	颐庐	1940 年	近现代重要史迹及代表性建筑	公行道 2 号	省级
5	王光祈墓碑	1942 年	近现代重要史迹及代表性建筑	新生路 6 号	
6	刘湘陵园	1942 年	近现代重要史迹及代表性建筑	武侯祠大街 231 号	
7	四川机械总局白药厂近代建筑群	清光绪三十二年（1906 年）	古建筑	高攀路 26 号	市级
8	成汉墓	南北朝	古墓葬	国学巷 37 号	

续表98

序号	名称	年代	类别	地址	保护级别
9	三义庙	清乾隆五十二年（1787年）	古建筑	武侯祠大街231号	市级
10	李家钰墓	1944年	近现代重要史迹及代表性建筑	广福桥横街6号	
11	友谊沼气池	1979年	近现代重要史迹及代表性建筑	三环路川藏立交东500米处	
12	华西协合大学校长楼	1915年	近现代重要史迹及代表性建筑	人民南路三段17号	
13	马骕墓	1932年	近现代重要史迹及代表性建筑	高碑社区一组	区级
14	九顶山蒙难烈士墓	1951年	近现代重要史迹及代表性建筑	沈家桥社区四组	
15	成都滑翔机制造厂	1966年	近现代重要史迹及代表性建筑	太平寺西路3号	
16	潘文华墓	1950年	近现代重要史迹及代表性建筑	一环西一段29号	

（陈虹霖　陈　燕）

【历史建筑和历史文化街区保护】 2021年，武侯区进一步完善历史建筑和历史文化街区保护统筹协调联动机制，将历史建筑保护、历史文化街区保护与棚户区（危旧房）改造、老旧院落改造、特色街区打造、街头绿地建设、背街小巷治理等工作有机联动，统筹保护传统格局、片区和点位，推动历史建筑和历史文化街区环境提升和文商旅全面融合，构建全覆盖完整保护体系。全年完成四川大学化学馆、四川大学数理馆等12处历史建筑保护名录“一处一档”动态管理。成都武侯祠博物馆全年完成可移动文物保护和古建筑群维修项目10余个。全市公布的十九批历史保护建筑中武侯区有12个，其中第二批3个，分别是位于四川大学望江校区的原四川大学女生院、位于四川大学华西校区的四川大学志德堂、位于四川大学华西口腔医学院的华西协合大学中国文化研究所旧址；第七批1个，为位于四川大学华西校区的苏继贤旧居；第八批1个，为位于十二中街的4号民居；第九批1个，为位于成双大道北段509号的空军制氧厂旧址（成都晨源气体有限公司厂房）；第十批2个，分别是位于四川大学望江校区的四川大学数理馆、四川大学化学馆；第十二批2个，分别是广益学社旧址和位于一环路南四段12号西南民族大学校内的西南民族大学学生公寓1号楼和2号楼；第十七批2个，为四川大学第一理科楼和四川大学启德堂。另外，原第八批位于四川大学华西校区的原华西协合大学校长楼和原第九批位于高攀路26号的白药厂（7322厂）旧址，已于2018年5月升级为文物保护单位。

（吴　穹　程　希）

融媒体
Convergence Media

【概况】 2021年，区融媒体中心加快创新转型，深化媒体融合发展，纵深推进新闻生产、信息传播、服务能力建设，主流舆论的传播力、引导力、影响力进一步提升。以互联网用户需求统领新闻策划，紧扣庆祝中国共产党成立100周年暨党史学习教育主题，与幸福美好生活十大工程、我为群众办实事、城市有机更新、产业功能区建设等全区重点工作有机结合，策划专题专栏，组织线上线下融合传播活动，推进主流舆论。加强融媒体阵地建设，提升融合新闻的生产能力，构建全媒体传播体系，结合武侯区新时代文明实践中心建设，在区综合馆建成区融媒体中心综合馆分中心，着力打造融思想引领、道德教化、文化传承等多种功能于一体的基层宣传平台。截至年末，武侯电视制作播出《武侯新闻》250期（条），编辑出版《今日武侯》52期，新媒体平台发布各类稿件14300余篇。全年播发阅读（收视）量10万次以上稿件（短视频）200条，委托第三方机构出具武侯政务新媒体评估周报50期、月报8期、季报4期。区融媒体中心获省部级奖项1个、市级奖项10个，其中《百岁回望》被四川广播电视局评为“精彩短视频 百年映初心”庆祝中国共产党成立100周年四川省短视频创作传播活动提名作品（详见表99）。

（曾国倩）

【武侯电视】 2021年，武侯电视播发新闻250期，各类新闻1800余条，开设《高质量发展攻坚年》《奋斗百年路 启航新征程》《贯彻落实十九届六中全会精神》《城市

表 99　2021 年武侯区融媒体中心作品获奖情况表

类别	作品标题	称号	授予单位
视频	《百岁回望》	“精彩短视频 百年映初心”庆祝中国共产党成立 100 周年四川省短视频创作传播活动提名作品（专业组）	省广播电视局
电视专题	《小游园 大民生》	2020 年度（第 38 届）成都新闻奖广电媒体类三等奖	市委宣传部 市新闻工作者协会
电视新闻短消息	《武侯疾控开启新冠病毒核酸初筛监测工作》	2020 年度（第 38 届）成都新闻奖专项奖（区市县广电媒体）	
通讯	《网红房子背后的那些小秘密“巷子里”的社区新场景》	2020 年度（第 38 届）成都新闻奖专项奖（区市县刊）	
网络专题	《急 skr 人！武侯携手大邑，全网共寻 180 万斤蔬菜买主！》	2020 年度（第 39 届）成都新闻奖专项奖（区市县媒体融合）	
电视消息	《武侯疾控开启新冠病毒核酸初筛监测工作》	2020 年度（第十三届）成都市新闻工作者协会新闻奖	市新闻工作者协会
电视消息	《社区党群服务中心“变身”全天候互动式创意园》		
报纸通讯	《网红房子背后的那些小秘密“巷子里”的社区新场景》		
报纸消息	《街区可漫步 建筑可阅读“微更新”让城市生活更有温度》		
新媒体	《国庆长假武侯“最热”》		
新媒体	《我们准备了 100000 元,买你的脑洞！》		

（曾国倩）

有机更新 生活品质提升》《锻造一流政法铁军 教育整顿进行时》《推进生态文明建设 共创幸福美好生活》《爱成都 迎大运》等新闻专栏 20 余个。制作《一把手访谈》《居民参与日幸福正当时》《小游园大民生》《乐邻里的幸福生活》《从断头路到幸福道》等专题节目 33 期；拍摄生态环保、文明典范、城市创建等方面曝光片 5 部。

（曾国倩）

【《今日武侯》出版】 2021 年，区融媒体中心编辑出版《今日武侯》52 期，刊发文章 1800 余篇，总字数 110 万余字，使用图片 880 余幅。编发《武侯区八届人大一次会议》《武侯区政协八届一次会议》特刊 2 期；开设《奋斗百年路 启航新征程——学党史 悟思想 办实事 开新局》《环保督察进行时》《我为群众办实事》等专题专栏 30 余个。围绕庆祝中国共产党成立 100 周年、党史学习教育等主题进行宣传报道，刊登《致敬峥嵘岁月〈人民日报〉采访武侯区百岁革命军人》《“奋斗百年路”成都庆祝中国共产党成立 100 周年诵读晚会在武侯》《武侯区扎实推进党史学习教育走深走实》等稿件 115 篇。

（曾国倩）

【武侯新媒体运营】 2021 年，“武侯发布”微信微博、“乐玩武侯”抖音号、“武侯发布”视频号、“最武侯”头条号、“学习强国”等新媒体平台共发布各类稿件 14300 余篇，总阅

图172　2021年12月29日，区融媒体中心参与策划第四届“环华西国际智慧医谷”发展论坛直播

（区融媒体中心供图）

读量4.39亿人次。其中“幸福在武侯”话题阅读量306.6万人次，短视频《下暴雨车子被泡的话，处理方式错了损失很严重》播放量1700余万次，点赞21.2万次；《爱说叠词的四川人》播放量530万次，点赞29.1万次。策划拍摄庆祝中国共产党成立100周年、抗疫主题微纪录片、“一把手”访谈、市井一环烟火成都、天府旅游名县、反诈宣传等主题系列短视频90余条，网络阅读量“10万+”稿件49篇。2月，开通“武侯发布”视频号，全年制作并播发短视频92条，其中微纪录片《抗疫十二时辰》和《与病毒“赛跑”的人》得到区委主要领导肯定。4月，启动“云上武侯”移动客户端建设，设《视频》《便民》《圈子》等一级栏目5个，以及《推荐》《要闻》《直播》《专题》等二级栏目8个，涵盖政务服务、企业服务、生活服务、抗疫便民服务等内容，致力打造社区信息和综合服务的聚合阵地。举办“‘靓丽女神节·幸福生活美’2021年武侯文化大讲堂 化妆艺术讲座等你来”“相约武侯，成都城市更新即将‘上新’”“‘爱成都·迎大运’成都市武侯区职工五人制足球比赛第一场开赛”等24场直播活动，观众800余万人次。

（曾国倩）

【主题宣传活动】 2021年，区融媒体中心结合“见证武侯美好生活采风行”活动，组织开展党史故事进社区、进企业、进学校等6场线下活动，邀请庆祝中国共产党成立100周年征文大赛参赛作者、党员志愿者代表参观成都音乐坊、她妆美谷、华西医美健康城等产业基地，了解武侯历史，感受身边变化，畅想武侯未来，推进党史学习教育，并同步推送采风行网络直播，实现多平台互动，线上线下关注人数256.9万人。4月，区融媒体中心与区委老干部局、区委党校、区总工会、区妇联、区文联联合开展“讲党史故事·说幸福生活”庆祝中国共产党成立100周年征文大赛，收到来自全国各地的征文456篇。利用融媒体平台发布有关征文活动新闻及稿件380余篇，阅读量累计140余万人次。7月，策划庆祝中国共产党成立100周年“红色经典诵读”沙龙主题活动，营造庆祝中国共产党成立100周年的良好宣传氛围。

（曾国倩）

【重大活动策划】 2021年，区融媒体中心加强线上线下融合传播，参与策划第四届环华西国际智慧医谷发展论坛暨“一校四院”健康产业科研成果发布会医学成果转化分论坛直播，570余万人次在线观看。9月，启动“爱成都·爱武侯·办实事”幸福美好故事征集活动，收到作品100余件，评选出优秀作品20件。11月，会同团区委启动“我为武侯代言”梦想大舞台之第二届武侯区青春讲解员选拔赛，围绕为民办实事、武侯幸福生活、拥抱大运会等演讲主题，鼓励青年深入社区、企业、公园绿道等各类场景开展主题演讲，讲述武侯故事、传播武侯文化、展示武侯形象，引导青年成为主动传播武侯好声音的代言人，经多轮角逐，评出优秀选手15名。

（曾国倩）

地方志
Local Chronicles

【概况】 2021年，区地志办贯彻落实市委、市政府关于建设世界文化名城和区委、区政府关于文创武侯建设的战略部署，坚持“依法治志、修志为用”理念，做好志书年鉴编纂、地情资料开发利用、方志馆管理与建设等工作。向《四川年鉴》《成都年鉴》《四川农村年鉴》提供文稿12000余字。加快推进全区镇（街道）志、村（社区）志等相关工作。《武侯年鉴（2020）》被评为第八届全国地方志优秀成果（年鉴类）特等年鉴，是四川省唯一获此奖项的县级综合年鉴。区委书记陈麟在区地志办关于《武侯年鉴（2020）》获全国特等奖的报告上批示：“获国家奖励实属不易！望继续努力，持之以恒做好年鉴编纂工作，为武侯发展营造好的氛围。”武侯区被评为《四川农村年鉴（2020）》组稿工作先进单位；区地志办被评为2021年度全市地方志工作综合成效突出单位及地方志资料年报、宣传、方志馆建设、“三个一”推进等工作先进单位。

（徐敬国　杨　燕）

【年鉴编纂出版】 2021年12月，《武侯年鉴（2021）》由新华出版社公开出版。该书为全彩印刷，主要记载2020年度武侯区的基本情况、大事要闻、发展动态和主要成就，设特载、大事记、区情概览、生态建设、居民生活等34个类目，209个分目，1200个条目，21页彩页图照，118个随文表格，284幅随文图片，全书约95万字。彩页增设“武侯建区三十年印记”主题，集中展示武侯区30年发展历程中的大事要事；设置“数字武侯”栏目，直观呈现武侯区2020年度人口、财政收入、固定资产投资等50余项重要数据。增设“新冠肺炎疫情防控”类目，全方位记述武侯区2020年度疫情防控工作；增设“社区体制机制调整”分目，详细介绍全区各街道社区体制机制调整情况。在“区情概览”“街道”等类目增添介绍武侯特色历史的二维码，方便读者通过微信扫码实现延伸阅读。

（王伦平　杨　燕）

【地情资料开发利用】 2021年，区地志办通过查阅书籍、实地走访等方式，全面收集区域内600余条街巷的基本资料和图片，编纂地情书籍《武侯街巷》。该书于3月公开出版，系统、翔实地介绍了区域内主要街巷的命名缘由、历史变迁和趣闻逸事，以及所有街巷的基本信息。编纂《守望春天——2020武侯区抗击新冠肺炎疫情实录》，并向区级部门、街道、社区、学校、医院、驻区单位及市民群众赠阅。收集、整理19位抗美援朝老战士访谈录音、图片、音像、文字等原始材料，编纂《铭记——武侯抗美援朝老战士访谈录》，该书已进入出版程序。以三国文化为主题，从武侯祠纪事、蜀汉人物、遗迹遗存、相关文学作品等多个角度，编纂《e阅武侯·三国篇》(上下册)，该书是《e阅武侯》首个主题系列，截至年末，已完成初稿。联系协助四川省骨科医院刘显东教授，挖掘整理郑怀贤、杜自明等武术名家成长史和武医结合发展史相关资料，并申报为成都市地方志资源项目，编纂出版《蜀都武医》，填补成都武医历史文化相关资料的空白，于11月公开出版。

（伍三雄　唐　露）

【方志资政及服务社会】 2021年，区地志办发挥史志资政功能，围绕武侯区“国家全域旅游示范区”和“天府旅游名县”建设，深入挖掘区域史料。收集整理华西坝相关历史资料，并形成专报，为华西坝特色街区打造提供参考。向区人大代表、区政协委员及各单位赠阅《武侯年鉴（2020）》；开展方志文化进学校、社区等活动，向高碑社区、簇桥小学、金花中学等单位赠送《华西坝记忆》《武侯街巷》等地情书籍。将《武侯年鉴（2020）》《武侯街巷》等书籍的电子版在武侯区人民政府门户网站上发布。编辑整理《新时代 脱贫攻坚在四川》画册图文资料60余篇、“巴蜀英烈”主题文章10余篇、武侯区优秀共产党员资料9篇，报送省地志办、市地志办。

（刘　佳　万雪茹）

图173　2020—2021年武侯区地方志成果　（区地志办供图）

【方志馆建设】 2021年，区地志办不断丰富方志馆馆藏，增强吸引力。做好精品志书年鉴和高价值实物史料的收集，新增《鹏城社区志》《白雾村志》《浦口镇志》等方志类图书。向国家及省、市地方志机构等报送志鉴成果156本，与江苏省苏州市地志办、厦门市同安区地志办、宜宾市地志办等省内外地方志机构交换志书、年鉴等近500册。为传承三国文脉、充分展示武侯特色，设立三国文化专区，收藏《昭烈忠武陵庙志校注》《诸葛亮与三国文化》《图说诸葛南征》等三国文化类藏书和体现武侯地域特色的物件300余册（件）。接待阿坝州、泸州市、仪陇县等地同行单位以及社会各界的考察参观和资料查阅。

（刘　佳　万雪茹）

【方志文化宣传推广】 2021年，“方志武侯”微信公众号推送三国故事、三国人物等各类文章148篇，多篇文章被各新媒体平台转载。其中，“学习强国”平台转载5篇，“方志四川”公众号转载29篇，“成都方志”公众号转载11篇，四川交通广播公众号转载8篇。同时，“方志武侯”音频节目《走进武侯》系列文章第二季于春节期间在四川交通广播电台《花重锦官城》栏目重播，第三季于国庆期间首播。文章《蜀汉“五虎大将”的来历和座次》被“方志四川”搜狐号转载后，全年阅读量50万余人次，排该平台热点文章第二位。

（唐　露　刘　畅）

【武侯区大事记编辑】 2021年，区地志办通过筛选《今日武侯》《武侯要情》等政务参考资料、查阅各主流新闻媒体网站和各单位官网信息等方式，全面收集整理区域内发生的大事、要事、新事，编辑形成武侯区每月大事记。大事记分别在《武侯区地方志通讯》和武侯区人民政府门户网站、武侯区电子政务内网及“方志武侯”微信公众号发布，每月一期，全年编辑发布12期460余条。

（刘　佳　刘　畅）

【《武侯街巷》公开出版】 2021年3月，区地志办编纂的《武侯街巷》正式出版。该书于2020年启动编纂，新冠肺炎疫情防控工作间隙，数易其稿，终于成书。全书约20万字、130余张图片，详细介绍武侯区内大街小巷所承载的历史变迁、趣闻逸事以及基本信息，以文图结合的形式，系统呈现具有武侯特色的街巷文化场景。该书完整、系统地对武侯区内的街巷命名缘由、历史变迁以及所承载的逸闻趣事和文化因子进行阐述，资料收集比较广泛，既有古籍记载，也有坊间传说，还有现代特色街区情况介绍，同时补充完善随着城市建设而消失却有丰富文化记忆的街巷的资料，也对其他街巷现状进行整理留存，是一部系统介绍武侯区内街巷地情的风土人文书。

（彭淑平　唐　露）

【成都市第三片区地方志工作交流会】 2021年4月28日，由市地志办主办，区地志办承办的成都市第三片区地方志工作交流会在天艺·浓园国际艺术村举行。四川天府新区，成都东部新区，成都市地志办及高新区、青羊区、武侯区、双流区、新津区、简阳市、蒲江县等区县地方志机构负责人，眉山市及各区（县）地方志机构负责人等50余人参加会议。会议围绕贯彻落实市委、市政府决策部署和全市地方志工作会议精神，以加强各区（市）县地方志工作交流，推动构建全市地方志“一体共进，多维联动”工作格局为主题开展座谈，武侯区、双流区、新津区、蒲江县、洪雅县等地方志机构分别就地情资料挖掘开发、名镇志编纂、年报资料收集及同城结对子等工作进行交流发言。与会人员还实地了解武侯区项目建设与地情资料挖掘结合情况，以及文化艺术创作产业发展情况。

（彭淑平　杨　燕）

社会科学
Social Sciences

【概况】 2021年，区社科联围绕区委、区政府中心工作，探索创新社科普及、课题研究、基地建设等新思路、新举措，发挥社科联桥梁和纽带作用。分批调研辖区社科普及基地工作开展情况，指导各基地围绕传承天府文化，有针对性地开展各类贴近实际、贴近生活、贴近群众的社科普及活动，增强社科普及实效指导。区社科联被市社科联评为2021年度先进集体。

（李鹏程）

【社科普及活动】 2021年，区社科联围绕庆祝中国共产党成立100周年和党史学习教育主题，举办“诸葛讲坛”党史学习教育专题讲座12场，在武侯区新时代文明实践中心联合开展学习贯彻党的十九届六中全会和省委十一届十次全会精神“追梦武侯”基层宣讲会；开展社科普及活动2场，组织“爱成都·迎大运”喜迎大运话天府沙龙活动1场。

（李鹏程）

【社科优秀成果推荐】 2021年，区社科联根据成都市关于第十五次哲学社会科学优秀成果的申报要求，向市社科联申报哲学社会科学优秀成果评奖项目17项。向市社科联推荐品牌奖2项，分别为专著《乐润锦官城》、编著《城市基层党建的生动实践——以成都市武侯区玉林街道为例》；推荐等级奖4项，分别为论文《传统与西化视域下的工匠书写——近代日本文学中的传统工匠形象构建》、专著《新时代低空旅游产业高质量发展研究》、研究报告《新时代党建引领城市社区治理的路径研究——以成都市为例》、论文《加快行政审批制度改革 打造国际化标准政务环境——以成都武侯区行政审批服务便民化标准化改革为样本》。

（李鹏程）

卫生健康 >>>>

HEALTHCARE AND HEALTH

综 述

Overview

【概况】2021年，武侯区以人民健康为中心，以问题和需求为导向，强化医政医管和卫生行业监管，做好新冠肺炎疫情防控和医疗救治，完善医疗管理体系和制度建设，推动全区医疗机构高质量发展。辖区内有医疗机构1239家（省注册14家、市注册15家、区注册1210家），其中医院102家（区注册77家、省市注册23家，含武警医院）、三甲医院13家（含成都市第七人民医院）、社区卫生服务机构27家、医疗美容机构146家（参见表100）。全区有执业医师12757人（含助理医师）、护士17984人；有床位19763张（公立医疗机构床位数12778张、民营医疗机构床位数6985张）。

（高 艳 李 伟 荣阳玲）

【医政管理】2021年，区卫健局推动辖区医疗机构提升医疗质量和安全，改善医疗服务行为，推进医院建立完善现代医院管理制度，推进网格化城市医联体建设，建立完善医疗质控机构，组织开展医疗质量专项检查。开展全区卫生健康行业领域不合理医疗检查专项治理，巩固“大处方、泛耗材和内外勾结欺诈骗保”系统治理成效，纠正医疗卫生领域不正之风，规范医疗行为，降低医疗费用，改善群众就医体验。加强抗菌药物管理，全年授予抗菌药物处方权120人，授予抗菌药物调剂资格5人。规范处理医疗纠纷，全年接待处理咨询312件、

图174 2021年“5·12”护士节，市卫健委领导到武侯区慰问护理人员 （区卫健局供图）

表 100　2021 年武侯辖区医院一览表

序号	机构名称	地址	级别	类别	备注
1	四川大学华西医院	国学巷 37 号	三甲	综合医院	公立
2	四川大学华西口腔医院	人民南路三段 14 号	三甲	口腔医院	公立
3	四川大学华西第二医院	人民南路三段 20 号	三甲	妇幼医院	公立
4	四川大学华西第四医院	人民南路三段 18 号	三甲	职业病医院	公立
5	四川省肿瘤医院	人民南路四段 55 号	三甲	肿瘤医院	公立
6	四川省中西医结合医院	人民南路四段 51 号	三甲	中西医结合医院	（省中）公立
7	四川省骨科医院	一环路西一段 132 号	三甲	骨伤医院	（省中）公立
8	四川省妇幼保健院	沙堰西二街 290 号	三甲	妇幼保健院	公立
9	成都体育学院附属体育医院	武侯祠大街 251 号	三甲	骨伤医院	（省中）公立
10	成都市第七人民医院	十二中街 1 号	三甲	综合医院	公立
11	三六三医院	倒桑树街 108 号	三甲	综合医院	公立
12	西藏自治区人民政府驻成都办事处医院	洗面桥横街 20 号	三甲	综合医院	公立
13	四川现代医院	武兴一路 118 号	三甲	综合医院	
14	四川泌尿外科医院	武侯大道顺江段 36 号	三乙	其他专科医院	
15	四川赫尔森康复医院	晋阳路 145 号	三乙	康复医院	
16	米诺娃妇女儿童医院	武兴路 18 号	三乙	其他专科医院	
17	成都爱尔眼科医院	一环路西一段 115 号	三乙	眼科医院	
18	成都市武侯区人民医院（区妇幼保健院）	广福桥街 8 号	二甲（三乙）	综合医院	
19	四川何氏骨科医院	人民南路四段 32 号	二甲	骨伤医院	省中
20	成都双楠医院	红牌楼路 399 号	二甲	综合医院	
21	成都平安医院	燃灯寺街 9 号	二甲	综合医院	
22	四川奥斯迪康骨医院	二环路西一段 106 号	二甲	骨科医院	
23	成都市武侯区第三人民医院	龙井中路 109 号	二甲	综合医院	
24	成都市武侯区第五人民医院	金花横街 2 号	二乙	综合医院	
25	成都武侯西南医院	九康五路 168 号	二乙	综合医院	
26	成都慈爱肿瘤医院	洗面桥街 17 号	二级	综合医院	
27	四川中医肝病医院	浆洗街 3 号	二级	中医（综合）医院	
28	成都新桥口腔医院	一环路南四段 4 号	二级	口腔医院	
29	成都西南儿童医院	红牌楼北街 13 号	二级	儿童医院	
30	成都武侯博仕胃肠病医院	二环路西一段 2 号	二级	其他专科医院	
31	成都棕南医院	二环路南二段 19 号	二级	综合医院	
32	成都布莱梅联合口腔医院	科华北路 58 号 1 栋	二级	口腔医院	
33	四川大学望江医院	一环路南一段 24 号	二级	综合医院	公立
34	成都安琪儿妇产医院	高攀路 3 号	二级	妇产（科）医院	
35	成都武侯瑞泰融诚口腔医院	人民南路四段 51 号附 21 号一栋 1 楼 1 号	二级	口腔医院	
36	成都川蜀血管病医院	武侯大道双楠段 217 号	二级	其他专科医院	
37	四川肛肠医院	武侯大道双楠段 313 号	二级	肛肠医院	
38	成都九星医院	武侯大道双楠段 209 号	二级	其他专科医院	
39	成都西南脑科医院	武侯大道 38 号	二级	其他专科医院	
40	成都天使儿童医院	人民南路四段 46 号	二级	儿童医院	
41	成都康福肾脏病医院	二环路西一段 15 号	二级	其他专科医院	
42	成都威高肾病医院	永康路 199 号 1 栋 1 楼 1 号	二级	其他专科医院	

续表100

序号	机构名称	地址	级别	类别	备注
43	成都同神堂中西医结合医院	晋阳路 518 号 1 栋	二级	中西医结合医院	新增加
44	成都云长庚医院（原成都康尔诺医院）	武兴路 999 号	二乙	综合医院	新增加
45	中国人民解放军第 5701 厂医院	华锦路 25 号	二乙	综合医院	公立
46	四川省成都戒毒康复中心附属医院	学府路二段 1 号	一级	综合医院	公立
47	成都川南医院	凉港二路	一级	综合医院	
48	成都武侯优护家护理院	永康大道 20 号	一级	护理院	
49	甘孜藏族自治州藏医院武侯医院	通祠路 39 号 1 栋 2 楼 18 号、19 号	一级	藏医院	公立
50	成都金桥医院	浆洗街 27 号附 15 号	一级	综合医院	
51	成都康桥爱尔眼科医院	洗面桥街 1 号	一级	眼科医院	
52	成都西部白癜风医院	一环路南四段 2 号	一级	综合医院	
53	西南民族大学校医院	一环路南四段 16 号	一级	综合医院	公立
54	成都白癜风医院	簧门街 79 号	一级	综合医院	
55	成都何氏视佳眼科医院	簧门街 4 号	一级	眼科医院	
56	成都武侯利康医院	簧门后街 1 号	一级	综合医院	
57	成都武侯甘露海藏医院	洗面桥街 8 号 1 楼 2 楼	一级	藏医院	
58	成都武侯金喜堂医院	人民南路四段 15 号	一级	综合医院	
59	科学园医院	人民南路四段 9 号	一级	综合医院	
60	四川大学华西保健院	人民南路三段 17 号	一级	综合医院	公立
61	成都医大医院	新南路 40 号	一级	综合医院	
62	成都武侯军盛癫痫医院	一环路南一段 51 号	一级	综合医院	
63	成都武侯岩正中医医院	人民南路四段 57 号 1 栋 2 楼 1~3 号	一级	中医（综合）医院	
64	成都博润白癜风医院（成都博润白癜风医学研究院附属医院）	佳灵路 6 号	一级	综合医院	
65	成都显微手足外科医院	武侯大道双楠段 120 号	一级	综合医院	
66	成都博大泌尿外科医院	二环路西一段逸都路 1 号附 16 号	一级	综合医院	
67	成都武侯附大强直类风湿医院	武侯大道 211 号 1~4 楼	一级	综合医院	
68	成都武侯益民德医院	沙堰西一街 23 号	一级	综合医院	
69	成都铁路通信设备厂职工医院	草金东路 1 号	一级	综合医院	
70	成都市武侯区第二人民医院	武科东四路 17 号 3~4 楼	一级	综合医院	
71	成都铜雀台医学美容医院	新南路 8 号	未定级	美容医院	
72	四川西婵整形美容医院	新南路 83 号	未定级	美容医院	
73	四川省民政康复医院	龙江路 26 号	未定级	康复医院	公立
74	成都喧妍医学美容医院	高攀路 2 号魏玛国际大厦	未定级	美容医院	
75	成都大华韩艺整形美容医院	新光路 3 号	未定级	美容医院	
76	汉密尔顿美容医院	桐梓林北路 6 号	未定级	美容医院	
77	成都星尚美医学美容医院	武侯大道双楠段 108 号 1~8 号	未定级	美容医院	
78	成都美容整形医院	武侯大道双楠段 94 号	未定级	美容医院	
79	成都西南不孕不育医院	永顺路 36 号	未定级	其他专科医院	
80	成都武侯三松德森医院	武阳大道一段 299 号	未定级	综合医院	
81	成都武侯三松云医互联网医院	武阳大道一段 299 号	—	—	
82	成都武侯妤颜美容医院	长益东二路 35 号 1 楼、39 号附 201 号 2 楼、附 301 号 3 楼、附 401 号 4 楼	未定级	美容医院	
83	成都城南金花医院	金花横街 4 号	未定级	综合医院	
84	成都天使之翼医学美容医院	少陵路 459 号	未定级	美容医院	
85	成都达芬奇医疗美容医院	广福桥北街 8 号	未定级	美容医院	
86	成都安玉牙种植医院（成都华西牙种植医院）	簧门街 4 号 1 栋 1 单元 2 楼 1 号	未定级	口腔医院	

续表100

序号	机构名称	地址	级别	类别	备注
87	米兰柏羽医学美容医院	人民南路四段 21 号	未定级	美容医院	
88	成都聚焦超声医院	武科西一路 3 号 1 栋 1~4 楼	未定级	综合医院	
89	成都润禾皮肤病专科医院	科华北路 32 号	未定级	皮肤病医院	
90	成都中医药大学附属生殖妇幼医院	人民南路四段 17 号	未定级	其他专科医院	公立
91	成都迪安医学检验所	武科西四路 2 号	—	临床检验所（站）	
92	成都凡迪医学检验所	武兴四路 166 号	—	临床检验所（站）	
93	成都大哲医学检验实验室	星狮路 818 号 B 区 1 栋 2 单元 5 楼 502、503 号	—	临床检验所（站）	
94	武警总队成都医院	浆洗街 5 号	—	综合医院	部队
95	成都市血液中心	玉洁东街 3 号	—	—	
96	成都市疾病预防控制中心预防医学诊断性门诊部	龙祥路 4 号	—	门诊部	
97	成都铭益康血液透析中心	双凤五路 288 号 6 楼	—	血液透析中心	
98	成都康民血液透析中心	玉林北路 3 号	—	血液透析中心	
99	四川省交通厅公路局成都医院	洗面桥横街 30 号	未定级	综合医院	公立
100	成都美年体检医院	浆洗街 27 号附 16 号 1~2 楼	未定级	综合医院	
101	成都爱诺言医学检验实验室	星狮路 818 号 B 区 1 栋 2 单元 601 室、602 室、604 室	—	临床检验所（站）	新增
102	成都恩喜医疗美容医院	长益路 53 号	未定级	美容医院	新增

说明：备注中的“省中”指省中医药管理局直管单位

（高　艳　李　伟　荣阳玲）

医疗投诉信访 1586 件、受理医疗事故鉴定 27 起，现场处置医疗争议事件 44 次。

（高　艳　李　伟　荣阳玲）

【定点医疗机构管理】 2021 年，武侯区新增定点零售药店 35 家、诊所（门诊部）35 家、医院 1 家，共有协议定点医药机构 1016 家（医院 68 家、诊所 359 家、药店 589 家）。区医保局组织全区 20 家公立医院和 2 家民营医院参与 5 批药品集中带量采购，覆盖药品 218 种，约定采购量完成率 100%。推动实施总额控制下以病组分值付费为主，完善按床日付费和按人头付费的多元化医保支付试点，试点期间，住院总费用较上年下降 7.2%，次均费用下降 4 个百分点，从源头上控制医保基金使用。

（许　静）

【医保业务经办】 2021 年，区医保局窗口接待现场办事群众 9 万余人，受理业务 11 万余件次，医保待遇联网审核结算 600 余万人次，人工审核医疗、生育保险 2 万余件次。梳理医保业务风险点 189 个，研制评估规范，制定防控标准 52 项，构建起集风险识别、风险评估、风险防控、风险预警、风险处置、监督检查于一体的医保风控体系。依托街道、医药机构和银行，下沉 9 类 18 项医保业务，打造 6 个“群众身边的医保工作站”，形成“一中心多网点”医保经办模式，拓宽群众办事渠道。全年现场咨询 9000 余人次，累计受理 2798 人次，涉及金额 83.26 万元。

（许　静）

【民营医疗机构管理】 2021 年，武侯区鼓励社会资本投资兴办各类民营医疗机构。年末，全区有民营医疗机构 1190 家，占医疗机构总量的 96.05%。其中，民营医院 78 家，占医院总量的 78%。根据《武侯区“民营医院管理年”活动实施方案（2020—2022）》，区卫健局利用医疗“三监管”平台，结合投诉举报、双随机监督检查、日常监督检查、医疗质量专项检查等方式，对民营医疗机构开展日常医疗质量管理和控制，督促各医疗机构规范医疗行为，严格落实预检分诊等新冠肺炎疫情常态化防控各项措施；组织各民营医疗机构完善内部质量管理和控制、医疗技术临床应用管理、医疗安全管理、医院感染管理等制度，强化内部管理，规范诊疗行为。组织各医疗机构开展医疗卫生法律、法规、规章和诊疗相关规范的培训，提高医疗从业人员规范执业意识；开展医德医风教育培训，弘扬救死扶伤精神，构建和谐医患关系，诚信服务，构建长效机制，提升服务能力，保障医疗质量和医疗安全，促进社会办医高质量发展。

（高　艳　李　伟　荣阳玲）

【中医药服务】 2021 年，武侯区 12 家社区卫生服务中心均设有规范的中医科，15 家社区卫生服务站均能提供不同程度的中医药服务，形成较为完善的基层中医药服务体系。晋阳、玉林、红牌楼、浆洗街锦里、簇锦等 5 家社区卫生服务中心完成中医综合服务区（中医馆）服务项目建设。区卫健局组织举办基层中医药适宜技术推广培训会，全区 30 余名基层中医药人员参加；与四川省骨科医院合作，持续开展中医强基层“百千万”行动。年末，武侯区有注册中医执业医师（含助理医师）2640 人。

（高　艳　李　伟　荣阳玲）

新冠肺炎疫情防控
COVID-19 Prevention and Control

【概况】 2021 年，武侯区贯彻省委、市委关于疫情防控决策部署，按照武侯区贯彻落实市委十三届八次全会重大部署和市委常委会 2021 年工作要点责任分解表和武侯区委常委会 2021 年工作要点责任分解表，组织推进各项重点工作，落实属地责任，严格重点场所管理，健全区—街道—社区—物业四级网格管理体系。建立“统、防、控、管、备”常态化防控体系，定期开展疫情防控工作调度，研判疫情形势，及时调整新冠肺炎疫情防控指挥部架构，细化防控举措，增强疫情防控科学性、精准性、及时性和有效性，有效处置 7 月、11 月、12 月三轮成都本土疫情。组织开展核酸检测和健康监测管理，加强健康防护指导，最大限度降低疫情传播风险。街道和社区完善核酸检测点专人专班负责机制，规范现场检测秩序，确保采、送、检、报各环节无缝衔接、不出差错。全年开展全员核酸检测 1 次，总量 124.9 万人次；开展部分间断筛查 13.2 万人次。

（楚奕龙）

【涉疫场所防控】 2021 年 11 月，武侯区根据专家组评估结果，对音乐房子酒吧及中密控股公司实施临时封控，由相关街道和行业主管部门督促做好常态化防控。按疾控部门建议，对银杏苑一期进行临时管控，三天两次核酸检测结果均为阴性。12 月，对病例活动轨迹所涉菜市场、周边商家及潮音社区开展大规模核酸检测，结果均为阴性。累计开展流行病学调查 1.8 万余例。储备流行病学调查队伍 20 支、消杀队伍 12 支。

（楚奕龙）

【重点场所防控】 2021 年，武侯区在成都发生本土疫情期间成立 19 个院感防控交叉督查工作组，检查指导全区各类医疗机构 700 余家次。督查医院 72 家、门诊部 130 余家，建立问题台账，逐一挂账销号。建立“区工作组 + 街道专班 + 专职民警 + 第三方服务主体”隔离酒店运行机制，规范设置“三区两通道”（潜在污染区、清洁区、污染区以及工作人员通道、患者通道），建立隔离人员管理台账，严格消毒消杀，加强健康监测，规范垃圾处置，按照“一点一策”要求，针对隔离人员做好个性化服务，做到全过程无缝对接、全流程闭环管理、全信息追踪溯源。组织武侯区临检质控分中心检验专家，采取“一对一”方式蹲点督导，对辖区具备核酸检测资质的医院、机构进行督导检查，规范采、运、检各环节工作，保障质量和安全。

（楚奕龙）

【社区防控】 2021 年，武侯区完善“平战结合”的社区疫情响应机制，快速有效应对成都输入型新冠肺炎疫情。织密社区疫情防控网络，组织机关干部 392 人、网格员 590 人、志愿者 2675 人走访企业、商家和小区，督导“四问四登记”“亮码测温”等疫情防控举措，对相关

图175　2021年11月3日，武侯区疫情防控指挥部召开会议，部署全区疫情防控工作（区卫健局供图）

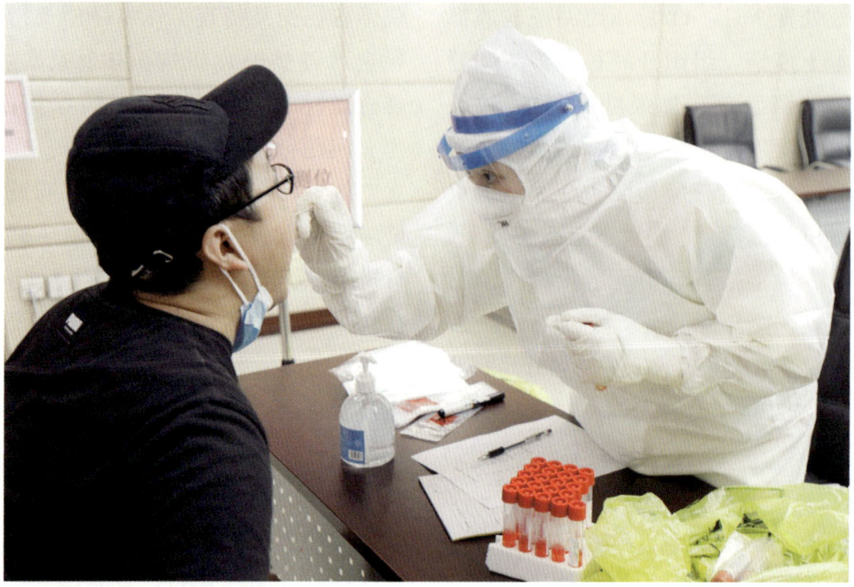

图176　医务人员在进行核酸采样　　（区卫健局供图）

人员实施居家健康监测、集中隔离、核酸检测等防控措施。投入社区疫情防控专项资金2900余万元，严格落实三级包保、五包一、AB角等制度，常态化开展督导检查、问题通报，确保71个社区1600余个小区（院落）疫情防控全覆盖、无死角。强化社区疫情防控应急准备，组建82支街道社区应急响应队伍、830支小区应急队伍，常态化开展社区应急演练，完善社区疫情物资储备。突出重点人员管控，采取制定落实居家隔离路线图、管理明白卡等5项办法，强化重点人员筛查、管控和服务，累计排查国内外重点地区来（返）蓉人员12900余人，服务管理居家健康监测人员7200余人。

（张泓瑶）

【涉外疫情防控】2021年，武侯区统筹做好辖区外籍人士新冠病毒疫苗接种，接受来自美国、英国、加拿大、泰国等30余个国家的外籍人士疫苗预约1000余人次，完成疫苗接种1502剂次，全面启动3～18周岁外籍未成年人新冠病毒疫苗接种工作。区委外事办、区卫健局、区公安分局等部门及属地街道实地查看居家健康监测场所12次，制定《严格落实武侯区入境外国外交领事人员疫情防控及服务管理措施的工作方案（试行）》，组建服务工作组，累计为德国、以色列等国家的外交领事人员居家提供健康监测服务16批50人次；推进疫情防控和企业复工复产，区委外事办出台《关于新冠肺炎疫情防控期间申请办理外国人来华的工作要求》，绘制邀请外籍人士来华工作流程图、办件资料一览表、办理进程监控表，办理中航安盟财产保险有限公司、希福来科技有限公司等企业的19批33人次外籍人士来华邀请。8月31日，省委常委、市委书记施小琳到武侯区调研疫情防控工作时，对桐梓林社区推进外籍人士基础防控工作给予肯定。

（何　梦　周　艳）

【工业企业疫情防控】2021年，区新经济局按照区委、区政府关于加强企业疫情防控的部署要求，组织深度服务企业专班，分12个服务小组，采用线上线下相结合的方式，对规模以上工业企业实施全覆盖、网格式疫情防控督导和服务。制定印发《关于进一步加强工业和信息化企业疫情防控工作的通知》，压紧压实企业疫情防控主体责任，督导企业严格落实常态化疫情防控措施，对发现的问题督促企业逐项落实整改。加强疫情防控知识宣传、政策解读、常态化疫情防控及应急处置等的正面宣传引导。出台《武侯区疫情期间精准助企纾困解难的若干措施》（工业领域），及时为受疫情影响企业纾困解难，收集中密控股股份有限公司等受疫情影响企业困难诉求，分级分类建立问题清单并及时帮助协调解决。会同疾控部门帮助中密控股股份有限公司开展环境消杀、抽样检测等工作，帮助成都博高信息技术股份有限公司协调员工复工通道问题，同时做好工业企业产值受疫情影响的分析研判，激发企业增产动力，推动企业稳产满产。

（刘孝琳　刘　磊）

【文体旅行业疫情防控】2021年，武侯区常态化开展文体旅行业疫情防控，通过区旅安委部门联动重点巡、各街道常态巡、企业主体内部巡等机制，完成文体旅行业多轮全覆盖巡查。及时向企业主体张贴告知书、签订承诺书、发起倡议书，压实企业主体责任。全年出动巡查人员5000余人次，检查文体旅行业企业20000余家次，约谈履行防疫措施不力的经营单位16家，停业整改10余家。

（黄　英）

【疫情常态化防控】2021年，武侯区组织机关干部、志愿者6100余人，印发告知书6万余份，督导小区院落、企业商超、建筑工地、农贸（批发）市场、餐饮服务企业、养老机构、景区景点、文体娱乐场所和汽车站、地铁站等交通枢纽严格落实测温、扫码亮码、戴口罩、日常清洁、通风消毒、减少人员集聚等措施。严格落实校园全封闭管理，坚持晨午晚检制度和“日报告”“零报告”制度，组建17个工作组通过“四不两直”方式开展全覆盖疫情防控“大体检”。

（楚奕龙）

【疫情防控应急能力建设】 2021年，武侯区紧急划拨720万元社区防控专项资金，以按月追加方式划拨志愿者补助经费1818.7万元，为基层防控提供支撑。紧急采购门磁设备1500套，实现“技防+人防”全覆盖。做好赋码人员对接排查，通过智能呼叫等方式，排查核实省市推送人员17.1万余人。组建“‘三公’+社区工作人员”的流调队伍，将流调人员从100人扩充至200人。对全区渐次推进全员核酸检测，设置35个核酸检测点位为市民开展24小时核酸检测服务，从12个社区卫生服务中心抽调65人为居家隔离人员开展每日上门核酸检测服务。在已有1800名核酸采样队员基础上，补充后备队员500名。驻区医院、第三方检测机构共建成18个核酸检测实验室，储备满负荷核酸日检测能力6.5万份，达到全人群检测能力建设要求。由区人民医院承担的区级城市核酸检测基地检测能力达到平时10000份/天。

（楚奕龙）

【疫情防控信息化保障】 2021年，区行政审批局牵头区疫情防控指挥部信息化建设组工作，持续做好红黄码和中高风险人员的常态化排查，建立7×24值守机制，及时归集省市下发数据，进行数据整理后下发相关街道，并督促街道完成排查按时汇总进行上报。11月，成都发生本土疫情，区行政审批局及时完成指挥部新址视频会议系统的搭建，保证指挥部正常调度指挥工作的开展；开发人工智能语音排查系统，降低街道人工电话拨打次数，为疫情排查管控争取时间；建成动疫情防控视频融合调度系统、重点人群“三张清单”系统，提升疫情防控指挥调度、人员管控、数据统计的信息化水平。推进“智慧蓉城”疫情防控平台应用，配合市大数据中心，组建区—街道—社区三级联动的排查体系，及时接收省市大数据中心下发的重点区域驻留人员相关数据发送至街道、社区进行排查，并实时掌握排查进度，及时调整排查要求，确保24小时内排查反馈完毕，为全区疫情防控提供数据支撑。

（杨 军）

【新冠肺炎疫情快速响应应急演练】 2021年，武侯区严格实施新冠肺炎疫情快速响应应急预案，坚持每月开展疫情防控应急演练。对全国其他地区出现的本土疫情案例进行分析，并以此为蓝本，重点针对联合溯源、应急检测、市场管控等关键环节常态化开展模拟演练和推演，提高全区疫情快速响应、规范处置能力。

（楚奕龙）

【医疗救治】 2021年，区卫健局督促区内各级各类医疗机构坚持“四早”原则，严格落实预检分诊、首诊负责制度，做到发热筛查“不漏一人”。统筹全区医疗卫生资源，设置16家发热门诊，对排查出的发热患者开展医疗救治。组织医疗机构对发热门诊患者、新住院患者及陪护人员、医疗机构工作人员实施核酸检测“应检尽检”。对治愈出院的患者，严格实施集中隔离医学观察，落实复诊复检、康复、随访等管理措施。强化医疗机构感染防控，指导、督促辖区医疗机构按照标准落实病区管理、个人防护、消杀、医疗废物处置等措施。截至12月31日，全区发热门诊累计接诊发热病人17.51万例，发现报告确诊病例1例，检出境外输入确诊病例25例、

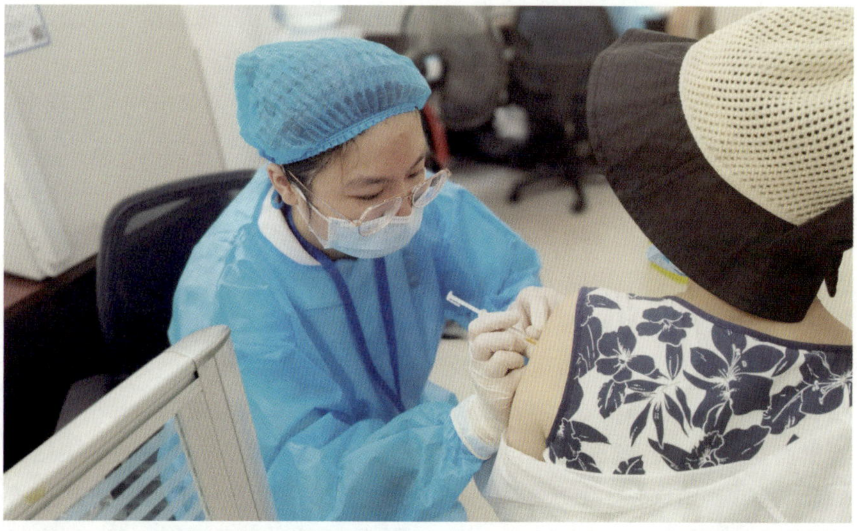

图177　武侯区免费为居民接种新冠病毒疫苗　（区融媒体中心供图）

无症状感染者19例。全区医疗机构实现零交叉感染。

（高 艳 李 伟 荣阳玲）

【新冠病毒疫苗接种】2021年，武侯区坚持把新冠病毒疫苗接种作为疫情防控的重要任务，区分轻重缓急，依法依规、安全稳妥、有力有序推进接种工作。区卫健局全面组织动员，不断优化接种服务、规范接种流程、落实医疗保障，采取有力措施确保有序接种、规范接种、安全接种、便民接种，构建免疫屏障。截至12月31日，全区累计完成新冠病毒疫苗接种2605157剂次。区医保局加强疫苗费用保障，及时向12家社区卫生服务中心、4家医院、1家门诊部拨付新冠病毒疫苗接种费用1704.08万元。完成外籍人士新冠病毒疫苗接种1000余人次1502剂次。向2家定点医疗机构拨付周转金219万元；向全区58家定点医疗机构预付医保基金2584.7万元，缓解医疗机构疫情防控期间垫资压力。

（荣阳玲 黄铭杰）

疾病预防控制
Disease Prevention and Control

【概况】2021年，武侯区推进免疫信息化建设，开展免疫服务，做好传染病、狂犬病、慢性病等防控，艾滋病、结核病、职业病等防治，以及精神疾病管理服务等工作。接种疫苗70.26万剂次，处置各类传染病散发病例110例，开展艾滋病自愿咨询检测（VCT）筛查2432人、医疗机构HIV抗体筛查1401282人，规范处置犬伤患者20710例。稳步推进慢病防治科研项目，完成2021年国家人体生物监测项目，继续开展中国癌基会癌症早诊早治项目大肠癌早诊早治，完成脑卒中高危人群筛查和干预项目。登记严重精神障碍患者4499人，管理4409人，规范管理率90.24%。对辖区内所有涉及职业危害的中小微企业开展职业病危害基础信息摸底调查；开展重点职业病监测，对职业健康体检核心指标进行复核，审核个案数据5887例。

（高 艳 李 伟 荣阳玲）

【免疫规划】2021年，武侯区接种疫苗70.26万剂次，其中免疫规划疫苗19.29万剂次、非免疫规划疫苗50.97万剂次。区卫健局严格执行非免疫规划疫苗挂网阳光采购制度，全年采购非免疫规划疫苗24类53.63万支，采购种类和数量居成都市首位；推进全区免疫规划信息化建设，42家接种单位全部被纳入省级系统平台，所有疫苗接种全部实现扫码出入库和扫码接种。坚持把新冠病毒疫苗接种作为当前疫情防控的重要任务，区分轻重缓急，依法依规、安全稳妥、有力有序推进接种工作。截至年末，全区累计接种新冠病毒疫苗260.52万剂次。

（高 艳 李 伟 荣阳玲）

【传染病防控】2021年，武侯区无甲类传染病报告；乙类传染病发病数1541例，发病率140.21/10万；丙类传染病发病数3914例，发病率356.11/10万。处置各类传染病散发病例110例，其中新冠肺炎及相关病例42例、布病34例、流行性出血热9例、乙脑8例、包虫病6例、皮肤炭疽3例、狂犬病3例、黑热病2例、重症手足口病2例、疟疾1例；处置学校、幼儿园常见传染病聚集性疫情97起。

（高 艳 李 伟 荣阳玲）

【艾滋病防治】2021年，武侯区开展艾滋病自愿咨询检测（VCT）筛查2432人，全区医疗机构HIV抗体筛查1401282人。对艾滋病感染者和病人开展随访治疗管理，随访检测率96.46%、配偶筛查率98.45%、结核筛查率97.32%。“海洛因成瘾者社区药物维持治疗”试点门诊及延伸点治疗保持率分别为100%、95.12%。完成无偿献血人员2000人、肾透析病人400人的艾滋病、丙肝哨点监测。

（高 艳 李 伟 荣阳玲）

【狂犬病防控】2021年，武侯区无狂犬病疫情发生，连续15年零发病。全区13家犬伤门诊（详见表101）共规范处置犬伤患者20710例，注射狂犬疫苗20710人份，狂免疫苗817人份。新增动物诊疗机构6家，到期换证4家。截至年末，全区有动物诊疗机构57家（详见表102）。区水务局加强与市农业综合执法总队动物卫生监督执法支队、区综合执法局的联合执法监管，规范动物诊疗行为，保障公共卫生安全。

（荣阳玲 王晓东）

【慢性病防控】2021年，区卫健局面向医疗卫生机构、机关企事业单位、学校等组织开展健康科普宣传讲座6次，1200余人参加。稳步推进慢病防治科研项目，包括成都市儿童口腔疾病综合干预项目，武侯区项目学校接受口腔健康检查10534人，检查率94.12%；龋患人数7650人，龋患率72.62%；完成

表 101　2021 年武侯区犬伤门诊情况表

序号	门诊所属医疗机构	地址	门诊类别
1	武侯区人民医院	广福桥街 16 号	专科门诊
2	武侯区第三人民医院	龙井中街 109 号	
3	成都城南金花医院	金花横街 4 号	普通门诊
4	四川大学望江医院	一环路南一段 24 号	
5	中国人民解放军 5701 厂医院	华锦路 25 号	
6	望江路社区卫生服务中心	致民东路 8 号	
7	晋阳社区卫生服务中心	吉福北路 33 号	
8	浆洗街社区卫生服务中心	双元街 107 号附 5 号	
9	南虹村社区卫生服务站	林荫街 19 号	
10	红牌楼社区卫生服务中心	董家湾北街 7 号	
11	龙爪社区卫生服务站	双安北巷 3 号	
12	机投桥社区卫生服务中心	机投东街 9 号	
13	玉林社区卫生服务中心	电信南街 1 号附 2 号	

（高　艳　李　伟　荣阳玲）

窝沟封闭 6781 人，封闭牙齿 22208 颗，封闭率 60.59%；目标学生口腔健康知识知晓率 96.04%，刷牙率 87.13%。完成 2021 年国家人体生物监测项目，在玉林科分院、电信社区和华兴南桥社区共完成 170 名对象的现场调查；继续开展中国癌基会癌症早诊早治项目大肠癌早诊早治，完成项目年度目标人群初筛 2568 人，筛查出阳性数 586 人，初筛阳性率 22.81%；完成直肠镜检 500 例，完成率 100%，发现病例数 23 例，检出率 4.6%；完成脑卒中高危人群筛查和干预项目，在锦里社区、机投社区共完成 4062

表 102　2021 年武侯区动物诊疗机构一览表

序号	名称	地址
1	瑞派华茜小天宠物医院有限公司	小天北巷 21 号
2	谐和动物医院	棕南正街 1 号附 21 号、22 号
3	菲尔斯特宠物医院	高攀东路 26 号
4	成都市半岛宠物医院科华中路宠物医院	科华中路 150 号 3 栋 1 楼 104 号
5	成都民大动物医院有限公司	武侯祠横街 9 号附 1 号
6	宠乐宠物医院	金履 3 路 37 号
7	家宝宠物诊所	祥云路 1165 号
8	林静动物医院	火车南站东路 32 号
9	成都美多动物医院管理有限公司晋吉北路动物医院	晋吉北路 153 号、155 号
10	爱侣动物诊所	林荫街 10 号附 6 号
11	仁爱宠物诊所	高升桥东路 28 号附 15 号、16 号
12	协合动物诊所	菊乐路 176 号、178 号
13	爱你萌宠物医院红牌楼店	二环路南四段 69 号附 6 号
14	宠萌宠物医院	武晋路 1488 号
15	臻爱宠物医院有限公司广福路分公司	广福路 106 号
16	臻爱宠物医院有限公司簇锦北路分公司	簇锦北路 98 号 1 楼、100 号 1 楼
17	臻爱宠物医院有限公司武阳大道分公司	武阳大道 564 号、566 号、568 号
18	臻爱宠物医院有限公司	逸都路 29 号附 72 号、73 号
19	瑞鹏萌家人宠物医院管理有限公司晋吉西一街动物诊所	晋吉西一街 66 号 1 栋 1 楼 113 号
20	瑞鹏萌家人宠物医院管理有限公司广福桥北街动物医院	广福桥北街 6 号附 7 号
21	瑞鹏萌家人宠物医院管理有限公司丽都路动物医院	丽都路 641 号
22	瑞鹏萌家人宠物医院管理有限公司大石西路动物诊所	大石西路 239 号附 13、14 号
23	四川西南瑞鹏宠物医院有限公司晋阳路动物医院	晋阳路 215 号附 16 号 1 楼
24	瓴域宠物医院有限公司七里路动物医院	七里路 499 号红星穿巷子 3A 栋 402 号、403 号
25	瑞鹏萌家人宠物医院管理有限公司小天北街动物医院	小天北街 39 号附 2 号
26	成都瑞鹏宠颐生动物医院管理有限责任公司佳悦路动物医院	太平园中四路 9 号佳悦路 2 号、4 号
27	瑞鹏萌家人宠物医院管理有限公司置信路动物诊所	置信路 45 号 1 楼

续表102

序号	名称	地址
28	希迪动物医院有限公司	聚贤街 775 号
29	成都市琛蓝宠物医院	武侯大道双楠段 60 号
30	有爱宠物诊所	武侯大道双楠段 175 号、177 号
31	成都乐卡宠物诊所有限责任公司	万虹路 676 号
32	衡涞动物诊所	逸都路龙阳街 42 号
33	首正宠物医院有限公司龙腾中路宠物医院	龙腾中路 35 号 1 楼、37 号 1 楼
34	普仁动物诊所	聚龙路 1177 号 1 楼
35	福爱哆宠物诊所	潮音路 109 号附 17 号
36	关爱动物诊所	玉林东路 4 号附 5 号
37	晨晞贝贝宠物医院	聚福路 734 号
38	贝宝宠物诊所	少陵路 207 号
39	爱心宠物诊所	草金南路 35 号
40	鑫康贝宠物诊所	龙井西街 120、122 号
41	成都爱宠多动物医院有限公司	永盛路 63 号附 23 号、24 号
42	伯爵宠物诊所店	高攀路 7 号附 24 号、25 号
43	臻爱宠物医院有限公司高升桥分公司	高升桥路 32 号附 2~7 号
44	瑞鹏宠物医院有限公司丽都路动物医院	丽都路 2 号附 4 号 1 楼，5 号 1 楼
45	贝森宠物诊所	致民路 88 号附 1—1 号
46	名流宠物诊所	金雁路 198 号附 13 号
47	瑞慈宠物诊所	晋阳路 300 号附 30 号
48	小熊宠物诊所	金履二路 58 号
49	益宠宠物诊所	置信北街 1 号附 90 号 12 栋
50	首正宠物医院有限公司广福桥北街宠物医院	广福桥北街 8 号 6 栋 1 楼附 22 号
51	新诺派动物医院有限公司	百锦路 93 号
52	四川桐济宠物诊所有限责任公司	聚龙路 1112 号 1 楼
53	成都心之源宠物医院有限公司	顺和街 10 号 2 栋 1 楼 3 号
54	赫尔斯宠物诊所	果堰街 8 号附 33 号
55	臻宠宠物医院有限公司	智达二路 1195 号
56	汐鹿宠物诊所	太平园东五街 110 号
57	佩特佳动物诊所	武晋路 1488 号 1 栋 2 楼附 214 号

（高　艳　李　伟　荣阳玲）

名对象的筛查和干预。通过慢病发病报告监测系统，医疗机构共报告高血压 33080 例、糖尿病 23257 例、恶性肿瘤 54571 例、心脑血管事件 9909 例。

（高　艳　李　伟　荣阳玲）

【精神疾病管理与心理服务】 2021 年，武侯区登记严重精神障碍患者 4499 人，管理 4409 人，检出率 4.09‰，管理率 98%，规范管理率 90.24%。区卫健局对所有在管的严重精神障碍患者进行危险性评估，将 3 级以上的患者专案登记并将名册交付公安系统进行重点管理。全面实施成都市“阳光救助”民生工程，免费救治患者 87 人，全面消除“关锁病人”现象。完善精神疾病医疗保障体系，将严重精神障碍患者纳入基本医疗保险保障范围，参保率 100%。开展四川省社会心理服务体系试点建设，面向全区中小学学校家长及幼儿园家长、中小学教师开展专业心理卫生知识讲座。同时与四川省西部精神医学协会合作开展武侯区社区基层医生躯体症状识别与处理项目培训、武侯区社会心理服务体系建设试点基层人员培训等培训，组成由医疗机构人员、社会服务组织人员构建的心理服务队伍。

（高　艳　李　伟　荣阳玲）

【结核病防治】 2021 年，武侯区无学校聚集性结核病疫情发生，报告患者总体到位率、涂阳肺结核患者任务完成率、肺结核患者病原学阳性率、成功治疗率等指标均达到目标要求。开展“3·24”世界防治结核病日宣传和百千万志愿者活动，有效覆盖普通民众、小学生、职业学校和民族高校师生等人群，

图178 2021年10月12日，区卫健局到生产企业开展职业病卫生监督 （区卫健局供图）

继续在西南民族大学和马家河小学实施“青春行动计划”“蓓蕾行动计划”，做好流动小学、职业学校和少数民族高校学生等重点人群结核病防治。

（高 艳 李 伟 荣阳玲）

【职业病防治】 2021年，区卫健局对辖区内所有涉及职业危害的中小微企业开展职业病危害基础信息摸底调查，并随机抽查部分用人单位职业卫生情况。结合系统申报情况开展行业领域企业摸底排查，按照相关标准确定纳入专项治理的企业名单。通过到生产场所现场检查、查阅资料、与生产工人和管理人员交谈等方式开展监督检查，重点针对用人单位建设项目职业病危害评价及职业病防护设施“三同时”措施落实情况，工作场所职业病危害项目申报情况，职业病危害因素定期检测、评价以及劳动者职业健康监护等方面进行检查。开展重点职业病监测，对职业健康体检核心指标进行复核，审核个案数据5887例；开展小微型企业职业病危害现状调查，调查企业59家；开展区内28例尘肺病患者随访与回顾性调查；完成20家职业危害重点行业企业的职业危害因素主动监测及现场问卷调查；创建市级健康企业1家，区内职业健康基础建设达标企业105家。对122家医疗机构开展职业性放射性疾病监测，对44家医疗机构开展医用辐射防护监测，对15家非医疗机构开展放射性危害因素监测；开展居民室内空气及土壤氡浓度监测，监测点位共20个。

（高 艳 李 伟 荣阳玲）

公共卫生
Public Health

【概况】 2021年，武侯区组织开展无偿应急献血活动，献血量10000余单位。发动全区居民群众开展爱国卫生实践活动，做好迎接国家卫生城市复审工作；以创建健康促进示范区建设为契机，加强健康细胞工程建设。开展星级院落评选，新评星级院落13个。区卫健局对成都市2021年公开考试录用公务员笔试、全国第六届大学生艺术展演活动、省市两会等重大活动卫生安全进行保障。

（高 艳 李 伟 荣阳玲）

【国家卫生城市复审迎检】 2021年，武侯区成立由区委书记和区长任双组长的国家卫生城市复审迎检工作领导小组，制定《武侯区国家卫生城市复审迎检工作总体方案》，细化分解目标任务，突出重点，整体推进，做到定时间、定任务、定责任人，确保各项工作任务落到实处。从区卫健局、区市场监管局、区综合执法局等部门抽调20名人员组成4个专项督查组，分片包干全区11个街道，实行全脱产制督查。组织开展公共卫生主题科普活动89场，发动辖区内居民和干部职工参与爱国卫生实践活动14920人次；组织环境卫生集中整治活动351场；清扫单位及周边院落1248个，清扫绿化带垃圾960余处，清理卫生死角3520处，清除“牛皮癣”3540余处，清理蚊虫滋生地756处，封堵鼠洞600余处；发放20余类健康宣传资料24000余份，接待健康咨询16000人次，义诊12000余人次。省国卫复审专家组对成都市巩固国家卫生城市工作情况进行复查，走访武侯区相关点位，认为总体达到国家卫生城市标准。

（高 艳 李 伟 荣阳玲）

【健康细胞工程】 2021年，武侯区以创建健康促进示范区为契机，加强健康细胞工程建设，并通过四川省健康促进区省级评估。创建市级健康街道1个——火车南站街道；市级健康社区2个——长寿苑社区、桐梓林社区；市级健康单位5家——火车南站街道、火车南站社区卫生服务中心、四川盛唐建设工程有限公司、武侯区第二幼儿园、武侯区第十二幼儿园；市级健康家庭100家。创建区级健康街道1个——金花桥街道；区级健康社区 2 个——金花社区、花龙门社区；区级健康单位 5 家——金花桥街道、武侯区第五人民医院、金花中学、马家河小学、武侯区第一幼儿园、成都优护加养老服务有限公司；区级健康家庭 100 家。

（高　艳　李　伟　荣阳玲）

【无偿献血工作】 2021 年，区卫健局巩固固定献血者、成分献血者、稀有血型献血者、应急献血者和无偿献血志愿服务者等 5 支队伍的志愿工作长效机制。组织 2 次无偿应急献血活动，5689 人参加无偿献血，献血量 10000 余单位。开展“6·14”世界献血日无偿献血宣传，发放宣传资料 1000 余份。

（高　艳　李　伟　荣阳玲）

【星级院落评选】 2021 年，武侯区持续开展院落环境卫生治理，提升老旧院落和农村居民院落整体卫生水平。开展星级院落评选活动，新评五星级院落 6 个——老马路 6 号、金茂府、龙湖天宸原著、保利花园二期、金科博翠府、阳光城檀府；四星级院落 2 个——洗面桥街 21 号、西派城 B 区；三星级院落 5 个——十四巷 2 号、太平横街 42 号、郭家桥西街 5 号、珑熙郡、永乐苑。

（高　艳　李　伟　荣阳玲）

社区卫生
Community Health

【概况】 2021 年，武侯区加强人才队伍建设，完善公共卫生服务项目，强化基层公共卫生体系。区卫健局按照协调、整合、精细、创新、共享的工作要求，纵深推进基层卫生综合改革，加快卫生健康治理体系现代化建设，为居民健康保驾护航。年末，全区有社区卫生服务中心 12 个，社区卫生服务站 15 个（详见表 103）。

（高　艳　李　伟　荣阳玲）

【基层卫生服务能力提升】 2021 年，武侯区推进火车南站、浆洗街、簇锦、玉林、华兴、机投桥、金花桥、晋阳等 8 家社区卫生服务中心基础设施建设。浆洗街、簇锦社区卫生服务中心建成投入使用，晋阳社区卫生服务中心扩建业务用房 1700 平方米。在完成“十三五”期间 2.6 万台设备配置基础上，新配置 343 万元设备，重点增强社区卫生辅助检查和新冠肺炎疫情防控能力。浆洗街、望江路、华兴等 3 家社区卫生服务中心通过优质服务基层行专家评审，红牌楼社区卫生服务中心创建社区医院。完善中医药“15 分钟服务圈”，推进中医药服务标准化建设，全区 12 家社区卫生服务中心设有中医科，晋阳、玉林、红牌楼、望江路、簇桥、金花桥等 6 家社区卫生服务中心创建成都市医疗机构示范中医馆。

（高　艳　李　伟　荣阳玲）

【公共卫生服务均等化】 2021 年，武侯区依托社区卫生服务机

表 103　2021 年武侯区社区卫生服务机构情况表

序号	类别	机构名称	地址
1	社区卫生服务中心	浆洗街社区卫生服务中心	一环路西一段 88 号
2		浆洗街锦里社区卫生服务中心	武侯祠大街 123 号
3		望江路社区卫生服务中心	致民东路 8 号
4		火车南站社区卫生服务中心	长寿西路 2 号
5		玉林社区卫生服务中心	电信南街 1 号附 1 号
6		红牌楼社区卫生服务中心	董家湾北街 7 号
7		晋阳社区卫生服务中心	吉福北路 33 号
8		机投桥社区卫生服务中心	机投东街 9 号
9		簇锦社区卫生服务中心	福锦路一段 165 号
10		华兴社区卫生服务中心	簇锦南路 40 号
11		簇桥社区卫生服务中心	金履四路 99 号 8~10 楼
12		金花桥社区卫生服务中心	金凤街 2 号
13	社区卫生服务站	浆洗街广福桥社区卫生服务站	广福桥街 6 号附 13 号
14		玉林北路社区卫生服务站	玉林中路 7 号
15		玉林棕北社区卫生服务站	锦绣街 8 号

续表103

序号	类别	机构名称	地址
16	社区卫生服务站	龙爪社区卫生服务站	双安北巷 3 号
17		红牌楼太平社区卫生服务站	永顺街 107 号
18		机投桥白佛社区卫生服务站	九康六路 66 号
19		机投桥果堰社区卫生服务站	果堰街 20 号附 25 号
20		机投桥潮音社区卫生服务站	潮音大道 121 号
21		簇锦团结社区卫生服务站	武科东二路 366 号（世豪嘉柏 6 栋 3 楼）
22		华兴南桥社区卫生服务站	华泰四路 233 号
23		簇桥龙井社区卫生服务站	福锦路二段 158 号 4~5 楼
24		金花桥陆坝社区卫生服务站	草金路北段 436 号
25		金花桥凉井社区卫生服务站	凉港三路凉井社区四组
26		金花桥花龙门社区卫生服务站	万寿二路 135 号新街坊 3 楼
27		金花桥文昌社区卫生服务站	新智一路 8 号附 55 号

（高 艳 李 伟 荣阳玲）

构，逐项落实基本公共卫生服务项目，服务覆盖全区所有人群。截至 12 月 31 日，全区建立居民健康档案 1055211 份，建档率 96.01%；建立预防接种证 86646 人，建证率 100%；0 ~ 6 岁儿童健康管理 59246 人，健康管理率 95.79%；早孕建册 6736 人，建册率 92.38%，产后访视 7146 人，产后访视率 97.81%；65 岁以上老年人建立健康档案 110736 份，健康体检 91064 人，健康体检率 71.80%，其中健康管理 91042 人，健康管理率 71.78%；高血压患者管理 71402 人，其中规范化管理 54078 人，规范化管理率 75.74%；糖尿病患者管理 30446 人，其中规范化管理 23371 人，规范化管理率 76.76%；登记在册的确诊严重精神障碍患者 4499 人，其中规范化管理 4060 人，规范化管理率 90.24%；管理肺结核患者 71 人，管理率 100%，规则服药率 100%；接受中医药健康管理服务的 65 岁以上居民 88492 人，老年人中医药健康管理率 69.77%，按月龄接受中医药健康管理服务的 0 ~ 36 月儿童 23577 人，0 ~ 36 月儿童中医药健康管理率 76.46%；健康教育、传染病及突发公共卫生事件报告和处理、卫生计生监督协管等项目工作均按要求规范开展。

（高 艳 李 伟 荣阳玲）

图179 2021年，机投桥街道"五老"志愿者参与社区新冠肺炎疫情防控工作（区委社治委供图）

【国家级社区卫生培训基地培训活动】 2021 年，武侯区有玉林社区卫生服务中心、晋阳社区卫生服务中心、红牌楼社区卫生服务中心等 3 家国家级社区卫生培训基地。基地全年开展全国社区卫生机构国家级师资培训工作，培训学员 107 人；举办 2020 年、2021 年四川省骨干全科医生集中培训，共培训学员 51 名；举办 2021 年全省全科医学师资培训班社区学习，培训学员 20 名；举办第十一期、十二期乡村医生骨干培训，成都市乡村医生骨干专题培训，培训学员 92 名；

举办基层中医药适宜技术能力提升培训班，培训学员65名。

（高　艳　李　伟　荣阳玲）

妇幼保健
Maternal and Child Healthcare

【概况】 2021年，武侯区加强新冠肺炎疫情常态化防控下母婴安全管理工作，强化妇女儿童健康管理，推动妇幼健康事业高质量发展。全区户籍孕产妇死亡率为0，孕产妇系统管理率98.19%，剖宫产率49.99%，高危妊娠管理率100%，5岁以下儿童死亡率2.29‰，婴儿死亡率1.80‰，3岁以下儿童系统管理率97.87%，7岁以下儿童保健管理率98.44%。全年首次签发出生医学证明18770份，补发518份。区卫健局、区人社局、区总工会、区妇联联合举办武侯区妇幼健康技能比赛，并在成都市妇幼健康技能大赛中获组织三等奖。

（高　艳　李　伟　荣阳玲）

【妇幼公共卫生服务】 2021年，武侯区住院分娩产妇数19094人，初次保健孕妇数28862人，完成艾滋病、梅毒、乙肝免费筛查28862人，筛查率100%；HIV阳性产妇6人，孕早期干预6人，孕早期干预率100%；全区医疗保健机构孕期确诊梅毒并上报个案81人，梅毒感染产妇58人，治疗人数57人，治疗率98.28%；梅毒感染孕妇及所生婴儿61人，所生儿童预防性治疗61人，治疗率100%；乙肝感染孕妇所生婴儿1202人，免费注射乙肝免疫球蛋白1202人，干预率100%。完成农村妇女“两癌”筛查，其中宫颈癌筛查240人、乳腺癌筛查240人，完成率均为100%。

（高　艳　李　伟　荣阳玲）

【妇幼健康教育】 2021年，武侯区开展公益讲座包括线上课程37场，覆盖群众20000余人，开展义诊及健康咨询活动58场。区卫健局组织全区医疗助产机构创新健康教育形式，除利用微信公众号、微信群、QQ群、微官网外，还通过抖音、视频号、快手、千聊、小鹅通等平台制作文字科普及短视频进行健康科普宣传推广和授课。开展孕妇学校675场、家长学校414场，覆盖人员20余万人次；开展义诊61场，共义诊群众2万余人次。各医疗保健机构通过微信公众号、官网、微博等渠道共发布健康教育科普知识相关文章1009篇，点击浏览量954865人次。开展托幼园所卫生保健培训5期，参训1800余人次。

（高　艳　李　伟　荣阳玲）

图180　2021年12月24日，武侯区举行区妇幼保健医院儿童保健定点服务指导机构授牌仪式
（区卫健局供图）

【规范化妇幼门诊建设】 2021年，武侯区加强规范化妇幼门诊建设。区妇幼保健院挂牌四川省儿童早期综合发展示范基地，通过武侯区儿童肢体、脑瘫残疾康复定点医疗机构评审；簇桥社区卫生服务中心通过成都市儿童早期综合发展示范基地区级初评；全区12家社区卫生服务中心妇女保健、儿童保健规范化门诊创建率100%。

（高　艳　李　伟　荣阳玲）

【出生缺陷干预】 2021年，武侯区自愿免费婚前医学检查参检1695对，婚检率87.96%。区卫健局推进生育关怀四项免费服务，全年参加免费孕前优生健康检查2886人，目标人群覆盖率99.52%。为城乡育龄妇女发放叶酸4661人。参加免费产前筛查35人，参加免费产前诊断11人。完成免费新生儿疾病筛查19361人，筛查率99.42%，遗传代谢病初筛阳性389人，初筛阳性召回率96.40%，确诊先天性甲状腺功能减退16人，苯丙酮尿症2人，先天葡萄糖6–磷酸脱氢酶缺乏症53人，先天性肾上腺皮质增生症0人，均在专科门诊进行治疗。完成免费听力筛查19295人，筛查率99.08%；转往市听力障碍诊断中心193人，确诊听力损失数71人，均予以有效干预。完成先天性心脏病初筛 19415 人，筛查率 99.70%，初筛阳性 1141 人；转诊成功接受心脏彩超检查 829 人，转到率 72.66%；确诊先心病 78 人，阳性确诊率 6.84%。完成免费耳聋基因筛查 4359 人，基因携带 170 人，阳性结果发现率 100%。

（高 艳 李 伟 荣阳玲）

【母婴保健专项组织技术服务管理】 2021 年，武侯区开展母婴保健专项技术服务评审，四川省妇幼保健院、成都城南金花医院分别通过母婴保健专项技术服务机构校验和评审。区卫健局加强爱婴医院动态管理，对 2021 年新申请设立爱婴医院的米诺娃妇女儿童医院和 2018 年创建及通过复核的 7 家爱婴医院按程序进行区级评估和 3 年一周期的复核。

（高 艳 李 伟 荣阳玲）

【关爱女性生殖健康】 2021 年，武侯区推进 PAC（流产后关爱）项目，辖区内成都安琪儿妇产医院、三六三医院、西藏自治区政府驻成都办事处医院、成都棕南医院、成都武侯西南医院成功创建 PAC 公益项目医院，全区计划生育机构共有 84 名医务人员通过考核获得 PAC 咨询员证书。截至年末，全区有 PAC 优质服务医院 3 家、PAC 公益项目医院 7 家，占全省 PAC 项目医院的 20% 以上。此项工作在全省居领先水平。

（高 艳 李 伟 荣阳玲）

【产儿急救和高危孕产妇管理】 2021 年，武侯区 8 家助产技术服务机构接待分娩产妇 18972 人，完成高危筛查 18972 人，筛查率 100%。其中，高危产妇 12556 人，占总产妇数的 66.18%。区产儿科急救办公室全年启动急救 4 次，追踪危重孕产妇及儿童 16 例 98 次，急救成功率 100%。区卫健局组织产儿科急救演练 4 次，各助产服务机构开展院内产儿科急救演练 54 次。完成高危孕产妇集中评估、危重症评审、5 岁以下儿童死亡评审共 11 期。

（高 艳 李 伟 荣阳玲）

【武侯区妇幼保健院】 武侯区人民医院（武侯区妇幼保健院）位于广福桥街 16 号，占地 10000 平方米，总建筑面积 20000 平方米，编制床位 260 张，实际开放床位 343 张，是集医疗、教学、科研、康复、保健及预防于一体的国家三级乙等妇幼保健院及二级甲等综合性公立医院。医院是成都市“120”网络急救医院、省级数字化医院、爱婴医院、武侯区临床用血质控中心，四川省儿童早期发展综合示范基地、儿童健康管理示范基地、PAC 区域示范医院，省级高校毕业生就业见习基地、四川大学华西医院远程网络医院、川北医学院及西南医科大学等医学院校的实习基地。2021 年，开通互联网医院，实现患者线上问诊。

医院设有急诊科、内科、外科、妇产科、产房、儿科、新生儿科、儿保科、重症医学科、中医科、眼科、耳鼻咽喉科、口腔科、皮肤科、麻醉科、疼痛科、肛肠科等临床科室，检验科、放射科、超声科、药剂科、病理科、输血科、心电图室等医技科室以及妇女保健部、计划生育技术服务部、孕产保健部和儿童保健部等保健部门及 21 个职能科室；有 1.5T 磁共振、GE 全身多层螺旋 CT、全景口腔 CBCT 机、数字化胃肠机、数字化 DR、数字化乳腺摄影机、多功能数字化床旁 DR、GE 和飞利浦等彩色超声诊断仪、奥林巴斯电子胆道镜、奥林巴斯电子胃肠镜等大型医疗设备；有重症监护病房、层流手术室、PCR（核酸检测）实验室等医疗设施。2021 年末，医院有在岗职工 561 人，其中卫技人员 480 人（含高级职称 52 人、中级职称 196 人）。

（高 艳 李 伟 荣阳玲）

计生服务
Family Planning Service

【概况】 2021 年，武侯区严格落实计划生育奖励扶助、特别扶助和独生子父母奖励“三项制度”，及时将奖励足额发放到户到人。做好计划生育特殊家庭扶助关怀工作，帮助特殊家庭解决生产、生活方面的“急难愁盼”问题。

（高 艳 李 伟 荣阳玲）

【人口监测】 2021 年，武侯区完成省市下达的全员人口覆盖率、全员人口信息准确率、便民服务登记数据与全员人口监测数据一致率达 90% 的相关业务目标。按照《国家卫生健康委员会办公厅关于做好人口监测的通知》要求，规范开展人口监测。全面完成人口与家庭动态监测追踪调查问卷，为国家生育政策效果、研判人口形势、完善人口发展战略提供支撑和依据。辖区全年出生人口 5333 人，人口出生率 5.21‰，自然增长率 1.64‰。

（高 艳 李 伟 荣阳玲）

【特扶家庭地方扶助】 2021 年，武侯区核定计划生育家庭地方扶助对象 1730 人，发放扶助金额 370.25 万元。为特扶家庭成员 1676 人购买 2021 年度意外伤害保险，保险经费 15.13 万元。开展特扶家庭签约家庭医生“定制健康包”活动，签约1401人，支出经费56.04万元。组织特扶对象946人参加健康检查，支付体检费37.84万元。支付特扶家庭成员殡葬服务补贴21人，共2.1万元。对5名因患重大疾病影响基本生活的计划生育特殊困难家庭扶助对象实施大病医疗救助，救助金额2.5万元。关注失能老人9人，发放失能扶助金3.24万元。

（高　艳　李　伟　荣阳玲）

【计生激励政策落实】 2021年，武侯区为2496名国家、省、市计划生育家庭奖励扶助对象发放奖励金239.62万元；为1683名国家计划生育家庭特别扶助对象、2名计划生育家庭手术并发症对象共发放特别扶助金1587.43万元；为3066名独生子女父母发放奖励金182475元，计划生育奖励扶助、特别扶助和独生子女父母奖励“三项制度”资金均按时足额发放到位。为10名“三结合户”儿童购买2021年城乡居民医疗保险3200元。

（高　艳　李　伟　荣阳玲）

【特别扶助关怀】 2021年，武侯区建立计划生育特殊家庭信息系统，为1683人录入、维护基本信息。建立街道、社区干部双岗联系人制度，联系指定辖区特殊家庭1683人。开展领导班子走访慰问19户25人次，全年发放慰问金及慰问品共价值5.5万元。开展重大节日生日走访慰问1683人，慰问8507人次，共发放慰问金167.84万元。区直属医疗卫生机构“两免五优先”医疗救助特扶对象1346人次，资助特殊家庭参加养老保险50人，参保金额27.93万元。

（高　艳　李　伟　荣阳玲）

卫生监督
Health Supervision

【概况】 2021年，武侯区强化对医疗机构的医疗执业、放射卫生等工作的日常监督检查，从行政监管方面维护医疗行业可持续发展，保障患者就诊权益。开展卫生“双随机、一公开”检查，抽查被监督单位371家，抽检结果均按照要求及时公示。开展学校卫生专项检查，监督检查学校和托幼托育机构470家次。完成800户次二次供水单位的检测，合格率100%。

（高　艳　李　伟　荣阳玲）

【公共场所卫生监督】 2021年，区卫健局重点对辖区内卡拉OK厅（歌舞厅）、电子游戏厅等文化娱乐场所，桑拿沐浴场所，美容美发场所，小歌舞厅、小旅店、小公共浴室、小美容美发等“四小门店”开展公共卫生专项整治。检查内容包括经营单位的公共场所卫生许可证亮证经营情况、从业人员办理健康证明、公示基本信息、卫生管理制度、禁烟标志张贴、皮肤病人专用工具箱落实等情况。共出动监督人员1107人次，检查公共场所经营单位588家次，发现问题182家次，下达整改意见书182家次、意见书530家次（含疫情防控措施指导意见书），通过“回头看”等形式督促整改，整改率达到97.7%。

（高　艳　李　伟　荣阳玲）

【学校卫生监督】 2021年，区卫健局开展学校卫生专项检查及托幼机构春季、秋季开学前监督检查，确保各项卫生工作落实到位。同时，加强对学校、校外培训机构、托幼托育等采光照明、室内空气、二次供水等卫生指标的监督抽检，出动监督人员940人次，监督学校和托幼托育机构470家次。结合市卫生健康委、市教育局《关于开展2021年托幼机构、校外培训机构、学校采光照明“双随机”抽检工作的通知》要求，委托第三方检测公司对学校、校外培训机构、托幼托育机构的室内环境、灯光照明、课桌椅设置等进行抽检，抽检20家，抽检结果全部合格。

（高　艳　李　伟　荣阳玲）

【涉及医疗卫生和二次供水行政许可现场勘查】 2021年，区卫健局完成管网末梢水抽样检测，共检测样品48个，检测指标数34项，检测结果均为合格，合格率100%；完成800户次二次供水单位的检测，检测指标数22项，检测结果均为合格，合格率100%。召开武侯区现制现售水单位卫生培训会，成都康基荣科净水设备有限公司、成都企泰净水设备有限公司、中联大禹水环境有限公司、成都瀚塘活净水技术有限公司、成都天天一泉净水设备有限公司、成都德兴昌商贸有限公司等6家纳入监管的现制现售水单位负责人参会。完成72户次现制现售水的检测，检测指标数14项，检测结果均为合格，合格率100%。完成市级21个现制现售水出水水质色度、浑浊度、臭和味、肉眼可见物、pH值、耗氧量、细菌总数、总大肠菌群的检测任务。

（高　艳　李　伟　荣阳玲）

【卫生“双随机、一公开”检查】 2021年，区卫健局抽查被监督单

图181　2021年7月，区卫健局开展游泳场馆“双随机”卫生抽检　　（区卫健局供图）

位371家，其中公共场所209家、生活饮用水2家、学校卫生9家、医疗卫生81家、传染病卫生30家、放射卫生33家、职业卫生2家、母婴保健卫生5家，完结率100%，抽检结果均按照要求及时公示。对发现问题的单位下达卫生监督意见书，要求其整改落实。结合成都市市场监管部门联合双随机抽查工作安排，联合区公安分局、区消防救援大队随机检查4家住宿场所；联合区文体旅局、区消防救援大队随机检查5个文化娱乐场所，抽检结果均合格。

（高　艳　李　伟　荣阳玲）

驻区三甲医院

Upper First-class Hospitals in Wuhou District

【概况】 2021年，武侯区有四川大学华西医院、四川大学华西第二医院、四川大学华西口腔医院、四川大学华西第四医院、四川省肿瘤医院、四川省妇幼保健院、四川省骨科医院、四川省中西医结合医院、三六三医院、成都体育学院附属医院、西藏自治区人民政府驻成都办事处医院（四川大学华西医院西藏成办分院）、成都市第七人民医院、四川现代医院等13家三甲医院。三甲医院数量、质量均居成都市前列，是全省高端医疗资源的重要支撑。

（王伦平）

【华西医院】 四川大学华西医院（简称华西医院）位于国学巷37号，源于美国、加拿大、英国等国基督教会1892年在成都创建的仁济、存仁医院。2000年，更名为四川大学华西医院。2021年，华西医院直属2个医疗院区，编制床位4300张，有临床科室48个、医技科室9个；开设疑难多学科联合门诊58个、罕见病专科门诊27个、住院MDT（多学科会诊）30个；有国家级研究平台9个、省部级研究平台33个、校级平台3个、院内94个实体研究机构、公共服务机构3个、院企合建平台3个。医院获批国家医学中心首批辅导类创建单位、国家紧急医学救援基地（四川唯一）。四川大学华西天府医院开院，四川大学华西三亚医院揭牌。7月，医院被确定为首批国家卫生健康委和四川省政府共建高质量发展试点医院。年末，医院有在职员工14128人，其中医师3276人、医技人员1687人、护理人员4967人、科研人员664人、其他专业人员1069人、工勤人员1757人、管理人员708人。

医疗工作　2021年，华西医院（含上锦医院、天府医院）门急诊服务775.66万人次，出院患者28.3万人次，手术19.6万人次，平均住院日6.52天，日间手术占比25.37%，CMI（病例组合指数）1.48，四级手术占比40.22%，微创手术占比22.37%。门诊慢病连续性管理签约5301人次，比上年增长103.49%。联合门诊开展诊疗4667台次。开展罕见病诊疗服务24814人次，比上年增长360.29%。双向转诊门诊转诊量74777人次，其中下转量（转入院）3538人次。

新技术推广　2021年，华西医院累计申报临床新技术400项，获得立项240项，立项开展率61.5%，比上年增长8%；收到进展报告420份，结题报告204份，新技术项目进展结题率100%。医院TAVI（经导管主动脉瓣植入术）手术成功率达到99%，成为全球TAVI治疗主动脉瓣反流患者数最多的心脏中心、全国最大的经心尖穿刺TAVI中心。医院作为组长单位，开发出国内第一款上市、第二款临床研究的经心尖途径微创介入瓣膜。低位直肠癌的微创外科治疗术使低位直肠癌从过去75%需切除肛门改道，转变为85%患者都能实现功能性保肛，年均完成逾1000例，5年总体生存率Ⅰ期达到90%，Ⅱ～Ⅲ期达到80%。

特色学科　2021年，华西医院临床医学学科ESI（Essential

图182 2021年10月13日，四川大学华西天府医院正式开院 （华西医院供图）

Science Indicators，基础科学指标）学科继续保持在“国际顶尖”（全球前1‰）行列，排名世界第296位（较上年提升24位）、国内第11位。在四川大学护理学2021软科中国最好学科排名中排名第一。复旦大学医院管理研究所发布的《2020年度中国最佳医院排行榜》中，华西医院连续12年位列全国综合排名第二位；在专科综合排行榜中，医院麻醉科排名第一，放射科、泌尿外科和超声医学等3个专科排名第二，病理科、老年医学、普通外科、神经外科、呼吸科、康复医学、检验医学和重症医学等8个专科排名第三，排名前五的专科达到20个，排名前十的专科达到30个。医院有呼吸病学、普通外科学、外科学（胸心外科）、外科学（骨科）、内科学（消化系病）、肿瘤学、影像医学与核医学等7个教育部国家重点学科；国家重点（培育）学科精神病与精神卫生学、麻醉学2个。国家临床重点专科34个，数量居全国医院第一。

医学教育 2021年，华西医院临床医学、护理学、康复治疗学、医学检验技术（新增）等4个本科专业获批“国家级一流本科专业建设点”。2021届本科毕业生升学率58.41%，其中进入“双一流”高校深造率91.36%，出国深造率2.77%。推进教材与课程建设，被国家教材委员会评为全国教材建设先进集体；2本教材获“全国优秀教材”（高等教育类）一等奖，3本教材获二等奖；推进五类“金课”（一流课程）建设，获批国家级金课1门、省级金课20门；主编出版国家级教材6本。“1+2+3”的医学生双创育人体系建设获评省教工委高校思想政治工作精品项目。获省级教学成果奖7项，其中《厚植育人文化，锻造转化能力，基于研究型医院培养拔尖创新人才的探索与实践》获省级教学成果特等奖；获首届全国高校教师教学创新大赛（中级及以下职称组）省赛一等奖1项、教学学术创新奖1项、教学设计创新奖1项、教学活动创新奖1项、全国决赛二等奖1项；获第二届全国高校混合式教学设计创新大赛二等奖1项。推动“医学+”建设落地，开办“医学技术+智能制造”“护理+管理”两个交叉试验班（双学士学位）。

全年招收全日制硕士549人、非全日制护理硕士研究生40人、博士研究生354人，港澳台研究生8人、留学研究生7人，接收推免硕士研究生261名。新增博士研究生导师65名、硕士生导师120名，在岗导师总数达到940名（博士研究生导师396名、硕士研究生导师544名）。获批自主增设人工智能、医学工程技术、疾病分子与转化医学3个二级学科。招录规培学员1431人，包括住院医师606人、四川省专科医师122人、国家试点专科医师47人、规培技师/药师241人、规培护士415人。临床病理科、康复医学科、内科、外科、急诊科等5个专业基地获批国家住院医师规范化培训重点专业基地。招收进修学员4267人。完成国家级及省级远程继续医学教育项目79项，项目成果《创新远程继续医学教育模式——构建以医务人员为核心的COVID-19防治培养体系》获“亚洲医院管理奖—人才发展类卓越奖”。

科研工作 2021年，华西医院在中国医学科学院2020年度中国医院科技量值（STEM）综合排名中连续8年全国第一；麻醉学、泌尿外科学、精神病学、急诊医学、护理学全国第一，胸外科学、重症医学全国第二，呼吸病学、肾脏病学、内分泌病学与代谢病学、肿瘤学、普通外科学、神经病学全国第三。重大原创科技成果竞相涌现，全长四膜虫核酶高分辨结构解析、新冠小分子抑制剂研究以及多巴胺受体新机制研究等方向取得重要进展，成果在*Nature*、*Science*、*Cell*等学术期刊发表。魏于全院士团队研发的重组蛋白新冠疫苗已开展全球多中心Ⅲ期临床试验。刘进教授团队研发的“注射用磷丙泊酚二钠”获得1.1类麻醉新药证书，成为医院首个具有自主知识产权的新药；“新型骨骼肌松弛药物”“超长效局麻药”两项成果累计转化7.5亿元。拥有自主知识产权的“六合丹软膏”成为医院首个获得临床试验批件的院内制剂。

医院科技创新平台建设取得新突破，全国首个生物治疗转化医学国家重大科技基础设施正式启用。国家精准医学产业创新中心通过评审，成为医学领域唯一获批的国家产业创新中心。华西质子重离子医院获批质子放射治疗系统配置许可，华西国际生物学研究与转化中心生物安全三级实验室P3实验室被纳入国家生物安全实验室体系规划并取得可行性研究批复。新增创新药物临床研究与评价、化妆品人体评价和大数据、海南真实世界数据研究与评价等3个国家药监局重点实验室。四川省骨与软组织修复重建工程研究中心获批通过。筹建全国首家以医药政策研究为主要任务的高端智库——华西医院中国人民生命安全研究院。获准科技部项目44项、国家自然科学基金235项、各级各类纵向课题837项，签订横向课题1323项。华西医院作为牵头单位获省部级以上科技成果奖7项，包括四川省科技进步一等奖4项、杰出青年科技奖1项。全院师生发表国际高水平论文2653篇。在2021年"自然指数"（Nature Index）中排名中国医疗机构第一、全球第19位。申请专利655项，其中申请发明专利357项（含国际专利19项）；授权专利870项，其中发明专利170项（含国际专利授权4项）。成果转化42项，合同金额1.06亿元。

（曾　波　白　蓓）

【华西第二医院】 四川大学华西第二医院（简称华西第二医院）人民南路院区总建筑面积5.9万平方米；锦江院区二期工程竣工，院区总建筑面积近21万平方米。全院设有职能部门33个、临床科室24个、医技科室6个、省部级重点实验室4个、教育部创新团队1个，为国家更年期保健、新生儿保健、孕产期保健特色专科建设单位。医院核准床位1580张，其中华西院区730张、锦江院区850张。承办《中华妇幼临床医学杂志》《国际输血与血液学杂志》两本国家级杂志，与AME出版社共创*Gynecology and Pelvic Medicine*（简称*GPM*）国际学术期刊。2021年末，医院有职工3865名，其中正高级师资134名、副高级师资217名、博士研究生导师81名、硕士研究生导师146名。全年门急诊338.5万人次，出院8.8万人次，手术和操作12.6万人次，分娩1.8万人次，平均住院日5.09天。

医疗服务 2021年，华西第二医院门急诊量338.5万人次，出院8.8万人次，手术和操作12.6万人次，分娩1.8万人次；疑难病例数占比68.94%，重症病例数占比57.48%；平均住院5.09天。医院在省内率先引入第四代达芬奇机器人，开展多项妇幼专科在西南地区的首例高端机器人手术。完成先天性心脏病介入诊疗手术1077台，介入治疗水平保持全国领先。三代试管婴儿周期超1000例，分娩正常婴儿156人；9月，全省首例显微取精联合显微冷冻单精子试管婴儿在医院诞生，辅助生殖技术居全国先列。获批四川省结核病定点医疗机构，为全省唯一的儿童结核病定点医疗机构。华西第二医院持续改善医疗服务，开设特色门诊76个，实现医、护、技全覆盖，服务患者38万余人次。新建MDT门诊及疑难会诊中心，会诊量比上年增长228%。创建老年友善医疗机构并通过市级评审。开展四川省5G智慧"供精匹配"生殖服务创新试点。开设生殖综合病房，拓展全链条式的生殖服务管理模式。持续拓展智能化集中预约平台功能。

学科建设 2021年，华西第二医院先后发布早产儿全生命周期平台、胎儿医学平台，提升交叉学科竞争力。联合四川省药检院、华西药学院，获批设立药物制剂体内外相关性技术研究国家药监局重点实验室。推进妇产科国家医学中心预申报，开展国家妇产儿童区域医疗中心（西藏）、四川省儿童早期综合发展示范基地、四川省妇产科学科普基地、康复医学科四川省重点学科等重点项目、学科申报工作。超声科获批2021年国家临床重点专科。

师资建设 2021年，华西第二医院新增硕士研究生导师17人、博士生导师6人、住院医师导师58人。新增国家杰出青年科学基金获得者2名、四川省卫生健康首席专家5名、四川省卫生健康领军人才6名、四川省临床技能名师3名、四川省学术和技术带头人16名、四川省学术和技术带头人后备人选18名、四川省专家委员会评议专家19名、四川大学"双百人才工程"A计划1名、四川大学"双百人才工程"B计划人选3名。

教育教学 2021年，华西第二医院获批继续医学教育项目98项，其中国家级65项。获批国家首批妇女保健专科能力建设区域培训基地、国家级专科助产士临床培训基地、"院士+"西部儿科医师培训基地、四川省专科护士培训基地（妇科护理专业）、四川省第十三批省级场馆类科普基地。创立华西妇幼－奥林巴斯微创技能培训中心。成为省内首家美国心脏协会心血管急救项目儿科高级生命支持培训中心。获2021年省级高校教师教学创新大赛中级组一等奖、教学活动创新奖、教学学术创新奖、教学设计创新奖。

科研工作　2021年，华西第二医院获批为国家呼吸系统疾病临床医学研究中心分中心。全年获批国家重点研发计划26项、国家自然科学基金23项，其中重点国际（地区）合作研究项目1项、区域创新发展联合基金项目1项。获批科研经费9514.16万元。发表SCI论文484篇。实施签约3项、技术合作开发2项，确权2项；授权发明专利18项（国外2项）。获四川省科技进步奖一等奖1项、全国妇幼健康科技奖一等奖1项、全国妇幼健康科技奖三等奖1项、华夏医学科技奖二等奖1项。

医联体建设　2021年，华西第二医院继续推进分级诊疗工作，与西藏自治区政府签订共建西藏妇产儿童医院协议，首批选派包括院长、副院长在内的13名专家入驻，推动覆盖西藏全域的分级诊疗服务体系建设。紧密型、亲密型、松散型医联体医院总数达到104家。派驻30名干部任职医联体医院院领导和中层干部，委派学科主任和指导教授17名，接收医联体进修生135人次。开展远程会诊379例、远程授课19次。全面启用线上双向转诊功能，完成上转62例、下转42例。截至年末，华西妇儿联盟覆盖四川省及云南省19个区县，包括9个区级妇幼保健院和164家基层医疗卫生服务中心，培训并认证华西妇儿联盟医生241人。联盟内总诊疗人次129023人，上转4965人，上转率5.17%；基层首诊率83.72%，基层复诊率72.14%，次均费用86.02元。

服务社会　2021年，华西第二医院到省内偏远地区、民族地区开展先心病义诊，筛查儿童3万余人次。医院落实国家和四川省以“一老一小”为重点的应对人口老龄化战略，成立四川省0～3岁婴幼儿托育标准化建设与培训指导中心，对全省婴幼儿托育标准化建设与培训开展指导，提升四川省婴幼儿照护服务质量。与福棠儿童医学发展研究中心、爱佑慈善基金会和青海省妇女儿童医院共建高原特色的血液医疗团队，提升青海儿童血液病诊疗水平。全年救助先心病儿童364名，救助资金460余万元，实现贫困患儿零费用救治；通过医院华西妇儿爱心救助账户获得社会资助320余万元，救助患者400余例次。举办“关爱女性　关爱健康”“健康孕育　护佑新生”等5次大型健康科普活动，服务群众近5000人次。持续推进精准云健教、妇幼健康信息电子图书馆、健康教育公益讲座系列活动，惠及群众12万余人次。

（喻文菡）

【华西口腔医院】　四川大学华西口腔医院（简称华西口腔医院）始于1907年的成都仁济牙科诊所。2001年，更名为四川大学华西口腔医院。华西口腔医院（华西口腔医学院）集医疗、教学、科研、预防于一体，学院设6个学科系、36个教研室，是国家级教学团队、国家级实验教学示范中心、国家级虚拟仿真实验教学中心、国家双创示范基地。拥有国内本学科领域唯一的国家重点实验室——口腔疾病研究国家重点实验室，以及口腔再生医学国家地方联合工程实验室（发改委）等其他6个部省级重点实验室和工程研究中心。华西口腔医院是中国第一个口腔专科医院，是国家首批三级甲等口腔专科医院，是国家部署在中国西部的口腔疾病诊疗中心。医院还是国家药物临床试验机构、国家医师资格考试实践技能考试与考官培训基地、国家住院医师规范化培训基地、四川省第一批数字化转型促进中心（口腔医学）、四川省护士规范化培训基地、四川省专科护士培训基地和四川省口腔医疗质量控制中心挂靠单位。1月，国家卫生健康委员会下发关于设置国家口腔医学中心的通知，正式批复在四川大学华西口腔医院在内的3家医院设置国家口腔医学中心。

教育教学　2021年，华西口腔医院在严格遵守疫情常态化防控的前提下实现返校学生线下授课，未返校学生及留学生线上授课。强化课程思政建设，“口腔医学导论”获批国家级课程思政示范课程，“口腔医学导论”课程教学团队获国家级课程思政教学团队称号。推进一流课程建设，“口腔修复学”等10门课程获批省级一流课程。优秀教材建设取得成效，在最新一轮的全国优秀教材评选中，《口腔颌面外科学（第八版）》《牙体牙髓病学（第五版）》分别获全国优秀教材一、二等奖。持续推进教师教学、学术能力提升，在口腔医学全国教学竞赛中获第一名，口腔医学教学团队获四川省“最美教师团队”称号。以教育教学改革推动学院教育事业高质量发展，获批校级教改项目18项、教育部产学合作协同育人项目2项。注重教学成果奖的孵化，获四川大学教学成果特等奖1项、一等奖3项、二等奖1项、三等奖1项。完成四川大学华西口腔医学院教学中心网站建设，为信息赋能教育提供平台支撑，启动口腔医学智慧教学实验室建设项目。

科学研究　2021年，华西口腔医院获准各级各类科研项目200余项。以一作一单位发表SCI文章500余篇；申请专利67项，授权专利100余项；成果转化7项。获四川省科技进步一等奖1项、四川省自然科学一等奖1项、中华医学科技奖三等奖2项。*INT J ORAL SCI*连续9年进入学科领域Q1区，连续9年获评“中国最具国际影响力学术期刊”，并获评首届西牛奖“十佳精品英文期刊”；*BONE RES*位列学科领域Q1区，连续6年获评“中国最具国际影响力学术期刊”，获首届西牛奖“十佳优秀英文期刊”；《华西口腔医学杂志》获评“百种中国杰出学术期刊”，入选第5届中国精品科技期刊，获首届西牛奖“十佳精品中文期刊”和“十佳新媒体平台”，位列《中国学术期刊影响因子年报》口腔医学类Q1区第一名；《国际口腔医学杂志》2021年期刊影响力指数（CI值）位列口腔医学类期刊Q1区，获评首届西牛奖“十佳新媒体平台”。

学科建设　2021年，华西口腔医院拥有口腔医学国家级重点学科（含口腔医学一级学科博士学位授权点、口腔医学一级学科硕士学位授权点、口腔医学博士专业学位授权点、口腔医学硕士专业学位授权点、博士后流动站）、5个四川省重点学科。华西口腔医院在首轮“双一流”建设中所有指标全部获第一档的成绩，获评申请新一轮“双一流”建设“一流培优学科”。口腔颌面外科、口腔种植科分别获批国家重大疾病多学科合作诊疗能力建设项目。牵头完成国家卫生健康委口腔种植术、舌鳞状细胞癌、腮腺肿瘤临床单病种诊疗规范。通过中华口腔医学会牵头完成中国唇腭裂序列治疗指南、口腔扁平苔藓诊疗指南等5项团体标准制定；参与完成口腔黏膜下纤维性变诊断与治疗指南、口腔颌面部间隙感染诊疗专家共识等15项团体标准制定；获批牵头立项真性颞下颌关节强直临床诊疗的专家共识等4项团体标准制定。医院在软科世界一流学科位列全球第23位，全国口腔医学第一；在软科中国最好学科排名全国第一；复旦大学医院管理研究所中国医院综合榜排名位列口腔医院第一；自然指数（Nature Index）排名中位列口腔类机构第一。

医疗服务　2021年，华西口腔医院门急诊接待患者1265892人次，出院6946人次，手术6299人次。开展以疑难危重症诊治为核心的临床新技术，全年开展临床新技术18项。院际MDT模式中，联合多家医院开展的头颈肿瘤多学科模式，优化就诊流程，提升协作效率，年均诊疗患者超1000人次；完善正颌正畸、正畸与关节、牙周病及正畸风险管控、种植与颌面外科、头颈肿瘤与口腔黏膜等具有特色的诊疗模式，年均诊疗患者15000人次。牵头成立华西口腔专科联盟，年末联盟成员单位达到356家，覆盖全国31个省（自治区、直辖市）；建立儿童口腔亚专科联盟，首批试点成员单位29家；华西口腔远程协作网覆盖医疗机构数量达到1170家，注册医护人员6381人。远程协作平台被中国医院协会评为2021年全国远程医疗协作典范单位。探索推广家庭口腔医生服务模式，开展口腔健康行动助推健康四川建设，协同省卫生健康委启动健康口腔科普三年行动计划暨“健康四川”口腔健康促进专项行动，发布《口腔科常见病及多发病就医指导指南》科普丛书，并举办“健康口腔推广大使”培训。派出2名医护人员到非洲岛国圣多美和普林西比开展医疗援助，被评为四川省援外医疗工作先进集体。获2020年度全国“患者、医务人员双满意”专科医院第四名、口腔专科医院第一名。

（唐　甜　刘济远）

图183　华西口腔医院门诊大楼　（华西口腔医院供图）

【华西第四医院】　四川大学华西第四医院（简称华西第四医院）始建于1976年，位于人民南路三段18号，是直属国家卫生健康委的集医疗、教学、科研、预防、治疗和康复于一体的三级甲等医院，也是全国唯一与公共卫生学院合为一体的医院。医院建筑面积约7万平方米，编制床位600张，以老年医学、职业病学以及微创治疗为特色，涵盖急救与重症医学科、神经内科、心血管内科、消化内科、骨质疏松科、职业病科、呼吸内科、肾脏内科、肿瘤科、姑息医学科、胸外科、胃肠外科、疝外科、肝胆胰外科、甲状腺乳腺外科、痔瘘科、泌尿/盆底外科、泌尿外科、男科、妇科、骨科、眼科、耳鼻喉科、皮肤科、口腔科、康复医学等26个临床、医技科室，并提供健康管理（体检）、职业健康体检以及危害因素检测和评价等服务。2021年4月，华西第四医院党委获“四川省脱贫攻坚先进集体”称号。5月，全国政协副主席、农工党中央常务副主席何维到院调研，对医院近年来在医学教育、国家临床重点专科建设、公共卫生服务等方面取得的成绩给予高度评价。9月24日，中华预防医学会职业病专业委员会和劳动卫生与职业病分会主办，华西第四医院承办的第23次全国职业病防治学术交流大会在成都市召开。

学科建设　2021年，华西第四医院有博士后流动站1个，博士点7个，硕士点12个，专业学位硕士点1个，本科专业3个；有国家级重点学科1个，国家临床重点专科建设项目2个，四川省重点学科5个。预防医学专业、卫生检验与检疫专业入选国家级一流本科专业点建设；卫生检验与检疫专业、食品卫生与营养学专业2021年软科全国排名A+。新申报、设立“预防医学+软件工程”双学士学位点1个。

师资力量　2021年，华西第四医院有职工1023人，其中专任教师75人、专职科研人员40人、卫生技术人员736人、教辅人员5人，博士研究生导师27名，硕士研究生导师62名。国家海外高层次人才项目青年项目2名，国家“万人计划”青年拔尖人才1名，四川省海外高层次人才项目入选者5名，四川省学术技术带头人及后备人选7名，四川省卫生健康委学术和技术带头人及后备人选15名，四川省卫生计生首席专家2人，四川省卫生健康领军人才2人，四川省临床技能名师2人。

人才培养　2021年，四川大学华西公共卫生学院（华西第四医院）招收本科生214名、全日制硕士研究生189名、非全日制硕士研究生14名、博士研究生33名。年末，有在读本科生942人、学术学位硕士研究生259人、专业学位硕士研究生233人、博士研究生76人。

科学研究　2021年，华西第四医院到账科研经费2852.7万元。获批国家自然科学基金7项，批准总经费253万元；获批四川省科技厅项目19项，批准总经费376.4万元；完成四川省卫生健康委委托卫健系统改革相关科研课题5项，申报其他各级纵向项目70余项。授权发明专利3项。

医疗服务　2021年，华西第四医院总诊疗385638人次，入院25654人次，出院25493人次，病床使用率88.3%，平均住院日9.4天。采用“在线”和“在位”相结合的方式建立联盟专家委员会，定期组织专家到社区驻点门诊坐诊、开展适宜技术培训、学术讲座、教学查房、疑难案例讨论、在线病例讨论、在线科普培训等方式为医联体合作医院提供学科技术与学术支持。在“世界卒中日”、重阳节等节点分别开展主题为“警惕卒中症状，尽早识别救治”“感恩重阳节，金秋送健康”等义诊活动；参加2021年武侯区老年健康宣传周启动仪式暨大型义诊活动；在“我为群众办实事，义诊服务送到家”活动中，到乐至县通旅镇复兴庙村义诊，服务村民近200人次。

合作交流　2021年，华西第四医院在“实践及国际课程周”期间邀请美国北卡罗来纳大学教堂山分校、荷兰鹿特丹大学医学中心、中国香港理工大学的外籍高水平学者为全院学生开设全英文国际课程。与武侯区就大健康产业发展、进一步推动医院优质医疗资源向基层医院延伸、深化院地合作

图184　2021年5月26日，华西第四医院与成都鹰阁医院举行医联体合作揭牌仪式
（华西第四医院供图）

等进行交流。5月，与成都鹰阁医院医联体合作揭牌，双方在医疗服务、学科建设、人才培养、远程医疗以及科研合作等方面进行全方位交流合作，正式建立四川大学华西第四医院姑息医学科鹰阁病区。

（刘丽娟）

【四川省妇幼保健院】 四川省妇幼保健院（简称省妇幼），加挂四川省妇女儿童医院牌子，位于沙堰西二街290号，是集医疗、保健、公共卫生管理、教学、科研、培训等职能于一体的三级甲等妇幼保健机构，医院设妇科、产科、小儿内科、小儿外科、新生儿科（早产儿诊治中心）、重症医学科、急诊科、计划生育科、生殖医学中心、医学遗传与产前诊断科、乳腺外科、成人内科、妇女保健科、儿童保健科、孕前保健科、口腔科、耳鼻喉科、营养科等临床科室。四川省妇幼健康和计划生育研究所、产前诊断中心、新生儿疾病筛查中心、儿童医学中心等机构均设在该院。医院业务用房7.2万平方米，编制床位600张。2021年，省妇幼妇产科获批国家卫生健康委2021年国家临床重点专科建设项目；医院获批“国家更年期保健特色专科建设单位”和“国家孕产期保健特色专科建设单位”。年内建成和在建省医学重点学科（重点实验室）10个；天府院区一期工程主体结构工程全面完工。在中国医学科学院发布的2020年度中国医院科技量值（STEM）排名中，省妇幼妇产科排第69名；儿科排全国第96名，首登医院学科百强榜。在艾力彼医院管理研究中心发布的2020年度中国医院竞争力排行榜“妇产医院50强”“儿童医院50强”榜单中，医院分别排第26名和第44名。医院被国务院妇女儿童工作委员会评为全国实施妇女儿童发展纲要先进集体单位，被省卫生健康委评为“2021年度全省母婴安全保障工作成效突出集体”。年末，该院有在岗职工1246人，其中高级职称219人、中级职称411人、初级职称410人；卫技人员1003人（医生359人、医技119人、药师37人、护士488人），占职工总数的80.50%。全院有享受国务院政府特殊津贴专家2人，四川省学术技术带头人1人，“天府学者”特聘专家2人，四川省卫生健康委领军人才2名、学术技术带头人11人，临床技能名师3人。

医疗工作 2021年，省妇幼门急诊接待患者1018353人次，出院27644人次，住院分娩7780人次，住院手术13917台次，平均住院日5.56天。医院强化医疗保健质量安全管理，全年临床路径管理率52.55%，出院患者四级手术占2.79%，较上年增长12.50%；微创手术占11.56%，较上年增长9.37%。全年无新发医疗纠纷赔偿，危重抢救成功率≥99.5%，非计划重返手术率0.07%，住院患者31天非计划再入院率1.75%，甲级病案率99.8%，剖宫产率41.85%，非医学指征剖宫产率3.35%，新生儿窒息发生率1.35%，新生儿产伤发生率0.01%，无孕产妇死亡。医院医疗保健服务持续改善，互联网医院正式上线，提供线上医疗保健服务18400人次。门诊预约诊疗率66.36%，较上年增长8.11%；分时段预约就诊率100%，预约后平均等待时间缩短为25.45分钟；预约诊疗有效时间由15天延长至30天内；日间手术占择期手术比例达到15.64%。12月10日，该院获批加入成都市120急救网络医院。

新技术推广 2021年，省妇幼正式立项新技术69项、新项目38项、重大新技术2项，并对立项的新技术、新项目实施动态管理。开展儿童心血管介入治疗30例，比上年增长36.36%；成功开展儿童心脏外科手术治疗21例，儿童结直肠息肉内镜下切除术7例，儿童严重脊柱侧弯矫正术4例，单绒双羊双胎射频减胎术3例，全省年

图185 2021年7月9日，四川省妇幼保健院·四川省妇女儿童医院与重庆市妇幼保健院签订战略合作协议

（四川省妇幼保健院供图）

龄最小儿童肝母细胞瘤介入治疗后切除1例。

医学教育　2021年，省妇幼在院规范化培训学员205名，三类规培结业考核首次理论考核通过率、结业考核率均为100%。新增成都医学院临床专业硕士研究生导师1名，临床专业硕士研究生导师共22名。其中，14名硕士研究生导师完成硕士研究生招录，在培临床专业硕士研究生31名，承接临床、检验、护理等专业实习生共257名。举办国家级继教项目10项，省级继教项目Ⅰ类、Ⅱ类共52项，新申报立项国家级继教项目5项。新增省级新生儿医师、儿童保健医师培训基地，全年接收进修人员430人次。医学实验中心基础平台建设完成，临床技能培训中心于年初投入使用，为各类培训学员提供了临床实践的场地保障。

科研工作　2021年，省妇幼获各级各类纵向科研项目立项32项，获资助经费154.3万元，比上年增长56.33%。其中省部级课题立项5项，与上年持平。发表科研论文184篇，其中SCI收录29篇，占论文总数的15.76%，比上年增长107.1%；中文核心期刊24篇，占论文总数的13.04%，比上年增长33.3%。授权国家实用新型专利64项，比上年增长1180%，首次获发明专利1项、首次获软件著作权2项。新增5个专业组医疗器械临床试验网上备案，签订2个药物临床试验项目，全年GCP项目合同金额比上年增长282.75%。医院获全国妇幼健康科技奖二等奖1项，实现省部级科技奖励的历史性突破。

交流合作　2021年，省妇幼加强医联体专科联盟内涵建设，新签9家成员单位，总数达64家，另覆盖4家社区卫生服务中心。对口支援全省14家医疗机构，向受援单位派出18个专业51名优秀业务骨干进行带教帮扶。与浙江大学医学院附属第一医院签约合作，挂牌“浙江大学医学院附属第一医院儿童肝病诊治分中心”“浙江大学医学院附属第一医院儿童感染性疾病诊治分中心”，在四川省儿童器官移植、儿童肝病、儿童感染性疾病等学科方面开展共建，促进相关学科的深度合作；与重庆市人口和计划生育科学技术研究院、重庆市妇幼保健院签订川渝战略合作协议，推进川渝两地妇幼健康协同发展、联动发展。

（郭　丽　王丽媛）

【三六三医院】　三六三医院成立于1972年，是成都市卫生健康委注册的一所集医疗、教学、科研、预防保健、健康管理、康复功能于一体的三级甲等综合医院，为西南医科大学非直管附属医院、华西医院区域联盟中心医院。医院由中国航空工业集团有限公司举办，现划归由中国通用技术集团和中国航空工业集团组建的通用技术集团医疗健康有限公司。医院由武侯院区（位于倒桑树街108号）和犀浦院区（位于郫都区犀浦校园路东段550号）组成，其中武侯院区占地1.6万平方米、建筑面积5.1万平方米，编制床位500张；犀浦院区一期建筑面积8.1万平方米，编制床位500张。

2021年，三六三医院设有职能部门18个，临床医技科室39个，其中临床科室29个、医技科室10个；有四川省医学甲级重点专科2个（神经外科、骨科），市级重点专科3个（呼吸与危重症医学科、肿瘤科、泌尿外科），市级重点专科建设项目4个（眼科、神经内科、麻醉手术中心、超声医学中心）；有通用医疗重点学科1个（骨科）、重点培育学科2个（微创外科、神经外科）；有院级重点专科6个（肝胆胰外科、消化内科、核医学科、护理学、心血管内科、检验科），院级重点培育学科1个（妇产科）。医院全系微创治疗、肿瘤精准整合治疗、癫痫多学科综合治疗、近视矫正治疗等特色明显。医院还是四川省护士规范化培训基地，同时承担本科临床教学及硕士生联合培养任务。年末，医院有从业人员1440人，其中高级职称155人、研究生171人，硕士研究生导师3人，拥有四川省学术技术带头人1人、后备人选2人，成都市学术技术带头人1人、后备人选4人，享受国务院政府特殊津贴1人。

学科建设　2021年，三六三医院持续加强重点学（专）科建设，呼吸与危重症医学科、肿瘤科和泌尿外科顺利通过成都市医学重点专科动态评审及立项验收；新增神经内科、麻醉手术中心和超声医学中心，获成都市医学重点专科建设项目；心血管内科、检验学、护理学、妇产科新申报院级重点专科。

医院科研　2021年，三六三医院制定《科研诚信及相关行为规范管理办法》，进一步规范科研诚信行为。组建10个科研创新团队，院级科研课题立项34项；获省市科研课题立项15项，获拨经费47万余元，年末有在研课题44项；获专利授权19项，其中实用新型专利授权18项、发明专利1项；发表学术论文125篇，其中SCI 12篇、中文核心11篇、统计源核心47篇，获四川省医学会优秀论文奖1篇，通用技术集团青年科技英才奖 1 项；举办国家级、省市级继教项目共 20 项。

教学工作　2021 年，三六三医院加强与医学院校的合作交流，开展教学查房、教学病例讨论、教学督导等活动，不断提高教学水平。组织开展临床实习生技能培训授课 60 余场次，实习生阶段性考核及临床技能操作 4 场；开展首届检验技能操作竞赛和首届心电图比赛，实习生操作技能得到提高。组织实习生参加川北医学院临床医学专业实习生临床技能竞赛，获优秀奖；组织实习生参加第二届成都医学院实习生技能操作竞赛，获一、二、三等奖，检验教学实习基地获集体二等奖。举办第二届“点燃课堂”青年教师讲课比赛及骨干教师教学能力提升专项培训。

服务社会　2021 年，三六三医院继续向甘孜州道孚县人民医院、九龙县人民医院派驻 12 名业务骨干开展对口支援；选派 2 人到道孚县沙冲乡比里村开展驻村帮扶；针对定点帮扶村开展以购代捐农产品、为贫困户减免手术费用、捐赠生活物资、村组干部致富带头人培训、驻村干部职工健康体检等帮扶活动；举办茂县卫生骨干人员能力培训班 3 期，共培训卫生骨干 34 名；开展送健康系列活动，举办健康讲座 71 次，服务社区居民 8000 余人次；持续做好民族地区患者医疗服务，被省民宗委、省委宣传部、省委统战部联合授予“四川省民族团结进步示范单位”称号。

（皇甫伊亭）

【四川省中西医结合医院】　四川省中西医结合医院成立于 1991 年，总部（南院区）位于人民南路四段 51 号，是集医疗、教学、科研、预防保健、医养结合、临终关怀于一体的三级甲等中西医结合医院，为国家中医药传承创新工程重点中医医院建设单位，系中医住院医师、全科医生规范化培训（培养）基地。医院有南院区、北院区和高新医院 3 个院区。其中，南院区占地面积 10000 平方米，建筑面积 18770 平方米；北院区系原君康医院，位于站北路 81 号；高新医院为国家中医药传承创新工程重点中医院建设项目，正在建设中。医院拥有中医预防医学、肿瘤学 2 个国家级重点学科，预防保健科、肿瘤科、肛肠科、妇科、耳鼻喉科等 5 个国家级重点专科，肿瘤科、肛肠科、脾胃病科、骨伤科、皮肤科、肾病科、老年病科、针灸科、脑病科、颈部疲劳、高血压病等 11 个省级重点专科（专病），亚健康中心为省级临床医学研究中心、省级治未病中心，肿瘤防治中心为省级重大疾病防治中心。2021 年，医院编制床位 1400 张，开设临床科室 26 个、医技科室 11 个。年末有职工 836 人，其中卫生专业技术人员 679 人、高级职称 148 人、硕士及博士研究生 179 人。

医疗管理　2021 年，四川省中西医结合医院制定鼓励临床科室开展高难度技术和高级别手术的措施，完成中医科老年病科、预防保健科和医学影像科神经肌肉电图等专业以及国家级限制临床应用技术和医疗美容外科 3 ~ 4 级手术的备案。南区健康管理中心完成升级改造，北区新开设健康管理中心，北区孵化设置独立神经外科病区。加入成都市智慧急救信息平台，开通窗口聚合支付，持续加强信息化建设，打造网络智慧医院。加大重点学科建设投入，中医肿瘤重点学科、四川省肠癌病重大疾病防治中心、中医肿瘤质量控制中心获 255 万元财政资助。医院门诊挂号人次比上年增长 38.90%，出院人数比上年增长 9.68%。

科研工作　2021 年，四川省中西医结合医院组织申报国家级、省级等各类课题项目 53 项，获批立项 32 项，入围国家级中医药科技创新平台广东省新黄埔中医药联合创新项目，获批科研经费共 372 万元。获批四川省中医药科学院传承创新研究中心建设项目 8 个，推进在建重点实验室、临床研究中心等临床科研平台建设，亚健康临床医学研究中心三年期建设动态评估结果等级为良好。筹建临床 GCP 中心、科研生物样本库，促进科研能力提升。

人才培养　2021 年，四川省中西医结合医院续聘第十三批四川省学术和技术带头人 1 人，新增四川省中医药院士后备人才 1 人、第十三批四川省学术和技术带头人后备人选 3 人，获“第三届四川省临床技能名师”称号 1 人，获批建设四川省名中医工作室 4 个。

中医文化传播　2021 年，四川省中西医结合医院多名专家接受省政府网站、成都经济广播电台等媒体在线访谈，助力中医药传统知识推广应用。持续开展“中医药六进”系列活动，走进学校、社区等宣传中医药传统文化知识。参加“岐黄四川　本草天府”四川中医药走进驻蓉领事机构系列活动，在新加坡驻成都总领事馆开展讲座、推拿体验、功法教学等活动，助力中医药文化国际传播。

对口支援　2021 年，四川省中西医结合医院落实中医药强基层行动，选派以四川省名中医、中青年拔尖中医师等中高级职称专家为主的专家团队对全省27个县（市、区）开展指导巡诊工作。选派15个小组到全省各地开展中医强基层“百千万”活动。

（曾　莉）

【成都体育学院附属体育医院】成都体育学院附属体育医院（以下简称成体附医）始建于1958年，位于武侯祠大街251号，是在贺龙元帅的关怀下，由已故中国武术协会主席、骨伤科专家、运动创伤专家郑怀贤教授领衔创建的中国最早的一所体育医院。医院是一所以中医骨伤、运动医学、康复医学为主要诊疗领域的集“医、教、研”于一体的三级甲等专科教学医院，是国家部分体育运动队伤病防治基地、国家卫生健康委加速康复外科骨科试点医院、四川省中医药文化宣传教育基地，拥有全国博士后科研工作站、四川省博士后创新实践基地。2021年，医院编制床位330张，有职工300余人。全年门诊接待量207918人次（包含体检人次8439人），比上年增长31.58%；出院4571人次，比上年增长26.10%；手术2216人次，比上年增长38.24%。

医疗管理　2021年，成体附医对标三级中医骨伤医院评审标准实施细则及三级公立医院绩效考核指标要求，加强专科建设，完善质控体系。完成部分医疗质量管理规章制度的修订，出台《患者病情评估制度》《急性创伤等重点病种的急诊服务流程和规范》等6项制度及流程。对诊疗指标、检验、药剂指标、效率指标、住院质量监测指标、重点手术质量监测指标进行定期监测。大型设备的阳性检查率均在95%以上，高于三级中医骨伤医院评审60%的要求。开展院级三基培训11场，院级“三基三严”考核2次，合格率100%。

落实中医护理常规，开展中医护理技术24项；中医特色的入院评估率和健康教育覆盖率100%。持续开展优质护理服务，覆盖率100%。实行医护一体化工作模式，病人满意度均在95%以上。加强药事管理制度建设，对临床使用中药及院内制剂进行监督、评价和指导。完成阳光采购、调剂、处方点评、抗生素整治、重点药物监控、药占比控制等工作。门诊中药处方比例为83.24%，中药饮片处方和自制制剂处方比例达到65.38%，均超过三级中医骨伤医院评审标准要求。抗菌药物使用金额占药品金额的1%，门诊处方抗菌药物使用率为0.41%，住院患者抗菌药物使用强度6.30，均低于相关指标。中药收入占药品比例为64.64%，其中自制制剂占药品比例为23.48%，中药饮片占药品比例为4.60%。医保出院3554人次，比上年增加24%。省（异地）和市医保住院医疗统筹、大病互助补充支付、大病申报费用比上年增长26.95%；申报省（异地）、市门诊（大学生）个人账户费用比上年增长44.63%。完成中医诊断编码及手术编码ICD-9（3.0）、医保疾病诊断ICD-10（2.0）和医保省门特编码的升级切换和更新，上线大学生医保结算功能、医保电子凭证的注册和使用，扩展医保家庭账户共济支付范围。

教学科研　2021年，成体附医接收实习生128人、见习生150人、进修生8人，对实习生、进修生进行培训12次。立项科研课题18项，其中省中医药管理局立项课题11项、省级横向课题1项、校管课题6项。获专利5项，发表学术论文40余篇；与四川省第二中医医院签订中医住院医师规范化培训基地协同单位合作协议。全年申请新技术13项。申报2021年国家级继续教育项目2项、省级继续教育项目1项，申报2022年国家级继续教育项目4项。

医疗服务　2021年，成体附医发挥运动医学学科优势，组建以中医骨伤、中医内科、运动生物力学、运动康复、肌骨超声等学科专家为主的“奥运医疗专家巡诊队”，定期开展线上、线下医疗会诊、巡诊，巡诊总次数近百次。为体操、跳水、艺术体操等20余支奥运备战队伍提供随队医疗保障服务，下队服务总人次数300余人次。参与2021年“相约幸福成都系列赛事”（成都大运会测试赛）成体艺术体操场馆医疗保障事宜。

（杨玉蓉）

体育 >>>>

SPORTS

综述

Overview

【概况】 2021年，武侯区以大运会筹备为主线，坚持“谋赛”“营城”“兴业”“惠民”相结合，编制体育发展规划，促进群众体育、竞技体育、体育产业协调发展，统筹推进体育事业发展。全区健身设施实现社区全覆盖，共有体育活动场地2509个，人均体育场地面积为2.32平方米。年末，全区有社会体育指导员2569人，每千人有社会体育指导员2.14名。

（李代雷　韩胜威）

【体育发展规划】 2021年，武侯区编制文化体育旅游发展“十四五”规划，并印发实施。规划提出，今后五年，武侯区主要从完善体育设施强基础、聚焦体育赛事强引领、推动体育服务广覆盖、创新体育产业促消费等方面，统筹推进办赛、营城、兴业、惠民，建设“世界赛事名城”创新实践区，同时加快文商旅体融合发展，建设文商旅体深度融合高品质发展引领区。

（李代雷　韩胜威）

【社会体育组织管理】 2021年，区文体旅局加强对体育类社会组织的管理，开展体育类社会组织成立、变更、注销等登记审查，监督指导社会组织依法依规开展活动。全年，新成立体育类社会团体5个。指导区社会体育指导员协会做好社会体育指导员管理、志愿服务、培训等工作，组织参加市级社会体育指导员体育技能交流展示，获与会者好评。

（李代雷　韩胜威）

【体育产业发展】 2021年，武侯区有各类体育企业1323家，从业人员7672人。体育产业总收入80.17亿元，占全区地区生产总值的2.1%；体育产业增加值28.3亿元，较上年增长17.9%；纳税37503万元。全年人均体育消费支出2564.2元，占人均居民可支配收入的4.6%，人均体育消费比例不断提高。武侯区以促进体育消费为目标，推动吾同体育、BY1906文化创意工厂争创省级体育旅游示范基地，打造海德体育中心等3处体育消费新场景，推动华体运动中心等5家企业争创星级体育综合体。重点签约上海易淳网络信息科技有限公司体育竞技项目，签约投资额5亿元；四川体育俱乐部有限公司落户，注册资本1000万元。四川旅投体育文化传播有限公司、成都吾同体育文化传播有限公司2家体育公司被纳入规模以上体育产业企业。

（李代雷　韩胜威）

【体育设施建设】 2021年，武侯区共新建、更换、补建室外健身器材26条。其中新建17条、更换8条、补建1条（详见表104）。

（李代雷　韩胜威）

表104　武侯区2021年新建、更换、补建全民健身路径情况表

序号	新建地址	所属街道	建设类型		
			新建	更换	补充
1	碧云路118号	浆洗街街道	√		
2	武侯祠大街180附30号		√		
3	二环路南一段7号	望江路街道		√	
4	十二南街7号		√		
5	高攀西巷5号附18号商铺外	火车南站街道	√		
6	人南立交桥下			√	
7	火车南站西路17号				√
8	小天中街58号	玉林街道		√	
9	玉林七巷、玉林八巷广场			√	
10	棕南树荫广场			√	
11	玉林街6号院		√		
12	晋吉南路43号	晋阳街道		√	
13	万华街篮球场（花香庭园小区对面）	机投桥街道	√		
14	成通小区内部篮球场		√		
15	业兴北路400号		√		
16	星语双城一期机九路口		√		
17	武科东二路2号外广场		√		
18	太平园中六路35号（高碑瑞苑C区）	簇锦街道		√	
19	诗锦路136号（诗锦苑小区）		√		
20	太平园中五路36号（中粮二期3栋外侧）		√		
21	太平园中五路36号（中粮二期7栋外侧）		√		
22	兆景路520号（首信首御小区广场）		√		
23	文锦路937号蓝光金悦城门口道路	簇桥街道	√		
24	江安河新居		√		
25	武侯大道铁佛段222号（新城社区小广场）			√	
26	江安草堂（宜居水岸）	金花桥街道	√		

（韩胜威）

【世界大学生运动会筹备】 2021年，武侯区建立健全赛区《组织架构》《会议议事规则》《专项资金使用管理暂行办法》《创先争优工作考核实施办法》等工作制度，形成“1+18”的赛事运行保障机制和“1+4”赛事组织运行架构（1个指挥中心+4个场馆运行中心+18个工作部）。辖区内3个比赛场馆中心分别下设11个工作组，1个训练场馆中心下设3个工作组，组建由场馆业主、执委会竞赛部、属地街道和行业部门构成的场馆运行核心团队，完成测试赛的场馆运行设计规划、场馆运行计划编制，形成“场馆中心一日一研判、赛区委员会一周一调研、一周一督查、一月一评比”工作机制。先后承办第23届中国大学生篮球一级联赛（省体育馆）、2021年中国大学生艺术体操锦标赛暨第31届世界大学生夏季运动会艺术体操选拔赛（成都体育学院）和2021年中国大学生跆拳道锦标赛（四川大学望江校区），共有来自全国各地的902名运动员参赛，开展比赛328场。武侯赛区办公室组织三个场馆中心近1800名工作人员参与统筹协调、赛事组织、医疗保障、交通安保、志愿者服务等项目的全要素测试，获得大运会执委会“流动红旗”先进集体通报表扬。

（李代雷　韩胜威）

全民健身
Fitness for All

【概况】 2021年，武侯区从提高人民群众健康水平出发，广泛组织开展群众性体育活动，全民健身意识不断增强。全区经常参加体育锻炼的居民人数达46.3%，国民体质测定标准合格以上的居民人数在94%以上。

（李代雷　韩胜威）

【群众体育活动】 2021年，武侯区举办第八届全民健身运动会及“运动成都·活力武侯”“踏乐绿道·寻景武侯”“诸侯争锋”等全民健身活动390余次，吸引80余万人次参与。开展乒乓球、百日游、篮球、排球、网球活动月等校园八项体育活动。区文体活动中心按照不同层次群众健身需求，设置篮球、羽毛球、乒乓球、网球、台球、健身健美、艺术体操、跆拳道、电子竞技、武术、飞镖、沙弧球、体质监测等体育运动项目，全年免费对

图186 篮球爱好者在五大花园运动公园篮球场运动 （区融媒体中心供图）

外开放 60743 人次。国民体质监测中心完成辖区居民体质监测和健身指导，惠及居民 5220 人。

（李代雷 韩胜威）

【群众体育培训】 2021 年，区文体旅局通过线上线下相结合的方式，组织开展 3 期群众体育培训。其中，第一期为线下培训，第二期、第三期为线上培训，包括运动健身中的合理营养、常见运动损伤预防、运动处方的制定及运动风险筛查等内容。授课老师通过视频讲解、案例分享、现场演示等方式对社区健康师、社会体育指导员进行了系统培训，全年培训各类学员 202 人。

（李代雷 韩胜威）

【体育教育】 2021 年，武侯区构建“3 节体育常规课 +1 节足球课 +1 节特色体育课”的“3+1+1”体育课程模式，持续提升“每天一节体育课”质量，成功创建“全国青少年校园足球试点区”。组织全区中小学生开展体育节活动，参加人数近 5000 人。举办全区体育教师基本功技能大赛，600 余名教师参赛；选拔 20 名代表参加成都市体育教师技能大赛，获总团体一等奖。全区学生体质健康合格率连续 3 年保持在 98% 以上。

（甘利痕 廖 华 肖 倩）

【武侯区社区运动节】 2021 年 9 月 25 日，武侯区政府、成都大运会武侯赛区委员会主办的“爱成都·迎大运”2021 武侯区社区运动节活动在省体育馆北广场举行。武侯区 4 个大运场馆（篮球馆、跆拳道馆、艺术体操馆、柔道馆）和 11 个街道的工作人员、社区居民共 500 余人参加活动，体操奥运冠军冯喆、跑酷世界冠军张云鹏、四川水上运动学校的赛艇运动员以及全国大学生跆拳道比赛冠军团队等高水平运动员到场助阵。社区运动节设马术、跑酷追逐赛、飞盘体验赛、智能跳绳体验赛、陆上赛艇赛、智能交互空间体验、科技康复体验、FITURE 魔镜体验等趣味运动项目，融探索性、趣味性、知识性于一体，让现场参与者亲身体验趣味运动带来的健康和快乐。

（陈虹霖 陈 燕）

图187 2021年9月25日，市民在社区运动节上体验陆上赛艇运动 （区融媒体中心供图）

竞技体育
Competitive Sports

【概况】 2021 年，武侯区组织选拔 15 个项目代表队 800 余名运动员、教练员参加成都市青少年（学生）运动会，获一等奖项目 12 个、二等奖项目 3 个，以及团体一等奖，总成绩创近 5 年最佳。组织开展校园足球联赛和最佳阵容遴选、幼儿足球嘉年华等系列足球活动，5000 余人参加，推选校园足球国家队队员 1 名。辖区高校成都体育学院在校学生在东京奥运会上获 1 枚金牌、

图188　2021年7月，全国三人篮球集训赛女子组比赛在武侯区举行　（区文体旅局供图）

2 枚银牌、1 枚铜牌及 1 个第 4 名，在第十四届全运会上获 4 枚金牌、2 枚银牌、3 枚铜牌。区文体旅局被市委办公厅、市政府办公厅评为“在第 32 届奥运会和第 14 届全运会中做出贡献的先进集体”。

（李代雷　韩胜威）

【2021 中国田径街头巡回赛成都武侯站比赛】 2021 年 5 月 22 日，由中国田径协会、四川省体育局共同主办，武侯区政府参与承办的 2021 中国田径街头巡回赛成都武侯站在武侯祠博物馆举行。赛事吸引亚锦赛冠军黄常洲、全国田径锦标赛冠军张耀广、诸葛祥钦、吴国航、张硕、张景强、李志鹏、石雨豪 8 名国家队优秀运动员参赛。最终，黄常洲、张耀广、诸葛祥钦分别获男子组跳远一、二、三名。

（李代雷　韩胜威）

【2021 全国三人篮球集训赛成都武侯站比赛】 2021 年 7 月 10—11 日，由中国篮球协会、四川省体育局主办，武侯区政府参与承办的 2021 三人篮球集训赛成都武侯站比赛在四川省体育馆北广场举行。该项赛事是三人篮球国家队出征东京奥运会之前进行的最后一站集训赛，国家队、澳门战狼队、上海上实龙创队、上海 YM 队、陕西代表队、四川代表队、常州凯达重工队和成都和众俱乐部等参加比赛。最终，国家队、上海上实龙创队、四川代表队分别获男子组一、二、三名，国家女队、武汉盛帆队、上海代表队分别获女子组一、二、三名。

（李代雷　韩胜威）

【2021 年全国女子曲棍球锦标赛】 2021 年 5 月 23 日，武侯区政府参与承办的“中国体育彩票杯”2021 年全国女子曲棍球锦标赛在武侯区开赛，该赛事是曲棍球单项年度最高级别赛事，采用传统的分组单循环加交叉淘汰赛赛制。比赛吸引天津、辽宁、吉林、上海、江苏、广东、四川、陕西、甘肃等 9 个省市队伍参赛。四川队、江苏队、吉林队分别获该项比赛第一、第二、第三名。

（李代雷　韩胜威）

【中日围棋快棋冠军对抗赛】 2021 年，中国国际友好联络会、中国围棋协会主办，成都市体育局、武侯区政府、四川省围棋协会共同承办的阿含・桐山杯中日围棋快棋冠军对抗赛暨第 22 届阿含・桐山杯中国围棋快棋公开赛决赛在武侯区举办。赛事分两个阶段进行，第一阶段预选赛于 9 月 9—11 日在东方美豪丽致酒店举行，128 名棋手参赛；第二阶段决赛于 12 月 6—8 日在成都武侯祠博物馆举行。此次中日冠军对抗赛采用线上对弈形式进行。最终，中国围棋快棋冠军辜梓豪执白中盘胜日本围棋冠军黄云嵩问鼎阿含・桐山杯。

（李代雷　韩胜威）

【第 23 届中国大学生篮球一级联赛（女子 24 强赛）】 2021 年 5 月 12 日，中国大学生体育协会、成都大运会执委会主办，武侯区政府参与承办的“相约幸福成都”第 23 届中国大学生篮球一级联赛（女子 24 强赛）在成都启动。比赛采取“分组循环 + 交叉淘汰”赛制进行，12—17 日，来自全国各地的 24 支队伍运动员分别在四川省体育馆、电子科技大学清水河校区体育馆、青白江文体中心体育馆三个场地展开竞赛。最终清华大学、北京师范大学、北京大学和中国矿业大学女篮等 4 支传统 CUBA 强队晋级四强。

（李代雷　韩胜威）

社会生活

SOCIAL LIFE

人口家庭

Population and Family

【概况】2021年，武侯区出生人口5333人，其中二孩出生1433人、三孩出生51人，出生人口总数和生育率均有所下降。全年办理结婚登记5241对，办理离婚登记1964对。开展婚姻家庭辅导服务，倡导引领简约适度的婚俗礼仪，培育文明向上婚俗文化，弘扬优良家风，落实惠民殡葬政策，发放惠民殡葬基本服务补贴3413人321.2万元。被民政部确认为全国婚俗改革实验区。

（陈华荣　黄　燕）

【人口生育】2021年，武侯区根据《四川省人口与计划生育条例》第二十四条相关规定，对符合条例规定生育子女的夫妻，除法律、法规规定外，延长女方生育假60天，给予男方护理假20天；生育假、护理假视为出勤，工资福利待遇不变；子女3周岁以下的夫妻，每年分别享受累计10天的育儿假，育儿假视为出勤。全年，武侯区出生人口5333人，比上年减少3505人，减幅65.72%。其中二孩出生1433人，同比减少923人，减幅64.41%；三孩出生51人，比上年增加8人，增幅15.69%。辖区长期处于低生育水平，出生人口总数和生育率均有所下降，主要原因首先是群众生育意愿偏低，调查发现，育龄妇女理想生育子女个数多为1，2000年后出生的大部分人群生育意愿为0；其次，经济社会因素成为影响生育的主要原因，生育、养育子女给家庭造成的经济负担过重，并导致女性职业发展面临困境；最后，育龄人群生育能力有所下降、人工流产比例增大也是人口生育率下降的原因之一。

（高　艳　李　伟　荣阳玲）

【婚姻收养登记】2021年，武侯区婚姻登记工作实现“跨省通办”。区民政局全年办理结婚登记5241对；受理离婚申请3239对，经离婚冷静期后实际办理离婚登记1964对；补发证件1261对，出具婚姻登记证明13对。登记合格率100%。办理收养登记3例，无解除收养登记。

（黄　燕）

【婚俗改革】2021年，武侯区被民政部确认为全国婚俗改革实验区，是四川省唯一的全国婚俗改革实验区。成立以区长为组长的武侯区全国婚俗改革试验区试点工作领导小组，并印发实施方案。深入开展婚姻家庭辅导服务，建成社区婚姻家庭辅导室；倡导引领简约适度的婚俗礼仪，举办“5·20”“天府有囍·情定武侯”武侯区婚姻登记集体颁证仪式；加强婚俗文化载体建设，培育文

图189　2021年5月20日，武侯区举行婚姻登记集体颁证仪式　　（区民政局供图）

明向上婚俗文化；深入挖掘本土家风，开展家风宣讲活动，弘扬优良家风。9月13日，《中国妇女报》以《全国婚俗改革试验区成都武侯区大力传承发展中华优秀婚姻家庭文化》为题，对武侯区婚俗改革进行深度报道。

（黄　燕）

【殡葬管理】 2021年，区民政局通过发倡议书，利用官方微博、微信公众号宣传，联合街道社区发放宣传资料等多种形式倡导绿色殡葬，宣传惠民殡葬政策。落实惠民殡葬政策。全年发放惠民殡葬基本服务补贴3413人321.2万元；节地生态安葬奖补60人16.3万元。

（黄　燕）

居民生活
People's Life

【概况】 2021年，区统计局对200户城镇家庭住户总收入、总支出、耐用消费品拥有量等基本情况进行统计调查。其中，城镇家庭住户全年人均可支配收入56042.7元/人；总收入67525.3元/人；总支出52549.5元/人；现住房建筑面积31.8平方米/人。

（杨　燕）

【居民收入】 2021年，区统计局对200户城镇家庭住户总收入、总支出、耐用消费品拥有量等基本情况进行统计调查。武侯区2021年人均总收入67525元。其中，人均可支配收入56043元，包含工资性收入32155元，占57.4%；经营净收入5359元，占9.5%；财产净收入5933元，占10.6%；转移性收入12596元，占22.5%。

（杨　燕）

【生活消费支出】 2021年，根据区统计局对200户城镇家庭住户基本情况统计调查，全年人均总支出52550元，其中生产经营费用支出5980元/人，财产性支出1574元，部分商业保险支出465元/人，消费支出32070元/人，包含食品烟酒、衣着、居住、生活用品及服务、交通和通信、教育文化娱乐、医疗保健等，其中教育文化类支出增长较多，比2020年增长23.1%；现住房建筑面积人均31.8平方米/人。全年，辖区农贸市场主副食品零售价格基本平稳，其中猪肉价格比上年降幅较大（参见表105）。

（杨　燕）

表105　2021年武侯区部分农贸市场主副食品零售价格情况表

单位：元/500克

类别	1月	2月	3月	4月	5月	6月	7月	8月	9月	10月	11月	12月	年均价	与上年价差	涨幅
籼米	2.56	2.63	2.67	2.66	2.65	2.67	2.67	2.67	2.67	2.69	2.70	2.68	2.66	0.05	1.8%
粳米	2.90	2.90	2.90	2.90	2.88	2.90	2.90	2.90	2.90	2.90	2.90	2.90	2.90	0	-0.1%
面粉	3.00	3.00	3.00	2.97	3.00	3.00	3.00	3.00	3.00	3.00	3.13	3.13	3.02	0.10	3.5%
食用油	67.33	68.00	67.20	65.20	66.75	66.67	66.67	66.67	66.67	66.67	66.67	66.42	66.74	7.15	12%
猪肉	33.75	32.08	28.53	27.67	22.67	19.87	18.33	18.00	17.00	16.58	19.73	22.67	23.07	-9.97	-30.2%
猪腿肉	30.50	28.33	24.47	22.47	17.58	14.73	14.08	14.00	13.33	13.33	17.13	20.42	19.20	-9.75	-33.7%
鸡蛋	5.50	5.63	5.31	5.02	5.22	5.29	5.30	5.73	5.73	5.74	5.95	5.57	5.50	0.68	14.2%
鸡肉	35.08	36.58	36.00	35.80	35.75	36.00	36.42	36.00	36.00	35.25	35.00	35.08	35.75	1.17	3.4%

续表105

类别	1月	2月	3月	4月	5月	6月	7月	8月	9月	10月	11月	12月	年均价	与上年价差	涨幅
鲫鱼	11.00	11.83	12.67	13.67	16.50	16.33	16.33	16.20	14.75	13.83	13.47	12.58	14.10	2.55	22.1%
草鱼	9.00	9.67	10.47	11.47	13.42	13.13	12.67	12.13	11.67	10.92	10.40	10.08	11.25	1.69	17.7%
大白菜	2.07	2.04	1.73	1.65	1.42	1.85	1.64	1.61	1.74	2.19	2.97	2.11	1.92	-0.16	-7.9%
莲花白	3.08	2.88	1.67	1.55	1.42	1.33	1.35	1.47	1.67	2.19	3.03	2.38	2.00	-0.02	-0.9%
芹菜	5.71	5.29	3.73	3.87	3.71	4.17	4.13	4.77	4.75	5.42	6.20	3.92	4.64	0.60	15.0%
韭菜	5.25	5.63	4.07	4.00	3.54	3.73	3.79	3.93	4.38	4.42	4.77	5.13	4.39	-0.12	-2.6%
花菜	5.33	3.75	3.87	2.87	3.21	4.13	4.17	4.20	4.54	5.04	6.83	4.54	4.37	0.48	12.4%
青笋	3.29	3.88	2.93	2.47	2.58	2.97	2.54	3.20	3.46	3.58	3.87	2.42	3.10	0.14	4.6%
黄瓜	3.63	4.46	3.63	2.97	2.79	2.73	2.58	3.23	3.67	5.46	5.20	4.08	3.70	0.10	2.9%
冬瓜	3.54	4.58	3.80	2.50	2.38	2.13	1.83	1.77	1.67	1.83	2.23	2.25	2.54	0.52	26.0%
西红柿	4.04	3.63	2.87	3.13	2.54	2.50	2.71	3.13	3.50	3.58	3.90	4.29	3.32	-0.71	-17.7%
茄子	4.75	4.46	4.10	4.17	3.25	2.57	2.00	2.80	2.88	3.96	5.20	4.13	3.69	-0.27	-6.8%
白萝卜	1.69	1.93	1.33	1.13	1.17	1.20	1.33	1.43	1.67	2.17	2.10	1.58	1.56	0.07	4.6%
大青椒	8.33	7.04	3.90	3.93	2.83	2.37	2.38	3.07	3.33	3.58	5.00	5.13	4.24	-0.03	-0.7%
土豆	2.08	2.42	2.23	2.07	1.88	1.93	1.93	1.83	1.87	1.87	2.02	2.11	2.02	-0.17	-7.6%
苹果	7.25	7.67	7.87	7.60	7.00	7.67	7.67	7.80	8.00	7.33	7.33	7.25	7.54	0.37	5.1%
梨	4.88	5.50	5.67	5.53	5.50	5.67	5.67	5.67	5.58	4.92	5.00	4.88	5.37	0.70	14.9%
香蕉	3.83	4.42	4.67	4.53	4.33	4.50	4.38	4.63	4.71	3.96	4.30	4.33	4.38	-0.09	-2.1%

注：面粉为特一粉，食用油为金龙鱼第二代调和油5升价格，猪肉为精瘦肉。

（王嵘 罗飞）

人力资源管理
Human Resource Management

【概况】2021年，武侯区加强人力资源管理服务，围绕重点产业发展，引进和培养产业人才，落实人才新政，加强事业单位人员管理，公开、公正、公平招聘事业单位工作人员，完成全区事业单位人员年度考核。区国资和金融局推动驻区国有企业退休人员移交社会化管理工作，持续协调指导各街道开展常态化移交。完成专项工作经费清算，拨付11个街道共18625人的接收专项经费487.83万元。

（唐永沂 敬佩）

【事业单位人员管理】2021年，武侯区开展事业单位公开招聘工作，招录工作人员54人。其中，公开招聘事业单位工作人员4人、在职教师23人，“蓉漂人才荟”公开招聘教师27人。强化人才队伍培养建设，选派具有中高级专业技术职称的在编在职城区事业单位专业技术人员10人到基层进行为期1年的支援服务。完善基层数据管理工作，完成全区151家事业单位、59家配备工勤人员机关单位工作人员年度统计报表，及西南民族大学等6家中央驻武侯区事业单位人才资源统计工作。完善事业单位人员日常考核体系，按照管理岗位、专业技术岗位和工勤岗位的分类，完成全区5322名事业单位工作人员年度考核。规范事业单位业务办理程序，全年办理科级及以下人员退休（教育除外）业务42人次，办理供给关系104人次。

（李诺）

【人力资源管理服务】2021年，区人社局组织86家人力资源服务机构撰写年度报告，为61家人力资源机构办理变更、延续、备案手续。开展规模以上人力资源机构服务工作，4家规模以上人力资源服务企业营收进入全区租赁和商务服务业前10位。区人才中心定期梳理中心业务办理情况，梳理重点、难点业务，统一办事口径及程序；

根据窗口服务工作要求，动态调整服务事项清单，修订完善服务事项办理条件、办理渠道、办理时限、反馈方式等，完善“五制”（首问责任制、全程代理制、一次性告知制、限时办结制、责任追究制）、“四公开”（办事程序公开、办事依据公开、办事时限公开、办事结果公开）、“三亮明”（亮明身份、亮明承诺、亮明标准）服务规范，达到服务告知统一、经办规程统一、业务流程统一；宣传网上业务受理渠道，践行“一次性告知”“最多跑一次”“一站式服务”等便民措施，同步实现流动人员人事档案管理服务、流动人员户籍管理等两大类服务在成渝两地“跨省通办”。全年管理社会人才档案47404份，在册集体户人员23186名，接收并处理各类网上经办事项600余件，办理集体户平迁业务1415项、大专生入户联系函业务188项、中级以上职称入户联系函业务140项、档案转入5531份、档案转出2176份、政审业务693项，出具档案证明926份。

（黄　立　李　根）

【人才引进】 2021年，区人社局聚焦新材料、生物医药、化妆品等重点产业领域，编制武侯区人才白皮书（人才开发指引）、人才蓝皮书（人才资源状况报告），梳理统计武侯区41.55万人才资源质量、分布和建设情况，展示452类人才需求清单，提升产业人才招引针对性。其中，重点行业249类，主导产业125类，公共服务领域78类。

（冯　娟　张　迅）

【人才培养】 2021年，区人社局发挥职称制度在人才队伍建设中的“指挥棒”作用，评定工程系列专业技术职称2121人，激励专业技术人才提升能力水平；组织开展武侯区享受政府特殊津贴人员选拔，从科教文卫、电子商务、工程技术等行业和产业中优选19人享受区政府特殊津贴。

（冯　娟　张　迅）

图190　2021年3月25日，“蓉漂杯”高层次人才创新创业大赛“医药健康+电子商务+文化创意”专题赛在武侯区开赛

（区融媒体中心供图）

【人才新政落实】 2021年，武侯区通过走进高校、走进社区、知名高校赴蓉调研等活动，引入北京大学、四川大学、西南财经大学、中科院等硕博高层次人才到武侯青创园创业。引入硕博高层次人才创办企业4家，创办企业在“蓉漂杯”创新创业大赛、第八届“创青春”中国青年创新创业大赛全国总决赛等比赛中连续取得佳绩。武侯青创园为武侯产业功能区、产业社区输送“三刷”“海纳新燃料”等多家优秀企业，成为武侯产业功能区人才、项目“预孵化”基地。配套青年人才驿站为蓉漂青年人才提供最长7天的免费住宿服务838人次。

（蔡　鑫）

【高校毕业生服务】 2021年，区人社局做好高校毕业生服务基层工作，对全区71个社区进行摸底，全面掌握高校毕业生服务基层底数。制定招募方案，从四川大学、四川农业大学、西南石油大学等高校签约36人。组织63名志愿者开展年度考核，为18人办理服务期满证，评选优秀志愿者9人，4人因综合素质过硬、基层表现优秀被眉山市、成都高新区等机关企事业单位录用。推进就业创业平台建设，对7家企业开展实地走访指导，培育认定成都城市音乐厅运营管理有限责任公司与新希望物业服务集团有限公司为武侯区高校毕业生（青年）就业见习基地。与市人力资源和社会保障局对接，推荐认定市级创业孵化园2家，数量为全市最多。

（黄　立）

【2021“蓉漂杯”高层次人才创新创业大赛】 2021年3月25日，由成都市人才工作领导小组办公室主办，成都产业集团和武侯区共同承办的2021“蓉漂杯”高层次人才创新创业大赛——“医药健康＋电子商务＋文化创意”专题赛在武侯区开赛。大赛以“更好的成都，成就更好的你”为主题，汇聚产业园区、创投机构、高校、行业协会、孵化器等单位机构，吸引40余个国内创

新创业团队同台路演竞技。经过比拼与现场评审，其中 12 个项目获总决赛“直通卡”；24 个项目获投资机构青睐，达成意向投资 2.52 亿元。活动发布《武侯区青年创新创业就业筑梦工程机会清单》，包括青年创新创业载体机会清单 46 条、青年创新创业场景供给清单 15 条、城市有机更新清单 28 条、青年人才需求清单 117 条、青年创新创业就业服务平台清单 55 条。同时，区新经济局与北京云创孵科技有限公司、四川川大科技园发展有限公司共同签订《武侯区青年创新创业就业筑梦工程“数字孵化”平台协议》，合作打造校企地创新共同体、发展共同体，助力青年在武侯创新创业，推动科技成果在武侯转化。

（唐永沂　敬　佩）

劳动就业
Labour and Employment

【概况】 2021 年，武侯区贯彻中央及省市决策部署，实施就业优先政策，围绕幸福美好生活十大工程，做好“六稳”“六保”首位工作，以“六个应对”（2021 年武侯区人社局推动就业创业工作的应对举措。一是应对就业风险挑战，促进援企与稳岗相结合。二是应对就业形势关键，促进重点群体就业创业。三是应对就业形态发展，促进灵活就业发展。四是应对就业能力短板，实施全面技能培训。五是应对就业要素流动，推动区域协作发展。六是应对政策影响行业，开展精准就业服务）为重点，促进援企与稳岗相结合、促进重点群体就业创业、促进灵活就业发展、实施全面技能培训、推动区域协作发展、开展精准就业服务，切实推动就业创业促进工作提质增效，确保“十四五”开好局起好步。

（李　贤）

图191　2021年2月，武侯区灵活从业劳务市场投运。图为市民在查询登记　（区人社局供图）

【就业促进】 2021 年，武侯区城镇新增就业 19419 人，城镇失业人员再就业 3978 人，其中安置就业困难人员再就业 551 人。全年城镇登记失业率 2.42%，低于市级目标控制水平（4%）和区级目标控制水平（3.5%），动态消除零就业家庭。举办“春风行动”线上网络专场招聘会、“就业招聘 + 政策宣传”直播带岗线上线下招聘活动、“春风送暖人社行，幸福生活零距离”宣传活动，线上活动吸引近 52.5 万人观看，线下活动共吸引求职者 2000 余名，提供就业创业劳动保障等政策咨询 450 人次。全年新增吸纳 5301 名大学生在武侯区就业创业，组织 190 名青年（大学生）参加就业见习。开展各类补贴性职业技能培训 72007 人次，拨付培训补贴 7045 万元。其中，开展农民工劳务品牌培训 764 人，帮助和扶持大学生在武侯区成功创业 68 个项目；完成创业担保贷款 2579 万元。年末，全区有“四上”单位 1138 个，

图192　2021年4月10日，武侯区举行新经济企业专场招聘会　（区人社局供图）

从业人员217504人（详见表106）。

（李　贤　胡其伟）

【薪酬调查】 2021年，区人社局开展年度企业薪酬调查工作，对全区11个街道404家样本企业开展薪酬调查，调查企业数相比上年增加62家。

（叶云峰）

【劳动监察】 2021年，武侯区开展根治欠薪春季、秋季、冬季行动，全面排查在建工程项目387个次。受理劳动保障投诉举报现场登记案件1136件，涉及1064人319万元。办理网络理政、信访、督办件共11423件，"互联网+劳动保障"线索1158件，按期办结率100%。全区劳动关系保持和谐稳定。

（胡其伟）

【劳动争议化解】 2021年，武侯区劳动人事争议仲裁委员会持续推进劳动争议多元化解工作，强化先行调解、庭前调解等机制，加大案件处理力度，提升劳动争议处理效能。全年受理案件3235件，审结2946件，仲裁结案率91.07%，调解成功率68.78%。建成武侯区劳动纠纷"一站式"联处中心，实现234件劳动纠纷案件就地解决、一站式化解。发挥区人社局先锋调解室党建引领作用，开展"我为群众办实事"仲裁案件攻坚行动，化解劳动仲裁积案465件。

（胡其伟）

表106　2021年武侯区各行业"四上"单位从业人员情况表

序号	行业	单位数（家）	从业人员期末人数（人）	从业人员平均工资（元）
1	制造业	69	12931	115079
2	电力、热力、燃气及水的生产和供应业	2	2150	142578
3	建筑业	413	67502	70307
4	批发和零售业	233	33811	82272
5	交通运输、仓储和邮政业	15	8276	84303
6	住宿和餐饮业	94	9268	56668
7	信息传输、软件和信息技术服务业	45	26967	140865
8	房地产业	100	16047	72974
9	租赁和商务服务业	51	15522	62933
10	科学研究、技术服务	42	9336	114561
11	水利、环境和公共设施管理业	7	3469	50836
12	居民服务、修理和其他服务业	16	4570	48994
13	教育	2	558	93234
14	卫生和社会工作	29	6205	103043
15	文化、体育和娱乐业	20	892	97286

（李　贤　胡其伟）

社会保障
Social Security

【概况】 2021年，武侯区实施参保扩面质量提升、社保经办现代治理效能提升和社保权益保障提升"三大行动"，全力营造"幸福美好"社保经 办服务体验，持续推进基金安全风险防控，探索社保业务"跨区域通办"。

（陈柯锭　成良琴）

【社会保险】 2021年，武侯区企业职工基本养老保险参保95.51万人，其中退休人员5.51万人，基金保费收入101.38亿元、基金待遇支出14.49亿元；城乡居民基本养老保险参保8045人，其中领取待遇人员5231人，基金保费收入12942万元、基金支出4624万元。工伤保险参保64.17万人，基金保费收入8011万元，基金支出6107万元。失业保险参保63.58万人，基金保费收入4.48亿元，基金支出1.18亿元。全年代缴低保对象、特困人员等困难群体城乡居民基本养老保险个人缴费761人，符合条件的困难人员城乡居民基本养老保险政府代缴率100%，实现符合条件的人员养老金发放全覆盖。城镇职工参加医保人数83万人；9月1日，武侯区正式启动2022年度城乡居民基本医疗保险参保登记工作。全年城乡居民参加医保人数20.7万人，全年医保基金待遇总支出21.7亿元，比上年增长34.9%，结余5.50亿元，基金运行平稳。其中，城镇职工基本医疗保险待遇支出18.7亿元，比上年增长5.5%；大病医疗互助补充保险基金待遇支出9987.93万元，比上年下降2%；城乡居民基本医疗保险待遇支出2亿元，比上年增长58.0%。

（成良琴　李　吟　许　静）

【社保基金监管】 2021年，区人社局健全基金监督制度，加强现场监管和非现场监督；开展社会保险基金管理风险防控专项整治行动及专项整治活动；梳理社保经办业务中的风险点，对风险点进行重点检查，防患于未然，维护基金安全与完整，保障基金安全平稳运行。开展2021年社保、就业资金使用情况专项审计。对外受理社保缴费投诉举报 222 件，追回应缴未缴社保基金 74.40 万元；处理社保信访 1628 件，信访案件及时回复率 100%。

（黄清泉）

【医保基金监管】 2021 年，区医保局聚焦疫情巡查、日常检查、专项治理“回头看”以及“假病人”“假病情”“假票据”欺诈骗保问题专项整治等工作，累计检查定点医药机构 2464 家次；查处违规医药机构 860 家，限期整改 860 家；暂停拨付费用 88 家，终止协议 16 家，追回违规金额 491.32 万元，要求支付违约金 674.18 万元，向市医保局报送违规案件 16 起。

（梁家伟）

【省医保一体化大数据平台上线】 2021 年，区医保局将四川省医保一体化大数据平台作为“一号工程”“一把手工程”，以项目管理方式推进建设，重点做好贯标对码、数据治理、接口改造、专网接入、环境测试等工作。平台于 11 月 30 日平稳上线。截至年末，平台线上线下咨询 17040 件、窗口接件 1384 次、绿色通道受理 1671 件。

（许　静）

图193　2021年11月30日，区医保局使用医保一体化大数据平台为市民办理业务（区医保局供图）

【住房保障】 2021 年，武侯区健全部门、街道住房保障申请受理联审机制，建立权责明确、运行有序的管理体系，加快探索多主体供应，多渠道保障，解决住房困难的方式由实物配租向租赁补贴转变；依托大数据信息平台，完善“一窗受理、并联审核”机制，强化住房保障的公平和效率。全年发放租赁补贴 1356 户 1107.89 万元。

（何琳珂）

社会救助
Social Assistance

【概况】 2021 年，武侯区坚持“兜住底、织实网、广覆盖”的原则，贯彻落实成都市民政局等部门《关于改革完善社会救助制度的实施方案》要求，健全分层分类社会救助体系，做好困难群众兜底保障，在基本生活保障和急难临时救助等基本民生保障方面，做到精准识别、精准实施、精准保障，让困难群众享有保障更强的幸福生活。全年为 1.7 万人次发放最低生活保障金 1483 万元；发放临时救助金 213 人次 100.3 万元。为 190 户特殊困难群众购买“雪中送炭”专项意外及补充医疗保险 318.6 万元；特困人员救助供养 910 人次 57.4 万元，困难残疾人生活补贴 237.8 万元，重度残疾人护理补贴 385.6 万元。通过“慈善惠民超市”为低保、特困 1.3 万人提供购物补贴 104.9 万元。

（成良琴）

图194　2021年3月，区人社局开展电子社保卡宣传推广活动　（区人社局供图）

【低收入核对】 2021年，区民政局开展低收入家庭认定和住房保障专项经济核对，认定低收入家庭64户，住房保障专项经济核对1320户。

（成良琴）

【最低生活保障】 2021年，武侯区全面落实最低生活保障和特困人员救助供养政策，做到应救尽救、应保尽保。2021年城市最低生活保障标准人均每月850元，全年发放低保16972人次、保障金1483.0万元，累计月人均补差873元。城市特困生活保障标准人均每月1105元，全年累计发放特困人员救助供养金436人次，发放保障金57.35万元，其中生活费48.18万元、照料护理费9.1万元。

（成良琴）

【未成年人保护】 2021年6月，武侯区成立未成年人保护工作领导小组，不再保留区未成年人保护委员会。领导小组组长由区长担任，分管公安、民政、妇女儿童工作的区领导担任副组长，领导小组办公室设在区民政局。各街道成立未成年人保护工作站，落实专人负责未成年人保护工作。培育玉林仔童声合唱团、郭家桥社区儿童宣传队2支儿童友好型社区自治组织。为43名孤儿、困境儿童、事实无人抚养儿童发放补贴50.18万元。实施“隐形的翅膀”助学项目，为14名困难学生提供课外辅导培训。

（成良琴）

【特殊儿童保障】 2021年，武侯区全面落实特殊群体儿童兜底保障政策，发放散居孤儿生活费122人次16.47万元；发放困境儿童生活补助78人次3.16万元；发放事实无人抚养儿童生活补贴245人次28.55万元；发放福彩圆梦孤儿助学金2万元。

（成良琴）

【医疗救助】 2021年，武侯区出台政府资助对象参加大病医疗互助补充保险的实施意见，资助城市“三无”对象、特困、孤儿、低保对象等1249人次参保，涉及资金39.70万元。区医保局拨付1399名低保对象门诊救助资金42.87万元，拨付特困门诊救助及低保对象住院救助资金418人次49.90万元。

（张　智）

【长期照护保障】 2021年，武侯区聚焦提升失能失智人员生活品质，坚持“亲情+专业”服务理念，加强14家照护机构和8家培训机构管理，打造3个“长期照护社区综合服务站”，获成都市“最美长照人”称号。全年受理长期照护保险申请1251人，拨付13076人次待遇1563.91万元，为失能失智人员家庭解难纾困。

（张　智）

【临时救助】 2021年，区民政局加大临时救助力度，实施急难型和支出型基本生活困难临时救助。全年实施临时救助188人次，发放救助金86.14万元。

（成良琴）

慈善事业
Philanthropy

【概况】 2021年，武侯区大力发展社会慈善事业，以项目为依托，探索“政府主导+社会支持”的慈善帮困新模式，完善社会关爱援助体系。组织开展“慈善+”系列活动，创建慈善示范社区，营建慈善场景，举办慈善文化月活动、公益慈善交流会，营造人人参与慈善的氛围。挖掘全区慈善先进典型，申报四川省第三届慈善奖和成都市慈善工作激励表扬评选活动，红牌楼街道太平社区“赞花儿”老党员工作室获四川省第三届慈善工作奖（团体）。

（弭　沙）

【社会关爱援助】 2021年，武侯区完善社会关爱援助体系，发挥区和街道两级关爱援助中心的作用，开展各类关爱援助活动和志愿服务活动。关爱援助中心全年开展主题活动126次，发动志愿者254人，累计服务困境家庭1700户，入户走访3500余人次，建立困难家庭帮扶档案1587个，开展个案服务233次；全年帮扶活动覆盖1000余户困难家庭，链接各类社会资源累计51.39万元。

（弭　沙）

【慈善惠民超市】 2021年，武侯区继续推进慈善惠民超市项目，与成都市慈善总会、腾讯公益开展“99公益日”武侯区慈善惠民超市项目全域行动网络募款活动，募集项目资金114.18万元。区慈善会为13109人次低保对象、特困人员提供购物补贴104.87万元。截至年末，全区有慈善惠民超市12家（详见表107）。

（弭　沙）

【“雪中送炭”保险项目】 2021年，武侯区持续实施“雪中送炭”保险项目。优化医疗基金的使用办法，提高部分项目的理赔比例，理赔金额343万元；处理报案649件，为

表 107　2021 年武侯区慈善惠民超市一览表

序号	所属街道	地址
1	浆洗街街道	高升桥南街 3 号附 18 号、19 号
2		蜀汉街 262 号附 1 号
3	望江路街道	一环路南一段 8 号附 6 号
4	火车南站街道	长寿路 13 号附 55 号
5	玉林街道	玉林中路 9 号附 9 号
6	红牌楼街道	双丰西路 43 号
7	晋阳街道	晋吉南路 169 号
8	机投桥街道	九金街 86 号
9	簇锦街道	顺江锦苑 1 楼
10	华兴街道	华泰路四段 207 号
11	簇桥街道	簇锦南路 7 号
12	金花桥街道	金江路 13 号

（弭　沙）

190 名特殊困难群众缓解看病难、看病贵的问题。开展评估工作，为 403 名因病因残致贫困难群众购买 2022 年保险共 260.49 万元。

（弭　沙）

【帮困助学】 2021 年，武侯区继续开展“阳光圆梦”“阳光育苗”慈善助学项目，缓解困难家庭教育支出压力。资助低保及低保边缘家庭大学生 29 人，资助金额 8.32 万元；资助贫困中小学生 43 人，资助金额 2.15 万元。开展“微心愿”计划、“筑梦新巢　乐享童年”、“童心协力　筑梦起航”儿童关爱慈善活动，帮扶困难儿童 315 人，帮扶资金 8.68 万元。

（弭　沙）

【慈善示范社区和慈善场景】 2021 年，浆洗街街道广福桥社区、晋阳街道吉福社区创建为成都市慈善示范社区，望江路街道和望江路街道新生路社区营建成都市慈善场景，通过慈善示范社区开展“我为社区画 logo”“广而告之—微空间营造”等慈善宣传活动，举办“99 公益日”、慈善商户联盟、“多彩重阳·乐在社区”重阳节趣味活动、“共享奶奶手工月饼 DIY”中秋节活动、爱心义卖活动等慈善主题活动，设计打造可视化的慈善场景，更好地搭建慈善平台，整合辖区各方公益力量，全方位推动公益慈善工作机制化、常态化、持续化发展，营造人人参与慈善的氛围。

（弭　沙）

残疾人事业
Undertaking for the Disabled

【概况】 2021 年，武侯区聚焦残疾人幸福美好生活需要，围绕幸福美好生活十大工程推进“我为群众办实事”实践活动，深入开展创先争优，推进残疾人事业高质量发展。区残联在优化民生保障、创新助残模式、强化应急处置等方面的工作多次获市残联和区委、区政府主要领导批示。创新举办首届助残服务项目大赛相关经验，在各区（市）县残联中推广。6 月 4 日，组织辖区残疾人参加成都市第三届残疾人文化艺术周活动，在美术、书法等项目共获得一、二、三等奖 17 项，总数位列全市第一。

（杜海洋）

【残联改革】 2021 年，武侯区落实省市残联改革要求，出台《武侯区残疾人联合会改革实施方案》，通过改进领导机构代表构成、改进运行机制、改进干部选拔任用方式和管理制度等一系列配套改革措施，进一步健全残疾人专干、专委管理机制，由以往残联一家单独管理转变为以街道管理为主、残联协同配合的机制；打破以往残疾人专干、专委必须由残疾人担任的模式，并下放选人用人权限至街道。

（杜海洋）

【助残先进评选机制建立】 2021 年，区残联依据残疾人“一法四条例”率先在成都市各区（市）县残联中建立残疾人工作先进集体表彰评选机制。从 2021 年起，每年在区级部门和街道中评选残疾人工作先进集体、残疾人就业工作先进集体、残疾人康复工作先进集体、残疾人宣传工作先进集体，在驻区单位、社会组织、社会企业、社区中评选助残先进集体，营造全社会共同参与助残惠残的良好氛围。

（杜海洋）

【助残补贴落实】 2021 年，武侯区全面落实各项惠残助残政策，为 374 名残疾儿童提供康复服务，为 597 名残疾人提供基本型辅助器具适配服务，为 8359 户残疾人家庭提供家庭医生个性化签约服务。为 331 名精神残疾人发放服药补贴 24.2 万元，为 333 名残疾学生发放“鸡蛋牛奶工程”补贴 44.2 万元，为 2613 名困难残疾人发放“温暖万家行”慰问补贴 281.0 万元，为 90 名白内障患者发放复明手术补贴 9 万元，为老年残疾人发放居家护理补贴 15009 人次 133.4 万元，为三级、四级精神、智力残疾人发放居家安养补贴 344 人次 10.2 万元。资助 378 名重度残疾人购买养老保险 174.5 万元，资助 1527 名重度残疾人，残疾学生儿童、经民政认定的低保边缘残疾人家庭中的学生儿童及低保家庭中的残疾人购买医疗保险 97.9 万元，为 6566 名 69 岁以下残疾人购买意外保险 32.8 万元；向 78 名残疾学生以及残疾人家庭学生子女发放自强助学金 12.2 万元。

（胡秀梅）

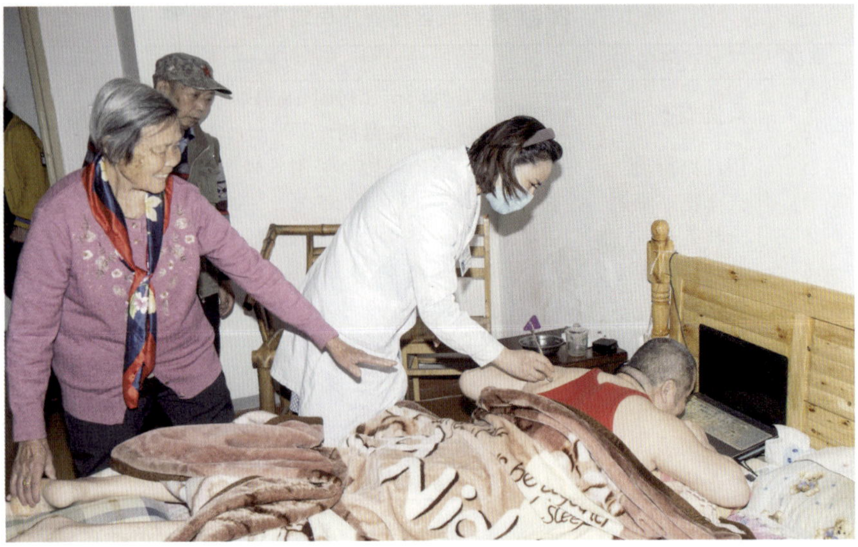

图195　2021年10月，区残联开展残疾评定上门服务　　（区残联供图）

【残疾人两项补贴】 2021 年，武侯区残疾人两项补贴实现“跨省通办”，区民政局全年发放困难残疾人生活补贴 10374 人次 237.8 万元；发放重度残疾人护理补贴 41745 人次 385.6 万元（参见表 108）。

（黄　燕）

【社区康复服务】 2021 年，武侯区健全完善制度，构建公共康复服务体系，打造社区康复示范点。优化完善《武侯区白内障复明手术补贴项目实施办法》《成都市武侯区进一步加强残疾人辅助器具服务工作方案》《成都市武侯区残疾人家庭无障碍改造项目的实施方案》《成都市武侯区深入开展严重精神障碍患者阳光救助工作实施意见》等制度。区残联着力构建“社区康复 + 居家康复”服务工作模式，为 522 名肢体残疾人发放社区康复券；依托专业医疗资源，推进精神障碍社区康复服务示范点位建设，打造武侯区精神障碍社区服务中心和玉林、望江路、华兴等 3 个街道精神障碍社区康复服务站，建成一批以精神障碍康复为特色的社区康复服务阵地。

（胡秀梅）

【智力残疾人托养】 2021 年，区残联委托第三方机构从服务机构的基本条件、服务的管理水平、规范化服务水平、服务成效以及资金使用绩效等 5 个主要方面对残疾人托养服务机构的服务情况进行评价并设计评价指标体系。同时，由评价机构根据评价指标体系，对承接主体提供的服务进行全面的量化考评和现场打分，并随机抽取被服务对象家属发放满意度调查问卷。全年为重度智力残疾人发放全托补贴 462 人次 105.1 万元，为大龄智力、精神残疾人发放日间托养补贴 688 人次 105.4 万元，帮助智力、精神残疾人克服社会认知、参与能力以及

表 108　2021 年武侯区残疾人两项补贴标准表

类别	标准
困难残疾人生活补贴	1. 一户一残家庭每人每月 200 元；一户多残家庭（一本户口簿内家庭成员有 2 人及以上持有残疾人证的家庭）的困难残疾人每人每月 300 元 2. 肢体一级（生活不能自理）残疾人，视力一级（全盲）残疾人，精神、智力一级残疾人，每人每月增加补贴 30 元；其他类一级残疾人，智力、精神二级残疾人，每人每月增加补贴 20 元
重度残疾人护理补贴	1. 60 周岁及以上的重度残疾人每人每月 100 元的护理补贴 2. 一级肢体（生活不能自理）、视力（全盲）、精神、智力残疾人，每人每月 160 元。其他一级和智力、精神二级残疾人，每人每月 140 元，残疾等级为二级的其他类别残疾人，每人每月 120 元 3. 上述 1、2 项范围内的人员，按照就高不就低的原则，确定其中一项补贴标准 4. 上述范围之外的重度残疾人补贴标准：一级每人每月 80 元、二级每人每月 50 元 5. 在机构托养的享受困难残疾人生活补贴的重度残疾人，按照享受困难残疾人生活补贴的重度残疾人标准享受补贴

（黄　燕）

图196 社区日间托养中心为儿童检查身体发育情况 （区残联供图）

自理能力障碍，平等参与社会生活，极大减轻了残疾人家庭的经济负担和照护压力。

（蔡成华）

【残疾人就业创业】 2021年，武侯区通过举办专场招聘会、开展助残双创工作、按比例安置残疾人就业等方式促进残疾人就业创业。7月13日，区残联、区人社局以“职等你来、就业同行”为主题，举办2021年“百日千万”之我为群众办实事残疾人专场招聘会，组织成都欧尚超市川藏路店等25家企业，提供文员、客服、销售等10个工种240个岗位。现场求职人员213人，收到简历104份，达成就业意向60人。依托区残疾人双创中心为残疾人提供烘焙等职业技能培训，与79家企业达成安置残疾人就业协议，提供就业岗位1072个，为辖区内1000余名残疾人提供就业帮扶服务，同时成功促进米豆家食品经营部、琪琪梦晶餐饮店等2家残疾人创业企业；受理上一年度企业按比例安置残疾人就业申报1932人，审核通过1858人，帮助1319名残疾人按比例安置就业，扶持1170名残疾人实现居家灵活就业。

（蔡成华）

【国际助残日活动】 2021年，区残联举办主题为“美好工程惠民生·幸福无缺颂党恩”的第三十一次全国助残日文艺会演。演出以残疾人特殊艺术为表现手法，融合舞蹈、朗诵、器乐等多种形式，展示“十三五”期间武侯区残疾人事业发展的成果。活动吸引《人民日报》海外网等10余家新闻媒体报道，同时通过“武侯发布”微博网络直播，在线观看人数上万人次。

（杜海洋）

【武侯助残案例入选全国社会治理创新十大最佳案例】 2021年1月，人民网和中央党校面向全国征集2021年社会治理创新案例，参与申报的创新案例达800余件。区残联总结提炼武侯区残疾人双创中心引入社会企业，整合市场资源，实现自我“造血”的经验做法，形成《坚持党建引领，打造“三联三立三破”武侯双创助残新模式》案例材料。经过网络投票和专家从创新主体、创新特色、治理影响等5个指标的综合评审，区残联申报案例确定为2021年社会治理创新十大最佳案例。

（杜海洋）

老龄服务
Service for the Elderly

【概况】 2021年，武侯区加快推进养老服务业供给侧结构性改革，放开养老服务市场，优化养老服务环

图197 社区日间托养中心为托养残疾人提供美术培训 （区残联供图）

境，提升养老服务质量，初步构建起居家社区机构相协调、医养康养相结合的养老服务体系。推进“家庭照护床位”试点，与112户老年人签订照护协议，为有需求的老人提供上门专业照护服务，将专业照护服务延伸至老人家中。全年完成“我为群众办实事”项目10个，解决困难群众“急难愁盼”问题1个。区民政局创建“颐居通”社区居家养老服务综合信息平台，整合养老服务资源，实现供需精准对接案例，入选全区优秀十大案例。年末，武侯区户籍人口66.68万人，60岁以上老年人14.62万人，占户籍人口的21.93%。其中，60～69岁97360人，70～79岁23121人，80～89岁22515人，90～99岁3158人，百岁以上老人77人（详见表109）。

（杨红久）

【养老服务设施】2021年，武侯区新增望江路街道老马路社区长寿食坊；簇桥、机投桥、晋阳街道各新增1个社区养老服务综合体。新增普惠性养老床位100张，养老服务供给能力进一步增强，养老服务体系更加完善。截至年末，全区有养老机构33家（详见表110），社区日间照料中心80家，社区长寿食坊35家（详见表111）。

（杨红久）

【医养结合服务】2021年，区卫健局开展老年健康与医养结合服务，为辖区内65岁以上老年人提供医养服务32026人，为失能老年人提供健康服务1418人；开展医养结合机构服务质量提升行动，规范推进全区医养结合机构有序发展，持续提升医养结合服务质量。以先行先试的方法在玉林社区卫生服务中心开展“医防结合八社联动”老年人个性化居家医疗服务试点，探索居家医疗服务工作武侯模式。

（高　艳　李　伟　荣阳玲）

【居家养老服务】2021年，武侯区完成“颐居通”社区居家养老综合服务信息平台优化升级，实现集多元供给、精准服务、有效监管于一体的智慧养老体系。运用智能语音、互联网、物联网、GPS－ONE定位、红外线远程监测等先进技术，整合政府、运营商、社区、机构等多种社会服务资源，评估老年人需求，建立动态管理数据库，为辖区困难家庭老年人和80岁以上老年人提供助餐、助浴、助洁、助急、助医、护理等居家养老服务。“颐居通”社区居家养老服务综合信息平台全年投入173万余元，服务2.4万余人次，惠及老人7200名。9月，武侯区“颐居通”社区居家养老服务典型案例入选国家发展改革委首批运用智能技术服务老年人优秀示范案例，并被中央电视台《中国新闻》《新闻直播间》等栏目报道。

（杨红久）

【老年优待和关爱服务】2021年，武侯区以空巢、留守、失能、重残、计划生育特殊家庭等特殊困难老年人为重点人群，形成用户精准画像，建立完善关爱巡访闭环服务机制，让日常巡访、关心关爱、精神慰藉、帮扶措施等精准有效。全年建立特殊老年人信息档案910余册，指导街道及第三方机构开展关爱巡访8500余次。区卫健局组织开展全国示范性老年友好型社区创建工作，玉林街道黉门街社区创建为全国示范性老年友好型社区；区域内50%各级各类医疗机构创建为老年友善医疗机构。组织开展老年健康宣传周活动、“温暖重阳”敬老月活动，增强辖区老年人获得感、幸福感、安全感。区卫健局为常住老年人建立健康档案110736份，健康体检91067人，健康体检率71.79%。开展新冠病毒疫苗接种，开通老年人疫苗接种绿色通道，优化老年人接种流程，为老年人接种新冠病毒疫苗28.97万剂次。

（杨红久　李　伟　荣阳玲）

图198　老年居民在高攀桥社区日间照料中心活动　（区民政局供图）

【全龄友好包容社会营建工程】2021年，区民政局牵头开展全龄友好包容社会营建工程建设，聚焦“一老一小”和特殊群体，全年投入71083万元完成市级项目13个（参见表112），区级重点项目18个。其中，白佛社区综合体、龙井社区养老服务综合体等5个项目被确定为全市争优创先项目。“把‘一老一小’安排好”典型案例被《成都市幸福美好十大工程典型案例集》收录，武侯幸福故事《“3岁”的刘大爷》《云上有爱 光芒无声》入选成都市“爱成都·创享幸福”百佳幸福故事。

（夏海波）

【老年人福利】2021年，武侯区落实高龄津贴、经济困难老人基本养老服务补贴、“松鹤延年”老年人意外伤害及健康保险等老年人福利政策。累计为武侯区户籍80岁以上老年人拨付高龄津贴2639万余元，惠及高龄老人25513名。为48870名武侯区户籍70岁以上老人购买“松鹤延年”老年人意外伤害及健康保险。

（杨红久）

表109 2021年武侯区百岁老人一览表

序号	姓名	性别	出生年月	年龄（岁）	所属街道	序号	姓名	性别	出生年月	年龄（岁）	所属街道
1	葛墨安	男	1917年9月	104	浆洗街街道	27	张雨芬	女	1918年11月	103	火车南站街道
2	陈玉碧	女	1918年8月	103		28	孔荣华	男	1920年5月	101	
3	朱绍华	女	1920年2月	101		29	魏　克	男	1920年10月	101	
4	熊三余	男	1920年6月	101		30	郭子明	男	1921年7月	100	
5	梁国英	女	1920年9月	101		31	杨春禄	男	1921年10月	100	
6	傅德英	女	1920年11月	101		32	漆素芬	女	1921年12月	100	
7	吕素贞	女	1921年1月	100		33	王振伦	男	1918年2月	103	玉林街道
8	茅克俊	男	1921年2月	100		34	张荣芳	女	1918年4月	103	
9	宁大钧	男	1921年2月	100		35	李通宽	男	1918年5月	103	
10	周静文	女	1921年3月	100		36	郭　贞	女	1918年12月	103	
11	何开钦	男	1921年5月	100		37	尹志华	女	1919年3月	102	
12	胡秀珍	女	1921年8月	100		38	赵巨明	男	1919年4月	102	
13	唐梅芳	女	1921年11月	100		39	武志忠	男	1919年6月	102	
14	刘淑清	女	1921年12月	100		40	吴树德	女	1919年8月	102	
15	黄显光	男	1921年12月	100		41	曾　全	男	1919年8月	102	
16	王绍珍	女	1921年12月	100		42	罗素兰	女	1920年2月	101	
17	陈光新	男	1917年3月	104	望江路街道	43	王焰炽	男	1920年3月	101	
18	刘素芳	女	1918年12月	103		44	杨开玉	男	1920年3月	101	
19	李素清	女	1919年8月	102		45	王秀珍	女	1920年7月	101	
20	罗梦仙	女	1920年2月	101		46	喻克强	男	1920年8月	101	
21	邓文煜	女	1921年2月	100		47	毕素华	女	1920年9月	101	
22	车　成	男	1921年3月	100		48	汪叔渡	女	1920年9月	101	
23	陶道恕	男	1921年3月	100		49	罗自强	男	1920年10月	101	
24	邹家驹	男	1921年3月	100		50	刘宏维	男	1920年11月	101	
25	赵玉华	女	1921年11月	100		51	赵维祯	男	1920年11月	101	
26	周应德	男	1921年12月	100		52	陈鸿才	男	1920年12月	101	

续表109

序号	姓名	性别	出生年月	年龄（岁）	所属街道	序号	姓名	性别	出生年月	年龄（岁）	所属街道
53	罗齐君	女	1921年2月	100	玉林街道	66	杨继山	女	1921年2月	100	晋阳街道
54	廖德玉	男	1921年3月	100		67	蒋仁英	女	1921年4月	100	
55	崔鸿勋	男	1921年6月	100		68	李惜芬	女	1921年10月	100	
56	葛培英	男	1921年8月	100		69	江泽杏	男	1921年10月	100	
57	邱　林	男	1921年10月	100		70	崔炳梅	女	1921年11月	100	
58	王锦云	女	1921年12月	100		71	刘素霞	女	1920年11月	101	机投桥街道
59	黎志书	女	1918年9月	103	红牌楼街道	72	樊碧玉	女	1921年8月	100	
60	薛慰曾	男	1919年9月	102		73	郑良才	男	1916年6月	105	簇锦街道
61	向润之	男	1920年2月	101		74	李洪勋	男	1920年1月	102	
62	刘素华	女	1921年6月	100		75	张金兰	女	1921年1月	101	
63	应素清	女	1921年9月	100		76	胡本龙	男	1917年12月	104	金花桥街道
64	吴吉芬	女	1919年12月	102	晋阳街道	77	袁斯露	男	1920年4月	101	
65	常绍珍	女	1920年3月	101							

（杨红久）

表110　2021年武侯区社区养老服务机构情况表

序号	机构名称	所属街道	地址
1	七道堰社区养老院（成都晚霞社会养老服务中心）	浆洗街道	七道堰街35号
2	德怡智康颐养中心		晋吉北路107号2楼
3	洗面桥社区养老院（敬善孝养老服务中心）		洗面桥街17号
4	老马路社区养老院	望江路街道	致民路31号
5	玉林老年公寓（玉娇龙商业管理有限公司）	玉林街道	玉林横街14号
6	万科幸福家华西照护中心		利民巷2号院
7	玉林社区养老服务中心（长者乐生＊华西苑医养康复中心）		电信路1号
8	成都锦欣九九乐颐养老中心		科耀巷18号
9	百汇吉华西坝养老院		人民南路三段13号
10	科分院社区养老院（爱科院养老服务公司）		人民南路四段9号
11	青孝颐养养老服务有限公司	红牌楼街道	红牌楼一街179号
12	竹园社区养老院（千禧养老服务公司）		武侯大道双楠段38号
13	赫尔森康复医院康养中心	晋阳街道	晋阳路145号
14	沙堰社区养老院（康华居家养老服务中心）		沙堰西一街23号
15	金福园养老中心	机投桥街道	万寿桥路116号
16	三生万寿养老院		万寿桥路70号附35号
17	西南医养中心（成都市九康养老服务有限公司）		九康五路168号
18	机投社区长青树养老院		草金南路26号
19	成都市优护家新界养老服务有限公司	簇锦街道	太平园横一街289号
20	铁佛养老院		福锦路一段163号

续表110

序号	机构名称	所属街道	地址
21	安康乐孝康养中心	簇锦街道	二环路西一段15号3号楼
22	四川现代医院有限公司		武兴一路118号
23	5701厂社区养老院	华兴街道	华锦路5701厂医院
24	锦城社区养老院（道处苑养老院）	簇桥街道	簇锦南路84号
25	远洋椿萱茂簇桥老年公寓		金履一路187号5栋
26	寿而康老年颐养中心	金花桥街道	簇马路三段江安河公园内
27	优护家养老服务有限公司		永康大道20号
28	一路缘养老服务有限公司武侯区永康社区养老院		永康路606号
29	泰邦健康长者公寓		鞋都南二路68号
30	成都天年颐养老服务公司		金花社区六组16号
31	寿而康馨悦园养老中心		簇马路三段41号
32	凉井社区养老院（川南颐养中心）		凉港二路
33	成都佳音康复养老中心		永康路608号

（杨红久）

表111　2021年武侯区各街道养老助餐点位一览表

街道	就餐点名称	地址
浆洗街街道	浆洗社区长寿食坊	建国巷1号附2号
	广福桥社区长寿食坊	高升桥东路6号17栋附1号
	七道堰社区长寿食坊	广福桥正街2号附5号
望江路街道	郭家桥社区棕榈花园	科华北路153号瑞景架空层
	郭家桥社区海蓉新邨	郭家桥正街7号
	老马路社区长寿食坊	龙江路27号附7号
	共和路社区日间照料中心	太平南新街68号
火车南站街道	得胜社区日间照料中心	科华中路117号
	长寿苑社区长寿食坊	长寿苑路13号附7号
玉林街道	华西坝养老院	人民南路三段13号
	成都爱科院养老服务有限公司	人民南路四段9号
	跳伞塔社区长寿食坊	科耀巷16号
	棕北社区长寿食坊	磨子巷4号
	棕南社区日间照料中心长寿食坊	棕南正街1号院内
	奶奶名厨（四川奶奶名厨餐饮管理有限公司）	黉门街36号负一楼
	玉林东路社区长寿食坊	玉林三巷26号
	玉北社区长寿食坊	玉林横街25号附3号
	长者乐生华西苑	电信路1号
	朗力长寿食坊	玉林南街12号附9号

续表111

街道	就餐点名称	地址
红牌楼街道	长寿食坊	长城宜苑
	社区长寿食坊竹园社区点位	二环路西一段13号附9号
晋阳街道	晋阳社区长寿食坊	晋平街18号后门
	金雁社区长寿食坊	时光北一街
机投桥街道	机投桥社区日间照料中心	草金南路26号
	三生长寿食坊	万寿桥路70号附35号
	潮音社区长寿食坊	武科东四路10号
	九金社区九康医养中心长寿食坊	九康6路66号
簇锦街道	成都优护家新界康养院助餐点	太平园横一街289号
华兴街道	沈家桥社区助餐点位	沈家桥社区九组31号
簇桥街道	簇锦社区长寿食坊	簇桥中街123号
	百锦社区长寿食坊	百锦路111号14栋1楼
	社区食堂（长寿食坊）	文锦街27号
金花桥街道	金花社区长寿食坊	成双大道中段809号
	金凤社区长寿食坊	金花横街58号
	无声餐厅	金花横街68号

（杨红久）

表112　2021年武侯区投资完成市级项目情况表

项目内容	责任单位	完成情况
建成儿童友好试点社区1个	区妇儿工委办	建成儿童友好试点社区1个
建成老幼复合型社区综合体1个，配置社区托育园所1个	区民政局 区卫健局 机投桥街道	机投桥街道建成老幼复合型社区综合体1个；区卫健局配置社区托育园所1个
新增普惠性养老床位63张；镇（街道）老年教育学校建设覆盖率达到30%；65岁以上老年人健康管理率达到69%	区民政局 区教育局 区卫健局	区民政局新增普惠性养老床位63张；区教育局（街道）老年教育学校建设覆盖率达30%；区卫健局65岁以上老年人健康管理率达69%
建成区（市）县级精神障碍社区康复服务中心1个、社区（村）康复服务站点2个，对符合康复条件的居家患者建档立卡率达100%、精神障碍患者摸排率达100%，对符合康复条件的居家患者服务率90%以上	区民政局	建成区（市）县级精神障碍社区康复服务中心1个、社区（村）康复服务站点2个，对符合康复条件的居家患者建档立卡率达100%、精神障碍患者摸排率达100%，对符合康复条件的居家患者服务率90%以上
创建慈善示范社区（村）2个，营建慈善场景1个；建设区（市）县社工总站1个，镇（街道）社工服务站全覆盖	区民政局	区民政局创建慈善示范社区（村）2个，营建慈善场景1个；建设区（市）县社工总站1个，镇（街道）社工服务站全覆盖

（夏海波）

基层社会治理
Primary-level Social Governance

【概况】 2021年，武侯区全面推进社区治理和社会组织管理，完成全区71个社区的居委会换届，实现社区班子成员的配强、调优。省级社会工作服务体系试点建设积极推进，完成区—街道—社区社工站（室）的建设。完成42个老旧院落改造点位的自治组织建设，督促指导社区做好老旧院落疫情防控。举办2021年社区治理公益创投大赛，向社会广泛征集社区总体营造行动类、街道社工站特色服务类、社区社工室基础服务类三大类项目，投入资金606万元，扶持项目109个，覆盖全区11个街道47个社区。举办全国社会工作职业水平考试考前培训，加强辖区社工人才建设；举办武侯区基层治理培训班，夯实院落自治的能力基础。通过2020年城乡社区治理试点的绩效评估，武侯区绩效评价被省民政厅、省财政厅评为一等，簇桥、玉林街道及玉林街道玉林北路、跳伞塔、玉林东路、黉门街、倪家桥等5个社区被评为示范单位。武侯区被中央网信办、民政部等八部门确定为国家智能社会治理（社区治理特色）实验基地，被确定为省级社会工作服务体系建设试点县（市、区）。武侯区党建引领基层治理实践入选新华网“中国基层领导力典型案例”，信托制物业创新获“中国城市治理创新优秀案例”优胜奖。

（夏晓蓉　张泓瑶）

【第十一届社区居民委员会换届】 2021年3月20日，按照武侯区社区“两委”换届工作总体安排部署，全区71个社区依法开展居民委员会换届选举，共设立投票站809个，通过差额直接选举的方式产生新一届社区居民委员会。其中，58个社区按照居民委员会组织法进行换届选举，13个“村改居”社区按照村民委员会组织法进行换届选举。全区登记选民264044人，居民参与率47.2%；236170人参加投票，投票率89.4%。全区共选举产生居民委员会成员419人，其中主任69人（金花桥街道陆坝社区、华兴街道沈家桥社区分别由街道党工委指派第一书记主持工作）、副主任90人、委员260人，书记、主任全部实行“一肩挑”。

（夏晓蓉）

【幸福美好生活十大工程推进】 2021年，武侯区将实施幸福美好生活十大工程作为“我为群众办实事”的重要抓手和务实举措，建立“1+1+10”工作推进指挥体系（指“1个领导小组统筹谋划+1个执行领导小组靠前指挥+10个专项推进组分组推进”的组织架构），印发“1+10+4+5”指导性规范文件（指“1个实施意见+10个工程实施方案+4级组织架构+5个职责分工”的规范性文件），形成综合协调推进、项目统筹调度等7项闭环工作机制，推进华西坝、悦湖等片区综合开发，策划太平园TOD创意设计城等27个引领性项目启动，全区138项重点工作有力有序有效开展。“武侯MY　hope”“我的共享奶奶”幸福小品获评全市20强，“‘三岁’的刘大爷”“安置屋中那份年迈的爱”等5个幸福故事入选全市百佳，锦城儿童友好示范社区被列入全市“一老一小”服务工作现场推进会现场观摩点位。发动热心市民、专家学者、社会工作者等构筑市民、专业、网络“三位一体”的社会观察体系，创新组建幸福观察联盟，开展实地观察活动13次。

（苗世宽）

【社区品质提升】 2021年，武侯区围绕“爱成都·迎大运”共建共治共享七大行动，加快提升社区品质、改善社区环境，营造办赛营城良好氛围。统筹资金资源，创建市级社区运动角示范点位3个，建成微更新项目15个、社区美空间11个（详见表113）。开发社区游线11条，“老马爱乐之旅”获评成都市“最美社区游线”并被中央电视台报道，玉林北路社区被评为“最美大运社区”，胡海焘、向万军、吴茜、陈阳、廖星等5人被评为“最美社区导游”。举办社区运动会70余场，持续开展CAP社区艺术计划等品牌活动10余场，社区迎大运氛围浓厚。

（张　芳）

【信托制物业模式推广】 2021年，武侯区持续深化信托制物业研究，成立成都社区信义治理研究院，形成基于居民自治的小区（院落）信义治理工作方案，涵盖老旧院落、商品房、小产权房、拆迁安置房等四种类型。承办全市信托制物业现场会，全面推广武侯信托制物业经验，全区导入小区院落33个、全市导入100余个。通过开放式预算、阳光化公开、全流程监督等措施使实施信托制物业的小区院落物业纠纷比上年下降90%，服务满意率95%以上。信托制物业模式得到省委政法委和市委主要领导肯定，被省委办公厅《每日要情》、省委深改办《四川改革动态》刊载，

表 113　2021 年武侯区社区品质提升点位情况表

序号	类别	点位（项目）名称
1	社区运动角示范点位	七道堰社区运动角、爱乐环运动公园、五大花园运动广场
2	微更新项目	簇桥街道七里社区“一条路的新生”、簇桥街道锦城社区食育中心、华兴站文体公园、晋阳街道晋吉社区“1314·情漫晋阳”、晋阳街道晋阳社区“益+晋阳里”文博坊、红牌楼街道竹园社区绿满竹园院落、万寿二路公共空间文化氛围营造、簇锦街道顺和社区健康顺和新生活—全民健康运动小区、簇锦街道团结社区“一街区”提档升级、机投桥街道潮音社区武新花园闲置空间、机投桥街道武科东四路社区运动广场、浆洗街街道蜀汉街社区“华服里”旁空置区域更新、七道堰社区“一点”运动健康步道营造项目、火车南站街道南站社区小院书屋美空间、南站社区小游园
3	社区美空间	十二乐微博物馆、锦城社区妮妮环球国际儿童食育中心、“梵木 FLYING”平静生活体验馆、爱转角文创特色街区、“祥和文”文化广场、老马路国际文化社区“乐邻里”邻里中心、“天府金花”文创园、不知春斋茶馆、秋拾书院、中国唐卡展示馆、“巷子里”艺术空间、倪家院子

（张　芳）

获评“中国城市治理创新优秀案例奖”优胜奖。

（杨　元）

【省级城市基层治理示范区创建】2021 年，武侯区全面启动省级城市基层治理示范区创建，制定年度重点工作项目清单，明确推进薄弱区域治理等 11 个方面 54 项重点工作，从制度创新、机制优化、体系健全等方面探索城市基层治理先行路径。簇桥、玉林街道及玉林北路、跳伞塔、玉林东路、簧门街、倪家桥等 5 个社区成功创建为省级示范；名士公馆小区获评省级“百佳”。双楠、楠欣、棕东、得胜、新南路、龙腾、金雁、果堰、高碑、陆坝等 10 个城镇社区及成都音乐坊、华西健康谷产业社区获评全市示范社区，棕东、玉林东路、金雁、龙井、华西健康谷等 5 个社区获评“百佳”示范社区。武侯名园、武侯祠东街 4 号院、新北村、风华苑、首航欣程、中海龙湾半岛紫园、城市别墅一期、清水苑、果堰、团结、龙锦苑五区 C 区、锦悦楠庭等 12 个居民小区被评为市级示范小区，武侯祠东街 4 号院、风华苑、城市别墅一期、清水苑、蓝光金悦城等小区被评为“百佳”示范小区。金花社区完成天府金花文创园等 6 个特色场景建设；果堰社区建成 3800 余平方米非机动车智能充电站，推进城乡接合部新型社区建设。4 月 9 日，武侯区作为成都市唯一代表在全省城市基层治理暨城乡接合部新型社区治理工作会上作经验交流。

（杨　元）

【智慧社区（小区）建设】2021 年，武侯区深化社区智慧治理示范建设，建成簇桥街道智慧治理中心，开发街道智慧治理调度平台，实现多部门数据共享。开发智慧社区应用场景，完成长寿苑等 5 个社区 10 余个应用场景建设，其中南虹村、锦城社区被评为市级智慧应用场景示范社区。加快智慧小区试点，完成新希望锦悦楠庭等智慧小区建设，其中林荫街 9 号院被评为市级“十佳天府智慧小区”。优化“天府市民云”武侯门户，新增“企业服务”等 3 项功能，其中“老年大学”被评为全市“十佳口碑特色服务”。截

图199　“巷子里”为社区居民提供更多休憩、放松的空间　（区委社治委供图）

至年末，累计上线特色服务27项，服务市民97.3万人次。9月29日，武侯区入选国家智能社会治理（社区治理特色）实验基地。

（杨　元）

【“双线融合”试点】2021年，武侯区在望江路街道和簇桥街道推进社区发展治理与社会综合治理“双线融合”试点，基层治理实现一支队伍、一张网格、一个平台、一套机制深度融合。包括建立区级社会治理基础数据库，动态更新服务需求、突出问题、风险隐患“三张清单”；建成区、街道两级智慧治理平台，打通区—街道—社区—队员四级工作体系；组建3700人规模的常态走访“三支队伍”，构建线上线下联动、部门街道协同的闭环工作机制，实现事件流转“一网直达”、呼叫上报“一键响应”。全年累计处理问题需求、风险隐患11万余件，问题发现率提高90%，事件处置效率提高85%。相关做法被市委办公厅《每日要情》刊载。

（杨　元）

【社区商业发展】2021年，武侯区坚持“市场+公益”模式，与上海万有集市、成都一介文化传播有限公司等合作，打造老马路“乐邻里”、妮妮环球儿童社区食育、巷子里全民友好空间等示范性社区商业消费新场景3个，老马路音乐主题街区被评为“全国社区商业服务示范街”，花龙门社区邻里中心被评为“成都市特色消费新场景”。依托社区发展治理支持中心，搭建与市、区两级社区商业行业组织和供需对接平台，全年举办社区商业对接活动8场，发布公益创投、社区保障资金、春耕计划等各类项目清单200余项。出台《武侯区关于培育社区社会企业的实施办法（试行）》，修订社会企业扶持办法，兑现扶持奖补资金160万元，新培育社区社会企业7家、新认证社会企业8家，总量均居全市首位。

（张泓瑶）

【社区服务能力提升】2021年，武侯区按照可进入、可参与、可共享的理念，优化提升12个社区党群服务中心，新建改造12个小区党群服务站，新增服务阵地4600平方米；通过社区创享家活动、社区治理公益创投大赛等方式，引入小酒馆、新空间等专业社区组织、社会企业10余家；实施社区服务及空间运营项目130余个，开展托幼、居家养老、生活维修等高频便民服务38项。簇桥街道探索儿童友好社区建设治理模式，建成锦城社区儿童友好广场、食育中心等，相关经验被《四川改革动态》刊发，锦城社区还入选首批“中国儿童友好社区建设试点”。

（张　芳）

【省级社区治理和街道服务管理创新试点】2021年，武侯区建设省级城乡社区治理试点工作绩效被省民政厅、省财政厅评价为全省一等，玉林街道和簇桥街道被评为2020年全省基层治理示范街道，玉林街道玉林北路社区被评为便民服务型基层治理示范社区、跳伞塔社区被评为智慧科技型基层治理示范社区、玉林东路社区被评为社会组织参与型基层治理示范社区、簧门街社区被评为社会企业带动型基层治理示范社区、倪家桥社区被评为社区服务项目化基层治理示范社区。按照分级试点、统筹推进原则，及时制定实施方案，建立项目运行管理机制，下拨扶持资金350万元，支持各试点单位与专业力量合作打造社区治理“武侯品牌”。

（夏晓蓉）

【省级社会工作服务体系建设试点】2021年，区民政局制定《武侯区社会工作服务体系建设实施方案》，联合区委社治委制定《成都市武侯区社区社会工作服务室建设实施方案》，以区—街道—社区“三级联动”社会工作服务站（室）为核心，开展精品社会工作服务项目和培育发展多元参与主体为驱动，社会工作服务站点全覆盖、社会救助等民政服务领域全覆盖和老小弱困等民政服务对象全覆盖为目标，探索建设“一核两驱三覆盖”社会工作服务体系。年末，区级社工总站、11个街道社工站、71个社区社工室全部建成，实现社会工作服务站点全覆盖。

（夏晓蓉）

【社工人才队伍建设】2021年，武侯区社会工作服务总站开展以“精准、专业、实训、运营”为核心的社会工作服务站人才实务实训计划，探索构建“3大课程体系培训+11个实训点位联动+5名定点专业实务督导配置”的社会工作人才培育模式，武侯区各级社工站（室）39名社工参加培训，提升社工站（室）服务效能。组织开展全国社会工作职业水平考试考前培训，全年通过全国社会工作职业水平考试人数40人。年底，全区社会工作者人数总量超过1000人。区委社治委创新社区专职工作者企业年金制度，提升社区专职工作者退休后待遇；成立8个社区名书记工作室，传帮带抓好骨干队伍精准提能；联合区委组织部、区委党校开展“党课开讲啦·文芯云课堂”暨“社治讲坛”线上培训2期，累计培训2000余人次。

（夏晓蓉　何丹梅）

【院落自治推进】2021年，武侯区举办首届武侯区基层自治培训班，组织全区各街道居民小组、院落自治组织负责人及骨干300余人进行培训，拓展新一届自治组织成员的工作思路，提升自治组织成员的综合素质和能力水平。在2021年度42个需改造老旧院落中，成立南河苑自治管理小组与棕东小区院委会2个院落居民自治组织，实现老旧院落自治组织全覆盖。

（夏晓蓉）

【武侯社区发展基金会建设】2021年，武侯社区发展基金会强化社会资源整合，通过举办慈善音乐会等形式筹集资金110余万元，新建蜀汉街社区微基金、玉城社区微基金、广福微基金、迎江社区微基金等4支社区微基金；建设四川社区基金会发展网络，开展四川社区基金会发展网络行动计划项目，协办第六届603成都社区基金会研讨会。武侯社区发展基金会与平安集团合作落地300万元社区慈善信托，与中航信托合作探索社区基金服务管理信托模式，相关做法写入公益慈善学系列教材、《中国慈善税收操作指引》。深度参与社区发展治理，持续深化“仲夏邻里节”等5个品牌项目，累计服务社区居民130万人次；支持6家社会组织和1家社会企业发展，启动小区治理专项基金项目7个；链接立邦中国持续开展“为爱上色”项目，助力新城社区老旧院落公共空间微更新及治理水平提升项目、七里社区“一条路的新生”社区活化项目、长寿苑社区公艺派社区剧场项目等3个社区老旧小区更新。

（张　芳）

【街道行政区划调整和社区体制机制改革“后半篇”文章】2021年，武侯区严格落实省、市关于街道行政区划调整和社区体制机制改革“后半篇”文章的安排部署，围绕减量、赋能、增效、便民的改革任务，以优布局、打基础、补短板、建机制为重点，开展各项工作。成立以区委书记、区长任双组长，区委组织部部长和区政府分管副区长担任副组长的两项改革“后半篇”文章工作领导小组。制定关于做好街道行政区划调整和社区体制机制改革“后半篇”文章实施方案、“19+1”专项工作方案，以及《领导小组运行机制》《办公室运行规则》《任务分工方案》《动态信息报送机制》等配套文件。明确坚持党建引领、提升发展活力，坚持规划先行、提升发展质量，优化资源配置、提升发展能力，完善公共服务、增强供给能力，完善服务体系、提高便民能力，增强治理效能、护安全稳定六大重点工作。同时明确加强基层组织建设，推动街道扩权赋能，深化社区减负增效等22项任务。至年底形成均衡适度的新型城市化空间格局，街道、社区运行机制基本理顺、工作运行有序，全区区域经济发展的产业基础进一步夯实，社区公共服务水平和基层治理能力进一步提升，城市高质量发展的基层更加扎实。标明武侯区“后半篇”文章工作路线图，确保两项改革“后半篇”文章工作走深走实。

（夏晓蓉）

【社区保障激励资金管理】2021年，武侯区持续开展社区保障资金常态化伴随式督查培训，完成保障激励资金全覆盖审计，逗硬问题整改，资金使用效益和规范性明显提升。按照社区保障激励资金管理办法，拨付社区保障资金3400余万元、市区两级激励资金650余万元，实施民生项目935个。主动创先争优，全区51个社区发展治理项目获市级激励资金551万元。全面推广社区保障资金“e管家”平台，并按照公开透明理念进行功能优化提升，71个社区实现后台数据、软件应用全覆盖，项目征集、议事决策、组织实施、评议反馈等全过程更加公开透明，群众参与度、满意率进一步提升。

（张泓瑶）

【地名管理】2021年，区民政局根据民政部、省民政厅、市民政局要求开展不规范地名清理整治工作。根据街道行政区域界线勘定成果编制武侯区行政区划图并通过自然资源部门审核。按程序对武侯区电力街、敏学巷、莘园一巷等9条道路进行命名（详见表114）。

（黄　燕）

【社会组织管理】2021年，武侯区持续推进以党建引领社会组织发展，新成立社会组织党组织18个，发展党员19名；不断推进品牌社会组织培育，推动社会组织从数量规模型向质量效能型转变；

表 114　2021 年武侯区道路命名情况表

单位：米

街巷名称	所属街道	宽度	长度	起点	终点	命名缘由
电力街	红牌楼街道	9	123	西起此次命名的莘园一巷	东至长城路	该条道路位于原成都电力机械厂旧址所在地，为保留历史记忆，故名
敏学巷	红牌楼街道	9	90	西起此次命名的莘园二巷	东至此次拟命名的莘园一巷	道路附近即将新建一所小学和一所幼儿园。"莘园"即莘莘学子之园，敏学意为勤勉好学，出自宋范仲淹《上张侍郎启》："依经敏学，耻读非圣之书；约史徇名，勉附青云之士。"
莘园一巷	红牌楼街道	9	211	北起此次命名的敏学巷	南至长城西二路	
莘园二巷	红牌楼街道	9	213	北起此次命名的敏学巷	南至长城西二路，对接长韵路	
智远巷	机投桥、金花桥街道	9	750	西起智远大道	东至武兴四路	由智远大道派生命名
武青巷	机投桥、金花桥街道	12	588	北起武青西二路	南至武青西四路	由武青西二路派生命名
鞋都南二路	金花桥街道	10 ~ 40	830	北起鞋都南路	南至绕城高速路对接金港路	原鞋都南二路向南延伸命名
福升巷	浆洗街街道	8	130	西北起广福桥北街	东南至高升桥路	因连接广福桥北街和高升桥路得名，寓意福气高升
南桥巷	华兴街道	16	220	北起南桥三路	南至南桥一路	由南桥一路派生命名

（黄　燕）

加大社会组织监管力度，完成 44 家社会组织等级评估，其中 37 家获得 3A 以上等级；修订完善《武侯区社会组织信用监督管理办法（试行）》，对 15 家社会组织进行信用等级评估。全年投入资金 90 余万元进行品牌打造，完成爱馨广福社会工作服务中心、善为社区服务促进中心、新空间青少年发展中心、幸福人生社工服务中心、云听说助残中心等 5 家社会组织品牌打造。按照民政部等 22 个部门《关于铲除非法社会组织滋生土壤净化社会组织生态空间的通知》要求，通过取缔、宣布涉嫌非法、劝散等方式，查处非法社会组织 10 余家，违法社会组织查处率和非法社会组织取缔率 100%。年底，武侯区有注册登记社会组织 751 家。

（夏晓蓉）

退役军人事务
Veterans Affairs

【概况】 2021 年，武侯区加强退役军人服务保障体系建设，打造退役军人服务保障品牌，创建全国示范型退役军人服务站，加强退役军人志愿者服务队建设，探索退役军人报到“一件事”服务，抓好移交安置及军休工作，深化褒扬纪念以及“双拥”优抚，维护退役军人权益，共建共享退役军人“服务超市”，增强退役军人获得感、幸福感。年末，全区有退役军人和其他优抚对象 3.3 万余人。九金社区退役军人服务站代表四川省接受驻退役军人事务部纪检监察组组长林国耀一行的检查调研并得到肯定。区退役军人事务局被市退役军人事务局评为示范创建工作突出单位。

（宁春潮）

【接收安置】 2021 年，武侯区妥善接收安置军转干部、军队退休人员、政府安排工作退役士兵、自主就业退役士兵，安置率、满意率 100%。

（罗怀昆）

【退役军人服务保障体系建设】 2021 年，区退役军人事务局坚持问题导向、目标导向、效果导向，严格落实“五有”标准，推动退役军人服务体系“两站一中心”的全面建设。完善基本制度、岗位职责和工作流程，形成衔接协调、规范有序的制度体系；规范服务站建设标准和各类台账，夯实服务中心（站）基础。结合做好街道行政区划调整和社区体制机制改革“后半篇文章”，协调区委编办，梳理街道退役军人工作职责 11 条，纳入街道职责任务清单社区平安板块；协调区委社治委，将退役军人工作纳入

“城乡社区协助行政事项清单”，对街道（社区）服务站扩权赋能；规范服务站标准化建设，将退役军人服务保障工作纳入全区目标绩效管理考核体系。

（熊剑江）

【困难企业军转干部扶助】 2021年，武侯区严格按照中央、省、市关于企业军转干部解困的相关政策，及时足额兑现企业军转干部生活困难补助。区退役军人事务局利用春节、八一建军节等时机组织慰问活动，重点走访全区身患疾病和家庭困难的企业军转干部；为企业军转干部发放医疗救助，为参保的失业企业军转干部代缴基本医疗保险和基本养老保险。

（罗怀昆）

【优待抚恤】 2021年，区退役军人事务局牢固树立服务意识，严格把握政策标准，受理日常各类优抚对象咨询、评定业务500余件次，新增各类优抚对象72名。截至年末，通过一卡通系统发放抚恤和优待补助资金6105.3万元、优抚医疗补助120.5万元、优抚价格补贴761.443万元。为在乡伤残军人购买城镇职工基本医疗保险，为223名优抚对象购买城乡居民基本医疗保险。向省考试院报送4名符合高考优待的现役军人子女相关信息，保障2名优抚对象到北京参加庆祝中国共产党成立100周年活动。

（黄　凯）

【双拥共建】 2021年，武侯区以创新发展为主题，以为部队解困为要事，以军民军政团结为要求，坚持把双拥工作摆在固国防、稳地方、促发展的重要位置，动真情、出实招、办实事，把服务送进军营，助推军地军民融合发展。区退役军人事务局到驻区部队开展走访调研5次，与驻区部队签订双拥共建协议，双拥共建率100%。开展“送文化”“送政策”等“六进”军营活动22场次，送关怀、送喜报等拥军优属活动34场次，慰问官兵80余次。

（黄　凯）

图200　2021年12月30日，武侯区为荣立二等功的现役军人家属送上立功喜报和慰问金

（区退役军人事务局供图）

【涉军群体权益维护】 2021年，区退役军人事务局针对涉军权益维护问题突出的实际，采取上下联动摸实情、分类化解出实招、化解积案促实效的方式，下移工作重心，深入基层群众，了解涉军群体的工作生活情况，落实“政策解决＋社会救助＋思想关怀”帮扶举措化解矛盾。主动走访退役军人40余次，帮助协调解决住房、就业、子女就学等问题100余个。推进全区伤残人员换证和“两参”人员身份核查工作，按时足额发放无军籍职工养老金。

（刘　鹏）

【褒扬纪念】 2021年，区退役军人事务局结合党史学习教育，组织退役军人功臣模范、先进典型、老英雄、老战士成立“百名老兵话百年”红色宣讲团，在全区范围开展党史宣讲活动，开展“老兵永远跟党走”活动100余次。邀请唐章洪、程吉泉、臧雷等30余名参战老兵、英雄模范进机关、进企业、进学校，进部队开展红色故事宣讲25场次7000余人参加宣讲。鼓励支持优秀退役军人参与社区治理，全区有118名优秀退役军人当选为社区“两委”成员，占比19%。会同区人武部送出二等功喜报3份、三等功喜报33份、“四有”优秀军人喜报31份。新增立二等功现役军人3人（详见表115），分别是杨洲峰、王岸淘、唐波。

（谢　敏　宁春潮）

【军休干部服务】 2021年，武侯区军休干部活动中心通过举办书画交流、棋牌比赛、乒乓球比赛、摄影比赛等，活跃军休干部的文化生活。中心9个分站开展“百场千次”活动20余场，其中九如村分站在春节为军休干部举办“军休干部迎新春游园活动”茶话会，解甲园分站发挥“百场千次”活动六小组（红歌会、舞蹈、太极拳、乒乓球等六小组）作用，根据疫情形势开展小型文体活动。继续推行军休干部体

表 115　2021 年武侯区立二等功现役军人情况表

姓名	所属部队	简要事迹
杨洲峰	95655 部队	杨洲峰，空军专业技术中校军官。他坚守在航空装备维修保障一线，曾立三等功一次，多次被评为优秀基层干部，享受军队优秀专业技术干部岗位津贴
王岸淘	94116 部队	王岸淘，空军指挥管理上校军官。他牢记使命，心系官兵，矢志强军，先后带领部队完成抗震救灾、军地联演联训等任务，被战区空军评为时代先锋和练兵备战先进个人
唐　波	陆军航空兵某旅	唐波，特级飞行员，陆军航空兵上校军官。他从事飞行近 20 年，安全飞行 4000 余小时，高原飞行 1900 余小时，参加各类专项行动、专项任务，战略演练等多项大型军事活动

（谢　敏　宁春潮）

检“双轨制”，制作发放体检手册 1500 余份，自主体检 480 人，集中体检 1260 人。落实基层基础建设年的工作要求，推进军休干部活动中心规范化建设及武侯区军休干部活动中心（军休大学）整体改造。

（张　华）

【退役军人服务保障品牌打造】2021 年，区退役军人事务局按照“一街道一特色，一社区一品牌”建设思路，制定《武侯区街道（社区）退役军人服务站服务场所“提档升级”实施方案》，围绕“军”的主题，强化“军”的特色和“家”的气息，结合辖区资源禀赋和服务对象群体特点，重点打造机投桥街道、晋阳街道沙堰社区、簇锦街道铁佛社区等 16 个服务站点，实现由点向面深入推进，把服务站建设成为提供服务、做好保障的“桥头堡”，联系对象、凝聚人心的“吸铁石”，不断点亮退役军人服务保障武侯品牌。

（熊剑江）

【全国示范型退役军人服务站创建】2021 年，区退役军人事务局紧扣“创建要达标，软件有成效”定位，推进服务中心（站）创建全国示范型退役军人服务站工作。在 2020 年成功创建全国示范型退役军人服务中心（站）“1+5”的基础上，指导督促 6 个街道服务站和 71 个社区服务站争创全国示范型退役军人服务站。截至年末，红牌楼等 5 家街道服务站通过省退役军人事务厅、市退役军人事务局验收；71 家社区服务站通过区退役军人事务局验收。

（熊剑江）

【退役军人战旗红志愿服务队建设】2021 年，区退役军人事务局贯彻落实《成都市退役军人志愿者服务管理办法》，将退役军人志愿服务与新时代文明实践工作相结合、退役军人志愿服务与共建共享退役军人“服务超市”建设结合、退役军人志愿服务与退役军人服务站内涵建设相结合，发挥退役军人优势作用，引导退役军人在志愿者服务中亮身份、树形象、做表率、践初心，探索退役军人志愿服务建设路径。成立 1 个区级、11 个街道级、72 个社区级战旗红志愿服务队，招募退役军人志愿者 1400 余人，推出关爱老人、爱心“一帮一”、共享奶奶、“大手牵小手”等品牌项目 20 余个。在新冠肺炎疫情防控工作中，全区 84 支“战旗红”退役军人志愿服务队闻令而动、迅速集结，奔赴抗疫一线。区退役军人事务局被评为成都市退役军人战旗红志愿服务队先进组织单位，浆洗街街道、机投桥街道、簇桥街道七里社区等 5 个街道（社区）退役军人

图201　2021年7月21日，武侯区退役军人战旗红志愿服务队参加救灾物资转运任务

（区退役军人事务局供图）

服务站被评为先进集体，周波、王润劳等5人被评为先进个人。

（熊剑江）

【退役军人报到“一件事”服务管理】 2021年，区退役军人服务中心以承接省“一体化”服务试点为契机，以优化退役军人报到事项为突破口，开发武侯区退役军人大数据综合分析运用管理系统，通过对全区退役军人数据进行深度挖掘和综合分析，实现辅助决策和精准服务功能。创新开发退役军人退役报到“一件事”服务管理系统，针对退役军人办理服务手续零散繁杂、信息数据闭塞隔绝、服务对象多头跑路等问题，建立“一窗联办、一站通办、一次办好”服务路径，实现“一门进出、一表申请、一事联办、一网通办、跨域协办”的“一体化”服务，为转业士官办理退役报到业务。此服务举措被《中国退役军人》杂志特稿报道。

（熊剑江）

【退役军人“服务超市”打造】 2021年，区退役军人事务局以提升服务能力和水平为基准点的工作导向，探索共建共享退役军人“服务超市”试点，创新打造构筑“资源赋能+平台保障+共建共享”服务保障体系，建立“部门协同+社会参与”共建机制，搭建“服务超市”综合服务管理平台，实现退役军人“普惠+定制”“线上+线下”共享互补服务，全面打通服务退役军人和优抚对象“最后一公里”。截至年末，与区委退役军人事务工作领导小组相关成员单位及中国工商银行、中国人寿保险、区少年宫等100余家社会机构达成合作协议，形成涵盖银行保险、教育服务、医疗服务、养老服务、出行服务、就业服务、便民服务、公益活动等民生领域，涉及服务项目200余项，惠及全区退役军人。副省长陈炜在调研武侯区退役军人服务体系建设工作时，对退役军人“服务超市”模式给予肯定。

（熊剑江）

民族宗教事务
Ethnic and Religious Affairs

【概况】 武侯区是四川及周边省市少数民族人口流动的主要聚集地和中转地，少数民族人口主要分布在成双大道和浆洗街片区、五大花园片区，具有民族成分齐（全区有56个民族），少数民族常住和流动人口多、少数民族商家多、民族地区办事机构多的特点，是成都市民族工作任务最为繁重的中心城区。2021年，武侯区贯彻落实习近平总书记关于民族宗教工作重要讲话和重要论述精神，中共十九大、十九届六中全会精神，以及中央民族工作会议和全国宗教工作会议精神，以铸牢中华民族共同体意识为主线，把握“共同团结进步、共同繁荣发展”主题，开展民族团结进步创建。坚持宗教中国化方向，抓好依法管理；统筹做好疫情防控、民族团结、依法管理宗教事务相关工作。区民宗局被人力资源和社会保障部、国家民委命名为全国民委系统先进集体。

（林晓云）

【少数民族情况】 2021年末，武侯区有少数民族55个，有少数民族人口5.19万人。其中，户籍人口占34%，外来人口占66%；男性48%，女性52%。人数较多的少数民族有藏族2.18万人、回族0.61万人、彝族0.54万人、土家族0.5万人、满族0.36万人、羌族0.26万人、壮族0.2万人、蒙古族0.18万人，维吾尔族655人；藏族占全区实有人口的1.54%，回族、哈萨克族等10个少数民族共约7000人，占全区实有人口的0.5%。少数民族人员分布在全区11个街道72个社区，其中浆洗街辖区藏族最为集中。

（林晓云）

【民族团结进步创建】 2021年，武侯区以铸牢中华民族共同体意识为引领，开展民族团结进步宣传教育活动10余次，3000余人参与。举办“永远跟党走·奋进新征程”——武侯区各族群众庆祝中国共产党建党100周年文艺演出等活动，促进“三个离不开”和“五个认同”深入人心。指导三六三医院打造铸牢中华民族共同体意识展示厅，浆洗街街道蜀汉街社区建设各民族相互嵌入式社区环境。浆洗街街道洗面桥社区第二次被命名为全国民族团结进步创建示范单位，三六三医院、蜀汉街社区被命名为全省民族团结进步示范单位。晋阳街道吉福社区被命名为四川省民族团结进步教育基地。全年接待中央部委及全国各地统战、民宗部门考察调研20余次。其中，全国政协常委班禅额尔德尼·确吉杰布、湄公河流域四国使节代表团、中央统一战线工作领导小组办公室、中央统战部等到武侯区参观考察，对武侯区民族团结工作给予肯定。

（林晓云）

【宗教事务管理】 2021年，武侯区加强对宗教活动点位的规范化管理，建立和完善管理制度，明确基督教活动点位“三定两公开一报告”（定时、定点、定人，活动公开、财务公开，定期报告）管理办法。全年举办宗教法制宣传活动10余次，发放各类资料1000余份。会同相关部门及街道开展宗教活动点位检查30余次，督促宗教活动点位消除安全、消防、食品卫生隐患，指导宗教活动点位加强疫情防控。依法管理宗教事务，全面开展非法宗教活动拉网式排查，建立工作台账，制定“一点一策”治理方案，统战、政法、民宗、教育、民政、市场监管、应急、公安等部门开展宗教联合执法。截至年末，全区有经批准可开展活动的宗教活动点位3个，其中佛教活动点位1个、基督教活动点位2个。

（林晓云）

【湄公河流域国家驻华使节代表团考察吉福社区】 2021年5月9—13日，为庆祝澜湄合作五周年，应国家民委有关方面邀请，缅甸、老挝、泰国、越南等四国驻华使节组成代表团一行到四川考察。考察期间，代表团到晋阳街道吉福社区考察民族团结进步创建和非物质文化遗产保护传承工作。代表团实地考察吉福社区党群服务中心的吉福会客厅、党群智慧屋、民族调解室、吉福龙门阵、公益直通车、民族文化之家等社区民族团结阵地，并在全国格萨尔绘画艺术创作示范基地（中国唐卡馆）参观国家级非遗文化传承人拉孟创作的藏族唐卡。代表团一行对吉福社区在民族团结进步创建、民族文化传承保护等方面取得的成果给予肯定，期待以此为契机深化交流合作。缅甸驻华大使苗丹佩、老挝驻华大使坎葆·恩塔万、泰国驻华大使阿塔育·习萨目以及越南驻华使馆政务参赞等外交官参加考察。

（曾昀琪）

精神文明建设
Spiritual Civilization Construction

【概况】 2021年，武侯区全面贯彻落实中央、省、市宣传部长会议和文明办主任会议精神，弘扬以爱国主义为核心的民族精神，坚持以文化人、成风化俗，聚力文明新风传播。推进践行社会主义核心价值观建设，深化新时代文明实践中心建设，抓牢抓实全国文明典范城市创建，综合文明指数测评成绩排名五城区第一。武侯区被市文明办评为文明创建工作先进单位。实现全区72个社区新时代文明实践所（站）全覆盖，打造武侯区新时代文明实践中心、望江路街道新时代文明实践所等5个市级新时代文明实践精品范例。

（庞诗川　周昭群）

【践行社会主义核心价值观】 2021年，武侯区弘扬以爱国主义为核心的民族精神，在清明、中秋、国庆等节日，组织开展清明祭英烈、“国庆吃面”等群众性主题活动50余场。紧扣武侯区第八次党代会主题设置宣传展板，全方位展示武侯区5年来取得的经济建设和发展成就、未来5年发展目标和重大部署。把握天府文化内涵，根据武侯地域特色，将社会主义核心价值观适当植入主题街道、主题校园打造，打造武侯区新时代文明实践中心、北京第二外国语学院“‘一带一路’在成都”校园微博物馆、老马路国际化社区“乐邻里”邻里中心等3个社会主义核心价值观特色点位。

（杨雅麟）

【文明城市创建】 2021年，武侯区构建“1+6+4”组织体系（“1”是武侯区创建全国文明典范城市指挥部；“6”是指挥部下设综合协调、网上申报督导、实地考察督导、问卷调查督导、宣传动员、督查问责6个工作推进组；“4”是实地考察督导组和督查问责组联合成立4个专项督查组），成立创建全国文明典范城市指挥部，建立区级领导分片包干、行业部门牵头抓点、街

图202　2021年7月，团区委开展暑期公益托管志愿服务活动　（团区委供图）

道社区属地管理的组织体系，成立4支专项督导组，会同第三方机构全年开展督查210余次，整改问题11000余个，制发各类简报、通报、专报等36期。弘扬崇德向善文明新风，开展文明餐桌、文明交通、生活垃圾分类等实践养成行动，发放文明创建宣传折页、海报等资料20余万份，有效提升城市文明程度，完成全国文明城市测评迎检工作。

（庞诗川）

图203　2021年10月27日，全市网络综合治理体系建设现场交流会代表考察南虹村社区

（区委宣传部供图）

【未成年人思想道德建设】2021年，武侯区推进未成年人思想道德建设，开展中小学生思想道德教育，深化师德师风和家庭家教家风建设，打造四川大学附属实验小学心理健康与心智发展中心；开展“童绘公园城市·炽热爱党童心”节日小报系列创评、青少年阳光体育活动校园武术活动线上展示评选、童心向党网上签名寄语等未成年人道德实践活动。凌可人被评为四川省“新时代好少年”，凌可人、葛家显、谢昊业、王子纪等4名少年被评为成都市“新时代好少年”。深化文明校园创建，成都市金花中学、成都市磨子桥小学分校被评为第三届成都市文明校园。区文明办被评为2021年成都市优秀童谣谱曲暨传唱推广活动优秀组织单位，获“庆祝建党百年　画说美好天府”第六届成都市中小学生校园书画创评活动优秀组织奖。

（周昭群）

【志愿服务】2021年，武侯区修订完善志愿服务工作协调小组及其办事机构工作规则，印发《关于进一步推进党员志愿服务常态化制度化规范化的实施意见》。全区新注册志愿服务队伍58支，注册志愿者累计19.6万名。策划开展“理响成都”基层巡回宣讲、“我们的节日·吟诵经典”中秋诗会、“孝暖武侯·家国情浓”重阳节文艺汇演、“创意不停·环保伴行”垃圾分类主题实践活动、三国文化大讲堂等文明实践、志愿服务活动5300余场。郑睿荣被评为四川省百名优秀志愿者、成都市十佳志愿者，玉林北路社区入选成都市十佳志愿服务社区，玉东少年派志愿服务队被评为成都市优秀志愿服务组织，“永兴嬢嬢”被评为2021年社区文明实践志愿服务及和谐邻里关系营造优秀典型。

（周昭群）

【身边好人选树】2021年，武侯区深入贯彻《新时代公民道德建设实施纲要》和《新时代爱国主义教育实施纲要》，开展道德模范、身边好人等先进典型评选活动，联合驻区单位和属地企业，通过社会化、大众化推荐，推荐区内道德模范、身边好人参加各级模范评选，展现新时代武侯人奋发有为、甘于奉献的精神风貌，彰显“智慧·仁厚”的武侯城市精神。范文壁、唐素平、郑发勇、林素琴守护团队等4人被评为“成都好人”；梁宗安被评为四川省道德模范，获全国道德模范提名奖。

（庞诗川）

【网络文明传播】2021年，武侯文明网刊播信息190余篇，被成都文明网采用41篇，《成都武侯开展“颂歌献给党”中小学艺术合唱比赛》《新时代新少年　四川成都武侯“红领巾”献礼建党百年》被中国文明网采用。“文明武侯”微信公众号推送信息100余条，其中12条被“文明成都”微信公众号转载。全年参与中国文明网、成都文明网网络文明传播活动11项，策划开展网络文明传播活动4场。

（周昭群）

街　道

SUB-DISTRICTS

浆洗街街道

Jiangxijie Sub-districts

浆洗街，旧时成都的“皮革一条街”

【概况】浆洗街街道成立于1953年，2019年12月与原双楠街道合并。辖区东以浆洗街、洗面桥街东侧路沿石为界，南以高升桥东路北侧、一环路南四段北侧路沿石为界，西以二环路西一段、南四段东侧路沿石为界，北以武侯区与青羊区区界为界，面积5.45平方千米。街道辖双楠、七道堰、广福桥、楠欣、百花、少陵、蜀汉街、洗面桥、锦里等9个社区。2021年末，辖区户籍人口131162人，其中男性63938人、女性67224人，出生人口1146人、死亡人口853人；实有人口179780人。辖区驻有西南民族大学、成都体育学院、省骨科医院、三六三医院、西藏自治区人民政府驻成都办事处医院、武侯区人民医院、成都飞机设计研究所等高等院校、医院和科研院所；省交通运输厅、省农业农村厅、省统计局、市检察院等机关单位；成都市龙江路小学分校、成都市锦里小学、成都市武侯实验小学、成都石室双楠实验学校、成都西北中学等学校；省交投集团、中国移动成都分公司、市公交集团公司、市燃气公司等企业；中国工商银行双楠支行、中国农业银行碧云天支行、中国建设银行双楠支行、成都银行武侯支行等金融服务机构。辖区有闻名中外的武侯祠、兼具三国文化和

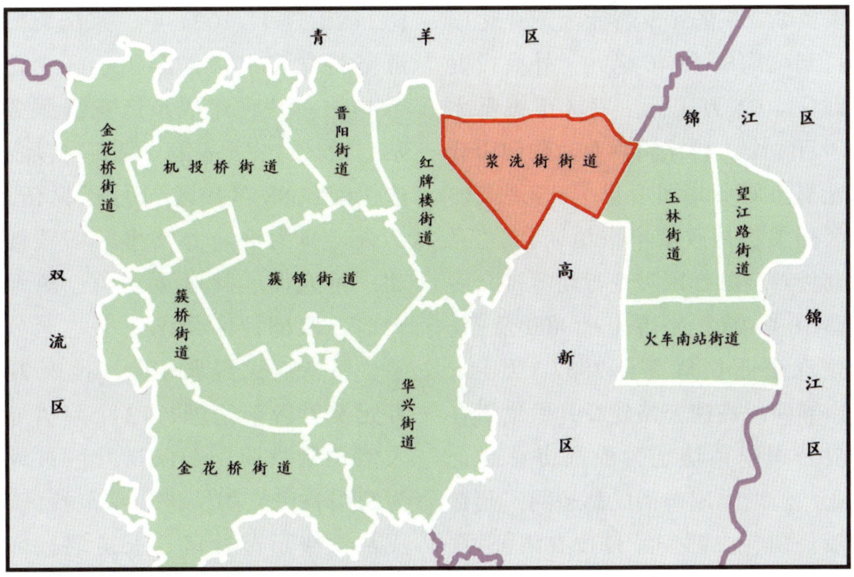

图204　2021年浆洗街街道位置示意图　　（区民政局供图）

川西民宿的锦里古街，以及主要经营藏传佛教用品的武侯祠横街、洗面桥横街等特色街区；有西藏自治区政府驻成都办事处、四川省甘孜州政府驻成都办事处等民族自治地区的派出机构32家，属56个民族聚集区，是成都市少数民族聚居最集中的地区。

（向　鹏）

【经济发展】 2021年，浆洗街街道推动复工复产，提振企业发展信心。创建“云MAS”企业综合管理智慧化系统，向企业总经理、财务总监等中高层管理人员线上发送用工、社保、申报减免等方面政策。帮助20家企业融资1.53亿元。街道一般公共预算收入17亿元，地方税收收入15.49亿元，固定资产投资35.59亿元；高能级产业化项目到位内资15.46亿元，外商投资到位4025万美元。完成市级重大项目1个（碧桂园物业收购四川蓝光嘉宝服务集团项目）。开展武侯区相关扶持政策申报培训会、“武宜贷”金融纾困暖企行动等推介活动10余场，走访企业800余家，兑现企业扶持资金3837.3万元；指导四川高速公路建设开发集团有限公司申请认定为成都市总部企业，新增入库包括成都超网实业有限公司、成都安泽科技有限公司、四川圆心妙手大药房有限公司等规模以上企业16家。

（向　鹏）

【城市管理】 2021年，浆洗街街道严格落实垃圾分类相关要求，所有小区均设置四分类桶，并按新的要求更换和更正分类投放设施设备标志，共设置垃圾分类桶400余组，覆盖率100%。申请示范社区1个、示范小区16个，打造标准化的垃圾分类示范点3个，配合区执法局分类完善改造垃圾点位数量232个，打造垃圾分类主题广场，引进专业运营机构在辖区开展宣传督导工作。同时，按照城乡环境综合治理工作要求，建造垃圾中转房（点）185个。全年推进老旧院落改造工程8个，建筑面积76315平方米，惠及住户840户，改造内容涵盖路面“黑化”、地下管网改造、绿化景观提升、门卫室和非机动车棚翻新、楼道粉刷等方面，其中在添馨苑、南村公寓、一环路西一段9号院、川交花园、大石西路153号等5个院落实施自来水户表改造。

（向　鹏）

【社区治理】 2021年，浆洗街街道坚持党建引领，深化小区党建“四有一化”，建成小区党群服务站点45个。完成社区“两委”换届，选优配强88名社区“两委”队伍。结合“我为群众办实事”实践活动，建成楠欣社区运动角、童趣天地，双楠社区爱国主义主题公园。坚持居民需求导向，投入26万元奖励院落治理，12个院落导入信托制物业。蜀汉街社区被评为四川省民族团结进步示范社区、成都市级示范社区。七道堰社区党委被评为成都市疫情防控先进党组织。

（向　鹏）

【民生保障】 2021年，浆洗街街道持续开展常态化新冠肺炎疫情防控，发动“三支队伍”开展小区院落疫情防控排查，宣传疫情防控政策，落实疫情防控要求；全年管控服务境外回蓉535人次，境内重点区域1388人次，完成新冠病毒疫苗接种379162剂次。兜底民生保障，民政救助低保306户348人，快速救助29人、临时救助19人，及时足额发放各类补贴。组织56名残疾人开展就业培训，为2717名残疾人发放各类补贴150余万元。严格落实主动发现机制，确保各项社会救助精准、及时，全年救助低保、特困、孤儿、困境儿童等困难群众700余人，救助重度、困难残疾人1000余人。落实就业帮扶，开展残疾人就业培训、青年劳动者技能培训4场次，完成创业担保贷款200万元，补贴大学生创业7人，新增城镇就业2000余人、城镇失业人员再就业300余人。

（向　鹏）

【安全稳定维护】 2021年，浆洗街街道制定安全生产责任清单，明确安全监管职责主体责任和工作要求，与各行业分管负责人、社区、辖区企事业单位签订安全责任书。全年组织街道、社区安全工作人员开展业务培训39次，各社区组织各类安全培训127次，督促辖区企事业单位全面落实企业安全生产主体责任。完成创建省级安全发展示范城市工作；打造应急文化体验馆；省级安全社区通过复评验收；与成都燃气集团股份有限公司等5家企业完成清单制与安全生产风险分级管控和隐患排查治理“双重预控机制”建设工作。重点打造以反邪教转化、社区戒毒康复及禁毒教育基地相结合的瓦子堰关爱中心和以禁毒宣传、戒毒康复人员管理、吸毒人员帮教为主的浆洗街社区戒毒康复工作站及禁毒教育基地。

（向　鹏）

望江路街道
Wangjianglu Sub-district

因望江楼公园得名的望江路

【概况】 望江路街道位于武侯区东部，东面和北面与锦江区龙舟路、莲新、合江亭街道隔江相望，南接火车南站街道，西与玉林街道相邻，辖区面积 3.19 平方千米，辖郭家桥、棕东、老马路、新生路、共和路等 5 个社区。2021 年末，辖区户籍人口 68778 人，其中男性 33127 人、女性 35651 人，出生人口 742 人、死亡人口 307 人；实有人口 102336 人。辖区有历史悠久的九眼桥、安顺廊桥和以纪念唐代诗人薛涛为主题的望江楼公园，有四川省税务局、成都市市场监管局、成都市第七人民医院等机构，有科华北路餐饮娱乐一条街、九眼桥酒吧街、音乐大道等特色街区。辖区教育资源丰富，有四川大学、四川音乐学院 2 所知名高校，有川大附中高中部、四川音乐学院附属中学、四川大学附属实验小学、四川音乐学院附属小学等中小学校。辖区交通便捷，有地铁 8 号线、3 号线穿过，城市基础设施配套完善，环境优美。

（税　鹏）

【经济发展】 2021 年，望江路街道一般公共预算收入 5.42 亿元，地方税收收入 4.96 亿元；完成固定资产投资 18.29 亿元、工业投资 7221 万元；实际到位内资 17 亿元，实际到位外资 4151 万美元。自主开展营商环境推介 45 次，市级重大产业化项目深圳佳音王西南总部暨 MPK 音乐综合体项目注册并落地投产，融创文化西南垂直电商直播产业基地项目落户辖区，储备锐捷网络研发中心、盖睿医疗西部总部、罗曼股份城市更新业务西区总部、良业科技集团西部文旅业务中心、华纳音乐中心等高能级的重大产业化项目。加强与工商、税务、重点存量企业联系，及时为企业排忧解难，协助 150 余家企业申报政策扶持，共获扶持资金 1600 万余元。促进音乐坊城市有机更新项目建设，以最优营商环境促进项目落地，加速形成以四川大学为核心的科技成果创新新生态；以成都音乐坊城市有机更新，促进中小街道提档升级和产业更新，以整体功能为目标，把公共功能、城市景观、商业价值、经济属性和人文特色有机统一，实现街道经济、社会、城市建设全面发展。

（税　鹏）

【城市管理】 2021 年，望江路街道完成成都大运会场馆周边 5000 平方米建筑外立面及店招的综合整治。配合武侯音产公司对新南路 75 号、龙江路 26 号、郭家桥西街 5 号等 10 个院落进行老旧院落改造，对其中 3 个院落进行自来水一户一表改造。申请增设电梯 25 台，发放电梯补贴 230 万元。处理环卫及市政投诉 40 起，环卫作业成绩考评居全区前列。完成 40 个垃圾分类标准化投放站（点）的规范和 75 个达标小区创建。使用“成都 e 河长”软件开展常态化巡河 590 次，处置河道水环境问题 31 起，发现河道积存垃圾 40 余起，清运垃圾 2 吨左右。配合区河长办对辖区锦江流域雨污混排、污水直排下河现象开展全面排查，落实整改问题点位 5 处。开展辖区“液改气”工作，583 户居民住户签约“液改气”合同；召开年度防汛工作会议，疏浚 40 个院落内下水管道 84 立方米，组建抢险队伍 7 支，处置郭家桥北街 12 号、13 号院汛期险情，确保安全度汛。

（税　鹏）

【社区服务】 2021 年，望江路街道完善街道和社区便民服务体系，

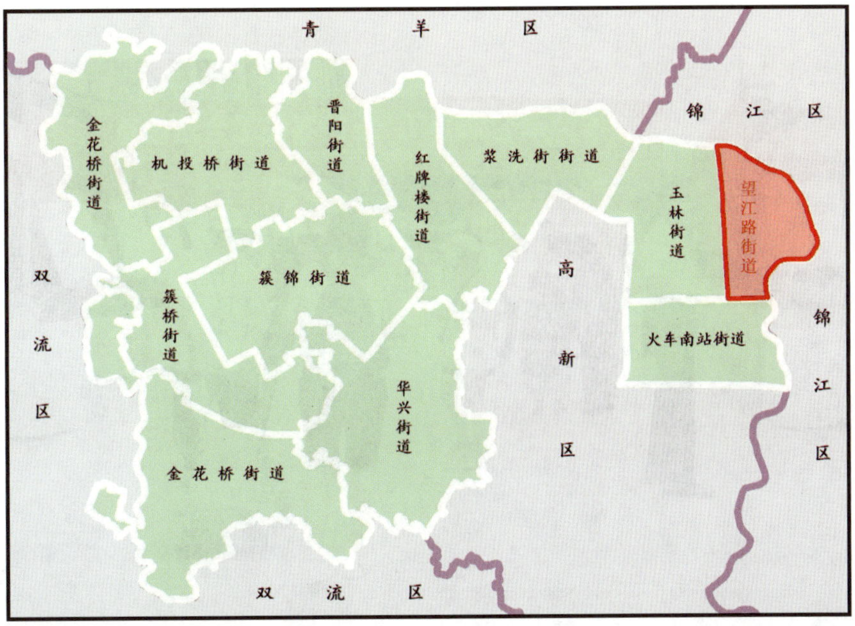

图205　2021年望江路街道位置示意图　（区民政局供图）

完成便民服务标准化规范化便利化“三化”县级试点工作。提高政务服务窗口工作人员的服务意识和服务水平，全年办理业务51889件。开展社保网上经办、长期照护险、惠蓉保、电子社保卡等宣传活动10余次，扩大社保政策知晓度，做好城乡居民医疗保险登记和筹资工作，城乡居民基本医疗保险参保率98%。推广线上App，为辖区10名年龄大、行动不便的居民提供上门认证服务，灵活便捷办理养老待遇认证，规范提供优质社会化管理服务。

（税　鹏）

【维护稳定】 2021年，望江路街道建立街面商家走访队伍，开展商家轮巡5次，录入并处理事件1152件。全年出动辖区综治巡防队伍共930余人次，维护辖区和谐稳定。调处劳资纠纷201件，其中现场受理89件、网络理政112件，辖区未发生重大突发性恶性劳资纠纷，劳动关系和谐稳定。全年受理群众信访案件175件，信访件结案率100%，群众息诉息访率96%，街道被市信访局评为群众来访接待“人民满意窗口”。打造望江路街道社区戒毒社区康复工作站，开展禁毒宣传活动106次，开展的“歌声颂祖国”赏乐送安全预防教育禁毒宣传活动、“防范毒品滥用”主题讲座走进校园等活动被中国禁毒网报道。

（税　鹏）

【民生保障】 2021年，望江路街道持续做好辖区疫情防控，开展不同情景下的桌面推演和实战疫情防控演练11次，辖区共接种新冠病毒疫苗22万剂次，3～11岁儿童接种率95.01%，60岁以上人群全程接种率90.42%，加强针接种率43.63%。全年城镇新增就业1760人，失业人员再就业323人，城镇登记失业率控制在3.5%以内。指导应届毕业生就业107人、新增就业480人，协助申报创业实体补贴6人。承担省级和区级多项工作试点，被确定为省民政厅2021年社会工作服务体系建设试点街道、四川省殡葬服务进社区试点街道、2021年武侯区精神障碍社区康复服务站试点街道。在全区率先成立社区社会组织联合会，申请社区营造、社工示范项目11个，获得支持资金67.5万元。申报社会工作专业服务示范案例、社区营造优秀案例8个。

（税　鹏）

【安全生产监管】 2021年，望江路街道组织社区安全监管人员和辖区主要生产经营单位负责人100余人集中学习《中华人民共和国安全生产法》，发放资料15000余份。开展各类安全知识宣传活动85场，联合辖区生产经营单位开展消防演练50余场，张贴印发安全宣传广告、横幅、手册13000余份。安装物联网消防智能监测及联动系统222户，将设有火灾自动报警系统的住宅建筑联入系统，24小时监控住宅建筑消防设施运行状况。投入15万余元在辖区所有老旧院落电动车充电棚安装悬挂式灭火器，预防和减少电动自行车火灾事故。将城市安全风险智能管控平台、消防安全物联网防控平台和街道应急网结合并组建“两平台一中心”。

（税　鹏）

图206　2021年6月23日，望江路街道举办就业巡回现场招聘会　（望江路街道供图）

火车南站街道
Huochenanzhan Sub-district

【概况】 火车南站街道位于武侯区东南部，东临锦江，南至成昆铁路，西至新光路，北至二环路南一段、南二段、南三段。辖区面积4.23平方千米，辖长寿苑、桐梓林、南站、得胜、高攀桥、锦官新城等6个社区。辖区

成都散居外籍人士最集中的街区

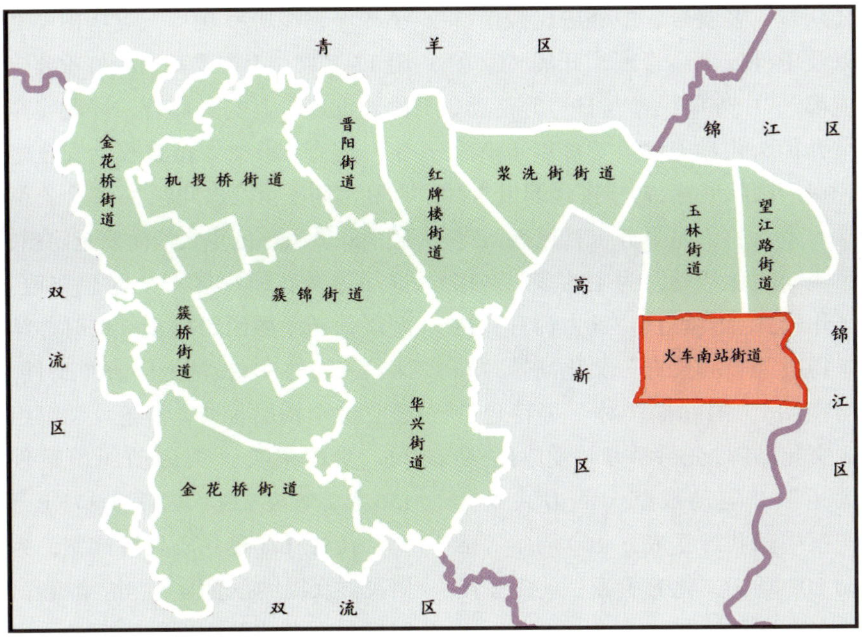

图207 2021年火车南站街道位置示意图　（区民政局供图）

有街、路、巷41条，其中科华中路、科华南路、人民南路、高攀路和火车南站东路等是成都市从城南出入和连接机场高速的重要通道，30余条公交线路穿境而过。辖区有四川省肿瘤医院、四川省中西医结合医院等三级甲等医院，以及成都安琪儿妇产医院、成都天使儿童医院等民营专科医院；有棕北中学（桐梓林校区）、成都十二中（初中部）、桐梓林小学、科华中路小学、锦官新城小学等中小学校；有凯宾斯基、首座万丽等五星级酒店，以及桐梓林欧洲风情街、老成都民俗公园、BY1906文化创意工厂等旅游景点。辖区是成都市商务核心区，也是高档餐饮、休闲娱乐产业较集中的区域之一，有绿地GIC广场、泛悦国际、王府井购物中心等大型综合体，以及丰德国际广场、新希望大厦、上善国际、国航世纪中心等高端商务楼宇，驻有新希望集团、成都农商银行、王府井百货等企业。辖区打造的金融专业楼宇聚集银行、保险、证券、信托、基金等金融全产业链，有世界500强企业15家。2021年末，辖区户籍人口为49515人，其中男性23504人、女性26011人，出生人口444人、死亡人口223人；实有人口106999人。有来自美国、日本、韩国等34个国家和地区的764名境外人员在辖区居住，是成都市散居外籍人士居住最集中的国际化街区。

（张福林）

【经济发展】2021年，火车南站街道全口径财税收入45.4亿元，比上年增长24.7%；一般公共预算收入14.96亿元，比上年增长25%；地方税收收入14亿元，比上年增长27%。全年完成固定资产投资23.4亿元、工业投资10.01亿元。限额以上零售总额29.69亿元，比上年增长8.28%。围绕文化创意、大健康、商贸服务、现代金融、电子信息等主导产业开展招商引资，引进新希望服务设立企业管理总部、阿联酋七化建中东公司（中国）国际贸易产业化项目、泰山财产保险股份有限公司设立四川分公司等3个市级重大招商引资项目，引进其他企业81家。实际利用省外国内资金15.46亿元、外资4015万美元。申报新加坡新俊集团联合南京凯丽芯设立芯屏智能研发总部、上希璟设立供应链管理、中石化跨境电商等招商引专项目10个，前期项目53个，在谈11个，备案12个，注册9个。

（张福林）

【城市管理】2021年，火车南站街道将区域高品质城市功能提升与公共区域供给提档相结合，完成桐梓林北街“回家（上班）的路”风貌改造、安得添馨城市“微更新”打造、高攀河道疏通、宜居水岸改造。实施棕树体育馆、保利五局商业街等9处“两拆一增”点位打造，依法拆除违法建设28处18099平方米，建成高攀路18号院、高攀路21号院、白云花园小区、兴彩苑、航空路17号院等5个“无违建小区”。拆除围墙385米，植绿、增绿8600平方米，增加开敞空间500平方米。推进居民小区生活垃圾分类，安装垃圾分类箱房20个，建成就地处理厨余垃圾站1座。创新厨余垃圾后端处置“以桶异桶”方式，提高转运效率。推进“垃圾不落地”清运模式，最大限度发挥机械化作业优势，提高环卫作业精细化水平。开展卫生死角专项整治行动、流动商贩专项整治行动、小餐饮花店水果店专项整治行动、中环路铁路沿线专项整治行动，建立专职志愿者铁路沿线巡查机制。建立288人的“三支队伍”，走访居民4万余户、街面商家1643家、辖区企业2776家，处置和上报事件24440条，基础数据库更新88785条、收集“三张清单”诉求

16126条。抓好“门前三包”工作落实，被评为2021年度成都市“门前三包”推进工作先进单位。

（张福林）

【民生保障】2021年，火车南站街道提升民生服务工作质量，为61名低保人员发放最低生活保障金62.81万元，为80岁以上老人发放高龄津贴158.54万元，为47名残疾人员提供职业技能培训、就业岗位和康复训练，发放各类补贴31.09万元。申请“雪中送炭”项目，为34个空巢独居老人家庭进行适老化改造。开展计生特殊家庭走访慰问活动，为计生对象提供个性化上门服务。举办就业创业相关扶持政策宣讲培训会，帮助城镇失业人员再就业321人，完成10家职工驿站建设。

（张福林）

【社区治理】2021年，火车南站街道引入信托制物业模式，以风华苑、锦绣花园小区为示范，着力破解小区治理难题。3月，承接全市信托制物业现场会，火车南站街道作经验交流。长寿苑社区、名士公馆小区、白云花园小区3个点位入选市级“百佳”示范社区（小区）。成立街道社区营造支持中心，获区民政局支持公益创投营造类项目10个、支持类项目1个，培育和发展社会组织69家。各社区成立人民调解委员会，组织社区律师开展法制讲座28场次，发放宣传资料48000余份，化解矛盾纠纷123件，成功率98%。位于BY1906文化创意工厂内的秋拾书苑入选全市第四批社区美空间。推进桐梓林国际化社区建设，聘请2名外籍人士担任社区主任助理，完善双语微信公众号、客服号、中外居民微信群以及中外议事会管理，开展“家在成都”“中外居民参与日”等活动，举办街头艺术美食节、百年党史照片双语国际展览，初步搭建起以“工作、生活一条龙服务+社区融入体系+跨文化活动”为主的多位一体工作模式。继续打造“魅力锦官”“快乐得胜”“美丽长寿”“文化高攀”“和谐南站”“国际桐梓林”等特色社区文化品牌，先后举办“爱成都·迎大运”、“运动成都·活力武侯”、庆祝中国共产党成立100周年等活动203场，文化E管家一、二季度排名全区第一。

（张福林）

【安全稳定维护】2021年，火车南站街道按照《推进市域社会治理现代化试点任务清单》要求，加强社会面综治巡逻管控，组织对辖区1628户街面商家全面走访，协助辖区派出所巡查黄赌毒42起。完善街道群防群治奖励办法，兑现群众举报奖励58人次4.46万元。落实市、区“反诈十条”措施，组织反诈宣传活动432次，发放宣传资料14400余份，动员居民群众安装“国家反诈中心”App和“蓉城反诈卫士”小程序，注册率91%，成功预警劝阻13名群众上当受骗。抓好重要时段、重点行业安全监管，开展安全生产巡查690次，排查整治安全生产和消防安全隐患问题2669个，彻底消除蓝天小区重大消防安全隐患，推动锦绣花园小区安全隐患整改。开展信访矛盾纠纷排查，按时办结来信来访件80件、网上信访件20件。建立健全基层劳动人事争议调解组织，受理解决各类劳动纠纷案件156起，解决179人欠薪款175.1万元。在各社区建立心理咨询室，为居民群众提供心理辅导、情绪疏解、家庭关系调适等心理健康服务。推进国家食品安全城市创建工作，“多渠道、多举措、多联合”加强常态监管，以“春雷行动2021冷冻冷链”暨“知识产权保护执法行动”为重点，加强食品安全网格化管理，开展食品安全检查900余次。全年食品安全案件立案42件，结案39件，立案率100%，查办率100%，处理率93%。

（张福林）

【中粮大健康产业园建设开工】2021年1月8日，武侯区高质量发展攻坚年百亿级项目开工暨中粮

图208　火车南站街道欧洲风情一条街　（区融媒体中心供图）

大健康产业园开工仪式在火车南站西路8号（原中国酒城）举行。中粮大健康产业园由中粮集团旗下唯一的地产投资和管理平台大悦城控股投资建设，项目位于火车南站片区，总占地面积约4.6万平方米，是武侯区重点建设打造区域，建成后将与环华西国际智慧医谷、华西医学中心共同形成“一谷一园一中心”的三大百亿级大健康产业集群。

（张福林）

玉林街道
Yulin Sub-district

玉林街，成都的人间烟火

【概况】玉林街道位于成都市中心区域正南面，城市中轴线人民南路两侧，东接新南路、科华北路，南临二环路，西临浆洗街、玉林北路、玉林中路、玉林南路，北临锦江，辖区面积5.24平方千米，辖黉门街、九如村、电信路、南虹村、新南路、玉林北路、玉林东路、倪家桥、跳伞塔、棕北、棕南等11个社区，有居民院落531个。2021年末，辖区户籍人口111266人，其中男性53635人、女性57631人，出生人口772人、死亡人口636人；实有人口177211人。玉林街道作为武侯区城区街道之一，是华西医美健康城、环华西国际智慧医谷和华西坝历史文化风貌片区的核心区域，四川大学华西医院、华西第二院、华西第四院、华西口腔医院均位于辖区内，医疗资源丰富；有中国科学院成都分院、西南技术物理研究所、四川大学华西校区、成都七中林荫校区、龙江路小学、磨子桥小学、弟维小学等科研院所、中小学校，科教资源优势突出；有平安大厦、财富国际等9座专业楼宇及来福士等超甲级写字楼，梳理储备17座已建成重点商务楼宇约5.9万平方米载体，载体资源富集；天府汇中心、科华388、蓝润时代中心、前沿医学、卓越衣冠庙等项目建设提速，国际体育公园城项目加快推动开工。近年来，街道先后获全国民生示范工程、全国智慧健康养老示范街道、全国城市基层党建创新案例评选最佳案例、全国城乡社区疫情防控优秀案例等荣誉。街道获年度全省基层治理示范街道、公共卫生工作先进单位、成都市“两项改革”先进集体等荣誉。

（杨佳浩）

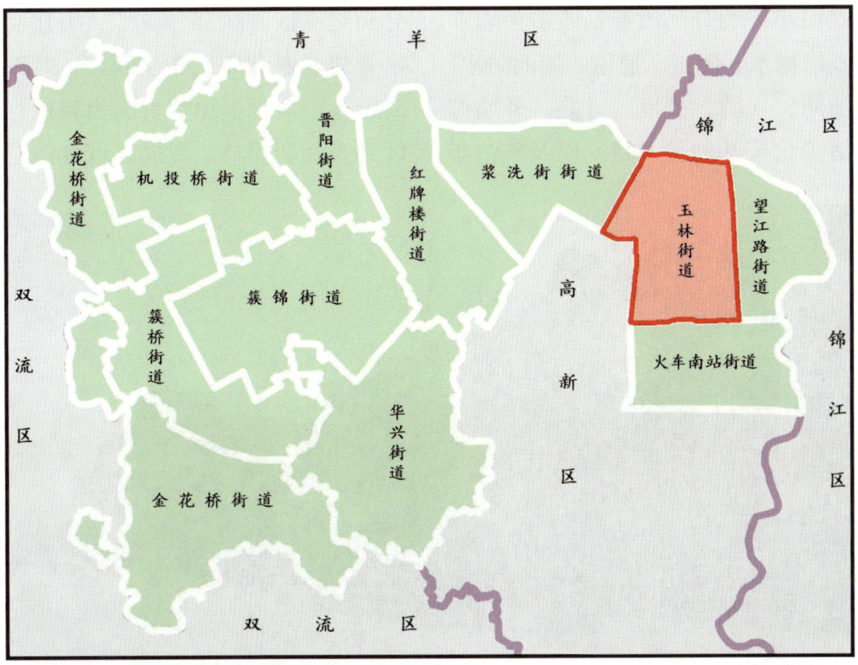

图209 2021年玉林街道位置示意图 （区民政局供图）

【经济建设】2021年，玉林街道一般公共预算收入17.40亿元，地方税收收入15.89亿元；完成固定资产投资40.04亿元、工业投资4.32亿元；产业化项目实际到位内资15.92亿元，实际到位外资4269万美元。全年签约海伦堡西南总部及科分院城市有机更新项目、复星康养西南总部及产业基金项目、爱心人寿四川省级分公司项目、伯克生物西南总部项目、现代财险四川省级分公司项目、朗姿医美产业基金项目等产业化项目6个。注册落户成都海伦堡城市有机更新有限公司1个投资额100亿元以上产业化项目，成都晔安文化发展有限公司、四川中建骏盟建设发展有限公司、东方亿隆科技发展有限责任公司、宸嘉发展（成都）有限公司、道隧蓥通工程有限公司等5个投资额10亿～30亿元产业化项目，成都龙元城市发展有限公司、中建智慧城市建设发展成都有限公司、现代财产保险（中国）有限公司四川分公司、中资泓润供应链有限公司、保信禾顺（成都）实业有限公司等5个投资额5亿～10亿元产业化项目，四川新增鼎科技有限公司、成都花荟缘文化发展有限公司、四川保利物业服务有限公司、三三听觉

图210　2021年10月23日，玉林街道与厦门建发有限公司签订合作协议　（区商务局供图）

医疗科技（成都）有限公司、成都实现家网络科技有限公司等5个投资额5亿元以下产业化项目。协助四川纵横六合科技股份有限公司、成都裕康医疗设备有限公司、成都新得利电子有限公司、成都环太电子有限公司等35家企业融资3.11亿元；协助四川东政电子技术有限公司、成都翔升科技有限责任公司、四川易龙科技有限公司等3家企业在天府（四川）联合股权交易中心挂牌，纳入成都市上市后备企业资源库。通过线上线下相结合的方式，服务企业2280余次，收集企业困难问题203条，协调解决处理190余条。12月14日，会同区国资和金融局举办“蓉易贷·武宜贷”及相关政策宣讲座谈会，覆盖专精特新、大健康、文创等行业35家中小微企业，7家企业现场达成贷款融资意向，298家企业入围蓉易贷白名单。启动华西坝片区城市更新第一期项目包含医美科技成果转化发布中心、医美健康创新研发总部基地、医美人才公寓等7个，总投资约150亿元。

（杨佳浩）

【城市管理】 2021年，玉林街道统筹推进城市有机更新工作，完成东华机械厂1.33万平方米、国际体育公园城8.87万平方米房屋搬迁及拆除，完成华西坝一期九如村C3地块安置房和礼仪职中片区两个项目421户1.69万平方米搬迁。启动锦城外国语实验学校宿舍C级危楼搬迁工作。完成省体育馆周边环境品质提升改造项目，涉及体育馆周边范围内一环路南三段道路两侧、人民南路四段、玉林东路、棕南正街及其周边建（构）筑物综合改造以及景观、管线配套工程等，改造内容包括围墙、门窗、公共卫生间、管线等。推进科院街6号、玉林街26号、玉洁巷2号、玉林横街3号等55个老旧小区的分类改造，改造内容涉及供排水、燃气、通信、屋面防水、消防、安防、楼道、道路、外墙修缮美化等基础类项目，以及整治小区及周边绿化、照明、楼栋门、出入口改造、公共活动场地、休憩设施等完善类、提升类项目。在科院街8号等375个老旧院落安装集中充电桩，安装阻止进电梯感应装置18个，为电信路等社区128户独居老人安装智能烟感报警器。和苑片区获成都市老旧小区改造最佳公共服务奖，大学路入选成都市2021年度秋季“最美街道”和“十佳”招牌示范街道。制定并实施《玉林街道集中租住房（合租房）常态化管理暂行办法》以及华西坝片区社会综合治理方案、华西医院周边乱象巩固治理方案，整治华西医院周边乱象，共抓获“号串串”180余人、“医托”6人，取缔非法出租房28家，床位153个，非法群租房57套，治安拘留违法经营人员12名，罚款305人。

（杨佳浩）

【社区治理】 2021年，玉林街道探索区域化党建新模式，构建以街区作为自治与共治结合的党建共同体。在簧门里特色街区、玉林东路片区分别建立区域联合党支部，组建商家党建联盟和商居党建联盟，聘请商企、小区党组织负责人为属地社区党委兼职委员，形成区域性问题

图211　城市有机更新后的玉林东路　（玉林街道供图）

商讨机制，打造服务项目“闭环”，将党的组织优势、政治优势转化为社区治理优势与发展优势。在各街区设立2个“集站式”党建服务站，开设党员论坛、微党校讲座，依托簧门社区学院为街区提供各类培训；拓宽奶奶厨房、菜宅送等“家门口”服务对象，扩大“街娃逛街”“撒子市集”等主题活动范围，构建街区生活共同体。设立“共驻共建联系点”，搭建玉商论坛、商居联盟邻里文化节等平台，组建居民党员、商家党员共同参与的党员志愿服务义工队，初步形成党建引领、多元参与、共建共治共享的街区党建“1+N”工作格局。簧门街、玉林东路社区等5个社区获评省级基层治理示范社区，跳伞塔社区、玉园小区分别获评市级百佳示范社区和示范小区，街道党工委被市委组织部评为疫情防控先进基层党组织。

（杨佳浩）

【安全维稳】 2021年，玉林街道制定安全生产责任清单，与11个社区和辖区800余家企业签订年度安全责任书，社区与驻区单位、2000余家企业和653家小餐馆签订责任书，建立行业监管工作台账，明晰安全管理法人责任。开展百日安全大检查，对磨子桥加油站、天竺园液化站和玉林二巷等场所开展危险品排查整治，发现危险液化气罐260余个，刑拘2人；整治12个在建工地、11个装修工地10余次，排查整治各类隐患45处；对A世界、数码广场、东华电脑市场、玉林农贸市场和大学路菜市场等开展消防安全专项排查整治，现场整改隐患48条；专项整治私拉乱接等各类安全隐患267处，收缴飞线充电1200余处，对非物管院落补充灭火器550余具；排查变压器217台，清理变压器周边杂物31处，邀请高新区供电公司专业技术人员结合案例对安全检查工作人员开展培训。妥善处置农民工讨薪、各类输入型维权等突发群体性事件。

（杨佳浩）

红牌楼街道
Hongpailou Sub-district

舆地密码，红牌楼的华丽转身

【概况】 红牌楼街道位于武侯区中部，东接高新区，南临簇锦、华兴、晋阳街道，西濒清水河，北邻浆洗街街道，面积6.21平方千米，辖长城、双丰、竹园、龙爪、太平、龙腾、丽都花园等7个社区。2021年末，辖区户籍人口50234人，其中男性24362人、女性25872人，出生人口718人、死亡人口223人；实有人口182131人。辖区内清水河楠杆堰贯流全境；二环路、佳灵路、九兴大道、武侯大道、龙腾路纵横辖区；地铁3号线、7号线、10号线在地铁太平园站交会，地铁5号线穿越辖区。有伊藤洋华堂、家乐福、盒马鲜生、莱蒙都会等大型卖场和红牌楼广场等重点楼宇，有置信丽都花园、鹭岛国际、龙湾半岛等高品质住宅小区。辖区有四川省应急管理厅、四川省防灾减灾教育馆、四川省动物卫生监督所、四川省公安厅居民身份证制作中心、成都市疾控中心等省市级机构，有四川省交通运输职业学校与四川省交通管理学校2所职业学校，有丽都实验幼儿园、行知幼稚园等21所幼儿园，有成都市第四十三中、成都市棕北中学西区实验学校、成都市龙祥路小学、成都市太平小学、四川大学附属实验小学清水河分校、四川大学附属实验小学西区分校等6所中小学校，有成都绿丰农贸综合市场、惠民菜市场、外双楠农贸市场、龙湾集市4个农贸市场以及四川肛肠医院、成都双楠医院等11家医院。

（毛丽邹英）

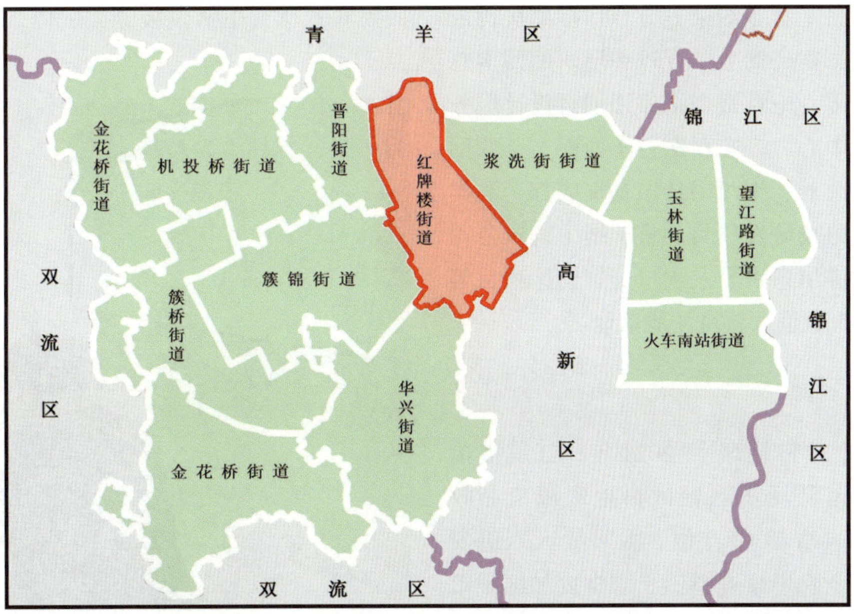

图212 2021年红牌楼街道位置示意图 （区民政局供图）

【经济发展】 2021年，红牌楼街道财政收入31.7亿元，一般公共预算收入12.21亿元，比上年增长29.3%；地方税收收入11.25亿元，比上年增长31.9%。全社会固定投资21亿元。实际到位内资16.9549亿元；实际利用外资4272万美元，其中外商直接投资338万美元。全年引进北京中信集团西南智慧远程教育平台1个市级重大项目；广东省计测消费品检测和研发中心、江苏省协鑫能源能效多能DSM服务中心和能源终端研发、广东省远东集团智慧城市安全软件开发等3个生产性服务业项目；北京城乡小康发展促进中心西部建筑新材料研发销售、广东省华阳通达西南航空航天零部件精密加工、宁夏环保集团绿色智慧社区环保等3个高能级项目；工业专精特新项目广东省车音智能汽车智能驾乘研发生产项目。街道在第二季“项目招引初夏会战”活动中，促进北京硕能国电西南总部等3个重大项目注册落地。重大项目招引攻坚期间，签约香港妍丽西南区域总部项目和宁波海伦钢琴成都艺考培训学校管理公司项目；新签约第三方合作招商机构成都宿迁商会；促进香港妍丽西南总部、中睿智咨询集团创意设计服务中心、广东新医养（西南）互联网医养、天津中佳国基（成都）酒类科技研发项目、重庆蜗牛物资公司进出口贸易及出口监管仓库项目等5个重大项目注册落地。

（毛　丽　邹　英）

【城市管理】 2021年，红牌楼街道开展清除辖区再生资源废品收购站21个点位、太平社区六组安全隐患排查整治、双丰皮加区城市有机更新项目市容秩序整治等市容秩序重、难点整治。全年清除窗式“牛皮癣”2500余处，清理非法张贴小广告36000余处，清除书写类广告146000余处；清理共享单车20000余辆；累计清理流动商贩2500余起，清理规范出摊占道经营4800余起，规范越门经营6000余起。实施希联医院旁小游园、下一站都市与核桃堰路交会处河道、交大归谷小区河岸等12个“两拆一增”点位，涉及场地面积32470平方米，拆除围墙长469米，植绿增绿面积共约14190平方米。按照扬尘污染防治要求落实扬尘管控措施，督促辖区在建工地开启喷淋、雾炮等降尘设备，加强场内裸露渣土的覆盖力度，对管辖区内的施工工地进行每日巡查，加大对渣土清运车辆的管理力度，从源头上有效控制工地扬尘。发出限期整改通知52份，检查运渣车14辆，现场督促出入口冲洗不彻底的工地整改7家，湿法作业18处，裸土覆盖80000余平方米，责令工地打围900余平方米，检查非道路移动机械33台次。对辖区小区关于安装箱体式四分类回收设施情况进行全面摸底，落实生活垃圾分类主体责任，引导居民做好生活垃圾分类。截至年末，街道安装投放分类设施1263个，其中可回收物容器179个、有害垃圾容器179个、餐厨垃圾容器179个、其他垃圾容器726个；标准化投放站点43个，其中标准化投放设施142处；社区再生资源回收站点7个。

（毛　丽　邹　英）

【安全维稳】 2021年，红牌楼街道重点梳理食品经营单位台账，推进食品安全风险等级评定，将创建国家食品安全示范城市迎检作为重点工作，对辖区餐饮单位集中安装公示栏450个。利用消费者权益保护日、世界计量日、药品宣传周等重点时段，通过从业人员培训、科普宣传站、户外宣传等形式开展宣传活动，发放倡议书2万余份。对辖区150个老旧院落消防通道堵塞进行整治，其中146个小区院落施画消防通道线。检查太平社区六组80余家库房、修理厂等场所，对80余家不符合安全标准的库房进行清理搬离。开展红运汽配城安全隐患整治工作，对红运汽配城内40家不符合安全标准汽

图213　2021年7月，长城社区开展剪纸手工课　（红牌楼街道供图）

配仓库进行清理搬离；对23家废品收购站进行清理整治。街道出动巡查队伍250人次，检查电瓶车10595辆，检查出有问题的电瓶车156辆，排查隐患209个。推广智能充电桩及电瓶车集中充电场所标准化建设，修建电动自行车集中停放场所，全年新建智能充电桩15个。截至年末，辖区小区安装智能充电桩达到76个。加强对辖区20个建筑工地安全生产和文明施工管理，辖区未发生安全事故。与交管部门建立联合执法工作机制，出动执法人员80人次、执法车辆45台次，配合交管部门开展货车超载的专项整治行动，对运渣车、大型货运车辆安全行驶以及酒驾、醉驾、毒驾等问题进行整治，保障辖区道路交通安全。

（毛 丽 邹 英）

【民生保障】 2021年，红牌楼街道政务分中心开展延时上门等服务，创新推出预约办理制，以网格员、楼栋长等人员为基础，组建一支上门代办便民服务队伍，提供劳动保障、老年证、残疾证办理、生育服务等服务项目。全年为长城社区老人完成居民基本养老金领取资格年检、帮助龙爪社区老人办理房屋租赁备案凭证等“零距离”便民服务200余次。开展社会救助，为84名低保对象发放低保金96.3万元；为4名特困人员发放特困金5.1万元；为4名事实无人抚养儿童发放补贴6.9万元。为辖区1752名80岁以上的老人发放高龄津贴171.16万元。在“全国助残日”慰问辖区内980名残疾人，共发放慰问金11万余元。开展残疾人就业培训，培训就业年龄阶段残疾人26名；为63名低保残疾人申请困难残疾人生活补贴17万余元；为343名重度残疾人申请重度残疾人护理补贴35万余元；为227名80岁以上残疾人申请发放居家护理补贴7万余元。为辖区居民办理困难人员认定37人，实现新增失业人员再就业327人，困难人员再就业53人，下岗人员再就业12人；城镇新增就业1845人，为辖区就业困难人员提供岗位54个，成功推荐就业26个。全年开展“幸福新就业·美好新生活”就业巡回服务现场招聘会2场，提供就业岗位216个。

（毛 丽 邹 英）

【社区文化建设】 2021年，红牌楼街道举办“成都文化四季风”文艺演出4场、“走基层”文化惠民演出1场；开展讲座、展览、培训、全民阅读等各类群众性文化活动共228场次。引入四川庆富书画院并落地街道文化中心，合作成立“红牌楼街道中国传统书画传习社”，共同举办“中国传统书画进社区、进家庭文化公益活动”“建党百年100幅名家书画展”等大型文化活动。组织开展“运动成都·活力武侯”全民健身运动会街道级比赛6场、“爱成都·迎大运”绿道健身活动10场次、“社区运动节”活动7场次。围绕大运文化、传统文化、院坝文化等主题，新建院落文化墙、文化街景、社区广场、小游园共13处。

（毛 丽 邹 英）

晋阳街道
Jinyang Sub-district

【概况】 晋阳街道东临武阳大道，南毗武侯大道，西邻铁路西环线，北靠清水河，辖区面积3.37平方千米，主要由红运花园、中央花园、交大花园、名流花园、皇家花园等“五大花园”集中居住小区构成，辖晋阳、吉福、晋吉、金雁、沙堰等5个社区。2021年末，辖区户籍人口50189人，

因晋阳村得名的晋阳路

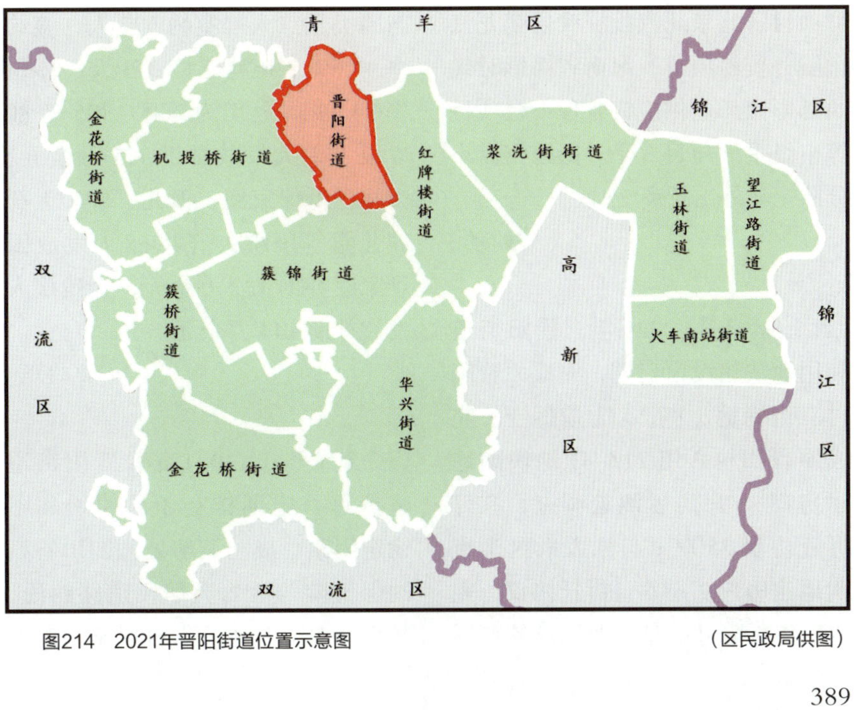

图214 2021年晋阳街道位置示意图 （区民政局供图）

其中男性24362人、女性25827人，出生人口483人、死亡人口113人；实有人口101267人。辖区道路交通、通信网络、水电气管网等基础设施完善，教育、医疗等各项社会事业全面发展。龙湖·金楠天街、金楠时光等品质楼盘林立，商贸业日趋繁荣。辖区有成都消防十八中队等单位；有成都市第二十幼儿园、成都市晋阳小学、成都市磨子桥小学分校、成都市沙堰小学、四川大学附属中学西区学校、武侯区特殊教育学校等教育机构；有四川省妇幼保健院、四川省赫尔森康复医院、晋阳社区卫生服务中心等医疗机构；有金楠天街购物广场等大型商场。晋阳街道新冠病毒疫苗接种率全区领先，得到省委常委、市委书记施小琳的肯定。

（曾昀琪）

【经济发展】 2021年，晋阳街道一般公共预算收入3.63亿元，地方税收收入3.23亿元，完成固定资产投资11.15亿元。实际到位内资16.373亿元、外资4263万美元。全年引进中电光谷5G信息产业集群项目、北京北汽投资武侯鹏龙汽车服务贸易项目、海南省播影时代西部影视产业供应链管理平台项目等市级重大项目3个。街道招商小分队全年外出招商25次。

（曾昀琪）

【土地拆迁】 2021年，晋阳街道利用地铁建设窗口期，完成原晋阳村三组绿地（1亩）土地拆迁；完成原晋阳村六组21Z-41地块购地建房户26户房屋测绘调查，签订拆迁协议25户；与原太平村十组购地建房户2户签订拆迁协议，完成房屋拆除并交地。收回已签订拆

图215 晋阳街道城市精细化管理示范街 （区综合执法局供图）

迁协议但多年未搬离的18户居民的房屋。

（曾昀琪）

【民生保障】 2021年，晋阳街道协助区民政局完成沙堰社区合能珍宝养老综合体建设。对辖区户籍和常住70岁以上城乡居民、需要持续医疗护理的居家卧床患者、贫困低保户、计生特服对象等四类重点人群共1295人，开展精准化健康管理服务，提升他们的健康水平和生活质量。晋阳社区卫生服务中心与四类重点人群签约577人，签约率44.6%；开展体检313人，体检率24.2%。全年为辖区1395名80岁以上老人发放补助127万余元，为辖区低保家庭、孤儿、事实无抚养儿童等困难人群共68人发放困难家庭补助132万余元，为残疾人发放补助144万余元。

（曾昀琪）

【安全维稳】 2021年，晋阳街道坚持每月定期排查矛盾纠纷和不稳定因素，成功调解处理四川省妇幼保健院与沙竹苑居民道路纠纷、教育“双减”政策出台后家长退费难等事件。街道创新“四个三”机制，即建立由街道、社区、派出所组成的禁毒“三支队伍”，织密重点场所“排查网”、涉毒人员“管控网”、生活保障“帮扶网”等“三张网络”，突出创新整合“蓝骑士”力量、创新开展“寄递业”监管、创新实施“康复站”建设等“三个创新”，筑牢网络阵地、社区阵地、学校阵地等“三个阵地”，探索禁毒闭环模式被市禁毒委向全市交流推广，被市禁毒委评为2018—2020年禁毒人民战争先进集体。推动公共安全体系建设，“四川省安全社区”评审复评合格，率先完成成都市安全生产监督管理示范镇（街道）建设工作。

（曾昀琪）

【城市别墅小区自主改造】 2021年，晋阳街道指导城市别墅小区实施“333”治理模式（指通过“小区党支部、小区物业、小区业主委员会”引领，开展“点子众筹、资金众筹、人力众筹”三大众筹，实施“物业管理服务、党员先锋服务、小区志愿服务”三大服务），全面推进示范小区建设。通过小区支部

和小区业委会组织动员，众筹资金700万元，解决小区道路、绿化和管网等问题，化解困扰小区居民多年的“众愁”问题；党群服务站实现一室多用并向居民充分开放，居民活动更便利多样。

（曾昀琪）

【“共享奶奶”项目推广】 2021年，晋阳街道坚持党建引领、共建共治共享，解决群众反映强烈的民生实事，持续开展“共享奶奶”项目。吉福社区于2019年7月在全国首创“共享奶奶”项目，项目先后征集选出多批次身心健康、有奉献精神、有空闲时间且有一技之长的“共享奶奶”。“共享奶奶”们接孩子们放学、教唱歌跳舞、读书讲故事、照看孩子等，缓解双职工家庭育儿困难的难点痛点问题，也让奶奶们自己的生活变得丰富多彩。该项目自2020年以来被《人民日报》、新华网、中国新闻网等多家媒体报道，2021年被《成都日报》“用心用力办实事，美满成都有温度”专栏头版报道，得到市委常委、市委组织部部长邓涛批示并在全市推广。

（曾昀琪）

【信托制物业模式引入】 2021年，晋阳街道针对辖区老旧小区配套设施日渐老化、公共收益支出不明、物业服务逐年下滑等问题，通过街道部门联动、多主体参与，在金雁社区颐和雅居引入信托制物业服务模式，并于6月底实现新老物业的顺利交替，破解长达3年的物业矛盾纠纷，把小区管理的“痛点”变成群众共建的“支点”。新模式运行以来，小区公开透明的服务管理得到群众认可，各类投诉上访实现归“零”。

（曾昀琪）

机投桥街道
Jitouqiao Sub-district

古瞿上，今机投

【概况】 机投桥街道东临晋阳街道，南接簇锦街道，西临金花桥街道，北接青羊区苏坡街道，面积6.97平方千米，辖万寿桥、半边街、潮音、果堰、机投、白佛等6个社区。2021年末，辖区户籍人口37707人，其中男性18559人、女性19148人，出生人口445人、死亡人口90人；实有人口128772人。辖区交通以武青路、潮音路、永康路、三环路等“三纵一横”为骨架，机投正街、万寿路等70余条街巷为经络，四通八达；公共交通便捷，地铁9号、17号线和8路、53路、334路、1089路等公交线路贯通境内。辖区内水电气、通信、光纤等配套设施齐全，学校、幼儿园、医院、超市和公园等城市综合服务功能完善。有国家电网四川省电力公司计量中心、成都铁路通信设备有限责任公司等驻区单位；有成都市西北中学外国语学校、成都市机投小学、成都市行知实验小学、成都市武侯科技园小学、成都市二十二幼儿园等中小学校及幼儿园；有成都武侯西南医院、机投桥社区卫生服务中心等医疗机构；有企业30200余家(含个体经营户)，涉及房地产、商品服务业、大健康、电子商务、工业和建筑业等行业。

（罗述飞）

【经济发展】 2021年，机投桥街道一般公共预算收入6.96亿元，地方税收收入6.33亿元；固定资产投资36.9亿元；到位内资17.11亿元，利用外资4058万美元。签约引进LINE·心元中日创新创意中心、江苏中天互联西南地区工业互联网一体化运营中心和云南沃森生物·武侯医药研发中心等3个市级重大项目，新开工德商石榴春和天骄、绿城桂语朝阳、正荣润锦府、

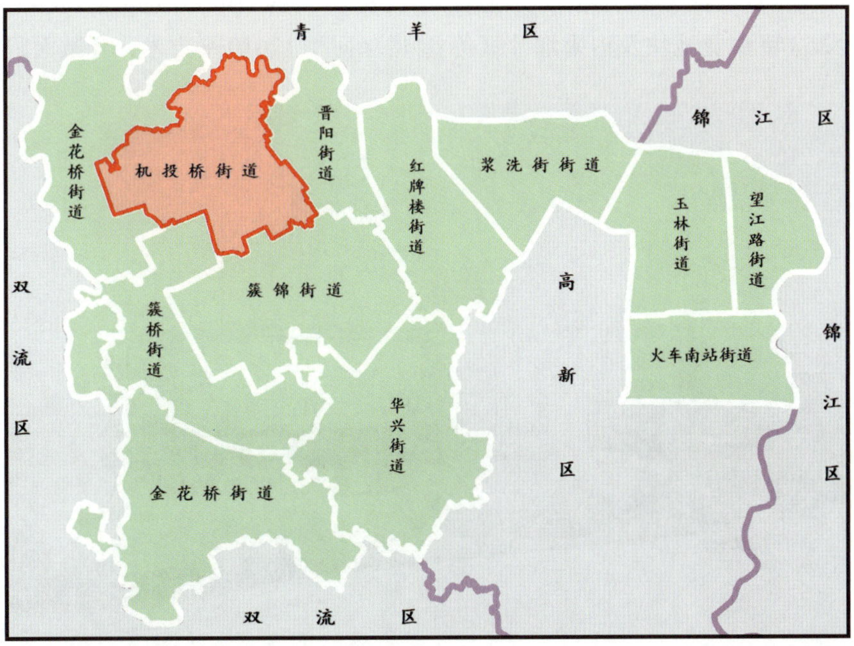

图216 2021年机投桥街道位置示意图 （区民政局供图）

聚亿玺悦府等4个房地产项目和亚中医疗大健康电子商务供应链SLIP电子商务平台总部项目。开展小分队招商27次，拜访重点高能级企业35家。持续优化营商环境，街道利用群众文体活动、社区公示栏等方式开展营商环境宣传活动，落实服务企业专员制度，重点项目开展“一对一”联系制度，深化“放管服”改革，强化项目跟踪服务、手续代办机制，实现项目手续“零跑腿”。全年协助企业项目立项5个，帮助126家企业注册落户。10月25日，街道联合武侯高新公司以及多家金融投资机构，依托西部智谷企业智慧化服务平台，举办“智谷汇·企业融资支点计划”——第一期银企融资对接会。

（罗述飞）

【地块拆迁】2021年，机投桥街道按照全域拆迁、全域报征的工作部署，推进半边街社区永康路Z2Z3地块、27亩绿地、高压走廊，机投社区宜居水岸、机投场镇、潮音社区罗家院子、尹家院子、万寿桥社区武晋路“断头路”、果堰社区68亩商业地块及内果堰片区等地块的拆迁。针对潮音、内三环、西片区、机投场镇四大板块，坚持分类施策精准发力，加快已启动片区的攻坚扫尾清零，强化新启动片区的政策宣传激励，紧抓征地手续完善和动迁腾地。全年完成签约目标12个，达到交地标准地块12个、可交地面积29.2万平方米。

（罗述飞）

【城市管理】2021年，机投桥街道推进小型化机械清扫保洁工作，环卫作业机械化清扫率85%以上，垃圾分类收集机械化运作达到95%。强化垃圾清运，清理卫生死角、住宅小区积存垃圾413处，清理建渣160余处约270吨。严格扬尘治理，硬化道路3000余平方米，裸土覆盖49处约2.9万平方米。开展城市道路冲洗除尘“本色行动”，环卫公司每天对辖区扬尘严重的道路进行全面冲洗8次以上。54个小区垃圾分类桶设置全覆盖，创新引进三方机构试点探索“一袋一桶一系统”餐厨垃圾上门收运新模式，建立健全垃圾分类综合治理机制。“两拆一增”点位整治14处，增绿面积12610平方米，开敞面积13757平方米。加强治违巡查、宣传，制止新增违法建设63起，全年拆除违法建设37914平方米。持续开展爱国卫生运动，推进清洁家园和防害除病行动，街道被评为四川省无烟单位、四川省卫生单位。

（罗述飞）

【安全维稳】2021年，机投桥街道投入资金235万元，建成电瓶车集中充电场所3处，总建筑面积2500平方米，基本解决电瓶车充电存在的消防安全隐患问题。组建街道安巡队，与街道交巡队、城管队、微型消防站、社区综治队、网格员等常态化开展安全隐患排查和隐患整治。推动智慧街道综合指挥一体化平台扩能，依托人工智能，抓拍、上报违法行为10683起，处置率100%，案件高发区各类违法行为比上年下降19%。办结信访案件197件，其中化解难案积案1件；调处各类矛盾纠纷229件，收集群众意见建议67条。以线上线下相结合、宣传推广和走访相融合的方式，多渠道开展反电信诈骗宣传。每天向辖区居民、商铺、企业发布反电信网络诈骗宣传常识和典型案例，利用“三支队伍”走访和疫苗接种之机，累计开展各类宣传活动100余次，发放反电信网络诈骗宣传资料4万余份，提升辖区居民防范电信网络诈骗的意识。成立300余人的居民商家企业“三支队伍”，走访辖区居民5万余户、法人企业商家2800余个、楼宇550栋，发现上报办理“三类问题”4900余个。

（罗述飞）

【民生服务】2021年，机投桥街道深化政务服务，在常态化疫情防控背景下，组建话务服务队伍，建

图217 位于潮音路的渝江饭店 （机投桥街道供图）

设话务服务平台，为群众提供“零距离”政务咨询渠道，真正实现让数据跑路代替群众跑腿，提高服务效能。推进街道嵌入式养老服务工作，开展“一中心多站点”养老服务模式，潮音社区小柏家护养老服务中心以潮音社区日间照料中心为阵地，开展各项养老服务，并辐射至街道其他5个日间照料中心，为辖区老人提供更实惠、便捷的服务。促进文化惠民活动进社区、入小区，全年举办“成都文化四季风”系列群众活动4场。组建特色志愿者服务队9支，个性化开展退役军人服务工作。率先探索常态化联系退役军人，促进退役军人就业创业，并取得良好成效，获全国示范型退役军人服务站、成都市退役军人战旗红志愿服务队先进集体等荣誉。

（罗述飞）

【社区治理】 2021年，机投桥街道推进社区体制机制改革和“两委”换届工作，换届后“两委”队伍中大专以上学历占比95%，35岁以下占比31.7%，队伍结构明显优化。围绕幸福美好生活十大工程，以“四抓促四变”推动果堰社区省级城乡接合部新型社区建设。以党建引领为抓手，健全“社区大党委—小区党支部—楼栋党小组—党员示范户”工作体系。联结共建单位20余个，组建疫情防控党员先锋队等组织10余支，办理居民身边实事268件。深化小区精细治理，实现居民共建共治，通过“单建＋联建”的方式全覆盖建立小区党组织56个，其中单建49个、联建7个；在没有成立业委会条件的小区，引导居民成立自治管理委员会、居民互助小组等自治组织20余个；建立小区党组织、小区自治组织、物业三方联动机制，实现小区党组织、小区自治组织、议事协商机制覆盖率均达100%。制定多方共治机制，整合小区闲置资源，打造清水苑和果堰小区2个市级示范小区。率先试点社区保障资金“e管家”监督管理平台，采用“线上＋线下”“社区活动＋小区点位”相结合等多种方式全覆盖推广使用。实施九康六路社区花园、白佛社区三组城市田园等“微更新”项目，推进“航天科普馆”美空间项目，优化辖区空间环境，助力城市有机更新。成立社区社会企业2家，采用商业化运作模式，盘活社区资产资源，精准回应居民需求，为社区发展持续赋能。

（罗述飞）

簇锦街道
Cujin Sub-district

【概况】 簇锦街道位于武侯区西南部，东临中环路，南至佳灵路，西连智谷大道、北至太平园横二街，面积7.96平方千米。辖高碑、铁佛、顺江、团结、顺和、永兴等6个社区，2021年末，辖区户籍人口64715人，其中男性31284人、女性33431人，出生人口869人、死亡人口198人；实有人口162884人。辖区路网呈现“三横”（武侯大道、万兴路、川藏路）、“五纵”（大悦路、三环路、聚龙路、武侯大道铁佛段、智谷大道）分布格局，地铁3号线、9号线、10号线以及近20条公交线路纵贯辖区，交通便利。辖区有成都大悦城、万达广场、吾悦广场等商业综合体，有成都市武顺街小学、北京第二外国语学院成都附属小学、成都市龙江路小学中粮祥云分校、成都市武侯区五七学校、成都市武侯区金苹果丽都花园城幼稚园等中小学校及幼儿园，有成都现代医院、簇锦社区卫生服务中心等医疗机构，保利花园、中铁西派城、阳光城、金茂府

簇锦凉风，百年前的双流“八大景”之一

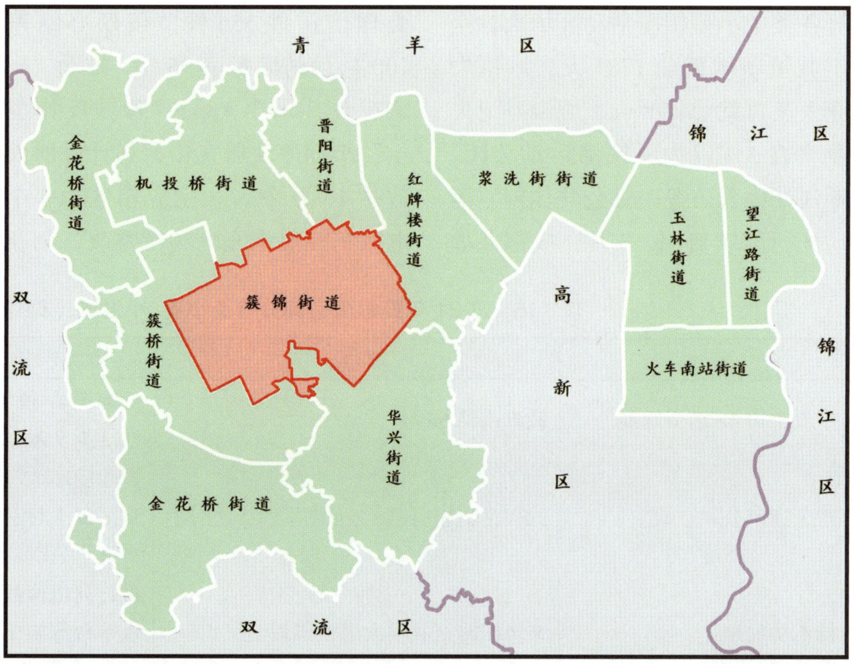

图218 2021年簇锦街道位置示意图 （区民政局供图）

等10余个优质楼盘林立，辖区宜居宜业高品质生活环境基本呈现。街道建成全国首个垃圾分类碳中和小屋，全年累计回收可回收物37.55吨，产生碳减排量43.72吨。

（钟　勇）

【经济发展】2021年，簇锦街道一般公共预算收入12.37亿元，地方税收收入11.59亿元。固定资产投资45亿元、工业投资2.70亿元。到位内资16.06亿元，利用外资4017万美元。先后引进盛达集团西南区域总部项目（50亿元级）、复星集团西南科创中心项目（100亿元级）和五仓农牧增资（19亿元）等重点项目，被评为全区项目招引攻坚行动先进单位。

（钟　勇）

【民生服务】2021年，簇锦街道规范管理各类救助对象，严格把关低保、残疾人、计生特扶对象以及临时救助的审核，动态管理，准入准出，精准发放各类补贴。组织开展巡回服务招聘会、送岗位进小区等各类中小型招聘活动8场次。全年城镇新增就业1785人，城镇失业人员再就业498人，城镇登记失业率在3%以内。铁佛运动公园、顺江社区公园等一批公共休闲、运动场所陆续启用。3月，成都九如城康复医院落户簇锦街道，该项目为九如城集团在西南地区打造的首个康养综合体项目。全年组织大规模新冠病毒疫苗接种145场次，累计接种疫苗250598剂次；完成居家隔离人员上门核酸检测采样4820人次，累计开展全员核酸检测10万余人次；接收入境人员45批次，累计集中健康监测1307人，顺利完成转运1129人。

（钟　勇）

图219　簇锦街道的重点房地产项目——中铁西派城　（簇锦街道供图）

【安全维稳】2021年，簇锦街道受理信访件555件，按期办结率100%，信访满意率96.%。推动“国家反诈中心”App、“蓉城反诈卫士”小程序注册宣传，累计注册人数达13万余人。完成辖区104个电瓶车棚集中充电场所整改，创新推广安全宣传餐盒2万个。率先在全区设置安全投诉电话，全年发放举报奖励9400元。组建“三支队伍”常态化开展上门走访，全年发现上报处理各类风险隐患事件3963件。动态摸排农民工企业，提前研判欠薪风险，全年受理调处拖欠农民工工资信访700余件，清欠民工工资800余万元。

（钟　勇）

【城市微更新】2021年，簇锦街道征地拆迁10万平方米，为辖区腾挪更多发展空间。新打造微绿地18处，优化社区绿道2条，新增绿地1.03万平方米（详见表116）。拆除违法建设48处，拆除面积2.56万平方米。

（钟　勇）

表116　2021年簇锦街道部分背街小巷、小游园（微绿地）整治情况表

名称	地址	整治情况
广汽丰田4S店旁绿地	武青南路67号	拆除围墙39米，以麦冬为主植绿561平方米，建成可行性汀步9米
蓝天通讯公司空地	武兴路（优博国际与龙湖星悦荟之间）	拆除围墙53米，平整场地7049平方米，植绿2093平方米；以水杉、樱花、天竺桂搭配麦冬增绿，配金禾女贞519平方米、花镜119平方米
楠汇坊绿地	来凤四路至武侯大道铁佛段交叉口	进行河堤两侧栏杆更换、绿化整治、步行道修建、观景亲水平台等施工，建成2米宽的休闲步道113米，景观面积2099平方米

续表116

名 称	地 址	整治情况
金茂府一期绿地	金茂府一期至三吏堰之间	通过种植红枫、银杏、杨梅、栾树、金桂、蓝花楹、红叶石楠、狼尾草、常夏石竹，以及混播草坪、搭配麦冬等方式，增绿4946平方米，增加可进入性步道127米
金茂府二期绿地	来凤五路至来凤四路之间	以种植麦冬、常夏石竹，搭配栽种垂丝海棠、紫薇、晚樱、罗汉松，以及混播草坪的方式植绿4084平方米，增加可进入性步道141米
龙湖星悦荟旁绿地	武兴路至来凤五路之间	以种植麦冬、木春菊、糖蜜草，搭配栽种栾树、金桂、皂角、蓝花楹等方式，植绿7297平方米，增加可进入性步道220米
铁佛新居旁绿地	武侯大道铁佛段至福锦路一段	通过进行河堤两侧栏杆更换、绿化整治、步行道修建，增加可进入性步道520米，增加景观面积3540平方米
经纬机械公司旁绿地	武科西二路至武科西一路之间	绿地总面积15334平方米，种植红紫薇、晚樱、罗汉松、风铃木，搭配种植粉黛乱子草、细叶芒、红叶石楠、狼尾草等，增绿14119平方米，增加可进入性步道260米
武兴路专职消防队旁绿地	武科西一路至武兴路之间	以种植麦冬，搭配栽种紫薇、晚樱、罗汉松、混播草坪的方式，植绿11699平方米，增加可进入性步道255米
来凤五路绿地	来凤五路（智达一路与智达二路之间）	平整场地3950平方米，植绿2860平方米，增加可进入性步道400米。以桂花、樱花搭配草坪增绿，增设2处竹林景观增添绿色光彩，配备儿童游乐设施及体育设施
鸡公堰八益家具城段绿地	三环路绿道与万兴路交会处	拆除围墙135米，铺设成品草皮330平方米，栽植木春菊217平方米，搭配红叶石楠绿篱108平方米
协和加油站临时绿地	来凤三路与武侯大道铁佛段交叉口	拆除围墙约110米，铺设成品草皮1800平方米，栽植黄葛树6株，增加2个座椅
保利五期工棚临时绿地	万兴路南侧（武侯区第六幼儿园旁）	拆除围墙约50米、违建450平方米，铺设成品草皮1270平方米，栽植香樟树10株，增加2个座椅
簇锦站地铁口临时绿地	成双大道北段与聚龙路交会处	拆除围墙约110米，铺设成品草皮1805平方米，栽植香樟树12株，海桐球8株，增加3个座椅
惠民停车场临时绿地	三环路绿道与万兴路交会处	拆除围墙135米，铺设成品草皮330平方米，栽植木春菊217.3平方米，搭配红叶石楠绿篱107.6平方米
大合仓四期地块临时绿地	星狮路与太平园中四路交会处	拆除围墙220米，铺设成品草皮29640平方米，栽植小叶香樟12棵、银桂7棵，搭配绣球花、墨西哥鼠尾草等灌木
原铁佛物流临时绿地	万兴路南侧（万兴路与聚贤街交会处，万兴路公交站旁）	铺设成品草皮1490平方米，增设座椅
煌鑫地块临时绿地	武兴路南侧（智达一路与智达二路之间）	拆除围墙200米，铺设成品草皮1200平方米，栽植朴树8株、银桂4株，海桐球12个，搭配大花葱、金叶、花叶鸭脚木等灌木

（钟　勇）

华兴街道
Huaxing Sub-district

【概况】 华兴街道于2007年3月1日成立，位于武侯区西南面，东邻成都高新区，南接金花桥街道、双流区航空港机场路，西邻簇桥、簇锦街道，北接红牌楼街道，面积9.28平方千米，辖南桥、沈家桥和三河3个社区。2021年末，辖区户籍人口16804人，其中男性7895人、女性8585人，出生人口150人、死亡人口34人；实有人口48692人。辖区交通便利，临近地铁3号线太平园TOD，地铁9号线和10号线穿境而过，三环路、绕城高速公路、武侯大道、成双大道等主要交通要道贯穿境内。辖区有中国人民解放军第5701工厂、太平寺机场、西藏昌都成都运输站等单位。有四川省体育职业学院、四川省运动技术学院、四川省航空运动学校、武侯高级中学、成都市华兴小学、成都市太平寺西区小学等学校。2021年成功创建为四川省文化艺术之乡。

华兴簇桥紧相连
分分合合百余年

（刘梦秋）

【经济建设】 2021年，华兴街道一般公共预算收入20573万元，地方税收收入19092万元，实际到位内资17.01亿元，实际到位外资2280万美元。引进四川数问科技有限公司等重大产业化项目2个、四川蓉鳐行科技有限公司工业专精特新项目1个、先进生产性服务业项目2个、水森林绿氧智链（成都）科技有限公司等其他高能级项目3个。全年小分队外出招商19次。辖区以家具卖场、汽车配件、二手车销售为产业支撑，有正常纳税企业2800家，其中纳税100万元以上企业57家、纳税1000万元以上企业5家。

（刘梦秋）

【社区治理】 2021年，华兴街道结合幸福美好生活十大工程、“我为群众办实事”等活动开展，实施辖区老旧院落自来水管网升级改造、旱厕整治、积存垃圾清理、安置小区电瓶车智能安全充电场所修建等77项民生实事，完成水岸花园物业更换，成功申请公益创投项目7个，成功创建市级社区美空间1个。在水岸花园小区引入信托制物业服务，在沈家桥社区开展老旧院落成片“物业＋社工”服务。

（刘梦秋）

【城市管理】 2021年，华兴街道对辖区25处耕地点位进行复垦和恢复种植，完成“两拆一增”点位11个，打造增绿面积6480平方米。推进垃圾分类工作，对辖区6个物业小区、5个自管小区共11个居民小区实行生活垃圾分类投放，引导小区居民按要求进行分类投放，实现生活垃圾分类设施设备全覆盖。委托第三方公司对辖区6家部队单位、8家学校、7家大型企事业单位、10家大中型餐饮店实行餐厨垃圾无害化处理。开展垃圾分类进学校、进社区、进小区宣传活动。完成簇桥上街（华锦路口）小游园2392.5平方米建设和成双大道北段拆墙透绿项目2100平方米，完成辖区宜居水岸和绿道建设，提升辖区居民生活环境品质；配合区水务局完成63户居民住房旱厕整改。打通南桥三路至高新段道路159米，硬化修复沈家桥社区九组道路、招商路等200余米破损严重的道路，解决群众出行困难。推进环城生态区拆迁和集体土地征地拆迁项目，成功签约搬离长达4年之久的“钉子户”康巴物流；全面完成三九佛兰大车配件市场整体拆除。

（刘梦秋）

【民生服务】 2021年，华兴街道持续加大民生投入，大力发展社会事业。开展就业巡回服务现场招聘会、残障人士西点烘焙技能培训，与梵木Flying国际文创公园成功搭建文创孵化器，新增就业人员1406人，失业人员再就业255人。完成精神康复站、社工站建设；协调解决沈家桥社区部分村民农转非问题，村民养老和医疗有了保障。创建成都市老年教育学校示范点，满足辖区老人多样化的学习需求，提升老年人生活品质。

（刘梦秋）

【安全维稳】 2021年，华兴街道安装无人值守电瓶车智能充电装置700个；开展消防演练12次；充分发挥“三支队伍”作用，排查整治各类安全隐患1500余条，拆除违法建设约9000平方米、重大安全隐患违法建设约1600平方米；探索出“1+3”消防安全建设新路子，接受国务委员王勇及省市主要领导的调研并得到肯定。全年信访案件化解率90%以上；化解长达10年之久的信访积案；以99分的成绩通过成都市禁毒“摘帽”工作验收。

（刘梦秋）

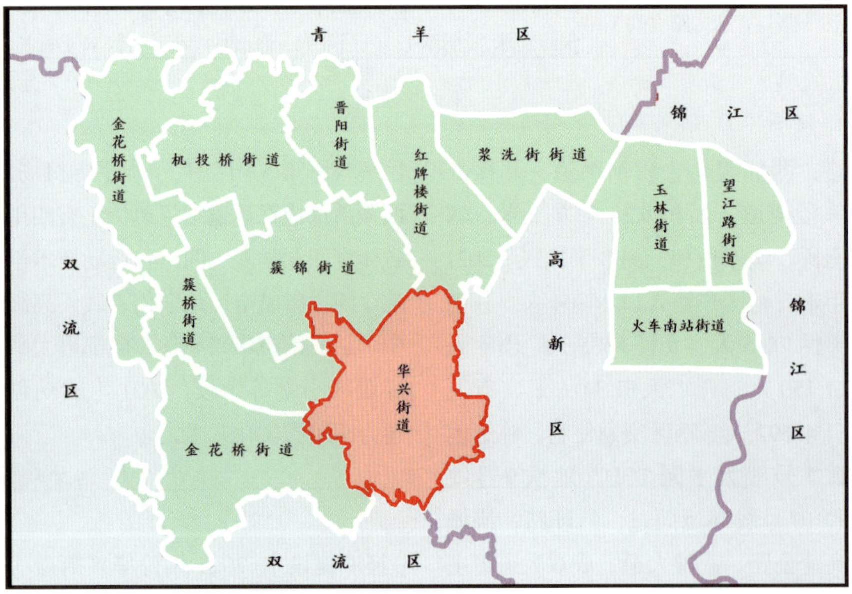

图220 2021年华兴街道位置示意图 （区民政局供图）

簇桥街道
Cuqiao Sub-district

【概况】 簇桥街道位于成都市武侯区西南部，东邻华兴街道，南与双流区隔河相望，西接金花桥街道，北邻簇锦街道，区域面积8.95平方千米，辖龙井、七里、双凤、新

簇桥，南丝绸之路的首座重镇

城、锦城5个社区。2021年末，辖区户籍人口32373人，其中男性15735人、女性16638人，出生人口351人、死亡人口120人；实有人口94476人。辖区地处武侯大道、成双大道之间，武侯大道铁佛段、福锦路一二段等贯穿其中，地铁3号线、9号线，公交10路、338路、201路、123路、1078路等通行境内。辖区内基础设施完善，市场、医院、学校、广场、公园、大型超市、货运配送中心等城市综合服务功能俱全，有成都西川实验学校、川大附中新城分校、成都龙江路小学新城分校、成都市第二十二幼儿园等中小学和幼儿园24所，有武侯区第三人民医院、簇桥社区卫生服务中心等医院4所，有欧尚西南旗舰店、上风港时代广场、中铁金花国际城等商业综合体。街道获评2020年度全省基层治理示范街道、成都市“两项改革”先进集体、成都市基层妇联组织建设示范街道等荣誉。

（普明初　刘　晖　邹登尧）

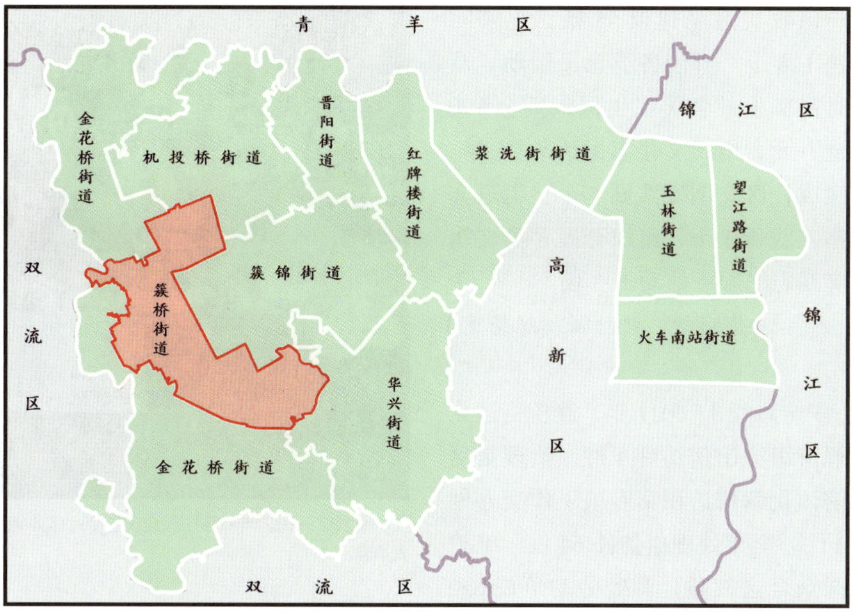

图221　2021年簇桥街道位置示意图　　（区民政局供图）

【经济发展】2021年，簇桥街道一般公共预算收入7.05亿元，地方税收收入6.6亿元；实际到位内资15.46亿元、外资4015万美元；固定资产投资32.29亿元；规模以上工业企业总产值37.96亿元，社会消费品零售总额34.01亿元。引进北京中国化学国际业务管理结算项目、上海中电智创电竞数字科技产业项目等市级产业化重大项目2个，引进深圳普博科技新型医疗器械研发平台及销售中心、厦门力巨定制型工业自动化设备研发及销售中心等工业专精特新项目2个，引进山东新明辉投资武侯西南运营中心项目、武汉长江生态环保集团增资武侯水环境综合治理项目、福建淘车君新能源技术研发及新能源汽车西南运营中心、湖北省东碧环保西南水污染综合治理项目、北京中国交建西部工程设计中心项目等生产性服务业项目5个。全年完成136亩土地拆迁交地。

（普明初　刘　晖　邹登尧）

【城市管理】2021年，簇桥街道以智慧科技夯实基层治理基础，建实“三支队伍”，走访居民、企业、商家等6.24万人次，记录“三张清单”问题1892项，建成并启用街道智慧治理中心。推进辖区城市环境品质有机更新，配合区公园城市局完成智远大道与武兴路交界处绿化改造，协调区住建交局公路所对玉锦路的人行道和车行道进行升级改造，完成簇锦北路建设银行前、龙井西街、望锦横街、簇桥中街、百锦路百花桥、牛儿桥小区等6处微绿地改造建设工程以及智远大道绿地小区外绿化带植绿工程，推进木鱼庙街特色街区打造。开展垃圾分类宣传教育，改造完成临街小区垃圾房7个，指导35个小区完成80余个垃圾分类标准化垃圾房、垃圾厢房、垃圾亭修建。整治违法建设，落实举报制度和巡查机制相结合，及时查处、制止新增违法建设，全年查处违法建筑34处，拆除面积22656平方米。有序推进龙井社区龙井桂苑、七组农民自建房片区，新城社区双拥街散居院落片区、丝线厂宿舍和民馨北苑院落，锦城社区中海锦城等3个社区5个小区院落宜居共建促进会试点建设。

（普明初　刘　晖　邹登尧）

【民生服务】2021年，簇桥街道开展主题为“全龄友好·共享美好”全龄友好示范服务行动，获评成都市基层妇联组织建设示范街道，建成全国首个社区食育中心，新建养老服务综合体1处，探索推进“物业服务＋养老服务”试点。开展“我为群众办实事”实践活动，调研辖区企业60家，走访群众143

户，收集意见建议55条，化解问题125个。开展各类惠民活动，及时足额发放各类民生保障资金190余万元，组织文化惠民活动26场。建成社区文明实践站5个、街道文明实践所1个，组织开展各类文明实践志愿服务活动108场。

（普明初　刘　晖　邹登尧）

【安全维稳】 2021年，簇桥街道化解市级突出信访件1件、治理重复信访化解信访积案专项工作交办件2件。全年处理信访件64件。维护群众合法权益，调处劳动争议650余起，涉及金额500余万元。投入专项经费60余万元建成簇桥戒毒（康复）服务工作站，开展禁毒宣传活动68次、发放宣传资料8000余份。开展反邪教宣传教育，全年累计发放宣传资料3000余份、播放宣传视频200余次、开展专题教育38次、组织防邪宣传进校园活动4次。推进九类消防重点领域专项整治，全年排查整改各类安全隐患3900余条，组织开展应急消防演练20余次，开展安全知识宣传培训活动210余场次。完成科峰租赁公司1个市安委会挂牌督办隐患点位整治，通过省级安全社区复评验收。

（普明初　刘　晖　邹登尧）

【锦城社区“侨胞之家”获评全国优秀“侨胞之家”】 2021年1月21日，锦城社区“侨胞之家”被评为2018—2020年度全国侨联系统优秀“侨胞之家”，为全市唯一获评单位。近年来，簇桥街道结合区域特质，坚持党建引领，以锦城社区作为试点，探索“三化”模式，搭建“党建＋侨务”平台，着力构建社区为侨服务、侨为社区服务的“双服务”格局，推动基层侨务工作，受到侨界群众和中国侨联的肯定。

（普明初　刘　晖　邹登尧）

图222　2021年6月1日，全国首个社区儿童食育中心——锦城社区妮妮环球国际儿童食育中心投入运营　（簇桥街道供图）

【锦城社区妮妮环球国际儿童食育中心投运】 2021年6月1日，全国首个社区食育中心——锦城社区妮妮环球国际儿童食育中心在簇桥街道锦城社区启动运营。锦城社区妮妮环球国际儿童食育中心遵循儿童友好原则，注重食育体验与安全性、环保性、教育性相结合，为儿童及全龄段提供专业的食物教育培训服务。在锦城社区妮妮环球国际儿童食育中心，楼顶是有机农作物生长区，在这里，孩子们可以亲手播下种子，从种子的生长过程中体会食物的珍贵；楼下是烹饪学习课堂，让孩子们认识食物，最终通过均衡饮食促进身体健康。市委组织部副部长薛敏等出席启动仪式。

（普明初　刘　晖　邹登尧）

金花桥街道
Jinhuaqiao Sub-district

【概况】 金花桥街道位于武侯区西南部，江安河绕辖区13千米，东与机投桥街道、簇桥街道、华兴街道相连，南与双流航空港接壤，西与双流区东升街道、九江街道隔江安河相望，北与青羊区苏坡街道毗邻。辖区面积16.63平方千米，下辖花龙门、永康、陆坝、江安河、金花、凉井、马家河、文昌8个社区和芙蓉园社区（筹）。2021年末，辖区户籍人口33566人，其中男性16119人、女性17447人，出生人口308人、死亡人口65人；实有人口78169人。金花桥街道距双流机场2千米，临机场高速、京昆高速，境内道路纵横，有成双大道、草金路、武侯大道、金江路、金兴北路等道路40余条，地铁3号线、10号线和20余条公交线路穿越辖区，形成四通八达的交通网络，交通便利、物流发达。辖区推动江安河文创旅游带建设，以“公园、绿色、文创、旅游”为导向，打造天府芙蓉园、宜居水岸、御翠草堂、蜀宫琴台等文创名片，呈现“绿道＋消费”场景。

金花桥，天府水文化的传承典范

（陈怡竹）

【经济发展】2021年，金花桥街道一般公共预算收入4.51亿元；地方税收收入4.13亿元；实际到位内资14.11亿元；完成社会消费品零售总额24.5亿元，比上年增长13.81%。全年自主赴外营商环境推介26次；完成四川合弘西南竹钢市级重大产业化项目及中茂华控、深圳赛瑞产业研究、晋华可信等3个高能级项目。走访辖区内小微企业，了解困难，宣传推广"蓉易贷"普惠信贷工程，助力小微企业解决融资难题。全年走访企业67批次300余家，指导帮助132家企业兑现扶持资金1304万元。针对辖区荣塑管业、中成混凝土有限公司、成都华泰燃气设备等企业搬迁问题，落实专人做好跟踪服务，帮助企业解决实际困难46个。

（陈怡竹）

【土地拆迁】2021年，金花桥街道摸底调查拆迁户4596户、签约4355户，成片签约5300亩。保障项目用地，围绕重大项目建设，对各地块进行分析研判，市级目标4000亩，签约率100%；悦湖片区签约率98%；12宗地776.43亩上市地块完成拆迁和征后实施；推进她妆美谷区域项目拆迁，顺利签约先锋布艺、新苗加油站。对签约难度大、情况复杂的拆迁户，街道依法依规制定"一户一策"攻坚方案，推动化解历年"钉子户"155个。

（陈怡竹）

【城市管理】2021年，金花桥街道拆除新增违建76宗、存量违建54宗，面积约5.7万平方米；拆除"两拆一增"点位54处、增绿植绿58393平方米；完成81处占用耕地建房问题点位建筑物拆除，清理土地1.09万平方米，拆除地面建筑物1.09万平方米。完成"5353"文化墙、"宽窄有度"文创角2处微更新项目；完成锦城公园周边壳牌加油站、金花中学、启明学校等3处风貌提升打造；完成16条道路线缆序化。在映月花园、龙祥苑开展垃圾分类回收示范点建设，打造"两网融合"小屋6座，累计接待10批次100余人考察学习，多次被中央电视台以及省市主流媒体报道。

（陈怡竹）

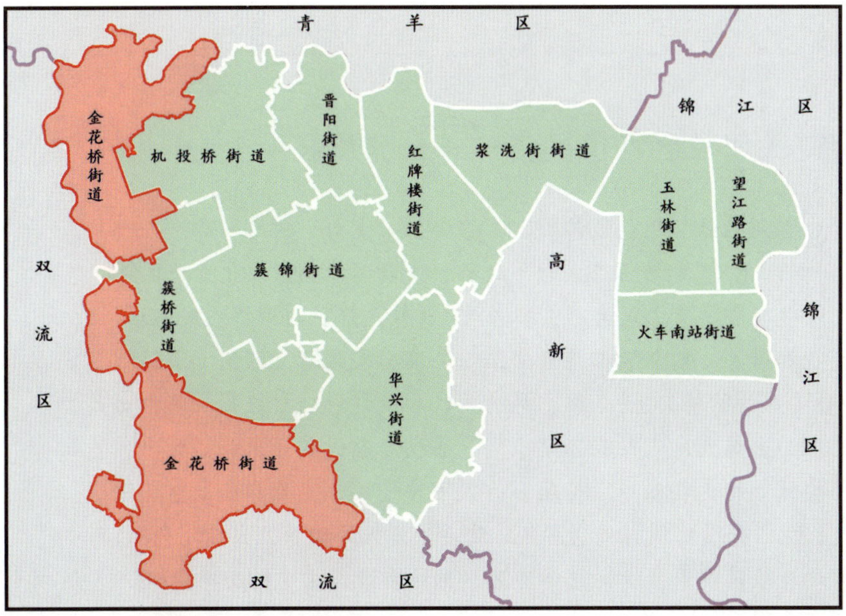

图223 2021年金花桥街道位置示意图 （区民政局供图）

【社区治理】2021年，金花桥街道有序推进社区"两委"换届，共选出社区"两委"成员79人。推动金花社区争创全省两项改革"后半篇"文章示范点建设；完成天府金花文创园建设，获评2021年成都市市级社区美空间；完成街道社工站建设，被列为省级示范站，接待浙江省副省长一行等7个党政考察团实地考察。成功申报区级社区营造项目5个，获得上级资金支持40余万元，开办公益课堂、文化活动、舞蹈培训等各类活动，服务辖区居民2万余人次，居民满意度显著提升。在端午节、重阳节等传统节日开展"我们的节日"系列活动，邀请居民共同参与包粽子、制作月饼，举办文艺演出等多种活动，丰富居民文化生活，传扬优秀传统文化。以金花社区市级示范小区创建模式为参照，高质量做好陆坝市级示范社区、和鸿天府金花市级示范小区创建；深化小区院落居民自治，强化本土居民自治组织培育，积极申报一批居民参与意愿强的社区营造、党建治理项目，营造共建、共治、共享活力。

（陈怡竹）

【民生保障】2021年，金花桥街道开展群众问需活动，针对群众反映强烈的交通、安全等问题，实施"我为群众办实事"项目172项，推动解决群众关心的拆迁安置、公建配套收益分配等问题180余个。全年新增就业1473人，失业人员再就业365人，其中就业困难人

图224　金花社区党群服务中心　（区委社治委供图）

员再就业52人；办理就业创业证67本，其中认定就业困难人员29人；辖区内新增就业大学生482人；开展就业巡回服务系列招聘会1场；参加城乡居民养老保险63人，城乡居民医疗保险10336人。做好社区养老服务提质增效，配合区民政局开展特殊老年人群体巡访关爱工作，开展摸底辖区内独居空巢老人工作；每周安全巡查辖区内养老机构。办理70岁以上老年人“松鹤延年”意外保险2756人，宣传覆盖率100%。发放低保、特困、孤儿、事实无人抚养儿童、两项补贴、精减职工等各项补贴共110余万元。

（陈怡竹）

【安全维稳】 2021年，金花桥街道全方位开展安全隐患排查整治，提高辖区安全系数，安全监管成效明显。金花桥街道有一支15人规模的专职安巡队伍和3个一级微型消防站，她妆美谷（片区）一级微型消防站正在筹备。深入隐患排查整改，投入资金300余万元，发现、整改隐患1.7万余处。全年未发生安全生产死亡事故，发生生活性火灾26起，辖区安全形势呈“双下降”。加快推进“液改气”工程，完成签约182户；清理再生资源回收站点54家；开展液化气打非治违行动7次，收缴违规钢瓶844个、非法改装移动加油车2辆；开展危房排危除险行动，引导金花镇医院家属院、金花粮站住户有序搬离，有序推动后续土地收储事宜；完成上道西城和天府金花小区重大安全隐患整改；全覆盖摸排703处空房空地；投入50余万元清理易燃垃圾1500余吨。全年化解消除信访案件22件，着重化解2起长达13年以上的案件。

（陈怡竹）

品武侯

华兴街道三河社区特色民俗——幺妹儿灯

又称采莲灯、采莲船，在川西地区已经流传2000多年，与龙灯、狮灯并称“三大花灯”。幺妹儿灯素有“川剧活化石”“川西二人转”之称，是我国非物质文化遗产的一部分，2007年被列入首批成都市非物质文化遗产保护名录。幺妹儿灯用白甲竹扎成船形，中间为轿形，船两边是莲花和莲斗，船舷装饰得五彩缤纷。演出人物有幺妹儿（采莲姑娘）、新郎、小舅子、艄公（有的称轿夫）、丫鬟，另有乐队和执灯者。幺妹儿一般由女性扮演，也有男扮女装的。扮幺妹儿的人站在船轿中间，手扶船舷，和着乐曲，跳出各种舞步，把船舞得飘来荡去，如行走在水中。扮艄公的人手持桡片，绕着彩船做出各种划桨的动作。每舞到一处，新郎先唱贺词向观众拜年，然后丫鬟掀开轿帘，幺妹儿亮相，在新郎的引导下边唱边舞。表演时使用乡音，通俗易懂、幽默诙谐，深受民众喜爱。

人物·荣誉

PERSONAGES & HONORS

先进人物简介
Profiles of Advanced Persons

陈灿平 男，汉族，西南民族大学研究员，经济学博士。2017年6月，经学校推荐、国家民委选拔，陈灿平被派驻到武陵山片区湖南省益阳市安化县挂职副县长，主要负责电商扶贫和国家现代农业产业园创建。三年挂职期间，他借助直播助农扶贫，将安化黑茶打造成安化产业扶贫的支柱产业，开辟挂职干部参与地方产业扶贫的新路径。2020年10月，陈灿平获全国脱贫攻坚奖创新奖。2021年2月，被中共中央、国务院授予“全国脱贫攻坚先进个人”称号。

柯瑞卿（Gretchen Kalonji） 女，美国籍，四川大学教授，2016年起任四川大学灾后重建与管理学院院长。曾任联合国教科文组织自然科学助理总干事以及华盛顿大学京瓷材料科学教授等职。作为著名学者和国际学术领袖，柯瑞卿持续与中国开展密切合作22年。她主导实施中国四川省—美国华盛顿州关于中国西南和美国西北部环境面临的挑战项目，带领本科和博士层面的跨学科团队研究探讨这两个地区面临的共同挑战。自加入四川大学灾后重建与管理学院后，柯瑞卿成功将学院建设成为国内具跨学科性和国际化的科研、教学及社会服务机构，并在防灾减灾领域开展国际合作。柯瑞卿还作为“综合灾害科学和管理”这一新的跨学科领域先驱，采取综合自然科学和工程学、社会科学和灾害健康科学的方法，以应对全球灾害韧性不断加强的紧迫挑战。2021年9月30日，柯瑞卿被国家外国专家局授予“中国政府友谊奖”，成为四川大学首位获奖的外籍专家。

杨剑军 男，瑶族，原成都市武侯区三国创意园管委会产业保障部部长。2018年7月至2020年12月，杨剑军对口支援甘孜州白玉县，负责赠科乡尼龙村的驻村脱贫攻坚工作。他帮助尼龙村123名贫困群众精准退出贫困行列，推动全村实现脱贫摘帽，并继续带领全体村民奔康致富。在尼龙村成功脱贫摘帽以后，他驻村继续担负巩固脱贫成效工作，以及白玉县对口支援项目发展、全域结对落实推进、宣传报道等工作，为白玉县脱贫攻坚做出很大的贡献。2021年4月22日，杨剑军被省委、省政府授予“四川省脱贫攻坚先进个人”称号。

表 117　2021 年武侯区内获市委、市政府以上表彰的人员情况表

级别	序号	获奖人	获奖称号	工作单位	获奖时间	颁奖单位	备　注（文号或证书）
国家及部委	1	方　科	2020 年度“强基础、转作风、树形象”专项行动表现突出个人	机投桥街道	1 月 21 日	住房和城乡建设部	建督函〔2021〕9 号
	2	王嵘（女）	2020—2021 年度全国价格监测工作先进个人	区发改局	2 月 18 日	国家发展改革委价格监测中心	发改价监中心〔2021〕7 号
	3	陈灿平	全国脱贫攻坚先进个人	西南民族大学	2 月 25 日	中共中央、国务院	
	4	王琪（女）	2020 年度全国三八红旗手	四川大学高分子研究所	2 月 25 日	全国妇联	
	5	李渠荣（女）	全国巾帼建功标兵	省妇幼保健院	3 月	全国妇联	
	6	曾　阳	全国优秀共青团员	四川大学经济学院	5 月 2 日	团中央	
	7	赵露（女）	全国优秀共青团干部	四川大学团委书记	5 月 2 日	团中央	
	8	蒋艳（女）	2021 年度杰出护理工作者	四川大学华西医院护理部	5 月 11 日	中华护理学会	
	9	赵　毅	中国农工民主党成立 90 周年优秀党员	四川大学华西医院	6 月 15 日	农工党中央	
	10	甘华田	农工党中央脱贫攻坚民主监督工作先进个人	四川大学华西医院	6 月 15 日	农工党中央	
	11	陆方（女）	农工党中央脱贫攻坚民主监督工作先进个人	四川大学华西医院	6 月 15 日	农工党中央	
	12	曹世如（女）	全国优秀共产党员	成都红旗连锁股份有限公司	6 月 29 日	中共中央	证书
	13	柯瑞卿（女,美国籍）	中国政府友谊奖	四川大学	9 月 30 日	国家外国专家局	
	14	乔　甫	中国好医生、中国好护士月度人物	四川大学华西医院	10 月 14 日	中央文明办、国家卫生健康委	
	15	王玉英（女）	2021 年度报刊宣传先进个人二等奖	区红十字会	10 月 18 日	中国红十字会总会	中红办字〔2021〕52 号
	16	冯小明	第六届全国杰出专业技术人才	四川大学化学学院	10 月 26 日	中央组织部、中央宣传部、人力资源和社会保障部、科技部	
	17	梁宗安	全国道德模范提名奖	四川大学华西医院	11 月 5 日	中央宣传部、中央文明办、中央军委政治工作部、全国总工会、团中央、全国妇联	
	18	张　毅	中央纪委国家监委新闻转播中心 2021 年度宣传工作优秀通讯员	区纪委监委	11 月 8 日	中央纪委国家监委新闻传播中心	荣誉证书
	19	王梅（女）	全国老干部工作先进工作者	区委老干部局	12 月 19 日	中央组织部、人力资源和社会保障部	人社部发〔2021〕104 号

续表117

级别	序号	获奖人	获奖称号	工作单位	获奖时间	颁奖单位	备注（文号或证书）
国家及部委	20	王玉英（女）	2021年红十字应急救护知识竞赛活动个人组织奖三等奖	区红十字会	12月29日	中国红十字会总会	中红办字〔2021〕65号
	21	宁华（女）	30年从检荣誉勋章	区检察院	12月	最高人民检察院	通知书
	22	刘仁宗	30年从检荣誉勋章	区检察院	12月	最高人民检察院	通知书
省级	23	张训	人民警察节成绩突出先进个人	区公安分局	1月7日	省公安厅	川公奖字〔2021〕1号
	24	田宇（女）	人民警察节成绩突出先进个人	区公安分局浆洗街派出所	1月7日	省公安厅	川公奖字〔2021〕1号
	25	徐磊	四川省水利系统先进个人	区水务局	1月18日	省水利厅、省人力资源和社会保障厅	川水函〔2021〕139号
	26	程南生	四川省卫健系统先进个人	四川大学华西医院	2月3日	省卫生健康委、省人力资源和社会保障厅	
	27	饶莉（女）	四川省卫健系统先进个人	四川大学华西医院	2月3日	省卫生健康委、省人力资源和社会保障厅	
	28	陈小蓉（女）	百佳人民陪审员	区法院	2月26日	省高级法院	川高法〔2021〕42号
	29	申泰华	四川省卫健系统先进个人	区卫健局	3月	省人力资源和社会保障厅、省卫生健康委	证书
	30	杨剑军（瑶族）	四川省脱贫攻坚先进个人	三国创意设计管委会	4月22日	省委、省政府	川委〔2021〕262号
	31	王文涛	四川省脱贫攻坚先进个人	四川大学华西医院	4月22日	省委、省政府	川委〔2021〕262号
	32	刘启望（藏族）	四川省脱贫攻坚先进个人	四川大学华西医院	4月22日	省委、省政府	川委〔2021〕262号
	33	刘进	四川省脱贫攻坚先进个人	四川大学华西医院	4月22日	省委、省政府	川委〔2021〕262号
	34	陈海牛	四川省五一劳动奖状	中国人民解放军第5701工厂	4月29日	省总工会	
	35	赵付伟	四川省脱贫攻坚先进个人	省妇幼保健院	4月29日	省委、省政府	川委〔2021〕262号
	36	陈雪融（女）	民盟优秀盟员	四川大学华西医院	6月2日	民盟四川省委	
	37	罗德云	民盟先进个人	四川大学华西医院	6月2日	民盟四川省委	
	38	于洋	民盟乡村振兴先进个人	四川大学华西医院	6月2日	民盟四川省委	
	39	游勇	四川“最美科技工作者”	中国科学院成都山地灾害与环境研究所	6月7日	四川省科协	
	40	何勇	四川省优秀共产党员	浆洗街街道	6月30日	省委	
	41	王畯	四川省优秀共产党员	区公安分局华西坝派出所	6月30日	省委	
	42	王玉忠	四川省优秀共产党员	四川大学环保型高分子材料国家地方联合工程实验室	6月30日	省委	

续表117

级别	序号	获奖人	获奖称号	工作单位	获奖时间	颁奖单位	备注（文号或证书）
省级	43	任爽（女）	四川省优秀共产党员	成都体育学院竞技体校	6月30日	省委	
	44	毛维成	四川省优秀共产党员	核工业西南物理研究院聚变科学所	6月30日	省委	
	45	秦　克	四川省优秀共产党员	三六三医院呼吸与危重症医学科	6月30日	省委	
	46	刘荣富	四川省优秀党务工作者	成都彩虹电器（集团）股份有限公司	6月30日	省委	
	47	谭　静	四川省优秀党务工作者	四川大学华西口腔医院	6月30日	省委	
	48	李佳川	四川省优秀党务工作者	西南民族大学药学院	6月30日	省委	
	49	乔　甫	优秀共产党员	四川大学华西医院	7月	省委教育工作委员会	
	50	张　俊	“630”专项行动、“双清”工作中表现突出先进个人	区公安分局	9月2日	省公安厅	川公奖字〔2021〕48号
	51	孙　虎	四川省公安系统遂行建党100周年安保维稳任务先进个人	区公安分局	9月3日	省公安厅、省人力资源和社会保障厅	川公发〔2021〕117号
	52	亚瑟·科瑞（美国籍）	天府友谊奖	四川大学	9月7日	省委、省政府	
	53	李天池（新加坡籍）	天府友谊奖	四川大学	9月7日	省委、省政府	
	54	刘伯夫	全国大艺展四川省先进个人	四川大学华西医院	9月15日	省政府	
	55	何　斌	全国大艺展四川省先进个人	四川大学华西医院	9月15日	省政府	
	56	匡婷婷（女）	全省法院知识产权审判工作先进个人	区法院	9月24日	省高级法院	川高法〔2021〕187号
	57	刘荣富	最具爱心慈善个人	成都彩虹电器（集团）股份有限公司	12月14日	省政府	川府发〔2021〕39号
	58	赵欣（女）	慈善工作奖（个人）	四川大学华西医院	12月14日	省政府	川府发〔2021〕39号
	59	金　涛	四川省援外医疗工作先进个人	四川大学华西医院	12月15日	省卫生健康委	
	60	陈　亿	四川省援外医疗工作先进个人	四川大学华西医院	12月15日	省卫生健康委	
	61	陈克霏	四川省援外医疗工作先进个人	四川大学华西医院	12月15日	省卫生健康委	
	62	游　蓁	四川省援外医疗工作先进个人	四川大学华西医院	12月15日	省卫生健康委	
	63	罗　勇	四川省残联系统先进工作者	区残联	12月28日	省残工委	
	64	李辰明	四川省“十三五”节能工作先进个人	区新经济局	12月30日	省人力资源和社会保障厅	川节能减排办〔2021〕8号
	65	王　晙	四川政法先锋先进个人	区公安分局华西坝派出所	12月31日	省委政法委、省人力资源和社会保障厅	川政法〔2021〕132号

续表117

级别	序号	获奖人	获奖称号	工作单位	获奖时间	颁奖单位	备 注（文号或证书）
市级	66	夏晓蓉（女）	成都市“两项改革”先进个人	区民政局	2月7日	成都市乡镇（街道）行政区划调整和体制机制改革领导小组、成都市村（社区）体制机制改革领导小组	成村改发〔2021〕1号
	67	邵仁静	成都市“两项改革”先进个人	金花桥街道	2月7日	成都市村（社区）体制机制改革小组	成村改发〔2021〕1号
	68	李佳美	成都市五一劳动奖章	区卫健局	2月9日	市总工会	成工办〔2021〕2号
	69	文砾芽（女）	个人嘉奖	区法院	6月11日	市委、市政府	成委〔2021〕153号
	70	张家蓉（女）	成都市优秀党务工作者	火车南站街道桐梓林社区	6月	市委	证书
	71	张明贵	成都市优秀党务工作者	新希望集团	6月	市委	证书
	72	赵冬（女）	成都市优秀党务工作者	中铁隆工程集团有限公司	6月	市委	证书
	73	和　兵	成都市优秀共产党员	簇桥街道龙井社区	6月	市委	证书
	74	刘虹楠（女）	成都市优秀共产党员	区委社治委	6月	市委	证书
	75	李婷梅（女）	成都市优秀共产党员	成都市龙江路小学	6月	市委	证书
	76	鲁　斌	成都市优秀共产党员	区疾控中心	6月	市委	证书
	77	雷　建	成都市优秀共产党员	成都新空间青少年发展中心	6月	市委	证书
	78	张　伟	成都市五一劳动奖章	区行政审批局	12月21日	市总工会	成工办发〔2021〕31号
	79	王　晙	成都市五一劳动奖章	区公安分局华西坝派出所	12月21日	市总工会	成工办发〔2021〕31号
	80	杨　超	成都市五一劳动奖章	区应急局	12月21日	市总工会	成工办发〔2021〕31号
	81	杨宇航	成都市安全生产专项五一劳动奖章	区应急局	12月21日	市总工会	成工办发〔2021〕31号

表118　2021“感动武侯”十大人物（团队）一览表

序号	人物（团队）名称	先进事迹	推荐单位
1	梁宗安	四川大学华西医院呼吸与危重症医学科主任。新冠肺炎疫情发生后，梁宗安作为四川省新型冠状病毒肺炎救治专家组常务副组长，参与构建全省医疗救治模式，实施“三个分开”严格隔离病人，切断传染源；强化“四个集中”，多措并举提升医疗救治能力；利用5G技术，提升全省危重症患者救治水平。同时率华西医院专家组进驻成都市公共卫生临床医疗中心，指导确诊患者救治；后来，按照省委、省政府和市委、市政府要求，率领华西医院69名医务人员全面接管该中心重症病房，直接指导救治危重患者	区委宣传部

续表118

序号	人物（团队）名称	先进事迹	推荐单位
2	耿永涛	华兴街道三级调研员。作为武侯区第一批贫困村驻村队员优秀代表，2018年7月至2021年初，耿永涛长期坚守在海拔3700米的白玉县拉巴村，主动联系外界，积极推荐村里年轻人外出务工，为村里带回近400万元收入。他因地制宜发展高原绿色蔬菜产业，两年为村民分红14万元。2021年上半年，他参加甘孜州委脱贫攻坚故事巡回宣讲团，向藏区农牧民群众讲述武侯区对口帮扶白玉县的感人故事。2021年5月，他两次参加武侯区隔离酒店管理服务工作	华兴街道
3	张生文	成都市西北中学物理教师，从教33年。张生文担任学校物理教研组组长期间，带领教师团结拼搏、努力进取，在各级教学比赛中获得优异成绩。成立“名师工作室”，坚持“以教学促发展，以科研求成长”“一个可以带动一群，一群可以改变一片”的理念，先后与20名年轻教师结成对子。到凉山州马边中学支教，积极为教育欠发达地区培养教师骨干。截至2021年末，他指导的年轻教师中有1人获成都市劳动奖章，9人次在全国说课、赛课等教学活动中获奖，20余人次获省、市、区级奖励；1人成为成都市优秀青年教师，3人成为武侯区学科带头人，1人走上教学管理岗位	区教育局
4	罗开文	武侯公安分局一级警长、社区民警。罗开文长期坚持帮扶辖区孤寡老人，每周到老人家中走访探望，协调解决经济和生活困难，成为孤寡老人们信任的亲人。2021年11月成都发生本土疫情期间，他积极配合社区开展防疫工作，排查和管控辖区内的“红码”“黄码”人员，连续48小时坚守在沈家桥社区，确保核酸检测有序进行。同时，向辖区居民推广“蓉城反诈卫士”小程序，有2180名居民加入他的反诈“保护圈”	区公安分局
5	刘训高	武侯区环卫清运中心钳工。在垃圾容器装卸作业过程中，环卫清运车辆的垃圾容器液压连接快速接头时常损坏，给生产造成很大影响。刘训高认真研究，反复调试，最后通过改装快速接头位置，大幅下降故障率，5年来节约维修经费100万余元。多年来，他坚持每天早晚巡查，发现故障及时修复，年均巡查600余次，解决排除压缩设备故障150余个，为武侯区生活垃圾清运保驾护航	区综合执法局
6	李惠茹（女）	晋阳街道沙堰社区第七居民小组组长。水润缇香是多层住宅步梯小区，安装电梯是多数居民的愿望。李惠茹主动加入宣传队伍，每天向居民宣传电梯安装政策及事宜。起初受到部分居民的质疑，甚至被指责，但是李惠茹依然走在宣传第一线，一层一层地爬楼，一户一户地敲门询问。她的辛苦付出，最终得到大部分居民的理解和认可，该小区成功安装3部电梯并投入使用，极大地方便了居民出行	晋阳街道
7	区疾病预防控制中心	新冠肺炎疫情发生以来，武侯区疾病预防控制中心贯彻各级党委政府决策部署，全力投入疫情防控工作中。中心紧急购置PCR仪器及试剂耗材，成为成都市内较早一批具有新冠病毒检验能力的单位。中心全面推进新冠病毒疫苗接种工作，探索创立行业主管部门和街道“统筹协调、责任并重、条块结合、分工协作”的武侯模式。2021年11月成都发生本土疫情期间，中心全体党员干部连续奋战21个昼夜，妥善处置“中密控股”“音乐房子酒吧”事件，完成11个确诊病例活动轨迹现场流调和疫点消杀等工作，追踪管理密接和次密接2475人，为武侯区取得疫情防控阶段性胜利提供重要保障	区卫健局
8	成都彩虹电器（集团）股份有限公司	成都彩虹电器（集团）股份有限公司主动为国担当、为国分忧，2020年成功研制出“成都造”医用口罩，创造出15天研制出折叠口罩机的奇迹，将KN95型口罩日产量从0.3万个提高至5万个。2021年11月成都发生本土新冠肺炎疫情期间，成都彩虹集团紧急调集防疫物资，向武侯区等11个区（县）的医务人员、基层一线工作人员和志愿者送去1.1万个口罩、1万瓶消毒液、9.36万片暖身贴等价值20余万元的物资；公司新增127个就业岗位，其中生产一线岗位51个，解决3400余人就业问题	区商务局
9	四川顺丰速运有限公司	2021年，四川顺丰速运有限公司作为行业重点企业，勇于担当，义无反顾扛起社会责任，全力做好新冠肺炎疫情防控应急物资和群众生活必需品送达保障工作，仅7月和11月派件即达350万余件，为保障武侯经济平稳运行作出贡献。公司严格落实防控制度，严格消毒流程，通过“三次消杀”确保快递物品万无一失，全年累计消杀寄派件1亿次。11月，成都发生本土疫情，该公司积极对接华西医院开展线上诊疗配送，完成物流药品配送15000件，降低医院人群高密集区域感染风险。同时，公司向武侯区派出1500名快递员配合社区、小区做好疫情防控相关工作	区住建交局

续表118

序号	人物（团队）名称	先进事迹	推荐单位
10	红牌楼街道驻守隔离酒店工作专班	从2020年3月18日接收第一批隔离旅客到2021年12月31日，该专班累计接收境外来（返）蓉人员56批次3998人，接收本土疫情密接和次密接隔离人员161人，建立旅客服务群35个，为旅客解决实际问题860余个，收到旅客书面留言300余条、锦旗18面、感谢信85封。作为武侯区第一批进驻隔离酒店的工作专班，组织严密，制度健全，防范到位，担负“外防输入”疫情防控工作期间，在驻守隔离酒店时间最长，接收隔离任务最重，拦截阳性确诊病例最多的情况下，无一人被感染	区医保局

表119　2021年武侯区文明之家一览表

所属街道	家庭户主姓名	户数（户）
浆洗街街道	李志新　罗方波　杨兆麒　邓　蓉　张世敏　苟振玲　赵天擎　谢　军　尼　珍	9
望江路街道	杨琼芳　陈开琼　罗锡英　罗运辉　林大富　莫晓萍　胡玉兰　黄　进　毛成中	9
火车南站街道	刘秉恒　谭正庭　袁清华　孙其玲　阴康伦　曹　淼　陈显莲　董庆祥　李先焯　吕功武	10
玉林街道	刘道笠　叶杨青　张远明　陈芳群　王泽英　李福元　杨国琼　吴光海　任晋蜀	9
红牌楼街道	李　帅　陈宇凤　唐秀兰　周兆雄　张崇明　任　斌　刘复秀　陈光军　邓天吉	9
晋阳街道	许小暮　曾渝贞　陈亚妮　丁社军　冯学荃　李邦菁　王有才　周覃燕　周玉清	9
机投桥街道	程群益　邱业顺　杨　建　文成建　谢仲明　张　喻　章　文　张康兵　郑　炳	9
簇锦街道	叶美凤　杨银贤　万爱华　李远珍　方思全　张成蓉　侯　婷　张宗艳　邓雪如	9
华兴街道	唐素平　魏　财　陈　勇　谢良才　刘　建　吴德强　张　磊　李德军　毛智恒	9
簇桥街道	丁　剑　张居高　王　倩　和　兵　王仕根　张光树　杨　勇　肖　旭　罗琼瑛	9
金花桥街道	佐　露　罗永兰　覃应贵　张玉水　李仕奎　袁云华　张远成　张鸣华　徐　梅	9

表120　2021年武侯区“诸葛工匠”情况表

姓　名	工作单位	技术职称或技术等级	工　种	曾获最高荣誉
向春（女）	成都芙蓉门文化传播有限公司	高级技师	茶艺师	四川工匠
张静恒	成都市动物疫病预防控制中心	高级农艺师	检验检测	四川工匠
王艳（女）	成都市动物疫病预防控制中心	高级农艺师	检验检测	四川工匠
罗培林	成都市动物疫病预防控制中心	高级畜牧师	检验检测	四川工匠
李敏（女）	成都市动物疫病预防控制中心	高级兽医师	检验检测	成都市五一劳动奖章
吴艳云（女）	成都市动物疫病预防控制中心	农艺师	检验检测	成都市农业技术能手
代姝（女）	成都市动物疫病预防控制中心	农艺师	检验检测	四川省农业技术能手
蔡光华	武侯区一九九九世纪精剪美容美发店	高级技师	美发师	成都工匠
胡国斌	武侯区一九九九世纪精剪美容美发店	技师	美发师	成都工匠

续表120

姓　名	工作单位	技术职称或技术等级	工　种	曾获最高荣誉
杨　鹏	武侯区一九九九世纪精剪美容美发店	技师	美发师	第四届绵阳市职业技能大赛美发三等奖
董　林	成都农夫明道餐饮管理有限责任公司置信路店	高级技师	厨师	成都工匠
周薇(女)	中国人民解放军第5701工厂	高级工程师	无线电修理技术员	2020年5701厂"腾飞工匠"
蒋全明	中国人民解放军第5701工厂	高级工程师	机加技术员	2020年5701厂"腾飞工匠"
许　波	中国人民解放军第5701工厂	高级工程师	发动机主体修理技术员	成都工匠
姚向国	中国人民解放军第5701工厂	高级工程师	发动机主体修理技术员	2020年5701厂"腾飞工匠"
李华彬	中国人民解放军第5701工厂	高级工程师	橡胶制造	成都工匠
顾连强	中铁隆工程集团有限公司	高级工程师	盾构技术	2020年全国首届"盾构工匠"
魏华木	中国人民解放军第5701工厂	高级工程师	直升机特设技术员	2010年四川省国防科技工业优秀质量管理小组成员
陈美军	中国人民解放军第5701工厂	高级工程师	发动机燃油附件技术员	2020年5701厂"十三五""科技之星"
李洪斌	中国人民解放军第5701工厂	高级工程师	直升机特设技术员	2009年成都市百万职工技能大赛优秀选手
丁忠伟	中国人民解放军第5701工厂	高级工程师	直升机总装调试专业副总师	2008年被空军装备部授予空军装备质量先进个人
姜　峰	中国人民解放军第5701工厂	工程师	飞机、直升机机体结构修理工程师	成都工匠
吴宏宇	中国人民解放军第5701工厂	工程师	航电修理技术员	成都工匠
孟宪立	中国人民解放军第5701工厂	工程师	直升机机械技术员	成都工匠
刘永强	中国人民解放军第5701工厂	工程师	设备修理技术员	1993年成都市青年技术能手
马春燕（女）	中国人民解放军第5701工厂	工程师	橡胶制造技术员	2020年全国QC小组成果发表赛示范级（一等奖）
王进成	中国人民解放军第5701工厂	工程师	直升机机体结构专业副总师	2020年5701厂"腾飞工匠"
宋永巍	中国人民解放军第5701工厂	助理工程师	直升机动部件修理技术员	2020年全国现场改进发表赛一等奖
窦智杰	中国人民解放军第5701工厂	助理工程师	航空部附件、零组件修理技术员	成都工匠
张朝武	中国人民解放军第5701工厂	助理工程师	直升机部附件、零组件修理技术员	空装工管局2019年装备修理工艺规程评优三等奖
刘　海	中国人民解放军第5701工厂	高级技师	电气修理工	成都工匠
陈　强	中国人民解放军第5701工厂	高级技师	直升机无线电雷达技术员	成都工匠
叶　庭	中国人民解放军第5701工厂	高级工	直升机钣铆工	成都工匠
卞　亮	中国人民解放军第5701工厂	高级工	外勤机械工	成都市技术能手
张俊俊	中国人民解放军第5701工厂	中级工	直升机冷液附件修理工	成都工匠
田文龙	中国人民解放军第5701工厂	中级工	发动机试车工	成都工匠
魏　俊	中国人民解放军第5701工厂	中级工	车工	成都工匠
刘　震	中国人民解放军第5701工厂	中级工	直升机钣铆工	2020年成都市技术能手

续表120

姓　名	工作单位	技术职称或技术等级	工　种	曾获最高荣誉
韩晓红（女）	中国人民解放军第5701工厂	技师	仪表修理工	成都工匠
李海川	中国人民解放军第5701工厂	技师	直升机升力部件故检工	2019年全国质量信得过班组
陈炳强	中国人民解放军第5701工厂	技师	焊工	成都工匠
袁　军	中国人民解放军第5701工厂	技师	外勤机械工	2016年成都市百万职工技能大赛国防工委系统直升机维护调试工第二名
梁　欣	中国人民解放军第5701工厂	技师	飞机电缆修理工（机上）	2020年5701厂“腾飞工匠”
汪　杰	中国人民解放军第5701工厂	技师	直升机机械分解、装配、调试工	2020年5701厂“腾飞工匠”
魏　彭	中国人民解放军第5701工厂	—	发动机附件修理工	2020年5701厂“腾飞工匠”
吴　刚	中国人民解放军第5701工厂	—	发动机燃调修理工	2016年全国质量信得过班组建设先进个人
易　亮	中密控股股份有限公司	技师	钳工	中国液压气动密封件工业协会2017年科技进步二等奖
陈晓亮	武侯区新瑞世纪精剪美发店	技师	美发师	成都工匠
陈　科	武侯区二零二零世纪精剪美发店	技师	美发师	第四届绵阳市职业技能大赛美发二等奖
李岳朋	武侯区二零二零世纪精剪美发店	技师	美发师	成都工匠
岳莉(女)	四川大学华西口腔医院	副主任技师	口腔修复体制作工	全国技术能手
董　博	四川大学华西口腔医院	主管技师	口腔修复体制作工	口腔美学修复优秀病例展评钻石二等奖
张倩倩（女）	四川大学华西口腔医院	主管技师	口腔修复体制作工	四川大学华西口腔医学院青年教改先锋
杨兴强	四川大学华西口腔医院	主管技师	口腔修复体制作工	登士柏杯维他灵可摘局部义齿制作大赛一等奖
樊龙飞	四川润泽经伟信息技术有限公司	高级职称	电气工程师	—
李海民	四川润泽经伟信息技术有限公司	工程师	软件开发	多项专利技术
李建斌	民航成都信息技术有限公司	高级职称	软件开发	中国智能交通运输协会科学技术一等奖
毛　健	民航成都信息技术有限公司	高级职称	软件开发	参与研发的多维动态运营场景中民航枢纽机场异构信息智能集成平台获民航局科技进步一等奖
李婷婷（女）	武侯区圣露茶行	技师	茶艺师	2020年成都百万职工技能大赛茶艺比赛第一名
李　斌	成都鼎新实业有限责任公司	中级职称	技术人员	成都市职工创新成果二等奖
汪日生	葛洲坝易普力四川爆破工程有限公司	工程师	爆破工	中国质量协会质量技术奖二等奖
张　滕	葛洲坝易普力四川爆破工程有限公司	工程师	爆破工	葛洲坝集团易普力股份有限公司“最佳文明职工”

续表120

姓　名	工作单位	技术职称或技术等级	工　种	曾获最高荣誉
李　斌	葛洲坝易普力四川爆破工程有限公司	一级建造师	爆破工	中国能源建设集团集采平台评标专家
陈丕其	葛洲坝易普力四川爆破工程有限公司	中级职称	爆破工	2017年度优秀QC成果奖
林大发	葛洲坝易普力四川爆破工程有限公司	中级工	爆破工	葛洲坝集团股份有限公司第十届职工技能竞赛三等奖
林昌林	四川申蓉泓宇汽车贸易有限公司	高级技师	汽车维修工	2020年成都百万职工技能大赛汽车装调工比赛第一名
彭倩茜（女）	重庆银行成都分行	中级会计师、银行从业资格初级	柜面员	全国金融系统银行证券保险综合业务技能大赛银行零售业务赛项优秀奖
文莲(女)	重庆银行成都分行	中级会计师	柜面员	重庆银行总行技能全能能手三等奖
杜懿优（女）	重庆银行成都分行	银行从业资格初级	柜面员	成都百万职工技能大赛—财贸系统手工点钞比赛二等奖
张保平	成都博高信息技术股份有限公司	高级职称	电子信息与物联网工程	四川省科技进步三等奖
周利萍（女）	成都抚理养老服务有限公司	—	养老护理	四川省五一劳动奖章
刘琳(女)	成都奥尔丝健康管理有限公司	技师	美容师	国家美容高级技师
池震宇	成都向阳凯宾斯基饭店有限公司	高级工	厨师	2020第四届四川工匠杯职业技能大赛西式烹调三等奖
张　铭	成都向阳凯宾斯基饭店有限公司	高级工	厨师	中国饭店协会“全国燕鲍翅专家”称号
佟斯翰	中建环能科技股份有限公司	中级职称	污水处理	2018年参与开发的市政污水处理厂MagCS磁介质集约化提标技术成果被评定为国际先进水平
孙　竟	中建环能科技股份有限公司	中级职称	污水处理	2018年成都市“百佳”职工创客明星
徐　源	中建环能科技股份有限公司	中级职称	污水处理	水利部先进技术能手
唐珍建	中建环能科技股份有限公司	初级职称	污水处理	中国环境产业协会环境技术进步奖 二等奖
熊俊峰	成都香昱玺服饰有限公司	技师	服装制版师	成都市技术能手
刘　琦	四川宏业电力集团有限公司	中级工程师、技师	电力电缆工	成都市技术能手
易森林	成都燃气集团股份有限公司	高级工	调压工	2020年成都百万职工技能大赛武侯区燃气调压工比赛第三名
曾晓晖	成都凯迪物业服务有限公司	技师	维修电工	
刘小波	成都凯迪物业服务有限公司	技师	厨师	2020年在四川省第五届机关企事业单位团餐烹饪大赛中个人赛凉菜金奖
罗旺春	成都唐源电气股份有限公司	高级工	信息技术	成都市科学技术进步三等奖

续表120

姓　名	工作单位	技术职称或技术等级	工　种	曾获最高荣誉
王　敏	四川申蓉宇丰汽车销售服务有限公司	高级工	汽车机电维修工	2017年成都百万职工技能大赛武侯区汽车维修工比赛第三名
聂成兴	四川省工业环境监测研究院	初级职称	环境监测	
宋艳萍（女）	四川申度美文化传播有限公司	中级美容师	美容师	2020年中国美发美容协会“中国化妆名师”称号
向　阳	四川新瑞建筑工程有限公司	工程师	建筑	“省级工法”获得者
李武军	成都瑞合益实业有限公司	高级工	中式烹饪师	成都市技术能手
左小川	成都武侯华星锦业汽车销售服务有限公司	高级工	油漆工	成都市技术能手

去世人物简介
Profiles of the Deceased

图225　胡廷泽

胡廷泽　男，1930年2月1日出生于云南大理，中共党员，全国著名小儿外科专家、国务院政府特殊津贴专家、四川大学华西医院终身教授。胡廷泽1948年7月参加革命，1955年从云南大学医学院毕业，被分配至四川医学院附属医院（今四川大学华西医院）参加工作。1959年到北京儿童医院进修，学成返院后创建小儿外科。先后任外科副主任、小儿外科主任等职。曾任中华医学会小儿外科分会常委、中华医学会医疗事故技术鉴定专家、四川省医学会小儿外科专委会主任委员、《中华小儿外科杂志》编委及第六届副总编辑、西南片区小儿外科学术会组长、国家自然科学基金评委、中华医学会小儿外科学会终身教授；曾获中华医学会小儿外科学会终身奉献奖、中华医学会中国小儿心胸外科终身成就奖、四川省医疗卫生终身成就奖、四川省终身荣誉大美医者等荣誉。

胡廷泽热爱医学，曾领衔申报组建四川省医学会小儿外科专委会，开创多项新技术，为促进西南地区乃至全国小儿外科事业发展作出了贡献。他治学严谨、诲人不倦，从医执教65年，是国内首批六个小儿外科博士点导师之一，先后培养硕士、博士20余人。

2021年3月25日，胡廷泽在成都去世，享年91岁。

图226　谭天秩

谭天秩　男，1931年出生于四川成都，中共党员、核医学专家、西南地区及四川大学华西临床医学院（华西医院）核医学科创始人、四川大学华西临床医学院终身教授。1948年，谭天秩以数学满分考入华西协合大学。1954年毕业后因成绩优异而留校任教。先后参与创建四川医学院附属医院（今四川大学华西医院）24个科室8个专业。1958年又创建四川医学院附属医院核医学科。1978年，他领导的四川医学院附属医院核医学科被教育部设立为核医学硕士授权点，成为全国6个硕士点之一。1983年3月至1984年4月，谭天秩被派往加拿大多伦多大学进行学术访问和交流。1993年，华西医科大学附属第一医院（今四川大学华西医院）核医学专业被国务院学位委员会设立为核医学博士授权点，他也成为国内首批核医学博士生导师。

谭天秩潜心科研，把握学科前沿，30余年坚持以“受体核医学”为研究方向，首次在世界上发现天麻是作用于大脑的苯二氮卓受体，并用核素标记上天麻的有效成分天-018，开创性地实现放射性中药有效成分对癫痫的受体显像的诊断。成功申报国家课题12项，获省部级科技进步奖12项（其中一等奖2项，二等奖3项），使新兴的核医学科学得到很好发展。主编的《临床核医学》成为全国首部专著。

2021年10月21日，谭天秩在成都去世，享年90岁。

表121　2021年武侯区内获市委、市政府以上表彰的单位情况表

受表彰单位	称　号	表彰时间	表彰单位	备　注（文号或证书）
区委统战部	全省新的社会阶层人士统战工作实践创新示范基地	1月1日	省委统战部	川统办〔2020〕22号
四川大学华西医院胃肠外科党支部	第二批高校“双带头人”教师党支部书记工作室	1月4日	教育部办公厅	
区人社局	2020年度全省失业保险工作成效突出经办单位	1月8日	省就业服务管理局	川就局办〔2021〕2号
区新经济局	四川省科技系统先进集体	1月11日	省科技厅、省人力资源和社会保障厅	
簇桥街道锦城社区	科技志愿服务点（社区或村）先进典型	1月15日	中国科学技术协会办公厅	科协办函普字〔2021〕8号
区民宗局	全国民委系统先进集体	1月20日	人力资源和社会保障部、国家民委	
四川大学华西医院急诊科	首批“全国党建工作样板支部”培育创建单位	1月26日	教育部办公厅	
四川大学华西医院	全国民族团结进步示范单位	1月	国家民委	
区委统战部	全省统战工作实践创新优秀成果	1月	省委统战部	
簇桥街道锦城社区	2018—2020年度全国侨联系统优秀“侨胞之家”	2月3日	中华全国归国华侨联合会	中侨发〔2021〕3号
四川大学实验医学科	四川省卫生健康系统先进集体	2月3日	省卫生健康委、省人力资源和社会保障厅	
四川大学华西医院	四川省外事工作先进集体	2月3日	省委外事办、省人力资源和社会保障厅	
区检察院	2020年度影响力法律融媒体作品（《家有孩子的要看，别让孩子掉入网络陷阱》）	2月4日	中央广播电视总台	证书
区民政局	全市乡镇行政区划和村（社区）优化调整及体制机制改革中担当作为先进集体	2月7日	市委办公厅、市政府办公厅	成委办〔2021〕13号
玉林街道	成都市“两项改革”先进集体	2月7日	成都市乡镇（街道）行政区划调整和体制机制改革领导小组	成村改发〔2021〕1号
簇锦街道	成都市“两项改革”先进集体	2月7日	成都市街道行政区划调整和社区体制机制改革领导小组	成村改发〔2021〕1号
三国创意设计管委会	融合出版超高清视频技术应用重点实验室	2月10日	国家新闻出版署	国新出发函〔2021〕7号
区信访局	2020年度《社情与民意》优秀通联单位	2月23日	省信访局	
四川大学华西医院	2020年度全国三八红旗集体	2月25日	全国妇联	
四川大学华西医院（省级危重孕产妇和新生儿救治中心）	2021年度全省母婴安全保障工作成效突出集体	2月	省卫生健康委	川卫妇幼函〔2021〕32号

续表121

受表彰单位	称 号	表彰时间	表彰单位	备 注 （文号或证书）
四川大学华西第二医院（省产儿科质控中心、省级危重孕产妇和新生儿救治中心）	2021年度全省母婴安全保障工作成效突出集体	2月	省卫生健康委	川卫妇幼函〔2021〕32号
省妇幼保健院（省母婴安全指导中心、省级危重孕产妇和新生儿救治中心）	2021年度全省母婴安全保障工作成效突出集体	2月	省卫生健康委	川卫妇幼函〔2021〕32号
区纪委监委	“金沙杯”廉洁文化作品征集活动优秀组织奖	3月24日	省纪委监委	荣誉证书
区委社治委	四川物业服务行业创新推进基层治理创新典型案例	3月29日	省住房和城乡建设厅	
玉林街道	2020四川物业服务业创新推进社会基层治理突出示范案例	3月29日	省住房和城乡建设厅	奖牌
区住建交局	四川物业服务行业推进基层治理创新典型案例	3月	省住房和城乡建设厅	奖牌
省妇幼保健院妇幼健康管理部	四川省三八红旗集体	3月	省妇联、省人力资源社会保障厅	
区水务局	四川省脱贫攻坚先进集体	4月22日	省委、省政府	川委〔2021〕262号
四川大学华西临床医学院华西医院党委办公室（扶贫办）	四川省脱贫攻坚先进集体	4月22日	省委、省政府	川委〔2021〕262号
四川大学华西第二医院党委	四川省脱贫攻坚先进集体	4月22日	省委、省政府	川委〔2021〕262号
四川大学华西公共卫生学院/华西第四医院党委	四川省脱贫攻坚先进集体	4月22日	省委、省政府	川委〔2021〕262号
四川大学华西口腔医院	四川省脱贫攻坚先进集体	4月22日	省委、省政府	川委〔2021〕262号
四川省骨科医院党委办公室（扶贫办）	四川省脱贫攻坚先进集体	4月22日	省委、省政府	川委〔2021〕262号
四川省中西医结合医院党委	四川省脱贫攻坚先进集体	4月22日	省委、省政府	川委〔2021〕262号
四川大学后勤保障部	四川省脱贫攻坚先进集体	4月22日	省委、省政府	川委〔2021〕262号
西南民族大学青藏高原研究院	四川省脱贫攻坚先进集体	4月22日	省委、省政府	川委〔2021〕262号
四川音乐学院音乐教育学院	四川省脱贫攻坚先进集体	4月22日	省委、省政府	川委〔2021〕262号
大悦城控股集团（成都）有限公司	四川省脱贫攻坚先进集体	4月22日	省委、省政府	川委〔2021〕262号
四川大学华西医院党委办公室（扶贫办）	四川省脱贫攻坚先进集体	4月22日	省委、省政府	川委〔2021〕262号
玉林派出所	2020年度全省公安机关“最强支部”	4月25日	省公安厅	川公委〔2021〕69号
浆洗街派出所	2020年度全省公安机关“最强支部”	4月25日	省公安厅	川公委〔2021〕69号

续表121

受表彰单位	称　号	表彰时间	表彰单位	备　注 （文号或证书）
成都红旗连锁股份有限公司	全国五一劳动奖状	4月29日	中华全国总工会	
四川大学华西临床医学院/华西医院	全国五一劳动奖状	4月29日	中华全国总工会	
中科院成都光电所光学轻量化与新材料技术中心	四川省工人先锋号集体	4月29日	中华全国总工会	
中国银行股份有限公司成都武侯支行营业部	四川省工人先锋号集体	4月29日	中华全国总工会	
四川大学华西医院呼吸与危重症医学科护理团队	全国五一巾帼标兵岗	4月	中华全国总工会	
西南民族大学中国语言文学学院2017级汉语言文学专业4班团支部	全国五四红旗团支部	5月2日	团中央	
四川大学华西医院重症医学科团支部	全国五四红旗团支部	5月2日	团中央	
火车南站街道	四川省关心下一代工作先进集体	5月21日	省关工委	川关委〔2021〕18号
机投桥街道	2020年省内对口帮扶涉藏地区和彝区贫困县先进集体	5月26日	省委、省政府	川委〔2021〕372号
区市场监管局	"春雷行动2021"暨冷链物流疫情防控执法行动先进集体	5月31日	省市场监管局、省药监局	川市监发〔2021〕39号
成都市她妆美谷管委会	2021年度国家外贸转型升级基地	6月21日	商务部	商办贸函〔2021〕138号
四川大学党委	全国先进基层党组织	6月28日	中共中央	
新希望集团有限公司党委	全国先进基层党组织	6月29日	中共中央	
成都市棕北中学党总支	四川省先进基层党组织	6月30日	省委	
四川音乐学院党委学生工作部党支部	四川省先进基层党组织	6月30日	省委	
望江路街道党工委	成都市先进基层党组织	6月	市委	奖状
晋阳街道吉福社区党委	成都市先进基层党组织	6月	市委	奖状
四川黉门宜邻居民服务有限公司党支部	成都市先进基层党组织	6月	市委	奖状
四川顺丰速运有限公司党委	成都市先进基层党组织	6月	市委	奖状
武侯区音乐坊建设管理委员会筹备组	2021年度四川省文化旅游融合示范项目	7月2日	省文化和旅游厅、省财政厅	
团区委	首批社区青春行动实施范围社区名单	7月6日	团中央	
望江路街道	一环路市井生活圈规划建设管理工作先进集体	7月8日	市委、市政府	成委厅〔2021〕48号
浆洗街派出所	全省公安机关"最强支部"	7月16日	省公安厅	川公委〔2021〕111号
团区委	首批省级社区青春行动实施范围社区名单	7月19日	团省委	
区检察院	2021政法智能化建设智慧检务创新案例（未检办案辅助分析平台）	7月	法治日报社	证书

续表121

受表彰单位	称　号	表彰时间	表彰单位	备　注（文号或证书）
三国创意园	国家文化出口基地	8月2日	商务部、中央宣传部、文化和旅游部、国家广播电视总局	商办服贸函〔2021〕106号
户政管理大队	2020年度全省公安户政管理工作成绩突出集体	8月26日	省公安厅	川公发〔2021〕119号
区司法局	四川省法治政府建设工作先进集体	8月29日	省法治政府建设工作领导小组办公室、省人力资源社会保障厅、省司法厅	川府发组办〔2021〕6号
华兴街道	四川省民间文化艺术之乡	8月	省文化和旅游厅	川文旅办发〔2021〕198号
区人社局	2020—2021年度《中国劳动保障报》新闻宣传工作做得好的单位	9月5日	人力资源和社会保障部	关于2020—2021年度《中国劳动保障报》新闻宣传工作情况的函
她妆美谷电商直播基地	四川省电子商务新业态基地项目	9月9日	省商务厅	川商电商〔2021〕19号
团区委	2021年度四川省关心下一代宣传工作先进集体	9月24日	省关工委	川关委〔2021〕34号
武侯区音乐坊建设管理委员会筹备组	国家级夜间文化和旅游消费集聚区	10月5日	文化和旅游部	文旅产业发〔2021〕112号
团区委	四川省第二批“青马工程”试点县（市、区）	10月15日	团省委	川青办〔2021〕20号
区红十字会	2021年度报刊宣传先进集体一等奖	10月18日	中国红十字会	中红办字〔2021〕52号
区综合执法局	全省行政执法案卷评查通报表扬奖励	10月20日	省住房和城乡建设厅	川建法函〔2021〕1641号
玉林街道	全省基层治理示范街道	10月21日	省委组织部、省民政厅	川民发〔2021〕165号
区生态环境局	2021年度中国环境报宣传工作先进单位	10月22日	中国环境报社	环报社〔2021〕31号
簇桥街道	2020年全省基层治理示范街道	10月22日	省民政厅	川民发〔2021〕165号
区检察院	2021年度全国检察宣传先进单位	10月	最高人民检察院、检察日报社	奖牌
区纪委监委	2021年度宣传工作先进单位	11月8日	中央纪委国家监委新闻传播中心	荣誉证书
区委政法委	2021年全省教育转化去存量巡回攻坚先进单位	11月18日	省委政法委	川政法〔2021〕107号
区检察院	《网络陷阱》评选为全省第五届平安中国看四川“三微”比赛微动漫优秀作品奖	11月23日	省委政法委	
区委办公室（区外事办）	四川省外事工作先进集体	11月24日	省委外事办、省人力资源社会保障厅	川外函〔2021〕251号
成都武侯工业园区	第二批四川省两新组织党建示范园区	11月26日	省委组织部	川组通〔2021〕67号
区生态环境局	四川省水安全工作先进单位	11月30日	四川省水安全与水旱灾害防御中心	川水安函〔2021〕50号
区水务局	四川省水安全工作先进单位	11月30日	四川省水安全与水旱灾害防御中心	川水安函〔2021〕50号

续表121

受表彰单位	称　号	表彰时间	表彰单位	备　注 （文号或证书）
区公园城市局	四川省水安全工作先进单位	11月30日	四川省水安全与水旱灾害防御中心	川水安函〔2021〕50号
簇锦街道	四川省水安全工作先进单位	11月30日	四川省水安全与水旱灾害防御中心	川水安函〔2021〕50号
区档案馆	2021年度《中国档案》宣传工作先进单位	11月	《中国档案》杂志社	证书和奖杯
区总工会	最美工会户外劳动者服务站点	12月1日	中华全国总工会	《关于确认2021年“最美工会户外劳动者服务站点”名单的通知》
火车南站街道	2020年全国示范性退役军人服务站	12月1日	退役军人事务部思想政治和权益维护司	
玉林街道	先进基层防震减灾工作单位	12月10日	省地震局	四川省地震局《关于表扬先进基层防震减灾工作单位的通知》
区人社局	2021年度全省人力资源社会保障系统优质服务窗口	12月10日	省人力资源社会保障厅	关于2021年度全省人力资源社会保障系统优质服务窗口和优秀服务标兵评选结果的通报
新希望集团有限公司	最具爱心捐赠企业	12月14日	省政府	川府发〔2021〕39号
四川大学华西医院	慈善工作奖（团体）	12月14日	省政府	川府发〔2021〕39号
红牌楼街道太平社区“赞花儿”老党员工作室	慈善工作奖（团体）	12月14日	省政府	川府发〔2021〕39号
四川大学华西医院	四川省援外医疗工作先进集体	12月15日	省卫生健康委	
区委组织部	四川省乡镇行政区划和村级建制调整改革先进集体	12月20日	省民政厅、省人力资源社会保障厅	
区委全面依法治区办	2016—2020年全国普法工作先进单位	12月28日	中央宣传部、司法部、全国普法办	司法通〔2021〕90号
区工商联	2020—2021年度全国“五好”工商联	12月28日	中华全国工商联	全联发〔2021〕25号
区红十字会	2021年红十字应急救护知识竞赛活动单位组织一等奖	12月29日	中国红十字会	中红办字〔2021〕65号
区地志办	第八届全国地方志优秀成果年鉴类特等奖——《武侯年鉴（2020）》	12月31日	中国地方志指导小组、中国地方志学会	中指组字〔2021〕23号
区公园城市局	落实河湖长制工作先进单位	12月31日	四川省河湖保护和监管事务中心（四川省农村水电中心）	
区综合执法局	河道管理工作先进单位	12月31日	四川省河湖保护和监管事务中心（四川省农村水电中心）	
区综合执法局	落实河湖长制工作先进单位	12月31日	四川省河湖保护和监管事务中心（四川省农村水电中心）	
省妇幼保健院	全国实施妇女儿童发展纲要先进集体单位	12月	国务院妇女儿童工作委员会	
四川省中西医结合医院	四川省援外医疗工作先进集体	12月	省卫生健康委	
区委社治委	2021年度成都市建设幸福美好生活十大工程突出贡献奖	12月	市委、市政府	

2021年成都市武侯区国民经济和社会发展统计公报

武侯区统计局

2022年6月7日

2021年是中国共产党成立100周年，是“十四五”开局之年，面对复杂的发展形势和新冠肺炎疫情的冲击影响，武侯区在市委、市政府的坚强领导下，坚持以建设践行新发展理念的公园城市示范城区为统揽，以高质量发展为主题，攻坚克难、砥砺奋进，全力打好经济转型提质攻坚战和疫情防控阻击战，实现了疫情防控和经济社会发展“两手抓、两不误、两战赢”，经济质量和效益稳步提高，产业结构不断优化，社会事业全面进步，人民生活水平持续提高。

一、综合

（一）地区生产总值

根据成都市区（市）县地区生产总值统一核算初步结果，2021年武侯区地区生产总值（GDP）1358.8亿元，按可比价格计算，比上年增长7.2%。其中：第一产业实现增加值131万元，增长15%；第二产业实现增加值199.4亿元，增长7.2%；第三产业实现增加值1159.3亿元，增长7.2%。三次产业结构为0.001 ∶ 14.678 ∶ 85.322。第二、三产业对经济增长的贡献率分别为14.3%和85.7%。按常住人口计算，人均地区生产总值112156元，增长6.0%。

全年实现民营经济增加值794.7亿元，按可比价格计算，比上年增长6.1%，占地区生产总值的比重为58.5%。

单位GDP能耗比上年增长0.3%，单位工业增加值能耗下降38%。

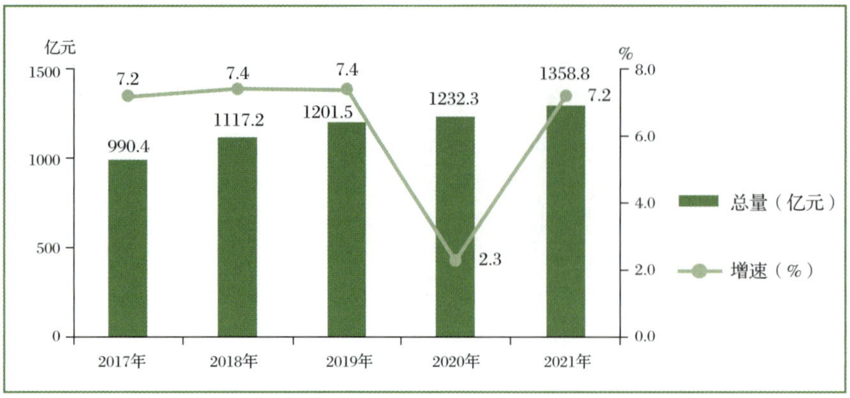

图227　2017—2021年地区生产总值和增长速度示意图

（二）财政收支

全年一般公共预算收入完成107.9亿元，比上年增长13.3%，其中，税收收入完成95.6亿元，增长13.9%，占一般公共预算收入的比重为88.6%。一般公共预算支出84.5亿元，同口径增长6.4%。

（三）市场主体

全年新增市场主体41060户，其中，个体17042户，企业24018户；新增注册资本1832.45亿元。新增高新技术企业153家，高新技术企业总数达806家。新增新经济企业14087家。新增上市企业2家、新三板及四板挂牌企业19家。

二、国民经济主要行业和主要领域

（一）农业

全年完成农林牧渔业总产值180万元，比上年增长17.8%。农林牧渔业实现增加值131万元，按可比价格计算，比上年增长15%。

（二）工业

全年实现工业增加值78.3亿元，按可比价格计算，比上年增长11.8%，对经济增长的贡献率为9.1%。年末规模以上工业企业65家，实现工业总产值163.7亿元，比上年增长11.2%；规模以上工业增加值增长13.3%。分行业看，规模以上工业15个行业大类中11个行业产值增长：计算机、通信和其他电子设备制造业比上年增长53.2%，铁路、船舶、航空航天和其他运输设备制造业增长43.4%，汽车制造业增长24.9%，纺织服装、服饰业增长19.3%，通用设备制造业增长18.4%，金属制品业增长15.3%，燃气生产和供应业增长10.9%，医药制造业增长10.9%，食品制造业增长9.1%，电气机械和器材制造业增长6.2%，仪器仪表制造业增长3.7%；4个行业产值下降：专用设备制造业比上年下降2.3%，化学原料和化学制品制造业下降13.4%，非金

表122　2021年主要工业产品产量及增长速度情况表

产品名称	单　位	产　量	比上年增长（%）
微波终端机	部	4442	33.5
风机	台	2322	20.6
工商用制冷、空调设备	万台（套）	30.6	29.1
矿山专用设备	吨	2496	-13.7
口罩	万个（只）	1077.8	-42.3
家用电热烘烤器具	万个	737.9	41.1
电工仪器仪表	台	19090	6.1
电子元件	万只	0.96	-3.0
金属密封件	万件	16.6	1.3
营养、保健食品	吨	198.2	61.8
中成药	吨	336.1	23.9
电焊机	台	84793	81.0
鞋	万双	87.0	-35.4
商品混凝土	万立方米	71.4	-16.5
汽车仪器仪表	台	4951	44.9
冷冻饮品	吨	7809	-15.8
水泥专用设备	吨	10615	-4.0
冰乙酸（冰醋酸）	吨	3950	3.1
电子工业专用设备	台	4078	54.2
服装	万件	43.5	29.2
医疗仪器设备及器械	台	2321	-42.4
地面通信导航定向设备	部	115	0.0
环境污染防治专用设备	台（套）	141	23.7
环境监测专用仪器仪表	台	1166	27.7
模具	套	155	72.2
玻璃	平方米	7612	-98.9
移动通信基站设备	射频模块	925	-51.8

属矿物制品业下降34.9%，皮革、毛皮、羽毛及其制品和制鞋业下降46.9%（详见表122）。

全年规模以上工业企业实现营业收入165.9亿元，比上年增长4.9%；实现利润总额21.1亿元，增长4.4%；年末资产总计295.3亿元，下降0.4%；年末规模以上工业企业资产负债率为39.9%。工业投资比上年增长21.4%。

全年规模以上工业中，战略性新兴产业实现总产值57.5亿元，比上年增长19.6%，占规模以上工业总产值的35.1%；高技术制造业实现总产值46.5亿元，增长33.6%，占规模以上工业总产值的28.4%。

（三）建筑业

全年实现建筑业增加值121.8亿元，按可比价格计算，比上年增长4.5%。年末具有资质等级的施工总承包和专业承包建筑企业413家，建筑业总产值比上年增长11.9%；房屋施工面积2334.4万平方米，增长2.2%；竣工产值228.8亿元，下降19.6%。

（四）房地产业

全年共54个房地产开发项目，完成投资比上年下降15.3%；开发项目施工面积628.1万平方米，增长8.4%，其中新开工面积74.8万平方米，下降21.2%。商品房销售面积101.1万平方米，增长6.2%；实现商品房销售额231.1亿元，增长18.6%。

（五）批发零售业和住宿餐饮业

全年社会消费品零售总额1209.6亿元，比上年增长10.1%，其中：餐饮收入124.9亿元，增长37.8%，商品零售额1084.7亿元，增长7.6%。302家限额以上批发零售及住宿餐饮业企业实现零售额901.1亿元，比上年增长7.4%，其中：通过互联网实现的商品零售额504.3亿元，增长6.7%。

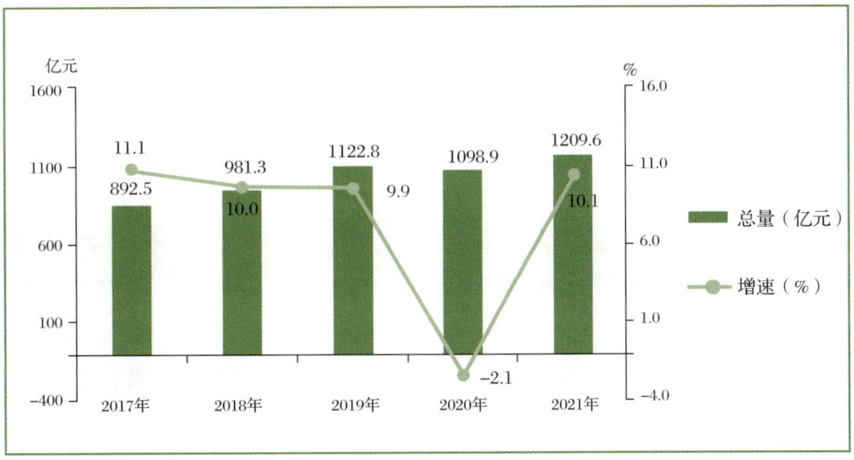

图228　2017—2021年社会消费品零售总额和增长速度示意图

在限额以上企业商品零售额中，石油及制品类零售额比上年增长91.6%，金银珠宝类增长53.6%，通信器材类增长7.8%，文化办公用品类增长6.9%，体育、娱乐用品类增长5.8%，中西药品类增长5.4%，服装、鞋帽、针纺织品类增长5.1%，家具类增长5.1%，家用电器和音像器材类增长5%，日用品类增长4.7%，粮油、食品、饮料、烟酒类增长1.3%，化妆品类与上年持平，汽车类下降0.7%，书报杂志类下降5.9%，其他类下降5.9%。

（六）旅游业

全年旅游人数2609万人次，实现旅游收入311.4亿元。现有A级旅游景区4个，其中AAAA级旅游景区3个，AAA级旅游景区1个；星级酒店4家：五星2家、三星1家、二星1家；绿色饭店5家、智慧旅游饭店1家、文化主题酒店2家、主题旅游客栈2家；旅行社470家，其中总社170家，分社及服务网点300家。

（七）固定资产投资

全年固定资产投资比上年增长19.2%。分产业看，第二产业投资比上年增长110.6%，第三产业投资增长11.9%。基础设施投资增长75.4%，公共服务投资增长35.1%，民间投资下降3.1%。

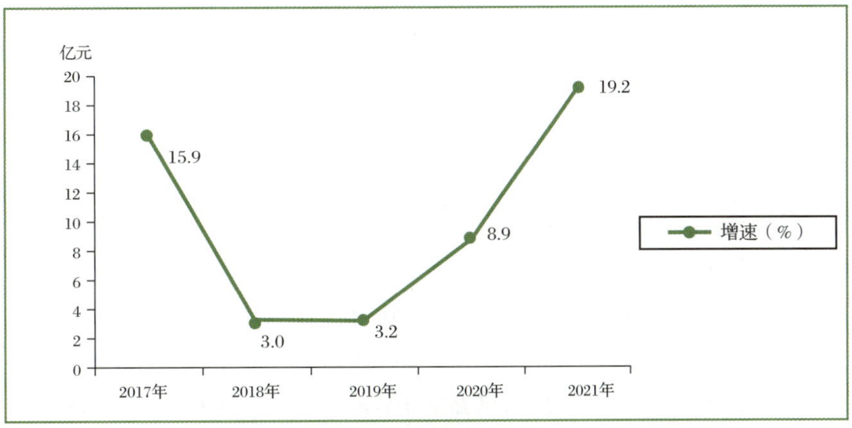

图229　2017—2021年固定资产投资增长速度示意图

三、对外贸易和交流合作

全年外贸进出口总额140.6亿元，比上年增长27.6%；引进市外内资项目321个；实际到位内资181.4亿元，利用外资实际到位4.75亿美元；世界500强企业总数126家；引进市级重大产业化项目19个；招引品牌首店31个；举办大型投资营销活动118场，签约投资促进重大项目105个，签约总金额1260亿元。

四、人民生活和民生保障

（一）居民收入

全年城镇居民人均可支配收入56043元，比上年增长7.7%。从收入构成看，工资性收入32155元，增长7.1%；经营净收入5359元，增长5.6%；财产净收入5933元，增长7.7%；转移净收入12596元，增长10.2%。居民人均消费支出32070元，增长9.3%。

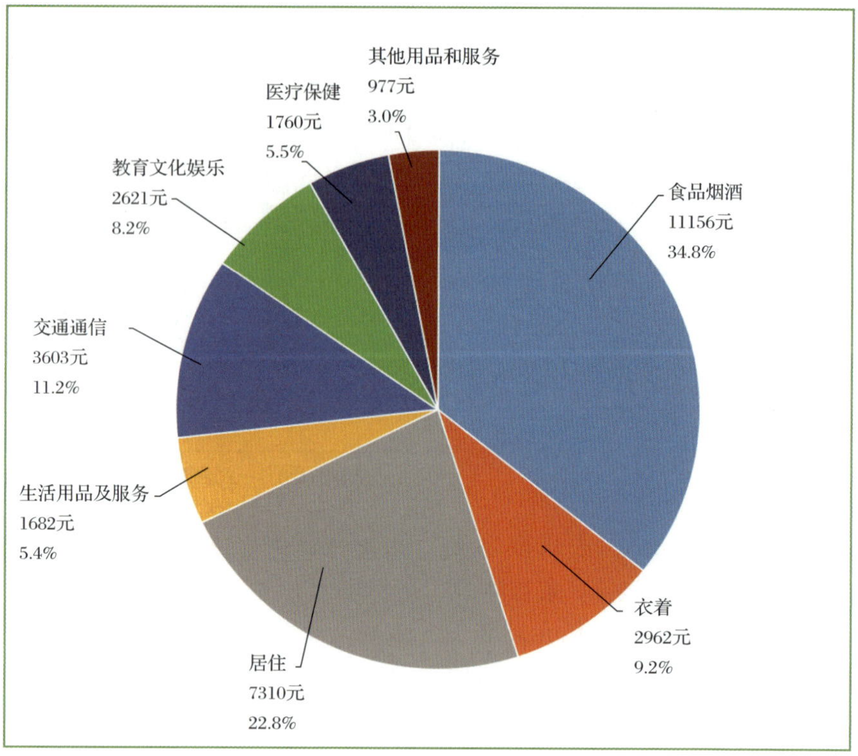

图230　2021年居民人均消费支出及其构成图

（二）社会就业

年末城镇新增就业19419人，帮助推荐下岗失业人员实现再就业3978人，其中安置就业困难人员实现再就业551人，城镇登记失业率2.42%。

（三）社会保障

全年城镇职工基本养老保险、工伤保险、失业保险基金累计征收106.7亿元，年末参加城镇职工基本养老保险人数95.5万人，城乡居民基本养老保险人数0.8万人，失业保险人数63.6万人，工伤保险人数64.2万人。

全年共为1.7万人次发放最低生活保障金1483万元；发放临时救助金213人次，100.3万元。为190户特殊困难群众购买“雪中送炭”专项意外及补充医疗保险318.6万元；特困人员救助供养910人次，57.4万元，困难残疾人生活补贴支出237.8万元，重度残疾人护理补贴支出385.6万元。惠民殡葬补贴297.1万元。提供居家养老服务3.98万人次，支付服务费用234.2万元；为4.9万名70岁以上老人购买“松鹤延年”保险，支付意外伤害及健康保险760万元；向80岁以上老人发放高龄补贴2639万元。新增养老助餐点位2个，为70岁以上老年人发放午餐补贴3.3万元。通过“慈善惠民超市”为低保、特困1.3万人提供购物补贴104.9万元。年末共有养老院28所，床位数3127张，入住老人1610人。

五、社会事业

（一）教育

年末共有中小学76所，其中，公办中小学56所，民办中小学20所，在校学生99374人，教职工7804人。中等职业教育学校3所，在校学生10550人，教职工843人。特殊教育学校1所，在校学生97人，教职工33人。幼儿园156所，其中，公办幼儿园56所，民办幼儿园100所，在园幼儿34650人，教职工6548人。新建成（含回收）并投入使用的中小学、幼儿园9所，增加学位4080余个。全年教育总投入22.6亿元，比上年增长15.6%，落实保障教育惠民资金0.3亿元。普惠性幼儿园覆盖率达83.6%。接收5368名符合条件的随迁子女入学。全区中小学生体质健康合格率98.3%，共有全国网球特色学校6所、全国校园足球特色学校23所、全国篮球特色学校5所、全国足球特色幼儿园24所。

（二）科学技术

全年组织申报市级科技计划项目2122项，获得国家、省、市级立项349项，资助资金8624.5万元。全年安排区财政科技资金1.7亿元。全区拥有92个省级以上重点实验室、工程技术研究中心、企业技术中心等创新平台。有效发明专利累积量8461件，有效商标注册量100468件，万人高价值发明专利拥有量20件。

（三）文化

年末全区有公共图书馆1个，馆藏图书69.3万册，文化馆1个，街道综合性文化服务中心11个，社区综合性文化服务中心71个，博物馆12个，国家级重点文物保护单位3处，省级文物保护单位3处，市级文物保护单位6处，区级文物保护单位4处。区图书馆注册读者5.7万人，文献外借17.6万册次，接待到馆读者36.8万人次。全年举办群众文化活动5700余场次,线上线下服务群众60.7万人次。区文化馆开设文化艺术培训班130个，开展公益讲座20余场、公益展览8场。

（四）体育

全年举办全民健身活动397场次，参与人数80万余人次。举办4项大型赛事。室外健身设施新建15条、更换8条、补建2条。完成5479人免费国民体质测试和健身指导，向群众免费开放体育锻炼60743人次、培训三级社会体育指导员201人。

（五）卫生健康

年末全区有医疗卫生机构1239个，其中，医院100个，社区卫生服务中心12个；医疗卫生机构床位19824张，卫生技术人员30741人，其中，执业医师12757人（含助理医师）、注册护士17984人。全年医疗机构总诊疗2405.4万人次，其中，医院1926万人次、社区卫生服务中心479.4万人次。全区共组建家庭医生团队104个，重点人群签约服务率达70%。全面实施严重精神障碍患者“阳光救助”工作，免费救助患者87人，社区管理率98%。孕产妇系统管理率98.2%，孕产妇死亡率0，婴儿死亡率1.98‰，5岁以下儿童死亡率2.64‰，辖区活产数3033人，3岁以下儿童系统管理率97.9%。辖区助产服务机构新生儿遗传代谢性疾病免费筛查19361人，筛查率99.4%；新生儿听力免费筛查19295人，筛查率99.1%；新生儿先天性心脏病免费筛查19415人，筛查率99.7%。

六、城市建设和城市环境

（一）基础设施

全年开工建设公共服务配套设施10处;完成50条道路“黑化”提升,完成30条人行道专项整治，打通5条“断头路”。建设道路6条，自行车道10千米。开工建设养老设施项目3个，建成公共服务设施41个。新建公厕1座，改造2座。安装充电桩2664个，新建5G基站957个。处理人行道病害点位1900余处，面积8100平方米；处理车行道病害点位1300余处，面积2万平方米。推动实施83处道路点位大中修提升整治，整治车行道面积20万平方米，人行道面积2.5万平方米。检测桥梁133座。清扫道路1111.1万平方米，清运生活垃圾45万吨。建成生活垃圾分类标准化设施1467个，厨余垃圾分布式处理设施7座，标准化大件垃圾拆解处置设施1座，实现生活垃圾分类工作全覆盖。

（二）公园城区建设

全年建成小游园、微绿地3个，打造9个公园城市示范片区。完成61条街道行道树增量提质，公园绿地服务半径覆盖率90%以上、城市道路绿地达标率85%以上。新建天府绿道31.5千米，新增绿化面积50.1万平方米。年末全区绿地面积2401.3公顷，绿地率39.8%；全区绿化覆盖面积2797公顷，绿化覆盖率46.4%；人均公园绿地面积15.1平方米。

（三）环境保护

年末共有空气质量自动监测标准站12个，全年空气质量优良天数284天，优良率77.8%，$PM_{2.5}$浓度38微克/立方米，比上年下降9.5%。水环境质量考核断面水质达标率100%。

七、人口

年末常住人口121.6万人，比上年末增加0.9万人，增长0.7%，城镇化率100%。年末户籍人口67.68万人，其中，男性32.61万人、女性35.07万人。全年出生人口6428人，出生率9.5‰；死亡人口2866人，死亡率4.2‰；人口自然增长率5.3‰；人口机械增长率19.5‰。

注：

1. 公报中数据为初步统计数据，正式数据以《2021年武侯统计年鉴》为准。各项统计数据均未包括武侯区行政区划内由高新区代管的芳草街街道、肖家河街道、石羊街道、桂溪街道。部分数据因四舍五入的原因，存在总计与分项合计不等的情况。

2. 公报中地区生产总值、各产业及相关行业增加值绝对数按当年价格计算，增长速度按可比价格计算。

3. 公报中2020年地区生产总值按照最终核算数进行了修订。

4. 公报中对外贸易、财政、教育、科技、文化、卫生、体育、环境保护、人民生活和社会保障等数据来源于相关部门。

品武侯

诸葛亮治汉兴蜀之策——置盐铁，尚蜀锦，平物价

煮盐、冶铁，是我国封建时代重要的手工业生产。蜀地素产盐铁，自古以来煮盐、冶铁业都很发达。东汉中后期，盐铁由政府专卖的禁榷制度逐渐转为由大地主控制经营权。三国时期，蜀汉丞相诸葛亮为抑制豪强地主，增加政府财政收入，重新恢复盐铁官营制度。“置盐府校尉，较盐铁之利”，任命王连、吕乂为司盐校尉，张裔为司金中郎将专管生产农战之器。

诸葛亮十分重视盐的生产，为提高盐产量，他改进技术，用火井煮盐，《华阳国志》载：“取井火煮之，一斛水得五盐；家火煮之，得无几也。”当时临邛、广都、什邡等地都有盐井，诸葛亮曾亲自到临邛查看火井，督导生产。诸葛亮也很重视冶铁，四川许多地方都留有他当年冶铁的遗址，《读史方舆纪要》载：“铁溪河县西十里。其上源即邛水也。自邛州流入境，注於皂江。相传诸葛武侯曾烹铁于此。”由于诸葛亮的重视，盐铁业生产效率得到提高，蜀汉盐铁生产“利入甚多，有裨国用”。

蜀锦是四川的特产，蜀人善纺织，《后汉书·公孙述传》载：“女工之业，覆衣天下。”为充分发挥这一地方优势，大力发展织锦业，诸葛亮倡导支持蜀锦生产。因此，他提倡种桑养蚕，开辟丝源，带头在家中种下八百株桑树，鼓励老百姓大量种桑养蚕。在诸葛亮的重视和倡导下，蜀锦生产规模空前发展，蜀地呈现出“阛阓之里，伎巧之家，百室离房，机杼相和，贝锦斐成，濯色江波”的景象。

诸葛亮还曾设置锦官专门管理蜀锦生产及销售。在建兴初年，他就下达《言锦教》称“今民贫国虚，决敌之资，惟仰锦耳”，用蜀锦与魏换马，与吴换粮，以蜀锦的销售利润充作军费。一时间，蜀锦在魏、吴十分畅销，南朝山谦之《丹阳记》载：“江东历代尚未有锦，而成都独称妙。故三国时，魏则布于蜀，吴亦资西道。”

三国时期，中原战乱不断，商业发展受影响。益州地区虽物资丰富，但地方豪强囤积居奇，哄抬物价，扰乱市场。为整顿市场，安定民心，诸葛亮遂采纳刘巴的建议“铸直百钱，平诸物贾，令吏为官市”。

首先，诸葛亮下令统一铸币以方便商品交换。为核实田亩数量、增收田赋，诸葛亮颁发丈田令，同时从其他地区购入低价粮食送入成都各市，以抑制粮价。其次在各地设立官市，统一物价，避免富商大贾欺行霸市、压榨百姓。此外，他效法桑弘羊，实施均输平准制度。设平准官，根据物价贵时抛售、贱时收买，以稳定市场物价；设均输官，把应由各地输往成都的物品转运至各处贩卖，通过辗转交易抑制商人垄断市场。经过诸葛亮的整治，富商大贾和豪强兼并势力得到遏制，蜀汉地区商业繁荣发展，正如左思《蜀都赋》所描绘：“市廛所会，万商之渊。列隧百重，罗肆巨千。贿货山积，纤丽星繁。”

附 录 >>>>

APPENDICES

武侯区区级领导（2021 年）

List of Leaders at District Level of Wuhou District (2021)

中共成都市武侯区委员会

书　记：陈　麟

副书记：林　丽（女，8 月离任）

　　　　景　波（8 月任职）

　　　　刘　毅（7 月离任）

　　　　王　毅（8 月任职）

常　委：陈　麟

　　　　林　丽（女，8 月离任）

　　　　景　波（8 月任职）

　　　　刘　毅（7 月离任）

　　　　王　毅（8 月任职）

　　　　李　勇（8 月离任）

　　　　王瑞平（8 月离任）

　　　　陈　音（女，8 月离任）

　　　　陈　智（8 月离任）

　　　　潘永革（8 月离任）

　　　　郭小平（9 月离任）

　　　　刘继平（9 月任职）

　　　　王亚滨（8 月任职）

　　　　沈　翔（8 月任职）

　　　　黄永忠（8 月任职）

　　　　潘　虹（女）

　　　　邱长宝（9 月任职）

　　　　余　戬（9 月任职）

　　　　潘运中

成都市武侯区人大常委会

主　任：王力平（1 月离任）

　　　　李　燎（1 月任职）

副主任：王高德（12 月离任）

　　　　钟　鸣（女，12 月离任）

　　　　金　怡（女，9 月离任）

　　　　卓　锋（12 月离任）

　　　　唐恭学（12 月离任）

　　　　唐　卫（12 月任职）

　　　　林金辉（12 月任职）

　　　　李　林（女，12 月任职）

　　　　邓召平（12 月任职）

　　　　陈　兵（12 月任职）

成都市武侯区人民政府

区　长：林　丽（女，8 月离任）

　　　　景　波（8 月任职）

副区长：郭小平（9 月离任）

　　　　邱长宝（9 月任职）

　　　　吴影梦（9 月离任）

　　　　林金辉（9 月离任）

　　　　蒋　明（3 月离任）

　　　　丁　宁（9 月离任）

　　　　黎焰飚（9 月离任）

　　　　陈丽娜（女，9 月任职）

　　　　刘　清（女，9 月任职）

　　　　宋　伟（9 月任职）

　　　　赵　毅（9 月任职）

　　　　唐　毅（9 月任职）

政协成都市武侯区委员会

主　席：伍本康（12 月离任）

　　　　贺　欣（12 月任职）

副主席：罗四清（12 月任职）

安雪松
蔡振雄（12 月离任）
郑万明（12 月离任）
覃　丹（12 月离任）
刘立新
邱　耘（12 月任职）
罗新蓉（女，12 月任职）
刘　莉（女，12 月任职）

成都市武侯区纪律检查委员会

书　记：李　勇（8 月离任）
　　　　沈　翔（8 月任职）

成都市武侯区监察委员会

主　任：李　勇（9 月离任）
　　　　沈　翔（12 月任职）

成都市武侯区人民法院

院　长：唐　卫（10 月离任）
　　　　张　静(女,12 月任职)

成都市武侯区人民检察院

检察长：黄维智（10 月离任）
　　　　伍　健（12 月任职）

其他区级领导

一级巡视员：
王力平（2 月离任）
伍本康
（7 月任职，12 月离任）
二级巡视员：
陈　音（女）
陈　智
金　怡（女,8 月任职）
吴影梦

武侯区各组织机构主要负责人（2021 年）

List of Principal Responsible Persons of Organizations and Institutions of Wuhou District (2021)

区委办公室
主　任：邓召平（11 月离任）
区委保密机要局（区国家保密局、区密码管理局）
局　长：邢俊德
区档案局
局　长：谢　波
区人大常委会办公室
主　任：李　怡（女）
区人大法制委员会
主任委员：许守明（12 月离任）
　　　　　代万旭（12 月任职）
区人大经济委员会(11 月机构更名)
主任委员：马世杰（11 月离任）
　　　　　何　勇（12 月任职）
区人大教育科学文化卫生委员会（11 月机构调整设立）
主任委员：刘自强（12 月任职）
区人大城乡建设与环境保护委员会
主任委员：马建英（女）
区人大预算委员会（11 月机构调整设立）
主任委员：陈　雄（12 月任职）
区人大社会建设委员会（11 月机构更名）
主任委员：文敬良（11 月离任）
　　　　　赵思源（12 月任职）
区人大常委会人事代表工作委员会
主　任：李晓慧（12 月离任）
　　　　张礼康（12 月任职）
区人大常委会预算审查工作委员会（11 月机构调整撤销）
主　任：叶志豪（11 月离任）
区人大常委会研究室
主　任：李宏飞（12 月任职）
区政府办公室
主　任：唐　毅（9 月离任）
　　　　陈明毅（12 月任职）
区地志办
主　任：孙　奇
区政协秘书长　何　勇
区政协办公室
主　任：王茂毅（4 月离任）
　　　　肖　鸿（女，4 月任职）
区政协理论研究室
主　任：高建堂（2 月离任）
　　　　秦　瑜
　　　　（4 月任职，11 月离任）
　　　　付庆文（11 月任职）
区政协委员联络办公室
主　任：李佳梅（女，11 月离任）
　　　　贺　颖（女，11 月任职）
区政协提案委员会
主　任：王建忠（11 月离任）
　　　　吴瑜聪（女，11 月任职）
区政协经济委员会
主　任：汤洪著（4 月离任）
　　　　吴　强（4 月任职）
区政协建设与环境委员会
主　任：蒋　红（4 月离任）
　　　　颜仕成（4 月任职）
区政协教育文化委员会
主　任：宋俊红（女）
区政协社会事业委员会
主　任：聂　明
区政协法制群团委员会
主　任：刘　卫
区委组织部
部　长：陈　音（女，8 月离任）
　　　　黄永忠（8 月任职）
常务副部长：汪峻锋
区委非公组织工委
书　记：李　超
区委党史研究室
主　任：牛善朋

区委宣传部

部　长：潘　虹（女）

常务副部长：周其刚（3 月离任）

黄晓颖（3 月任职）

区委统战部

部　长：王瑞平（9 月离任）

余　戬（9 月任职）

常务副部长：吴瑜聪（女，9月离任）

王　睿（9 月任职）

区侨台办

主　任：何东晓

区侨联

主　席：吴瑜聪（女）

区委政法委

书　记：陈　智（女，9 月离任）

王亚滨（9 月任职）

常务副书记：赵思源（11 月离任）

区委政研室

主　任：何成果（3 月离任）

周其辉（3 月任职）

区委社治委

主　任：陈　音（女，9 月离任）

黄永忠（9 月任职）

常务副主任：刘虹楠（女）

区委编办

主　任：蒋晓梅（女，11 月离任）

杨海平（11 月任职）

区直机关工委

书　记：陈　音（女，9 月离任）

黄永忠（9 月任职）

常务副书记：白　伟（11 月离任）

区委巡察办

主　任：王四欣（11 月离任）

黄蓉鹃（女，11 月任职）

区委老干部局

局　长：王　梅（女）

区委党校

校　长：陈　音（女，9 月离任）

黄永忠（9 月任职）

常务副校长：周　丹（女）

区行政干部学校

校　长：郭小平（9 月离任）

黄永忠（9 月任职）

常务副校长：周　丹（女）

区档案馆

馆　长：雷　禹

区融媒体中心

主　任：张　跃（女）

（1 月任职，11 月离任）

区发改局

局　长：李　令

区政府投资项目评审中心（区价格认证中心）

主　任：李　令

区新经济局

党组书记：黄晓颖（3 月离任）

杨海平

（3 月任职，11 月离任）

袁　博（11 月任职）

局　长：叶　茂（10 月离任）

袁　博（12 月任职）

区教育局

局　长：陈　兵（12 月离任）

汪　毅（12 月任职）

区民宗局

局　长：顾　鹏

区民政局

局　长：江新胜

区司法局

党组书记：刘军远（11 月离任）

苏　靓(女,11 月任职)

局　长：代万旭（12 月离任）

苏　靓（女，12 月任职）

区财政局

局　长：甘　立

区人社局

局　长：罗新蓉（女，12 月离任）

蒋晓梅（女，12 月任职）

区住建交局

党组书记：罗　诚

局　长：刘　莉（女，12 月离任）

区人防办

主　任：刘　莉（女）

区综合执法局

局　长：刘自强（12 月离任）

黄文胜（12 月任职）

区城管局

局　长：刘自强（12 月离任）

黄文胜（12 月任职）

区水务局

局　长：胡永清

区公园城市局

局　长：汪　毅（12 月离任）

孙剑辉（12 月任职）

区商务局

局　长：龚春明

区投促局

书　记：陈明毅（11 月离任）

张旭东（11 月任职）

局　长：陈明毅（12 月离任）

李佳梅（女，12 月任职）

区文体旅局（区广电局）

局　长：龚　婧（女）

区卫健局

局　长：田　军

区退役军人事务局

局　长：韩文彬

区军休中心

主　任：李晓林（女）

区应急局

局　长：任德才（4 月离任）

马进朝（4 月任职）

区审计局

局　长：孙　蓓（女）

区国资和金融局

局　长：郑建平（12 月离任）

区市场监管局（区知识产权局）

局　长：王佳舟

区统计局

局　长：秦　瑜（6 月离任）

冯　维（8 月任职）

区行政审批局

局　长：杨海平（4月离任）

何成果（4月任职）

区信访局

局　长：马进朝（4月离任）

熊　雄（4月任职）

区医保局

局　长：郑　伟（6月离任）

王茂毅（6月任职）

区机关事务中心

主　任：冯　维（5月离任）

张长兵（5月任职）

武侯电商产业功能区管委会（8月机构调整撤销）

主　任：杨月玲（女）

她妆美谷管委会（7月机构调整设立）

主　任：徐雪松

华西大健康产业功能区管委会（8月机构调整更名）

书　记：潘　虹（女）

主　任：晏　彪

三国创意设计管委会（8月机构调整更名）

书　记：王瑞平（8月离任）

主　任：陈　雄（12月离任）

于海波（12月任职）

区科协（区悦湖新材料科技中心，中心为8月机构调整设立）

主　席：杨月玲（女）

（9月任职，10月兼任区悦湖新材料科技中心主任）

区人武部

政　委：潘运中

部　长：罗顺武

区公安分局

局　长：吴影梦（9月离任）

宋　伟（9月任职）

政　委：叶　伟（3月任职）

区税务局

局　长：罗辉龙（12月离任）

都　兵（12月任职）

区规划和自然资源局

党组书记：张　天

局　　长：张　天

区生态环境局

局　长：卿三宾

区总工会

主　席：潘永革（9月离任）

刘继平（9月任职）

常务副主席：颜崇文

团区委

书　记：彭晓聪（1月离任）

陈　川（1月任职）

区妇联

主　席：黄　果（女）

区工商联

书　记：许　林（4月离任）

王廷智（4月任职）

主　席：孙　伟（12月离任）

廖丕波（12月任职）

区残联

理事长：张礼康（12月离任）

区社科联

主　席：李　洁（女）

区红十字会

会　长：林金辉（9月离任）

刘　清（女，9月任职）

常务副会长：张　滨（12月离任）

李　军（12月任职）

区环城生态区建设发展中心

党组书记：周宏波

（3月任职，12月离任）

范泽渊（12月任职）

主　任：周宏波

（3月任职，12月离任）

范泽渊（12月任职）

浆洗街街道

党工委书记：何　勇（11月离任）

姜建波（11月任职）

办事处主任：姜建波（12月离任）

徐　璐（女,12月任职）

望江路街道

党工委书记：李　林（女，11月离任）

柯　伟（11月任职）

办事处主任：于海波（12月离任）

张　跃（女,12月任职）

火车南站街道

党工委书记：熊　刚

办事处主任：余　波

玉林街道

党工委书记：龚光辉（9月离任）

张　路（11月任职）

办事处主任：张　路（12月离任）

张宝天（12月任职）

红牌楼街道

党工委书记：谭　军（11月离任）

张　斌（11月任职）

办事处主任：张　斌（12月离任）

李　翼（12月任职）

晋阳街道

党工委书记：黄文胜（11月离任）

龚　婧（女,11月任职）

办事处主任：周宏波（3月离任）

文冬东（3月任职）

机投桥街道

党工委书记：沈　瑜（11月离任）

周宏波（11月任职）

办事处主任：柯　伟（12月离任）

周　华（女,12月任职）

簇锦街道

党工委书记：兰　海

办事处主任：黄　南

华兴街道

党工委书记：肖　鸿（女，4月离任）

郑　伟（4月任职）

办事处主任：付建松（10月离任）

温建军（10月任职）

簇桥街道

党工委书记：徐雪松

办事处主任：李　军（12月离任）

张　铮（12月任职）

金花桥街道

党工委书记：吴　强（3月离任）

任德才（3 月任职）
办事处主任：张旭东（12 月离任）
罗维斯（12 月任职）

武侯国投集团（1 月机构调整设立）

董事长：谢　勇（3 月任职）

武侯发展公司（1 月机构调整设立）

董事长：何长见（3 月任职）
总经理：李晨曦（3 月任职）

武侯文创公司（1 月机构调整设立）

董事长：张　钟（3 月任职）
总经理：康晓烽（3 月任职）

武侯资本公司（1 月机构调整设立）

董事长：詹清吉（3 月任职）
总经理：张华礼（3 月任职）

武侯商旅公司（1 月机构调整设立）

董事长：郝　斌（3 月任职）
总经理：吴云麟（3 月任职）

武侯音产公司（1 月机构调整设立）

董事长：许　捷（女，3 月任职）
总经理：周建文（3 月任职）

武侯社区商业公司（1 月机构调整设立）

董事长、总经理：彭晓聪
（3 月任职，12 月离任）

武侯科产公司（1 月机构调整设立）

董事长：陈浩宇（3 月任职）
总经理：涂声垓（3 月任职）

武侯卫教公司（1 月机构调整设立）

董事长：邬万颖（女，3 月任职）
总经理：马本强（3 月任职）

武侯高新公司

董事长：谢　勇
总经理：许　焰

党代表名单
List of Party Delegates

中国共产党成都市第十三次代表大会武侯区代表（共 11 名）

巫　敏　林　丽（女）　李　勇
陈　音（女）　李　林（女）
田　军　杨月玲（女）　王贵清
申民辉　李含荣　胡　平

中国共产党成都市武侯区第八次代表大会代表（共 320 名）

第一团（33 名）

陈　麟　邱长宝　邓召平　谢　波
雷　禹　吴　瑶（女）　李　令
蓝　崧　谢　颗　陈明毅　刘明军
陈蓉蓉（女）　龚春明　吴海燕（女）
杨海平　岑　琴（女）　谢　勇
周其刚　何长见　张　钟　詹清吉
郝　斌　许　婕（女）　陈浩宇
邬万颖（女）　康晓烽　吴云麟
张智能　赵文强　朱　江　冉代斌
杨月玲（女）　谢　飞

第二团（30 名）

景　波　赵　毅　郑　伟　温建军
付庆文　罗　静（女）　尹媛媛（女）
贺泓皓　左　琳（女）　李一冰
童顺丽（女，羌族）　杨　济
孙小平　孙　奇　刘亚强　甘　涛
甘　立　刘自强　唐良睿（女，藏族）
胡永清　龚　婧（女）　孙　蓓（女）
郑建平　罗　广　王佳舟　冯　维
任　倩（女）　邵　瑜　满江华（女）
宋　华（女）

第三团（31 名）

李　燎　沈　翔　张　路　段　涛
王　勤（女）　文　磊　费　娜（女）
张　璐（女）　索涵波　申民辉
杨金惠（女）　刘　苹（女，回族）
徐　闻　彭霞琴（女）　黄文胜
文冬东　周　波　朱建东　邓　勇
龚晓丽（女）　李文静（女）
李晓林（女）　高贵珍（女，藏族）
杜　靓（女）　高健男　赵　全
王四欣　韩文彬　谢　畅（女）
李　怡（女）　王　林（女）

第四团（31 名）

贺　欣　伍本康　熊　刚　余　波
贺莉莎（女）　卢　军　罗熙霖（女）
黄　河　蔡丽英（女）　刘志睿
毛　敏（女）　赵　丽（女）　唐锐敏
雷　婷（女）　何　勇　陈　颖（女）
田　军　高　艳（女）　孙广磊
曾庆秋（女）　李　敏（女）　鲁　斌
夏丽君（女）　董　婷（女）　王茂毅
魏　平（女）　刘军远　王　芸（女）
罗新蓉（女）　刘鳗瞩（女）　杨　波

第五团（32 名）

王　毅　唐　卫　沈　瑜　柯　伟
周　华（女）　罗晓东　邱　麟（女）
梅　馨（女）　刘跃伟　干勇明
朱　勇　杨　建　彭　巧（女）
詹雪花（女）　廖　容（女）　任德才
张旭东　孙　勇　洪建兵　李　波
徐艺华（女）　胡　伟　曾正昭（女）
陈　丽（女）　康　平（女）　曾　磊
佐　露（女）　苗　茂（女）　江新胜
陈　玲（女）　王　雷　周其辉

第六团（33 名）

王亚滨　宋　伟　张　静（女）
伍　健　何　勇　姜建波（藏族）
李蓉蓉（女）　熊　伟　王　畯
李和美（女，纳西族）　谭　敏
江　莉（女）　夏　楠　贾瑞明（女）
李晓林　陈志春　刁　杰　赵思源
张　竹　王莉莉（女）　唐浩凌
蒋　智　肖礼政　叶　伟　杨　光
车小娇（女）　扎西娜姆（女，藏族）
冉从军　林　杨　徐　飞　潘　恒
李莲佳（女）　欧娅娅（女）

第七团（33 名）

潘　虹（女）　余　戬　谭　军
张　斌　吴建明　李绍江　周　哲
毛　丽（女）　徐宜华（女）　杨　建
杨小勤（女）　张馨佳（女）　陈　亮
黄　方（女）　文　琴（女）
富川华（女）　熊红霞（女）　黄晓颖
李　洁（女）　张　跃（女）　王　睿

付建松　顾　鹏（满族）何成果
彭　静（女）刘忆晴（女）罗辉龙
王　璟（女，满族）陈　雄
邹　凯　杨剑军（瑶族）晏　彪
唐　艳（女）

第八团（31名）

黄永忠　罗四清　李　林（女）
于海波　黄远志　欧阳欢　董晓玲
任　参　李　琴（女）卓　群（女）
张　滨　闵　忠（彝族）
秦　旭（女）徐莉莎（女）
李　江（女）汪峻锋　李　超
牛善朋　徐　璐（女）蔡佳岑（女）
刘虹楠（女）王廷智　龙　飞（女）
蒋晓梅（女）白　伟　王　梅（女）
周　丹（女）张承思　马进朝
肖　彬　罗　娜（女）

第九团（33名）

潘运中　唐　毅　兰　海　黄　南
张红宾（女）陈　鋆　李孟玲（女）
李冬梅（女）陈　林　杨樊方圆（女）
邹　薇（女）易　洋（女）何齐康
鄢树敏（女）罗　诚　高石桥（女）
滑素培（女）邹盛华（女）汪　毅
孙剑辉　熊　雄　王旭磬（女）
张长兵　周宏波　张　天　卿三宾
颜崇文　陈　川　雷　建　罗顺武
黄　果（女）张礼康

第十团（33名）

刘继平　陈丽娜（女）徐雪松
李　军　李　翼　欧文彬　罗　涛
杜　凤（女）李　阳（女）甘利痕
陈秀兰（女）蒋利娟（女，回族）
王颖婷（女）夏　瑜（女）
万　璐（女）陈　兵　杨　雯（女）
朱世军　雷　明（女）林　迪
杨建辉　丁世明（女）何光友
刘　晏　陈世连　徐　映（女）
王艳林（女）王　霞（女）刘　刚
李霄羽（女）张　谦（女）
肖　丽（女）李婷梅（女）

人大代表名单

List of Deputies to Wuhou District People's Congress

驻武侯区市第十七届人大代表（共33名，含高新小组14名）

王川红　巫　敏　杨立旺　魏子海
周雅丽（女）李镇西　丁世明（女）
马成斌　王　晓（女）王开进
王泽平　冯永刚　向万军（女）
刘荣富　杜　毅　李　明　胡益俊
李　燕（女）李　燎　李大福
李含荣　杨　丽（女）邹　琴（女）
沈　翔　陈　麟　陈海牛　卓朝阳
罗　莉（女）罗庆春　赵　宇
黄朝根　董　毅　景　波

武侯区第八届人民代表大会代表（共373名）

浆洗街街道（42名）

马　扬　马建英（女）王礼全
王亚滨　王　慧　卢洪良　姜建波
卢　静（女）代万旭　丛　林
向　东　向　明　刘自强　唐　力
刘　蔺（女）刘霍秋　许守明
孙　涛　李　志　李　峰　李　敏
杨光荣　杨　舒　何明泉　何　勇
张　友　张良田　张晓东（女）
陈　广　陈裕兰（女）陈　懿
武　梅（女）青　初（女，藏族）
林金辉　赵思源　赵　婧（女）
段晓莉（女）郭彦宏（女，白族）
黄宾佩（女）斯　瑜（女，羌族）
曾　征（女，藏族）谢　沁（女）

望江路街道（25名）

王红宁（女）王　杭（女）谭学胜
叶峻岭（女，回族）史　江（女）
李　林（女）李昌林　何　军（女）
汪峻锋　张　戈　张礼康　张先波
张楚虹（女）欧阳欢　宗志勇
柳　良　郭孝东　郭洪麟　郭　勇
黄永忠　黄　浩　黄　颖（女）
程　谦　褚良银（土家族）
潘　敏

火车南站街道（17名）

邓召平　卢洪鉴　朱　强（羌族）
孙　景（女）李明文　李　瑾（女）
张　伟　张家蓉（女）陈　麟
贺莉莎（女）秦小利（女）高　进
唐永强　符小林　廖　琼（女）
熊　刚　衡智蓉（女）

玉林街道（39名）

丁江于　于江玲（女）历　娜（女）
毛　杰　叶　滔　向万军（女）
刘晓宇　孙吉芯　杜　斌　李宁强
李　怡（女）李铁牛　李　燎
杨春嵘　吴钟建　何　为（女，回族）
何　刚　邹　军　邹艳红（女）
张东明　张　英（女）张　路
张　滨　陈　兵　陈　英（女）
郑建平　赵其春　胡力荣　胡鉴轮
段旭如　骆建平　秦　瑜　彭寒兵
黄晓维（女）黄晓颖　黄　聪
颜世强　潘　虹（女）瞿红艳（女）

红牌楼街道（29名）

马世杰　王四欣　包　倩（女）
伍　健　任俊霞（女）刘兴国
李　俊（女）李晓慧　杨　平
余华文　余　戬　张　平　曾小明
张伟玲（女）张利美（女）张　斌
陈　勇　陈　雄　欧　瑶（女）
明　霞（女，藏族）罗　柳（女）
周成玉（女）郑贞福　赵福轩
高　进（女）骆　鸿　黄宇明
童　莉（女）谭　军

晋阳街道（17名）

王红玉（女）叶长松　白　伟
刘　健　刘浩威　杨　琼（女）
邹　琴（女）沈　翔　张　刚
张　明　唐　卫　唐　华（女）

黄 芳（女） 龚 婧（女） 葛永明
韩 超 蔡晓莉（女）
机投桥街道（13 名）
万永全 王 毅 杨巧莉（女）
杨贺欣 余 东 张 威 武秀峰
周宏波 柯 伟 贾绍勇（土家族）
黄治俊 银茂杉（女） 程维明
簇锦街道（21 名）
王 炜 王春玲（女） 代 功
兰 海 刘 春（女） 刘荣富
孙勇锋 苏 青 李书娟（女）
李宏飞 吴 军（女） 何静秋（女）
张 帆 孟 景 钟 川 潘运中
侯跃晏（女） 敖友军 袁云超
袁荣勤 徐永强
华兴街道（9 名）
叶明荣 刘梦秋 李玉兰（女）
杨 华 杨 丽（女） 郑 伟
胡光洪 郭 梅（女） 景 波
簇桥街道（12 名）
王维新 王 琳（女） 刘继平
李 娟（女） 李 鑫 杨 谦
陈庆伟 贺 兵 原璐萍（女）
徐雪松 盖力瓦（蒙古族）
普明初
金花桥街道（12 名）
乔林芝（女） 任德才 赖晓霞（女）
吴昊秋（女，羌族） 邱长宝
余定杰 张远成 张 静（女）
罗 平 周 刚 赵 毅 徐 伟
驻军代表（7 名）
孙 磊 李 平 罗亚丹 郑 栋
姜明明 徐术超 粟 操
高新区肖家河街道（14 名）
龙芝云（女） 刘 唯 刘 敏（女）
连 哲（藏族） 张一鸣 潘先根
张利超（女） 张鸣川 张 敏
荣小华 贾培杰（女） 徐 颖（女）
郭家英（女） 曾 轲
高新区石羊街道（39 名）
王玉芬（女） 王瑞丰 文 群（女）
白寿望 包红军 权丽娜（女）
朱洪涛 刘 虹 刘 娜（女）
刘 宽 李志明 李 科 雷振雨
李科英（女） 杨玉军（藏族）
杨汉礼 杨 芳（女） 杨浩宇
吴 莉（女） 狄玉萍（女） 谢晓雷
宋 茜（女） 张 卓 青丽丽（女）
周 刚 周 倩（女） 周 熙
谢治国 赵海艳（女） 钟 兰（女）
袁大利 徐 红 郭小娟（女）
唐诗沂 黄 轩 彭 涌
释果芳（女） 曾大蓉（女）
雷 莉（女）
高新区芳草街街道（24 名）
王怀光 王智鹏 方兴弘 廖 曦
左莹莹（女） 刘卫东 刘 寰
孙亚林 苏洪利（女） 李 川
李晓艳（女） 肖 婷（女） 曹 阳
何亚芬（女） 但 绿（女） 汪 强
宋大勇 张晓静（女） 廖 芸（女）
张家林（土家族） 罗 旭 廖 勇
符春堰（女） 戴 轶（女）
高新区桂溪街道（53 名）
马诗音（女） 王 欣（女，苗族）
王莉丽（女） 王 艇（女） 毛昌全
叶 莉（女） 付 裕（女） 魏尤年
兰才琼（女，土家族） 刘青全
刘 洋（女） 刘 洋 刘 莉（女）
刘雪峰 刘献英（女） 孙 波
巫全根 巫庆敏（女） 李 非
李 佳（女） 李 燕（女） 杨 刚
杨燕梅（女） 肖玉锋 佗 锐
余丽萍（女） 余剑侠（土家族）
张向旭 张红缨（女） 张树华（女）
陈 军 陈俊生 陈善军 章 扬
陈 曦（女） 苟 超 罗 巧（女）
周义霞（女） 郑胜兰（女） 鄢 磊
赵 欣（女） 骆漫思（女） 曹洪光
秦秀娟（女） 倪丽华（女） 潘 勇
高琴英（女） 唐 燕（女） 颜一昌
辜辰瑜（女） 谢 晴（女，蒙古族）
赖钧蓉（女） 薛 珂

政协委员名单

List of Members of the CPPCC Wuhou District Committee

武侯辖区市第十五届政协委员（共 56 名）

王 英 王 雁 王东杰 王向东
王瑞平 方定志 邓菊秋（女）
石秋英（女） 尼 珍（女，藏族）
朱建华 刘 宁（女） 刘 勇
刘 苹 刘 敏 刘立新 刘国伟
刘泽仁 许晓舟 李 嘉 李大福
李在辉 李成刚 李瑞海 杨 果
肖月强 吴 驰 吴正畦 吴永康
邱 梅（女） 宋 伟 张 苏
张 蕊（女） 张力强 张立辉
张进陶 张艳群（女） 陈天福
陈德才 范广洲 林戈尔 易加义
罗德云 周继明 郑 艾 项 涛
胡先林 胡跃琼（女） 姜 云
姜晓萍（女） 费德君 根 旺（藏族）
郭 线（女） 唐玥玓 黄 微（女）
梅永刚（羌族） 曹 钰（女，回族）

武侯区第八届政协委员

浆洗街街道（30 人）
余立珍（女） 李 亚（女）
李如平（彝族） 杨海涛 邓 凯
杨文源 张 玲（女） 赵 红（女）
李显琼（女，藏族） 罗 虹
陈莹莹（女） 贺凌辉 邬达超
罗新蓉（女） 李晓季 贺 颖（女）
吴瑜聪（女） 李 超 徐 璐（女）
张 猛（蒙古族） 郭学彬 刘 斌
陈云霞（女） 唐俊妮（女） 王亚西
张小林 闫 虹（女） 段晓芳（女）
邹 芳（女） 陈红霞（女）
望江路街道（27 人）
熊维军 潘 宏（女） 邓国营
张 跃（女） 安雪松 宋俊红（女）

李佳梅（女） 何臻颖（女） 伍生平
张增权 杨 强 皮 欢（女）
古和平 刘 何 卢晓燕（女）
张 叉 杨忠宝 李蔚琛 吴 良
詹沛翃（女） 宋世彬 杜 静（女）
李 勇 周 玲（女） 张 静
张大伟 李 坤（女）

玉林街道（23人）

张 浩 叶永丽（女） 潘万勇
余宓宓（女） 林清芳（女） 易卓林
商慧芳（女） 唐超伦 刘 波
李欣耘（女） 吴开刚 张宝天
岳帅凯 张 平 刘 轶（女）
刘政军 文玉华 朱 渝（女）
何毅章 宋鲁山 李 扬
熊 萍（女） 石 冰（女）

火车南站街道（24人）

余 波 何 勇 卫美佑（女）
张建辉 何 捷 孔 艺（女）
朱西平 郑艳平（女） 贺 欣
黄亚美（女） 吕章志 顾兴树
乐海斌 敬涵钦 叶云峰 刘 超
王 俊（女） 马 进 罗 娟（女）
许宏勇 李永红（女） 黎 晓
戢利蓉（女） 陈 柯

晋阳街道（24人）

文冬东 黄 俊 凌 志 龚跃明
谢玉琼（女） 李宜红 陈志鹏
何少森 黎晓明 黄欣欣（女）
卿 华（女） 郑天瑞 李 燕（女）
何鹏润 蒋雪萍（女） 陈 玉（女）
沈 瑜 方 方（女） 刘亚强
安 攀 曲红娟（女） 唐梓轩（女）
康 俊 廖 芳（女）

红牌楼街道（24人）

吴 瑶（女） 许文林 刘成祎
陶 勇 刘 钊 马 芸（女，回族）
李 翼 邹小平 董 杰 陈 鹏
刘子豪 古 兰（女） 杨跃武
黄乐铭 姜 勃 邓 敏 王 玮
邓艳丽（女） 高 文 黄 滨（女）
张 效 万 科 李鹏程 陈 彬

簇桥街道（24人）

刘立新 吴 强 廖显莲（女）
何 伟 吕海英（女） 周晓梅（女）
高喜莲（女） 张 铮 毛冬英（女）
魏益忠 廖丕波 谢良辉 杜洪林
张凤羽（蒙古族） 杨 琳（女）
吴建霞 唐 敏（女，羌族）
朱 斌 刘 军 陈 卓（女）
周志强 张铭鑫 赵永祥 袁华刚

簇锦街道（22人）

黄 南 释如松（女） 顾 远
朱晨曲 侯小刚 段兴隆 占梦来
周永孟 邵时弼 李香波 孙顺发
彭 红（女） 廖亚澜（女） 夏潇潇
林 杨 赵 雷 张文兰（女）
刘雁萍（女） 潘 莉（女） 杨松山
徐思国 蔡德慧（女）

华兴街道（23人）

刘 卫 邵 俐（女，回族）
唐娅莉（女） 姚 飞 温建军
虞 佳（女） 耿璐璐（女，满族）
唐红梅（女） 邱 耘 黎 昕
王 淇（女） 李 璇（女） 唐修学
张恒志 曹凯洲 李 斌 何 飞
林屏峰（侗族） 苏 靓（女）
余庭山 曾 剑 蒋懿嘉（女）
张 鹏

机投桥街道（25人）

官开文 陈 畅（女） 赖双玲（女）
康景斌 刘 宁（女） 陈星海
唐国伟 蒋 鹏 鲜 通 杨文君
王 雷（土家族） 刘 莉（女）
颜仕成 周 华（女） 廖 丹（女）
唐 柳 蔡 红（女） 李楚珺（女）
王 倩（女） 许继平 丁境奕
顾 娟（女） 杨 生 刘茂林
何大庆

金花桥街道（20人）

周晓律（女） 赵元贵 伍思源
冯开祥 罗维斯 罗四清 付庆文
肖 鸿（女） 聂 明 王 睿
刘庆东 邓 宇 赵 师 陈 武
邓如斌 周小锋 朱长芬（女）
莫 焱 许小斌（女） 彭 帅

高新区（105人）

冷晓燕（女） 张古哈（彝族）
匡世联 朱吉祥 游 晋（彝族）
魏智嵬 鞠友志 周梦春 高 龙
罗 建 伍文涛 周 智 赵新强
王 静（女） 孙婕妤（女） 吴召雷
刘 玺（女，藏族） 赵 艺
李春妍（女，土家族） 何云鹏
汪 洋（女） 蒋 军 邹铮贤
秦 文（女） 刘 力 余京儒（女）
陈俐娟（女） 李龙飞 郑 刚
李 莹（女） 张怀良 安显韬（女）
刘 江（女） 李星宇 王 进（女）
代 聪 谭林英（女） 乔 宁
管志强 李嘉辉 刘 娜（女，藏族）
余 萍（女） 胡 元 姜 昊
孙晓刚 顾 实 杨 莉（女）
樊 钒（女） 查文宇 梁 振
张汝冰 田 虎 牟清华 王安鑫
杨 樊（女） 蒋 姝（女） 罗红卫
李兴虹（女） 孙 余（女） 徐秀祥
徐平洪（女） 李 鑫（女） 杨碧宁
涂 敏（女） 梁 艳（女） 邓 柯
李 鑫 陈丽慧（女） 高中森
黄国民 谢 强 朱小军 陈 鑫
曾晓阳（女） 刘春刚 余汪鑫
唐甜甜（女） 彭怡岚（女） 汤 进
杨 欣（女） 谢春利（女） 蒋 鲲
曾流芝（女） 李 针（女） 王 凯
陈新云（女） 黄自江 赵 刚
彭洪霞（女） 周 震 释悟通
邹 胜 黄爱东 董晓菲（女，回族）
付庆刚 李华泉 傅 亮 彭 彤
林 楠（女） 周 密（藏族）
舒翰轩（满族） 高 静（女）
丁 珺（女） 王仪松 郭 静（女）

表 123 2021 年中央级重点媒体报道武侯区情况表

序号	报道时间	标题	内容	报道媒体
1	1 月 8 日	武侯区中粮大健康产业园开工建设 首创“4H 生态圈”理念	武侯区高质量发展攻坚年百亿级项目开工暨中粮大健康产业园开工仪式在火车南站西路 8 号举行	央广网
2	1 月 8 日	成都武侯区开展“春雷行动 2021”之知识产权“护航”执法行动	武侯市场监管人顶着风雪，无畏寒冷，深入开展“春雷行动 2021”之知识产权“护航”执法行动	国际在线
3	1 月 14 日	全国首个碳中和垃圾分类站落地成都	在簇锦街道永兴社区永乐苑小区，一座新颖别致、绿色耀眼的垃圾分类亭引得不少行人驻足观望，群众积极扫码使用绿豆芽 App 参与垃圾分类碳中和行动。据了解，这是全国首创的碳中和垃圾分类站	中国网
4	1 月 21 日	你听说过“共享奶奶”吗	在晋阳街道吉福社区党群活动中心，几位慈眉善目的老奶奶正带着一群小朋友学剪纸，给他们讲故事，和他们一起吃饺子，呈现出一派其乐融融的景象	中新网
5	1 月 29 日	成都武侯区音乐坊步行街入选 2020 年四川省级步行街改造提升试点街道	四川省商务厅官方网站发布 2020 年省级步行街改造提升试点名单，武侯区的音乐坊步行街位列其中	人民网
6	1 月 31 日	家门口就能看风景 成都武侯区 1.7 万平方米社区公园开园迎客	新年伊始，位于聚龙路与万兴路交会处的武侯区顺江社区公园经过 2 个月的改造，以全新的面貌回归，为附近居民提供休闲“新生活”	国际在线
7	2 月 2 日	“4+1”服务模式来了！成都武侯区创新探索退役军人“一体化”服务	武侯区退役军人服务中心以承接全省“一体化”试点为契机，持续深化退役军人事务领域“一窗联办、一站通办、一次办好”改革，创新探索“打包一件事、构筑一张网、最多跑一次”的退役军人“一体化”服务，推进形成全要素覆盖、全链条集成、多业务协同的退役军人服务管理“武侯模式”	国际在线
8	2 月 7 日	帮扶空巢老人 成都“奶奶厨房”传递温情	川西风格的青瓦灰墙，十几平方米的共享空间，屋内窗明几净，屋外蜡梅飘香。武侯区玉林街道黉门街社区小税巷 4 号院落，坐落着远近知名的“奶奶厨房”	人民网
9	2 月 8 日	对口帮扶为四川白玉县拓宽致富路	2020 年 2 月，白玉县退出贫困县序列。武侯区坚持“摘帽不摘责任、摘帽不摘政策、摘帽不摘帮扶、摘帽不摘监管”政策，帮扶白玉县在致富路上持续稳步前行	《光明日报》
10	2 月 9 日	在研究诸葛亮文化上继续深耕	2021 年，成都武侯祠博物馆以国际化、智能化建设为中心制定发展规划，全面推进相关研究中心建设，组建研究团队，完成相关遗存调查项目，出版系列高质量研究成果，举办国际研究论坛；加快完善展陈体系，举办高水平的诸葛亮和三国文化专题展览；做实做强研学基地和文化产业示范基地，广泛开展文化传承进校园、文化扶贫进山村、文化宣讲进社区活动，调整文化产业业态布局，形成涵盖文化、研学、节庆的文旅产品体系	《光明日报》
11	2 月 10 日	“市井生活圈”开启新春模式	在成都音乐坊，2021 一环路市井生活圈开街暨春节系列活动在二十四伎乐民乐表演的《烟火成都》中拉开序幕	CCTV-13

续表123

序号	报道时间	标题	内容	报道媒体
12	2月12日	潮流“玩家”的文物潮玩	咧着嘴笑得憨憨的“铜兽面”、瞪眼呆坐的“青铜大立人”……这些来自武侯区“80后”设计师曾舟的三星堆福佑青铜像系列文物潮玩作品让人耳目一新	新华社客户端
13	2月15日	一问到底·南北年俗有何大不同？ 舞龙“行花街”广东人要讨啥彩头	采访武侯区民俗专家刘孝昌,向观众介绍成都过年习俗	CCTV-13
14	2月12日	四川成都 正月里来是新春 大年初一迎喜神 祈愿国泰民安	央视记者连线直播成都武侯祠大年初一迎喜神活动	CCTV-13
15	2月22日	成都武侯区以城市有机更新项目拉开区域实施幸福美好生活十大工程大幕	“美好倪家”城市更新项目群众沟通会在玉林街道倪家桥社区党群服务中心一楼举行	央广网
16	2月28日	成都本地游,生活真“巴适”	留在成都原地过年的人们体验一把过文化年的游玩新花样。从大年初一到初七,从武侯祠博物馆到杜甫草堂,成都的人们在博物馆中重新认识了这座城市的文化和韵味	《光明日报》
17	3月3日	关注生活垃圾分类 四川成都:看动漫 听歌曲 学会垃圾分类	武侯区综合执法局制作生活垃圾分类动漫视频和歌曲,让市民能更好地记住垃圾分类相关知识	CCTV-2
18	3月8日	四川成都 垃圾分类来了！多举措助居民养成垃圾分类习惯	近年来,武侯区一直积极成建制推进垃圾分类,不断向居民宣传垃圾分类知识。引入第三方服务机构,在映月花园通过积分兑商品新举措,引导居民垃圾分类	CCTV-13
19	3月8日	成都武侯区举行“伊人三悦·武侯有约”沙龙活动 聚焦医美产业生态圈建设	3月8日,2021年武侯区“伊人三悦·武侯有约”医美产业发展主题沙龙活动在华西大健康产业功能区展示中心举行	新华网
20	3月12日	老旧社区服务治理更完善！成都武侯创新信托物业模式	自2019年开始,武侯区便探索推广信托制物业,旨在解决小区的物业纠纷和物业矛盾,破解老旧院落脏乱差和无人管理的问题,充分调动基层的主动性和积极性,形成街道、社区、小区党组织、物业公司、业委会等多方联动、协同推动的良好局面	央广网
21	3月12日	成都武侯区践行幸福美好承诺 服务优质生活	在武侯区,幸福美好生活十大工程每一项从微观着眼、从细节入手,把落脚点放到老百姓真真切切的感受上。一个个看得见、摸得着的转变与更新,标志着武侯区一步步兑现着“让生活更美好”的承诺	新华网
22	3月13日	幸福美好观察团来了！成都武侯创新组建专家观察员队伍	3月12日,武侯区召开实施幸福美好生活十大工程动员大会,对十大工程进行全面安排部署,并向首批区幸福美好生活市民观察员代表颁发聘书	央广网
23	3月15日	未来5年 成都市武侯区全力推进“幸福美好生活十大工程”	3月12日,武侯区召开实施幸福美好生活十大工程动员大会,安排部署十大工程,并向首批区幸福美好生活市民观察员代表颁发聘书	人民日报客户端

续表123

序号	报道时间	标题	内容	报道媒体
24	3月15日	十项措施深度服务企业 成都武侯推动全区高质量发展	3月12日，武侯区印发《武侯区深度服务企业推进高质量发展共建幸福美好生活十项措施》《武侯区全面深化国际化营商环境建设实施方案》，打造稳定公平可及的营商环境，推动产业发展，释放全新机遇	人民网
25	3月17日	建设大运特色社区 成都武侯区构建“办赛营城”新场景	日前，武侯区充分发挥党建引领组织动员优势，吸引多元主体抢抓大运会办赛营城重大机遇，着力加强社区场景营造，不断创新现代城市治理路径，以城市品质提升、参与氛围提升，彰显践行新发展理念的公园城市示范城区良好形象	国际在线
26	3月19日	成都武侯区青少年禁毒课堂开课	3月18日，由武侯区禁毒办、玉林街道主办，以“让青春洒满阳光·让毒品无处隐藏”为主题的武侯区青少年禁毒课堂开课	新华网
27	3月22日	“武侯社区美 全民迎大运”活动开启	由武侯区委宣传部主办的“爱成都·迎大运”暨“武侯社区美 全民迎大运”主题活动首场活动日前在天府芙蓉园举行	央广网
28	3月27日	2021“蓉漂杯”高层次人才创新创业大赛武侯区专题赛举行12个项目直通总决赛	3月25日，2021“蓉漂杯”高层次人才创新创业大赛“医药健康＋电子商务＋文化”创意专题赛在武侯区开赛	新华网
29	3月30日	成都武侯创新金融服务“智谷汇”上线智能化数字化应用	日前，武侯区召开深度服务企业推进高质量发展共建幸福美好生活大会，发布《武侯区深度服务企业推进高质量发展共建幸福美好生活十项措施》，探索建立线上线下金融服务平台，其中“智谷汇”是重点打造平台之一	央广网客户端
30	3月30日	成都武侯区：打造全龄友好包容社会营建工程 让特殊群体感受城市温暖	走在玉林街道的小巷子，随处可见老人们悠闲地坐在街边小花园里晒太阳、拉家常；年轻人喜欢去“爱转角”的后院，享受温暖的闲暇；一到周末，小孩子们则聚集在社区多功能活动室，这里有他们喜欢的“种子实验室”“幸福菜地”	国际在线
31	3月30日	共筑新格局！成都武侯发布五大产业功能区资源清单	武侯区举行产业功能区机会清单发布会暨一季度重大项目集中签约仪式，现场签约19个重大项目，总签约金额达366亿元	央广网
32	4月1日	成都武侯“红色共享小屋”催开美好生活幸福花	近日，在武侯区沙堰街236号的海天阁小区，一座30平方米的红色小屋，让人眼前一亮	中新网客户端
33	4月1日	银发增辉 四川成都一社区兴起“共享奶奶”	在武侯区吉福社区，一大群孩子有了“共享奶奶”。从去年开始，这些精神矍铄的银发老人积极发挥余热，利用闲暇时间接送社区内双职工家庭的孩子上下学，解决了家长们的一大烦恼	人民网
34	4月2日	成都武侯区全力打造青年人的“逐梦之都”、创业者的“圆梦之城”	“十四五”开局之年，“青年创新创业就业筑梦工程”被列入武侯区幸福美好生活十大工程	国际在线
35	4月12日	民政部确认一批婚俗改革实验区	日前，民政部发布消息称，经地方申报、实地调研、综合评估等环节，同意将四川省成都市武侯区等单位确认为全国婚俗改革实验区，实验时间为期三年	《新华每日电讯》
36	4月17日	以“城市更新”之名焕新新商业，成都美好生活又“上新”	武侯区政府参与主办的“更新新场景 焕新新商业重构新城市”2021中国城市有机更新与消费场景营造大会开幕	人民日报客户端

续表123

序号	报道时间	标题	内容	报道媒体
37	4月23日	成都武侯:“邻里医保”入驻社区医院 一站式服务居民少跑路	3月以来,武侯区医疗保障局推行重心下移、事权下放、服务下沉，激活医保服务“神经末梢”，全力打造“邻里医保”服务网格,为群众提供便捷、高效的医保服务	新华网
38	4月30日	成都武侯综合教育基地正式开园	卫星模型制作、激光刻蚀书签、高端科技装备、成都传统美食制作……4月29日，武侯区水韵园综合教育基地开园	人民日报客户端
39	4月30日	打造“15分钟生活圈”,全力建设宜业宜居产业新城	作为成都中心城区唯一以电子商务为主导产业的功能区,武侯电商产业功能区正以城市有机更新为契机,多维度、全方位推动“人城产”融合发展,全力打造宜业宜居产业新城	人民网
40	5月13日	成都市武侯区:居民在“家门口”领略社区生活美学	在武侯区,居民在“家门口”就能领略社区生活美学	新华网
41	5月14日	久久为功水渐清（人民眼·长江经济带生态环境保护）	2018年底，武侯区启动宜居水岸项目，江安河段整治工程随即展开，昔日堆积垃圾的河岸边栽种了大片观赏花卉	《人民日报》
42	5月15日	成都武侯区:谋赛就是营城,营城就是惠民	近年来，作为成都市历史、文化高地，武侯区开启千年城市新变，体育产业成为武侯区文创产业的六大细分方向之一	光明日报客户端
43	5月17日	武侯水韵园新装亮相 助力公园城市幸福升级	水韵园综合教育基地，不仅是武侯教育创新的又一名片，也是武侯区实施幸福美好生活十大工程、回应人民群众对美好生活期盼的具体实践	国际在线
44	5月17日	成都武侯区打造文化墙 满满的回忆戳中居民泪点	从四川音乐学院旁边的小巷子传来阵阵笑声，原来是武侯区龙江阁小区居民被家门口巷子里即将完成的文化墙吸引了	人民日报客户端
45	5月18日	成都武侯区:做强“城市大脑”做细“神经末梢”让市民安全感满满	当前,武侯区稳步推进智慧韧性安全城市建设工程,正全面提升城市安全感知、应急保障能力以及智能安全管理水平,全力确保城市更安全、社会更安定、市民更安心	新华网
46	5月20日	12对新人喜聚成都武侯天府芙蓉园 举行婚姻登记集体颁证仪式	为进一步弘扬传统婚俗文化，倡导移风易俗的社会新风尚,加快推进全国婚俗改革实验区建设,武侯区在天府芙蓉园举行“天府有囍·情定武侯”婚姻登记集体颁证仪式	国际在线
47	5月27日	2021天府文创大集市开市 成都音乐坊等你来逛	5月26日晚，2021天府文创大集市武侯分会场活动在成都音乐坊举行	央广网客户端
48	6月8日	284名高校运动员齐聚武侯 争夺大运会艺术体操参赛资格	6月8日，“相约幸福成都”2021年中国大学生艺术体操锦标赛暨第31届世界大学生夏季运动会艺术体操选拔赛在成都体育学院拉开序幕	央广网
49	6月9日	大国小鲜@新发展理念丨寻找成都幸福感的密码	6月5日，“大国小鲜@新发展理念”网络主题采访团来到武侯区,寻找成都幸福感爆棚的密码	人民网
50	6月12日	成都武侯祠博物馆举办系列活动迎接“文化和自然遗产日”	文化和自然遗产日前后，成都武侯祠博物馆开展系列线上及线下活动,搭建与公众沟通互动平台,推动博物馆历史文化资源和保护成果共享利用	光明日报客户端
51	6月22日	成都武侯:网红社区成旅游新景点	武侯将统筹示范创建、城市有机更新、社区美空间打造、社区商业发展等工作，激发社区发展治理新活力，打造10余条旅游路线,形成“天府社区游”武侯IP	人民日报客户端

续表123

序号	报道时间	标题	内容	报道媒体
52	6月27日	四川成都 群众歌咏会 颂歌献给党	6月26日下午，武侯区“颂歌献给党”庆祝中国共产党成立100周年群众歌咏会在棕北中学（西区）音乐厅举行	CCTV-13
53	7月2日	引入重大产业化项目53个，总金额达733亿元！成都武侯区项目招引初夏会战顺利收官	6月30日下午，武侯区初夏会战重大项目集中签约暨三季度重大项目招引攻坚行动启动仪式在首座万丽酒店举行	人民网
54	7月13日	国际能源巨头总部落地成都武侯三国创意园	新加坡能源集团（SP Group）将在武侯区三国创意园设立“中国城市绿色能源管理总部”，双方将携手推动绿色低碳发展，抢占智慧城市建设新机遇	《中国日报》
55	7月13日	2021“医美之都”北京招商推介会举行	7月13日，由武侯区主办的2021“医美之都”北京招商推介会在北京举行	中国网
56	7月13日	城市体检一线微观察② | “体检+手术”，解决了医院门前的“疑难杂症”	城市体检的重要作用是解决“城市病”，华西医院片区治理是一个样本，把这个“老大难”问题解决了，就会为了其他地方解决类似问题提供经验	《中国建设报》
57	7月14日	助力中小微电商企业健康发展（消费万花筒）	中小微电子商务企业具有轻资产等特点，普遍面临融资难、融资贵问题，武侯电商产业功能区强化金融服务，在园区专设金融服务站，为入驻企业融资搭建沟通平台，提供专业咨询服务，2020年以来，共帮助企业获各类融资6亿余元	《人民日报》
58	7月16日	2021中国都市夜间经济与消费升级大会在成都举办	7月15—16日，2021中国都市夜间经济与消费升级大会在成都召开。会上，武侯区联动长三角、粤港澳大湾区及海口、成渝等地政府相关负责同志，共同发起成立都市夜间经济联盟	《中国旅游报》
59	7月21日	四川省成都市武侯区侨创基地揭牌	7月20日，武侯区侨创基地揭牌仪式举行，省市侨联领导以及侨界专家学者，侨商代表，侨创基地创新特聘专家创业特聘顾问、各界人士和市区相关领导等100余人参加仪式	人民日报客户端
60	7月23日	成都：着力高质量发展，新经济“跑”出新高度	4月，位于武侯区的四川锦江电子科技有限公司研制出全球首款基于磁电双定位导航并且集三维建模、标测、消融于一体的心脏脉冲电场消融系统“LEAD PFA”，并取得中国首份心脏脉冲电场消融系统的注册型检报告	《新华每日电讯》
61	7月24日	“天府旅游名县巡礼”走进武侯	四川省“天府旅游名县”巡礼集中宣传报道活动在武侯区举行。来自全国27家主流媒体走进武侯区，通过实地采访和交流发布的形式，“检阅”了武侯区在“天府旅游名县”建设一年来的重大举措、重点工作、重要成果	央广网
62	7月25日	成都武侯区：生活美学为市民幸福感加码	经过两年多的努力，武侯区以打造河道两侧生态环境为重点、提升公园城市品质为标志的宜居水岸一期工程，于近日全面建成并对外开放	光明日报客户端
63	7月27日	环球访谈 | 名县巡礼对话成都市武侯区委书记陈麟：做强旅游“内循环”带动文旅大发展	武侯区委书记陈麟在接受媒体采访时表示，武侯区始终围绕“三国圣地 智慧武侯”全域旅游发展定位，抢抓机遇、乘势而上，以旅游发展聚人气、汇商气、显文气，不断彰显美丽宜居公园城区魅力	环球网

续表123

序号	报道时间	标题	内容	报道媒体
64	7月27日	成都武侯区:问需于民 做强“三支队伍”共谱幸福美好生活新篇章	武侯区出台专项实施方案，分类组建“三支队伍”，通过开展“两访两送”工作，常态化走访居民、商家、企业，推动政务服务在社区深化、矛盾纠纷在社区解决、社会风险在社区管控	党史学习教育官网
65	7月31日	成都武侯“云端服务站”2.0升级版上线	为主动应对新一轮疫情下招商新形势，武侯区升级“云注册＋云颁证”一站式服务功能,开启“云端服务站2.0”,推动项目线上促谈、线上签约、线上注册落地	人民日报客户端
66	8月8日	夜经济哪家强？成都武侯全国前十	日前，2021中国夜经济繁荣百佳县市榜单出炉，武侯区入选十佳榜	人民日报客户端
67	8月12日	暑期过半,托管服务效果如何	武侯区11个街道的30个社区，采用“团干＋社工＋志愿者”模式，整合各类资源，为辖区6～12岁青少年提供公益免费托管服务	《光明日报》
68	8月18日	成都市武侯区首创电子核查	2021年，武侯区市场监管局创新将餐饮开店审核从线下移到线上，办理人只需将经营场所的食品操作间完整、连续的视频、图片等资料提交到审核程序，等待后台人员审核通过即可开店，审核周期从20天压缩至1小时	《中国改革报》
69	8月19日	全国百强区出炉！成都武侯区位列全国第18位 领跑四川	8月17日,赛迪顾问城市经济研究中心正式发布2021赛迪百强区，武侯区名列全国百强区第18位，在四川省入围城区中排名第一	国际在线
70	8月30日	刘璇带货2021她妆秋冬时尚源头好物引爆新潮流	8月26—27日，由武侯区政府指导，天猫时尚鞋靴、淘宝直播、聚划算官方直播、天猫星选、中国女鞋之都直播基地主办的2021年成都女鞋／美妆源头好物节启幕	《中国日报》
71	8月30日	成都武侯区“走基层”文化惠民活动首场演出走进红牌楼街道	近日，2021年武侯区“走基层”文化惠民活动在红牌楼街道举行	人民网
72	9月2日	成都创新使用“垃圾分类小屋”折算碳中和量 运行8个月产生碳中和19.6吨	武侯区簇锦街道探索“政府主导＋居民参与＋市场化运作”垃圾分类新模式，建成全国首个碳中和垃圾分类小屋	新华社客户端
73	9月4日	成都巧打“三国”牌 文化服贸品牌走向世界	三国创意园是成都一个面向全球的文创产业功能区,在园区内的一家企业,记者看到,技术人员正在和卡塔尔的合作伙伴进行视频交流，为即将开幕的一个现场演出提供创意和视觉服务	央视新闻客户端
74	9月6日	成都“小白驿站”:白血病病友抱团取暖之家	客厅角落放着两台紫外线消杀灯，3个房间住着不同的家庭,中午常有3个以上家庭在厨房做饭,他们有一个共同的身份——白血病患者家庭，这是位于武侯区林荫街的“小白驿站”	中新网
75	9月6日	中国中小学探路“双减”后首个学年	武侯区联通分散在不同学校的微博物馆、实验室等场馆资源,匹配活动课程,向中小学生提供自选、免费的学习场景	新华社客户端
76	9月8日	国家智能社会治理实验基地入选名单公示 成都多项特色基地入选	9月7日,由中央网信办等8部门公示申报国家智能社会治理实验基地名单,武侯区入选特色基地（社区治理）	人民网

续表123

序号	报道时间	标题	内容	报道媒体
77	9月9日	思政课 多些打开方式（解码·促进学生全面发展）	武侯区各学校充分挖掘成都本地的人文资源、自然资源,将理想信念、爱国主义、革命传统、天府文化等融入特色课程建设,开发思政校本特色课程。目前,全区已开发“武侯小主人”“72行体验”“草堂一课”等特色课程37门	《人民日报》
78	9月9日	四川成都机投桥派出所:筑牢校园安全防护墙	日前,武侯公安分局机投桥派出所提前部署,深入辖区学校开展安全检查、校园安全知识宣讲、校园安全守卫,督促学校落实责任,及时消除安全隐患,维护校园和谐稳定	人民周刊网
79	9月12日	河湖保护出新招成都武侯区推出“口长制”	近日,武侯区大气、水、土壤污染防治“三大战役”领导小组办公室印发《武侯区锦江流域入河排口“一口一长”监管工作方案》,推出“口长制”,努力实现“管住所有排口,不让一滴污水入河”,让水清、岸绿、流畅、景美成为常态	人民网
80	9月14日	成都武侯区:“敲门行动”让“空巢”变“暖巢”	早在2014年,武侯区建成“颐居通”社区居家养老服务综合信息平台,利用大数据技术绘就“养老地图”,实现养老服务需求、供给和监管的同频共振	人民网
81	9月16日	半月谈丨城市韧性,修炼刚刚开始	为实现“治水清水”,武侯区宜居水岸项目采取河道改造、生态绿化、景观节点、水环境治理、绿道修建等一系列生态修复举措	新华社
82	9月23日	各地推动婚俗改革,让结婚回归爱的本质	武侯区注册“天府有囍”品牌,通过建立婚俗文化墙、设置爱情主题打卡点等方式,挖掘婚俗文化底蕴	《新华每日电讯》
83	9月26日	无人值守就近回收 家门口的环保阳光房垃圾回收太方便了	武侯区在锦城社区、南虹村社区投入使用无人值守可回收物自助投放点,让居民就近回收垃圾	中国网
84	9月26日	消除老年人“数字鸿沟”居家养老 智能助力更省心	武侯区建立的居家养老综合信息平台集纳了老年人基本情况、能力评估、养老服务偏好等数据,累计建立老年人信息化数据档案9万多份,为满足老年人居家服务需求提供数据支撑	CCTV-13
85	9月28日	成都试点“城市一刻钟便民生活圈”有啥不一样	成都首个社区食育中心在武侯区簇桥街道锦城社区投入运营	人民网
86	10月1日	成都武侯祠推出刘备与诸葛亮君臣合展	成都武侯祠博物馆的重磅展览“明良千古——刘备与诸葛亮君臣合展”在孔明苑展厅开幕	光明日报客户端
87	10月12日	享受社区消费一站式购物体验 这个益民菜市有点“潮”	走进位于武侯区胜利村108号的益民菜市旅游村店,记者看到,这个超过1000平方米的购物空间分为蔬菜、水果、冷冻、肉类、水产、日配、酒饮休闲等多个区域,有几千种商品,仿佛进入一个综合超市	中国网
88	10月13日	文化场馆活动 展现多彩魅力（消费视窗·加快培育新型消费③）	武侯区图书馆开展一系列“智慧助老”公益服务。在智能手机公益培训中,老年人可以了解不同手机的基础功能,学会如何进行手机支付、摄影、导航、聊天等	《人民日报》
89	10月14日	成都市武侯区入选国家生态文明建设示范区	10月14日上午,在联合国《生物多样性公约》第十五次缔约方大会生态文明论坛开幕式上,武侯区入选第五批国家生态文明建设示范区	国际在线
90	10月19日	老牌景区如何升级迭代？文化+创意+体验,成都:一座来了就不想离开的城市	想感受成都有特色的地方文化,武侯区的锦里是一条必去的商业街。这里号称是“西蜀第一街”,既有美味的传统小吃,还有各种工艺品,将成都的三国文化和民风民俗展现得淋漓尽致	CCTV-2

续表123

序号	报道时间	标题	内容	报道媒体
91	10月20日	成都武侯区图书馆获评2021天府书展“最佳分会场”	10月18日，在2021天府书展情况通报会上，武侯区图书馆被评为最佳分会场	人民网
92	10月22日	成都：从“规划图”变“实景图”的重点项目	9月29日，武侯区21个重大产业化项目集中签约，涉及新材料、总部经济、商务商贸、科技服务等领域，总签约金额350亿元	人民网
93	10月28日	砥砺奋进 武侯交出幸福答卷	5年来，武侯区坚定学习贯彻新思想新理念，真抓实干、砥砺前行，战胜一系列风险挑战，办成一大批急事要事，高质量全面建成小康社会，书写了武侯发展史上具有重要意义的篇章	新华网
94	11月1日	成都武侯：“断头路”通车了，雨天不再担心“踩雷”	2021年以来，武侯区结合党史学习教育，开展“我为群众办实事”实践活动，瞄准老百姓的操心事、烦心事、揪心事，通过解决身边事让他们切实感受到党史学习教育的成果	人民网
95	11月12日	诉讼事项一站式就近办跨域办	武侯区法院创设“一个标志、一键办理、一体引导”工作模式，打造小额诉讼巡回车载法庭，定期到社区开展小额诉讼巡回审判活动，在当事人所在社区就地审判、当场调解，取得良好效果	《法治日报》
96	11月19日	从“靠人管”到“靠数据治”成都武侯用技术赋能社区智慧治理	近年来，依托区网络理政工作体系，武侯区跨部门整合城管、综合执法等信息系统，建立“区—街道—社区—小区”四级智慧治理平台，通过数据承载、数据分析、数据开放、融合通信等六大核心系统，实现网格发现、街社呼叫、部门协同、分级处置，推动社区治理向智能化、精细化、实时化转变	人民网
97	11月20日	四川成都音乐坊等6地入选国家级夜间文化和旅游消费集聚区	文化和旅游部公布第一批国家级夜间文化和旅游消费集聚区名单，成都市春熙路大慈坊街区等入选	人民网
98	11月24日	成都武侯：全力推进建设智慧韧性安全城市	武侯区全力推进“液改气”工程，预计至12月底，将完成约3000户使用瓶装液化气场所改造	新华社
99	11月25日	武侯区“市民观察团”聚焦急难愁盼督促抓好民生民心工程	2021年，武侯区组建“我为群众办实事”观察员队伍，一桩桩一件件群众的身边事、大小事得到切实解决，一系列民情民意得到有效回应	人民日报客户端
100	12月6日	获“中国城市治理创新优秀案例奖”优胜奖 成都武侯信托制物业受肯定	在第二届中国城市治理创新优秀案例奖选拔颁奖大会上，武侯区“党建引领信托制物业服务模式”获优胜奖	中新网
101	12月9日	“幸福武侯”观察丨从经济发展和美好生活两个维度啃下“硬骨头”	武侯区建立问需服务、民生观察员、项目清单管理等制度，明确各方职责分工，健全工作体系，问需与施计之间，更加精准对接发展所需、基层所盼、民心所向，满足市民美好生活向往	央广网
102	12月10日	“幸福武侯”观察丨以创新之姿让“民生温度”持续升高	在武侯区，一项项惠民政策、一件件民生实事破解为民服务难点、痛点、堵点，回应人民群众对美好生活的新期待	央广网

续表123

序号	报道时间	标题	内容	报道媒体
103	12 月 11 日	“幸福武侯”观察丨以社区“小切口”做好为民“大文章”	无论是成立社会企业综合党委，推动党建工作与社会企业发展相融互动，还是入选国家智能社会治理特色实验基地，信托理念被率先引入物业服务领域，武侯区都以社区这一小切口着手，实施一揽子“大动作”，打造共建共治共享的社会治理格局，让“幸福武侯”更有温度更有质感更有内涵	央广网
104	12 月 14 日	打好改革“组合拳”推动服务“大提升”	武侯区创新实施“六个办”，助推实现“一件事一次办”	《中国改革报》
105	12 月 20 日	成都一综合教育基地把课堂搬到“校外”	近日，武侯区利用水韵园综合教育基地开设射箭、曲棍球、陶艺、自制火箭等生动的实践课程	中新网客户端
106	12 月 22 日	成都市武侯区建设新时代文明实践的探索与创新	武侯区作为中央深化拓展新时代文明实践中心建设试点第二批区域之一，紧随时代的浪潮，彰显自身亮点，挖掘内在潜能，在新时代文明实践的发展道路中不断探索创新，开辟出一条自己独特的发展之径	人民数字联播网
107	12 月 24 日	四川成都武侯区签约 27 个重大产业化项目	武侯区举行四季度重大产业化项目集中签约仪式，27 个重大产业化项目签约落户，总签约金额 276 亿元	人民日报客户端
108	12 月 27 日	成都市武侯区：量身打造高质量就业服务套餐满足群众多样化就业需求	武侯区坚持以人民为中心发展理念，面对就业群体种类多、覆盖广、跨度大的特点，结合“我为群众办实事”实践活动，推出多元化就业招聘、多维度创新创业、多效能技能培训的武侯高质量就业服务套餐，确保群众就业“急难愁盼”问题得到及时解决	党史学习教育官网

表 124　2021 年武侯区纳税额 500 万元以上企业一览表

（纳税 1 亿元以上企业见“经济管理”类目“税收”分目）

单位：元

序号	企业名称	纳税额
1	成都南横置业有限公司	94599089.97
2	卓远地产（成都）有限公司	85000150.24
3	重庆银行股份有限公司成都分行	83782846.69
4	上海银行股份有限公司成都分行	83018990.31
5	中密控股股份有限公司	81731035.49
6	四川省川南高等级公路开发股份有限公司	80998343.73
7	保利（四川）投资发展有限公司	80489773.59
8	中国银行股份有限公司成都武侯支行	79780643.46
9	四川电力设计咨询有限责任公司	76608426.73
10	中信银行股份有限公司成都万兴路支行	76437139.49
11	成都辰明置业有限公司	72751592.59
12	成都交通投资集团有限公司	71519051.83
13	成都恒璟源投资咨询有限公司	69816469.05
14	成都隆中策置业有限公司	68370730.89
15	成都欣然置业有限公司	68319384.93

续表124

序号	企业名称	纳税额
16	飞顿国际科技有限公司	66318335.78
17	成都武侯双凤七里轨道城市发展有限公司	65712390.93
18	四川宏远建筑工程有限公司	64940475.19
19	成都八益家具股份有限公司	64509949.23
20	成都彩虹电器（集团）股份有限公司	64186509.52
21	中国石油天然气股份有限公司四川成都销售分公司	59991141.04
22	成都市现代农业发展投资有限公司	59748845.78
23	交通银行股份有限公司成都武侯支行	59463902.71
24	四川省佳宇建设集团有限公司	58058007.32
25	四川省投资集团有限责任公司	56795422.18
26	四川辉航建筑工程有限公司	56175093.74
27	成都西部智谷建设开发有限公司	55644777.33
28	成都联想信息技术有限公司	55315404.84
29	四川川西高速公路有限责任公司	54868540.03
30	中国人民财产保险股份有限公司成都市分公司	54550227.00
31	成都宏川酒业有限公司	54388501.58
32	成都红旗连锁批发有限公司	52099809.37
33	中国平安人寿保险股份有限公司四川分公司	51686936.65
34	四川高速公路建设开发集团有限公司成都分公司	51537414.88
35	成都市新东方文化艺术培训学校有限公司	50412071.55
36	四川合信药业有限责任公司	50293145.89
37	费希尔久安输配设备（成都）有限公司	50270928.63
38	成都建工物资有限责任公司	49186068.83
39	成都百都科技有限公司	48049069.47
40	成都恒昊创新科技有限公司	46528782.19
41	成都来福士实业有限公司	46211167.50
42	成都汇日星河房地产有限公司	46103309.29
43	四川雅西高速公路有限责任公司	42508789.13
44	红星美凯龙成都企业管理咨询有限公司	42398296.44
45	成都城投建筑工程有限公司	42143139.10
46	百丽鞋业（成都）有限公司	41607436.56
47	成都建国汽车贸易有限公司	41328068.76
48	中诚投建工集团有限公司	40637966.30
49	领地集团有限公司	40426316.52
50	四川嘉宝生活服务集团股份有限公司	38060935.57
51	成都太平园家俬广场管理有限公司	37147452.51
52	四川港航建设工程有限公司	36834843.72
53	四川川东高速公路有限责任公司	36729258.01
54	建发（成都）有限公司	36033996.98
55	中国建设银行股份有限公司成都第九支行	34583418.35
56	成都市武侯区卫生投资发展有限公司	34344792.46

续表124

序号	企业名称	纳税额
57	成都利康实业有限责任公司	34238452.18
58	百威（中国）销售有限公司成都分公司	33973726.07
59	成都王府井购物中心有限责任公司	33695300.17
60	四川高速公路建设开发集团有限公司	32831804.98
61	四川成乐高速公路有限责任公司	32660735.38
62	成都武侯高新技术产业发展股份有限公司	32114769.41
63	四川致中致和建设工程有限公司	31691902.28
64	四川成渝高速公路股份有限公司成雅分公司	31626234.13
65	成都红牛维他命饮料销售有限公司	31545225.61
66	成都交投智慧停车产业发展有限公司	30806693.71
67	四川蜀汉生态环境有限公司	30633222.20
68	成都东泰商城有限公司	30087224.22
69	成都鑫耀房地产开发有限公司	29728040.80
70	四川智慧高速科技有限公司	29664168.42
71	四川成德南高速公路有限责任公司	29578504.18
72	四川达陕高速公路有限责任公司	29577603.18
73	中国农业银行股份有限公司成都武侯支行	29504766.30
74	四川顺丰速运有限公司	29481667.04
75	中国成达工程有限公司	29111039.97
76	中石化四川销售有限公司	28541905.26
77	成都利君实业股份有限公司	28252382.34
78	四川成渝高速公路股份有限公司成仁分公司	27299694.34
79	成都华日通讯技术股份有限公司	27113537.01
80	中核城市建设发展有限公司	26783447.03
81	上药控股四川生物制品有限公司	26743105.23
82	四川大学	26499593.47
83	成都华远电器设备有限公司	26277458.45
84	成都市武侯区红旗连锁有限公司	26071648.94
85	四川润达瑞泰生物科技有限公司	25937351.66
86	成都长城实业集团有限公司	25256357.57
87	四川省川北高速公路股份有限公司	24480510.46
88	中信国安建工集团有限公司	24374851.30
89	四川锦天下园林工程有限公司	23915168.51
90	成都银行股份有限公司武侯支行	23800144.98
91	成都傅立叶电子科技有限公司	23604175.18
92	保利物业服务股份有限公司成都分公司	22990366.18
93	四川省农业融资担保有限公司	22828014.37
94	四川省环保产业集团有限公司	22824555.33
95	成都环境工程建设有限公司	22778277.56
96	成都中新西南物流有限公司	22758865.09

续表124

序号	企业名称	纳税额
97	成都富强房地产开发有限公司	22590640.25
98	成都龙湖西晋置业有限公司	22439953.78
99	四川嘉宝生活服务集团股份有限公司成都分公司	22381829.22
100	四川元孚建筑工程有限公司	21894115.73
101	中国光大银行股份有限公司成都小天竺支行	21846138.15
102	四川巴达高速公路有限责任公司	21843495.45
103	四川纳黔高速公路有限责任公司	21664778.83
104	成都优高雅建筑装饰有限公司	21338746.92
105	成都伊藤洋华堂有限公司	63921698.08
106	成都西川教育管理有限公司	21123723.56
107	成都武科实业有限公司	21118588.04
108	上药康德乐（四川）医药有限公司	21032156.52
109	四川川大置业有限公司	20953630.18
110	中鸿亿博集团有限公司	20910721.22
111	四川路航建设工程有限责任公司	20759032.89
112	泰康人寿保险有限责任公司四川分公司	20595838.91
113	四川润扬建设集团有限公司	19993783.57
114	中民经开建设有限公司	19794332.26
115	成都能通科技股份有限公司	19772426.97
116	成都德商永鸿置业有限公司	19707698.54
117	中建环能科技股份有限公司	19583378.63
118	四川秦巴高速公路有限责任公司	19345861.51
119	四川新宏建筑工程有限公司	19325865.50
120	四川广南高速公路有限责任公司	18920184.00
121	四川省佳成建设有限公司	18892985.04
122	四川华奥药业有限公司	18846691.64
123	成都百合正信信息技术合伙企业（有限合伙）	18845242.05
124	四川景泽建筑工程有限公司	18837464.75
125	四川东方雨虹防水工程有限公司	18657874.85
126	四川瑞星行汽车销售服务有限公司	18602538.34
127	成都武侯华星锦业汽车销售服务有限公司	18337873.63
128	成都万年长青企业管理合伙企业（有限合伙）	18125960.40
129	四川大扬投资置业有限公司	18085203.72
130	四川省交通物资有限责任公司	17868304.71
131	四川智和诚汽车集团有限公司	17860178.40
132	四川海天力拓建筑工程有限公司	17825320.41
133	成都德芯数字科技股份有限公司	17769561.19
134	太平财产保险有限公司成都分公司	17740770.49
135	四川成雅高速公路油料供应有限责任公司	17489517.92
136	开元数智工程咨询集团有限公司	17337351.23

续表124

序号	企业名称	纳税额
137	江苏京东信息技术有限公司成都分公司	17332787.67
138	四川鸿宝装饰工程有限公司	17168038.84
139	成都佳发安泰教育科技股份有限公司	17086494.24
140	中国石化销售股份有限公司四川成都石油分公司	17053097.91
141	平安普惠信息服务有限公司成都武青南路分公司	17049555.02
142	成都凯祺瑞企业管理有限公司	16976426.18
143	富利建设集团有限公司成都分公司	16612225.29
144	成都棋泽劳务有限公司	16284190.40
145	成都公交传媒有限公司	16218841.79
146	成都龙湖锦正房地产开发有限公司	16120111.54
147	四川省中普建设有限公司	15991236.62
148	四川盛卉建设工程劳务有限公司	15973298.03
149	富邦华一银行有限公司成都分行	15924142.38
150	四川都汶公路有限责任公司	15872467.83
151	四川省创世亚中医疗仪器有限责任公司	15852487.28
152	四川融盛建筑装饰工程有限公司	15772759.11
153	久易茂樽建设有限公司	15720065.83
154	成都昀泽房地产开发有限公司	15643709.25
155	四川鸿腾电力安装工程有限责任公司	15611532.60
156	四川豫园黄金珠宝有限公司	15520357.17
157	成都鼎陶朱辉投资管理有限责任公司	15472367.53
158	成都茂文文化传媒有限公司	15467130.96
159	中铁隆工程集团有限公司	15409721.21
160	成都中宝汽车销售服务有限公司	15341020.72
161	四川润扬房地产开发有限公司	15254568.93
162	成都城北出口高速公路有限公司	15199662.05
163	四川大学工程设计研究院有限公司	15143983.96
164	成都锃泓科技有限公司	15125431.54
165	平安证券股份有限公司四川分公司	15106258.22
166	四川江龙建筑工程有限公司	15101406.36
167	平安健康保险股份有限公司四川分公司	15057417.94
168	成都市武侯商旅投资有限公司	14839109.76
169	成都诚道交通科技研发有限公司	14763219.83
170	成都裕康医疗设备有限公司	14688377.33
171	成都居然之家物业发展有限公司	14678945.69
172	四川中航路桥国际贸易有限公司	14670614.43
173	成都市武侯惠信小额贷款有限责任公司	14630724.05
174	上海蓝海企业管理有限公司成都分公司	14626187.78
175	四川省国土科学技术研究院（四川省卫星应用技术中心）	14576927.05
176	四川一心堂医药连锁有限公司	14457880.38

续表124

序号	企业名称	纳税额
177	华西证券股份有限公司成都高升桥路证券营业部	14410844.58
178	成都保泽达锦房地产开发有限公司	14408082.22
179	成都蜀恒泰建筑劳务有限责任公司	14407913.67
180	四川巴南高速公路有限责任公司	14275458.84
181	中蓝晨光化工研究设计院有限公司	14220255.74
182	成都市蓝天通讯工程有限公司	14197078.38
183	四川铁投广业贸易有限公司	13907607.37
184	成都唐源电气股份有限公司	13907177.56
185	隆生国际建设集团有限公司	13689512.23
186	四川空分集团工程有限公司	13645068.68
187	四川七星劳务有限公司成都分公司	13636076.70
188	平安银行股份有限公司成都双楠支行	13603880.84
189	四川锦鑫晟建筑工程有限公司	13395449.77
190	成都运通御宝汽车销售服务有限公司	13360097.31
191	成都鸿顺置业有限公司	13351439.70
192	四川上善实业有限公司	13270280.41
193	四川华西建筑设计院有限公司	13230735.72
194	四川爱德科技有限公司	13224625.57
195	成都格理特电子技术有限公司	13142184.40
196	成都博瑞小额贷款有限公司	13070398.34
197	华信众恒工程项目咨询有限公司	13049941.37
198	成都华丰工程勘察设计有限公司	12880448.37
199	成都万瑞置业有限公司	12832854.76
200	联想云领（成都）科技有限公司	12646797.31
201	四川时宇建设工程有限公司	12644106.74
202	四川省商业建设有限责任公司	12638206.00
203	四川高威新潮电气技术有限公司	12604025.09
204	中建西部建设西南有限公司武侯预拌厂	12593458.87
205	四川大学华西医院	12502158.49
206	中建科技集团有限公司四川分公司	12462674.46
207	成都武侯中小企业融资担保有限责任公司	12436202.62
208	成都中亿家园贸易有限责任公司	12424608.77
209	成都三和汽车服务有限公司	12369415.49
210	成都菲斯洛克电子技术有限公司	12322407.83
211	四川川大智胜软件股份有限公司	12112648.34
212	四川藏区高速公路有限责任公司	12058031.76
213	中信建投证券股份有限公司成都南一环路证券营业部	12024495.92
214	中国移动通信集团设计院有限公司四川分公司	12004171.71
215	四川米兰柏羽医学美容医院有限公司	11982175.63
216	成都聚成融益商贸有限责任公司	11963574.00

续表124

序号	企业名称	纳税额
217	中建华宏建设有限公司	11920546.66
218	四川华盟建筑装饰工程有限公司	11860387.29
219	四川天府银行股份有限公司成都簇桥支行	11721540.23
220	四川兴盛世建设工程有限公司	11708982.59
221	四川德畅建筑工程有限公司	11676024.63
222	四川省港航开发有限责任公司	11590833.52
223	四川成化工程项目管理有限公司	11537004.65
224	四川厚僖装饰工程有限公司	11499227.60
225	四川省国嘉物业服务有限公司	11498769.75
226	成都惠泽生物科技有限公司	11487637.45
227	成都绿曙置业有限公司	11477577.68
228	凯天建设发展集团有限公司	11405316.17
229	成都世外桃源酒店有限公司	11342601.58
230	中启建设有限公司	11334393.57
231	四川华西医学验光配镜有限责任公司	11321880.76
232	力方数字科技集团有限公司	11277910.47
233	四川大地红物流有限公司	11270489.93
234	成都运通博奥汽车销售服务有限公司	11262200.49
235	四川凯兴建筑工程有限公司	11224533.97
236	广发银行股份有限公司成都高升桥支行	11157029.80
237	四川楚北混凝土有限公司	11078563.66
238	熠晖集团有限公司	11068424.67
239	成都西南食品城有限公司	11013566.65
240	中铁航空港成都地产有限公司	10960532.66
241	兴业银行股份有限公司成都人民南路支行	10920391.24
242	四川欣领驭建设工程有限公司	10914203.38
243	四川省瑞方人力资源管理有限公司	10886713.11
244	安信证券股份有限公司四川分公司	10872573.56
245	四川路桥通锦房地产开发有限公司	10822375.45
246	四川成乐高速公路有限责任公司运营管理分公司	10775191.95
247	四川高天园林工程有限公司	10769916.20
248	四川迪诺科技有限公司	10741390.87
249	四川谊品通科技有限公司	10728399.50
250	四川卓祥建设工程有限公司	10660379.39
251	四川生活家家居集团有限公司成都朗润分公司	10651342.01
252	成都培能医疗科技有限公司	10639972.20
253	成都民航空管科技发展有限公司	10633094.23
254	成都武侯武兴小额贷款有限责任公司	10589542.31
255	成都丽维家科技有限公司	10567136.21
256	四川大正德茂建设有限公司	10559803.07

续表124

序号	企业名称	纳税额
257	四川京投建设工程有限公司	10532153.08
258	华鸿建设集团有限公司	10472512.83
259	四川五湖地基基础工程有限公司	10374570.92
260	四川万宏投资管理有限公司	10334837.55
261	成都武侯祠锦里旅游文化经营管理有限公司	10332500.38
262	四川良龙劳务有限公司	10230506.26
263	四川罗汉园林工程有限公司	10215725.92
264	四川省房地产开发投资有限责任公司	10200148.80
265	四川蓝光和骏实业有限公司	10151290.62
266	四川新兴油气建设工程有限责任公司	10111100.61
267	成都优菲家居有限公司	10071247.29
268	四川省鸿川建设工程有限公司	10044004.66
269	四川省豪博建筑劳务有限公司	10043686.55
270	四川中亚城投建设有限公司	10022856.68
271	中粮鹏利（成都）实业发展有限公司	9971877.55
272	四川昌泰建筑工程有限公司	9939220.28
273	四川省泰坤建筑工程有限公司	9912907.48
274	西部智建建设有限责任公司	9872486.09
275	成都经纬机械制造有限公司	9865414.20
276	四川联发天然气有限责任公司	9819006.47
277	成都立方房地产开发有限公司	9798774.31
278	四川省泰达建设工程有限公司	9752664.22
279	中石油四川铁投能源有限责任公司	9752234.10
280	四川蜀成建设有限公司	9731995.60
281	四川路桥城乡建设投资有限公司	9648533.83
282	杭州海康威视数字技术股份有限公司成都分公司	9636894.90
283	四川睿成康生物科技有限公司	9630674.53
284	成都新创创业孵化器服务有限公司	9584454.93
285	成都易我科技开发有限责任公司	9579609.53
286	四川商鼎建设有限公司	9483797.62
287	四川佳和建设工程有限公司	9418781.69
288	民航成都信息技术有限公司	9367458.71
289	四川科宁建设工程有限公司	9332941.99
290	四川飞红工程管理咨询有限公司	9303733.62
291	四川德维乐医疗器械有限公司	9282078.76
292	成都永琰资产管理有限公司	9207539.60
293	四川华莱建筑工程有限公司	9153075.23
294	红星美凯龙成都商业管理有限公司	9147863.52
295	四川公路桥梁建设集团有限公司勘察设计分公司	9119269.67
296	四川宏业电力集团有限公司	9110286.59

续表124

序号	企业名称	纳税额
297	四川雅眉乐高速公路有限责任公司	9101913.04
298	四川金汇合企业管理有限公司	9101016.30
299	浙江中大元通融资租赁有限公司成都分公司	9089488.86
300	四川明清工程咨询有限公司	9063173.33
301	四川省新力劳务有限公司	9004452.32
302	四川龙虎建筑安装劳务有限责任公司	8990209.06
303	四川宏缘建筑劳务有限公司	8988962.87
304	四川保顾房地产咨询有限公司	8959288.31
305	四川力天工程建设有限公司	8887190.97
306	四川格瑞建筑工程有限公司	8876696.92
307	四川新一轮建设有限公司	8847358.53
308	平安创展保险销售服务有限公司四川分公司	8838748.19
309	四川志德公路工程有限责任公司	8822502.92
310	四环国际贸易有限公司	8797463.00
311	壹树工程有限公司	8753057.81
312	四川省公路院工程监理有限公司	8731668.10
313	成都康特电子高新科技有限责任公司	8714857.12
314	四川森朗通信网络工程建设有限公司	8714062.49
315	四川博瑞斯科技有限公司	8685508.85
316	四川正恒威实业有限公司	8673118.41
317	四川名洋建设集团有限公司	8601009.67
318	亨特建筑产品（成都）有限公司	8598160.51
319	四川众汇达商品混凝土有限公司	8584483.51
320	民航机场成都电子工程设计有限责任公司	8550390.63
321	重药控股（四川）有限公司	8500813.90
322	四川新亚建筑劳务服务有限公司	8474015.14
323	成都市瑞泰华实业有限公司	8393693.25
324	百脑汇电子信息（成都）有限公司	8381032.09
325	四川瑞源建筑工程有限公司	8380217.85
326	成都建联建筑劳务服务有限公司	8315803.69
327	四川省秭源建设工程有限公司	8275618.09
328	四川申蓉汇亚汽车贸易有限公司	8245203.21
329	成都时代印象科技有限公司	8201206.75
330	四川翘康科技有限公司	8199530.43
331	成都象兴供应链管理有限公司	8186163.62
332	四川省百年财富酒业有限公司	8181445.42
333	四川建奥建设工程有限公司	8155342.77
334	四川宏旭建筑劳务有限公司	8093568.62
335	四川省博克建设工程有限公司	8076134.53
336	成都社润投资咨询有限公司	8063000.27

续表124

序号	企业名称	纳税额
337	四川省通广建设工程有限公司	8055036.84
338	成都市现代农业融资担保有限公司	8021400.73
339	钜星（成都）商务服务有限公司	8014730.66
340	成都长益红星美凯龙家居市场经营管理有限公司	7964866.39
341	四川新锦宸建设工程有限公司	7953829.32
342	中国大地财产保险股份有限公司四川分公司	7941705.79
343	中成建充集团有限公司	7934538.71
344	四川广巴高速公路有限责任公司	7933373.32
345	国信证券股份有限公司四川分公司	7908950.79
346	成都正基置业有限公司	7868811.75
347	华西证券股份有限公司成都龙腾东路证券营业部	7867596.17
348	成都安诚迅飞电子科技有限公司	7862980.65
349	成都市路桥工程股份有限公司	7859137.46
350	华录新媒科技发展有限公司	7847626.67
351	成都金科骏丰房地产开发有限公司	7822751.41
352	中建三局集团有限公司成都分公司	7760425.50
353	成都市交通规划勘察设计研究院有限公司	7736363.54
354	四川腾阁建筑工程有限公司	7729692.31
355	四川音乐学院	7638581.17
356	中国平安财产保险股份有限公司	7637312.72
357	成都启天电子系统工程有限公司	7624899.09
358	四川海天仪表电器开发有限公司	7611811.20
359	四川佳凯建设工程有限公司	7539161.60
360	四川省南成建筑工程有限公司	7491027.63
361	四川省公路工程咨询监理事务所有限责任公司	7486064.79
362	中国航空工业集团公司成都飞机设计研究所	7484717.72
363	四川高速公路绿化环保开发有限公司	7441885.42
364	四川同兴达建设咨询有限公司	7432634.02
365	成都摩登天空音乐传媒有限公司	7423729.65
366	四川久泰伟业劳务有限公司	7420481.74
367	四川同辉实业有限公司	7371925.24
368	成都蜀信物业服务有限公司	7352468.76
369	CARDINAL HEALTH CAYMAN ISLANDS LTD.	7286563.12
370	四川朗坤建筑工程有限公司	7245477.65
371	中道明华建设项目咨询集团有限责任公司	7209138.41
372	重庆医药集团四川医疗器械有限公司	7178610.47
373	四川汇鑫建筑工程有限公司	7173660.14
374	上海银行股份有限公司成都武侯支行	7168914.14
375	成都元素科技有限公司	7120611.78
376	四川彬海建筑劳务有限公司	7095524.96

续表124

序号	企业名称	纳税额
377	华诚兴业国际建工有限公司	7082924.27
378	成都武侯雍禾既美医疗美容诊所有限公司	7055964.33
379	中信证券股份有限公司成都人民南路证券营业部	7035613.60
380	首汽租赁有限责任公司成都分公司	7032095.10
381	兴业银行股份有限公司成都双楠支行	7025391.03
382	四川盛唐建设工程有限公司	6968989.07
383	四川蜂巢建筑技术有限公司	6968342.98
384	成都华润燃气工程有限公司	6952257.53
385	四川中科水务集团有限公司	6933105.14
386	成都向阳凯宾斯基饭店有限公司	6835092.67
387	四川秦巴投资开发有限公司	6811432.08
388	成都西科瑞科技有限公司	6796852.60
389	四川川大华西药业股份有限公司	6785925.81
390	四川开拓建筑机械租赁有限公司	6784771.63
391	成都点阵科技有限公司	6779791.96
392	四川正则工程咨询股份有限公司	6778322.61
393	都承建工有限公司	6776327.24
394	奥的斯机电电梯有限公司成都分公司	6775097.79
395	四川蜀元建筑集团有限公司	6773679.28
396	四川省启明电力工程有限公司	6771271.95
397	四川林鹏房地产开发有限公司	6767385.12
398	鸿天创兴集团有限公司	6749363.05
399	华西证券股份有限公司成都南一环路证券营业部	6738041.12
400	成都华宇业瑞房地产开发有限公司	6732062.34
401	四川国腾力创建筑工程有限公司	6705584.64
402	成都中材鑫佳皓建筑工程有限公司	6694158.10
403	四川亚新亚物业管理有限公司	6683074.74
404	中国农业生产资料成都公司	6664731.18
405	成都众合恒业医疗科技有限公司	6653554.86
406	四川公路桥梁建设集团有限公司材料供应分公司	6633520.02
407	成都武兴科商贸有限公司	6632034.32
408	成都诺一电气有限责任公司	6621609.60
409	葛洲坝易普力四川爆破工程有限公司	6549304.71
410	成都海银泰建筑工程有限公司	6544554.64
411	开能智慧能源有限公司	6539932.11
412	中国移动通信集团四川有限公司	6532641.12
413	成都超网实业有限公司	6480059.04
414	通联支付网络服务股份有限公司四川分公司	6471887.38
415	招商银行股份有限公司成都红牌楼支行	6449325.62
416	成都极客未来教育科技有限公司	6432851.60

续表124

序号	企业名称	纳税额
417	四川锦信建筑工程有限公司	6405396.22
418	四川瑞健恒业科技有限公司	6401964.69
419	四川沃霖新源实业有限公司	6374595.29
420	东方凯特瑞（成都）环保科技有限公司	6363058.67
421	成都市通用工程技术有限责任公司	6359392.74
422	四川省巨丰建设工程有限公司	6340028.85
423	成都银泰生物科技有限责任公司	6334116.22
424	成都滕王阁房地产开发有限公司	6321122.98
425	成都维华唐宫餐饮管理有限公司	6301383.04
426	四川鼎源泰建筑劳务有限公司	6249077.11
427	四川省天佑建筑劳务开发有限公司	6237757.28
428	中华联合财产保险股份有限公司成都市武侯支公司	6235260.90
429	新兴铸管股份有限公司成都销售分公司	6209589.64
430	成都久信信息技术股份有限公司	6186444.96
431	四川雅和建筑工程有限公司	6155282.68
432	成都金祥鸿泰实业有限公司	6122119.02
433	四川明皓建筑劳务有限公司	6100594.17
434	四川中浩方建设有限公司	6057237.96
435	成都欧嘉美电气控制设备有限公司	6041264.11
436	四川江州建筑劳务有限公司	6007012.80
437	成都嘉诚汽车销售服务有限公司	6005645.66
438	成都聚兴瑞隆商务服务合伙企业（有限合伙）	5996889.46
439	四川恒彩建筑装饰工程有限公司	5987798.76
440	四川合园水利工程有限公司	5987047.95
441	四川互通燃气安装有限公司	5982245.90
442	四川地旺建设有限公司	5935875.45
443	四川羽医医疗管理有限公司	5925035.98
444	四川鑫锦升建设工程有限公司	5923946.83
445	四川铁投城乡投资建设集团有限责任公司材料设备供应分公司	5919478.80
446	四川华法美实业有限责任公司	5883098.40
447	成都市大长江豪爵摩托车销售有限公司	5873891.74
448	四川川投能源股份有限公司	5863716.81
449	成都百乐科技有限公司	5857767.32
450	成都市武侯区桂溪加油站	5843030.72
451	四川恒业建设工程有限公司	5837048.79
452	四川省生态环境科学研究院	5828611.52
453	四川洪昌建筑装饰工程有限公司	5808647.41
454	四川中尚建设工程有限公司	5808033.40
455	四川华焱建设集团有限公司	5766198.39
456	中国银河证券股份有限公司成都科华北路证券营业部	5763985.99

续表124

序号	企业名称	纳税额
457	四川国源建设工程有限公司	5763390.01
458	四川四强建设项目管理有限公司	5753552.17
459	中成德利建工集团有限公司	5753359.99
460	四川鑫瑞福劳务有限公司	5743861.97
461	四川高路物业服务有限公司	5731793.28
462	西南民族大学	5729441.14
463	四川南北尚辰建筑工程有限公司	5719627.35
464	成都首开恒泰置业有限公司	5708768.56
465	成都莱博瑞泰科技有限公司	5691968.37
466	四川怡安建设集团有限公司	5688514.35
467	成都和田科技发展有限公司	5659224.71
468	成都好映像科技有限公司	5648591.06
469	四川精创通信网络维护有限公司	5643634.61
470	四川科鸿远建筑劳务有限责任公司	5641961.54
471	中农集团控股四川农资有限公司	5636912.01
472	四川惠森装饰工程有限公司	5633594.96
473	四川瑞坤恒远科技有限公司	5624842.74
474	四川弘凯建设工程有限公司	5606860.05
475	成都明嘉实业有限公司	5602672.29
476	四川索安机电工程有限公司	5594474.40
477	成都世源频控技术股份有限公司	5594274.54
478	四川省外贸机械进出口有限责任公司	5576641.99
479	成都迈邦源生物科技有限公司	5572577.88
480	四川省金凯祥实业有限公司	5566363.61
481	成都海之盛煌实业有限公司	5555939.63
482	成都诚信物业管理有限公司	5548143.13
483	成都市好来屋量贩家居百货有限公司	5545480.71
484	四川三元环境治理股份有限公司	5536427.49
485	四川医疗器械生物材料和制品检验中心有限公司	5523295.82
486	四川巴斯特科技有限公司	5521377.33
487	成都法和药业集团有限公司	5520754.70
488	成都邦诚建筑装饰材料有限公司	5481663.68
489	四川大方建设工程有限公司	5475528.10
490	四川省京基置业有限公司	5444577.70
491	四川省汇佳房地产开发有限公司	5434343.86
492	兴业银行股份有限公司成都武侯支行	5420131.99
493	四川中城寰球建筑工程有限公司	5415764.18
494	四川通用电梯有限公司	5412929.32
495	成都诺德安达教育咨询有限公司	5390281.80
496	四川旅侨商贸有限公司	5383740.41

续表124

序号	企业名称	纳税额
497	中动信息产业集团有限公司	5367238.34
498	成都远东旭捷企业管理有限公司	5364855.69
499	四川省领先劳务有限公司	5362546.02
500	四川孝德建筑劳务有限公司	5356474.64
501	四川鑫河建设工程有限责任公司	5349243.31
502	四川汇财劳务有限公司	5348152.62
503	成都兴邦咨询有限公司	5325198.25
504	浙江城建煤气热电设计院股份有限公司成都分公司	5314050.55
505	成都中铁信息工程有限公司	5297820.16
506	成都晟仲建筑工程有限公司	5292081.99
507	成都口口齿科技术有限公司	5288535.85
508	成都华润燃气设计有限公司	5283462.21
509	四川立恒建筑工程有限公司	5283040.79
510	四川杰欣建筑工程有限公司	5277493.87
511	中国铁路通信信号上海工程局集团有限公司成都分公司	5239319.50
512	四川蜀景建设工程有限公司	5232128.22
513	成都铜雀台医学美容医院有限公司	5216846.33
514	成都吉利汽车超市连锁有限公司	5208174.61
515	四川正丰泰建设工程有限公司	5194559.62
516	四川广甘高速公路有限责任公司	5175895.13
517	四川华荣建筑劳务有限公司	5167766.35
518	四川彭措建筑装饰工程有限公司	5152817.23
519	四川凯源建筑工程有限公司	5146794.72
520	四川植物医生化妆品有限公司	5138992.53
521	四川达万高速公路有限责任公司	5138927.64
522	四川云遥电力建设有限公司	5133996.82
523	四川亿联建设工程项目管理有限公司	5109485.97
524	四川正宏康医疗仪器有限公司	5100303.78
525	成都航研工程技术服务有限公司	5087421.21
526	四川新东原物业服务有限公司	5067327.28
527	四川省东金龙建筑装饰工程有限公司	5064170.36
528	四川华西安装工程有限公司	5058619.61
529	四川明鑫建工集团有限公司	5051082.74
530	成都市中石化三环石油化工有限责任公司	5048372.32
531	成都新港城置业有限公司	5030240.31
532	四川致民森瀚投资管理有限公司	5024575.01
533	浙商证券股份有限公司成都董家湾北街证券营业部	5022847.95
534	成都娇子品牌推广有限公司	5022513.73
535	四川瑞宇成建筑劳务有限公司	5010836.71
536	四川大路路桥工程有限公司	5010003.94
537	四川晟凯闳劳务有限公司	5002773.98

索　引

INDEX

说　明

一、本索引为 2022 年卷《武侯年鉴》的内容分析索引。通过本索引所选词条，可以对具有独立检索意义的完整资料进行检索。

二、本索引按汉语拼音字母（同音字按声调）顺序排列。数字表示该词条内容所在页码，后面的英文字母（a、b、c）表示栏别（从左到右）。

三、未对内文中的“大事记”作索引，“附录”仅作标题索引。

A

艾滋病防治　330c
艾滋病自愿咨询检测　330c
《爱财支书的失控人生》警示教育片　123c
安诺　136b
安全生产“四责任、五制度、三到位”　269a
安全生产工作包保责任制　268a
安全生产监督管理　268a
安全生产监管　382c
安全生产五项制度　269a
安全生产宣传培训　269b
安全生产隐患整改　269a
安全生产责任落实　268c
安全生产责任体系建设　268a
安全生产执法检查　269a
安全生产专项整治三年行动集中攻坚　271a
安全维稳　387a、388c、390b、392c、394b、396c、398a、400b
安全稳定维护　380c、384b
安全宣传示范点位　269b
安全秩序维护　142b
安顺廊桥　216
安雪松　111a

安岳县制鞋产业园　243c
安置帮教　146a
案件审理改革　145a
《案鉴》　123c

B

八大示范性消费场景　185
八节点　254b
八项能力　20c
坝坝电影　316c
白玉县黑山羊原种场　245
白玉县赠科乡定布村种植基地　245
“百个公园”示范工程　263b
“百佳”示范社区　370a、370b
“百名老兵话百年”红色宣讲团　374b
《百岁回望》　318c
百岁老人　365
百岁以上老人　364a
柏荟城荟澜阁　181a
柏荟城荟瑞阁　181a
班禅额尔德尼·确吉杰布　376c
版权监督管理　277c
办公用房管理　101a
“办好关键小事”暖心守护行动　71c
办赛营城　53c
帮困助学　361a
褒扬纪念　374b
保利大国璟　181a
保密督查　67a
保密服务　67b
保密工作　67a
保密技术防范　67b
保密宣传培训　67b
保密专项督查　67a
保障执行监督　121b
北二外成都附中　295b
北京第二外国语学院成都附属中学　295b
背街小巷及铁路沿线环境整治　259c
碧水保卫战　255b
卞氏菜根香　204c
标志性人文生态街区　202a
标准化菜市场　183b
标准以上文创企业　199a
宾馆酒店　201a
殡葬管理　354a
“博爱送万家”活动　138b
补贴性职业技能培训　357c
不规范地名清理整治　372c
不可移动文物　313b

C

财产性支出　354c
财政　155b
财政经济委员会　86b
财政收入　155c
财政收支　418a
财政一体化审计　167c
财政预算决算审查　79a
财政援助资金　244c
财政支出　156b
彩虹电器　177b
蔡鑫榆　298a
参政议政　113a
参政议政和信息工作专委会　127a
餐饮服务单位　201a
餐饮行业转型升级　201a
餐饮特色街区　202a
残疾人就业创业　362c
残疾人两项补贴　362a
残疾人事业　361b
残联改革　361c
曹照照　238b
草金路快速化提升改造工程　250c
曾广根　280b
茶园迷宫　210a
查处违规医药机构　359a
拆迁安置小区配套经营性用房清理　152c
拆违增绿　253c
产（商）品质量监督抽检　171c
产儿急救管理　337a
产儿科急救演练　337b
产后访视　335a
产业帮扶　245a
产业承载空间　220b
产业扶持资金　199c
产业工人队伍建设　132b
产业功能区　217
产业功能区党建　60c
产业功能区管理机构优化　68a
产业功能区规划　226b
产业功能区调研　119c
产业功能区项目建设　227a
产业功能区招商引资　227b
产业化重大项目　241b、241c
产业链高端企业　222c
产业能级提升　42b、149b
产业生态示范区　220c
产业图谱动态更新　222a
产业援助项目　245a
常规巡察　124b
常态走访“三支队伍”　371a
长城社区　134c
长期停业未经营的企业　170c
长期照护保障　360b
长期照护社区综合服务站　360b
超甲级写字楼　188b
陈兵　76b
陈灿平　401a
陈刚　131b
陈红霞　127c

陈佳 133b
陈丽娜 76c
陈麟 1、247、320c
陈天慧蘸水肥肠 205b
陈星海 125a
陈学军党员工作室 132c
陈阳 369c
成本监审 169c
成德眉资同城化发展 6b
成都白药厂 200a
成都百万职工技能大赛武侯区技能比赛 133b
成都彩虹电器（集团）股份有限公司 177b
成都城市音乐厅 210b、236b
成都大运会 307a
成都的母亲河 264
成都地区最大的旅游汽车站 271b
成都第二客运站 273a
成都芙蓉门文化传播有限公司 132c
成都工匠 132c、133c
成都国际贸易数字展览会墨西哥专场活动 240
成都国际竹文化交流节 211b
成都好人 378c
成都华日通讯技术股份有限公司 178b
成都华远电器设备有限公司 278c
成都滑翔机制造厂 200b
成都火车南站 273a
成都京东世纪贸易有限公司 274a
成都康特电子高新科技有限责任公司 178c
成都礼仪职中 300a
成都利君实业股份有限公司 176c、177c
成都旅游集散中心 272c
成都南站 273a、273
成都南站发送旅客 273c
成都农商银行 198a
成都七中 298c
成都七中奥赛获奖 298a
成都七中高考成绩 298a
成都七中教学帮扶 298b
成都燃气 177a
成都燃气集团股份有限公司 177a
成都石室双楠实验学校 294
成都世外桃源酒店 225b
成都市“五好家庭” 137a
成都市“新时代好少年” 378a
成都市版权示范单位 277c
成都市慈善场景 361a
成都市慈善示范社区 361a
成都市簇桥小学 292c
成都市第三届残疾人文化艺术周活动 361b
成都市第三片区地方志工作交流会 322b
成都市工人先锋号 132c
成都市技术能手 133c
成都市家庭教育示范校（园） 309a、309c
成都市建设工程安全文明工地 180a
成都市绿色工地 180a
成都市煤气总公司 177a
成都市青少年（学生）运动会 351c
成都市商业银行 198a
成都市特色消费新场景 371a
成都市五一劳动奖章 132c
成都市武供联运营管理有限责任公司 174c
成都市武侯城市发展投资有限责任公司 154c
成都市武侯国有资本投资运营集团有限责任公司 153c
《成都市武侯区第七次全国人口普查公报》 168b
成都市武侯区监察委员会 121
成都市武侯区人民代表大会 75
成都市武侯区人民政府 87
《成都市武侯区疫情期间精准助企纾困解难的若干措施》 199b
成都市武侯区悦湖新材料科技转化中心 232a
成都市武侯商旅投资有限公司 154c
成都市幸福美好生活巾帼建功标兵 137b
成都市幸福美好生活巾帼文明岗 137b
成都市学习型（示范）社区 309a
成都市院士（专家）创新工作站 278c
成都市棕北中学 296a
成都唐源电气股份有限公司 175c
成都体育学院 305c
成都体育学院博物馆 316a
成都体育学院创新创业 306c
成都体育学院附属体育医院 348a
成都体育学院交流合作 307a
成都体育学院课程建设 306a
成都体育学院体育竞技 306b
成都体育学院图书馆 315b
成都体育学院新校区建设 306c
成都体育学院学科建设 306b
成都体育学院学校科研 306b
成都体育学院招生与就业 306c
成都文化地标 200a
成都武侯产业发展投资管理集团有限公司 154a
成都武侯祠 207a、207b
成都武侯祠·锦里 210b
成都武侯祠廉洁文化基地 123c
成都武侯工业园 217a

成都武侯文化创意产业投资有限公司　155a
成都武侯音乐产业投资有限公司　155a
成都武侯资本投资管理集团有限公司　154a
成都西北中学　310
成都音乐产业中心　236b
成都音乐坊　236a
《成都音乐坊产业发展专项扶持政策》 199b
成都音乐坊入驻企业　237
成都音乐坊入驻企业总数　237a
成都音乐坊新年音乐季　238b
成都银行　198a
成都纵鑫物流有限公司　274a
成眉同城大健康产业示范园　243c
成体附医　348a
成体附医教学科研　348c
成体附医医疗服务　348c
成体附医医疗管理　348b
成渝地区双城经济圈建设　6b
成渝两地“跨省通办”　356a
成渝青年创新创业联络站　134c
成渝十大文旅新地标　210b
诚信企业　150c
诚信企业家　150c
城郊接合部环境治理攻坚常态巡查　259c
城市别墅小区自主改造　390c
城市更新工作调研　119b
城市更新总体战　18c
城市管理　380a、381b、383c、386a、388a、392b、396b、397b、399b
城市规划提升战　18c
城市环境　421b
城市基层党建　60c
《城市基层党建创新发展的理论与实践》 57b、71b
城市建设　421b
城市配套攻坚战　19a
城市特困生活保障标准　360a
城市体检评估　251a
城市微更新　394c
城市音乐厅　210b
城市有机更新　6a、42c、249a
城市有机更新规划　249c
《城市有机更新三年行动计划》 219c
《城市有机更新微更新“11+N”专项行动计划》 249c
城市有机更新项目　249b
城市有机更新与房地产开发研修提高班　70c
城市阅读美空间　312a
城市资源盘活战　19a
城市综合体　186a
城乡环境综合治理　259b
城乡环境综合治理中心　262a
城乡建设　247
城乡建设与环境保护委员会　86c
城乡居民参加医保人数　358c
城乡居民基本养老保险参保　358c
城乡居民基本医疗保险待遇支出　358c
城乡水环境综合整治　260c
城乡土地利用　248a
城镇登记失业率　357b
城镇家庭住户全年人均可支配收入　354b
城镇失业人员再就业　357b
城镇新增就业　357b
城镇职工参加医保人数　358c
城镇职工基本医疗保险待遇支出　358c
程吉泉　374c
崇丽阁　208c
出口退税　164b
出生缺陷干预　336c
初信初访群众满意率　108b
厨余垃圾分布式处理设施　262c
储备粮专项检查　170b
川大　301c
川大附小　292a
川大附中　294c
川大附中西区学校　296c
川大附中校园　294
川南电商中心　243c
川音　307b
传家合院　210b
传染病防控　330b
传染病防治工作专题调研 86c
传统盗抢骗案件　142a
传统优势产业　5b
传统优势产业转型升级　18b
创建全国文明典范城市“1+6+4”组织体系　377c
创新创业载体　151c
创新服务平台建设　220c
创业担保贷款　357c
“春风行动”就业招聘会　133a
慈善场景　361a
慈善惠民超市　61、359c、360c
慈善示范社区　361a
慈善事业　360b
慈善主题活动　361b
簇锦街道　393b
簇锦街道背街小巷小游园整治　395
簇桥街道　396c
簇桥街道“智慧公共法律服务”平台　119c
簇桥街道智慧治理中心　370c
簇桥小学　292c
簇桥小学空竹博物馆　294

D

打击犯罪　141a

大病医疗互助补充保险基金待遇支出 358c
大病医疗救助 338a
大件垃圾处置中心 262a
大健康产业 192c
大健康产业重大项目 193a
大健康金融企业 193a
大健康金融专业楼宇 220b
大健康企业 193a
大健康主导企业 193a
大妙火锅 203c
大气污染防治 256a
大蓉和酒楼剁椒鱼头 205a
大事记 29
大数据审计 167c
大型商场超市 186c
大学路 249c、250a
大鱼山房 204b
大中型水库移民扶持政策落实 174c
代表工作 85a
戴鸭子 205a
档案安全检查 74c
档案工作 73c
档案收集 74a
档案数字化 74c
档案统计 74a
档案宣传培训 74c
档案资源利用 74b
党代表名单 427a
《党代表在您身边》专栏 57c
党代表作用发挥 57b
党的建设 3a
党管武装 147a
党建工作 59a
党建引领社区发展治理 62c
党建引领信托制物业模式 63a
党建主体责任落实 59c
党史教育阵地建设 73b
党史学习教育 23
党史研究 73a
党校工作 68c
党员发展 56c
党员教育 56c
道路命名 373
道路日常维护 252c
得胜社区职工驿站 132c
邓召平 76b
低收入核对 360a
迪里拜尔 238a
“迪仙·玛歌庄园”项目 259b
地（行业）商会党建 129c
地方级税收收入 160c
地方金融组织监管 167a
地方税收收入 156a
地方志 320b
地块拆迁 392a
地理位置 39a
地名管理 372c
地情资料开发利用 321a
地区生产总值 417b
地域特色文化示范院落 313c
地质地貌 39a
第 20 个全国“安全生产月”活动启动仪式 269b
第八届全国地方志优秀成果（年鉴类）特等年鉴 320c
第二批国家文化出口基地 226b
第二十四届中国·成都国际竹文化交流节 211b
第六批国家制造业单项冠军产品 176c
第三届“异地商会武侯行”主题沙龙 66a、128a
第三届成都市文明校园 378a
第三届房车露营节 209
第三届她妆电商直播节 192b
第三区域教育联盟 244b
第十三个全国防灾减灾日宣传暨地震疏散救援演练活动 269
第十三届中国音乐金钟奖颁奖典礼暨闭幕式音乐会 237c
第十一届社区居民委员会换届 369a
第四届环华西国际智慧医谷发展论坛 225a
第四届天府芙蓉花节 211a
第四届中国天府（望江楼）竹产业国际论坛 211c
第五批国家生态文明建设示范区名单 263a
“第一责任人”制度 121b
典当行 196b
电动自行车集中停放场所 270b
电动自行车专项整治 270b
电脑市场 186b
电商协会活动 191b
电商直播活动 192b
电商直播企业 218c
电梯维保企业质量信用等级评价 171c
电信网络诈骗案件 142a
电信诈骗犯罪 139c
电影院线 316b
电子商务产业 191a
电子商务交易额 191a
电子商务企业 191a
电子商务业十强企业 191
电子税务局体验区 166c
定点医疗机构管理 326a
动物检疫合格证明联网电子出证 174b
动物卫生监督 174b
动物诊疗机构 174b
动物诊疗机构管理 174b
动物重大疫病防控 174a
都市工业 5b

都市工业示范点位 175a
都市型工业 17c
都市夜间经济联盟 185c
对口协商 114b
对口支援白玉县 244c
对外交往 239a
对外经济交往 240c
对外经济贸易 240b
对外贸易 420a
多层次养老服务体系 46b
多维度创新创业菜单 26a
多效能技能培训菜单 26b

E

儿童关爱慈善活动 361a
儿童友好社区 136b
儿童友好型社区自治组织 360a
儿童之家 136c
二次供水行政许可现场勘查 338c
二孩出生 353b
“二孩捆绑”报名政策 285b
二级古树 264c
二维码电子注册生猪运输备案表 174b

F

发热门诊 329c
发展规划监督 80a
法院 144a
法制群团委员会 120c
法制委员会 86a
法治 138
法治政府建设 140b
反不正当竞争监管 172b
反腐败工作 123b
反腐败机制构建 123c
反腐败宣传教育 123c
范文壁 378c
梵木 Flying 国际文创公园 200b、210b
方虹文 133c
方华 129a
方志服务社会 321b
方志馆建设 321c
方志文化宣传推广 349b
“方志武侯”微信公众号 321c
方志资政 321b
防汛抢险 267b
防汛应急抢险队伍 267b
防灾减灾宣传教育 267c
防灾救灾 266c
房产管理 181a
房产市场 181b
房产税净入库 165b
房产税增长超过 400 万元的企业 165
房地产业 180、180c、419a
房土两税征管 165b
房屋租赁登记备案 180c
放心粮油店 170b
放映场所面积 316b
非法违法“小化工”专项整治 269c
非公经济人士教育培训 130b
非公经济统战工作 65c
“非接触式”办税缴费服务 166c
非免疫规划疫苗 330b
非税收入 156a
非税收入征收 165a
菲尔家宴金汤鱼片 205b
费希尔久安输配设备（成都）有限公司 178a
丰场景 184a
风险应对 165c
“枫桥式公安派出所”创建 142a
封闭式垃圾箱房 263a
冯小明 302c
佛兰大车配件市场调迁改造 270c
芙蓉花开天府绿道亲子游 210c
芙蓉花园区 209c
《芙蓉花醉锦官城》 313a
芙蓉美谷未来公园社区 218a
服务劳模 132c
服务企业 105a
服务社会发展 125b
服务业 183
服务业载体建设 188a
服务业重大项目建设 188a
服务业重大项目实现投资 188a
服务职工 133a
福彩圆梦孤儿助学金 360b
腐败问题查处 123c
付勇涛 129a
妇建创投大赛 136a
妇女儿童权益保护 136a
妇女微家 135c
妇女之家 135c
妇幼保健 336a
妇幼公共卫生服务 336a
妇幼健康教育 336b
附录 423
复星数智科创中心 222b
“复兴名西北”教育战略 292a、292
赋码人员对接排查 329a
富邦华一银行成都分行 198c

G

改革和对外开放 2a
感动武侯 64a
“感动武侯”十大人物 64b、405
干部监督 57c
干部教育培训 58a
钢管厂五区小郡肝串串香 206a
港澳台事务 103a
高等教育 301c

高频事项全流程自助办理　104c
高品质产业活动　193a
高危产妇　337a
高危筛查　337a
高危孕产妇管理　337a
高校毕业生服务　356b
高效油烟净化设施升级改造试点　255a
高新技术企业总数　275b
高血压患者管理　335b
高中教育　292a
隔离人员管理台账　327c
葛家显　378a
个人表彰　141c
各级各类团组织　134a
耕地保护　153a
工会“四送”活动　133a
工会改革　132b
工会会员　131c
工会组织建设　131c
工伤保险参保　358c
工商联　125
工商业联合会　129c
工业　175、418a
工业经济　175a
工业企业服务　175c
工业企业疫情防控　328b
工业投资　175b
工业项目招商　175b
工业重大产业化项目　175c
公安　141c
公安政务服务　142c
公办初中　285c
公办小学　285c
公办职业中学　299c
公车管理　101a
公房管理　181c
公共安全隐患大排查大整治　142b
公共场所卫生监督　338b
公共法律服务　146b
公共服务设施建设　251a
公共服务设施类项目　227b
公共服务优质共享　9a
公共机构节能创建　102a
公共交通　272c
公共卫生　333b
公共卫生服务均等化　334c
公共文化设施建设　313c
公开文件　55、99
公平竞争抽查　172c
公平竞争审查第三方评估　172c
公务服务　56a
公务卡　160a
公务员管理　58c
公益电影　316c
“公益电影进影院”活动　316c
公益讲座　336b
公益诉讼检察　143b
公园城区建设　421b
公园城市示范城区　1
公园城市示范区建设　253c
“攻心联”背后的故事　44
共建幸福美好生活大会　95a
共青团武侯区委员会　134a
“共享奶奶”项目　391a
供销社资产运营管理　174c
辜梓豪　352c
古树名木保护　264a
谷彬　133b
固定资产投资　150a、419c
顾兴树　126c
关爱巡访　364c
《关于丰富社区文化活动提升居民幸福指数的建议》摘要　82a
《关于高质量建设践行新发展理念的公园城市示范城区高水平创造新时代幸福美好生活的实施意见》　54a
《关于加快打造悦湖高端新材料转化基地的建议》摘要　82a
《关于聚力攻坚认真落实迎大运各项任务统筹推进办赛营城的实施意见》　53c
《关于探“邻里家”社区创新服务的建议》摘要　82c
管网末梢水抽样检测　338c
“光荣在党 50 年”纪念章　45b、58c
规范化妇幼门诊　336c
规范化个人调解室　146a
规范培训机构市场行为专项整治行动　172c
规划编制　149a、247a
规划管理　247a
规划审批验收　248a
规划调整　247b
规模以上工业企业　175b
规模以上体育产业企业　349c
规模以上文创企业　199a
郭祎　130b
国潮汉风体验馆　211c
国防教育进课堂　147b
国际城市设计产业中心（起步区）能源服务改造　243a
国际化营商环境　7a、104c
国际交流　239a
国际体育公园城项目　220b
国际助残日活动　363a
国家出口文化基地　231b
国家级旅游休闲街区　208a
国家级社区卫生培训基地　335c
国家级文化产业示范创建园区名单　200b
国家卫生城市复审　333c
国家文化出口基地（三国文化）示范区　226c
国家知识产权强县工程示范区　278a

国家智能社会治理（社区治理特色）实验基地　370c
国库集中收付　160a
国民经济主要行业　418a
国土资源管理　153a
国网成都高新供电公司　274b
国有企业党建　60c
国有企业运营管理小专班　70b
国有土地房屋搬迁　253a
国有资本经营预算收入　156a
国有资本经营预算支出　156c
国有资产备案年检　152b
国有资产管理　152a
国有资产管理监督　79c
国有资产规范管理　152c
国有资产收入　152a
国资国企改革　7a

H

行业场所安全隐患排查整治　142b
行业异地商会年审　129c
合法性审查　140c
合信药业　177b
合作园区建设　243c
何坤　133b
何勇　111a
和谐劳动关系创建　132a
河道动态排污问题点位　256c
河道清淤疏浚　257a
河湖共治共管共享机制　261a
河长制改革　261a
河长制管理　261a
核酸采样　328
核酸检测"应检尽检"　329c
核酸检测实验室　329a
核酸检测体系　46b
贺欣　111a
黑白名单　282a
黑胶广场　254a
黑胶文化馆　313
黑山羊繁育基地三期　245a
黑心融资中介专项整治　167b
红灯笼菜馆　205a
红牌楼街道　387b
红色望江迎七一主题周　211c
红十字会改革　138a
红十字救护员培训活动　128b
红十字志愿服务　138c
宏观经济调控　149a
洪发　133b
黉门街社区　365a
胡海焘　369c
胡廷泽　411a
胡晏齐　150c
"互联网＋法治文化"宣传　140c
"互联网＋监管"建设　159b
"互联网＋"执行　144c
花龙大道　250c
花龙门社区公园　263b
花龙门社区火灾警情　270c
花龙门社区邻里中心　210b、371a
华日通讯　180b
华日微波通讯产业楼　175a
华西坝派出所　132c
华西坝片区历史文化街区　220b
华西大健康产业功能区　219c
华西第二医院　341a
华西第二医院服务社会　342a
华西第二医院教育教学　341c
华西第二医院科研工作　342a
华西第二医院师资建设　341c
华西第二医院学科建设　341c
华西第二医院医联体建设　342a
华西第二医院医疗服务　341b
华西第四医院　343c
华西第四医院合作交流　344c
华西第四医院科学研究　344b
华西第四医院人才培养　344b
华西第四医院师资力量　344a
华西第四医院学科建设　344a
华西第四医院医疗服务　344c
华西健康谷　222c
华西健康谷入驻企业　223
华西口腔医院　342b
华西口腔医院教育教学　342c
华西口腔医院科学研究　343a
华西口腔医院学科建设　343a
华西口腔医院医疗服务　343b
华西医美健康城　219c
华西医美健康城展示中心　222c
华西医美健康城重大项目　222
华西医美健康城重点建设项目　221
华西医院　339b
华西医院科研工作　340c
华西医院麻醉科　340a
《华西医院麻醉学科的转化研究》225c
华西医院特色学科　339c
华西医院新技术推广　339c
华西医院医疗工作　339c
华西医院医学教育　340a
华西援朝手术队　73b
华兴街道　395a
化妆品产业重大项目　218c
环城生态公园　259a
环城生态区建设　258b
环城生态区控规调整　247c
环城生态区品质提升　258c
环华西国际智慧医谷　193a
环华西科创平台　193b、220c
环境保护　255a、421c
环境监测　258a
环境违法案件　107c
环境卫生　261c
环境影响报告表技术评审项目　258a

环卫基础设施建设 162a
皇城坝小吃 205b
黄常洲 352a
黄婧源 133c
黄路 133c
黄伞肺片 205a
黄云嵩 352c
黄忠大道 220 千伏变电站 274b
回家（上班）的路 251c
会务办理 56a
婚俗改革 353c
婚姻收养登记 353c
火车南站街道 382c
火灾处置 270c
火灾警情 268a
货运车辆 271a
获市委市政府以上表彰的单位 412
获市委市政府以上表彰的人员 402

J

机更新重点项目进行控规调整 248a
机构编制 67c、68b
机构编制核查整治 68b
机关党建 59c
机投桥街道 391b
基层党建 10c
基层党组织书记集中培训 56c
基层党组织书记培训 69c
基层社会治理 369a
基层数据管理 355b
基层团组织建设 134a
基层卫生服务 334c
基层治理 7c、46b
基层综合性文化服务中心示范点 313c
基础教育 284c
基础设施 421b
基础信息核查维护 142c
基干民兵 148a
吉福社区 376c
即来即办 167a
疾病预防控制 327c
集体表彰 141c
集中兑付农民工工资 144c
计划生育家庭地方扶助对象 337c
计划生育特殊家庭信息系统 338a
计生服务 337c
计生激励政策落实 338a
纪检监察干部监督 123b
寄递行业管理 274a
绩效管理改革 159c
冀文正 73a
加油站改造 274c
家具建材市场 186c
家庭过期药品有偿回收活动 172b
家庭教育 137a
“家庭照护床位”试点 364a
家校共育 309a
“家在成都”工程 240a
家长学校 336b
甲级写字楼 188b
价格管理 169c
价格监测 170a
驾驶培训企业 271a
监督对象信息管理 123a
检察 143a
检察建议 144a
检社联动 110a
检务服务 143c
检验检测能力质量提升行动 171b
减税降费政策落实 164b
简阳市三星镇 244c
建设工程安全监管 179c
建设工程质量监督备案和消防工程验收备案 180a
建设公园城市示范城区 54a
建设项目审批备案 180b
建设与环境委员会 120a
建言经济建设 113a
建言社会事业发展 113a
建议提案办理 99b
建置沿革 39c
建筑安装投资增加值 179a
建筑工地大气污染防治 256b
建筑企业管理 179a
建筑业 179、179a、419a
建筑业产值上百亿企业 179a
建筑业增加值 179a
健康体检 335b
健康细胞工程 333c
践行社会主义核心价值观 377b
江姐纪念馆 73b
江姐事迹主展厅 73c
浆洗街街道 379a
浆洗街街道微型消防站 270c
浆洗街派出所 132c、141c
降水总量 269a
交流合作 420a
交通 271
交通运输 271a
交通运输管理 272a
交通状况 271b
教师队伍建设 284b
教育 281、420b
教育帮扶 245c
教育改革 43a
教育管理 281a
教育教学交流 283a
教育经费总投入 281a
教育领域改革 46a
教育文化类支出 354c
教育文化委员会 120b
教育系统党建 60a
教育现代化达成度 281a
教育医疗服务提质工程 20a

教育资助 284c
接访办理 108a
接收安置 373c
接收专项经费 355a
秸秆禁烧 174b
街道 379
《街道公共服务事项清单（2021版）》 67c
街道红十字会 138a
街道精神障碍社区康复服务站 362b
街道老年教育学校 309a
街道人武部 147a
街道体制机制改革 67c
街道养老助餐点位 367
《街道职责任务清单（2021版）》 67c
街道综合便民服务中心 68b
结核病防治 331c
结婚登记 353a、353c
巾帼岗位建功评选活动 137b
巾帼学院 135c
“巾帼绽放她力量”妇建公益创投项目大赛 136a
今后五年工作思路 15b
今后五年政府工作的奋斗目标 15c
今后五年政府工作的主要任务 16b
今后五年政府工作的主要思路 16a
今后五年政府工作的总体要求 15c
《今日武侯》 318c、319a
金鼎级文化主题饭店 210b
金花桥街道 398b
“金角银边”示范点位 263c
金科博翠府 181a
金融风险处置 167b
金融风险防范 167b
金融监管 167a
金融领域涉非涉稳风险排查 167b
金融业 194a
金融业发展专项资金补贴 194a
金融业扶持 194a
金融业纳税十强企业 195
金融业增加值 194a
金融业招商引资 194b
金钟奖 237c
锦城社区“侨胞之家” 398a
锦城社区妮妮环球国际儿童食育中心 398b
锦城印象火锅 203c
锦城原舍酒店 210b
锦江 264
锦江电子产业楼 175a
锦江公园 253c
锦江沿线子街巷及其周边整治提升改造 254a
锦江沿线子街巷提升改造 210a
锦江子街巷 253c
锦里 207c、208a
《锦里风光分外春》 313a
锦里三国文化体验街区 208b
晋阳街道 389c
晋阳人民法庭 145a
京东西南总部大楼 192
京东西南总部基地 232c、274b
经济发展 46a、380a、381a、383b、388a、390a、391c、394a、397a、399a
经济管理 149
经济建设 1b、385c、395c
经济类和食品药品环境类案件 142a
经济税收分析专报 166b
经济委员会 120a
经济转型升级 5b
经济总体指标 42a
经营异常名录 170c
精品旅游线路 210c
精神疾病管理 331a
精神疾病心理服务 331a
精神文明创建活动 8b
精神文明建设 377b
精准化调度机制 25c
精准监督 123a
景波 12、76b、245、249
景区安全管理 212a
景区景点接待游客 216b
警报系统建设管理 148c
警示教育读本 123c
净土保卫战 255b
竞技体育 351c
纠纷调解模式改革 145a
九类涉恶案件 141c
九品风山珍宝酒楼 204b
九三学社武侯区第一届委员会 129a
九三学社武侯区委 129a
九三学社武侯区委参政议政 129a
九三学社武侯区委服务社会 129b
酒吧一条街 41
酒店平均入住率 216b
旧城改造 253a
救灾物资保障 267b
就业帮扶 245b
就业促进 357b
就业服务套餐 25
就业和社会保障 8c
居家养老服务 364c
居民健康档案 335a
居民生活 354b
居民收入 354c、420a
居民委员会换届选举 369b
居民小区垃圾中转房标准化改造 262c
“局队合一”体制改革 107b
局级干部培训 69a
决定重大事项 81a
军地联合消防应急演练 266b
军事 147

军休干部服务 374c

K

开放与合作 239
开学第一课专项法治宣传活动 140c
刊物编发 54c
康特电子 178c
康特高端芯片产业楼 175a
抗美援朝特等功臣 73b
柯瑞卿 401a
“科创中国”试点城市合作共建协议 280c
科技成果转化 53a
科技管理 275a
科技计划 275b
科技计划项目 275a
科技投入 277a
科普活动 278a
科普基础建设 279a
科协交流合作 280c
科学技术 275、420c
客车租赁公司 271a
空气质量优良天数 255a
孔艺 129a
口腔数字化技术高峰论坛 193c
口头述责述廉 121c
跨部门办案平台武侯试点 140b
快递和物流业 274a
快递物流企业 274a
狂犬病防控 330c
狂犬病监测 174b
狂犬病疫苗 174a
困境儿童生活补助 360a
困难残疾人生活补贴 359c、362a
困难企业军转干部扶助 374a
困难群体城乡居民基本养老保险 358c
困难群众兜底保障 358b

L

垃圾分类处理 262c
垃圾分类规范投放点 263a
来凤五路小游园 263b
劳动监察 358a
劳动纠纷“一站式”多元化解联动处置中心 139b
劳动纠纷“一站式”联处中心 132a
劳动就业 353a、357a
劳动争议化解 358a
老干部工作 71b
老干部活动中心 72c
老旧小区改造 253b
老旧小区更新 372b
老旧院落户表改造 274c
老旧院落燃气管线更新改造 274c
老龄服务 363c
老楼危楼安全隐患排查 181b
老马爱乐之旅 369c
老马路国际化社区 240a
老马路社区 134c
老马路音乐主题街区 371a
老码头火锅 204b
老年人福利 365b
老年人个性化居家医疗服务试点 364c
老年优待和关爱服务 364c
乐海斌 129a
雷亮 150c
蕾丝桥 252
类金融新增企业及新增业务情况 195
累计成交商品房住宅 180c
累计成交商品房住宅面积 181b
累计供应商品房 180c
累计接种新冠病毒疫苗 330b
冷链食品疫情防控 172a
离婚登记 353a、353c
离退休干部“两项待遇”落实 71c
离退休干部党建 62b
离退休干部党支部 62c
离退休干部党总支 62c
离退休干部情况通报会 71c
离退休干部志愿服务 72a
李佳梅 129a
李燎 76b
李林 76b
李帅 133b
李为民 302c
李勇 132c
理论学习教育 63b
理论研究 71b
历史建筑 318a
历史建筑保护名录“一处一档”动态管理 318a
历史文化 41b
历史文化街区保护 318a
立案刑事案件 144b
立二等功现役军人 374c
利君实业 176c、177c
利用外资 241a
连锁餐饮店 202a
《廉情专报》 123c
《廉说三国》 57b
梁田 128c
梁宗安 378c
粮食购销领域腐败专项整治 121b
粮食行政监管 170a
粮食流通监管 170a
粮油安全监管 170b
“两拆一增”整治点位 260c
“两拆一增”专项行动 260c
“两个覆盖”集中攻坚 60b
“两新”领域党建 60a

“两新”组织中新建中共党组织 61
两优一先 45b
“两优一先”表彰 58c
两自一包 13b、281b、282
“两自一包”改革 13b
“两自一包”教育改革 281b、282
廖礼静 125a
廖丕波 130c
廖星 369c
林北路社区 378b
林昌林 132c
林金辉 76b
林清芳 119a、127c
林素琴守护团队 378c
临时救助 360b
临时救助金 359c
凌可人 378a
领导干部进社区常态化机制 142a
领导干部经济责任审计 168a
刘丹 133c
刘进 225c
刘立新 111a
刘莉 111a
刘仟万私房菜 205a
刘清 76c
刘仁富 71b
刘盛和 127c
刘涛 238a
刘伟平 125a
刘显东 321b
刘湘陵园 207c
刘孝昌 72a、73a
刘晏 132c
刘永学 280b
刘忠洪 133b
留抵退税 164b
流行病学调查 327b
六大行动 211c
“六大提升”行动 215a
六个应对 357b
“六类500强”企业 222b
六片区 254a
“六位一体”隐患巡查发现机制 13c
龙江路小学新津城北分校 244c
陆坝社区 257b
罗四清 111a
罗新蓉 111a
吕玉刚 297
旅游管理 207a、211c
旅游品牌建设
旅游品牌推广 210b
旅游市场安全疫情专项活动 212c
旅游市场监管 212b
旅游收入 211c
旅游推广 210a
旅游宣传 210b
旅游业 207、419c
履职能力提升 110a
律师行业管理 146c
律师行业突出问题专项治理 146c
律师事务所 146c
绿道科普点位 279a
绿色殡葬 354a
绿色低碳发展 9c

M

妈咪宝贝屋 132c
漫游武侯乐享音乐之旅 211a
慢行交通体系建设 251b
慢性病防控 330c
矛盾纠纷多元化解 46c
贸易进出口 241a
湄公河流域国家驻华使节代表团 377a
美丽武侯 9c
美食街区 202a
免费耳聋基因筛查 337a
免费听力筛查 336c
免费孕前优生健康检查 336c
免疫规划 330b
免疫规划疫苗 330b
民办初中 285c
民办非学历培训机构 281a
民办随迁子女学校提档升级微改革 282a
民办小学 285c
民办义务教育管理 282a
民办职业中学 299c
民兵参建参治 148a
民兵思想政治建设 147c
民兵武器装备管理 148a
民兵战备训练 148a
民兵组织建设 147c
民革武侯支部 125a
民革武侯支部参政议政 125a
民革武侯支部委员会 125a
民建武侯总支 126c
民建武侯总支参政议政 126c
民建武侯总支服务社会 127a
民进会员之家 127b
民进武侯总支 127a
民进武侯总支参政议政 127b
民进武侯总支成立30周年 125
民进武侯总支服务社会 127b
民盟武侯总支 125c
民盟武侯总支参政议政 126a
民盟武侯总支服务社会 126a
民商事审判 144b
民生保障 43c、380b、382a、384a、389a、390b、399c、420a
民生服务 392c、394a、396c、397c
民生实事 88a
民事行政检察 143b
民事检察案件 143b
民事庭审优质化改革 144b
民意监督 119a

民营医疗机构 326c
民营医疗机构管理 326c
民营医院 326c
民主党派 125
民主党派工作 65c
民主法治和基层治理 2a
民主监督 118a
民主协商 109a
民族分布 41a
民族团结进步创建 376c
民族宗教管理 8a
民族宗教事务 376b
“名师优师专项激励”政策 284b
《铭记——武侯抗美援朝老战士访谈录》 321b
磨子桥创新创业街区 280
莫滨瑞 298a
母婴保健专项组织技术服务管理 337a
目标督办 100a
目标督查 54c
目标管理 54c

N

纳税额 500 万元以上企业 439
纳税评估与风险应对 165c
纳税人激活 164b
纳税人满意率 164b
南虹村社区 131b
南虹村职工驿站 132c
南郊公园 207c
能源 271
能源安全生产 274b
能源供给协调 274b
能源供应 274b
妮妮环球国际儿童食育中心 398b
倪家桥“倪来我往”新文艺群体聚落 65c
年度十大民生服务案例 88c
年度外向型十强企业 240c
年鉴编纂出版 320c
年平均降水量 39b
农村妇女“两癌”筛查 336b
农村集体产权制度改革“回头看” 173c
农村集体经济组织管理台账 173c
农村集体资产监管 173c
农村牧渔总产值 173c
农工党武侯总支 127c
农工党武侯总支部委员会 127c
农工党武侯总支参政议政 127c
农工党武侯总支服务社会 128a
农贸市场主副食品零售价格 354c、354
农田体验区 210a
农业 173、418a
农业产业化重点龙头企业 2021 年资产总额 173c
农业经济 173a
农业综合管理与服务 174a
浓园国际艺术村 209a
浓园天艺村 209b
女性生殖健康 337a

P

潘丽娟 133b
配套绿道 258c
批发零售业 419a
片区综合开发 6a
片区综合开发模式 249b
品武侯 22、44、216、264、280、310、400、422
平安武侯建设 139a
平安武侯建设行动 21b
破坏环境资源保护案 143c
蒲昭霞 133c
朴田 254a
普法宣传教育 140c
普惠性民办幼儿园 285a
普通高中学校 292a
普通货运企业 271a
曝光片 319a

Q

七横 271b
七纵 271b
“七纵七横”城市交通路网体系 17a
企业创新提能工程 278c
企业服务专区 105b
企业科协 278c
企业年报管理 170c
企业上市 194b
企业退税 167a
企业疫情防控主体责任 328c
企业职工基本养老保险参保 358c
气候水文 39b
汽车汽配市场 186c
汽车维修企业 271a
汽修企业管理 271c
签约投资促进重大项目 240b
强营销 184a
侨胞之家 398a
侨务管理 102c
桥梁纽带作用发挥 110a
桥梁与下穿隧道维护 252c
钦善斋食府 203b
侵害未成年人犯罪 143c
亲民化人防宣传教育示范展区 148c
秦勇 302c
禽流感疫苗 174a
“勤以立人”劳动教育 299a
青年创业就业服务 134b
青年服务体系建设 134c

青年人才驿站　356b
“青年之家”社区店　134c
青年志愿服务　135a
青少年思想道德建设　134b
青少年筑梦工程　278b
“清风武侯”廉洁文化阵地体系　123c
清粥小菜　205b
庆祝建党100周年征文大赛　25b
庆祝中国共产党成立100周年摄影大赛　313a
邱耘　111a
邱长宝　76c
“秋送助学”活动　133a
《求是》杂志　71b
区残疾人双创中心　362c
区工商联对口帮扶白玉县　245c
区公安分局户政大队　141c
区管在建项目　227a
区级“妇女之家”示范点位　136a
区级城市核酸检测基地　329a
区级储备粮管理　170b
区级健康单位　334a
区级健康家庭　334a
区级健康街道　333c
区级健康社区　334a
区级民生实事项目　88b、92
区级民生实事征集　88c
区级培育专业（特色）楼宇　188b
区级税收收入　160b、163a
区级文创产业园区　199b
区级政策补贴资金　199c
区级资助项目　278a
区级总部企业　188a、190
区情概览　39
区人大常委会领导外出考察
区人大综述　75a
区融媒体中心综合馆分中心　318c
区属国有企业管理　153b
区属国有企业运营监管　153b
区属国资国企改革　153c
区属学校选介　292a
区委决策部署落实　75b
区委综合事务　54c
区文联书法家协会　311b
区新阶层联谊会　66c
区域合作　243c
区域网红经济产业生态圈　219a
区政府特殊津贴　356a
区政府综合事务　99a
区政务服务中心　68b
区政协领导考察活动　113b
区政协委员构成　110b
区知联会　66b
曲红娟　127c
去世人物简介　411a
全国婚俗改革实验区　353c
全国科普日活动　280a
全国民族团结进步创建示范单位　376c
全国三人篮球集训赛女子组比赛　352
全国社会治理创新十大最佳案例　363c
全国社区商业服务示范街　371a
全国十大城市商业步行街　208b
全国示范型退役军人服务站创建　375a
全国示范性老年友好型社区　364a
全国智慧教育示范区建设　283b
全国最美工会户外劳动者服务站点　132c
全会协商　113c
全口径税收　160b、160c
全口径税收收入　160c
全龄友好包容社会营建工程　365a
全龄友好营建工程　20a
全面从严治党　10b
全民国防教育　147b
全民国防教育日进校园活动　147b
全民健身　350a
全民健身路径情况　350
全民科学素质提升　278b
全民义务植树活动　263c
全民阅读活动　312a
全民终身学习　309c
全民终身学习活动周　309c
全年拆除违法建设面积　260c
全年获得上级科技计划项目资金　277a
全球最美街道　208b
全区“四上”单位　357c
全区不可移动文物点位　317c
全区餐饮业零售总额　201a
全区发热门诊累计接诊　329c
全区工业增加值　175a
全区行政事业单位资产总额　152b
全区基本公共服务设施评估　251a
全区批而未用土地总面积　248c
全区商标申请数量　277c
全区限额以上餐饮企业　202a
全区限额以上社会消费品零售额　183a
全区新冠病毒疫苗接种　330a
全区中小学　281a
全省民族团结进步示范单位　376c
全省首个大健康领域综合科技创新服务平台　220c
全市“书香家庭”　312b
全市“书香社区”　312a
全市“最美河湖”　46c
全市示范社区　370a
全天候不定时执法　107c
全域公园建设　263b
全域结对帮扶　245b
全员核酸检测　327b
犬伤门诊　330c、331
确诊严重精神障碍患者　335b
群众工作之家　108c

群众诉求回应　122c
群众体育活动　350a
群众体育培训　351a
群众团体　131
群众文化活动　311b

R

燃气调压工市级一类大赛　133c
人才安居房建设　181a
人才安居资格　181a
人才创新创业平台　58b
人才队伍建设　58b
人才发展机制改革　58b
人才公寓项目　181a
人才开发指引　356a
人才培养　356a
人才培养帮扶　245b
人才新政落实　356b
人才引进　356a
人才资源状况报告　356a
人大代表换届选举　75c
人大代表建议办理　82c
人大代表建议摘要　82a
人大代表联系群众　85c
人大代表名单　428b
人大代表培训　86a
人大代表视察调研　81b
人道救助　138b
人防工程标志标牌管理维护　148c
人防工程管理　148c
人防宣传教育　148c
人防训练　148c
人均可支配收入　354c
人均体育场地面积　349a
人均体育消费支出　349c
人均总收入　354c
人均总支出　354c
人口　41a、421c
人口监测　337c
人口民族　41ac
人口普查　169b
人口生育　337c、353a
人口与家庭动态监测追踪调查　337c
人力资源管理　355a
人力资源管理服务　355c
人民防空　148b
人民陪审员　145b
人民生活　420a
人民调解　146a
人民调解超市　146a
人民调解指挥中心　146a
人南活力开放轴　220b
人社公共服务受理平台　106a
人事任免　81a
人文历史　41b
人文武侯文博研学游　210c
人物　401
日均收运生活垃圾　262a
荣誉　401
“蓉易贷”服务中心　194c
“蓉易贷”累计贷款　195b
“蓉易贷”推进　194c
融媒体　318b
融媒体中心作品获奖　319
融资担保公司　195c
融资租赁公司　196c
入库社保费　165a
入库税款大口径收入　166a
入库滞纳金　166a

S

三大节日旅游市场　216b
三大节日旅游市场旅游总收入　216c
三带三查　268b
三点两所　13c
三个免提交　103c
“三个一”工作要求　269a
三固一专　309b
“三国 Online”高品质科创空间网络推介会　231a
“三国 Online”元宇宙云上签约　231a
三国创意设计产业功能区　226a
三国创意设计产业功能区全年文创产业增加值　231c
三国创意设计产业功能区示意图　226
三国创意设计产业功能区项目　227
三国创意设计产业功能区重点产业化项目　230
三国创意园　226a、231b
三国文创产业联盟　216a
三河社区特色民俗　400
三河污水处理站　257
三环路草金立交桥　272
三级古树　264c
三季度重大项目招引攻坚行动签约仪式　194
三甲医院　323a、339b
三九佛兰汽配城商铺火灾　270c
三六三医院　346b、376c
三六三医院服务社会　347a
三六三医院教学工作　347a
三六三医院医院科研　346c
“三年行动计划”6 个 100%　283c
三区两通道　327c
三台县智谷智能制造产业园　244a
三台县梓州织造产业园　244a
三星级院落　334b
三支队伍　13c、139b
三抓五管　20c、256b
散居孤儿生活费　360a
沙堰街　249c、250a
闪耀女神节　219b

商会建设 129c
商贸流通领域安全检查 270a
商贸业 183a
商品房去化周期 180c
商品房销售额 180c
商品房销售面积 180c
商业保理公司 198a
商业集中街区 202a
上海银行成都分行 198b
上三级文件 99c
尚锦品酒店 210b
少先队工作 135b
少先队员“争章夺星”荣誉激励活动 135b
社保费征收 165a
社保基金监管 358c
社保业务“跨区域通办” 358b
社工人才队伍建设 371c
社会保险 358c
社会保险费征缴联合服务区 165a
社会保障 358b、420a
社会保障提升工程 20a
社会服务工作专委会 127a
社会工作服务站点全覆盖 371c
社会关爱援助 360c
社会化服务管理 101c
社会化工会工作者队伍管理改革 132b
社会救助 359c
社会就业 420a
社会科学 322b
社会生活 353
社会事业 46a、420b
社会事业发展监督 80b
社会事业建设 2c
社会事业调研 119c
社会事业委员会 86b、120b
社会体育指导员 349a
社会体育组织管理 349b
社会消费品零售总额 183b
社会信用体系建设 150b
社会宣传 63c
社会治理监督 80a
社会主义核心价值观特色点位 377c
社会组织等级评估 373a
社会组织管理 372c
社会组织品牌打造 373a
社科普及活动 322c
社科优秀成果 322c
社区“共享奶奶” 309
社区保障激励资金管理 372c
社区保障资金 372c
社区保障资金“e管家” 372c
“社区雏鹰”公益活动 310c
社区慈善信托 372a
社区党组织书记进修班 69c
社区法律顾问 146c
社区法律顾问精准化管理 146c
社区防控 327c
社区服务 381c
社区服务能力提升 371b
社区红十字会 138a
社区矫正 146b
社区矫正人员管理 146b
社区教育 309a
社区警务工作模式 142b
社区康复服务 362a
社区康复券 362b
社区老年教育教学点 309a
社区美空间 369c
社区名书记工作室 371c
社区品质提升 369c
社区品质提升点位 370
社区日间照料中心 364b
社区商业发展 371a
社区体制机制改革“后半篇文章” 372b
社区微基金 372a
社区卫生 334b
社区卫生服务机构 323a
社区卫生服务中心基础设施建设 334c
社区文化建设 389b
社区校工委 135b
社区养老服务机构 366
社区疫情防控专项资金 328a
社区运动节 351c
社区长寿食坊 364b
社区治理 380b、384a、386c、393a、396a、399c
社区治理提能行动 21a
社区综治中心 139b
“社银一体”服务模式 105c
“社银一体”化 105c
涉案财物价格认定 170a
涉案物品价格鉴定 170a
涉毒案件 142a
涉法涉诉信访“治重化积” 140a
涉黄赌刑事案件 142a
涉军群体权益维护 374b
涉农街道拆迁安置小区配套经营性用房清理 153a
涉区政府行政诉讼案件 141b
涉税业务 167a
涉外疫情防控 328a
涉疫场所防控 327b
身边好人选树 378b
沈翔 76c、122b
沈瑜 122b
审计 167c
审结行政案件 144c
审结民事案件 144b
审结涉毒犯罪案件 144b
审结刑事案件 144b
审批备案事项 180b
审批服务便民化改革 103a

审务公开　145b
生产安全事故　268a
生产经营费用支出　354c
生活垃圾分类　262c
生活垃圾集中分类投放点　262c
生活垃圾运输车　262c
生活垃圾中转房（点）专项整治　262b
生活垃圾中转房专项治理　262b
生活消费支出　354c
生态环保督察问题整改　256a
生态环境保护监督　80a
生态环境保护宣传　258a
生态环境保护执法　107c
生态环境评价审批　257c
生态环境提升　20b、44a
生态惠民工程　255a
生态建设　46c、255
生态文明建设　2c
生育关怀四项免费服务　336c
省妇幼　345a
省级步行街改造提升试点　200c
省级城市基层治理示范区创建　370c
省级电子商务新业态基地创建　192a
省级基层治理示范　62b
省级劳模和工匠人才创新工作室　132b
省级立项　275c
省级旅游产业扶持资金　199c
省级民生实事项目　88b、89
省级社会工作服务体系建设试点　371c
省级社区治理和街道服务管理创新试点　371b
省级税收收入　163a
省级知识产权专项资金项目　278a
省委巡视反馈问题整改　124c
省医保一体化大数据平台　359a
失信企业专项治理　150b
失业保险参保　358c
“十百千”工程　21b
十大民生服务案例评选　88c
十大特色消费新场景　185
十二篱院　210a
“十四五”规划和二〇三五年远景目标　52a
《“十四五”期间武侯区大外事工作发展研究报告》 239a
石古　133b
石室双楠实验学校　294
石倚洁　238a
实施专业化物业管理的商品房住宅小区　182b
实体书店　312a
食品安全监管　172a
食品安全科普讲座　172c
食品安全示范超市　172a
食品抽检　171c
食品快检　171c
食品批发市场　186c
食品药品安全宣传　172c
示范场景项目　151a
示范创建　171a
示范应用场景打造　150c
世界 500 强企业　241c
世界大学生运动会筹备　350a
世界文创名城核心区　226c
市场规范管理　170c
市场监管　170b
市场监管执法　107b
市场主体　418a
市场主体培育　151a
市管干部培训　68c
市级服务业重大项目　188a
市级服务业重大项目建设情况　190
市级健康单位　333c
市级健康家庭　333c
市级健康街道　333c
市级健康社区　333c
市级科普基地总数　279a
市级劳模和工匠人才创新工作室　132b
市级立项　275c
市级旅游产业发展专项资金　199c
市级民生实事项目　88a、89
市级评定专业（特色）楼宇　188b、191
市级社区运动角示范点位　369c
市级示范小区　370a
市级体育产业发展专项资金　199c
市级知识产权发展和保护资助项目　278a
市级智慧应用场景示范社区　370c
市级重大建设项目档案验收　74b
市级总部企业　188a、189
市区两级激励资金　372c
市容市貌执法　107a
市委市政府以上表彰　402、412
市政道路竣工情况　250
市政公服设施建设　250c
市政设施管护　252c
事实无人抚养儿童生活补贴　360a
事业单位房屋资产总面积　152b
事业单位公开招聘　355b
事业单位公务用车　101a
事业单位人员管理　355b
事业单位资产总额　152b
视察监督　118b
视察与考察　81b
视察与调研　119b
《守望春天——2020 武侯区抗击新冠肺炎疫情实录》 321a
首次签发出生医学证明　336a
首届武侯区基层自治培训班　372a
首届中小学生劳动技能大赛　299a
首批社区青春行动试点社区　134c
受理劳动争议案件　358b
书面述责述廉　121c

暑期青少年科普假日学校　279a
属地纳税过 1 亿元楼宇　188c
蜀道城乡集团　243a
《蜀都赋》　208c
《蜀都武医》　321b
蜀宫琴台　210b、313c
蜀汉街社区　376c
蜀九香火锅　204b
树品牌　185a
数字档案馆建设试点　74c
“双百工程”企业　150c
“双百工程”人才　150c
“双百亿”行动　87a
“双减”政策落实　282a
“双线融合”试点　371a
双拥共建　374a
水污染防治　256c
水系连通项目　261a
水系连通一期工程　257a
水韵园　284a
税费征管改革　163a
税收　160a、160b
《税收营商环境和纳税人满意度工作落实长效机制》　164a
税收营商环境优化　164a
税收综合治理　166a
顺丰速运　273a
硕博高层次人才创办企业　356b
司法服务　145c
司法行政　146a
司法救助　144a
司法释明中心　145a
私募投资基金风险防范处置　167b
思想建设　10c
思想文化建设　2b、8b
四川大学　301c
四川大学“双一流”大学建设　302a
四川大学博物馆　315c
四川大学到校科研总经费　302c
四川大学附属实验小学　292a
四川大学附属中学　294c
四川大学附属中学西区学校　296c
四川大学革命英烈事迹陈列馆　73b
四川大学华西第二医院　341a
四川大学华西第四医院　343c
四川大学华西口腔医院　342b
四川大学华西医院　339b
四川大学华西医院麻醉手术中心　171b
四川大学华西医院转化医学综合楼　220b
四川大学教育交流与合作　303c
四川大学科学研究　302c
四川大学赛事获奖　304a
四川大学图书馆　314c
四川大学学科发展　302b
四川大学招生和就业　303b
四川合信药业有限责任公司　177b
四川交通运输职业学校　301a
四川申蓉泓宇汽车贸易有限公司　132c
四川省“新时代好少年”　378a
四川省安全文明施工标准化工地　180a
四川省成都市第七中学　297a
四川省成都市第十二中学　294c
四川省成都市礼仪职业中学　300a
四川省成都市武侯区侨创基地　102c
四川省道德模范　378c
四川省电子商务新业态基地　192b
四川省妇女儿童医院　345a
四川省妇幼保健院　345a
四川省妇幼保健院交流合作　346a
四川省妇幼保健院科研工作　346a
四川省妇幼保健院新技术推广　345c
四川省妇幼保健院医疗工作　345b
四川省妇幼保健院医学教育　346a
四川省化妆品安全科普宣传周活动启动仪　172
四川省金牌调解工作室　146a
四川省绿色施工示范工地　180a
四川省民族团结进步教育基地　376c
四川省首批“水美乡村”　257b
四川省统计诚信示范企业　169a
四川省中西医结合医院　347a
四川省中西医结合医院对口支援　347c
四川省中西医结合医院科研工作　347c
四川省中西医结合医院人才培养　347c
四川省中西医结合医院医疗管理　347b
四川省中西医结合医院中医文化传播　347c
四川省最美工会户外劳动者服务站点　132c
四川蜀道城乡投资集团有限责任公司　243a
四川顺丰速运有限公司　274a
四川天府商业保理有限公司　198a
四川沃森创新疫苗产业园　222b
四川音乐学院　307b
四川音乐学院创作展演　308b
四川音乐学院对口帮扶　309a
四川音乐学院国际交流与合作　308c
四川音乐学院教师队伍建设　308a
四川音乐学院教育教学　307c
四川音乐学院科研工作　308a
四川音乐学院校地合作　308c
四川音乐学院学科专业建设　307c
四川音乐学院招生工作　308b
“四个一”管理机制改革　12

四级法院审级职能定位改革试点 145b
四级派单 106a
“四上”单位从业人员 358
“四维一体”外事人才培训体系 239a
四小门店 338b
四星级院落 334b
“四有”格局 72b
四有一化 21a
“松鹤延年”老年人意外伤害及健康保险 365c
宋伟 76c
诉前化解纠纷 144c
诉讼程序繁简分流改革试点 145a
诉源治理 144c
孙崇敬 150c
孙虎 141c
孙麒麟 238a

T

她妆电商直播产业园 219a
她妆美谷 217a
她妆美谷电商供应链生态大会 192b
她妆美谷电商直播基地 192b、218c
她妆美谷规划 217c
她妆美谷化妆品产业重大项目 219
她妆美谷重大项目建设 218
太平社区“赞花儿”老党员工作室 71c、360b
谭天秩 411b
《碳达峰与碳中和》 280b
碳中和小屋 262c
唐波 374c
唐素平 378c
唐卫 76b
唐毅 76c
唐章洪 73b、374c
糖尿病患者管理 335b
特别扶助关怀 338a
特扶家庭地方扶助 337c
特扶家庭签约家庭医生“定制健康包”活动 338a
特教学校 285c
特教专项经费 298c
特困门诊救助及低保对象住院救助资金 360b
特困人员救助供养 359c、360a
特色餐饮 203b
特色场景 370b
特色化就业招聘 25b
特色街区打造 249c
特色街区文化演出 238c
特色老党员工作室 72b
特色美食街区 202a
特殊儿童保障 360a
特殊教育 298c
特约监督 119a
特载 1
特种设备安全大排查 171c
特种设备安全监管 171b
提案办理协商 113c
提案委员会 120a
提醒敦促函 268c
体育 349、421a
体育产业 349b
体育产业增加值 349b
体育产业总收入 349b
体育发展规划 349a
体育活动场地 349a
体育教育 351b
体育设施建设 349c
体育综述 349a
天府芙蓉园 209b、210b
天府芙蓉园建设 259a
天府科技云服务中心 279a
天府蓝网 20c
天府旅游名品 210a
天府旅游名县提升行动计划 211c
天府旅游名县提升建设 215a
天府绿道 263b
天气预警 267b
天网点位 143a
天艺·浓园艺术博览园 209a
天艺村 206b
同标准办理 105a
桐梓林国际化社区 240a
“桐梓林国际邻里中心”腾讯视频号 240a
桐梓林境外人员服务中心 239
桐梓林社区外国专家书屋 314b
统计 168b
统计服务 165c
统计改革 169b
统计公报 417
统计基层基础建设 168b
统计入库建筑业企业 179a
统计数据质量检查 169a
统计执法 169a
统计执法检查 169a
统一战线干部队伍建设 66c
统一战线工作 65b
头部企业 193a
投入科技资金 275a
土地报征 248a
土地拆迁 248c、390a、399a
土地上市推进 248b
土地增值税收入 165b
土地执法监察 153b
土壤污染防治 257b
土壤污染重点监管企业监管 257b
退税 164b
退役军人“服务超市” 376a
退役军人报到“一件事” 376a
退役军人服务保障品牌打造 375a
退役军人服务保障体系建设 373c

退役军人事务 373b
退役军人战旗红志愿服务队 375b
“托管＋拓展”课后服务模式 282a
脱贫攻坚档案归集 74a
脱贫攻坚与乡村振兴 6c

W

外籍人士社区服务中心 240a
“外籍人士社区服务中心”双语公众号 240a
外籍人士新冠病毒疫苗接种 328a、330a
外籍志愿者 240a
外贸进出口额 240b
外事管理 102a
外事及港澳台事务 102a
外向型经济发展 6c
万案大评查 140a
“万商云川・四川好物”四季直播活动 192c
王岸淘 374c
王鸡婆川菜馆 204c
王畯 132c、141c
王利玲 133b
王梅 71c
王兴华个人调解室 46c、146a
王子纪 378a
网络安全管理 65a
网络安全培训 65b
网络查控案件 144c
网络理政 106a
网络零售额 191a
网络市场监管 171a
网络司法拍卖 144c
网络文明传播 378c
网络信息工作 64c
网络学法 140c
网络预约出租汽车驾驶员证 272b
网络预约出租汽车经营许可证 272c
网络预约出租汽车平台公司 272c
网络预约出租汽车运输证 272b
网络综合治理 64c
网约车平台公司 271a
网约车巡游车管理 272b
望江楼 208c
《望江楼》主题曲 211b
望江楼公园 208b
望江路格林威治慢行街区 252a
望江路街道 381a
望望主题周 211c
危险化学品安全监管 269c
危险品运输企业管理 272a
微更新项目 369c
微视频《小额诉讼》 145a
微型消防车 270c
微阅读空间 312a
为纳税人缴费人办实事“十大优秀创新项目” 166c
“为幸福发声・让群众有感”专项行动 120c
维护稳定 142c、382a
委托代征协议 163c
卫片执法图斑 153b
卫生“双随机、一公开”检查 338b、338c
卫生监督 338a
卫生健康 323、421a
未成年人保护 360a
未成年人司法保护 143c
未成年人思想道德建设 378a
魏凤和 148c
魏益忠 126c
魏于全 193a
文创产业扶持 199b
文创产业增加值 199a
文创企业 199a
文创人才队伍建设 199c
文创载体建设 199b
文锋 307c
文化 311、421a
文化创意产业 199a
文化创意主题旅游目的地 210b
文化地标 41c
文化馆特色分馆 313c
文化惠民服务工程 20b
文化活动 311a
文化旅游资源普查 210a
文化品牌建设 312a
文化设施 313b
文化体育发展 43a
文化体育设施建设 46a
文件办理 55b
文旅融合示范图书馆分馆 313c
文明城市创建 377c
文明之家 407
文体旅行业疫情防控 328c
文体旅市场执法 107a
文物保护 317a
文物古迹 313b
文物区 207b
文艺活动 312b
文云英 307c
翁晓东 133b、133c
“我为群众办实事”十大民生服务案例 64b、94
沃森生物创新研发中心 232
污染防治攻坚 9c
无差别受理 105a
无偿献血 334a
吴茜 369c
吴小娇 133b
五大品质提升 259c
五大体系 20c
五项权力 68a
“五项制度”整改闭环机制 13c
五星级院落 334b
伍本康 119

伍健　76c
武侯“三顾云”教学平台　283c
武侯－安岳教育联盟　244b
武侯祠　207a
武侯祠·锦里　208a
武侯电视　318c
武侯电网　274b
武侯发展公司　154a
武侯高新公司　154b
武侯工投公司　154b
武侯国投集团　153c
“武侯好邻居·平安志愿者”群防群治力量队伍　142b
武侯环城生态区区域总面积　258b
武侯教投公司　155a
《武侯街巷》 321a、322a
武侯科产公司　154b
武侯老党员工作室　72a
武侯美食地图　206
“武侯美食手绘地图”小程序　202a
武侯慕课　71a
“武侯慕课”成都党史系列　71a
《武侯年鉴（2020）》 320c
《武侯年鉴（2021）》 320c
武侯青年创客空间　134c
武侯区A级景区　207
武侯区“感动武侯”主题评选活动　64a
武侯区“五好家庭”　137a
武侯区“诸葛工匠”　407
武侯区“走基层”文化惠民音乐会　311
武侯区八届人大一次会议　76b
武侯区百岁老人　365
武侯区标准化菜市场　184
武侯区餐饮行业监控及会员系统平台　201a
武侯区残疾人两项补贴标准 362
武侯区产业化项目实际到位内资　241b
武侯区出生人口　337c、353b
武侯区初中学校情况　293
武侯区创新创业载体情况　151
武侯区慈善惠民超市　361
武侯区慈善惠民超市项目全域行动网络募款活动　360c
《武侯区促进都市工业高质量发展扶持政策》 175a
武侯区大健康产业商会　129c
武侯区大事记　322a
武侯区大型城市综合体　187
武侯区大型商场和超市　188
武侯区党外知识分子联谊会　66a
武侯区第八次党代会　47b
武侯区第七次人口普查　169b
武侯区第一届“勤以立人”中小学生劳动技能大赛　299
武侯区第一届中德口腔医疗产业对接会　193c
武侯区第一所“两自一包”改革试点先行学校　296c
武侯区第一所公办九年一贯制学校　294b
武侯区典当行　196
武侯区—东坡区青年发展创享空间　134c
武侯区法治教育基地　140c
武侯区方志馆　314a
武侯区服务业固定资产投资　188a
武侯区妇建公益创投项目　136
武侯区妇女联合会　135c
武侯区妇幼保健院　337b
武侯区高中学校情况　293
武侯区各行业“四上”单位从业人员　358
武侯区各街道养老助餐点位　367
武侯区各组织机构主要负责人　424
武侯区耕地保有量　153a
武侯区工商联参政议政　130a
武侯区工商联第七次会员代表大会　130c、130
武侯区工商联服务经济建设　129c
《武侯区关于培育社区社会企业的实施办法（试行）》 371a
武侯区规模以上工业企业　175b
武侯区规模以上工业企业　176
武侯区国民经济和社会发展统计公报　417
武侯区国有资本经营收入　157
武侯区国有资本经营预算支出　159
武侯区国有资本经营支出　159
武侯区行业税收收入　161
武侯区行政区划　40
武侯区红十字会　137c
武侯区环城生态区建设发展中心　258b
武侯区惠企利企十项措施　150
武侯区获省级科技计划立项项目　275
武侯区集体土地应拆总量　248c
武侯区纪委八届一次全体会议　122b
武侯区纪委监委重会议　121c
武侯区纪委监委综述　121a
武侯区纪委七届十次全体会议　121c
武侯区纪委七届十一次全体会议　122a
武侯区建筑业专项扶持政策　179b
武侯区接种疫苗　330b
武侯区揭牌　22
《武侯区进一步推进巡察工作高质量发展的实施办法》 124a
武侯区精品旅游线路　210c
武侯区局级领导干部培训　69
武侯区军地抢险救灾协调联动工作机制　265a
武侯区劳动纠纷“一站式”联处中心　358b

武侯区累计上市企业　194c
武侯区立二等功现役军人　375
武侯区旅游业纳税十强企业　211c、212
武侯区纳税额 500 万元以上企业　439
武侯区内地铁运营站点　273
武侯区内电影院线　316
武侯区内世界 500 强企业　242
武侯区内医疗机构　323a
武侯区七届人大常委会会议　77a、77
武侯区七届人大常委会主任会议　78a、78
武侯区七届人大六次会议　76a
武侯区七届人大五次会议　76a
武侯区七届人大五次会议代表建议　83
武侯区企业科协　279
武侯区企业上市培训活动　194b
武侯区签约引进重大项目　241
武侯区侨之家　102c
《武侯区青年创新创业就业筑梦工程机会清单》　357a
武侯区青年创业园　134c
武侯区庆祝中国共产党成立 100 周年征文大赛　312b
武侯区区管道路　252c
武侯区区级领导　423
武侯区区级以上不可移动文物　317
武侯区全国科普日活动　280b
武侯区人大常委会重要会议　76a
武侯区人口情况　40
武侯区人民代表大会综述　75a
武侯区人民武装部　147a
武侯区人民医院　337b
武侯区人民政府综述　87
武侯区融资性担保公司　196
武侯区融资租赁公司　197
武侯区少数民族情况　376b
武侯区设立院士（专家）创新工作站的企业　279
武侯区社区品质提升点位　370
武侯区社区卫生服务机构　334
武侯区社区养老服务机构　366
武侯区社区运动节　351c
武侯区受污染耕地安全利用率　257b
武侯区属地税收过亿楼宇　191
武侯区水韵园综合教育基地　284a
武侯区税费服务支持中心　166b
武侯区税收收入　161
武侯区私募基金企业座谈会　194b
武侯区特殊教育学校　298c
武侯区体育企业　349b
《武侯区天府旅游名县提升行动计划》　215a
武侯区投入科技资金　277a
武侯区图书馆　314a
《武侯区土地利用现状图》　248c
武侯区土地增值税收入情况　165
武侯区委八届一次全体会议　47c
武侯区委常委会会议　47c、48
武侯区委七届十八次全体会议　47a
武侯区委七届十七次全体会议　47a
武侯区文化馆　313c
武侯区文旅产业商会　129c
武侯区文明之家　64b、407
武侯区物业管理协会　182b
武侯区辖区内主要宾馆酒店　202
《武侯区现代都市工业发展“十四五”规划》　175a
武侯区现制现售水单位卫生培训会　338c
武侯区限额以上餐饮企业　201
武侯区项目招引攻坚行动　194b
武侯区消防站总体规划　247b
武侯区小额贷款公司　196
武侯区小学学校情况　290
武侯区新的社会阶层人士联谊会　66c
武侯区新时代文明实践中心　377b
武侯区幸福美好生活巾帼文明岗　137b
武侯区学校构成情况　285
武侯区夜经济　185c
武侯区一般公共预算收入　156
武侯区一般公共预算收支平衡情况　158
武侯区一般公共预算支出　157
武侯区医美（医疗）纠纷调解工作站　220a
武侯区医美（医疗）协调解纷中心　220a
《武侯区医美产业高质量发展支持政策》　220a
《武侯区疫情期间精准助企纾困解难的若干措施》　328c
武侯区影院　316b
武侯区应急委员会　265a
武侯区幼儿园　285a
武侯区幼儿园情况　285
武侯区运输业户　271a
武侯区在园幼儿　285a
武侯区正常营业旅行社　212
武侯区政府采购预算　159a
武侯区政府常务会议　95c、95
武侯区政府第八次全体会议　95b
武侯区政府第九次全体会议　95c
武侯区政府第十次全体会议　95c
武侯区政府性基金收支决算　158
武侯区政府性基金支出　158
武侯区政务中心各部门窗口办件　104
武侯区政协八届一次会议　111a
武侯区政协常委会会议　111b
武侯区政协七届四次会议提案　114
武侯区政协七届五次会议　110c
武侯区政协重要会议　110c

武侯区政协主席会议 111c
武侯区政协主席会议召开情况 112
武侯区政协综述 109a
武侯区政银一体化 24 小时服务站 103c
武侯区职业学校基本情况 300
武侯区职业中学 299c
武侯区重点房地产竣工项目 181
武侯区主题旅游线路 210c
武侯区主要商贸零售企业销售情况 184
武侯区住院分娩产妇数 336a
武侯区注册登记社会组织 373a
武侯区驻区高校 302
武侯区专业市场 187
武侯区总工会 131a
武侯商旅公司 154c
武侯社区发展基金会 372a
武侯社区商业公司 155a
《武侯统计年鉴》 169a
《武侯统计月报》 169a
武侯卫教公司 155a
武侯卫投公司参控股子公司 155a
武侯文创公司 155a
武侯辖区医院 324
武侯新媒体运营 319c
《武侯新闻》 318c
武侯音产公司 155a
武侯政务新媒体评估 318c
武侯助残案例 363c
武侯资本公司 154a
“武宜贷”金融纾困暖企行动 194b
物业管理 182a
物业管理服务“红黑榜” 182a

X

西南民大 304a
西南民族大学 304a
西南民族大学 70 周年校庆 305b
西南民族大学教育教学 304b
西南民族大学科研工作 305a
西南民族大学民族博物馆 315c
西南民族大学社会服务 305b
西南民族大学图书馆 315a
西南民族大学学科建设 305a
西南民族大学招生就业 305a
西南民族大学中华民族共同体教育 304b
西区 207c
洗面桥社区 376c
细分领域龙头企业投资项目 237a
辖区重点工业企业 177a
夏杰 135c
夏忠清 133c
先进人物简介 401a
先进生产性服务项目 227c
先进制造业项目招引攻坚大会战 17c
先天性心脏病初筛 337a
现场教学基地建设 71b
现代服务业 5c
现代服务业提能提质 18a
现代化诉讼服务中心 145c
现代环境治理体系构建 10b
现住房建筑面积 354b、354c
限额以上餐饮企业 201a
限制高消费 144c
祥宇酒店 210b
向春 132c
向万军 369c
项目招引 42b、218b
消防安全隐患包保责任制 270b
消防救援 270a
消防隐患排查治理 270b
消防智能防控预警系统 270c
消费场景打造 185a
消费创新赋能 184a
消费者权益保护 171a
消费支出 354c
小额贷款公司 196a
小额诉讼案件 145a
小额诉讼快速解纷 145a
小红袍・花胶鲍鱼鸡 204c
《小康》杂志社 186a
小口径收入 166a
小区治理专项基金项目 372b
小微企业和个体工商户税收优惠政策效应评估 164c
小微文创企业 199a
“小微协商”示范点位 114c
小微型企业职业病危害现状调查 333a
小学毕业生划片就读 285c
小游园微绿地建设 263b
“小专题”信访分析 123c
校（园）长岗位职级制改革 284c
校地合作联合培训 70c
校园安全“三大行动” 283c
校园安全管理 283c
校园全封闭管理 329a
校园治安防范隐患排查整治 142c
协同化区域效应 26a
协议定点医药机构 326a
谢昊业 378a
心理矫治活动 146b
新成立社会组织党组织 372c
新成立体育类社会团体 349c
新春欢乐购活动 183c
新冠病毒样本检测 172a
新冠病毒疫苗接种 330a
新冠病毒疫苗接种费用 330a
新冠肺炎疫情防控 43b、320c
新冠肺炎疫情防控档案归集 74a
新冠肺炎疫情快速响应应急演练 329c
新加坡能源集团 243a
新经济 500 强企业 150c
新经济发展 150c

新经济企业　150c
新经济显示推广　151b
新经济新业态　18b
新媒体平台　318c
新年音乐季　238b
新任基层党组织书记培训　70a
新任职干部暨递进培养干部培训　71a
新时代武侯发展蓝图　3b
“新时代治蜀兴川执政骨干递进培养武侯计划”培训班　69b
新闻发布　64b
新闻专栏　319a
新消费产业生态圈　217a
新优质学校　285c
新增财政资金直达基层直接惠企利民情况跟踪审计　168a
新增高新技术企业　275b
新增金融项目　195
新增绿地　263a
新增权力清单的合法性审查　141a
新注册志愿服务队伍　378b
薪酬调查　358a
信访工作　108a
信托制物业　26、369c
信托制物业模式　369c、391a
信息报送　56a
星级酒店　200c
星级院落评选　334a
刑事附带民事公益诉讼　143b
刑事检察　143a
刑事审判　144b
刑事庭审实质化改革　144b
行政单位房屋资产总面积　152b
行政单位资产总额　152b
行政复议　141b
行政机关负责人出庭应诉　141b
行政区划　40c
行政权力责任事项　141a
行政权责清单调整　141a
行政审判　144b
行政审批服务　103a
行政应诉　141b
行政执法　105c
行政执法监督　141a
幸福美好生活十大工程　53b、369b
许瑞　133b
宣传工作　63a
薛涛　208c
薛涛纪念馆　208、209a
薛涛井　208c
薛涛墓　208c
《薛涛史话》　321c
薛涛塑像　208c
薛淘淘主题周　211c
学前教育　285a
学生资助项目　284c
学校发展共同体　244c
学校建设　283b
学校卫生监督　338b
“雪中送炭”保险项目　360c
“雪中送炭”专项意外及补充医疗保险　359c
寻找薛涛活动　211c
巡察“回头看”　122b
巡察部署　124a
巡察反馈问题整改监督　124c
巡察工作　124a
巡察监督　124a
巡审联动　168a

Y

烟火武侯市井一环夜游之旅　210c
延伸巡察　124b
延伸阅读　150、185、252、292
严重精神障碍患者　331a
阎维文　238a
扬尘污染治理　260a
“阳光救助”民生工程　331b
阳光育苗　361a
阳光圆梦　361a
杨彩霞　136b
杨剑军　401c
杨金惠　278b
杨景然　133c
杨啸任　127c
杨洲峰　374c
养老服务设施　364a
养老机构　364a
幺妹儿灯　400
药品器械化妆品监管　172b
药械化系列专项整治行动　172b
野趣生境　210b
液改气　274b
一般公共预算收入　156a
一般公共预算支出　156b
一般公务用车　101a
一标三实　142c
“一窗受理”改革方案　103b
一环路“泛光 + 橱窗 + 安防”改造　259c
一环路市井生活圈　254a、254b
一环路武侯段　254a
一环路武侯段及周边片区整体提升打造　254a
“一机构一重点”监督　121b
一级古树　264c
一级绿道　258c
一级微型消防站　270a
“一人一策”暖心工程　71c
“一社区一法律顾问”制度　146c
“一室一品”建设　72b
“一所一品”警务战略　142a
一校四院　192c
“一校四院”科研成果发布会　225b
“一校四院”前沿科研成果　193b
“一心两轴五组团”空间格局　232a

“一心一环两街三轴多核”空间布局　236b
一站式服务办证点　142c
一轴　254a
“一轴三区”空间发展格局　226c
衣冠庙祥普项目　220b
衣冠庙消防救援站　270c
医保基金待遇总支出　358c
医保基金监管　359a
医保业务经办　326b
医疗帮扶　245a
医疗管理　323a
医疗机构示范中医馆　334c
医疗纠纷调解工作室　145b
医疗纠纷专业化审判　145a
医疗救治　329c
医疗救助　360b
医疗美容机构　323a
医疗美容卫生从业人员　193a
医疗器械抽检　171c
医疗卫生保障　43b
医美健康产业发展规划　220a
医美医院　193a
“医美之都”产业发展联盟　194a
医美之都产业发展联盟　220c
医养结合服务　364c
“医药健康＋电子商务＋文化创意”专题赛　356c
医药健康产业增加值　220a
医药卫生体制改革　46b
医政管理　323b
依法监督　79a
依法履职　75a
依法任免　81a
依法治区　45b
依法治区实践　7c
宜居水岸　260c
宜居水岸二期工程鸡公堰首长路段　258
宜居水岸清水河段　261
宜居水岸一期江安河示范段　261b
移动警务终端　143a
移动源污染管控　256c
移民后期扶持资金　174c
“颐居通”居家养老服务平台　278c
“颐居通”社区居家养老服务典型案例　364c
“颐居通”社区居家养老服务综合信息平台　364a
亿元以上重大工业和信息化项目　175c
义务教育　285c
艺术教育　299b
议案和建议　82a
疫情常态化防控　328c
疫情防控信息化保障　329b
疫情防控应急能力建设　329a
意识形态工作主导权　8a
意识形态管理　63b
音乐大道　236b
音乐坊步行街　202c
音乐坊规划　236c
音乐坊项目招引　237a
音乐剧《100》　155a
音乐文化活动　237a
银行机构　198a
银行融资授信　249b
银树叶级绿色饭店　210b
引进市外内资项目　241b
引进招优引专项目　241b
“隐形的翅膀”助学项目　360a
营商环境　217a
影城　316c
影院票房收入　316c
应急避难场所　267c、267
应急管理　265
应急管理综述　265a
应急救护服务保障　138a
应急救护培训　138b
应急救援队伍建设　266a
应急救援合作协议　266a
应急体系构建行动　20c
应急演练　266b
应急预案编修　266a
应急值守　265c
应用场景建设　370c
映月花园垃圾分类示范小区　262c
永久基本农田　153a
“永兴孃孃”自组织　378b
用于重点项目建设地方政府专项债券　159c
优待抚恤　374a
优抚价格补贴　374a
优抚医疗补助　374a
优秀儿童之家　136c
优秀人才培训　69a
油烟管理　256b
油烟净化设备升级改造试点　256c
“游学武侯”文创活动　137c
友利银行（中国）有限公司成都分行　198b
“有事来协商”工作模式　114c
渝江饭店　392
玉东少年派志愿服务队　378b
玉林北路社区　369c
玉林串串香　205c
玉林东路社区　134c
玉林街道　385a
玉林派出所　141c
玉林特色街区　250a
育强行动　222b
预备役登记　148b
预防接种证　335a
预算绩效管理　159c
御翠草堂　206c
园林绿化　263a
袁记串串香　205c
原创艺术生活主题旅游目的地　210b
原武侯电商产业功能区　232a

院落居民自治组织　372a
院落自治推进　372a
院士（专家）创新工作站　278c
院线票房　316c
院线票房前三位影院　317a
岳莉　132c
悦湖科技城　232a
悦湖科技城产业项目　232c
悦湖科技城规划　232b
悦湖科技城基础设施重点项目　235
悦湖科技城企业招引　233
悦湖科技城土地整理　236a
悦湖科技城项目建设　232c
悦湖科技城项目招引　232b、233
悦湖科技城重点项目　233
云端化服务　25c
孕妇学校　336b
运输企业质量信誉考评　272a

Z

在册管理桥梁　252c
臧雷　374c
早孕建册　335a
噪声污染防治　255b
占梦来　150c
战备拉动演练　18a
张承思　71b
张国勇　238a
张静　76c
张明旭　238b
张兴栋　193a
张耀广　352a
张也　238a
张志荣　302c
招商银行成都分行　198c
招商引资　222a、241b
招生考试　282a
赵全　122b
赵睿　127c
赵毅　76c
浙商银行成都分行　198c
征兵工作　148b
征后实施　248c
征纳互动办税服务　164a
征收入库社保费　165a
征文大赛获奖文章　25
正常营业旅行社　212c
正成社区绿地　263b
正风反腐　11b
正风肃纪　122c
郑发勇　378c
郑睿荣　378b
政法队伍教育整顿　139c
政法队伍教育整顿监督执纪执法　122c
政法领域改革　140a
政法委与综治　139a
政府采购　100b
政府采购监督管理　159a
政府工作报告　12
政府公文办理　99c
政府投资项目管理　150a
政府投资信息化项目建设　100c
政府性基金收入　156a
政府性基金支出　156c
政府债务管理　159b
政区沿革　39c
政务大厅窗口服务　103c
政务事项办理热度 TOP10　104
政协成都市武侯区委员会　109
政协领导外出考察　113
政协委员名单　429c
政治建设　10b、45a
政治协商　113b
政治责任落实　121a
知识产权　277b
知识产权保护　277c
知识产权维权工作站　277c
知识产权专项资助　278a
执法队伍建设　106c
执法检查　80c
执法全过程记录制度　106c
执法司法监督　140a
执行工作　144c
执结案件　144c
执结涉企案件　145c
执业律师　146c
执业医师　323a
执政实录　73a
职工服务站点建设　132c
职工技能竞赛　133b
职工权益维护　132a
职工书屋　132c
职工心灵驿站　132c
职工驿站　132c
“职工驿站”建设　131b
职业病防治　333a
职业教育　299c
职业性放射性疾病监测　333b
职业中学在校学生　299c
志愿服务　378a
志愿者补助经费　329a
质量安全管理　171b
质量监督抽查　171c
治安案件　142a
治安防控　142a
致公党武侯支部　128b
致公党武侯支部参政议政　128c
致公党武侯支部服务社会　128c
致公党武侯支部换届大会　129
“致和尚美”品牌塑造　299b
“智谷金融荟”第四期　194b
智慧城市　9b
智慧城市建设行动　21a
智慧工地　180a
智慧警务建设　142c

"智慧蓉城"疫情防控平台应用 329c
智慧社区（小区）建设 370b
智慧小区试点 370c
智慧银龄助力工程 278c
智慧执行 144c
智力残疾人托养 362b
中德口腔医疗产业对接会 193b
中共成都市武侯区纪律检查委员会 121
中共成都市武侯区委员会 45
中共地下活动站 310
中国驰名商标 277c
中国大学生篮球一级联赛 352c
中国共产党成都市武侯区第八次代表大会 1
《中国共产党武侯执政实录（2020）》 73a
中国女鞋之都 219a
中国女鞋之都直播基地 219a
中国人民银行成都分行 195c
中国围棋快棋公开赛决赛 352c
中国夜经济繁荣百佳县市 186
中国最佳医院排行榜 340a
中建环能科技股份有限公司 178b
中建环能科技股份有限公司技术中心装备组 132c
中粮（成都）粮油工业有限公司 170b
中粮大健康产业园 220b、384c
中粮武侯瑞府 181a
中密控股 177c
中密控股股份有限公司 177c
中日合作推进 240c
中日围棋快棋冠军对抗赛 352c
中小学德育 298c
中央八项规定精神落实 122c
中央厨房 202a
中央级媒体报道武侯区情况 431
中央级税收收入 160c
中医药"15 分钟服务圈" 334c
中医药服务 327a
中医院 323a
中医综合服务区服务项目 327a
重大安全隐患整治专项资金 269b
重大产业化项目 232b
重大活动策划 320a
重大项目档案管理 74b
重大项目引进 241c
重大项目招引促建攻坚 18b
重大项目招引攻坚行动 175b
重点产业化项目 227c
重点场所防控 327b
重点房地产竣工项目 180c
重点排水户管网病害治理 257a
重点企业风险防范处置 167b
重点企业服务专班 105b
重点文旅项目 199a、199b
重点项目建设 220b
重点信访办理 108b
重点在建楼宇 188c
重度残疾人护理补贴 359c、362a
重度智力残疾人全托补贴 362c
重庆市沙坪坝区生态环境局 258a
重要会议 47a、76a、95b、110c、121c
重要决策 52a
重要区域城市品质提升 253b
重要文稿撰写 54b
周思源 307c
朱强 150c
诸葛工匠 132c、407
"诸葛工匠"评选 132c
诸葛亮治汉兴蜀之策 422
"诸葛人才"专题培训班 69a
诸葛祥钦 352a
竹产业国际论坛 211c
竹的公园 209a
竹类公园 209a
竹文化交流节 211b
"竹影匠心"竹编工艺品展销会 211b
"竹影主题周"竹编教学体验活动 211b
主题宣传活动 320a
主体责任落实监督 123a
主要行业企业所得税收入 162
主要行业增值税收入 162
主要预期目标 17c
助残补贴落实 361c
助残先进评选机制 361c
住房保障 359b
住房维修资金管理使用 182c
住宿餐饮业 200c、419a
注册寄递企业 274a
注册落地金融类项目 194b
注册志愿者 378b
注册中医执业医师 327a
注射狂犬疫苗 330c
驻区高等院校 301c
驻区高校博物馆 313b、315c
驻区高校图书馆 313b、314c
驻区三甲医院 339a
专记 23
专兼职调解员 146a
专门委员会工作 86b、119c
专题机会清单 151b
专题节目 319a
专题协商 114a
专项跟踪审计 168a
专项治理 122c
专业楼宇培育 188b
专业市场 186a
专业统计 168c
转化医学国家重大科技基础设施 226a
资源转化中心 103a
资政建言 109b
自行清算审核 165b
自然环境 39a

自然灾害综合风险普查　267a
自愿免费婚前医学检查参检　336c
自制文件　99c
自助服务一体机　103c
宗教事务管理　376c
综合行政执法队伍大练兵　106
综述　45a、75a、87a、109a、121a、265a、349a
棕北中学　296a
总投资 10 亿元以上产业化重大项目　241c
纵鑫物流　274a
邹琴　126a
《走进安全》警示读本　144a
《走进新材料之光伏材料》　280b
租赁补贴　359b
组织建设　56b
最成都·生活美学新场景　210a、210b
最低气温　39b
最低生活保障　360a
最低生活保障金　359c
最高气温　39b
最美大运社区　369c
最美河湖　257b
"最美家书"征集活动　137a
最美社区导游　369c
最美社区游线　369c

"1+1+10"工作推进指挥体系　369b
"1+10+4+5"指导性规范文件　369b
"1+19"方案　60c
"1+2+2"创意视听产业体系　226c
"1+2+3+4"多业权街区发展治理模式　250b
"1+6+4"组织体系　369c
"1+9+N"公司体系　153c
110 千伏潮音变电站　274b
110 千伏公用变电站　274b
"12348"热线　146c
"153"项目　87b、227c
2020 年度成都市结构优质工程　180b
2020 年度成都市优质工程　180b
2020 年度清产核资　174a
2020 年度全区村（社区）级集体经济组织资产　174a
2020 年度中国最佳医院排行榜　340a
2020 年度组级集体经济组织资产　174a
2021 成都市示范项目　151a
2021 中国田径街头巡回赛成都武侯站比赛　352a
2021"感动武侯"十大人物　405
2021"蓉漂杯"高层次人才创新创业大赛　356c
2021"医美之都"北京招商推介会　193c
2021VEX 机器人世锦赛　298b
2021 年成都市新经济梯度培育入库企业　150c
2021 年城市最低生活保障标准　360a
2021 年经济社会发展　42a
2021 年全国女子曲棍球锦标赛　352b
2021 年实施政策减税降费　164c
2021 年四川大学基本情况　303
2021 年武侯区道路命名情况　373
2021 年武侯区纳税 1 亿元以上企业　163
2021 年武侯区投资完成市级项目　368
2021 年武侯区新增市级科普基地　280
2021 年武侯区引入工业项目　176
2021 年武侯区政协常委会会议　111
2021 年武侯区中共党员基本情况　57
2021 全国三人篮球集训赛成都武侯站比赛　352a
2021 中国都市夜间经济与消费升级大会　185c
2021 中国夜经济繁荣百佳县市　186a
2022 年度城乡居民基本医疗保险参保登记　358c
2022 年工作建议　17b
2022 年工作思路　17c
2022 年项目资金年初预算　160a
220 千伏公用变电站　274b
24 小时核酸检测服务　329a
24 小时自助服务大厅　105a
2 小时取证　1005a
"3+1"统计工作模式　168c
"3+1+1"体育课程模式　351b
"3+2"产业功能体系　149b
"333"治理模式　394c
"3 个一"安全风险管控　283c
"5+22"片区综合开发格局　249c
5A 级医疗美容医院　193a
60 岁以上老年人　364a
7×24 值守机制　329b
7322 厂　200a
80 岁以上老年人高龄津贴　365c
"9·18"警报试鸣演练　148c
"96166"回访　106a
BY1906 文化创意工厂　200a
《e 阅武侯·三国篇（上下册）》　321b
ITS 系统个人所得税退税　164b
ITS 系统身份验证类数据清理　163c
PAC 公益项目　337a
PAC 公益项目医院　337a
PAC 优质服务医院　337a